ZHONGGUO GONGGONGWENHUA BAIKEQUANSHU

中国公共文化百科全书

彭泽明　编著

前 言

构建现代公共文化服务体系是我国文化发展的重要战略,也是党的十八届三中全会一项重要的改革任务;构建现代公共文化服务体系,必须顺应其不断发展的要求,对其实践成果进行全面的总结;当前,我国公共文化服务体系建设已迈入历史的新阶段,广大公共文化管理者及从业人员迫切需要全面掌握相关基础知识和专业知识。因此,编写《中国公共文化百科全书》,不仅是对党和国家公共文化发展战略的理论回应,也是对广大公共文化从业人员综合素质和业务能力提升的现实支撑。

在编写中,全书力图以建设社会主义核心价值体系和满足城乡居民需求为旨趣,以"大文化"的视角,按照我们研究的维度,对涉及的主要内容进行系统性的挖掘、全面性的梳理,自身以基础性、知识性、普及性、研究性、参考性、持续性,借此为全国所有公共文化建设的管理人员、具体实践者和研究者搭建一个沟通、了解公共文化建设的信息平台。同时,推动"公共文化"作为一门学科的诞生与成长。受清华大学中国发展规划研究中心委托,本人全权承担了该书的组织和编著工作。两年多的笔耕,也是编著者自我提高、自我充实公共文化理论研究水平和获取知识的过程。

全书的编写得到了文化部公共文化司、文化部全国公共文化发展中心、清华大学中国发展规划研究中心、武汉大学国家文化创新研究中心(武汉大学国家文化财政政策研究基地)的大力关心和支持。四川辞书出版社原退休老编辑杨广霜、北京大学李国新教授、清华大学杨永恒副教授、上海社会科学院巫志南研究员、江苏省文化馆戴珩研究馆员、武汉大学陈波副教授等也给予了学术指导和热情鼓励。同时，西南大学刘革平教授协助收集了部分资料，重庆市文化委员会牟元义、袁传华，重庆文化艺术研究院谭小兵分别协助收集了广播电视、文物博物政策法规、标准规范，以及非物质文化遗产部分资料。北碚区文化广电新闻出版局为本书的编著提供了部分数据资料和实际案例，有关人员还直接参与了本书部分资料的收集整理和校核工作。在此，一并深表谢意！囿于有限的文献资源以及编著者有限的理论水平，该全书肯定存在诸多不足，特别是典型条目的遗漏问题，敬请大方之家不吝赐教、批评指正。

当《中国公共文化百科全书》脱稿时，突然萌生一种奢望：期盼全国有识之士，聚合起来，集众人之智慧，共同编写《中国公共文化百科全书·分省卷》，最终形成1部全国性全书+32部省级（含新疆建设兵团）全书，图绘中国公共文化服务体系发展的宏伟画卷。

彭泽明

2014年5月

目 录

凡例 …………………………………………… 1
条目分类表 …………………………………… 1—80
正文 …………………………………………… 1—1101
 一、基本概念 ………………………………… 1
 二、公共服务 ………………………………… 117
 三、规划纲要 ………………………………… 461
 四、政策法规 ………………………………… 531
 五、标准规范 ………………………………… 763
 六、评选表彰 ………………………………… 823
 七、节会论坛 ………………………………… 867
 八、著作报刊 ………………………………… 895
 九、组织机构 ………………………………… 1029

凡 例

一、条目是全书主体，一般由条目标题、释文等组成。

二、选取文化、文物、新闻出版广电、体育、科协、工会、共青团、妇联、文联等部门与公共文化建设相关的条目共2500余条。

三、条目收录的起止时间原则上为2002年11月党的十六大以来到2013年12月31日止。少数条目突破收录的时间界限。

四、条目主要从涉及公共文化服务体系建设的重要报告、重大决定、法律法规、规划纲要、标准规范、政策文件、理论研究成果等相关内容及公共文化服务典型案例中收录。条目收录的基本标准，以收录国家层面的事件为主，同时，收录地方具有示范性、导向性、带动性的公共文化服务事例。

五、按照我们理解的逻辑，实行条目按类编排，分为基本概念、公共服务、规划纲要、政策法规、标准规范、评选表彰、节会论坛、著作报刊、组织机构九大类。基于公共文化理论的研究时间不长，且无学科体系支撑，全书暂未设立"专家学者"分类条目。每大类原则上按照文化、文化遗产、新闻出版广电、体育、科协、工会、共青团、妇联、文联等部门编排。文化类原则上按照公共图书馆、文化馆（站）、公共数字文化，文化遗产类原则上按照文物、博物馆（含美术馆）、非物质文化遗产、古籍，新闻出版广电类原则上按照广播电视、电影、新闻出版门类进行编排。

六、条目的释义。一个条目多义的，释义时用❶❷❸……分项叙述；条目不同且释义相同或相近的，标明"释义同某某"。

七、由于机构改革的原因，我国的组织机构名称不断发生变更。本书在表述时,既尊重历史,又关注语境。如:在本书的叙述中,有的地方表述为"国家广播电影电视部",有的地方表述为"国家广电部",有的地方表述为"国家广播影视总局",有的地方表述为"国家广电总局",本书不统一使用现有名称"国家新闻出版广电总局"。其他组织机构在本书的表述以此类推。

条目分类表

一、基本概念

社会主义文化建设根本任务 ··· 3
社会主义核心价值体系 ········ 3
社会主义核心价值观 ·········· 3
爱国主义教育基地 ············ 4
爱国主义教育示范基地 ········ 4
社会主义文化建设基本任务 ···· 4
基本文化权益 ················ 4
文化事业 ···················· 4
文化事业单位 ················ 5
文化事业单位改革 ············ 6
公益性文化事业 ·············· 7
公益性文化事业单位 ·········· 7
公益性文化事业单位改革 ······ 7
文化事业单位法人治理结构 ···· 8
公共服务 ···················· 9
公共文化服务 ················ 9
公共文化服务体系 ············ 9
现代公共文化服务体系 ······· 11
公共文化产品 ··············· 12
公共文化服务运行 ··········· 12
公共文化服务方式 ··········· 12

公共文化服务技术水平 ······· 13
公共文化服务投入 ··········· 13
公益性文化服务 ············· 14
公益性流动文化服务 ········· 14
公益性演出补贴制度 ········· 14
公共文化服务指标体系 ······· 14
公共文化绩效 ··············· 14
公共文化绩效考核 ··········· 15
公共文化服务群众评价机制
 ·························· 15
公共文化服务体系建设制度设计
 ·························· 15
基本公共文化服务 ··········· 15
基本公共文化服务体系 ······· 15
公共文化服务标准化 ········· 15
公共文化服务均等化 ········· 16
基本公共文化服务标准化 ····· 16
基本公共文化服务均等化 ····· 16
公共文化体育服务制度 ······· 16
公共文化服务体系建设协调机制
 ·························· 16

基层文化建设 …………… 17	公益性文化设施 …………… 23
农村文化建设 …………… 17	基层文化设施 …………… 23
农村公共文化建设 ………… 17	农村文化设施 …………… 23
农村民办文化 …………… 17	文化艺术中心 …………… 24
农村文化事业捐助 ………… 17	文化体育站 …………… 24
城乡二元结构 …………… 17	基层综合性文化服务中心 …… 24
城乡一体化 …………… 18	老年文化活动中心 ………… 24
城乡文化一体化发展 ……… 18	人口文化园 …………… 24
以城带乡文化联动机制 …… 19	农村文化中心户 …………… 24
特殊人群公共文化服务 …… 19	流动文化服务车 …………… 24
农民工文化工作 …………… 19	公共图书馆制度 …………… 25
农民工城市融入 …………… 20	公共图书馆使命 …………… 25
老年人文化工作 …………… 20	公共图书馆服务体系 ……… 25
公共文化为老服务 ………… 20	城乡一体化公共图书馆服务体系
未成年人文化建设 ………… 20	…………… 25
残疾人文化建设 …………… 20	图书馆自动化 …………… 25
残疾人个性化文化服务 …… 21	图书馆总分馆制 …………… 25
基层文化队伍建设 ………… 21	图书馆服务新业态 ………… 26
文化从业人员职业资格制度	图书馆 …………… 26
…………… 21	公共图书馆 …………… 27
文化志愿服务 …………… 22	国家图书馆 …………… 28
文化志愿者 …………… 22	省级图书馆 …………… 28
农村文化队伍建设 ………… 22	县级图书馆 …………… 28
公共文化服务队伍建设 …… 22	成人图书馆 …………… 28
公共文化空间 …………… 23	少儿图书馆 …………… 28
公共文化场馆 …………… 23	城市图书馆 …………… 28

村(社区)图书馆	29	群众文化	33
专题图书馆	29	群众文化需求	34
外文图书馆	29	群众性文化活动	34
动漫图书馆	29	群众文化活动"三自"	35
音乐图书馆	29	群众文化活动品牌	35
真人图书馆	29	公益性文化活动	35
家庭图书馆	29	公益性演出	35
民办图书馆	29	广场文化	36
传统图书馆	30	社区文化	36
云图书馆	30	村镇文化	37
自助图书馆	30	校园文化	37
移动图书馆	31	民俗文化	37
手机图书馆	31	特色文化	37
电子图书馆	31	民间文化	37
二元图书馆	31	民族文化	38
图书馆自动化网络	31	少数民族文化	38
微书房	31	少数民族文化事业	38
图书流通点	32	廉政文化	38
流动图书车	32	演出院线	39
文化馆(站)制度	32	群众文艺团队	39
文化馆(站)使命	32	文化辅导员	39
文化馆服务体系	32	群众艺术馆	39
城乡一体化文化馆服务体系	32	文化馆	39
文化馆总分馆制	32	文化站	40
社会文化	33	村文化室	40
		社区文化中心	40

文艺舞台 …………………… 40	公共文化数字学习港 ………… 46
流动舞台车 ………………… 40	公共数字文化体验区 ………… 47
文化长廊 …………………… 40	文化共享工程 ………………… 47
民办艺术馆 ………………… 40	文化共享工程省级分中心 …… 47
剧场 ………………………… 41	文化共享工程地市级支中心
云计算 ……………………… 41	…………………………… 47
三网融合 …………………… 41	文化共享工程县级支中心 …… 47
信息化 ……………………… 41	文化共享工程网络 …………… 48
数字化 ……………………… 41	数字图书馆 …………………… 48
网络化 ……………………… 42	数字图书馆推广工程虚拟网
文化科技 …………………… 42	…………………………… 49
文化与科技融合 …………… 42	图书馆联盟云计算服务平台
公共数字文化建设 ………… 42	…………………………… 49
公共数字文化服务新业态 … 43	公共电子阅览室 ……………… 49
公共数字文化资源建设 …… 43	公共电子阅览室技术平台 …… 50
文化共享工程资源建设 …… 44	公共电子阅览室管理端 ……… 51
上机用户 …………………… 44	公共电子阅览室终端 ………… 51
黑名单 ……………………… 44	公共电子阅览室管理信息系统
推荐名单 …………………… 44	平台 ……………………… 51
白名单 ……………………… 45	盲人电子阅览室 ……………… 51
绿色上网服务 ……………… 45	数字文化馆 …………………… 51
现代远程教育 ……………… 45	数字美术馆 …………………… 51
公共数字文化设施网络 …… 45	公益性上网场所 ……………… 52
公共数字文化运行管理平台	未成年人公益性上网场所 …… 52
…………………………… 45	中国传统文化 ………………… 52
公共文化数字支撑平台 …… 46	中华优秀传统文化 …………… 52

优秀传统文化传承体系………… 52	文物保护单位…………… 58
中华民族共有精神家园………… 52	全国重点文物保护单位……… 59
民族文化基本元素…………… 53	省级文物保护单位………… 60
民族传统节日………………… 53	县级文物保护单位………… 60
文化遗产……………………… 53	历史文化名城名镇名村……… 60
文化遗产保护基本方针………… 53	中国历史文化名城………… 60
文物保护方针………………… 53	中国历史文化名镇名村……… 60
文物……………………… 53	省级历史文化名镇名村……… 61
不可移动文物………………… 54	传统村落………………… 61
可移动文物…………………… 54	历史建筑………………… 61
文物保护单位级别…………… 55	历史文化街区……………… 61
文物单位保护范围…………… 55	自然保护区………………… 62
文物保护单位的建设控制地带	自然生态系统类自然保护区
…………………………… 55	……………………… 62
文物单体…………………… 55	野生生物类自然保护区……… 62
文物展陈…………………… 55	自然遗迹类自然保护区……… 62
文物游客承载量……………… 56	国家级自然保护区…………… 62
讲解员……………………… 56	地方级自然保护区…………… 62
国家文化和自然遗产………… 56	森林公园………………… 63
世界遗产…………………… 56	国家级森林公园…………… 63
世界文化遗产……………… 57	省级森林公园……………… 63
世界自然遗产……………… 57	县级森林公园……………… 63
国家文化和自然遗产地……… 57	地质公园………………… 64
风景名胜区………………… 58	国家考古遗址公园………… 64
国家级风景名胜区…………… 58	大遗址…………………… 64
省级风景名胜区……………… 58	革命遗址………………… 64

抗战遗址 … 64
文物参观点 … 65
博物馆制度 … 65
博物馆体系 … 65
博物馆展示与服务 … 65
博物馆公共文化服务 … 65
博物馆专业评价 … 65
博物馆陈列 … 65
博物馆基本陈列 … 66
博物馆临时陈列 … 66
博物馆临时展览 … 66
博物馆巡回展览 … 66
博物馆联合展览 … 66
博物馆讲解服务 … 66
博物馆分级管理 … 66
博物馆流动服务 … 66
藏品 … 66
出境展览 … 67
博物馆 … 67
综合类博物馆 … 68
纪念类博物馆 … 68
专题性博物馆 … 68
历史类博物馆 … 68
艺术类博物馆 … 68
自然科学类博物馆 … 69
实体博物馆 … 69
陈列馆 … 69
民办博物馆 … 69
新型博物馆 … 69
生态博物馆 … 69
掌上博物馆 … 69
民俗博物馆 … 70
数字博物馆 … 70
美术馆 … 71
当代美术馆 … 71
线上美术馆 … 71
自费美术馆 … 71
民办美术馆 … 71
藏品库房 … 71
藏品保护修复场所 … 71
展厅 … 71
非物质文化遗产保护方针 … 72
非物质文化遗产 … 72
非物质文化遗产保存保护 … 73
非物质文化遗产保护"三性" … 73
非物质文化遗产保护"三项制度" … 73
非物质文化遗产调查 … 73
非物质文化遗产代表性项目名录 … 74
国家非物质文化遗产代表性项目

名录 …………………… 74
地方非物质文化遗产代表性项目
名录 …………………… 74
老字号非物质文化遗产项目
………………………… 74
非物质文化遗产代表性传承人
………………………… 74
国家级非物质文化遗产代表性
传承人 ………………… 75
地方非物质文化遗产代表性传承
人 ……………………… 75
非物质文化遗产代表性传承人的
权利义务 ……………… 75
非物质文化遗产的生产性保护
………………………… 75
非物质文化遗产合理开发利用
………………………… 76
文化生态保护区 ………… 76
国家级文化生态保护区 … 76
非遗博物馆 ……………… 76
非物质文化遗产传习所 … 76
非物质文化遗产展览厅 … 76
联合国教科文组织非物质文化
遗产保护名录 ………… 77
人类非物质文化遗产代表作
………………………… 77

急需保护的非物质文化遗产名录
………………………… 77
优秀实践名册 …………… 77
无形文化财 ……………… 78
文化多样性 ……………… 78
文化内容 ………………… 78
文化表现形式 …………… 78
文化活动、产品与服务 … 78
文化政策和措施 ………… 78
文化间性 ………………… 79
古籍保护方针 …………… 79
古籍 ……………………… 79
古籍版本 ………………… 79
普通古籍 ………………… 80
珍贵古籍 ………………… 80
国家珍贵古籍名录 ……… 81
地方珍贵古籍名录 ……… 81
特色古籍保护 …………… 81
全国古籍重点保护单位 … 81
地方古籍重点保护单位 … 81
国家级古籍修复中心 …… 81
图书馆古籍书库 ………… 81
媒体 ……………………… 82
传统媒体 ………………… 82
平面媒体 ………………… 82
电波媒体 ………………… 82

网络媒体 …………………… 82
户外媒体 …………………… 83
新媒体 ……………………… 83
多媒体 ……………………… 83
多媒体技术 ………………… 84
计算机技术 ………………… 84
现代通讯技术 ……………… 84
现代传播体系 ……………… 84
新闻 ………………………… 84
新闻信息"三率" …………… 85
新兴传播阵地 ……………… 85
广播电视进村入户 ………… 85
广播收听率 ………………… 85
电视收看率 ………………… 85
广播电视综合覆盖率 ……… 85
广播电视覆盖方式 ………… 85
有线电视数字化 …………… 86
有线电视数字整体转换 …… 86
广播电视基本公共服务手段
　……………………………… 86
农村广播电视公共服务覆盖体系
　……………………………… 86
无线广播电视公共服务 …… 86
广播电视无线传输覆盖业务
　……………………………… 86
国家应急广播体系 ………… 87

直播卫星公共服务管理体系
　……………………………… 87
卫星直播 …………………… 88
直播卫星平台 ……………… 88
模拟信号 …………………… 88
数字信号 …………………… 88
广播电视传输 ……………… 88
卫星传输 …………………… 89
广播电视节目 ……………… 89
少数民族语言广播影视节目
　传播覆盖能力 …………… 89
广播 ………………………… 89
电视 ………………………… 90
模拟电视 …………………… 90
有线电视 …………………… 90
数字电视 …………………… 90
地面电视 …………………… 90
地面数字电视 ……………… 90
网络电视 …………………… 91
3D 电视 ……………………… 91
云电视 ……………………… 91
电台 ………………………… 91
网络电台 …………………… 91
电视台 ……………………… 92
广播电台 …………………… 92
广播电视台 ………………… 92

网络广播电视台 …………… 92	农村放映数字院线 ………… 97
广播电视监测台(站) ……… 92	电影院 ……………………… 97
广播电视传输覆盖网 ……… 92	影剧院 ……………………… 98
广播电视有线传输覆盖网 … 93	数字影院 …………………… 98
广播电视无线传输覆盖网 … 93	电影俱乐部 ………………… 98
地面数字电视覆盖网 ……… 93	电影流动放映车 …………… 98
广播电视直播卫星 ………… 93	出版 ………………………… 98
广播电视无线发射台站 …… 94	报纸 ………………………… 98
广播电视卫星地球站 ……… 94	杂志 ………………………… 98
农村基层广播电视 ………… 94	期刊 ………………………… 98
农村广播电视节目无线覆盖	党报党刊 …………………… 98
……………………………… 94	农家书屋出版物推荐目录 … 99
农村直播卫星公共服务 …… 95	农家书屋必备出版物目录 … 99
电影 ………………………… 95	农家书屋出版物选配 ……… 99
微型电影 …………………… 95	民文出版译制能力建设 …… 99
胶片电影 …………………… 95	国家古籍整理重点图书出版
电影胶片放映 ……………… 95	……………………………… 99
数字电影 …………………… 95	媒体农村版 ………………… 99
电影放映 …………………… 96	盲人读物出版 ……………… 99
电影数字化放映 …………… 96	新华书店连锁经营 ………… 100
农村电影放映工作 ………… 96	国家通用语言文字 ………… 100
农村电影公益性放映 ……… 96	版权 ………………………… 100
农村电影放映"三结合" …… 97	云阅读服务 ………………… 100
电影院线 …………………… 97	国民综合阅读率 …………… 100
固定放映数字院线 ………… 97	数字化阅读方式 …………… 100
流动放映数字院线 ………… 97	出版社 ……………………… 100

新华书店 …………………… 100
农家书屋 …………………… 101
数字农家书屋 ……………… 101
全民健身体系 ……………… 101
全民健身服务体系 ………… 101
全民健身公共服务体系 …… 101
五个亿万人群健身活动 …… 102
终身体育 …………………… 102
社会体育指导员 …………… 102
广播体操 …………………… 102
工间操 ……………………… 102
群众性体育活动 …………… 102
城市社区体育 ……………… 103
"小康体育"指标体系 ……… 103
体育人口 …………………… 103
体育锻炼标准制度 ………… 103
社会体育指导员国家职业标准
………………………… 103
体育行业特有职业国家职业
资格证书制度 …………… 103
体育设施 …………………… 103
体育场 ……………………… 104
体育馆 ……………………… 104
全民健身设施 ……………… 104
全民健身广场 ……………… 104
全民健身路径 ……………… 105

全民健身户外活动基地 …… 105
全民健身活动中心 ………… 105
农民体育健身设施 ………… 105
室外综合健身场地 ………… 105
露天灯光球场 ……………… 105
体育健身站(点) …………… 105
体质测定与运动健身指导站
………………………… 105
城市社区体育设施 ………… 106
社区体育指导中心 ………… 106
社区体育俱乐部 …………… 106
青少年体育俱乐部 ………… 106
青少年校外体育活动中心 … 106
青少年户外体育营地 ……… 106
国家数字体育互动平台 …… 107
科学普及 …………………… 107
科学文化素质 ……………… 107
科学文化修养 ……………… 107
科普员 ……………………… 108
科技馆 ……………………… 108
综合性科技馆 ……………… 108
专业性科技馆 ……………… 108
科普教育基地 ……………… 108
科普活动站 ………………… 109
科普活动室 ………………… 109
科普宣传栏 ………………… 109

科普画廊 ………………… 109
电子科普画廊 …………… 109
社区科普大学 …………… 109
科普大篷车 ……………… 109
科学商店 ………………… 110
壁挂科技馆 ……………… 110
数字科技馆 ……………… 110
职工文化 ………………… 110
企业文化 ………………… 111
工人文化宫 ……………… 111
工人俱乐部 ……………… 111
职工之家 ………………… 112
职工学校 ………………… 112
职工书屋 ………………… 112
未成年人教育活动 ……… 112
青少年文化 ……………… 112
青少年宫 ………………… 112

微型青少年宫 …………… 113
乡村学校少年宫 ………… 113
流动青少年宫 …………… 113
青少年之家 ……………… 114
青少年科技站 …………… 114
青少年科学工作室 ……… 114
青少年教育基地 ………… 114
青少年校外教育基地 …… 114
未成年人校外活动场所 … 115
少年儿童活动中心 ……… 115
数字青少年宫 …………… 115
家庭文化 ………………… 115
妇女儿童活动中心 ……… 115
妇女之家 ………………… 116
家长学校 ………………… 116
新家庭文化室 …………… 116
网上家长学校 …………… 116

二、公共服务

全国万里边疆文化长廊建设
………………………… 119
全国文化卫生科技"三下乡"
………………………… 119

全国县级"两馆"建设及修缮工程
………………………… 120
社区老年福利服务星光计划
………………………… 120
全国科教文体法律卫生"四进

社区"…………………… 121
百县千乡宣传文化工程 …… 121
"百县千乡宣传文化工程"志愿
　服务活动 …………… 122
国家流动文化服务车工程 … 122
中国少儿歌曲推广计划 …… 122
文化遗产保护工作 ………… 123
西部文化建设志愿服务活动
　…………………………… 123
"十一五"全国乡镇综合文化站
　建设 ………………… 124
乡镇综合文化站设备购置 … 124
城市社区文化中心（文化活动室）
　设备购置 …………… 125
"大地情深"系列文化活动品牌
　…………………………… 125
"中华民族一家亲"文化下基层
　活动 ………………… 125
全国残疾人文化建设示范市（区）
　创建 ………………… 126
百家图书馆文化助残公益行动
　…………………………… 126
春雨工程——全国文化志愿者
　边疆行 ……………… 126
全国"三馆一站"免费开放
　…………………………… 127

国家公共文化服务体系示范区
　建设 ………………… 127
国家公共文化服务体系示范
　项目建设 …………… 128
中央补助地方农村文化建设
　…………………………… 128
全国地市级公共文化设施建设
　…………………………… 129
全国基层文化志愿服务活动
　…………………………… 129
全国图书馆联合编目中心 … 130
国家图书馆部级领导干部历史
　文化讲座 …………… 130
送书下乡工程 ……………… 131
全国文化信息资源共享工程
　…………………………… 131
全国农村党员干部现代远程教育
　工程 ………………… 132
全国中小学现代远程教育工程
　…………………………… 133
绿色电脑进西部活动 ……… 133
掌上国图——移动数字图书馆
　服务体系建设 ……… 134
地方文献资源共建共享网络平台
　服务 ………………… 134
边疆万里数字文化长廊建设

.... 134

"传承经典 共享文化"进校园
 行动 135
重点公共数字文化惠民工程
.... 136
数字图书馆推广工程 136
数字图书馆服务"三大平台"
.... 137
数字图书馆推广工程数字资源
 库群 137
公共电子阅览室建设计划 ... 137
国家管理中心"公共数字文化
 服务农民工" 138
中国文化网络电视 138
"三馆一站"免费开放绩效评价
.... 139
公共文化服务标准化试点工作
.... 139
基层综合性文化服务中心建设
 试点工作 140
公共文化机构法人治理结构试点
 工作 140
文化和自然遗产保护工程 ... 140
文化遗产保护重点工程 140
国家遗产地保护重大工程 ... 141
全国博物馆和纪念馆免费开放
.... 141
博物馆运行评估 141
中央地方共建国家级博物馆
.... 141
文物博物馆资源基础数据库建设
.... 142
非物质文化遗产保护 142
非物质文化遗产数据库建设
.... 143
国家图书馆"非物质文化遗产
 保护讲座周" 143
中国珍贵古籍特展 144
中华再造善本工程 144
中华古籍保护计划 144
广播电视村村通工程 145
广播电视西新工程 146
有线电视数字化整体转换工作
.... 146
农村中央广播电视节目无线
 覆盖工程 147
地面数字电视覆盖工程 148
卫星广播电视转星调整工程
.... 150
"全国文化信息共享工程"节目
 信号上星运行 151
广播电视直播卫星公共服务工程

…………………………… 151
高山无线发射台站设施改造工程
　　…………………………… 152
少数民族语言广播影视服务
　　…………………………… 153
国家应急广播体系工程建设
　　…………………………… 153
农村中小学爱国主义教育影片
　　放映 ………………………… 154
农村电影放映工程 ……………… 155
全国"红领巾电影夏令营"
　　…………………………… 155
重大出版工程 …………………… 156
全民阅读活动 …………………… 156
农家书屋工程 …………………… 157
少数民族新闻出版东风工程
　　…………………………… 157
"全民阅读报刊行"活动 …… 158
中国共产党思想理论资源数
　　据库与传播工程 …………… 159
盲文出版工程 …………………… 159
党报党刊等重点报刊传播能力
　　建设工程 …………………… 160
公共阅报栏（屏）建设工程 ……
　　…………………………… 160
国家古籍整理出版工程 … 160

国家重点学术期刊建设与学术
　　论文发布平台项目 ………… 160
中国出版博物馆建设 ……… 161
全国全民阅读媒体联盟 …… 161
全国中小学生课外文体活动
　　工程示范区 ………………… 161
雪炭工程 …………………… 162
全民健身计划 ……………… 162
青少年体育活动促进计划 … 163
体育场馆向社会开放 ……… 163
阳光体育科学健身校园行活动
　　…………………………… 164
西部青少年体育助训关爱计划
　　…………………………… 164
全国全民健身操大赛 ……… 165
"公益体彩　快乐操场"活动
　　…………………………… 165
"红红火火过大年"全民健身志愿
　　服务活动 …………………… 165
农民体育健身工程 ……… 166
科学健身示范区建设 ……… 166
西部科普工程项目 ……… 167
科普大篷车服务 ……… 167
全国"科教进社区"活动 … 168
全国公众科学素质电视大赛
　　…………………………… 169

中国互联网协会网络科普联盟
　………………………… 169
全国科普"站栏员"建设 …… 170
全国示范科普画廊建设 …… 170
科技馆活动进校园 ………… 170
科普惠农兴村计划 ………… 171
中小科技馆支援计划 ……… 172
万名科技专家讲科普活动 … 172
全国县级青少年校外科普教育
　共建共享 ………………… 172
科普资源共建共享工作 …… 173
中国科协"华硕科普图书室"
　……………………………… 174
繁荣科普创作资助计划 …… 175
全国农民科学素质网络竞赛
　……………………………… 175
百县百项科普示范特色建设
　……………………………… 176
华硕大学生IT科普志愿者行动
　……………………………… 176
科学讲坛 …………………… 177
大手拉小手——科普报告希望行
　活动 ……………………… 177
中国流动科技馆全国巡展 … 178
电子科普画廊建设示范项目
　……………………………… 179

国家"基层科普行动计划" ……
　……………………………… 179
全国科普教育基地特色科普活动
　……………………………… 180
国家农村中学科技馆公益项目
　……………………………… 180
向农民工送文化行动 ……… 181
希望书库 …………………… 181
全国"手拉手红领巾书屋"
　……………………………… 182
共青团周末剧场 …………… 182
共青团关爱农民工子女志愿服务
　……………………………… 183
"送欢乐下基层"大型文化惠民
　活动 ……………………… 183
北京市东城区"公共文化资源
　分类供给"项目…………… 184
北京市大兴区公共文化设施空间
　拓展服务 ………………… 184
北京市朝阳区文化居委会 … 184
北京市朝阳区文化产品供给模式
　……………………………… 184
北京市朝阳区社会组织孵化中心
　……………………………… 185
北京市朝阳区公共文化服务导航
　系统 ……………………… 185

北京市城市街区图书馆 …… 185
北京市朝阳区图书馆图书配送
　　中心 ………………… 185
北京市"你点书我买单" …… 186
北京市朝阳区"社区一家亲"
　　…………………………… 186
北京市海淀区"契约式"公共文化
　　服务 ………………… 186
北京"文艺演出星火工程"……
　　…………………………… 187
北京市东城区快板沙龙 …… 187
北京市"文化志愿者服务体系"
　　…………………………… 187
北京市百姓周末大舞台 …… 188
北京市朝阳区文化馆基层文化
　　辅导中心 …………… 188
北京市朝阳区流动文化馆 … 188
北京市"十大文化惠民工程"
　　…………………………… 188
北京市公共文化建设"三圈一链"
　　…………………………… 189
北京惠民文化消费季 ……… 190
北京市朝阳区层级公共文化服务
　　…………………………… 191
北京市朝阳区"肩并肩"工程
　　…………………………… 191

北京市"送福到家"文化志愿服务
　　…………………………… 191
北京市"暖心工程"文化志愿服务
　　…………………………… 191
北京市朝阳区"打工春晚" ……
　　…………………………… 192
北京市房山区"文化周末大舞台"
　　…………………………… 192
北京市数字文化社区 ……… 192
北京市文物局"北京文物声音
　　标签" ………………… 193
北京端午文化活动 ………… 193
北京市朝阳区文化馆民工影院
　　…………………………… 193
北京市延庆大榆树镇东桑园
　　益民书屋 …………… 194
北京市星级益民书屋 ……… 194
北京"读书荐书评书"活动 ……
　　…………………………… 195
北京阅读季 ………………… 195
北京市全民健身科学指导大讲堂
　　…………………………… 195
北京市社区科普益民计划 … 196
北京市素质工程公益讲堂 … 196
天津图书馆分馆与流动服务
　　…………………………… 196

天津全国图书馆联合编目中心
少年儿童图书馆中心 …… 197
"和平杯"全国"读书"漫画大赛
………………………… 197
"爱心天使 传递书香"天津和
平区图书馆志愿服务活动
………………………… 197
全国"天穆杯"小品大赛 …… 197
天津"和平杯"中国京剧票友
邀请赛 ………………… 198
天津市华夏未来少儿艺术中心
广场文化活动 ………… 198
天津市"千村百站"农村文艺
骨干培训工程 ………… 198
天津国际少年儿童艺术节 … 198
天津滨海新区公共文化服务激励
机制 …………………… 199
天津市残疾儿童艺术节 …… 199
天津市和平区文化"圆梦·爱心"
艺术学校 ……………… 199
天津市"多版本"文化共享服务
………………………… 200
天津和平区非遗"大篷车"
………………………… 200
天津市和平文化宫"心目影院"
………………………… 200

天津市中小学生课外阅读"政府
买单" ………………… 200
天津城市书吧 ……………… 201
天津市"121"市民健身信息中心
………………………… 201
河北省石家庄市"文化遗产旅游
消费券"发放活动……… 202
河北省"燕赵少年读书"系列
活动 …………………… 202
河北省唐山市"书香丰南动车组"
………………………… 202
青春践行梦想——河北省图书
馆2013年暑期大学生文化志
愿服务 ………………… 203
河北省北戴河音乐文化人活动
………………………… 203
河北邯郸中原民间艺术节 … 203
河北省"欢乐乡村"十百千万
农村文化工程 ………… 204
河北省邯郸市"千村万户"文化
家园 …………………… 204
河北省石家庄市农民文化艺术节
………………………… 205
河北省新春鼓王争霸赛暨中国
北方鼓乐展示大会 …… 205
河北狮城之春——沧州文化

艺术节 ………………… 205
河北省"优秀传统文化进社区"
——秦皇岛市文化志愿服务活
动 …………………… 205
河北文化信息资源共享中心
"网上跟我唱" ………… 206
河北省承德市文物局"两个
环境"工作……………… 206
河北省民俗博物馆"幼儿园新春
庙会"…………………… 206
河北"双争"读书活动 …… 207
河北临城联姻农家书屋 …… 207
河北省"快乐操场" ……… 207
河北省沧州"百千万"全民健身
大联动 ………………… 208
山西省流动书库工程 ……… 208
"传递书香 见证成长"——
山西省图书馆文化志愿服务
………………………… 208
山西太原市图书馆高校志愿者
联盟服务活动 ………… 208
山西省长治市"文化低保"工程
………………………… 209
山西中国运城国际关公文化节
………………………… 209
山西省广场文化艺术节 …… 210

山西平遥国际摄影大展 …… 210
山西"手牵手 让梦想成真"公益
培训活动 ……………… 210
山西省"全民助读工程" …… 210
山西省体育基本公共服务均等
化 ……………………… 211
内蒙古自治区鄂尔多斯市图书馆
农民工流动书屋 ……… 211
内蒙古包头市鹿城文化艺术节
………………………… 212
内蒙古"文化独贵龙" …… 212
内蒙古九原区农村牧区典型
文化大院创建活动 …… 212
内蒙古"乌兰牧骑式"公共文化
服务 …………………… 212
内蒙古呼和浩特市文化进社区
大型公益活动 ………… 213
内蒙古呼和浩特市"文化进社
区"文化志愿服务活动 …… 213
内蒙古赤峰市城乡基层文艺汇演
………………………… 214
内蒙古土右旗文化大院群众
活动品牌 ……………… 214
内蒙古"数字文化走进蒙古包"
………………………… 215
内蒙古呼和浩特市春节元宵

文化庙会 …………… 215
内蒙古"民族电影展映周"
　　…………… 215
内蒙古全民阅读进机关 …… 215
内蒙古"草原书屋" ………… 216
内蒙古呼和浩特以赛事带动健身
　　…………… 216
内蒙"留守家园型"妇女之家
　　…………… 216
内蒙古元宝山区"一家一品"
　特色"妇女之家" …… 217
辽宁省大连图书馆白云系列活动
　　…………… 217
辽宁省图书馆"超市式"开架
　服务 …………… 218
"对面朗读"——辽宁省图书馆
　公益文化活动 …………… 218
辽宁丹东市"五百迎春"系列
　群众文化活动 …………… 219
辽宁省农民文化艺术节 …… 219
辽宁沈阳大学生文化节 …… 219
辽宁省沈阳市"艺术惠民双百万"
　工程 …………… 219
辽宁省百馆千站文化艺术素质
　提升工程 …………… 219
辽宁省大连市"文化直通车"

　　…………… 220
辽宁省文化共享工程进村入户
　模式 …………… 220
辽宁省博物馆志愿者走进校园
　　…………… 221
辽宁"金色乡村"出版工程
　　…………… 221
辽宁省抚顺提升领导素质"四进"
　读书活动 …………… 221
吉林长春图书馆"义务小馆员"
　志愿服务活动 …………… 222
吉林省图书馆联盟 ………… 222
"传递书香"——吉林敦化市流动
　图书志愿服务活动 ……… 223
吉林省吉林市"松花江之夏、松
　花江金秋广场文化活动周"
　　…………… 224
吉林省吉林市"松花江之夜大型
　广场周末休闲舞会" ……… 224
吉林省"长白之声"合唱节
　　…………… 224
吉林省梅河口市"幸福社区
　快乐之家"创建活动 ……… 224
吉林省群众艺术馆"馆站院"
　培训工程 …………… 224
吉林中国朝鲜族农乐舞 …… 225

吉林柳河县"翰墨新农村"活动 ………………………… 225
吉林省长春市朝阳区社区农民工文化服务 ………………… 226
吉林省长春市"艺术点燃希望 行动关爱未来"文化志愿服务活动 ………………… 226
吉林省吉林市朝鲜族民俗文化节 ………………………… 226
吉林省长春图书"宅急送" ………………………… 227
吉林省"定向"出版农民工图书报刊 ………………… 227
吉林省长春市设立社区体育公益性岗位 ………………… 227
"传递书香 见证成长"——鹤岗市图书馆志愿服务黑龙江活动 ………………… 228
黑龙江哈尔滨之夏音乐会 … 228
黑龙江"大庆之冬"艺术节 ………………………… 228
黑龙江省"城市之光·金色田野"群众文化活动 ………… 228
黑龙江大兴安岭管乐品牌文化活动 ………………… 229
黑龙江省"送欢笑到基层"文化志愿服务活动 ………… 229
黑龙江省牡丹江市"百名志愿者百日下基层" ………… 229
黑龙江省大兴安岭地区北极村北极光节系列节庆活动 … 230
黑龙江省黑河博物馆馆际交流服务社会 ………………… 230
黑龙江省北安市红色博物馆群 ………………………… 230
中国哈尔滨朝鲜族民俗文化节 ………………………… 231
黑龙江省科学健身"嘉年华"活动 ………………… 231
黑龙江省"职工读书学习节" ………………………… 232
黑龙江哈尔滨市"流动妇女之家" ………………… 232
黑龙江省鸡西"网上妇女之家" ………………… 233
上海市徐汇公共文化服务一卡通 ………………… 233
上海市文献联合编目中心 … 233
上海图书馆网上联合知识导航 ………………… 234
"荣担文化使者 播撒都市文明"——上海图书馆系统文

化志愿者服务 …………… 234

上海"绿叶助学志愿队"服务
活动 …………………… 235

上海市嘉定"百姓书社" …… 235

上海教育系统高雅艺术进校园
活动 …………………… 235

上海市"宝山国际民间艺术节"
………………………… 236

中国上海国际艺术节"天天演"
活动 …………………… 237

"唱响贤城"——上海市奉贤区
"群众文化四季歌"系列活动
………………………… 237

上海松江区"万千百"文化配送
实事工程 ……………… 237

上海"社区·院团-家亲"文化
牵手活动 ……………… 238

上海"长风杯"新上海人歌手
大赛 …………………… 238

上海市东方社区文化艺术指导
中心 …………………… 238

"百姓家门口的文化使者"——
上海社区文化指导员志愿者
服务 …………………… 238

上海"名家坊"——天平社区
文化名人服务活动 …… 239

"与艺术同行"——上海中华
艺术宫文化志愿服务活动
………………………… 239

上海市"聚乐轩"文化志愿者
管理委员会 …………… 239

上海市公共文化服务"十有"
模式 …………………… 240

上海市民文化节 ………… 241

上海市公共文化资源配送 … 242

上海市"文化十进"氛围营造
工程 …………………… 243

上海市社区文化指导员数字化
派送服务 ……………… 243

上海东方社区信息苑 …… 244

上海市徐汇公共文化数字化平台
服务 …………………… 245

上海市农民工公共电子阅览室
………………………… 245

上海乡镇电影院数字化改造
………………………… 245

上海"露天电影进公园"放映
………………………… 246

上海市"无障碍电影"进影院
放映活动 ……………… 246

"书香中国"上海周 ……… 247

上海市农家书香"五个一百"

活动 …………………… 247
上海市全民阅读媒体联盟 … 247
上海安徽共建"候鸟书屋"
　………………………… 248
上海全民健身发展指数测评
　………………………… 248
上海市嘉定区全民健身卡"网上预定" …………………… 248
上海市"三十分钟体育生活圈"
　………………………… 249
上海市海外职工书屋 ……… 249
上海"职工手机书屋"建设工程
　………………………… 250
上海师范大学"爱心学校"志愿服务活动 ……………… 250
上海浦东社区妇女之家——文化会客厅 ……………… 250
江苏图书馆总分馆"苏州模式"
　………………………… 250
江苏省无锡市公共图书馆服务外包 …………………… 251
江苏南京"传递书香　见证成长"公共图书馆志愿服务活动
　………………………… 251
江苏苏州"新阅读　心服务"e时代乡村行活动 ……… 251

江苏常州数字电视图书馆 … 252
江苏省吴江"一镇一刊一社团"
　………………………… 252
江苏省群众文艺"五星工程奖"评奖活动 ……………… 253
江苏省《文化新世纪》杂志
　………………………… 253
江苏金陵合唱节 …………… 253
江苏省吴江市"区域文化联动"
　………………………… 254
江苏省苏州市基层文化从业人员职业资格认证 ………… 255
江苏"文化江海行"广场文艺演出
　………………………… 255
江苏"动感彭城"广场文化活动
　………………………… 255
江苏"欢乐家园"广场文化活动
　………………………… 255
江苏省"美好江苏"——基层文艺巡演 ……………… 256
江苏省连云港市社区文化中心标准化建设 …………… 256
江苏张家港市网格化公共文化服务 …………………… 257
江苏省南京市文化馆业务干部技能比赛 ……………… 258

江苏省南京市文化共享"1+1"
　数字资源配送 …………… 258
江苏南京市文化惠民"百千万
　行动计划" ………………… 259
江苏省南通市民营表演团体
　"百团义演" ………………… 259
江苏南通市文化馆新市民文化
　服务活动 …………………… 259
江苏苏州市民文化艺术素养
　提升志愿服务工程 ……… 259
江苏张家港"绽放在港城"文
　艺演出基层行 …………… 260
江苏苏州图书馆"掌上苏图"
　——手机图书馆服务 …… 260
江苏省吴江"四位一体"农村
　公共信息服务中心 ……… 260
江苏省苏州国家历史文化名
　城保护示范区推进工程 … 261
国家历史文化名城保护"无锡
　模式" ……………………… 261
江苏省南通市环濠河博物馆群
　…………………………… 261
江苏省苏州"掌上移动博物馆"
　服务 ……………………… 262
江苏省无锡"名人故居"绩效审计
　…………………………… 262

江苏省苏州民俗文化走进社区
　…………………………… 263
江苏省"无锡好人"微电影社区
　巡展 ……………………… 263
江苏省江阴市"一二三"家庭
　读书工程 ………………… 263
江苏读书节 ………………… 263
江苏苏州阅读节 …………… 264
江苏省苏州吴江区农家书屋与
　图书馆"通借通还" ……… 264
江苏省"农家书屋法制文化建
　设示范点" ………………… 264
江苏省南通市农家书屋与校外
　辅导站对接 ……………… 265
江苏省邳州农家书屋"儿童之家"
　…………………………… 265
江苏农家书店建设工程 …… 265
江苏灌南农家书屋农技"触摸屏"
　…………………………… 266
江苏省居民阅读状况调查 … 266
江苏省城市社区"十分钟体育
　健身圈" …………………… 267
江苏省苏州医保健身一卡通
　…………………………… 267
江苏省构建体育基本现代化
　…………………………… 268

江苏省张家港"全民健身提升跨越行动" …………… 269	绩效考核 …………… 278
江苏省基本公共体育服务体系建设 …………… 271	江苏"职工读书月"活动 …… 279
江苏省公共体育服务体系示范区建设 …………… 273	江苏省昆山妇联"妇女儿童之家"建设 …………… 279
江苏省江阴市体育中心十三个节假日免费开放 ………… 274	江苏省宝应"妇女儿童之家"菜单式服务 …………… 279
江苏省江阴市群众体育活动"一镇一品" …………… 274	江苏省连云港网上"妇女儿童之家" …………… 280
江苏省"大群体"机制 ………… 274	浙江省杭州图书馆"一证通" …………… 280
江苏省全民健身"梯度发展战略" …………… 275	浙江儿童知识银行 ………… 281
江苏省苏州全民健身"五大服务工程" …………… 275	浙江嘉兴市城乡一体化公共图书馆服务体系建设 …… 281
江苏省常州科学健身"六大服务平台" …………… 276	浙江绍兴市电视图书馆模式 …………… 282
江苏省常州市免费向市民赠送体育竞赛门票 ………… 277	浙江丽水市庆元县"月山春晚" …………… 282
江苏省徐州市体质监测"六进"活动社区行 …………… 278	浙江省东海明珠工程 ……… 283
江苏省常州体育惠民全民健身"一卡通" …………… 278	浙江秀洲·中国农民画艺术节 …………… 283
江苏省无锡校园体育设施免费开放 …………… 278	浙江"唱响文明赞歌"文化关爱老少边贫地区系列活动 …………… 283
江苏省宜兴市属体育类社团	浙江温州市苍南农村文化中心建设创新模式 …………… 284
	浙江台州市公共文化设施建设

"百分之一公共文化计划"
……………………… 284
浙江省东阳市农民工文化活动
中心 …………………… 285
浙江杭州市余杭区乡镇综合
文化站服务与管理创新 … 285
浙江省"千镇万村种文化"活动
……………………… 286
浙江省群众艺术馆新农村"文
化良种"培训基地………… 287
浙江省余姚"阳光文化绿卡"
……………………… 287
浙江杭州市群众艺术馆群众文
化"集约化、一体化"运行机制
创新项目 ……………… 287
浙江文化走亲 …………… 288
浙江省杭州市下城区"文化超市"
……………………… 288
浙江定海区"文化零距离"大型
民生服务 ……………… 289
浙江"天天演"文化惠民工程
……………………… 290
浙江宁波市文化志愿者服务
总队 …………………… 290
浙江省衢州市文化馆《民工文化
报》……………………… 291

浙江"群星"文化志愿服务活动
……………………… 291
浙江省宁波城乡剧院演出联盟
……………………… 291
浙江宁波鄞州文化演出消费
"一卡通" ……………… 292
浙江省杭州剧院"牡丹·文化
信用卡"………………… 292
浙江宁波余姚市公共文化服务
中心 …………………… 292
浙江省杭州市下城区社区农民工
文化家园 ……………… 293
浙江景宁"畲乡文化卡" …… 293
浙江文化礼堂 …………… 294
浙江省文化馆农村文化礼堂
服务"菜单"……………… 294
浙江文化通 ……………… 294
浙江省宁波市江东区文化共享
宣传队 ………………… 295
浙江省数字文化讲师团 … 295
浙江省金华"历史文化名城日"
活动 …………………… 296
浙江宁波"寻找城市的记忆"
广场故事会 …………… 296
浙江省"掌上西湖"文博服务
……………………… 296

浙江省嘉兴馆校"共建博物馆" …………………………… 297
浙江宁波鄞州民办博物馆建设 …………………………… 297
浙江省宁波博物馆东方讲坛进高校 …………………………… 297
浙江宁波余姚博物馆志愿宣讲活动 …………………………… 297
浙江省博物馆文化"三进"巡回展 …………………………… 298
浙江省广电惠民工程 ……… 298
浙江金华市广电台对农广播 …………………………… 298
浙江省广电低保工程 ……… 298
浙江省"广电进渔船"工程 …………………………… 299
浙江农村公益电影室内固定放映 …………………………… 299
浙江宁波社区电影放映市场化运作 …………………………… 299
浙江宁波商业影片公益化放映 …………………………… 300
浙江宁海县农家书屋节 …… 300
浙江省杭州一户一张农家书屋免费借书证 …………………………… 300
浙江省杭州市体育健身消费补助 …………………………… 300
浙江省江山市体育器材及健身书籍送下乡 …………………………… 301
浙江省宁波体育场馆定期向市民免费开放 …………………………… 301
浙江省千分之五"等级标准" …………………………… 302
浙江省海宁市游泳培训政府限价 …………………………… 302
浙江宁波青少年宫"外来务工子弟学校少先队文化建设活动" …………………………… 302
浙江流动少年宫 …………… 303
浙江省衢州市青少年宫"校外教育公益大讲堂" …………………………… 304
浙江平湖个性化"妇女之家" …………………………… 304
安徽省图书馆公益性讲座"新安百姓讲堂" …………………………… 305
安徽省马鞍山市"江南之花"大型群众文化活动 …………………………… 306
安徽"金色晚霞"合唱节 …… 306
安徽中国农民歌会 ………… 306
安徽"百团千场万人"文化下乡 …………………………… 306
《安徽群众文化》杂志 …… 306

大地欢歌——安徽淮南市社会
　　文化展示活动 ……… 307
安徽铜陵市农村文化墙展示
　　活动 ……………… 307
安徽铜陵市社区文化家园 … 307
安徽淮南市少儿艺术发展项目
　　………………………… 308
安徽省芜湖市弋矶山街道文
　　化志愿者服务农民工 …… 308
安徽省群众文化辅导工作 … 308
安徽省合肥市低保户免费收看
　　有线电视 …………… 309
安徽省万场消防电影送下乡活动
　　………………………… 309
安徽黄山市农家书屋宣传月活动
　　………………………… 309
安徽天长市图书"流转"网点
　　………………………… 310
安徽农民文化乐园 ……… 310
福建省图书馆"闽图周末讲坛"
　　………………………… 311
福建省厦门"红领巾读书读报"
　　………………………… 311
福建特殊群体、弱势人群的知识
　　援助行动 …………… 311
福建省厦门"故事妈妈"俱乐部
　　………………………… 312

福建三明市麒麟文化艺术节暨
　　广场文化活动 ……… 312
福建厦门市群众文化艺术节
　　………………………… 312
福建新福州人歌手大赛 …… 313
福建厦门青年民族乐团文化志愿
　　服务活动 …………… 313
福建福州市激情广场大家唱
　　………………………… 313
福建省厦门市湖里区文化馆外来
　　青年艺术团 ………… 313
福建省村级文化协管员 …… 314
福建省艺术扶贫工程 …… 315
福建省村级文化示范基地建设
　　………………………… 315
情系八闽——福建文化志愿服务
　　走基层活动 ………… 316
福建宁德市"周末免费百姓剧场"
　　………………………… 316
福建省农村有线广播"村村响"
　　工程建设 …………… 316
福建省莆田农家书屋"软件管家"
　　………………………… 317
福建"福乐书屋" ………… 317
福建省政府主导建设青少年校外
　　体育活动中心 ……… 317

江西省赣州市图书馆农民工服务 …… 318

江西省修水县"双井之春"音乐会 …… 318

江西宜春市上高县农民摄影 …… 318

江西婺源·中国乡村文化旅游节 …… 319

江西萍乡市"新安源·新形象"广场群众文化活动 …… 319

江西"传播爱心献社会 文化服务暖人间"活动 …… 319

江西赣州市兴国山歌艺术节 …… 320

江西中国宜春·明月山月亮文化节 …… 320

江西省老艺术家年表库工程 …… 320

江西宜春市"一乡一色"、"一村一品"特色文化建设 …… 320

江西省南昌市社区文化在线 …… 321

江西瑞金"红色文化进课堂"活动 …… 321

江西全省博物馆"百馆展示工程" …… 321

江西省国民体质监测健康万里行活动 …… 322

山东省图书馆"大众讲坛" …… 322

山东省青岛市图书馆小小莫扎特音乐馆活动 …… 323

山东省青岛市"社区大课堂" …… 323

山东省青岛市图书馆"书海拾贝·快乐引航"小贝壳活动 …… 323

山东青岛市群众艺术馆"欢乐青岛"广场周周演活动 …… 323

"和平颂"山东国际青少年文化艺术节 …… 324

山东青岛市文化大拜年系列活动 …… 324

"艺润心田"——山东文化志愿者在行动 …… 324

山东青岛城阳区新市民文化艺术节 …… 325

山东省艺术馆"齐风鲁韵"传习大课堂 …… 325

山东济南市"新市民 新课堂"公益性艺术辅导培训 …… 325

山东威海市农村文化大院规范化

建设与服务 ……… 326
山东东营市垦利县村村唱戏
　村村舞 ……… 326
山东泰安市群众文化艺术年
　活动 ……… 327
"精彩生活　幸福使者"山东
　文化馆志愿服务活动 …… 327
"精彩生活　幸福使者"山东
　吕剧传承发展活动 ……… 327
"文化暖心　点亮生活"山东关爱
　特殊群体文化志愿服务活动
　……… 328
山东泰安市肥城县级公共文化
　服务志愿者递进培养工程
　……… 328
山东青岛市城阳区"文化超市"
　公共文化服务模式 ……… 328
山东省青岛市新型农村社区
　文化中心 ……… 328
山东省公益文化项目推介活动
　……… 329
山东省青岛市文化三大跨越
　工程 ……… 329
山东省诸城"二公里公共文化
　服务圈" ……… 329
山东淄博市张店文化协管员

……… 329
山东公共电子阅览室"一站双
　网三平台"技术服务体系
　……… 330
山东省文化共享工程进村入户
　模式 ……… 331
山东省桓台县公共电子阅览室
　暨乡村少年宫建设与服务
　……… 331
山东省文物局"齐鲁文博讲坛"
　……… 331
山东青岛市青州市文物局"每周
　一讲"活动 ……… 332
山东省社区公益电影放映 … 332
山东省青岛市"益民书屋3+2
　工程" ……… 332
山东省昌乐县农家书屋管理员
　持证上岗 ……… 333
山东省莱西市农家书屋"双百"
　工程 ……… 333
山东省宁阳县农民免费看党报
　……… 334
山东省高青县农民"点菜"书屋
　"下厨" ……… 334
山东枣庄市电子农家书屋 … 334
山东省"青岛市全民健身电子

地图"…………………… 334
山东省青岛工人文化宫"每周
　　一讲"…………………… 335
河南郑州市图书馆文化阳光进
　　高墙活动 ………………… 336
河南"爱·链"行动 ………… 336
河南许昌志愿者图书导读活动
　　…………………………… 336
河南洛阳市"河洛欢歌·广场
　　文化狂欢月活动"………… 336
河南邓州市文化茶馆建设 …… 336
"激情广场大家唱　舞动漯河
　　大家跳活动"……………… 337
"春满中原"河南春节系列社会
　　文化活动 ………………… 338
河南周口市周末一元剧场 … 338
河南"放歌如意湖"广场文化活动
　　…………………………… 338
河南许昌市"百姓剧场"公益
　　演出 ……………………… 338
河南许昌市送文化进企业 … 339
河南"百姓书场"文化志愿者
　　惠民演出活动 …………… 339
河南公益无限系列活动 …… 339
河南省"网友眼中的郑州大运河"
　　随手拍活动 ……………… 339

河南"万场电影送民工"活动
　　…………………………… 340
河南省临城残疾人"爱心书屋"
　　…………………………… 340
湖北武汉市江汉区"金桥"读书
　　评书活动 ………………… 340
湖北省图书馆"长江讲坛"
　　…………………………… 341
湖北省"小种子"流动阅读推广
　　活动 ……………………… 341
湖北"武汉之夏"群众文化活动
　　…………………………… 341
湖北中小学生幼儿美术书法
　　比赛活动 ………………… 341
湖北武昌区"首义之春"系列
　　群众文化活动 …………… 341
湖北荆门市"农家乐杯"文艺
　　比赛 ……………………… 342
湖北荆州市社区消夏文化节
　　…………………………… 342
湖北鄂州市"周周乐"广场文化
　　活动 ……………………… 342
湖北"天天跳、周周唱、月月演"
　　特色广场文化 …………… 342
湖北省"以钱养事式"乡镇综合
　　文化站改革 ……………… 343

湖北省荆门市农民工题材作品
　　创作、推广与农民工艺术素养
　　培育 …………………… 343
湖北孝感市楚剧展演活动 … 343
湖北省博物馆志愿者基地 … 343
"书香荆楚　文化湖北"全民
　　阅读活动 ………………… 344
湖北省荆州市小太阳读书节暨
　　全民阅读活动 …………… 344
湖北省全民阅读活动个性化网上
　　图书馆 …………………… 344
湖北数字电视阅读 ………… 345
湖北利川数字农家书屋 …… 345
湖北省武汉市总工会"周周
　　送文化"活动……………… 346
湖北省宜昌职工书屋立体
　　"充电站" ………………… 346
湖南省少年儿童图书馆全省少儿
　　读书活动 ………………… 346
用心点亮世界　用爱构建和谐
　　——湖南图书馆文化志愿者
　　服务视障读者活动 ……… 347
湖南常德市鼎城民间艺术团体
　　惠民演出 ………………… 347
湖南"青春娄底·欢乐湘中"
　　广场文化活动 …………… 347

湖南中国汨罗江龙舟节 …… 348
湖南常德市鼓王擂台赛 …… 348
湖南省文化志愿者服务农民工
　　系列活动 ………………… 348
湖南省长沙市"百团汇演"
　　…………………………… 348
湖南株洲合唱节 …………… 348
湖南衡阳市公共文化服务进社区
　　活动 ……………………… 349
湖南省长沙市雨花区新市民服务
　　平台 ……………………… 349
湖南长沙市"欢乐星城"大型
　　群众文化活动 …………… 349
湖南衡阳市"和风衡州"群众
　　文化艺术节 ……………… 349
湖南长沙群文湘军"五百行动"
　　计划 ……………………… 350
湖南长沙外来务工人员"候鸟
　　俱乐部"活动……………… 350
湖南三千文化志愿者下乡镇
　　（社区）活动 …………… 350
"欢乐潇湘"湖南文化志愿行
　　…………………………… 350
湖南"送文博展览下乡" …… 351
湖南省益阳文物宣传周活动
　　…………………………… 351

湖南省应急广播"村村响"工程
　　…………………………… 351
湖南大映电影传媒有限公司公益
　　放映 ………………………… 352
湖南省"新华汽车书店" …… 352
湖南三湘读书月 ……………… 353
广东省立中山图书馆流动图书馆
　　及联合参考咨询服务 …… 353
广东省东莞市换书中心 ……… 353
广东东莞图书馆"卓越绩效模式"
　　……………………………… 353
广东省东莞图书馆集群 …… 353
广东省佛山联合图书馆 ……… 354
广东省深圳图书馆之城 ……… 354
地方版文献联合采编协作网
　　……………………………… 355
广东深圳"喜阅365"——亲子
　　共读计划 …………………… 355
广东广州市"羊城之夏"群众文化
　　广场系列活动 ……………… 355
广东省群众艺术花会 ………… 356
广东中山市农村文化室全覆盖
　　工程 ………………………… 356
广东中山农村群众歌咏活动
　　……………………………… 357
广东广州市爱心艺术培训班
　　……………………………… 357
广东省农村流动文化服务 … 358
广东深圳市外来青工文化节
　　……………………………… 358
广东省流动演出服务网 … 358
广东绚丽大舞台——东莞市文化
　　广场千场文艺演出 ………… 359
广东深圳市群众艺术馆公益培训
　　……………………………… 360
广东东莞市"越唱越红"歌唱大赛
　　……………………………… 360
广东省深圳市龙华新区大浪
　　办事处大浪青工文化乐园
　　……………………………… 360
广东广州岭南书画艺术节 … 361
广东"寻梦佛山"异地务工人员
　　子女文化夏令营 …………… 361
广东佛山市南海区县域公共文化
　　服务体系建设工程 ………… 361
广东东莞"文化志愿大篷车"进
　　"三区" ……………………… 362
广东东莞农民工文化人才培育与
　　扶持机制 …………………… 363
广东深圳市宝安区"文化钟点工"
　　志愿服务活动 ……………… 363
广东省深圳市福田区公共文化

服务项目招标 …………… 363
广东省佛山市"文化年货带回家"
……………… 364
广东省佛山市顺德"理事会式"
文化管理体制 …………… 364
"文化暖心 点亮生活"广东关爱
特殊群体文化志愿服务活动
……………… 365
广东省顺德区文化艺术惠民生
百场培训进企业 ………… 365
广东惠州市文化惠民卡制度
……………… 366
广东省东莞市新型公共电子
阅览室 …………………… 366
广东省东莞市图书自助服务
……………… 367
广东省东莞"文化 e 管家" … 367
广东省东莞公共文化体验区
……………… 367
广东省东莞学习中心 ……… 368
广东东莞文化网 …………… 368
广东省流动博物馆服务 …… 368
广东省东莞博物馆之城 …… 369
广东省佛山博物馆"小眼睛看
大发展"摄影大赛………… 370
广东省大型公益电影放映活动

……………… 370
广东省县级数字影院全覆盖工程
……………… 371
广东珠影文化广场 ………… 371
广东省深圳读书月 ………… 372
广东广州南国书香节 ……… 372
广东"书香岭南"全民读书活动
……………… 373
广东省东莞"全民掌上阅读"
……………… 373
广东农家书屋提升工程 …… 373
广东全民健身志愿服务常态化
……………… 373
广东省一体化公共体育服务体系
建设 ……………………… 374
广西桂林图书馆"英语角"民间
阅读推广志愿服务 ……… 375
广西光影榭——周末观影沙龙
……………… 375
广西大型群众文化活动——
"漓江之声"……………… 375
广西南宁国际民歌艺术节"绿
城歌台"广场文化活动…… 376
广西"柳江之夏"群众文化活动
……………… 376
广西"百村百戏"…………… 376

广西"魅力北部湾"群众文化活动
　　……………………… 376
广西桂林百姓大舞台 ……… 377
广西宾阳炮龙节 …………… 377
广西桂林灵川县八里街道农民工
　文化培育机制 …………… 377
广西桂林千村万民农村基层大
　培训 ……………………… 378
广西河池市罗城仫佬族自治县
　乡镇文化站规范管理 …… 378
广西高校公共文化志愿进"三
　馆"入社区………………… 379
"情暖乡村同欢乐"广西文化
　惠民志愿服务活动 ……… 379
广西博物馆儿童导览服务 … 380
广西"村村通"长效机制 …… 380
广西南宁"运动周末——环南宁
　运动休闲圈"……………… 381
广西国家民族传统体育保护传承
　示范区建设 ……………… 381
海南省澄迈县"家庭图书馆"
　……………………………… 382
海南"书香润琼州"活动 …… 382
海南省东西南北中广场文艺会演
　……………………………… 383
海南省群艺大舞台 ………… 383

海南海口市万春会 ………… 383
海南海口市社区文艺辅导员
　培训班 …………………… 383
海南省澄迈县"老爸文化茶亭"
　……………………………… 384
海南陵水黎族自治县群众文化
　活动 ……………………… 384
海南"欢乐陵河"广场文化活动
　……………………………… 384
海南省建设工会农民工文化服务
　……………………………… 385
海南"广场排舞大家跳"活动
　……………………………… 385
重庆农民工日文化活动 …… 385
西南大学公共文化管理在职
　研究生班 ………………… 385
重庆市少年儿童图书馆少儿阅读
　活动 ……………………… 386
重庆市少年儿童爱心图书接力
　服务活动 ………………… 386
重庆市少年儿童图书馆"小小
　义工真能干"活动………… 387
重庆九龙坡"喜悦"文化志愿服务
　行动 ……………………… 387
重庆图书馆志愿者之家 …… 387
重庆沙坪坝区民间故事会 … 388

重庆合川儿童画进校园 …… 388	活动 ………………………… 396
重庆市美术书法摄影联展 … 389	重庆市社区文化节 ………… 396
重庆市北碚区"文化村村行"	重庆市渝中区"十分钟公共文化
服务工程 ………………… 389	服务圈" ………………… 396
重庆市渝中区解放碑 CBD 周末	重庆市渝中区"文化大礼包"
音乐会 …………………… 390	…………………………… 397
"渝州大舞台"重庆市城乡文化	重庆市渝中区"幸福社区　邻里
互动工程 ………………… 390	如亲"社区邻里节………… 397
重庆市渝中区"农民工夜校"	重庆南川区乡村"小舞台" ……
…………………………… 390	…………………………… 398
中国重庆文化艺术节 ……… 391	重庆市綦江区小小坝坝舞 … 398
重庆市戏剧曲艺大赛 ……… 391	重庆市政府向社会力量购买
重庆观音桥广场文化之声 … 391	公共演出服务 …………… 398
重庆市社区文化"建设配套费	重庆市公共文化物联网服务
计划" …………………… 392	…………………………… 400
重庆市涪陵区扶持民间文艺表演	重庆市文化馆（站）带动服务
团体 ……………………… 392	模式 ……………………… 400
重庆市"三十佳"评选 ……… 393	重庆巴南区文化共享再就业培训
重庆演出季 ………………… 393	…………………………… 401
中国西部重庆交响乐周 …… 394	重庆市公共图书馆文化共享
重庆市基层文化队伍培训 … 394	农民工联盟 ……………… 401
重庆市大渡口区文化馆总分馆制	重庆北碚区数字文化馆 …… 402
建设 ……………………… 394	重庆市文化遗产宣传月 …… 402
重庆市南川区文化中心户标准化	重庆市广播村村响电视户户通
建设 ……………………… 395	攻坚行动 ………………… 402
重庆"快乐星期六"文化志愿服务	重庆市区县广播电视台标准化

建设 …………………… 403
重庆市社区公益电影放映工程
…………………… 403
重庆市农村电影放映监管平台
…………………… 404
重庆市全民阅读"双十佳"评选
…………………… 404
重庆沙坪坝农家书屋"图书银行"
模式 …………………… 404
重庆长寿"1+6"亲子阅读
…………………… 405
重庆市江津流动农家书屋 … 405
重庆市农家书屋"一屋多用"
…………………… 405
重庆市沙坪坝区农村文化志愿
服务队送书进农户活动 … 406
重庆合川农民自创"农家书屋
读书协会" …………… 406
重庆市惠民书市巡展 ……… 406
重庆巴南广播书屋 ………… 407
重庆市全民健身登山步道工程
…………………… 407
重庆大学生村官兼任社会体育
指导员 …………………… 407
重庆市民学校 ……… 408
重庆市长寿区"妇女之家""梦想

课堂" …………………… 409
四川省攀枝花市大地书香新
农村家园工程 ………… 409
四川省成都小馆员志愿者服务
活动 …………………… 410
四川丹巴嘉绒藏族风情节 … 411
四川绵竹年画节 …………… 411
四川文瀚嘉州·百姓直通车
…………………… 411
四川社区文化信使行动 …… 411
四川文化金牛大擂台 ……… 412
四川成都市民文化艺术学校
…………………… 412
四川甘孜州牧民定居暨帐篷
新生活文化行动 ……… 413
四川省成都"文化四季风"
…………………… 413
四川省泸县农民演艺网 …… 414
四川省成都市公共文化"百千万"
人才工程 ……………… 415
四川成都文化馆"三段式"方法
指导基层文化阵地发展
…………………… 415
四川成都市四级公共文化服务
经费纳入财政预算 …… 415
四川成都"青工文化驿站"

……………………………… 416	四川博物院"大篷车"流动博物馆
四川成都"报纸文化馆" …… 416	……………………………… 421
四川成都市文化馆"金字塔"形	四川省芦山国家应急广播地震
四级辅导模式 ………… 416	救灾 …………………… 422
四川省成都公共文化建设	四川省成都农村数字电影"金沙
"免检区" ……………… 417	服务模式" …………… 422
四川省关爱农民工"八个一"	四川农民读书节 …………… 422
文化维权免费套餐 …… 417	四川省华蓥"背篼法律图书馆"
四川成都名师大讲堂 ……… 418	……………………………… 423
四川二郎山艺术团抗震救灾	四川德阳"小型健身苑" …… 423
巡回义演 ……………… 418	四川省内江周末快乐体育 … 423
四川"特色文化艺术学校"文化	四川省地方特色体育品牌建设
志愿服务活动 ………… 419	……………………………… 424
四川省成都数字文化文物信息	四川省少儿体育"三免费"活动
平台 …………………… 419	……………………………… 424
四川省遂宁市农民工文化服务	四川省攀枝花"爱心家教"
"网络快线" …………… 419	……………………………… 424
四川省大英县公共文化服务	四川省成都市总工会"三新"
体系考核排名通报 …… 420	文明素质教育活动 …… 425
四川省成都市公共数字文化	四川省成都市出租车企业"职
生态空间 ……………… 420	工文化活动中心" …… 425
四川成都市"网络文化馆"	贵州花灯戏 ………………… 425
……………………………… 420	贵州"花溪之夏"艺术节 …… 426
四川省"文物移动医院" …… 420	贵州水城农民画 …………… 426
四川博物院"小小讲解员"	贵州省少儿艺术节 ………… 426
……………………………… 421	贵州梵净山文化旅游节 …… 426

贵州省遵义"四在农家"农村
　　文化建设 …………… 427
贵州农民工子女免费艺术培训
　　……………………… 427
贵州省大学生志愿者艺术团巡回
　　慰问演出 …………… 427
贵州遵义"乡村大舞台·农村
　　文艺演出" …………… 428
贵州省遵义市"微笑小屋"文化
　　志愿服务 …………… 428
贵州省遵义市百姓剧场·舞台
　　精品剧目免费展演 …… 429
贵州省"数字农家书屋"建设
　　……………………… 429
贵州省"优秀黔版图书阅读活动"
　　……………………… 429
云南盘龙江文化艺术节 …… 429
云南大理"洱海歌手大奖赛"
　　……………………… 430
云南省民族民间歌舞乐展演
　　……………………… 430
云南昆明和谐大舞台 ……… 430
云南省"文化大篷车·千乡万里
　　行" …………………… 430
云南昭通市送文化百千万工程
　　……………………… 431

云南"文化乐民、文化育民、文
　　化富民" ……………… 431
云南省保山全域公共文化资源
　　"馆会一体"新体制 …… 431
云南省保山动态统计评估管理
　　网络平台 …………… 431
云南省昆明市社区文化沟通服务
　　……………………… 431
云南农民文化网络培训学校
　　……………………… 432
云南景颇族目瑙纵歌节 …… 433
云南阿露窝罗节 …………… 433
云南省"农村党员书屋"建设
　　……………………… 434
云南"国门书社"文化带 …… 434
云南省安宁"流动书包"型农
　　家书屋 ……………… 434
云南迪庆州卫星数字书屋 … 434
西藏图书馆拉萨便民警务站
　　"便民书窗"服务网点 … 435
西藏珠峰文化旅游节 ……… 435
西藏自治区拉萨市远大公司
　　农民工艺术团 ……… 435
西藏林芝地区民族特色群众
　　广场文化活动 ……… 436
西藏林芝新农村新文化示范村

.... 436

西藏自治区大型群众文化活动
.... 436

西藏博物馆"青少年活动室"
.... 437

西藏寺庙书屋 437

陕西省宝鸡市"少儿书信大赛"
.... 437

陕西省宝鸡市"帐篷图书馆"
.... 438

陕西省图书馆学会基层业务骨干
培训志愿者行动 438

陕图讲座 438

陕西铜川市公共图书馆服务
一体化建设 438

陕西省农民文化节 440

陕西延安过大年 440

陕西省艺术节 440

陕西渭南市"一元剧场" 440

陕西省社区文化节 441

陕西咸阳秦都区政企共建农民工
文化中心 441

陕西渭南市公共文化服务"四
进"零距工程 442

陕西"义写春联"活动 442

陕西省文物局汉唐网英文版
上线 442

陕西博物馆展览公众全程体验
.... 442

陕西省延安革命纪念馆社教
活动 443

陕西省西安碑林"智慧博物馆"
计划 443

陕西省农村广播应急网建设
.... 443

陕西"百场红色电影老区行"
活动 444

陕西省"爱晚书屋" 444

陕西省彬县全民健身"三纳入"
常态化 444

甘肃省图书馆"名家讲坛"
.... 445

甘肃省图书馆工地图书流通站
.... 445

"志愿者行动"——甘肃基层
图书馆员培训活动 445

"传递书香 见证成长"——甘肃
金昌市图书馆志愿者活动
.... 446

甘肃省群星艺术节 446

甘肃省老年文化艺术节 ... 446

甘肃兰州群众自发文艺团队建设

机制 …………………… 446
甘肃"文化使者进草原 群文活动乐万家"文化志愿服务活动
 …………………………… 447
甘肃兰州春节文化庙会 …… 447
甘肃省农村电影固定放映点建设
 …………………………… 447
甘肃省丝绸之路体育健身长廊建设 …………………… 448
青海省图书馆历史文化知识讲座
 …………………………… 448
青海省化隆县文化志愿服务队基层文艺演出活动 ……… 448
青海"欢乐乡村"巡回演出
 …………………………… 449
青海百姓大舞台 …………… 449
青海省格尔木市流动人口文化建设 …………………… 449
青海省格尔木"文化搭台、经贸唱戏、企业反哺文化"模式
 …………………………… 449
青海省西宁农民工输出地就业技能培训 ……………… 450
青海玉树赛马会 …………… 450
青海西北五省(区)花儿演唱会
 …………………………… 451

"传递书香 温暖读者"——宁夏青铜峡市图书馆文化志愿服务活动 ………… 451
宁夏"清凉宁夏"广场文化示范演出活动 ………………… 451
宁夏银川市文化艺术馆"湖城之夏"广场文化活动…… 451
宁夏银川市踏歌起舞文化工程"相约星期六·百姓大舞台"
 …………………………… 452
宁夏银川市金凤区工业集中区社区三维服务阳光驿站
 …………………………… 452
宁夏中国西部民歌(花儿)歌会
 …………………………… 452
宁夏农村电影固定放映点建设
 …………………………… 452
宁夏"支农报"赠送活动 …… 453
新疆"最低文化生活保障线"
 …………………………… 453
新疆克拉玛依"中学生义务馆员"
 …………………………… 453
新疆乌鲁木齐市"新疆情"文化讲坛 …………………… 454
新疆克拉玛依市图书馆一体化服务 …………………… 454

新疆自治区巴州"百日广场"
　文化活动 ………………… 455
新疆伊宁市文化馆"文化钟点
　工"志愿服务活动………… 455
新疆"文化惠民　为您服务"
　沙雅县海楼乡志愿服务活动
　……………………………… 456
新疆阿勒泰市"金山之夏"文化
　艺术节 …………………… 456
新疆乌鲁木齐市中老年艺术节
　……………………………… 456
新疆建设兵团五家渠广场文化
　艺术节 …………………… 456
新疆莎车县木卡姆文化艺术节
　活动 ……………………… 457
新疆昌吉民间社火 …………… 457
新疆吐鲁番地区"申遗宣传进
　校园活动" ………………… 457
新疆乌恰县流动书屋 ………… 458
新疆乌什清真寺、茶馆、理发店
　农家书屋 ………………… 458
新疆"学校体育三年行动计划"
　……………………………… 458

三、规划纲要

《爱国主义教育实施纲要》
　……………………………… 463
《国民经济和社会发展第十个
　五年计划纲要》…………… 463
《公民道德建设实施纲要》
　……………………………… 464
《国民经济和社会发展第十一
　个五年规划纲要》………… 465
《国家"十一五"时期文化发展
　规划纲要》………………… 466
《文化建设"十一五"规划》
　……………………………… 467
《文化标准化中长期发展规划》
　……………………………… 469
《国民经济和社会发展第十二
　个五年规划纲要》………… 470
《国家文物博物馆事业发展"十
　二五"规划》……………… 471
《全国地市级公共文化设施建设
　规划》……………………… 473

《国家"十二五"时期文化改革
　　发展规划纲要》……… 474
《文化部"十二五"时期文化改革
　　发展规划》……… 476
《国家基本公共服务体系"十二
　　五"规划》……… 478
《国家文化科技创新工程纲要》
　　……… 479
《文化部"十二五"文化科技发展
　　规划》……… 481
《文化部"十二五"时期公共文化
　　服务体系建设实施纲要》
　　……… 482
《全国公共图书馆事业发展"十
　　二五"规划》……… 483
《全国"十一五"乡镇综合文化站
　　建设规划》……… 485
《全国文化信息资源共享工程
　　"十一五"规划发展纲要》
　　……… 487
《全国文化信息资源共享工程
　　"十二五"规划纲要》…… 487
《"十一五"期间大遗址保护总体
　　规划》……… 488
《国家"十一五"抢救性文物保护
　　设施建设专项规划》……… 489

《国家"十二五"文化和自然遗产
　　保护设施建设规划》……… 491
《大遗址保护"十二五"专项规划》
　　……… 492
《博物馆事业中长期发展规划
　　纲要》……… 493
《"十一五"全国广播电视村村通
　　工程建设规划》……… 495
《"十一五"时期广播影视科技
　　发展规划》……… 496
《全国"十二五"广播电视村村通
　　工程建设规划》……… 497
《电影数字化发展纲要》…… 498
《国家"十一五"农村电影放映
　　工程建设规划》……… 499
《国家古籍整理出版"十一五"
　　重点规划》……… 500
《"十一五"期间国家重点图书
　　出版规划》……… 501
《新闻出版业"十一五"发展
　　规划》……… 502
《2010年全民阅读活动计划》
　　……… 503
《新闻出版业"十二五"时期发展
　　规划》……… 503
《新闻出版公共服务体系建设

"十二五"时期规划》…… 505
《"十二五"国家重点图书、音像、电子出版物出版规划》…… 506
《新闻出版业"十二五"时期重大项目建设规划》…… 506
《数字出版"十二五"时期发展规划》…… 507
《出版物发行业"十二五"时期发展规划》…… 508
《新闻出版业科技"十二五"时期发展规划》…… 509
《2011—2020年国家古籍整理出版规划》…… 510
《国家"十二五"少数民族语言文字出版规划》…… 511
《全民健身计划纲要》…… 513
《"十一五"群众体育事业发展规划》…… 514
《"十一五"体育发展规划》…… 517

《"十一五"农民体育健身工程建设规划》…… 518
《全民健身计划(2011—2015年)》…… 519
《体育事业发展"十二五"规划》…… 520
《青少年体育"十二五"规划》…… 522
《"十二五"公共体育设施建设规划》…… 523
《全民科学素质行动计划纲要》…… 525
《科普基础设施发展规划》…… 525
《全国职工素质建设工程五年规划》…… 526
《全国青少年学生校外活动场所建设与发展规划》…… 527
《指导推进家庭教育的五年规划》…… 528

四、政策法规

《中国艺术节章程》············ 533
《文化部关于进一步加强农村
　文化建设的意见》············ 533
《全国文化先进县全国文化工
　作先进集体和全国文化系统
　先进工作者劳动模范荣誉称
　号授予办法》················ 535
《文化部关于加强老年文化工
　作的意见》·················· 535
《文化部国家民委关于进一步加
　强少数民族文化工作的意见》
　·························· 536
《文化部关于实施西部大开发战
　略加强西部文化建设的意见》
　·························· 537
《文化部民政部关于文化类民
　办非企业单位登记审查管理
　暂行办法》·················· 538
《国务院关于支持文化事业发展
　若干经济政策的通知》······ 539
《文化部关于贯彻落实"三个
　代表"重要思想进一步加强

农村文化工作的通知》······ 540
《中组部等部门关于做好老年
　教育工作的通知》············ 543
《国家计委文化部关于"十五"
　期间加强基层公共文化设施
　建设的通知》················ 544
《国务院办公厅转发文化部等
　部门关于进一步加强基层文
　化建设的指导意见的通知》
　·························· 545
《建设部文化部关于进一步做
　好基层公共文化设施规划和
　建设工作的通知》············ 547
《文化部教育部关于做好基层文
　化教育资源共享工作的通知》
　·························· 548
《文化部关于进一步活跃基层群
　众文化生活的通知》········ 548
《全国艺术科学规划课题管理
　办法》······················ 549
《中央组织部等部门关于深化
　文化事业单位人事制度改革

的实施意见》…………… 550

《公共文化体育设施条例》
　………………………… 552

《中央宣传部等部门关于实施
　"百县千乡宣传文化工程"
　志愿服务行动的通知》…… 552

《中央精神文明建设指导委员
　会关于评选表彰全国文明城
　市、文明村镇、文明单位的暂
　行办法》………………… 554

《文华奖奖励办法》………… 554

《中共中央国务院关于进一步
　加强和改进未成年人思想道
　德建设的若干意见》……… 555

《文化部国家文物局关于贯彻
　落实中共中央国务院关于进
　一步加强和改进未成年人思
　想道德建设的若干意见的通
　知》……………………… 557

《文化部社会团体管理暂行办法》
　………………………… 558

《中共中央办公厅国务院办公
　厅关于进一步加强农村文化
　建设的意见》…………… 558

《国务院关于加强文化遗产保
　护的通知》……………… 560

《中共中央国务院关于深化文化
　体制改革的若干意见》…… 561

《中央文明办共青团中央关于
　实施农村文化建设志愿服务
　行动的通知》…………… 563

《文化部办公厅关于贯彻落实
　国务院关于解决农民工问题
　的若干意见的通知》……… 564

《中共中央办公厅国务院办公
　厅关于加强公共文化服务体
　系建设的若干意见》……… 564

《大型群众性活动安全管理条例》
　………………………… 566

《文化部关于进一步深化文化
　系统文化体制改革的意见》
　………………………… 567

《文化部科技创新项目管理办法
　（暂行）》………………… 568

《国务院关于进一步繁荣发展少
　数民族文化事业的若干意见》
　………………………… 568

《中央纪委等部门关于加强廉政
　文化建设的意见》………… 571

《中央宣传部等部门关于加强
　地方县级和城乡基层宣传文
　化队伍建设的若干意见》

………………………… 572

《国家文化科技提升计划管理办法(暂行)》………… 573

《国家文化创新工程项目管理办法(暂行)》………… 574

《文化部办公厅国家文物局办公室关于把握正确导向做好文化遗产保护开发工作的通知》………………… 574

《文化部关于开展全国基层文化队伍培训工作的意见》…… 575

《文化部创新奖奖励办法》………………………… 576

《文化部财政部关于开展国家公共文化服务体系示范区(项目)创建工作的通知》………………………… 576

《文化部财政部关于推进全国美术馆、公共图书馆、文化馆(站)免费开放工作的意见》………………………… 577

《文化部等部门关于进一步加强农民工文化工作的意见》………………………… 579

《中共中央国务院关于分类推进事业单位改革的指导意见》………………………… 580

《文化部中央文明办关于组织开展"春雨工程"——全国文化志愿者边疆行工作的通知》………………………… 582

《中共中央关于深化文化体制改革推动社会主义文化大发展大繁荣若干重大问题的决定》………………………… 583

《文化部关于鼓励和引导民间资本进入文化领域的实施意见》………………………… 585

《文化部中央文明办关于广泛开展基层文化志愿服务活动的意见》………………………… 586

《中组部等十六个部门关于进一步加强老年文化建设的意见》………………………… 587

《文化部关于直属事业单位深化改革的意见》………………… 589

《教育部办公厅等单位关于开展2013年高雅艺术进校园活动的通知》………………… 589

《文化部中央文明办关于开展"文化志愿者基层服务年"系列活动的通知》………… 590

《国务院侨办文化部关于加强

侨乡地区和华侨农场文化建设工作的意见》·············· 591

《国务院办公厅关于政府向社会力量购买服务的指导意见》·············· 592

《中共中央关于全面深化改革若干重大问题的决定》······ 593

《中共中央办公厅印发关于培育和践行社会主义核心价值观的意见的通知》·············· 594

《省（自治区、直辖市）图书馆工作条例》·············· 595

《中央宣传部等部门关于在全国组织实施"知识工程"的通知》·············· 596

《文化部财政部关于印发送书下乡工程实施方案的通知》·············· 597

《文化部办公厅关于深入开展公共图书馆讲座工作的通知》·············· 598

《文化部等部门关于进一步加强文献信息资源共建共享服务基层的意见》·············· 599

《文化部关于进一步加强少年儿童图书馆建设工作的意见》·············· 600

《中小学图书馆（室）规程（修订）》·············· 601

《文化馆工作试行条例》······ 602

《群众艺术馆、文化馆管理办法》·············· 603

《文化部群星奖奖励办法》·············· 604

《文化部等部委关于公益性文化设施向未成年人免费开放的实施意见》·············· 605

《乡镇综合文化站管理办法》·············· 606

《文化部财政部关于实施全国文化信息资源共享工程的通知》·············· 607

《文化部关于实施全国文化信息资源共享工程的通知》······ 608

《全国文化信息资源共享工程管理暂行办法》·············· 609

《教育部文化部关于在农村中小学实施全国文化信息资源共享工程的通知》·············· 610

《"全国远程办公室"与"全国文化共享办公室"关于做好农村党员干部现代远程教育

《工程与全国文化信息资源共享工程资源整合工作的通知》……611

《文化部财政部关于进一步推进全国文化信息资源共享工程的实施意见》……611

《中共中央组织部印发关于加强农村党员干部现代远程教育终端站点管理和使用工作的意见的通知》……612

《文化部办公厅关于印发公共电子阅览室建设试点工作方案的通知》……613

《公共电子阅览室管理规范（试行）》……614

《文化部财政部关于实施"数字图书馆推广工程"的通知》……615

《文化部财政部关于进一步加强公共数字文化建设的指导意见》……616

《文化部财政部关于印发"公共电子阅览室建设计划"实施方案的通知》……617

《文化部关于加快实施数字图书馆推广工程的意见》……618

《中华人民共和国文物保护法》……619

《风景名胜区管理暂行条例》……620

《风景名胜区管理暂行条例实施办法》……621

《自然保护区条例》……621

《国务院关于加强和改善文物工作的通知》……622

《国家民委国家文物局关于印发加强少数民族文物工作意见的通知》……624

《文化部等部门关于加强和改善世界文化遗产保护管理工作的意见》……625

《中华人民共和国文物保护法实施条例》……626

《国家文物局等部门关于进一步做好文物保护"五纳入"的通知》……627

《国家文物局突发事件应急工作管理办法》……628

《商务部国家文物局关于加强老字号文化遗产保护工作的通知》……629

《世界文化遗产保护管理办法》……630

《中国世界文化遗产监测巡视管理办法》…………… 630
《国家文物局等部门关于加强革命文物工作的若干意见》…………… 631
《历史文化名城名镇名村保护条例》…………… 632
《国家考古遗址公园管理办法》…………… 633
《国家级森林公园管理办法》…………… 633
《国务院关于进一步做好旅游等开发建设活动中文物保护工作的意见》…………… 634
《博物馆管理办法》…………… 635
《中共中央宣传部等部门关于全国博物馆纪念馆免费开放的通知》…………… 636
《全国博物馆评估办法（试行）》…………… 638
《全国重点美术馆评估办法》…………… 638
《国家文物局等部门关于促进民办博物馆发展的意见》…………… 639
《中央地方共建国家级博物馆管理暂行办法》…………… 639
《国家文物局教育部关于加强高校博物馆建设与发展的通知》…………… 640
《国家文物局关于推进国有博物馆对口支援民办博物馆工作的意见》…………… 641
《文化部财政部关于实施中国民族民间文化保护工程的通知》…………… 642
《国务院办公厅关于加强我国非物质文化遗产保护工作的意见》…………… 644
《国家级非物质文化遗产代表作申报评定暂行办法》…… 646
《国家级非物质文化遗产保护与管理暂行办法》…………… 646
《商务部文化部关于加强老字号非物质文化遗产保护工作的通知》…………… 647
《中国非物质文化遗产标识管理办法》…………… 647
《国家级非物质文化遗产项目代表性传承人认定与管理暂行办法》…………… 648
《文化部关于加强国家级文化

生态保护区建设的指导意见》
………………………… 648
《中华人民共和国非物质文化
遗产法》………………… 649
《文化部关于加强非物质文化
遗产生产性保护的指导意见》
………………………… 650
《文化部财政部关于印发中华
再造善本工程实施方案的通
知》……………………… 651
《国务院办公厅关于进一步加强
古籍保护工作的意见》…… 651
《文化部关于印发全国古籍普查
工作方案等文件的通知》……
………………………… 652
《国家珍贵古籍申报评审暂行
办法》…………………… 654
《全国古籍重点保护单位申报
评定暂行办法》………… 654
《文化部等部门关于支持西藏
古籍保护工作的通知》…… 655
《文化部关于进一步加强古籍
保护工作的通知》………… 656
《卫星电视广播地面接收设施
管理规定》……………… 656
《广播电视管理条例》……… 656

《国家计委国家广电总局关于
进一步加强农村广播电视覆
盖工作的通知》………… 657
《广播电视设施保护条例》
………………………… 658
《国家广电总局关于加强地面
数字电视试验管理的通知》
………………………… 659
《国务院办公厅转发广电总局
等部门关于巩固和推进村村
通广播电视工作意见的通
知》……………………… 659
《广播电视无线传输覆盖网管理
办法》…………………… 660
《国务院办公厅关于进一步做
好新时期广播电视村村通工
作的通知》……………… 661
《国家发展改革委办公厅国家
广电总局办公厅关于扎实做
好"十一五"广播电视村村
通工程建设有关工作的通
知》……………………… 662
《广电总局办公厅国家发展改
革委办公厅关于实施广播电
视村村通工程建设有关问题
的通知》………………… 663

《广电总局办公厅关于抓紧做好新一轮"村村通"建设所涉及卫星接收设施管理工作的通知》…………… 664

《广播电视安全播出管理规定》
…………………………………… 664

《广播电视高山无线发射台站基础设施建设管理办法》……… 665

《国家广电总局关于在有线网络未通达农村地区开展直播卫星公共服务的通知》
…………………………………… 666

《有线广播电视运营服务管理暂行规定》………………… 667

《工业和信息化部等部门关于普及地面数字电视接收机的实施意见》……………… 668

《广电总局关于促进主流媒体发展网络广播电视台的意见》
…………………………………… 669

《电影管理条例》……………… 670

《广电总局等部门关于加快实施"2131工程"加强农村电影市场发行放映工作的通知》……………………………… 670

《国家广电总局等部门关于进一步做好少年儿童电影工作的通知》………………… 671

《数字电影发行放映管理办法（试行）》………………… 672

《国务院办公厅转发广电总局等部门关于做好农村电影工作意见的通知》………… 674

《农村数字电影发行放映实施细则》…………………… 675

《广电总局关于推动农村电影放映工程持续健康发展的通知》………………………… 677

《出版管理条例》……………… 678

《报纸出版管理规定》………… 679

《期刊出版管理规定》………… 680

《中宣部等部门关于开展全民阅读活动的倡议书》……… 681

《新闻出版总署等部门关于印发"农家书屋"工程实施意见的通知》………………… 682

《中宣部等部门关于开展以"同享知识　共建和谐"为主题的全民阅读活动的通知》
…………………………………… 683

《中共中央宣传部等部门关于进一步加大对少数民族文字

出版事业扶持力度的通知》
.... 684
《音像制品制作管理规定》
.... 685
《图书出版管理规定》....... 685
《电子出版物出版管理规定》
.... 686
《国家新闻出版总署农业部关
于加强农家书屋工程建设和
新型农民科技培训工作的通
知》........................... 687
《农家书屋工程建设管理暂行
办法》....................... 688
《中宣部新闻出版总署关于进
一步推动做好全民阅读活动
的通知》................... 688
《新闻出版总署农家书屋工程
建设领导小组办公室关于切
实提高农家书屋使用率的通
知》........................... 689
《国家新闻出版广电总局等部
门关于做好农家书屋出版物
补充更新和使用的通知》
.... 689
《学校体育工作条例》....... 690
《社会体育指导员技术等级制度》
.... 691
《中华人民共和国体育法》
.... 692
《国家体育总局关于加强老年
人体育工作的通知》....... 693
《中国体育彩票全民健身工程
管理暂行规定》........... 694
《中共中央国务院关于进一步
加强和改进新时期体育工作
的意见》................... 694
《国家体育总局关于加强体育
彩票公益金援建项目监督管
理的意见》............... 696
《"雪炭工程"实施办法》....... 696
《国民体质测定标准施行办法》
.... 697
《国家体育总局办公厅关于开
展创建社区体育健身俱乐部
试点工作的通知》....... 697
《国家体育总局关于下发关于
进一步加强社会体育指导员
工作的意见的通知》....... 699
《国家体育总局关于印发关于
实施农民体育健身工程的意
见的通知》............... 700
《教育部国家体育总局关于进

一步加强学校体育工作切实提高学生健康素质的意见》…… 701

《教育部等部门关于开展全国亿万学生阳光体育运动的通知》…… 702

《中共中央国务院关于加强青少年体育增强青少年体质的意见》…… 703

《全民健身条例》…… 704

《国家体育总局等部委关于贯彻落实全民健身条例的通知》…… 705

《国家体育总局关于贯彻落实全民健身条例推动各级政府依法履行职责的通知》…… 706

《国家体育总局中华全国总工会关于印发关于进一步加强职工体育工作的意见的通知》…… 706

《国家体育总局等部门关于印发关于发挥乡镇综合文化站的功能进一步加强农村体育工作的意见的通知》…… 707

《国家体育总局关于印发建立全民健身志愿服务长效化机制工作方案广泛开展全民健身志愿服务活动的通知》…… 708

《国家体育总局等部门关于在全国推广普及中华人民共和国第九套广播体操的通知》…… 709

《少年儿童体育学校管理办法》…… 709

《优秀运动员全民健身志愿服务实施办法（试行）》…… 710

《国家体育总局办公厅关于开展"国家级体质测定与运动健身指导站"试点工作的通知》…… 711

《国家体育总局关于加强体育文化工作的通知》…… 711

《国家体育锻炼标准施行办法》…… 712

《中华人民共和国科学技术普及法》…… 713

《中国科协等部门关于下发关于加强科技馆等科普设施建设的若干意见的通知》…… 714

《全国总工会关于进一步加强

《县以上工人文化宫俱乐部建设的若干意见》……………… 715
《中华全国总工会关于推进地方工人文化宫俱乐部改革与发展的意见》……………… 716
《中华全国总工会关于开展全国工会"职工书屋"建设的实施意见》……………… 718
《国家教委等部门关于改进和加强少年儿童校外教育工作的意见》……………… 720
《青少年宫管理工作条例》……………… 720
《中共中央办公厅国务院办公厅关于加强青少年学生活动场所建设和管理工作的通知》……………… 721
《少年儿童校外教育机构工作规程》……………… 722
《全国妇联文化部关于加强农村家庭文化建设的通知》……………… 723
《全国妇联关于在党群共建创先争优活动中建设村社区妇女之家的意见》……………… 724
《北京市图书馆条例》……… 725

《北京市图书馆条例实施办法》……………… 726
《北京市实施中华人民共和国文物保护法办法》……… 727
《北京历史文化名城保护条例》……………… 728
《周口店遗址保护管理办法》……………… 729
《北京市博物馆条例》……… 729
《北京市体育设施管理条例》……………… 730
《北京市全民健身条例》…… 730
《天津市全民健身条例》…… 731
《山西省非物质文化遗产条例》……………… 732
《山西省体育设施条例》……… 732
《山西省全民健身促进条例》……………… 733
《内蒙古自治区公共图书馆管理条例》……………… 733
《内蒙古自治区群众艺术馆文化馆工作管理办法》……… 734
《内蒙古自治区体育设施管理条例》……………… 735
《辽宁省全民健身条例》…… 735
《黑龙江省公共文化设施管理

规定》…………………… 736
《上海市公共图书馆管理办法》
　　…………………… 737
《上海市公共文化馆管理办法》
　　…………………… 737
《上海市社区公共文化服务规定》
　　…………………… 738
《江苏省广播电视设施保护条例
　　实施细则》………………… 739
《江苏省农村公共文化服务管理
　　办法》……………………… 740
《江苏省非物质文化遗产保护
　　条例》……………………… 740
《江苏省体育设施管理办法》
　　…………………… 741
《浙江省公共图书馆管理办法》
　　…………………… 741
《浙江省文化馆管理办法》
　　…………………… 742
《浙江省广播电视管理条例》
　　…………………… 743
《浙江省全民健身条例》…… 744
《安徽省体育设施管理办法》
　　…………………… 745
《福建省民族民间文化保护条例》
　　…………………… 746

《山东省公共图书馆管理办法》
　　…………………… 746
《山东省电视管理暂行条例》
　　…………………… 747
《山东省体育场地设施保护办法》
　　…………………… 748
《河南省公共图书馆管理办法》
　　…………………… 749
《湖北省公共图书馆条例》
　　…………………… 750
《湖北省非物质文化遗产条例》
　　…………………… 750
《湖北省全民健身条例》…… 752
《湖北省体育设施建设和管理
　　规定》……………………… 752
《广东省公共文化服务促进条例》
　　…………………… 753
《广东省体育设施建设和管理
　　条例》……………………… 753
《重庆市大足石刻保护管理办法》
　　…………………… 754
《重庆市非物质文化遗产条例》
　　…………………… 755
《重庆市非物质文化遗产专家
　　评审办法》………………… 757
《重庆市公共体育场馆条例》

……………………………… 757
《四川省公共图书馆条例》
……………………………… 757
《四川省体育条例》………… 758
《四川省全民健身条例》…… 758
《贵州省非物质文化遗产保护

条例》……………………… 759
《云南省体育设施管理条例》
……………………………… 759
《甘肃敦煌莫高窟保护条例》
……………………………… 760
《甘肃省全民健身条例》…… 760

五、标准规范

《城市居住区规划设计规范》
（GB/50180—93）……… 765
《"十二五"时期公共文化体育
服务国家基本标准》……… 765
《"十二五"时期公益性文化服务
国家基本标准》…………… 766
《国家公共文化服务体系示范区
创建标准》………………… 767
《国家公共文化服务体系示范
项目创建标准》…………… 767
《公共图书馆建设用地指标》
……………………………… 768
《公共图书馆建设标准》（建标
108—2008）……………… 768
《公共图书馆服务规范》（GB/T
28220—2011）…………… 769

《公共图书馆评估定级标准》
……………………………… 770
《图书馆建筑设计规范》（JGJ38—
99）………………………… 771
《文化馆建设用地指标》…… 771
《文化馆建设标准》（建标 136—
2010）……………………… 772
《文化馆建筑设计规范》（JGJ 41 -
87）………………………… 773
《文化馆评估定级标准》…… 773
《乡镇综合文化站建设标准》
（建标 160—2012）……… 774
《镇（乡）村文化中心建筑技术
规程》（JGJ156—2008）… 775
《全国乡镇综合文化站评估定级
指导标准》………………… 775

《全国文化信息资源共享工程设备配置标准》…… 776
《公共电子阅览室设备配置标准》…… 778
《公共电子阅览室管理信息系统功能规范》…… 779
《数字图书馆硬件配置标准》…… 779
《农村党员干部现代远程教育教学资源建设规范(试行)》…… 780
《"十二五"时期文化遗产展示公共服务国家基本标准》…… 781
《世界自然遗产审批标准》…… 781
《世界文化遗产审批标准》…… 782
《世界文化遗产申报工作规程(试行)》…… 782
《国家自然遗产预备名录标准》…… 783
《国家自然与文化双遗产预备名录标准》…… 783
《风景名胜区评定条件》…… 784
《重点文物保护单位评定条件》…… 784
《历史文化名城名镇名村评定条件》…… 785
《传统村落评价认定指标体系(试行)》…… 785
《自然保护区评定条件》…… 786
《森林公园评定条件》…… 787
《国家地质公园评定条件》…… 787
《国家考古遗址公园认定条件》…… 788
《文物保护单位开放服务规范》(GB/T 22528—2008)…… 788
《文物藏品定级标准》…… 788
《一级文物定级标准举例》…… 791
《博物馆建筑设计规范》…… 791
《博物馆评估暂行标准》…… 792
《全国重点美术馆评估标准(暂行)》…… 793
《人类口头及非物质遗产优秀作品认定条件》…… 793
《急需保护的非物质文化遗产名录列入标准》…… 794
《非物质文化遗产代表性项目名录认定条件》…… 794
《非物质文化遗产代表性项目的

代表性传承人认定条件》
.... 795
《国家级非物质文化遗产项目保护单位认定基本条件》
.... 795
《国家级文化生态保护区设立条件》............ 796
《国家级非物质文化遗产生产性保护示范基地标准》...... 796
《古籍定级标准》(WH/T20—2006)............ 797
《国家珍贵古籍名录评定标准》
.... 797
《全国古籍重点保护单位评定标准》............ 798
《国家级古籍修复中心评定标准》
.... 798
《"十二五"时期广播影视公共服务国家基本标准》........ 798
《广播电影电视工程建设标准》
.... 799
《广播电视工程项目建设用地指标》............ 801
《城市有线广播电视网络设计规范》(GY 5075—2005) ......
.... 802

《数字电视地面广播传输系统帧结构、信道编码和调制标准》(GB 20600—2006)......... 802
《中、短波广播发射台建设标准》(建标 126—2009) 802
《有线广播电视网络管理中心设计规范》(GY 5082—2010)
.... 803
《广播电视卫星地球站建设标准》
.... 803
《电影院建筑设计规范》(JGJ 58—2008)............ 804
《数字影院建设标准》......... 804
《电影放映员国家职业技能标准》
.... 805
《数字电影流动放映系统技术要求》(GD/J 013—2007)
.... 805
《数字电影流动放映系统检测方法》(GD/J 016—2007) ......
.... 805
《"十二五"时期新闻出版公共服务国家基本标准》......... 805
《农家书屋建设标准》......... 806
《"十二五"时期群众体育公共服务国家基本标准》......... 807

《城市公共体育运动设施用地定额指标暂行规定》……… 807
《体育建筑设计规范》（JGJ31—2003）…………… 809
《城市社区体育设施建设用地指标》……………… 809
《体育训练基地建设用地指标》……………… 810
《国家体育锻炼标准》……… 810
《学生体质健康标准》……… 811
《军人体育锻炼标准》……… 812
《公安民警体育锻炼达标标准》……………… 812
《大学生体育合格标准》…… 813
《普通人群体育锻炼标准》……………… 813
《科学技术馆建设标准》（建标101—2007）…………… 814
《全国示范科普画廊标准（橱窗式）（试行）》…………… 814
《全国"职工书屋"示范点建设标准》……………… 814
《全国未成年人思想道德建设工作测评指标》……… 815
《"新家庭文化屋（室）"建设标准》……………… 815

《北京地区博物馆接待服务标准及工作流程（试行）》… 816
《江苏省公共图书馆服务规范》……………… 816
《江苏省公共文化馆服务规范》……………… 816
《江苏省公共博物馆服务规范》……………… 816
《江苏省公共美术馆服务规范》……………… 817
《浙江省青少年宫设立的基本标准》……………… 817
《安徽省公共图书馆服务标准（试行）》……………… 817
《安徽省文化馆服务标准（试行）》……………… 818
《安徽省乡镇综合文化站服务标准（试行）》……………… 818
《山东省科普示范社区创建标准（试行）》……………… 819
《河南省公共图书馆工作规范》……………… 819
《河南省文化馆工作规范》……………… 819
《河南省综合文化站工作规范》……………… 820

《重庆市区县(自治县)广播电视台标准化建设标准》……… 820

《贵州省科普示范社区创建标准(试行)》……………… 821

《新疆文化信息资源共享工程各级分支中心、基层服务点服务标准》……………… 821

六、评选表彰

中国文化艺术政府奖 ……… 825
文华奖 …………………… 825
群星奖 …………………… 825
中宣部"五个一"工程奖 …… 826
全国服务农民服务基层文化建设先进集体 ……… 826
全国文明城市 …………… 829
全国文明村镇 …………… 830
全国文明单位 …………… 831
全国爱国主义教育示范基地先进单位和先进工作者 …… 832
全国文化先进单位 ……… 832
全国公共文化设施管理先进单位 ……………………… 833
全国文化先进社区 ……… 833
全国文化工作先进集体和先进工作者 ……………… 833
中国民间文化艺术之乡 …… 834

文化部创新奖 …………… 835
文化部文化艺术科学优秀成果奖 ……………………… 835
中国图书馆榜样人物 …… 836
中国图书馆学会优秀会员和优秀学会工作者 ……… 836
中国文化馆榜样人物(筹) ……………………… 836
全国优秀文化馆(筹) …… 836
全国优秀文化站(筹) …… 836
孔雀奖 …………………… 837
蒲公英奖 ………………… 837
全国文化信息资源共享工程建设先进单位 ………… 837
共享工程·公共电子阅览室示范点 ……………… 837
文化共享之星 …………… 837
全国文物工作先进县 …… 838

全国文化遗产保护工作先进集体
　　和先进个人 ·········· 839
薪火相传——中国文化遗产
　　保护年度杰出人物 ······ 839
全国文物保护工作先进单位和
　　先进个人 ············ 839
全国非物质文化遗产保护工作
　　先进单位和先进个人 ······ 839
中华非物质文化遗产传承人
　　薪传奖 ············· 840
春节文化特色地区 ········· 840
中国广播影视大奖 ········· 840
中国电视剧飞天奖 ········· 841
中国电视金鹰奖 ··········· 841
白玉兰奖 ··············· 841
金熊猫奖 ··············· 841
全国广播电视工作先进县 ··· 842
全国广播电视系统先进集体和
　　先进工作者 ··········· 842
全国广播电视安全播出先进集体
　　和先进个人 ··········· 842
全国广播电视技术维护先进台
　　站(集体)和先进个人 ····· 842
全国广电系统标准化工作先进
　　集体和先进个人 ········ 842
全国广播电视村村通工作先进
　　集体和先进个人 ········ 842
广播电视科学技术奖 ········ 843
中国电影奖 ·············· 843
中国电影华表奖 ··········· 843
中国电影金鸡奖 ··········· 843
大众电影百花奖 ··········· 844
华语电影传媒大奖 ·········· 844
中国电影童牛奖 ··········· 844
上海影评人奖 ············· 845
中国电影铁象奖 ··········· 845
全国农村电影工作先进集体和
　　先进个人 ············ 845
影视学会科技奖 ··········· 845
长江韬奋奖 ·············· 845
范长江新闻奖 ············· 846
韬奋新闻奖 ·············· 846
全国百佳新闻工作者奖 ····· 846
全国新闻出版系统先进集体和
　　先进工作者 ··········· 846
农家书屋优秀管理员 ········ 846
全民阅读活动先进单位 ····· 846
全国"书香之家" ·········· 846
中国出版政府奖 ··········· 847
王选新闻科学技术奖 ········ 847
全国体育先进县 ··········· 847
全国体育之乡 ············· 848

国家级社区体育健身俱乐部
　　……………………… 848
全国全民健身周活动先进集体
　　……………………… 848
全国全民健身好家庭 ……… 848
全国优秀青少年体育俱乐部
　　……………………… 849
全国优秀全民健身活动中心
　　……………………… 849
全国优秀体育公园 ………… 850
全国全民健身活动优秀组织奖和
　　先进单位 ……………… 851
全国农民体育健身工程先进县
　　……………………… 851
全国县(市、区)体育先进个人
　　……………………… 852
全国群众体育先进奖和进步奖
　　……………………… 852
全国群众体育先进单位和先进
　　个人 …………………… 852
全国城市体育先进社区 …… 853
全国学校体育场馆向公众开放
　　试点工作先进单位和先进个
　　人 ……………………… 854
国民体质监测工作贡献奖、先进
　　单位和先进个人 ………… 854

全国群众体育现状调查工作优
　　秀组织奖、先进单位和先进
　　个人 …………………… 854
全国民族体育模范集体和模范
　　个人 …………………… 854
全国亿万妇女健身活动先进单位
　　……………………… 854
全国残疾人体育先进单位和
　　先进个人 ……………… 855
全国亿万职工迎奥运健身活动
　　月先进单位和优秀组织奖
　　……………………… 855
全国亿万农民健身活动先进乡镇
　　……………………… 855
全国推广广播操、工间操先进
　　单位 …………………… 855
中国体育科技奖 …………… 855
全国科普示范县 …………… 856
全国科普示范社区 ………… 856
全国示范科普画廊 ………… 856
全国科协系统先进集体和先进
　　工作者 ………………… 856
全国科普工作先进集体和个人
　　……………………… 857
全国"职工书屋"示范点 …… 857
全国"职工书屋"建设先进单位

和先进个人 ·············· 857
共青团"五个一"工程奖 ······ 857
中国青少年科技创新奖 ······ 857
全国先进青少年宫 ·········· 857
全国优秀青少年宫工作者 ··· 857
中国家庭文化艺术节优秀组织
　奖 ····················· 857
中国文学奖 ················ 858
茅盾文学奖 ················ 858
鲁迅文学奖 ················ 858
全国优秀儿童文学奖 ········ 859
全国少数民族文学创作"骏马
　奖" ····················· 860
宋庆龄全国优秀儿童文学奖
　························· 860
庄重文文学奖 ·············· 861

中国戏剧奖 ················ 861
中国戏剧终身成就奖 ········ 861
中国戏剧梅花表演奖 ········ 861
中国戏剧曹禺剧本奖 ········ 862
中国戏剧优秀剧目奖 ········ 862
中国戏剧小戏小品奖 ········ 862
中国戏剧校园戏剧奖 ········ 862
中国戏剧理论评论奖 ········ 862
中国音乐金钟奖 ············ 863
中国美术奖 ················ 863
中国曲艺牡丹奖 ············ 863
中国舞蹈荷花奖 ············ 864
中国民间文艺山花奖 ········ 864
中国摄影金像奖 ············ 864
中国书法兰亭奖 ············ 864
中国杂技金菊奖 ············ 864

七、节会论坛

中国艺术节 ················ 869
中国新疆国际民族舞蹈节 ··· 869
中国公共文化论坛 ·········· 869
公共文化服务体系建设市长论坛
　························· 870
全国残疾人文化活动周 ······ 870

全国少数民族文艺汇演 ······ 870
全国残疾人艺术汇演 ········ 871
中国图书馆年会 ············ 871
中国图书馆学会年会 ········ 871
全国图书馆宣传服务周 ······ 872
中国文化馆年会(筹) ········ 872

中国老年合唱节 …………… 872	西部非物质文化遗产展演 … 879
中国少儿合唱节 …………… 872	中国非物质文化遗产保护·
中国老年文化艺术节 ……… 873	苏州论坛 ………………… 880
中国吴桥国际杂技艺术节 … 873	中国·嘉兴端午民俗文化节
全国首届社会主义新农村合唱	……………………………… 880
大会 ……………………… 873	湖北屈原故里端午文化节 … 880
首届全国农民文艺会演 …… 874	北京国际电视周 …………… 880
首届全国农民合唱大会 …… 874	上海国际电视节 …………… 881
中国·福保乡村文化艺术节	四川国际电视节 …………… 881
……………………………… 874	中国金鹰电视艺术节 ……… 882
中国农民歌会 ……………… 875	中国新农村电视艺术节 …… 882
中国农民艺术节 …………… 876	中国大学生电视节 ………… 883
中国(西部)花儿歌会 ……… 876	中国广播电视协会年会 …… 883
中国文化馆馆长年会暨"百馆	中国广播电视学术年会 …… 883
论坛" …………………… 876	中国广电行业发展趋势年会
中国群众文化系列论坛 …… 877	……………………………… 883
中国文化遗产日 …………… 877	中国电视发展年会 ………… 883
中国文物保护年会 ………… 877	上海国际电影节 …………… 884
中国文化遗产保护论坛 …… 878	北京国际电影节 …………… 884
中国博物馆年会 …………… 878	中国长春国际电影节 ……… 884
中国(海南)博物馆馆长论坛	中国珠海电影节 …………… 885
……………………………… 878	北京大学生电影节 ………… 885
中国成都国际非物质文化遗产节	金鸡百花电影节 …………… 885
……………………………… 878	中国国际儿童电影节 ……… 886
中国非物质文化遗产博览会	中国(北京)电影学术年会
……………………………… 879	……………………………… 886

中国电影导演协会年会 …… 886	体育大会 ……………… 890
中国动画年会 …………… 886	中国上海国际大众体育节 … 890
中国记者节 ……………… 886	中国国际体育用品博览会 … 891
北京国际图书博览会 ……… 886	全国科普日 ……………… 891
北京图书订货会 ………… 887	中国科普产品博览交易会 … 891
全国图书博览会 ………… 887	全国科技活动周 ………… 892
中国数字出版博览会 ……… 888	中国科协年会 …………… 892
中国国际版权博览会 ……… 888	全国企业文化年会 ………… 892
中国期刊交易博览会 ……… 888	中国企业文化论坛 ………… 892
中国数字出版年会 ………… 888	全国青少年文化活动周 …… 892
全国新闻出版业网站年会 … 888	中国家庭文化艺术节 ……… 892
中国出版(版权)发展论坛	中国戏剧节 ……………… 893
……………………… 888	中国曲艺节 ……………… 893
全民健身日 ……………… 889	中国舞蹈节 ……………… 893
全国体育大会 …………… 889	中国故事节 ……………… 893
全国农民运动会 ………… 889	中国摄影艺术节 ………… 893
全国全民健身周 ………… 890	中国杂技艺术节 ………… 893
全国青少年"未来之星"阳光	中国文艺志愿者服务日 …… 893

八、著作报刊

《中国文化年鉴》·············· 897
《公共文化服务体系研究》
·············· 897
《新农村文化服务》·········· 897
《文化事业的改革与发展》
·············· 898
《文化蓝皮书:中国公共文化服务发展报告》·············· 898
《新农村文化建设读本》······ 899
《国家公共文化服务体系论》
·············· 899
《中国文化文物统计年鉴》
·············· 900
《新农村文化建设与信息资源开发》·············· 900
《公共文化服务的理论与实践》
·············· 901
《公共文化服务体系200问》
·············· 901
《公共文化服务的"嘉兴模式"》
·············· 902
《重庆公共文化服务体系发展与展望》·············· 903
《公共文化服务:制度与模式》
·············· 903
《公共文化行政学》·········· 903
《2011年全国31个省市自治区公共文化服务指数蓝皮书》
·············· 904
《社区公共文化服务》········ 904
《浙江省公共文化服务发展蓝皮书》·············· 905
《农村公共文化服务有效供给研究》·············· 905
《制度建设与浙江公共文化服务》·············· 906
《浙江城市社区文化建设研究》
·············· 906
《浙江公共文化服务创新研究》
·············· 907
《公共文化服务概论》········ 907
《公共文化服务中的民营企业角色》·············· 908
《中国文化遗产保护概论》

条目分类表　67

……………… 908
《中国文化遗产事业发展报告》
　　……………… 909
《中国少数民族文化发展报告》
　　……………… 909
《中国文化报》……………… 910
《文化月刊》杂志 ……………… 910
《文艺研究》杂志 ……………… 910
《中华文化画报》杂志 ……… 911
《中国文化》杂志 ……………… 911
《文化艺术报》……………… 911
《民族艺术》杂志 ……………… 911
《四川戏剧》杂志 ……………… 911
《新疆文化》杂志 ……………… 912
《中国图书馆年鉴》………… 912
《中国图书馆事业发展报告》
　　……………… 912
《公共图书馆业务工作的思考》
　　……………… 912
《现代城市图书馆公共服务论丛》
　　……………… 912
《覆盖全社会的公共图书馆服
　　务体系:模式、技术支撑与方
　　案》……………… 913
《农村(社区)图书室服务与管理》
　　……………… 913

《城市图书馆公共文化服务体系
　　论丛》……………… 913
《公共图书馆服务研究》…… 914
《构筑阅读天堂:图书馆服务设计
　　探索》……………… 914
《当代公共图书馆用户:需求、
　　行为与结构》……………… 915
《促进老年人阅读的公共图书馆
　　创新研究》……………… 915
《公共图书馆的文化功能》
　　……………… 916
《公共图书馆文献信息资源政府
　　采购》……………… 916
《现代公共图书馆制度研究》
　　……………… 917
《公共图书馆是什么》……… 917
《弱势群体知识援助的图书馆
　　新制度建设》……………… 917
《覆盖城乡的公共图书馆服务
　　体系——上海市中心图书馆
　　建设十周年》……………… 918
《基层图书馆公益讲座》…… 918
《公共图书馆的未成年人服务
　　研究》……………… 918
《社会公共服务体系中图书馆
　　的发展趋势、定位与服务研

《究》……………………………………919

《地市级区域图书馆联盟建设研究》……………………………919

《公共图书馆面积规划研究》……………………………………920

《基层图书馆参考服务概论》……………………………………920

《公共图书馆建设主体研究——全覆盖目标下的选择》……920

《公共图书馆文献资源建设法律保障研究》…………………921

《公共图书馆业务培训指导纲要》………………………………922

《图书馆联盟运行机制研究》……………………………………922

《公共图书馆概论》……………922

《公共图书馆基本原理》……923

《公共图书馆未成年人服务》……………………………………923

《公共图书馆全方位开放的厦门模式》…………………………924

《公共图书馆信息技术应用》……………………………………924

《公共图书馆管理实务》……925

《公共图书馆资源建设与服务》……………………………………925

《公共图书馆宣传推广与阅读促进》……………………………925

《公共图书馆读者服务案例》……………………………………926

《公共图书馆服务体系的探索与实践》…………………………926

《创新与超越——城市街区自助图书馆网建设与实践》……………………………………926

《大都市的公共图书馆事业——国际学术研讨会论文集》……………………………………927

《公共图书馆全免费服务发展框架与策略研究》…………927

《数字图书馆概论》……927

《图书馆报》………………928

《中国图书馆学报》杂志……928

《国家图书馆学刊》杂志……928

《现代图书情报技术》杂志……………………………………929

《图书馆工作与研究》杂志……………………………………929

《图书馆学刊》杂志……929

《图书馆学研究》杂志……929

《图书馆建设》杂志……930

《图书馆杂志》…………930

《新世纪图书馆》杂志 ········ 930
《图书馆研究》杂志 ········ 930
《图书馆论坛》杂志 ·········· 931
《图书馆》杂志 ················ 931
《图书馆界》杂志 ············ 931
《四川省图书馆学报》杂志
　················· 931
《图书与情报》杂志 ········ 931
《图书馆理论与实践》杂志
　················· 932
《群众文化学》············· 932
《江苏十大文化馆研究报告》
　················· 932
《群文论谈》················· 932
《群众文化论稿》············ 933
《斑斓秋色》················· 933
《中国文化馆学概论》········ 933
《中国群众文化论丛(第一辑)》
　················· 933
《文化馆(站)业务培训指导
　纲要》················· 933
《中国文化馆(站)发展之路》
　················· 934
《文化馆(站)服务与管理》
　················· 934
《群众文化基础知识》········ 935

《群众文化案例选编》········ 935
《群众文化研究选读》········ 936
《群众文化活动的策划与组织》
　················· 936
《群众文化工作实务》········ 936
《数字图书馆与文化共享工程》
　················· 937
《公共文化服务的创新与跨越
　——全国文化信息资源共享
　工程建设研究论文集》···· 937
《数字图书馆实践思考——文
　化共享工程的发展与创新之
　路》················· 937
《文化共享工程十年路·共创·
　共建·共享——优秀服务案
　例选编》············· 938
《文化共享工程建设与服务》
　················· 938
《农村公共文化信息服务研究》
　················· 938
《文物学概论》············· 939
《国家森林公园理论与实践》
　················· 939
《世界自然与文化遗产》····· 940
《地质公园规划概论》········ 940
《中国历史文化名城通论》

《中国历史文化名镇名村保护理论与方法》……942
《科学发展观与历史文化名城建设》……942
《留住城市文化的根与魂·中国文化遗产保护的探索与实践》……943
《世界文化与自然遗产》……943
《大遗址保护理论与实践》……943
《世界文化遗产与城市》……944
《地质公园概论》……944
《中国大遗址保护与利用制度研究》……944
《大遗址保护与区域经济发展》……945
《中国文化遗产展示体系研究》……945
《文化遗产研究集刊》……945
《中国文物报》……945
《世界遗产》杂志……946
《中国文化遗产》杂志……946
《中华遗产》杂志……946
《文物》杂志……946
《考古与文物》杂志……947
《文物保护与考古科学》杂志……947
《中国博物馆学基础（修订本）》……947
《数字博物馆概论》……948
《博物馆陈列展览内容策划与实施》……948
《博物馆策展实践》……949
《从"馆舍天地"走向"大千世界"——关于广义博物馆的思考》……949
《文博展馆空间设计》……950
《中国城市遗址类博物馆开发模式研究》……950
《博物馆12讲》……951
《博物馆陈列设计》……951
《中国博物馆》杂志……951
《人类口头和非物质遗产》……952
《中国非物质文化遗产保护论坛论文集》……952
《非物质文化遗产纵横谈》……952
《薪火相传——非物质文化遗产保护的理论与实践》……953
《非物质文化遗产概论》……953

《中国少数民族非物质文化遗产教程》……………… 953
《都市发展与非物质文化遗产传承》……………… 954
《非物质文化遗产学》……… 954
《非物质文化遗产保护理论与方法》……………… 955
《非物质文化遗产传承研究》
 ……………………… 955
《数字化保护——非物质文化遗产保护的新路向》……… 956
《中国的世界非物质文化遗产》
 ……………………… 956
《非物质文化遗产保护问题研究》
 ……………………… 957
《中国非物质文化遗产保护发展报告》……………… 957
《非物质文化遗产保护研究》
 ……………………… 957
《中国非物质文化遗产》丛刊
 ……………………… 957
《非物质文化遗产研究集刊》
 ……………………… 957
《古籍整理概论》……… 958
《全国图书馆古籍工作会议论文集》……………………… 958

《古籍修复案例》………… 958
《中国古籍修复与装裱技术图解》……………… 958
《古籍修复与装帧(增补版)》
 ……………………… 959
《古籍整理研究学刊》杂志
 ……………………… 959
《构建现代国际传播体系——"全国第一届对外传播理论研讨会"论文选》………… 959
《自媒体时代中国对外传播能力建设》……………… 959
《新媒体发展与现代传播体系构建》……………… 960
《广播电视概论》………… 960
《当代广播电视概论》……… 961
《卫星直播电视接收百问百答》
 ……………………… 962
《公共广播服务的神话》…… 962
《中国农村广播影视公共服务》
 ……………………… 962
《广播电视学概论》……… 963
《中国电视公共服务的传输体系研究》……………… 963
《中国广播电视公共服务体系：目标与实践研究》………… 964

《重大突发公共事件中的广播电视舆论引导能力研究》……… 964
《卫星直播数字电视》……… 964
《广播电视法中的公共利益研究》……… 965
《一号工程:中国广播电视"村村通"开启记事》……… 965
《中国广播电视公共服务》……… 965
《中国广播电视发展报告》……… 966
《中国广播电视年鉴》……… 966
《中国电视收视年鉴》……… 966
《中国广播收听年鉴》……… 966
《中国广播报》……… 967
《中国电视报》……… 967
《当代电视》杂志……… 967
《中国广播影视》杂志……… 967
《中国广播电视学刊》杂志……… 968
《广播电视信息》杂志……… 968
《西部广播电视》杂志……… 968
《电影放映员》……… 968
《中国电影报》……… 969
《中国电影年鉴》……… 969

《大众电影》杂志……… 969
《电影艺术》杂志……… 969
《电影文学》杂志……… 970
《环球银幕》杂志……… 970
《世界电影》杂志……… 970
《中国阅读——全民阅读蓝皮书》……… 970
《全国国民阅读调查报告》……… 970
《农家书屋实用手册》……… 971
《农家书屋管理员实用手册》……… 971
《农家书屋理论与安徽实践研究》……… 971
《全民阅读推广手册》……… 971
《全民阅读参考读本》……… 972
《湖南与阅读》……… 972
《中国新闻出版报》……… 972
《中国出版年鉴》……… 972
《中国出版》杂志……… 973
《农家书屋》杂志……… 973
《新文化报》……… 973
《都市文化报》……… 974
《中国民族》杂志……… 974
《中国民族·艺术》杂志……… 974
《中国传统文化》杂志……… 974

《中国艺术》杂志 ………… 974
《艺术沙龙》杂志 ………… 975
《当代艺术》杂志 ………… 975
《戏剧》杂志 ……………… 975
《戏剧艺术》杂志 ………… 975
《音乐研究》杂志 ………… 975
《音乐艺术》杂志 ………… 975
《歌唱艺术》杂志 ………… 976
《中国音乐教育》杂志 …… 976
《华夏音乐》杂志 ………… 976
《中国音乐》杂志 ………… 976
《新美术》杂志 …………… 976
《中国美术教育》杂志 …… 976
《中国中小学美术》杂志 … 977
《少儿美术》杂志 ………… 977
《中国美术研究》杂志 …… 977
《国家美术》杂志 ………… 978
《中国美术》杂志 ………… 978
《中国油画》杂志 ………… 978
《美术大观》杂志 ………… 978
《美苑》杂志 ……………… 978
《书法》杂志 ……………… 979
《中国钢笔书法》杂志 …… 979
《中国硬笔书法》杂志 …… 979
《青少年书法》杂志 ……… 979
《少年文艺》杂志 ………… 980

《文学报》………………… 980
《作品与争鸣》杂志 ……… 980
《中华文学选刊》杂志 …… 980
《中篇小说选刊》杂志 …… 980
《当代》杂志 ……………… 980
《啄木鸟》杂志 …………… 981
《中国报告文学》杂志 …… 981
《东方少年》杂志 ………… 981
《十月》杂志 ……………… 981
《小说界》杂志 …………… 982
《小说月报》杂志 ………… 982
《群众文艺》杂志 ………… 982
《浙江少年作家》杂志 …… 982
《芙蓉》杂志 ……………… 982
《花城》杂志 ……………… 983
《大家》杂志 ……………… 983
《体育健身原理与方法》… 983
《社会体育学》…………… 984
《国民体质测定标准手册》
　………………………… 984
《社会体育活动组织与管理》
　………………………… 984
《群众体育实践探索与研究——
　来自北京群众体育现状的报
　告》……………………… 984
《社区体育》……………… 985

《体育概论》……………………… 985
《体育学概论》…………………… 985
《我国全民健身服务体系的理论
　构建与运行机制研究》…… 986
《国家学生体质健康标准锻炼
　手册》………………………… 986
《体质健康与科学健身指导》
　………………………………… 986
《我国青少年体育俱乐部管理
　体制及运行机制》…………… 987
《北京市群众体育政策执行研究》
　………………………………… 987
《体育社会学导论》…………… 988
《群众体育的组织与管理》
　………………………………… 988
《社会体育活动方案设计与组织》
　………………………………… 988
《新型农村社区体育研究：以
　东尉社区为个案》…………… 989
《社区体育服务绩效评价》
　………………………………… 989
《社会体育指导员》…………… 990
《科技体育——全国青少年校外
　教育活动指导教程丛书》
　………………………………… 990
《中国体育年鉴》……………… 990

《中国体育报》………………… 991
《中国体育》杂志……………… 991
《新体育》杂志………………… 992
《体育文化导刊》杂志………… 992
《中国学校体育》杂志………… 992
《中国科协年鉴》……………… 993
《中国科协报》………………… 993
《中国工会年鉴》……………… 993
《工人日报》…………………… 993
《青少年宫公益性研究》…… 994
《中国青年工作年鉴》………… 994
《青年蓝皮书：中国青年发展
　报告》………………………… 994
《中国青年报》………………… 995
《中国妇女研究年鉴》………… 995
《中国妇女年鉴》……………… 995
《中国妇女报》………………… 995
《中国艺术报》………………… 996
《中国艺术家》杂志…………… 996
《艺术交流》杂志……………… 997
《中国戏剧》杂志……………… 997
《剧本》杂志…………………… 997
《上海戏剧》杂志……………… 997
《河南戏剧》杂志……………… 998
《新世纪剧坛》杂志…………… 998
《戏剧之家》杂志……………… 998

《当代戏剧》杂志 …… 998	《黑龙江联坛》杂志 …… 1004
《人民音乐》杂志 …… 999	《曲艺》杂志 …… 1005
《音乐创作》杂志 …… 999	《舞蹈》杂志 …… 1005
《歌曲》杂志 …… 999	《民间文化论坛》杂志 …… 1005
《词刊》杂志 …… 999	《民间故事选刊》杂志 …… 1005
《儿童音乐》杂志 …… 999	《人物周报》 …… 1006
《黄河之声》杂志 …… 1000	《民间故事传奇》杂志 …… 1006
《草原歌声》杂志 …… 1000	《民间故事》杂志 …… 1006
《音乐生活》杂志 …… 1000	《故事林》杂志 …… 1006
《北方音乐》杂志 …… 1000	《故事家》杂志 …… 1007
《企业文化大观》杂志 …… 1000	《武侠故事》杂志 …… 1007
《音乐大观》杂志 …… 1001	《天南》杂志 …… 1007
《岭南音乐》杂志 …… 1001	《中国摄影报》 …… 1007
《音乐世界》杂志 …… 1001	《中国摄影》杂志 …… 1008
《音乐时空》杂志 …… 1002	《大众摄影》杂志 …… 1008
《音乐天地》杂志 …… 1002	《摄影之友》杂志 …… 1008
《小演奏家》杂志 …… 1002	《中国书法》杂志 …… 1008
《美术》杂志 …… 1002	《杂技与魔术》杂志 …… 1009
《中华美术》杂志 …… 1002	《艺术家》杂志 …… 1009
《美术界》杂志 …… 1003	《艺术广角》杂志 …… 1009
《四川美术》杂志 …… 1003	《文艺评论》杂志 …… 1010
《书法报》杂志 …… 1003	《文艺争鸣》杂志 …… 1010
《书画艺术导刊》杂志 …… 1003	《艺术百家》杂志 …… 1010
《湖北画报》杂志 …… 1004	《南腔北调》杂志 …… 1010
《小学生习字报》 …… 1004	《文艺新观察》杂志 …… 1011
《书法赏评》杂志 …… 1004	《粤海风》杂志 …… 1011

《文化参考报》 …………… 1011
《现代艺术》杂志 …………… 1011
《边疆文学文艺评论》杂志
　　　　　　…………… 1011
《新疆艺术》杂志 …………… 1011
《美拉斯》杂志 …………… 1012
《天涯》杂志 …………… 1012
《申江影视》杂志 …………… 1012
《文艺报》 …………… 1012
《人民文学》杂志 …………… 1012
《诗刊》杂志 …………… 1013
《民族文学》杂志 …………… 1013
《中国作家》杂志 …………… 1013
《小说选刊》杂志 …………… 1013
《中国校园文学》杂志 …… 1013
《民间文学》杂志 …………… 1014
《作家文摘报》 …………… 1014
《长篇小说选刊》杂志 …… 1014
《儿童文学》杂志 …………… 1014
《北京文学》杂志 …………… 1015
《北京纪事》杂志 …………… 1015
《文学自由谈》杂志 …………… 1015
《青春阅读》杂志 …………… 1015
《通俗小说报》杂志 …………… 1015
《小小说月刊》杂志 …………… 1015
《长城》杂志 …………… 1016

《诗选刊》杂志 …………… 1016
《九州诗文》杂志 …………… 1016
《山西文学》杂志 …………… 1016
《黄河》杂志 …………… 1016
《草原》杂志 …………… 1017
《花的原野》杂志 …………… 1017
《金钥匙》杂志 …………… 1017
《鸭绿江》杂志 …………… 1017
《当代作家评论》杂志 …… 1018
《文学少年》杂志 …………… 1018
《作家》杂志 …………… 1018
《章回小说》杂志 …………… 1018
《北方文学》杂志 …………… 1018
《上海文学》杂志 …………… 1019
《萌芽》杂志 …………… 1019
《收获》杂志 …………… 1019
《上海文化》杂志 …………… 1019
《钟山》杂志 …………… 1020
《雨花》杂志 …………… 1020
《江南》杂志 …………… 1020
《浙江作家》杂志 …………… 1020
《安徽文学》杂志 …………… 1020
《清明》杂志 …………… 1020
《艺术界》杂志 …………… 1021
《福建文学》杂志 …………… 1021
《台港文学选刊》杂志 …… 1021

《新聊斋》杂志 …………… 1021
《山东文学》杂志 ………… 1021
《时代文学》杂志 ………… 1022
《莽原》杂志 ……………… 1022
《散文选刊》杂志 ………… 1022
《传奇文学选刊》杂志 …… 1022
《长江文艺》杂志 ………… 1022
《都市小说》杂志 ………… 1022
《文学界》杂志 …………… 1023
《小溪流》杂志 …………… 1023
《作品》杂志 ……………… 1023
《人间》杂志 ……………… 1023
《红岩》杂志 ……………… 1023
《山花》杂志 ……………… 1024
《边疆文学》杂志 ………… 1024

《广西文学》杂志 ………… 1024
《西藏文学》杂志 ………… 1024
《延河》杂志 ……………… 1025
《小说评论》杂志 ………… 1025
《飞天》杂志 ……………… 1025
《青海湖》杂志 …………… 1025
《牧笛》杂志 ……………… 1026
《朔方》杂志 ……………… 1026
《西部》杂志 ……………… 1026
《塔里木》杂志 …………… 1026
《曙光》杂志 ……………… 1027
《启明星》杂志 …………… 1027
《新疆柯尔克孜文学》杂志
……………………………… 1027

九、组织机构

文化部 ……………………… 1031
文化部艺术司 ……………… 1031
文化部文化科技司 ………… 1032
文化部公共文化司 ………… 1032
文化部非物质文化遗产司
……………………………… 1032
国家公共文化服务体系建设

协调组 ……………………… 1032
中国图书馆学会 …………… 1033
中国文化馆协会 …………… 1034
中国群众文化学会 ………… 1035
中国文化管理协会 ………… 1036
中国合唱协会 ……………… 1037
中国乡土艺术协会 ………… 1037

中国文化信息协会 ………… 1038
中国诗酒文化协会 ………… 1038
中国老摄影家协会 ………… 1039
中国硬笔书法协会 ………… 1039
中国大众音乐协会 ………… 1040
中国非物质文化遗产保护协会
　………………………… 1040
中国艺术研究院 …………… 1041
国家图书馆研究院 ………… 1041
深圳市特区文化研究中心
　………………………… 1041
中国社会科学院文化研究中心
　………………………… 1042
武汉大学国家文化创新研究
　中心 …………………… 1042
武汉大学国家文化财政政策研究
　基地 …………………… 1042
中央财经大学国家文化创新
　研究中心 ……………… 1043
中国艺术研究院公共文化政策
　研究中心 ……………… 1043
中国民间文艺家协会中国非
　物质文化遗产研究院 …… 1044
川音绵阳艺术学院中国非物质
　文化遗产研究院 ………… 1044
中山大学中国非物质文化遗产
　研究中心 ……………… 1044
复旦大学中华古籍保护研究院
　………………………… 1044
东北师范大学古籍整理研究所
　………………………… 1045
吉林大学古籍研究所 ……… 1045
国家公共文化服务体系建设
　专家库和专家委员会 …… 1045
文化共享工程数字资源建设
　专家库 ………………… 1046
国家非物质文化遗产保护工作
　专家委员会 …………… 1046
全国古籍保护工作专家委员会
　………………………… 1047
文化部文化法制专家委员会
　………………………… 1047
国家文物局 ………………… 1047
国家文物局文物保护与考古司
　（世界遗产司） ………… 1048
国家文物局博物馆与社会文物司
　（科技司） ……………… 1048
中国文物学会 ……………… 1048
中国博物馆协会 …………… 1049
中国风景名胜区协会 ……… 1050
中国风景园林学会 ………… 1051
中国生态学学会 …………… 1052

中国文化遗产研究院 ……… 1053
同济大学国家历史文化名城
　研究中心 ……………… 1053
国家林业局自然保护区研究
　中心 …………………… 1053
中国世界文化遗产专家库和
　专家委员会 …………… 1054
国家级自然保护区评审委员会
　……………………………… 1054
中国历史文化名城保护专家
　委员会 ………………… 1055
国家新闻出版广电总局 …… 1055
国家新闻出版广电总局公共服务
　司 ……………………… 1056
国家新闻出版广电总局新闻
　报刊司 ………………… 1056
国家新闻出版广电总局电影局
　……………………………… 1056
国家新闻出版广电总局出版管
　理司(古籍整理出版规划办
　公室) …………………… 1057
国家新闻出版广电总局传媒机构
　管理司 ………………… 1057
国家新闻出版广电总局网络视听
　节目管理司 …………… 1057
国家新闻出版广电总局科技司

　……………………………… 1057
中国广播电视协会 ………… 1057
中国广播电视学会 ………… 1059
中国电影发行放映协会 …… 1059
中国出版协会 ……………… 1060
中华全国新闻工作者协会
　……………………………… 1062
国家新闻出版广电总局广播影视
　发展研究中心 ………… 1064
国家新闻出版广电总局广播科学
　研究院 ………………… 1064
中国电影艺术研究中心(中国
　电影资料馆) …………… 1064
中国艺术研究院电影电视艺术
　研究所 ………………… 1065
中国新闻出版研究院 ……… 1065
中国传媒大学广播电视研究中心
　……………………………… 1065
国家体育总局 ……………… 1066
国家体育总局群众体育司
　……………………………… 1066
国家体育总局青少年体育司
　……………………………… 1067
中国体育科学学会 ………… 1067
中华全国体育总会 ………… 1068
中国大学生体育协会 ……… 1069

中国中学生体育协会 ……… 1069
中国残疾人体育协会 ……… 1070
中国企业体育协会 ………… 1071
中国老年人体育协会 ……… 1072
中国社会体育指导员协会
　………………………… 1073
中国农民体育协会 ………… 1074
中国煤矿体育协会 ………… 1074
国家体育总局体育科学研究所
　………………………… 1075
国家体育总局武术研究院
　………………………… 1075
国家体育总局体育社会科学重点
研究基地 ………… 1076
全民健身专家委员会 ……… 1076
中国科学技术协会 ………… 1076
中国科普研究所 …………… 1078
全国总工会 ………………… 1078
中国企业文化交流协会 …… 1078
中国企业文化研究会 ……… 1079
南开大学商学院企业文化研究
中心 ……………………… 1079

共青团中央 ………………… 1080
中国青少年宫协会 ………… 1080
中国青少年文化研究发展协会
　………………………… 1081
中国青少年研究中心 ……… 1081
中国青少年研究会 ………… 1082
全国妇联 …………………… 1082
中国家庭文化研究会 ……… 1083
中国文联 …………………… 1083
中国作协 …………………… 1084
中国戏剧家协会 …………… 1086
中国电影家协会 …………… 1088
中国音乐家协会 …………… 1090
中国美术家协会 …………… 1090
中国曲艺家协会 …………… 1092
中国舞蹈家协会 …………… 1093
中国民间文艺家协会 ……… 1095
中国摄影家协会 …………… 1096
中国书法家协会 …………… 1098
中国杂技家协会 …………… 1099
中国电视艺术家协会 ……… 1100

一、基本概念

社会主义文化建设根本任务 是构建社会主义核心价值体系。

社会主义核心价值体系 ❶是社会主义意识形态的本质体现,是全党全国各族人民团结奋斗的共同思想基础。坚持社会主义核心价值体系,要求我们必须巩固马克思主义指导地位,坚持不懈地用马克思主义中国化的最新理论成果武装全党、教育人民,用中国特色社会主义共同理想凝聚力量,用以爱国主义为核心的民族精神和以改革创新为核心的时代精神鼓舞斗志,用社会主义荣辱观引领风尚,以巩固全党全国各族人民团结奋斗的共同思想基础(黄凯锋等著:《建设社会主义核心价值体系》,上海人民出版社,2007年12月出版)。党的十八大报告提出:"倡导富强、民主、文明、和谐,倡导自由、平等、公正、法治,倡导爱国、敬业、诚信、友善,积极培育和践行社会主义核心价值观。"这是党对社会主义核心价值体系的最新概括。❷是社会主义意识形态的本质体现,是全党全国各族人民团结奋斗的共同思想基础。社会主义核心价值体系是兴国之魂,是社会主义先进文化的精髓,决定着中国特色社会主义发展方向。《中共中央关于深化文化体制改革推动社会主义文化大发展大繁荣若干重大问题的决定》指出:社会主义核心价值体系的主要内容,包括坚持马克思主义指导地位、坚定中国特色社会主义共同理想、弘扬以爱国主义为核心的民族精神和以改革创新为核心的时代精神、树立和践行社会主义荣辱观。

社会主义核心价值观 《中共中央办公厅印发关于培育和践行社会主义核心价值观的意见》指出:社会主义核心价值观是社会主义核心价值体系的内核,体现社会主义核心价值体系的根本性质和基本特征,反映社会主义核心价值体系的丰富内涵和实践要求,是社会主义核心价值体系的高度凝练和集中表达。

爱国主义教育基地 主要包括享受国家财政支持的各级各类博物馆(院)、纪念馆(地)、陈列馆、烈士纪念建筑物、历史遗迹、名人故居、文化(物)馆(站)、展览馆、已开放的原军事基地等。

爱国主义教育示范基地 其主要载体为博物馆、纪念馆、文物遗址等。是党员干部了解党的历史、加强党性锻炼的重要场所,是广大群众培养爱国情感和培育民族精神的重要阵地,是青少年学习革命传统、陶冶道德情操的重要课堂。爱国主义教育示范基地在上述方面具有示范性。

社会主义文化建设基本任务 是满足人民基本文化需求。

基本文化权益 ❶是指人民自由平等地参与社会文化活动的生产与创造,人民能够充分公平地享受社会文化成果的权利,人民在文化生产和创造上有展示和发挥个人才能的权利,人民在进行文化生产和创造中所形成和产生的各种内容与形式的文化成果不受损失与侵犯。❷《中共中央办公厅国务院办公厅关于加强公共文化服务体系建设的若干意见》指出:是指保障人民群众看电视、听广播、读书看报、进行公共文化鉴赏、参加大众文化活动等基本文化权益。❸《国家基本公共服务体系"十二五"规划》指出:国家建立公共文化体育服务制度,保障人民群众看电视、听广播、读书看报、进行公共文化鉴赏、参加大众文化活动和体育健身等权益。

文化事业 是我国特有的一种组织,是指以"事业单位"的名义开展公共文化服务和经营性文化活动的一批各种各样的服务型机构的总称。狭义上讲,是指学术理论研究、思想道德建设、公共文化服务、文学艺术创作、新闻传媒、文化创新、民族文化保护、对外文化交流、人才队伍建设、文化发展保障等。广义上讲,是指体现社会主义精神文明的各种文化形态的发展和建设（奚洁人主编：《科学发展观百科辞典》，上海辞书出版社，2007年10月出版）。它包括国家文化部、国家新闻出版广电总局和其他部委所属的文化事业单位、工会、共青团、妇联、文联、作协等全国性社会团体管理的文化事业单位、在民政部门登记注册的"民办非企业机构"。

文化事业单位 ❶是指在文化领域从事研究创作、精神产品生产和公共文化服务的组织机构。主要任务是为社会提供精神产品，满足人民对文化生活的多种需求；由政府主管部门审定资格，管理形式多样化；涵盖门类多，单位分布广。❷是指受国家各级文化行政部门直接管理的，生产文化产品和提供文化服务的独立社会组织。具体包括各类艺术表演团体、地方公共图书馆、博物馆、文化馆、文化艺术、文物研究单位、画院等，其资金主要来源于国家财政拨款，无创利创税任务。服务对象是全社会大众。文化事业单位既不同于文化行政管理机关，也不同于文化企业单位。❸是指包含所有原来在各个政府部门以及全国性社团组织系统下建立的文化机构（李景源等主编：《中国公共文化发展服务报告（2007）》，社会科学文献出版社，2007年10月出版）。根据划分标准不一，文化事业单位有不同的划分办法。根据工作属性划分，主要有：演出事业单位，包括各类艺术表演团体等；艺术创作事业单位，包括艺术创作院所、艺术中心、音像影视中心等；图书文献事业单位，包括图书馆、档案馆、文献信息中心等；文物事业单位，包括文物保护管理所、文物考古队（所）、博物馆、纪念馆等；群众文化事业单位，包括群众艺术馆、文化馆（站、宫）、青少年宫、俱乐部等；广播电视事业单位，包括广播电台（站）、电视台、转播台（站）等；报刊杂志事业单位，包括各类报社、杂志社等；编辑事业单位，包括各类编辑部、党史编纂室、地方志编纂室等；新闻出版事业单位，包括各类出版社、新闻中心、新闻社等；其他文化事业单位,包括非国有性质的公益性文化服务组织(如私人博物馆),以及其他社会文化服务组织(如社会上各类文化团体)。根据财政部对事业单位是否有"稳定的经常性业务收入"划分,可把国家预算内文化事业单位区分为"全额预算管理"、"差额预算管理"和"自收自支管理"三种类型。根据提供产品的方式来讲,《中共中央国务院关于深化文化体制改革的若干意见》指出:国家兴办的图书馆、博物馆、文化馆(站)、科技馆、群众艺术馆、美术馆等为群众提供公共文化服务的单位,为公益性文化事业单位;党报、党刊、电台、电视台、通讯社、重点新闻网站和时政类报刊,少数承担政治性、公益性出版任务的出版单位,重要社会科学研究机构,体现民族特色和国家水准的艺术院团,实行事业体制,由国家重点扶持;其他艺术院团,一般出版单位和文化、艺术、生活、科普类等报刊社,以及新华书店、电影制片厂、影剧院、电视剧制作单位和文化经营中介机构,党政部门、人民团体、行业组织所属事业编制的影视制作和销售单位,逐步转制为企业。

文化事业单位改革 从1978年以来主要经过了四个阶段,第一阶段(1978—1983年),国家开始允许文化事业单位从事经营活动,"事业单位,企业化管理"的"双轨制"模式开始出现;第二阶段(1983—1993年),文化事业单位经营活动受到鼓励,允许文化事业单位拥有企业执照,"双轨制"合法化;第三阶段(1993—2000年),中国进入建立社会主义市场经济体制改革阶段,开始摸索在体制上将事业和产业分离运作;第四阶段(2000—2006年),文化事业单位"分类改革"的思路基本形成。改革的主要内容,包括三个方面:第一,宏观管理体制改革,即重建政府和文化事业单位的关系,转变政府职能,将直接生产和提供文化产品的政府,转变为管理文化产品生产和提供的政府,将不同的文化事业单位与政府分离;第二,微观主体改革,即将事业单位建成不同的市场主体,将原来单一的文化事业单位分为"公益性文化事业单位"、"实行事业体制企业化运行单位",以及"确定为企业的单位"三种类型,明确了不同的改革要求;第三,实行综合执法,即推动文化行政管理体制改革,实行"综合执法"。逐步开放市场,即多种经济成分共同发展[李景源等主编:《中国公共文化发展服务报告(2007)》,社会科学文献出版社,2007年10月出版]。

公益性文化事业 是指不以营利为目的的文化事业。

公益性文化事业单位 是指不以营利为目的的文化事业单位。《中共中央国务院关于深化文化体制改革的若干意见》指出:凡国家兴办的图书馆、博物馆、文化馆(站)、科技馆、群众艺术馆、美术馆等为群众提供公共文化服务的单位,为公益性文化事业单位。《中共中央国务院关于分类推进事业单位改革指导意见》指出:根据职责任务、服务对象和资源配置方式等情况,公益性文化事业单位可细分为两类:承担义务教育、基础性科研、公共文化、公共卫生及基层的基本医疗服务等基本公益服务,不能或不宜由市场配置资源的,划入公益一类;承担高等教育、非营利医疗等公益服务,可部分由市场配置资源的,划入公益二类。

公益性文化事业单位改革 是指按照不同要求进行改革。《中共中央办公厅国务院办公厅关于加强公共文化服务体系建设的若干意见》指出:按照增加投入、转换机制、增强活力,改善服务的要求,深化公益性文化事业单位人事和内部收入分配制度改革,全面实行聘用制度和岗位管理制度,加强财务管理和经济核算,建立健全竞争、激励、约束机制,努力提高公共文化服务能力和水平。党报党刊、电台、电视台、通讯社、重点新闻网站和时政类报刊等新闻媒体,要优化组织结构,整合内部资源,增加公共文化服务总量。承担政治性、公益性出版任务的出版单位和体现民族特色、国家水准的艺术院团,要面向群众、开拓市场,提供更多广大群众喜闻乐见的文化产品。《中共中央关于全面深化改革若干重大问题的决定》指出:推动公共图书馆、博物馆、文化馆、科技馆等组建理事会,吸纳有关方面代表、专业人士、各界群众参与管理。

文化事业单位法人治理结构
是指提供公益性文化服务的事业单位,以依法独立运作、自我管理和承担职责,实现事业单位宗旨和职责为目标,各利益相关方共同参与治理的组织架构与运行机制等相关制度安排。其主要内容,是建立健全决策监督机构,明确管理层权责,制定文化事业单位章程,研究制定文化事业单位法人治理准则,完善文化事业单位年度报告制度,建立文化事业单位信息公开制度,全面加强文化事业单位党的建设。基本架构,是指决策层和管理层。决策层是文化事业单位的决策与监督机构,负责对本单位的重大事项进行决策,并对管理层执行决策层决议事项有关情况进行监督;管理层是决策层的执行机构,对决策层负责,并向决策层汇报工作。决策层的主要组织形式是理事会,也可以探索董事会、管委会等多种形式。理事会的组成,主要由文化行政主管部门、文化事业单位、服务对象和其他有关方面的代表组成,理事会成员一般为5～15人,为奇数,理事会应设理事长1名,根据工作需要可设副理事长1～2名,也可设常务理事;理事会的职责,是依照法律法规、国家有关政策和章程开展工作,接受政府监管和社会监督等。理事长的产生,可以根据文化事业单位人事管理权限和单位特点,采取由理事会选举产生、由理事会提名后经有关部门或者举办单位批准、直接由有关部门或者举办单位任命等不同方式;理事长可由文化事业单位或者文化事业单位以外的人员担任。理事会的议事规则实行会议制和票决制。管理层由行政负责人及其他主要管理人员组成；管理层的职责是对理事会负责。行政负责人的产生，由理事会任命或提名，并按照干部人事管理权限报有关部门备案或批准。文化事业单位需要作出年度报告并公开应公开的重要信息。法人治理结构的相关事宜必须通过章程予以明确。

公共服务 ❶是指使用公共权力和公共资源向公民提供的各项服务。公共服务根据其内容和形式可分为基础公共服务、经济公共服务、公共安全服务、社会公共服务（戴珩著：《公共文化服务体系120问》，南京师范大学出版社，2011年10月出版）。❷是指一种政府职能。通过提供或创造公共产品、公共环境以满足公共需要的过程。主要包括政权性公共服务、社会性公共服务、经营性公共服务（奚洁人主编：《科学发展观百科辞典》，上海辞书出版社，2007年10月出版）。❸是21世纪公共行政和政府改革的核心理念，包括加强城乡公共设施建设，发展教育、科技、文化、卫生、体育等公共事业，为社会公众参与社会经济、政治、文化活动等提供保障。公共服务以政府为主导，公共财政为支撑，强调政府的责任和公民的权利。

公共文化服务 ❶是指以政府部门为主的公共部门提供的、以保障公民的基本文化生活权利为目的、向公民提供公共文化产品与服务的制度和系统的总称，包括公共文化服务设施、资源和服务内容，以及人才、资金、技术和政策保障机制等方面内容。❷是指基于社会效益，不以营利为目的，为社会提供非竞争性、非排他性的公共文化产品的资源配置活动（戴珩著：《公共文化服务体系120问》，南京师范大学出版社，2011年10月出版）。

公共文化服务体系 ❶是以保障人民群众基本文化权益、满足人民群众基本文化需求为目的，以政府为主导，以公共财政为支撑，以公益性文化单位为骨干,向全社会提供公共文化设施、产品、服务的总和[于群、李国新主编:《中国公共文化服务发展报告(2012)》,社会科学文献出版社,2012年10月出版]。❷是指以政府为主体建立的,为满足社会的公共文化需求,保障公民基本文化权益,向公众提供公共文化产品和服务的设施、机构、运行管理系统以及制度的总和(戴珩著:《公共文化服务体系120问》,南京师范大学出版社,2011年10月出版)。❸是政府主导、社会参与形成的普及文化知识、传播先进文化、提供精神食粮、满足人民群众基本文化需求、保障人民群众基本文化权益的各种公益性文化机构和服务的总和。在这个体系中政府处于主导地位,全社会协同推进。公共文化服务体系的主要内容:包括公共文化设施网络、公共文化资金队伍技术保障、公共文化组织支撑、公共文化服务运行评估、公共文化产品的供给(彭泽明著:《重庆公共文化服务体系发展与展望》,现代教育出版社,2011年12月出版)。❹是公共文化产品、服务、制度和系统的总称,主要包括设施网络覆盖体系,产品生产服务供给体系,人才、资金和技术保障体系,组织支撑体系,评估体系5个子体系。公共文化服务体系建设的历史演变为:2002年11月,党的十六大提出:"国家支持和保障文化公益事业,并鼓励它们增强自身发展活力。"由此吹响了我国发展公益性文化事业,切实尊重和保障人民基本文化权益的号角。2005年党的十六届五中全会审议通过的《中共中央关于制定国民经济和社会发展第十一个五年规划的建议》提出要"加大政府对文化事业的投入,逐步形成覆盖全社会的比较完备的公共文化服务体系"。这是我国首次提出公共文化服务体系的概念。2006年党的十六届六中全会审议通过的《中共中央关于构建社会主义和谐社会若干重大问题的决定》提出:"加快建立覆盖全社会的公共文化服务体系。"2007年8月《中共中央办公厅国务院办公厅关于加强公共文化服务体系建设的若干意见》，对大力加强公共文化服务体系建设做出了全面部署。2007年党的十七大把建设"覆盖城乡的公共文化服务体系"作为我国文化建设的重要战略。2010年10月党的十七届五中全会通过的《中共中央关于制定国民经济和社会发展第十二个五年规划的建议》提出："十二五"时期基本建成公共文化服务体系。2011年10月，党的十七届六中全会通过的具有历史意义的《中共中央关于深化文化体制改革推动社会主义文化大发展大繁荣若干重大问题的决定》提出："满足人民基本文化需求，是社会主义文化建设的基本任务。"2012年7月国务院印发的《国家基本公共服务体系"十二五"规划》，首次将基本公共文化体育服务纳入我国基本公共服务八大领域（即：基本公共教育、劳动就业服务、社会保险、基本社会服务、基本医疗卫生、人口和计划生育、基本住房保障、公共文化体育）之中。2013年11月党的十八届三中全会通过的《中共中央关于全面深化改革若干重大问题的决定》提出："构建现代公共文化服务体系。"公共文化服务体系建设迈入了改革发展的新阶段。公共文化服务体系的基本特性，是指公益性、基本性、均等性、便利性，四性之间的逻辑关系为均等是核心、公益是保障、基本是公益的尺度、便利是均等的前提。公共文化服务体系的实现途径，是坚持政府主导，以公共财政为支撑，以公益性文化单位为骨干，鼓励全社会参与，以全体人民为服务对象，以基层、农村为重点建设公共文化服务体系。加强公共文化服务是实现人民基本文化权益的主要途径。公共文化服务体系建设的目标是覆盖城乡、结构合理、功能健全、实用高效。

现代公共文化服务体系 是在一定的时期内，与经济社会发展水平相适应，以政府部门为主的公共部门提供的、以满足公民的基本文化生活需求为目的、向公民提供公共文化产品与服务的制度和系统的总称。基本内涵主要包括:是与当前发展阶段基本相适应的动态化过程;是现代公共服务的重要组成部分;它保障的是公民基本文化权利;它提供的是基本文化服务。基本特征主要表现为:服务目标均等化、供给主体多元化、运行机制民主化、公共服务高效化、管理体系法治化;在现代公共文化服务体系五个基本特征中,均等化和高效化属于发展目标范畴,多元化和民主化属于体制机制范畴,法治化属于制度保障范畴。这些基本特征相互联系、相互作用,共同影响着整个现代公共文化服务体系的制度安排(蒯大申著:《现代公共文化服务体系的内涵与基本特征》,求是理论网,2014年2月24日)。

公共文化产品 ❶是指具有非排他性和非竞争性的文化产品(戴珩著:《公共文化服务体系120问》,南京师范大学出版社,2011年10月出版)。❷是指用来满足人的公共文化需求的产品和服务的总称。狭义上讲,仅指有形的公共文化产品。广义上讲,包括有形的公共文化产品和无形的公共文化服务。

公共文化服务运行 是指包括公共文化服务投入生产、供给以及绩效评估在内的运作过程(王春林著:《公共文化服务运行机制建构探析》,广西社会科学,2013年第5期)。其运行机制是保证公共文化服务有效开展和有序运行的重要制度安排。公共文化服务运行机制创新,是指推进公益性文化事业单位改革、创新公共文化服务方式、提高公共文化服务技术水平的创新。

公共文化服务方式 《中共中央办公厅国务院办公厅关于加强公共文化服务体系建设的若干意见》指出:主要包括引入竞争机制,对重要公共文化产品、重大公共文化服务项目和公益性文化活动,实行政府采购、项目补贴、定向助资、贷款贴息等。主要方式包括:鼓励具备条件的城市图书馆采用通借通还等现代服务方式；积极引导社会力量以兴办实体、赞助活动、免费提供设施等，以及支持境内各类文化基金会和文化投资公司参与公共文化服务；支持民办公益性文化机构的发展，鼓励民间开办博物馆、图书馆等。

公共文化服务技术水平　是指应用现代科技，提高公共文化服务的信息化、网络化水平。《中共中央办公厅国务院办公厅关于加强公共文化服务体系建设的若干意见》指出：重点是以国家数字图书馆建设为龙头，加快国家图书馆、省级图书馆与各地公共图书馆的联网步伐。加强市（地）、县图书馆镜像站建设，增强文化信息资源的传输、存储和供给能力，为基层提供方便快捷的文化服务。加快广播电视、直播卫星和移动多媒体系统建设，推进城市有线电视和地面无线广播电视数字化，改善和提高广播电视覆盖效能。积极推进数字化出版、印刷以及现代物流技术的研发应用，构建数字化出版物的生产、传播和网络平台。

公共文化服务投入　《中共中央办公厅国务院办公厅关于加强公共文化服务体系建设的若干意见》指出：主要包括中央和省级财政每年对文化建设的投入增幅不低于同级财政经常性收入的增幅。切实保障实施重大公共文化工程、购买重要公共文化产品、开展重要公共文化活动所必需的资金。明确中央与地方的事权，改进公共文化服务投入方式，中央财政通过转移支付对中西部地区给予适当支持。建立健全有关文化发展的各类专项资金和基金，用好公益性福利彩票分成，加大对公益性文化事业的扶持力度，支持少数民族公益性文化事业的发展。进一步完善支持公共文化服务的相关经济政策，吸引和鼓励社会力量投资兴办公共文化实体，建设公共文化设施、提供公共文化服务，形成以政府投入为主、社会力量积极参与的稳定的公共文化服务投入机制。

公益性文化服务 《国家基本公共服务体系"十二五"规划》指出：包括公共文化场馆开放和公益性流动文化服务。

公益性流动文化服务 是指利用流动电影放映车、流动舞台车、流动图书馆车、流动科普车、流动展览车等文化流动车在固定场地外开展的免费文化服务。《国家基本公共服务体系"十二五"规划》指出：主要包括免费享有影视放映、文艺演出、图片展览、图书销售和借阅、科技宣传为一体的流动文化服务；每个乡镇每年送4场地方戏曲；每学期中小学生观看两部爱国主义教育影片。

公益性演出补贴制度 是指对公益性演出或营业性演出的低价票由财政补贴的一种制度，是一种"养事不养人"的新型财政投入机制。

公共文化服务指标体系 ❶是由公共文化设施、公共文化产品与服务、公共文化投入、公共文化人才队伍建设、公众满意度五个一级指标组成的系统(李军鹏著:《公共文化服务指标体系设计的若干思考》)。❷由发展规模指标、政府投入指标、社会参与指标三类指标组成(陈威主编:《公共文化服务体系研究》)。❸是按照基本建设、政府投入、运作机制、社会参与、公众满意度五个维度,建立基本指标、修正指标、标准分值、加权计算的评价指标体系(毛少莹著:《公共文化服务绩效评估指标体系的建构》)。❹是由文化基础设施和场所、文化产品提供、文化服务提供、经费投入、队伍建设、政策保障、社会参与和群众满意度七个一级指标构成的系统(徐娜著:《天津市公共文化服务指标体系建构研究》)。

公共文化绩效 是指以政府为主导的公共文化服务体系建设的成效,也是创建过程、实施行为等活动输出的结果(宋伟著:《我国公共文化服务绩效评价与考核的

一、基本概念　15

几点思考》,成都纺织高等专科学校学报,2012年4月)。

公共文化绩效考核　是指对政府为主导的公共文化服务体系建设成效的一种评价。主要内容包括考评对象、考评依据、考评原则、考评指标、考评方式、考评结果、考评奖惩等方面。

公共文化服务群众评价机制　是指对政府提供的公共文化服务,开展群众满意度评价并将结果向群众公布的制度。

公共文化服务体系建设制度设计　是指在推进公共文化服务体系实践探索的同时,开展公共文化服务体系理论政策研究和制度设计,探索公共文化服务体系建设长效机制的理论联系实际、理论指导实际的过程。旨在充分发挥制度设计研究的"决策参考、指导实践、推动立法"的重要作用,以提高公共文化服务体系建设工作的科学化水平。

基本公共文化服务　❶是指建立在一定社会共识基础上,由政府主导提供的、与经济社会发展水平和阶段相适应的,旨在保障全体公民基本需求的公共文化服务。享有基本公共文化服务属于公民的权利,提供基本公共文化服务是政府的职责。❷是指建立在一定社会共识基础上,由政府根据经济社会发展阶段和总体水平来提供,旨在保障全体公民基本需求的公共文化服务(戴珩著:《公共文化服务体系120问》,南京师范大学出版社,2011年10月出版)。

基本公共文化服务体系　指由基本公共文化服务范围和标准、资源配置、管理运行、供给方式,以及绩效评价等所构成的系统性、整体性的制度安排。

公共文化服务标准化　是指基本公共文化服务标准及保障标准、公共文化设施建设和管理服务的技术标准、工作评价标准等的总和。主要包括:保障标准、技术标准、评价标准。

公共文化服务均等化 是指在一定时期内,我国不分东、中、西部,不分城市和农村,不分发达和不发达地区,政府给人民群众提供的基本公共服务同量同质。

基本公共文化服务标准化 是指在一定时期内为实现既定目标而对基本公共文化服务活动所制定的保障技术、管理等规范。

基本公共文化服务均等化 是指全体公民都能公平可及地获得大致均等的基本公共文化服务,其核心是机会均等,而不是简单的平均化和无差异化。

公共文化体育服务制度 是指建立旨在保障广大人民群众基本的公共文化体育权利的制度。《国家基本公共服务体系"十二五"规划》指出:主要包括向全民免费开放基层公共文化体育设施,逐步扩大公共图书馆、文化馆(站)、博物馆、美术馆、纪念馆、科技馆、工人文化宫、青少年宫等免费开放范围;为全民免费提供基本的广播电视服务和突发事件应急广播服务;为农村居民免费提供文化信息资源共享、电影放映、送书送报送戏等公益性文化服务;加强文化遗产保护和综合利用;为城乡居民参加全民健身活动提供免费指导服务。

公共文化服务体系建设协调机制 是指在党委政府的领导下,建立由各级文化部门牵头,发改、财政、新闻出版、体育等部门按职责分工负责、合作共建共享的协调机制。重点围绕规划、标准、投入、设施、项目、队伍等方面加强统筹协调。协调机制总体思路是,文化部门作为牵头单位,将与各成员单位密切合作,树立公共文化服务体系建设"一盘棋"的思想,本着"资源共享、优势互补、互惠互利、共同发展"的原则,从多个层面推进公共文化服务的深度融合发展。协调机制的总基调是,协同推进、融合发展。协调机制的具体做法是,主

一、基本概念　17

要负责公共文化服务体系建设重大协调事项的协商和部署,不改变现行公共文化管理体制,不替代、不削弱有关部门现行职责分工,不替代党委政府决策。

基层文化建设　狭义上讲,是指乡镇(街道)、村(社区)文化建设。广义上讲,是指我国县(市)、乡镇(街道)、村(社区)文化建设。

农村文化建设　亦称农民文化建设。狭义上讲,是指村文化建设。广义上讲,是指县(市)、乡镇(街道)、村(社区)文化建设。

农村公共文化建设　《中共中央办公厅国务院办公厅关于进一步加强农村文化建设的意见》指出其主要包括:大力推进广播电视进村入户,积极发展农村电影放映,开展农村数字化文化信息服务,推动服务"三农"的出版物出版发行,加强乡村文化设施建设,加大文化资源向农村的倾斜等方面的建设。

农村民办文化　亦称农民自办文化。❶是指农民群众根据自己的需要和可能,相互邀约、集资,由集体或个人兴办的群众文化事业。它是国办群众文化的重要补充(常泊主编:《中国群众文化辞典》,湖南文艺出版社,1992年9月出版)。❷是指由农村文化热心人、业余文艺骨干和文化经济人投资,或通过民办公助、政策扶持,鼓励农民自办的文化。主要包括农户组建的文化大院、文化中心户、文化室、图书室等开展的各种面向农村、面向农民的文化经营活动。旨在使农民群众成为农村文化建设的主体。

农村文化事业捐助　是指社会力量捐助文化站(室)、图书室等农村文化基础设施建设,以及农村公益性文化实体和文化活动的行为和制度安排。

城乡二元结构　❶是指维持城市现代工业和农村传统农业二元经济形态,以及城市社会和农村社会相互分割的二元社会形态的一系列制度安排所形成的制度结构。即包括城乡二元结构和城乡二元社会结构。(奚洁人著:《科学发展观百科辞典》,上海辞书出版社,2009年2月出版)。❷一般是指以社会化生产为主要特点的城市经济和以小生产为主要特点的农村经济并存的经济结构。我国城乡二元经济结构主要表现为:城市经济以现代化的大工业生产为主,而农村经济以典型的小农经济为主;城市的道路、通信、卫生和教育等基础设施发达,而农村的基础设施落后;城市的人均消费水平远远高于农村;相对于城市,农村人口众多等。这种状态既是发展中国家的经济结构存在的突出矛盾,也是这些国家相对贫困和落后的重要原因。发展中国家的现代化进程,在很大程度上是实现城乡二元经济结构向现代经济结构的转换。

城乡一体化 ❶是指随着生产力的发展而促进城乡居民生产方式、生活方式和居住方式变化的过程,使城乡人口、技术、资本、资源等要素相互融合,互为资源,互为市场,互相服务,逐步达到城乡之间在经济、社会、文化、生态上协调发展的过程。❷是指把工业与农业、城市与乡村、城镇居民与农村居民作为一个整体,统筹谋划、综合研究,通过体制改革和政策调整,促进城乡在规划建设、产业发展、市场信息、政策措施、生态环境保护、社会事业发展的一体化,改变长期形成的城乡二元经济结构,实现城乡在政策上的平等、产业发展上的互补、国民待遇上的一致,让农民享受到与城镇居民同样的文明和实惠,使整个城乡经济社会全面、协调、可持续发展。城乡一体化是我国现代化和城市化发展的一个新阶段。

城乡文化一体化发展 是统筹城乡文化发展的具体化,是遏止城乡文化发展差距拉大趋势、扩大农村市场需求的出路,是解决农村文化问题、全面建设小康社会的重大战略举措。《中共中央关于深化文化体制改革推动社会主义文化大发展大繁荣若干重大问题的决定》指出城乡文化一体化发展的主要内容包括:增加农村文化服务总量,缩小城乡文化发展差距。以农村和中西部地区为重点,加强县级文化馆和图书馆、乡镇综合文化站、村文化室建设,深入实施广播电视村村通、文化信息资源共享、农村电影放映、农家书屋等文化惠民工程,扩大覆盖、消除盲点、提高标准、完善服务、改进管理。加大对革命老区、民族地区、边疆地区、贫困地区文化服务网络建设支持和帮扶力度。深入开展全民阅读、全民健身活动,推动文化科技卫生"三下乡"、科教文体法律卫生"四进社区"、"送欢乐下基层"等活动经常化。引导企业、社区积极开展面向农民工的公益性文化活动,尽快把农民工纳入城市公共文化服务体系。建立以城带乡联动机制,合理配置城乡文化资源,鼓励城市对农村进行文化帮扶,把支持农村文化建设作为创建文明城市基本指标。鼓励文化单位面向农村提供流动服务、网点服务,推动媒体办好农村版和农村频率频道,做好主要党报党刊在农村基层发行和赠阅工作。扶持文化企业以连锁方式加强基层和农村文化网点建设,推动电影院线、演出院线向市县延伸,支持演艺团体深入基层和农村演出。中央、省、市三级设立农村文化建设专项资金,保证一定数量的中央转移支付资金用于乡镇和村文化建设。

以城带乡文化联动机制 是指建立发挥城市文化资源对农村文化建设的促进和带动机制。其主要内容包括:财政转移机制、要素输送机制和功能辐射机制。

特殊人群公共文化服务 是指为妇女老年人、未成年人、残疾人和农民工等群体提供的有针对性的公共文化服务。

农民工文化工作 是指把农民工文化服务纳入公共文化服务体系,形成相对完善的农民工文化工作机制。农民工文化工作机制,是指政府主导、企业共建、社会参与的机制。

农民工城市融入 是指以城市社区为主要平台和载体,进一步提高城市社区面向农民工的公共文化服务能力,以及农民工文化活动参与能力的过程。

老年人文化工作 是指把老年人文化服务纳入公共文化服务体系,形成相对完善的老年人文化工作机制。

公共文化为老服务 中组部等16个部委发布的《关于进一步加强老年文化建设的意见》指出其主要内容包括:加强老年人文化活动基础设施建设,加大老年人公共文化服务供给,加快城乡老年文化建设一体化发展。

未成年人文化建设 《国务院关于加强未成年人思想道德建设的若干意见》指出其主要内容包括:加强以爱国主义教育基地为重点的未成年人活动场所建设、使用和管理;充分发挥爱国主义教育基地对未成年人的教育作用。各类博物馆、纪念馆、展览馆、烈士陵园等爱国主义教育基地,要创造条件对全社会开放,对中小学生集体参观一律实行免票,对学生个人参观可实行半票。加强青少年宫、儿童活动中心等未成年人专门活动场所建设和管理。图书馆、文化馆(站)、体育场(馆)、科技馆、影剧院等场所,也要发挥教育阵地的作用,积极主动地为未成年人开展活动创造条件;要制定优惠政策,吸纳社会资金,鼓励、支持社会力量兴办未成年人活动场所。

残疾人文化建设 是指以进一步建立和完善残疾人公共文化服务体系为主体,以残疾人文化服务设施为补充,以基层乡镇(街道)综合文化站、村文化活动室、社区文化中心为依托,以残疾人文化、体育工程项目为载体,坚持重心下移,为残疾人提供基本公共文化服务的过程。

残疾人个性化文化服务 中宣部等11个部委发布的《关于加强残疾人文化建设的意见》指出其主要内容包括：就近就便开展残疾人文化活动，深入开展"残疾人文化周"活动，扩大"残疾人文化进社区"项目覆盖面，推进残疾人自强健身工程，建设残疾人文化服务设施。

基层文化队伍建设 《国务院转发文化部、国家计委、财政部关于进一步加强基层文化建设的指导意见》指出其主要内容是努力建立一支稳定的专兼结合的基层文化队伍。具体包括：建立健全群艺馆、文化馆、图书馆和乡镇（街道）文化机构的工作岗位规范，逐步实行工作人员从业资格制度；积极推进基层文化机构人事制度改革；大力培养和发展民间文化队伍。基层文化队伍建设的重要举措是加强培训。基层文化队伍培训，是指对全国县（市）、乡镇（街道）专职文化队伍和业余文化队伍（包括业余文艺骨干、村/社区文化活动室工作人员等）进行系统培训的行为，其主要内容包括：工作体制、师资建设、建立职业资格制度等。

文化从业人员职业资格制度《文化部关于加强基层文化队伍职业资格和教育培训工作的实施意见》指出：是指在县（市）、乡镇（街道）专业表演人员、群众文化工作人员、图书资料工作人员、文化经纪人等基层文化从业人员中，实行考试的方式取得职业资格，然后再予以聘用的注册登记制度。职业资格包括：从业资格和职业资格。从业资格是指从事基层文化工作的某一专业学识、技术和能力的起点标准；执业资格是指政府部门对基层文化工作某些责任较大、社会通用性强，关系公共利益的专业实行准入制度，是依法独立开业或从事某一特定专业的学识、技能和能力的必备标准。

文化志愿服务 是指任何人自愿贡献个人时间和精力,不以取得物质报酬为目的,为推动文化事业进步和发展而提供的服务。

文化志愿者 亦称文化义工。是指自愿参加相关团体组织,在自身条件许可的情况下,在不谋求任何物质、金钱及相关利益回报的前提下,合理运用社会现有的资源,志愿奉献个人可以奉献的东西,为文化事业发展开展力所能及的、切合实际的,具有一定专业性、技能性、长期性服务活动的人。

农村文化队伍建设 其主要包括:对农村文化事业单位的人员实行从业资格制度;鼓励高校毕业生到农村从事文化工作;发挥专业艺术人员的积极性;加强农村文化队伍的教育培训;培养农民文化骨干;发挥民间艺人、文化能人在活跃农村文化生活、传承发展民族民间文化方面的作用;发挥农村文化经纪人的作用;对做出突出贡献的农村文化单位和基层文化工作者予以表彰奖励。

公共文化服务队伍建设 《中共中央办公厅国务院办公厅关于加强公共文化服务体系建设的若干意见》指出其主要内容包括:建立健全以培养、实用、激励、评价为主要内容的政策措施和制度保障,实行职业资格管理制度,加强对从业人员的规范化管理,运用多种方式加大培训、轮训力度,着力提高公共文化服务队伍的思想政治素质和新形势下做好公共文化服务工作的能力。采取各种措施吸引各类优秀人才进入公共文化服务领域发展,鼓励高校毕业生到基层从事公共文化服务工作;鼓励和支持专业文艺院团改革中的分流人员到社区、乡镇和红色旅游纪念馆工作,担任文艺辅导员、文化指导员和讲解员;注意发挥基层文化骨干、文化能人的积极作用,培育和发展农村业余演出队、文化中心户、义务文化管理员等,形成一支扎根基层、服务群众的专兼职公共文化服务队伍。

公共文化空间 亦称公共领域。是指介于市民社会和国家之间的一个领域,公共领域原则上向所有市民开放(奚洁人主编:《科学发展观辞典》,上海辞书出版社,2007年10月出版)。

公共文化场馆 亦称公益性文化体育场馆或公共文化体育设施。国务院颁布的《公共文化体育设施条例》指出:是指由各级人民政府举办或者社会力量举办的,向公众开放用于开展文化体育活动的公益性的图书馆、博物馆、纪念馆、美术馆、文化馆(站)、体育场(馆)、青少年宫、工人文化宫。

公益性文化设施 包括美术馆、科技馆、公共图书馆、文化宫(工人文化宫、工人俱乐部)、青少年宫、体育场(馆)等。

基层文化设施 狭义上讲,是指县级文化馆、综合文化馆、图书馆、博物馆等,乡镇(街道)文化站和村(社区)文化室等设施。广义上讲,是指包括地级群艺馆及县级文化馆、图书馆、博物馆等,乡镇(街道)综合文化站和村(社区)文化室等,以及社区和居民小区配套文化设施建设,文化广场等公共文化活动场所,老年、少儿和残疾人文化活动场所,老年文化活动中心、老年大学(学校)、青少年校外文化活动设施和场所,流动文化车、汽车图书馆和流动剧场等,大型露天文化活动场所等。

农村文化设施 狭义上讲,仅指村文化室建设。广义上讲,是指县文化馆、公共图书馆及乡镇综合文化站的设施。农村文化设施运行管理需要建立健全资源共享、运转高效、管理科学、经营规范的设施运行新机制。《中共中央办公厅国务院办公厅关于进一步加强农村文化建设的意见》指出:包括统筹文化、教育、科技、体育和青少年、老年活动场所的规划建设和综合利用,努力做到相关设施能够共建共享。对电影院、剧院等设施,在确保其功能不变的前提下,鼓励其进入大型文化企业集团,也可以实行所有权与经营权相分离的运营模式,采取公办民营、公开招标、委托经营的方式提供文化服务。机关、学校内部的文化设施,有条件的要采取多种方式对农民群众开放。

文化艺术中心 亦称文化活动中心或群众文化活动中心。是指组织群众文化活动及文化艺术鉴赏的综合性文化场所。狭义上讲,是指文化馆。广义上讲,包括文化馆、图书馆、科技馆、展览馆、影剧院等多种功能为一体的综合性场所。

文化体育站 亦称文化体育中心。是指具有文化与体育功能的综合性文化设施和机构。

基层综合性文化服务中心 是指为整合基层宣传文化、党员教育、科学普及、体育健身等设施而建设的综合性文化服务中心。

老年文化活动中心 是指有一套严格的管理制度、一定面积的活动场所、有一定种类项目的文化活动设施。

人口文化园 一般由人口和计生部门推动建设,是人口和计划生育宣传服务的阵地设施,以弘扬人口文化、倡导婚育文明、构建和谐家庭为主题,丰富群众的业余文化生活,陶冶人们的道德文化情操。

农村文化中心户 亦称农民文化大院。是指依托农民现有房屋设施,由农户自办或政府资助的,具有一定规模和水平、常年定时开放的农村文化设施,它在农村文化建设中发挥着十分积极的作用。

流动文化服务车 是指以开展送文化而配置的文化服务车,包括流动舞台车、流动图书车、流动电影车、流动科普车、流动展览车、流动数字文化车等,这为更好地保障人民群众的基本文化权益提供了有效的载体。

公共图书馆制度 是指社会用以调节知识或信息分配,以实现社会知识或信息保障的制度。它保障社会成员获取信息机会的平等,保障公民求知的自由与求知的权利,从而从知识、信息公平获取的角度维护了社会的公正(于群、李国新主编:《公共图书馆业务培训指导纲要》,北京师范大学出版社,2012年1月出版)。

公共图书馆使命 是指公共图书馆之所以存在的目的、理由或公共图书馆承担的责任和任务(于群、李国新主编:《公共图书馆业务培训指导纲要》,北京师范大学出版社,2012年1月出版)。

公共图书馆服务体系 是指公共图书馆设施、资源、服务、保障制度架构的统称(于群、李国新主编:《公共图书馆业务培训指导纲要》,北京师范大学出版社,2012年1月出版)。

城乡一体化公共图书馆服务体系 是指覆盖城乡、功能完善、资源共享、管理规范的图书馆公共文化服务体系的制度安排。

图书馆自动化 是指以计算机技术为核心,与网络通信技术相结合,对公共图书馆的各项业务实行自动控制的过程,也即是运用电脑来处理图书馆的业务及提供相应的服务。如:图书采访、编目、期刊管理、流通管理、书目检索及行政管理等。

图书馆总分馆制 ❶是指在一个城市或地区中,有一个总馆或中心馆,其他馆都是这个总馆的分馆的一种公共图书馆服务模式(李东来等著:《城市图书馆建设的实践与思考》,北京图书馆出版社,2007年出版)。❷是指城市图书馆纳入一个管理体制,统一管辖,统一经费来源,统一业务行政关系,统一技术支撑体系,统一服务平台和分布式的馆藏。在全部图书馆网络覆盖范围内,设立一个地区中心馆，即总馆；总馆负责网络内所有图书馆的公共业务和行政管理等，其他图书馆作为分馆，根据分馆属性级别，分别负责不同范围、不同层次的本地图书馆服务。图书馆总分馆制模式，大体包括3种模式，第一种是真正意义上的总分馆制，即国际上通行的总分馆制，分馆是总馆的一个直属部门和派出机构，人、财、物由总馆统一规划和管理，文献资源由总馆统一采购、编目、配置，分馆从事读者服务工作，总馆与分馆实现一卡通用、通借通还、文献检索与数字资源共享。第二种是中国特色的总分馆制，亦称准分馆制，即基本上不改变各参与图书馆的行政隶属、行政和人事关系，总馆对分馆没有完全实行人、财、物的统一管理，但在文献资源方面实行统一采编、统一配送、统一管理、统一标识，服务上实行一卡通、图书借阅实行通借通还，总分馆之间实现资源共享等。总分馆之间具有紧密型关系。第三种是联盟合作模式。总分馆之间不存在管理与被管理关系，而是以联盟合作方式实现松散型合作。这种模式以资源共建共享为目的，采取联合协作的方式，开展联合编目、联合知识导航和信息服务、网上数字资源共享、人员交流、项目合作等工作，实现人才、技术、资源的互补（王以俭著：《公共图书馆实现总分馆制管理模式研究》，绍兴文理学院学报，2010年1月）。

图书馆服务新业态 是指借助手机、数字电视、移动电视等新兴媒体，以互联网、移动通信网、广电网为通道，为政府立法决策、教育科研、公民终身学习等提供多层次、多样化、专业化、个性化的数字图书馆服务形态。

图书馆 是指搜集、整理、收藏图书资料供人阅览、参考的机构。图书馆有保存人类文化遗产、开发信息资源、参与社会教育等职能。按照管理的部门划分，由各级文化部门管理的图书馆为公共图书馆，由教育部和高等学校管理的图书馆为高等学校图书馆，由地方教育部门和中小学校管理的图书馆为中小学图书馆,由国家有关部委和各地有关部门管理的图书馆为专业图书馆,由中华全国总工会及其所属各级工会管理的图书馆为工会图书馆。

公共图书馆 ❶国际图书馆协会联合会2001年出版的《公共图书馆服务指南》这样定义公共图书馆:是由社区通过国家、地方政府或其他社区组织建立、支持和资助的图书馆;它向社区的所有成员平等开放,不论其种族、国籍、年龄、性别、宗教、语言、身体条件、经济及就业状况如何;通过向社区成员提供各类资源和服务,使他们可以获取知识、信息、创作性作品。公共图书馆的基本理念与特征,是公共、公益、平等、包容、专业化(于群、李国新主编:《公共图书馆业务培训指导纲要》,北京师范大学出版社,2012年1月出版)。❷公共图书馆是为市民服务的图书馆,一般由政府税收来支持。与专业图书馆不同,公共图书馆的服务对象可以针对儿童到成人,即所有的普通居民。提供非专业的图书(包括通俗读物、期刊杂志和参考书籍)、公共信息、互联网的连接及图书馆教育。这类的图书馆也会收集与当地地方特色有关的书籍和资讯,并提供社区活动的场所。❸由中央或地方政府管理、资助和支持的,免费为社会公众服务的图书馆。它可以是为一般群众服务,也可以是为某一特定读者如儿童、工人、农民等服务。它是人类社会文明发展的产物。其主要特征是,向所有居民开放;经费来源于地方行政机构的税收;其设立和经营必须有法律依据。2012年1月国务院法制办发布的《中华人民共和国公共图书馆法(征求意见稿)》规定公共图书馆有11项基本职能:收集、整理、保存、保护文献资源,依法采集和保存网络资源,编制馆藏文献目录;提供文献信息资源的检索、检阅及参考咨询等服务;开展阅读指导,组织读书活动,促进全民阅读及终身学习;举办讲座、展览、培训等社会教育活动;开展信息素质教育,提高公众利用现代信息技术获取知识的能力;为国家机关的立法和决策提供信息支持服务;提供政府公开信息及其他公共信息服务;收集、整理、保存、保护地方文献,促进地方文化传承发展;与其他图书馆等机构合作,促进信息资源共享;开展图书馆领域的国家交流与合作;其他应当由图书馆履行的职能。

国家图书馆 2012年1月国务院法制办发布的《中华人民共和国公共图书馆法(征求意见稿)》指出:是由中央人民政府设立的综合性研究型图书馆。除履行公共图书馆的基本职能外,还应当承担国家文献信息资源总库(国家书库)、国家书目数据中心、国家古籍保护中心和全国图书馆信息网络中心、全国图书馆发展研究职能。

省级图书馆 是指由省级政府设立的,向社会公众开放的图书馆;是具有文献信息资源的收集、整理、存储、传播、研究和服务等功能的公共文化服务设施及服务机构。除履行公共图书馆的基本职能外,还应当承担本行政区域的地方文献收藏中心、古籍保护中心和图书馆协调与协作中心的职能。

县级图书馆 是指由县级人民政府投资兴办,向社会公众开放的图书馆;是履行公共图书馆基本职能的公共文化服务设施及服务机构。

成人图书馆 是指由政府举办的,向成年人开放的图书馆。

少儿图书馆 是指由政府举办的,向少年儿童开放的图书馆。重在加强对少儿的知识培养和素质教育。

城市图书馆 是指由城市人民政府举办的,向社会公众开放的图书馆。一般指省、地、县级公共图书馆。

村（社区）图书馆 亦称村（社区）图书阅览室。是由村民委员会（社区居委会）投资兴办，具有一定规模，向村（居）民开放的图书馆。

专题图书馆 是指围绕公众关注的主题性书籍、期刊等或活动而单独设立的图书馆。

外文图书馆 是专题图书馆的一种。主要是依托公共图书馆设立或单独对公众开放外文书籍、期刊等，并开展与之联系的各类主题活动，以及提供专业性的服务。

动漫图书馆 是专题图书馆的一种。主要是依托公共图书馆设立或单独对公众开放，并开展包括精品漫画作品展、动画讲座及欣赏会、益智游戏大赛、动漫有奖问答、漫画家签名会、原创动画展播、角色扮演私影会等个性化服务。

音乐图书馆 是专题图书馆的一种。主要是依托公共图书馆设立或单独对公众开放，其开放内容包括：搭建以互联网音乐服务为核心的公众消费平台，让读者在图书馆欣赏古典音乐、民族音乐、爵士音乐、电影音乐、新世纪音乐等多种音乐类型。同时，开展音乐书籍、期刊阅读，举办音乐讲座，举办音乐创作培训等活动，以推动音乐的普及。

真人图书馆 是指读者"借"一个活生生的人交谈，以获得更多的见识的活动。真人图书馆有别于图书的优势在于它提供的真人书有丰富的生活经验，这种服务通常你在其他地方无法得到。

家庭图书馆 是指在家里开办一个类似于图书馆功能的场所。

民办图书馆 是指由社会举办的，向公众开放的图书馆。它采取自主经营、自负盈亏、自我管理、自我发展的经营机制，在经营策略、经营内容、经营方式等方面有着独特的优势，与同类经营机构和公共图书馆相比,具有较强的竞争力。民办图书馆主要以图书和音像的有偿借阅为主,并辅以零售,同时借助图书馆这个大的文化知识平台,兼做各种科目的长短期培训。民办图书馆与公共图书馆相比较有以下特点:民办图书馆可以利用个人或社会资金,采购符合大众需要的书刊资料及音像制品,补充文献资料的灵活性强,增强了对读者的吸引力;民办图书馆可以实行连锁经营,在地理位置优越的社区设立分馆或加盟经营点,方便群众阅读;民办图书馆可以收取一定费用,以弥补经费的不足。

传统图书馆 是指主要以纸质为阅读载体,有固定馆藏、具体信息并受到地理限制的图书馆。传统图书馆的优点是,可以长久保存文献,无须借助阅读工具即可阅读图书、开展读者交流活动和学术讲座等。传统图书馆的缺点是,印刷型文献体积过大、占用空间多,图书馆的开放和利用受限制,信息传递慢,资源共享困难等。

云图书馆 是指一些大型图书馆或本地、局部图书馆引入"云计算"设施,利用云计算解决方案,架构满足本馆、本地或局部应用的共享平台。可分为小型、中型、大型云图书馆。一些大型图书馆独自建构的,为整合本馆异构数字化资源,以及为满足本馆读者需求的服务器集群,称为小型"云图书馆"。本地或局部的一些图书馆共同建构的资源共享平台,称为中型"云图书馆",它也可以是由一些小型的"云图书馆"再次集群而来。更广范围的服务器集群,称为大型"云图书馆"(赵杰著:《"云计算"环境下图书馆信息资源共建共享模式初探》,情报杂志,2010 年 2月)。

自助图书馆 亦称 24 小时自助图书馆或智能图书馆。是指读者不必亲临图书馆,不受图书馆开、闭馆时间的限制,全天候享受图书馆提供的服务,这是新时期公共图书馆服务的新形态。自助图书馆分两种:一种是类似"银行柜员机"机器式的，也称图书自助服务站。可以在一台自助图书馆服务机（ATM）上实行借书、还书、办理借书证，享受图书馆的预借送书服务，自动将所借图书送出、将所还图书上架的图书馆。一种是有实体空间的，人们可以入内自由阅读书报、自助借还图书的自助图书馆。自助图书馆装有书架、还书箱和电脑操作台等，能存放几百上千、上万本图书，采取自助服务方式。主要功能包括自助借书、自助还书、申办借书证、预借服务、查询服务。

移动图书馆 是指人们不用到图书馆，而享受图书馆提供的相关信息和服务的服务方式。包括手机图书馆、汽车图书馆、家居式图书馆。

手机图书馆 是指让读者在任何时间、任何地点通过手机终端，能方便地利用图书馆的资源和服务。主要包括个人借阅信息查询、在线资源信息查阅、全文阅读、图书馆最新消息、短信提醒（含图书到期催还、讲座通知及其他）等，是图书馆服务发展的一种趋势。

电子图书馆 是指通过电视、电影、广播、互联网络、移动通信等电子媒介进行服务的图书馆。

二元图书馆 是指印刷与数字化信息平衡的图书馆，它逐步迈向数字化发展方向，传统与数字馆藏并存，并可查询本馆馆藏以及借网络通道而不受地理限制，从而利用远距数字资源。

图书馆自动化网络 亦称公共图书馆计算机网络。是指用计算机网联结和控制众多的公共图书馆而形成的现代化公共图书馆网。

微书房 是"中文在线"推出的一款基于数字图书存储的个人书房，是让读者不上书城、图书馆等可以拥有个人可联网的终身电子书房。微书房内置精品图书并配有强大的图书管理软件。微书房的特点:通过硬件级加密,有效保护内置图书的版权;拥有好的阅读体验,使用微书房看书,可以根据个人习惯进行字号缩放、字体选择、添加书签、对图书进行分类,并能够模拟纸书的翻页效果;图书不光能看而且能听,听书资源均由专业播音员演播;可凭借微书房的账号、密码直接登录"中文在线云中图书馆——微书院",免费下载上万册经管、社科、历史、文艺等类别的图书和听书,海量内容可任意下载到微书房中离线阅读(《中文在线"微书房"亮相北京图书订货会》,新华网,2013年1月11日)。

图书流通点 是指图书馆在馆外设立的读者服务点,也是图书馆延伸服务的一种方式。

流动图书车 是图书馆的重要服务设施之一,车内设有书架、桌椅、电脑等。根据图书车的服务人群,可随时调整车内装载的书籍内容,读者可在车上借阅和查询,为居民提供零距离的图书服务。

文化馆(站)制度 是指组织群众文化活动、普及文化艺术知识、开展社会教育等,以实现人的文化艺术修养和素质提高的制度。

文化馆(站)使命 是指文化馆(站)之所以存在的目的、理由或文化馆(站)承担的责任和任务。

文化馆服务体系 是指文化馆站设施、资源、服务、保障制度架构的统称。

城乡一体化文化馆服务体系 是指覆盖城乡、功能完善、资源共享、管理规范的文化馆(站)公共文化服务体系的制度安排。

文化馆总分馆制 ❶是指在同一个主管机构统摄下构建的文化馆集群,其中一个馆作为总馆处于核心地位,其他依据辐射地域的不同情况所设立的不同级别、不同规模以及不同层次的分馆处于从属地位(彭泽明等著:《重庆市大渡口区文化馆总分馆制探索》,上海文化，2013年2期）。❷是指在一个城市或地区中，有一个总馆或中心馆，其他馆都是这个总馆的分馆的一种文化馆服务模式。总馆在坚持人、财、物管理体制不变的前提下，负责统一业务规划、统一群文项目策划、统一开展业务辅导、统一流动服务、统一组织培训、统一人员派驻、统一绩效考核，分馆负责开展各类公共文化服务。

社会文化 是指与基层广大群众生产和生活实际紧密相连，由基层群众创造，具有地域、民族或群体特征，并对社会群体施加广泛影响的各种文化现象和文化活动的总称。社会文化具有多元化、大众化和商业化三个特点（任继江著：《当代中国社会文化的特征及走向》，开封大学学报，2006年2期）。

群众文化 ❶从文化现象层面讲，是人民群众以自身为活动主体，以文化艺术为主要内容，以满足自身精神文化生活需求为目的，按照美的规律，自我参与、自我娱乐、自我开发的社会性文化。从文化建设层面讲，是我国一种独特的社会文化现象，是中国特色社会主义文化的重要组成部分，是一个包括群众文化生活形态、群众文化活动、群众文化工作以及与之相适应的制度、组织、机构、设施等各种要素的集合体（于群、冯守仁主编：《文化馆（站）业务培训指导纲要》，北京师范大学出版社，2012年1月出版）。❷是人民群众自我进行的，以满足自身需求的健身生活和知识需要为目的，以文学艺术为中心内容的社会历史现象。它包括群众文化活动、群众文化工作和群众文化事业，涉及文化艺术、科学技术、宣传、教育、娱乐、群众体育等人民文化生活的各个方面（常泊主编：《中国群众文化辞典》，湖南文艺出版社，1992年9月出版）。❸是指人们职业外，自我参与、自我娱乐、自我开发的社会性文化；是以人民群众活动为主体，以自娱自教为主导，以满足自身精神生活需要为目的，以文化娱乐活动为主要内容的社会历史现象。群众文化服务的主要特点是普及型服务、提高型服务、保障型服务、个性化服务。

群众文化需求 是群众文化本原的集中表现,是社会实践主体在自我完善过程中与以文化娱乐为主要内容的活动之间建立的依赖—适应关系。是社会主体实践生命过程的固有属性,是客观必然的社会存在[于群、冯守仁主编:《文化馆(站)业务培训指导纲要》,北京师范大学出版社,2012年1月出版]。满足城乡居民精神文化需求,要坚持以人为本,贴近实际、贴近生活、贴近群众,发挥人民在文化建设中的主体作用,坚持文化发展为了人民、文化发展依靠人民、文化发展成果由人民共享,促进人的全面发展,培育有理想、有道德、有文化、有纪律的社会主义公民。

群众性文化活动 ❶《中共中央办公厅国务院办公厅印发国家"十二五"文化改革发展规划纲要》指出:是指以社区文化、企业文化、村镇文化、校园文化建设为载体,积极搭建公益性文化活动平台,依托重大节庆活动和民族民间文化资源,组织开展群众乐于参与、便于参与的文化活动。主要内容包括:深入开展全民阅读、全民健身活动,推动文化科技卫生"三下乡"、科教文体法律卫生"四进社区"、"送欢乐下基层"等活动经常化。支持群众依法兴办文化团体,精心培育植根群众、服务群众的文化载体和文化样式。鼓励文艺工作者、艺术院校学生和热心文化公益事业的各界人士开展文化志愿服务。❷《中共中央关于深化文化体制改革推动社会主义文化大发展大繁荣若干重大问题的决定》指出:是指积极搭建公益性文化活动平台,依托重大节庆和民族民间文化资源,组织开展群众乐于参与、便于参与的文化活动。主要内容包括:支持群众依法兴办文化团体,精心培育植根群众、服务群众的文化载体和文化样式。及时总结来自群众、生动鲜活的文化创新经验，推广大众文化优秀成果，在全社会营造鼓励文化创造的良好氛围，让蕴藏于人民中的文化创造活力得到充分发挥。❸是指以群众为主体，以公共文化设施为载体，贴近群众生产生活实际，坚持业余自愿、形式多样、健康有益、便捷长效的原则，充分利用农闲、节日和集市，组织开展民俗展示、体育健身、歌舞表演、花会歌会、联欢联谊、社火庙会、灯谜灯会、书法棋艺、美术摄影、体育健身、劳动技能比赛等文化活动。

群众文化活动"三自"《中共中央关于深化文化体制改革推动社会主义文化大发展大繁荣若干重大问题的决定》指出：是指引导群众在文化建设中自我表现、自我教育、自我服务。自我表现，是群众文化活动的主要特点，人民群众为了满足自己精神生活需要而进行的文化活动，包括观赏活动和自我表现的活动，这是群众文化发展的一种主要趋势。自我教育，是指人民为了提高自己的某种素质和能力，而自觉性进行的学习和锻炼；群众自我教育的内容是极其广泛的，包括德育、智育、体育、美育的全部内容（常沺主编：《中国群众文化辞典》，湖南文艺出版社，1992年9月出版）。自我服务，是指群众在文化活动中，反映出真实的自己，并给自己带来某种利益或满足感的一系列活动。

群众文化活动品牌 是指在开展群众文化活动中形成的具有示范性、导向性、带动性、可持续发展的群众文化活动。

公益性文化活动 是指由各级人民政府举办或者社会力量举办的，依托公益性图书馆、博物馆、纪念馆、美术馆、文化馆（站）等公共文化设施，免费或优惠向公众开放的文化活动。

公益性演出 ❶是指人人参与的，不以营利为目的的演出活动。❷是指通过演出的形式参与到公益中来,不以营利为目的的文化活动。

广场文化 ❶是指在城市广场中所呈现的文化现象以及在广场之中所展示出来的文化(蒋述卓著:《论广场文化的特点与价值》,人民网,2003年4月29日)。广场文化具有公共性、节庆性、文体性三个特点。广场文化的建设具有向人们渲染文化内涵和提供活动场所的作用。❷是动态的广场音乐、广场舞蹈、广场戏剧、广场绘画、广场游艺和静态的广场雕塑、广场建筑艺术等广场文化现象的总称(柏娟著:《浅谈广场文化的主要特征》,安徽文学(下半月),2011年7期)。

社区文化 ❶是指社区居民在长期的社会生产与生活过程中所产生和形成的,并为社区居民分享的思想价值观念和行为规范。狭义上讲,是指特定社会区域内人们各方面的行为结果所产生的社区文化现象,它既包括人们的生产方式和生活方式,也包括价值观念、理想追求、道德情操、生活习俗、审美方式、娱乐时尚等。广义上讲,是指社区居民在特定的区域内创造的物质文化和精神文化的总和。社区文化具有地域性、归属性、自发性、兼容性、开放性、共享性、感召性的特点(巫志南主编:《社区公共文化服务》,北京师范大学出版社,2012年6月出版)。❷是指在一定的区域范围内,在一定的社会历史条件下,社区成员在社区社会实践中共同创造的具有本社区特色的精神财富及其物质形态。社区文化主要包括:环境文化、行为文化、制度文化和精神文化四个方面的内容(戴珩著:《公共文化服务体系120问》,南京师范大学出版社,2011年10月出版)。❸是指在一定的区域范围内,在一定的社会历史条件下,社区成员在社区社会实践中共同创造的具有本社区特色的精神财富及其物质形态。社区文化在本质上是一种家园文化,具有社会性、开放性和群众性的特点。

村镇文化 是指在乡镇、农村开展多种形式的、体现农村地方特色的群众文化活动的精神财富及其物质形态。村镇文化具有地域性、资源特色性、多元性、整体性、保护性、开发性的特点。

校园文化 ❶是以学生为主体,以课外文化活动为主要内容,以校园为主要空间,以校园精神为主要特征的一种群体文化。校园文化具有知识性、艺术性、观赏性、独有性、系统性、积淀性、渗透性、传承性、丰富性、实践性的特点。校园文化建设的内容包括：校园内富有教育意义的挂图、画像、景观、设施等,以及宣传栏、广播站、校园网、校报校刊或少先队鼓号队、队室等文化阵地；举办歌咏、书画、读书演讲、科技小发明等丰富多彩的校园文化活动；学校学风、教风和校风良好。❷是以学生为主体,以校园为主要空间,并涵盖院校领导、教职工,以育人为主要导向,以精神文化、环境文化、行为文化和制度文化建设等为主要内容,以校园精神文明为主要特征的一种群体文化。其中最能体现校园文化本质内容的是校园风气或校园精神。

民俗文化 是依附于人民生活、习惯、情感与信仰而产生的文化,是民间民众风俗生活文化的统称。也泛指一个国家、民族、地区中集居的民众所创造、共享、传承的风俗生活习惯。是在普通人民群众（相对于官方）的生产生活过程中所形成的一系列物质的、精神的文化现象。它具有普遍性、传承性、变异性的特点。

特色文化 是指具有本民族、本地区独具特色的物质文化和精神文化。

民间文化 是指由社会底层的劳动人民创造的、古往今来就存在于民间传统中的自发的民众通俗文化。是指具有农业社会生活的背景,保留了较多传统色彩的文化。是一种"自娱自乐型"的文化。它立足于民众生产、生活的具体背景,以一种通俗活泼的形式,所自发创造出来的用以娱乐民众自我的文化形态。民间文化具有自发性、传承性、实用性、娱乐性的特点。

民族文化 ❶狭义上讲,是指民族的精神创造;广义上讲,是指一个民族在长期的历史发展中共同创造并赖以生存的一切文明成果的总和。❷是各民族在其历史发展过程中创造和发展起来的具有本民族特点的文化。它包括物质文化和精神文化。民族文化反映该民族历史发展的水平。

少数民族文化 是指少数民族在其历史发展过程中创造和发展起来的具有本民族特点的文化。它包括物质文化和精神文化。少数民族文化具有历史悠久、源远流长、形式多样、内容丰富,具有民族语言文字载体,地域特色浓郁,在精神价值上既相通相融、相互补充,又各具风采的特点(文化宣传司著:《中国少数民族文化概况与特点》,国家民委官网,2012 年 6 月 7 日)。

少数民族文化事业 《国务院关于进一步繁荣发展少数民族文化事业的若干意见》指出其主要内容包括:加快少数民族和民族地区公共文化基础设施建设,繁荣发展少数民族新闻出版事业,大力发展少数民族广播影视事业,加大对少数民族文艺院团和博物馆建设扶持力度,大力开展群众性少数民族文化活动,加强对少数民族文化遗产的挖掘和保护,尊重、继承和弘扬少数民族优秀传统文化,大力推动少数民族文化创新,加强边疆民族地区文化建设,努力推进少数民族文化对外交流,加大少数民族文化人才队伍建设。

廉政文化 ❶是指一个国家中的阶级、民族和其他社会团体,以及这个国家中的成员,在一定的生产方式基础上,于一定的经济、政治、文化的历史和现实环境中,所形成的关于廉政方面的思想理念、思想道德、精神品位、生活观念、价值观念和行为规范的总和。廉政文化具有历史继承性、明显的阶级性、鲜明的时代性、先进的思想性的特点(监察局著:《廉政文化的内涵、特征及作用》,文化部官网,2006年2月17日)。❷是指人们关于廉洁从政的思想、信仰、知识、行为规范和与之相适应的生活方式、工作方式和社会评价,从根本上反映着一个阶级、一个政党的执政理念、执政目的和执政方式,是廉洁从政行为在文化和观念上的客观反映。❸是指以公职人员的廉洁清明为中心的制度体系和社会氛围。❹是我们党立党为公、执政为民的执政理念在文化形态上的反映,是我们党执政实践的进步和提升,是建设社会主义先进文化的重要内容。主要内涵包括:从政思想和道德、从政的社会文化氛围、从政人员的职业道德和社会公德。

演出院线　是指演出行业一种具有垄断性的经营体制,核心是对演出产品的联合采购和配送,与传统的演出方式相比,能实现规模化、集约化、专业化经营。

群众文艺团队　是指由群众文艺骨干自愿组成的自发性的组织机构,是群众文化的主体。

文化辅导员　是指不计报酬、自愿为群众提供文艺辅导的业余文艺骨干。

群众艺术馆　文化部发布的《群众艺术馆、文化馆管理办法》第九条规定:是国家设立的全民所有制文化事业机构。是组织、指导群众文化艺术活动,培训业余文艺骨干及研究群众文化艺术的文化事业单位,也是群众进行文化艺术活动的场所。群众艺术馆具有特色性、公益性、人民性、教育性、开放性、创造性的特点[彭泽明著:《中国文化馆(站)发展之路》,重庆出版社,2012年10月出版]。

文化馆　文化部发布的《群众艺术馆、文化馆管理办法》第九条规定：是国家设立的全民所有制文化事业机构。是开展社会宣传教育、普及科学文化知识、组织辅导群众文化艺术（娱乐）活动的综合性文化事业单位和活动场所。文化馆的特点释义同群众艺术馆。

文化站 亦称综合性文化站或文化服务中心。文化部发布的《乡镇综合文化站管理办法》第二条、第三条规定：是指由县级或乡镇人民政府设立的公益性文化机构，其基本职能是社会服务、指导基层和协助管理农村文化市场。乡镇人民政府负责文化站日常工作的管理，县级文化行政部门负责对文化站进行监督和检查，县文化馆、图书馆等相关文化单位负责对文化站开展对口业务指导和辅导。文化站的特点释义同群众艺术馆。

村文化室 亦称村文化活动室。是指由政府主办，以乡镇为依托，以不断满足人民群众基本精神文化需要为目标，为农村群众提供集中活动的场所和设施。

社区文化中心 亦称社区文化室或社区文化活动室。是指由政府主办，以街道为依托，以不断满足人民群众基本精神文化需要为目标，为社区居民提供集中活动的场所和设施。

文艺舞台 是指用于艺术表演的设施设备的总和。它包括镜框式舞台、伸展式舞台、圆环形舞台、旋转型舞台、流动舞台。

流动舞台车 是一种方便流动演出，并可展开成为舞台的特种汽车。

文化长廊 是指专门建设的由一定规模的多面文化墙组成，或利用现有房屋正侧面按照一定标准统一规划建设的文化长廊，以宣传政策、展示文化活动成果。

民办艺术馆 是指由社会力量以及公民个人投资兴办的，从事文化艺术活动的场所。

一、基本概念　41

剧场　亦称剧院。是指特定的、由永久性的建筑体构成的表演场所。剧场有公益性剧场和经营性剧场。

云计算　❶是指基于互联网的计算；是指建云中心、做镜像；是指高性能、虚拟化加网格计算；是指一个新兴的商业计算模型（赵杰著：《"云计算"环境下图书馆信息资源共建共享模式初探》，情报杂志，2010年2月）。❷是一种新型的信息资源管理和计算服务模式，是继大型计算机、个人电脑、互联网之后信息产业的又一次革命，是网络计算、分布式计算、并行计算、效用计算、网络存储、虚拟化、负载均衡等传统计算机和网络技术发展的融合（陈顺著：《基于云计算的公共数字文化服务技术支撑平台建设——福建省数字图书馆推广工程建设的探索与实践》，国家图书馆学刊，2012年5月）。云计算具有能够实现资源共享、提高设备利用率、降低总体采购成本、易于扩展、易于维护、易于管理的特点。

三网融合　❶是指电信网、计算机网和有线电视网三大网络通过技术改造，能够提供包括语音、数据、图像等综合多媒体的通信业务。❷是指电信网、广电网、互联网在向宽带通信网、数字电视网、下一代互联网演进过程中，其技术功能趋于一致，业务范围趋于相同，网络互联互通、资源共享，能为用户提供语音、数据和广播电视等多种服务（《中宣部副部长蔡赴朝：加快构建现代传播体系》，人民日报，2011年11月7日）。

信息化　是指社会经济的发展，从以物质与能源为经济结构的重心，向以信息为经济结构的重心转变的过程。

数字化　❶是将许多复杂多变的信息转变为可以度量的数字、数据，再以这些数字、数据建立起适当的数字化模型，把它们转变为一系列二进制代码，引入计算机内部,进行统一处理的过程。❷是指计算机、互联网,以及数字化视频信息采集、处理、存储和传输技术的普及,也即是以互联网的无限联结传输为平台基础,以 PC 机为最初的使用环境和各种数字器具大规模的使用,数字视频采集传输的大规模普及。

网络化 是指利用通信技术和计算机技术,把分布在不同地点的计算机及各类电子终端设备互联起来,按照一定的网络协议相互通信,以达到所有用户都可以共享软件、硬件和数据资源的目的,成为具有高效能传输、高资源共享、高技术支持的新的技术和设备状态。

文化科技 亦称科技文化。是指文化通过科技促进文化生产力及生产方式的改变,从而推动文化的发展。科技是文化发展的手段,文化的发展是科技推动的结果。

文化与科技融合 ❶是指通过将各类文化元素、内容、形式和服务,与科学技术的原理、理论、方法和手段的有机结合,提升有关产品的价值与品质,形成新的内容、形式、功能与服务,更好地满足人民物质文化需求的创新过程。因此,文化和科技融合既是目的也是手段(《文化与科技融合的内涵、意义与目标》,中国文化传媒网,2012年2月14日)。❷是指文化和科技融合的过程。在融合中,文化绝不是被动地、机械地、简单地受制于科技。文化发展对科技创新提出需求,科技创新为文化发展提供技术支撑,并通过文化表现形式拓展文化传播渠道和传播能力(《文化科技融合助推产业升级》,中国文化传媒网,2012年12月4日)。

公共数字文化建设 亦称公共数字文化服务体系。《文化部财政部关于进一步加强公共数字文化建设的指导意见》指出:要以数字化平台、数字化资源、数字化服务等为基本内容,以制度体系、网络体系、资源体系、管理体系和服务体系建设为着力点,构建海量分级

一、基本概念

分布式公共数字文化资源库群,建成内容丰富、技术先进、覆盖城乡、传播快捷的公共数字文化服务体系。公共数字文化服务具有辐射面广、传播速度快、资源广泛共享的特点。公共数字文化建设的重点,是实施文化共享工程、数字图书馆推广工程和公共电子阅览室建设计划三大公共数字文化惠民工程。

公共数字文化服务新业态 《文化部财政部关于进一步加强公共数字文化建设的指导意见》指出:是指打造基于互联网、广播电视网和移动通信网的跨网络、跨终端的服务新业态,通过服务模式创新、新技术与新媒体应用、系统平台搭建与推广等方式,建设基于互联网的综合服务系统,覆盖全国移动通信网的数字内容体系,借助新兴媒体,提供多层次、多样化、专业化、个性化的数字文化服务,扩大公共文化服务的覆盖面和辐射力,切实保障人民群众获取公共文化服务的普遍性和均等性。建设满足不同层次用户需要的开放式数字文化服务平台,使数字文化建设成果能够融入人民群众日常生活与工作学习,为全民共享。

公共数字文化资源建设 《文化部财政部关于进一步加强公共数字文化建设的指导意见》指出:是指统筹规划文化共享工程与数字图书馆推广工程的数字资源建设,拓展资源征集渠道,提高公共数字文化资源供给能力;建立群众对数字文化服务需求的反馈机制,突出精品,体现特色,适应群众文化需求,有针对性地开展资源建设;注重建立资源之间的关联,实现数字资源的深层揭示与知识组织,以文本、动画、影像、音视频、在线讲座和在线展览等多种手段展现优秀文化资源,弘扬中华优秀文化;构建分级分布式公共文化资源库群和全国数字资源保障中心,在全国范围内形成有效的数字资源保障体系。

文化共享工程资源建设 亦称文化共享工程资源体系或全国文化信息资源共享工程管理中心资源建设。❶《2013—2015年全国文化信息资源共享工程资源建设规划》指出：是指以文化艺术类资源、农业科技类资源、生活服务类资源、特殊人群服务类资源为重点，集中资金和力量，建设"艺术鉴赏资源库"、"群众文化资源库"、"地方特色文化资源库"、"红色历史文化资源库"、"少数民族语言资源库"、"知识讲座资源库"、"农村实用科技资源库"、"健康生活资源库"、"进城务工人员服务资源库"、"未成年人服务资源库"、"残疾人服务资源库"等11个核心资源库，明确建设主体，建成内容丰富、结构合理的资源库群，形成特色鲜明的资源体系。❷是文化共享工程建设的核心内容，也是工程安身立命之本。旨在整合公共图书馆、文化馆、博物馆、美术馆、专业艺术院团以及广电、教育、科技、农业等部门的优秀资源，挖掘、整合、制作具有各地特色的优秀资源，形成内容包括视频资源、图文资源、电子书报刊等在内的海量数字资源体系，主要包括舞台艺术、知识讲座、影视作品、农业专题、进城务工专题、少年专题、文化专题、少数民族语言专题、电子图书与电子期刊等。文化共享工程资源应用系统，亦称全国文化信息资源共享工程资源应用系统，由信息接收系统、内容发布系统和内容加工系统三大部分组成（张彦博等著：《文化共享工程建设与服务》，北京师范大学出版社，2013年3月出版）。

上机用户 是指通过公共电子阅览室终端获取信息服务的个体。

黑名单 是指根据国家法律法规所禁止或不适宜在公共电子阅览室中访问的网站或应用列表。

推荐名单 是指在公共电子阅览室中推荐用户访问的网站或应用列表。

白名单 是指在公共电子阅览室中仅允许访问的网站或应用列表。

绿色上网服务 是指通过内容过滤，禁止或限制用户访问黄色、暴力、反动等互联网内容的服务。它是一种利用互联网内容控制技术实现用户对互联网访问的内容、时间、端口控制的网络服务，为用户提供健康、安全、文明的网络环境。

现代远程教育 是指以计算机、多媒体、现代通讯等信息技术为主要手段，将信息技术和现代教育思想有机结合的一种新型教育方式，是构筑知识经济时代人们终身学习体系的主要手段。其基本特征是开放性、技术先进性、自主灵活性、资源共享性。

公共数字文化设施网络 是指依托各级公共图书馆、文化共享工程各级中心、公共电子阅览室以及文化馆（站、室）、社区文化中心等公共文化基础设施，发展完善的公共数字文化设施网络。以文化共享工程的服务网络和数字图书馆的虚拟网为基础，构建覆盖城乡、便捷高效的数字文化服务网，它将各类数字资源，包括电子图书、电子期刊、电子报纸、图片、音视频等，分发推送到基层，实现全国用户对资源的统一搜索和主动获取。它在提供资源服务的同时，采集用户的个性化行为需求和数字资源使用信息，从而掌握舆情信息和文化需求，引导资源投放和服务侧重，形成双向互动的良性循环，保障公共数字文化服务的高效运行。

公共数字文化运行管理平台
《文化部财政部关于进一步加强公共数字文化建设的指导意见》指出：是指采取科学化、系统化、规范化的管理手段，确保公共数字文化体系的稳定运行和有效监管的平台。通过搭建中央控制管理平台，实时采集各级各类终端的运行情况信息及用户的个性化需求信息，实现对各级服务站点和个人用户的精细化管理。构建公共数字文化安全管理平台,应用网络安全技术、网络安全设施,保障用户上网安全。建立健全管理制度,通过统一管理、专业化培训、标准化服务以及统一标识、树立品牌形象等管理及推广手段,扩大公共数字文化在社会上的影响力,确保公共数字文化体系的稳定运行和有效监管。

公共文化数字支撑平台 ❶《全国文化信息资源共享工程领导小组办公室关于"国家公共文化数字支撑平台"项目有关采购事项的通知》指出:是在全国文化信息资源共享工程和公共电子阅览室建设计划覆盖全国的服务设施网络的基础上,通过文化部全国公共文化发展中心和全国三十二个省级分中心在硬件系统、基础软件系统、特色应用系统等方面协同建设,为各级公共文化机构提供开放互动、共建共享的统一服务平台,以提高数字文化服务设施网络的综合利用率,增强数字文化资源的整体共享与传播服务能力,提高公共数字文化服务效能。❷是以全国文化信息资源共享工程现有网络和硬件条件为基础,应用云计算等新兴适用信息技术,为公共文化服务提供的数字化支撑平台。平台建设由文化共享工程国家中心和全国三十二个省级分中心共同推进,建设内容包括硬件系统、基础软件系统(含云管理系统、资源共享系统、网络分发系统、应用集成系统、评估管理系统)、特色应用系统三部分组成。

公共文化数字学习港 是指利用数字化手段和社会化的第三方服务的方式,建立一种兼容性、开放式、网络化的公共文化数字基层学习型组织。它改革和拓展了面向全民学习、终身学习的公共文化服务的提供方式,为解决建设任务多元化和学习资源不足的矛盾等方面提供了新的思路。学习港主要栏目有:培训资讯、培训课件、培训文件、在线答疑、活动开展、情况反馈等。

一、基本概念

公共数字文化体验区 是指依托现有的公共文化设施,开辟新型公共电子阅览室样板间、U互动体验区、移动阅读区、新技术新产品展示区等区域。它是公共数字文化服务的新形态和新机制。

文化共享工程 ❶是指采用现代信息技术,对文化信息资源进行数字化加工和整合,通过网络最大限度地为社会公众享用的文化工程。❷是指利用现代高新技术手段,将中华民族几千年来积淀的各种类型的文化信息资源精华以及贴近大众生活的现代社会文化信息资源,进行数字化加工处理与整合,建成互联网上的中华文化信息中心和网络中心,并通过覆盖全国所有省、自治区、直辖市和地(市)、县(市)以及乡镇、街道(社区)的文化信息资源网络传输系统,实现优秀文化信息在全国范围内共建共享的文化工程。❸文化部发布的《"十二五"时期文化改革发展规划》指出:文化共享工程要实现从城市到农村服务网络的全面覆盖。其内容是,大力推进服务网络建设,积极推进进村入户,建立"公共文化数字资源基础库群"和"红色历史文化多媒体资源库",加强少数民族语言数字资源译制等。

文化共享工程省级分中心 主要依托省级公共图书馆进行建设。它是本省公共电子阅览室技术支持、资源建设及调度、管理服务、人员培训的中心。

文化共享工程地市级支中心 主要依托地市级公共图书馆进行建设。它是本地市公共电子阅览室技术支持、资源建设及调度、管理服务、人员培训的中心。

文化共享工程县级支中心 主要依托县级公共图书馆进行建设。它是本县(区)公共电子阅览室技术支持、资源调度、管理服务、人员培训的中心。

文化共享工程网络 亦称文化共享工程信息服务传输体系。它是将互联网、移动通讯网、卫星网、有线电视、数字电视以及多种辅助传输手段(光盘、移动硬盘、移动存储播放器等)有机结合起来,通过天网与地网、骨干网与地方分支网络的协同,把逻辑的工作网络演变为四通八达的物理协同传输网络,形成各种技术服务模式兼容的、方便快捷的文化信息服务传输体系(张彦博等著:《文化共享工程建设与服务》,北京师范大学出版社,2013年3月出版)。

数字图书馆 亦称因特网上的图书馆或虚拟图书馆或没有围墙的图书馆。❶是指以数字形式贮存和处理信息的图书馆,是将计算机技术、通讯技术、微电子技术等合而为一的信息服务系统。它针对有价值的图像、文本、语音、影视、软件和科学数据等多媒体信息进行收集、组织和规范加工,不再是传统图书馆以纸介质或其他非数字介质为存储载体。它利用现代先进的数字化技术,将图书馆馆藏文献数字化,通过互联网上网服务,供用户随时随地地查询,使处在不同地理位置的用户能够方便地利用大量的、分散在不同贮存处的信息。❷美国数字图书馆联盟于1998年这样定义数字图书馆,是一个拥有专业人员等相关资源的组织。该组织对数字式资源进行挑选、组织、提供智能化存取、翻译、传播、保持其完整性和永存性等工作,从而使得这些数字式资源能够快速且经济地被特定的用户或群体所利用。❸大英图书馆这样定义数字图书馆,是利用数字技术获取、存储、存取、发布信息的图书馆。❹中国国家图书馆这样定义数字图书馆,是为国家信息基础设施提供关键性信息管理技术,同时提供其主要的信息库和资源库。换句话说,数字图书馆是国家信息基础设施的核心。数字图书馆的主要优点是,具有信息储存空间小不易损坏、信息查阅检索方便、远程迅速传递信息、同一信息可多人同时使用。❺是指用户可通过互联网,分享分散各地众多图书馆、实体或虚拟的馆藏资源和服务,形成"无墙的"图书馆群体。

数字图书馆推广工程虚拟网
亦称全国公共图书馆的数字图书馆虚拟网。是将国家数字图书馆工程已建成的标准规范、软硬件系统和资源建设成果在全国各地公共图书馆推广使用,构建以国家数字图书馆为核心,以省级数字图书馆为主要节点,覆盖全国公共图书馆的数字图书馆虚拟网,支持全国各地区数字图书馆间资源与服务的全面共建共享。

图书馆联盟云计算服务平台
是指充分发挥云计算的技术优势,吸纳云服务的模式和理念,建构综合性、开放性、公益性的图书馆联盟云服务平台。采用云服务平台,图书馆联盟可实现区域内图书馆资源的共知、共建、共享,联盟成员馆的集约化管理,整体提升图书馆知识资源的保障能力。其建设内容不仅涉及数据资源,还涉及网络存储基础设施、提升计算服务能力的服务器、管理平台以及开展各种服务的应用软件等。系统架构包括资源层、云服务层和用户层三个层次。联盟云服务平台包括书刊管理子平台、知识发现与获取子平台、数字资产管理子平台、云存储子平台、云基础架构服务子平台(谢原等著:《图书馆联盟云计算服务平台的设计与实现》,情报科学,2012年12月)。

公共电子阅览室 ❶是指为了满足人民群众基本的网络文化需求,各级文化部门以公益性、基本性、均等性、便利性为原则,依托文化共享工程各级服务点、图书馆、文化馆,以及具备条件的工人文化宫、少年宫、妇女儿童活动中心、乡镇(街道)文化站、社区文化中心(村文化室)、学校、工业(产业)园区等,提供集互联网信息查询、文化共享工程信息资源服务、数字图书馆服务、培训、网络通讯、休闲娱乐等功能为一体的公共数字文化服务场所。❷《文化部办公厅关于加强公共图书馆电子阅览室管理的通知》规定:是指以计算机技术、网络通信技术为基础,集电子型文献(如磁盘、光盘、网络信息等)阅览、咨询、培训、服务为一体的现代化多功能阅览室。公共图书馆电子阅览室遵循公益性原则,不得开展经营性活动。电子阅览室主要功能是,使用计算机管理各种文献信息资源,用数字化的信息提供阅览、咨询及网上服务;利用各种网络通信手段连接各种信息服务中心,包括地区、国家和国际上的信息数据库系统;使用新技术如光盘存储、多媒体技术等,组织较大型的专业数据库检索系统,供读者检索。公共图书馆电子阅览室的业务工作范围,主要包括电子文献的阅读和查询;为科研、生产、领导机关提供信息检索服务;互联网信息查询服务;多媒体资料(CD-ROM)的浏览和查询;音像资料(CD、VCD、录音带、录像带等)的欣赏、查询和外借;帮助读者学习计算机基础知识、网络知识,展示推广最新计算机软硬件产品等;开展与计算机、计算机检索、网络服务有关的各种形式的培训工作;收发电子邮件。

公共电子阅览室技术平台
❶《全国文化信息资源共享工程领导小组办公室关于推进公共电子阅览室技术平台建设工作的通知》指出:是公共电子阅览室建设计划的重要组成部分;是建设安全、健康的公共电子阅览室服务环境,提供高效公共数字文化服务的必备条件;是加强公共电子阅览室建设工作管理科学性、规范性的必要手段。平台建设包括硬件设施和软件系统两个部分。❷是指应用云计算、智能服务、流媒体、移动互联网等最新适用技术,与"三网融合"发展战略紧密结合,依托已有技术管理平台,建立先进实用、安全可靠、开放互联的公共电子阅览室技术平台。主要包括:建立信息安全管理平台;建立资源传输调配体系;实现公共电子阅览室用户的资源导航与信息采集。

公共电子阅览室管理端 是指在公共电子阅览室中,对终端及上机用户进行管理和监控的计算机或服务器。

公共电子阅览室终端 是指在公共电子阅览室中,为上机用户提供信息服务的计算机。

公共电子阅览室管理信息系统平台 是指采用信息技术手段,实现各级业务需求的信息化管理系统。旨在规范公共电子阅览室用户上机行为,管理和监控公共电子阅览室网络信息,掌握公共电子阅览室运行服务状况。

盲人电子阅览室 是指为盲人读者提供免费上网、购置盲文书籍、有声读物等,设立盲人阅览专座,在电脑上安装盲人阅读软件,以利于盲人读者戴上耳机听着语音提示,进行操作,学会打字,上网收听新闻、音乐、查询资料和看书等个性化服务的电子阅览室。

数字文化馆 是指依托现有文化馆,通过电视、投影仪、互联网络、移动通信等电子媒介进行服务的文化馆。主要包括建设具有文化馆功能及特征的学习式、互动式、体验式的单体馆,具有文化艺术各门类经典作品的艺术鉴赏室,具有集教学、培训、辅导等功能于一体的远程公共服务平台,具有在线创作展览、课件下载、传播文化馆资讯的网络文化馆。

数字美术馆 亦称电子美术馆或虚拟美术馆。是指以数字形式存贮和处理美术作品收藏、销售、展示和画家信息的网络站点。它用数字技术处理图文并茂的各种美术文献载体,是一种多媒体制作的分布式信息系统,它能把各种不同载体、不同地理位置的美术作品和画家信息资源用数字技术存贮。它是以网络查询和传播的一个大型信息系统。它是信息高速公路上各种美术作品收藏、展示、欣赏、销售以及画家介绍等信息资源的基本组织形式,这一形式满足了分布式面向美术作品和画家对象的信息查询需要。

公益性上网场所 主要是指学校、文化馆（站）、图书馆、青少年宫、青少年中心和中小学远程教育、全国文化信息资源共享工程的网络资源。

未成年人公益性上网场所 是指为加强对未成年人公益性上网而设立的安全管理专门区域。旨在通过上网，以加强对未成年人计算机基础知识教育，了解安全上网知识教育功能和远程教育功能，开展网上益智游戏、卡通动漫、影视欣赏，从而维护和保证未成年人对网络的认识，净化未成年人公益性上网场所的网络环境，保障网络安全，促进未成年人公益性上网场所的健康有序发展。

中国传统文化 ❶是指文明演化而汇集成的一种反映民族特质和风貌的民族文化，是民族历史上各种思想文化、观念形态的总体表征。中华传统文化以儒家为内核，还包括道教、佛教等文化形态。❷是指通过不同的文化形态，来表示的各种民族文明、风俗精神的总和。

中华优秀传统文化 是指以儒家文化为主导、为主流、为主体、为主干、为代表的中国古代先秦时期的圣贤文化。

优秀传统文化传承体系 它包容着以爱国主义为核心的民族精神、以人文关怀为核心的价值主体、以和谐生活为核心的社会实践等丰富内涵（王征国著：《优秀传统文化传承体系的丰富内涵》，湖南日报，2011年12月31日）。

中华民族共有精神家园 ❶从现实形态看，是以马克思主义为指导、以社会主义核心价值体系为内核、以中华文化为根基并为中华民族各地域、各层次成员所认同的精神文化体系，与此同时，各民族、各阶层、各群体、各单位也有各自所

一、基本概念

认同和共识的精神内涵。❷从功能看,是中华民族全体成员的精神支撑、情感寄托和心灵归宿;是增强民族凝聚力、推动民族进步的精神动力。

民族文化基本元素 是指文物文化、制度文化、语言文字文化、宗教文化、文学艺术文化。

民族传统节日 是指春节、元宵、清明、端阳、中秋、重阳、除夕。

文化遗产 《国务院关于加强文化遗产保护的通知》指出:文化遗产包括物质文化遗产和非物质文化遗产。分为有形文化遗产和无形文化遗产。有形文化遗产,即传统意义上的"文化遗产",根据《保护世界文化和自然遗产公约》的定义,包括历史文物、历史建筑、人类文化遗址。无形文化遗产,根据联合国教科文组织《保护非物质文化遗产公约》的定义,是指被各群体、团体、有时为个人视为其文化遗产的各种实践、表演、表现形式、知识和技能及其有关的工具、实物、工艺品和文化场所。

文化遗产保护基本方针 《国务院关于加强文化遗产保护的通知》指出:物质文化遗产保护要贯彻"保护为主、抢救第一、合理利用、加强管理"的方针。非物质文化遗产保护要贯彻"保护为主、抢救第一、合理利用、传承发展"的方针。坚持保护文化遗产的真实性和完整性,坚持依法和科学保护,正确处理经济社会发展与文化遗产保护的关系,统筹规划、分类指导、突出重点、分步实施。

文物保护方针 亦称物质文化遗产保护方针,是指"保护为主、抢救第一、合理利用、加强管理"的方针。

文物 亦称物质文化遗产。❶《国务院关于加强文化遗产保护的通知》指出:是指具有历史、艺术和科学价值的文物,包括古遗址、古墓葬、古建筑、石窟寺、石刻、壁画、近代现代重要史迹及代表性建筑等不可移动文物,历史上各时代的重要实物、艺术品、文献、手稿、图书资料等可移动文物;以及在建筑式样、分布均匀或与环境景色结合方面具有突出普遍价值的历史文化名城(街区、村镇)。❷是指遗存在社会上或埋藏在地下的人类文化遗物。包括具有历史、艺术、科学价值的文化遗址、墓葬、建筑和碑刻;各时代珍贵的艺术品、工艺美术品以及生活用品;重要的文献资料以及具有史料价值的手稿、古旧图书;反映各时代社会制度、社会生产、社会生活的代表性实物。

不可移动文物 ❶《中华人民共和国文物保护法》第三条规定,是指古文化遗址、古墓葬、古建筑、石窟寺、石刻、壁画、近代现代重要史迹和代表性建筑等。❷是指无法移动的文物,它包括古文化遗址、古墓葬、古建筑、石窟寺、石刻、壁画、近代现代重要史迹和代表性建筑等不可移动文物,根据它们的历史、艺术、科学价值,可以分别确定为全国重点文物保护单位,省级文物保护单位,市、县级文物保护单位。尚未核定公布为文物保护单位的不可移动文物,由县级人民政府文物行政部门予以登记并公布为文物保护点(《浙江省文物局·政策法规·常见问答》)。❸是指先民在历史、文化、建筑、艺术上的具体遗产或遗址。包含古建筑物、传统聚落、古市街、考古遗址及其他历史文化遗迹,涵盖政治、军事、宗教、祭祀、居住、生活、娱乐、劳动、社会、经济、教育等多方面领域,弥补文字和历史等记录不足之处。

可移动文物 ❶是指馆藏文物(可收藏文物),即历史上各时代重要实物、艺术品、文献、手稿、图书资料、代表性实物等,分为珍贵文物和一般文物;珍贵文物分为国家一级文物、二级文物、三级文物。"可移动文物"的保护单位以博物馆、纪念馆、图书馆或民间收藏为主。❷《第一次全国可移动文物普

一、基本概念　55

查实施方案》指出：是指 1949 年（含）以前，历史上各时代珍贵的艺术品、工艺美术品，还有历史上各时代的重要文献资料，以及具有历史、艺术、科学价值的手稿和图书资料等；此外，还包括反映历史上各时代、各民族社会制度、社会生产、社会生活的代表性实物；由博物馆、纪念馆收藏登记的 1949 年后的藏品；列入国家文物局公布的 1949 年后已故著名书画家作品限制出境鉴定标准范围的作品，以及具有科学价值的古脊椎动物化石和古人类化石。

文物保护单位级别　是指文物保护单位根据其所保护的不可移动文物的历史、艺术、科学价值，分为全国重点文物保护单位，省级文物保护单位，市、县级文物保护单位三个级别。

文物单位保护范围　是指对文物保护单位本体及周围一定范围实施重点保护的区域。应当根据文化保护单位的类别、规模、内容以及周围环境的历史和现实情况合理划定，并在文物保护单位本体之外，保持一定的安全距离，确保文物保护单位的真实性和完整性。

文物保护单位的建设控制地带　是指在文物本单位的保护范围外，为保护文物保护单位的安全、环境、历史风貌，对建设项目加以限制的区域。应当根据文物保护单位的类别、规模、内容以及周围环境的历史和现实情况合理划定。经省、市、县人民政府批准，不同级别的文物保护单位由相应文物行政主管部门会同城乡规划行政主管部门划定并公布。

文物单体　是文物保护单位的组成部分，且以独立式存在的文物个体。

文物展陈　是指开放的文物保护单位，为真实地展示其自身的历史形象，恰当地使用多种艺术与技术手段和导游方案，准确地向公众阐释其价值。

文物游客承载量 是指在文物本体及其背景环境文物不受威胁和破坏的前提下,文物保护单位开放区在某一时段内,其所能承受的游客数量。

讲解员 是指文物保护单位管理机构内专门从事引导参观、讲解本单位开放内容的服务人员。

国家文化和自然遗产 《国家"十二五"文化和自然遗产保护设施建设规划》指出,是指在科学研究、自然多样性保护、历史、艺术和审美角度具有国家意义的文化、自然或文化和自然混合型的遗产,既包括以物质形态存在的遗产,也包括以非物质形态存在的文化遗产。根据我国现行保护管理政策,国家文化和自然遗产保护主要针对国家级风景名胜区、全国重点文物保护单位、国家历史文化名城和中国历史文化名镇名村、国家级非物质文化遗产、国家级自然保护区、国家森林公园、国家地质公园以及各类珍贵可移动文物。国家文化和自然遗产具有重要和特殊的价值,主要包括:它们蕴含丰富的历史、文化、科学和美学信息,是人类探索自然奥秘、保护自然和文化多样性、传承古代文明、陶冶个人情操的主要资源基础,是我们进行现代化建设的珍贵资源禀赋;它通常是一个国家特有的、与身份认同和国家形象密切相关的垄断资源,是增进国家认同感、增强文化自信、提升民族凝聚力的重要因素,也是国家综合实力的重要组成部分;它是我国优秀传统文化的主要载体,凝聚着中华民族自强不息的精神追求和历久弥新的精神财富,是民族文化的基本元素,是发展社会主义先进文化、涵养民族精神、建设中华民族共有精神家园的深厚基础和重要支撑。

世界遗产 ❶联合国教科文组织《世界遗产名录》将世界遗产分为文化遗产、自然遗产、文化与自然混合遗产三种。对于文化与自然混合遗产,《实施保护世界文化和自然遗产公约业务指南》规定,只有同时部分满足或完全满足文化遗产和自然遗产定义的遗产才能认为是文化与自然混合遗产。❷它包括世界文化遗产、世界自然遗产、世界自然与文化双重遗产、世界文化景观遗产、人类非物质文化遗产五大类别。

世界文化遗产 全称为"世界文化和自然遗产"。❶《世界文化遗产保护管理办法》第二条规定：包括列入《世界遗产名录》的世界文化遗产和文化与自然混合遗产中的文化遗产部分。世界文化遗产是文化的保护与传承的最高等级。❷《保护世界文化和自然遗产公约》第一条规定：以下各项为"文化遗产"。文物：从历史、艺术或科学角度看具有突出的普遍价值的建筑物、碑雕和碑画，具有考古性质成分或结构、铭文、窟洞以及联合体；建筑群：从历史、艺术或科学角度看在建筑式样、分布均匀或与环境景色结合方面具有突出的普遍价值的单立或连接的建筑群；遗址：从历史、审美、人种学或人类学角度看具有突出的普遍价值的人类工程或自然与人联合工程以及考古地址等地方。

世界自然遗产 《保护世界文化和自然遗产公约》第二条规定：在本公约中，以下各项为"自然遗产"。从审美或科学角度看具有突出的普遍价值的由物质和生物结构或这类结构群组成的自然面貌；从科学或保护角度看具有突出的普遍价值的地质和自然地理结构以及明确划为受威胁的动物和植物生境区；从科学、保护或自然美角度看具有突出的普遍价值的天然名胜或明确划分的自然区域。

国家文化和自然遗产地 亦称国家遗产地。《国家文化和自然遗产地保护"十一五"规划纲要》指出：是指在科学研究、自然多样性保护、历史、艺术和审美角度具有国家意义的文化、自然或文化和自然混合型保护地。根据我国现行管理体制，国家遗产地主要包括：国家级风景名胜区、全国重点文物保护单位、国家历史文化名城（镇、村）、国家级自然保护区、国家森林公园、国家地质公园、世界遗产等。国家文化和自然遗产地的重要特点：它们是人类不可再生的宝贵资源；它们具有丰富的科学文化内涵；它们是民族身份和国家形象的代表。

风景名胜区 国务院颁布的《风景名胜区条例》第二条规定：是指具有观赏、文化或者科学价值，自然景观、人文景观比较集中，环境优美，可供人们游览或者进行科学、文化活动的区域。《风景名胜区条例》第八条规定：风景名胜区划分为国家级风景名胜区和省级风景名胜区。

国家级风景名胜区 亦称国家重点风景名胜区。国务院颁布的《风景名胜区条例》第八条规定：自然景观和人文景观能够反映重要自然变化过程和重大历史文化发展过程，基本处于自然状态或者保持历史原貌，具有国家代表性的，可以申请设立国家级风景名胜区。

省级风景名胜区 国务院颁布的《风景名胜区条例》第八条规定：自然景观和人文景观能够反映重要自然变化过程和重大历史文化发展过程，基本处于自然状态或者保持历史原貌，具有区域代表性的，可以申请设立省级风景名胜区。

文物保护单位 ❶是指由各级人民政府依法确定的，具有重要价值的地面、地下不可移动文物的总称。根据其价值，一般分为国家级、省级、县（市）级三个级别，分别由国务院、省、县（市）人民政府公布。根据文物类型，一般可分为古遗址、古墓葬、古建筑、石窟寺及石刻、近现代重要史迹及代表性建筑、其他等。❷是指中国大陆对确定纳入保护对象的"不可移动文物"的统称，并对文物保护单位本体及周围一定范围实施重点保护的区域。"文物保护单位"分为三级,即全国重点文物保护单位、省级文物保护单位和市(县)级文物保护单位。文物保护单位根据其级别分别由国务院、省级政府、市(县)级政府划定保护范围,设立文物保护标志及说明,建立记录档案,并区别情况分别设置专门机构或者专人负责管理。《中华人民共和国文物保护法》第三条规定:古文化遗址、古墓葬、古建筑、石窟寺、石刻、壁画、近代现代重要史迹和代表性建筑等不可移动文物,根据它们的历史、艺术、科学价值,可以分别确定为全国重点文物保护单位,省级文物保护单位,市(县)级文物保护单位。《中华人民共和国文物保护法实施条例》第九条规定:文物保护单位的保护范围,是指对文物保护单位本体及周围一定范围实施重点保护的区域。文物保护单位的保护范围,应当根据文物保护单位的类别、规模、内容以及周围环境的历史和现实情况合理划定,并在文物保护单位本体之外保持一定的安全距离,确保文物保护单位的真实性和完整性。

《中华人民共和国文物保护法实施条例》第十条规定:文物保护单位的标志说明,应当包括文物保护单位的级别、名称、公布机关、公布日期、立标机关、立标日期等内容。民族自治地区的文物保护单位的标志说明,应当同时用规范汉字和当地通用的少数民族文字书写。《中华人民共和国文物保护法实施条例》第十一条规定:文物保护单位的记录档案,应当包括文物保护单位本体记录等科学技术资料和有关文献记载、行政管理等内容。文物保护单位的记录档案,应当充分利用文字、音像制品、图画、拓片、摹本、电子文本等形式,有效表现其所载内容。

全国重点文物保护单位 《中华人民共和国文物保护法》第十二条规定:国务院文物行政部门在省级、市、县级文物保护单位中,选择具有重大历史、艺术、科学价值的确定为全国重点文物保护单位,或者直接确定为全国重点文物保护单位,报国务院核定公布。全国重点文物保护单位的保护范围和记录档案,须由省、自治区、直辖市人民政府的文物行政部门报国务院文物行政部门备案。全国重点文物保护单位是我国对不可移动文物所核定的最高保护级别。

省级文物保护单位 是指由各省级文化或文物行政部门根据古文化遗址、古墓葬、古建筑、石窟寺、石刻、壁画、近代现代重要史迹和代表性建筑等不可移动文物的历史、艺术、科学价值提出,报省级人民政府批准备案,正式对外公布并竖立标志的省级文物保护单位。

县级文物保护单位 是指由各县级文化行政部门根据古文化遗址、古墓葬、古建筑、石窟寺、石刻、壁画、近代现代重要史迹和代表性建筑等不可移动文物的历史、艺术、科学价值提出,报县级人民政府批准备案,正式对外公布并竖立标志的县级文物保护单位。

历史文化名城名镇名村 国务院颁布的《历史文化名城名镇名村保护条例》第七条规定:具备保存文物特别丰富;历史建筑集中成片;保留着传统格局和历史风貌;历史上曾经作为政治、经济、文化、交通中心或者军事要地,或者发生过重要历史事件,或者其传统产业、历史上建设的重大工程对本地区的发展产生过重要影响,或者能够集中反映本地区建筑的文化特色、民族特色的城市、镇、村庄,可以申报历史文化名城、名镇、名村。申报历史文化名城的,在所申报的历史文化名城保护范围内还应当有2个以上的历史文化街区。

中国历史文化名城 《中华人民共和国文物保护法》第十四条规定:对保存文物特别丰富并且具有重大历史价值或者革命纪念意义的城市,由国务院核定公布为历史文化名城。

中国历史文化名镇名村 ❶国务院颁布的《历史文化名城名镇名

村保护条例》第十一条规定:国务院建设主管部门会同国务院文物主管部门可以在已批准公布的历史文化名镇、名村中,严格按照国家有关评价标准,选择具有重大历史、艺术、科学价值的历史文化名镇、名村,经专家论证,确定为中国历史文化名镇、名村。❷是由建设部和国家文物局从2003年起共同组织评选的,保存文物特别丰富且具有重大历史价值或纪念意义的、能较完整地反映一些历史时期传统风貌和地方民族特色的镇和村。

省级历史文化名镇名村 国务院颁布的《历史文化名城名镇名村保护条例》第九条规定:省级历史文化名镇、名村是由所在地县级人民政府提出申请,经省、自治区、直辖市人民政府确定的保护主管部门会同同级文物主管部门组织有关部门、专家进行论证,提出审查意见,报省、自治区、直辖市人民政府批准公布的镇和村。

传统村落 亦称古村落。是指民国以前建村,保留了较大的历史沿革,即建筑环境、建筑风貌、村落选址未有大的变动,具有独特民俗民风,虽经历久远年代,但至今仍为人们服务的村落。

历史建筑 国务院颁布的《历史文化名城名镇名村保护条例》第四十七条规定:是指经城市、县人民政府确定公布的具有一定保护价值,能够反映历史风貌和地方特色,未公布为文物保护单位,也未登记为不可移动文物的建筑物、构筑物。

历史文化街区 国务院颁布的《历史文化名城名镇名村保护条例》第四十七条规定:是指经省、自治区、直辖市人民政府核定公布的保存文物特别丰富、历史建筑集中成片、能够较完整和真实地体现传统格局和历史风貌,并具有一定规模的区域。

自然保护区 《中华人民共和国自然保护区条例》第二条规定：是指对有代表性的自然生态系统、珍稀濒危野生动植物物种的天然集中分布区、有特殊意义的自然遗迹等保护对象所在的陆地、陆地水体或者海域，依法划出一定面积予以特殊保护和管理的区域。《中华人民共和国自然保护区条例》第十一条规定：自然保护区分为国家级自然保护区和地方级自然保护区。《中华人民共和国自然保护区条例》第十八条规定：自然保护区可以分为核心区、缓冲区和实验区。

自然生态系统类自然保护区 是指具有一定代表性、典型性和完整性的生物群落和非生物环境共同组成的生态系统作为主要保护对象的一类自然保护区。

野生生物类自然保护区 是指以野生生物物种，尤其是珍稀濒危物种种群及其自然生境为主要保护对象的一类自然保护区。

自然遗迹类自然保护区 是指以特殊意义的地质遗迹和古生物遗迹等作为主要保护对象的一类自然保护区。

国家级自然保护区 ❶《中华人民共和国自然保护区条例》第十一条规定：在国内外有典型意义、在科学上有重大国际影响或者有特殊科学研究价值的自然保护区，列为国家级自然保护区。❷《自然保护区类型与级别划分原则》规定：是指在全国或全球具有较高的科学、文化和经济价值，并经国务院批准建立的自然保护区。

地方级自然保护区 《中华人民共和国自然保护区条例》第十二条规定：除列为国家级自然保护区的外，其他具有典型意义或者重要科学研究价值的自然保护区列为地方级自然保护区。地方级自然保护区包括省（自治区、直辖市）级自然保护区、市（自治州）级和县（自治县、旗、县级市）级自然保护区。《自然保护区类型与级别划分原则》规定:省(自治区、直辖市)级自然保护区,是指在本辖区或所属生物地理省内具有较高的科学、文化和经济价值以及休息、娱乐、观赏价值,并经省级人民政府批准建立的自然保护区;市(自治州)级和县(自治县、旗、县级市)级自然保护区,是指在本辖区或本地区内具有较为重要的科学、文化、经济价值以及娱乐、休息、观赏的价值,并经同级人民政府批准建立的自然保护区。

森林公园 ❶是指以大面积人工林或天然林为主体而建设的公园。❷是指在面积较大,具有一至多个生态系统和独特的森林自然景观的地区建立的公园。

国家级森林公园 国家林业局发布的《森林公园管理办法》第六条规定:是指森林景观特别优美,人文景物比较集中,观赏、科学、文化价值高,地理位置特殊,具有一定的区域代表性,旅游服务设施齐全,有较高的知名度的森林公园。国家林业局发布的《国家级森林公园管理办法》第五条规定:国家级森林公园的主体功能是保护森林风景资源和生物多样性、普及生态文化知识、开展森林生态旅游。

省级森林公园 国家林业局发布的《森林公园管理办法》第六条规定:是指森林景观优美,人文景物相对集中,观赏、科学、文化价值较高,在本行政区域内具有代表性,具备必要的旅游服务设施,有一定的知名度的森林公园。建立省级森林公园,由相应的省级林业主管部门审批。经批准成立省级森林公园,由省级林业主管部门将有关材料报林业部备案。

县级森林公园 国家林业局发布的《森林公园管理办法》第六条规定:是指森林景观有特色,景点景物有一定的观赏、科学、文化价值,在当地知名度较高的森林公园。建立县(市)级森林公园,由相应的县(市)级林业主管部门审批。经批准成立的县(市)级森林公园,由省级林业主管部门将有关材料报林业部备案。

地质公园 是指以具有特殊地质科学意义、稀有的自然属性、较高的美学观赏价值,具有一定规模和分布范围的地质遗迹景观为主体,并融合其他自然景观与人文景观而构成的一种独特的自然区域。建立地质公园的主要目的有三个:保护地质遗迹;普及地学知识;开展旅游促进地方经济发展。地质公园分四级:县市级地质公园、省地质公园、国家地质公园、世界地质公园。

国家考古遗址公园 国家文物局发布的《国家考古遗址公园管理办法(试行)》第二条规定:是指以重要考古遗址及其背景环境为主体,具有科研、教育、游憩等功能,在考古遗址保护和展示方面具有全国性示范意义的特定公共空间。

大遗址 国家文物局、财政部发布的《关于"十一五"期间大遗址保护总体规划》指出:主要包括反映中国古代历史各个发展阶段涉及政治、宗教、军事、科技、工业、农业、建筑、交通、水利等方面的历史文化信息,具有规模宏大、价值重大、影响深远的大型聚落、城址、宫室、陵寝、墓葬等遗址、遗址群。大遗址承载着丰富的历史信息和文化内涵,是中国五千多年灿烂文明史的主体和典型代表,不仅具有深厚的科学与文化底蕴,同时也是极具特色的环境景观和旅游资源。

革命遗址 是指与近现代革命活动或事件有关的场所或旧址。是中国革命历史的实物见证,是进行爱国主义和革命传统教育的重要载体。革命遗址包括:重要机构旧址、重要历史事件及人物活动地、革命领导人故居、烈士陵园、纪念设施等。

抗战遗址 是指与近代抗战活动或事件有关的场所或旧址。抗战遗址包括:重要机构旧址、重要历史事件及人物活动地、抗战名人故居、纪念设施等。

文物参观点 是指文物保护单位开放区域内的文物单体或规定向公众开放的区域。

博物馆制度 国家文物局发布的《博物馆事业中长期发展规划纲要（2011—2020年）》指出：是指健全政事分开、权责明确、统筹协调、规范有序的博物馆管理体制。

博物馆体系 是指以国家级博物馆为龙头、省级博物馆为骨干、国有博物馆为主体、民办博物馆为补充，类别多样化、举办主体多元化的博物馆体系。博物馆体系建设的目标为特色鲜明、结构优化、布局合理、惠及全民。

博物馆展示与服务 是指博物馆举办陈列展览对公众服务。博物馆应当根据办馆宗旨，结合本馆特点开展形式多样、生动活泼的社会教育和服务活动，积极参与社区文化建设；博物馆应当对公众开放，并逐步建立减免费开放制度；同时，鼓励博物馆研发相关文化产品，传播科学文化知识，开展专业培训、科技成果转让等形式的有偿服务活动。

博物馆公共文化服务 国家文物局发布的《博物馆事业中长期发展规划纲要（2011—2020年）》指出：包括推进博物馆陈列展览精品工程、博物馆纳入国民教育体系制度化、创新博物馆文化传播、深化免费开放、加强文化产品开发。

博物馆专业评价 是指建立博物馆评估定级、基本标准、质量综合评价，以及建立政府、行业和社会联合参与的监督管理的制度总和。

博物馆陈列 ❶是指长期展出、比较稳定的展览。❷是指博物馆进行的社会教育活动，它集中反映了博物馆的性质和类型，体现了博物馆藏品、科学研究和管理工作水平，是博物馆各项业务工作的综合体,是博物馆各项工作的中心环节。分为基本陈列和临时陈列(陈为民著:《浅谈博物馆的陈列工作》,文博研究,2011年第160期)。

博物馆基本陈列 是指时间较长、相对稳定的展览。它在博物馆业务工作及对社会群体发挥宣传教育功能方面起到最基本的核心作用。

博物馆临时陈列 亦称专题展览。是指内容专一、小型多样、短期展出、经常更换的一种陈列形式。

博物馆临时展览 是与博物馆的基本陈列相对而言的,它具有内容新颖、形式多样、展品选择丰富的特点。分计划内、计划外临时展览两大类。

博物馆巡回展览 是指使用轻便材料,制作方便能移动的展览版面,以图片、文字为主,可辅少量轻便的实物,按照事先制定的展出路线进行巡回展出的展览。它是博物馆教育的延伸和拓展。

博物馆联合展览 是指由一个地方发起或几个地方联合发起,对相同内容或相近内容,联合在一个地区展出或巡回展出。

博物馆讲解服务 是指博物馆讲解员的综合素质、讲解水平、讲解效果、服务态度等的总和。

博物馆分级管理 是指根据国家评估定级标准,按照从高到低依次将博物馆评定为一级、二级、三级,然后分类进行考核评估,并与相关补助资金挂钩的管理行为。

博物馆流动服务 是指利用流动展览车开展的展览展示等文化服务。

藏品 是指具有收藏、研究、展示价值的文物、标本、模型等的总称。

出境展览 是指单独或合作在境外(含港、澳、台地区)举办的展览。

博物馆 ❶文化部发布的《博物馆管理办法》第二条规定:是指收藏、保护、研究、展示人类活动和自然环境的见证物,经过文物行政部门审核、相关行政部门批准许可取得法人资格,向公众开放的非营利性社会服务机构。按照资产的属性划分,利用或主要利用国有文物、标本、资料等资产设立的博物馆为国有博物馆;利用或主要利用非国有文物、标本、资料等资产设立的博物馆为非国有博物馆。按照博物馆类型划分,可分为综合性、纪念性和专门性(也称专题性)三类博物馆,这是建国以来,国家统计机关一直使用的分类办法,国家文物局对全国博物馆基本情况的统计也按这种办法进行。按照管理博物馆的行业系统划分,可分为文化系统博物馆(即国家和省市县博物馆)、科技系统博物馆(即中国科学院和各地方科委主管的自然博物馆和其他专门博物馆)、教育系统博物馆(即大学、专科学校的博物馆)、军事系统的博物馆和纪念馆;此外,还有园林管理系统的博物馆、民政系统管理的博物馆,以及其他有关政府部门主管或筹建的博物馆等。按照博物馆的性质和陈列教育活动内容划分,可分为历史类、艺术类、科学和技术类、综合类博物馆(王宏均主编:《中国博物馆学基础》,上海古籍出版社)。文化部发布的《博物馆管理办法》第二条规定:博物馆应当发挥社会教育功能,传播有益于社会进步的思想道德、科学技术和文化知识。❷1974 年第十一届国际博物馆协会通过的《国际博物馆章程》是这样定义的,博物馆是非营利的为社会和社会发展服务的向公众开放的永久性机构,为研究、教育、欣赏的目的而搜集、保存、研究、传播和陈列有关人类和人类生存环境的物证。❸1984 年英国博物馆协会是这样定义的,博物馆是为公众的利益而收集、记录、保护、陈列、阐释物质证据与之相关的信息的机构。❹1962年美国博物馆协会是这样定义的,博物馆是非营利性的永久性机构,其存在的目的不是为组织临时性展览,该机构享有免交联邦和州所得税的待遇,向社会开放,由代表社会利益的机构进行管理,为社会的利益而保存、保护、研究、阐释和陈列具有教育和欣赏作用的物品及具有教育和文化价值的标本,包括艺术品、科学标本(有机物和无机物)、历史遗物和工业技术制成品。符合前述定义的机构还包括具备上述特点的植物园、动物园、水族馆、天象厅、历史文化学会、历史建筑和遗址。

综合类博物馆　❶是指收藏、保护、研究、展示综合性内容的人类活动和自然环境的见证物,经过文物行政部门审核、相关行政部门批准许可取得法人资格,向公众开放的非营利性社会服务机构。❷是指综合展示地方自然、历史、革命史、艺术方面藏品的非营利性社会服务机构。

纪念类博物馆　亦称纪念馆。❶是指为纪念有卓越贡献的人或重大历史事件,经过有关部门审核、相关行政部门批准许可取得法人资格,向公众开放的非营利性社会服务机构。❷是指为纪念有卓越贡献的人或重大历史事件而建立的纪念地,用声、光、电、图、实物等多方面表现事件精神的场馆。

专题性博物馆　是指收藏、保护、研究、展示某一专题的人类活动和自然环境的见证物,经过文物行政部门审核、相关行政部门批准许可取得法人资格,向公众开放的非营利性社会服务机构。

历史类博物馆　是指以历史的观点来展示藏品的博物馆。

艺术类博物馆　是指主要展示藏品的艺术和美学价值的博物馆。

自然科学类博物馆 是指以分类、发展或生态的方法展示自然界，以立体的方法从宏观或微观方面展示科学成果的博物馆。

实体博物馆 相对于数字博物馆或虚拟博物馆而言，是指公众熟知的传统意义上的博物馆，是以时间过程（历史过程）为主，以空间方位（地域差异）为辅的信息的集散地（王裕昌著：《刍议虚拟博物馆与实体博物馆的关系》，文博工作，2011年第2期）。

陈列馆 是指将文物、史料、遗迹等进行归纳、分类、整合，并设立专门区域向公众公开展示，供人们参观、学习的地方，实际上与博物馆的内涵差不多，大多数的陈列馆也是设在博物馆内。

民办博物馆 是指利用或主要利用非国有文物、标本、资料等资产设立的博物馆。这类博物馆从投资主体看，不是由国家出资；从隶属关系上看，不属于国家体系和文物系统。

新型博物馆 是指以突出活态保护为核心的博物馆。主要包括生态博物馆和社区博物馆。生态博物馆是将博物馆看成一个生命系统，社区博物馆是将博物馆看成一个社会系统，二者都强调"活态"，随着发展，二者在本质上越来越合二为一。

生态博物馆 亦称社区博物馆。❶是指以村寨、社区为单位，建立的没有围墙的"活体博物馆"，它强调保护和保存文化遗产的真实性、完整性和原生性，突出"活态"保护。❷是指通过村落、街区建筑格局、整体风貌、生产生活等传统文化和生态环境的综合保护和展示，整体再现人类文明发展轨迹的新型博物馆。

掌上博物馆 是指用户通过点击智能手机、平板电脑等移动终端设备特定的应用程序访问博物馆网站、网店、微博、微信等平台，还可参与讨论、预约参观、自助导览、与好友分享信息,甚至网上购物的平台。其互动性、服务性等功能大为增强。

民俗博物馆 属于专题性博物馆的一种。是指以收藏、保护、研究、展示民俗为目的,向公众开放的非营利性社会服务机构。

数字博物馆 亦称虚拟博物馆或离岸博物馆。是指运用虚拟现实技术、三维图形图像技术、计算机网络技术、立体显示系统、互动娱乐技术、特种视效技术,将现实存在的实体博物馆以三维立体的方式完整呈现于网络上的博物馆。具体来说,就是采用国际互联网与机构内部信息网信息构架,将传统博物馆的业务工作与计算机网络上的活动紧密结合起来,构筑博物馆大环境所需要的信息传播交换的桥梁,把枯燥的数据变成鲜活的模型,使实体博物馆的职能得以充分实现。从而引领博物馆进入公众可参与交互式的新时代,引发观众浓厚的兴趣,以达到科普的目的。数字博物馆相对于实体博物馆的功能,主要是实体博物馆向外打开资讯的另一扇窗口,是促使潜在观众变为实体博物馆观众的桥梁,是广泛传播博物馆文化的重要渠道,是进行远程教学的课堂,是促进实体博物馆管理水平提高的有效手段。数字博物馆的特点,主要包括:它突破了空间和时间的藩篱,能在更广袤的范围、任何时间、任何地点上网参观,利用方便;它能对实体博物馆数字资源(包括文字、图像、声音等)进行整合、加工、提升和频繁更换,并运用多媒体手段营造逼真、形象、生动的展示效果,使提供的知识、信息丰富多彩;它能在教育区域建立专家定期讲座和专题教育节目以及配合学校课程设计多媒体教学资料,进行网络远程教学,使知识的学习更为方便深入和系统;由于没有物理空间的限制,它能在不同栏目和页面之间穿梭连接,无论是参观展览、欣赏藏品,还是浏览新闻、活动资讯或是参与学习讨论,都非常方便,有绝对的自主权；它能利用论坛、留言板、公众信箱等发表意见和建议，相比实体博物馆展厅的"观众留言"和观众调查，更为客观、真实，并体现对个人意愿的尊重。

美术馆　是收集、保存、展览和研究美术作品的机构。它是提高公众文化艺术修养、协助艺术教育、为艺术家创作活动提供交流、借鉴的机会和资料信息的有效手段。美术馆可分为公开和私人性质，公开的美术馆是一种博物馆，对一般民众公开展示艺术作品；私人的美术馆，通常又称为"私人艺廊"，主要是向企业或收藏家贩售艺术作品的场地。美术馆最重要的活动是举行艺术品展览，展览可分为企划展和常设展。

当代美术馆　亦称当代艺术中心。是指私人拥有，并以营利或非营利为目的的商业美术馆，通常群聚于都会中某个区域。

线上美术馆　是指利用互联网的方便性，搭建网上的"线上美术馆"，使一些行动不便者在家中就能观赏艺术作品。

自费美术馆　是指向艺术家收取费用以展示他们作品的美术馆。

民办美术馆　是指公民、法人和其他组织利用非国有资产举办的，以收藏、展览、研究美术作品为目的，设立并取得民办非企业单位登记证书，向公众开放的非营利性社会组织。

藏品库房　是指藏品集中保存的特定建筑物。

藏品保护修复场所　是指博物馆运用传统修复工艺和现代科学技术手段对藏品进行科学分析、检测和保护、修复的特定建筑物。

展厅　是指博物馆用作向公众展示藏品的特定建筑物。

非物质文化遗产保护方针 是指"保护为主、抢救第一、合理利用、传承发展"的方针。

非物质文化遗产 ❶《中华人民共和国非物质文化遗产法》第二条规定:是指各族人民世代相传并视为其文化遗产组成部分的各种传统文化表现形式,以及与传统文化表现形式相关的实物和场所。❷《国务院关于加强文化遗产保护的通知》指出:非物质文化遗产是指各种以非物质形态存在的与群众生活密切相关、世代相承的传统文化表现形式,包括口头传统、传统表演艺术、民俗活动和礼仪与节庆、有关自然界和宇宙的民间传统知识和实践、传统手工艺技能等以及与上述传统文化表现形式相关的文化空间。❸《国家级非物质文化遗产保护与管理暂行办法》第二条规定:是指列入国务院批准公布的国家级非物质文化遗产名录中的所有非物质文化遗产项目。❹《保护非物质文化遗产公约》第二条规定:是指被各群体、团体、有时为个人视为其文化遗产的各种实践、表演、表现形式、知识和技能及其有关的工具、实物、工艺品和文化场所。各个群体和团体随着其所处环境、与自然界的相互关系和历史条件的变化不断使这种代代相传的非物质文化遗产得到创新,同时使他们自己具有一种认同感和历史感,从而促进了文化多样性和人类的创造力。在本公约中,只考虑符合现有的国际人权文件,各群体、团体和个人之间相互尊重的需要和顺应可持续发展的非物质文化遗产。非物质文化遗产具有活态性、传承性、流变性、地域性、民族性等主要特征。非物质文化遗产的形式,是指非物质文化遗产的外在表现形式。非物质文化遗产的内涵是指非物质文化遗产所包含的特定情感、信仰、习俗等。《中华人民共和国非物质文化遗产法》第二条规定非物质文化遗产范围包括:传统口头文学以及作为其载体的语言;传统美术、书法、音乐、舞蹈、戏剧、曲艺和杂技;传统技艺、医药和历法;传统礼仪、节庆

一、基本概念

等民俗;传统体育和游艺;其他非物质文化遗产。❺《保护非物质文化遗产公约》第二条规定非物质文化遗产范围包括:口头传说和表述,包括作为非物质文化遗产媒介的语言;表演艺术;社会风俗、礼仪、节庆;有关自然界和宇宙的知识和实践;传统的手工艺技能。

非物质文化遗产保存保护 《中华人民共和国非物质文化遗产法》第三条规定:是指采取认定、记录、建档等措施予以保存;国家对所有非物质文化遗产予以保存。对体现中华民族优秀传统文化,具有历史、文学、艺术、科学价值的非物质文化遗产采取传承、传播等措施予以保护。

非物质文化遗产保护"三性" 《中华人民共和国非物质文化遗产法》第四条规定:保护非物质文化遗产,应当注重其真实性、整体性和传承性。非物质文化遗产真实性保护,是指保持非物质文化遗产项目的本真性或者原真性。非物质文化遗产整体性保护,是指对非物质文化遗产代表性项目集中、特色鲜明、形式和内涵保持完整的特定区域,当地文化主管部门可以制定专项保护规划,报经本级人民政府批准后,实行区域性整体保护。非物质文化遗产传承性保护,是指应当注重其传承性,对具有历史、文学、艺术、科学价值的非物质文化遗产列入各级名录,确定其代表性传承人,并资助传承人进行授徒、传艺、交流等活动,将优秀的非物质文化遗产保护下来。

非物质文化遗产保护"三项制度" 是指调查制度、代表性项目名录制度、传承与传播制度。

非物质文化遗产调查 是指政府组织非物质文化遗产调查,调查方法和要求,公开非物质文化遗产档案和信息,公民、法人和其他组织进行调查的要求,境外组织和个人在我国境内进行调查的要求,调查活动中的禁止性规范,濒临消失的非物质文化遗产的保护、保存等的总和。

非物质文化遗产代表性项目名录 是指国务院和省、自治区、直辖市人民政府为了保护体现中华民族优秀传统文化,对具有历史、文学、艺术、科学价值的非物质文化遗产项目而建立的名录。包括国家级非物质文化遗产代表性项目名录和地方非物质文化遗产代表性项目名录。非物质文化遗产代表性项目名录内容,在我国是指民间文学,传统音乐,传统舞蹈,传统戏剧、曲艺,传统体育、游艺与杂技,传统美术,传统技艺,传统医药,民俗等十个方面。非物质文化遗产代表性项目名录体系,是由国家、省、市、县四级名录构成。

国家非物质文化遗产代表性项目名录 《中华人民共和国非物质文化遗产法》第十八条规定:是指将体现中华民族优秀传统文化,具有重大历史、文学、艺术、科学价值的非物质文化遗产项目,由国务院建立国家级非物质文化遗产代表性项目名录,并予以保护。

地方非物质文化遗产代表性项目名录 《中华人民共和国非物质文化遗产法》第十八条规定:是指将本行政区域内体现中华民族优秀传统文化,具有历史、文学、艺术、科学价值的非物质文化遗产项目,由省、自治区、直辖市人民政府建立地方非物质文化遗产代表性项目名录,并予以保护。

老字号非物质文化遗产项目 是指该非物质文化遗产项目历史悠久,拥有世代传承的产品、技艺或服务,具有鲜明的中华民族传统文化背景和深厚的文化底蕴,取得社会广泛认同,形成良好信誉的品牌。

非物质文化遗产代表性传承人 是指承担国家级非物质文化遗产代表性项目或者地方非物质文化遗产代表性项目传承保护责任,掌握该项目的知识、技能,并具有公认的代表性、权威性与影响力的人。分为国家级非物质文化遗产代表性传承人和地方非物质文化遗产代表性传承人。非物质文化遗产保护以代表性传承人开展传承活动为重要特征。非物质文化遗产代表性传承人制度的主要特点是,并非所有的非物质文化遗产项目都需要认定传承人;代表性传承人要符合一定的条件;代表性传承人的认定需要经过一定的程序;代表性传承人享有一定权利,同时应承担相应的义务。

国家级非物质文化遗产代表性传承人 《国家级非物质文化遗产项目代表性传承人认定与管理暂行办法》规定:是指经国务院文化行政部门认定的,承担国家级非物质文化遗产名录项目传承保护责任,具有公认的代表性、权威性与影响力的传承人。

地方非物质文化遗产代表性传承人 是指经地方文化行政部门认定的,承担地方非物质文化遗产名录项目传承保护责任,在本区域内具有公认的代表性、权威性与影响力的传承人。

非物质文化遗产代表性传承人的权利义务 《中华人民共和国非物质文化遗产法》第三十条规定其权利是,提供必要的传承场所,提供必要的经费资助其开展授徒、传艺、交流等活动,支持其参与社会公益性活动,支持其开展传承、传播活动的其他措施。《中华人民共和国非物质文化遗产法》第三十一条规定其义务是,开展传承活动,培养后继人才;妥善保存相关的实物、资料;配合文化主管部门和其他有关部门进行非物质文化遗产调查;参与非物质文化遗产公益性宣传。

非物质文化遗产的生产性保护
《文化部关于加强非物质文化遗产生产性保护的指导意见》指出:是指在具有生产性质的实践过程中,以保持非物质文化遗产的真实性、整体性和传承性为核心,以有效传承非物质文化遗产技艺为前提,借助生产、流通、销售等手段,将非物质文化遗产及其资源转化为文化产品的保护方式。非物质文化遗产生产性保护范围,是指在传统技艺、传统美术和传统医药药物炮制类非物质文化遗产领域实施。

非物质文化遗产合理开发利用　《中华人民共和国非物质文化遗产法》第三十七条规定:是指国家鼓励和支持发挥非物质文化遗产资源的特殊优势,在有效保护的基础上,合理利用非物质文化遗产代表性项目,开发具有地方、民族特色和市场潜力的文化产品和文化服务。

文化生态保护区　是指以保护非物质文化遗产为核心,对历史文化积淀丰厚、存续状态良好,具有重要价值和鲜明特色的文化形态进行整体性保护,并经相关文化行政部门批准设立的特定区域。

国家级文化生态保护区　《文化部关于加强国家级文化生态保护区建设的指导意见》指出:是指以保护非物质文化遗产为核心,对历史文化积淀丰厚、存续状态良好,具有重要价值和鲜明特色的文化形态进行整体性保护,并经文化部批准设立的特定区域。

非遗博物馆　属于专题性博物馆的一种。是指按照国家对非物质文化遗产的传统分类方式,以收藏、保护、研究、展示非物质文化遗产为目的,向公众开放的非营利性社会服务机构。

非物质文化遗产传习所　亦称非物质文化遗产传承中心或传承基地。是指非物质文化遗产代表性传承人开展传承活动以及收藏、展示、研究、交流的场所。

非物质文化遗产展览厅　亦称非物质文化遗产陈列室。是指依托现有文化设施,将实物、史料、遗迹等进行归纳、分类、整合,并设立专门区域向公众展示，供人们参观、学习的场所。

联合国教科文组织非物质文化遗产保护名录　包括人类非物质文化遗产代表作名录、急需保护的非物质文化遗产名录，以及非物质文化遗产保护的名册（即"优秀实践名册"）三大类。

人类非物质文化遗产代表作　亦称"人类口头和非物质文化遗产代表作"。《人类口头及非物质遗产优秀作品的评审规则》规定：是指来自某一文化社区的全部创作，这些创作以传统为依据、由某一群体或一些个体所表达并被认为是符合社区期望的，作为其文化和社会特性的表达形式；其准则和价值，通过模仿或其他方式口头相传。它的形式包括：语言、文学、音乐、舞蹈、游戏、神话、礼仪、习惯、手工艺、建筑艺术及其他艺术。除此之外，还包括传统形式的传播和信息。人类非物质文化遗产代表作名录侧重于非物质文化遗产的杰出价值和典型意义，重在传承和弘扬。

急需保护的非物质文化遗产名录　是指侧重于非物质文化遗产的濒危性，重在抢救和保护。是按照联合国教科文组织2003年10月通过的《保护非物质文化遗产公约》的要求设立的，它与《人类非物质文化遗产代表作名录》的主要区别在于列入此名录的非物质文化遗产处于危险状况，急需保护。

优秀实践名册　是指侧重于向国际社会介绍某国非物质文化遗产保护的经验和做法，宣传推广某国在非物质文化遗产保护工作中取得的显著成绩。旨在鼓励缔约国推荐最能体现《保护非物质文化遗产公约》原则和目标的国家、次区域或区域性保护非物质文化遗产的计划、项目和活动，供委员会遴选和推广，以便对非遗保护工作进行指导并促进国际合作。

无形文化财 《文化财保护法》（1950年日本政府颁布）规定，是指那些具有较高历史价值与艺术价值的传统戏剧、音乐、工艺技术及其他无形文化载体。学术界普遍认为，"无形文化财"的概念是"非物质文化遗产"概念的主要渊源之一，并且在内涵、外延上，与"非物质文化遗产"的概念基本相同。

文化多样性 《保护和促进文化表现形式多样性公约》第四条规定：是指各群体和社会借以表现其文化的多种不同形式。这些表现形式在他们内部及其间传承。文化多样性不仅体现在人类文化遗产通过丰富多彩的文化表现形式来表达、弘扬和传承的多种方式，也体现在借助各种方式和技术进行的艺术创造、生产、传播、销售和消费的多种方式。

文化内容 《保护和促进文化表现形式多样性公约》第四条规定：是指源于文化特征或表现文化特征的象征意义、艺术特色和文化价值。

文化表现形式 《保护和促进文化表现形式多样性公约》第四条规定：是指个人、群体和社会创造的具有文化内容的表现形式。

文化活动、产品与服务 《保护和促进文化表现形式多样性公约》第四条规定：是指从其具有的特殊属性、用途或目的考虑时，体现或传达文化表现形式的活动、产品与服务，无论它们是否具有商业价值。文化活动可能以自身为目的，也可能是为文化产品与服务的生产提供帮助。

文化政策和措施 《保护和促进文化表现形式多样性公约》第四条规定：是指地方、国家、区域或国际层面上针对文化本身或为了对个人、群体或社会的文化表现形式产生直接影响的各项政策和措施，包括与创作、生产、传播、销售和享有文化活动、产品与服务相关的政策和措施。

文化间性 《保护和促进文化表现形式多样性公约》第四条规定：是指不同文化的存在与平等互动，以及通过对话和相互尊重产生共同文化表现形式的可能性。

古籍保护方针 是指"保护为主、抢救第一、合理利用、加强管理"的方针。

古籍 即中国古代书籍的简称。国家文化部发布的《古籍定级标准》指出：是指主要书写或印刷于1912年以前具有中国古典装帧形式的书籍。也是文物的一种类型。国家文化部发布的《全国古籍普查工作方案》指出古籍范围包括：我国境内的国家图书馆、各公共图书馆、文博单位图书馆（藏书楼）、高等院校图书馆、科研单位图书馆、宗教单位图书馆（藏经阁）等；个人或私人收藏机构，也可以纳入普查范围。古籍普查对象为我国汉文和少数民族文字古籍，其他特种文献，如甲骨、简牍、帛书、金石拓片、舆图等，暂不列入这次普查范围。《文化部解读关于进一步加强古籍保护工作的意见》指出古籍保护形式一般分为：原本保护和再生保护两个方面。前者主要是对古籍原本进行妥善保存和修复；后者是对古籍进行影印或整理，对古籍的形式和内容进行转移保存和再揭示，通过开展出版、缩微和数字化等工作，使古籍化身千百，永久传承。

古籍版本 国家文化部发布的《古籍定级标准》指出：是指一书经过抄写或印刷而形成的传本。是指书籍具有的特征，如书写或印刷的各种形式，内容的增删修改，一书在流传过程中卷帙的存佚，以及书中所形成的记录，如印记、批校、题识等。国家文化部发布的《古籍定级标准》指出古籍版本种类主要包括：写本（即缮写而成的书本）、稿本（即作者亲笔书写的自己著作的底本）、抄本（即以某一传本为底本,抄写而成的书本）、影抄本（即以某一传本为底本,按照底本文字的行款格式、版框大小、文字内容,进行摹抄,其版面形象与底本惟妙惟肖的影写本）、彩绘本（即用多种颜色绘制而成的书本）、刻本（即雕版印本的简称,指雕刻木板,制成阳文反字印版,而后敷墨覆纸刷印而成的书本）、活字本（即活字印本的简称。选用单体活字,按照书的内容,摆成印版,敷墨覆纸印成的书本）、钤印本（即钤盖图章而成的书本）、磁版印本（即选用特制泥土制成泥版,刻成阳文反字,火烧令坚,敷墨覆纸而印成的书本）、活字泥版印本（即选用阳文反字的木质雕版作为字源,将特制泥条的一端压于木质雕版的一个文字上,制成一个阴文正字的泥质字模,再按照书的内容,选用对应的泥质字模,压于特制的泥版上,制成阳文反字的泥质版,在泥版上敷墨覆纸而印成的书本）、铜版印本（即以铜为版,施以腐蚀药剂制成印版,而后敷墨覆纸印成的书本）、影印本（即以某一版本为底本,用照相的方法制成印版,上机印刷而印成的书本）、石印本（即利用多孔石质平版,经处理后制成印版,上机印刷而印成的书本）、批校题跋本（即指书中带有批、校、题、跋的书本）、过录本（即将其他传本中所载的他人批校文字照样移录过来的书本）、孤本（即指一书世传只有一部的书本,或指一书的某一版本世传只有一部的书本。国内单传者,称为海内孤本；全世界单传者,称为海内外孤本）、善本（具有比较重要历史、学术和艺术价值的书本。大致包括写印年代较早的,传世较少的,以及精校、精抄、精刻、精印的书本等）、普本（即普通版本的简称,相对善本而言。指具有一定历史、学术和艺术价值的书本）。

普通古籍 是指具有一定历史、学术和艺术价值的古籍。

珍贵古籍 是指具有较高文物价值、资料价值和艺术价值的古籍。

国家珍贵古籍名录 是指主要收录1912年以前书写或印刷的，以中国古典装帧形式存在，具有重要历史、思想和文化价值的古籍，且经过申报及评审程序，报国务院批准后文化部公布的珍贵古籍。

地方珍贵古籍名录 是指主要收录1912年以前书写或印刷的，以中国古典装帧形式存在，具有重要历史、思想和文化价值的古籍，且经过申报及评审程序，报地方人民政府批准后文化行政部门公布的珍贵古籍。

特色古籍保护 是指设立专题保护项目，开展中华医药典籍、清代昇平署戏曲文献等特色古籍的保护工作。

全国古籍重点保护单位 是指收藏古籍的数量一般在10万册件以上或收藏古籍善本数量在3000册件以上，有古籍专用书库，有专门的古籍保护机构和工作人员，管理制度健全，有专项古籍保护经费的各图书馆、博物馆等古籍收藏单位，经过申报及评审程序，报请国务院批准、公布的古籍收藏单位。

地方古籍重点保护单位 是指收藏古籍的数量一般在1万册件以上或收藏古籍善本数量在1000册件以上，有古籍专用书库，有专门的古籍保护机构和工作人员，管理制度健全，有专项古籍保护经费的各图书馆、博物馆等古籍收藏单位，经过申报及评审程序，报请地方人民政府批准、公布的古籍收藏单位。

国家级古籍修复中心 是指具有国家规定的条件，经过申报及评审程序，由文化部批准公布的，承担国家珍贵古籍修复任务的古籍收藏单位或高校、科研单位。

图书馆古籍书库 亦称图书馆古籍特藏书库。是指具备古籍保存的温湿度要求、空气净化要求、光照和防紫外线要求以及书库的建筑、消防等与文献保护和安全相关的基本条件的书库。

媒体 亦称媒介或媒质。❶是指传播信息的媒介,是宣传的载体或平台。❷是指人借助用来传递信息与获取信息的工具、渠道、载体、中介物或技术手段。主要媒体有报纸、广播、电视、互联网、杂志、手机、直邮等。从适宜性来讲,媒体可划分为平面、电波、网络三大类。❸是指用于分发信息和展现信息的手段、方法、工具、设备或装置。

传统媒体 是指相对于兴起的网络媒体而言,以传统的大众传播方式即通过某种机械装置定期向社会公众发布信息或提供教育娱乐的交流活动的媒体,包括报刊、户外、电视、广播四种传统媒体。

平面媒体 是指报纸、杂志等传统媒体通过单一的视觉、单一的维度传递信息,相对于电视、互联网等媒体通过视觉、听觉等多维度的传递信息,而称作平面媒体。通常我们把报纸、杂志等传统媒体称为"平面媒体"。这里的"平面"是广告界借用了美术构图中的"平面"概念,因为报纸、杂志上的广告都是平面广告。

电波媒体 是广告学专业术语,媒体类型划分方式之一。通常情况下,电波媒体可以理解成电视、广播媒体的总称。电波媒体与印刷媒体(报纸、杂志等)是具有明显特征的两类传统媒体。

网络媒体 是与传统的音视频设备采用的工作方式不同,网络媒体依赖 IT 设备开发商们提供的技术和设备来传输、存储和处理音视频信号。最流行的传统的 SDI(串型数字)传输方式缺乏真正意义上的网络交换特性。需要做大量的工作才可能利用 SDI 创建类似以太网和 IP(因特网协议)所提供的部分网络功能。所以,视频行业中的网络媒体技术就应运而生。

一、基本概念

户外媒体 是指在主要建筑物的楼顶和商业区的门前、路边等户外场地设置的发布广告信息的媒介。主要形式包括路牌、霓虹灯、电子屏幕、灯箱、气球、飞艇、车厢、大型充气模型、高校内、高档小区走廊楼道等。

新媒体 亦称第五媒体。❶是新的技术支撑体系下出现的媒体形态,如数字杂志、数字报纸、数字广播、手机短信、移动电视、网络、桌面视窗、数字电视、数字电影、触摸媒体、手机网络等。相对于报刊、户外、广播、电视四大传统意义上的媒体,新媒体被形象地称为"第五媒体"。❷是指以数字信息技术为基础,以互动传播为特点,具有创新形态的媒体。❸是能对大众同时提供个性化内容的媒体,是传播者和接受者融会成对等的交流者、而无数的交流者相互间可以同时进行个性化交流的媒体。❹是相对于传统媒体而言,是报刊、户外、广播、电视等传统媒体以后发展起来的新的媒体形态,是利用数字技术、网络技术、移动技术,通过互联网、无线通信网、有线网络等渠道以及电脑、手机、数字电视机等终端,向用户提供信息和娱乐的传播形态和媒体形态。新媒体特点,是指交互性与即时性,海量性与共享性,多媒体与超文本个性化与社群化。

多媒体 ❶是指将计算机、电视机、录像机、录音机和游戏机等技术融为一体,形成电脑与用户之间可以相互交流的操作环境。它可以接收外部图像、声音、录像及各种媒体信息,经计算机加工处理后以图片、文字、声音、动画等多种方式输出,实现输入输出方式的多元化,改变了计算机只能输入输出文字、数据的局限。多媒体具有综合性和互动性的特点,人机相互交流是多媒体最大的特点。❷是指将文字、声音、图形、图像、视频等多种媒体集成进计算机,使信息表现声、图、文并茂。

多媒体技术　亦称为计算机多媒体技术。❶是指通过计算机对文字、数据、图形、图像、动画、声音等多种媒体信息进行综合处理和管理,使用户可以通过多种感官与计算机进行实时信息交互的技术。它具有信息载体的多样性及多媒体的交互性、集成性、数字化、实时性的特点。❷是指用于电脑程序中处理图形、图像、影音、声讯、动画等的电脑应用技术。

计算机技术　主要包括运算方法的基本原理与运算器设计、指令系统、中央处理器(CPU)设计、流水线原理及其在CPU设计中的应用、存储体系、总线与输入输出。计算机技术的内容非常广泛,可粗分为计算机系统技术、计算机器件技术、计算机部件技术和计算机组装技术等几个方面。它是研究计算设备的科学技术。

现代通讯技术　一般是指电信,国际上称为远程通信。随着电信业务从以话音为主向以数据为主转移,交换技术也相应地从传统的电路交换技术逐步转向给予分株的数据交换和宽带交换,以及适应下一代网络基于IP的业务综合特点的软交换方向发展。信息传输技术主要包括:光纤通信,数字微波通信,卫星通信,移动通信以及图像通信[张荣坤等编著:《现代通信技术(第二版)》,人民邮电出版社,2009年8月出版]。

现代传播体系　是指提升传播内容品质,打造综合传播平台,铸造高科技载体,建设传播人才队伍的总和(张剑:《构建现代传播体系》,光明日报,2012年11月26日)。

新闻　是指报纸、电台、电视台、互联网等媒体经常使用的记录社会、传播信息、反映时代的一种文体。从狭义上讲,新闻则专指消息,消息是用概括的叙述方式,比较简明扼要的文字,迅速及时地报道国内外新近发生的、有价值的事实。从广义上讲,除了发表于报刊、广播、电视上的评论与专文外的常用文本都属于新闻之列，还包括消息、通讯、特写、速写（有的将速写纳入特写之列）等等。

新闻信息"三率" 是指原创率、首发率、落地率。

新兴传播阵地 包括网络报刊、网络广播电视、手机报刊、手机电视、移动多媒体等媒体。

广播电视进村入户 是指广播电视节目进村入户。

广播收听率 ❶是指运用抽样调查方法，对广播听众收听广播的时间、地点、工具及状态等信息进行科学、全面的收集，并运用科学的统计方法计算出广播电台（频率）或节目的收听率数据。❷是指在某个时段收看某个广播节目的目标观众人数占总目标人群的比重，以百分比表示。

电视收看率 亦称收视率。❶是指在一定时段内收看某一节目的人数（或家户数）占观众总人数（或总家户数）的百分比，即收视率＝收看某一节目的人数（或家户数）÷观众总人数（或总家户数）。收视率分为家庭收视率和个人收视率，一般而言，家庭收视率大于个人收视率（赵玉明等主编：《广播电视词典》，1999年出版）。❷是指在某个时段收看某个电视节目的目标观众人数占总目标人群的比重，以百分比表示。

广播电视综合覆盖率 亦称广播电视的混合覆盖率或广播电视人口综合覆盖率。是指全国范围内收听广播和收看电视的人口数比重所占全国人口总人数的比重的比例人小，以及这些人数所覆盖的区域面积占整个国土面积的比例大小。

广播电视覆盖方式 亦称广播电视节目信号传输主要方式。主要有无线、有线、卫星三种手段

(《广电总局负责人谈直播卫星公共服务让广播电视走近两亿农户》,京报网,2011年9月5日)。

有线电视数字化 是指把有线电视传输的电视信号进行数字化处理(原来是模拟信号),然后通过有线电缆传输到各家各户,再通过数字机顶盒把数字信号转变为模拟信号给电视机。

有线电视数字整体转换 亦称地面模拟信号向数字信号的转换。❶是指以有线电视网络光节点为单位,逐一成片式地停止传输模拟信号,只传输数字信号,即成片式地把原模拟电视系统转换为数字系统,最终将模拟用户全部转换为数字用户,关闭模拟信号。❷是指随着电子技术的迅速发展,用数字系统处理模拟信号的情况越来越多,为了能用数字系统处理模拟信号,需将模拟信号转化为相应的数字信号,然后将处理后的数字信号转化为模拟信号,作为最后输出的整个过程。

广播电视基本公共服务手段 《财政部就农村中央广播电视节目无线覆盖工作答问》提出:无线覆盖是政府提供基本公共服务的主要手段。

农村广播电视公共服务覆盖体系 《国务院办公厅关于进一步做好新时期广播电视村村通工作的通知》指出:是指加强县、乡(镇)广播电视机构的公共服务职能,建立健全以县为中心、乡(镇)为基础、面向农户的农村广播电视公共服务体系。

无线广播电视公共服务 是指利用无线传输覆盖网传送广播电视节目信号的服务,是广播电视提供基本服务的基本手段,是公共文化服务的重要组成部分。

广播电视无线传输覆盖业务 是指利用无线传输覆盖网传送广播电视节目信号的活动。

国家应急广播体系 是指国家应急广播体系体制、机制、法制和预案建设的总和。是指在发生突发事件等应急状态下,政府通过广播、电视等媒体向公众提供防灾减灾等信息服务的广播体系。国家应急广播体系是政府直接面向灾区群众进行救灾的最有效的指挥调度平台,是政府公众和灾区民众沟通情况传达意见的重要载体。国家应急广播体系建设,旨在加强与国家各灾害和应急信息发布源头的合作力度,建立起从中央到地方广播电台的"四级联动"应急信息传输模式,到2015年基本建成国家应急广播体系的目标。我国各类灾害预警将能通过国家应急广播体系实时发布,有效提升信息传输速度(《国家应急广播中心揭牌 我国国家应急广播体系进入全面建设阶段》,中国广播网,2013年12月4日)。

直播卫星公共服务管理体系 是指直播卫星服务区域、直播卫星公共服务方式、免费接收卫星电视和广播节目、运行管理等的总和。《国家广电总局关于在有线网络未通达地区农村地区开展直播卫星公共服务的通知》指出直播卫星服务区域,是指截至2011年12月31日有线网络未通达的农村地区,均应划入直播卫星服务区域范围,以行政村为单位进行划分,可本着先易后难的原则分批进行。直播卫星公共服务的方式,是指在服务区域内设立直播卫星接收设施专营服务网点,用户自行购买直播卫星接收设施后,由专业服务队伍上门安装开通。免费接收卫星电视和广播节目,是指可免费接收25套卫星电视和17套卫星广播节目,包括中央电视台1至16套、中国教育电视台第1套、本省1套卫视和7套少数民族语言卫视节目,以及中央人民广播电台1至13套节目、中国国际广播电台3套节目和本省1套广播节目。同时根据用户需求,机顶盒可以外接电话机开通电话业务;用户购买一套直播卫星接收设备,就可以享受接收卫星电视节目、卫星广播节目、本地电视节目、应急广播、接打电话、浏览综合信息六项服务。广电总局卫星直播中心负责统一组织实施全国直播卫星公共服务,负责直播卫星的建设运行和全国用户统一管理。各省、地有线电视网络公司经授权,作为直播卫星地方服务机构,负责管理本辖区内直播卫星接收设施的销售和安装服务工作。地方服务机构负责在乡镇设立直播卫星接收设施专营服务网点和安装服务队伍,负责管理接收设施的销售、安装和售后服务工作。地方服务机构负责与当地中国移动运营商沟通,获取服务区域内的无线移动通信基站信息上报广电总局卫星直播中心。

卫星直播 是指利用地球同步轨道卫星,将音频、视频、多媒体数据等进行点对点传送(包括"个体接收"或"集体接收")的一种卫星传输模式,接收者只需要使用小型卫星接收天线,即可收到来自卫星的电视或广播节目。

直播卫星平台 亦称直播卫星公共服务平台。是指由国家广电总局建设的,具有传输安全、自主研发,可管可控、精确管理到每一户,位置锁定技术,数据回传功能的平台。直播卫星公共服务平台可以为直播卫星公共服务用户免费提供25套卫星电视节目以及17套卫星广播节目。

模拟信号 是指信息参数在给定范围内表现为连续的信号。或在一段连续的时间间隔内,其代表信息的特征量可以在任意瞬间呈现为任意数值的信号。

数字信号 是指幅度的取值是离散的,幅值表示被限制在有限个数值之内。二进制码就是一种数字信号,它受噪声的影响较小,易于数字电路进行处理,所以得到广泛的应用。数字信号具有抗干扰能力强、无噪声积累的特点。

广播电视传输 包括有线广播电视传输技术、卫星电视传输技术、地面开路电视传输技术和网络电视传输技术。

卫星传输 是指传输、覆盖与接收服务和设计、安装、调试、测试、监测等服务的总和。卫星传输主要由上行发射站、星载转发器、测控站、地球接收站四部分组成。上行发射站把节目制作中心送来的信号（可以是数字电视信号、数字广播、视频、音频、中频信号等）加以处理，经过调制，上变频和高功率放大，通过定向天线向卫星发射上行 C、Ku 波段信号；同时也接收由卫星下行转发的微弱的微波信号，监测卫星转播节目的质量。星载转发器用于接收地面上行站送来的上行微波信号（C 波段为 6GHz，Ku 波段为 14GHz），并将它放大、变频、再放大后，发射到地面服务区内。因此，星载转发器实际上是起一个空间中继站的作用，它应以最低附加噪声和失真传送电视广播信号。地面接收站接收来自卫星的信号，经过低噪声放大，下变频为中频信号，中频信号经过调频、解调后得到基带信号，分别送到视频恢复电路和伴音解调电路，重新得到正常的视频信号和伴音信号，直接送到电视监视器或电视机，重现彩色图像和重放伴音，也可以重新调制到电视频道上传送给用户。

广播电视节目 是指电视台、广播电台所有播出内容的基本组织形式和播出形式。它是一个按时间段划分、按线性结构传播的方式安排和表现内容、依时间顺序播送内容的多层次系统。

少数民族语言广播影视节目传播覆盖能力 是指少数民族语言广播影视节目译制、制作、播出，以及覆盖的广度和量、深度和质的总和。

广播 是指通过无线电波或导线传送声音的新闻传播工具。通过无线电波传送节目的称无线广播，通过导线传送节目的称有线广播。

电视 亦称电视机。是指利用电子设备传送活动图像的技术及设备。它是重要的广播和通信方式。

模拟电视 是指使用模拟信号传送声音图像的电视。

有线电视 是指用高频电缆、光缆、微波等传输，并在一定的用户中进行分配和交换声音、图像及数据信号的电视系统。

数字电视 是指将传统的模拟电视信息经过采样、量化、编码，转化成二进制的数字信息，然后进行处理、传输、存储和记录，通过机顶盒接收、解码、转换成 AV 信号，通过现有的有线网络传输到每家每户的电视系统。数字电视是广播电视传输覆盖网的重要组成部分，是各级政府提供广播电视公共服务的重要渠道，是广大人民群众获取新闻信息、享受精神文化生活的基本手段。它具有公益性、应急性、普遍性的特点。数字电视的优点是，图像质量清晰；采用新的菜单式收视方式；节目时效强；节目频道和种类多。

地面电视 亦称无线电视。为电视讯号传输方式之一，与卫星电视相对而言。是指电视台通过讯号发射站和电视塔等设施，在大气层以无线电波方式发射讯号，收视户再使用天线接收讯号，以收看电视节目的电视系统。

地面数字电视 目前，世界上地面数字电视的国际标准主要有三个：欧洲 DVB 组织提出的以 COFDM 为核心技术的 DVB-T 标准；美国大联盟组织提出的以 8VSB 为核心技术的 ATSC 标准；日本提出的以 BST-OFDM 为核心技术的 ISDB-T 标准。清华大学提出的以 TDS-OFDM 为核心技术的 DMB-T 方案，已由信息产业部和国家广电总局用《中国的地面数字多媒体电视广播的发展》信息文稿的形式通报到国际电联。地面数字电视的好处包括：可以通过电视台制高点的天线发射无线电波覆盖电视用户,客户端通过接收天线和电视机可收视节目;可以满足人们随时随地收看多媒体节目的要求,收看地点具有灵活性、收看时段具有随意性;开展地面数字电视服务能够利用目前闲置的无线频谱资源,实现更多的应用业务以提高频率效益。地面数字电视具有投资少、见效快的特点,可以带动相关产业的发展。

网络电视 亦称 IPTV。是指将电视机、个人电脑及手持设备作为显示终端,通过机顶盒或计算机接入宽带网络,实现数字电视、时移电视、互动电视等服务的电视系统。网络电视的出现给人们带来了一种全新的电视观看方法,它改变了以往被动的电视观看模式,实现了电视按需观看、随看随停。

3D 电视 是三维立体影像电视的简称。它利用人的双眼观察物体的角度略有差异,因此能够辨别物体远近,产生立体的视觉这个原理,把左右眼所看到的影像分离,从而令用户无须借助立体眼镜即可裸眼体验立体感觉。

云电视 是指应用云计算、云存储技术的电视产品,是云设备的一种。通俗地讲,就是用户不需要单独再为自家的电视配备所有互联网功能或内容,将电视连上网络,就可以随时从外界调取自己需要的资源或信息。比如说,可以在云电视里安装使用各种即时通讯软件,在看电视的同时,进行社交、办公等等。

电台 亦称无线电台。是指为开展无线电通信业务或射电天文业务所必需的一个或多个发信机或收信机或它们的组合(包括附属设备)。

网络电台 是指在网络上搭建的电台。网络电台与传统意义上的电台相比,没有又重又大的编录设备,而是轻便的电脑;没有发射塔,而是四通八达的网络;收听电台不用收音机，而只要坐在电脑前轻轻点击就能听到主持人的声音。

电视台 ❶国务院颁布的《广播电视管理条例》第八条规定：是指采编、制作并通过有线或者无线的方式播放电视节目的机构。❷是指通过无线电信号、卫星信号、有线网络或互联网播放电视节目的媒体机构。

广播电台 国务院颁布的《广播电视管理条例》第八条规定：是指采编、制作并通过有线或者无线的方式播放广播节目的机构。

广播电视台 是指广播电台和电视台合二为一的事业机构。

网络广播电视台 《广电总局关于促进主流媒体发展网络广播电视台的意见》指出：是以宽带互联网、移动通讯网等新兴信息网络为节目传播载体的电台电视台，是新形态的广播电视播出机构，是网上视听节目服务的重要平台，是网上舆论引导的重要阵地。

广播电视监测台（站） 是广播电视局所属的事业单位。其职能及主要业务范围是：监测广播电视安全播出；发布广播电视安全播出预警信号；监测广播电视发射传输覆盖效果；监督收录播放的电视广告、互联网站播放的视听节目；监测广播电视频谱负荷，有害无线电信号干扰；负责广播电视节目信息查询和监测数据汇总分析；负责区域内各监测站的业务指导；负责广播电视设备器材和重大广播电视工程质量检测等。

广播电视传输覆盖网 简称广电传输覆盖网。国务院颁布的《广播电视管理条例》第十七条规定：由广播电视发射台、转播台（包括差转台、收转台）、广播电视卫星、卫星上行站、卫星收转站、微波站、监测台（站）及有线广播电视传输覆盖网等构成。

广播电视有线传输覆盖网 亦称有线广播电视传输。❶是指用电缆光纤作为主要的传输媒介,向用户传送本地、远地及自办电视节目的通信系统。❷是以光纤为骨干网,同轴电缆为接入网的传输网(即 HFC 网)。HFC 网以其传输稳定、容量大、频带宽的技术特点成为世界公认的高速宽带信息网络,是信息化建设的重要战略资源。

广播电视无线传输覆盖网 简称无线传输覆盖网或无线广播电视传输网。广电总局发布的《广播电视无线传输覆盖网管理办法》第二条规定:包括广播电视发射台、转播台、差转台、收转台(站)、微波站、节目传送台(站)、广播电视卫星、卫星地球站、监测台(站)等部分。

地面数字电视覆盖网 国家新闻出版广电总局发布的《地面数字电视广播覆盖网发展规划》提出:是指在全国各地构建中央和省、地(市)、县电视节目地面数字电视广播覆盖网络。其做法是,利用全国广播电视无线覆盖的发射台站进行覆盖,并且新增部分单频网发射站点补充扩大覆盖,在 2020 年前逐步完成全国城乡地面数字电视的覆盖任务。地面数字电视覆盖网能提供中央电视台第一套、第七套和本省第一套、本地第一套电视节目等高清、标清公共服务节目,地面数字电视综合覆盖率基本达到现有模拟电视覆盖水平,地面数字电视接收机基本普及,更多的中央、省、本地农业科教类电视节目和少数民族语言节目等其他电视节目进入地面电视频道,通过高、标清方式为城乡广大人民群众提供多套高质量的节目,公共服务水平得到较大提升。地面模拟电视信号停止播出,地面电视实现由模拟到数字的战略转型。

广播电视直播卫星 是指通过卫星将视像、图文和声音等节目进行点对面的播出,直接供广大用户接收的一种卫星传输模式。

广播电视无线发射台站 是广播电视台所属事业机构,是负责转播中央、省级、地级、县级广播电视开路发射的重要阵地,是广播电视公共服务体系的重要组成部分。其工作任务是,执行国家无线电管理方针政策和有关法律法规,执行所批准的各类无线发射设备的设置使用,定期检测无线电台站发射频率及功率的稳定性,研究提出本地无线覆盖建设的规划意见及地面数字电视覆盖网的技术方案,完成中央、省广播电视节目的无线发射任务,做好设备的日常维护管理及安全运转,机房等的定期巡查巡检,做好重要时期、重大活动、重大事件无线台广播电视安全播出的技术保障工作。

广播电视卫星地球站 《广播电视卫星地球站工程设计规范》(GY/T5041—2012)指出:是指具备信号上行发射和下行接受能力,且上行业务为视频、音频和数据的固定式卫星通讯地面站。

农村基层广播电视 狭义上讲,是指县级、乡镇广播电视站,农村广播电视村村通工程以及广电网络。广义上讲,是指地级、县级广播电视台,乡镇广播电视站,以及农村广播电视村村通工程及广电网络。

农村广播电视节目无线覆盖 是指充分发挥各地现有广播电视无线发射、转播台(站)的作用,通过加快设备更新改造、增加转播节目套数、加强运行维护,大力提高农村地区的广播电视无线覆盖水平,使广大农民群众能够无偿收听收看到包括中央第一套广播节目、中央第一套和第七套电视节目,以及本省第一套广播电视节目 4 套以上的无线广播节目和电视节目。它是村村通工程的组成部分,是重要的农村公益性文化事业,是农村广播电视公共服务体系的重要组成部分。农村中央广播电视节目无线覆盖,是指中央专项补助更新改造地方无线发射台(站)、转播台(站),使广大农民群众能够无偿收听收看到中央第一套广播、中央第一套和第七套电视节目。(《广播电视农村无线覆盖工程工作部署》,记者网,2010年6月1日)。

农村直播卫星公共服务 是指在广播电视村村通工程已有的基础上,利用直播卫星的方式,推进农村广播电视由"村村通"向"户户通"的延伸和发展。

电影 是指表达一个完整主题的、具有连贯、活动感觉的影像。

微型电影 亦称微电影。❶是指专门运用在各种新媒体平台上播放的、适合在移动状态和短时休闲状态下观看的、具有完整策划和系统制作体系支持的、具有完整故事情节的"微时"(30秒~300秒)放映、"微周期"(1~7天或数周)制作和"微(超小)规模"(每部几千至数千万元)投资的视频短片,内容丰富,融合搞笑幽默、潮流时尚、广告媒介、公益教育、商业定制

等主题,可以单独成篇,也可系列成剧。❷是指作品时长在3至30分钟,有完整故事情节,适合在新媒体上观看的视频内容。❸微电影是互联网上产生的一种新型的传播模式,它不仅吸纳了传统电影艺术表现形式的魅力,也开创了企业营销的新路径。

胶片电影 是指用胶片摄影机拍摄、制作、传输和放映的电影。

电影胶片放映 是指将感光乳剂涂布在透明柔韧的片基上制成的感光材料,以胶片为载体,以拷贝为发行方式的放映,电影胶片包括电影摄影用的负片、印拷贝用的正片、复制用的中间片和录音用的声带片等。

数字电影 是指以数字技术和设备摄制、制作存储,并通过卫星、光纤、磁盘、光盘等物理媒体传送,将数字信号还原成符合电影技术标准的影像与声音,放映在银幕上的影视作品。从电影制作工艺、制

作方式,到发行及传播方式上均全面数字化。

电影放映 是指具有放映机器设备、固定或不固定的放映场所与专职或兼职的放映技术人员的总和。

电影数字化放映 是指积极改进并研发数字电影放映新设备,探索数字化放映的新模式,以提高国产化生产能力,建立覆盖广大城乡的数字电影服务网络,为人民群众提供优质、快捷、方便的电影数字化放映服务。

农村电影放映工作 亦称农村电影工作。是指电影放映单位或个人每年同村签订放映合同,公布放映计划,并严格履行合同,保证农民按计划看到电影的一项工作。

农村电影公益性放映 亦称农村电影公益场次。❶《农村电影公益放映场次补贴管理实施细则》指出:是指由政府采购,在全国县级以下农村地区开展的、面向广大农牧民群众的数字电影放映和胶片电影放映活动。放映1部故事片或1部长纪录片(90～120分钟)或1部长科教片(90～120分钟)为一场,短科教片累计放映3～5部为一场。❷《关于做好农村电影工作的意见》指出:是指国家每年选定不低于60部的农村题材故事片和不低于30部的科教片,委托指定单位集中购买公益放映版权后,向全国农村发行放映。《国务院办公厅转发广电总局等部门关于做好农村电影工作的意见》指出:农村电影放映模式是坚持社会效益第一的原则,按照"企业经营、市场运作、政府买服务、群众受益"的农村电影改革发展新思路,深化农村电影改革,探索建立多种所有制、多种发行放映主体和多种发行放映方式相结合的新模式,鼓励农村电影跨地区经营,促进农村电影放映的规模化发展,扩大适合农民群众观看的影片创作生产和片源供应,从根本上解决广大农民群众看电影难的问题。

一、基本概念

农村电影放映"三结合" 《国务院办公厅转发广电总局等部门关于做好农村电影工作的意见》指出：是指推动露天放映与室内放映相结合、免费放映与有偿放映相结合、胶片放映与数字放映相结合并逐步向数字放映过渡，不断扩大农村电影覆盖面，到2010年基本实现全国行政村一村一月放映一场电影的公益服务目标。

电影院线 简称"院线"。是指以若干家影院为依托，以资本和供片为纽带，由一个电影发行主体和若干电影院组合形成，实行统一品牌、统一排片、统一经营、统一管理的发行放映机制。经营者为发展和保护其经营利益，在某些城市或地区，掌握相当数量的电影院，建立放映网络，借以垄断某国或某一电影制片公司新版影片的公映。

固定放映数字院线 是指在各地的电影院、影城、戏剧院等进行放映的一种模式，主要是针对城市市民放映。

流动放映数字院线 是指通过地面卫星接收中心站，在流动放映平台订购影片进行放映的一种模式，主要是针对广大农村、城市社区、中小学及大专院校、军营、工地、城市公共区域放映。

农村放映数字院线 是指组建以地级为龙头，各县参股，吸纳社会资本参股，以乡、村放映点为基础的农村院线公司，并按相关规定享受公益版权节目和政策场次补贴。

电影院 是指为观众放映电影的场所。电影在产生初期，是在咖啡厅、茶馆等场所放映的。随着电影的进步与发展，出现了专门为放映电影而建造的电影院。电影的发展——从无声到有声乃至立体声，从黑白片到彩色片，从普通银幕到宽银幕乃至穹幕、环幕，使电影院的形体、尺寸、比例和声学技术都发生了很大变化。电影院必须满足电影放映的工艺要求，得到应有的良好视觉和听觉效果。

影剧院 是指既能为观众放映电影,又能为观众演出的场所。

数字影院 《广电总局关于加快电影产业发展的若干意见》指出:是指以数字方式放映电影的影院。

电影俱乐部 是指喜爱电影的人们根据共同的目的和兴趣自愿组成的,并经常聚集在一起进行电影观看、评论、交流的组织团体或者场所。

电影流动放映车 是指进行专业化的车辆内部改装,以满足电影放映设备运输使用要求的车辆。电影流动放映车是国家实施的"电影2131工程"的重点项目之一,主要面向全国各地基层农村,用于改变基层电影放映队设备老化、车辆短缺的情况,为广大农民群众提供更加方便、快捷的电影放映服务。

出版 是指通过可大量进行内容复制的媒体实现信息传播的一种社会活动。现代出版主要是对以图书、报刊、音像、电子、网络等媒体承载的内容进行编辑、复制(包括印刷、复制等)、发行(或网络传播)。

报纸 是指以刊载新闻和时事评论为主的定期向公众发行的印刷出版物。是大众传播的重要载体,具有反映和引导社会舆论的功能。

杂志 是指有固定刊名,以期、卷、号或年、月为序,定期或不定期连续出版的印刷读物。

期刊 是指根据一定的编辑方针,将众多作者的作品汇集成册,定期出版的刊物。期刊是由依法设立的期刊出版单位出版。期刊出版单位出版期刊,必须经新闻出版总署批准,持有国内统一连续出版物号,领取《期刊出版许可证》。

党报党刊 是指党中央和地方党委的机关报刊。

一、基本概念

农家书屋出版物推荐目录 是指由新闻出版行政部门发出通知,全国图书出版社选送图书种类,音像和电子出版社选送音像制品和电子出版物种类;由新闻出版行政部门组织专家、新闻出版行政部门工作人员、出版单位和发行企业代表、农家书屋管理员等人员对选送的出版物进行评审;最终确定图书种类、音像制品和电子出版物种类、少数民族文字出版物及港澳台地区出版物多少种类入选的目录,包括必配目录和选配目录。

农家书屋必备出版物目录 是指经过专家论证,国家确定的农家书屋必备的出版物目录。

农家书屋出版物选配 是指充分考虑基层情况,结合当地县、乡、村的自然条件、产业结构、人口状况等,选择符合当地农村生产、生活实际需要的出版物,以提高配送的针对性和适用性的制度。

民文出版译制能力建设 是指组织开展民文出版物出版译制,出版一大批原创优秀民文(含民汉双语)出版物,将一大批优秀汉文、外文出版物翻译成民文(含民汉双语)出版物的主观条件和效率。

国家古籍整理重点图书出版 是指由国家新闻出版广电总局按照国家的有关要求,做到既能顺应时代要求、体现国家意志,又能符合古籍整理的学术规律的重点图书出版的制度。

媒体农村版 是指面向农村发行,注重农村、农业、农民"三农"特色,为城乡人民群众提供政策法律、时事、健康、文化、娱乐、科技等全方位服务,涵盖"三农"和农村社会生活的各个层面,满足不同层次人民群众需求的专版、专栏等。

盲人读物出版 是指针对盲人所用凸出点痕的书籍、刊物、信函、文件等的专门出版。

新华书店连锁经营 是指在同一地区的书店之间，在一个核心书店的领导下，实行共同的经营方针、一致的营销行动，集中式采购和分散式销售相结合，从而通过企业形象的标准化、经营活动的专业化、管理方式的规范化、管理手段的现代化提高经营效率，实行规模效益的商业经营制度和商业组织形式（王庆著：《新华书店连锁经营管理》，四川人民出版社，2002年8月出版）。

国家通用语言文字 《国家通用语言文字法》指出：是指普通话和规范汉字。

版权 亦称著作权。是指文学、艺术、科学作品的作者对其作品享有的权利（包括财产权、人身权）。版权是知识产权的一种类型，它是由自然科学、社会科学以及文学、音乐、戏剧、绘画、雕塑、摄影和电影摄影等方面的作品组成。

云阅读服务 是指基于云平台，能够根据您的位置、时间、偏好等信息，实时地对您的阅读需求做出预期。

国民综合阅读率 是指一定年龄段的国民对各媒介的综合阅读率。

数字化阅读方式 包括网络在线阅读、手机阅读、电子阅读器阅读、光盘阅读、PDA/MP4/MP5阅读等。

出版社 ❶是指经国务院出版部门审核批准并履行登记注册手续的事业单位，实行企业化管理。❷是指从事书籍、报纸及刊物出版的企业。

新华书店 是中国国有图书发行企业，是国家官方的书店，也是官方刊物宣传与发售处之一，全国各地均有分店。截至2006年全国共有14000多个发售网点，各省会有购书中心或书城等。1939年9

月1日成立于延安,当时是中共中央领导下的图书出版、印刷、发行机构;1951年实行图书出版、印刷、发行分工专业化时,新华书店改为国家发行图书的专业机构,并建成遍布全国的图书发行网。

农家书屋　是指为满足农民文化需要,在行政村建立的、由农民自己或指定专人管理的、能提供农民实用的书报刊和音像电子产品阅读视听条件的公益性文化服务设施。

数字农家书屋　是指依托传统农家书屋,通过卫星、互联网等数字化传播手段,持续稳定为农村读者提供版权清晰、内容合法的数字出版物及信息服务的数字化系统。

全民健身体系　是指能够不断满足全体公民体育健身需求,改善全社会体育健身环境条件,为体育健身提供服务的相对稳定的社会系统,它由服务体系和保障体系两大部分构成。内容包括:体育健身场地设施、组织、活动、技术指导、信息,法规制度、资金投入、宣传、教育、科研等。

全民健身服务体系　是指由体育健身活动密切相关因素构成的相对稳定的社会系统,它为群众健身全面提供体育健身场地设施、组织支持、丰富多彩的活动、技术指导和信息服务。各子系统紧密联系、互为支撑,使服务体系各要素能够充分发挥效用。

全民健身公共服务体系　是指各级政府为保障人民群众基本体育权益,满足日益增长的体育服务需求,投资兴办的以公共体育场地设施、公益体育组织网络、群众性体育活动系统、公益社会体育指导员队伍、健身指导及信息服务系统为支撑和运作评估为基本框架的覆盖全社会的体育健身服务体系。它是社会公共服务体系的组成部分,是全民健身服务体系的主要组成部分。

五个亿万人群健身活动 是由国家体育总局联合有关部门,在全国范围内广泛组织开展以青少年儿童、职工、妇女、农民、老年人为主要实施对象的体育健身活动,简称"五个亿万人群健身活动",并定期举办健身活动交流展示大会。

终身体育 是指一个人终身进行身体锻炼和接受体育教育。终身体育的含义包括:坚持在整个人生学习与参加身体锻炼,使体育成为一生生活中始终不可缺少的重要内容;在终身体育思想的指导下,以体育的体系化、整体化为目标,为人在不同时期、不同生活领域中提供参加体育活动的机会。

社会体育指导员 劳动部正式颁布的《社会体育指导员国家职业标准》指出:是指在群众性体育健身活动中以各种指导方式为健身者提供科学健身宣传、体育技能传授、健身锻炼指导和组织管理服务并被确认相应资格的专门人员。社会体育指导员工作制度是我国一项重要的体育制度,分为公益和职业二类。社会体育指导员是发展我国体育事业,增进公民身心健康,提高生活质量,建设社会主义精神文明的一支重要力量。

广播体操 是指一种徒手操,不用器械,只要有限的场地就可以开展,通常跟随广播进行锻炼,也可以用口令指挥节奏的一项广为人知、练习者众多的体育运动。

工间操 它是以徒手体操动作为主,吸取了已颁布的八套广播体操的精华动作,融入艺术体操及现代健美操的基本舞步及造型,动作优美简捷,舒展大方,适合作为晨练及课间、工间健身项目在全社会进行普及、推广的体育健身运动。

群众性体育活动 是指遵循"因地制宜、业余自愿、小型多样、就地就近"的原则,组织开展形式多样、丰富多彩的全民健身主题活动。

一、基本概念

城市社区体育 是指主要在街道办事处或居民委员会的辖区内,以自然环境和体育设施为物质基础,以全体社区成员为主要对象,以满足社区成员的体育健身活动需求,增进社区成员的身心健康为主要目的,就地就近开展的区域性群众体育。

"小康体育"指标体系 为适应全面建设小康社会发展要求而建立的一套群众体育发展指标,即与小康社会各项社会经济发展指标相适应的群众体育发展指标。

体育人口 是指经常参加体育健身的人口。目前各国的统计指标不尽相同,我国目前采用的具体统计标准为:每周有目的、有规律地锻炼3次以上,每次锻炼时间为30分钟以上,每次锻炼达到中等运动强度。

体育锻炼标准制度 是指促进群众进行身体锻炼的体育制度,也是进行身体锻炼的内容体系和锻炼效果的评价指标体系,由学生、军队、警察、普通人群等以人群分类的锻炼标准和以项目分类的单项锻炼标准共同组成。

社会体育指导员国家职业标准 是指劳动和社会保障部制定的,对社会体育指导员职业的活动范围、工作内容、技能要求和知识水平等进行明确规定的法规性技术标准。通过劳动和社会保障部认定的考核鉴定机构,对社会体育指导员的专业知识和技能水平进行职业技能鉴定。

体育行业特有职业国家职业资格证书制度 按照国家职业标准,通过政府认定的考核鉴定机构,对体育行业劳动者的技能水平和从业资格进行评价和认证的制度。体育行业职业资格证书是反映劳动者具备从事体育行业某种职业所需要的专门知识和技能的证明。

体育设施 是指作为体育竞技、体育教学、体育娱乐和体育锻炼等活动的体育建筑、场地、室外设施以及体育器材等的总称。

体育场 ❶是指具有可供体育比赛和其他表演用的宽敞的室外场地，同时为大量观众提供座席的建筑物。❷城乡建设环境保护部、国家体委颁布的《城市公共体育运动设施用地定额指标暂行规定》指出：是指有400米跑道（中心含足球场），有固定道牙，跑道6条以下，并有固定看台的室外田径场地。体育场按看台容纳观众人数分为：甲级25000人以上，乙级15000～25000人，丙级5000～15000人，丁级5000人以下。

体育馆 ❶城乡建设环境保护部、国家体委颁布的《城市公共体育运动设施用地定额指标暂行规定》指出：是指有固定看台可供手球、篮球、排球、羽毛球、乒乓球、体操等项目训练比赛活动用的室内场地。❷是指配备有专门设备而能够进行球类、室内田径、冰上运动、体操（技巧）、武术、拳击、击剑、举重、摔跤、柔道等单项或多项室内竞技比赛和训练的体育建筑。主要由比赛和练习场地、看台和辅助用房及设施组成。体育馆根据比赛场地的功能可分为综合体育馆和专项体育馆；不设观众看台及相应用房的体育馆也可称训练房。❸是指室内进行体育比赛和体育锻炼的建筑。体育馆按使用性质，可分为比赛馆和练习馆两类；按体育项目，可分为篮球馆、冰球馆、田径馆等；按体育规模，可分为大、中、小型，一般按观众席位多少划分，我国现把观众席超过8000个的称为大型体育馆，少于3000个的称为小型体育馆，介于两者之间的称为中型体育馆。

全民健身设施 《厦门市规范全民健身设施建设与管理办法》第一条规定：包括健身路径、篮球场、排球场、羽毛球场、网球场、小型足球场、乒乓球桌、棋盘、登山健身道等。

全民健身广场 是指用于市民健身的室外较宽阔场地。

全民健身路径 是指各级体育行政部门利用体育彩票公益金,在社区、村、公园、绿地等地建设由室外健身器材组成、占地不多、经济实用、可免费使用的体育健身设施。

全民健身户外活动基地 是指由国家体育总局命名和资助建设,与公园、绿地、广场和山水等自然条件相结合,具有特色、规模较大、体育设施种类多样的户外运动场地。它包括具有特色的户外体育营地、大型体育公园、文体广场等。

全民健身活动中心 是指国家体育总局利用本级体育彩票公益金引导建设,以服务大众体育健身为主要任务,综合性、多功能、室内室外体育设施相结合、以室内体育设施为主的公共体育设施。

农民体育健身设施 是指国家体育总局利用本级体育彩票公益金,在老、少、边、穷等地区实施援建经济实用的公共体育场地设施。

室外综合健身场地 是指提供给武术、体育舞蹈、体操等项目,对场地规格无严格要求的室外体育活动场所。

露天灯光球场 是指在室外建设的能满足群众白天晚上参加文体活动的场所。

体育健身站(点) 是指小型分散,就地就近,布局合理,适用安全,方便群众,便于管理,活动时间相对固定,活动内容健康、科学的场所。规模较大的称活动站,规模较小的称活动点。

体质测定与运动健身指导站 简称"指导站"。❶是指依托全民健身活动中心和各类综合性体育中心,建立国家、省、市三级"体质测定与运动健身指导站"网络,采取政府向社会购买公共服务的方式,为群众进行体质测定、运动能力评定,提供运动健身指导的机构。❷是指具备符合国家体质监测标准的成套仪器,配备有专业资质的研究人员,按照《国民体质测定标准》对公民个体进行体质测量与评价,并根据结果进行运动健身科学指导的综合性工作站。

城市社区体育设施 是指为开展城市社区体育活动,在社区内规划建设的运动场地、场馆和配套建筑。

社区体育指导中心 是指建立在城市社区中,具有管理和培训社会体育知识、技能职能的基层群众体育管理组织。

社区体育俱乐部 亦称社区体育健身俱乐部。国家体育总局群体司发布的《社区体育健身俱乐部试点工作》指出:是指城市社区居民根据共同的目的和兴趣自愿组成的,以辖区内特定的体育场地设施为依托,经常开展体育活动,且隶属于街道办事处或社区居委会的公益性群众体育组织。

青少年体育俱乐部 是指利用已有的体育场馆、人才等社会体育资源建立起来的,以培养青少年体育兴趣、爱好和终身体育锻炼的习惯,增强青少年体质,并向其传授体育运动技能,发现和培养体育人才为主要任务的一种新型的具有社会主义公益性特征的青少年体育组织(肖林鹏等著:《我国青少年体育俱乐部管理体制及运行机制》,北京体育大学出版社,2009年2月出版)。

青少年校外体育活动中心 是指由各级政府资助建设,以满足城乡青少年便捷、安全参加体育健身需要为目的,以开展青少年喜闻乐见的体育活动为主要内容,按设计标准建设与管理,具有相应配套的服务设施并经过有关部门认定的公益性综合体育健身活动场所。

青少年户外体育营地 是指由政府倡导,由体育彩票公益金资助,依托江河湖海、山地森林、公园景区等自然资源,按照一定标准建设与管理,具有相应服务设施,以户外体育项目活动为主要内容,培养青少年热爱大自然、热爱体育活动良好品质的青少年户外体育活动场所。

国家数字体育互动平台 是一个宽带互动的综合性体育服务大平台。它以信息技术为纽带,集成相关系统、应用、资源等要素,承载众多应用系统,包括体育网站、体育竞赛管理、电子竞技、网上赛事视频转播,以及进行运动协会网上会员个性化服务等。

科学普及 简称科普,亦称大众科学或者普及科学。❶是指利用各种传媒以浅显的方式向普通大众普及科学技术知识、倡导科学方法、传播科学思想、弘扬科学精神的活动。❷《中共中央国务院关于加强科学技术普及工作的若干意见》指出:是普及科学知识,提高国民素质的关键措施,是社会主义物质文明和精神文明建设的重要内容,也是培养一代新人的必要措施。

科学文化素质 ❶是国民素质的重要组成部分。提高全民族的科学文化素质是我国实施科教兴国战略和可持续发展战略的一项重要的基础性工作。是人在处理与自然和社会的关系中应该具备的知识、精神要素(价值观念)和实践能力,它与思想道德素质、健康素质一起,构成民族的整体素质,它应当包括受教育程度、科学精神、科学水平、精神状态、文化修养、创新意识和创新能力等多方面的因素。❷是指人们在科学文化方面所具有的较为稳定的、内在的基本品质,其中在自然科学方面主要体现在物理、化学、天文、地理、生物学等知识教育之中,表明人们在这些知识及与之相适应的能力行为、情感等综合发展的质量、水平和个性特点。

科学文化修养 是指人们在科学知识、文史知识、艺术欣赏等方面自我教育、自我提高的过程。

科普员 《全国科普活动站、科普宣传栏、科普员标准和管理办法(试行)》第二条规定:是指根植在基层,直接为公众提供科学技术咨询服务的专兼职科普工作者及科普志愿者。

科技馆 亦称科学技术馆。❶是政府和社会开展科学技术普及工作、为全体社会成员提供公共科普服务的公益性展览教育机构,是实施科教兴国战略、人才强国战略和可持续发展战略的基础性设施。科技馆的任务是,通过组织实施科普展览及相关的社会化活动,传播科学精神、思想、方法和知识,激发公众对科学技术的兴趣,满足公众亲身体验和主动学习科学技术的需要,增强公众的探索和创新能力,促进公众科学文化素质的提高和人的全面发展。科技馆的建设应充分体现社会公共利益,适应科技馆工作任务的需要。❷是综合性的科学普及场所,其主要功能是展览教育、培训教育、实验教育。❸是指以展览教育为主要功能的公益性科普教育机构。主要工作任务是,通过常设和短期展览,反映科学原理及技术应用,以参与、体验、互动性的展品及辅助性展示手段,以激发科学兴趣、启迪科学观念为目的,对公众进行科普教育;也可举办其他科普教育、科技传播和科学文化交流活动。

综合性科技馆 是指收藏和展示多个学科领域内容的科技馆。目前国内建成的科技馆大多为综合性科技馆,如中国科技馆、天津科技馆、黑龙江科技馆等。

专业性科技馆 是指以某一学科领域为主要收藏展示内容的科技馆。如青岛海洋科技馆、青岛海尔科技馆等。

科普教育基地 简称科普基地。❶《云南省科普教育基地认定管理办法》第二条规定:是指具有开展科学技术普及教育功能,面向公众开放的科技、教育、文化、旅游等场所。《云南省科普教育基地认定管理办法》第三条规定下列场所可以申报"科普教育基地"：科技馆、博物馆、图书馆、文化馆、植物园、天文馆(站、台)、气象台(站)、地震台(站)、青少年科技活动中心等；科研机构、高等院校、企业及其他组织有条件向公众开放的标本陈列馆、实验室、生产现场、大型工程技术设施场所等；农业科技园区、科技种植养殖示范基地等；具有科普资源的游览场所，如动物园、自然保护区、旅游景点、人文景观等。❷是指利用已有的科技活动资源，在一定程度上向公众开放的场所，也是科普设施的重要组成部分。

科普活动站 中国科协科学技术普及部印发的《全国科普活动站、科普宣传栏、科普员标准和管理办法(试行)》第二条规定：是指依托基层科技、教育、文化、生产经营和服务等场所，面向社会和公众开放的，具有特定的科学技术教育、传播、普及和服务功能的基层科普设施。

科普活动室 释义同"科普活动站"。

科普宣传栏 中国科协科学技术普及部印发的《全国科普活动站、科普宣传栏、科普员标准和管理办法(试行)》第二条规定：是指建设在城乡社区，直接面向公众传播科学技术信息的具有展示宣传功能的固定基层科普设施。

科普画廊 亦称科普橱窗。是指通过挂图、展板等进行静态展示宣传的固定基层科普设施。

电子科普画廊 是指通过电子显示屏以动态画面形式进行展示宣传的固定基层科普设施。

社区科普大学 是指为社区居民开展科普知识培训的学校，旨在把其培育为市民科普教育的终身学校。

科普大篷车 亦称流动科学技术馆。是中国科学技术协会根据中国科普工作发展要求而研制生产的一种特殊车辆。旨在面向偏远地区开展科学技术普及宣传、科学技术咨询，举办科普展览。科普大篷车具有车载科学技术普及展品展示教育、展板宣传教育、科学技术影视片播放教育、赠送科学技术普及资料书籍、流动科学技术普及宣传舞台等五项功能。

科学商店 是一种依托大学、根植社区，进行科学研究与普及的公益性组织。科学商店能为居民提供免费或者超低价的咨询、服务，解答居民提出的科学问题，致力于为社区居民提供优质的科普服务。

壁挂科技馆 是指将科学仪器、科普知识的演示挂在墙上，既方便体验操作，又让人感觉新鲜的科技馆。

数字科技馆 是指建设的基于互联网传播的公益性科普服务平台。数字科技馆以激发公众科学兴趣、提高公众科学素质为己任，旨在面向全体公众，特别是青少年群体，搭建一个网络科普园地。在数字科技馆平台上，公众能够增长科学知识，体验科学过程，激发创意灵感，了解科技动态，分享丰富的科普资源。

职工文化 是社会主义文化在一个单位中的具体反映，是文化建设的重要组成部分，是一个单位精神内涵的具体体现，是一个单位发展的助推器。职工文化建设的目的是构建核心发展理念。职工文化建设水平的高低决定一个单位的未来发展趋势。职工文化的主要内容包括：职工的精神追求、职工道德风尚、职工文化素质、职工文化阵地建设、职工文化体育活动等方面。精神追求，是指单位员工所具有的共同内心态度、思想境界和理想追求，它表达着一个单位的精神风貌和风气。职工道德风尚是道德的一部分，但它又区别于广义上的社会道德，职工作为社会的成员同时又是所属行业的成员，既要有社会道德，也要有行业从业道德。职工文化素质,是职工文化科学知识程度、技术水平和掌握新技术的能力等方面的总和,它并不是单纯地指职工的文化知识水平,还包括职工的学习能力、创新能力等。职工文化阵地建设,是指要搭建职工文化活动的各类载体和平台。职工文化体育活动,是指开展丰富多彩、适合职工需要和单位特色的文化活动,也是一个单位职工文化建设最具代表性的缩影。

企业文化 狭义上讲,是指企业所形成的具有自身个性的经营宗旨、价值观和道德行为准则的总和。广义上讲,是指企业所创造的具有自身特点的物质文化和精神文化。企业文化的主要特点包括:社会性、民族性、人本性、个性化(个导性)、自觉性(非强制性)、系统性、统筹性(融合性)、创新性。

工人文化宫 亦称工人宫或工人文化活动中心。❶《中华全国总工会关于推进地方工人文化宫俱乐部改革与发展的意见》指出:是工会所属的社团所有制并实行定额补贴的公益性文化事业单位,是群众文化的重要组成部分,在发展社会主义先进文化中起着重要作用,在工会文化事业中占有举足轻重的地位。❷是指工会组织为职工举办的文化福利事业单位,是向广大职工及其家属进行社会主义、共产主义教育,普及科学文化与技术知识的学校和活跃职工文化娱乐生活的场所(常泊主编:《中国群众文化辞典》,湖南文艺出版社,1992年9月出版)。

工人俱乐部 ❶释义同工人文化宫❶。❷是欧美社交团体及公共娱乐场所的统称。工人俱乐部一般有两种类型:一种是产业系统建立的工会俱乐部,它们的服务对象主要是所在地区本产业系统的职工群众及其家属;二种是厂矿、企业举办的俱乐部,它们是为本厂矿、企业的全体职工及其家属服务的(常泊主编:《中国群众文化辞典》,湖南文艺出版社,1992年9月出版)。

职工之家 是指单位职工活动娱乐的地方。一般设置有图书角、棋牌游戏、台球、乒乓球等健身设备,并组织职工开展文艺活动、职工风采展览等业余文化娱乐活动。

职工学校 是工会所属的公益性事业单位,承担在职干部及职工的培训、学习、继续教育的任务。

职工书屋 是中华全国总工会为保障广大职工特别是一线职工、农民工的基本文化权益,丰富基层职工精神文化生活,在全国工会开展的一项重要文化工程,主要建立在工人集中的企业、工业园区、重点建设项目工地。

未成年人教育活动 主要是指利用寒暑假、双休日,组织未成年人开展文艺演出、体育比赛、科技制作、公益服务等活动,并普遍建立多种形式的工作平台(如:少年之家、儿童俱乐部等),以解决学校放学后、家长下班前,以及节假日未成年人的失管失教问题。

青少年文化 是文化建设的重要组成部分,旨在培养青少年爱国情操,弘扬中华传统文化。主要内容包括:不定期组织青少年文化学习、创作、交流、研讨,提高各方面的素质,弘扬中华传统文化;鼓励和帮助青少年深入生活,扩大视野,到社会实践中汲取营养;不定期举行各项活动,开展全国性的文化大赛(包括文学、音乐、绘画、历史、天文、地理、医学、书法、棋艺、国学领域科目)等。

青少年宫 ❶共青团中央发布的《青少年宫管理工作条例》(1999 年颁布)第二条至六条规定:青少年宫(包括青年宫、青少年宫、少年宫、青少年活动中心),是指由政府批准建立,各级共青团组织管辖或参与管理的青少年社会文化教育事业单位。是共青团组织联系和团结广大青少年的纽带,是向青少年进行社会主义教育的课堂,是广大青少年学习科技文化知识、开展文体娱乐活动的场所。青少年宫的基本任务是,运用各种艺术手段,寓教于乐,在培养青少年兴趣爱好的同时,进行爱国主义、集体主义、社会主义宣传教育,树立正确的世界观、人生观、价值观;为适应青少年发展和青少年成长成才的需要,大力开展新知识、新技能的普及工作,努力把青少年宫建成培养人才的摇篮;通过组织丰富多彩的文体科技活动,举办各种类型培训班普及文艺、体育、科技知识,通过组织开展具有导向性、示范性的大型文体科技活动,引导青少年文化的健康发展;积极帮助青少年掌握必要的生活知识,进行劳动就业指导;加强宫际交流,取长补短,相互促进,按照有关规定,努力开展国际文化交流活动,增进各国和地区间青少年的了解和友谊。❷是青少年的校外教育机构之一。青少年宫的工作对象,是广大的中学、小学和校外青少年。青少年宫面向广大青少年,其工作内容一般包括思想教育工作,群众文化工作,科学技术工作,艺术教育工作,体育工作等(常泊主编:《中国群众文化辞典》,湖南文艺出版社,1992年9月出版)。❸是集青少年思想教育、文化学习、培训、娱乐为一体,是以社会效益、人才效益为主导,以培养和造就大批优秀合格人才为目标的综合性校外阵地。

微型青少年宫　是指依托现有设施和场地,在课余时间和节假日组织开展普及型课外活动的公益性场所。

乡村学校少年宫　是指依托乡镇中心学校,借助学校已有场地和设施,配备必要器材设备,利用学校现有管理体制和师资队伍,为全面提升农村未成年人综合素质,为农村中小学生提供增长才艺、丰富知识的场所。

流动青少年宫　是青少年宫的一种服务延伸和途径,旨在突出校外教育公益性优势,进一步丰富青少年儿童的文化活动。

青少年之家 是指基层广大青少年的活动场所,也是基层社会主义精神文明的阵地。它一般以基层团支部为建家单位(常泊主编:《中国群众文化辞典》,湖南文艺出版社,1992年9月出版)。

青少年科技站 亦称青少年科学技术指导站。是指专门性的校外青少年教育机构。它的任务是,开展适合于青少年的科学技术活动,启发他们对科学技术的兴趣、爱好和创造精神,并指导他们从实践中获得有关科学技术方面的知识(常泊主编:《中国群众文化辞典》,湖南文艺出版社,1992年9月出版)。

青少年科学工作室 是指具有相关设施、器材和工具,以"动手做"和"做中学"为主要活动形式,以传播科学方法为主要特色的校外青少年科学活动场所。

青少年教育基地 是指依托现有的纪念地、纪念场所、纪念设施、重点工程、项目基地、教育场馆、活动场所,对青少年进行爱国主义、集体主义、社会主义教育,帮助青少年树立正确的世界观、人生观、价值观的重要场所。全国青少年教育基地主要有:中国共产党党史和在中国共产党领导下的中国革命史、新中国建设史、共青团历史上具有重要地位的纪念地、纪念场所、纪念设施等;体现以爱国主义为核心的民族精神,在中国近现代史上对民族进步具有重要影响,以及反映中华民族悠久灿烂的历史文化的纪念地、纪念场所;体现以改革创新为核心的时代精神,反映改革开放和社会主义现代化建设成就,在经济社会发展中具有重要作用的重点工程、项目基地;具有鲜明时代特点,贴近实际、贴近生活、贴近群众,对促进青少年全面发展具有积极作用的教育场馆、活动场所(《全国青少年教育基地简介·全国青少年教育基地》)。

青少年校外教育基地 是指依托博物馆、图书馆、纪念馆、植物园、青年宫、少年宫、青少年学生活动中心、儿童活动中心、科技馆等青少年校外活动场所，与学校教育相互联系、相互补充、促进青少年全面发展的实践课堂，是服务、凝聚、教育广大未成年人的活动平台。

未成年人校外活动场所 是由各级政府投资建设的专门为未成年人提供公共服务的青少年宫、少年宫、青少年学生活动中心、儿童活动中心、科技馆等场所。

少年儿童活动中心 是社会文化事业机构，由社会各部门联合举办的供少年儿童活动的文化设施。

数字青少年宫 是指依托互联网丰富的信息资源在网上建设"数字青少年宫"，将原先青少年宫的各种活动虚拟到网络空间，通过信息化手段开展第二课堂活动，以青少年喜闻乐见的方式，寓教于乐、寓教于趣。数字青少年宫是青少年网上活动的数字平台、课余数字生活的绿色空间（《福州数字青少年宫让孩子享受"绿色关爱"》，人民日报，2011年4月11日）。

家庭文化 亦称家庭人口文化。是指家庭及家庭成员的物质文化和精神文化的总和。具体是指一个家庭在世代承续过程中形成和发展起来的，较为稳定的生活方式、生活作风、传统习惯、家庭道德规范以及为人处世之道等。家庭人口文化是建立在家庭物质生活基础上的成员之间在精神生活和伦理生活的文化体现，既包括一家人的衣、食、住、行等物质生活所体现的文化色彩，也包括文化生活、婚姻爱情、伦理道德、生殖健康等所体现的精神情操和生活需求。家庭文化的内容包括：精神风貌、人际关系、言行举止、陈设布置、身心健康常识。

妇女儿童活动中心 是公共文化设施，是妇女工作的重要组成部分，是妇女系统的活动阵地和实体，旨在为妇女儿童服务（郭象著：《对妇联系统妇女儿童活动中心发展的思考》,中国妇运,2011年6月"六一专版")。

妇女之家 是指妇女活动娱乐的地方,是妇联组织联系服务妇女的有效载体。妇女之家针对社区居民需求,一般开展有"四点钟学校"、关爱空巢老人的"托老所"和文明创建关爱活动。

家长学校 是指对0～18岁儿童的家长(父母或其他监护人)及准家长传授家庭教育知识与方法,提高家长素质的业余学校。

新家庭文化室 亦称新家庭文化屋。是人口计生系统在人口学校、人口文化大院等公共场所为广大村(居)民群众提供图书、报刊、音像制品等宣传品的文化阵地。"新家庭文化屋"是人口计生系统积极为农村和基层群众提供人口文化公共服务的重要举措,有利于改善农村和社区文化环境,活跃和丰富村(居)民文化生活,推动群众学习科学文化知识,提高人民群众素质和社会文明程度,促进经济社会协调发展。

网上家长学校 是指依托互联网在网上开办的为中小学、幼儿园学生、家长提供的一个学习家庭教育知识的网上交流互动平台,同时也是为家庭教育专家及家庭教育研究人员提供的一个向家长传授家庭教育知识、方法及经验的平台,旨在推动构建学校、家庭、社会"三结合"的教育网络。

二、公共服务

全国万里边疆文化长廊建设

是以边疆人文地理为前提,以主要交通线穿越的县(市、区、旗)、乡(镇)、村、户为基础,以文化活动中心为基点,点动成线,线连成片,形成一条文化设施有较大密度的网络,各具民族文化特色,基本满足人民群众文化生活需要,适应改革开放和经济发展需要的"廊"形文化地带。整个工程建设范围是沿边和沿海的 18 个省、自治区、直辖市的 91 个地(市、州、盟)中有边境线和海岸线(含岛屿)的 286 个县(市、区、旗)、7300 个乡(镇)、393 个开放口岸及农场、林场、公路管理所、道班、边防海防团、连、站的军营、哨所等,从陆路沿边到沿海地区,形成一条长达 3.9 万公里的环形文化长廊。为了给边疆地区的改革开放和经济发展创造一个良好的文化环境,文化部在总结广西"边境文化长廊"建设经验的基础上,于 1992 年提出建设"万里边境文化长廊"的构想,首先在内陆边疆地区的 9 个省区实施,取得一定的实效和经验后,1994 年又将这一工程由内陆边疆地区拓展到沿海地区,并更名为"万里边疆文化长廊"。同一年,由中宣部、文化部、中央外宣办、国家计委等 18 个单位发出《关于共建万里边疆文化长廊的意见》,成立了共建领导小组,制定了《全国万里边疆文化长廊建设总体规划》。此工程由文化部发起,中宣部、中央外宣办、国家计委、教育部、国家民委、公安部、财政部、交通部、农业部、总政、海关总署、广电总局、体育总局、国家林业局、国家海洋局、国家文物局、全国总工会、团中央、全国妇联等 20 个部委和人民团体共同建设。建设内容涵盖文化设施、开展文化活动、培训文化人才、加强文化市场管理等诸多方面。

全国文化卫生科技"三下乡"

20 世纪 80 年代初,团中央首次号召全国大学生在暑期开展"三下乡"社会实践活动。1996 年 12 月,中央宣传部、国家科委、农业部、文化部等十部委联合下发《关于开展文化科技卫生"三下乡"活动的通知》。1997年,"三下乡"活动在全国正式开展。每年开展一次。每年确定一个主题。现已发展为由中央宣传部、中央文明办、教育部、科技部、司法部、农业部、文化部、卫生部、人口计生委、广电总局、新闻出版总署、共青团中央、全国妇联和中国科协主办。旨在促进农村文化建设,改善农村社会风气,密切党群、干群关系,大力推进农村精神文明建设,满足广大农民的精神文化生活需求。文化下乡包括:图书、报刊下乡,送戏下乡,电影、电视下乡,开展群众性文化活动;科技下乡包括:科技人员下乡,科技信息下乡,开展科普活动;卫生下乡包括:医务人员下乡,扶持乡村卫生组织,培训农村卫生人员,参与和推动当地合作医疗事业发展。

全国县级"两馆"建设及修缮工程 县级"两馆"修缮工程是指文化馆和图书馆修缮工程。"十五"期间,国家实施县级"两馆"建设规划,中央财政安排4.8亿元,补助全国1086个县级公共图书馆和文化馆建设项目。"十一五"期间,为解决县级图书馆、文化馆设施设备落后等问题,中央财政在2009年至2012年,对截至2008年底面积未达800平方米的县级图书馆、面积未达1500平方米的县级文化馆进行维修改造资金补助,使其更好地为基层群众提供文化服务。

社区老年福利服务星光计划 2001年5月民政部决定在全国启动"社区老年福利服务星光计划"。旨在加快老龄事业的发展,促进社区建设,推动社会福利社会化进程。计划在2~3年,从中央到地方,通过发行福利彩票筹集的福利金,绝大部分(约40亿~50亿元)用于资助城市社区的老年人福利服务设施、活动场所和农村乡镇敬老院的建设。总体要求是,以满足社区老年人的需求为出发点,以福利金的资助为手段,充分依靠区、县政府的组织领导,广泛动员社会参与,大力挖掘社区资源,建立和完善社区老年福利服务网络,

二、公共服务

为居家养老提供支持,为社区照料提供载体,为老年人活动提供场所。在城市,以社区居委会为重点,新建和改扩建一大批社区老年人福利服务设施和活动场所,逐步形成社区居委会有站点、街道有服务中心的社区老年人福利服务设施网络。在农村,以乡镇敬老院为重点,新建和改扩建一批乡镇老年人福利服务设施和活动场地,逐步形成县(市)有中心、乡镇有敬老院的老年人福利服务设施网络。"星光计划"项目实施的原则:方便适用;小型多样;功能配套。实施办法:统筹规划,突出重点;典型引路,以点带面;明确责任,狠抓落实;落实资金,保证投入。

全国科教文体法律卫生"四进社区" 创办于2002年4月。由中央文明办、中央综治办、文化部、卫生部、司法部、国家体育总局、中国科协、共青团中央、全国妇联等九部门联合开展,旨在加强思想教育,普及科学知识,丰富文体生活,开展普法宣传,维护治安秩序,健全卫生网点,完善社区服务。

百县千乡宣传文化工程 从1998年开始,根据党的十四届六中全会精神,由中宣部、中央文明办和文化部联合组织启动实施了"百县千乡宣传文化工程"建设。该工程实施范围为中西部21个省、市、自治区的500多个国家级贫困县和新疆生产建设兵团。主要是采取定点资助的办法,在500个国定贫困县中建设1000多个乡镇宣传文化站和100个以上的县级"宣传文化中心",简称"百县千乡宣传文化工程"。实行中央和地方各出资50%的办法,由各省(区、市)文明办牵头,会同当地宣传部、文化厅共同实施。乡镇宣传文化站建筑面积不得低于200～300平方米,县级"宣传文化中心"建筑面积不得低于2000平方米。设有图书室、多功能教室、展览室、文化活动室等,并配有必要设备和专人管理;能够正常开展图书借阅、教育培训、科技推广和文化娱乐活动。"百县千乡宣传文化工程"得到了中西部地区和贫困地区广大群众的拥护。

"百县千乡宣传文化工程"志愿服务活动 由中宣部、中央文明办、文化部和共青团中央于2003年8月共同组织实施。按照公开招募、自愿报名、组织选拔、集中培训、统一派遣的方式,自2003年起,每年在全国普通高校应届毕业生和东、中部的大中城市中,招募一批大学专科以上学历,品学兼优、具有奉献精神和宣传文化特长的志愿者,到"百县千乡宣传文化工程"定点资助的中西部乡镇宣传文化站和县级宣传文化中心从事为期1年的志愿服务。志愿者在服务期间的主要工作任务是:围绕当地党政工作大局,开展政策宣传教育活动;结合实际,开展多种形式的农村精神文明创建活动和科技知识普及宣传活动;管好、用好现有宣传文化设施,开展丰富多彩的文化体育活动;加强农村文化网络建设;配合、协助农村基层团组织做好青年中心的建设和管理工作。

国家流动文化服务车工程 包括:流动舞台车和流动图书车工程。流动舞台车工程是文化部、财政部于2005年启动实施的一项创新工程,旨在进一步加强基层文化建设,实现文化服务"三贴近",解决基层群众看戏难以及文艺表演团体下乡演出难、转点难、搭台难的问题。2013年文化部、财政部启动了全国国贫县流动图书车工程。

中国少儿歌曲推广计划 为了给青少年创造健康成长的环境,在国务院领导的关心指导下,2005年文化部、财政部、教育部、国家广播电影电视总局、共青团中央、中国音乐家协会、北京市人民政府共同启动中国少儿歌曲创作推广计划。指导思想是,开展中国少儿歌曲创作推广工作,要以《中共中央国务院关于进一步加强和改进未成年人思想道德建设的若干意见》为指针;坚持贴近实际,贴近未成年人;坚持政府推动与社会参与相结合、专家委约与社会征集相结合、社会资源与学校资源相结合、成人演唱与少年儿童自创自唱相结合等方式;争取在五年内,建立起少儿歌曲创作、普及的长效机制。项目内容是,创作和征集作品;建立和培训少儿歌曲创作队伍;多形式广泛开展推广普及活动。由文化部等七部门共同组成中国少儿歌曲创作推广计划领导小组。2005年推出第一批推荐新创少儿歌曲(10首),2008年推出第二批推荐新创少儿歌曲(20首),2012年推出第三批优秀少儿歌曲(30首)。

文化遗产保护工作 文化遗产包括物质文化遗产和非物质文化遗产。2005年国务院下发《关于加强文化遗产保护的通知》。总体目标是,通过采取有效措施,文化遗产保护得到全面加强。到2010年,初步建立比较完备的文化遗产保护制度,文化遗产保护状况得到明显改善。到2015年,基本形成较为完善的文化遗产保护体系,具有历史、文化和科学价值的文化遗产得到全面有效保护;保护文化遗产深入人心,成为全社会的自觉行动。

西部文化建设志愿服务活动
2006年6月1日,中央文明办、团中央联合下发《关于实施农村文化建设志愿服务行动的通知》。2010年9月由中央文明办、共青团中央、文化部、教育部正式启动实施西部文化建设志愿服务活动,并开展试点工作。当年即向内蒙古、四川部分乡镇文化站选派100名左右志愿者服务1年,从事基层文化建设、宣传教育和组织建设等工作。旨在进一步贯彻落实《中宣部等六部委关于加强地方县级和城乡基层宣传文化队伍建设的若干意见》和中央领导同志的重要批示精神,在总结2003—2005年中央文明办、共青团中央联合开展的"百县千乡宣传文化工程"志愿服务行动等工作经验的基础上,引导高校毕业生投身农村基层宣传文化工作。该项试点工作参照大学生志愿服务西部计划的有关做法，按照公开招募、自愿报名、组织选拔、统一派遣的方式，在内蒙古、四川普通高等学校中选拔 100 名左右应届高校毕业生，到内蒙古自治区五原县、东胜区、武川县、达茂旗、土默特右旗和四川省康定县、射洪县、米易县、北川县、绵竹 10 个县（旗）的 100 个左右乡镇文化站开展西部文化建设志愿服务试点工作。志愿者服务期间，参照大学生志愿服务西部计划志愿者生活补贴和交通补贴标准享受有关待遇和鼓励政策。2011 年该项活动逐步向西部省区扩展。

"十一五"全国乡镇综合文化站建设 国家发改委、文化部于 2006 年启动实施。总体目标是，通过加大投入，改善乡镇文化机构的基础设施和装备条件，改革管理体制和运行机制，加强管理，提高工作队伍素质等措施，到 2010 年，全国所有农村乡镇建立具备综合服务功能的文化站、具有较高专业素质的文化站工作队伍、合理有效的农村乡镇文化管理体制，乡镇公共文化服务能力有显著改善；乡镇综合文化站成为当地农村思想道德教育的重要阵地、丰富农民群众精神文化生活的重要场所和传播科学文化知识的重要课堂，成为农村乡镇社会事业发展的平台。根据乡镇综合文化站性质、功能和工作任务，综合考虑全国乡镇的经济发展状况、覆盖人口数以及文化站主要功能等因素，新建和改扩建文化站项目建设规模应不低于 300 平方米，并以此作为确定中央补助投资的依据。规划建设乡镇综合文化站 24184 个，中央补助资金 394543 万元，建设资金不足部分由地方负责解决。

乡镇综合文化站设备购置 财政部、文化部于 2008 年实施。设备配置标准为每个乡镇综合文化站 10 万元，中央财政对中西部地区给予补助。设备主要配置给国家发展改革委"十一五"安排的投资计划和各省市自行安排建设的乡镇综合文化站。

城市社区文化中心（文化活动室）设备购置 财政部、文化部于2009年实施。主要对中西部地区已建成且具有一定规模、配有专人管理、常年开展文化活动的城市社区文化中心（文化活动室）开展业务活动所需设备购置经费予以定额补助；对东部地区在社区文化中心（文化活动室）建设工作中取得突出成绩的省份予以奖励。中西部地区专项资金定额补助：社区文化中心12万元，其中：文化信息资源共享工程设备购置5万元，基本业务设备购置7万元。社区文化活动室5万元，其中：文化信息资源共享工程设备购置2.5万元，基本业务设备购置2.5万元。东部地区奖励资金具体数额根据每年工作情况和资金总量确定。

"大地情深"系列文化活动品牌
主要包括2010年1月文化部、中国文联在北京举办的"大地情深"——全国城乡基层群众小戏小品展演活动；2010年"大地情深"——全国第十五届"群星奖"决赛；2012年8月"大地情深"——国家公共文化示范区创建城市群众文化进京展演；2013年"大地情深"——国家艺术院团志愿服务走基层；2013年"大地情深"——全国第十六届"群星奖"决赛；2014年3月"大地情深"——群星奖获奖作品全国巡演。

"中华民族一家亲"文化下基层活动 为了更好地服务于少数民族和民族地区，国家民委于2010年启动"中华民族一家亲"文化下基层活动。旨在通过送戏、送书、送医等活动，加强各民族之间的了解和交流，增进对各民族文化的认同和理解，不断从民族地区挖掘素材，汲取营养，引导和创作出更多更好的精神文体产品，大力促进少数民族文化事业的繁荣发展。2010年至2012年，国家民委已经陆续走进四川、广西、贵州、云南、宁夏、甘肃等民族地区，丰富了当地各族群众的精神文化生活，为他们排忧解难,受到了各族群众的欢迎和好评。2013年4月,国家民委到海南和重庆的民族地区开展2013"中华民族一家亲"文化下基层活动,为当地各族群众送去精神食粮和医疗服务。

全国残疾人文化建设示范市(区)创建 2012年6月中国残联启动全国残疾人文化建设示范市(区)创建,并决定在2013年底前,按照"创建标准",完成30个示范市(区)的创建。旨在以示范市(区)为引领,采取切实措施,为残疾人提供基本均等的文化服务。

百家图书馆文化助残公益行动 中国残联与文化部于2014年共同开展实施。旨在充分发挥图书馆公共文化服务体系作用,保障残疾人的基本文化权益,支持残疾人走出家门开展读书活动。主要内容包括:各级图书馆要设立盲人阅览室或残疾人专门窗口;开展扶残助残志愿服务和文化帮扶活动;举办残疾人专场讲座;倡导有条件的图书馆为残疾读者提供送书上门服务;依托数字图书馆推广工程形成覆盖城乡的残疾人数字文化服务网络;各级图书馆要进一步加强对本馆公共设施的无障碍改造。

春雨工程——全国文化志愿者边疆行 文化部于2010年8月正式启动,2012年后由文化部、中央文明办主办,各省(区、市)文化厅(局)、文明办等单位承办,每年组织一次,采取项目化方式运行。主要依托内地对边疆民族地区对口支援工作开展文化志愿者边疆行活动。根据边疆民族地区群众文化需求,结合援藏、援疆和其他对口支援工作,整合内地文化资源,采取双向互动方式,开展"春雨工程"——全国文化志愿者边疆行活动,为边疆民族地区群众提供文化志愿服务,促进内地与边疆文化交流,推动边疆民族地区基层文化繁荣发展。开展"大讲堂"培训,组织内地文化志愿者开展业务培训、文化策划、文艺辅导等,进一步提高边疆民族地区基层文化队伍业务素质。开展"大舞台"演出,组织内地文化志愿者开展内容精练、形式灵活的中小型文艺表演,活跃基层群众文化生活。开展"大展台"展览,采取实体与数字、固定与流动相结合的方式,组织文化志愿者在边疆民族地区开展文化展览和艺术采风,促进各族群众更好地了解文化知识,开阔眼界。

全国"三馆一站"免费开放
"三馆一站"是指政府举办的、文化部门归口管理的各级美术馆、公共图书馆、文化馆(站)。"三馆一站"免费开放由文化部、财政部共同实施。并规定在2011年年底之前国家级、省级美术馆全部向公众免费开放;在2012年年底之前各级美术馆全部向公众免费开放。到2011年底,全国所有公共图书馆、文化馆(站)实现无障碍、零门槛进入,公共空间设施场地全部免费开放,所提供的基本服务项目全部免费;到2012年底,全国所有一级馆、省级馆、省会城市馆、东部地区馆(站)免费提供的基本公共文化服务质量和水平不断提升,形成2个以上服务品牌。其他图书馆、文化馆(站)实现基本公共文化服务项目健全,并免费提供。截至2013年6月,全国各级文化行政部门归口管理的美术馆、公共图书馆、文化馆(站)4.6万多所全部向公众免费开放,所提供的基本服务项目全部免费。

国家公共文化服务体系示范区建设 是指结合当地实际,坚持公益性、基本性、均等性、便利性,在满足群众基本文化需求的基础上,积极探索如何形成网络健全、结构合理、发展均衡、运行有效、惠及全民的公共文化服务体系,进一步推动公共文化服务广覆盖、高效能,为构建基本完善的公共文化服务体系提供实践示范和制度建设经验。由文化部和财政部联合实施。自2011年开始,每两年为一个周期;计划开展三批示范区的创建。验收本轮示范区创建时,对上一轮获得创建称号的示范区进行复查,实行动态管理。

国家公共文化服务体系示范项目建设 是指就公共文化服务体系的某一个方面、某一构成要素进行探索，为完善公共文化服务体系的构成要素、组成方面提供实践示范和制度建设经验。国家公共文化服务体系示范项目创建标准，是指在形成较为完善的公共文化服务网络、投入稳定、设施完备、队伍健全、活动丰富、服务效果显著、具有较好工作的基础上，还应具备创新性、导向性、带动性、科学性的创建标准。由文化部和财政部联合实施。自2011年开始，每两年为一个周期；计划开展三批示范项目的创建。验收本轮示范项目创建时，对上一轮获得创建称号的示范项目进行复查，实行动态管理。

中央补助地方农村文化建设 为了贯彻落实党的十七届六中全会精神，进一步支持农村文化事业发展，中央财政设立农村文化建设专项资金。专项资金由中央财政设立，用于支持农村公共文化事业发展，保障基层农村群众基本文化权益。专项资金管理和使用坚持中央补助、分级负责、合理安排、专款专用的原则。专项资金实行定额补助和因素分配相结合的分配方法。专项资金包括补助资金和奖励资金，其中：补助资金主要用于补助行政村文化设施维护和开展文化体育活动等支出，包括：全国文化信息资源共享工程村级基层服务点运行维护和开展宣传培训等支出；农家书屋出版物补充及更新支出；农村电影公益放映场次补贴支出；行政村组织开展各类文化体育活动支出。奖励资金主要用于鼓励地方开展农村特色文化体育活动、加强农村基层文化体育人才队伍建设、丰富农民群众文化体育生活等。中央财政对东部地区、中部地区、西部地区分别按照基本补助标准的20%、50%、80%安排补助资金，其余部分由地方统筹安排。奖励资金实行因素分配法，根据各省区域内农村基本情况、财政文化投入水平、农村文化体育活动开展情况等因素进行分配。

全国地市级公共文化设施建设

由国家发展改革委、文化部和国家文物局于2012年启动实施。地市级公共文化设施是指政府举办的地市级公共图书馆、文化馆、博物馆。经地方申报，国家发展改革委员会会同文化部、国家文物局审核后，共筛选符合申报条件的532个项目纳入项目储备库，其中，公共图书馆189个、文化馆221个、博物馆122个。申报总建设规模约为450万平方米，总投资约200亿元。在投资安排上，地市级三馆建设的责任主体是当地人民政府，中央视各地财力予以适当补助。中央安排专项投资，重点补助新建项目和中西部欠发达地区、少数民族地区建设项目。对西藏自治区、四省藏区和南疆三地州（含新疆生产建设兵团农二师、农十四师）项目，按核定总投资由中央全额投资。截至2013年6月，已开工建设156个、启动前期准备工作153个、未开工建设223个。

全国基层文化志愿服务活动

文化部、中央文明办2012年9月联合启动实施。旨在认真贯彻落实党的十七届六中全会精神，推动城乡基层文化繁荣发展，丰富人民群众精神文化生活，更好地保障人民群众基本文化权益。开展的主要内容：依托公益性文化设施开展基层文化志愿服务活动；依托重点文化惠民工程开展基层文化志愿服务活动；依托重要节日、纪念日开展基层文化志愿服务活动；依托内地对边疆民族地区对口支援工作开展文化志愿者边疆行活动。将2013年确定为"文化志愿者基层服务年"，由2项示范性活动和8个主题系列活动组成。其中，文化部、中央文明办指导实施的2项示范活动是"大地情深"——国家艺术院团（馆）志愿服务走基层活动和"春雨工程"——全国文化志愿者边疆行活动；各省（区、市）文化厅（局）、文明办围绕8个主题开展活动，包括"传递书香见证成长"公共图书馆志愿服务活动，"精彩生活幸福使者"文化馆（站）

志愿服务活动,"共享历史感受快乐"博物馆志愿服务活动,"感受艺术美丽心灵"美术馆志愿服务活动,"文化惠民为您服务"文化惠民工程志愿服务活动,"文化暖心点亮生活"关爱特殊群体文化志愿服务活动,"欢乐节日·爱我中华"节日、纪念日文化志愿服务活动,"文化公益·社会责任"企业文化志愿服务活动。将2014年确定为"文化志愿服务推进年",围绕"我们的中国梦·文化志愿服务基层行"主题,广泛开展文化志愿服务活动。

全国图书馆联合编目中心 成立于1997年10月,为非营利性机构,依托于国家图书馆及各成员馆,采用中心—分中心—成员馆的组织形式,现已发展成员馆670多家,使用单位超过1100家。中心现有书目数据库34个,合计600多万条记录,主要侧重中文社会科学类文献,年上传数据量约9万条,年下载量约250万条。中心采用的是深圳科图公司自行开发的UACN联合编目系统,可为用户提供联机编目、编目员培训、公共检索等服务。在对数据的质量控制方面,中心采用严格的质控检查机制,对编目员进行培训和认证,并由专人审校上传数据。中心也很重视与国际国内及跨行业之间的合作与交流。该中心的优点是与国际图书馆交流通畅,调整编目规则及时;有专人从事名称、主题规范档的建设,书目数据质量高。

国家图书馆部级领导干部历史文化讲座 荣获2007年第十四届"群星奖"服务奖。创办于2002年1月,由中央国家机关工委、文化部、中国社会科学院联合主办,国家图书馆承办。"部长讲座"旨在帮助部级领导干部进一步了解中国和世界的历史与文化,突出治国理政能力主题,注重历史文化特色、提高人文素养。为确保"部长讲座"的顺利进行,建立了工作会议制度,定期开展协调工作,始终坚持精心策划选题、精选主讲专家、精心安排和组织每场讲座,形成了一套科学的工作流程和组织模式。

送书下乡工程 是由文化部、财政部共同实施,国家图书馆具体承办的国家重点文化项目。直接面对老少边穷和中西部地区,重点解决贫困地区县图书馆、乡镇图书馆(室)藏书贫乏、购书经费短缺问题。工程目标是自 2003 年至 2005 年,向 300 个国家级扶贫开发工作重点县图书馆和 3000 个乡镇图书馆(室),赠送农村适用图书 390 万册。每年为每个县图书馆送书 1000 册,3 年合计 3000 册;每年为每个乡镇图书馆(室)送书 330 余册,3 年合计 1000 册。工程采取专家选书、集中采购、统一装帧、直接配送的实施办法。配送图书使用统一设计的封面,印有"文化部、财政部送书下乡工程"字样及专有标识。配送图书的选书原则为内容健康、实用、可读性强、适合农村读者需要,内容包括政治理论、思想道德建设、市场经济、法律知识、科普知识、农业科技、实用技术、医药保健、生活百科、文学艺术、历史知识、体育娱乐。

全国文化信息资源共享工程 文化部、财政部于 2002 年联合实施。文化共享工程应用现代科学技术,将中华优秀文化信息资源进行数字化加工整合,通过工程网络体系,以互联网、卫星、移动存储、镜像、光盘、有线电视、数字电视网等方式,实现优秀文化信息资源在全国范围内的共建共享。是新形势下构建公共文化服务体系、惠及千家万户的一项重要文化基础工程,是政府提供公益性服务的重大文化项目,是实现广大人民群众基本文化权益的重要途径,对于打破落后地区信息闭塞的状况,缩小"数字鸿沟",提高广大人民的科学文化素质,推进社会主义文化大发展大繁荣和建设和谐社会,具有重要作用。党中央、国务院高度重视文化共享工程建设。2007 年 6 月 16 日,中共中央总书记胡锦涛主持召开中央政治局会议,研究加强公共文化服务体系建设。会议强调,当前,要大力加强重大公益性文化工程建设,认真组织实施包括文化共享工程在内的几项公共文化服务工程。《中华人民共和国国民经济和社会发展第十一个五年规划纲要》把文化共享工程列入公共文化建设重点工程。党的十六届六中全会《中共中央关于构建社会主义和谐社会若干重大问题的决定》指出:"优先安排关系群众切身利益的文化建设项目,突出抓好广播电视村村通、社区和乡镇综合文化站(室)工程、全国文化信息资源共享工程。"在 2008 年 3 月 5 日举行的第十一届全国人民代表大会第一次会议上,温家宝总理在所作的政府工作报告中两次提到文化共享工程建设。"十一五"期间,文化共享工程建设以数字资源建设为核心,以基层服务网点建设为重点,以多种传播方式为手段,以共建共享为基本途径,到 2010 年,基本建成了资源丰富、技术先进、服务便捷、覆盖城乡的数字文化服务体系,努力实现"村村通"。"十二五"期间,在巩固完善文化共享工程基础设施建设的基础上,丰富数字资源,扩展服务网络,优化技术平台,创新机制,完善管理,加强服务,提升效益,将文化共享工程建成资源丰富、传播高效、服务便捷、管理科学的公共数字文化品牌工程。到 2015 年,文化共享工程数字资源总量达到 530 百万兆字节;服务网络实现从城市到农村的全面覆盖,公共电子阅览室基本覆盖全国所有乡镇和街道、社区,入户率达到 50%。

全国农村党员干部现代远程教育工程 2003 年 4 月国家正式全面启动实施农村党员干部现代远程教育工程。该工程是现代远程教育手段在农村党员干部教育培训上的运用,是科技发展和党的建设在新形势下相结合的一种新型教育模式。工程具有召开视频会议、进行互动教学、点击上网、下载资料等功能。其基本特点是资源共享、优势互补、高效率、高质量、低成本。主要建设任务包括:建立一个农村党员干部现代远程教育

"天地网合一"的教学平台,建设一批乡镇、村等现代远程教育终端接收点,建设一个农村党员干部现代远程教育多媒体教学资源开发系统,建立一支农村党员干部现代远程教育管理和技术队伍,建立一个农村党员干部现代远程教育工作机制。截至2012年历时8年的农村党员干部现代远程教育网络一体化建设任务圆满完成,建立了中央和省、市、县四级播出平台,建成了基本覆盖全国乡镇和村的70多万个终端站点,初步形成了从中央直达基层的远程教育网络体系。远程教育在宣传党的路线方针政策、提高农村党员干部群众素质、促进农民增收致富和农村经济社会发展、加强农村基层组织建设等方面发挥了重要作用,成为夯实党在农村执政根基的基础工程、造福亿万农民群众的富民工程、建设社会主义新农村的创新工程。

全国中小学现代远程教育工程
2003年9月国务院发出的《关于进一步加强农村教育工作的决定》明确提出:"实施农村中小学现代远程教育工程。"由此,教育部、国家发改委、财政部共同正式启动实施该项工程。农村中小学现代远程教育工程,是指为促进城乡优质教育资源共享,提高农村教育质量和效益,以信息技术为手段,采取教学光盘播放点、卫星教学收视点、计算机教室等三种模式将优质教育资源传输到农村的教学方法工程。按照"总体规划、先行试点、重点突破、分步实施"的原则推进,到2007年全国约11万个农村小学教学点具备教学光盘播放设备和成套教学光盘,在全国38.4万所农村小学初步建成了卫星教学收视点,在全国3.75万所农村初中基本建成了计算机教室。缓解了西部地区农村中小学教育资源短缺和师资不足,促进了师资水平和教学质量的提高。

绿色电脑进西部活动 2009年由中宣部、中央文明办、工信部、教育部、文化部等组织和发起,是专项用于建设青少年绿色上网场所和群众浏览互联网的公益性网络平台。旨在通过向中西部省区赠送安装了绿色上网过滤软件的"绿色电脑"，来缓解农村学校和乡镇文化站缺乏电脑的问题。

掌上国图——移动数字图书馆服务体系建设 2012年荣获第四届文化部创新奖。由国家图书馆组织实施。旨在针对当前移动数字图书馆建设过程中存在的服务形式单一、资源揭示不够、标准规范缺乏等问题，提出"以体系建设为总体方针，以用户需求为服务导向，以先进技术为创新支撑，以科研带动实践，坚持自身建设与对外合作相结合"的发展思路，注重标准规范建设，力求形成服务方式多样化、服务内容个性化的移动数字图书馆服务体系。掌上国图将服务与资源建设作为两条主线。在服务建设方面，注重图书馆传统服务向移动互联网的延伸，同时着眼于移动技术的特点，创新基于移动互联网的服务和多网络融合的服务；在资源建设方面，根据读者需求，将图书馆特藏图书、图片、音视频等资源以移动终端适用的格式展现给读者，注重资源的多终端显示和标准规范建设。在服务体系的实现上，则广泛借助短信、彩信、WAP、应用程序等技术手段和终端定制、合作共建等模式。该项目充分吸纳现代科技手段，延伸了公共图书馆的服务方式和服务领域。

地方文献资源共建共享网络平台服务 是指建立面向公共图书馆的地方文献全文数据库共建共享平台和资源共建共享服务机制；是利用计算机网络，由各级公共图书馆收集本地区地方文献数字资源和政府公开信息，按统一格式上传至服务器，建立网上查询系统，为读者提供"一站式"检索和原文传递服务的平台。

边疆万里数字文化长廊建设 针对边疆地区公共文化服务效能和覆盖辐射能力还处于较低水平，以及边疆地区百姓的基本文化权益还得不到有效保障的客观实际，文化部全国公共文化发展中心（以下简称发展中心）按照文化部的统一部署，在文化部公共文化司的指导下，从2012年开始组织实施"边疆万里数字文化长廊"建设。"边疆万里数字文化长廊"建设是文化共享工程"十二五"规划的重点项目。该项目计划在我国沿边沿海的18个省（区）和新疆生产建设兵团已建的文化共享工程服务点和公共电子阅览室基础上，以提升边疆地区公共文化服务效能为目标，运用互联网与移动通讯等技术手段，汇聚共享边疆特色数字文化资源，消除盲点，连点成线，连线成网，构建环绕我国边疆地区的广覆盖、高效能公共数字文化服务网络，打造边疆公共文化服务品牌。"边疆万里数字文化长廊"突破了按照行政区划设点的局限性，以边疆地区的人口、地理、边防、对外交流等功能特点作为布局依据；突破了现有固定服务模式，突出流动服务与无线多终端服务；强化了边疆地区特色资源采集与整合，开展定制化资源推送服务。主要内容是：（1）提升乡镇服务点的配置标准，强化其网络辐射与资源采集功能，将其打造成"边疆地区数字文化服务示范点"；（2）以乡镇为中心，在集市、口岸、岛屿、哨所等地设立数字文化服务点，扩大边疆地区数字文化服务覆盖范围，发挥其前沿阵地作用。（3）由发展中心牵头，会同有关省（区）研发"边疆万里数字文化长廊"服务板块，将其纳入并成为国家公共文化数字支撑平台应用服务系统的重要组成部分。

"传承经典　共享文化"进校园行动　2012年10月26日，"传承经典　共享文化"——文化共享工程公共电子阅览室暨传统文化进校园行动系列活动在湖南省长沙市马王堆小学正式启动。此次活动由文化部全国文化信息资源建设管理中心、湖南省文化厅、湖南省教育厅联合主办，文化共享工程湖南省级分中心、湖南省艺术研究院、天星传统戏曲文化传习中心承办。旨在充分发挥文化共享工程暨公共电子阅览室的资源优势，开展面向少年儿童的传统文化教学普及服务,加强民族优秀文化在少年儿童中的宣传推广,将传统文化资源以数字动漫的形式展现并送进课堂,培养少年儿童对传统文化的兴趣爱好,使中华优秀文化得以传承与创新,构建社会主义核心价值体系,增强文化自信,激发爱国热情,振兴民族精神。活动率先从湖南省60所具有文化共享工程公共电子阅览室进校园设施条件的学校开始,结合公共电子阅览室教学课程对传统文化进行教学,让学生们享受并创作音乐、书法、绘画、乐器、棋艺、戏曲等方面的动画作品,不定期举行竞赛活动。活动有效利用文化共享工程公共电子阅览室的服务优势,提高少年儿童使用文化共享工程资源的能力。

重点公共数字文化惠民工程 亦称公共文化服务体系基础性工程。《文化部财政部关于进一步加强公共数字文化建设的指导意见》提出,重点实施文化共享工程、数字图书馆推广工程和公共电子阅览室建设计划三大公共数字文化惠民工程,提升三大公共数字文化惠民工程的整体效能。

数字图书馆推广工程 文化部、财政部决定于"十二五"期间在全国实施数字图书馆推广工程。将构建以国家数字图书馆为中心、以各级数字图书馆为节点、覆盖全国的数字图书馆虚拟网,建设分级分布式数字图书馆资源库群,在全国范围内形成有效的数字资源保障体系,以互联网、移动通信网、广电网为通道,借助各级公共图书馆和手机、数字电视、移动电视等新兴媒体,向公众提供多层次、多样化、专业化的数字图书馆服务,从整体上提升全国公共图书馆服务能力。旨在进一步加强公共数字文化建设,提高公共文化服务能力,推动覆盖城乡的公共文化服务体系建设,切实保障数字化、信息化、网络化环境下公共文化服务的公益性、基本性、均等性、便利性,更好地满足人民群众日益增长的精神文化需求,提高公民思想道德素质和科学文化素质。

数字图书馆服务"三大平台"
《文化部财政部关于实施"数字图书馆推广工程"的通知》指出：包括建设优秀中华文化展示平台、开放式信息服务平台和国际文化交流平台。"数字图书馆推广工程"将在构建海量分布式资源库群的基础上，对数字资源进行有效的组织、整合、知识挖掘，实现元数据集中与统一检索，依托互联网、移动通信网、广电网，建立满足不同需求的数字图书馆服务平台，为中央与地方各级政府的立法与决策工作提供信息服务；为科研院所、企事业单位及研究型用户提供深层次、专业化信息与知识服务；为广大社会公众以及未成年人、残疾人等特殊人群提供多样化、个性化的数字图书馆服务。通过新技术应用，提供基于移动通信网的移动数字图书馆服务、基于广播电视网的数字电视服务。海量资源库群的建设成果将广泛应用于全国文化信息资源共享工程、公共电子阅览室建设等国家重点文化建设项目中，为各项文化工程提供优质数字资源服务。各级数字图书馆从分布存储的海量资源库群中获取数字资源对象数据，用于本级数字图书馆的综合服务，形成覆盖全国的、分级分布的数字图书馆服务体系。

数字图书馆推广工程数字资源库群　亦称分级分布式数字资源库群。《文化部财政部关于实施"数字图书馆推广工程"的通知》指出：是指依托全国各级公共图书馆，建立若干数字资源建设中心、数字资源保存中心以及数字资源服务中心，实现数字资源建设、保存、服务的统一规划、分布式建设和保存，集中调度和管理。

公共电子阅览室建设计划　按照文化部、财政部印发的《"公共电子阅览室建设计划"实施方案》的要求，以未成年人、老年人、进城务工人员等特殊群体为重点服务对象，依托文化共享工程的服务网络和设施,与乡镇文化站建设、街道(社区)文化中心(文化活动室)建设以及中央文明办组织实施的"绿色电脑进西部"工程结合,与共青团中央、全国总工会、全国妇联等密切合作,组织实施"公共电子阅览室建设计划"。以乡镇、街道、社区为重点,提高配置标准,完善公共电子阅览室建设的设施条件。坚持建设、管理与服务并重,丰富公共电子阅览室的资源内容,完善技术支撑平台,健全管理制度,推进免费开放,加强惠民服务,努力构建内容安全、服务规范、环境良好、覆盖广泛的公益性互联网服务体系。

国家管理中心"公共数字文化服务农民工" 被评为文化部2012年农民工文化服务示范项目,由全国文化信息资源共享工程管理中心实施。文化共享工程依托在各地建设的公共电子阅览室和海量的文化信息资源,积极为农民工提供免费上网、技术技能培训、公益讲座、优秀影视展播、与亲人网络视频通话等服务。重庆市以"融入城市,让生活更美好"为服务理念,打造"重庆市文化共享工程农民工服务联盟"和"蒲公英梦想书屋"服务品牌,在25个农民工集聚地建立了文化共享工程基层点。在浙江、福建、山东等省,通过企业共建,共享工程在有条件的工业园区建设公共电子阅览室,有效地丰富了农民工的文化生活。自2012年春运期间,铁路部门推出网络购票起,文化共享工程新疆分中心率先发起利用公共电子阅览室为返乡农民工提供免费、安全、绿色的网上购票服务。随后,全国各地文化信息资源共享工程中心普遍开展了协助农民工网上购票活动。

中国文化网络电视 为推动文化共享工程"进村入户",解决公共文化服务"最后一公里"难题,将优秀数字文化资源送进千家万户,文化部全国公共文化发展中心联合中国国际广播电台、中国网络电视台等社会机构,于2013年启动"全国文化信息资源共享工程·

中国文化网络电视"(以下简称"中国文化网络电视")项目试点建设。中国文化网络电视是以文化共享工程优秀数字文化资源为节目内容,依托互联网、广播电视网、移动通信网等传输网络,利用IPTV、互联网电视、双向数字电视等新媒体渠道,以"入户"模式进入百姓家庭,以"入站"模式进入文化共享工程基层服务点、公共电子阅览室及各级文化馆站、街道社区文化活动中心、工人文化宫、妇女儿童活动中心等公共文化服务场所,通过资源同步更新、节目上传审核、节目搜索、个性化定制、互动点播等功能,为基层群众提供更加便捷、贴近的公共数字文化服务。

"三馆一站"免费开放绩效评价

为切实发挥美术馆、公共图书馆、文化馆(站)(简称"三馆一站")免费开放专项资金的使用效率,提高公共文化服务效能。文化部、财政部从2013年起,对全国"三馆一站"免费开放绩效进行评价,并与免费开放专项奖励资金挂钩。

公共文化服务标准化试点工作

为深入贯彻党的十八大和十八届三中全会关于构建现代公共文化服务体系的有关精神,探索推进基本公共文化服务标准化的模式、路径和方法,提升公共文化服务效能,更好地保障广大群众基本文化权益,根据中央文化体制改革和发展工作领导小组分工要求,以及国家公共文化服务体系建设协调组通过的《基本公共文化服务标准化建设工作方案》,文化部决定开展公共文化服务标准化试点工作,从2014年7月开始启动到2015年底基本结束,试点周期为1年半。主要任务包括:制订公共文化服务地方标准(含基本公共文化服务保障标准、技术标准、评价标准的建设)、推进各项标准实施、做好相关工作的衔接、开展标准的宣传培训、制定持续改进措施、加快相关法规建设。

基层综合性文化服务中心建设试点工作 为贯彻落实党的十八届三中全会提出的"整合基层宣传文化、党员教育、科学普及、体育健身等设施,建设综合性文化服务中心"的要求,推动基层公共文化资源共建共享,文化部决定开展基层综合性文化服务中心建设试点工作,拟从2014年7月开始启动到2015年底基本结束,试点周期为1年半。主要任务包括:制定建设规划和标准、完善设施设备、健全公共服务项目、完善管理机制、建立稳定的财政保障机制。

公共文化机构法人治理结构试点工作 为贯彻落实党的十八届三中全会精神,加快转变政府职能,深化文化事业单位改革,创新文化管理体制机制,推动公共图书馆、博物馆、文化馆、美术馆等建立法人治理结构,提升服务效能,文化部决定开展公共文化机构法人治理结构试点工作,拟从2014年7月开始启动到2015年底基本结束,试点周期为1年半。主要任务包括:建立公益性文化事业单位法人治理组织结构、进一步深化公益性文化事业单位改革、探索引入社会力量参与公益性文化事业单位管理、推进公益性文化事业单位财政投入方式改革、探索创新公共文化服务内容和方式。

文化和自然遗产保护工程 《国家基本公共服务体系"十二五"规划》指出:包括重点支持国家重大文化和自然遗产地、全国重点文物保护单位、大遗址、中国历史文化名城名镇名村保护设施建设,推进非物质文化遗产保护利用设施建设试点,做好历史档案和文化典籍保护整理工作。

文化遗产保护重点工程 文化部发布《"十二五"时期文化改革发展规划》指出:包括不可移动文物保护工程、可移动文物保护工程、文物保护能力建设工程、文物保护基础设施建设和装备保障工程、非物质文化遗产保护传承工程、文化生态保护区建设工程、非物质文化遗产数字化保护和传播工程、全国非物质文化遗产保护利用设施试点建设工程、中华古籍保护计划。

国家遗产地保护重大工程 《国家文化和自然遗产地保护"十一五"规划纲要》指出：包括遗产地全民教育普及工程、国家遗产地能力建设工程、国家遗产地数字化工程、国家遗产地和谐发展示范工程。

全国博物馆和纪念馆免费开放
中共中央宣传部、财政部、文化部、国家文物局 2008 年 1 月 23 日发出《关于全国博物馆、纪念馆免费开放的通知》，正式实施全国博物馆和纪念馆免费开放。旨在贯彻落实党的十七大精神，充分发挥博物馆、纪念馆宣传和传播先进文化的重要作用，加强公共文化服务体系建设和公民思想道德建设。《国家文物博物馆事业发展"十二五"规划》中期评估报告指出：免费开放博物馆、纪念馆达到 2417 个；全国博物馆年均举办陈列展览个数达到 20115 个；全国文博单位年接待观众数量达到 5.64 亿人次。博物馆、纪念馆的免费开放推动了全国美术馆、公共图书馆、文化馆（站）的免费开放。

博物馆运行评估 由国家文物局统一组织实施。鉴于评估工作的复杂性，为积累工作经验，完善评估制度，2010 年国家文物局决定委托中国博物馆学会首先开展一级博物馆运行评估试点工作。2012 年 8 月至 2012 年 12 月，中国博物馆学会正式开展了对 2011 年度国家一级博物馆运行评估工作。2013 年国家文物局决定开展二、三级博物馆运行评估工作。旨在深化博物馆评估定级工作，加强国家等级博物馆的管理，提高等级博物馆管理、运行水平，推动博物馆体制机制创新，促进博物馆事业发展。

中央地方共建国家级博物馆
为深化博物馆改革创新，加强重点博物馆建设，促进博物馆事业又好又快发展,国家文物局和财政部于2009年12月启动中央地方共建国家级博物馆相关工作。中央地方共建国家级博物馆,是指由国家文物局、财政部共同认定,中央和省级人民政府联合共建的代表中华文明的地方所属重点博物馆。中央地方共建国家级博物馆坚持择优认定、定期评估、动态调整和稳定支持的原则。其建设内容和目标是,通过调动中央与地方的积极性,加大投入力度,大幅提高重点博物馆的藏品保护、陈列展览、科学研究、社会教育和公共服务水平,造就一批国内一流、国际先进的博物馆;构建以点带面、立足区域、辐射全国、面向世界的博物馆综合资源共享平台,推动我国博物馆整体水平迈向世界先进行列。中央地方共建国家级博物馆采取专家评审、行政决策的方式,从省级博物馆中有计划、有重点地遴选和培育,每5年核定一次,予以总量控制。由省级人民政府按照《中央地方共建国家级博物馆认定标准》组织申报。中央地方共建国家级博物馆之间建立战略协作机制,并整合全国博物馆资源,实施文化遗产保护、研究、展示、利用行动计划。中央地方共建国家级博物馆连续三年居于评估末位的,不再列入中央地方共建国家级博物馆序列。

文物博物馆资源基础数据库建设 亦称国家文物博物馆资源基础数据库建设工程。《文化部"十二五"时期公共文化服务体系建设实施纲要》指出:包括建设全国重点文物保护单位、世界文化遗产、重大遗址、国家一二三级博物馆、国有馆藏一级文物等国家文物博物馆资源基础数据库,建立基础数据管理、使用、共享和服务工作机制,基本实现在数据管理、科学研究、公共服务、决策支持等方面的信息化。

非物质文化遗产保护 2005年3月26日,国务院办公厅发出《关于加强我国非物质文化遗产保护工作的意见》,将非物质文化遗产保护提升到国家战略层面。工作目标是,通过全社会的努力,逐步建立起比较完备的、有中国特色的非物质文化遗产保护制度,使我国珍贵、濒危并具有历史、文化和科学价值的非物质文化遗产得到有效保护,并得以传承和发扬。工作指导方针是,保护为主、抢救第一、合理利用、传承发展。工作原则是,政府主导、社会参与;明确职责、形成合力;长远规划、分步实施;点面结合、讲求实效。2011年6月1日起施行的《非物质文化遗产法》提出:建立非物质文化遗产的调查制度、非物质文化遗产代表性项目名录制度、非物质文化遗产的传承与传播制度等,将我国非物质文化遗产保护纳入法治保护。

非物质文化遗产数据库建设　是指由国家建设的、由一个数据库群构成。包括非遗普查资源数据库,非遗项目资源数据库,非遗专题资源数据库,科研库、工作数据库和公众库等。非遗普查资源数据库主要管理和存储非遗普查资源;非遗项目资源数据库是用于管理和存储我国列入联合国教科文组织的"人类非物质文化遗产代表作名录"和国家级非遗名录项目及代表性传承人信息的数据库;非遗专题资源数据库主要保存代表性专题项目的数字资源;科研资源数据库是用于支撑并服务于非物质文化遗产科学研究的数据库,主要管理和保存非遗科研过程及成果资源;工作数据库是用于支撑非遗管理工作的信息库;公众数据库主要用于非遗的宣传展示,服务于公众。

国家图书馆"非物质文化遗产保护讲座周"　为了向公众普及非物质文化遗产保护知识,营造全社会珍爱传统文化、共同保护非物质文化遗产的良好氛围,在2013年我国第八个"文化遗产日"来临之际,文化部非物质文化遗产司与国家图书馆联合主办"非物质文化遗产保护讲座周"。讲座周时间为6月7日至14日,共举办8场专题讲座,分别邀请8名在非物质文化遗产保护领域具有影响力的专家，向公众全面介绍我国非物质文化遗产保护的整体情况，宣传和解读非物质文化遗产保护的基本规律和方法，全面展示非物质文化遗产保护的成果。

中国珍贵古籍特展 2008年6月，首次中国珍贵古籍特展在国家图书馆举行。这是新中国成立以来展品数量最大、文献类型最广、珍品最多的古籍展览。展览分三部分，包括介绍新中国成立以来古籍保护工作；首批"全国古籍重点保护单位"工作情况；国家珍贵古籍情况。2009年、2010年在我国文化遗产日期间，再次举办中国珍贵古籍特展。

中华再造善本工程 是2002年5月文化部、财政部联合实施的国家重点文化工程。是"中华古籍保护计划"的重要组成部分。工程内容是利用现代出版印刷技术，对珍贵孤罕的古籍善本进行仿真复制，使之化身千百，分藏各地，达到继绝存真，传本扬学，嘉惠学林，荫及子孙的目的。《中华再造善本》入选书目均配有提要、简介和作者生平，考辨版本源流，评述学术价值。同时采用质地优良的宣纸精印，封面颜色为仿清代内阁大库藏书的磁青色，高仿真彩印。古籍选录之多、影印之精、学术价值之高，堪称名副其实的新善本。2008年9月文化部、财政部联合正式启动实施了中华再造善本续编工作，亦称中华再造善本二期工程，它将秉承一期的目标，遴选出明清时期的珍稀孤罕，在明清两代学术发展中占有重要地位的、具有重要学术价值和艺术价值的善本古籍以及版本流传稀少的古籍作为选目选择的重点，将中华古代文化典籍完整地呈现给世人，更好地服务于大众。

中华古籍保护计划 2007年，我国首次由政府主持开展的国家级重要文化工程——"中华古籍保护计划"正式启动，六年多来，我国古籍保护工作得到前所未有的发展。截至2013年，我国先后于

2008年3月1日、2009年6月9日、2010年6月11日和2013年3月8日,分四批共公布国家珍贵古籍名录11375部、命名"全国古籍重点保护单位"166家,对全国的古籍保护起到极大的推动作用。

广播电视村村通工程 亦称为农村文化建设的"一号工程"。《广电总局就"广播电视村村通工程"来信答复》指出:是为了解决广播电视信号覆盖"盲区"农民群众收听广播、收看电视问题,而由广电部和国家计委联合组织实施的一项民心工程。从1998年该工程开始实施,分四个阶段推进,以切实保障农村群众听广播看电视的基本需求。第一阶段:1998年到2003年,完成了全国已通电行政村"村村通"工程建设;第二阶段:从2004年开始,完成了全国50户以上已通电自然村"村村通"工程建设。第一阶段和第二阶段,习惯上称为第一轮广播电视"村村通"工程。第三阶段:是"十一五"期间,主要包括完成全国20户以上已通电自然村广播电视覆盖"盲村""村村通"工程建设和大力提高农村地区的广播电视无线覆盖水平2项任务。第四阶段:是"十二五"以来,为进一步巩固和完善农村广播电视建设,根据《国民经济和社会发展第十二个五年规划纲要》,国家发改委、广电总局编制印发的《全国"十二五"广播电视村村通工程建设规划》明确"十二五"期间村村通工程建设目标任务是,到2015年底,基本完成广播电视"村村通"工程建设任务,逐步改善服务农村的高山骨干无线发射台站基础设施条件,基本实现广播电视"户户通"。广播电视"村村通"建设的主要方式:中部贫困地区和西部地区主要采用广播电视直播卫星方式进行建设,东部和中部经济条件较好的农村地区,可以采用有线电视光缆联网方式进行建设。《国务院办公厅关于进一步做好新时期广播电视"村村通"工作的通知》指出:广播电视村村通运行管理实行分级负责制。地方各级政府负责农村广播电视管理维护机构日常经费,并按有关规定转播好中央广播电视节目。省、市、县级政府分别负责解决转播本级广播电视节目的无线发射转播台(站)的机房和设备的运行维护经费。中央政府保障"村村通"卫星平台运行维护经费,对原"西新工程"范围的新疆、内蒙古、宁夏自治区和青海、甘肃、云南、四川省藏区"村村通"工程维护经费给予适当补助;对全国县及县以上转播中央第一套广播节目、中央第一套和第七套电视节目的大中功率无线发射设备的运行维护经费给予一定补助。

广播电视西新工程 简称"西新工程"。为了进一步推广广播电视"村村通工程"的成果,2000年9月,国家广电总局、国家发改委、国家财政部在西藏、新疆等边疆少数民族地区正式启动实施广播电视覆盖工程。后来实施范围还包括内蒙古、宁夏自治区和青海、甘肃、四川、云南四省的藏区,以及福建、浙江、广西、海南和吉林延边部分地区,涵盖国土面积超过498万平方公里,占全国总面积的51.9%。西新工程高质量地新建、扩建了389座发射台。国家对"西新工程"已经和预计投入40多亿元,是国家一次性投资最多的广播电视覆盖工程。"西新工程"实施后,西部少数民族地区的广播覆盖能力比过去增加了2.5倍,西藏、新疆、内蒙古、宁夏自治区和青海、甘肃、四川、云南8省区各地能够收到10套左右短波广播,各地、市、县普遍能较好地收到3套以上中波或调频节目,3至4套中央和当地电视节目。中央人民广播电台和各地电台还开通了民族语言节目,每天播音共增加了98小时,受到了广大群众的热烈欢迎,实现了把党的声音传到千家万户的目标。

有线电视数字化整体转换工作 旨在促进有线网络尽快实现小网变大网、模拟变数字、单向变双向、看电视变成用电视。有线电视数字化2003年正式启动。2005年广电总局下发《推进试点单位有线电视数字化整体转换的若干意见（试行）》。按照国家规定的有线电视数字化改造时间表，到2011年，基本完成县级以上城市有线电视数字化整体转换和双向改造，2015年全国实现有线电视数字化整体转换和双向改造，停止播出模拟电视信号。建设的基本方式是，按照"统一规划、统一建设、统一管理、统一运营"的原则，以居民小区的光节点为单位，将模拟电视信号转换为数字电视信号，使有线模拟电视用户转换为有线数字电视用户，同时进行网络的双向改造，把电视机转换为多媒体信息终端。建设内容是：免费配置1台机顶盒及智能卡；增加节目内容，拓展业务范围；完善服务措施，提高服务质量；保留6套模拟电视节目，确保基本公共服务；加快实现公共用户单位有线电视数字化；加快城市有线数字电视光缆网络建设；推进城市现有有线电视电缆改造；各级政府及有关部门开放政务信息服务系统。以各省有线电视网络集团有限公司为实施主体，在坚持公益性的前提下，通过市场运作的方式，推进有线电视数字化整体转换。

农村中央广播电视节目无线覆盖工程 农村广播电视节目无线覆盖是广播电视"村村通"工程的重要组成部分。2006年国务院办公厅下发《关于进一步做好新时期广播电视村村通工作的通知》，对"十一五"时期"村村通"工程的目标任务提出明确要求，其中一个重要方面，就是要按照分级负责的原则，大力提高农村地区的广播电视无线覆盖水平，使广大农民群众能够无偿收听收看到4套以上无线广播节目和4套以上无线电视节目。该《通知》明确：对广播电视无线覆盖负担政策做出重大调整，要求省、市、县各级政府分级负责转播本级节目的无线发射台站的设备更新和维护经费，中央财政对转播中央第1套广播节目和第1套、第7套电视节目无线发射设备的更新改造和运行维护经费给予适当补助，改变了长期以来发射台站无偿转播中央节目的做法。工程建设任务完成后，中央财政每年还将安排必要的运行维护经费，确保长效工作机制的建立。按照国务院要求，国家广电总局、财政部于2006年启动实施了无线覆盖工程。为了做好此项工作，广电总局编制了《加强全国农村中央广播电视节目无线覆盖工程建设规划方案》，预算经费31.5亿元。目标任务是，在2008年6月底前，全面完成全国3325座大中功率无线发射台站、6177部转播中央第1套广播节目、中央第1套和第7套电视节目的电视、调频和中波发射机的更新改造任务，加强运行维护，力争使中央第1套广播节目、中央第1套和第7套电视节目的人口覆盖率分别达到84%、82%和68%，提前实现"十一五"时期中央广播电视节目无线覆盖规划目标，确保让广大农民群众收听收看到北京奥运会的节目。

地面数字电视覆盖工程 2006年8月，国家标准委颁布数字电视地面广播传输国家强制性标准《数字电视地面广播传输系统帧结构、信道编码和调制》，旨在以服务公益事业为目的，我国数字电视发展进入快速推进的新阶段。2007年2月20日，广电总局发布《进一步规范地面数字电视系统技术试验的通知》。《通知》指出：广电总局成立领导小组及工作小组，组织推进技术、标准、政策、法规等准备工作，加强对全国应用国标的指导，与国家发改委、信产部等相关部门协调推进标准的产业化进程和有关配套工作。《通知》强调：在上述工作完成之前，暂不具备大规模试验地面数字电视的条件，并明确移动数字电视试点的重点是现有非国际系统的转换工作，在技术准备完成之前，暂停审批新的试点，未经总局批准，任何单位不得擅自进行地面数字电视技术试验和非法使用电视频道，经批准进行地面数字电视试验的单位不得使用未经总局入网认定的地面数字电视无线发射、传输和接收设备。2007年3月，广电总局开展北京地面数字电视试验,年底基本完成。2007年6月21日广电总局下发《关于进一步规范地面数字电视系统技术试验的通知》,要求任何单位不得擅自进行地面数字电视技术试验。2007年10月12日,深圳市举行地面数字电视播出启动仪式,正式试播国家标准地面数字电视,成为我国第一个正式执行该国家标准的城市,也标志着国标地面数字电视正式进入推广阶段。2007年12月,在试验的基础上提出7种应用模式。2008年1月1日,中央电视台宣布播出地面数字电视高清节目,它标志着中国地面数字电视广播的正式启动。为了实施、应用和普及地面数字电视广播,广电总局提出并着手分步制定17个与《数字电视地面广播传输系统帧结构、信道编码和调制》基础标准相配套的配套标准体系。2008年地面数字电视在8个奥运城市(除北京主办城市外,承担奥运项目的城市)开通,开始了模拟与数字信号同播,标准清晰度与高清晰度电视同播,这标志着我国地面无线广播

电视数字化正式启动。2008年财政部计划在未来几年对地面数字移动电视建网拨款25亿资金,这一专项的启动,意味着我国将建立全面覆盖的地面数字电视网络。按照我国覆盖全社会的公共文化服务体系的要求,地面数字电视全国覆盖将分为两个阶段:第一个阶段是在37个大中城市转播中央电视台高清节目,同时有标清频道同播节目。第二个阶段是在333个地市及2861个县播出标清同播节目,同播中央省市县的标清节目。总体上用3~5年时间实现全国地面数字电视的覆盖,覆盖全国约90%的人口,除边远山区外的广大城乡居民,均能享受到地面数字电视服务。2009年广电总局在深入全面研究的基础上,确定了频率规划原则,并依此制定了全国省、地级城市频率规划方案,为每个城市找到两个频段用于地面数字电视的覆盖,为300个地级市找到一个频段。2009年,在全国范围中大面积开展了地面数字电视的网络建设工作,2009年底全国省会城

市、直辖市、计划单列市和部分地级市100个城市开通地面数字电视，全国共计271个城市完成地面数字电视信号覆盖的任务，其中31个省会城市将通过地面数字电视传输免费高清节目。同时，在每个城市配备一个当地的标清频道，传输6套免费标清节目。2013年1月10日，工业和信息化部等六部门发布的《关于普及地面数字电视接收机实施意见》明确提出：结合我国实际，分步实施，第一阶段：2014年1月1日起，境内市场销售的40英寸及40英寸以上电视机应具备地面数字电视接收功能。第二阶段：2015年1月1日起，境内市场销售的所有尺寸电视机应具备地面数字电视接收功能。上述截止日期之前生产的不具备地面数字电视接收功能的库存电视机产品在销售时应配送地面数字电视机顶盒。只有所有用户都能收看到地面数字电视后，才能实现关闭模拟无线地面电视的目标。

卫星广播电视转星调整工程

根据我国卫星广播电视业务发展和传输覆盖的需要，为提高卫星广播电视传输质量，便于广大用户接收，国家广播电影电视总局决定2007年8月1日至8月31日在全国范围内集中进行卫星广播电视转星调整工作。各级党委、政府把转星调整工作作为政治工程、安全工程、民心工程切实抓紧抓好。各地按照中央办公厅、国务院办公厅《关于抓紧做好卫星广播电视地面接收设施调整工作的通知》和国家广电总局《全国卫星广播电视转星调整总体实施方案》的要求，截至8月31日24时，全国各地按照要求基本完成了转星调整任务，实现了既定目标。据初步统计，此次共完成调整设施17218499个，比原摸底数据超出近200万个。其中，全国广电系统各电台、电视台、发射台、转播台、监测台、有线电视前端的卫星接收设施调整任务全部完成，共调整接收设施38520个。广电系统外的各机关事业单位、中小学、大专院校、工矿企业、宾馆饭店、小区前端以及全国中小学远程教育、全国农村党员干部远程教育、全国文化信息资源共享工程等的卫星接收设施调整任务全部完成,共调整接收设施528740个。军队系统的军事机关、基层连队、边海防哨所的卫星接收设施调整任务全部完成,共调整接收设施9785个。我驻亚太地区使(领)馆和中资机构的卫星电视接收设施共调整34个。农村的卫星接收设施调整工作基本完成,共调整接收设施16641454个。

"全国文化信息共享工程"节目信号上星运行 2009年中央电视台所属的中数传媒公司完成"全国文化信息资源共享工程"直播卫星平台播控系统的搭建和调试工作,节目信号实现上星运行。该项目采用卫星传送、机顶盒硬盘贮存等方式,有针对性地上传农业节目和信息,让广大农村群众在家中就能收到卫星直播广播电视节目,并享受视频点播、文字信息等服务。

广播电视直播卫星公共服务工程 亦称"广播电视'户户通'工程"。针对2011年初我国还有约2亿户农村家庭主要靠地面无线信号收听收看广播电视,且最多只能收看6套模拟电视节目,节目套数少,画面质量差,城乡差别大的客观实际,中央决定利用直播卫星开展农村公共服务,实施面向几亿农民新的文化惠民工程,以推进广播电视直播卫星公共服务向"户户通"延伸。2011年4月,广电总局在有线电视未通达的宁夏、内蒙古、青海、河北部分乡村和牧区开始推动直播卫星公共服务(直播卫星"户户通"工程)试点工作,用户可以免费收听收看到40多套高质量的广播电视节目。2011年6月,广电总局相关工作组在宁夏进行了直播卫星公共服务试点工作,由广电总局卫星直播广播电视管理中心负责直播卫星服务的运行管理工作;直播卫星地方服务机构由宁夏有线网络公司组建,负责管理本地接收设施的销售和安装服务工作。2011年7月26日,国家广电总局科技司在河北省石家庄就"户户通"直播卫星公共服务进行了培训。2011年9月4日中宣部、国家广电总局在宁夏银川召开全国直播卫星公共服务试点工作现场经验交流会，会议决定积极实施直播卫星公共服务工程，推动广播电视由"村村通"向"户户通"延伸，让农民群众收听收看更多更好的广播电视节目。2011年9月24日，广电总局科技司、广播电视卫星直播管理中心在宁夏举办全国直播卫星"户户通"业务培训班。2011年9月26日，广电总局下发《关于在有线网络未通达地区开展直播卫星公共服务的通知》，明确提出：开展直播卫星公共服务要加强领导，明确责任；抓紧开展直播卫星服务区域划分工作；抓紧建立直播卫星公共服务运行管理体系；积极争取资金支持；组织开展培训工作。2011年10月11日，广电总局正式成立广播电视卫星直播管理中心。截至2011年年底，在全国有线电视未通达的农村地区基本建立了直播卫星接收设施专营服务网点，基本解决了20户以下已通电自然村1000万户农民看电视难的问题。此项工作正在有序推进。

高山无线发射台站设施改造工程 加强广播电视高山无线发射台站基础设施建设是"十二五"广播影视事业建设的重要内容，是"十二五"广播电视"村村通"工程的一项重要任务。高山无线发射台站建设项目适用于纳入"十一五"农村中央广播电视无线覆盖工程、位于农村地区或者偏远城郊地区、承担直接覆盖农村任务、存在影响安全播出隐患或工作条件艰苦、有专人值守的县级以上（含县级）高山无线发射台站；重点加强机房、水电、围墙、道路、铁塔、冷暖、通风、节传、监控和防雷接地系统的建设、改造等。2012年9月，国家广电总局和国家发改委联合印发《关于做好广播电视高山无线发射台站基础设施建设管理工作的通知》，对做好广播电视高山无线发射台站基础设施建设管理工作作出了全面部署。《通知》要求，要准确把握广播电视高山无线发射台站基础设施建设的基本原则和目标任务，坚持统筹规划、分级负责、注重实效、保障基本，确保纳入"十二五"实施的1229座高山台站建设数量不突破、实施条件完全具备、建设项目不超范围。《通知》强调：进一步明确各省区广电部门是本地区建设项目的责任主体，对本地区工程项目的选择、建设内容的确定、建设资金的使用等负有主要责任，对工程项目建设的质量、安全、进度、效益负总体责任。要切实加强工程建设管理，严格依照基本建设程序，坚持建设管理制度，并加强工程监督，确保工程建设任务高标准高质量完成。由各省在调查的基础上，编制本省的《高山无线发射台站设施改造建设总体方案》，报国家新闻出版广电总局审核并原则同意后，方可实施。

少数民族语言广播影视服务

2012年7月11日，国务院《关于印发国家基本公共服务体系"十二五"规划的通知》提出：在我国藏、维、蒙、哈、朝、壮、傣等主要少数民族地区，通过有线、无线或卫星等方式能够收听收看到本民族语言广播影视节目，其经费由中央和地方政府共同负责。

国家应急广播体系工程建设

国家应急广播体系是我国应急体系的重要组成部分，是《国民经济和社会发展第十二个五年规划》中的文化事业重点工程之一。党的十七届六中全会明确要求："建立统一联动、安全可靠的应急广播体系。"2013年12月3日，中央人民广播电台国家应急广播中心正式成立，国家应急广播社区网站也同时上线，这标志着我国国家应急广播体系进入全面建设阶段。国家应急广播中心成立后，将在国家新闻出版广电总局的领导下，协同相关部门加紧国家应急广播体系体制、机制、法制和预案建设，推进国家应急广播工程建设，加强与国家各灾害和应急信息发布源头的合作力度,建立起从中央到地方广播电台的"四级联动"应急信息传输模式,承担起发布预警信息和应急信息的重要任务。2015年底前将实现我国各类灾害预警通过国家应急广播体系的实时发布。国家应急广播社区网站是国家应急广播在新媒体时代的重要发布窗口,丰富了应急广播的传播手段,扩大了应急广播的覆盖范围。网站既有权威应急信息发布,也具备为个体应急提供咨询、回复等功能,填补了国内无专业应急社区网站的空白。网民可通过手机、计算机等工具,采取固定和移动的方式加入,在网站中得到个性化和急需的服务。广播具有传播迅速、覆盖广泛、接收便利、不受电力制约等特点。利用广播传播应急信息是世界各国的普遍做法。

农村中小学爱国主义教育影片放映 1993年9月13日,中央宣传部、教育部、广播电影电视部、文化部下发《关于运用优秀影视片在全国中小学开展爱国主义教育的通知》,决定运用优秀影视片在全国中小学开展爱国主义教育,同时提出:定时、定点、定片目为学校提供服务,以保证学生按规定看到一定数量的影视片。1994年2月20日,中央宣传部、广播电影电视部、国家教委、文化部、农业部下发的《关于在全国农村中小学运用优秀影视片进行爱国主义教育的实施意见》提出:各县电影发行放映公司,要在当地文化主管部门的领导下,主动与教育部门研究协商在农村中小学开展教育活动的排片、放映计划,并组织放映队深入学校放电影,以最大限度地满足中小学生看电影的需要。同时,强调各地文化主管部门、电影发行放映公司和农业部门要采取灵活多样的措施、办法,大力扶持县级电影公司,以保证县公司能本着保本微利的原则,在农村中小学中积极组织和开展电影放映活动。全国各省已贯彻落实上述2个文件精神,采取多种举措,启动实施了农村中小学爱国主义教育影片放映活动。2012年7月,国务院《关于印发国家基本公共服务体系"十二五"规划的通知》明确提出："每学期中小学生观看两部爱国主义教育影片"的目标。

农村电影放映工程 亦称农村电影放映"2131工程"。该工程是加强农村文化建设、发展农村电影事业，满足广大农村人民群众日益增长的精神文化需求的一项重点文化工程。为解决农民看电影难的问题，1998年文化部、国家广电总局提出农村电影放映"2131"目标，即在21世纪初，在广大农村实现一村一月放映一场电影的目标。此项工作得到了国家计委的大力支持，2000年12月国家计委、广播电影电视总局、文化部联合发出《关于进一步实施农村电影放映"2131工程"的通知》，农村电影放映"2131工程"正式启动。"十五"期间，国家设立专项资金，用于扶持中西部22省区的632个国家级低收入县开展农村电影放映活动。"十一五"时期，为满足广大农民群众日益增长的精神文化需求，适应社会主义新农村建设先进文化的内在要求，促进农村经济发展和社会进步，《中共中央办公厅国务院办公厅关于进一步加强农村文化建设的意见》中提出"继续实施农村电影数字化放映'2131工程'"。

全国"红领巾电影夏令营"
2012年8月2日，由共青团中央少年部、全国少工委办公室、国家广电总局电影频道节目中心共同主办的"红领巾电影夏令营"正式启动。从8月2日到31日，每周都有多部为少先队员准备的电影在电影频道播出。"红领巾电影夏令营"是面向全国一亿三千万少先队员的暑期电视观影活动，旨在运用艺术、时尚、情感元素和电影艺术载体教育、引导少年儿童，丰富全国少年儿童暑期文化生活，培养少年儿童正直、善良、诚实、有爱心等基本道德品格以及对党和社会主义祖国的朴素感情。主办单位还将根据观众反映，尝试打造面向全国亿万少先队员的艺术栏目。

重大出版工程 从2002年开始,我国启动实施重大出版工程。《新闻出版公共服务体系建设"十二五"时期规划》提出:继续实施重大出版工程。重点抓好马列经典、经济社会发展、哲学社会科学等领域100种国家重大出版工程项目的出版;推动弘扬民族精神和时代精神,倡导社会主义荣辱观、树立正确的世界观人生观价值观和加强廉政文化建设的出版物的出版;建立健全国家出版基金管理体制、评审监督机制、绩效考评机制,支持出版一批传承历史、服务当代、惠及后人的精品出版物。

全民阅读活动 开展"全民阅读"活动是中宣部、中央文明办和新闻出版总署贯彻落实党的十六大关于建设学习型社会要求的一项重要举措。自2006年活动开展以来,在中宣部、中央文明办、新闻出版总署、文化部、国家广电总局、教育部、解放军总政宣传部、共青团中央、全国总工会、全国妇联等部门的共同倡导下,全民阅读活动在全国各地蓬勃发展,活动规模不断扩大,内容不断充实,方式不断创新,影响日益扩大,不断推动在全社会进一步形成"多读书、读好书"的良好舆论氛围和文明风尚,更好地为提高全民族思想道德和文化素质,推动经济社会又好又快发展服务。每年国家都要发出专门通知进行安排部署。2012年4月23日世界读书日,新闻出版总署和中央电视台倾力打造特别节目——《2012书香中国》。2013年4月23日世界读书日,新闻出版总署和中央电视台与湖南卫视联合倾力举办《2013书香中国》。《新闻出版公共服务体系建设"十二五"时期规划》提出:"深入开展全民阅读活动。建立健全政府推动、全民主动、城乡互动、各方联动的全民阅读活动机制;创新活动方式,广泛开展读书征文比赛、优秀图书推荐、作品朗读会、图书捐赠等读书活动;推广全民数字阅读,支持办好在线全民阅读;抓好典型示范,不断探索群众喜闻乐见、鲜活生动、富有感染力的阅读形式。"

党的十八大报告强调:"开展全民阅读活动。"2014年李克强总理《政府工作报告》提出:"倡导全民阅读。"这标志着"全民阅读活动"已上升为党和国家的重大战略。

农家书屋工程 为深入贯彻落实中共中央、国务院《关于推进社会主义新农村建设的若干意见》和《关于进一步加强农村文化建设的意见》,切实解决广大农民群众"买书难、借书难、看书难"的问题,2007年3月,新闻出版总署会同中央文明办、国家发展改革委、科技部、民政部、财政部、农业部、国家人口计生委联合发出《关于印发〈农家书屋工程实施意见〉的通知》,开始在全国范围内实施"农家书屋"工程。《新闻出版公共服务体系建设"十二五"时期规划》提出:"继续实施农家书屋工程。全面完成64万个行政村农家书屋建设任务。逐步扩大农家书屋工程实施范围,在新疆生产建设兵团连队建立连队书屋;在西藏自治区和四川、云南、甘肃、青海等省建立寺庙书屋;启动社区书屋建设;与大型农林牧场、大型企业、厂矿、部队合作建立农林牧场书屋、职工书屋、农村进城务工人员书屋、部队书屋等。建立健全书屋各项服务制度,提高服务质量。"2012年9月全国农家书屋工程建设提前3年完成,农家书屋实现了全覆盖。2012年9月27日,新闻出版总署在天津召开的全国农家书屋工程建设总结大会上提出下一步将从五方面继续推进农家书屋建设。(1)以出版物补充为保障,完善农家书屋长效机制。(2)以管理员队伍建设为重点,提高农家书屋的使用效率。(3)以开展活动为抓手,带动农家书屋发挥作用。(4)以数字化建设为手段,提高农家书屋传播能力。(5)以农家书屋为基础,逐步完善城乡一体的公共阅读服务体系。

少数民族新闻出版东风工程
2007年1月1日正式启动实施新疆新闻出版"东风工程"。新疆"东风工程"是由中央财政和自治区财政专项拨款,每年按计划出版一定数量的少数民族文字出版物,通过新华书店农村发行网点和当地邮局,全部免费发放到全疆865个乡镇和9584个行政村的一项重大的公益性惠民工程。"东风工程"主要由民文党报、党刊、图书、音像制品、电子出版物免费赠阅项目、发行网点建设项目、党报印刷设备建设项目等7个项目组成。2010年全国"两会"期间,全国政协委员、新闻出版总署副署长李东东提出《关于实施少数民族新闻出版"东风工程"的提案》,呼吁实施少数民族新闻出版"东风工程"。《新闻出版公共服务体系建设"十二五"时期规划》提出:将在新疆实施的新闻出版"东风工程"范围扩大到内蒙古、广西、西藏、宁夏、新疆等五个自治区、新疆生产建设兵团、青海省以及四川、云南、甘肃等省的民族地区。组织开展民文出版物出版译制,出版一大批原创优秀民文(含民汉双语)出版物,将一大批优秀汉文、外文出版物翻译成民文(含民汉双语)出版物。实施向民族地区群众免费赠阅项目。构建新疆民文出版基地、藏文出版基地、蒙文出版基地、朝鲜文出版基地、西南民族文字出版基地等国家民文出版基地。加快民族地区党报党刊和重点民文报刊采编印刷技术设备更新改造。创办一批民文数字出版新媒体,支持民族地区省级党报开发创办民文版手机报。支持民族地区新建、改扩建一批新华书店,配置流动送书车。支持西藏、新疆自治区建设互联网出版监管系统,加强出版物市场监管能力建设。争取将现行支持新疆新闻出版事业发展的各项税收优惠政策扩展到其他民族地区。

"全民阅读报刊行"活动 2010年4月27日国家新闻出版总署下发通知,决定把开展"全民阅读报刊行"活动作为2010年全民阅读活动的重要内容,通过报刊向广大读者广泛推介优秀出版物,有效扩大全民阅读活动的社会影响力,为全民阅读活动营造良好的舆论氛围。《通知》强调,要组织好整体宣传;积极推介优秀读物;深入宣传各类学习活动。《通知》要求,各报刊出版单位要积极参与"全民阅读报刊行"活动,将宣传报道全民阅读作为一项长期工作,设立并维护好专题栏目。《通知》还一并发布了此次"全民阅读活动报刊行"活动的 LOGO 标识。

中国共产党思想理论资源数据库与传播工程 2010 年 7 月由新闻出版总署主管、人民出版社承建的"中国共产党思想理论资源数据库与传播工程"首期宣告落成,并正式上线运行。工程第一期已完成 8000 余种中国特色社会主义理论体系重要著作文献和其他马克思主义基本著作等图书的数字化开发和上网。工程第二期对 1921 年以来出版的党的思想理论图书资源进行全面的开发加工。第三期将从 2011 年开始,在全国范围内整合党的思想理论资源,丰富传播形式。《新闻出版公共服务体系建设"十二五"时期规划》提出:依托人民出版社建设内容系统、编校规范、功能先进的具有广泛影响力的党的思想理论传播平台。组建原著翻译、教材出版、数字传播等专门化机构,建立完善理论资料数据库,培养引进专家队伍,紧紧围绕党和国家工作大局,宣传、出版、传播马列主义、毛泽东思想、中国特色社会主义理论体系及党的路线方针政策。"工程"自主研发的语义查询系统、概念关联系统、引文自动比对、自助听读系统、经典诵读、经典视频导读、理论学习自测、多功能动画书、"人民出版社手机网"等特色服务功能,以其丰富多样的视、听、检索、比对等传播手段受到读者欢迎。

盲文出版工程 《新闻出版公共服务体系建设"十二五"时期规划》提出:实施盲文出版工程,要依托中国盲文出版社建设国家盲文出版基地,配置盲文刻印机、盲文制版印刷生产线等生产设备,保障盲人义务教育和职业培训盲文教材出版。努力开发符合盲人认知的盲文乐谱、工具书、期刊,出版好《盲人百科全书》等重点图书;发展盲文、盲人有声、大字本读物和信息化学习辅具等多种形态出版。建设中国盲文图书馆。

党报党刊等重点报刊传播能力建设工程 《新闻出版公共服务体系建设"十二五"时期规划》提出:实施党报党刊等重点报刊传播能力建设工程。支持各级党报党刊等重点报刊的采编信息化建设和党报印刷设备技术改造;选择一批办报办刊条件差的党报配置新闻采编系统、组版系统、采访设备,配置必要的报纸印刷及辅助设备。

公共阅报栏(屏)建设工程 《新闻出版公共服务体系建设"十二五"时期规划》提出:实施公共阅报栏(屏)建设工程。要以县(县级市)城区街道、乡镇为建设重点,选择人员流动大的地点设置阅报栏(屏);逐步覆盖城镇主要街道、大专院校、居民小区、较大的寺庙(清真寺)和其他人员流动较大的场所。

国家古籍整理出版工程 《新闻出版公共服务体系建设"十二五"时期规划》提出:继续实施国家古籍整理出版工程。推出300种国家重点古籍整理出版项目;着力支持体现中华文化精髓、适应时代要求的古籍经典;加强对数学、天文历法、农医等科技典籍的整理出版,增加稀见社会文献档案、散失海外的中华古籍珍本、出土文献等的整理出版;甄选一批古籍精品进行翻译,促进出版走出去;加强古籍数字化成果的出版,提高古籍整理出版成果的使用和应用能力。

国家重点学术期刊建设与学术论文发布平台项目 《新闻出版公共服务体系建设"十二五"时期规划》提出:实施国家重点学术期刊建设与学术论文发布平台项目。建立学术期刊科学遴选和培育机制,重点支持代表我国学术水平、具备国际办刊能力、具有良好发展前景的学术期刊发展,推动我国学术期刊整体学术水平和国际影响力的提升;建立覆盖全学科领域数字学术期刊,打造学术论文发布平台,建立多学术期刊单位的在线投稿、同行评议、出版与发布系统。

中国出版博物馆建设 《新闻出版公共服务体系建设"十二五"时期规划》提出:实施中国出版博物馆建设项目。汇集和展示中国出版业历史资料、典藏文物,展现中国出版业的悠久历史、辉煌成就和发展历程;开设互动体验区,使参观者亲身体验中国出版文化的悠久魅力和技术水平;开展学术交流,促进中国出版文化研究,发挥博物馆的教育启蒙和历史传承作用。

全国全民阅读媒体联盟 2013年4月11日,由中国新闻出版传媒集团联合人民日报、光明日报、经济日报、工人日报、长江日报,以及搜狐网、腾讯网等78家中央和地方媒体共同发起建立的主题性媒体联谊组织全民阅读媒体联盟,在武汉宣告成立。全国全民阅读媒体联盟的宗旨是,为了聚合媒体力量,倡导全民阅读,打造书香中国,建设和谐社会。成立大会上宣读了全国全民阅读媒体联盟宣言。联盟成立之后的第一项活动,就是组织媒体走进武汉的书香家庭、书香校园、书香企业,以及书香地铁,开展全民阅读的采访。

全国中小学生课外文体活动工程示范区 为引导学生参加课外文体活动,教育部、国家体育总局决定实施"全国中小学生课外文体活动工程",并授予开展活动成效突出的地(市)、县(区)为"全国中小学生课外文体活动工程示范区"称号。2001年进行了首次示范区的评选表彰。全国中小学生课外文体活动工程示范区的评选遵照《全国中小学生课外文体活动工程示范区基本条件》的规定开展。2001年5月28日教育部、国家体育总局、共青团中央、全国少工委《关于实施"全国中小学生课外文体活动工程"的通知》规定:基本条件包括课外文体活动能够充分体现素质教育的要求,在培养学生的创新精神与实践能力方面有明显的特色。课外文体活动组织机构健全、各部门齐抓共管,目标清晰具体、计划可行性强、实施措施得力。课外文体活动确实做到了面向全体学生,学生参与面达到学生总数的95%,活动的内容和形式能够激发学生的参与热情。课外文体活动体现了普及与提高相结合的原则,内容中既有广泛的群众性普及活动,又有高水平的比赛活动,能够满足不同学生的需求。能够充分有效地开发与利用当地的文化体育教育资源,并逐步改善各项文体设施。有一支素质较高,并相对稳定的课外文体活动指导教师队伍。在促进中小学生的身心健康方面已取得明显的实效。

雪炭工程 是国家体育总局贯彻《全民健身计划纲要》,利用体育彩票公益金,在全国范围内援建具有综合性公共体育设施的活动。旨在积极扶持中西部地区和少数民族地区发展体育事业。援助的对象主要是革命老区、边疆少数民族地区、贫困地区、资源枯竭和下岗职工较多的地区、受灾受损严重的地区。援建项目坚持从实际出发、量力而行、因地制宜、以人为本、小型多样、经济实用、讲求效用、服务群众的原则,不搞统一模式。援建项目可以是室内设施、室外设施或室内与室外相结合的设施。无论建设哪类设施,均要求建一处较具规模(器材在20件以上)并与环境绿地相配套的全民健身路径园区。

全民健身计划 2011年2月15日国务院下发《关于印发全民健身计划(2011—2015年)的通知》,正式启动全民健身计划。全民健身计划是指一个由国家领导、社会支持、全民参与的,有目标、有任务、有措施的体育健身计划,是与实现社会主义现代化目标相配套的社会系统工程和面向21世纪的发展战略规划。具体内容包括:深入开展全民健身宣传教育、切实加强青少年体育工作、大力发展城市社区体育、加快发展农村体育、广泛开展职工体育活动、积极发展少数民族传统体育、全面发展老年人体育、大力推广残疾人体育活动、继续推行体育锻炼标准、办好群众性体育活动。全民健身计划以全国人民为实施对象，以青少年和儿童为重点。

青少年体育活动促进计划 是指由体育彩票公益金资助，围绕"增强青少年体质"的核心任务，以建设青少年体育活动场所、培育青少年体育服务组织、提高青少年体育指导者素质为基础，开展丰富多样的体育活动，培训青少年体育技能，普及体育文化知识，培养青少年体育锻炼习惯，形成终身体育的意识和能力，不断增进青少年体质健康水平，促进青少年全面健康发展的中长期发展规划。2010年正式启动实施。主要内容包括：(1)以全国青少年未来之星阳光体育节为龙头，广泛开展青少年体育活动，并不断加大体育彩票公益金的投入。创办全国青少年"未来之星"阳光体育节；举办"阳光体育"系列比赛和活动；加强青少年体育健身的科学指导，自2009年起，举办"科学健身大讲堂校园行"系列活动。每年在全国10个以上省份开展；深入开展校园足球活动。(2)加强青少年体育组织建设。(3)拓展青少年体育活动场地设施。深入推进学校体育场馆向公众开放；开展国家级青少年户外体育活动营地命名与资助。2009年启动了国家级青少年校外体育活动中心的创建工作；联合体育基金会实施青少年体育助训计划。

体育场馆向社会开放 全国从2007年起试点实施学校体育场馆向社会开放工作。旨在满足学校体育教学和学生体育活动需要，保证安全有序的前提下，采取适合的模式，积极创造条件，利用空闲时间对学生、教职员工、附近居民、社会体育组织、机关企事业单位开展体育健身活动，确保公休日、节假日和寒暑假全天向社会开放。体育场馆向社会开放的工作目标是，充分调动和发挥各级政府的主导作用，形成政府主导，社会关注，有关部门分工负责、齐抓共管的工作局面。积极探索和建立开放工作的长效机制，不断提高学校体育场馆的利用率，缓解社区居民体育健身需求与体育场地不足的矛盾，进一步推动全民健身活动深入开展，促进和谐社区的建设。

阳光体育科学健身校园行活动

由国家体育总局和教育部主办，2009年举办首届，每年一届。旨在贯彻落实中共中央、国务院《关于加强青少年体育增强青少年体质的意见》，推动"全国亿万青少年阳光体育运动"的深入广泛开展。重点依托国家级青少年体育俱乐部所在的学校，以举办健身大讲堂为主，融健身知识、奥林匹克知识以及阳光体育项目体验于一体，同时引进国内外最新体育项目，开展具有趣味性、竞技性的体育游戏，培养学生的团队意识，提高学生的运动兴趣，丰富学生的体育文化生活，增强学生的体质。

西部青少年体育助训关爱计划

由中华全国体育基金会实施。2010年正式启动。该项目计划在四年内，募集社会公益资金1080万元，支持青少年体育事业的发展。青少年体育助训关爱计划，包括革命老区体校体育助训资助项目和西部地区青少年体育助训资助项目两部分。中华全国体育基金会将用600万元公益资金开展革命老区体校体育助训资助项目，计划在全国范围内选择60所革命老区体校进行资助，扶持老区体校更好地开展业余训练。将筹集480万元用于西部地区青少年体育助训资助项目，四年内为西部地区12省区市业余训练成绩突出、品学兼优的在训生提供训练资助，每人每年给予2500元的资助，帮助他们顺利参加体育业余训练。青少年体育助训关爱计划将把青少年体育特别是我国西部地区以及革命老区的青少年体育作为资助的重点,鼓励更多具有体育天赋的青少年参与业余训练,帮助他们成长为优秀的体育后备人才。

全国全民健身操大赛 由国家体育总局体操运动管理中心主办。2012年举办第一届,每年一届。全民健身操舞起源于健美操,拓展为全民健身操舞后,目前在大赛里共设有时尚健身(舞)、健美操大众锻炼标准(第三套)、民族健身操(舞)、健酷街舞、时尚健身课程和广场健身操舞六大板块。大赛分少儿组、青年组、老年组、残疾人组。在全国各省(市、区)设分赛区,然后集中进行总决赛。是目前我国健身操大赛设立项目最多、参与人数最广、运动员年龄跨度最大的赛事。

"公益体彩 快乐操场"活动
2012年,国家体育总局体育彩票管理中心在全国发起了"公益体彩 快乐操场"活动,首批为山东、广西、甘肃、黑龙江、福建5个省的共100所条件落后的中小学配备了急缺的体育器材和设施。2013年,"快乐操场"活动的力度更大、范围更广,有来自河北、山西、吉林、江苏、江西、河南、湖北、湖南、贵州等9个省的至少400所中小学校获得由中国体育彩票捐赠的运动器材,让孩子们充分享受到体育运动带来的欢乐。这是中国体育彩票履行社会责任的具体体现。

"红红火火过大年"全民健身志愿服务活动 国家体育总局为认真贯彻落实党的十八大精神,进一步推动全民健身志愿服务活动持续健康发展,按照中央文明办《关于在春节期间组织开展"红红火火过大年"主题志愿服务活动的通知》要求,决定2013年春节期间在全国组织开展以"红红火火过大年"为主题的全民健身志愿服务活动,为广大人民群众在节日期间参加体育锻炼提供服务,促进形成参与健身、追求健康的科学生活方式,营造欢乐喜庆、文明向上、温馨和谐的节日氛围。该活动从着力提高公民身体素质和生活质量入手,大力倡导树立科学、健康、文明的生活观念,引导更多的群众参与到全民健身活动中来。将"过大年"活动与"体育下乡"、"体育进社区"、"健身大拜年"等活动有机结合起来,成为了丰富和活跃群众节日文化体育生活的重要形式和主要内容。

农民体育健身工程 农民体育健身工程列入了《国民经济和社会发展第十一个五年规划纲要》,从2006年开始正式实施。国家体育总局发布的《关于实施农民体育健身工程的意见》指出:是指以行政村为主要实施对象,以村级公共体育场地建设为重点,把场地建到农民身边,把体育服务体系覆盖到农村。农村公共体育场地设施建设的基本标准是:一块混凝土标准篮球场,配备一副标准篮球架和2张室外乒乓球台。在此基础上,提倡经济条件较好,人口较多的地区在尊重农民意愿的前提下,增加面积、器材及设施,形成体育文化广场,更好地满足农村体育文化生活需求。到2010年,占全国六分之一的行政村建有标准的公共体育场地设施,惠及约1.5亿农民。以此为契机,搭建农村体育公共服务平台,构建面向广大农民的体育服务体系,带动农村体育组织建设和体育活动的开展,引导广大农民形成健康、科学、文明的生活方式,使我国农村经常参加体育锻炼的人数明显增加。

科学健身示范区建设 是指以提高全民健身科学化水平为目标,围绕人民群众科学健身的各种需求,促进人民群众的科学健身意识和科学健身水平的提高,依托社区、乡镇、大型企事业单位,集科学健身咨询、知识普及、成果转化为一体的多元化科学健身示范区。国家体育总局于2013年5月启动建设。示范区建设的主要任务:从制度设计、政策配套、项目跟进等进行系统设计,科学论证,统筹推进;强化资源整合,围绕形成"政府主导、部门协同、全社会共同参与"全民健身发展新格局的总体要求,把科学健身作为全民健身事业发展的突破"瓶颈",最大限度地整合资源,抓规划、抓指导、抓督促;健全工作机制,围绕"政府主导、部门合作、科学支撑、惠民服务"的工作思路,从注重硬件建设向注重软件建设转变,一方面把科技研究的成果转化在全民科学健身指导上,另一方面又把群众对科学健身的需求转化为科学研究的方向;加强项目统筹,抓好检查和督导,及时发现和解决试点存在的问题;发挥示范区的自主作用,坚持"规定动作"和"自选动作"相结合,最大限度地激发基层的积极性,使群众的健身意识、经常参加体育锻炼的人口比例、科学健康素养和生活方式有新的发展。

西部科普工程项目 中国科协为配合国家西部大开发战略,从2000年以来,组织全国性学会和地方科协,在西部地区以及吉林省延边朝鲜族自治州、湖北省恩施土家族苗族自治州、湖南省湘西土家族苗族自治州实施"西部科普工程",面向青少年、农民、干部和群众,弘扬科学精神、普及科学知识、传播科学思想和科学方法,提高公众特别是少数民族群众的科学文化素质,促进科技进步、人才培养、生态环境建设、产业结构调整,实现社会和经济可持续发展。实施"西部科普工程"总体目标是,围绕全面建设小康社会、建设社会主义新农村和构建社会主义和谐社会的奋斗目标,坚持以科学发展观为指导,以提高西部地区公众科学素质为目的,大力加强西部地区基层科普能力建设,推动《科学素质纲要》在西部地区的贯彻落实。资助项目主要包括:西部地区科协、少数民族科普工作队等的科普能力建设;支持西部地区开办电视广播栏目和节目;支持少数民族语言文字科普报刊的编印,支持科普宣传挂图、图书等宣传材料的编印;支持地方科协、全国性学会在西部地区开展科普宣传、培训等。

科普大篷车服务 2000年,中国科协针对科技场馆短缺的问题,借鉴国外开展科技传播的先进经验,提出了研制多功能流动科普宣传设施——科普大篷车的建议,并在国家财政的支持下,承担了研制和配发科普大篷车的任务。到2003年底,共研制了3种型号的科普大篷车(Ⅰ型、Ⅱ型和青少年科学工作室科普大篷车)38辆,配发给23个省、自治区、直辖市的省、地(市)、县级科协使用。科普大篷车以其丰富多彩的展示内容、多种媒体的教育方法、机动灵活的活动方式,弘扬了科学精神、普及了科学知识,将科学思想和科学方法传播到了西部偏远地区和广大农村,受到了广大公众和科普工作者的欢迎。科普大篷车在一定程度上弥补了我国科技场馆等科普设施空间分布不均的缺陷,增加了公众获得科技知识和信息的机会,产生了长远的科普效果;丰富了科普工作的形式,增强了科普的效果和影响力;起到了整合科普资源、促进科普队伍建设和科普组织可持续发展的作用;科普大篷车与传统科普工作有机结合,促进了各项传统科普工作的创新。

全国"科教进社区"活动 2002年中央文明办等十部门在全国组织开展科教、文体、法律、卫生"四进社区"活动。"科教进社区"的开展,促进了社区科普活动的经常化、群众化和社会化,激发了广大社区居民参与科普的积极性;促进了社区科普队伍、设施和资源建设,科普服务能力得到加强;促进了科普法的贯彻落实,初步形成了全社会重视社区科普工作的新局面;为居民参与科普提供了机会,满足了其对科普的需求,促进了公众科学素质的提高。各地从实际出发,广泛发动群众,精心组织活动,坚持常抓不懈,"科教进社区"活动全面开展,不断深化,呈现出整体推进、扎实深入的良好态势,在促进城市社会经济协调发展、提高群众生活质量、提升社区文明程度、保持社会安定团结等方面发挥了积极的作用,受到了广大人民群众的欢迎。

全国公众科学素质电视大赛

2004年中国科协会同广电总局、中央电视台举办首届公众科学素质电视大赛。2007年举办第二届，以后每2年举办一届。每届确定一个活动主题。旨在充分发挥大众传媒的优势和作用，广泛开展面向公众的科学教育、传播和普及，提高公民的科学素质。

中国互联网协会网络科普联盟

简称网络科普联盟。是由相关政府部门，全国主要科普网站和有关新闻网站、商业网站，与互联网相关的社会团体、企业、科研、教育单位和大众传媒等领域及从事网络科普工作的专家、学者自愿组成的从事非营利公益性科普活动的社会团体，由中国科协和中国互联网协会共同发起，并经信息产业部批准，于2004年9月2日在北京成立。宗旨是遵守国家法律法规，遵守社会道德风尚和网络道德规范；团结全国从事网络科普的网站、栏目和相关机构，共同推动网络科普事业的发展；整合我国网络科普资源，促进网络科普资源的开发与利用；推动网络科普活动主体开展国内外学术交流、协同合作与资源共享，形成网络科普的规模效益；提高我国网络科普水平，为社会提供丰富的网上科学教育和科学文化信息；充分利用现代信息技术推动科普事业发展，为提高全民族科学文化素质和人的全面发展做贡献。基本任务是，广泛联系从事网络科普活动的互联网站、栏目和有关机构，积极推动网络科普网站和栏目的建设与发展，不断增强为网络用户和社会公众服务的能力；为成员单位和网络科普主体提供服务，维护整体利益，协调相互关系，推动网络科普活动主体的协同合作、互惠互利和资源共享；加强网络科普的信息沟通和经验交流，推动国际间的交流与合作，开展培训工作，努力提高网络科普水平；探索网络科普发展规律和发展战略，研究我国网络科普发展过程中的问题与对策，追踪国外网络科普的最新发展，对我国网络科普事业的发展提出政策建议；开展网络科普活动，树立组织形象，发挥组织优势，形成有影响、有规模和有品牌效应的网络科普行动；表彰奖励在网络科普中做出突出成绩的先进单位和个人；完成中国互联网协会委托的各项工作。

全国科普"站栏员"建设 中国科协于2005年在《关于进一步加强农村科普工作的意见》中，提出推进全国"一站、一栏、一员"（科普活动站、科普宣传栏、科普宣传员）的建设。这对于增强基层科普服务能力、探索科普工作长效机制起到了很好的促进作用。为深入贯彻落实《全民科学素质行动计划纲要》，切实发挥好科普"站栏员"在提高基层公众科学素质方面的重要作用，2009年4月28日中国科协科普部发出的《关于推进全国科普活动站、科普宣传栏、科普员建设工作的通知》提出：围绕落实《科普基础设施发展规划》，积极发展科普"站栏员"；加强对全国科普"站栏员"工作的指导和服务；开展监测评估，促进全国科普"站栏员"科学发展，积极推动全国科普"站栏员"的加快发展。

全国示范科普画廊建设 中国科协科普部于2005年11月启动了全国示范科普画廊的评选工作。旨在提高各地橱窗式科普画廊的水平，使其更好地发挥在弘扬科学精神、普及科学知识、传播科学思想和科学方法等方面的重要作用。要求全国示范科普画廊的管理使用部门和负责指导工作的各级科协组织，按照《全国示范科普画廊标准（橱窗式）》的要求做好科普画廊的管理和使用，引导和带动全国科普画廊工作向规范化和规模化方向发展。中国科协科普部将定期对各示范科普画廊的工作进行检查，对于不符合《全国示范科普画廊标准（橱窗式）》要求的科普画廊，将取消其全国示范科普画廊的资格。

科技馆活动进校园 2006年8月21日中央文明办、教育部、中国科协联合下发《关于开展"科技馆活动进校园"工作的通知》，决定从2006年起开展该项工作。旨在深入贯彻落实《中共中央国务院关于进一步加强和改进未成年人思想道德建设的若干意见》、《中共中央办公厅国务院办公厅关于进一步加强和改进未成年人校外活动场所建设和管理工作的意见》和《全民科学素质行动计划纲要》，充分发挥科技馆作为公益性科普活动场所在提高未成年人科学素质和思想道德建设中的重要作用。科技馆活动进校园工作的关键是使科技馆资源与学校教育特别是科学课程、综合实践活动、研究性学习的实施相结合，促进校外科技活动与学校科学教育有效衔接。这项工作与《科学素质纲要》中未成年人科学素质行动的实施密切相关，同时也是科学教育与培训、科普资源开发与共享、科普基础设施等公民科学素质建设基础工程的组成部分。科技馆活动进校园包括：积极研究、策划、开发、设计与学校科学课程相适应的活动内容，制定规范化的活动方案；动员社会力量参与此项工作，探索构建社会化的合作平台；加强科技馆活动进校园的队伍建设。

科普惠农兴村计划 由中国科协、财政部于2006年联合启动实施。根据农村科普工作的特点，科普惠农兴村计划通过"以奖代补、奖补结合"的资金投入方式，通过表彰、奖补农村专业技术协会、农村科普示范基地、少数民族科普工作队和农村科普带头人，以点带面，榜样示范，进一步激发广大农村基层科普组织和科普工作者的积极性、创造性，引导激发广大农民学科学，讲科学，用科学的积极性、创造性，引导全社会共同关注农村科普工作，助力社会主义新农村建设。农村专业技术协会是农民自己的技术合作组织，是科普惠农的重要基层组织。农村科普示范基地是引导、培训农民学科技用科技的重要场所。农村科普带头人是农民学科技用科技的领路人，是科普惠农的重要队伍。少数民族科普工作队是指导少数民族地区群众学科技用科技的专门队伍。该项计划于 2007 年、2010 年和 2012 年,三次被写入中央一号文件。

中小科技馆支援计划 2006 年启动实施。中小科技馆支援计划是具体实施《全民科学素质行动计划纲要》"科普基础设施工程实施方案"的重要行动。主要工作思路是,围绕提高中小科技馆工作水平和能力的工作目标,逐年开展适宜的活动,逐步完善该计划,在"十一五"期间使我国更多中小科技馆受益。组织常设展品巡展活动,支援中小科技馆内容建设是中国科协加强基层基础科普能力建设的项目和品牌,全国共划分四个巡展活动区域,分别由北京、上海、安徽、湖北四地科协和科技馆负责组织实施,各承办单位都举办了区域内的首站巡展活动,取得了良好的效果。

万名科技专家讲科普活动 2008 年 3 月在"纪念中国科协成立 50 周年"时正式启动,也是中国科协贯彻党的十七大精神,落实《全民科学素质行动计划纲要》,动员广大科技工作者致力于提高全民族的科学素质,为建设创新型国家做贡献的一项具体措施。由中国科协主办,中国老科学技术工作者协会具体承担。开展的活动主要有各级科协、学会组织的科技专家讲科普系列报告会及品牌科普报告会、"建设节约型社会科普知识宣讲"、"院士专家校园行"等活动。中国科协将建立全国优秀科普报告团数据库和优秀科普报告数据库,为各地提供信息共享。该活动组织动员广大科技专家深入机关、学校、企业、部队、社区和农村举办形式多样、丰富多彩的科普报告。此项活动已逐渐成为中国老科学技术工作者协会的"品牌工程"。

全国县级青少年校外科普教育共建共享 2008 年为贯彻落实《全民科学素质行动计划纲要》要求,充分发挥基层现有基础设施的科普教育功能,不断满足公众提高科学素质的需求,教育部基础教育一司和中国科协科普部决定依托已建成的县级青少年活动中心、整合当地的科普资源和力量,积极探索共建共享县级综合性科普活动场所发展的有效途径和方法。为更好地推进该项工作,计划先期在全国选取有一定基础的县(市、区)开展试点工作,积累和总结经验。2009年9月,决定在2008年实施"县级青少年学生校外活动场所开展科普教育共建共享试点工作"的基础上,进一步扩大试点范围,继续开展县级试点工作。试点的主要任务:依托中央彩票公益金资助建设(包括地方自建)的县级青少年学生校外活动场所,在当地党政部门领导下,整合利用教育、科普等相关资源,强化校外场所的科普教育功能,不断满足青少年参与校外科技活动的需求,促进校外科技活动与校内科学教育的有效衔接,提升广大青少年的科学素养。主要建设内容包括:探索建立教育行政部门、科协组织及有关部门联合推进青少年科普教育工作的有效机制;以强化校外场所的科普教育功能为切入点,从科普教育的阵地及网络建设、科普教育项目内容的设计、校外科普活动与校内科学教育的有效衔接、科普教育的师资队伍建设等方面,探索校外场所科普资源共建共享的工作机制、保障机制及有效模式。

科普资源共建共享工作 2008年6月20日中国科协发布《科普资源共建共享工作方案(2008—2010年)》,正式启动科普资源共建共享工作。总体目标是,到2010年底,科普资源的总量有较大增加,资源种类的结构较为合理,资源开发水平显著提升,为公众、科普工作者和大众传媒提供科普资源服务的能力明显提高,可为我国公民科学素质建设工作提供强有力的资源支撑。计划开发并集成一批包括科普读物(含挂图)、广播影视、软件(含动漫)、展览资源和科普活动资源包等优质科普资源。所开发的资源将最大限度实现数字化,收入中国数字科技馆。中国数字科技馆集成包括数字专题馆(含专栏)、图片、挂图、专题展览、动漫作品、音像制品、科普报告、科普研究文献、科普教育基地信息、科技馆展品资料和科技博物馆展品资料等总量超过2TB 的科普资源,并全部拥有网络传播权,通过互联网为社会提供公益性的科普服务。搭建由科普出版物配送服务平台、广播电视节目服务平台、科普活动服务平台、展览资源共享服务平台、互联网科普服务平台构成的中国科协科普资源共享服务平台,通过多样化服务模式为公众、科普工作者和大众传媒提供不同形式、不同层次的服务。

中国科协"华硕科普图书室"

2009 年 2 月由中国科协等单位主办的"华硕科普图书室"项目在北京启动。该项目五年内在全国城乡共建 1000 个"华硕科普图书室",华硕集团资助 5000 万元,向基层科普单位捐赠科普图书、电脑和打印机,以提高基层科普能力和信息化水平。每一个"华硕科普图书室"配备有 1 台电脑、1 台打印机及 3000 册图书。所配电脑由华硕集团统一购置送达;所配图书由各受赠单位通过网络在指定的图书目录中进行选择。"华硕科普图书室"建设按照与重点科普工作相结合、重点扶持、服务基层的原则,选择有共建意愿、科普工作基础好、创新意识和执行能力强的基层科协开展共建工作。要求共建项目所在的基层科协选择公民科学素质建设工作有基础、改善科普设施有需求、管好用好图书室有保障的乡镇、村、学校、农村专业技术协会、农村科普示范基地或农村科普带头人作为受赠对象。"华硕科普图书室"要求选址在便于群众出入的地方,确定专门管理人员,制定管理运行制度,提前备好书架、桌椅等设备,长年接待群众借阅,积极配合有关单位开展科普培训和宣传,为公众学习科学文化知识提供服务。

繁荣科普创作资助计划 2009年4月,中国科协开始实施繁荣科普创作资助计划。旨在贯彻胡锦涛总书记在纪念中国科协成立50周年大会上的重要讲话精神,落实中央书记处、国务院领导关于进一步繁荣科普创作,加大奖励和扶持优秀原创科普作品的力度,鼓励广大科技工作者更好地参与科普创作和科普活动的指示精神,希望通过实施繁荣科普创作资助计划,引导、鼓励和支持更多社会力量参与科普图书的创作和出版,营造鼓励原创科普图书创作、出版的环境和氛围,繁荣科普图书市场,以创作出版更加丰富、更加优质的科普图书,为提高全民族的科学文化素质服务。随着资助计划的不断实施,已把资助范围从科普图书扩展到音像、动漫、主题展览和科技馆展品等多种科普作品形式,进而促进全面繁荣科普创作,有力推进《全民科学素质行动计划纲要》的实施。

全国农民科学素质网络竞赛 始于2009年举办的"首届全国农村科普知识网络有奖问答活动"。农民科学素质行动协调小组为指导单位,中国科协科普部、农业部科教司为主办单位。旨在提高我国广大农民的科学素质,发挥网络在开展农村科普工作中的积极作用。竞赛以广大农民、农技人员、农村青少年和基层干部为主要对象,旨在推进农民科学素质行动,推动科普资源共建共享,提高广大农民、农村科普工作者以及涉农工作人员深度应用互联网知识资源的水平和能力,提升广大农民的科学素质。竞赛试题紧密围绕农民生产生活需求,难易适中,知识与趣味相结合,竞赛与学习相结合,大致分为科学发展、科学生产、科学生活、科学经营等四部分内容。竞赛采取网上答题的方式,网上答题平台可通过全民科学素质行动网、中国农村科普网等网站链接登录。

百县百项科普示范特色建设

为深入开展创建工作,进一步发挥全国科普示范县(市、区)在落实《全民科学素质纲要》中的表率作用,2009年中国科协科普部在全国科普示范县(市、区)组织实施"百县百项科普示范特色建设专项",支持、激励全国科普示范县(市、区)创建工作不断与时俱进,突出特色,创新发展;培育发掘一批基层实施《全民科学素质纲要》的先进典型;进一步发挥全国科普示范县(市、区)的示范带动作用,推动县域全面落实《全民科学素质纲要》。

华硕大学生IT科普志愿者行动

为积极响应中国科协"科普惠农兴村计划",使社会真正关注农村电脑知识普及,培养科普人才为家乡信息化发展贡献力量,2010年6月,华硕电脑携手中国科协科普部面向全国在校大学生,开启"你的行动 中国的未来——华硕大学生IT科普志愿者行动",号召广大莘莘学子关注家乡信息化发展,为家乡的科普事业和信息化建设贡献力量。该活动在全国300多所高校展开,由华硕硕士生团队负责校园宣传,主要针对来自农村地区的大学生进行志愿者招募。在经过初步的筛选之后,主办方在北京、广州、济南、西安、武汉、南京、福州、郑州、沈阳、重庆、昆明、杭州、成都、南昌等至少14所城市,对志愿者们展开为期3天的强化培训。其间,华硕电脑将联合专业机构,为学员们奉上精心准备的课程,系统培训电脑知识及应用技巧,提升演讲能力和活动组织能力,并协助志愿者们根据家乡的电脑普及情况,制定相适应的科普方案。培训结束后,志愿者们将返回家乡实施各自的科普方案,中国科协各基层组织和华硕公司将密切关注、予以支持,以更好推进科普方案的展开。活动结束后,由中国科协科普部、中国科协农技中心、中国农函大和华硕公司组成评委团,对大学生IT科普志愿者的实践成果进行评选,所有完成科普实践的志愿者都将获得主办方颁发的实践证明。

科学讲坛 依托中国科学院、中共中央宣传部、教育部、科学技术部、中国工程院和中国科学技术协会共同主办的"科学与中国"院士专家巡讲团,由中科院院士工作局、中国科协学术学会部、中国科协科学技术普及部、中国科技馆4家单位共同承办,为系列高层次科普讲座活动。旨在通过科普讲座的形式,在院士、专家与社会公众之间搭建沟通交流平台,让公众近距离接触科学大家,使科学家有机会将先进的科学技术知识和科学文化理念传播给公众。2010年6月20日启动首场讲座,并定期在中国科学技术馆举办。科学讲坛作为一项系列科普讲座活动每周末在中国科技馆举行。听众采用网络预约方式参与,访问中国科技馆官网可看到当期活动详情并进行在线预约。与此同时,"科学讲坛"还开发出书籍、音像制品等系列科普产品,让没有机会亲临现场、没有条件上网的公众也能聆听"科学讲坛"带来的科学声音,以最大程度发挥这项科普资源的社会效益。

大手拉小手——科普报告希望行活动 2011年3月28日,中国科协"大手拉小手——科普报告希望行"活动首次在山西省吕梁市启动。每年举办一次。科普报告团已成为中国科协面向广大基层开展科普教育和宣传的一支重要队伍。科普报告团的成员包括各部委、院、校的退休和未退休专家、教授等,是科技界备受关注的科普队伍之一。他们利用自己在长期科研一线工作中积累的丰富知识,以浅显、通俗的语言,生动形象的图片,讲述公众和青少年最为关心的科学热点问题、技术成果和未来发展趋势。同时,中国科协还帮助中东部地区建立本地科普报告团队伍,加强本地的科普报告团建设,增强他们自身开展科普报告的能力,以点带面,扩大覆盖面。

中国流动科技馆全国巡展

2011年9月正式启动,是中国科协与各级地方科协,中国科技馆与各省级科技馆共同协作,支援并带动我国科技馆建设薄弱地区科技馆事业发展的一次联合行动。中国流动科技馆以"体验科学"为主题,旨在为老少边穷地区观众提供参与科学实践的场所,让他们亲身感受"体验科学"的快乐,从而促进我国全民科学素质的整体提高。中国流动科技馆项目是在中国科协指导和支持下,以中国科技馆设计团队为主要力量开发研制成功的,展览面积约为700平方米,设置了声光体验、电磁探秘、运动旋律、生命奥秘和数学魅力5个主题展区,40余件易于组装和布展的小型化经典互动展品与科学表演、科普活动相结合,为公众提供了参与科学实践的活动场所,通过观众与展品、科学实验的互动,达到激发科学兴趣,启迪科学观念,传播科学精神、思想和方法的目的。首批开发的9套展览分别支援山东、云南、青海、四川、宁夏、新疆、贵州、陕西、甘肃9个省和自治区,借助当地场地条件,由这9个省的省级科技馆配备专门人员,负责组织在本省县级站点的巡回展出,每个站点巡展3个月左右时间,预计一年内在全国40个革命老区或经济欠发达县进行巡回展览,并落户到这些地区进行长期展示,免费向公众开放,不断扩大流动科技馆的覆盖面。2012年8月为深入贯彻《中共中央国务院关于深化科技体制改革加快国家创新体系建设的意见》精神,落实《全民科学素质行动计划纲要实施方案(2011—2015年)》及国务院办公厅关于《听取全民科学素质行动计划纲要实施情况汇报的会议纪要》提出的对尚未建设科技馆的地区,要通过多种形式加强科普公共服务的要求,实现到2015年我国公民具备科学素质的比例超过5%的目标,中国科协在总结中国流动科技馆巡展试点工作经验的基础上,决定2013年在全国范围内开展中国流动科技馆巡展工作,进一步扩大流动科技馆的覆盖面。

电子科普画廊建设示范项目

2012年3月20日正式启动。为贯彻《全民科学素质行动计划纲要实施方案（2011—2015年）》，落实《科普基础设施发展规划（2008—2010—2015年）》，加强基层科普设施建设，推动全国科普"站栏员"创新发展，中国科协科普部2012年决定在部分省实施电子科普画廊建设示范项目。建设目标是，集成社会优质科普资源，建设电子科普画廊，开发科普视频资源，发展科普画廊网络，为公众提高科学素质提供最便捷、有效的服务，探索科普基础设施共建共享的运行、管理机制。建设内容包括：探索电子科普画廊建设、运行方式，建立与社会有关单位共建共享及运行维护、安全防护的机制；探索开发、集成电子科普画廊视频资源，建设播放网络等工作机制；建立健全总结电子科普画廊建设标准、运行管理办法等标准、规定。中国科协将适时对示范项目进行经验总结和交流推广，以推动全国电子科普画廊建设发展。

国家"基层科普行动计划"

为贯彻党的十七大和十七届三中、四中、五中、六中全会精神，落实《全民科学素质行动计划纲要（2006—2010—2020年）》，充分调动全社会深入基层、贴近实际、贴近生活、贴近群众开展科普工作的积极性和主动性，引领激发广大群众学科学、用科学的积极性和创造性，中国科协、财政部于2012年4月决定联合实施"基层科普行动计划"（以下简称"计划"）。该计划由"科普惠农兴村计划"和"社区科普益民计划"两个子计划构成。是在总结实施"科普惠农兴村计划"经验和"社区科普益民计划"试点工作的基础上，经过深入调研和分析基层科普工作特点的基础上确立的。计划将通过"以点带面、榜样示范"的方式，在全国评比、筛选、表彰一批有突出贡献的、有较强区域示范作用的、辐射性强的基层科普先进集体和个人。中央财政采用"以奖代补、奖补结合"的方式给予资金支持，以带动更多的农民提高科学文化素养，掌握生产劳动技能,引导广大农民建立科学、文明、健康的生产和生活方式;提升社区居民科学文化素质,推动社区文化建设,教育和引领居民自觉抵制封建迷信和愚昧落后习俗,为社会主义和谐社会建设夯实思想文化基础。

全国科普教育基地特色科普活动 2012年4月16日为贯彻落实《全民科学素质行动计划纲要实施方案(2011—2015年)》,支持和引导全国科普教育基地进一步挖掘科普资源,拓展科普活动内容、创新活动形式,提升全国科普教育基地科普活动策划、组织与实施能力,逐渐树立全国科普教育基地科普活动品牌,中国科协科普部于2012年开展了全国科普教育基地特色科普活动项目申报工作。按照有关评审条件,组织专家评审,评出优秀类科普活动项目、示范类科普活动项目,并给予资助,鼓励全国科普教育基地广泛开展主题突出、内容丰富、特色鲜明、形式新颖、受益面广、时效性强的科普活动。同时,为发挥特色科普活动的示范引领作用,进一步提升全国科普教育基地开展科普活动的能力,获得资助的优秀类科普活动项目将被收录在《全国科普教育基地特色科普活动集锦》,以结集推广。

国家农村中学科技馆公益项目 2012年8月正式启动。2013年1月8日,中国科协办公厅发出《关于做好农村中学科技馆公益项目试点工作的通知》,旨在进一步提升农村科普公共服务能力,不断提升农村青少年科学素质,促进教育资源均衡化,促进科技馆展品产业化,在中国科协支持下,中国科技馆发展基金会(以下简称基金会)将在"十二五"时期实施"农村中学科技馆公益项目",面向全国特别是中西部地区筹建农村中学科技馆。农村中学科技馆建设内容,主要包括科普展品、数字科技馆、科普图书、学生科技创意作品和多媒体投影设备等。试点工作内容,主要包括探索扩大项目覆盖面的机制;探索试点中学管理运行的机制；探索科普展品规范的机制。该项目的组织实施是，基金会负责项目的策划和运作，负责募集社会资金，采购展品、图书、多媒体设备等科普资源；在中国科协支持下同有关省（自治区、直辖市）科协和试点中学签订协议，并以实物方式运抵受资助的试点中学。中国科协科普部负责指导地方科协科普机构组织、协调和落实项目的实施；地方科协协同地方政府组织负责为项目提供后期保障、管理和技术支持。试点中学负责项目的具体组织管理和实施工作。

向农民工送文化行动 2006年5月中华全国总工会联合教育部、劳动和社会保障部、文化部、国家广电总局启动"向农民工送文化行动"，旨在努力把多姿多彩的文化生活、健康丰富的精神食粮送到农民工中间，切实加大维护农民工精神文化权益的力度。"向农民工送文化行动"的日常组织实施工作，由各级工会承担。内容主要包括：进一步加强对农民工素质培训工作；积极开展为农民工放电影活动，筹备建立全国工会数字电影院线；充分发挥工人文化宫俱乐部、文化广场、文体协会、职工艺术节等精神文明建设载体的作用，建立农民工文化活动室和图书角，广泛开展送书籍、送文艺节目等内容丰富、形式多样的文化体育活动；充分借助教育、劳动、文化、广电等有关部门的优势和资源，加强协作、密切配合，沟通情况、形成合力，共同构建"向农民工送文化行动"的社会化格局。

希望书库 是冰心老人倡导发起的公益项目，从1995年起至2005年底，累计向农村地区的中小学校捐赠了价值人民币4000余万元的课外图书，有力地支持了我国农村地区的教育事业，为培育人才做出了重要贡献。在此基础上，希望书库以基金会组织的形式继续实施项目，新建机构的全称是"北京希望书库基金会"，是独立慈善法人组织，北京市科学技术协会为其业务主管单位。经北京市民政局批准依法注册登记,于2006年1月24日正式成立。"北京市希望书库基金会"旨在继续发展希望书库事业,传播优秀文化,提高全民素质,使知识和希望的种子播撒到更广阔的领域,并进一步规范希望书库活动。基金会成立后,主要开展希望书库及其延伸的捐赠活动,资助开展有益的全民素质提高学习工程,资助出版传播事业,资助青少年读书活动等。

全国"手拉手红领巾书屋" 2008年3月16日全国少工委正式启动"手拉手红领巾书屋"创建活动。创建活动以共建共享促和谐为主题,以"手拉手"为主要形式,为不同群体、不同地区少年儿童之间、少年儿童与社会各界搭建奉献爱心、帮困助学的桥梁,通过捐书、赠书、读书与交流活动,在全社会弘扬关心他人、团结友爱的风气,为广大少年儿童普及科技知识、传播先进文化提供精神食粮,积极倡导广大少年儿童团结互助、友爱奉献、相互学习、共同进步,竭诚为少年儿童健康成长服务。其中,"手拉手红领巾书屋"建设与服务特殊少年儿童群体结合起来,让其成为留守少年儿童学习知识的新课堂及丰富其课余生活的新家园。

共青团周末剧场 2011年12月由团中央宣传部、中国青少年宫协会共同发起,旨在丰富青年农民工及其子女的精神文化生活,推动团属青少年宫等公共文化设施向特殊群体免费开放服务,以在全社会营造关心、关爱农民工及其子女的氛围。在观众组织方面,主要采取由各城市共青团组织与外地驻本地团工委对接,分批组织进城务工的青年农民工及其子女集体参加的方式进行。该项活动在更多团属青少年宫推广,并逐渐常态化,在每周固定时间长期开展。同时,具备一定条件的青少年宫还将逐步增加公益讲座、艺术演出、心理咨询、体育活动、联谊交友等更为丰富的服务项目,以切实丰富青年农民工的精神文化生活,让他们感受到共青团组织的温暖,更好地融入城市,享受到社会公共文化资源。

共青团关爱农民工子女志愿服务 2010年初,共青团中央作出部署,要求全团统一行动,把开展"共青团关爱农民工子女志愿服务行动"作为履行团的基本职能、体现社会责任、促进社会和谐的重要工作内容,通过开展学业辅导、亲情陪伴、感受城市、自护教育、爱心捐赠等活动,广泛动员青年志愿者为农民工子女健康成长提供切实有效的志愿服务。按照团中央的部署,各地团组织一方面抓住五四青年节、六一国际儿童节的契机,集中开展了两次全团关爱农民工子女志愿服务行动;另一方面,扎实开展日常的志愿服务工作。截至2010年7月,全国435个地市级团委、2514个县级团委组织65.1万青年志愿者参与,青年志愿者与农民工子女结对55.4万对,服务农民工子女148.5万人,募集爱心捐款3089.6万元,爱心捐物价值1929.7万元。

"送欢乐下基层"大型文化惠民活动 是2005年以来中国文联为深入贯彻落实《中共中央关于做好元旦、春节有关工作的通知》精神,积极组织所属各文艺家协会和广大文艺工作者,坚持贴近基层、贴近实际、贴近群众,面向普通百姓广泛开展的一项公益性的文化服务活动。活动紧紧围绕繁荣先进文化、建设和谐文化,为构建社会主义和谐社会做贡献这一现阶段我国文化工作的主题,以努力丰富和活跃基层广大群众的精神文化生活,营造欢乐、祥和、文明的社会氛围为重点,以进一步推动保障和实现人民群众的基本文化权益为目标,组织戏剧、电影、音乐、美术、曲艺、舞蹈、民间文艺、摄影、书法、杂技、电视等各个艺术领域的文艺家和文艺工作者,奔赴革命老区、边疆地区、贫困地区、受灾地区和国家重点工程建设工地,深入到农村、社区、厂矿、军营、校园等基层单位,通过表演、展示、放映、慰问、捐助等各种方式,集中为节日期间的广大基层群众送去美好的精神食粮、送去党和政府的温暖、送去欢笑和快乐。

北京市东城区"公共文化资源分类供给"项目 是文化部、财政部第一批国家公共文化服务体系示范项目。东城区在创建中,通过"政府保障供给、文化普惠全民"的公共文化资源供给体系,针对不同群体差异化地供给公共文化服务。主要包括公共文化资源的五项分类:第一是由政府向公众直接提供的公共文化服务。第二是政府通过设置公共文化服务机构向公众提供的公共文化服务。第三是政府通过政策鼓励和扶植社会机构和人员向公众提供的公共文化服务。第四是政府通过购买社会资源向公众提供的公共文化服务。第五是由政府组织文化志愿者队伍向公众提供的公共文化服务。

北京市大兴区公共文化设施空间拓展服务 是文化部、财政部第一批国家公共文化服务体系示范项目。在创建中,探索形成了公共文化设施空间多维度拓展的"1+7"服务模式,即:在大兴区已建成区、镇、村三级公共文化服务网络的基础上,以公共交通设施空间、公共防空设施空间、公共教育设施空间、企业设施空间、公共行政设施空间、私人设施空间、虚拟空间等7类空间为辅助的多维度空间拓展模式。

北京市朝阳区文化居委会 朝阳区在创建第一批国家公共文化服务体系示范区中,首创"文化居委会"基层文化自治组织,以保障人民群众建设文化的主体地位。以堡头地区文化中心为试点,通过文化居委会议事制度,探索"自下而上"的反映百姓文化权益和文化愿望的途径,让社区居民通过文化议事增强了民主意识,引导群众在文化建设中自我表现、自我教育、自我服务。

北京市朝阳区文化产品供给模式 朝阳区在创建第一批国家公

共文化服务体系示范区中,建立了文化产品"以需定供"、"三中心"供给模式。通过开展调查,建立基层文化辅导中心、图书配送中心、传统文化传承中心,推行公共文化服务配送机制,满足了群众多样化的文化需求。

北京市朝阳区社会组织孵化中心 朝阳区在创建第一批国家公共文化服务体系示范区中,以创新社会管理形式为突破口,在街道系统建立社会组织孵化中心,通过培育、发展社区社会组织来满足地区居民多元化、多层次的文化服务需求。社会组织孵化中心在活跃该区文化生活方面发挥了重要作用。

北京市朝阳区公共文化服务导航系统 朝阳区在创建第一批国家公共文化服务体系示范区中,建立了朝阳区公共文化服务导航系统,编印了《朝阳区公共文化服务地图》,居民可"按图索骥"各类公共文化设施、文化团队与活动地点,随时轻松找到自己感兴趣的文化资源、文化场所、文化团队与文化活动,体现了公共文化服务的便利性。

北京市城市街区图书馆 亦称北京市城市街区24小时自助图书馆。是在北京市文化局的指导下,由首都图书馆牵头各区县图书馆共同实施建设,是北京市文化系统的折子工程。它基于北京市公共图书馆计算机信息服务网络,突破了时间、地点等因素的制约,将公共图书馆服务送入街区,市民可就近享受申办读者卡、自助借还书、续借、读者卡透支等服务,成为公共图书馆服务体系的重要组成部分。

北京市朝阳区图书馆图书配送中心 为了吸引周边读者,改善街乡图书馆图书更新速度慢、资源不丰富的问题,2010年12月30日,朝阳区图书馆成立朝阳区图书馆图书配送服务中心,建立一套为街乡和社区图书馆定期补充图书的长效机制。图书配送服务采用现代物流配送方式与传统图书馆送书上门、集体外借服务方式相结合，通过图书流通、交换，加速图书资源在区域内的共享，帮助建设居民身边最便捷的图书馆，逐步实现"小馆藏、大资源"的目标。

北京市"你点书我买单" 2011年期间，首都图书馆与新华书店携手开展"你点书我买单"大型公益活动，读者凭图书馆借书证可在市新华书店内点购借阅该馆尚未收藏但已公开出版发行的印刷型中文图书。读者在"点购"后，工作人员即完成贴磁条、著录、扫描等16道工序，新书直接借给读者。旨在满足不同年龄层次对图书的不同需求，让越来越多的人参与阅读、喜爱阅读。

北京市朝阳区"社区一家亲" 针对地区文化资源分散的问题，2001年朝阳区文化馆创办"社区一家亲"。"社区一家亲"系列文化活动，旨在整合当地文化资源，形成政府主导、社会支持、市民参与的新型文化格局，充分体现公共性、参与性和广泛性。通过年均150余场的演出、展览、培训、比赛和作品征集等活动，带动了朝阳区基层1400多支群众文艺队伍和200余家文艺协会的蓬勃发展，年参与"社区一家亲"人数达百万人。文化馆充分利用"社区一家亲"的影响力和辐射力，设立传统文化教育板块，在每年"春节"、"清明节"、"端午节"、"中秋节"等传统节日开展丰富多彩的传统教育活动。是一项具有基层特色的公共文化项目。2008年"社区一家亲"荣获朝阳区"十大"人文奥运品牌，2009年荣获全国首届"群文品牌"。2013年荣获第十届中国艺术节项目类"群星奖"。

北京市海淀区"契约式"公共文化服务 2005年为使政府部门集中精力履行社会管理职能，加强政府对公共服务的统筹能力，提高政府对事业单位的管理水平，海淀区将区文化委员会、区卫生局等系统承担公共服务职责的29个事业单位划归由新成立的区政府特设机构——政府公共服务委员会统一管理。在公共文化服务方式上，政府部门作为购买公共服务的代表，采取合同外包、招投标、民办公助等形式，与事业单位或其他社会主体建立契约式管理模式，逐步实现多元社会主体参与公共服务提供，实现公共服务资源由部门内配置向全社会配置的转变。

北京"文艺演出星火工程"
2006年，北京市文化局为贯彻落实《中共中央办公厅国务院办公厅关于进一步加强农村文化建设的意见》精神，在深入北京郊区进行公益性演出的基础上，以扩大在京郊农村群众性文化活动范围，而开展的一项演出工程。是北京市新农村文化建设重点工程之一。该工程实行先试点，后全面推广，最终完成300人以上的行政村每季度能观看一场文艺演出的目标。

北京市东城区快板沙龙 2006年12月正式组建。活动原则是，不分门派此彼、不分老少男女、不分职位高低、不分专业业余。活动宗旨是，讲求以板会友、讲求传承普及、讲求自编自演。自开办以来，文化馆成立以馆长为指导，副馆长牵头，文艺部分工负责，快板沙龙骨干具体组织实施的组织管理模式。活动时间为每周六14:00—17:00，具体活动安排为：14:00—14:30板友自由交流互相切磋；14:30—15:30由快板沙龙骨干教授打板技法；15:30—17:00为板友展示时间。为提高板友们的演技和创作能力，著名的快板表演艺术家朱光斗、王印权、张志宽、梁厚民、李立山、孟新、张长来、张文甫、李少杰、崔埼等先后受邀亲自示范和授课。

北京市"文化志愿者服务体系"
是在总结北京奥运会志愿者服务工作经验的基础上，根据《北京市志愿服务促进条例》和北京市市委、市政府《关于进一步加强和改进志愿者工作的意见》的有关要求，北京市文化局所属北京文化艺术活动中心（市群众艺术馆）成立了北京市文化志愿者服务中心，承担文化志愿者的服务和管理工作。北京文化志愿者自2009年招募至2012年12月，已有注册文化志愿者6000名，团体会员10个，共开展了62个服务项目，近4万人次文化志愿者参与服务，近200万名各界群众享受服务成果。2010年北京文化志愿服务体系荣获国家文化部第十五届"群星奖"项目奖。

北京市百姓周末大舞台 2010年北京"百姓周末大舞台"正式启动。从2010年5月起，北京城区的市民可以免费在各小区附近观看到专业文艺团体的演出。这是北京市继京郊"周末场演出计划"和"文艺演出星火工程"之后，推出的又一项公益惠民演出活动。活动由政府出资购买文艺演出和给予演出场地补贴。

北京市朝阳区文化馆基层文化辅导中心 2010年，朝阳区以区文化馆为核心建立了基层文化辅导中心，定期调研百姓文化需求，有针对性地为群众提供文化志愿服务。每年至少组织10项集中培训，每季度至少为43个街乡及社区单位等配送一次培训服务。

北京市朝阳区流动文化馆 为适应农民群众城市化后精神文化的需求，2011年朝阳区文化馆创意推出"流动文化馆"，主要利用流动演出车和朝阳区优秀基层文艺团队力量，将丰富多彩的文化资源送到农村百姓身边。"流动文化馆"依照各地区功能性需求，开展不同专题的演出、展览、电影放映、培训及图书配送等活动。

北京市"十大文化惠民工程" 北京市文化局提出2012年实施十大文化惠民工程。即（1）实施城乡一体化工程。重点是加强农村文化设施建设；发挥42个重点乡镇和53个北京最美乡村的示范带动作用；利用"四网合一（电网、互联网、电信网、广电网'四网合一')"平台,使村文化室成为看电影、听讲座、有娱乐、能上网的多种功能活动阵地;购买国产电影数字版权;扶持农村"一村一品"文化活动建设。(2)实施公共数字文化工程。开辟社区文化频道,将300万册图书和7000种期刊、2万场培训讲座等数字资源,输入社区文化室。(3)实施千场群艺大汇演工程。从2012年元旦开始,以"北京精神"为宣传主题,组织为期一年的群众业余文艺团队大汇演,演出场次达1000场。(4)实施万场演出下基层工程。整合中央院团、市属院团和民营院团三方面资源,组织104个院团实施万场演出下基层,其中安排农村演出9000场,社区、企业、校园演出1000场。(5)实施来京务工人员温暖工程。在来京务工人员生活和工作聚集区建设文化室,让外来务工人员能看上电视、读上报、看电影和玩健康知识型游戏。(6)实施文化服务示范达标工程。朝阳区创建成为国家公共文化服务体系示范区,东城区创建成为"公共文化资源分类供给"示范项目,大兴区创建成为"公共文化设施空间拓展方式"示范项目。(7)实施便民阅读工程。在北京繁华街区分批推出200台24小时自助借书机,实现图书借阅全天候服务。(8)实施文化组织员引领工程。为全市6634个社区和行政村文化室配备7000名文化组织员(面积大的配2人)。(9)实施文化志愿服务工程。实现注册文化志愿者总数超过2万人、文化志愿者每人每年提供志愿服务时间超过30小时的目标。(10)实施公共文化数据库工程。数据库内容主要包括:市、区县、街道乡镇、社区行政村四级文化机构的设施、设备、经费、人员、服务内容等基础数据。

北京市公共文化建设"三圈一链" 北京市朝阳区在创建第一批国家公共文化服务体系示范区中,提出"三圈一链"的公共文化建设服务模式。北京市借鉴朝阳区的成功做法,根据不同地区、不同特点的文化资源,规划不同内容特色的建设重点。以适应不同区域服务对象便利的不同距离为服务半径,形成覆盖城乡、结构合理、功能健全、实用高效的公共文化服务设施网点化布局。基本设想是,建设固定文化设施服务圈,即城市15分钟,农村30分钟圈;流动文化设施服务圈,即送电影、周末场演出圈;数字公共文化服务圈,即两个平台(文化信息资源共享工程、数字图书馆)数字公共文化服务圈,以及本土化与国际化互动共荣的公共文化产品生产、供应和品牌建设链。

北京惠民文化消费季 由北京市国有文化资产监督管理办公室等联合举办的首届北京惠民文化消费季,自2013年9月3日启动,截至10月7日,现场参加人次达515.7万,直接消费超过30亿元,其中10月1日至6日期间消费额达11.35亿元。"文化消费季"让群众成为主角,通过低票价进剧院、电影流动放映、工艺美术品无底价拍卖、网购让利促销等一系列方式,让市民享受实惠。同时,北京家庭阅读季以"儿童大学"、"我是书虫"、"科学与健康"、"生活的艺术"4个主题日的形式,通过96场内容丰富多彩、群众喜闻乐见的阅读讲座、活动、展览,以精选好书惠民展销、电子书折价阅读、图书限时抢购等文化惠民形式,为市民提供了一次全家参与的阅读盛宴,共计吸引客流171.5万人次。第二届北京惠民文化消费季于2014年8月20日正式启动,由十大专项活动、十大展销板块和16个区县活动组成。除首届已经尝试过的网络购物以外,本届的网上消费季增加了网络阅读、网络游戏、网络观影、网络教育、网络拍卖等活动类型。截至9月21日,"北京文化惠民卡"共计申领发放124万张,大礼包共发放58.5万套,签约商户1205家,门店2308个,加盟商户涵盖电影、戏剧、图书出版、艺术展览、教育培训等文化消费各个领域。

北京市朝阳区层级公共文化服务 北京市朝阳区在创建第一批国家公共文化服务体系示范区中，编制了《朝阳区公共文化设施空间布局专项规划》，为下一步文化设施建设及资源整合预留空间；突破行政层级设置，在区、街乡、社区（村）三个行政层级公共文化服务网络基础上，增设10个"地区文化中心"，构建"区—地区—街乡—社区（村）"四级公共文化服务网络；同时，编制了朝阳区公共文化服务地图，建立了朝阳区公共文化服务导航系统。

北京市朝阳区"肩并肩"工程 该项目荣获文化部2013年"全国文化志愿服务示范项目"。朝阳区文化志愿者服务中心"肩并肩农民工志愿工程"于2012年创立，通过实施农民工信心工程、实事工程和自治工程，旨在使居住、生活在朝阳的农民工的思想观念、生产生活方式与现代社会发展同步和融入，以提升他们及其家人生活幸福指数，促进和谐社会发展。

北京市"送福到家"文化志愿服务 该项目荣获文化部2012年全国基层文化志愿服务活动优秀项目。"送福到家"始于2009年春节，是北京文化艺术活动中心（市群众艺术馆）、北京市文化志愿者服务中心在北京市文化局的领导和支持下，在各区县文化志愿者分中心的配合下开展的一项品牌活动。旨在发挥北京文化志愿者的积极作用，营造喜庆、热烈、祥和的节日氛围，并以此为契机进一步使北京文化志愿者得到社会认知，广泛吸引社会各类文化艺术人才参与公益文化活动。截至2012年共有12000余名文化志愿者参与其中，深入乡镇、街道贫困家庭，为孤残、孤寡、高龄老人、五保户及社会福利中心，开展演出、讲座、摄影等其他文化活动百余场，40余万户百姓享受到"送福到家"文化志愿服务成果。北京市已将其纳入"三下乡"长效机制。

北京市"暖心工程"文化志愿服务 该项目荣获文化部2012年全

国基层文化志愿服务活动优秀项目，荣获2013年第十届中国艺术节项目类"群星奖"。"暖心工程"是密云县文化志愿者服务分中心2009年12月成立以来，面向全县弱势群体、特殊群体开展的以"志愿服务民众 文化传递爱心"为宗旨，以整合全县文化资源开展各艺术门类文化活动为主要内容，以文化走进智障儿童乐园、摄影志愿者走进边远深山、演艺走进光荣院和敬老院、外来务工人员子女走进艺术社团为主要活动方式的文化志愿服务品牌项目。

北京市朝阳区"打工春晚" 2013年举办首届。是外地来京务工人员自发举办的联欢活动，演出以基层打工者原创节目为主，包括歌曲、相声、舞蹈、器乐、小品、魔术等。"打工春晚"已纳入朝阳区"肩并肩农民工志愿工程"。

北京市房山区"文化周末大舞台" 该项目荣获2013年第十届中国艺术节项目类"群星奖"。2008年创办，每年举办一届。"文化周末大舞台"活动内容不断丰富，现增加了"文化周末大课堂"、"戏曲周末大戏台"、"金曲周末大家唱"和"电影周末场"四项支撑活动。

北京市数字文化社区 是2012年北京市人民政府为群众办实事35件之一。2012年完成首批100个社区的建设任务，2013年完成200个社区的建设任务。北京市"数字文化社区"是一个多媒体、跨平台、多终端的服务平台，它依托高清交互有线电视网络和互联网络，结合无线网络技术，建设覆盖全市的文化共享工程数字服务网络体系，通过社区文化站基层点，向居民提供融资讯查询、艺术欣赏、文化传播以及交流互动为一体的公共文化数字学习空间，使基层群众便捷地享有和参与公共文化生活。每个社区配备计算机、大屏幕电视、平板电脑、网络路由、机顶盒等设备，并接入高清交互有线电视网络和互联网络。电视应用页面共分为 16 个栏目,包括视频、文字、图片、图书、报纸、期刊杂志等,各个栏目的内容根据需求更新。

北京市文物局"北京文物声音标签" 在 2010 年我国第五个文化遗产日,北京市文物局首次发布"北京文物声音标签"。"北京文物声音标签",实际上就是一款音频格式的北京文保古迹指南,是一项基于无线数字语音平台运营的北京文保古迹"音景漫游"的文化旅游服务产品。这些声音标签都经过了文学艺术脚本创作、大师作曲、名家录制的创作过程,与景点解说词最大的不同是,声音标签是从老百姓的角度,以"讲故事"的感性方式,带领人们走进文物古迹的前世今生。同时,听者可以从声音标签中感受到极强的画面感,获得身临其境般的感官体验。使用者可以登录市文物局网站或通过手机下载等方式获取"北京文物声音标签"。

北京端午文化活动 为了充分运用民族传统节日文化载体,搞好北京市端午节文化活动,2008 年 6 月 8 日端午节,在北京市文化局的协调指导下,各区县文化部门充分运用民族传统节日文化活动,大力宣传、普及端午节节庆文化,倡导文明、和谐、健康的过节方式,共同推出传统民俗文艺展演、文体活动及讲座展览、文化旅游为主体的四大类文化活动。2009 年北京举办了首届端午文化节。

北京市朝阳区文化馆民工影院
为保障农民工享有与城市居民同等的文化权益,丰富其文化生活,提升农民工文化素质和道德素养,朝阳区文化馆于 2004 年在北京市率先推出首家"民工影院"特色品牌,一经推出便引起了社会各界的广泛关注。2005 年,"民工影院"正式成为有政府专款支持的北京市政府为民办实事折子工程,被纳入朝阳区的"十五"规划。为进一步扩大"民工影院"的服务辐射范围,针对那些路途较远的,或因赶工期无法进电影院的农民工，朝阳区文化馆又充分利用朝阳区电影发行放映公司的片库资源，整理1000余部影片拷贝，派遣流动放映队将电影输送到各乡村工地。在每年"五一"到"十一"的5个月内，朝阳区文化馆均定期组织流动放映队举办"民工露天电影节"，深入各工地放映影片。截至2012年累计放映45000余场，受众400余万人次。在"民工影院"放映首次达到10000场时，朝阳区文化馆举办了盛大的"民工影院"万场庆典活动。

北京市延庆大榆树镇东桑园益民书屋 2005年12月18日，在北京市延庆县大榆树镇东桑园村建成益民书屋。这是北京市乃至全国第一家农家书屋。当时，书屋配有6个书柜，1800套图书，50套光盘，一台DVD、一台电视机，书屋面积约60平方米。五年来，在延庆县委宣传部、北京市新闻出版局和国家新闻出版总署的大力支持下，截至2010年12月，书屋面积扩大到百余平方米，内设27个书架、2个报刊架，一个电脑室（内设7台电脑），数字视频资源包1个，藏书万余册，杂志3000多册，音像制品500多张。该村80%以上的村民走进了书屋。东桑园益民书屋是目前北京市唯一一个获全国服务农村服务基层文化建设先进单位，北京市首家"五星级"农家书屋，2010年被评为全国示范农家书屋。2010年7月，清华大学研究生院党支部与东桑园村党支部携手共建，为该村益民书屋制作了专业的书屋管理软件，使东桑园益民书屋完全实现现代化管理，"无纸借阅"电子管理系统提高了书屋的利用率。

北京市星级益民书屋 从2007年起，北京市开始评选"星级书屋"，每年评选一次。旨在"建得起、管得好、用得上"。星级益民书屋分为五个级别，由低到高从一星级书屋到五星级书屋，分别制定不同的评选标准，同时，允许出现星级空缺。

二、公共服务 195

北京"读书荐书评书"活动
2010年4月19日,由北京市委宣传部、北京市直机关工委、北京市新闻出版局联合举办的主题为"悦读好书共享精品"——市直机关"读书、荐书、评书"活动正式启动。这项活动是北京市"全民阅读系列活动"的重要组成部分,该项读书活动在全市党政机关开展。活动通过全市领导干部带头,采取个人阅读、团队学习和相互交流等形式,提倡"每天读书一小时"、"每月阅读一本书"等活动,以读书讲座、读书征文、内部论坛等方式,动员全市广大党员干部以身作则,养成自觉读书学习的良好习惯,进一步提高自身修养和素质。

北京阅读季 为贯彻落实党的十八大精神,扎实推进社会主义文化强国建设,积极开展全民阅读活动,2011年4月12日,由中共北京市委宣传部、北京市新闻出版局联合主办首届"北京阅读季"。每年举办一届。第二届北京阅读季,在北京市委、市政府的支持下,聚合各类优势资源,推动全民阅读活动的蓬勃开展,由中共北京市委宣传部、市新闻出版局、首都出版发行联盟、市直机关工委、首都精神文明办、市教委、市科委等17家单位共同主办,本届北京阅读季调动起北京市全部文化单位及部分中央文化单位的力量。阅读季通过开展系列群众性读书活动,整合全民阅读资源,打造"北京阅读季"品牌,旨在全社会营造"多读书、读好书、好读书"的良好氛围。

北京市全民健身科学指导大讲堂 由北京市体育局、北京市公园管理中心主办,2000年以来,已连续举办13年。每期确定一个主题,地点一般确定在北京市的公园,邀请专家、学者主讲。活动丰富多彩,除了专家授课、听众互动外,还进行体育健身技能展示和交流活动,开展体质测试等多项群众喜爱的全民健身体验活动。"大讲堂"通过深入基层、贴近百姓的讲座形式,坚持科学、科普、科技相结合,坚持体育与健康相结合,坚持理论与实效相结合,广泛传播科学健身知识,有效地提高了北京市民体育科学素养、增强了市民体质。

北京市社区科普益民计划
2008年6月北京市科学技术协会、北京市财政局联合启动实施"社区科普益民计划"。旨在贯彻落实党的十七大提出的加快推进以改善民生为重点的社会建设,深入实施《全民科学素质行动计划纲要》,着力加强社区科普基础设施,让科普直接惠及百姓。该计划以社区为重点,以科普为手段,以益民为目的,通过"以奖代补、奖补结合"的方式,奖励优秀科普社区、优秀基层科普场馆和优秀社区科普宣传员,资助市政府确定的三个重点新城的新建社区,全市的经济适用房、廉租房社区及户外科普园地完善科普设施功能,推动社区科普深入开展,提升公民科学素质,促进和谐社会建设。"社区科普益民计划"由市和区县两级实施,采取自愿申请、集中评审、重点支持、追绩问效的方式进行。

北京市素质工程公益讲堂
2010年北京市总工会通过首都职工素质教育工程平台,建立劳务输出地、用工单位和来京建设者所在区县、街道、社区三结合的宣传教育网络,在北京市全市组织以礼仪、环境、秩序、服务、观赏、网络等文明行动为载体的大讲堂,以提升来京建设者的文明素质和城市文明程度,调动和激发他们热爱北京、建设北京的主动性和创造性。

天津图书馆分馆与流动服务
该项目荣获2007年第十四届"群星奖"服务奖。从2002年开始,天津图书馆尝试在全市范围内陆续开设社区、行业分馆,并通过配置流动服务汽车、探索"一码通"网络图书馆建设等形式,以通借通还的方式为读者提供方便快捷的服务。截至2012年2月天津图书馆已建立社区分馆123个,行业分馆86个,汽车流动服务点57个,"漂流图书角"30个。同时,启动了中小学公共电子阅览室建设工程,以推动文化信息资源共享工程进中小学校园。

天津全国图书馆联合编目中心少年儿童图书馆中心 该项目荣获2010年第十五届项目类"群星奖"。2007年11月,在全国联合编目中心的指导下,全国图书馆联合编目中心少年儿童图书馆中心在天津市少年儿童图书馆成立。在全国范围内积极、有效地组织和管理各级各类少年儿童图书馆和中小学图书馆,开展以少年儿童文献为主的联机联合编目工作,努力减少少年儿童文献书目数据的重复编制,以提高少年儿童文献书目数据的编制质量。

"和平杯"全国"读书"漫画大赛 该项目荣获2013年第十届中国艺术节项目类"群星奖"。2008年创办,每两年一届。由中国新闻漫画研究会、中国图书馆学会、中共天津市和平区委员会、天津市和平区人民政府联合主办。旨在为漫画爱好者创建一个相互交流和展示自身才华的平台,同时也拓展图书馆的服务渠道,为公共图书馆事业的发展创造良机。

"爱心天使 传递书香"天津和平区图书馆志愿服务活动 该项目被文化部表彰为2013年全国基层文化志愿服务示范项目。由天津市和平区图书馆于2013年实施。主要文化志愿服务内容包括:"全国读书漫画大赛作品"赴敦煌展览活动,"万卷书漂流 爱心公益行"图书漂流活动,"爱心传世界 快乐任我行"公益电脑讲座,"爱心天使 阳光助残"活动,迎新春民俗讲座,"我们的节日——春节"民俗文化图片展。

全国"天穆杯"小品大赛 1989年创办。由中共天津市委宣传部、天津市农村工作委员会、天津市文化局和天津市北辰区政府联合主办。2008年文化部社会文化司参与主办,由此升格为全国性赛事。从创设以来已举办22届。"天穆杯"小品大赛始终坚持农村题材特色,展现新农村、新农民的时代风貌,深受广大农民群众和文艺工作者的喜爱和欢迎,在全国群文系统产生了影响。

天津"和平杯"中国京剧票友邀请赛　京剧票友是对京剧业余爱好者的俗称。创办于1991年,每两年举办一届。由中央电视台戏曲音乐部、国家文化部原社图司、天津市和平区政府、天津市广播电视局、天津市文化局主办。旨在振兴京剧、弘扬民族文化。每届评出"十大名票"和"十佳票友"并授予荣誉称号。历届评委由著名京剧表演艺术家、评论家、戏剧作家和京剧名票组成。"和平杯"中国京剧票友邀请赛是一项全国性文化活动,为全国各地的京剧票友搭建了一个高层次的竞技舞台,成为中国业余京剧活动一道亮丽的风景线。

天津市华夏未来少儿艺术中心广场文化活动　该项目荣获2007年第十四届"群星奖"服务奖。创办于1992年。旨在让基层社区百姓参与到健康向上、丰富多彩的文化活动中,努力营造良好的育人环境和浓郁的文化氛围。华夏未来少儿艺术中心广场文化活动主要包括歌舞广场、文化广场、戏曲广场、竞技广场、知识广场、民俗广场、精品广场等不同主题、丰富多彩的表演形式和内容。

天津市"千村百站"农村文艺骨干培训工程　2009年天津市首次实施"千村百站"农村文艺骨干培训工程,由天津市群众艺术馆承办。旨在加强公共文化服务体系和加强基层文化建设,推动社会主义新农村建设。培训内容包括:公共文化的服务形式和内容、文化艺术技能基本常识、非物质文化遗产保护常识和基层文化活动的策划与组织等。到2011年,为全市范围内3000多个农业村,每村培养了一名文艺骨干,并对全市150多个文化站站长进行了培训。

天津国际少年儿童艺术节　由中国人民对外友好协会和天津市

政府主办,每两年一届。旨在把天津建成国际文化交流中心,展示天津少年儿童的国际形象,促进天津与世界各国的交流,增加孩子的国际意识和未来意识。天津国际少年儿童艺术节是天津市的一项传统艺术节,已成为天津市的文化品牌。

天津滨海新区公共文化服务激励机制 该项目荣获2013年第十届中国艺术节项目类"群星奖"。为保障人民群众基本文化权益、丰富人民精神文化生活,滨海新区从五方面建立公共文化服务激励机制。主要内容包括:建立区级财政配套奖励的模式;实施文化广场"千百万"工程;促进人才培养和成长;鼓励繁荣文艺创作;通过政府采购,委托承办等形式引导和吸引社会力量参与公共文化服务。

天津市残疾儿童艺术节 该项目荣获2013年第十届中国艺术节项目类"群星奖"。2003年由天津市华夏未来文化艺术基金会发起举办首届天津市残疾儿童艺术节,每年举办一届。2010年,在第二十个全国助残日,天津市残疾儿童艺术节扩展至全国,由中国残疾人联合会、天津市政府联合主办,天津市华夏未来文化艺术基金会和天津市残疾人联合会共同承办。

天津市和平区文化"圆梦·爱心"艺术学校 是由和平区政协委员及社会各界爱心人士出资建立的免费艺术培训学校。旨在为和平区低保家庭及外来务工人员子女中有接受艺术熏陶的意愿,但因生活困难无力承担相应指导费用的孩子提供学习机会。成立以来,学校共计开设舞蹈、声乐、电子琴、古筝、素描、色彩、电脑绘画、中国画、儿童画及书法等10门课程,授课志愿教师11人,共计培养学生96人次,其中舞蹈、书法、绘画等班学生在全国以及市、区各类少儿艺术类比赛中取得了优异的成绩。2010年10月—2012年10月首批学生毕业。

天津市"多版本"文化共享服务

天津市依托文化共享工程为广大市民提供周到、便捷的"多版本"文化服务,通过VPN网络实现优秀文化信息资源的传播和利用,为居民提供绿色的学习、交流、娱乐空间。主要包括有针对性地开展为中小学校、年轻人、老年人、外来务工人员服务的活动。文化共享工程以数字资源建设为核心,大力建设面向基层、面向普通百姓的适用资源,实现文化内容建设的创新;将传统图书馆服务与公共电子阅览室服务相结合,将数字文化服务与群众文化活动相结合,实现文化服务形式的创新。

天津和平区非遗"大篷车" 和平区以流动舞台的形式,邀请非物质文化遗产代表性传承人深入各社区、军营、工地,演出非遗节目、展示手工技艺,让更多人了解非物质文化遗产的魅力。

天津市和平文化宫"心目影院" 该项目被文化部评为2012年全国基层文化志愿服务活动优秀项目。2007年9月,和平文化宫开办"心目影院",这是专门为盲人量身设计的公益影院。坚持每月举办一次活动。在"心目影院"中,盲人朋友不仅可以听电影上的原声,而且可以通过义务讲解员对画面和故事情节的讲解来"看"电影。与此同时,和平文化宫还为盲人朋友策划和组织了特别活动,如盲人艺术节、盲人电脑培训班、快板书艺术赏析、爱心相声汇、感触非物质文化遗产等,得到盲人朋友的好评。"心目影院"常年有180多名社会文化志愿者担任义务讲解员,每名文化志愿者年均累计服务近70个小时,并且拥有6支大学生志愿者团队。"心目影院"截至2012年底,五年多来共接待视障人士2万余人次。

天津市中小学生课外阅读"政府买单" 为了改变原来存在的中小学图书馆(室)图书较少,品种不足的现状,给中小学生创造一个良好的阅读环境,天津市人民政府决

二、公共服务 201

定从2008年开始直至2012年,连续5年投资两亿元实施中小学图书配送工程,最终实现教育部规定的在校学生课外阅读图书人均30册、初中生课外阅读图书人均40册的一流标准。具体办法是,天津市教育委员会负责确定《中小学图书遴选标准》,制定中小学图书配送工程实施方案;天津市财政局负责组织招标采购;天津市新闻出版局制定《中小学图书备选目录》。与此同时,天津市人民政府还要求各区县和中小学拨出专款,设立购书经费,为中小学图书馆(室)补充图书。工程的实施推动天津市中小学图书馆建设提升到一个新水平。

天津城市书吧 2012年启动建设。每个书吧均配备了涵盖社会主义核心价值观、中国梦等主题的图书,以及财经、社科、少儿等六大门类的图书,并设有专职的管理人员。城市书吧是集书籍阅读、视听欣赏、信息交流等诸多文化功能于一体的文化休闲场所。每个"书吧"都配备电脑、液晶电视、DVD播放机等多媒体视听设备,还实现WIFI无线网络覆盖。"城市书吧"还经常开展读书沙龙、艺术鉴赏、养生论坛、美术绘画、电脑应用培训等多种公益文化活动,大大拓展了"城市书吧"的文化服务范围,从而使其从单纯的读书场所,变成了兼具多种功能、老百姓家门口的"文化殿堂"。天津城书吧建设项目计划三年内在中心城区建设200个城市书吧,2013年已建成100个,并对每个城市书吧补贴一定的运营经费。

天津市"121"市民健身信息中心 2009年8月8日,天津市在"全民健身日"启动仪式上,正式开通"121"市民健身信息服务中心,包括121健身网站和121健身呼叫中心。市民只需拨一个电话,就能根据自己的健身需求,查找到相应的健身场所和提供服务的社会体育指导员。市民健身中心的开通,为广大市民健身锻炼提供了更加方便、快捷、全方位的信息服务。这是全国第一个市民健身信息中心。

河北省石家庄市"文化遗产旅游消费券"发放活动 2009年5月"走进河北瑰宝、感受中华文明"石家庄市首批文化遗产旅游消费券启动发放。首批发出1.5万张文化遗产旅游消费券,持消费券的市民到全省指定的承德避暑山庄及皇家寺庙景区(限通票)、清东陵、清西陵、山海关天下第一关、老龙头、孟姜女庙景区、保定直隶总督署、古莲花池、曲阳北岳庙、正定隆兴寺等10处文物保护单位,可享受门票7折优惠。该项举措是一项文化惠民工程,对于利用文化遗产资源优势,促进文化消费,实现文化遗产保护成果社会共享具有重要意义。

河北省"燕赵少年读书"系列活动 该项目荣获2013年第十届中国艺术节项目类"群星奖"。旨在关注未成年人思想道德成长、推动全民读书。创办于2004年,每年举办一次。由河北省各级公共图书馆共同发起,河北省文化厅与河北省教育厅联合主办,河北省图书馆学会与河北省图书馆承办。

河北省唐山市"书香丰南动车组" 创办于2009年,是一种图书流动车服务模式。唐山市丰南图书馆不断改进流动图书车性能。2011年10月"书香丰南动车组"多功能流动服务车继续完善升级,该车车载图书可达2000册,还使用适应集群管理的管理软件和自助借阅系统,配载小型自助借还设备,应用3G网络,与馆内服务器连接,实现户外流动借阅的自助服务。同时,设计增加数字资源查询笔记本电脑并实现馆藏检索功能。集成了现代意义的图书馆的借阅、检索、公共电子阅览室服务、视频服务、展览服务等主要功能,比较适合基层图书馆、文化共享工程基层中心推广使用。"书香丰南动车组"坚持冬春下乡,夏秋进社区开展流动服务。

青春践行梦想——河北省图书馆 2013 年暑期大学生文化志愿服务 该项目被文化部表彰为 2013 年全国基层文化志愿服务示范项目。2013 年 7 月至 9 月,河北省图书馆通过报纸、网络、电台、电视台、微信等多种媒体向社会广泛发布志愿者招募信息,公开招募大学生志愿者,参与省图书馆的导读咨询、导引、文献整理、借阅服务、文明巡视以及其他临时性工作,200 余名大学生报名参加。根据工作需要和读者需求,在图书借阅、期刊借阅、少儿分馆、总服务台等设置 10 个志愿者服务岗位,让志愿者参与导读咨询、文明巡视、书刊整理和阅读指导、无障碍服务等工作。采用按期分批上岗的方式开展志愿服务,五天为一个周期,每期安排 10 名大学生到相应岗位工作。整个暑假期间,有百余名大学生志愿者上岗服务。

河北省北戴河音乐文化人活动 该项目荣获 2013 年第十届中国艺术节项目类"群星奖"。创办于 2003 年。该活动以"精心打造北戴河音乐海岸线"为主题,每年 7 月 15 日至 8 月 15 日晚间,在北戴河区石塘路步行街、奥林匹克大道公园、沿海重点部位等 30 多个室外活动地点开展公益演出活动。百余位基层文艺骨干、民间老艺人、文化志愿者、文化热心人组成文艺队伍,采取演唱、演奏、戏曲、轮滑、街舞、讲故事、印象派舞蹈等艺术形式,每年为市民和游客演出 500 余场次。自 2009 年暑期起,此项活动在秦皇岛市城区得到推广,每年暑期设置 150 个演出点,每晚定点演出,参与演职人员 1500 余人次,观众达 100 余万人次。

河北邯郸中原民间艺术节 该项目荣获 2010 年第十五届项目类"群星奖"。2006 年创办。旨在增强中原经济区各兄弟城市之间的合作与友谊,推进中原经济区文化交流与发展。中原民间艺术节秉承传统与时尚辉映、继承和弘扬并行的理念,以弘扬中原传统文化、挖掘民间文化资源、创新形式、集中展示优秀民间艺术为主；坚持公益性、开放性、观赏性、群众性和互动性的原则，积极探索"文化＋旅游＋市场"的发展模式，进一步提高了活动品牌的影响力。

河北省"欢乐乡村"十百千万农村文化工程 该项目荣获2013年第十届中国艺术节项目类"群星奖"。2010年初，为贯彻落实中央、省委关于文化建设重心下移、统筹城乡文化发展的要求，在广泛调研基础上，邯郸市实施"欢乐乡村"十百千万农村文化工程。"欢乐乡村"活动的基本思路和做法是：充分利用现有农村文化阵地和资源，以十项活动为平台，每项活动推出百名优秀人才，打造乡村千支文化队伍，使其成为活跃在乡村的星星之火，带动百万人参加，实现"以十带百、以百带千、以千带万"。具体体现为"三个激活"、"两个创新"。"三个激活"，即：激活主体，量身打造"十项活动"；激活阵地，构建市、县、乡、村四级文化活动网络；激活队伍，大力培养乡土文艺人才。"两个创新"，即：创新方式，搭建文化活动的新平台；创新机制，积极探索市场运作的新路子。以繁荣发展农村文化，丰富农民文化生活。

河北省邯郸市"千村万户"文化家园 是文化部、财政部确定的第一批国家公共文化服务体系示范项目。"千村万户"文化家园坚持工作重心下移，坚持文化服务下移，推进基层公共文化服务体系建设，坚持大型集中活动与小型分散活动相结合，坚持"送"与"建"、"送"与"用"相结合，坚持从基层实际和人民需要出发，以农村为重点，发挥文化广场、乡镇综合文化站、村民中心等公共文化场所的作用，广泛开展群众歌咏、民间花会、广场文化活动、村镇联欢、文化交流，搭建"邯郸红歌汇"、"彩色周末"、"中原民间艺术节"、广场电影放映和"送戏下乡"活动平台，同时结合"欢乐乡村"文化活动，与媒体合作，努力提升"彩色周末"等系列群众文化活动的水平和品位,命名、表彰和奖励一批文化热心人、文艺爱好者、文化特色户和企业单位等,推动群众文化工作的进一步发展和繁荣。

河北省石家庄市农民文化艺术节 自2006年创办以来,每两年举办一届,已成为石家庄市的文化品牌。活动立足于全市基层农村文化生活,以展示新农村、描绘新生活为主题,突出"新农村、新鲜事、新生活、新风尚"四大元素,旨在打造最具特色的"农民的节日、艺术的盛会"。

河北省新春鼓王争霸赛暨中国北方鼓乐展示大会 该项目荣获2010年第十五届项目类"群星奖"。创办于2006年。每年举办一届。旨在弘扬民族文化,展示鼓文化创新成果,推动鼓文化的繁荣与发展,丰富和活跃百姓的文化生活,促进北方各省、市间的文化交流与协作。

河北狮城之春——沧州文化艺术节 该项目荣获2010年第十五届项目类"群星奖"。创办于2000年。每年举办一届。艺术节由多种形式的系列活动组成。旨在让文化资源优势转化为文化发展优势。

河北省"优秀传统文化进社区"——秦皇岛市文化志愿服务活动 荣获2012年文化部表彰的全国基层文化志愿服务活动优秀项目。2009年始,秦皇岛市紧密结合地方实际,创新方式方法,组织开展优秀传统文化进社区等"六进"活动。以提高市民素质为切入点,有效地利用社区现有的文化活动阵地,将中华优秀传统文化与理想信念教育、社会公德、家庭美德和社会主义荣辱观教育、良好行为习惯的养成教育等紧密结合。围绕构建社会主义核心价值体系这条主线,依托街道社区各类阵地,广泛动员文化志愿者,开展"六个一百"活动,即百场讲座进社区、百部图书进社区、百场电影进社区、百场歌舞进社区、百场戏剧进社区、百家艺术进社区,形成弘扬和传承中华传统文化的强大氛围。据不完全统计,全市各社区累计参与人次达到50余万。

河北文化信息资源共享中心"网上跟我唱" 2006年,针对全省基层农村拥有深厚的戏曲文化基础,广大农民群众喜欢唱戏听戏的特点,省文化信息资源共享工程中心自主研发全国首家网上音乐戏曲互动系统——"网上跟我唱"。该系统是一款集学、唱、赛为一体,专门满足基层群众特别是广大农民需求的文化娱乐系统,实现欣赏、学唱、练唱、比赛等娱乐的互动,内容包括京剧、河北梆子、评剧等丰富的戏曲资源,还附有唱词、流派、唱段描述、相关图片、演员简介、戏曲知识等相关信息。该系统具有强大的搜索功能、唱录功能、录制上传功能和在线演唱功能,既方便基层群众进行小范围的自娱自乐活动,也可以组织开展大规模的比赛和联谊活动。任何一台可以上网的电脑都可以轻松进入该系统,对于不具备互联网环境的地区可利用省文化信息资源共享工程基层服务点,通过镜像在本地局域网开展活动。对于一些边远地区,服务人员可以组织服务快车,使用一台电脑、一部音响为当地群众开展服务。"网上跟我唱"利用互联网、局域网等信息传播手段,将优秀的电子图书、名家名段和青少年思想教育内容送到基层,创新文化信息资源共享工程的服务模式,以更好地满足群众的文化需求。

河北省承德市文物局"两个环境"工作 为优化承德避暑山庄及周围寺庙景区发展环境和服务环境,承德市文物局围绕文化遗产保护管理和景区建设经营重点工作,全面打造平安环境、服务环境、文明旅游环境和办公环境,多措并举推进发展和服务"两个环境"改善工作,全面提升服务质量。

河北省民俗博物馆"幼儿园新春庙会" 2013年1月河北省民俗

博物馆与《燕赵都市报》联合举办"幼儿园新春庙会"。旨在更好地拓展博物馆的社会教育功能，弘扬优秀的民俗文化。活动共设置手工坊、美食街、跳蚤交易会、快乐游艺区、达人秀等5个区域。

河北"双争"读书活动 2010年省委宣传部、省委省直工委、省新闻出版局联合在省直机关开展"争创学习型党组织，争当学习型个人"读书学习活动。旨在推进学习型党组织建设，提高党员干部综合素质，增强贯彻落实科学发展观的能力，本次活动提倡自觉、快乐读书，通过自觉、休闲、轻松地阅读，使省直机关干部职工在阅读中享受求知的快乐，养成多读书、读好书、好读书的习惯。在各部门开展各具特色的读书学习的基础上，省直机关统一组织一系列品牌读书活动。开辟"学习大讲堂"，邀请全国著名作家、中央及省委党校、行政学院、科研院所及地方高校、大型国企等各行各业的专家学者进行讲授；在河北电视台等媒体举办以"知识改变人生，素质决定未来"为主题的厅局长读书访谈专题节目，以及组织演讲比赛、读书征文，举办学习论坛和学习交流会等活动，以推动读书学习活动深入开展。

河北临城联姻农家书屋 2013年河北省临城县鸭鸽营乡结合当地实际，将农家书屋建设与合作社发展相结合，大力推广农家书屋和合作社的"联姻工程"，优势互补。该县除针对各专业合作社特点征订科技书籍外，还发挥合作社优势，在农家书屋开展科技讲座和技术培训。使农家书屋成为合作社指导农业生产、产业结构调优的"好助手"。

河北省"快乐操场" 河北省体育彩票管理中心自2011年始发起"快乐操场"活动，旨在为全省体育器材匮乏的学校赠送适合孩子们使用的器材。捐赠活动在以往的基础上不断扩大范围。

河北省沧州"百千万"全民健身大联动　2012年12月，沧州市体育局立足建设文化大市、体育名市和武术名城的奋斗目标，抢抓机遇，突出特色，谋求全民健身向深度和广度发展，全力打造体育名市和武术名城。向社会推出涉及全市、覆盖全民、延续全年的"健康狮城、跃动沧州'百千万'全民健身大联动"活动，即在一年的时间里，开展竞赛活动超百项，活动组织超千场，群众参与超百万人的全民健身系列活动。活动以创办品牌性群体活动为主要抓手，利用节假日、全民健身日、重大活动等时间节点，多形式、多渠道，在全市范围内广泛开展有规模、有影响，群众喜闻乐见的系列群体活动，形成了"周周有活动，月月有比赛，阶段有高潮，长年不断线"的全民健身生动局面。

山西省流动书库工程　该项目荣获2013年第十届中国艺术节项目类"群星奖"。是山西省文化厅、省财政厅和省出版集团于2008年共同启动的一项文化惠民工程。主要任务是，由省文化厅、财政厅完成5500个村的图书和书柜配送任务；省出版集团配合工程的开展，为省图书馆和相关县图书馆捐赠31台"流动图书车"。旨在建好晋西北太行山革命老区的村文化活动室。

"传递书香　见证成长"——山西省图书馆文化志愿服务　该项目被文化部表彰为2013年全国基层文化志愿服务示范项目。由山西省图书馆于2013年实施。山西省图书馆在馆区、传统媒体、网络平台，面向大中专院校、面向社会公众，广泛招募文化志愿者，并将报名的志愿者分门别类进行注册登记，建立文化志愿者QQ群和数据库。该活动注重发挥文化志愿者特长，使其各尽所能开展志愿服务。

山西太原市图书馆高校志愿者联盟服务活动　该项目被文化部表彰为2013年全国基层文化志愿

服务示范项目。太原市图书馆于2013年组织实施。"太原市图书馆高校志愿者联盟"是太原市图书馆领导下的公益性大学生文化志愿者组织，联盟由办公室、对外联络部、活动策划部、宣传记者团、图书工作部构成。会员主要分布在太原理工大学、山西医科大学、山西大学、中北大学、省中医学院、太原科技大学、山西农业大学、太原师范大学等高校。旨在建立和完善市馆及各高校图书馆与广大读者沟通互动的平台，规范志愿者管理组织，开通实现文化志愿者参与图书馆业务发展的长久渠道。主要服务内容包括：组织志愿者参与馆内讲座培训、图书导读、读者咨询等各项服务，参与读书征文活动、数字图书馆建设、网络平台维护、文献编辑、文献征集与研究、文献整理及书刊借阅服务。同时组织馆外志愿服务活动。

山西省长治市"文化低保"工程

2007年5月长治市全面启动农村"文化低保"工程，使全市835个偏远贫困村、30万贫困人口受益。具体做法是，把人均年收入在1000元以下的贫困村列为"文化低保"村，由市县两级财政共同投资540多万元，年内确保每个贫困村能演一场戏、放映6部电影、人均一册图书。市委宣传部牵头组织财政、农业、扶贫、文化等部门制定具体的实施方案，明确每场戏4000元、每场电影100元、每本图书6元的补贴标准，由财政部门直接拨付给承办单位。同时，为避免"文化低保"工程变为简单的"送文化下乡"，长治市完善农村公共文化服务网络，在每个乡镇建设一个含有阅览室、活动室、游艺室的乡镇综合文化站，每个村建成一个村级文化活动室和图书阅览室，并配备专职图书管理人员。

山西中国运城国际关公文化节

该项目荣获2010年第十五届项目类"群星奖"。创办于1989年，每年金秋十月（9月25日—10月5日）在解州关帝庙举办。旨在进一步弘扬关公文化，打造诚信运城，展现魅力运城的风采,扩大对外交流与合作,加快文化旅游产业发展,促进运城经济、社会又好又快发展。活动期间举办文化旅游产品大展销、民间艺术大赛等活动。

山西省广场文化艺术节 该项目荣获 2010 年第十五届项目类"群星奖"。创办于 1995 年,每年举办一届,在全省轮流举办。旨在融民间性、传统性和群众性为一体,充分展示全省各具特色的地域文化。在山西省广场文化艺术节的带动下,企业文化、行业文化、校园文化、军营文化得到充分展示。

山西平遥国际摄影大展 2001 年,在国家文化部、国务院新闻办公室和山西省委、省政府的大力支持下,首次举办"平遥国际摄影节"。一年举办一届。2002 年按照国家有关规定,"平遥国际摄影节"更名为"平遥国际摄影大展"。平遥国际摄影大展在国外多次举办巡展。每年都有来自几十个国家和地区的众多摄影家的上万幅作品参加展出,并有丰富多彩的艺术活动进行交流;大展的国际化、专业化、多元化已产生了强大的吸引力和凝聚力,已成为当今国际摄影界一个盛大的节庆。

山西"手牵手 让梦想成真"公益培训活动 该项目荣获 2010 年第十五届项目类"群星奖",荣获 2012 年文化部表彰的全国基层文化志愿服务活动优秀项目。2008 年启动实施。是山西省群众艺术馆深入学习党的十七大精神,解放思想,开拓创新,进一步更新服务理念,提升公共文化服务水平的新举措。主要内容包括:免费为农民工子女、特困家庭子女,特别是残疾人以及特殊教育学校的残疾儿童等弱势群体系统地进行艺术培训教育。每年组织 300 余人的文化志愿者及业务骨干参与并直接、对口、包点地服务基层群众。

山西省"全民助读工程" 2010 年 5 月 30 日,山西省全民助读工程正式启动。旨在落实中宣部、新闻出版总署《关于进一步推进做好全民阅读活动的通知》精神。从2010年起，山西省每年援建100个贫困地区中小学校"爱心图书室"以及一定数量的"农家书屋"、"社区书屋"和"职工书屋"等。由省委宣传部等11个部门联合主办，省科教文互助基金承办。除了援建贫困山区"爱心图书室"，还根据不同人群的阅读需求，建设"主题书架"，主要针对机关、社区、企业。在"主题书架"推广得好的机关、社区、企业，创建"读书辅导园地"，经常性地邀请专家、学者以讲座、论坛等形式，讲解读书方法、交流读书心得，以搭建学者和读者的交流平台，帮助读者开展有益、有效的阅读。同时，开展"同一本书"城乡共读活动，号召城市孩子将自己阅读完的图书捐赠给贫困山区的孩子们。

山西省体育基本公共服务均等化 山西省继2012年行政村体育场所全覆盖之后，将全民健身设施建设重点转向县级公共体育设施。为进一步强化各级政府体育公共服务职能，统筹城乡，建设好、运营好全民健身活动中心，山西省体育局要求省内县级大型公共体育设施建设突出公益性和实用性，把群众高兴不高兴、满意不满意、赞成不赞成作为基本标准，完善配套设施，准确定位、发挥好社会效能。具体做法是，科学布局、规划定位，因地制宜、功能定位，突出特色、规模定位，推动形成政府主导、社会参与、融资共建、互利共赢格局，逐步缩小地区之间、城乡之间差距，推进体育基本公共服务均等化。

内蒙古自治区鄂尔多斯市图书馆农民工流动书屋 该项目被文化部表彰为2012年农民工文化服务示范项目。2011年在康巴什新区建筑工地上，鄂尔多斯市图书馆、全国文化信息资源共享工程鄂尔多斯市支中心与容大地产联合，成立该市首家民工流动书屋，并举行关爱农民工系列活动。旨在使更多的建筑工人走进图书馆、利用图书馆。

内蒙古包头市鹿城文化艺术节 该项目荣获2010年第十五届项目类"群星奖"。创办于1986年。每年举办一届。每届历时一个多月,是集文化、艺术及社会多种文化展示为一体,具有时代特色和浓郁生活气息的群众文化活动品牌;"鹿城文化艺术节"经过多年的经验积累和形式内容不断创新,其艺术性和广泛性得到全市社会各界的肯定和认可。

内蒙古"文化独贵龙" "独贵龙"源自蒙古语,本意是圆圈或者环形,历史上成为蒙古族人民反帝反封建斗争的一种组织形式,类似于"小组"。现如今,"独贵龙"已被赋予新的内涵,成为传播先进文化的基层组织。在内蒙古自治区乌审旗,演艺文化独贵龙、马文化独贵龙、服饰文化独贵龙、科技传播文化独贵龙、马头琴文化独贵龙等各类"文化独贵龙"活跃在基层,他们通过文艺演出、科技培训、文体娱乐活动等方式,丰富当地群众的业余文化生活。乌审旗通过"以奖代投"的方式进一步扶持"文化独贵龙"的发展,以增强其文化服务的水平和能力。

内蒙古九原区农村牧区典型文化大院创建活动 该项目于2007年荣获第十四届"群星奖"服务奖。创建活动采取政府投入的形式,打造特色文化品牌。通过充实活动设备,改善活动场所,开展专业培训,丰富活动内容等措施,以提升文化大院创建水平。经验收合格后,由区政府命名挂牌。

内蒙古"乌兰牧骑式"公共文化服务 2010年7月19日,《内蒙古自治区党委办公厅、政府办公厅转发〈自治区党委宣传部、文化厅、财政厅、人社厅、编办关于加强新时期乌兰牧骑工作的意见〉的通知》指出:指导思想是,以邓小平理论和"三个代表"重要思想为指导,深入贯彻落实科学发展观,面向基层,面向群众,坚持全心全意为农牧民服务的宗旨,不断加大文化惠民力度,维护好、实现好、发展好各族群众基本文化权益,为农牧民和各族群众提供更多更好的文化产品和文化服务,普及社会主义先进文化,传承民族优秀艺术,为推动自治区经济社会又好又快发展,繁荣发展民族文化,维护边疆稳定和谐提供强大的精神动力。基本原则是,政府主导,公益服务,民族特色,服务基层,社会效益,改革创新,分类指导。发展目标是,努力建成以农村牧区公共文化服务为主要任务,普及社会主义先进文化,传承民族优秀艺术,队伍短小精悍,队员一专多能,节目小型多样,装备轻便灵活,列入旗县全额文化事业编制的基层文艺团体。主要任务是,努力开拓乌兰牧骑文化服务的新内容和新途径,创新"演出、宣传、辅导、服务"四项活动,更好地适应社会主义新农村新牧区建设的需要;繁荣乌兰牧骑特色的艺术创作和文艺演出,提供更多更好的精神文化产品;在确保深入农牧区活动的前提下,把基层公益服务为主与开展经济文化交流结合起来,努力做到"走下去"与"走出去"统筹兼顾和协调互补;按照公益性文化事业单位深化改革的要求,大力推进乌兰牧骑内部机制改革;强化人才精品战略,以优秀人才和艺术精品带动乌兰牧骑的创新发展。

内蒙古呼和浩特市文化进社区大型公益活动 该项目荣获第十届中国艺术节项目类"群星奖"。创办于2005年。每年举办一届。是市委、市政府文化惠民工程的一项重要内容。由呼和浩特市委、市政府主办,市文化局和内蒙古新思路文化艺术发展有限公司承办。"文化进社区"由最初单纯的文艺演出发展成为包括科普宣传、健康义诊、赈灾义演、节庆专场演出、大型赛事、爱国主义电影展、居民才艺展示等内容丰富的综合性文化活动。

内蒙古呼和浩特市"文化进社区"文化志愿服务活动 该项目被文化部表彰为2012年全国基层文化志愿服务活动优秀项目。从

2005年开始配合大召庙会开展,截至2012年,呼和浩特市文化进社区活动深入社区、广场、乡村、企业、军警、学校、干休所、医院、敬老院等场所及场地,开展各类演出、宣传、服务活动3000余场,直接参与演出的社会文艺爱好者、社区居民超过18万人次,近千万人次观看了演出或从中受益。从开始至今,通过市财政补贴、有关企业或个人投资经费达上百万元。

内蒙古赤峰市城乡基层文艺汇演 该项目荣获2010年第十五届项目类"群星奖"。为了活跃赤峰市城乡基层文化生活,促进城镇社区和农村牧区文化建设,赤峰市文化局决定从2007年起在"红山文化节"期间举办全市城乡基层文艺汇演,城、乡隔年分别举行。演出涵盖舞蹈、声乐、器乐、戏剧、小品、曲艺、民族服饰表演等各门类。汇演形式活泼多样,贴近百姓生活,丰富了"红山文化节"活动内容,充分调动了城乡基层文艺骨干参与文化活动的积极性,发现、培养了基层文艺人才,锻炼、提高了群众文化工作队伍,有力地促进了基层文化建设。

内蒙古土右旗文化大院群众活动品牌 该项目荣获2013年第十届中国艺术节项目类"群星奖"。土右旗委、旗政府注重文化大旗建设,出台《土右旗城乡公共文化基础设施建设实施意见》、《土右旗加快文化产业发展的若干政策意见》、《土右旗城乡文化大院管理办法》等,大力加强全旗的公共文化服务体系建设,特别是加大对文化大院建设的政策支持和资金扶持力度,将其作为公共文化服务体系充分发挥服务功能的重要基点,形成"政府主导、社会参与、产业推动、全民共建"的文化大院建设工作格局。在文化大院建设的资金筹措方面,通过鼓励创办者自己出资或集资,旗政府给予每个文化大院3万至4万元的乐器设备配备,积极引导文化大院吸纳社会资金,号召外出企业家和商人赞助本村开办文化大院并聘为大院名誉院长等办法,探索出"以院养院"的良性发展轨道。

内蒙古"数字文化走进蒙古包"

自 2012 年 8 月以来,文化共享工程内蒙古分中心借助"边疆万里数字文化长廊"项目建设,将文化共享工程的数字文化资源,与电信部门的移动通讯技术相结合,形成适合当地需要的服务模式——"数字文化走进蒙古包"。其具体做法是,在现有文化共享工程网络架构和服务模式的基础上,利用无线 WIFI 技术和"数字加油站"的设备,为无线网络覆盖的农牧民群众提供 24 小时不间断的数字文化服务,以打通公共文化服务"最后一公里"。

内蒙古呼和浩特市春节元宵文化庙会

该项目荣获 2010 年第十五届项目类"群星奖"。创办于 2007 年。每年举办一届。活动内容不断丰富发展,主要包括民俗文化、文体娱乐、科普宣传及商业活动,以及"周末大舞台"文化惠民专场演出、老物件展示及互换、非遗展览展示、书市、特色小吃等。

内蒙古"民族电影展映周"

2004 年首届"中国·内蒙古草原文化节"举办。每年一届。为配合文化节的开展,举办了"民族电影展映周"活动,采取免费发放影票的方式,供广大市民观看。活动以大力弘扬草原文化、展示民族电影精品力作、推动社会主义文化发展、促进社会和谐稳定为主题,不断扩大放映范围,目前已覆盖全区 12 个盟市、旗县、乡镇及农村、牧区、林区、厂矿,让全区各族群众共享民族电影发展成果。

内蒙古全民阅读进机关

2013 年内蒙古自治区新闻出版局组织专家学者评选、推荐精品力作,确定"全民阅读进机关"推荐阅读书目 10 种。旨在进一步推动在全社会形成"多读书、读好书"的良好氛围和文明风尚。图书内容涵盖时政、经济、社科、历史、文学等。10 种书目为:《国情备忘录》;《苦难辉煌》;《国富论》;《解读中国经济》;《中华史纲》;《全球通史:从史前史到21世纪》;《中国文脉》;《话说草原》;《你一生应诵读的50首诗歌经典》;《正能量》。

内蒙古"草原书屋" 草原书屋工程是由党中央、国务院确定实施的一项惠及广大农牧民群众的民生工程。2008年启动建设。自治区已经建成的草原书屋达11275个,其中,建成汉文草原书屋9123个,建成蒙古文草原书屋2152个。截至2012年,自治区5年共投入草原书屋建设资金2.26亿元,并通过集中采购为草原书屋配送精选图书1879.3万册,配送报刊26.3万份,配送音像制品112.9万种,较大限度地满足了群众需要。全区每个草原书屋配置的图书已不少于1500册,每个同时配有20份报纸、期刊和100种音像制品。

内蒙古呼和浩特以赛事带动健身 呼和浩特市十分注重引进一些大型的国际文体赛事,借助赛事的"窗口效应",有效整合各种媒体资源,把赛事宣传与城市营销有机结合起来,向世界展示呼和浩特,推销草原之都鲜明的特色、优良的投资环境和宜人的人居环境。仅2013年,呼和浩特举办大小体育赛事35项,这些赛事拉动了呼和浩特的旅游、购物、商贸。"体育搭台,经济唱戏",以此提高呼和浩特的知名度。体育赛事不仅成就了呼和浩特的"赛事经济",也推动了呼和浩特全民健身活动的蓬勃开展。大型体育赛事使呼和浩特的全民健身氛围更加浓厚,"我健身,我快乐"已经成为越来越多市民的生活方式。随着呼和浩特市全民健身活动的蓬勃开展,大型体育赛事的影响力也不断提高。

内蒙"留守家园型"妇女之家 为夯实基层妇联组织基础,推进妇女之家建设规范化上水平,内蒙古科左中旗妇联创新工作思路,着力从发挥妇女之家作用上下功夫,因地制宜,在保康镇巨宝山村建成了全旗首家"留守家园型"妇女之家。2013年4月,根据巨宝山村留守人群相对集中的实际,旗妇联在巨宝山村建立了"留守家园"。旗妇联将原有妇女学校、妇女维权站、家长学校、草原书屋等资源充分整合,突出"留守家园"特色,在巨宝山村"妇女之家"建立妇女学校、姐妹心声驿站、妇女舆情网络、妇女儿童维权岗、巾帼创业帮扶站、巾帼志愿者服务站、妇女儿童家园、女子俱乐部"八位一体"工作机制,开展丰富多彩的活动,服务妇女、服务留守人群。巨宝山村妇女之家主体由妇女活动室、心理咨询室和"留守家园"三部分构成,具有宣传教育功能、维权服务功能、组织活动功能。

内蒙古元宝山区"一家一品"特色"妇女之家" 自"妇女之家"建设工作开展以来,元宝山区妇联把"妇女之家"建设工作作为妇联重点工作进行开展,提出了建设"一家一品"特色"妇女之家"的工作思路,并结合各镇街实际,充分利用现有资源,依托"党员活动室"、"草原书屋"、教育改革闲置下来的校舍等场所建立"妇女之家",采用"先挂牌后建家"的方式在全区建立"妇女之家",实现了村、社区"妇女之家"全覆盖。元宝山区妇联将"妇女之家"建设成为集妇女娱乐、教育、维权和发展等功能于一身的综合型服务阵地,做到工作常态化、管理制度化、服务规范化、活动经常化。元宝山区妇联根据各"妇女之家"的特点和工作突出点,结合当地妇女工作实际,发展了一批具有特色的"妇女之家",建成"一家一品",即每个"妇女之家"在原有功能的基础上,都有一项特长,打造一个特色,打响一个品牌。有娱乐型"妇女之家"、文化型"妇女之家"、经济型"妇女之家"等,建起了一批具有特色活动和特色服务项目的"妇女之家"。

辽宁省大连图书馆白云系列活动 该项目荣获2013年第十届中国艺术节项目类"群星奖"。白云书院成立于2000年8月,是大连图书馆为加强社会职能,弘扬中华优秀传统文化,丰富市民文化生活而打造的社会教育品牌。白云书院已形成白云系列讲座、国学义塾、白云吟唱、白云美术馆等系列文化品牌。白云书院一直坚持公益性,为民服务的宗旨,凭借着办学特色已成为大连的文化品牌。

辽宁省图书馆"超市式"开架服务 该项目荣获2007年第十四届"群星奖"服务奖。辽宁图书馆早在1994年就将书库打开,实行大面积开架借阅,并提出"能开架的不闭架,能外借的不内阅"的口号,对以往从不外借的港澳台图书、期刊复本以及新型载体的声像文献也实行开架借阅,开架书刊册数达到190余万册。同时,从公益性图书馆以读者为中心的理念出发,对原有开架方式进行全方位的分析与理性思考,于2007年创新性地提出并实现"超市式"开架服务。"超市式"开架的实施,变原来的"以书库管理为中心"为"以读者需求为中心",实现多种文献资源共存、多种服务功能相融合的复合式服务,扩大了流通、提高了文献资源的利用率,也体现了图书馆对读者的人文关怀。

"对面朗读"——辽宁省图书馆公益文化活动 2009年国务院残疾人工作委员会授予辽宁省图书馆"全国扶残助残先进集体"称号。该项目被文化部表彰为2012年全国基层文化志愿服务活动优秀项目,荣获2013年中国艺术节项目类"群星奖"。始于2003年的"对面朗读"服务是将盲人和志愿者按预约时间集中到图书馆,让他们进行面对面的交流与沟通,以最直接的方式相互传递有效信息。同时,为了解决盲人读者特别是孩子出行不便的问题,辽宁省图书馆工作人员和志愿者从2005年开始定期走入盲校,为盲童开设"社会实践课",主要课程有游戏、聊天、讲故事等,将文化服务直接送到盲童身边。

辽宁丹东市"五百迎春"系列群众文化活动　该项目荣获 2010 年第十五届项目类"群星奖"。创办于 1996 年。此活动已经成为丹东群众文化的品牌。

辽宁省农民文化艺术节　该项目荣获 2010 年第十五届项目类"群星奖"。2009 年 6 月 23 日辽宁省首届农民文化艺术节举办。每两年举办一届。首届艺术节历时两个月，汇集 600 多项文化活动。

辽宁沈阳大学生文化节　该项目荣获 2010 年第十五届项目类"群星奖"。创办于 1990 年。每两年一届。2009 年被中国群众文化学会评为首届全国群众文化品牌项目。

辽宁省沈阳市"艺术惠民双百万"工程　该项目荣获第十届中国艺术节项目类"群星奖"。为满足群众日益增长的文化需求，2010 年沈阳市调动整合高校与社会资源，启动艺术惠民"双百万"工程（100 万市民接受到免费的艺术培训，100 万市民欣赏到专业的艺术演出），以政府为主导，以艺术院校为培训平台，以艺术院团为演出主体，通过面向大众的专业艺术培训和覆盖城乡的艺术服务，让艺术培训回归公益，让高雅艺术贴近大众。"双百万"工程开展以来，沈阳各高校利用自身资源开展艺术培训的同时，分别在市内 50 多个社区建立社区艺术培训服务站。沈阳市市属各专业演出团体、市艺校走进社区、农村、广场、学校和敬老院，市、区、县群文系统深入基层，利用各种演出场所开展演出。

辽宁省百馆千站文化艺术素质提升工程　该项目荣获 2013 年第十届中国艺术节项目类"群星奖"。为解决全省文化馆、乡镇文化站管理人员业务水平与组织能力相对薄弱的问题，2009 年辽宁省群众艺术馆推出"百馆千站"培训工程，分步对全省 100 个县区文化馆长及 942 个乡镇文化站站长进行培训。由辽宁省群众艺术馆组织省内外群众文化活动专家,深入到基层,按照"缺什么、补什么"的原则,设置舞蹈、摄影、指挥、油画、写生及大型群众文化组织等课程,以及围绕如何当好文化站长、如何加强乡镇图书馆(室)管理与服务等内容开展培训。

辽宁省大连市"文化直通车" 大连市在创建第一批国家公共文化服务体系示范区中,探索实施"文化直通车"服务,将文化服务送到社区居民中间,开展百场巡演进社区、百场电影进社区、百场讲座进社区、百部好书漂流进社区和百场健身展演进社区等系列活动。

辽宁省文化共享工程进村入户模式 辽宁省文化共享工程于2003年正式启动实施,由于种种因素制约,工程推进成效不明显。2008年辽宁文化共享工程以"广电模式"为主要传输方式实施进村入户。辽宁省"广电模式"总的原则是公益事业走公益渠道。具体做法是:用已经覆盖全省98%以上地区的广播电视村村通网络,传输共享工程的信息资源,采用"进村和入户相结合、广播和点播相结合"的方式分层次推进,让广大农民群众在家里用电视机就能收听收看共享工程的节目,实现文化信息资源共享工程进村入户。(1)传输方式。主要采用有线电视网络传输,在少数偏远地区采用卫星传输。从传输渠道上,各级广电机构无偿提供两个模拟频道用于传输文化信息资源;从系统结构上,分为省级分中心和前端播出平台、广播电视传输网络、县级有线电视播出前端以及点播型机顶盒四部分。(2)接收方式。主要分为广播和点播两种方式。广播方式,是指采取播放模拟电视频道的方式直接进入每个农户,打开电视机就可以在特定频道上收看。点播方式,是指每个自然村设立服务点,配置点播型机顶盒,将信息资源推送到机顶盒中,农民在服务点点播收看。(3)信息来源。以全国文化信息资源共享工程建设管理中心提供的资源为主,同时整合文化、教育、农业、人口计生、科协等部门信息资源,其中包括金农热线、聚焦三农、供求信息、科普之窗、教学园地、知识讲堂、文化艺术、新闻回放、阳光政务、图书阅览、电影欣赏等。

辽宁省博物馆志愿者走进校园
2011年11月8日,"走近历史——辽宁省博物馆志愿者进校园活动"正式启动。活动内容包括举办讲座、邀请师生走进辽宁省博物馆、亲自画国宝和做国宝、举行征文大赛和工艺品大赛及优秀作品专题展。

辽宁"金色乡村"出版工程
2008年辽宁省新闻出版局立项的"金色乡村"出版工程全面启动,该工程根据辽宁省14个市的不同地域、不同特点,每市出版一本面向当地农民的生产、生活实用宝典,为广大农民提供科学知识和致富信息。计划每年出版一套丛书,丛书按全省行政区域划分,共包含14册。图书既有针对全省农户的共性信息,如政策法规、生活常识等,更注重突出地区差异,选择适合本地农村特点的有用信息,如致富典范、务工信息等。每本图书365页,大32开,20万字。所出版丛书,主要采取赠送的方式发放到辽宁省各市的"农家书屋"以及农户手中。

辽宁省抚顺提升领导素质"四进"读书活动 2010年正式启动。内容包括:开展读书活动"进中心组、进网络、进党校、进媒体"活动,使"爱读书、读好书、善读书"成为党员干部尤其是领导干部的自觉追求。所谓读书活动进中心组,就是把读书活动纳入各级中心组学习计划当中,要求班子成员带头读书、带头讲课、带头调研、带头撰写读书体会文章,充分发挥引领示范作用;各级中心组都把读书作为重点内容,市委理论学习中心组每月集中学习一次,并邀请国内知名专家作辅导。所谓进网络,就是利用抚顺干部教育网和市图书馆网站,开辟"在线读书"专栏,提供电子图书和电子期刊近3000种,供领导干部在线阅读。所谓读书活动进党校,就是为各级干部设立读书班,结合每个班次特点,选定必读书目,教师领读,同学互读,定期研讨交流,并把读书体会作为主体班毕业论文来评审。所谓读书活动进媒体,就是在市媒体创办各种形式的读书专题、专栏,定期发表读书体会,推介书籍,开展征文评选等活动,定期发表读书体会、读书感言、推介书籍,举办"零距离沟通"专题节目,开展读书征文评选等,全方位宣传、展示和交流读书成果。

吉林长春图书馆"义务小馆员"志愿服务活动 该项目被文化部表彰为2012年全国基层文化志愿服务活动优秀项目。由吉林省长春图书馆实施。主要服务项目包括:(1)寒暑假图书馆志愿服务。2005年启动实施,活动内容包括文献整理、读者接待、书刊借阅、卫生清洁、日常阅览室管理等。(2)"阅读启智:市图少儿故事会"活动。2011年4月正式创办。故事会由义务小馆员自发策划组织,隔周周日定期举办。内容包括红色经典故事、优秀民间故事、历史故事、科学故事、童话故事、寓言故事等。同时,每年选出20多个优秀作品在长春市书博会上进行展演。(3)"小手牵小手"爱心义卖活动。自2005年起,每年六一儿童节都举办"小手牵小手"爱心义卖活动。儿童节前夕,义务小馆员自发组织向图书馆捐赠文化用品、玩具,以及读过的书籍刊物等,同时,他们还到长春市各中小学校进行广泛征集。活动当天由义务小馆员在图书馆院内举办大型义卖活动,所得善款全部捐赠给吉林省孤儿学校、长春市儿童福利院、长春市红十字会,以及汶川和玉树地震灾区。

吉林省图书馆联盟 该项目荣获2010年第十五届项目类"群星奖"。图书馆联盟,属图书馆总分馆的一种模式,是指为了实现资源共享、利益互惠的目的,而组织起来的、受共同认可的协议和合同制约的图书馆联合体,它既可以理解为馆际合作,也可以理解为传统图书馆与数字和虚拟图书馆,纸型资源与电子资源的互补共存。吉林省图书馆联盟是由吉林省公共图书馆、高校图书馆、科研系统图书馆共同发起成立的图书馆间合作组织。其宗旨是整体规划、统一标准、共建共享、共同发展。其目标是建立吉林省文献保障系统,成为全国文献服务保障体系中的重要组成部分。联盟在资源建设、馆际互借、文献传递、联合参考咨询、成员馆之间通阅、联合采购等方面进行合作。从 2008 年 11 月正式启动以来,目前有 34 家成员馆。为了进一步方便读者,东北师范大学图书馆牵头实验了吉林省图书馆联盟云服务平台。2011 年 4 月 15 日,吉林省图书馆联盟举行"吉林省图书馆联盟云服务平台试运行大会"。该平台采用云计算技术,吸纳云服务模式和理念的综合性、开放式、公益性,不仅能向读者提供国内外多馆文献资源的发现与一站式服务,而且能向读者提供云存储服务、云软件服务、个人数字图书馆订制等多项服务,还可向各联盟成员馆提供书刊管理、数字资产管理、云平台等多项服务。作为多个图书馆的"集约化管理"平台,该平台实现了真正意义上的资源共建、信息基础设施和信息系统的共用、人才技术的共享,避免重复建设,大幅度地节省成员馆的运行成本。

"传递书香"——吉林敦化市流动图书志愿服务活动 该项目被文化部表彰为 2013 年全国基层文化志愿服务示范项目。由吉林省延边朝鲜族自治州敦化市图书馆于 2009 年实施。招募的志愿者由社区居民和学校教师、中小学生组成。在流动图书志愿者服务活动中,以"传递书香"为主题,以解决农村校园学生看书难问题为目标,以图书流动车、笔记本电脑等设备为服务平台,开展远程网上借还书服务。已在全市 16 个乡镇建立农村校园流动图书分馆16个,每半月定期上门服务一次。

吉林省吉林市"松花江之夏、松花江金秋广场文化活动周" 该项目荣获2007年第十四届"群星奖"服务奖。2009年被中国群众文化学会、中国文化报社评为"全国特色文化活动"。创办于1988年。每年一届。由吉林市政府主办、吉林市文化局承办。"松花江金秋"广场文化活动周是吉林市标志性社会文化品牌,深受广大市民的喜爱。

吉林省吉林市"松花江之夜大型广场周末休闲舞会" 该项目荣获2010年第十五届项目类"群星奖"。始办于1999年5月,是由吉林市人民政府主办、吉林市文化局承办、吉林市群众艺术馆组织的大型公益性广场文化活动,每年5—10月的每周五晚在市政府前广场举行。旨在着眼于满足人民群众日益增长的精神文化需求,为全市社会经济又好又快发展营造和谐的社会氛围。

吉林省"长白之声"合唱节 创办于2007年。每年一届。由吉林省文化厅主办,吉林省群众艺术馆和吉林省合唱协会承办。旨在促进吉林省群众文化的交流与发展,进一步打造吉林省文化艺术活动品牌。

吉林省梅河口市"幸福社区 快乐之家"创建活动 该项目被文化部表彰为2012年全国基层文化志愿服务活动优秀项目。2008年5月启动实施。梅河口市以创建"幸福社区 快乐之家"为目标,围绕管理机制、载体建设、服务拓展三大创新推动文化志愿服务。文化志愿服务涉及文化、法律、科普、医疗等内容,平均每人每月到社区进行服务40多小时。

吉林省群众艺术馆"馆站院"培训工程 吉林省群众艺术馆于2011年启动吉林省文化(艺术)"馆、站、院"培训工程。旨在服务基层,服务农村,促进和提高全省文化(艺术)馆、文化站、文化大院业务骨干综合素质,充分体现文化惠民、文化育人的宗旨。每年初省群众艺术馆下发培训计划,作出系统、协同化的培训部署,整合全省群文战线培训资源,通过举办文化(艺术)馆长培训班暨文化(艺术)馆免费开放论坛、全省基层群文培训管理者培训班、音乐骨干培训班、群众文化建设与发展研讨班等,带领全省各地群众文化(艺术)馆(站)开展不同规模、内容、层次的培训。培训内容包括音乐、舞蹈、美术、摄影、文学创作、文化管理、理论调研等方面,培训工程覆盖全省55个县市,培训班次达720次,人数达54000人次。

吉林中国朝鲜族农乐舞 该项目荣获2013年第十届中国艺术节项目类"群星奖"。汪清县素有"象帽舞之乡"的美誉,为提高中国朝鲜族农乐舞(象帽舞)的知名度和美誉度,更好地开发利用中国朝鲜族农乐舞(象帽舞)项目的价值,汪清县文广新局将中国朝鲜族农乐舞(象帽舞)项目建设和发展作为文化重点工作之一。成立了朝鲜族农乐舞(象帽舞)保护中心,更加完善了农乐舞(象帽舞)保护体系和机构;投入近200万元,建成培训基地30多个,积极引导社会力量参与农乐舞(象帽舞)的保护、传承和弘扬,扩大农乐舞(象帽舞)普及范围;加大对农乐舞(象帽舞)硬件设施的投入,建成农乐舞(象帽舞)展示基地。

吉林柳河县"翰墨新农村"活动
该项目荣获2013年第十届中国艺术节项目类"群星奖"。柳河县2009年被中国书协命名为"中国书法之乡"称号。为抓好书法事业发展,柳河县从2003年开始,相继制定下发《中小学普及推广书法教育方案》、《表彰书法创作优秀人员的决定》和《开展建设"中国书法之乡"活动意见》等一系列鼓励支持书法事业发展的相关文件。组织专业人员编撰"写字"地方课程,配备书法教师,加强专业培训,全面启动书法教育工程。为激励书法创作,设立书法发展专项资金,更有力地促进了书法艺术的发展。同时,把书法艺术教育纳入国民教育体系,加强书法普及教育,从小学一年级起,列入必修科目;坚持开展"一日一练、一周一集、一月一记、一季一论、一年一评"活动;建成集书法创作、交易、展览于一体的专门场所——柳河书法馆。

吉林省长春市朝阳区社区农民工文化服务 该项目被文化部评为2012年农民工文化服务示范项目。朝阳区重庆街道于2011年初设立农民工文化站。总面积达1037平方米,设立12处文化服务场所,并免费向农民工开放。定期送文化到单位、免费放映电影、成立农民工书屋、设立农民工绿色网吧等,街道还成立书画协会、民乐协会、合唱队、模特队等,定期聘请专业人员对有需要的农民工进行各项文化培训。

吉林省长春市"艺术点燃希望行动关爱未来"文化志愿服务活动 该项目被文化部表彰为2013年全国基层文化志愿服务活动优秀项目。吉林省长春市群众艺术馆于2011年4月启动实施,以逐步建立100个培训基地,培训1000名"志愿者教师",培训10000名农民工及特困子女为目标,探索实施以建立"1"个组织实施体系,构建"2"个主要阵地(与校园签订文化活动基地,建立艺术馆馆内培训基地),搭建"N"个展示平台,常年为农民工子女开展大型社会公益培训活动。

吉林省吉林市朝鲜族民俗文化节 该项目荣获2013年第十届中国艺术节项目类"群星奖"。创办于1992年。每年一届的朝鲜族民俗文化节是吉林市朝鲜族同胞的一次民族文化盛会。旨在展现朝鲜族优秀传统文化,推动民族团结进步与发展。活动内容不断丰富,主要包括:大型广场文艺表演、体育赛事、民俗展示等各具特色的朝鲜族民俗文化活动。

吉林省长春图书"宅急送" 2013年吉林省长春市南岭街道华阳社区面向辖区内老人、残疾人等特殊群体推出图书"宅急送"特色服务,像送快递一样,只要居民拨打电话,社区工作人员就会上门送去你需要的图书。社区还专门印制有图书"宅急送"服务联系卡,服务卡正面印有社区送书员的联系方式,背面印着社区图书室部分图书的种类。社区还特别指派6名"网格长"(社区网格化管理的负责人)承担起"宅急送"的任务。

吉林省"定向"出版农民工图书报刊 2012年,吉林省根据农民工的阅读特点,策划出版"定向图书"和"定向报刊",旨在解决农民工的看书难问题,丰富他们的文化生活。投入500万元,采取定额补贴方式,为农民工等群体提供200万册专项出版物。

二、公共服务　　227

吉林省长春市设立社区体育公益性岗位 2008年3月长春市在全国率先设立"社区体育公益性岗位"。由体育行政部门与劳动和社会保障部门联手设立服务群众体育的公益岗位。社区体育公益性岗位的主要职责是:积极组织社区居民参加全民健身活动,指导社区居民科学健身,推广群众体育健身项目;对社区全民健身工程设施进行检查、维护、管理,指导市民正确使用;配合做好学校体育场馆向社会开放工作;了解、掌握本区内健身站点、团队、俱乐部、体育兴趣小组的情况;协调做好国民体质监测工作。长春市劳动和社会保障部门负责社区体育公益性岗位人员的招聘录用等工作;体育行政部门负责业务培训、指导、管理、考核等工作;街道社区负责日常管理等工作。街道社区体育公益性岗位的设立是长春市完善社区体育健身组织、开展社区体育健身活动、加强社区体育健身设施管理的一项新举措。

"传递书香 见证成长"——黑龙江鹤岗市图书馆志愿服务活动 该项目被文化部表彰为2013年全国基层文化志愿服务示范项目。由黑龙江省鹤岗市图书馆于2013年实施。志愿者服务内容包括：承担全市31家社区图书室通借通还图书的配送工作；为公益事业等提供服务；承担临时性、突击性志愿服务任务；参与图书馆基础业务（讲座培训、图书导读、读者咨询等各项服务，以及读书征文活动、共享工程服务宣传活动、数字图书馆建设等）相关工作。

黑龙江哈尔滨之夏音乐会 该项目荣获2010年第十五届项目类"群星奖"。1958年8月哈尔滨举办"哈尔滨之夏"音乐活动月，它为后来的"哈尔滨之夏"音乐会奠定了基础。第1届"哈尔滨之夏音乐会"于1961年8月5日在哈尔滨青年宫开幕。从1961年至1966年举办6届，十年"文革"期间一度中断，1979年由东北三省共同主办的第7届"哈尔滨之夏音乐会"再次举行。1994年第22届哈尔滨之夏音乐会总结几十年的经验，对"哈尔滨之夏音乐会"作出战略调整，改为每两年一届；办成单纯的音乐节；突出专业性、提高性和交流性，兼顾群众性和普及性；逐步把哈尔滨之夏音乐会办成全国性的音乐盛会。经哈尔滨市人民政府和文化部共同协商，从1996年第23届开始，"哈尔滨之夏音乐会"由国家文化部和哈尔滨市人民政府共同举办，标志着"哈尔滨之夏音乐会"已由地方性音乐活动变为国家级的音乐节。

黑龙江"大庆之冬"艺术节 该项目荣获第十届中国艺术节项目类"群星奖"。创办于2001年。每年一届。由最初比较单一的文艺演出、彩灯游园，逐渐发展到综合类大型文化惠民活动，已成为大庆人冬日里不可或缺的一项文化盛会。

黑龙江省"城市之光·金色田野"群众文化活动 该项目荣获

2010年第十五届项目类"群星奖"。从2003年开始,每年春夏之际"城市之光"与"金色田野"交替举办。2004年,举办首届"金色田野"农民艺术节,通过开展送文化下乡进社区等形式,把先进的文化思想和观念送到农村、社区。2005年全省"城市之光"广场群众文化活动举办。"城市之光"广场文化活动和"金色田野"乡村文化活动是面对广大城市和农村基层打造的品牌文化活动。

黑龙江大兴安岭管乐品牌文化活动 该项目荣获2010年第十五届项目类"群星奖"。大兴安岭依托边境优势,打造清新高雅的管乐文化。全区中小学实现管乐进课堂,组建14支管乐队和4支威风锣鼓队,女子管乐队连续多年应邀承担"哈洽会"迎宾表演,并作为全省唯一管乐团体在上海世博会"黑龙江活动周"开幕式上表演;漠河女子管乐队荣获全国第三届非职业优秀管乐团队大赛金奖,并应邀参加了第三届中国南昌国际军乐节。大兴安岭图强林业社区(管乐)被文化部授予"中国民间文化艺术之乡"称号。

黑龙江省"送欢笑到基层"文化志愿服务活动 该项目被文化部表彰为2012年全国基层文化志愿服务活动优秀项目。2012年,由黑龙江省委宣传部、省财政厅、省文化厅联合主办。采取"政府买单、群众受益"方式,组织全省专业文艺团体到本省各县区乡镇、林场、社会福利院等,开展"送欢笑到基层"演出活动。是"三下乡"活动的重要组成部分。旨在通过丰富多彩的送文化下基层活动,活跃基层文化生活,保障广大群众文化生活的多元化,进而将文化活动引向深入。

黑龙江省牡丹江市"百名志愿者百日下基层" 该项目被文化部表彰为2013年基层文化志愿服务示范项目。2013年由牡丹江市群众艺术馆组织实施。旨在积极发挥群众艺术馆服务社会、服务大众的作用,保障基层广大人民群众的基本文化权益。创建"文化大家园"、"走进音乐厅"、"舞动全城"、"万众放歌"、"明日之星"、"情暖桑榆"六个品牌活动,以文化志愿者为骨干,扎实开展"双百活动"。

黑龙江省大兴安岭地区北极村北极光节系列节庆活动 是文化部、财政部首批国家公共文化服务体系示范项目。创办于1991年。每年一届。旨在提升大兴安岭和神州北极漠河的知名度、美誉度,实现宣传漠河效应的最大化,达到"以节招商、以节兴旅、以节富民"的目的。

黑龙江省黑河博物馆馆际交流服务社会 黑河市博物馆注重开展馆际交流与业务合作,以交流促发展,以合作促发展。先后从省内外博物馆引进《黑土英魂——东北抗联著名烈士事迹展》、《阳光下的罪恶——侵华日军化学战罪行展》、《青少年犯罪警示教育图片展》、《最美丽的昆虫——世界蝴蝶标本展》等十多个展览,丰富博物馆展陈,满足了广大观众的多元文化需求。同时,依托地缘优势,先后与俄文化部门联办和引进《阿穆尔州布拉戈维申斯克艺术创作展》、《俄罗斯阿穆尔州美术家作品展》、《"庆六一·迎奥运"中俄青少年美术作品展》、《我们的家园——中俄国际摄影展》等十余个交流展,积极引进俄文化艺术品和跨国办展,已成为黑河博物馆展陈工作的一个亮点。

黑龙江省北安市红色博物馆群
城市博物馆群,是指以一个或几个大型博物馆为龙头,通过与相近周边的博物馆的合作与交流而形成的利益共同体,大小博物馆形成"结构有序、功能互补、整体优化、共建共享"的镶嵌体系,体现出大小博物馆互动、区域一体为特征的高级演替形态,其本质是结构和功能的互助互补。作为同一区域的博物馆群,博物馆群内部的各个博物馆具有相似的发展背景、文化基础、区位条件,使它们在竞争力的特征上具有较大类似性。城市博物馆群的发展处于一种高效、有组织状态，最终形成等级优化、类型完备、职能明确、功能互补的区域博物馆体系结构。北安市抓住曾两度成为黑龙江省会城市、历史文化底蕴深厚的优势，建设原黑龙江省工委旧址陈列馆、原省政府旧址陈列馆和庆华军工遗产博物馆，依托黑龙江日报社旧址建设北安博物馆，形成具有北安特色的红色博物馆群。北安市红色博物馆群建设对于加强红色遗产保护、展示北安形象、提升文化软实力具有重要的意义。

中国哈尔滨朝鲜族民俗文化节
该项目荣获2013年第十届中国艺术节项目类"群星奖"。1995年创办。每3年举行一次。旨在以形式多样的本民族文化为载体，宣传党的民族政策，弘扬优秀的民族传统文化。由市委宣传部、市文化局、市民族宗教局共同举办，打破地域限制，广泛吸引全国各地朝鲜族人民参与到活动中。文化节期间，举办大型广场演出、摔跤和秋千比赛等民俗体育、游戏活动，还开展哈尔滨区域内朝鲜族民俗村旅游、朝鲜族饮食一条街及商品展销等经济活动。

黑龙江省科学健身"嘉年华"活动 2012年10月14日，由黑龙江省体育局主办、哈尔滨市体育局承办的黑龙江省首届"科学健身嘉年华"活动在哈尔滨举行。本次活动以"健康、快乐，你我同行"为主题，为市民科学健身搭建一个学习、互动、体验的平台，指导科学健身。"科学健身嘉年华"采取广场、开放式形式，除了舞台上的健身项目展示之外，台下还设有科学健身专家大讲堂、科学健身咨询、健身器材科学使用、国民体质测定、趣味项目体验等活动内容，市民可根据需求自由参与所有活动内容，并有机会获得纪念品等礼物。"科学健身嘉年华"活动实行省、市、县（区）三级联动，隔年举办一次，并努力将这一活动打造成全省全民健身活动的"品牌"活动。活动紧紧围绕"关注您的健康，政府在行动"这一主题，作为政府提供公共体育服务的职能的另一切入口，搭建一个融社会各界、广大群众能够广泛参与的科学健身交流平台。

黑龙江省"职工读书学习节" 2010年9月黑龙江省首届职工"读书学习节"正式启动。每年举办一届。"读书学习节"由齐齐哈尔二机床集团公司马恒昌小组倡议发起。省总工会号召全省职工在首届"读书学习节"期间围绕提升职工思想道德修养开展读书学习活动，进一步激发广大职工学习劳模精神和弘扬中国工人阶级伟大品格的积极性；围绕提高职工科学文化素质开展读书活动，进一步推进全省学习型社会建设；围绕增强职工岗位技能开展读书活动，进一步引领职工充分发挥工人阶级主力军作用。"读书学习节"期间，全省各级工会组织通过举办读书日、读书节、读书会、读书征文、读书知识竞赛、优秀读物推荐等活动，帮助广大职工提高读书学习水平。"职工书屋"、"职工之家"和公共图书馆等场所为职工读书学习提供了便利条件。省总工会通过开展送优秀图书进企业、进工厂、进班组活动和为下岗职工和外来务工人员及其子女赠书等活动，让更多的职工和外来务工人员加入到读书学习的行列中来。

黑龙江哈尔滨市"流动妇女之家" 2013年8月黑龙江哈尔滨市首个由银行提供场地，妇联负责指导的流动妇女之家在道里区龙江银行哈尔滨埃德蒙顿支行建成。根据协议，区妇联负责建立健全流动妇女之家各项规章制度，贯彻当前妇女儿童工作精神，提供社区服务指南、心理咨询、维权指导和志愿服务。支行负责提供流动妇女之家的场所，室内设备及装饰；负责场所开放管理，定期更换室内展板内容，提供便民服务。"流动妇女之家"旨在让更多的姐妹在行走之间能得到"家"的关爱、温馨的提示、心灵的滋养和及时的帮助。

黑龙江省鸡西"网上妇女之家"

鸡西市妇联为最大限度发挥"妇女之家"的作用,她们利用网络资源创建了"网上妇女之家",以塔型QQ群为创建模式,建立市妇联"网上妇女之家"群总群,县(市)区妇联创建的"网上妇女之家"为一级子QQ群;街道办事处、社区、乡镇、行政村创建的"网上妇女之家"为二级子QQ群。"网上妇女之家"实行"首问负责制"和"垂直管理"模式,基层妇女如需咨询业务,由首位接待工作人员逐级向上进行咨询,完成最终答复,达到缓解总群工作强度、提高各级群工作效率、有问必回的效果。鸡西市"网上妇女之家"实现了日常工作交流、上级精神和下级情况的快速传递、召开视频会议、举办视频讲座、基层活动现场观摩、互动式在线咨询答疑、用工需求介绍等功能。

上海市徐汇公共文化服务一卡通

徐汇区在创建第一批国家公共文化服务体系示范区中,推出公共文化服务一卡通平台,持卡居民可通过终端操作预约相关公益演出门票以及文化讲座等。该平台包括多媒体智能互动终端建设、智能一卡通IC卡制作和文化数据中心建设。智能互动终端是一个嵌在墙上的平板电脑,界面由"印象徐汇"、"魅力徐汇"、"创意徐汇"三大版面组成,囊括景点介绍、居民问答、区内文化信息、文化活动预约等内容,居民只需申领一张徐汇公益卡,便可享受平台提供的文化服务。徐汇区已在相关公共文化设施和文化场所安装了313套终端。徐汇户籍居民凭身份证可免费办理,外来人员、工作在徐汇的白领可通过企业申请办理。持有徐汇区终身学习卡、宝宝乐一卡通、智慧关怀一卡通等公益卡的用户也可直接在智能互动终端上操作预约。

上海市文献联合编目中心

成立于2001年,隶属上海市人民政府文献资源共建共享领导小组办公室。直接用户已达252家,间接用户 600 多家。该中心现有 1 个综合性数据库,书目数据约 250 万条,以中外文图书和报刊资料为主,年上传数据量 28 万条,年下载数据量 41 万条。中心采用的系统是深圳科图公司自行开发的 UACN 联合编目系统,可为用户提供联机编目、读者检索、编目员培训等服务。中心质量控制方式采取编目员认证制度,并定期邀请 OCLC 资深编目员前来讲学,同时拥有一支高素质的编目队伍。近年来,在 OCLC、RLIN、SILAS 等大型联机编目系统中,以及美国、加拿大、新加坡等多家图书馆均有该中心制作的数据。

上海图书馆网上联合知识导航 该项目荣获 2007 年第十四届"群星奖"服务奖。联合知识导航是在初步实现上海市文献资源共建共享的基础上,由上海图书馆牵头,并联合上海地区公共、科研和高校图书馆,于 2001 年 5 月推出的一个旨在向读者提供专业参考知识导航的数字参考咨询服务平台。其工作人员由上海图书馆、复旦大学图书馆等单位的 30 多位中青年专业骨干参考馆员组成。此外,还聘请美国资深参考馆员参与导航工作,并与国内外诸多单位合作开展合作馆咨询。它的参考咨询方式主要有 Web—Fom、E-mail、FAQ 及实时咨询方式。咨询过程主要是由用户填写主页上的 Web 表单提出咨询请求,以 E-mail 发送,工作人员收到咨询请求后,在 1～2 个工作日内以电子邮件形式答复给用户。系统主要功能区为:一般 Web 表单咨询、专家咨询、合作馆咨询、实时咨询、知识库检索、知识库浏览、FAQ 常见问题咨询、链接、在线调查等。

"荣担文化使者 播撒都市文明"——上海图书馆系统文化志愿者服务 该项目被文化部表彰为 2012 年全国基层文化志愿服务活动优秀项目。上海图书馆志愿者服务队于 2005 年 5 月正式成立,目前拥有个人志愿者 1100 余名,志愿者团体 70 余个。2011 年共有

6000多人次的志愿者参与了读者咨询、图书整理、文明巡视、助残服务等活动。服务队自建立至今,每两年举办一次全市公共图书馆范围内的志愿者评选表彰活动。

上海"绿叶助学志愿队"服务活动 该项目被文化部表彰为2013年全国基层文化志愿服务示范项目。闵行区图书馆"绿叶助学志愿队"2006年6月成立,主要由四支高校志愿服务小分队、授课讲师类志愿者、网上报名志愿者组成;服务内容主要是读者咨询、导引,文明督导、秩序维护,图书查询、图书外借,图书馆大型读者活动助理以及其他临时性工作。分为阵地服务、活动助理及授课讲师三大类。阵地服务地点是馆内各阅览室,主要包括协助整理报刊及图书、巡视导读、维持阅读环境安静。志愿者的服务时间为平时双休(每周六、日)及寒暑假,每天6～7名志愿者参与阵地服务。活动助理主要是协助图书馆做好公益讲座、读书活动等,服务内容包括现场秩序维护、活动材料准备等。授课讲师志愿者为图书馆公益活动,包括担任"摄影技艺交流培训"、"数码沙龙"、"英语角"等义务指导、活动组织等服务工作。

上海市嘉定"百姓书社" 自2006年启动试点以来,嘉定区图书馆"百姓书社"延伸服务项目不断深入基层,截至2013年10月100个书社覆盖军营、社区图书室、村居委、农村志愿者家庭等。该项目依托区级财政支持,为远离区、镇、村三级公共图书馆(室)的群众提供便捷的读书服务。

上海教育系统高雅艺术进校园活动 该项目荣获2010年第十五届项目类"群星奖"。创办于1993年,每年一次。由中共上海市科技教育工作委员会党委、市教委主办,在全国率先启动"高雅艺术进校园"活动。从2005年起,上海市在高校建立13个上海大学生艺术实践基地。2006年5月,上海市委宣传部、市科教党委、市教委、市文广局四部门联手合作支持上海大学生艺术实践基地建设。2007年,上海市向全市19个区县推广"教师走进经典"系列活动。

上海市"宝山国际民间艺术节"

作为中国上海国际艺术节的重要组成部分,宝山国际民间艺术节着眼于民族、民俗和民间文化的传承发展,强化国际文化交流中本土文化的地位,已成为世界各地艺术家展示民间艺术的舞台。该项目荣获2007年第十四届"群星奖"服务奖。宝山区国际民间艺术交流平台建设是文化部、财政部第一批国家公共文化服务体系示范项目。该项目创办于1995年。1995年10月29日—11月11日首届艺术节由上海市宝山区人民政府、上海市文学艺术界联合会主办,有国内外12个团队参加。第二届于1998年8月16日—8月25日举办,有国内外9个团队参加。第三届于2000年10月27日—11月5日举办,由上海市宝山区人民政府、上海市文学艺术界联合会、宝山钢铁(集团)公司、上海大学联合主办,有国内外14个团队参加。第四届于2004年10月11日—10月22日举办,由上海市宝山区人民政府、上海市文学艺术界联合会、上海宝钢集团公司、上海大学、中国文联国际联络部联合主办,有国内外19个团队参加。宝山国际民间艺术节于2004年正式加入IOV组织(联合国国际民间艺术组织)。第五届于2006年10月15日—10月22日举办,由上海市宝山区人民政府、上海市文化广播影视管理局、上海市文学艺术界联合会、中国上海国际艺术节中心、上海宝钢集团公司、上海大学联合主办,有国内外19个团队参加。第六届于2008年10月15日—10月22日举行,本届艺术节"走出宝山",以上海城区与农村基层活动为重心,以全市各区的重要文化活动为舞台,组织开展各类艺术活动。第七届于2011年10月16日举办,本届艺术节尝试与中国上海国际艺术节共同举办文化活动和韩国安东国际假面舞节艺术展示,进一步拓展民间艺术资源和文化交流的活动形式。第八届于 2013 年 10 月 15 日—22 日举行。历经 18 年的发展，上海"宝山国际民间艺术节"内容不断丰富，已形成特色文化"节中节"、中外文化天天演、欢乐联谊在校园、生活体验进家庭、外国团队活动日、全方位艺术展示等六大板块系列活动，为市民搭建参与文化互动的舞台，为外国团队搭建了解中国文化的桥梁，促进了中外民间文化交流。

中国上海国际艺术节"天天演"活动 该项目荣获 2010 年第十五届项目类"群星奖"。创办于 2000 年。作为上海国际艺术节群众文艺活动之一，旨在让广大市民成为文化活动主角。"天天演"是上海国际艺术节的一大亮点，上海国际艺术节期间，每天各有一场演出，历时一个月。节目样式既有综艺又有戏曲，充分体现"人人参与艺术节、人人享受艺术节"的办节宗旨。

"唱响贤城"——上海市奉贤区"群众文化四季歌"系列活动 该项目荣获 2013 年第十届中国艺术节项目类"群星奖"。2001 年第一届奉贤区"相约滨海之夏"广场文化活动月举办，历经十多年的发展，奉贤"群文四季歌"成长为以春、夏、秋、冬四季为时间轴，在整合"春之声"宣传大篷车"三下乡"巡演、"相约滨海之夏"广场文化系列活动、"滨海秋韵"高雅艺术进奉贤等传统项目的基础上，2006 年，增加了"冬日暖阳"文化大拜年活动，最终形成现在的奉贤综合性公共文化特色服务项目。

上海松江区"万千百"文化配送实事工程 该项目荣获 2013 年第十届中国艺术节项目类"群星奖"。创立于 2004 年，是一项文化资源配送工程。主要内容是，开展"万部图书、千场电影、百场文艺"下农村、进社区、到工地、入军营，以此构建覆盖城乡的公共文化服务体系。

上海"社区·院团一家亲"文化牵手活动　该项目荣获2013年第十届中国艺术节项目类"群星奖"。旨在搭建社区和院团相互交流、沟通的平台。

上海"长风杯"新上海人歌手大赛　该项目荣获2013年第十届中国艺术节项目类"群星奖"。创办于2006年。是第八、第九、第十、第十一届中国上海国际艺术节重点群文活动项目,是上海国际艺术节的主要活动内容。旨在为新上海人搭建一个展示个人艺术才华的舞台。

上海市东方社区文化艺术指导中心　上海东方社区文化艺术指导中心于2006年9月1日在市群艺馆挂牌成立,设在上海市群众艺术馆内。上海市东方社区文化艺术指导中心是以公益性、普惠性、服务性为主要性质的,以培训、职业资格认证、推介、管理为主要工作内容的公共文化服务机构,属上海市公共文化服务的供给配送系统之一。中心的主要职能和作用是,负责对全市有志于群众文化工作的社区文化指导员开展培训;搭建社区文化艺术人才交流平台;建立社区文化指导人才数据库,形成社区文化指导员的选拔、培训、派送和日常管理服务平台,为上海各社区文化活动中心提供人才支持;同时,指导社区文艺创作和社区文化活动的开展,组织全市重大群文活动的交流和展示。

"百姓家门口的文化使者"——上海社区文化指导员志愿者服务

该项目被文化部表彰为2012年全国基层文化志愿服务活动优秀项目。上海东方社区文化艺术指导中心于2006年9月在市群艺馆挂牌,2008年全面启动,专门从事本市社区文化指导员派送服务工作。经过六年多的探索实践,指导中心通过培训、认证的社区文化志愿者共有2600名,向社区派送文化指导员志愿服务71046人次(每人次2小时),辅导社区团队6141支,受辅导者155万人次。

上海"名家坊"——天平社区文化名人服务活动 该项目被文化部表彰为2013年全国基层文化志愿服务示范项目。秦怡、周小燕、尚长荣、陆春龄、任桂珍、何占豪、茅善玉等大家耳熟能详的文化名人都居住或工作在上海市徐汇区天平路街道办事处天平社区。2007年5月11日,"名家坊"——天平社区文化名人服务指导机构正式成立。30余位电影、戏曲、音乐、主持领域的"坊"间名人倾情加盟、无私奉献,"名家坊"成立近六年多来,共举办一系列演出、讲座、辅导活动百余场。2013年,天平社区借上海市首届市民文化节之机,通过"名家辅导员"、"名家大讲堂"、"名家项目对接"等内容全面展开文化志愿服务。

"与艺术同行"——上海中华艺术宫文化志愿服务活动 该项目被文化部表彰为2013年全国基层文化志愿服务示范项目。2012年上海美术馆搬迁至上海世博会中国馆,并更名为中华艺术宫。艺术宫开馆之初便实施"与艺术同行"——中华艺术宫文化志愿者服务项目,成立志愿者管理中心,让志愿者参与艺术宫运营的台前幕后各项服务工作,力求打造一支专业化、常驻化的"文化志愿者"服务队伍。开馆一年来,展厅内每天有37个常设文化志愿者服务岗位,全年累计服务141930人次。同时,先后组织志愿者举办"流动的美术馆——走进高墙"、"流动的美术馆——民工子弟学校行"等活动,并在艺术宫美术教育长廊设立两处"亲子互动空间",由专职志愿者每天为参观艺术宫的家长和小朋友提供绘画和阅读服务。

上海市"聚乐轩"文化志愿者管理委员会 该项目被文化部表彰为2013年全国基层文化志愿服务示范项目。上海嘉定区嘉定镇街道文体中心自2005年以来,坚持政府扶持、团队自治的办法,不断扶持培育文化志愿者团队,至2012年底各类文化志愿者团队达221支。2012年,经过各社区文化站、文化团队的推荐,来自嘉定镇街道的30位群众文化志愿者自愿发起成立"聚乐轩",推选产生形成1个会长,1个常务副会长,6个分别代表音乐、舞蹈、戏曲、读书、摄影、书画的副会长,以及由不同文化团队队长组成的18个委员的"聚乐轩"首届理事会,理事会下设秘书处,秘书长由文化中心主任兼任,成员为文化中心群文组全体成员。另设文化巡防队和文化指导队,分别监督、反馈和指导各会开展活动。"聚乐轩"自成立之日起,就参与到文化中心大楼的管理,为所有文化团队提供规范管理和贴心服务,参与社区文化团队的等级评判、奖励办法制定、活动设计安排等。

上海市公共文化服务"十有"模式 上海市以建设一流的公共文化服务体系为目标,聚焦重大基础文化设施建设,创新统筹协调平台,拓展内容供给渠道,加强需求培育引领,创建了便捷利民的公共文化服务"十有"模式,有效提升服务的便捷性与均衡性。"十有"是:(1)文化活动有载体。坚持硬件软件同步设计,功能配置和资源供给一体考量,市区与郊区统筹布局,设施运营与加强管理协调推进。(2)文化供给有平台。采用资源整合、百姓点菜政府埋单、区县联动、按需配送的方式,为基层、社区、农村提供节目、讲座、数字电影及教育培训、文艺指导员等服务。(3)文化品种有选择。积极开发和建立高、中、低端互补,舞台文化、广场文化互动的多品种文化样式。(4)文化需求有保障。针对百姓的求知需求,加强红色文化基地内涵的发掘,加强市、区、街镇特别是基层图书馆、阅览室、农家书屋、居民点文化需求资源建设。(5)文化经费有投入。多渠道筹措各项资金,确保公共文化设施基本建设、基本运营和内容供给。加强与银行等各类金融机构紧密合作,为上海文化发展提供经费保障。构建市、区、街镇三级联动投入公共文化服务体系建设格局,其中社区文化活动中心建设经费由三级共同承担,村级基层文化信息资源共享工程服务点建设经费由市、区两级共同承担,农村电影放映中的影片租金补贴由市财政承担、场次补贴由区县财政承担。(6)文化建设有队伍。建立从业人员准入制度和资质认证办法,构建专业人员、文化社工和文化志愿者公共文化服务队伍。(7)文化成果有评估。开展公共文化服务绩效考核与评估,将考核评估结果公开,接受社会监督。(8)文化展示有品牌。提升中国上海国际艺术节天天演、东方大讲坛、上图系列讲座、高雅艺术进校园及民族民俗民间文化博览会等主打品牌的内涵,扩大上海世博会城市文化广场和城市特色文化展示馆的衍生效应。(9)文化融合有支撑。积极推进公共文化服务现代支撑体系建设。依托"三网融合"技术,建设公共文化数字传播系统。利用有线电视传播文化信息资源共享工程资源,提供点对点、个性化的公共文化服务。加强电子图书馆、博物馆、美术馆、音乐馆建设,

推进移动图书馆、手机图书馆、自助图书馆、手持移动阅读器等现代化阅读方式。建设公共文化服务信息网络,实施公共文化在线咨询服务,定期制发上海公共文化服务手册,推动公共文化进社区、进楼宇、进各大交通枢纽站点,让市民实时、多维度获取公共文化信息。(10)文化管理有抓手。建立由市委宣传部统筹,市发改委、市农委、市文明办、市财政局、上海市文广局等共同参与的上海市公共文化服务体系建设领导小组,统一规划、全力推进工作。健全政策法规体系,推进《上海市社区公共文化服务若干规定》的制定和《上海市公共图书馆管理办法》、《上海市公共文化馆管理办法》的修订工作。定期开展市民满意度测评,实施文化项目设立听证制和公共文化需求反馈制。探索社会化专业化运行管理体制,对部分公共文化设施实行委托管理。

上海市民文化节 是全面展示上海群众文化建设成果和市民文

化风采的平台,采取"政府主导、社会支持、各方参与、群众受益"的方式,贯通全年,覆盖全市,分春、夏、秋、冬4个阶段推进,旨在让广大市民共享公共文化建设成果。首届市民文化节于2013年3月23日正式启动,一直持续到2013年底。首届上海市民文化节以全市208个社区文化活动中心为主场地,方便市民就近便捷参与。同时,在重点文化广场、公共绿地和部分商业中心设立70个室外活动场地。在社区、学校、厂区、园区、营区和机关、楼宇7个区域广泛吸引不同年龄、不同职业、不同行业的市民参与。首届上海市民文化节以百个社区大展示、万支团队大竞技、社会各界齐参与、千万市民共享为目标,举办各类活动2.2万场,活动结束后,评出100支优秀市民合唱队、100支优秀市民舞蹈队、100个优秀市民戏剧表演团、100个优秀活动运营团队。2014年上海市决定继续办好市民文化节,围绕"听、说、读、写"举办市民演奏、市民演说、市民阅读、市民写作四项全市性赛事,活动结束后,评出100支优秀市民乐队、100名市民演说家、100个优秀市民阅读家庭、100名市民知识英雄、100篇市民美文等。

上海市公共文化资源配送 上海市在多年资源配送的基础上,从2014年开始,改变原来市级资源单向配送的局面,在全市建立市、区县、街镇三级网络联动配送体系,逐步形成公共文化资源大配送、大循环格局,使人民群众能就近就便地享受丰富、低价、高质的公共文化产品和服务。2014年市级公共文化资源配送总额度为6500万元,以各区县常住人口为主要分配依据,重点向远郊和大居倾斜,其中95%经费按照区县人口比例分配,预留5%经费向金山、崇明、奉贤等远郊和已建成并入住的大居倾斜。2014年,上海公共文化配送服务体系在门类拓展、服务增加基础上,更为强调保基本、促均衡原则,特别关照老年人、残疾人、外来务工人员等特殊人群。从2014年开始，文化配送专项资金由"拨款制"改为"购买制"、"奖励制"。年初向各街镇文体站（所）发放《文化配送项目征询表》，在此基础上，制定购买清单，由人民群众点单。上海市文广局根据社区实际点单量购买服务，并依据第三方绩效评估结果实施奖励。

上海市"文化十进"氛围营造工程 2013年上海市制定出台《关于营造上海城市文化氛围方案》、《关于营造上海城市文化氛围三年行动计划》及10项分计划。重点实施文化进地铁、进广场、进绿地、进商圈、进机场、进街区、进校园、进外来人口集聚区等"十进"工程。把营造城市文化氛围列入上海市政府重点工作，成立氛围营造领导小组和工作班子，建立市区联手、相关部门联动、局各职能处室联抓、局党政联推机制，予以推动。

上海市社区文化指导员数字化派送服务 该项目荣获2010年第十五届项目类"群星奖"。上海东方社区文化艺术指导中心于2006年9月在上海市群艺馆挂牌，2008年全面启动，专门从事本市社区文化指导员派送服务工作。主要做法是，依托互联网技术，构建数字化派送服务系统。上海东方社区文化指导中心开展的以数字技术和网络手段为支撑、以全市文化指导和派送资源数字化集成共享为平台，兼有纵向派送、横向派送、交互派送功能，体现多层次积极性充分发挥、多渠道资源合理配置、多样化需求尽力满足为特点的数字化派送服务系统，成为全国首创。通过数字化网络化应用，实现多渠道交互集成"一站式服务到终端"的工作目标。通过数字派送服务系统，改变了过去社区文化单向"给予"的配送机制，改变了过去文化资源因部门化、属地化而利用率偏低的状况，改变了过去被动接受服务为主动参与。上海东方社区文化指导中心通过网上招募文化指导员，建立社区文化指导员人才网络数据库，由社区自主选择文化指导员及需要的文化服务,提高了文化指导员派送工作的实效性。

上海东方社区信息苑 由上海市社区文化服务中心、上海市社区文化信息化综合服务工程联席会议办公室、上海东方数字社区发展有限公司共同负责实施。东方社区信息苑是在全国构建基层公共文化服务体系及数字化时代背景下立项并全力推进的一项民生工程,是直接建在社区、面向普通群众的新型互联网公共文化设施和服务平台,是上海市政府完善社区服务、促进社区建设的重要支撑。东方社区信息苑以个性化和丰富化相结合的服务平台,集成包括文化部全国文化信息化资源共享工程、上海图书馆讲座、社区电子阅览室信息、上海东方宣传教育服务中心宣教资源,以及社区档案服务中心、社区青年中心、青年志愿者社区服务中心、市民(青少年)信息服务平台社区服务点、社区网络青年宫、社区校外数字课堂等全国众多社会团体资源。东方社区信息苑拥有宽带内容专网平台,实现海量文化内容向社区服务终端推送;拥有终端营业管理系统,支持门店终端管理的基本功能(包括用户认证、上机、下机、重启、关机、警告等),同时支持多种用户管理,并记录其身份信息与照片、上网行为等;拥有运营信息管理系统,实现对所有运营网点的运营流程和运营数据进行统一管理,主要有进销存、资产、人力资源等三个管理模块,该系统可以实现门店终端计算机设备的配置信息采集与汇总,门店资产管理、报修管理与汇总分析,以及区域、门店人力资源管理及考勤管理等功能;拥有信息苑网络安全管理平台,可对机房核心设备进行更新升级,对网络安全管理功能进行优化扩充,通过技术过滤确保为社区居民提供健康、安全、绿色的互联网内容服务。东方社区信息苑不断向农村延伸、向家庭延伸、向纵横延伸,是上海市民的"数字文化家园"。

上海市徐汇公共文化数字化平台服务 上海市徐汇区在创建第一批国家公共文化服务体系示范区中，着力打造公共文化服务数字化平台。公共文化服务数字化平台分三个阶段：第一阶段是"公共文化一卡通"建设，即通过多媒体互动终端和数据中心等建设，打造公共文化信息发布、采集、预约、反馈平台。第二阶段是居委综合文化活动室"数字化学习室"建设，即完善远程教学技术手段，配送文化辅导项目进社区，通过网络视频教学，实现主分会场多点切换，同时实现在场、在线、在学的互动和交流。第三阶段是配合上海市"公共文化云"数字化平台建设计划，在2015年之前，夯实区域文化信息交流平台，真正实现互联网、移动互联网、终端显示屏、数字电视四网合一的数字化平台。探索解决公共文化服务过程中"供""需"对接的矛盾，提升服务的针对性、有效性和便捷性，提高公共文化资源的利用率。

上海市农民工公共电子阅览室
上海市农民工公共电子阅览室，采用"直营连锁"的运营管理模式。即所有的社区公共电子阅览室的运行，以政府购买服务的方式，全部委托东方数字社区发展有限公司这家专业机构实行"直营连锁"管理。"直营连锁"管理通过岗位、服务、培训、监管的"四个统一"，节省近40%的员工人数，降低了上岗培训成本和管理成本，同时还确保了服务质量。上海将公共电子阅览室纳入到全市社区公共电子阅览室统一管理体系中，以使农民工和本地居民一样享受到专业化的优质服务。

上海乡镇电影院数字化改造
2011年11月10日，上海市启动了首批乡镇电影院数字化改造工程，每年投入1500万元，在未来三四年内实现上海9个有乡镇的区县数字电影全覆盖。改造的主要任务是，对本市现存的乡镇影剧院，以及部分新建的乡镇社区文化活动中心（影剧场）进行改造。凡是改建、扩建、新建的乡镇影院，市里给予每家影院不低于50万元补贴。补贴资金主要是用于购置一套最新的放映设备，配置2K数字电影播放器、投影机、数字电影的还音设备，安装符合国家标准的计算机售票系统及部分简易的遮光、建筑声学处理等方面。

上海"露天电影进公园"放映
2005年7月正式启动，一般为2个月左右，每年都制定"露天电影进公园活动排片表"，放映场次一般在200场左右。为保证"露天电影进公园"放映质量，上海东方永乐和金山农村数字电影院线多次对上海市绿化和市容管理局的放映人员进行培训，并深入放映单位进行具体技术指导，保障了上海各大公园数字电影露天放映活动的顺利开展。电影放映覆盖面不断从大型公园向社区公园延伸，不断增加放映点和放映场次，使更多市民百姓能够就近观看电影，享受公园和谐文化活动的成果。

上海市"无障碍电影"进影院放映活动
2011年7月28日，上海市启动"无障碍电影"进影院放映活动。同年，"上海无障碍电影"正式更名为"中国无障碍电影"，列入了国家新闻出版总署"十二五"期间的骨干出版工程。无障碍电影是专门为了方便残障人士观看的、经过加工过的电影节目，分为专供盲人和专供聋人2个版本。一个版本通过重新剪辑增补大量配音解说，让视力障碍者完整了解整部电影的内容，享受电影的艺术乐趣；另一个版本通过增配字幕和手语解说等方式，让听力障碍者无障碍欣赏电影。按照计划，在今后三年内，上海将陆续在全市范围内设置100个无障碍电影放映点，培训100名无障碍电影放映志愿者，帮助越来越多的盲人能"看"上电影，聋人能"听"到电影。截至2011年，上海市共制作40多部无障碍影片，分发至市区公共图书馆、区县残联、社区文化中心等，免费为残疾人提供借阅或定期组织残疾人观看。2012年，上海市部分商业影院开设无障碍电影专场，每月定期放映一部最新的影片，免费邀请残疾人走进影院，享受上海广播电视台播音员和主持人现场提供的讲解服务。自2012年9月起，宝山、嘉定、松江、闸北、普陀、长宁、杨浦、浦东新区、徐汇9个区先后开设了本区商业影院内的无障碍电影专场。2013年10月15日，在国际盲人节当天，上海市残疾人联合会、上海广播电视台在上海影城联合举办了上海市首届"无障碍电影日"活动。

"书香中国"上海周　与上海书展同步举办。2005年举办首届上海书展暨"书香中国"上海周。2011年8月17—23日，2011上海书展暨"书香中国"上海周举办，由新闻出版总署、上海市人民政府共同主办，中共上海市委宣传部、上海市新闻出版局共同承办，这标志着经过7年精心打造的该活动已经升格为全国性重大文化活动，进一步推动了全民阅读活动的开展。

上海市农家书香"五个一百"活动　为了用好农家书屋，推动农家阅读，从2009年起，上海市新闻出版局推出"农家书香五个一百"活动，大力营造农家阅读的良好氛围，积极主动地为广大郊区农民提供实惠、优质的文化服务。"五个一百"活动包括：每年向全市农家书屋推荐100种重点图书；组织100场农家书屋科技文化讲座；举办"农家书香"征文活动，每年组织评选出100篇农民读者的优秀阅读作品集结出版，在上海书展期间举行首发和主题研讨会；评选100名上海市农家书屋优秀管理员；建立一支由100名出版社青年编辑和市新闻出版局机关青年干部组成的农家书屋"文化导读志愿者队伍"，与广大农民读者面对面地进行优秀读物推荐、导读等读书交流活动。

上海市全民阅读媒体联盟
2013年4月22日，国内首个地方全民阅读媒体联盟"上海全民阅读媒体联盟"成立，旨在以全媒体、全覆盖、市区联动的形式，推进全民阅读活动机制化、品牌化、常态化、实体化。上海全民阅读媒体联盟由媒体单位自愿缔结盟约成立，首批由10家本市优秀媒体品牌读书栏目共同发起，以倡导全民阅读、引领城市风尚，打造全民阅读文化共同体为宗旨，努力将上海建设成为"读书人最舒心、最安心"的阅读城市。

上海安徽共建"候鸟书屋"
2013年7月15日，上海浦东图书馆援建安徽六安市的7个"候鸟书屋"正式对外开放。"候鸟书屋"援建活动是由上海浦东图书馆和六安市文广新局联合发起，前期经调研，选择了霍邱县龙潭镇杨楼村、三十铺镇凤凰村等7个村作为试点，其中还包括1个在农村创业的民营企业。"候鸟书屋"的建成改善了六安市留守儿童及部分在农村创业的企业员工的读书阅览条件，丰富了他们的精神文化生活。

上海全民健身发展指数测评
2013年6月20日上海市体育局发布《2012年上海市全民健身发展公告》，首次公布了上海市全民健身发展指数，为全国首创。通过对健身环境、运动参与和体质健康三方面的评估进行综合测评。"上海市全民健身发展指数"评估体系，采取第三方评估的操作办法，依托翔实的数据资源，对上海全民健身综合发展水平进行全方位测评，评估周期为2012年1月1日至12月31日。评估借鉴国际研究领域内公认的投入、产出和结果三个层面的政府绩效考核模式。今后，上海将每年发布一次上海市全民健身发展指数。

上海市嘉定区全民健身卡"网上预定" 经过近2年的筹备设计与前期的测试，上海市嘉定区体育局研发的适用于嘉定公共体育场馆的"嘉定全民健身卡网上预定"系统，于2013年7月正式启动运行。市民只需凭卡号和密码登录"嘉定体育"网站，即可在线预定、自主选择活动场馆,健身锻炼不再受时间和空间的限制。"网络预定"改变了原先的电话、人工预定方式,节省了人力。可预定的场地和时间为当前时间的3小时后(以整点记)至包括当天在内的3天内所有场地。同时,嘉定区体育局还在"嘉定体育"网站上发布了具体预定规则。通过"网上预定"的实行,场地及时间的选择主动权掌握在了市民手中。

上海市"三十分钟体育生活圈"

2013年12月13日上海市体育局推出惠及民生的"30分钟体育生活圈",并于同年在静安、徐汇、普陀等7个区进行了试点工作。"30分钟体育生活圈"对于大部分普通人来说依然是一项新兴的健身概念,从时间特性上来说,它指的是市民每周3次,每次30分钟的日常体育生活时间;而按照空间特性来说则指的是让市民们出门只需30分钟就能抵达运动场所。推行"30分钟体育生活圈"的概念,无疑是希望让更多的老百姓走出家门就能进行体育锻炼活动。上海市提出:到2015年,基本建成覆盖城乡的以基本公共体育服务为主要内容的设施便捷、功能完善、服务优质、区域平衡、全民共享的呈环状分布的30分钟体育生活圈结构体系。到2020年,"30分钟体育生活圈"基本建成。

上海市海外职工书屋 2010年10月,为丰富在海外工作职工的精神文化需求,中建八局创新性地将深受一线职工喜爱的职工书屋"搬"到远在非洲的利比亚分公司,为在当地参与大型住房项目建设的国内1万多名劳务人员构筑一片心灵港湾。上海市总工会专门向这一本市首个海外职工书屋示范点授牌、赠书,一定程度地解决了职工海外生活单调、枯燥,业余时间不能充分利用的问题。中建八局工会充分发挥作用,为利比亚分公司员工建造了篮球场、电视室、活动室以及职工书屋等业余生活设施,较好地满足了职工们的精神文化需求。

上海"职工手机书屋"建设工程

2011年4月,上海市总工会为了贯彻落实《2011年全国工会宣教工作要点》中建设和完善"全国工会职工书屋手机工作平台"的要求,充分运用现代阅读技术,推动"职工书屋"健康、有序、持续发展,上海市总工会与中国移动上海公司试点推出了上海"职工书屋"(手机版)。随后福建省、云南省也推出"职工手机书屋"。旨在使职工随时随地、方便快捷地在线阅读,为职工提供更多、更新的优秀读物,在职工中传播阅读新观念、培育阅读新方式、引领阅读新风尚,丰富职工精神文化生活,保障职工基本文化权益。

上海师范大学"爱心学校"志愿服务活动

该项目被文化部表彰为2013年全国基层文化志愿服务示范项目。共青团上海师范大学委员会"爱心学校"项目始于1994年,"爱心学校"是上海师大学子在假期利用所学知识,以美术、歌曲、表演、舞蹈、朗诵、书法等文化类兴趣课程的形式服务社会,提高自身素质的一种志愿者活动项目。到2013年止,约有6万名大学生担任"爱心学校"的校长和教员,服务人数近18万名。2013年暑假成立"爱心学校"临时党总支,按照区域共建、学院归口管理原则,成立9个临时党支部。通过市文明办上海师大志愿者专网的建设,将"爱心学校"信息的发布、志愿者报名纳入信息化轨道,为每位志愿者建立电子档案。在上海各个街道,"爱心学校"已成为社区居民家喻户晓的志愿服务品牌。

上海浦东社区妇女之家——文化会客厅

上海浦东塘桥街道贵龙居委会妇女之家创办了文化会客厅,由居民自我管理、自我教育、自我服务。文化会客厅经常举办讲座,开办有健康顾问班、绘画作品班、舞蹈爱好班、手工编织班,是社区居民休闲的好去处。

江苏图书馆总分馆"苏州模式"

始于2005年。其建成的"苏州

图书馆服务网络"荣获 2007 年第十四届"群星奖"服务奖。它是苏州图书馆与区政府、街道办事处合作建设社区分馆的职业行为,在一定程度上绕开体制的障碍,实行总分馆的统一资源建设、统一管理标准、统一服务开展,以较低的投入把公共图书馆建到市民身边,方便市民利用图书馆。具体做法是,分馆的建设主体提供分馆的馆舍、装修、设备,并出资人员经费和购书经费,将分馆全面委托给苏州图书馆管理和开放,苏州图书馆向分馆派遣工作人员、提供图书、征订报刊、开通数字资源,负责按时开放,总分馆执行统一的服务标准、统一开展读者活动,读者免费享受服务并可以在总分馆体系内通借通还。苏州市在创建第一批国家公共文化服务体系示范区中,总分馆"苏州模式"转型升级成"新苏州模式"。总分馆"新苏州模式"的特点是,从职业行为转变为政府责任,实现科学布局,建立总分馆建设、运行、技术、服务、考核和评估的标准体系,总分馆内部实现真正的统一管理。

江苏省无锡市公共图书馆服务外包 2010 年,无锡市新区大胆尝试,以政府购买公共服务的方式,把无锡新区图书馆的建设、管理、运行和服务外包给艾迪讯电子科技(无锡)有限公司,让专业公司提供服务。

江苏南京"传递书香 见证成长"公共图书馆志愿服务活动 该项目被文化部表彰为 2013 年全国基层文化志愿服务示范项目。南京图书馆自 2011 年成立文化志愿者服务队伍以来,已先后三次向社会公开招募志愿者 600 余名。经过专业技能和文明礼仪等培训,文化志愿者按照统一安排,定期到图书馆参与读者服务工作。截至 2013 年 10 月,这支队伍志愿服务达 5000 人次,服务时间达 4 万小时。

江苏苏州"新阅读 心服务"e 时代乡村行活动 该项目被文化

部表彰为2013年全国基层文化志愿服务示范项目。由江苏省苏州市吴江区图书馆2013年实施。2011年，吴江图书馆通过整合农家书屋、共享工程基层服务点、农村党员现代远程教育中心、乡村图书馆等多种公共文化资源，构建"四位一体"农村综合信息服务体系。2012年"四位一体"农村综合信息服务中心在吴江各行政村全面建成。为充分调动包括吴江图书馆馆员、数字技术专业人员、各镇文化站和行政村大学生村官，以及阅读推广方面的专业文化工作者等多方积极力量，由吴江区图书馆统一协调，借助"四位一体"农村综合信息服务体系的软硬件资源，开展"新阅读 心服务"e时代乡村行活动。为村民提供图书借阅、报刊阅览、上网辅导、数字信息资源应用、新技术应用指导等服务。

江苏常州数字电视图书馆 即通过打开常州数字电视进入"701"频道，就可"走进"常州图书馆，屏幕左方的视频菜单可任意点播，可免费观看"名家大师讲堂"及500余种期刊等内容。常州数字电视图书馆"701"频道开播以来，已实现在常州地区的全面覆盖。

江苏省吴江"一镇一刊一社团"
1985年从吴江市第一个文学社团——分湖文学社成立后，全市所有镇都陆续成立文学社，做到"一镇一刊一社团"，每年编印4期文学刊物，每年不少于6次文学活动。为给文学爱好者提供更多交流学习的平台，吴江市文化馆先后编印多种文学刊物，有《鲈乡报》、《经济与文化报》、《青苹果报》、《吴江散文》和《文学频道》等，为全市的文学作者提供数百万字的发表阵地。1993年5月，成立吴江市乡镇文学社团联谊会，每年评选优秀乡镇文学社刊和文学社团。1995年5月，建立吴江市散文创作研究会，聘请散文名家讲课，召开专题座谈会，编印《吴江散文》专刊。全市共有社团成员300多人，每年创作的文学作品达 4000 多件。

江苏省群众文艺"五星工程奖"评奖活动　该项目荣获 2007 年第十四届"群星奖"服务奖。1992 年创办。每两年举办一届。"五星工程奖"是江苏群众文艺的政府最高奖,也是江苏群众文艺的重要品牌赛事活动。评选内容不断完善,主要包括:作品类(含音乐作品、舞蹈作品、戏剧作品、曲艺作品、美术书法摄影作品、原生态文艺作品等)、项目类、理论研究成果类、"群文之星"。

江苏省《文化新世纪》杂志　该项目荣获 2007 年第十四届"群星奖"服务奖。是由江苏省文化厅主管、江苏省文化馆主办的全省唯一的省级群众文化刊物。该刊创办于 1999 年 1 月,为内部刊物、季刊。该刊以传播先进文化、繁荣文艺创作、促进理论研究、展示群文风采、弘扬优秀民族民间文化、引领群众文化事业发展、提高群众文化整体水平为宗旨,坚持做到"三贴近",积极服务基层,服务广大读者。刊物栏目丰富,其内容既注重指导性,又注重欣赏性和实用性。刊物及时传达文化部、江苏省委省政府和省文化厅关于文化特别是群众文化发展的有关文件精神,刊登大量对于江苏群众文化先进典型的深度报道。刊物开辟有"非物质文化遗产保护专栏",戏剧、歌词、音乐、舞蹈、乡镇文化站建设、非物质文化遗产保护等方面的"版面培训班"、"群众文化活动图片彩页"、"群众美术书法摄影作品版面展"等。《文化新世纪》杂志已成为江苏群众文化的重要形象标志和宣传江苏群众文化建设成就的重要窗口,以及与外界进行群众文化交流的重要载体之一。

江苏金陵合唱节　该项目荣获 2010 年第十五届项目类"群星奖"。创办于 2003 年。每年一届。由中共南京市委宣传部、南京市文化广电新闻出版局、南京市教育局、南京市总工会主办,南京合唱协会、南京市群众艺术馆承办,南京报业集团作为支持单位。合唱节推动了南京市合唱艺术的普及、提高。

江苏省吴江市"区域文化联动"

2003年,吴江市委宣传部、吴江市文广局结合本地实际,提出并实施"区域文化联动"项目,该项目以广场文艺联演为主要载体,同时开展电影联映、书画联展、非遗联展、文艺创作和理论研讨联动。经过多年发展,该活动以吴江为起点,拓展到上海、浙江、山东以及江苏运河沿线的10余个县市、区,实现了江苏省与运河沿线其他兄弟省之间的文化大联动,成为影响广泛、备受欢迎的群众公共文化活动。2009年10月,区域文化联动获得第三届文化部创新奖,并被列为国家文化创新工程项目。活动的总体构思是,有效地整合、利用区域内文化资源,降低公共文化服务成本,提高公共文化服务效益;利用吴江处于江浙沪的交界处这一特殊的地理优势,将吴江乡镇文化建设放到全市乃至长三角一个较为宏大的格局中,加强同质和异质文化之间的交流、交融和互动,促进区域内文化的共享、共建与共荣;通过实施区域联动项目,活跃和丰富城乡文化生活,满足人民群众的精神文化生活需求,维护和实现人民群众的基本文化权益;创新载体、创设活动、创优作品,提升吴江公共文化服务水平和质量,完善公共文化服务体系;践行科学发展观,以区域文化联动促进吴江经济社会文化协调发展、促进社会和谐稳定;通过打造区域文化联动项目品牌,彰显吴江的文化品格,增强吴江的文化软实力和核心竞争力。为保证"区域文化联动"活动的顺利实施,吴江市采取五大主要措施。(1)建立区域文化联动组织机制。(2)创设区域文化联动载体和平台。(3)制定开展区域文化联动的一整套方法。(4)在具体实施过程中,由吴江市文化馆负责演出活动的策划、辅导、统筹、舞台、灯光、音响、舞美等工作,并在组织、业务、技术上提供服务和保障。(5) 不断更新文化内容和形式。"区域文化联动"活动拓展了县域文化建设的途径和空间,开启了构建公共文化服务体系,提升公共文化服务能力,推动文化大发展大繁荣的新思维,创造了区域文化交流、合作、共享、共建、共荣的服务模式。

江苏省苏州市基层文化从业人员职业资格认证 苏州市自2008年起实施"统一培训、统一考试、持证上岗"的基层文化从业人员资格认证制度。实行先培训,后发证。每年开展多轮培训。课程内容包括:文化政策与法规、国家公共文化示范区创建、展览展示、非遗保护、摄影、书法、音乐等多个文化工作方面的基础知识、业务知识与技能,授课老师均为在各自文化艺术领域造诣较深的专家和文化工作者。基层文化从业人员职业资格认证制度的实施,既是为基层文化从业人员提供再继续教育机会,也使苏州市文化从业人员的工作能力和公共文化服务能力普遍得到增强。

江苏"文化江海行"广场文艺演出 该项目荣获2010年第十五届项目类"群星奖"。2009年被中国群众文化学会、中国文化报社评为"全国特色广场文化活动"。自2001年以来,南通市文化馆充分利用自身文化优势,以"文化江海行"广场文艺演出为载体,努力打造群众欢迎、风景亮丽的广场文化品牌。

江苏"动感彭城"广场文化活动
该项目荣获2010年第十五届项目类"群星奖"。2009年被中国群众文化学会、中国文化报社评为"全国特色广场文化活动"。从2003年开展以来,徐州市(古称彭城)充分利用这一载体,活动组织方法灵活,节目内容丰富,演出形式多样,是全市人民喜爱的广场文化活动品牌。

江苏"欢乐家园"广场文化活动
该项目荣获2010年第十五届项

目类"群星奖"。创办于2004年。是镇江市一项全市性的文化惠民工程,已成为进一步拓展城市群众文化的发展空间,创新城市精神文明建设的载体。

江苏省"美好江苏"——基层文艺巡演 该项目被文化部表彰为2012年全国基层文化志愿服务活动优秀项目。2009年由江苏省文化馆启动实施。以"美好江苏"为鲜明主题,以广场演出为主要形式,以江苏省文化馆招募的文化志愿者为主要阵容,以全省人民特别是经济欠发达地区的普通群众为服务对象,通过丰富优质的节目内容开展基层文艺巡演。此项工作一直是江苏省文化馆每年重点工作之一。江苏省文化馆招募的文化志愿者主要对象为全省群众文化系统文艺骨干和专业院团、艺术院校著名表演艺术家,每年签约60人,形成强有力的稳定的文化志愿者演出队伍。每年演出50场,累计服务群众近200万人次。

江苏省连云港市社区文化中心标准化建设 是文化部、财政部第一批国家公共文化服务体系示范项目。自2009年6月至2010年11月,连云港市用一年半的时间实现全市17个街道8个镇201个社区全部建成标准化社区文化中心,总建筑面积达19700平方米;拥有各类文艺团队近500个。主要做法是:(1)加强组织领导,不断夯实社区文化建设的基础。建立健全组织协调机制,成立社区文化工作领导小组,由各级政府牵头,文化、规划、民政等部门共同参与,统筹领导社区文化建设;出台政策措施,市政府下发《关于加强城市社区居民委员会建设的意见》,明确规定将社区居委会办公用房和社区公共用房纳入公共配套设施规划;2009年,市政府下发《关于在全市开展社区文化中心标准化建设的实施意见和考核办法》,明确要求室内综合文化活动场所面积在100平方米以上,其中图书阅览室20平方米以上、综合文体活动室40平方米以上、文化培训室 40 平方米以上，辖区内还要建有面积在 600 平方米以上的室外场地一处，包括文化宣传橱窗、文化广场、健身路径等。此外，对于藏书、健身器材、现代化办公设备等都有统一的标准要求。加强目标管理，将社区文化工作纳入到对各级政府的年度目标考核体系。(2) 探索多元投入机制，汇聚各界力量参与社区文化中心建设。2008 年，市、区两级财政投入 400 余万元，2009 年投入 600 余万元，2010 年投入 1000 万元，建设社区文化中心。市政府制定出台的《关于加强城市社区居民委员会建设的意见》中规定，在审批房地产开发项目时，即要求新建小区必须建设社区活动室、健身广场等配套文化设施，否则规划部门不予审批。社区文化活动中心建设采用"一社一企"或"一社多企"的结对合作形式，鼓励倡导社区内企事业单位出钱、出场地，建设文化活动场所，与社区结成互利协作型、基地带动型、发展顾问型等不同类型的社企统筹共建对子，探索建立共用、共享的建设管理模式。联合共建，积极争取开发商和物业管理部门的支持。通过制度安排、政策引导和感情沟通等途径，争取开发商和物业管理部门的理解、支持、响应，无偿使用相关设施。(3) 创新运行管理体制，扶持引导社区文化蓬勃发展。以宣传文化部门为主导，建立文化资源配送机制；加强组织引导，探索组建社区文化志愿者队伍；探索实践社会化运作之路，打造社区文化社会办的新平台。(4) 培育先进典型，引领社区文化建设"一区一品"。

江苏张家港市网格化公共文化服务 该项目荣获 2013 年第十届中国艺术节项目类"群星奖"。张家港市坚持重心下移、资源下移、服务下移，探索实施"网格化公共文化服务"的全新模式，以精细化、个性化、多元化服务，让基层群众成为文化建设的主角。"网格化公共文化服务"是在现有市、镇（区）、村（社区）三级公共文化服务体系的基础上，把村（社区）按照一定的标准再分割成更细化的网格,网格成为政府公共文化服务的基本单元,全市所有人口都成为服务对象。张家港已完成 895 个网格的划分,平均每个网格 1000 人左右,每个网格配备 1 名网格文化员。"网格化公共文化服务",实现了由送文化向种文化的转变,由单向供给向双向互动转变,由一般服务向精细服务转变,更深层次的意义在于它对政府公共文化服务形成了倒逼机制。

江苏省南京市文化馆业务干部技能比赛 为提高文化馆干部的综合素质和业务能力,2011 年 7 月 5 日至 9 日,南京市文广局举办文化馆干部业务技能比赛,来自全市 13 个区县 14 个文化馆的 150 余名群文干部参加包括声乐、舞蹈、戏剧、美术、摄影、专题策划文案和团体等项目的比赛。旨在"以比赛促学习,以展示促提高"。南京市文广局对此次大赛精心策划和设计,采取现场比赛的方式,比赛形式包括即兴表演、抽签答题、现场绘画、定时命题素描、策划文案等。为延展比赛效应,南京市文广局还通过讲座、学习观摩、导师带徒、专题改稿会、实践考评等形式,促进文化馆业务干部学习、提高,更好地为群众提供文化服务。

江苏省南京市文化共享"1+1"数字资源配送 2011 年 12 月南京图书馆、共享工程江苏省分中心举行"1+1"数字资源配送工程资源赠送仪式。具体做法是,2010 年开始,国家图书馆组织总计 1TB 的电子书、电子期刊以及视频资源,通过文化共享工程的服务平台,逐步推送给全国各个县级图书馆。与该计划相呼应,南京图书馆、共享工程江苏省分中心配套向全省共享工程市、县级支中心加送 1 个 TB 的数字资源。1 个 TB 的资源量相当于 25 万册电子图书;赠送的资源中包含近 400G 的电子期刊、200G 的电子书,以及 2007 年以来南图的讲座视频资源和精选的南图图片资源。"1+1"数字资源经过封装,被集成在一块移动硬盘里，赠送给共享工程支中心，供全省市、县图书馆在局域网范围内共享使用。

江苏南京市文化惠民"百千万行动计划" 2012年4月南京市委宣传部和市文化广电新闻出版局联合实施文化惠民活动"百千万行动计划"。全市围绕打造"不谢幕的剧场"、"不停演的广场"的目标，以"百场公益演出广场行"为龙头，带动全年各区县举办群文活动近千场、全市自发开展的群众文化活动过万场。

江苏省南通市民营表演团体"百团义演" 2012年，南通市如皋市拥有119家民营表演团体，年均在基层演出达2300多场次、观众800余万人次。"百团义演"由市委宣传部、市文明办、市文广新局共同主办，旨在进一步放大民营文艺团体的社会效应，充分发挥民营艺术团体在文化强市建设中的主力军作用，更好地满足人民群众的精神文化需求，促进全市群众文化活动持续繁荣发展。

江苏南通市文化馆新市民文化服务活动 该项目被文化部表彰为2013年全国基层文化志愿服务活动优秀项目。江苏省南通市文化馆2013年启动实施。根据南通外来农民工多、新市民群体数量庞大的特点，南通市文化馆借助文化馆自身的阵地设施和人才队伍，公开招募文化志愿者500名，成立"新市民文化服务中心"，将新市民作为公共文化服务的重要对象，以文化志愿者为骨干，开展形式多样的文化志愿服务活动，让新市民享受应有的文化权益。主要内容包括：在活动的部署和安排上优先考虑新市民这一特殊群体；把新市民列入免费艺术培训重点服务对象，为他们的子女免费学习各类艺术提供服务。

江苏苏州市民文化艺术素养提升志愿服务工程 该项目被文化部表彰为2013年全国基层文化志愿服务活动优秀项目。由江苏省苏州市公共文化中心实施。苏州市公共文化中心努力打造的"苏州市民文化艺术素养提升志愿服务工程",从管理体制、激励和保障机制入手,积极推进和引导市民群众在文化建设中自我表现、自我教育、自我服务,为广大市民提供了普遍均等的公共文化服务,在弘扬志愿精神、提升市民文化艺术素养等方面,探索出了具有苏州特色的文化志愿者之路。

江苏张家港"绽放在港城"文艺演出基层行 该项目被文化部表彰为2013年全国基层文化志愿服务活动优秀项目。"绽放在港城"文艺演出基层行,由张家港市文化馆、艺术中心、各镇(区)文化志愿服务团及公益性文艺演出团队利用周末或节假日,走进村(社区)、安置小区、学校和企业,进行文艺演出,为百姓送上高质量的文化艺术表演。2013年,各服务团共计送演出60余场,服务群众近6万余人。

江苏苏州图书馆"掌上苏图"——手机图书馆服务 该项目荣获2013年第十届中国艺术节项目类"群星奖"。旨在为广大苏州市民提供便捷的掌上图书公益服务,以短信、彩信、WAP等产品为主,具有图书借阅期满提醒、短信图书查询、换卡续费提醒、短信公共提醒等功能,定期将图书信息及活动通知直接发送到用户手机上,使持卡会员可随时随地进行图书信息查询和获知图书馆公益活动信息,并及时得知图书到期信息。该项目以崇尚艺术人文、喜爱阅读的学生族、都市人为主要消费人群,其随时随地浏览、查阅的优点,受到图书馆办卡用户以及移动手机用户的普遍认同,是城市便民服务的一大创新之举,已向全市4万多名持有苏州图书馆会员卡的移动用户提供贴心服务。

江苏省吴江"四位一体"农村公共信息服务中心 2011年7月正式开展试点,2012年全面建成。所谓"四位一体",是指把农村中的"农家书屋"、党员现代远程教育中心、共享工程基层服务点、乡村图书室四家各自分馆的资源整合起来,用一份成本开展综合信息服务,并同时作为县级流动图书馆的停靠点,在原来的"壳"中注入公共图书馆精神和专业服务,使公共图书馆快速覆盖乡村。目的是整合四家资源而合作共赢、降低成本,能够使乡镇图书馆纳入县级总分馆而持续发展、提高效益。

江苏省苏州国家历史文化名城保护示范区推进工程　以江苏省政府批准成立苏州国家历史文化名城保护区为契机,苏州市提出实施"国家历史文化名城保护示范区推进工程"。旨在保护苏州古城历史格局、传统风貌和优秀传统文化,发挥历史文化名城保护工作在全国的示范、引领作用。主要建设内容:包括历史文化名城保护整治;大运河申遗环境整治;古镇古村落整治;建立历史文化名城标识体系。为加强对苏州国家历史文化名城保护示范区工作的领导,苏州市政府成立了苏州国家历史文化名城保护示范区工作领导小组。

国家历史文化名城保护"无锡模式"　为了通过对历史文化的保护,不断提升无锡的城市综合竞争力,建设含金量更高的、得到各界认可的国家历史文化名城,无锡市努力创建国家历史文化名城保护的"无锡模式"。"无锡模式"的主要内容:包括强化政府主导作用,形成多元投入格局,增强工作的刚性和力度,全面加强文化遗产保护工作;以实施"名地"、"名镇(街)"、"名居"、"名遗"等"四名"工程为主线,打造富有无锡特色的文化遗产保护品牌;坚持实施项目化、工程化,努力在重点区域取得新突破。

江苏省南通市环濠河博物馆群　是文化部和财政部第一批国家公共文化服务体系示范项目。在环濠河博物馆群中,冠以"国"字号的博物馆就有:中国珠算博物馆、中国审计博物馆、中国体育博物馆南通馆,以及中国慈善博物馆、中华眼科博物馆、中国环境博物馆。博物馆群建设的主要内容,包括:(1)加强联动,健全合作体制,促进各类博物馆在藏品、人才、设施等要素交流和科研、展陈、开放等活动组织上形成更紧密的合作。(2)建立统一的标志系统。(3)建设联合网站,运用现代网络技术,实现信息共享,提供便民服务。(4)在同一主题下,各类博物馆结合自身实际,联合行动,面向公众推出公共文化服务,以提升整个博物馆群的知名度和美誉度。(5)建设博物馆群"掌上博物馆"。它是一种采用数字信息化手段实现藏品展示、互动交流、手机导览等功能的掌上移动平台,其借助移动互联网技术,把数字信息通过移动平台快捷、广泛地传播给公众。主要栏目有:本馆简介、参观服务、展馆掠影、藏品一览、展馆特色、新闻快讯、活动播报、联系我们、手机导览、虚拟实景、微论坛、在线商店等。"掌上博物馆"具有随身、随时、随地的特点,既实现共建共享,又体现便民惠民,提升了博物馆群公共文化服务能力。

江苏省苏州"掌上移动博物馆"服务 2012年4月,苏州博物馆正式向公众推出无线网络及移动智能终端服务项目。该项目立足于观众服务,依托无线网络,开发移动智能终端应用和手机网站,为观众提供自助式的手机导览服务。项目利用原先预留的网络节点对博物馆主要展览区域和观众休息区域进行无线网络的全覆盖,使观众的智能手机、平板电脑、笔记本电脑等终端设备能够随时随地、方便高效地接入无线网络,并在此基础上,扩展若干无线应用免费提供给观众。

江苏省无锡"名人故居"绩效审计 2009年无锡市审计局对薛福成故居、钱钟书故居、张闻天故居等6个名人故居所产生的社会效益进行了审计。在审计中,主要通过实地走访,并开展问卷调查,通过对建设维护经费占比等资金绩效指标和游客构成中未成年人、机关团体占比等社会效益指标的分析，从投入的均衡性、资金的有效性、管理的统一性、宣传是否到位等方面进行绩效审计。同时，指出无锡名人故居事业在发展上面临的问题，并提出发展建议。

江苏省苏州民俗文化走进社区 2012年苏州博物馆和苏州中新工业园区文化馆共同组织实施"民俗文化走进社区"系列活动。本次活动涵盖居民7000余人，其中外籍人士690余人，分别来自美国、日本、加拿大等24个国家和地区，"新苏州人"占居民总数的60%以上。活动内容包括：民俗文化展板展示和专题讲座等。

江苏省"无锡好人"微电影社区巡展 2013年7月，无锡市文明办、滨湖区委宣传部主办"无锡好人进社区 文明新风进家庭"微电影巡展。每年无锡将进行年度十大"无锡好人"评选活动。为了褒扬"无锡好人"精神，无锡把他们的感人故事拍摄成"无锡好人"微电影，并深入到社区巡展，组织社区居民观看，以展示"无锡好人"风采、传扬好人精神。

江苏省江阴市"一二三"家庭读书工程 1995年江阴市委、市政府提出"富口袋"更要"富脑袋"，率先在全国开展了"一二三"家庭读书工程，即从1995年至2000年间，全市70%以上的家庭拥有1个书柜，订阅2份以上报刊，家有300册以上健康有益的藏书。江阴市以家庭阅读为立足点，推动全民阅读在江阴城乡不断发展。

江苏读书节 为深入推动全民阅读活动，2000年举办首届江苏读书节，每两年举办一届，在"4·23"世界读书日期间举办。从2011年第七届开始，每年举办一届。由江苏省委宣传部、省新闻出版局、省文明办、省级机关工委、省教育厅、省文化厅、省广播电影电视局、省总工会、团省委、省妇联等14个单位联合举办。采取部门联动、上下联动的方式运作,规模越来越大、内容越来越丰富。

江苏苏州阅读节 自2006年举办以来,每年都吸引数百万新老苏州人参与,品牌效应日益明显。每年举办一届。苏州阅读节是一项"政府倡导、专家指导、社会支持、群众参与"的大型综合性群众阅读文化活动。旨在通过这项活动,激发和引导全市人民特别是青少年的阅读热情。活动内容不断丰富,主要包括:中华经典诵读大赛、名家大讲堂、苏州青年阅读知识竞赛、苏州晒书会、家在苏州·悦读之美、爱阅读、乐写微感言、书香社区、百万职工读书活动、苏州市流动儿童美文诵读及未成年人流动图书大篷车服务等活动。

江苏省苏州吴江区农家书屋与图书馆"通借通还" 2011年5月开始,吴江区政府拨付专项资金推动"一卡通"工程建设,先后投入200万元用于更新业务管理系统、购置图书流动车、增加年度购书经费。截至2013年8月吴江区图书馆、29家镇(社区)分馆和283个农家书屋图书全部实现"通借通还",吴江全区200万册馆藏图书实现资源共享,这在全省属于首家。市民凭借市民卡或借阅卡,可以在区内任何一家图书馆借书,也可以将借的书还到任何一家图书馆。市民还可以将想要借的书目直接告知就近的图书馆,图书管理员就将这些书目在计算机借阅系统中列为预约图书,再通过图书流动车把其他馆藏的这些书在短时间内送到读者手中。吴江区"通借通还"实现镇村全覆盖,2011年之前借书量在60多万册,2012年借书量突破100多万册。

江苏省"农家书屋法制文化建设示范点" 2011年6月,为充分发挥农家书屋在整合农村普法教育资源,开展农村普法宣传教育中的作用,江苏省新闻出版局联合江苏省依法治省领导小组、江苏省人民政府法制办公室和江苏省司法厅4家单位,在全省组织实施农家书屋法治文化建设示范区评审命名活动,并下发具体实施方案。活动主办方成立农家书屋法治文化建设示范区评审委员会和评审委员会办公室,并对申报和推荐参评单位列出10项基本条件,其中包括"法律图书品种和数量分别达到40种和300册"、"重要法律图书周转率每年不少于1次"、"乡镇连续2年无重大刑事犯罪"等。活动采取由各县(市、区)文广新局自行申报,各省辖市文广新局推荐参评,评审委员会考核验收,省级部门命名表彰。该项活动为实现法治江苏目标和推进江苏社会主义新农村建设营造了良好的法治氛围。

江苏省南通市农家书屋与校外辅导站对接 南通市通过持续加大投入,助推农家书屋不断提档升级,并以农家书屋为载体,聘请老干部、老教师为兼职管理员,实现农家书屋与校外辅导站的无缝对接,打造"升级版"农家书屋。

江苏省邳州农家书屋"儿童之家" 2012年7月邳州市利用村农家书屋设立"儿童快乐成长之家",旨在关注、关爱乡村留守儿童的成长,团结学校、家庭、社会共同担起教育责任。"儿童快乐成长之家"还利用农家书屋的数字化设备,专门设立远程视频聊天室,为留守儿童免费提供视频亲情交流等服务。邳州建立健全农家书屋管理员牵手留守儿童长效机制,促进留守儿童与父母间的交流和沟通,农家书屋成为留守儿童的"温馨港湾"。

江苏农家书店建设工程 2012年12月7日,江苏省农家书店建设工程正式启动。江苏省新闻出版局围绕"小书屋、大用途"目标,广泛开展农民读书活动,大力推动农家书屋出版物更新、数字化阅读、网络化管理和功能拓展,努力提高书屋管理水平。江苏省新闻出版局会同凤凰出版传媒股份有限公司,经过充分调研论证,决定在有条件的农家书屋中开设农家书店,代销代售出版物。这既是拓展农家书屋功能、提升服务效能的创新举措,也是落实新闻出版总署加强农村出版物发行网点建设要求的重要步骤。同时还可以让农家书屋管理员通过经营带来收益,从而进一步调动书屋管理员的积极性,实现书屋的可持续发展。农家书店主要集中在符合销售条件的中心集镇、社区、校园等人流量较大、交通便利的农家书屋里。凤凰出版传媒股份有限公司按每个农家书店不少于两个书架、一把手持条码阅读器、一套图书销售信息管理系统投入设备,并配送不低于12000元的图书进行铺底,销售额按一定比例反哺奖励补贴农家书屋,第二年起将根据销售比例补配100～300册图书。

江苏灌南农家书屋农技"触摸屏" 2013年灌南县农业资源开发局先后在11个乡镇交通便捷、农民阅读量大的50个农家书屋设置农业科技"触摸屏"。农家书屋设置农业科技"触摸屏"后,农民遇到科技难题,可以随时按照触摸屏的信息向导,快捷地查阅所需的种植、养殖和政策等各方面的农业信息。为了满足农民对科技的个性化需求,农业资源开发局在"触摸屏"里大量充实具有本县农业开发项目区特色的农业科技信息知识以及当前农事、植保专业化防治等科技信息,并建立起数据库,方便农民及时查阅、应用。农业资源开发局还落实县内10名农艺师以上职称的科技人员作为"触摸屏"的科技咨询专家组成员,通过"触摸屏"与农民进行实时在线交流,为他们答疑解难。

江苏省居民阅读状况调查
2013年11月27日,江苏省正式启动首次全省居民阅读状况调查工作。根据省委、省政府决定,江苏省将每年开展一次居民阅读状况调查。以此测算出本年度全省城乡居民阅读指数及各地市居民阅读指数。同时,将于次年公开发布调查结果及调研报告,并出版《书香江苏建设蓝皮书》。"居民综合阅读率"已纳入江苏基本实现现代化指标体系。

江苏省城市社区"十分钟体育健身圈" 这是江苏省最先在全国提出。随着经济社会的发展和城镇化进程的加快，越来越多的人从"单位人"成为"社会人"，从"农村人"成为"城市人"，城市（镇）社区日益成为当前及未来群众生活的共同体，也是居民享受公共体育服务的主要场所。"健身圈"基本服务内容包括：针对的区域主要是城市社区，以及县区这样的城市空间；"10分钟体育健身圈"，是指居民在县级以上主城区以正常速度步行10分钟左右、直线距离在800至1000米范围，就有一处可供开展健身活动的场馆、场地或设施；在这个活动范围内，群众还可以获得健身指导、健身知识、健身咨询等服务，已经开展的社会体育指导员队伍建设也是提高社区服务的一部分。"健身圈"建设的主要内容包括：设施建设、组织构建、活动组织和健身服务。建设城市社区"10分钟体育健身圈"是《江苏体育发展"十二五"规划》提出的重点工作。该规划提出：力争2015年实现各个市县主城区居民正常步行10分钟左右范围内，即有公共体育设施和基本的体育健身服务。

江苏省苏州医保健身一卡通 苏州市从2006年起，推出"医保阳光健身卡"。具体做法是：凡在市区统筹范围内参加城镇职工医疗保险、医保个人账户往年结余金额超过3000元的人，均可申领，并可按定额标准将医保个人账户往年结余的部分金额一次性划转记入健身卡后用于健身消费。其中，往年账户结余金额在3000元以上、6000元以下的，划账标准统一为500元；结余金额在6000元以上的，划账标准则分为500元和1000元两种可供选择。为了充分调动市民积极性，苏州市宣布，持该卡健身还可享受8.5折优惠。

江苏省构建体育基本现代化

江苏省为认真贯彻落实党的十七大精神和省第十一次党代会提出的"全面达小康、建设新江苏"要求,决定在部分经济发达地区组织推进体育基本现代化试点。试点工作的指导思想是,以邓小平理论和"三个代表"重要思想为指导,深入贯彻落实科学发展观,紧紧围绕江苏"两个率先"(即率先全面建成小康社会,率先基本实现现代化)的目标要求和总体进程,以满足人民群众多元化体育需求为工作目标,以接近或达到发达国家和地区体育发展水平为努力方向,引入国际先进理念和模式,改革体育工作体制机制,发挥政府主导和社会参与两股力量,运用行政管理和市场调节两种手段,健全公共服务和体育产业两个体系,积极探索具有中国特色、符合江苏实际的体育基本现代化的基本规律和发展模式,加快构建充满活力、富有效率、更加开放、科学发展的现代体育体制机制,努力实现竞技体育与群众体育、体育事业与体育产业协调发展,积极推动体育由传统型向现代化迈进,切实为广大群众提供更加优质便捷的体育公共服务和体育消费产品,为全省体育基本现代化建设奠定理论和实践基础。目标任务是,按照苏南地区巩固全面小康成果、提高全面小康水平、率先向基本实现现代化迈进的总体进程,坚持普惠性的公共服务体系与市场化的体育消费体系建设互动并进,在建设体育强市强县的基础上,推动体育的思想观念、管理方式、运行机制、消费意识发生深刻变化,把试点地区建设成为群众体育的示范区、竞技体育的领头羊、体育产业的排头兵,率先实现与经济社会基本现代化相适应的体育基本现代化。根据总体目标,争取用两年时间,促进社会各相关要素的有效整合利用,探索出具有江苏特色体育基本现代化的理论体系、内容框架、运作机制、实现途径和方式方法,推动各项工作由量的积累向质的提高转变,由粗放型增长向集约型发展转变,由行业封闭式管理向社会开放式运作转变,由城乡二元结构向公共服务一体化转变,体育社会化、市场化程度达到一定水平,呈现出向体育基本现代化迈进的良好态势,取得试点工作的阶段性成果。主要内容包括:体育观念和文化的现代化;体育管理与服务的现代化;群众体育的现代化;竞技体育的现代化;体育产业的现代化;体育设施的现代化;学校体育的现代化;城区体育的现代化;农村体育的现代化;体育科教、人才和信息的现代化。

江苏省张家港"全民健身提升跨越行动" 2011年张家港市提出:围绕"率先在全省实现体育基本现代化"进程,着力构建充满活力、富有效率、科学发展的公共体育服务体系,提升市民身体素质和健康水平,推动全民健身事业的新发展。目标任务为:"十二五"末,全市全民健身站点覆盖率100%,全面建成城区5分钟、乡镇10分钟健身圈;经常性参加体育锻炼人口显著增加,每周参加3次以上体育健身活动,并能掌握1项以上体育锻炼技能的人数比例达到52%以上;市民体质测试合格率在92%以上。围绕上述目标,张家港市推出八大工程:(1)"一特多品"体育名镇创建工程。"十二五"期末,每个镇(区)形成至少1项具有区域人文特色的体育项目,打造3个以上具有一定知名度和影响力的品牌体育活动项目。(2)全民健身设施提档升级工程。实施新一轮镇体育活动中心建设,各镇均建有室内3000平方米,室外5000平方米的镇级健身活动中心。所有行政村体育健身设施全部达省级一类标准,社区均建有高标准的体育场地设施;万人拥有体育健身设施≥22个,人均占有体育场地面积≥3.8平方米。(3)全民健身活动普惠利民工程。市每4年、镇(区)及街道办事处每2~3年举办一次全民健身运动会,每年开展"健身月"、"健身日"体育节活动。广泛建立职工体育俱乐部和体育健身团队,推广"工间操"活动和"千人百万步"活动;定期举办全民健身大舞台、科学健身嘉年华和体育健身项目创新展示交流活动,举办"新市民"体育运动会和健身展示活动;重视老年人、残疾人体育活动,形成假日体育活动制度化、特色体育活动常态化。(4)青少年"阳光体育运动"工程。加强青少年体育健身俱乐部和健身队伍建设,建立全市中学生体育竞赛制度,每年举办中学生体育运动会。深入开展青少年"阳光体育运动"和"冬季三项"(跳绳、踢毽、拔河)比赛,中小学生"阳光体育运动"开展率100%,每名学生至少掌握两项日常锻炼运动技能,每天锻炼1小时。(5)社会化全民健身组织网络工程。发挥社团纽带作用,体育协会达25个以上,民办非企业俱乐部20个以上,社区体育健身俱乐部50个以上,镇(区)级社区体育健身俱乐部200个以上;建立完善组织设施齐全的全民健身站点800个以上,形成遍布城乡、规范有序的社会化全民健身组织网络。各镇(区)国民体质监测站有专门的测试场所和固定的测试队伍;市镇(区)两级国民体质监测中心(站)每月向市民开放两次,有针对性地开展追踪监测,定期出台国民体质监测公报。万人拥有社会体育指导员数≥40人、佩证上岗率100%。(6)全民健身志愿服务长效化工程。利用社会体育指导员、体育教练员、体育教师等体育工作者和健身骨干,完善志愿服务队伍;积极开展健身指导、体育科普知识讲座、健身展示等形式的志愿服务活动;推进镇级社会体育指导员协会建设;健全注册管理和培训制度,提高志愿服务队伍的专业化水平和服务质量。(7)健身骨干"双百明星"评优工程。开展健身站点明星和全民健身明星评比活动,每年评选出100名健身站点明星和100名全民健身明星,给予表彰奖励。通过交流站点建设经验,探讨全民健身方法,将典型事迹汇编成册,发挥示范作用。(8)全民健身宣传教育工程。充分发挥各类媒体作用,各镇(区)政府网站开设体育专栏;搭建短信传播平台,定期向体育指导员和健身骨干发送健身知识,提供理论指导。聘请讲师团"菜单式"讲座，汇编科学健身实用指导手册和健身明星谈健身读本，举办体育科学健身报告会，面向社会开展体育技能传授活动。

江苏省基本公共体育服务体系建设 2013年7月江苏省政府召开会议专题部署基本公共体育服务体系建设。基本公共体育服务体系建设的主要内容：(1)把基本公共体育服务摆上体育工作首要位置，加快转变体育发展方式。(2)不断完善省、市、县、乡、村五级体育健身设施体系，积极推动基层公共体育设施免费开放。加快建设省市县乡村布局合理、互为补充、覆盖面广、普惠性强的公共体育设施网络。鼓励支持省辖市所属城区建设符合标准的全民健身中心。加大对乡镇(街道)和行政村(社区)体育设施建设，确保乡级"三室一场一路径"、村级"两室一场一路径"按照标准全部建设到位。有条件的地区要向较大自然村和农民集中居住区覆盖延伸：省体育局将对苏北、苏中与苏北结合部经济相对薄弱地区的体育设施建设给予扶持，确保实现基层公共体育设施全覆盖。苏南发达地区要按照现代化示范区建设要求，提高公共体育设施标准与档次。加快推进城市社区"10分钟体育健身圈"建设，明确管理运行的责任主体，突出抓好电子地图绘制、城区公共体育设施建设改造等环节，建立健全相关规章制度，形成有效的管理体制和运行机制，确保2015年6月前全面完成建设任务。争取住建等部门支持，加快推进健身步道建设，在具备条件的城乡道路建设中增加体育元素，配置健身器材设施。争取教育等部门支持，继续推动学校体育设施向社会开放，建立完善的开放管理制度，到2015年底，争取50%以上具备开放条件的公办学校体育设施向社会开放。完善公共体育场地设施管理、维修机制，及时更换超过使用年限、损坏的器材。乡镇街道以下的基层体育设施，以及省辖市、县级室外田径场、室外篮球场、门球场等场地做到免费开放。(3)建立健全基本公共体育组织体系,努力提高有组织体育锻炼人口比例。到2015年,全省每个乡镇(街道)都建有体育总会和老年人体育协会、社会体育指导员协会、2个以上的单项体育协会,每个城乡社区都有2个以上体育社会组织,每个行政村(社区)至少有2个以上体育健身组织,90%以上的体育社团建有体育健身俱乐部。加强基层社会体育指导员队伍建设,实施大学生村官社会体育指导员工程,确保每个行政村、社区至少有1名以上社会体育指导员;完善一线社会体育指导员定期轮训制度,并为其配置体育服装、购置意外伤害保险。切实改善晨晚练健身点的健身条件、服务内容,优先安排一线指导员轮训,鼓励组织特色健身团队。向有条件的体育协会组织转移部门政府职能,让其参与公共体育事务管理和活动组织。(4)切实加强基本公共体育活动体系,方便群众就近就便参与体育活动。省体育局将继续联合或配合有关部门,定期举办省运会、省全民健身运动会、省青少年阳光体育联赛等重大活动,以推动各类人群体育的蓬勃开展。各地要按照"因地制宜、业余自愿、小型多样、就近就便"原则,开展体育进农村、进社区、进企业、进学校,打造"一县一品"全民健身特色活动,组织创编、推广全民健身新优项目。建立基层体育联赛制度,积极探索符合群众特点的参与办法、竞赛组织、管理模式,推动基层体育竞赛活动蓬勃开展。继续打造环太湖国际公路自行车赛、扬州鉴真国际半程马拉松等品牌赛事,让群众既能欣赏到精彩比赛,又能参与其中。(5)着力构建基本公共体育信息服务体系,为群众提供个性化的健身指导服务。建成覆盖全省的体育信息与健身指导网络平台,形成包括互联网、广播电视、报章杂志、电话热线等多渠道的信息服务体系,为城乡居民提供体育咨询和健身指导。继续加强与《扬子晚报》等主流媒体合作,开展全民健身科普知识宣传,扩大体育科普的覆盖面和影响力。配齐"体质测定与运动健身指导站"专业人员和设施器材,积极开展群众体质测定和运动能力评估,为群众提供个性化的健身指导服务,提高群众健身的针对性和有效性。整合体育科研机构和体育院校的优质资源,不断提高体育科研开发和推广应用能力。

江苏省公共体育服务体系示范区建设 为深入贯彻党的十八大和十八届二中、三中全会精神,切实转变体育发展方式,努力改善体育惠民工作,不断提高公共体育服务能力和水平,进一步增强人民健康素质、增进人民福祉,2013年12月31日,国家体育总局和江苏省人民政府签订建设公共体育服务体系示范区合作协议。合作目标是,根据党中央、国务院关于公共服务体系建设的战略部署,以保障广大人民群众基本体育权益为出发点,以政府为主导,加强公共体育服务职责,加大政府购买服务力度,有效扩大公共体育服务供给。通过开展合作,推进体育事业改革创新,加强城乡统筹,突出软件建设,推动江苏省在全国率先建成功能明确、网络健全、城乡一体、惠及全民的公共体育服务体系示范区,充分发挥典型的示范、影响和带动作用,为我国公共体育服务体系建设探索经验、提供示范,推动公共体育服务体系建设科学发展。合作内容是,协同推进基本公共体育服务体系建设,协同推进公共体育服务内涵提升,协同推进体育教育资源深度融合,协同推进苏南体育现代化示范区建设,共同建立合作工作机制。建设公共体育服务体系示范区第一阶段合作期限,2013年12月31日至2015年12月31日止。双方应当严格遵守法律法规,认真执行党中央和国务院在行政审批、评比达标表彰、机构编制、社会组织管理制度等各方面的文件精神。国家体育总局在全国范围内对体育事业提出的新要求、新措施、新标准,江苏省应当遵照执行。

江苏省江阴市体育中心十三个节假日免费开放 2013年江阴市体育中心为有效利用场馆资源，服务百姓健身，决定将全年部分节假日定位为中心的免费开放日。该中心已确定元旦、春节、妇女节、劳动节、青年节、记者节、全民健身日等13个节假开放日，向全市市民或特定群体免费开放体育场馆。

江苏省江阴市群众体育活动"一镇一品" 江阴市按照"因地制宜、业余自愿、小型多样、就近就便"原则，全面打造群众体育活动"一镇一品"。如：月城镇端午节中华龙舟大赛、顾山镇七夕"金顾山杯"全国象棋混双赛等已上升为国家级赛事；新桥镇海澜马术盛装舞步创"最大规模的团体盛装舞步表演"的吉尼斯世界纪录；周庄镇的篮球、徐霞客镇的攀岩、利港镇的龙狮等特色鲜明，成为市域内响亮的品牌，有力提高了群众健身热情。

江苏省"大群体"机制 主要内容包括：(1)健全和完善各级政府全民健身领导和协调机制，争取建立分管领导挂帅的多部门分工合作机制。充分发挥各级社会组织、体育项目和人群体育协会、科研机构、科技工作者和新闻媒体的作用，创新全民健身工作机制。(2)按照国家体育总局统一部署，结合实际开展创建全民健身示范城(区)工作。2012年，推动省政府办公厅将全民健身纳入《关于扎实推进城镇化促进城乡发展一体化的意见》，与省志愿服务领导小组其他成员单位共同落实《关于加强全民健身志愿服务工作的意见》，与省委组织部联合出台《关于进一步加强大学生村官社会体育指导员工作的意见》，与省教育厅共同制定《体育传统项目学校管理办法》、《江苏省青少年校园足球活动实施意见》等文件，与省民政厅依据《江苏省体育类社会团体评估办法》首次在全省开展3A级以上体育社团评估，与省财政厅研究制定《城市社区"10分钟体育健身圈"建设专项补助资金管理办法》。(3) 鼓励"全社会参与"。动员社会各界参与全民健身工作。2012年全省1526个体育社团全年开展较大规模赛事活动达1981项次。

江苏省全民健身"梯度发展战略" 江苏省在加快推进全民健身基本公共服务均等化的同时,稳步实施苏南示范、苏中赶超、苏北崛起的梯度发展战略,不断提升全省全民健身公共服务整体水平,丰富内容,提高档次,努力满足不同地区群众的个性化、多元化健身需求。主要内容包括:(1) 高标准推进体育基本现代化。实行分步推进,确定苏州、无锡、江阴、张家港、昆山5个市为首批体育基本现代化试点单位。在总结第一批试点的基础上,再确定常州市、丹阳市、如皋市、东海县、南京江宁区等区县作为第二批试点单位,以便为江苏公共体育服务体系的未来发展作出示范。(2) 高起点开展群众体育工作评估。省体育局开展了三类与全民健身工作相关的考核,即:开展创建体育强市(县)考核;面向全省64个县(市、区)每年开展县级体育考核;面向全省13个省辖市、64个县(市、区)每年开展群众体育工作评价。通过考核评估工作有力地推动了全民健身公共服务体系的建设。

江苏省苏州全民健身"五大服务工程" 2011年初,苏州市体育局启动了全民健身"五大服务工程"。主要内容包括:(1) 健身设施服务工程。将公共体育活动场所建设纳入到地方建设规划中,不断完善体育场馆建设,形成"10分钟体育健身圈"。由苏州市体育局与当地银行共同合作开发的"阳光健身卡"一卡通系统,将全市7区2435个定点健身馆有机联系覆盖城区,满足了市民就近、方便参加健身的需求,成为全国首创。(2) 健身组织服务工程。一方面,加强体育职能部门自身建设,发挥好政府主导作用。另一方面,加强体育社团组织建设,点面结合,建设立体的能覆盖各种人群的体育社团组织网络。(3)健身指导服务工程。通过各类新闻媒体、手机短信、社区宣传栏等方式,传播科学健身知识和方法,树立正确的健身观。2010年起,苏州市全面开展"全市千名体育健身明星评选"、"全民健身大课堂"和"健康指导小分队进社区"等系列活动。(4)体育活动服务工程。在全市城乡广泛深入地开展假日体育、全民健身日体育节、外企运动会、元旦万人长跑等形式多样、参与性强的健身活动。(5)信息咨询服务工程。苏州市组织筹划开发健身电子地图,可以让市民便捷地了解各种健身场馆的分布。

江苏省常州科学健身"六大服务平台" 2012年为全面指导广大市民科学健身、理性健身,常州市明确提出:建立和完善"科学宣教、健身指导、信息服务、体育社团、品牌活动、体质测试"六大健身服务平台,不断提升全民健身服务水平。(1)科学健身宣教平台。在《常州日报》、《常州体育信息网》开设健身知识专栏;科学健身宣传进社区橱窗,向市民赠送科学健身宣传手册;针对不同健身群体,加强科学健身指导,创新科学健身方式,在机关中推行"网络在线健身工间操"。(2)健身指导服务平台。加强社区体育健身俱乐部的建设,按照"有人员、有阵地、有经费、有活动"的要求,提高俱乐部的运转能力和自我发展能力;完善全民健身活动站点建设,全市每个晨晚练健身点、体育健身设施点、社区和行政村体育健身俱乐部配备3名社会体育指导员(全民健身志愿者),推行挂牌服务制度,公示站点负责人、健身指导员、健身项目等信息。(3)全民健身信息平台。建立全市全民健身服务信息平台,完善常州市全民健身数字地图,开设专家在线咨询服务、健身场所在线查询和预约服务,为市民提供全方位的全民健身信息服务。(4)体育社团展示平台。实施"322工程",各街道(乡镇)至少建成100人以上的全民健身特色团队三支,各社区(行政村)至少建成30人以上的两支,各晨晚练健身点至少建成10人以上的两支。开展体育社团星级评估。(5)全民健身活动平台。市、市辖市(区)每四年,街道(乡镇)每两年举办一次综合性运动会或全民健身节。倡导"一区一品牌、一区一特色"活动。发挥市文明办、农委、市直机关工委、教育局、民政局、商务局、卫生局、人口计生委、总工会、团市委、妇联、残联等市全民健身工作指导委员会成员单位的作用,举办全市老年人全民健身活动、妇女全民健身展示、健身家庭才艺展示、职工体育运动会、残疾人特殊体育运动会、新市民运动会及青少年阳光体育运动会等各具特色的、各类人群的全民健身活动。(6)国民体质测试平台。建成市、区两级国民体质监测网络,建立市国民体质监测与健身指导中心;充实国民体质监测车辆、仪器和计算机监测系统,常态化开展国民体质测试活动;完善全市国民体质监测网络和国民体质数据信息库,每年公布国民体质监测报告。

江苏省常州市免费向市民赠送体育竞赛门票 2012年6月常州市为深入贯彻《全民健身条例》,加快完善公共体育服务体系,积极启动实施"体育惠民"工程,推出"免费向市民朋友发放门票,请市民朋友观看精彩赛事"新举措,不仅满足了广大居民观看体育比赛需求,而且提高了体育竞赛的观众入座率,对营造赛场现场氛围,增强市民体育意识,丰富广大市民体育生活产生了积极的效果。在2012年举办的全国青年田径锦标赛、2012年全国跳水冠军赛暨奥运会选拔赛、"中天钢铁杯"2012年四国女篮奥运备战赛期间,常州市体育局都免费向市民发放门票。常州市体育局规定,凡是非商业化运作的国内一、二类赛事,将向市民赠送体育竞赛门票,把更多的市民请进比赛场馆,观看精彩赛事,为广大群众提供更加优质的公共体育服务。

江苏省徐州市体质监测"六进"活动社区行 2012年8月徐州市体育局体质监测中心开展"六进"活动（即：进学校、进农村、进机关、进社区、进部队、进企业）走进社区，为广大社区居民进行逐项检测服务，并根据每位居民的体质状况针对性地给予科学健身指导。同时，本次"六进"活动社区行，也是监测中心联合徐州电视台"第一百姓"栏目开展为民服务活动的第一站。

江苏省常州体育惠民全民健身"一卡通" 从2013年3月18日起，常州市奥体中心、中天钢铁体育中心和青少年业余体育学校健身场馆开始实行"一卡通"。持有上述任一家场馆的储值卡、年卡或者新办的健身卡，均可在三家场馆通用。纳入此次"一卡通"的运动项目包括游泳、乒乓球、羽毛球、篮球、网球和健身6个项目。实行健身服务"一卡通"，旨在进一步整合常州市公共体育场馆资源，完善公共体育场馆服务功能，最大限度地满足市民多样化的健身需求，按照便民利民的原则，不断提高为民服务的水平。同时，常州低保户、特困职工、残疾人、老年人等群体，可继续享受不低于半价的健身优惠。

江苏省无锡校园体育设施免费开放 2013年无锡市明确规定全市具备开放条件的公办中小学校的室内外体育场馆及其配套设施，在双休日、法定节假日和寒暑假期间，必须向学校所在社区居民、青少年学生和社会团体组织开放。居民、学生刷市民卡或凭学生证、身份证进校健身。市区两级财政每年安排专门资金补助所属学校。

江苏省宜兴市属体育类社团绩效考核 宜兴市决定从2013年起，对市属体育社团进行绩效考核，并明确规定：凡依法经民政部门注册登记满一年以上的市属体育类社团均应参加考核，考核依据为《宜兴市体育类社团规范化建设和评估标准》。该标准共设4个一级指标、14个二级指标、104个三级指标,对社团规范化建设作出了具体详细的规定。标准总分1000分,得分850分以上为优秀,750分以上为良好,650分以上为合格,650分以下为不合格。宜兴市体育局年终将根据评定等次给予适当奖励。

江苏"职工读书月"活动 2010年5月,由江苏省文明办、总工会、文化厅、新闻出版局、科协主办的以"共享阅读快乐,共建美好江苏"为主题的首届江苏省职工读书月活动启动。每年一届。每届确定一个主题。活动开展时间为一个月。读书月内容主要包括:建立城市中心图书馆分馆,开展"读书论坛"系列讲座、好书推荐、主题征文活动、职工读书心得、演讲会等。

江苏省昆山妇联"妇女儿童之家"建设 为使昆山市全市妇女儿童均等化拥有设施先进、功能完善的学习活动场所,按照昆山市政府的要求,昆山市妇联牵头建设了"妇女儿童之家",并将"妇女儿童之家"列为村民精神文明建设的品牌工程。同时,确定了"妇女儿童之家"建设的统一设施、统一标识和统一功能。

江苏省宝应"妇女儿童之家"菜单式服务 江苏省宝应县望直港镇妇联认真贯彻落实省、市《关于实施"妇女儿童之家"项目建设的意见》精神,深入推进村级"妇女儿童之家"项目建设,强化服务,通过每月梳理服务项目、列出服务菜单、公开服务计划等方式,在"妇女儿童之家"项目运行上,创新服务举措,发挥菜单服务特色,以满足不同妇女儿童的需要。主要服务内容包括:(1)创设学习培训课堂。通过举办讲座、培训班等形式,对妇女进行种养殖技能、家庭教育、创业就业、健康保健等方面的培训,提供实用技术、政策咨询、法律援助等服务。同时也为少年儿童开设第二课堂,通过开展爱心护航、传统节日教育等主题活动,丰富孩子们的课外生活,尤其为留守儿童提供课外阅读,让孩子有了一个健康快乐的成长空间。(2)打造维权服务驿站。在"妇女儿童之家"设立妇女维权工作站,为妇女群众释疑解惑,化解农村妇女的矛盾纠纷,对妇女进行普法宣传,对少年儿童进行心理疏导,全方位服务广大基层妇女儿童。(3)搭建创业就业平台。通过提供创业就业信息、开展结对帮扶等方式,帮助农村妇女提高创业就业能力。

江苏省连云港网上"妇女儿童之家" 为进一步发挥团结凝聚妇女作用,连云港东海县石湖乡妇联在强化实体"妇女儿童之家"规范运行的基础上,建立了网上"妇女儿童之家"。她们利用当地社区教育中心网站开通的契机,在社区教育中心网站上开辟了妇女儿童专栏,创建了"妇女儿童之家"网页,并将网上"妇女儿童之家"与上级妇联网站链接,实现了妇女儿童资讯、活动、咨询的线上线下互动,市县乡三级联动。网上"妇女儿童之家",继续坚持以服务妇女儿童为宗旨的工作理念,提供创业就业、儿童成长教育、妇女儿童维权等各类服务指导,加大方针政策宣传贯彻,设立"妇女儿童之家"特色活动介绍专区,开辟网上交流平台等,成为反映当地妇女民生实事、妇女事业发展的重要窗口,以及交流妇女思想、诉求愿望的重要交流平台。

浙江省杭州图书馆"一证通" 该项目荣获2007年第十四届"群星奖"服务奖。根据当代图书馆发展的先进理念,借鉴国外图书馆发展经验,从杭州的实际出发,结合文化信息资源共享工程,实施了"一证通"项目,即建立以杭州图书馆(文化信息资源共享工程市级分中心)为中心,区、县(市)图书馆为分中心,街道、乡镇图书馆(文化站)为基层中心,社区、村图书室为基层服务点的四级图书信息网络体系。读者在任何一地都可借阅网络内所有图书馆(室)的文献;可此地借、彼地还,并可享受点菜式图书信息预约快递服务，48小时内读者可在最近的服务点上获取预约的图书，实现"通借、通还、通阅"。

浙江儿童知识银行　该项目荣获2013年第十届中国艺术节项目类"群星奖"。具体做法是将图书馆变成"银行"、借阅卡变成"存折"，孩子们通过阅读或成为图书馆志愿者等方式，可以获取"知识币"，"知识币"可以"存储"，获取礼品。

浙江嘉兴市城乡一体化公共图书馆服务体系建设　是文化部、财政部第一批国家公共文化服务体系示范项目。2007年，嘉兴市委、市政府把构建城乡一体化公共图书馆服务体系列入重要议事日程，并列为2007年、2008年市区民生工程加以推进。截止到2010年底，嘉兴市、县两级图书馆（除海盐外）均达到部颁一级以上标准；全市54个乡镇建有高标准的乡镇分馆，已实现乡镇图书馆的全覆盖；同时，以统一采访、统一编目、统一配置为特点的村（社区）分馆建设的试点工作已启动，已建成的15个村（社区）分馆都实现了一卡通；2010年底嘉兴数字图书馆开通，使数字资源的免费服务走进了千家万户，以公共图书馆、科技、学校等行业系统图书馆或单位联合加盟的文献信息资源共建共享的图书馆联盟建设已启动。在此基础上，嘉兴市抓住创建首批国家公共文化服务体系示范项目的契机，进一步完善和拓展嘉兴市城乡一体化公共图书馆服务体系，总体目标：构建以市（县）图书馆为中心，以图书馆乡镇分馆为骨干，以村（社区）图书分馆（流通站）和图书流动车为基础，以企业、学校等图书馆联合加盟为补充，覆盖全市、城乡一体、功能完善、资源共享、管理规范的图书馆服务体系，为广大城乡人民提供优质、免费、全覆盖的图书馆服务，保障城乡居民的基本文化权益。为实现总体目标，分为三个阶段进行探索。第一阶段：是推进总分馆建设。以市馆带动乡镇图书馆的可持续发展。本阶段以乡镇图书馆作为体系建设的关键环节,建设乡镇分馆群体。第二阶段:是加快村(社区)分馆(流通点)试点工作,使乡镇图书馆的服务进一步延伸和拓展。同时积极探索以基层分馆为阵地,使公共图书馆服务进企业、进学校等其他领域,并整合共享工程、公共电子阅览室、职工书屋等工程。第三阶段:是实现图书馆联盟建设。以嘉兴数字图书馆建设为契机,在资源、技术、人才等方面实现图书馆间的共建共享,以最少的公共投入获取最大的社会效益,最终实现以县(市)公共图书馆、企业、学校等图书馆联盟的形成。

浙江绍兴市电视图书馆模式

2012年10月,由绍兴图书馆与中广有线绍兴分公司联合开发的"绍兴电视图书馆",在全市数字电视平台上开通。全市20多万有线电视用户可通过机顶盒点击收看"绍兴电视图书馆",享受到绍兴图书馆所提供的视频与图文等信息服务。"绍兴电视图书馆"分互动版、图文版两种版式,分别设有共享工程、我的图书馆、少儿读物、精彩讲座、书画鉴赏等12个栏目及"绍图"简介、服务指南、借阅排行榜等8个栏目,可为读者(用户)提供信息服务、精彩讲座、书目查询、图书续借、休闲娱乐等服务。2013年6月,依托数字图书馆推广工程,绍兴电视图书馆进行了整体改版,改版后绍兴市民通过数字电视不仅可以收看到3000多场精彩视频、3万多张精美图片,还可以查阅图书馆馆藏书目、办理图书续借手续、浏览图书和期刊杂志等资源。

浙江丽水市庆元县"月山春晚"

该项目荣获2010年第十五届项目类"群星奖"。从1981年开始,庆元县举水乡月山村每年举办一场春晚,它由农民自编、自导、自演,到2013年,"月山春晚"已走过整整33个年头。2005年起,"月山春晚"受到媒体的关注,《钱江晚报》将之描述为"中国式的过年",随后中央电视台、《南方周末》等相继进行报道。2007年,"月山春晚"入选浙江省高中语文课本的必修课程。2009年,"月山春晚"走进了中央电视台《新闻联播》。2011年春节,二十余家网络媒体对"月山春晚"进行现场直播,并吸引游客与村民同台合演。

浙江省东海明珠工程　从1995年1月起,浙江东海明珠工程正式实施。它是"全国万里边疆文化长廊建设"的重要组成部分,是加强农村文化建设的主要抓手之一。

浙江秀洲·中国农民画艺术节　该项目荣获2010年第十五届项目类"群星奖"。于2000年2月经文化部社文司批准,每两年或三年在中国现代民间绘画之乡——浙江省嘉兴市秀洲区举办。艺术节通过举办展览、论坛和其他大型广场文化活动,旨在汇聚全国乃至世界的现代民间绘画爱好者,挖掘隐藏在民间的一大批现代民间画家。秀洲·中国农民画艺术节已经成为全国现代民间绘画的艺术盛会。秀洲区从获得举办秀洲·中国农民画艺术节的资格后,分别于2001年10月、2004年9月、2007年10月、2010年、2012年成功举办五届艺术节。秀洲区农民画已成为该区推进文化强区建设的重要内容和对外文化交流的亮丽品牌。

浙江"唱响文明赞歌"文化关爱老少边贫地区系列活动　该项目荣获2010年第十五届项目类"群星奖"。创办于2002年。2002年11月正式组建"唱响文明赞歌"浙江省声乐专家辅导团;2004年10月,又组建"唱响文明赞歌"浙江省优秀歌手展演团。借鉴省声乐专家辅导团和省优秀歌手展演团的成功经验,浙江省戏剧专家辅导团、浙江省优秀戏剧节目展演团、浙江省曲艺专家辅导团、浙江省优秀曲艺节目展演团、浙江省书画专家辅导团、浙江省摄影专家辅导团等相继组建。他们以创新性、公益性为工作导向,服务基层,文化惠民,每年组织开展"唱响文明赞歌"文化关爱老少边贫地区系列活动,深入全省老、少、边与经济欠发达地区,将群众文化专家与专业艺术专家相结合,示范性演出和面向基层的文艺辅导紧密结合,大型文艺演出与小分队表演相结合,从"文化下乡"转到"文化留乡"。

浙江温州市苍南农村文化中心建设创新模式 是文化部、财政部第一批国家公共文化服务体系示范项目。随着农村经济发展,苍南县农村修缮、新建宗族祠堂现象较为普遍,全县建有农村宗祠706所,而全县776个行政村仅有210个建有村文化活动室,农村文化阵地严重缺乏。针对这一现状,2005年,苍南县结合实际,通过农村宗祠改建村文化中心,有效解决了农村文化阵地严重缺乏、群众文化生活单一的实际问题,使其成为传播先进文化的主阵地和农村群众精神文化生活的大舞台。至2011年底,苍南县已成功改建农村文化中心58个,并在此基础上建立农家书屋,组织开展各类文化活动。采取的主要措施是:统一思想,凝聚改建合力;综合管理,增挂中心牌子;为我所用,转化宗祠功能;开展活动,突出地方特色。为推进宗祠改建文化中心工作的顺利推进,苍南县委、县政府成立农村宗祠整治和改建工作领导小组,出台《关于加快推进农村宗祠改建文化中心工作的实施意见》,制定下发《苍南县宗祠改建文化中心项目管理办法》,设立县农村宗祠改建专项资金。同时,把改建后的农村文化活动纳入到文明村、文化示范村、文化特色村等的创建评选活动之中,以提高基层和群众对宗祠改建的积极性,巩固农村文化阵地建设成果。

浙江台州市公共文化设施建设"百分之一公共文化计划" 在2005年以来台州市实施"百分之一文化计划"示范工程的基础上,2009年4月,台州市根据中共中央办公厅、国务院办公厅《关于加强公共文化服务体系建设的若干意见》，决定加快推进"百分之一公共文化计划"。"百分之一公共文化计划"，是指在项目建设投资总额中提取百分之一的资金用于公共文化设施建设，所建设的公共文化设施必须是能使公众享受或者参与的场所或者项目。台州市规划区内下列新建工程，纳入"百分之一公共文化计划"的执行范围：即所有政府性建筑工程、城市主干道临街建设项目、城市次干道用地面积在10000平方米以上的临街建设项目、占地5公顷以上的工业企业项目、用地面积在10000平方米以上的公共建筑（含学校、医院、图书馆、体育馆、博物馆和各类办公楼、宾馆、商业建筑等）、居住小区（含用地面积在10000平方米以上的单体高层住宅楼）、其他总投资2000万元以上的非公共设施项目。为了确保"百分之一公共文化计划"的落实，台州市组建"百分之一公共文化计划"建设指导委员会、艺术委员会。实施内容包括：环境艺术设施；对公众免费开放的公共文化设施；政府性公共文化艺术推广活动；以冠名等形式捐助政府性文化活动和以认建、捐建、冠名等形式建设公共文化艺术设施。

浙江省东阳市农民工文化活动中心 该项目被文化部表彰为2012年农民工文化服务示范项目。从2006年开始，东阳市结合本地实际，大胆探索，引导企业、社区（村）、农民工共同参与建设"农民工文化活动中心"。2011年，东阳市委、市政府出台《加快构建"30分钟文化活动圈"的实施意见》，将农民工文化活动中心建设纳入"30分钟文化活动圈"，并作为构建农村公共文化服务体系建设的重要内容，纳入各级党委政府的重要议事日程，纳入镇乡街道年度工作目标考核和领导干部政绩考核。市财政设立专项资金，每创建一个农民工文化活动中心，给予奖励补助4万元和年度管理经费1万元。

浙江杭州市余杭区乡镇综合文化站服务与管理创新 该项目荣

获第十届中国艺术节项目类"群星奖"。杭州市余杭区立足实际、拓宽思路，通过努力在乡镇机构改革中进一步加强文体机构建设，基本形成"健全机构，强化队伍，提升素质，完善考核"的发展模式，被称为"余杭模式"。（1）机构保留，职责明确。2006年10月，余杭区委在《关于推进镇乡机构改革工作的意见》中，明确综合文化站是必设机构之一。（2）编制保证，人员到位。余杭区委区政府出台的《关于加快推进基层文化建设的若干意见》中提出，镇乡（街道）统一设置文体服务中心，为镇乡政府、街道办事处设立的公益性文化事业单位，经费实行全额拨款。人口在3万以上的镇乡（街道）文体服务中心配备2至4名专（兼）职工作人员，其他的配备1至2名专（兼）职工作人员。（3）严格把关，提升素质。要求镇乡（街道）文体服务中心主任必须由熟悉文化工作的同志担任，并享受中层正职待遇。同时，加强对镇乡（街道）文体服务中心工作人员的管理和业务培训。（4）落实措施，加强考核。从2006年起，每年年终由区文广新局（体育局）对镇乡、街道文体服务中心进行考评，其考评成绩纳入余杭区对镇乡（街道）综合考评总分中。由此，余杭区区、镇乡、村三级公共文化网络基本形成。农村群众性文化活动蓬勃开展，余杭人民艺术节、老年文化艺术周、"太炎读书节"等活动和径山茶圣节、百丈竹文化节等各镇乡颇具特色的文化活动渐成品牌。

浙江省"千镇万村种文化"活动

2007年春，浙江4个县市8个村的村民发起《我们都来"种文化"》的倡议，"种文化"很快在全省61个县的100多个村开展起来。村民们的行动引起浙江省委、省政府的高度重视，2008年，浙江省出台意见和实施方案，在全省农村启动"千镇万村种文化"活动。2011年，浙江省印发《关于在全省广泛开展农村"种文化"培训辅导活动的通知》，以扎实开展全面的培训辅导工作。

浙江省群众艺术馆新农村"文化良种"培训基地

"文化良种"培训基地所针对的是镇、乡以下农村群众文化工作在某一个方面成效突出的业务项目。2007年5月,浙江省群艺馆在宁波市镇海区澥浦镇设立浙江省第一个新农村群众文化实验基地,这是"文化良种"基地建设的前身。浙江省新农村"文化良种"培育基地建设,是浙江省"东海明珠"文化乡镇业务试点工作、2010年浙江省综合文化站业务试点工作的延伸。浙江省群众艺术馆阵地前置、重心下移,面向乡镇综合文化站开展示范性的业务指导,着力建设新农村"文化良种"培育基地,有效地推进了新农村文化品牌建设。

浙江省余姚"阳光文化绿卡"

为满足低保户和外来务工人员的基本文化需求,从2008年开始,余姚市启动"文化共享工程",每年发放"阳光文化绿卡"。"阳光文化绿卡"主要包括"阳光文化爱心卡"和"阳光文化共享卡"。"阳光文化爱心卡"发放给城乡低保户,卡面充值250元,低保户可持卡在余姚书城、余姚影城、龙山剧院、市青少年宫等文化场所购书、看电影、看戏和参加文艺培训;"阳光文化共享卡"发放给全市15家已建立五星级俱乐部的企业和16所民工子弟学校,这些企业和学校中的"新余姚人"可持卡免费参加文化馆、青少年宫及村(社区)、民工子弟学校开展的文艺培训,还能在余姚书城、华星影院等处优惠购买书籍、观看电影。

浙江杭州市群众艺术馆群众文化"集约化、一体化"运行机制创新项目

该项目荣获2010年第十五届项目类"群星奖"。是在杭州市文广新局领导下,由杭州市群众艺术馆牵头,联合全市各区县群文机构共同实施的群众文化工作创新项目。2008年下半年正式启动该机制建设,主要通过"一网、一团、一体系"3个平台,推进全市群文资源的整合和群文运行机制的

创新。(1)创建杭州群众文化网。由杭州市群众艺术馆牵头创建,杭州群众文化网由主网站和13个区县(市)子网站构成。网站具有两大功能:信息服务功能与文化配送功能。项目实施以来,杭州群众文化网先后设立两批共284个基层服务点,并通过网上预约的方式,为基层群众送演出、送培训辅导等。(2)创建杭州群星艺术团。杭州群星艺术团,下辖歌舞团、滑稽艺术团等8个分团和创作部、演出部两个直属部门,不仅集聚了全市群众文化机构的主要创作力量,还将一些专业演出团体的退役人才和部分有实力的民营剧团吸纳进来。通过签约加盟、项目合作的形式,群星艺术团与下属团队及成员之间建立起了一种既有别于专业艺术团体,又便于集中力量完成创作表演任务的"半紧密型"合作关系。(3)建立群众文化团队评级管理体系。通过杭州市一级群众文化团队、杭州市群众文化示范团队的评选,将全市数千支业余群众文化团队纳入到一个有效的管理体系。

浙江文化走亲 该项目荣获第十届中国艺术节项目类"群星奖"。2008年,浙江省湖州市推出"文化走亲"机制,大力开展县区之间、乡镇之间和村(社区)之间的多层面区域文化交流活动;湖州市开展的文艺演出、文化展览、文艺赛事、讲座论坛等多种形式的"文化走亲"交流活动,引起了浙江省文化部门的关注。从2011年起浙江在全省范围内开展"文化走亲"活动,以探索构建全省开放式文化交流平台。全省每年计划开展各类"文化走亲"活动500场次,原则上要求各县(市、区)每季度开展1次"文化走亲"活动。"文化走亲"是打破文化资源行政区域分割、市场分割和城乡二元结构分割的有效途径。

浙江省杭州市下城区"文化超市" 2008年杭州市下城区启动实施"文化超市"。"文化超市"以"五个一"载体为依托,即制作一份菜单(一份表)、成立区级群众文化人才和节目库(一个库)、提供文化服务地图(一张图)、设计文化超市工程网(一个网)、设立一套文化超市统一服务电话系统(一个号),把超市所具备的开架货品陈列、团购、配送等功能移植到公共文化服务体系中,整合辖区内的文化阵地、文化活动、文化队伍等文化资源,为群众提供最广泛、最便利、最贴心的服务。具体做法:(1)菜单式管理。将下城辖区内的省、市、区、街道、社区五级公共文化服务机构根据自身职能和条件,所安排的文化服务项目,以菜单的方式有计划、有步骤地进行整合管理。每年推出"1+8"文化菜单,"1"是指一个区的文化服务总菜单,涵盖区本级各类文化活动;"8"是指八个街道和所属社区所有文化服务项目,全区形成8个子菜单,打包整合后送到居民手中。(2)交互型操作。以街道为单位,整合街道、辖区和社区文化服务资源,抽选精品文化节目和项目,成立街道精品文化服务队。每个街道文化服务队在区文化超市工程领导小组的协调下,进行交互轮换服务,使每个街道的居民群众既可以享受本街道文化服务,也可以享受到其他七个街道的精品文化服务。(3)个性化配送。根据辖区单位或街道、社区等单位的特别需求,可以通过文化超市的服务通道,向区文化超市工程领导小组提出申请,根据需要安排专项文化服务送到单位和社区。(4)分店式运营。通过一个总店下设多个分店的模式,在区总店的统筹下,以街道分店为基础,开展文化资源的整合、配送和互动工作,各个社区再设立文化超市配送点,区级文化行政职能部门及文化超市领导小组是"总店"的管理营运者,"总店"对各"分店"具有协调的职能,"分店"也可根据需要向"总店"申请资源的调配。

浙江定海区"文化零距离"大型民生服务 该项目荣获2013年第十届中国艺术节项目类"群星奖"。始于2009年。先后优化整合了"唱响定海"大型群众文化活动、"百姓课堂"文化公益培训、"文化超市"网络服务平台等多个群众文化品牌,且在文化活动、文化培训、文化服务及长效机制等方面进行了一系列的创新与实践。截至2013年城乡百余万人次受益于"文化零距离"大型民生服务项目,满足了不同层次、不同文化背景、不同地域人群的文化需求。

浙江"天天演"文化惠民工程 该项目荣获2010年第十五届项目类"群星奖"。宁波市鄞州区2009年启动实施,旨在强化政府公共文化服务职责,充分发挥市场作用,推进文化资源的整合共享,促进公共文化服务的均等化、优质化,形成政府与市场联动推进的新型公共文化服务机制。演出范围主要是各镇乡(街道)和行政村(社区)。2010年9月宁波"天天演"文化惠民工程现场推进会在鄞州召开,会议全面总结了"天天演"文化惠民工程实施情况和经验做法,研究部署了下阶段深入推进全市文化惠民工程建设的主要任务。"天天演"文化惠民工程坚持公益性、公众性、共享性定位,围绕"人人享受文化"的目标,按照"周周有定期演出,月月有品牌剧目,重大节日有大型活动"的要求,通过政府采购、政府补贴等方式,扩大文化演艺产品的供给,以全面繁荣城乡文艺舞台。

浙江宁波市文化志愿者服务总队 2009年6月6日,宁波市文化志愿者服务总队成立。宁波市文化志愿者服务总队坚持以"文化服务、你我同行"为主题,下辖文艺服务、群星艺术、图书馆、博物馆、文化遗产保护、文化外事、文化市场志愿者服务队7个分队,文化志愿者覆盖到全市城乡基层、机关、企业、学校和社区。宁波的文化志愿者服务在全国起步较早,如在全国率先建立一支1000多人组成的业余文保员队伍,协助开展文物普查、文物安全、遗产保护等工作。之前于2007年成立的文艺服务志愿队,先后多次深入学校、部队、社区、企业开展文艺志愿服务活动。

浙江省衢州市文化馆《民工文化报》 该项目被文化部表彰为2012年农民工文化服务示范项目。由衢州市群众艺术馆主办,旨在满足民工读报需求。该报为对开四版彩报,一版为新闻版,二版为信息《超市》,三版为文学副刊《驿站》,四版为图片专版《瞬间》,该报主要特色是写民工、民工写、民工看,所选题材与内容均与民工工作生活相关。自2009年7月创办以来,该报秉承"打造民工文化驿站,共建和谐美好家园"的宗旨,每月一期,每期印数一万份,除少量赠阅政府部门外,80%免费发放给全市建筑企业、有代表性的开发区及社区的民工。

浙江"群星"文化志愿服务活动
该项目被文化部表彰为2012年全国基层文化志愿服务活动优秀项目。2009年由浙江省宁波市文化馆实施。主要依托公益性文化设施、重点文化惠民、重要节日纪念日等开展基层文化志愿服务活动。初步建成为服务功能多样、服务队伍固定、服务作用发挥好、基层覆盖面广的文化志愿者队伍。

浙江省宁波城乡剧院演出联盟
宁波鄞州区以创建首批国家公共文化服务体系示范区为契机,建成现代化乡镇剧院15个,总座位数达1.2万余个。为更好地管理运营基层公共文化设施,使之发挥"专业高效运行、优质普惠百姓、培育文化消费"的长效机制,鄞州区探索在国内首推"城乡演出院线",专注于为乡镇剧院量身打造全新的运营管理模式,即由一个城市龙头剧院(宁波市演出有限公司,即逸夫剧院)和若干个乡镇剧院组成"1+X"连锁化剧院管理运营模式,以城带乡,建立统一的专业管理平台、演出采购平台、票务流通平台等,促进城乡演艺资源的有效整合,实现城乡剧院一体化经营管理。自2013年9月辖区集士港镇广德湖剧院首个加盟启动以来,截止到2014年3月,该剧院已举办各类文艺演出 50 余场,其中地级市以上演出 44 场,平均上座率 80% 以上,营运收入 60 余万元,实现了政府、企业、市场和群众的多方共赢。鄞州区采取"条件成熟一个、加盟一个"的做法,逐步使剧院演出联盟成为覆盖全区、连通城乡、惠及全民的文化服务新平台。

浙江宁波鄞州文化演出消费"一卡通" 鄞州区政府在推行"城乡剧院演出联盟"中,要求院线实行"低票价"策略,规定每场演出最高定价不能超过市区剧院演出票价的二分之一,同时政府将节省的管理成本作为文化惠民资金直接补贴给百姓。如集士港镇政府每年投入 100 万元用于购买在逸夫剧院和广德湖剧院可以通用的公益文化卡(券),免费发放给当地百姓和低收入、外来务工者、老年人等特殊群体。

浙江省杭州剧院"牡丹·文化信用卡" 牡丹杭州剧院文化信用卡是杭州剧院和中国工商银行浙江省分行共同推出的信用卡。2010 年开始实施,旨在解决由于票价高而导致百姓难以走进剧院的现实问题。这张卡既有常规信用卡全部的金融消费功能,而且在支付一千元会费后,还可以观看全年杭州剧院主办的不少于 50 场各种类型的文艺演出。

浙江宁波余姚市公共文化服务中心 2010 年 12 月 3 日,宁波余姚市公共文化服务中心成立。新成立的宁波余姚市公共文化服务中心是由宁波余姚市委、市政府领导,市委宣传部牵头,市文化广电新闻出版局、市广播电视台、市文联、余姚日报社参与,乡镇、街道联动,面向全市各级党政组织及基层单位、城乡群众的社会化文化服务指导协调机构。旨在进一步探索推进文化体制改革,加快建立覆盖全市、运行高效、均等普惠的公共文化服务体系,促进文化事业与文化产业协调发展。宁波余姚公共文化服务中心主要承担文化产品采购配送、文化活动策划承办、文化宣教培训、文化中介服务、文化展演交流、组织网络建设和其他文化服务等职能。具体包括由400场次公共文化展演集合而成的"阳光文化直通车"、面向低保户和外来务工人员的"阳光文化绿卡"、面向乡镇（街道）综合文体中心和各村落文化宫的"阳光文化星期六"、以文会友以艺会友的"阳光文化之友联谊会"，以及吸引社会人士捐助文化事业的"阳光文化基金会"五大活动载体。通过宁波余姚公共文化服务中心政府主导、社会参与、市场运作的方式，实施"阳光文化系列"惠民行动，以切实保障人民群众基本文化权益。

浙江省杭州市下城区社区农民工文化家园 该项目被文化部表彰为2012年农民工文化服务示范项目。2012年底，杭州市下城区东新街道办事处常住人口10.9万人，其中在册登记的农民工人口5.2万人。为了建设好农民工文化家园，2011年，街道党工委、办事处下发《东新街道关于进一步加强农民工文化工作的实施意见》，明确党委政府是加强农民工文化工作的第一责任人，明确农民工文化工作纳入社区党委和居委会年度目标绩效考核、纳入辖区企业精神文明建设考核内容，明确农民工文化工作的重点在社区，节点在企业；街道设立农民工文化活动专项经费；整合街道文化设施资源，在街道综合文化站建立"农民工文化家园"；要求在辖区的杭州市创新创业新天地、下城区高新技术产业基地、杭州中舟集团、杭州灯塔集团、杭州三立集团、杭州西联集团、杭州星火集团等骨干企业，按规划配套建设农民工文化家园；农民工文化家园实行正常工作日延时、节假日全天免费开放。

浙江景宁"畲乡文化卡" 2012年景宁县政府向居民发放5000多张畲乡文化卡，其中向在校中小学生发放2000多张。"畲乡文化卡"是景宁县推动公共文化服务免费化、均等化、权益化的一项创新举措。市民可凭"畲乡文化卡"免票进入县博物馆、图书馆、文化馆和体育馆，真正实现享受文化"零门槛"。

浙江文化礼堂 2013年年初，浙江省把建设1000个农村文化礼堂作为10件惠民实事之一，写入《浙江政府工作报告》。重点以建设农民群众安放心灵、寻找归属、寄托情感的"精神家园"为定位，以"两堂五廊五活动"为内容，利用村庄原有的礼堂、祠堂等进行改建、扩建或新建，建设文化礼堂。"两堂五廊五活动"，即：学堂、礼堂；村史廊、民风廊、艺术廊、成就廊、励志廊；传承留记忆的礼仪活动、美德扬正气的评比活动、热闹聚人气的大众活动、惠民树新风的服务活动、开放汇民智的议事活动。文化礼堂已逐步成为农民群众具有较强感召力的共同精神家园，成为承载农村基层公共文化服务标准化均等化，缩小城乡公共文化服务差距的有效载体。

浙江省文化馆农村文化礼堂服务"菜单" 为扎实推进浙江省农村文化礼堂业务建设，2014年3月，浙江省文化馆在浙江艺术网上推出农村文化礼堂建设服务"菜单"，接受全省各地文化礼堂"点单"。农村文化礼堂建设服务"菜单"，主要包括：文艺辅导、演唱资料、文化指导、培训师资四大项，服务内容涵盖音乐、舞蹈、活动策划、品牌建设等26项。浙江省文化馆将根据各地文化礼堂"点单"情况，安排相关业务干部进行文艺辅导和工作指导，并协调各市、县文化馆，开展有针对性的文化礼堂指导辅导工作。

浙江文化通 2013年11月22日，浙江省公共数字文化移动服务平台——"浙江文化通"正式开通。这标志着浙江省公共文化服务向数字移动服务迈出了重要的一步。"浙江文化通"最显著的功能是提供文化活动信息的查询和推送服务。它将全省各地的公共图书馆、博物馆、展览馆、影院、剧院等文化单位的活动信息进行整合,让公众可以在第一时间查询获知。公众只需要拿出手机扫一扫"浙江文化通"客户端二维码,全省的文化信息就能在掌上一览无余。另外,它还具有强大的阅读功能。该平台整合一百多万种电子图书资源,供手机用户下载阅读。它让公众在任何时候、任何地点都可以获取全省公共文化单位的服务信息,享受各种优秀数字文化资源,从而进一步丰富全省人民的文化生活。

浙江省宁波市江东区文化共享宣传队 2006年8月,江东区图书馆成立文化信息资源共享工程服务宣传队。旨在更好地宣传文化信息资源共享工程。文化共享宣传队每年到民工子弟学校、社区、工地等放映电影、举行知识竞赛等,让市民了解和学习文化信息资源共享工程中的优秀传统文化知识。

浙江省数字文化讲师团 为了解决数字资源的建设和服务在广度和深度方面距离基层群众实际需求较大的差距,以及数字资源推广利用影响力和作用显现度不够的问题。文化信息资源共享工程浙江省分中心(简称浙江省分中心)积极谋划,于2012年7月成立"数字文化讲师团",改进传统的培训形式和服务理念,从阵地服务走出来,把资源送到群众手上,并手把手地教会群众使用网络。浙江省首批"数字文化讲师团"成员共27人,来自浙江省分中心和各个地级市支中心。讲师团成员经过有针对性的集中培训,包括资源基础、信息素养、授课方法、演讲技巧等,再回到各地向系统内员工和基层群众讲授公共数字文化知识。具体来说,每个地市的讲师团成员负责本地区所辖各县区文化共享工程队伍的培训,并从中遴选佼佼者加入到本市的"数字文化讲师团";各县的讲师团成员负责培训本县区乡镇基层服务点的管理员,并遴选本县区讲师团成员。讲师团成员最主要的任务是培训基层群众。为了推动讲师团工作的持续开展，浙江省分中心还专门制定激励机制，根据讲师团成员下基层讲课次数、覆盖人群范围以及基层培训的反馈情况，对每位讲师进行考评，对考评优秀的予以奖励。

浙江省金华"历史文化名城日"活动 2007年3月18日，国务院正式批准金华为国家历史文化名城。为进一步弘扬金华优秀的历史文化、不断丰富历史文化名城的文化底蕴、提升历史文化名城的知名度和美誉度，金华市委、市政府把每年3月18日确定为"金华市历史文化名城日"。2010年3月18日举办首个历史文化名城日系列活动，集中展示了金华市历史文化名城保护的优秀成果。

浙江宁波"寻找城市的记忆"广场故事会 2011年6月，由海曙区文物管理所、海曙区历史文化遗产保护者协会、鼓楼街道文化站、秀水社区文化宫、海曙区文化馆联合举办"寻找城市的记忆"故事会，来自秀水社区的16名小朋友绘声绘色地讲述了宁波老城的历史故事。为了进一步巩固活动成果，组织者们还把活动中的故事编印成册，出版了《寻找城市的记忆——故事会》一书，共收集13则历史故事，免费发放到秀水社区的每一户家庭。让历史文化进入社区、进入家庭。

浙江省"掌上西湖"文博服务 2011年9月，由杭州西湖风景名胜区管理委员会和中国移动杭州分公司合作开发的"掌上西湖——手机智能导游系统"正式运行。"掌上西湖——手机智能导游系统"是基于手机终端，支持六国语言的免费导游系统，可以为游客提供短信导游、手机浏览器导游等服务。它支持中、英、日、韩、法、德六国语言发送欢迎短信，具备提供西湖十景题名景观和十四处历史文化史迹的景点简介信息等功能。

浙江省嘉兴馆校"共建博物馆"

2007年嘉兴市博物馆实施馆校共建活动,旨在让博物馆更好地发挥其展示功能,成为青少年感知历史、陶冶情操的重要课堂。1998年以来,市博物馆先后与14所学校建立馆校共建的德育基地。

浙江宁波鄞州民办博物馆建设

2008年为鼓励社会兴办博物馆,鄞州区出台相关政策,推出资金补助、用地保障、人员配备等多项扶持措施。并规定对免费和低价收费的博物馆按参观人数、展览次数和规模等级给予经费补助,其中兴建民办博物馆最高可补助400万元。政府和民间的互动,创新了博物馆的实践样本。鄞州区有"企业+博物馆"、"景区+博物馆"、"生产基地+博物馆"、"合作联办"等多种模式。博物馆的兴建促进了经济文化的良性互动。截至2013年底,全区已建成民办博物馆15座。2013年全区民办博物馆参观首次突破50万人次。

浙江省宁波博物馆东方讲坛进高校

2008年10月宁波博物馆精心打造公民课堂"东方讲坛",旨在充分履行博物馆社会教育职能,定期邀请国内外文博专家、艺术家来宁波博物馆作学术交流,同时面向社会公众举办免费讲座。2009年9月,浙江省社科联授予"东方讲坛""浙江省社会科学普及示范基地"称号。为进一步扩大"东方讲坛"学术品牌影响,配合展览宣传,宁波博物馆于2011年推出"东方讲坛"进高校活动,与各大高校合作,到高校巡回举办讲座。

浙江宁波余姚博物馆志愿宣讲活动

2012年年初,余姚市文物保护管理所成立由青年团员、党员干部等文博人员组成的"让历史告诉我们——传承文化精髓"志愿宣讲团。讲解员编写宣讲教案,尝试将余姚历史文化内容分主题、分层次、分年龄,以上课的形式将相关知识在课堂上传授给学生,让学生们在有限的时间里获得更多的历史文化信息。依托地域传统文化制作主题展板,建立流动博物馆;印制富有博物馆文化色彩的书签、便条等文化小礼品,宣传博物馆文化。志愿宣讲团走进学校、社区和军营等地开展宣讲,较好地发挥了基层博物馆的社会教育功能。

浙江省博物馆文化"三进"巡回展 2013年3月浙江省博物馆文化"进社区、进校园、进军营"图片巡回展全面启动。图片巡回展内容翔实、制作精美、图文并茂。图片展走出博物馆,走入社会,走进千家万户,旨在让广大群众更好地感知历史、品读文化,让社会体验博物馆的服务,展现博物馆自身独有的社会影响力。

浙江省广电惠民工程 2011年7月《浙江省基本公共服务均等化行动计划2011年度实施计划》出台。被列入《2011年度实施计划》的广播影视惠民工程有7项,分别是:农村电影放映、广电惠民服务(含广电低保、广播村村响维护、广播电视对农节目)、乡镇有线数字电视整体转换、县级城区多厅影院建设、广播电视进渔船、广电低保数字化和乡镇广电站设备设施更新改造。

浙江金华市广电台对农广播 金华市广播电视台原有综合广播、经济广播、交通音乐广播三套广播节目。2012年6月1日,广电总局正式批复同意浙江省金华市广播电视台开办第四套广播节目对农广播。对农广播的正式开办,进一步优化了广播电视频率频道的布局结构。同时,对农广播也将积极服务于金华市正在大力推进的"粮食生产功能区"和"现代农业园区"建设,服务于当地经济社会发展和新农村建设,满足群众精神文化需求。

浙江省广电低保工程 主要包括两方面:(1)实施全省低保老人家庭有线电视收费减免。浙江省政府2008年确定今后三年减免全省低保老人家庭的有线电视入网费和视听维护费。(2)实施广电低保数字化工程。浙江省明确从2011年到2012年,用两年时间完成全省广电低保数字化工程,使全省城乡"低保户"群众都能收听收看到有线数字广播电视节目。

浙江省"广电进渔船"工程 经广电总局批准,浙江省实施"广电进渔船"工程。2010年9月10日试点工程正式启动。渔船采用广电直播星(中星九号)船载移动接收设备收看收听47套国内电视节目和50套广播节目。规划在"十二五"期间基本完成全省"广电进渔船"工程,以解决浙江省广大海上作业渔船民看电视的需要。随后,我国部分沿海省份也实施了"广电进渔船"工程。

浙江农村公益电影室内固定放映 2012年2月8日,浙江省举行农村公益电影室内固定放映试点调研论证会议,正式启动农村公益电影室内固定放映试点工作。开展放映试点工作,旨在解决农村公益电影流动放映易受气候、天气、场所等外部因素制约问题,保障农民群众能够由"看到电影"向"看好电影"过渡。目前,湖州市已在安吉、德清等县设置了8个农村公益电影室内固定放映点,积极开展农村公益电影"三化"建设(设施标准化、服务智能化、运营网络化),探索农村公益电影室内固定放映的新方法、新途径。

浙江宁波社区电影放映市场化运作 2012年宁波市举办"哈尔滨KK啤酒"宁波市首届社区电影巡展。2013年7月举办"哈尔滨KK啤酒"第二届社区电影巡展。活动按照"企业参与、市场运作、政府指导、群众受惠"的新思路,以人为本,服务大众,使人民群众能够欣赏同期国内外及宁波本土优秀影视作品,满足人民群众日益增长的多层次、多方面、多样化的精神文化需求。电影巡展本着提高放映质量,改善服务态度,繁荣宁波群众公益电影市场的精神,通过数字流动放映队全面启动进社区、进中心城区公共文化广场巡回展映的形式，免费巡回展映城市影院新下线影片，有效填补城镇社区电影放映空白，这也是"农村电影放映工程"的延伸和市场化运作的探索。

浙江宁波商业影片公益化放映 2009年，宁波市在全国率先实现商业影片公益化放映，一方面设立数字影片节目专项补贴资金，协助放映队充分利用国家广电总局电影数字节目管理中心发行平台，选择和订购数字影片节目；另一方面，设立宁波市数字电影院线公司公共文化服务经费，解决数字电影院线公司业务运作成本不足的问题。截至2010年9月全市90多支农村流动电影放映队订购的电影中，商业影片占了绝大多数，在全国170条农村电影院线中，保持每月订购数全国第一的位置。一些热门的商业数字影片已做到在农村与城市同步放映。

浙江宁海县农家书屋节 2013年8月8日宁海县首届农家书屋读书节举办。此次读书节由"我的快乐天地"为主题的学生读书节和"我读书·我快乐"为主题的成人读书节两个系列活动组成。活动内容包括："我与农家书屋"学生演讲比赛、手抄报比赛、优秀图书推荐展览等。首届读书节活动充分利用县乡镇（街道）图书馆、农家书屋组成的农村公共文化服务体系，推进全民阅读的深入开展，让更多的农民群众参与到读书节活动中来。

浙江省杭州一户一张农家书屋免费借书证 杭州市萧山区南阳街道借助农家书屋阵地，为街道的每户家庭免费办理借书证，在全区率先实现"一户一张借书证"全覆盖。借书证不仅可在本村农家书屋借书，还可在整个萧山区借阅图书。

浙江省杭州市体育健身消费补助 2013年10月杭州市体育局实施体育健身消费补助。补助方式是从2013年10月1日起，向广大热爱体育健身运动的市民派发"杭州市体育健身消费补助",向各县(市、区)、街道相关职能部门以及管辖体育社团(协会)牵头负责的社会体育指导员队伍、培训机构进行补助。施行的具体方式是以城区定点公益性场馆为单位,市民凭健身"一卡通"充值,可获票价20%的补助,使用健身"一卡通"单卡一次性充值限额1000元,最高补助不超过200元。市民在市本级定点体育场馆健身消费,通过现金购买电子版零票(项目单价在25元及以上)参与健身活动,政府给予5元的一次性补助;项目单价在25元以下的,给予20%的一次性补助。旨在通过补助市民的健身消费,吸引更多市民参与健身活动。

浙江省江山市体育器材及健身书籍送下乡 2013年春节期间,江山市体育局为正在开展春节体育活动的村民送上体育器材和科学健身书籍。主要送上《运动健身指南》、《全民健身路径锻炼健身指南》以及《高血压病人群健身指南》、《血脂异常人群健身指南》等科学健身书籍,以指导广大市民科学健身。

浙江省宁波体育场馆定期向市民免费开放 2012年3月13日,宁波市体育局决定自即日起,市体育局直属体育场馆将定期向市民提供免费健身服务。免费健身的运动项目涵盖了游泳、羽毛球、乒乓球、网球、笼式足球、篮球、台球、健身器械等,几乎囊括了大多数市民所喜爱的健身项目。其中免费开放的羽毛球馆5个,乒乓球馆3个,篮球场3个,室外网球场3个,笼式足球场2个,标准足球场1个,台球室和健身房1个。游泳项目由于场地的限制,采用每月发放500张免费票的方式进行。同时,东恩中学宽城体艺馆双休日6点至10点和老体中心每天的6点到10点将面向老年人开放。为了保证免费开放场馆的秩序性和安全性,宁波市体育局还根据各体育场馆的不同特点,采用分时间段、电话预约、发放免费票券等多种方式进行。各球类场馆以电话预约为主,电话预约时间为免费开放日的前一天,同时还限定了时段、人数,订满为止;各游泳馆为防止开放日超过可容人数影响服务质量和安全问题,采用细化方式,把免费开放日的可容人数,以免费票的形式具体发放到每一天,并委托《东南商报》发放。

浙江省千分之五"等级标准" 2013年省体育局在全省全面实施《浙江省3～69周岁公民体质评价等级标准》,测试人数达到全省总人口的千分之五,全省有近28万人可以享受到这项体育惠民的服务。旨在促进有锻炼习惯的人群进行科学健身、没有锻炼习惯的人群开始重视并参与锻炼。推行实施《等级标准》将是今后浙江群众体育重点工作之一。

浙江省海宁市游泳培训政府限价 2013年海宁市政府对游泳培训,规定"公益性"最高限价,即:拆装式游泳池的最高限价,一期(15天)收费350元;海宁市游泳馆,因为设施条件较为完善,一期(15天)收费450元。各镇、街道在此范围自行定价。但在实际操作过程中,各镇、街道定价往往低于最高限价,并对困难家庭实行减免。培训安排在白天进行。培训教练全部由海宁市文体局统一安排,游泳救生员、教练员都是通过考核合格后上岗。旨在通过培训,使更多的人掌握游泳生存技能,拟通过三年努力使全市50%以上的青少年掌握游泳生存技能。

浙江宁波青少年宫"外来务工子弟学校少先队文化建设活动" 从2004年起,宁波市青少年宫面向全市近100所外来务工子弟学校的13万进城小公民开展了"外来务工子弟学校少先队文化建设活动",将外来务工子弟纳入未成年人思想道德工作之中。活动形式多样,内容丰富,所有活动免费。活动内容主要包括:(1)进行安康教育。运用图片、展览、讲座等形式向进城小公民进行交通、消防、救护、禁毒及青春期教育;(2)举办家长学校。定期在少年宫内和农民工子弟学校向进城小公民家长开展家庭教育讲座,并由专家现场答问;(3)开展文体活动。举办全市进城小公民的足球比赛、风筝比赛、元旦文艺汇演、暑假乐园及夏令营等活动,并在市少儿服饰文化节中让农民工子弟与城市孩子同台演出,并在青少年宫里开办了进城小公民声乐、舞蹈培训班;(4)进行师资培训。为外来务工子弟学校老师专门举办小足球组织、风筝制作及电子琴演奏培训班,还办起流动电子琴课堂,到各外来务工子弟学校中轮流上课;(5)手拉手结对。举行城乡孩子共同参与的演出、联欢等活动,还组织进城小公民与城里孩子结对,城乡孩子还互访家庭,增加对彼此的了解;(6)举办欢乐节。宁波市进城小公民欢乐节一般在每年"六一"前举办,全市近100所外来务工子弟学校13万名进城小公民参与了此次欢乐节才艺大赛的唱歌、舞蹈、制作、书画、器乐和综合表演等六个项目的海选、预赛和决赛。通过经常性地开展这类活动,进一步促进在全社会形成关心外来务工子弟、共建和谐社会的良好氛围。

浙江流动少年宫 流动少年宫已成为浙江省加强未成年人思想道德教育的重要阵地。自2007年起,被浙江省委、省政府列入未成年人思想道德建设十件实事之一。通过流动少年宫平台,把校外教育与社区教育、社会教育紧密联系在一起,让更多的青少年享受到优质的校外教育,在家门口体验到流动少年宫带给他们的快乐。浙江流动少年宫已包括了从思想品德教育、科技教育、体育活动到文化艺术教育、游戏娱乐活动、劳动与社会实践活动等校外活动场所实体内容,活动形式多样,且更强调孩子参与和体验,注重实践探索和互动体验。流动少年宫彰显了青少年宫(活动中心)的公益性,推进了校外教育服务的公平性;增强了青少年宫的辐射和集聚效应,增进了与民众的沟通;同时,较好地盘活了校外教育资源,在一定程度上弥补了青少年宫服务网点不足的问题,满足了少年儿童对校外教育的需求,也让青少年宫有限的资源和投入发挥出更大的作用。

浙江省衢州市青少年宫"校外教育公益大讲堂" 为进一步贯彻中央、省、市关于加强未成年人思想道德建设的相关部署,广泛宣传青少年教育先进理念,推动学校教育、家庭教育、社会教育协调发展,有效提升校外教育工作服务水平,2013年3月17日,衢州市青少年宫举办"校外教育公益大讲堂"首场讲座活动。活动分高端讲堂和沙龙互动两大类。高端讲堂每年将定期开展2~3期,活动将邀请省内外青少年教育知名专家就儿童智育、习惯培养、心理健康、亲子沟通、和谐家庭环境构建等做专题讲座;沙龙互动每年将定期开展10次,针对不同的教育群体,通过专家引领,以座谈会、研讨会的形式深入探讨和解决当前青少年教育的热点难点问题。通过举办免费讲座,帮助家长树立正确的家庭教育观念,创造有利于孩子成长的家庭环境。

浙江平湖个性化"妇女之家" 为充分发挥"妇女之家"组织妇女、引导妇女、服务妇女和维护妇女儿童合法权益等职责,浙江平湖市妇联整合多方资源,发挥各地优势,突出与众不同,以社会化、实事化、项目化运作方式,积极打造妇女工作新品牌,实现个性化、特色化发展。(1)创"就业之家"品牌,突出帮扶优势。引导建立妇女再就业新机制,因地制宜,广开门路,帮助待业女青年、闲散女劳力、下岗失业妇女找到就业创业新路子。(2)创"平安之家"品牌,突出维权优势。进一步完善维权、调解、信访组织网络,在妇女维权岗的基础上,大力发挥知心大姐和妈妈、老舅妈等巾帼维权志愿者在政策宣讲、治安巡逻、矛盾调解、法律援助、平安建设等中的作用,打造让妇女群众倍感亲切的如"相约星期六"、"有话和我说"等谈心、维权、法律咨询平台,开设知心大姐工作室、老舅妈工作室等一批品牌工作室,建立民生台账,维权追踪机制。(3)创"学习之家"品牌,突出教育优势。发挥"妇女之家"的宣传教育功能,有效利用社区居民学校、老年人学校、家长学校等教学阵地,利用黑板报、宣传栏、标语等多种形式,广泛宣传《妇女权益保障法》《婚姻法》等知识,开展法律法规、文明礼仪、卫生保健、家庭教育等知识的学习宣传活动,让"妇女之家"成为教育妇女、妇女受教育的课堂。(4)创"魅力之家"品牌,突出活动优势。以"队伍活力、机制活力、活动活力"建设为核心,经常性开展家庭教育、文明家庭评创、政策宣讲、邻里互助等活动。注重将传统活动与时代特点相结合、广泛性与多样性相结合、示范性活动与普及性活动相结合、节假日活动与经常性活动相结合,满足不同层面、不同年龄的各类妇女儿童的需求,提供相互认识、培养感情、展示自我的平台,促进妇女间、邻里间、家庭间的相互了解,互助互爱,形成为民和谐万家乐的氛围。(5)创"爱心之家"品牌,突出服务优势。各基层"妇女之家"发挥专业优势,广泛开展爱心志愿服务活动,积极参与社会管理和服务。

安徽省图书馆公益性讲座"新安百姓讲堂" 该项目荣获2007年第十四届"群星奖"服务奖。安徽省图书馆根据听众群的特点,特别策划组织"新安百姓讲堂"讲座。讲堂针对百姓需求,确定阶段性主题,安排合适的讲座内容。重在为普通百姓提供精神大餐,为其提供丰富的讲座服务。讲堂固定于每周六开讲。为了使讲座活动形成一定的社会影响,产生较大的信息覆盖面,安徽省图书馆和本省最大的、发行量最多的宣传媒体《新安晚报》联手打造"新安百姓讲堂",由该报社对开展的讲座活动进行专题宣传和报道。安徽省图书馆专门设立"新安百姓讲堂"栏目,介绍每期讲座主讲人、讲座主题、特别活动等。同时，通过主页的"安图动态"栏目对讲座信息进行发布。

安徽省马鞍山市"江南之花"大型群众文化活动 该项目荣获2007年第十四届"群星奖"服务奖。创办于1975年。由中共马鞍山市委宣传部、马鞍山市文化委员会主办，马鞍山市文化馆承办。一年一个主题，一年一种形式，活动内容不断丰富，越来越受到大众的喜爱，已成为全省知名群文品牌。

安徽"金色晚霞"合唱节 该项目荣获2013年第十届中国艺术节项目类"群星奖"。创办于2007年。是由安徽省文化厅主办、安徽省文化馆承办的全省大型群众性文化活动品牌之一，是中老年合唱队伍一年一度的展示平台。

安徽中国农民歌会 该项目荣获2010年第十五届项目类"群星奖"。由文化部、农业部、安徽省政府主办。首届中国农民歌会于2008年11月9日在中国农村改革发源地的安徽省滁州市举办，是纪念改革开放30周年的一项重要活动，是专门面向农民的一次文化盛会。每年一届。歌会的呈现样式为"农民唱，唱农民，唱农村"，这也是中国农民歌会区别于以往任何歌会和演出的最大特色。

安徽"百团千场万人"文化下乡 该项目荣获2010年第十五届项目类"群星奖"，被文化部表彰为2012年全国基层文化志愿服务活动优秀项目。安徽省"百团千场万人"文化下乡活动由安徽省文化厅主办，已经连续开展多年。主要通过文艺小分队、流动舞台车等多种方式，深入基层开展慰问演出，以满足群众元旦、春节期间日益旺盛的文化需求。

《安徽群众文化》杂志 该项目荣获2010年第十五届项目类"群星奖"。《安徽群众文化》杂志由安徽省群众文化学会主办。该刊努力遵循公益性办刊宗旨，坚持"理论性、知识性、服务性、可读性"为一体的办刊方针，坚持"三贴近"，立足全省，服务基层，为努力呈现全省丰富多彩的群众文化，指导群文实践，推动理论创新，繁荣群文创作，传承优秀文化，促进社会文化事业更快发展，提供了一个新平台、新园地。

大地欢歌——安徽淮南市社会文化展示活动 该项目荣获2013年第十届中国艺术节项目类"群星奖"。创办于2010年。每年一届。由淮南市委、淮南市政府主办。是市委、市政府为实施"文化惠民"工程、丰富基层群众文化生活，重点打造的一项社会文化活动品牌。坚持"政府主导、服务群众、文化搭台、百姓唱戏"宗旨，秉承"文化惠民、文化引领"的方向。

安徽铜陵市农村文化墙展示活动 该项目荣获2013年第十届中国艺术节项目类"群星奖"。按照铜陵市委宣传部统一部署，市、县文化部门以乡镇综合文化站为依托，组织各行政村参与文化墙展示活动，同时联合市文联，组织书画家协会、市书画院等专业文化单位帮助、指导各村农村文化墙创作。文化部门结合农民文化乐园示范点建设，会同相关部门进一步提升农村文化墙创作水平，采取陈列室、文化廊与文化墙相结合的方式，展示铜陵美好乡村和农村特色文化建设成果。

安徽铜陵市社区文化家园 该项目荣获2010年第十五届项目类"群星奖"。是文化部、财政部第一批国家公共文化服务体系示范项目。铜陵市的社区文化建设自2003年起步，2011年列为国家示范项目后，在强化基础建设，设计规章制度，提升队伍素质等方面做了深入推广，健全了"财政引导、社会参与"的多元投入机制和"同一平台、量化指标"的考核奖惩机制，建设了社区图书室调配中心、社区公共电子阅览室援建中心和社区文艺人才培训中心，实施了业余团体"样板工程"、社区文化"品牌工程"、"社区文化示范点工程"。铜陵市还以推进社区管理体制改革为契机,在城市文化社区建设中加速推进资源整合,取消街道,实现由区对社区的直管,行政管理层级简化,社区办公场所通过整合成为居民活动场所,文化活动设施面积增加一倍。

安徽淮南市少儿艺术发展项目
是文化部、财政部第一批国家公共文化服务体系示范项目。其主要内容是通过构建覆盖城乡、内容丰富、惠及全体少年儿童的设施平台、活动平台、创作平台、人才平台,实现少儿艺术发展机制创新、少儿艺术活动丰富多彩、优秀少儿艺术作品更多涌现、少儿艺术工作人才队伍不断加强、少儿文化艺术服务质量全面提升的目标,探索一条中国文化特色的少儿艺术发展之路、繁荣之路。2012年少儿艺术发展项目纳入"大地欢歌"淮南市社会文化展示活动的主要内容。

安徽省芜湖市弋矶山街道文化志愿者服务农民工 该项目被文化部表彰为2012年农民工文化服务示范项目。辖区面积2.9平方公里,有外来务工人员3000余人。始终坚持将外来务工人员纳入街道公共文化服务体系。定期开展"红色志愿服务"、"黄色救援服务"、"绿色通道服务",这些服务适合外来务工人员不同文化层次、文化特点的文化需求,促进他们文化共享和文化认同。同时,该项目还利用重大节庆、重大活动,进行法制宣传和法律咨询,开展形式多样的文化活动。

安徽省群众文化辅导工作 该项目被文化部表彰为2013年全国基层文化志愿服务示范项目。2012年8月安徽省群众文化辅导员大队成立。群众文化辅导员是指在音乐、舞蹈、戏曲、书法、美术、摄影以及艺术编导、手工技艺等方面具有一定文化专业技能,为基层群众提供公益性、经常性文化艺术服务的志愿人士。为建设一支有专业技能和志愿精神的群众文化工作队伍，满足全省广大群众日益增长的文化需求，按照"自发自愿、规范引导、灵活多样、注重实效"的原则和"组织起来、发动起来、活动起来、宣传起来、让群众幸福起来"的思路，于2012年7月初启动了全省群众文化辅导员队伍组建工作，制定了《安徽省群众文化辅导员工作管理暂行办法》《安徽省群众文化辅导员技术等级标准(试行)》等制度。首批招募群众文化辅导员2000名左右，大队队部设在省文化馆。

安徽省合肥市低保户免费收看有线电视 安徽省合肥市决定自2013年起，将城乡低保户免费收看有线数字电视纳入市级民生工程，即凡持合肥市区有效城乡最低居民生活保障证件的居民均可免费收看有线数字电视。合肥市有低保户1.5万户，预计合肥市全年累计免除有线数字电视基本收视维护费约432万元，该费用由合肥市政府和合肥有线电视宽带网络有限公司各承担50%。

安徽省万场消防电影送下乡活动 2012年5月25日，由安徽省广电局和安徽省公安消防总队联合举办的万场消防电影送下乡活动正式启动。此次活动既是纪念、宣传《全民消防宣传教育纲要》颁布实施1周年，也是进一步推动全省农村公益性电影放映工作。活动采取电影搭台、消防唱戏的方式，将消防安全宣传与农村公益性电影放映相结合，宣传普及消防常识，提高广大农村群众的消防安全意识，以便他们能够在安全的前提下享受多彩的幸福生活。

安徽黄山市农家书屋宣传月活动 2011年6月根据安徽省新闻出版局统一部署，黄山市开展"农家书屋工程宣传月"活动，进一步提高广大人民群众对农家书屋建设工作的知晓度、支持度、满意度，加快推进农家书屋工程建设。全市各区县采取全方位、多层次、立体化的形式，开展宣传活动。在主要街道悬挂横幅 60 余幅，出动宣传车 12 辆，设立宣传台 7 个，印刷宣传页 70000 余张。2013 年的宣传月活动中，通过移动公司手机平台，向农民发送农家书屋宣传信息，并为每个农家书屋下拨 400 元经费用于组织开展文化娱乐活动。此外，黄山市各区、县为农家书屋统一定制借书卡，免费发给每家每户，鼓励农民多读书、读好书。

安徽天长市图书"流转"网点
为有效利用全市图书资源，天长市开展"图书流转"活动，要求各村社农家书屋每个季度有计划地相互交流一次图书。各村农家书屋管理员、老党员和村民代表负责书目整理和书籍分拣；市图书馆和各镇街文化站负责农家书屋图书网上录入、登记，建立科学的图书交流制度和体系，帮助各村农家书屋调整余缺。同时，市图书馆还定期派员到各村（社区）指导，进行图书联合检索、编目。天长市部分自然村的种养大户、科技示范户还建起图书摊，在超市、集贸市场、餐馆等处设立图书箱，成为农家书屋的有益补充。

安徽农民文化乐园　为改变村级文化建设的薄弱现状，2013 年 5 月，安徽省决定实施农民文化乐园项目建设，并选择全省部分县部分村庄试点。试点建设的农民文化乐园设施建设标准，概括为"一场二堂三室四墙"，即："一场"为综合文体广场，设有大舞台、篮球场、健身路径等设施；"二堂"为礼堂、讲堂，礼堂主要用于满足农民朋友举办节庆礼仪、议事集会等要求，讲堂可用于形势政策宣传、科学和法律知识普及、生产技能培训等；"三室"为图书阅览室（农家书屋）、文化共享工程室（电子阅读）、文化活动室；"四墙"为村史村情展示墙、民风民俗展示墙、崇德尚贤展示墙、美好家园展示墙。农民文化乐园建设以改扩建为主，新建为辅，因地制宜，与美好乡村建设、农村社区建设、乡村旅游发展相结合，将相近相通的惠民工程整合利用起来，实现资源共享、优势互补。

福建省图书馆"闽图周末讲坛"
该项目荣获 2007 年第十四届"群星奖"服务奖。始于 20 世纪 80 年代，2005 年成立读者服务中心进行专门负责。已从单一的人文社科讲坛发展到东南周末讲坛、阅读与欣赏、市民生活课堂、红领巾讲坛——家长课堂四大板块，尤其是与省社科联合办的东南周末讲坛，已成为福建最具影响力的讲坛之一。每逢周末或节假日开讲。

福建省厦门"红领巾读书读报"
创办于 1990 年。由厦门市"红领巾读书读报奖章"竞赛活动组委会、厦门市少儿图书馆承办。旨在进一步加强对全市少年儿童的思想品德教育、科技文化普及和爱国主义教育，促进学校的素质教育。"红领巾读书读报"活动结合社会热点，围绕教育主题，大力开展以读书活动为载体，以思想品德教育和科技教育为主题，以爱国主义教育为主线，以创新精神和实践能力培养为重点，以素质教育为方向开展。活动坚持"重在基层、重在普及、重在参与"的原则，积极组织、指导各区、各校开展读书活动，并结合广大青少年的特点，既保持知识竞赛擂台赛、读书报告会、征文、演讲、手抄报、绘画比赛、诗歌朗诵会等传统项目，又增加图书制作、集锦册编辑制作、英语情景剧比赛、网上智力大比拼、东西部少年手拉手活动、头脑奥林匹克现场制作比赛、"成长记录袋"展示交流等创新项目。每年约有 5 万人次的中小学生参加该活动，覆盖率达 100%。

福建特殊群体、弱势人群的知识援助行动
该项目被文化部表彰为 2013 年全国基层文化志愿服务示范项目。由福建省图书馆于 1998 年实施。坚持面向特殊群体和弱势人群开展"知识援助"。主要服务内容包括：面向福建广大基层社区乡村开展"福建文化信息网络工程"建设；面向特殊群体、弱势人群开展多样化服务；参加偏远地区的"讲师志愿者"行动及终身教育推广宣传等活动。

福建省厦门"故事妈妈"俱乐部 该项目被文化部表彰为 2013 年全国基层文化志愿服务示范项目。由福建省厦门市少儿图书馆实施。"故事妈妈"俱乐部成立于 2011 年 10 月 18 日,是一支面对社会公开招聘的公共文化领域文化志愿者服务队。"故事妈妈"利用业余时间到图书馆、学校和社区公园给孩子们讲故事,提高孩子们的阅读兴趣,带动孩子早期阅读,并指导家长开展亲子阅读活动。

福建三明市麒麟文化艺术节暨广场文化活动 该项目被文化部表彰为 2012 年农民工文化服务示范项目,荣获 2013 年第十届中国艺术节项目类"群星奖"。由中共三明市委宣传部、三明市文化与出版局主办,三明市艺术馆承办。创办于 1996 年。其运作形式:政府组织推动,企业积极参与,文化部门精心组织策划,各单位部门积极配合。每年举办一届。活动时间为每年 6—9 月,历时 3 个月,每周末举办一场文艺演出。市区"麒麟广场文化"主要分布在三明广场、青少年宫广场、市工人文化宫群艺平台、三元区腾飞广场、会展中心广场。全市 12 个县(市、区)也举办相应的广场文化演出。每年都围绕国家重大节庆、纪念活动,突出时代主旋律和发展主题,进行项目策划。每场文艺演出都由不同的机关、企事业单位、社区、院校、群团、社团组织举办。"麒麟广场文化"经过多年的总结、积累、探索、创新,做到高雅与通俗兼容,专业与业余共存,中外经典与本地创作节目相结合,表演形式多样化。

福建厦门市群众文化艺术节 该项目荣获第十届中国艺术节项目类"群星奖"。厦门市群众文化艺术节是厦门市群众文化活动中规格高、影响大、周期长、辐射广的群众文化活动盛事。创办于 2000 年,每三年举办一届,到 2012 年已成功举办四届。经过 12 年的发展，活动内容不断丰富，第四届艺术节设立三项主要内容：一是专项文艺调演（展览），项目包括音乐、舞蹈、戏剧、曲艺、美术、书法、摄影、文学等艺术门类比赛；二是专项主题活动——激情广场歌咏比赛、民间职业剧团优秀剧目展演、文化协管员（辅导员）文化技能比赛；三是开幕式、闭幕式大型文艺晚会，各区、各系统综合文艺专场演出（展览）等活动。

福建新福州人歌手大赛 该项目荣获2013年第十届中国艺术节项目类"群星奖"。创办于2000年，当时的名称为"福州市外来工作者歌手大赛"，每年举办一次。歌手大赛的举办丰富了全市外来工作者的文化生活，成为福州的一大文化品牌。旨在活跃市民的文化生活，提升全市的文化品位，让外地来福州工作的新市民有机会展示自己的才艺。

福建厦门青年民族乐团文化志愿服务活动 该项目被文化部表彰为2012年全国基层文化志愿服务活动优秀项目。由福建省厦门市文化馆、厦门青年民族乐团主办。于2001年4月创建，是由文化志愿者组成的音乐团队。他们致力于推广、普及民族音乐，深入社区、学校、乡村、厂矿和军营，为广大基层百姓送去音乐和欢乐。

福建福州市激情广场大家唱 该项目荣获2010年第十五届项目类"群星奖"。2004年首先在福州温泉公园创办"激情广场大家唱"活动，每晚组织群众唱响弘扬健康向上精神的歌曲。至今群众已自发组建包括台江区文化宫、仓山中洲岛共30多个"激情广场"，遍布福州城乡，每晚参与群众达3万多人次，成为家喻户晓的群众业余文化活动品牌。

福建省厦门市湖里区文化馆外来青年艺术团 该项目被文化部表彰为2012年农民工文化服务示范项目。2004年，成立全省首支外来青年艺术团，并依托"温馨湖里"周末广场文化活动为广大外来青年提供一个展示自身文艺才华的大舞台。艺术团成立以来,每年开展文艺活动300多场次。

福建省村级文化协管员 该项目荣获 2010 年第十五届项目类"群星奖"。是文化部、财政部第一批国家公共文化服务体系示范项目。为了加强农村基层文化队伍建设,把建设社会主义新农村任务落到实处,从 2006 年开始,福建省委、省政府根据省文化厅调查研究后所提出的建议,决定在全省近 1.5 万个行政村设立村级文化协管员,并与之前省上已经设立的其他服务管理人员一起命名为农村"六大员",下发《关于加强农村"六大员"队伍建设意见的补充通知》,确定由省级财政安排专项经费,对村级文化协管员给予每人每年 600 元(2008 年提高到 1200 元)的服务性津贴(各地还可根据当地的实际,配套不同额度的津贴标准)。为此,省级财政每年安排 2000 万元专项经费。此后,福建省委、省政府又于 2009 年批转省委农村工作领导小组各成员单位联合制定的《农村"六大员"管理办法》,确定并规范农村"六大员"由相应的职能管理部门为主,采用县聘、乡管、村用的管理体制。村级文化协管员由县级文化行政部门选聘,任期三年,经考核合格者可续聘。截至 2013 年 2 月已完成第二轮选聘工作,全省共聘用村级文化协管员 14771 名(其中党团员占总数 60.66%,45 岁以下人员占 68.3%,高中以上学历占 63%,具备一定专业技能者占 39.2%)。为了加强培训,省群众艺术馆组织力量编写《福建省村级文化协管员工作手册》,既作为村级文化协管员培训的基本教材,也作为村级文化协管员开展工作的政策性指导文献;从 2007 年开始,每年都由省市县三级文化馆(艺术馆)对村级文化协管员进行轮训,乡镇文化站也对村级文化协管员进行不间断的培训。省市两级侧重于综合素质方面的培训,县乡两级结合具体的工作任务侧重于业务能力的训练。主要开设内容：包括新农村文化建设形势与任务、农村文化建设的现状分析、农村非物质文化遗产的保护、农村文化市场的监管、农村群众文化活动的组织和开展、农村文化信息共享工程建设等课程，采取电脑多媒体教学、实物鉴别、案例分析、图片展示、座谈、到示范村实地参观学习、问卷调查、测试等多种教学方式。至2009年底，基本完成村级文化协管员第一轮的轮训工作。2012年，启动第二轮轮训工作。村级文化协管员成为福建省农村文化建设的重要力量。

福建省艺术扶贫工程 该项目荣获2010年第十五届项目类"群星奖"。被文化部列为2010—2012年"国家文化创新工程"。是文化部、财政部第一批创建国家公共文化服务体系示范项目。2004年，福建省群艺馆在开展基层文化调研中发现，广大农村地区普遍存在艺术启蒙教育缺失现象，大部分地处偏远贫困的农村小学因师资短缺，无法开设音乐、美术等课程，福建省群艺馆以"关注农村、关注教育、关注贫困"为主题，筹划利用文化馆艺术人才资源，在全省开展为偏远农村小学免费提供艺术启蒙教育的艺术培训帮扶活动，依托全省各级文化馆（站），组织联络广大文艺工作者，面向农村青少年儿童，实施艺术扶贫工程。截至2010年8月，福建全省文化馆挂钩艺术扶贫教学点达216所学校，面授学生20多万人次，艺术扶贫工程受益面已覆盖到全省农村，全省八成以上的专业人员都成为艺术扶贫中的一员。艺术扶贫工程开设的科目有美术、音乐、舞蹈和写作等课程，还设置剪纸、腰鼓等民间艺术项目，福建省还将艺术扶贫工作与传承、保护非物质文化遗产相结合。2012年在全省范围内已建成十个艺术扶贫示范基地。

福建省村级文化示范基地建设 福建省在创建第一批国家公共文化服务体系示范项目中，按照"六个一"标准进行建设，即：一个长效的文化活动制度；一个文化带头人和一支业余文艺队伍；一个特色文化活动项目；一个固定的活动场所和一批活动设施（配有图书阅览室、多功能文体活动室、教育培训室、健身房等，配置文化信息资源共享工程设施设备）；一个室外文体活动场所（建有露天舞台、篮球场、羽毛球场，配备一套健身器材、文化宣传栏或文化长廊；可进行电影放映、文艺演出、休闲健身等活动）；一个以上文化大户。

情系八闽——福建文化志愿服务走基层活动 该项目被文化部表彰为2013年全国基层文化志愿服务示范项目。2013年由福建省群艺馆联动全省各级文化馆（站）广泛招募具有文艺技能、热心文化事业的文化志愿者1000人，开展"情系八闽——文化志愿服务走基层"系列活动。活动内容主要包括"精彩生活·百姓大舞台"、"美的韵律·文化大展台"、"传承文明·知识大讲堂"等多种形式。全年服务70万人次。

福建宁德市"周末免费百姓剧场" 该项目被文化部表彰为2013年全国基层文化志愿服务示范项目。由福建省宁德市文化广电新闻出版局主办。于2012年3月开始，福建省宁德市在公共财力不足的情况下，依托当地特色文化资源，采用市场运作机制，创造性地推出以"魅力闽东"为主题的文化惠民文艺演出活动，免费向市民和基层群众提供高水平文艺演出。演出团队以市畲族歌舞团为骨干，辅以寿宁北路戏剧团、屏南四平戏剧团、福鼎越剧团、古田闽剧团等专业院团。"百姓剧场"积极面向社会广泛招募"学雷锋文化志愿者"，对参与活动的学生、干部、退休艺人、社会人士进行培训，并赋予相关权利和义务。

福建省农村有线广播"村村响"工程建设 2011年初，福建省将"农村有线广播村村响"作为2011年为民办实事重要项目，在当年内全面完成了全省15016个行政村农村有线广播系统的建立。主要措施是：组织有关人员及专家进行调研论证；全省各级广电行政部门成立"村村响"工作办公室；在福州市闽侯县先行试点；制定《福建省农村有线广播村村响工程实施方案》，作出统一部署；召开全省农村有线广播村村响工程建设任务部署会，全面启动工程建设；与省防汛抗旱指挥部联合，将该项工程的预警功能纳入全省应急预警指挥平台。

福建省莆田农家书屋"软件管家" 莆田市秀屿区东峤镇汀塘村农家书屋借助汀塘小学的图书管理软件系统对所有图书进行管理。该"软件系统"除了图书借阅、归还、续借和注销等业务流程外，还包括图书查询、书架编号、位置搜索等功能，有效提高了农家书屋图书管理水平和图书借阅率，村民借书变得更方便快捷。同时，汀塘小学每个班级都有二至三名图书小管理员，他们在下课之后轮流值班，给学生、村民办理借阅手续。

福建"福乐书屋" 2011年福建省残联、省新闻出版局、海峡出版发行集团联合发起在全省范围内开展"全省出版社文化助残公益行动"，建设"福乐书屋"。"福乐书屋"地点选在残疾人综合服务中心、"福乐家园"、特教学校、托养机构等残疾人较为集中的场所。"福乐书屋"的书籍采取社会各界爱心人士和企业捐赠，以进一步满足残疾人的文化需求。

福建省政府主导建设青少年校外体育活动中心 2010年4月福建省政府决定建设青少年校外体育活动中心。活动中心按照"统筹利用、因地制宜、统一规划、分步实施"的原则，以青少年为使用主体，以球类体育活动为主要内容，组织青少年校外体育活动中心项目建设，力求项目建设布局合理、集约用地、节约投资、安全可靠、方便使用。建设目标是，2010年底前全省所有县(市、区)中心城区建成青少年校外体育活动中心1个；所有乡镇和城市街道建成青少年校外体育活动场所1个。县级政府为项目建设的责任主体,对项目建设负总责;县级体育部门为县级青少年校外体育活动中心、乡镇政府和街道办事处为乡镇和街道青少年校外体育活动场所项目建设的实施主体,具体负责项目建设组织实施工作;地方各级体育部门、发改、财政、国土资源部门各司其职、密切配合,为项目建设提供必要条件;项目建设用地由县(市、区)政府以划拨方式提供。项目实施可与现有各种体育活动设施的综合利用和统筹建设,与青少年校外活动中心、青少年宫、少年体校、农民健身活动中心等体育活动场所资源共享,可在完善青少年校外活动中心、青少年宫、少年体校建设的基础上,实施工程扩建工作,满足青少年校外体育活动中心项目建设要求;县(市、区)、乡镇和城市街道已具备青少年体育活动条件要求的,可不重复建设,避免投资浪费;新建项目宜在交通便捷、人口相对集中区域选址。体育活动器材设备,由省体育局统一采购配置。

江西省赣州市图书馆农民工服务 该项目被文化部表彰为2012年农民工文化服务示范项目。赣州市图书馆不仅在馆内各阅览室为农民工提供免费借阅、查询等服务,还在中心城区大型企业、工厂、街道(乡镇)、社区等农民工聚居的地方建立分馆、流动服务站,每年为分馆、服务点送书1.4万册。同时,还为农民工建立16个社区书屋,每个书屋首批配送图书300册。

江西省修水县"双井之春"音乐会 该项目荣获2010年第十五届项目类"群星奖"。创办于1975年。一年一届,至2011年已经举办27届,得到修水县广大群众的热情关注和业余文艺骨干分子的踊跃参与。

江西宜春市上高县农民摄影 该项目荣获2010年第十五届项目类"群星奖"。是文化部命名的

"2011—2013年度中国民间文化艺术之乡"。从1984年初春成立第一个农民摄影小组以来,摄影队伍不断发展壮大,全县所有乡镇都成立了农民摄影协会。

江西婺源·中国乡村文化旅游节 该项目荣获2013年第十届中国艺术节项目类"群星奖"。创办于2003年。每年一届。其宗旨是弘扬乡村文化,发展乡村旅游,扎实推进"中国最美乡村"建设,促进婺源文化旅游产业全面发展。

江西萍乡市"新安源·新形象"广场群众文化活动 该项目荣获2013年第十届中国艺术节项目类"群星奖"。自2003年开始,安源区投资兴建世纪广场,围绕"依托文化活动、增强广场活力"为宗旨,在"民俗文化、企业文化、群体文化"12字上下功夫。截至2013年6月,"新安源·新形象"世纪广场系列文化活动已成功举办10届,共演出歌舞、小品、相声、口技、快板等节目120场,放映电影500场,开展各种民俗表演、艺术作品展示近60场,参加演出的演职人员超过2万人次,观众超过百万人次。

江西"传播爱心献社会 文化服务暖人间"活动 该项目被文化部表彰为2013年全国基层文化志愿服务示范项目。由江西省抚州市群众艺术馆主办。抚州市群艺馆从2006年开始组建群文志愿者队伍,从过去的20支文化志愿者队伍、参与人数400人,发展到2013年的文化服务志愿者队伍79支、参与人数7200余人。其主要队伍有:好妈妈艺术团服务队、文昌艺术团服务队、老年大学艺术团服务队、海天艺术团服务队、六水桥羊城服务队等等。根据文化志愿者专业特长分门别类,组成若干个志愿者小分队,由抚州市群众艺术馆专业干部对他们进行上岗前的免费辅导、培训,以增强他们的服务技能。2012年12月15日,成立抚州市文化服务志愿者协会和市文化志愿服务协会党小组。

江西赣州市兴国山歌艺术节
该项目荣获 2010 年第十五届项目类"群星奖"。创办于 2006 年。一年一届。旨在通过山歌创作赛、山歌演唱赛、山歌表演赛等形式多样的活动，展现兴国山歌的艺术魅力与老区人民的精神风貌。

江西中国宜春·明月山月亮文化节 该项目荣获 2013 年第十届中国艺术节项目类"群星奖"。创办于 2007 年。由宜春市委、市政府主办。每年一届。

江西省老艺术家年表库工程
该项目被文化部表彰为 2012 年全国基层文化志愿服务活动优秀项目。是南昌市崛美行动公益发展中心开展的基层文化志愿服务活动重点项目之一。该项目执行时间为 2007—2015 年；项目对象为江西省内 2015 年以前满 70 周岁静态视觉艺术领域的老艺术家；项目形式为义务为老艺术家整理艺术年表，拍摄手稿、书信、作品及肖像，梳理他们的艺术思想、作品特色与创作技法，项目完成后所有史料无偿移交江西省艺术档案馆或江西省图书馆特藏部。已先后对江西境内的万昊、施绍成、胡敬修、谢天锡、许亦农、陈松茂、段鲵等七位 70 岁以上的老艺术家进行史料的收集与整理，编印《生生不息》、《隐者万昊》、《谢天锡素描艺术》、《一张名画的不幸与万幸》、《段鲵绘画艺术》、《万昊艺术〈年表〉》、《胡敬修绘画艺术》、《许亦农篆刻作品选》等 8 本崛美画册，其中，《隐者万昊》已由江西美术出版社正式出版。

江西宜春市"一乡一色""一村一品"特色文化建设 是文化部、财政部第一批国家公共文化服务体系示范项目。在创建中，宜春市上高县特别注重培植"一乡一色""一村一品"特色文化。已在 320 国道"百里文化小康走廊"精心打造了泗溪镇农民版画、敖山镇农民书法、锦江镇农民摄影、徐家渡九峰佛教旅游文化、田心三八影社等特色文化。同时，以 320 国道为中心,向四周乡镇辐射,着力打造塔下乡妇女剪纸、新界埠乡农民书法、蒙山乡农民油画、南港乡农民藏书票、芦洲乡农民乐器、翰堂镇农民体育等特色文化带等,形成"一乡一色""一村一品"的特色文化格局。

江西省南昌市社区文化在线 是文化部、财政部第一批国家公共文化服务体系示范项目。"社区文化在线"项目着力构建"138"工程,即建好"一个平台",抓好"三大机制",用好"八大在线"。建好一个平台,即紧扣创建核心,开发网站软件技术,创建"社区文化在线"网站,该平台的核心就是运用信息化手段推进社区文化建设。抓好"三大机制",即抓好投入机制、管理机制和宣传机制。用好"八大在线",即依托"社区文化在线"项目信息化平台,打造"文化阵地在线"、"文化团队在线"、"文化活动在线"、"文化培训在线"、"文化精品在线"、"历史文化在线"、"数字图书在线"和"文化咨询在线"等八大在线服务,实现社区文化工作信息全收录、全公开,立体化、数字化地展现社区文化建设成果,让社区居民群众足不出户就能轻松享受社区文化在线的各项服务与便利,达到实现"信息化技术支撑文化建设、普惠化服务造福市民群众"的目标。

江西瑞金"红色文化进课堂"活动 2010年12月,江西瑞金中央革命根据地纪念馆与瑞金市关心下一代工作委员会、教育局、各中小学校联合开展"红色文化进课堂"活动。此次活动组织4个宣讲小组,分别深入到乡镇中小学,对中小学生进行爱国主义和革命传统教育。此次宣讲活动主要采取全校师生集中聆听红色历史故事的方式,在故事中穿插丰富有趣的市情乡情介绍、演唱红色歌曲等。

江西全省博物馆"百馆展示工程" 2013年为全面提升博物馆陈列展示水平,促进全省博物馆事业发展,江西省文化厅印发《关于实施全省博物馆"百馆展示工程"的通知》，决定在 2013—2015 年三年内，对文化系统管理的所有国有博物馆基本陈列的更新或改造提升进行扶持和指导。旨在以建设社会主义核心价值体系为根本，以建设特色鲜明、影响广泛的文化大省为动力，把握博物馆发展阶段性特征，以实现各类博物馆又好又快协调发展为主线，推动公共文化服务体系建设，提升博物馆对经济社会发展的贡献。本通知要求以陈列内容科学化、陈列语言科普化、陈列形式艺术化、陈列手段现代化为主要标准，着力解决现有博物馆陈展内容"通而不全、专而不深"和陈列形式单一、手段落后的问题，打造一批更加契合大众认知感受、欣赏趣味和审美心理，富有吸引力和感染力的展览。计划经三年努力，全省文化系统管理的国有博物馆基本陈列展示实现整体提升，其中 50% 以上为特色陈列展览，30% 以上能提供博物馆网上展示服务，5% 以上能参评全国精品陈列。

江西省国民体质监测健康万里行活动 2013 年 5 月 18 日，江西省体育局主办的"中国体育彩票"赣南等原中央苏区国民体质监测健康万里行活动在井冈山启动。活动旨在进一步掌握不同年龄组别人群的体质状况，完善国民体质数据库，增强全民健身意识。活动在赣州、吉安、抚州三个设区市的 16 个市（县）进行，江西省国民体质监测中心在现场开展国民体质监测和科学健身指导，免费举办科学健身讲座，为群众发放科学健身书籍、展示健身项目、宣传科学健身方法，并根据被监测人的健康状况制定运动"处方"，以指导群众科学健身。

山东省图书馆"大众讲坛" 该项目荣获 2010 年第十五届项目类"群星奖"。是由山东省图书馆与齐鲁晚报共同主办的大型公益性讲坛。从 2006 年 3 月份开始，每月举办两场。内容包括名人名家讲座、儒家文化讲座、齐鲁文化讲座、艺术鉴赏及社会焦点讲座等。

旨在通过讲座这一便捷、有效的学习方式，为广大市民提供健康向上的精神食粮。

山东省青岛市图书馆小小莫扎特音乐馆活动 该项目荣获2010年第十五届项目类"群星奖"。创办于2008年1月。音乐馆立足于普通市民，以专业的音乐环境、公益的运作方式，最广泛地普及高雅艺术，为音乐爱好者提供音乐鉴赏、资料查询、学习交流和展示才华的平台。音乐馆分为阅览区、表演区、培训区3个区域，集音乐图书阅览、视听、讲座、演奏等于一体。音乐馆配有中西方的音乐工具书、音乐理论、乐器技术、音乐家传记、音乐美学、曲谱等3000余册音乐图书资料。音乐馆还特设演艺舞台。每年开展公益音乐会100余场，定期邀请音乐学院教授、专家前来免费讲学。

山东省青岛市"社区大课堂" 创办于2008年。社区大课堂创新了公共文化设施管理办法，并利用社区服务中心，将课堂延伸到了小区。旨在为孩子们放学后，提供一个良好的学习环境。

山东省青岛市图书馆"书海拾贝·快乐引航"小贝壳活动 简称"小贝壳系列活动"。创办于2009年。拥有"小贝壳巧手时间"、"小贝壳快乐银幕"、"小贝壳木偶剧场"、"小贝壳故事秀场"、"小贝壳欢动舞台"、"小贝壳家长课堂"、"小贝壳游戏时刻"、"小贝壳亲子读吧"、"小贝壳图书流动"、"小贝壳主题演出"十个板块。旨在为广大少年儿童提供一个集学习、娱乐于一体的阅读推广活动平台。

山东青岛市群众艺术馆"欢乐青岛"广场周周演活动 该项目荣获2007年第十四届"群星奖"服务奖。创办于2000年。由市委宣传部、市文化广电新闻出版局主办，市群众艺术馆承办。每年4月到10月的每个周六、周日及"五一"、"十一"等节假日，都有主题不同、丰富多彩的文艺演出。该活动已成为青岛市民假日里必不可少的一道文化大餐和城市文化旅游的一道亮丽风景。

"和平颂"山东国际青少年文化艺术节 该项目荣获 2010 年第十五届项目类"群星奖"。创办于 2000 年。由山东省人民政府、中国人民对外友好协会、中国旅游协会、中国联合国教科文组织全国委员会、中国艺术教育促进会、联合国教科文组织驻华代表处、中国人民争取和平与裁军协会联合主办，蓬莱市人民政府承办。旨在增进世界各国青少年友谊与交流，促进世界和平，加强区域合作，被联合国教科文组织誉为"人类迄今为止为呼唤和平最大规模的集会之一"。2005 年 8 月 2 日，亚太地区联合国教科文组织协会第十六届执行局会议在蓬莱召开，将"和平颂"文化艺术节列为亚太地区联合国教科文组织常规活动，每年在蓬莱举办一次。2006 年，由亚太地区联合国教科文组织协会发起创立"蓬莱和平论坛"，并永久选址在蓬莱。历届"和平颂"文化艺术节的成功举办，使中国蓬莱"和平颂"国际青少年文化艺术节从区域性活动，逐步发展成为具有较高知名度和较强影响力的国际性文化品牌。到 2013 年已举办十一届，累计吸引了 70 多个国家和地区的 50 多万名青少年参加。

山东青岛市文化大拜年系列活动 该项目荣获 2010 年第十五届项目类"群星奖"。创办于 2002 年。旨在丰富广大岛城市民的节日文化生活，营造欢乐祥和的节日文化氛围。

"艺润心田"——山东文化志愿者在行动 该项目被文化部表彰为 2012 年全国基层文化志愿服务活动优秀项目。2003 年 12 月 5 日启动。该项目主要针对盲校学生、聋哑学生社区、老年居民、希望小学和贫困山区学生、敬老院等群体，开展艺术辅导、公益演出、文博知识普及、图书流动服务等文化志愿服务。截至 2012 年 12 月文化志愿者队伍拥有注册志愿者707人、9个志愿服务分队,累计奉献服务超过30万小时,参加服务的志愿者2万人次,受益群体100万人次。

山东青岛城阳区新市民文化艺术节 该项目被文化部表彰为2012年农民工文化服务示范项目。自2004年起,城阳区新市民文化艺术节每年举办一届,文化艺术节为广大新市民交流生活、展示才艺搭建了良好平台。每年艺术节期间,城阳区以人民广场为主阵地,举办开闭幕式、歌手大赛、舞蹈大赛、电影放映等系列文化活动;依托图书馆、博物馆、文化馆(站)、村(社区)文化室等载体,开展文艺汇演、书画展览、知识讲座、远程培训,并把农民工纳入公共文化服务体系。

山东省艺术馆"齐风鲁韵"传习大课堂 该项目荣获2010年第十五届项目类"群星奖"。自2006年举办以来,经过精心打造和不断创新发展,已经形成在社会上有着广泛影响的公益性文化活动品牌。传习大课堂将非物质文化遗产传习教育与校园文化、广场文化、社区文化、乡镇文化、农村文化大院等有机结合,多层次、多角度地开展培训讲座活动,在普及上做文章,不断扩大其社会覆盖面。在"齐风鲁韵"大课堂传习过程中,不仅采用展演进校园、特色培训班、专家讲习班、艺人现场教学互动、互联网平台等方式方法,还十分注重非物质文化遗产项目代表性传承人的作用,建立科学有效的传习机制;积极举办"传习"展览展演活动。

山东济南市"新市民 新课堂"公益性艺术辅导培训 该项目荣获2013年第十届中国艺术节项目类"群星奖"。自2007年开始,济南市群众艺术馆面向外来务工人员、农民工、下岗职工及其子女开展"新市民 新课堂"——公益性(免费)艺术辅导培训。2009年,进一步加大公益培训的力度,联手山东大学艺术学院,正式挂牌成立山东大学学生社会实践基地,面向全体市民,常年开设声乐、舞蹈、表演等8个艺术门类、19个分项的培训班。在此基础上成立群星艺术团,创作排练声乐、舞蹈等多个优秀剧目,参加全国"群星奖"评选及济南市各类比赛及演出。

山东威海市农村文化大院规范化建设与服务 是文化部、财政部第一批国家公共文化服务体系示范项目。2008年开始,威海市出台《关于加强镇综合文化站和农村文化大院建设的意见》,明确文化站、文化大院建设的指导思想、总体目标、标准要求及经费投入保障等;出台《威海市农村文化大院建设标准》,将文化大院建设标准划分为一、二、三类,对于不同标准分别提出了具体的建设要求。截至2010年底,威海市2500多个行政村,已基本实现农村文化大院全覆盖。各文化大院都配备了1至2名具有文化特长的专(兼)职管理人员。入围国家公共文化服务体系示范项目创建资格后,威海市本着因地制宜、突出重点的原则,对原有农村文化大院建设标准进行修订,并将改造提升农村文化大院列入市政府为民办实事工程,每年对300家农村文化大院进行升级改造,市级和区级财政按照1:1的比例给予农村文化大院补助资金,鼓励各区市建设特色文化大院。同时,从2011年开始,威海市启动全市农村文艺调演活动,以农村文化大院为单位,进行层层选拔,对优秀的农村文艺作品和活动开展丰富的农村文化大院进行奖励,为农民群众搭建展示才艺的舞台。

山东东营市垦利县村村唱戏村村舞 荣获2013年第十届中国艺术节项目类"群星奖"。为深入开展农村群众文化活动,满足人民群众日益增长的文化需求,垦利县自2011年开始,在全县333个行政村开展"村村唱戏村村舞"群众文化"百千万"活动,即在全县组织100支演出队伍,每年完成1000场演出,每年参加文化培训的人数达到

1万人。该县规定：1000人以上的村成立不少于40人的庄户剧团（老百姓自己组成的剧团），政府给予5000元的扶持资金；500人以上的村组建不少于30人的文艺表演队，政府给予3000元的扶持资金；500人以下的村成立不少于15人的秧歌表演队，政府给予1000元的扶持资金。

山东泰安市群众文化艺术年活动 该项目被文化部表彰为2013年全国基层文化志愿服务示范项目。2013年泰安市策划实施。出台了《泰安市公共文化服务志愿者招募培养管理办法》《关于实施公共文化服务志愿者递进培养工程的意见》等文件。以市群艺馆为统揽，各县市区文化馆牵头，成立公共文化服务志愿者俱乐部，负责全市文化服务志愿者注册登记、日常管理、活动规划和协调运作；根据地域分布、工作单位分组，以全市8600多名文化志愿者为骨干，成立了1500多支文化志愿者服务队伍，分布在各镇街文化站以及重点企业、社区，并且多方筹资为他们配备音响、服装、道具等。以文化志愿者为主体开展群众文化艺术年活动，呈现出"周周有演出、月月有活动、季季有高潮"的良好局面。

"精彩生活 幸福使者"山东文化馆志愿服务活动 该项目被文化部表彰为2013年全国基层文化志愿服务示范项目。由山东省临朐县文化广电新闻出版局于2013年组织实施。主要内容为"十百千"基层文化人才培训工程。2013年，举办各类人才培训班及文化志愿者培训班百余期，培训基层文化人才1200人次，培养各类文化服务志愿者5200余人，同时成立全县文化志愿者服务小分队25支。立足本地实际，紧贴当地群众意愿，共计组织举办各类公益文化活动300余场次，观众总计达40万余人次。

"精彩生活 幸福使者"山东吕剧传承发展活动 该项目被文化

部表彰为2013年全国基层文化志愿服务示范项目。由山东省广饶县吕剧艺术中心组织实施。主要承担吕剧的研究、传承和保护,培养培训吕剧艺术专业表演人才,传统戏曲表演、精品剧目创演以及文化下乡等工作。艺术中心有文化志愿者46人,均系专业技术人员。

"文化暖心 点亮生活"山东关爱特殊群体文化志愿服务活动 由山东省定陶县两夹弦非遗保护传承中心组织实施。主要开展一系列关爱特殊群体文化志愿服务活动,包括广泛开展送戏下乡活动;开展敬老志愿活动;积极开展中小学校志愿服务活动;广泛开展戏曲进工地进工厂活动。

山东泰安市肥城县级公共文化服务志愿者递进培养工程 是文化部、财政部第一批国家公共文化服务体系示范项目。在创建中,肥城县实施了以"把优秀的文化爱好者培养成文化骨干,把优秀的文化骨干培养成公共文化辅导员,把优秀的辅导员培养成弘扬社会主义核心价值体系的文化服务志愿者"为主要内容的公共文化服务志愿者递进培养工程。

山东青岛市城阳区"文化超市"公共文化服务模式 主要内容是建立"政府主导、超市化设置、订单式采购、网络化定制、自助式配送、互助式运营、市民受益"的机制,实现以政府为导向的"自上而下",到以群众需求为导向的"自下而上"的服务方式的转变。

山东省青岛市新型农村社区文化中心 青岛市借助创建首批国家公共文化服务体系示范区的契机,在全市建设1000个左右的新型农村社区文化中心。每个中心有功能完善的文化设施,有稳定的文化队伍,有常态化、特色化的文化活动和基本服务内容,有健全的保障机制,使社区居民可以就近方便地享受公共文化服务和参加群众文化活动。在建设面积、空间设置、设备配备、开放方式、人员配备等方面提出了建设标准,适应了新农村建设的需要,使公共文化服务体系建设融入到新农村建设的总体规划中,做到同部署、同落实。

山东省公益文化项目推介活动
2012年山东省首次在全省范围开展公益文化项目集中推介。推介活动以"政府协调、社会参与、市场运作、群众受益"为原则,由山东文化产权交易所协办,搭建企业和社会各界参与文化建设的平台,促进资本与文化对接,探索公益文化社会办新路子。推介活动主要分为:部署发动、项目征集、项目推介招商、推介会暨签约仪式四个阶段。截至2012年8月,共推出文化演出类项目98个,文化活动类项目151个,文化艺术产业类项目146个。

山东省青岛市文化三大跨越工程 主要包括:实施文化创意产业跨越工程、实施公共文化服务和文艺精品创作跨越工程、实施文化人才培养和引进跨越工程。尤其是在实施公共文化服务和文艺精品创作跨越工程中,提出启动"千万平米"社会事业公共设施文化项目建设,与承办"中国十艺节"相衔接,按照公益性、基本性、均等性、便利性的要求,不断完善公共文化设施网络,整合了当地公共文化设施资源,提档升级了公共文化服务设施,文化设施空间布局超前规划、科学合理。

山东省诸城"二公里公共文化服务圈" 诸城市在推进城乡公共文化服务一体化的过程中,全力开展农村社区化服务,搭建公共文化服务平台。按照服务半径2公里以内、涵盖5个村、1500户左右的要求,规划建设了208个农村社区。同时健全社区服务机构,近距离为农民群众提供"一揽子"服务,拓展公共文化服务领域,完善服务内涵,打造了"2公里公共文化服务圈"。

山东淄博市张店文化协管员
为满足广大群众多样化、多层次、

多方面的精神文化生活需求，淄博市张店区于2013年在山东省率先公开招聘了首批共30名大学生文化协管员。他们均毕业于全国知名艺术院校，平均年龄在25岁以下。大学生文化协管员除了担负活跃城乡基层文化生活、辅导基层文艺团体、提升群众文化品位等工作外，还是省内首家区县级交响乐团——张店都市森林交响乐团和张店城市天空民族乐团的骨干力量。大学生文化协管员队伍的组建，实现了"送文化"下乡到"种文化"到村的转变。

山东公共电子阅览室"一站双网三平台"技术服务体系　为了支撑公共电子阅览室的运行服务，山东省组织公共电子阅览室技术体系的科研攻关，根据实际需要，创新探索形成"一站双网三平台"的技术体系。"一站"：是指一站式服务门户。针对公共电子阅览室上机用户和移动用户的不同需求，设计建设服务功能高度集成的一站式服务门户；通过实现对资源库链接和同步更新、一站式导航，使终端用户可以方便快捷地访问界面，获取所需要的资源。"双网"：是指互联网和3G网传输体系。前者通过互联网实现省中心与基层公共电子阅览室之间的网络互联，让读者利用互联网获取文化信息资源服务；后者通过向群众发放的专用3G无线上网卡，实现与省中心的VPN连接，用户可以随时随地利用个人电脑等终端进入"虚拟公共电子阅览室"，访问省中心的海量资源，实现公共电子阅览室对社会服务的广泛覆盖。"三平台"：是指资源供给、技术管理和互动服务三个平台。资源供给平台整合7个大类30多个专题资源库，构成门类齐全、特色鲜明、实用性强的专用资源库群；建立"山东网络图书馆"，实现全省馆藏书目与电子资源的集成检索和在线获取；注重学习培训资源的建设，部署面向未成年人的"网上少年宫"、"乐学园"，面向农民工的务工技能培训库等；整合健康活泼的益智游戏400多款，动漫书、数字连环画

6000余部,提高未成年人上网、学习、娱乐的兴趣;整合省内高校拥有的70余个专题资源库,丰富省中心资源库的资源量。技术管理平台实现省中心监控基层公共电子阅览室的运行服务、统一进行不良信息屏蔽、查看并统计基层阅览室的上机服务状态、资源利用情况并进行评估。互动服务平台体现用户参与、交流互动的功能,主要开通"我秀"用户互动和资源分享平台,实现用户上传资源、互动交流、自助服务等功能;开发公共电子阅览室管理和技术业务的在线互动培训,开通"山东省公共文化在线学习考试系统",面向全省从业人员进行在线学习和模拟考试;开通图书馆在线咨询服务,在线辅导答疑,解决公共电子阅览室终端用户提出的各种需求。

山东省文化共享工程进村入户模式 山东在卫星传输"进村"的基础上,率先普及基于互联网的传输渠道。同时开通山东有线数字电视《文化方舟》栏目,使文化共享工程资源"入户"得到实质性的突破,2012年入户率突破50%。

山东省桓台县公共电子阅览室暨乡村少年宫建设与服务 该项目荣获2013年第十届中国艺术节项目类"群星奖"。为满足未成年人对网络文化的需求,淄博市桓台县将综合文化站和"乡村少年宫"合二为一,实现资源整合,使优秀文化资源同时为学生和群众所用。同时,把优秀的文化信息资源输送到乡村少年宫电子阅览室,安装了山东省公共电子阅览室服务平台。学生们在"乡村少年宫"就能享受公共电子阅览室提供的优秀文化资源。

山东省文物局"齐鲁文博讲坛" 创办于2011年6月。由山东省文物局主办。旨在进一步贯彻落实《文物保护法》,介绍文博领域最新成果,开阔文博干部知识视野,活跃学术科研气氛,努力在全省文博系统形成一种积极向上的学习氛围,更好地做好文物保护工作。"齐鲁文博讲坛"常年不定期举办,每年不少于6次,由省内外知名的专家学者担任主讲。

山东青岛市青州市文物局"每周一讲"活动 创办于2012年。"每周一讲"活动以相互学习,相互交流,共同提升为活动主旨。博物馆工作人员按照事先安排依次演讲,并邀请老专家、学者现场指导交流、授课,以促进青州市文物局各项工作全面发展、共同进步。

山东省社区公益电影放映 2013年正式启动。全年下达城市社区和农民工免费放映电影2万场的放映任务。山东省要求各地采取"因地制宜、市场运作、政府购买、居民受惠"的原则,对省内5402个城市社区,采取多种运作服务方式安排放映任务。在县级城市城镇的社区和农民工免费放映公益电影以农村数字流动电影放映单位为主,发挥这些单位的设备、影片及放映服务资源的优势,其他放映单位和放映形式作为公益放映的补充;在设区的市的社区和农民工免费放映公益电影,可以采取公共财政向属地电影院购买放映场次的方式运作,如有条件,远郊社区公益电影放映可以由农村数字流动电影放映单位承担。该项公益放映采取先放映后补贴的程序开展。省内注册加入电影院线经营的各类电影院应自觉接受当地电影行政管理部门安排的社区和农民工免费公益电影放映任务,提供放映服务,妥善解决好场次补贴资金与票房收入的衔接;当地电影行政管理部门应按电影公益放映场次支付补贴资金,资金应纳入计算机售票系统管理。

山东省青岛市"益民书屋3+2工程" 2008年青岛市新闻出版局按照中央和省、市的有关要求,结合本地实际,在公共文化服务体系建设中创造性地提出实施"益民书屋3+2工程"的思路。即:面向农村农民的农家书屋建设、面向城市居民的"社区书屋"建设、面向进城务工经商人员的"新市民书屋"建设和适用图书出版、推进全民阅读活动。决定从2008年开始,利用五年左右的时间,全面完成"三个书屋"建设,其中每个书屋至少配备群众喜欢的适用图书1500册、报刊30种、音像制品100种。农家书屋根据不同村庄的生产生活特点,分别按种植业、林果业、养殖业、工商业等主要内容进行配置;"社区书屋"按照社区居民的特点和需求,分别配备以科技、保健、安全等为主要内容的出版物;"新市民书屋"主要配置相关技能、城市管理、法制教育等方面的出版物。同时,针对城乡居民的实际需求,在深入调查研究的基础上,统一组织出版一批适用出版物,无偿发放到全市所有书屋和部分居民家庭。在建设"三个书屋"的基础上,通过组织开展"全民读书月"活动,引导城乡广大群众树立爱读书、读好书的良好风尚,不断提升居民科技、文化水平和文明素质,不断推动青岛富强文明和谐的现代化国际城市建设。

山东省昌乐县农家书屋管理员持证上岗　为了提高农家书屋管理员的业务素质,2008年潍坊市昌乐县新闻出版管理办公室对农家书屋管理员,实行统一培训、持证上岗的办法。培训内容包括:《昌乐县农家书屋建设资料库》、《农家书屋推荐书目》、《农家书屋管理员培训资料汇编》等。培训结束后,全县统一出题、统一考试、统一阅卷,并建立档案,核发证书。

山东省莱西市农家书屋"双百"工程　莱西市农家书屋"双百"工程,即为100个重点农家书屋配置价值100万元的文化设施。2008年以来,莱西市政府为农家书屋建设投入配套资金569万元,村级政府投入配套资金300多万元,莱西市的861个村村村建起农家书屋,书屋覆盖率、利用率均达100%。每个书屋面积均达到40平方米,图书1000多册,品种800多种。"双百"工程是在全面建成农家书屋基础上的提升工程和示范工程。

山东省宁阳县农民免费看党报
2011年党报党刊发行期间,宁阳县创新发行方式,实行县财政统一"买单",免费向辖区内566个行政村(居)的党组织和党员群众赠阅。宁阳县坚持将党报党刊作为公共文化产品,由政府买单向基层党小组、党员群众赠阅。随着财政实力的逐步增强和经济总量的逐年扩大,县委、县政府决定逐步把《人民日报》、《求是》杂志、《光明日报》、《经济日报》、《大众日报》、《泰安日报》等重点党报党刊作为免费赠阅的范围。同时,县委组织部还拨付党费,为新中国成立前老党员、优秀村党支部书记、优秀共产党员和优秀村党组织免费赠阅重点党报党刊。

山东省高青县农民"点菜"书屋"下厨" 2012年高青县图书馆结合"一村一品"、"几村一品"建设,按照"因村制宜"的原则,有的放矢地为不同的专业村准备不同的专业书籍,以村农家书屋为阵地,开展流动下乡送书,村民在农家书屋里即可借到县图书馆的书籍,以最大限度地满足群众的借阅需求。

山东枣庄市电子农家书屋
2013年山东省枣庄市把建设电子农家书屋作为提高农民素质,促进农村文化建设的重要内容来抓,以完善的制度和规范的管理,增强影响力和辐射力。该市开创性地提出,农家书屋建设和书桌、电视机、影碟机等基本设备配置所需经费,与党员干部远程教育体系建设等统筹考虑,整合资源,综合使用。同时,针对农村孩子假期生活单调枯燥,安全问题令人担忧的实际,枣庄市充分利用农家书屋,组织大学生村官、爱心青年与农村留守儿童开展各种形式的趣味活动,丰富孩子们的假期生活。在暑假期间,电子农家书屋开放时间为早上7:00到晚上8:30,孩子们可以在这里读书和游戏。

山东省"青岛市全民健身电子地图" 2013年4月18日"青岛市全民健身电子地图"正式上线。青岛市全民健身电子地图有手机版和网络版,手机版健身地图是全国首家推出。手机版健身地图是一款应用于智能手机、平板电脑等移动终端的客户端软件,通过该软件,市民可以对周边的健身场所进行搜索查看,同时客户端可以对需要前往的健身场所进行地图导航,帮助市民快速、便捷地开展健身活动。市民只要免费下载"青岛市全民健身电子地图"客户端,就可以通过区域查询、项目查询等多种方式搜索出全市健身场馆的分布位置、经营项目;通过健身地图,市民也可以查阅全民健身知识和最近相关的健身活动信息;随着健身地图功能的不断完善,通过健身地图,市民可以用手机查询某一场馆的场地使用情况和完成场地的预订。网络版健身地图是依靠互联网建设的青岛全民健身电子地图;只要登录青岛市体育局官方网站——青岛体育信息网主页后,点击"全民健身电子地图"板块即可查收到相关健身信息。

山东省青岛工人文化宫"每周一讲" 由青岛市工人文化宫主办。"知识就是力量——每周一讲"自1983年创办以来,始终坚持"传播先进文化、塑造美好心灵"的宗旨,持之以恒,从未间断。"每周一讲"诞生于20世纪80年代初兴起的"振兴中华读书活动"。30年来,讲座内容从最初以文学讲评为主,发展到涉及政治、经济、文史、哲学、艺术等多门类、多学科知识;听众从最初以青年职工为主,扩展到上至耄耋老人、下至青少年的各阶层群众;形式从最初固定的课堂演讲,逐步发展为走进企业、工地、部队、校园。"每周一讲"奉献给听众的是融思想性、知识性、趣味性于一体,既雅俗共赏又与时俱进的文化大餐。"每周一讲"得到了社会各界的肯定,全国总工会授予其"全国工会十大活动品牌"荣誉称号。"每周一讲"还被青岛市委办公厅、市政府办公厅、市委宣传部、市文化局等部门评为青岛市"年度文化建设亮点"、"市民喜爱的文化活动"等。

河南郑州市图书馆文化阳光进高墙活动 该项目荣获2010年第十五届项目类"群星奖"。2008年7月以来，郑州市图书馆借助开展的"文化阳光"活动，在各个监狱设立图书馆分馆或流动借阅点。

河南"爱·链"行动 该项目被文化部表彰为2013年全国基层文化志愿服务示范项目。是焦作市图书馆、焦作师专依托青年志愿者活动，开展的一项主题为"爱·链"行动的党员（青年）文化志愿者服务项目，主题是"奉献爱心，服务社会，链接你我他！"党员（青年）文化志愿者服务时间定为每学期正常教学期间的周一、周四下午，周六、周日。

河南许昌志愿者图书导读活动 由河南省许昌市图书馆于2013年实施。许昌市图书馆通过在馆内和报纸、电视等媒体发布招募公告，以及通过团组织与各类学校合作等方式，面向社会公开招募志愿者。主要内容是，组织志愿者在馆内开展图书导读、图书归纳整理、维持秩序、文明劝导等志愿服务活动，以及开展送文化下乡、送文化进社区、送文化进企业等形式多样的学雷锋文化志愿服务活动。

河南洛阳市"河洛欢歌·广场文化狂欢月活动" 该项目荣获2010年第十五届项目类"群星奖"。旨在烘托牡丹文化节热烈喜庆的氛围。截至2014年已连续举办32届。

河南邓州市文化茶馆建设 该项目荣获2010年第十五届项目类"群星奖"，是文化部、财政部第一批国家公共文化服务体系示范项目。邓州文化茶馆建设是在市委、市政府领导下，由市委宣传部、市文明办牵头，市文化局主抓的一项文化惠民工程。自2005年以来，该市采取"政府引导、合力共建，自我管理、自主经营"的建设模式，建设文化茶馆1200余个，解决了文化场所与农民群众"离得远"、农村文化服务"跟不上"、茶馆文化

"导向弱"、文化教育"下不来"等四个方面的问题。市、乡、村累计投入资金1600余万元建设文化茶馆,组织部把远程教育网、文化局将信息共享基层服务点、广播电视局将有线电视、新闻出版局将"农家书屋"、图书馆将"流动图书室"等引入文化茶馆,宣传文化部门负责培训骨干人员。邓州市每年都要实施"政策教育进茶馆、法制宣传进茶馆、科技知识进茶馆、道德教育进茶馆、文艺活动进茶馆"的"五进"活动,组织市、乡党校骨干教师定期到文化茶馆宣传党的方针政策;文化馆定期到各个文化茶馆开展送戏、送文艺作品下乡活动。邓州市每半年组织一次球类、棋类比赛,从而丰富和满足了农民多元化、多层次的文化需求,丰富了农村文化生活。

"激情广场大家唱 舞动漯河大家跳活动" 该项目荣获2010年第十五届项目类"群星奖"。"舞动漯河大家跳"和"激情广场大家唱"两种文化活动已经在漯河全市逐步推广,成为了漯河市群众文化的重要组成部分。"舞动漯河大家跳"活动始于2006年8月。在漯河市委宣传部的指导下,2007年各县区政府都把广场文化活动作为精神文明建设和构建和谐社会的重要载体,成立了广场文化建设领导小组,出台了一系列政策、制度,保证了广场文化建设计划、措施、活动、效果四落实。为解决广场文化活动中经费不足的困扰,市、县区文化部门开展"文化设备送城乡"活动;城建、电力、交通、教体等部门纷纷为社区文艺团体配送道具和服装。与此同时,积极动员辖区企业主动参与广场文化活动。截至2012年全市已有91个群众自发形成的舞蹈团队活跃于社区、企业、乡村,舞蹈种类包括交谊舞、民族舞、健身操等20多个,并且涌现出"激情广场大家唱"等特色文艺团队27个,民间艺术队63个,构建了"以家庭为点、以楼院为线、以单位为块、以社区为面"的四位一体的广场文化活动新格局。

"春满中原"河南春节系列社会文化活动 该项目荣获2007年第十四届"群星奖"服务奖。2007年2月举办首届,每年举办一届。活动从正月初一至正月十六,河南全省文化系统上下联动,集中开展文化下乡活动。

河南周口市周末一元剧场 该项目荣获2010年第十五届项目类"群星奖"。是文化部、财政部第一批国家公共文化服务体系示范项目。被文化部表彰为2012年全国基层文化志愿服务活动优秀项目。从2008年4月起,地处传统农区的河南省周口市在公共财力不足的情况下,依托当地文化资源,创造性地推出"周末一元剧场"公益文化活动,破解群众看戏难、进剧院贵的难题,形成一个公益文化市场化、社会化发展的新模式。具体做法是,由宣传文化部门牵头,打造一个公益文化活动平台,定期在剧场演出;坚持文化事业的公益性,实行低票价;不花财政一分钱,依靠社会力量,走市场化运作之路。2009年,周口市在总结"周末一元剧场"成功经验的基础上,坚持节目质量不降低、演出时间不缩短,探索开展"进社区、进学校、进农村、进企业"活动,把原来只适合剧院演出的高雅文艺节目搬上露天舞台,走进基层,走进百姓。

河南"放歌如意湖"广场文化活动 该项目荣获第十届中国艺术节项目类"群星奖"。从2011年5月23日举办首场"非遗日"演出以来,河南艺术中心的"放歌如意湖"公益广场文化活动持续不断。

河南许昌市"百姓剧场"公益演出 该项目荣获第十届中国艺术节项目类"群星奖"。2011年以来,在许昌市委、市政府的大力支持下,许昌市启动"百姓剧场"公益演出活动。该活动始终坚持"公益性",免费向群众开放;坚持"普遍性",公开发放入场券,并在网络上发布演出信息;坚持"群众性",不断推出人民群众喜闻乐见的文艺节目,同时引进外地市县群众文化团队表演;坚持"制度性",把演出季的活动时间、活动内容等事项,用制度的形式规定下来;坚持"创新性",通过对公共文化服务的理论、体制、项目、内容等不断创新,进一步提升公共文化服务水平。"百姓剧场"按照"每季一个主题,每周一场演出,群众参与演出,群众免费观看"的原则,先后举办专业剧团和民间戏剧团队戏曲演出、中老年艺术团队和学生专场、社会办学艺术成果展示、个人才艺展等演出季活动。

河南许昌市送文化进企业 该项目被文化部表彰为2012年农民工文化服务示范项目。由河南省许昌市鄢陵县文化馆组织实施。

河南"百姓书场"文化志愿者惠民演出活动 该项目被文化部表彰为2013年基层文化志愿服务示范项目。由河南省周口市鹿邑县宋河镇文化站组织实施。2011年3月宋河镇文化站挖掘全镇29名民间曲艺人员组建宋河镇"百姓书场"文化志愿者演出队。演出节目有河南坠子、豫东琴书、豫东大鼓等。演唱内容以传统曲目和现代曲目相结合,以群众喜闻乐见的表现形式,自编自演新曲目,宣传党的惠民好政策,讴歌美好新时代。

河南公益无限系列活动 该项目被文化部表彰为2013年基层文化志愿服务示范项目。2011年7月由河南省群众艺术馆组织实施。活动由四个板块组成:既有艺术名家、明星和民间达人广泛参与的"星光舞台"公益演出;又有为弘扬传统河南戏曲举办的戏曲"百花舞台"公益活动,还有各界专家、艺术家参与的集辅导、展演于一体的"魅力舞台"公益展示;也有以艺术家走进乡村、社区、军营、高校演出为主的"天地舞台"基层公演。

河南省"网友眼中的郑州大运河"随手拍活动 2013年8月3日,郑州市文物局与郑州人民广播电台联合组织郑州市网友50多名,在中国大运河惠济桥考古工地举行"网友眼中的郑州大运河"随手拍活动。郑州市文物考古研究院院长在惠济桥工地向网友对大运河历史、考古发现、科技考古、拓片演示、文物勘探、规范化管理及惠济石桥本体进行详细的讲解。随后,网友们开始对大运河惠济桥考古工地进行随手拍活动。通过这一活动,并借助广播电台、电视台、微博、报纸等形式对外宣传和展示郑州市大运河的风采,成为郑州市公众考古的一次有益尝试。

河南"万场电影送民工"活动
2013年5月,由河南省委宣传部、省广电局主办的河南省文化惠民工程"万场电影送民工活动"正式启动。此次活动在河南省18个省辖市的产业集聚区和重点建设工地,按照每月放映两场电影的要求,开展优秀电影免费放映活动,全年共放映万余场次。"万场电影送民工活动"是河南省文化惠民工程系列活动内容之一,有助于丰富群众的精神文化生活,在全社会营造尊重劳动的良好氛围。

河南省临城残疾人"爱心书屋"
2012年临城县为丰富残疾人的文化生活,大力实施文化惠民工程。在全县现有的202个农家书屋的基础上,联合民政、文化、残联等单位共同建设"爱心书屋"。书屋选配了内容丰富的读物,还配备了电视机、电脑等,使残疾人在家门口就可以免费看书、上网。

湖北武汉市江汉区"金桥"读书评书活动 该项目荣获2007年第十四届"群星奖"服务奖。1987年由江汉区图书馆创办,初衷为"为读者找好书,为好书找读者"。通过江汉区图书馆牵线搭桥,加强了读者、作者、编者三者之间的联系。1989年以后,江汉区委、区政府把"金桥"书评活动当作精神文明建设的载体直接加以引导和领导。活动内容包括演讲、征文、座谈等8个子系列活动,并贯穿全年。

湖北省图书馆"长江讲坛" 2013年3月1日,"长江讲坛"在湖北省图书馆开讲。讲座每周一次,每月底由湖北省文化厅和省图书馆通过《湖北日报》、《楚天都市报》、省文化厅网站、省图书馆网站向社会公布下月讲座安排。讲题涵盖政治、经济、文化、社会、生态等多方内容。同时,实现电视转播覆盖全省。之前开展的湖北省图书馆公益讲座,荣获2007年第十四届"群星奖"服务奖。

湖北省"小种子"流动阅读推广活动 该项目被文化部表彰为2013年全国基层文化志愿服务示范项目。由武汉市少年儿童图书馆于2013年实施。该项目依托市少儿图书馆流动图书车实施。"小种子"流动阅读图书车是一个小型图书馆,能提供图书阅览、办证、借还等图书服务。同时,依托志愿者开展各类阅读推广活动。

湖北"武汉之夏"群众文化活动 该项目荣获2010年第十五届项目类"群星奖"。是文化部、财政部第一批国家公共文化服务体系示范项目。1978年,时任湖北省省委书记的陈丕显同志发出"占领夏季乘凉阵地,广泛开展丰富多彩的群众文化活动"的号召,并于1978年6月,由武汉市文化局主办,在中山公园人民会场举行了第一届"武汉之夏"群众文化活动。自此,"武汉之夏"这项由群众自发形成,政府引导兴办的特色群众文化活动持续不断举办。截至2014年已连续举办37届。

湖北中小学生幼儿美术书法比赛活动 创办于1988年,每年一届。由湖北省教育厅、省文化厅联合举办。旨在加强未成年人思想道德建设,积极引导中小学生及幼儿开展健康有益的课外艺术教育活动。

湖北武昌区"首义之春"系列群众文化活动 该项目荣获2013年第十届中国艺术节项目类"群星奖"。是具有地域特色的群众文化品牌,从1990年开始到2014年已举办24届。其特色鲜明、内容丰富、形式多样,深受群众喜爱。旨在弘扬中华传统文化,打造首义品牌,进一步扩大"首义之春"品牌影响力。每年元宵节,武昌区都组织舞龙、舞狮、锣鼓等民俗文化大赛,为群众文艺团队提供展示交流的舞台,通过比赛激励基层文艺团队创新艺术表演形式,提升艺术表演水平,展示社区文化风貌。

湖北荆门市"农家乐杯"文艺比赛 该项目荣获2007年第十四届"群星奖"服务奖。自1992年首次举办以来,每两年一届,以"活动在基层,欢乐在农家"为宗旨,涌现了一批先进组织单位、星级民间剧团和优秀原创节目,生动反映了农村的新面貌和新气象,推动了农村文化建设。

湖北荆州市社区消夏文化节 该项目荣获2013年第十届中国艺术节项目类"群星奖"。创办于2000年。每年开展文化活动380余场,其中城区开展活动近80场。

湖北鄂州市"周周乐"广场文化活动 该项目荣获2010年第十五届项目类"群星奖"。自2001年开展以来,每周在凤凰广场、万联广场、文星园、文化宫等场地举办文体活动,逐步由"周周乐"演变到"天天乐",为民、乐民、导民、育民。该市城区共有各种民间文艺团体50多个、文娱体育协会120多个,广场文化活动为他们提供了展示自我、愉悦身心的舞台。"周周乐"广场文化活动还向农村辐射,鄂州市在农村开展"月月演"活动,每个乡镇每个月有一场演出,并鼓励农民们进城演出。

湖北"天天跳、周周唱、月月演"特色广场文化 该项目荣获2013年第十届中国艺术节项目类"群星奖"。湖北省出台扶持、指导广场文化活动健康发展的政策,适时组织比赛、评比活动,引导广场文化形成特色系列,支持各城区、街道办、社区开展"天天跳、周周唱、月月演"等品牌创建活动,使之成为广大群众热心参与、开心享受、自我教育的平台。

湖北省"以钱养事式"乡镇综合文化站改革 2006年以来,湖北省全面开始对农村文化站实行"以钱养事"新机制。具体做法是,工作转换机制(实行"以钱养事")、单位转变性质(由事业单位转变为"民办非企业单位")、人员改变身份且进行压减(由文化干部转为"社会人",一站一人)。

湖北省荆门市农民工题材作品创作、推广与农民工艺术素养培育 该项目被文化部表彰为2012年农民工文化服务示范项目。荆门市艺术剧院有限公司立足农村,面向基层,服务农民工,开展农民工题材作品创作、推广与农民工艺术素养培育。坚持为农民工演出,2005年以来每年都开展"走进建设工地"、"走进社区"、"走进矿区"等为农民工专场演出活动。

湖北孝感市楚剧展演活动 2006年举办首届,每年一届,已成为具有孝感地域文化特色的大型群众文化活动品牌。旨在弘扬孝文化,推动中华孝文化名城建设,唱响楚剧艺术品牌,打造楚剧艺术之乡。

湖北省博物馆志愿者基地 2007年湖北省博物馆成立志愿者组织,不断建设志愿者基地。通过规范管理、加强培训、组织服务等一系列措施,为大中小学生和社会爱心人士提供学校实习实训平台和志愿服务平台。同时,在志愿者招募、培训、上岗和组织志愿服务等方面形成科学有序的发展模式。2012年湖北省博物馆注册志愿者400多人。截至2013年7月,参加湖北省博物馆志愿服务三个月以上的志愿者1600多人,服务时间一年以上的超过500多人,服务时间三年以上的超过200多人。总服务时间8万多小时,讲解3万多场次,组织社教活动近百场,服务观众100多万。湖北省博物馆志愿服务基地的特点是，建立志愿者自我管理体系，规范志愿服务日常管理工作；做好志愿者招募、培训工作；组织志愿者为公众服务和参加教育推广活动。

"书香荆楚 文化湖北"全民阅读活动 为了推动全民阅读活动深入开展，省委省政府决定从2012年起，全面启动"书香荆楚 文化湖北"全民阅读活动。每年4月举办。创办此活动的目的是，把开展全民阅读活动与一个地区的文化结合起来，使全民阅读活动保持长久的生命力，进一步弘扬荆楚文化。

湖北省荆州市小太阳读书节暨全民阅读活动 该项目荣获全国第十五届项目类"群星奖"。是文化部、财政部第一批国家公共文化服务体系示范项目。自1998年起，由荆州市委宣传部、市教育局、市文化局、团市委、市妇联联合主办，市图书馆承办，到2014年已成功举办了17届。17年来，小太阳读书节每年一个新主题，每届都有新形式，通过丰富多彩的活动内容，最大限度地调动广大学生及市民的读书热情和进取意识。据统计，累计参加读书节报告会、阅读辅导、知识讲座、影视欣赏等系列活动的中小学生超过160万人次，获得各类读书征文及书画、摄影等特长知识竞赛奖项的学生达5000余人次，为荆州市精神文明建设做出积极贡献。

湖北省全民阅读活动个性化网上图书馆 是以"荆楚书香阅读网"为基础，建立以各机构各组织为单位的，具有差异化形式的数字化阅读服务平台，为不同机构、组织服务。通过各个机构、组织进行相应的书目推荐阅读，形成个性化定制的网上图书馆，满足不同机构、组织的阅读需要。同时，在充分考虑到各个机构和组织对图书阅读需求的差异化基础上，对网上图书馆也开发出了自主定制阅读图书条目、同系统内共享式阅读、个人阅读书目分享等诸多功能。

各个机构、组织也有其相应的网上活动主题栏目,通过信息管理系统、图书资源数据库系统、图书目系统、互动投票、留言系统等实现单位组织内的图书推荐阅读、推荐书目共享、阅读心得分享等系列活动。

湖北数字电视阅读 在数字阅读的思路下,2010年湖北省新闻出版局利用现有出版资源和电视网络资源,研制开发出一种全新的阅读模式,农民能在家中体验数字电视阅读。在这种阅读模式下,内容可读、可看、可听。通过以有线电视网络作为传输管道,将出版物进行数字技术加工处理后,在有线数字电视平台上实现版权管理和用户授权,然后在电视上出版发行,供用户在电视机上进行阅读。电视阅读必须在用户家中安装机顶盒。机顶盒具有接收、存储、回放功能,农民用遥控器即可点播机顶盒中所存储的视频节目和各类数字网络出版物。2011年该项目在第四届全国数字出版博览会上获"创新技术奖",对创新阅读渠道和方式作出探索。

湖北利川数字农家书屋 2013年利川市文体局向湖北省新闻出版局申请建设数字农家书屋。该工程是在原有农家书屋基础上实施的数字化阅读、网络化管理的又一个新型文化惠民工程。数字农家书屋服务内容涉及政治、经济、文化、生活、农业、少儿、法律法规、职业技能等多个方面,提供上千册图书、几百个小时的影视内容以及每天更新的报纸期刊。这项网络技术由湖北省航天数字传媒公司提供技术赞助,它将报刊、图书、音像制品等信息以数字形式直接投递到显示屏幕设备上,适合各类群体阅读观看。数字农家书屋的建成使用,不仅突破了传统农家书屋品目单一、数量少、更新慢,偏远地区书报配送成本高等实际问题,还能及时有效地解决农民群众在生产生活中遇到的难题。利川市数字农家书屋建设预计2014年实现全覆盖。

湖北省武汉市总工会"周周送文化"活动　2010年在纪念武汉工会成立88周年座谈会上，市里对各级工会提出明确要求：确保每个职工每年看一场电影，参加一次文体活动。为确保实现这一目标，丰富全市职工精神文化生活，让大家共享改革开放的成果，武汉市总工会出资110万元请职工看戏看电影。全市的工会会员、劳模、先进个人、进城务工人员、企业党政干部、工会干部和积极分子都有机会通过各区工会参加活动，预计全市有23800人享受到这一文化盛宴。"周周送文化"活动将全部安排在双休日，演出地点分别是武汉剧院、田汉大剧院和琴台大剧院。

湖北省宜昌职工书屋立体"充电站"　2013年宜昌市总工会在加大"职工书屋"建设力度的同时，首次尝试将WIFI无线网络安装到"职工书屋"，使书屋成为有形书籍、电子阅览、有线网络、无线网络全覆盖的立体式"充电站"。市总工会计划先在10个全国职工书屋示范点、12个省级职工书屋示范点推广WIFI无线网络覆盖，随后在164家市级职工书屋示范点里选择20家重点配备。通过配备WIFI无线网络，"职工书屋"对年轻人的吸引力更强了，阅读的时候，遇到不懂的知识通过简单的手机上网就能查询，既方便又快捷。因为有WIFI无线网络，电子阅览的终端也能够更加便捷地获取。同时，宜昌市总工会坚持职工书屋"不仅要建起来，还要转起来"的原则，鼓励基层单位和一线企业多开展各类读书活动，营造良好的读书氛围。

湖南省少年儿童图书馆全省少儿读书活动　该项目荣获2007年第十四届"群星奖"服务奖。自1982年文化部、国家教委、团中央等部门主持发动"红领巾读书读报奖章活动"以来，省文化厅、省知识工程领导小组办公室组织，湖南省少年儿童图书馆开始举办全省性的少年儿童大型读书活动。每年围绕一个主题，推荐一批好书，形式多样,市(州)、县、乡(镇)层层发动组织,组织全省少年儿童参加。湖南省少年儿童图书馆坚持开展"开门评馆"、"蒲公英阅读大行动"、"第二课堂"、"书香校园"等品牌特色学习活动。

用心点亮世界 用爱构建和谐——湖南图书馆文化志愿者服务视障读者活动 该项目被文化部表彰为2013年全国基层文化志愿服务示范项目。由湖南图书馆于2004年实施。主要服务内容是,开展免费办证、送书上门、阅读推广服务,以及举办"花香世界 你我共赏"盲童系列体验活动。

湖南常德市鼎城民间艺术团体惠民演出 是文化部、财政部第一批国家公共文化服务体系示范项目。从20世纪80年代开始,一批文艺爱好者开始组建松散型民间剧团,并逐渐形成特色和一定规模。截至2013年全区共发展各种文艺团体200多个,形成周家店镇民间铜管乐、尧天坪镇舞龙舞狮、斗姆湖镇腰鼓、草坪镇歌舞等特色品牌,三棒鼓、渔鼓、地花鼓、围鼓、九子鞭、龙灯等民间文化艺术百花齐放,从事民间文艺演出的农民超过万人。其中周家店镇、尧天坪镇在2008年被文化部分别命名为"全国吹打乐艺术之乡"和"龙狮艺术之乡"。主要做法是,专业艺术"带",实施专业艺术人员包片辅导制度;政府部门"扶",2007年以来,鼎城区财政每年拿出100万元作为支持农村文化品牌建设的导向资金,用于奖励、扶持优秀民间艺术团体等;挖掘市场"拓",鼎城区组建了一支演艺经纪人队伍,依靠专职经纪人"跑"、专业协会"联",不断拓展市场。

湖南"青春娄底·欢乐湘中"广场文化活动 该项目荣获2007年第十四届"群星奖"服务奖。从21世纪初期开始创办,每年举办一次。极大地丰富活跃了广大人民群众文化娱乐生活,深受市民喜爱。

湖南中国汨罗江龙舟节　该项目荣获 2010 年第十五届项目类"群星奖"。汨罗乃屈原投江之处，是我国龙舟文化的发源地，也是进行爱国主义教育的重要基地。汨罗江龙舟节创办于 2005 年，一年一届。旨在弘扬爱国主义精神，把汨罗及屈子祠打造成全国著名的文化圣地和旅游热点，以及加大对屈原文化的研究与推广。

湖南常德市鼓王擂台赛　荣获 2013 年第十届中国艺术节项目类"群星奖"。创办于 2006 年，每两年举办一届。由中共常德市委宣传部、常德市文化广电新闻出版局主办。旨在进一步繁荣民族传统文化，加强非物质文化遗产的传承发展和保护，广泛交流民间鼓艺，鼓励和奖励民间艺人，带动民间艺术演艺业的发展。

湖南省文化志愿者服务农民工系列活动　该项目被文化部表彰为 2012 年全国基层文化志愿服务活动优秀项目。从 2008 年开始，湖南省群艺馆利用节假日开展"慰问农民工文艺演出"活动，是湖南省群艺馆文化惠民的品牌。湖南省群艺馆自 2013 年以来积极筹建文化志愿者服务队伍，成立了湖南文化志愿者群文支队，推动文化志愿者服务农民工活动深入开展。

湖南省长沙市"百团汇演"　该项目 2009 年被中国群众文化学会评为"全国首届群文品牌"，荣获 2010 年第十五届项目类"群星奖"。长沙市按照"向群众要文化、让群众演文化、使群众享受文化"的思路，整合资源、配套政策、建立机制，开展了覆盖城乡的群众文艺百团汇演展演。

湖南株洲合唱节　该项目荣获 2010 年第十五届项目类"群星奖"。2008 年 9 月 28 日至 10 月 31 日，"唱响株洲"首届株洲合唱节举行，共吸引了来自全市机关、厂矿、学校、部队的 110 支合唱队、万余名演员参赛。

湖南衡阳市公共文化服务进社区活动 是文化部、财政部第一批国家公共文化服务体系示范项目。从2010年开始,衡阳市在城区广泛开展"公共文化服务进社区"活动。衡阳市始终以"惠民、便民、利民"为指导思想,加大宣传力度,加大资金投入,加强联动合作,全力构建老百姓"家门口的文化工程"。在创建中,新建提质公共文化设施,免费对市民开放;配齐配强公共文化服务人员,开办舞蹈、声乐、器乐、美术、书法等免费培训班;打造了"和风衡州"群众文化艺术节、"广场旬旬演、社区周周乐"、"节庆群众文化活动"、"雁城市民讲堂"等四个群众文化活动品牌,极大地丰富了社区群众的精神文化生活。

湖南省长沙市雨花区新市民服务平台 该项目被文化部表彰为2012年农民工文化服务示范项目。为进一步整合教育、文化、科技等资源,按照街社互联、优势互补、市民互动的原则,长沙市雨花区高桥街道启动新市民大舞台活动。主要内容是,实施素质提升五大工程,即形势政策教育工程、文明素质提升工程、就业技能培训工程、法治安全教育工程、健康生活教育工程。旨在为高桥新市民提供一个学习共进的讲堂、才华展现的舞台、开创事业的平台。

湖南长沙市"欢乐星城"大型群众文化活动 该项目荣获2013年第十届中国艺术节项目类"群星奖"。"欢乐星城"活动是近些年来长沙市推出的大型群众文化活动,十余年来共衍生出"牵手芙蓉"、"好戏天天演"、"激情岳麓"、"湘江韵律"、"魅力雨花"、"相约斑马湖"、"五彩星沙"、"周末我登台"、"欢乐浏阳河"、"舞动星城·歌涌湘江"等系列品牌活动,形成了市区联动、城乡互动的群文活动格局。

湖南衡阳市"和风衡州"群众文化艺术节 该项目荣获2013年第十届中国艺术节项目类"群星

奖"。创办于 2007 年，每两年一届。由中共衡阳市委、市人民政府主办，中共衡阳市委宣传部、市文化局、市广电局承办。

湖南长沙群文湘军"五百行动"计划 长沙市群文湘军"五百行动"计划，即打造 100 支优秀群众文艺团队，100 个优秀群众文艺节目，100 个群众文艺团队明星，100 个优秀群众文化活动项目，100 个承载容量较大、集聚能力较强、配套水平较高、社会影响较大的群众文化广场。

湖南长沙外来务工人员"候鸟俱乐部"活动 为了丰富外来人员的精神文化生活，2012 年"候鸟俱乐部"总站设在长沙市芙蓉区文化馆内，全区 13 个街道设立分站。俱乐部内有免费的图书阅览间、绿色上网室、健身娱乐场所，更有"草根"假日文艺汇、流动书报车、电影专场等送进街巷。与此同时，妇联、司法、劳动保障等部门组成俱乐部后援会，定期展开技能培训、法律服务咨询等。

湖南三千文化志愿者下乡镇（社区）活动 该项目被文化部表彰为 2013 年基层文化志愿服务示范项目。由湖南省岳阳市群众艺术馆组织实施。2011 年以来，在全省率先启动文化志愿者服务活动，开展"基层文化活动辅导、培训基地"建设，在此基础上，2013 年正式启动"岳阳市三千文化志愿者下乡镇（社区）"项目，该项目充分发挥"基层文化活动辅导、培训基地"的作用，逐步形成"建点辅导、办班培训、搭台演出"三位一体的基层文化志愿服务网络。

"欢乐潇湘"湖南文化志愿行 该项目被文化部表彰为 2013 年基层文化志愿服务示范项目。由湖南省群众艺术馆 2012 年 11 月实施。成立"湖南省文化志愿者群文支队"，建立了覆盖全省的文化志愿者网络，注册省直群文支队文化志愿服务者 400 多人；各市州也纷纷成立市州支队，全省群众文化支队共注册文化志愿服务者4000多人。主要内容:搭建文化志愿服务群文"大舞台";开设文化志愿服务群星"大讲堂";打造文化志愿服务群众"大展台"。

湖南"送文博展览下乡" 2008年湖南省提出建立"移动博物馆",稳步组织开展"送文博展览下乡"活动,并把活动开展情况纳入各市州文物局年终目标考核评比范围。主要内容包括:流动展览、标本展示、乡村鉴定、免费赠票等活动。为了实现活动定期化、常规化,设计制造了15辆"移动博物馆"展览专用车,并结合国家文物局"将博物馆纳入国民教育"的工作要求,制作一批历史文物题材和爱国主义教育题材的展览,组织展览小分队,常年下乡巡回展出,深入到乡村和农村中小学校进行宣传教育。

湖南省益阳文物宣传周活动
2013年11月,益阳市博物馆与益阳市文物局等单位联合举办文物宣传周宣传活动。活动以普及宣传《中华人民共和国文物保护法》《湖南省文物保护条例》为主,以第三次全国文物普查中的新发现为宣传主题。活动以展板宣传方式开展,主要宣传介绍文物保护知识、法律法规、馆藏文物、最新考古发现以及文博相关知识等。同时,活动举办方在现场发放宣传资料、现场讲解,设立专家咨询台,现场开展文博讲座,现场鉴定等活动。

湖南省应急广播"村村响"工程
2013年5月23日,湖南省委宣传部和湖南省广电局联合召开全省农村应急广播"村村响"工程建设现场会。会议决定力争用五年时间,在全省建设一个覆盖所有县(市)的"运行高效、功能齐全、内容丰富、使用方便、可管可控、长响长通"的农村广播网络,全面实现广播"村村响"。会议强调:把该项工作纳入党委政府的重要议事日程,纳入当地经济社会发展规划、财政预算、扶贫攻坚计划、干部绩效考核范围。要求全力落实建设资金,为工程实施提供可靠保障;强化技术保障,确保技术服务体系高效便捷、稳定可靠;加强内容建设,让农民群众愿意听喜欢听广播;狠抓质量管理,努力建成优质放心工程;构建长效机制,确保安全运行健康发展。

湖南大映电影传媒有限公司公益放映 2011年3月29日,湖南大映传媒有限公司正式挂牌成立,这标示着湖南省农村公益电影事业进入了一个新阶段。为进一步整合资源,湖南广电联合全省市州农村数字电影院线组建了"湖南大映公益电影传媒有限公司",在全国率先尝试将公益电影放映媒体化、流动放映终端网络化、对农民服务立体化,倾力打造新兴电影媒体。大映传媒的挂牌成立,将打造政府服务、主题活动、对农服务、业务推广和广告发布五大平台,对各行各业提供对农政策宣传、信息发布和渠道服务,走出一条以产业经营促事业发展的公益电影发展新路子,实现公益电影长期、稳定、可持续发展。

湖南省"新华汽车书店" 2007年9月,由省新闻出版局和湖南出版投资控股集团共同出资,通过公开招标的方式统一设计和采购第一批"新华汽车书店"汽车,建立了50个"新华汽车书店"。此次投入使用的"湖南新华汽车书店",在全国尚属首创。各受车新华书店针对当地农村读者的购书需求和阅读需要,精心挑选农业科技、卫生保健、政治法律等方面的图书和音像制品,送到千家万户,满足农村干部群众的学习需求。此举创新了农村图书发行模式,大大活跃了农村出版发行市场,丰富了农民朋友的文化生活。2007年至2010年,各地新华书店共出动"新华汽车书店"汽车近2000次,行程20万公里。2010年4月,采购第二批50台"新华汽车书店"汽车,至此,全省100台"新华汽车书店"汽车全部配齐。

湖南三湘读书月 为树立全民读书的浓厚氛围,湖南省决定从2009年开始正式将每年的11月份定为"三湘读书月",并举办一系列特色主题活动,推动书籍走近人民群众。首届"三湘读书月",以"倡导全民阅读,共建文明湖南"为主旨,围绕"进机关、进学校、进企业、进农村、进社区、进家庭"的要求,开展一系列全民阅读活动。

广东省立中山图书馆流动图书馆及联合参考咨询服务 该项目荣获2007年第十四届"群星奖"服务奖。中山图书馆先后在广东省欠发达地区图书馆建立75家广东流动图书馆分馆;联合省内外180家图书馆为社会公众开展免费的参考咨询服务。

广东省东莞市换书中心 由东莞图书馆和南方都市报联合建立市级捐赠换书中心,激发市民捐书、换书、晒书、漂书,共享阅读服务。

广东东莞图书馆"卓越绩效模式" 东莞图书馆积极导入"卓越绩效模式(PEM)",逐步建立了以用户为中心,以需求为导向,以重视过程管理和关注结果为特点的卓越绩效管理体系,为我国公共图书馆乃至公共文化服务机构绩效管理进行创新探索,建立与政府其他单位相衔接、信息开放、平台统一的评估机制,促进公共文化服务绩效的提高。

广东省东莞图书馆集群 图书馆集群,是图书馆总分馆的一种模式,是指通过统一平台、统一管理、统一书证、书刊通借通还、数字资源共享等方式,打破以往藏书空间、地域分布等因素制约,整合区域内其他公共图书馆,形成一个中心馆+多个成员馆+多个通借通还流动服务点的公共图书馆服务网络。东莞图书馆集群是通过"中心引领基层、城市带动农村"的方式,以技术为支撑,研发了"图书馆集群网络管理系统",从而解决了总分馆联合服务的技术问题。

2005年底已经成立1个中心馆、10个分馆、100个图书流动服务站构成的总分馆体系，并在体系内实现了文献资源的通借通还、电子资源总分馆共享的联合服务方式。东莞模式将"图书馆之城"、东莞数字图书馆和文化信息资源共享工程有机地结合为一体，以有形和无形的图书馆网络覆盖和服务全地区；树立大图书馆的管理和发展理念，实现图书馆由单馆到多馆、信息资源由孤岛到共享，读者服务由一馆到多馆联动。

广东省佛山联合图书馆 "联合图书馆"，是图书馆总分馆的一种模式，是指以公共图书馆为主体，吸纳各行业系统、各种类型的图书馆加盟，建设"统一标识、统一平台、统一资源、统一管理、分散服务"的图书馆服务网络。佛山联合图书馆是采取主分馆制，多方投资，统一管理。多方投资是指以财政投入为主，动员街道和社区参与，发动企业和社会力量投入；统一管理是指所有分馆使用统一的技术平台和资源，提供一致的服务模式。管理人员统一由主馆派出。所有分馆无论由谁投资、无论冠以何名，它的管理权仍在主馆，运作经费由主馆控制。服务特点是统一标识，突出分馆特色。分馆应根据所在地的产业优势和地域特点，在资源收集、服务方式等方面办出各自的特色，开展针对性服务。强化图书馆与政府、企事业单位的紧密合作，从而提高服务效能。

广东省深圳图书馆之城 图书馆之城，是图书馆总分馆的一种模式，是指通过建立统一服务平台，统一公共图书馆的条形码、RFID标签，建立统一的书目数据库，实现对馆藏数据、读者数据、流通数据的集中运作、管理和维护，通过图书馆门户网站，统一导航、统一检索、统一使用的图书馆服务网络。深圳2003年正式提出建设"图书馆之城"。截至2012年4月深圳投入资金10亿多元建立了覆盖全市的图书馆服务网络，深圳已建成638座公共图书馆，最早实现中国"每1.5万人拥有一个社区图书馆"的目标,全市公共图书馆总藏量已达到2200余万册。2009年,在深圳市文体旅游局的大力倡导下,全市以深圳图书馆为龙头,着力打造"全城一个图书馆",开始建设"图书馆之城"统一服务平台。

地方版文献联合采编协作网
于2000年由深圳图书馆、湖南图书馆、福建省图书馆、上海图书馆、天津图书馆、辽宁省图书馆共同创建。现有成员馆70多家,采用"中心—分中心—成员馆"的管理模式。书目数据以地方文献为特色,书目记录达190多万条,年数据上传量约10万余条、下载量约60万条。中心使用的系统为深圳科图公司自行开发的UACN联合编目系统,可为用户提供联机编目、公共检索、编目员培训等服务。质量控制方面采用编目员认证制度,通过质量排行榜,实行末位淘汰制。其优点是地方出版物编目数据完整,24小时即时上传,编目时差

短。

广东深圳"喜阅365"——亲子共读计划 该项目被文化部表彰为2012年全国基层文化志愿服务活动优秀项目。由广东省深圳少年儿童图书馆于2011年实施。是一个由"喜阅推荐书目"、爱读网、新浪微博(喜阅365)、喜阅读书时光、故事讲述人研习班等多个项目共同组成的专业儿童阅读指导活动。该活动主要由深圳市少儿图书馆专门研究亲子阅读、儿童阅读的工作人员负责,联合专业的亲子教育老师以及相关的文化志愿者,共同为孩子们及其家长提供专业的儿童阅读指导服务。

广东广州市"羊城之夏"群众文化广场系列活动 该项目荣获2013年第十届中国艺术节项目类"群星奖"。该活动于1980年开办至今,到2013年已举办34届。2013年"羊城之夏"活动于5月至12月以7个"主题篇"的形式在全市范围内广泛开展,即活动内容包

括:"羊城之夏·秀出社区风采——广州市社区团队才艺大赛","舞动青春——国际标准舞大赛","羊城之夏·乐在羊城——广州市私伙局(展示岭南传统文化)比赛","羊城之夏·恒美天籁——广州市原生态民歌大赛","羊城之夏·踏上幸福的节拍——广州市社区广场舞大赛","羊城之夏·精彩瞬间"摄影大赛,"阅读"板块活动。"羊城之夏"是广州市具有一定历史的群众文化活动品牌。

广东省群众艺术花会 该项目荣获2010年第十五届项目类"群星奖"。主要内容包括:广东省群众音乐舞蹈花会、广东省群众戏剧曲艺花会、广东省少儿艺术花会。广东省群众音乐舞蹈花会,创办于1998年,每三年一届,由广东省文化厅主办。广东省群众戏剧曲艺花会,截至2013年连续举办七届,每三年举办一届,是广东省委宣传部、广东省文化厅主办的示范性、导向性、常设性的大型群众文化活动,是广东省戏剧曲艺界最高级别的文化盛会之一,同时也是广东省群众戏剧曲艺领域的政府最高奖。广东省少儿艺术花会,是由省文化厅牵头,会同省教育厅、省妇联、省少儿文艺协调委及承办地政府联合主办的全省性大型少儿艺术盛会,该活动从1986年起,每三年一届,旨在繁荣全省少年儿童艺术事业,推动少儿艺术多出精品、多出人才,提升未成年人综合素质。

广东中山市农村文化室全覆盖工程 是文化部、财政部第一批国家公共文化服务体系示范项目。中山市从2004年开始调整思路,把文化建设从侧重城区向城乡联动转变,努力采取各项措施,促进文化资源进一步向农村倾斜,增强农村公共文化产品和服务供给能力。自2007年以来,中山市先后制定和出台一系列关于农村文化室建设的政策、法规、办法。2009年,中山市在全省率先实现了全市农村文化室全覆盖,是广东省第一个完成市、镇、村公共文化设施全覆盖的地级市。采取多渠道、多形式的"政府投入为主、社会力量共同参与"的投入机制，建设"六有"农村文化室。农村文化室具有以下六方面功能：一是建有 60 平方米以上图书阅览室（农家书屋），藏书要有 2000 册以上，并订阅《中国文化报》、《中山日报》、《南方日报》、《广东社会文化》等报刊杂志，并设有电子阅览设备（电脑），可登录"文化信息资源共享工程"。二是建成有 80 平方米以上的文化活动室，室内有电视和 DVD 机，可收看各种文化、教育、科技、致富、种养等声像资料，亦可摆放乒乓球台或做业余文艺团队排练场所。三是建成有三支以上业余文体队伍，其中一支为文艺演出队伍。有适量的演出服装，乐器等，可为村民进行演出。四是建有 10 米长度以上的主体橱窗（宣传阵地），橱窗（宣传阵地）每年要有 6 期以上的文化宣传展览。五是建有室外的演出场地，每年举办 6 场以上为村民服务的文艺演出，放映 12 场以上电影。六是有健全的队伍组织和管理制度。

广东中山农村群众歌咏活动

该项目荣获 2010 年第十五届项目类"群星奖"。2004 年以来，中山市加大文化资源由城市向农村倾斜的力度，推进以农民歌咏为龙头的农村特色文化建设。截至 2009 年已组建农村合唱团 341 个，基本形成每年一届全国合唱活动，两年一届中山合唱节，节假日农村有歌咏比赛，村里有歌咏队，广场有"大家唱"的农村特色文化网络。2006 年 4 月，中国合唱协会的第一个合唱基地在广东省中山市挂牌成立。在中山市先后举办了"首届中山杯合唱指挥大赛"、"全国首届社会主义新农村合唱大会"、"首届中国民歌合唱汇演"、第二届"农民合唱大会"、第十五届"群星奖"和第十届中国艺术节"群星奖"合唱比赛。

广东广州市爱心艺术培训班

原名"广州市贫困家庭未成年子女免费艺术培训班"，由广州市文广新局、广州市文化馆举办,是专门为广州贫困家庭(包括农村家庭、外来工家庭)的未成年子女开办的完全免费的艺术培训班。自2004年起,迄今已有10多年,总计在农村及外来工较多的学校授课2300多学时,培训学员约4万人次,注册学员约1000人,已成为广州少儿公益培训的品牌。市文化馆爱心艺术培训班设有3个培训点,分别设在从化市鳌头镇中心小学(广州农村贫困地区)、番禺区沙湾镇(城郊外来工集中地区)、海珠区北山小学(城区外来工集中地区)。

广东省农村流动文化服务 该项目荣获2007年第十四届"群星奖"服务奖。2005年,广东出台《关于进一步加强基层文化建设的意见》,引导基层群众文化活动的开展。2006年,广东下发《关于进一步加强全省农村文化建设的指导意见》,为推进农村文化建设提供了指南。全省逐步建立了"流动图书馆"、"流动博物馆"、"流动演出服务网"三大农村公共文化流动服务网络。

广东深圳市外来青工文化节 该项目荣获2007年第十四届"群星奖"服务奖。2005年"五一劳动节"到来之际,深圳市政府启动以"爱我深圳"为主题的首届外来青工文化节,旨在丰富数百万外来青工文化生活,增强家园意识。首届外来青工文化节由市委宣传部、市文化局、市文明办、市劳动和社会保障局、宝安区委区政府、市总工会、共青团深圳市委、市妇联、市文学艺术界联合会主办。每年五月举办一届,已成为深圳市群众文化的一个品牌节庆活动。

广东省流动演出服务网 2005年11月"广东流动服务演出网"正式启动,与已经开展的"流动图书馆"、"流动博物馆"共同构成广东流动文化服务网络。旨在为解决全省偏远农村群众"看戏难"的问题。广东流动演出网的具体实施方法是,由省群众艺术馆牵头整合全省1700多个群众艺术馆、文化馆(站)公益性文化事业单位的节目资源,建立全省群众艺术、文化馆(站)流动演出团队和节目信息库,购置并整合适合乡镇、基层农村演出的流动舞台和灯光、音响等器材设备。由各地级市群众艺术馆牵头整合所在县(市、区)、乡镇的优秀节目,建立市级节目信息库,负责组织本地区的流动演出团队。同时,全省流动演出服务网拟分为梅州、湛江、韶关、汕头和广州5个片区,由省群众艺术馆合理协调、科学配置演出资源,制定流动演出路线、地点、节目,每年分季度、以就近为原则进行流动演出。流动演出服务网不同于以往的"送戏下乡",其运行模式是以"大物流"概念启动的文化馆(站)协作网络,是全省群众艺术馆、文化馆(站)优秀节目的大集中、大交流、大输送和大展示。各市具有地方特色的优秀文艺节目通过流动演出网,可以每半年到全省各地农村乡镇流动演出一次。流动演出服务网是政府提供的公共文化服务,不向当地收取演出费用,农民群众不出远门就可免费享受。

广东绚丽大舞台——东莞市文化广场千场文艺演出 该项目荣获2010年第十五届项目类"群星奖"。由东莞市委宣传部、东莞市文化广电新闻出版局主办。2006年4月28日正式启动。旨在努力把广场文化办成东莞城市的品牌、群众文化生活的重要载体、各种文化活动的中心、文化经济融合的典范。目标任务是,使广场文化活动从单纯的跳舞向文艺展演转变,从零散型演出向常规化演出转变,从镇街自闭型演出向各镇街资源整合的交流型演出转变,达到广场文艺演出"周周有晚会、月月有交流、年年有突破"的"资源共享、特色纷呈、常演常新、活力无限"的效果。同时,积极服务外来员工。主要是以镇街为单位组织一台文艺晚会或文艺专场,以自愿为原则分别到所在地区巡回演出,条件成熟的镇街在完成片区演出后,可自行组织跨片演出;同时,各镇街组织社区居(村)委会、企业在所在镇街中心广场和居(村)委会广场进行有计划的交流演出。形成一镇街一台精品,镇镇交流演出的全市广场文艺演出长效机制。

广东深圳市群众艺术馆公益培训 该项目荣获2013年第十届中国艺术节项目类"群星奖"。早在2006年,深圳市群众艺术馆就率先向市民开展公益文化艺术培训,年均开设文艺培训超过50班次。在公益培训的基础上,该馆先后组建"群声合唱团"、"中老年女子舞蹈团"、"少儿艺术团"、"青少年管乐团"等馆属文艺团体。经过多年的培育,"公益文化艺术培训"因其课程设置丰富、培训水平高、受到市民的喜爱。

广东东莞市"越唱越红"歌唱大赛 该项目荣获2013年第十届中国艺术节项目类"群星奖"。创办于2006年,每年一届。该活动已经成为东莞塘厦镇的亮点文化品牌活动,也是塘厦镇有史以来参与门槛最低、持续时间最长、规模最大、参与人数最多、覆盖面最广、活动场地最灵活的重大文艺赛事。该活动已逐步拓展到珠三角地区。

广东省深圳市龙华新区大浪办事处大浪青工文化乐园 大浪办事处辖区总人口约44万,其中农民工有40万。2007年,大浪党工委、办事处考虑到辖区农民工群体在人口结构上占绝大多数,遂在文化建设上提出打造"大浪青工文化乐园"的目标,从文化网络布局、文化服务规划、文化活动创新三方面入手,建立多方位、多形式的公共文化服务网络。大浪办事处通过创办《羊台山》文学杂志、《浪花》青工报、"羊台山艺术团"、"星光大浪"劳务工大舞台,建立劳动者广场,培育以青工为主体的"小草义工队"、"大爱·同心"义工队,搭建许多文化平台,为农民工提供多层次、全方位的文化服务,满足农民工多样化的文化需求,使大浪办事处成为农民工的文化乐园、精神家园。

广东广州岭南书画艺术节 该项目荣获2010年第十五届项目类"群星奖"。创办于2007年,每三年一届。旨在扩大岭南画派在国际文化艺术界的影响力、丰富岭南文化的内涵。每届艺术节都以十香园为主会场,吸引海内外岭南画派传人共襄盛会。

广东"寻梦佛山"异地务工人员子女文化夏令营 该项目荣获2013年第十届中国艺术节项目类"群星奖"。是佛山市文化广电新闻出版局打造的公益文化品牌,从2009年开始至2013年已举办5届。设立艺术、阅读、文学、文博、戏剧曲艺、创意、新闻写作夏令分营。2013年夏令营各大分营活动主题突出,风格鲜明,除延续往届夏令营"艺术·梦想"、"阅读·成长"的主题外,还增加"文学·人生"、"文博·传承"、"体验·戏剧"、"艺术·创意"、"新闻与我"等新的主题,使营员们有了更加多样化的选择。

广东佛山市南海区县域公共文化服务体系建设工程 是文化部、财政部第一批国家公共文化服务体系示范项目。南海区围绕"发展和谐文化,建设五星级南海"、"让文化改变城市,让文化改变生活"的理念,切实将文化建设纳入总体规划,坚持公益性、基本性、均等性、便利性原则,创新机制、增加投入、落实措施,已初步形成了网络健全、结构合理、发展均衡、运行有效、惠及全民的公共文化服务体系,南海软实力得到不断提升。(1)城乡十分钟文化圈现雏形,努力实现文化建设城乡统筹发展。将南海划分为东部、中部和西部三大文化片区,合理布局建设一批区级重点文化设施。不断完善镇街文化阵地,影剧院、文化中心、体育馆、艺术馆、青少年活动中心等公共文体设施建设全面加强,新型多功能综合文体活动中心陆续落成并投入使用。建设"六个一"(一个综合文化活动室、一个文化驿站、一个群众文化广场、一名文体辅导员、一支文化义工分队、一个以上特色群众文化活动项目)社区(村)文化活动中心。与此同时,社会力量兴建的博物馆、艺术馆和美术馆等文化设施不断出现。(2)公共文化服务惠及全民。南海区公益文化机构全部面向群众实行免费开放;培育和打造出"珠三角休闲欢乐节"、"佛山秋色欢乐节"、"乐活南海·灯湖周末"、"百村篮球赛"以及"南海艺术节"、"南海社区文化节"、"南海产业文化节"、"南海少儿艺术花会"、"南海戏曲花会"、"南海音乐舞蹈花会"等区级品牌,"一镇一节"、"一村一品"文化品牌效应也日益彰显;文化产品供给能力充足。(3)公共文化服务队伍不断优化。实施"桂花艺术工程",建立区、镇(街道)两级群众表演艺术队伍网络。2009年,成立了南海区文化义工服务总队和两个文化义工分队,发展注册文化义工3500多人。(4)公共文化服务机制体制推陈出新。建立区镇村三级文化建设财政保障机制;建立政府购买公共文化服务机制;建立扶持文化社团机制;建立扶持文艺人才队伍机制。

广东东莞"文化志愿大篷车"进"三区" 该项目被文化部表彰为2012年全国基层文化志愿服务活动优秀项目。由广东省东莞市长安镇宣传文体局组织实施。东莞长安镇"文化志愿大篷车"进"三区"(厂区、社区、校区)活动始于2012年。2012年活动内容主要包括:艺术品巡展、培育文化品牌和文化送戏下乡等三大板块活动。2013年活动内容包括:文化"大舞台"、文化"大展览"、文化"大超市"和文化"自助餐"等内容。文化"大舞台",即是组织镇音乐、舞蹈和戏曲等文体协会组织开展送戏下乡,走进社区、校区和工业园区进行文艺演出;文化"大展览",即是由镇摄影、书法、美术等协会组织创作摄影、书法、美术等艺术精品,并在全镇13个社区,公办、民办学校和镇内20多家企业进行巡回展出;文化"大超市"和文化"自助餐",即是有针对性地为市民提供文化指导,开展艺术交流活动,向群众现场传授文艺知识。同时,群众也可以根据自身文化需求向镇文化团体或利用微博、互联网等现代社交工具进行"点单",由相关的文化志愿者进行互动,在文化艺术方面给予指导,以提高市民和企业员工的文化艺术修养。

广东东莞农民工文化人才培育与扶持机制 该项目被文化部表彰为2012年农民工文化服务示范项目。东莞大力加强面向新莞人的人文关怀和文化关爱,创新农民工文化服务机制,出台《东莞市加强新莞人服务工作实施方案》等政策制度;扶持新莞人文艺作品冲刺国家级以上奖项;打造了新莞人才艺大赛、"越唱越红"等文化活动品牌,特别是"越唱越红",到2013年发展成由9个城市共同举办的全省性文化活动。东莞市基本形成了"政府主导、企业共建、社会参与"的新莞人文化工作机制。

广东深圳市宝安区"文化钟点工"志愿服务活动 该项目被文化部表彰为2013年全国基层文化志愿服务示范项目。由广东省深圳市宝安区群众艺术馆于2011年5月启动实施。具体做法:政府文化部门向"文化钟点工"购买群众最喜欢的时间段,于每天19时30分到21时30分之间教授市民群众跳广场舞。此外,宝安区"文化钟点工"还组建一支舞蹈队,经常参加各种社会公益演出。"文化钟点工"已纳入宝安区"文化春雨行动",并制定了《宝安区"文化钟点工"志愿服务及管理办法》,重点推进"文化钟点工"的体系化、常态化。

广东省深圳市福田区公共文化服务项目招标 2012年,深圳市福田区通过招标,采购公益文化活动共九大项,包括"精品演出进社区"、"广场音乐会"、"外籍居民才艺秀"等,总场次超过60场。招标面向全国,申请单位不受地域限制,符合一定资质的文化企业(专业演出团体）、合法注册的非营利组织以及部分文化事业单位均可参与。招标程序一般为项目公布、标书制定、招标信息发布、报名组织、资格审查、项目投标、方案评审、竞价等程序。评标专家委员会则根据竞标企业提交的投标方案（含项目主题、具体活动方案、价格预报），结合企业自身的资质做出评判，然后通过公开竞价的方式决出中标者。福田区政府主导的文化活动逐渐面向社会招标并成为一种常态。

广东省佛山市"文化年货带回家" 由广东省立中山图书馆、佛山市图书馆等主办。主要内容是向外来务工人员派发众多的漂流图书和刻有各种风俗及外来工专辑的光盘。

广东省佛山市顺德"理事会式"文化管理体制 2012年9月，佛山市顺德区在文化艺术领域开展法定机构试点，成立顺德区文化艺术发展中心，实行法人和理事会制度，承接政府的公共文化服务职能，成为全国首批文化领域改革的法定机构。文艺中心作为法定机构，是依照顺德区人大常委会审议通过的规范性文件而设立，参照事业单位登记管理，不列入行政机构序列，依法履行公共事务管理和服务职能，具有法人资格，独立承担法律责任的公共机构。文艺中心在经营管理、人事、财务等方面，拥有充分的自主权，由顺德区政府聘任来自政府、文艺界和社会其他领域的不同人士担任理事，组成理事会，负责重大决策和日常监督。文艺中心整合了顺德区文体旅游局部分政府公共文化服务职能（行政职能），以及区文化馆（事业单位）、区文联（社会团体）和顺德演艺中心（公用文化设施）等机构职能。顺德区文艺中心的特点，主要包括：(1) 文艺中心"去行政化"。转变为法定机构后，其主管部门不再是区委宣传部（区文体旅游局），政府部门不会向艺术中心直接下达行政命令。(2) 文艺中心机构性质实现转变，机构工作人员与机构实行聘用制。(3)文艺中心参照现代企业管理模式,实行理事会领导下的总干事负责制,设立理事会和管理执行团队。(4)独立自主、依法履行公共文化服务职能,文艺中心接受有关部门严格监督,必须定期公布工作年报和财务报表,及时披露信息。(5)主要经费来源于财政拨款。通过政府购买的方式承接公共文化服务的职能。同时,利用掌握的政府资源、灵活自主的经营方式,发挥财政拨款的杠杆作用,引入社会力量参与文化建设。与此同时,随着文艺中心的成立,调整了区委宣传部(区文体旅游局)的主要职能、内设机构和人员编制,将原来的群众文化科与文化产业科合并为文化科,并将组织开展文化活动、文艺作品评比以及负责区文联机关日常工作等职能移交给文艺中心,不仅形成"大文化"的初步格局,也实现文化建设"管办分离"。调整后区委宣传部(区文体旅游局)文化科职能侧重于管文化,主要职能是负责宣传、调研、政策、指导、协调、监督;文艺中心侧重于办文化。区文体旅游局与文艺中心双方职能定位更加准确,权责更加明晰。

"文化暖心　点亮生活"广东关爱特殊群体文化志愿服务活动 该项目被文化部表彰为2013年全国基层文化志愿服务示范项目。由广东省文化馆、各地级市文化馆于2013年9月、10月组织实施。各地文化志愿者以文艺小分队等形式,走进各市(县)区外来务工人员集中的厂矿企业、敬老院、残障学校、异地务工人员子弟学校等开展"文化暖心　点亮生活"关爱特殊群体文化志愿服务进社区活动。

广东省顺德区文化艺术惠民生百场培训进企业 该项目被文化部表彰为2013年全国基层文化志愿服务示范项目。由广东省顺德区文化艺术发展中心于2013年实施。旨在提升全区群众文化水平,推动文化事业进一步发展,丰富异地务工人员文化生活,通过整合音乐、舞蹈、摄影、美术、书法、文学等各种文艺形式的师资资源，在全区各镇街建立文艺培训基地，开展约600场的专题摄影、美术、书法、灯谜、声乐、舞蹈、文学、小品等艺术辅导和培训活动。

广东惠州市文化惠民卡制度
2013年惠州市率先在全省试点发放文化惠民卡，首批文化惠民卡已发放27500张，发放对象为市直、惠城区、仲恺高新区的重点优抚对象、低保家庭和五保供养户、家庭经济困难学生等困难群体及符合条件的在惠务工人员。惠民卡里面每年由政府补贴充值200元，可以用来看电影、看电视（支付有线电视费）、购书、订报、看演出等，在全市特约文化商户刷卡消费还有折扣。旨在推进面向特殊及困难群体的基本公共文化服务的均等化。

广东省东莞市新型公共电子阅览室 2010年底，东莞市成为文化部"公益性电子阅览室建设计划"首批试点城市，开始了新型公共电子阅览室建设探索。东莞新型公共电子阅览室与一般的电子阅览室相比，主要有三个特色：使用了云计算；可以连接多种终端设备；融入了搜索引擎技术，可以满足读者的多种需求。东莞新型公共电子阅览室建设突出的成效是"三新"：形象新，它改变传统电子阅览室"计算机排排坐"的呆板形象，更为时尚、新颖、温馨、人性化；设计新，将纸质资源、报刊、计算机、影像集成起来，包括固定终端、移动终端，这更符合作为一个学习平台的构建；管理新，基于"文化e管家"技术搭建，构建了分布式电子阅览室的远程集成管理系统，以"文化e管家"作为镇（街）、村（社区）公共电子阅览室管理端。东莞市新型公共电子阅览室以建立可自助服务和可自助管理的公共电子阅览室为目标，以"文化e管家"为技术平台，集成阅览室服务器、流媒体服务器、资源服务器、云桌面管理、电子阅览室管理软件、网络设备、存储、安全网关设备、无线网络等软硬件设备,在统一标识、统一风格、统一技术、统一服务、统一管理"五个统一"原则引领下,配置各种图书、书刊架、书桌、休闲椅等设施,形成一套"易建设、易维护、易管理、易使用"的建设模式。

广东省东莞市图书自助服务
2005年9月28日在东莞市图书馆建成自助图书馆,并向读者正式开放。广东东莞图书馆的自助服务是通过建立无人值守的自助图书馆和图书自助服务站(图书馆ATM柜员机),让读者利用自助借还设备自主借还图书的一种服务方式。东莞图书馆将自助借还、检索、阅览等服务整合到一起,构建出独立的空间,真正形成了"馆"的概念。

广东省东莞"文化e管家"
"文化e管家"设备,预置了存储空间,可存储文化共享工程资源、图书馆数字资源、流媒体资源以及专题数字资源等,以保障广大群众健康使用互联网信息资源;提供数字资源导航服务和推送服务,包括文化共享工程资源、数字资源以及其他授权的电子资源,并且通过共享工程元数据搜索引擎,确保资源被及时发现和使用;采用自主研发安全网关技术,增强黑白名单和关键词过滤技术,从技术层面上全面管理与控制互联网网络信息资源的访问方式和访问内容,提供给未成年人健康绿色的上网环境;支持有线网络、无线WIFI、蓝牙等多种接入方式,提供多终端、立体式网络服务,既有传统纸质书书架,又有PC电脑、平板电脑(PAD)、电视、投影等多样化的数字阅读终端,可以轻松搭建立体的公共电子阅览室服务网络,为公共电子阅览室的公共互联网服务的设备扩展能力提供了无限制的空间。

广东省东莞公共文化体验区
2013年东莞图书馆建立全国首个公共数字文化体验区,主要内容包括:开辟了新型公共电子阅览室样板间、U互动体验区、移动阅读区、新技术新产品展示区等区域。公共文化体验区积极探索了公共数字文化服务的新形态和新机制。

广东省东莞学习中心 东莞市建设虚实结合的市民教育平台——东莞学习中心,并做到与广电有机结合,有效突破了图书馆服务时空、人员、资源限制,形成时间全天候、空间全覆盖的新型图书馆服务网络。

广东东莞文化网 文化网整合全市文化资源,推出网上图书馆、网上博物馆、网上展览馆、网上美术馆、网上文化馆等栏目,运用高清三维实景技术、地理信息系统、遥感空间信息系统,采用3D全景技术进行展示,同时设置了文化地图,广大市民可以按地图找到各类公共文化设施、文化团队与活动地点,并就近便捷地选择文化服务活动。

广东省流动博物馆服务 广东省流动博物馆,以广东省博物馆为中心,整合全省的博物馆陈列展示资源(包括藏品、展出场地、展览设备、专业人员等),相互协助,协商调配,组织、策划和制作一些具有较高水平的展览,在全省各级博物馆巡回展出。形成中心辐射、分级多节点的动态博物馆陈列展览协作交流网络。广东省流动博物馆运作方式:(1)申请加入省流动博物馆网成员。凡广东省内具有一定展览条件(展出场地与安全保卫设施)的博物馆(含纪念馆与省市级文保单位),可向省流动博物馆网中心办公室提出申请,加入广东省流动博物馆,成为省流动博物馆网成员。省流动博物馆网中心办公室设在广东省博物馆。(2)广东省流动博物馆成员的权利。省流动博物馆网成员有权根据中心办公室提供的展览清单申请巡回展览。中心定期向省流动博物馆网成员派发巡展简介通讯。免除展览展出费用与运输费用。免费获得由展览中心提供的展览说明与讲解文本。由展览中心派专业人员协助布展。可根据展览中心提供的培训项目派员参加培训。

根据展览需要,中心将会邀请有关专家学者在展出地举办讲座,以扩大展览的影响。(3)广东省流动博物馆成员的义务与责任。经与中心协商,服从中心办公室对展览以及合办展览的展览资源的统一调配,以及展出时间的安排。负责无偿提供符合防火、防盗等安全要求的展厅、展柜。在中心办公室指派专业人员的指导下完成所有展品和展览设备清点、布展及撤展工作。负责展品从广东省博物馆(或上一展出地)到该馆运输期间以及在展览期间的安全保卫。负责中心办公室指派专业人员在该馆布展、撤展期间的食宿费用,并支付适当的差旅补助费。展品放入展柜后,即由双方代表签封,任何一方不得单独开启展柜;如出现紧急情况,中心人员不在现场时,该馆可采取必要的措施抢救保护展品,并及时通知中心。展品如有丢失或损坏严重不能修复时,该馆应按照展品估价全价赔偿;如有损坏但能修复时,由双方评估损伤程度并提出合理的索赔金,该馆据此进行赔偿。成员有责任在展览展出期间(包括筹备期间),开展展览的宣传推广和讲解工作,并达到一定的实际宣传效果。负责将展览的观众量和观众反映情况总结反馈回省流动博物馆网中心。展览的筹备与来源:(1)广东省博物馆的藏品占全省藏品的四分之一,并且藏品的档次较高,类型较为全面。(2)根据各地博物馆藏品的不同特点,以及各地不同的风土人情,指导(或馆际合作)制作出有地方特色的展览,纳入省流动博物馆网的巡回展览进行交流展出。(3)联合具有较好基础设施和经济条件的博物馆,引进兄弟省市博物馆较高档次和水平的展览。(4)经过对资源的整合,制作出较高层次的展览,与境外和国外博物馆进行交流。

广东省东莞博物馆之城 东莞市在打造鸦片战争博物馆、可园博物馆、东莞市博物馆等"精品板块"的同时,大力发展历史资源类、产业资源类、民间收藏类和休闲消费类等四大模块的小型专题博物馆。从2005年到2010年，东莞市投资3000万元打造建成"博物馆之城"，东莞博物馆的数量达到30座以上，平均每20万人就拥有1座博物馆。同时，东莞市通过建立IT博物馆、手机博物馆等产业类博物馆，对企业行业的形象进行推介，促进了经济的发展。为了鼓励各种社会力量兴办各类博物馆，东莞市设立专项资金，专门用于扶持和资助在东莞市行政区域内兴办的各类博物馆，并重点向社会办博物馆倾斜。

广东省佛山博物馆"小眼睛看大发展"摄影大赛 为配合2008年5·18国际博物馆日"博物馆服务于社会变革和发展"的主题和纪念改革开放30周年，佛山市博物馆联合市教育局主办佛山市中学生"小眼睛看大发展"摄影大赛。摄影大赛主题为"感受建设成就、感悟时代精神"，以佛山的自然风光、人文景观及民俗风情为拍摄内容，艺术地、真实地反映佛山的城市发展及文化底蕴。活动旨在让学生走出校门，深入生活，了解身边的变化，了解家乡（社区）的变化，共同见证祖国、家乡（社区）、学校、家庭在改革开放特别是党的十六大以来的发展变化，让广大学生了解和探知佛山市深厚的历史文化底蕴和发展，感受佛山市改革开放的成就，激发学生为家乡发展努力学习的热情，引导学生为家乡发展提建议，做一件力所能及富有意义的事。

广东省大型公益电影放映活动 2011年为纪念中国共产党成立90周年，广东省启动实施"红色影片南粤行 万场百部下基层"大型公益电影放映活动。从2011年3月至7月，大型公益电影放映活动在广东省广大城乡、学校、企业等基层单位，尤其是粤东、粤西、粤北等欠发达地区免费放映一百部、一万场红色影片。旨在唱响时代主旋律，推进社会主义核心价值体系建设，丰富广大城乡居民的精神文化生活，推动文化强省、建设幸福广东。

广东省县级数字影院全覆盖工程 2012年广东省各级广电行政部门多措并举,积极主动推动县级数字影院建设。广东省广电局对符合广东省县级数字影院建设条件的单位采取"以奖代补"的方式推动建设。全省将分步完成67个县级数字影院建设。

广东珠影文化广场 2011年12月12日,由珠江电影集团与南方报业传媒集团携手,联合省内有关市、县(区)共同打造的珠影文化广场项目正式启动。旨在打造以电影院等文化服务为中心的多业态复合文化商业综合体。珠影文化广场是在《广东省国民经济和社会发展第十二个五年规划纲要》及《广东省建设文化强省规划纲要》的大背景下应运而生的高起点、高标准的大型文化项目。该项目由广东珠影文化产业投资有限公司投资,通过珠江电影集团和南方报业传媒集团两大国有龙头文化企业强强联合牵头策划,在广东省内经济较为发达、条件成熟的二三线城市建设一批带有现代多功能厅数字影院和阅读体验馆的一站式休闲消费文化中心。珠影文化广场项目将以数字化多厅电影院和青少年分级阅读体验馆为核心,引入儿童教育培训、文化专题展示等功能,为广大群众提供高品位、多元化、一站式的文化服务。项目建成后,将成为文化新地标,当地群众将能够和大城市市民一样观赏商业大片首轮放映,极大地缩短二三线中小城市与大城市之间的差别,解决二三线中小城市居民看电影难的问题;为广大群众提供一个享受现代高雅文化的好去处,并将切实提高当地文化消费档次和水平,优化产业结构,拓宽就业渠道,成为当地"加快转型升级、建设幸福广东"的重要平台和有效载体。珠影文化广场以其创新性和公益性有别于一般的地产项目,将以其丰富的文化内涵,创造性地将影视文化与培养青少年阅读兴趣两大板块有机结合,开创了国内文化产业发展先河。该项目将分阶段向全省城乡推广,并逐步形成网络,努力打造成为有广泛影响力和强大竞争力的文化产业实体和品牌项目。

广东省深圳读书月 是由深圳市委、市政府于2000年创立,并举办的一项大型综合性群众读书文化活动,时间为每年的11月1日至30日。深圳读书月是全国最早举办的读书月。深圳读书月秉承营造书香社会、实现市民文化权利的宗旨,着力于提升市民素质,建设学习型城市。作为由政府推动的一项公众文化节庆,深圳读书月已经走进千家万户,融入市民生活,影响遍及全国和港澳地区。深圳读书月,已经成为深圳市民的文化庆典、城市的文化名片和实现市民文化权利的重要载体。

广东广州南国书香节 始创于1993年,由广东省委宣传部、广东省新闻出版局、广州市委宣传部、广州市文化广电新闻出版局主办,广东南方出版传媒股份有限公司、广东新华发行集团、广州新华出版发行集团等单位承办。从2007年起,"南国书香节"与"羊城书展"进行资源整合,合二为一;2008年,广东省委宣传部全面介入书香节的组织策划工作,提出"南国书香节,阅读嘉年华"的主题,并将其作为"书香岭南"全民读书活动的重要内容来抓,统筹各方力量和资源共同参与,特别是充分调动新闻媒体的积极性,成功营造市民爱书、读书、尚书的良好氛围,把"书香岭南"全民读书活动进一步推向高潮。特别是2009年书香节,仅主会场广州锦汉展览中心就吸引42万多人次入场,实现销售3000多万元,被中宣部和新闻出版总署评为"全国全民阅读活动优秀项目"。"南国书香节"经过多年的品牌培育,目前已形成以青少年为重点,以培养阅读风尚、营造书香氛围为主线,每年在相对固定的时间举办。通过一系列图书展销、名家讲座、岭南优秀文化展示和文化活动,倡导喜爱阅读、崇尚知识、感受快乐的理念。"南国书香节"是广东出版业全面贯彻落实科学发展观，加快文化强省建设，进一步提升广东文化软实力的重要举措和具体行动。一年一度的"南国书香节"已成为广大市民热切期待和共同参与的文化盛宴。

广东"书香岭南"全民读书活动

2008年4月23日正式启动。由广东省委宣传部、省新闻出版局、省直机关工委、省文明办、省教育厅、省总工会、省妇联共同发起主办，旨在倡导读书学习的文明风尚。该活动发出了"书香岭南"全民读书活动倡议书。

广东省东莞"全民掌上阅读"

2012年4月23日东莞市文明委在全市开展"新东莞·新阅读"全民掌上阅读活动，通过全民阅读活动培养市民的阅读习惯，不断提升广大市民对手机阅读的知晓率，营造市民学习新风尚，不断提升广大市民的文化素养和综合素质。"新东莞·新阅读"全民掌上阅读活动，是东莞市实施文化惠民工程，推动文化与科技融合的有力举措。该活动旨在发挥手机阅读随身、随时、随地的便捷优势，通过政府补贴和运营商支持，以免费或优惠的方式，向每位参与用户提供数字阅读图书包。活动以自愿参与为原则，每月向参与者各提供1000册数字图书。"全民掌上阅读"活动，搭建了全民阅读的大平台。

广东农家书屋提升工程

2012年10月12日广东省新闻出版局紧密结合"南粤幸福周"和文化惠民活动，全面启动全省农家书屋提升工程。旨在探索从建设管理到加强服务的转型升级。提升工程的内容包括：对书屋图书进行补充更新，举行百家优秀农家书屋评选活动，开展"岭南流动书香车百车下乡"活动，对农家书屋管理员进行培训提升以及开展数字书屋建设试点等。

广东全民健身志愿服务常态化

2012年广东省体育局为推动

《全民健身条例》的深入贯彻落实,把全民健身志愿服务工作机制引入全民健身事业发展的实践,采取"六大"举措,建立全民健身志愿服务长效化机制。(1)以街道、乡镇综合文化站为依托,建立遍布城乡的社会体育指导员服务站。(2)以25839个社区健身广场和公园建立的全民健身活动站点为平台,开展日常全民健身志愿服务活动。(3)以全民健身日、体育节、综合性运动会等为节点,开展各类专题全民健身志愿服务活动。(4)以世界冠军、奥运冠军、优秀社会体育指导员为核心,定期深入基层开展各类专题志愿服务活动。(5)以国民体质监测中心站点为阵地,开展常态化体质测试服务。(6)以新闻媒体为载体,宣传志愿服务公益性。

广东省一体化公共体育服务体系建设 广东省在推进群众体育城乡和区域协调发展过程中,大力发展农村地区群众体育,加快建立城乡一体化的公共体育服务体系。积极推动农民体育健身工程、农村文体活动室及社区多功能公共运动场所建设,到2015年实现全省乡镇农民体育健身工程全覆盖。以增强基层体育公共服务能力为重点实施政策倾斜和投入支持,逐步健全以县(市、区)为中心、乡镇(街道)为基础、方便城乡居民的基本公共体育服务设施网络。力争到2020年,各地级以上市均建成"十分钟体育圈",农村建成"十里体育圈"。在广州、深圳市加快构建具有现代化特征、惠及全民的公共体育服务体系,建设有辐射带动力的体育中心城市。加大珠江三角洲地区其他城市体育场地设施建设力度,着力构建具有国内一流水平的公共体育设施,将其打造成为带动全省、影响全国的群众体育示范区。在健全东西北地区全民健身网络基础上,大力发展具有区域优势的群众体育活动项目。完善珠江三角洲地区对东西北地区的群众体育帮扶政策,建立对口帮扶协调工作机制,鼓励和支持各地开展多种形式的合作和交流,建立地区间"点对点"的横向财政转移支付机制。继续加大对县级体育的扶持力度,加大体育彩票公益金对县级体育的投入。

广西桂林图书馆"英语角"民间阅读推广志愿服务 该项目被文化部表彰为2012年全国基层文化志愿服务活动优秀项目。由广西壮族自治区桂林图书馆于2005年实施。每周日上午10—12点在图书馆大门前组织英语阅读活动和英语主题会。其主要做法是,依托桂林图书馆开展日常活动、依托重要节日纪念日开展文化志愿服务活动、配合图书馆宣传推广工作开展文化志愿服务活动。截至2012年共组织英语读书会360多次,举办各类特色活动30余次,参与服务的志愿者累计人数达8000多人次,参加活动的人员达5万多人。文化志愿者服务队伍包括高校老师、大学生、各行业英语爱好者以及来自45个国家的外国友人。

广西光影榭——周末观影沙龙 该项目被文化部表彰为2013年全国基层文化志愿服务示范项目。2006年5月,广西图书馆与广西时空网"电影红白蓝"俱乐部和广西《健报》休闲栏目联合推出"光影榭——周末观影沙龙"活动,利用文化共享工程丰富的视频与优秀的影视等资源,组织开展免费观影活动,以提高读者的电影鉴赏水平,拓展图书馆阵地服务内容。活动现场有两个环节,第一个环节为影片欣赏,第二个环节为影片点评和观众互动交流。

广西大型群众文化活动——"漓江之声" 该项目荣获2010年第十五届项目类"群星奖"。"漓江之声"自1980年创办至今,每年一届,始终秉持"群众创作群众演、群众文化群众办"的方针,截至2013年共举办34届,共演出1500多场,演出节目近16000个,观众达百余万人次,是桂林群众文化的龙头品牌。

广西南宁国际民歌艺术节"绿城歌台"广场文化活动 该项目荣获2010年第十五届项目类"群星奖"。从1999年开始,"绿城歌台"每年举办一次。旨在让歌舞艺术深入到群众中。"绿城歌台"广场文化活动不仅增强了南宁国际民歌艺术节的吸引力和感染力,更彰显了民歌艺术节的大众性和互动性。该活动架起了中外文化交流的桥梁,增进了南宁与世界各国人民的友谊。

广西"柳江之夏"群众文化活动 该项目荣获2010年第十五届项目类"群星奖"。自2000年创办至今,每年举办一次。是由柳州市委、市政府倡导主办的公益性文化活动,是广西比较有特色的群众文化活动。

广西"百村百戏" 该项目荣获2013年第十届中国艺术节项目类"群星奖"。创办于2000年。柳城县开展"百村百戏"群众文化活动已坚持14年,拥有业余文艺宣传队172支,年演出达1500多场。主要做法:将党的政策编成浅显易懂、短小精悍的文艺节目,下村进屯,跨乡过镇演出;帮助农民学科技、用科技致富;移风易俗,树立文明健康的生活风尚;以税法、禁毒、打击"六合彩"等为题材,创作农民喜爱的彩调、小品、戏剧、渔鼓等。演出队伍在农村、演出阵地在农村、演出活动在农村,用身边事教育身边人,建立一支不走的农村宣传思想工作队伍,增强了宣传思想工作的亲和力和贴近性。

广西"魅力北部湾"群众文化活动 该项目荣获2013年第十届中国艺术节项目类"群星奖"。创办于2009年。由广西文化厅主办,广西群众艺术馆,南宁、北海、钦州、防城港四市文化新闻出版局承办及四市群众艺术馆协办。旨在加强北部湾文化合作、交流、发展,携手推进北部湾公共文化服务体系建设,丰富和活跃广大人民群众的业余文化生活。每年分别在一个市举办美术书法摄影作品展、群众文化理论研讨会和群众文艺优秀节目展演。在内容上以北部湾特有的文化资源为重点,开展群众文艺创作、演出活动;在形式上以广场、社区为展示平台,打造广场文化、社区文化、乡村文化的新亮点。

广西桂林百姓大舞台 该项目荣获2013年第十届中国艺术节项目类"群星奖"。"大舞台"是桂林市在2009年开始打造的公益性、群众性文化惠民工程,自2009年4月29日首演以来,平均每月演出2到3场。桂林百姓大舞台已成为丰富市民文化生活、提升城市人文素质的一大文化品牌。

广西宾阳炮龙节 该项目荣获2013年第十届中国艺术节项目类"群星奖"。宾阳炮龙节是广西南宁市宾阳县一带汉族、壮族文化融合共生的综合性民族民间节庆,每年的农历正月十一举行。舞炮龙由总指挥(亦称会首)发号施令,制定龙路及各种规章制度。舞龙者均为赤膊上阵,头戴如清朝官兵之帽(但均为竹编并涂抹黑色)。炮龙以龙珠、龙牌、锣鼓、文武场开路,照明及护龙队首尾随龙而进,火铳队则负责燃放火药增加龙随云腾而起之势。龙路过处的各家各户,均在龙将到来之际,焚香迎龙备炮,炮烛增光。炮龙均定于当晚的七时正在庙宇或社稷之处开光,由会首(或师人)咬破公鸡之冠,以鸡冠之血点亮开光龙眼后,方可万炮齐鸣,龙亦方可腾跃而起。但各家各户之炮如未燃尽,龙则不可离此而去。宾阳炮龙节包括游彩架、灯会、舞炮龙等活动。

广西桂林灵川县八里街道农民工文化培育机制 该项目被文化部表彰为2012年农民工文化服务示范项目。灵川县文化局、八里街街道办事处积极搭建以社区文化为依托的农民工文化服务平台,将农民工作为公共文化服务体系的重要服务对象,已探索出政府"养育"、企业"培育"、社会"共育"的农民工文化培育机制,使农民工成为了公共文化服务均等化的受益人。(1)政府"养育",提升面向农民工的文化服务能力。街道对辖区的5个民间业余文艺表演队伍进行整合,鼓励他们吸收有文艺特长的农民工入团;争取支持,为农民工播放电影,为农民工进行免费培训。在新桂社区建设2000多平方米的永宁广场,建设一个集图书室、电子阅览室、培训室、综合活动室、放映室的群众文化活动中心。(2)企业"培育",充分发挥用工企业的阵地作用。街道利用抓两新组织党建和工会工作的契机,上门引导他们结合工会活动自创文艺队伍,主动娱乐,自我表现,自我管理,自我服务,组织积极向上的文化活动。(3)社会"共育",吸引各界力量参与农民工文化工作。在社区发起向农民工兄弟送书活动,鼓励居民和企业为农民工捐书;利用社区党校和党员远程教育点,建立农民工读书阅览室,以"公共电子阅览室"建设为依托建立"农民工网校";加强健康网吧、卡拉OK厅的建设,满足广大农民工精神文化生活的需要。

广西桂林千村万民农村基层大培训 该项目被文化部表彰为2013年基层文化志愿服务示范项目。2010年启动实施。由桂林市群众艺术馆文化志愿者支中心联合各县区文化馆文化志愿者服务点组织实施,旨在提高农村、社区文艺队演出水平,培育更多的"乡土艺术家",以形成自娱自乐、自给自足的文化生态。组织形式为在本单位招募在职业务干部和退休业务人员、专业院团退休人员以及有专业特长和热心志愿服务的社会各界人士组成文化志愿者,利用周末和空闲时间到村屯、社区开办彩调、广场舞、曲艺、声乐、舞蹈等培训班,辅导文艺队。

广西河池市罗城仫佬族自治县乡镇文化站规范管理 是文化部、财政部第一批国家公共文化服务体系示范项目。制定了《罗城仫佬族自治县乡镇综合文化站规范管理办法》,规范了乡镇文化站业务人员、业务内容、业务经费、绩效考评等方面的管理。确保乡镇文化站坚持有人值班,坚持每周正常免费开放40小时以上。并定期开展时政、科技、文化、卫生等方面的宣传和培训,每星期发布一次科技、致富信息,暑假、寒假组织举办中小学生书法、美术培训班,文艺辅导员下乡辅导培训。乡镇文化站利用节假日和民族传统节日,组织开展丰富多彩、各具特色的文体活动。全县11个乡镇141个行政村(社区)配备有县级财政补贴的村级文化辅导员,延伸了乡镇文化站的工作和服务。

广西高校公共文化志愿进"三馆"入社区 该项目被文化部表彰为2013年基层文化志愿服务示范项目。2012年10月,广西师范大学整合文学院、法学院、管理学院等各院相关研究力量,成立广西师范大学"公共文化服务体系建设研究团队"。在研究团队的直接指导下,"广西师范大学公共文化服务志愿者协会"于2013年6月6日正式成立,协会的指导教师全是具有博士学位的副教授或教授,协会全体成员都是在校的本科生或研究生,他们分别来自文学院、音乐学院、美术学院等。2013年启动实施,主要以广西师范大学"公共文化服务体系建设研究团队"及"广西师范大学公共文化服务志愿者协会"为依托,实施"文化志愿者进'三馆(公共图书馆、文化馆、博物馆)'入社区"活动。

"情暖乡村同欢乐"广西文化惠民志愿服务活动 该项目被文化部表彰为2013年基层文化志愿服务示范项目。由广西北海市群众艺术馆组织实施。文化志愿者北海市分中心现有9个支中心,3个服务站,22个服务点,志愿者364人。2013年,北海市群众艺术馆整合公共文化艺术资源,面向基层、贴近生活、服务群众,以文化志愿者为骨干力量,组织形式多样的文化志愿服务活动。主要包括:"大舞台"送欢乐到乡村、"大讲堂"传授知识圆梦想、"大展台"展示美丽北海。

广西博物馆儿童导览服务
2013年6月1日,广西博物馆推出"儿童导览伴你游"特色服务。"儿童导览伴你游"由儿童导览手册和儿童语音导览两部分组成。走进广西博物馆,小朋友便可以从资料架上拿到属于自己的导览手册,手册内容包括在博物馆参观的基本要求、精选文物的介绍、文物小常识,还有知识问答。也可以选择免费租用儿童语音导览器。广西博物馆特地收集平常深受小朋友们感兴趣的相关问题,专门编写面向少年儿童的导览讲解词,并由博物馆的小讲解员进行语音录制。"儿童导览伴你游"导览服务的推出,旨在加强少年儿童对馆藏文物的深入了解,提高他们对历史文化知识的学习兴趣,使其更加喜爱博物馆。

广西"村村通"长效机制 2012年3月19日,广西壮族自治区人民政府办公厅转发自治区广电局、发展改革委、财政厅、物价局《关于建立健全20户以上自然村村村通广播电视长效机制的实施意见》。旨在根据《国务院办公厅关于进一步做好新时期广播电视村村通工作的通知》和国家发展改革委、财政部、广电总局《关于印发"十一五"全国广播电视村村通工程建设规划的通知》精神,建立20户以上自然村村村通广播电视长效机制,确保村村通实现"长期通"。基本原则是,明确公益性、坚持服务性、突出时效性、管理科学化,形成以政府为主导,政府和用户共同出资,各级广电部门实施监管,广电网络公司负责运营,让农民用户受益的广播电视村村通长效机制新格局。工作目标是,通过搭建稳定、高效、畅通的维护管理平台,确保农户能够按照村村通的建设标准正常收听收看到境内卫星广播电视节目,全区年平均故障率不超过设备总量的1%。经费来源:从2012年起的3年内,自治区财政按村村通用户每户10元的补助标准,每年拨付1000万元作为维护经费;村村通受益农户在维修设备时,每次应支付一定比例的维修成本费。从2012年6月起的3年内,政府对每套设备的维修补助的比例应逐年下降,农民出资的维修费比例应逐年提高。自治区广电局作为牵头单位,负责全区长效机制的建立、运营、监督管理工作,自治区发展改革、财政部门负责筹措维护经费,各级物价部门行使物价监督管理职责;各市、县(市、区)广电部门负责本辖区内长效机制的监督管理。广西广电网络公司是长效机制的实施主体,负责对接国家直播卫星管理中心,向生产厂家定购零配件,负责全区各地故障设备的收集、运送、维修等工作。乡镇文化广播电视站是长效机制的基础,协助广电网络公司做好长效机制的宣传工作,负责故障设备的收集、送返、登记造册、汇总上报等工作。20户以下自然村村村通广播电视长效机制参照建立。

广西南宁"运动周末——环南宁运动休闲圈" 2012年12月,广西体育局与广西旅游局为了推动体育与旅游结合,打造运动休闲新型业态,联手打造"运动周末——环南宁运动休闲圈",为广大群众提供一个新的参与健身休闲的途径。"环南宁运动休闲圈"主打"周末休闲,运动健身"的生活方式,以南宁市区为中心,自驾车一小时车程(120公里)为半径,融合了南宁市周边17个县(区)的山水、文化、农业和体育资源,构建一个集旅游、游客健身、休闲体验为一体的运动休闲旅游产业圈。在圈内,游客不仅可以品味当地优美的自然风光,还能参与徒步、骑马、自行车、水上运动、航空运动等数十种不同的休闲健身方式。同时,广西体育局还编制了《运动周末——环南宁运动休闲活动指南》,推荐"圈内"运动休闲的最佳场所以及运动攻略,并免费向公众发放,方便市民出行健身休闲。

广西国家民族传统体育保护传承示范区建设 广西自治区人民政府于2013年10月正式启动创

建工作。拟于 2016 年 12 月完成创建后，向国家体育总局、国家民委申请命名"国家民族传统体育保护传承示范区"。旨在传承发展民族民间体育，继承和弘扬民族传统体育文化，加快民族文化体育强区建设。指导思想是，贯彻落实国家文化体制改革与民族文化保护战略部署，坚持保护传承民族传统体育文化和满足人民群众健身需求，以政府为主导，以少数民族地区为重点，重视民族民间传统体育项目的发掘整理和传播推广，广泛开展民族传统体育教育宣传，举办民族民间传统体育项目展示和竞赛活动，促进民族地区间的交流，弘扬民族传统体育文化，推动民族传统体育保护、传承、科学发展。目标任务是，到 2016 年，民族传统体育保护传承基础设施进一步完善，传统体育资源的发掘与保护、传承与发展形成比较健全的制度体系、较完善的经费保障体系，创建一批示范基地，培育一批示范项目，经常性开展民族传统体育赛事活动，建立健全民族传统体育保护传承管理长效机制。主要任务是，改造和新建场馆，完善基础设施建设；完善制度建设，形成管理长效机制；加快组织建设，建立健全保护传承体系；加大人才培养力度，提供人才支撑；加快示范项目建设，以项目促创建；打造精品赛事活动，建立保护传承运行平台。

海南省澄迈县"家庭图书馆"
澄迈县在创建第一批国家公共文化服务体系示范区中，因势利导，鼓励和扶持"家庭图书馆"。对群众拥有社科类图书 300 种以上并愿意参与公共文化服务的家庭，每户给予一次性 5000 元的奖励资金，并在后续免费开放服务中，继续实行政府支持。

海南"书香润琼州"活动　该项目被文化部表彰为 2013 年全国基层文化志愿服务示范项目。由海南省图书馆于 2013 年实施。志愿服务主要活动包括：在海南省图书馆举办"少儿免费兴趣课堂"；利用图书馆的有利条件，深入基层、深入学校捐赠图书；为海南（海口）特殊教育学校盲部学生举办"文化助残送书进校"读书活动。

海南省东西南北中广场文艺会演 该项目荣获2010年第十五届项目类"群星奖"。2001年由中共海南省委宣传部和海南省文化广电出版体育厅共同发起组织，每年举办一次。全省18个市县按区域划分为东西南北中五个片区，每个片区3～4个市县，片区内各市县轮流承办会演。由省文体厅组织专家进行评选，从片区会演节目中评选出优秀节目，结合重大节庆活动举办全省展演和颁奖仪式。在全省东、西、南、北、中广场文艺会演的带动下，各市县普遍开展各类形式的广场文化活动，一些市县每年安排10场以上的广场文化活动，有的市县达20多场。

海南省群艺大舞台 该项目荣获2013年第十届中国艺术节项目类"群星奖"。创办于2002年。每年举办一次。由省文体厅主办。

是全省品牌群众活动，省群艺馆在春节期间采取巡回演出的形式，每年深入黎村苗寨演出1～2场，把丰富多彩的文艺节目送到全省市县各乡镇，丰富广大群众的文化生活。

海南海口市万春会 该项目荣获2013年第十届中国艺术节项目类"群星奖"。海口"万春会"是由海口市政府创办，万民同心参与的迎新春年会。创办于2006年。每年一届。一年一个主题。时间从大年初一至元宵节。

海南海口市社区文艺辅导员培训班 该项目被文化部表彰为2012年全国基层文化志愿服务活动优秀项目。由海南省海口市群众艺术馆组织实施。海口市自2006年启动社区文艺辅导员培训以来，每年举办一期培训班，到2013年已培训2000多人，学员们在海口市各基层组建起68个文艺队伍，有3300多人参与队伍活动，大大提升了社区基层群众的业余文化生活。

海南省澄迈县"老爸文化茶亭"

老爸茶是海南的传统特色茶。2012年5月澄迈县建设"老爸文化茶亭",向位置好、人员流动大的民营茶馆赠送书报、电视机,还帮助其装修,与茶馆签订公共文化免费开放服务协议,组织开展娱乐活动。澄迈把海南传统老爸茶店与农家书屋有机结合,形成"文化茶亭",既提高了公共文化资源使用率,又尊重了地方民俗特点。

海南陵水黎族自治县群众文化活动

是文化部、财政部第一批国家公共文化服务体系示范项目。以全县群众文化活动中最突出的"广场文化活动"这一亮点为主线,在县城打造"欢乐陵河文化"品牌,通过以点带面、辐射带动,在乡镇、村(社区)普及"欢乐广场天天练、夜夜舞、月月演"活动,从而实现活动的普及化、常态化,推动全县群众文化活动示范项目的一体化开展。

海南"欢乐陵河"广场文化活动

该项目荣获2013年第十届中国艺术节项目类"群星奖"。陵水黎族自治县先后投入资金3亿多元,在县城兴建占地103亩,包括群众大舞台、游乐场、健身路径在内的文化广场;并在文化广场内建成一幢5208平方米的文化综合大楼,内设有文体局、文化馆、图书馆、民族歌舞团、宣传文化培训中心、文化信息资源共享工程陵水支中心、展览厅等公共文化服务设施;还在文化广场的西侧划地113.8亩,兴建一个近万人座位具有国家标准的海航体育场、3000个座位的雅居乐体育馆、900个座位的游泳场以及室外篮球场、排球场、网球场、门球场的体育广场。陵水黎族自治县借助第一批国家公共文化服务体系示范项目的创建,整合资源,注重引导群众开展喜闻乐见的文娱活动。对活动区域进行合理划分,将文化广场划分为四个方块,即民族舞方块、民乐演奏方块、健身舞方块、街舞和演出方块;将体育广场划分为太极剑、太极拳方块。群众可按兴趣爱好的不同，选择不同的方块参与活动。

海南省建设工会农民工文化服务 该项目被文化部表彰为2012年农民工文化服务示范项目。海南省建设工会是主管全省建设系统工会工作的部门。主要为农民工服务的内容是：办好农民工业余学校，积极推进农民工队伍整体素质的提高；开展文体活动，丰富农民工文化生活；增强农民工法律意识，提高农民工自身素质；深入开展"安康杯"和保障性安居工程劳动竞赛活动，提高广大农民工的安全意识。

海南"广场排舞大家跳"活动
该项目被文化部表彰为2013年全国基层文化志愿服务示范项目。由海口市群众艺术馆于2013年组织实施。主要是在市区和乡镇举办流动性的广场排舞大家跳活动，根据不同地域的群众广场舞蹈水平，精心编排内容不同、形式多样的广场排舞身韵组合和基本技能传授给市民，打造成广场排舞的示范点，带动周围区域文化广场群众排舞活动的发展。广场排舞大家跳，包括民族舞、欢乐舞、爵士舞、恰恰舞等，排舞的创作、编排均由海口市群众艺术馆舞蹈老师担任志愿者，每周固定两个晚上，用两个小时左右的时间，亲自带领广大舞蹈爱好者跳广场排舞。一个广场示范点一般连续举办20场左右。

重庆农民工日文化活动 创设于2007年，并规定每年11月的第一个周日为农民工日。每年农民工日都要开展各类文化活动。主要活动有举行农民工文艺专场演出、给农民工免费办理借阅证、给农民工及其子女捐赠图书、开展农民工电脑知识免费培训、开展农民工电影专场放映、发放各类政策及法律资料等。

西南大学公共文化管理在职研究生班 为了给政府部门及非政府公共文化机构培养宽口径、复合式、应用型高层次专业化管理人才,培养具有较高分析和解决公共文化管理问题的实际技能,适应公共文化发展的需要,2013年9月西南大学政治与公共管理学院开办了公共文化管理在职研究生课程班。主要研究方向为公共文化管理。学制2年。开设的专业课程有公共文化服务概论、图书馆政策与管理、文化馆(站)政策与管理、非物质文化遗产保护、公共数字文化政策与管理、社区公共文化服务、公共文化创新案例评析、公共文化文献资源检索与利用等方向课程。

重庆市少年儿童图书馆少儿阅读活动 该项目荣获2007年第十四届"群星奖"服务奖。自2009年起将原来多个少儿读书活动归并,并取名为"红岩少年读书活动",由中共重庆市委宣传部、市精神文明办、市教委、市文化广电局、市新闻出版局、团市委、市少工委联合主办,市少年儿童图书馆承办,各区县(自治县)党委宣传部牵头,区县(自治县)文广新局组织,文明办、教委、团委、少工委协助,区县图书馆具体实施。每年举办一次。每年根据当年的时政热点,确定一个活动主题。读书活动由网络知识竞赛和讲故事大赛两部分组成。

重庆市少年儿童爱心图书接力服务活动 该项目荣获2010年第十五届项目类"群星奖"。本活动由重庆市文化广播电视局组织,重庆市少年儿童图书馆具体承办,于2008年正式启动。活动旨在更好地发挥市少儿图书馆和主城区图书馆的作用,对三峡库区和渝东南少数民族地区实行文化扶持,缓解区县图书馆由于购书经费严重不足造成的少年儿童"读书难"问题,推动构建覆盖城乡、惠及全民的公共文化服务体系。同时,加强对广大未成年人的思想道德建设和文化知识教育。活动方式为重庆市少儿馆牵头与9个主城区图书馆结为爱心馆,捐赠部分爱心图书,与远郊27个区县(自治县)公共图书馆提供的图书,整合在一起,为4个小组,在远郊区县(自治县)图书馆进行爱心接力传递,实现资源共享。

重庆市少年儿童图书馆"小小义工真能干"活动 该项目被文化部表彰为2012年全国基层文化志愿服务活动优秀项目。由重庆市少年儿童图书馆于2000年实施。每年每个寒暑假期间都组织"小小义工真能干"活动。为了更好地对"小义工"进行规范管理,制定了《志愿者、义工招募管理办法》,对"小义工"组织培训,实现挂牌上岗,实施"小义工"考勤。

重庆九龙坡"喜悦"文化志愿服务行动 该项目被文化部表彰为2013年全国基层文化志愿服务示范项目。由重庆市九龙坡区图书馆于2009年实施。组建60余人的文化志愿者队伍,下设"乐乐青年团"、"助残天使团"、"书香到家"夕阳服务团、"书香"流动小队、"护苗教师团"、"爱家联线队"、"青苗帮帮团"等志愿服务小分队,以适应全区群众不同年龄、层次的文化需求。志愿服务主要内容:"新书编目上架";"助残文化活动";"为老年人送书";开展图书服务进广场;教师志愿服务活动;开展农民工网络培训和为农民工返乡订票服务;提供"手机图书馆"使用服务等。

重庆图书馆志愿者之家 该项目被文化部表彰为2013年全国基层文化志愿服务示范项目。由重庆图书馆于2010年实施。"重庆图书馆志愿者之家"是以"文化惠民　阅读推广"为主题,开展特殊群体帮扶和读者服务的系列志愿者活动。有馆内职工、中小学生、大学生、专家教授、外国留学生、离退休老年人等志愿者500余人,设有重庆理工大学、重庆邮电大学、重庆工商大学3个大学生志愿者服务基地。志愿服务主要内容:周末故事会——故事姐姐伴我成长;蒲公英梦想书屋——放飞留守儿童梦想;农民工服务联盟——帮助农民工实现城市梦;志愿者多样化服务平台——关爱特殊人群。

重庆沙坪坝区民间故事会 亦称黄葛树下龙门阵。该项目荣获2013年第十届中国艺术节项目类"群星奖"。创办于1958年。由当时的著名评书艺术家程梓贤在磁器口开讲。随着程梓贤到文化馆工作,这个活动一直延续下来。讲故事的演员中,有老艺术家和专业演员,也有企业的工人、社区的群众、学校的老师、学生,甚至有来自乡村的农民。半个多世纪以来,已举办周末和节假日故事会4000余场次,讲故事5000余个。并依托沙坪坝区民间故事会这个平台,从1988年开始举办沙坪坝区少儿故事比赛,每年举办一届,发掘和培养了众多的故事后备人才,同时也丰富了同学们的暑期生活。

重庆合川儿童画进校园 该项目荣获2013年第十届中国艺术节项目类"群星奖"。是合川区的"城市名片",合川儿童画最初起源于20世纪50年代的少儿美术活动,在70年代中后期得到进一步发展。在合川文化馆的带动和影响下,城区各小学在美术教学基础上,纷纷开办儿童画创作兴趣小组。1984年5月,原合川县委宣传部、县文化局、县教委、县文化馆举办合川首届少儿书画现场赛,城区近100名小学生参加比赛。截至2013年合川已连续举办26届儿童画现场赛,参赛学校由最初的10余所发展到现在的60余所,参赛人员由最初的100余人增加到现在的3000余人。同时,有40余所学校每年坚持举办小学生艺术节并开展儿童画现场比赛,参加比赛学生达6万人次。全区共举办常年性儿童画辅导培训班82个,每年参加培训的学生近万人,每年创作儿童画4000余幅。近60年来,合川儿童画进校园活动,让数十万儿童直接受益。合川儿童画形式十分丰富,其中包括版画、水彩画、中国画、泥塑、粘贴、竹条穿编、儿童素描等,题材以表现农业生产、校园环境、家庭生活、自然风光及动植物等为主。按照"规范＋特色"办学要求,合川区教委把儿童画进校园活动纳入年度教学大纲,要求每周不少于一堂儿童画创作课,将儿童画教学与学校教学质量考评挂钩,同时对获奖的学生及指导老师寄予精神和物质奖励。每所学校由美术骨干教师兼任儿童画辅导教师,全区共有专兼职儿童画教师100余名。大力实施儿童画辅导人才队伍素质提升工程,并将此项工程纳入区委组织部2012年度及2013年度人才项目。坚持开展儿童画现场比赛,参加和联合举办国内外儿童画比赛、展览与交流活动。每两年举办一届儿童画艺术节。

重庆市美术书法摄影联展
1987年由当时的长寿县、江北县、垫江县、涪陵市文化部门发起,主要拍摄农村题材,在四县市轮流展出。1997年重庆市直辖后,在四县市轮流展出的基础上,设立重庆市三峡艺术摄影联展,每年一届。2011年第十五届开始,改为每两年一届。同时,扩展为美术书法摄影联展。每次联展都在全市区县(自治县)巡回展出,每个区县展出5天左右。

重庆市北碚区"文化村村行"服务工程 创办于2001年,由原北碚区文化局主办,北碚区文化馆具体组织实施。始终坚持树立"文化为基层服务、文化为农村服务"的理念,采取文化大物流的方式,将文艺演出、辅导培训、艺术展览、文艺资料等文化服务送到农村院坝、田间地头,丰富活跃农村文化生活。同时,利用城市优厚资源与人才优势,搭建城乡互动的平台,培养农民对文化艺术的兴趣,逐步让农民由台下观众,成为农村文化活动的参与者和组织者,成为建设社会主义新农村文化建设的主体,实现了"送文化"和"神文化"的有机结合。每年组织送文化下镇、村、社演出不少于60场次,截至2014年2月,累计已达到780余场次,赠送文艺教学光盘500张、赠送文艺资料6000余册,直接受众近40余万人次。经过多年的精心培育打造，已经成为北碚区统筹城乡文化协调发展、构建完善公共文化服务体系的群众文化品牌、免费开放公共文化特色项目之一。

重庆市渝中区解放碑 CBD 周末音乐会 该项目荣获 2007 年第十四届"群星奖"服务奖。由中共渝中区委、渝中区人民政府主办。自 2003 年 10 月 30 日举办首场以来，截至 2013 年底已经成功举办 381 场。音乐会始终遵循"让时尚艺术贴近百姓、让高雅艺术走进市民、让异域文化走进中国、让社区文化全面普及、让企业文化得以拓展、让传统文化融入时尚"的宗旨。

"渝州大舞台"重庆市城乡文化互动工程 于 2006 年秋季启动实施。主要包括城市文化下乡和农村文化进城两个部分。每年结合全市农村农事安排，城市文化下乡集中在每年春、秋两季进行，农村文化进城集中在每年秋季进行。旨在丰富人们精神文化生活，缩小城市与农村文化差距，推动城乡精神文明建设统筹发展。

重庆市渝中区"农民工夜校" 创办于 2006 年。由智谷文化机构倡议，由第十七届全国书市（全国图书交易博览会）组委会担纲。首个"重庆农民工夜校（渝中区分校）"由重庆解放碑 CBD 建设指挥部、重庆渝中区创意产业发展办公室、重庆文化创意产业协会、重庆洪崖洞、重庆新华书店集团公司重庆书城、重庆笛女广告、重庆南方人才培训学校、书博会文化创意大讲堂共同支持而开办，具体承办单位为智谷文化机构与重庆南方人才培训学校。首个"重庆农民工夜校（渝中区分校）"场地设备由智谷与南方人才学校提供；首批农民工学员教材由笛女广告公司赞助；学员的文具由重庆书城赞助提供；教师由智谷与南方人才学校共同提供，义务教师均要求实际文化水平达到初中教师能力（在校大学生、企业在职管理层、政府公务员、社会公益人士均可自动申请）。"重庆农民工夜校"每班农民工学员为 80 人左右。每周一、三、五、日四个晚上开课。每班人员以季为单位对农民工进行分批免费培训教育，每季总课时 48 个课时，一年四个季度班，长期持续。教授的内容包括：文化课程、创业课程、农民工进城辅导、特邀嘉宾演讲四大类。

中国重庆文化艺术节 由中共重庆市委、重庆市人民政府主办，中共重庆市委宣传部、重庆市文化广播电视局、重庆市文学艺术界联合会承办，是重庆市最高层级的综合性文化艺术盛会。创设于 2007 年 6 月，每两年一届。以"艺术的盛会、人民的节日"为立节宗旨，以"彰显巴渝神韵、推动文化繁荣"为目标方向，以"文化惠民、艺术悦人；提升城市文化品质、拓展文化对外交流"为基本诉求，大力提升公共文化服务水平、大力促进文化艺术创新发展、大力推动文化艺术基础建设。中国重庆文化艺术节立足重庆实际，积极探索"政府主导、社会参与、市场化运作"的展节运行模式，初步确立以文化论坛、精品展演、群文活动、展会交易、艺术比赛和"节中节"为基本单元的策展结构方式，初步形成以剧目展演、艺术展览、会议论坛、节中节等活动板块为支撑的内容框架。旨在通过文化艺术节的平台和窗口，展示重庆经济社会发展的最新成就，展现重庆文化艺术与时俱进的最新成果。

重庆市戏剧曲艺大赛 创办于 2008 年，每两年一届，原名"重庆市小品大赛"。从 2014 年第四届改为戏剧曲艺大赛。

重庆观音桥广场文化之声 该项目荣获 2010 年第十五届项目类"群星奖"。为提升观音桥广场文化氛围，打造重庆著名文化街，丰富人民群众的文化生活，重庆市江北区决定从 2009 年 6 月 28 日开始，每周日在江北区观音桥步行街常年举办"江北观音桥广场文化之声"群众文化活动。活动于每周日 12：00—22：00 在观音桥广场进行常态、日常性演出及展览。该活动以群众参与为主体,通过通俗为主的多种文艺活动形式,展现重庆本土文化,以及重庆优秀传统文化等的传承与发展。

重庆市社区文化"建设配套费计划" 为贯彻落实2007年8月中共中央办公厅、国务院办公厅《关于加强公共文化服务体系建设的若干意见》提出的"从城市住房开发投资中提取1%,用于社区公共文化设施建设"的精神,重庆市在充分调研的基础上,决定在重庆主城九区从2010年开始,在城市建设配套费中每1平方米提取4元设立社区文化建设专项;远郊31个区县(自治县)参照执行。由此,推动了全市街道综合文化站达标建设(每个街道综合文化站不少于600平方米)、主城九区社区文化室标准化建设(每个社区100平方米左右),以及全市街道综合站参照国家对乡镇综合文化站补助标准和绩效评价奖励资金的做法,同步免费开放、同步绩效评价街道综合文化站。

重庆市涪陵区扶持民间文艺表演团体 2008年以来,为满足全区人民群众精神文化生活需求,维护人民群众基本文化权益,涪陵区大力培育民间文艺表演团体。全区现有文艺表演团体100多支,其中城区10支,农村90支,长期深入广场、社区、农村、院坝,开展节庆公益性演出和农村红白喜事等营业性演出。涪陵区委下发《加强公共文化服务体系建设的意见》要求各乡镇(街道)把所属区域内的民间文艺表演团体组织起来,成立乡镇(街道)民间文艺表演团体。对重新组建的乡镇(街道)民间文艺表演团体,明确由乡镇(街道)的文化体育服务中心负责区域内民间文艺表演团体的管理。统筹安排活动时间,组织公益性政策宣传、送戏下基层等活动。指导民间文艺表演团体创作一些贴近社区、农村,贴近生产生活的剧目。在参加公益性演出时,采取政府购买,并纳入微型企业予以支持。按照国务院《营业性演出管理条例》的有关规定，开展了对民间文艺表演团体的注册登记、监督管理，规范净化文化演出市场。注重加强对民间文艺表演团体的业务指导培训、开展交流。开展民间文艺表演团体"星级"评定活动和每两年表彰一批"服务农民、服务基层"优秀民间文艺表演团体，持续推进全区民间文艺表演团体健康有序发展。

重庆市"三十佳"评选 由重庆市文化广播电视局主办。创办于2009年。每两年开展一次。即评选十佳特色文化广场、十佳特色文化社区、十佳特色文化校园。旨在充分调动社会各方共同兴办公共文化。

重庆演出季 由中共重庆市委宣传部、重庆市文化广播电视局主办，由重庆演艺集团等单位承办。创办于2010年。每两年一届。每年一个主题。旨在在广大演艺团体、演出经纪机构和演出消费单位三者之间，搭建起一个良好的信息交流平台和作品展示平台，繁荣重庆演艺市场，推动文化产品、文化项目交易与合作。活动采用"政府扶持、市场运作、企业赞助、社会参与"的活动运作原则，统一搭建起重庆演出季活动平台，全市演出经营机构运营的国内外优秀剧节目和本市专业艺术院团排演的优秀剧节目均可参加申报。主办方对纳入演出的剧目进行严格筛选审核，并明确对市场运作规范、具备优秀艺术价值、落实参演要求良好的参演剧目可以"购买服务"的方式实施补贴；同时，要求两年内来渝演出过的项目原则上不再组织等。为让更多的市民能看到优秀舞台剧演出，着重推行走中低票价路线，适当降低票价让利市民，强调纳入的参演剧目每场需推出总票数20%的低价惠民票，低价惠民票要求国内外优秀剧目单张票价不得超过100元，本市优秀剧目单张票价不得超过50元。为培养市民文化消费意识，演出季将一律取消赠票，主办方也不向运营单位索票。

中国西部重庆交响乐周 由文化部、重庆市政府主办,文化部艺术司、重庆市文化广播电视局承办。创办于2010年。每三年举办一届。西部交响乐周采取低票价政策,并走进广场、学校、社区,目的在于让更多市民走进剧场感受高雅艺术。

重庆市基层文化队伍培训 为贯彻落实2010年11月文化部在云南省昆明市召开的全国基层文化队伍培训工作会议精神,2011年1月重庆市文化广播电视局制定出台《重庆市"十二五"基层文化队伍培训工作规划》,重庆市财政设立基层文化队伍培训专项经费。培训目标是:以发展壮大区县(自治县)、乡镇(街道)、村(社区)三级基层文化队伍为主要目标,从根本上解决全市公共文化服务人才紧缺问题,全面提升重庆市公共文化服务水平和文化产品供给能力,实现管理人员、业务人员、村(居)文化活动室专兼职人员、业余文艺骨干队伍培训全覆盖。实行分级培训,市级文化行政部门负责组织教材编写、建设远程培训平台,以及负责区县(自治县)管理人员、区县(自治县)师资、区县(自治县)业务人员及乡镇(街道)文化专干的综合性培训,组织技能大赛和培训考试;区县(自治县)文化行政部门负责组织乡镇(街道)文化队伍和村(居)文化专兼职人员、业余文艺骨干业务培训;乡镇负责村(居)专兼职人员和业余文艺骨干业务培训。同时,将基层文化队伍培训情况纳入职称评定和评先选优刚性条件。

重庆市大渡口区文化馆总分馆制建设 是文化部、财政部第一批国家公共文化服务体系示范项目。总体思路是,坚持建设、管理、服务"三个一体化",健全区、街镇、村社"三级网络",打造学习、康乐、精神"三个家园";基本特征是,镇(街)将综合文化馆的人、财、物及业务工作以协议的方式委托总馆经营管理,以及总馆与分馆实现网点布局、设施营运、文化服务、标准规范、管理平台"八个统一";总体目标是,按照"一个总馆+多个分馆+若干服务点"的模式建设总分馆集群,让分馆成为总馆的有机组成部分,让若干基层服务点成为分馆的延伸补充,逐步达到基础设施标准化、文化资源共享化、服务体系网络化、公共服务均等化。

重庆市南川区文化中心户标准化建设 是文化部、财政部第一批国家公共文化服务体系示范项目。按照《文化中心户标准化建设示范项目创建工作总体规划》,按规划全区每个行政村布局3个以上文化中心户,到2013年8月底,全区185个行政村的660个文化中心户全面达到"一屋一室一场一橱窗"(即图书屋、文化娱乐室、球场或乒乓球台、阅报橱窗)硬件建设标准;明确区级各部门联系2个行政村、指导帮扶6个文化中心户。同时,提出文化中心户建设"五标准":一是爱党、爱国、爱社会主义;二是热心公益,支持文化;三是相对集中,环境卫生,有活动场所;四是素养较高、邻里和睦;五是实力较强,有商店、农家乐。在建设中,按照"集中力量、重点突破、典型示范、以点带面"的思路,结合精品旅游线路、星级农家乐、巴渝民居建设等因素,注重与有条件的农家乐结合、与有文化特长和爱好的能手结合、与农民新村和敬老院结合、与农业专业大户结合,实现文化中心户的可持续发展。针对每个文化中心户的特点,通过分类设置、建档立卡等方式,对文化中心户实施分类管理、分类扶持、分类考核。每年举办一次文化中心户文艺节日调演,组建一批贴近群众的文艺表演队,命名一批腰鼓队、小剧社、小乐队;坚持每月对文化中心户进行回访,及时了解活动开展情况,解决各类问题。要求各中心户在开展活动时将活动时间、内容、参加人员、取得的效果等登记备案,做到有据可查。定期邀请农业、司法、文化等方面专家对各类中心户主进行培训;每季度以乡镇为单位组织一次中心户户主集中活动,通过组织读书看报、科技成果交流、致富能人授课等活动,提高户主综合素质。

重庆"快乐星期六"文化志愿服务活动 该项目被文化部表彰为2013年全国基层文化志愿服务示范项目。2012年,由开县文广新局牵头,整合社会资源,形成以县文化馆为文化志愿骨干,面向全县广泛招募的120名政治素质好,具有声乐、舞蹈、美术等文艺人才的志愿者队伍为成员,创办"快乐星期六"文化志愿项目,每周星期六固定为县内农民工子女免费进行艺术培训,其余时间根据活动统筹安排。截至2013年底,共有近4万人次农民工子女接受文化志愿服务。

重庆市社区文化节 创办于2012年,每年一届。以社区文化建设为重点,主要内容有:广场舞大赛、合唱比赛、歌手大赛、书画摄影展、社区生活摄影展、惠民电影展映、家庭才艺展示、民间文艺团队才艺比赛、非物质文化遗产展览等文化活动。旨在推动开展群众性的文艺活动,以群众自我表现、自我服务为主要形式,弘扬先进文化,倡导文化美德,展现社区群众的精神风貌。

重庆市渝中区"十分钟公共文化服务圈" 渝中区在创建第一批国家公共文化服务体系示范区中,按照"区域标志性、区级示范性、地区综合性、社区便捷性"的四级圈层构架,全力推进"十分钟公共文化服务圈"的硬件设施建设。区域标志性文化设施是指区域内市属文化企事业单位的大型标志性场馆设施;区级示范性文化设施是指区属文化企事业单位的大型示范性场馆设施;地区综合性文化设施是渝中区因地制宜提出的地区性文化中心;社区便捷性文化设施是指设立在街道、社区居委会,为社区居民提供便捷服务的文化设施。10分钟公共文化服务圈,是指居民从家中出发步行10分钟内,就能在辖区找到合适的文化活动场所;从全区任意一点出发乘坐公共交通工具10分钟内就能到达区域性综合文化设施;从全区任意一点出发驾驶交通工具10分钟内就能到达市、区大型文化设施,参与文化活动,享受文化服务。

重庆市渝中区"文化大礼包" 渝中区在创建第一批国家公共文化服务体系示范区中,2012年探索出新春送"文化大礼包"活动。每年开展一次。2012年大礼包中,既有春联、福字、剪纸窗花、红包袋等传统新春礼物,又有热播的电视剧《失踪的上清寺》正版碟片、惠民电影票,以及图书馆读书卡、信息共享工程的电脑培训卡,还有《公共文化服务指南》《曾家岩红岩村抗战文化走廊旅游指引》《最重庆》杂志抗战文化专刊等文化礼品。旨在让渝中居民共享文化发展成果,享受丰富多彩的文化服务,营造出祥和喜庆的新春氛围。

重庆市渝中区"幸福社区 邻里如亲"社区邻里节 创办于2012年5月。每年举办一届。主要围绕"邻里学、邻里情、邻里帮、邻里乐、邻里安、邻里颂"举办家庭厨艺大比拼、文艺专场演出、主题歌歌词征集等系列活动,用居民喜闻乐见的形式,加强沟通了解,缩短心与心之间的距离。邻里学,即:提升素质行动,充分利用市民文明学校、社区党校、家长学校等教育平台,广泛开展形式多样的学习教育活动;邻里情,即沟通联谊行动,确定5月20日为渝中区"邻居节",开展"敲门日"等活动,并开展《邻里公约》征集活动;邻里帮,即互助关爱行动,针对空巢老人、单亲子女、农民工等特殊群体,组织邻里结对"一助一"帮扶活动;邻里乐,即文体联谊行动,每年确定一个主题,搭建"邻里大家乐"风采展示活动平台,组织举办竞技表演、书画展、手工秀等活动;邻里安,即平安和谐行动,开展平安创建活动,加强各类应急救助措施;邻里颂,即:典型评选活动,组织举办"邻里之星"评选活动,树立居民学习榜样。

重庆南川区乡村"小舞台"
2012年10月南川区文广新局利用中央补助地方农村文化建设专项资金,试行开展"乡村小舞台"送戏到村演出活动,演出团队主要来自于各乡镇当地民间艺术团队,演出内容穿插法律、治安、反邪、禁毒、计生、消防、交通等政策和知识,表演形式采用群众喜闻乐见的歌舞、小品、快板、方言等,深受群众好评。2013年在全区全面推行。

重庆市綦江区小小坝坝舞
2012年来,綦江区委区府努力探索以群众坝坝舞为载体,加强城乡融合,推进精神文明建设,丰富空巢老人、留守妇女儿童等精神文化生活。主要做法是:(1)把坝坝舞工作列入年度宣传文化工作计划,建立宣传文化部门牵头、多部门参与、文化馆统揽辅导的运行网络;开展坝坝舞队伍"五有"(有队伍、有阵地、有设备、有辅导、有平台)达标建设,出台坝坝舞公约。(2)构建文化馆专业干部业务指导、综合文化站文化干部定期辅导、村居文化指导员日常培训,院坝楼栋坝坝舞志愿者天天训练的培训网路。(3)引导成立坝坝舞协会,开放体育场、公共设施广场及企事业单位闲置的院坝,开展主题性舞曲普及活动,举办坝坝舞大赛。(4)出台坝坝舞考核意见,把村居坝坝舞建设作为对各街镇宣传文化工作考核重要内容。出台"星级"坝坝舞团队评选办法,每年命名表彰坝坝舞示范点、优秀志愿者、优秀原创坝坝舞节目。每年镇、村(居)各类与坝坝舞展示交流活动相关的文艺活动1258场次,惠及群众56万人。

重庆市政府向社会力量购买公共演出服务 为深入贯彻落实党的十八大、十八届三中全会、全国文化体制改革工作会议,以及《国务院办公厅关于政府向社会力量购买服务的指导意见》精神,结合重庆文化工作实际,重庆市文化委员会、重庆市财政局拟定了《政府向社会力量购买公共演出服务实施意见》。《意见》指出:政府向社会力量购买公共演出服务的工作导向是,内容主题导向、群众需求导向、基本服务导向、问题出发向、多元供给导向、分级采购导向。购买主体是:重庆市文化委员会、各区县(自治县)文广新局或经上述单位授权的相关部门。承接主体是:具有承接条件的市级专业艺术表演团体、区县(自治县)艺术表演团体、民营艺术表演团体、民间文艺团队,以及高校、群团组织、部队的艺术表演院团等。同时,也可由符合条件的多个团体联合组成新的团体,但需由一个团体作为牵头承接主体。购买方式是,由政府出资向社会力量购买公共演出服务;公共演出服务不同于一般的商品购买,既要符合文化发展规律,又要尊重政府相关采购规定,可以实行公开招标、邀请招标、竞争性谈判、单一来源、询价方式确定承接主体。购买内容是:原则上是购买演出节目,而不是购买演出团队。配送标准是:从2014年开始,原则上一个区县(自治县)每年配送12场;乡镇(街道)每年配送6场;村(社区)每年配送4场。按照"量力而行、分类指导"的原则,可以分步配送,先配送区县(自治县)及行政村的公共演出。配送区域是:购买的市级专业艺术表演院团的公共演出,原则上主要配送到区县(自治县)政府所在地,适当配送到乡镇(街道)政府所在地;购买的区县(自治县)专业艺术表演院团、民营艺术表演团体的公共演出,原则上主要配送到乡镇(街道)政府所在地,适当配送到行政村(社区);购买的民间文艺团队的公共演出,原则上主要配送到行政村(社区)。配送时间是:原则上安排在重大节假日、重大庆典活动期间进行演出;乡镇(街道)一般应安排在赶场天演出;农村一般应安排在农闲时间及节假日演出;所有演出要选择便于群众集中参加的场所进行。实施程序是:编制下达公共演出服务计划,制定招标文本及发布招标信息,组织演出团体报名及资格审查,按照法定程序确定承接主体,确认演出场次及演出档期,按规定划拨演出经费,进行公共演出服务绩效考评。每年由重庆市文化委员会、重庆市财政局开展政府向社会力量购买公共演出"十佳原创作品"、"十佳演出团队"、"十佳演员"评选表彰,充分调动社会力量参与公共文化服务的积极性。

重庆市公共文化物联网服务 是指为了满足广大人民群众的基本文化需求,通过现代科技手段,在全市搭建统一的服务平台,整合各方公共文化资源,以需求为导向,实行"菜单式"和分层级供给,以文化志愿服务的方式,配送公共文化产品的全过程。开展公共文化物联网服务,是从完善全市公共文化服务网络,增加公共文化产品总量,有效解决公共文化工作力量薄弱,提高公共文化服务效能整体要求出发,形成既能体现公共文化服务特征,又能体现各地公共文化服务个性特色,还能发挥公共文化服务整体效益的政府主导、社会参与的工作运行方式。重庆市从2014年开始,在有条件的区县(自治县)开展试点工作。以内容服务配送为主,主要包括文艺培训、文艺演出、展览展示、文化讲座、阅读指导、政策宣讲。先期可开展文艺培训、文艺演出。搭建一个全市统一运转的网络服务平台,由全市性的一个主平台+38个区县(自治县)子平台+1010个乡镇(街道)为终端构成。各需求主体可通过网上预约、电话预约、短信预约、微信预约等多种方式向供给主体预约。建立由各级宣传部门牵头,文化部门组织实施,相关部门协同配合,各相关单位按照有关要求具体运作的工作机制。按照制定的《公共文化物联网服务配送标准》进行配送。

重庆市文化馆(站)带动服务模式 通过馆带馆、馆带站,确定不同类型的文化馆(站)的业务建设和规范,推动全市文化馆(站)工作的规范化、标准化、制度化、信息化,整体提升文化馆(站)公共文化服务能力和水平。馆带馆、馆带站的主要内容是:不是支援设施设备、经费等硬件,而是依靠科技的手段等,以项目为纽带,带文化活动的创意策划、带业务工作的辅导培训、带讲座展览的策划、带文艺作品的创作、带文化馆(馆)业务的标准规范、带文化馆(站)的交流协作。

重庆巴南区文化共享再就业培训 文化共享工程巴南区支中心主动联合区劳动局、财政局、移民局、巴南区拓展职业技能培训学校等单位,依托文化共享工程,建立政府再就业培训基地,举办"就业再就业培训班"、"农民工实用技能培训班"、"三峡库区移民培训班"等多种类公益性免费培训服务。通过与大型企业合作,开展"企业在岗职工技能提升免费培训班",较好地发挥了文化共享工程的作用。

重庆市公共图书馆文化共享农民工联盟 该项目荣获2013年第十届中国艺术节项目类"群星奖"。重庆市文化共享工程农民工服务联盟,是依托重庆文化共享工程现有服务网络、依托有意向开展农民工服务活动的机构或单位、依托已有的农民工服务机构或项目(扶贫办培训基地、雨露计划),打造农民工服务联盟,形成具有组织保障、具备多样化服务手段、能够开展有针对性服务活动的长效服务体系。建设的主要内容,包括:(1)以"雨露计划"、"留守儿童之家"等国家级项目为依托,鼓励、引导社会力量加入联盟,借助政府机关、社会组织已经铺设好的网络和平台开展服务;(2)围绕"融入城市 让生活更美好"的主题,形成"春节购票我来帮"、"中秋人月两团圆"、"庆祝重庆农民工日"等全市性服务品牌;(3)由各区县(自治县)支中心根据本地实际情况,发展农民工图书馆、农民工夜校、农民工数字文化家园、农民工艺术课堂等基层服务品牌。

重庆北碚区数字文化馆 为了实现文化馆与科技的尽快融合,提升文化馆的信息化服务水平,北碚区数字文化馆于 2014 年 3 月 15 日建成并对外开放。数字文化馆的主要建设内容包括:一个网络文化馆,主要用于在线创作、在线展览、在线下载课件等,以及发布文化馆的各种资讯;一个数字文化馆体验厅,主要是按照文化馆的音乐、舞蹈、戏剧、曲艺、美术、书法、摄影、非物质文化遗产等业务门类,建设体验性、互动性、知识性、普及性、学习性的展示平台,这是数字文化馆不同于数字图书馆的最大特色;一个远程辅导、培训、教学平台,主要是区文化馆与乡镇(街道)综合文化站、村(社区)文化室等各类文化机构实现同步上线辅导、培训、教学,极大地方便广大群众参与文化活动,进行公共文化鉴赏。

重庆市文化遗产宣传月 于 2010 年创办。从每年的 5·18 国际博物馆日开始,到每年的中国文化遗产日结束,历时一个月。主要活动有展览、展演、学术讲座与研讨等各类活动,以及文物古籍鉴定活动、文化遗产知识有奖问答、社会文物修复咨询及服务、金龙摄影大赛等。旨在整合文物和非物质文化遗产保护资源,宣传文化遗产保护工作,增进全社会对文化遗产的认识和了解,营造全社会共同参与文化遗产保护的良好氛围。

重庆市广播村村响电视户户通攻坚行动 2010 年 7 月重庆市启动"广播村村响电视户户通"攻坚行动。主要内容包括:农村电视扶贫工程、农村综合广播信息系统工程、直播工程户户通工程。截至 2011 年 10 月,攻坚行动取得显著成效。农村电视扶贫工程向 27 个区县贫困群众免费赠送电视机 11.3 万台,解决了近 50 万贫困群众看电视难问题;农村综合广播信息系统工程建设完成了 39 个区县广播中心、884 个乡镇广播站,为 8967 个行政村安装喇叭 83009 只,全面实现了广播村村响;直播卫星户户通工程共计发放 87.67 万套直播卫星接收设备，基本解决了全市地面广播电视覆盖盲区群众看电视难的问题。"广播村村响电视户户通"攻坚行动是新中国成立以来重庆市投入最多、受益面最广的广播电视民生工程。

重庆市区县广播电视台标准化建设 为全面提升全市区县广播电视台在内容生产、运行管理、技术系统、人才队伍等建设水平，推进基层广播电视台标准化、可持续发展，探索解决区县广播电视台满足群众多样化的精神文化需求，2013 年年初，重庆市委宣传部、重庆市文化广电局联合印发了《关于开展区县（自治县）广播电视台标准化建设实施细则》。根据"分类指导、优化资源、强化管理、提高效率"的原则，《实施细则》对区县广播电视台进行标准化建设并实施定级评估，定级评估原则上分为一、二、三共 3 个等级。各区县广播电视台可根据自身条件、业务规模和实际发展需要，按照自愿申报原则，在当年内对照《实施细则》开展建设，年底接受专家组定级评估。根据定级结果，授予颁发"重庆市一、二、三级广播电视台"标牌。完成标准化建设后，对已开展定级评估的区县广播电视台，每三年开展一次复查，对复查不达标的作摘牌处理，并予以全市通报。开展标准化建设将为区县广播电视台的管理、运行提供标准和示范。各区县广播电视台标准化建设由党委宣传部牵头，文广新局组织协调，广播电视台具体实施。截至 2013 年底，万州区、荣昌县、开县、酉阳县等 4 个区县首批完成标准化建设任务。

重庆市社区公益电影放映工程
为丰富困难群体文化生活，解决城市下岗及低保人员和进城务工人员看电影难的问题，在提前完成农村电影惠民工程任务的基础上，重庆市九龙坡区文广新局于 2009 年在全市率先启动公益电影社区放映活动，活动由重庆市建龙影业有限责任公司组织两支放映队为

61个社区每月放映一场公益电影,九龙坡区财政每场补助专项经费100元。在九龙坡试点的基础上,从2013年开始,重庆市文化广电局、重庆市财政局启动实施主城九区社区电影放映,每个社区一年放映12场。

重庆市农村电影放映监管平台　2010年3月,在重庆市文广局的大力支持下,中影新农村、重庆惠民农村院线携手放映设备生产方时代今典公司,为重庆各区县全部629套设备安装了GPS、GPRS模块,同时在当地组织了大规模的监管技术培训,并于2010年7月支持重庆农村院线建成和一次性成功开通了中影广告运营平台重庆监控中心分平台,使重庆市成为全国首个全省(市)农村数字电影可控地区。中影广告运营平台具有八大主体功能:实时动态监控功能;广告运营监播功能;电影放映数据采集功能;放映设备管理维护功能;电影、广告、设备分区域统计功能;电影、广告有效放映场次统计和放映明细查询功能;为指定用户授权功能;双向通信和远程升级功能。平台具有良好的开放性、兼容性、安全性和可用性,添加自动图片回传和各种增值服务功能简易方便,报文可自动补发、重发、压缩,能充分适应我国农村流动放映的恶劣环境。

重庆市全民阅读"双十佳"评选　2008年开展首届"十佳读书人"、"十佳书香家庭"评选。每年一届。评选活动经过推荐、初评、社会公示投票、评委会评审等程序,按社会投票占60%,评委投票占40%,最终综合两项权重评定。"双十佳"评选活动不断引起全市的广泛关注,助推全民阅读深入开展。

重庆沙坪坝农家书屋"图书银行"模式　为了提高书籍利用率,同时保护国有资产不流失,2008年11月沙坪坝区采取"图书银行"模式管理农家及社区书屋。各书屋的书籍由该区图书馆统一编码、上架并计入该区图书馆的藏书量，书籍所有权归图书馆，使用和保管权归社区、行政村。图书馆定期按图书轮换计划组织各书屋之间图书流通和更新，从而实现书屋的资源共享。

重庆长寿"1+6"亲子阅读 该项目荣获第十届中国艺术节项目类"群星奖"。2008年长寿区图书馆开展"1+6"亲子读书活动，旨在动员家长参与读书，用实际行动营造家庭读书氛围，推进全民阅读。"1+6"是指通过1个小孩，带动父亲、母亲、爷爷、奶奶、外公、外婆6个人一起读书。

重庆市江津流动农家书屋 为了解决绝大多数农户离建成的农家书屋距离较远、借阅不便、图书借阅率偏低、管理成本较高等问题，江津区于2008年探索实行"流动书屋"的管理模式，选择农村商店、文化大院、文化中心户、村民聚居点作为借阅点，委托一批喜爱图书、热心服务的群众担任义务管理员。"流动书屋"把原来农家书屋闲置的"死书"变成"活书"，既减少管理成本，又突破服务时间、地点的限制，扩大了农家书屋的辐射范围。

重庆市农家书屋"一屋多用"
重庆市着眼农民朋友不同层次的阅读需求，农家书屋主要向广大农民提供种植技术、法律维权、文学艺术、少儿知识、养生健康等多种门类的出版物。2011年3月，重庆市发挥农家书屋"一屋多用"的功能，定期举办专家、学者、作者见面会，请农业科技人员到书屋解疑释惑，让书屋的影响真正延伸到农民的生产、生活中去，为农民致富增收助力。文化专干、村团支部、村委会定期在农家书屋组织趣味读书活动。通过组织农民朋友交流读书心得、进行精彩演讲，调动农民的阅读积极性，让不同年龄、不同知识层次的农民朋友都能在阅读中获得乐趣。

重庆市沙坪坝区农村文化志愿服务队送书进农户活动 被文化部表彰为2012年全国基层文化志愿服务活动优秀项目。由沙坪坝区文化广电新闻出版局于2011年实施。沙坪坝区农村文化志愿者服务队配合农家书屋管理员开展"农家书屋进农户"活动。即农家书屋组织志愿者每月主动上门为农户送1～2本图书,每月至少一次,全年不少于12次,且做到辖区每个农户全部覆盖。

重庆合川农民自创"农家书屋读书协会" 合川区云门街道阳彪村党支部在2012年5月牵头成立重庆市首个"农家书屋读书协会"。协会制定章程,吸收读书爱好者加入会员。会员中,有种植大户、养殖大户、文艺爱好者,还有不少在校学生。协会又根据会员们的兴趣和特长,分别组建了水果、养猪、养鱼、农作物、时政、文学书画、少儿等7个兴趣小组,通过兴趣小组开展活动,调动了大家参与的积极性。2012年夏天,阳彪村水稻病虫害比较严重,读书协会及时开展"科技进万家,万家学科技"读书活动,传授种植技术和水稻病虫害防治知识。读书协会根据阳彪村的地理及资源优势,积极推广有机水果和无公害蔬菜种植技术,带动29家有果林的农户种植无公害水果,成功打造大山坪绿色果蔬种植示范基地。读书协会不断成为具有号召力的农村文化品牌。

重庆市惠民书市巡展 由重庆读书月活动办公室、重庆新闻出版信息中心及区县(自治县)党委、政府联合举办。每年一次。旨在延伸全民阅读活动触角,拓展受众范围,满足基层群众特别是偏远地区群众的读书、购书需求。活动自2013年"4·23世界读书日"启动,持续8个月,陆续在重庆市所属的黔江、涪陵、大渡口、沙坪坝、九龙坡、南岸、北碚、巴南、江津、合川、永川、綦江、大足、潼南、铜梁、荣昌、城口、奉节、石柱、秀山、万盛等21个区县(自治县)巡回展出。图书内容涵盖名著典藏、国学经典、农业技术、教育艺术、时尚生活及少儿读物等诸多领域,集阅读性、传承性和实用性为一体。

重庆巴南广播书屋　2013年7月巴南区二圣镇大学生村官结合镇情村情,将农家书屋和村村通广播有效结合起来,打造出群众喜闻乐听的"广播书屋",让老百姓足不出户便能接收到及时有效的政策信息。为创作出生动形象的广播书稿,该镇大学生村官们走村入户,深入调查研究,及时收集当地群众的所需所盼,并不断改进书屋内容。"广播书屋"节目分为读书读报、政经新闻和科学技术三大板块,还设置寻人启事、就业信息、天气预报、有话要说等便民服务栏目。广播采取普通话和四川方言相结合,以方言为主,亲切易懂。该镇村村通广播喇叭已建成120只,全镇95%的地方都能收听到"广播书屋"节目,丰富了当地老百姓的文化生活。

重庆市全民健身登山步道工程　2003年,重庆市开始在主城和部分区县实施"两江四岸(即:长江、嘉陵江,长江、嘉陵江流经的四个江岸)健身长廊工程"。工程充分利用重庆独特的江岸优势,通过安装健身器材、植入体育元素等方式,为市民提供尽量多的健身场所和设施。由于惠及众多沿江市民,该工程被国家体育总局评为"中国全民健身20大景观工程"之一。2006年2月,在主城和部分区县实施"两江四岸健身长廊工程"的基础上,重庆市正式启动全民健身登山步道工程。2008年12月,重庆市明确提出:到2012年,全市每个区县建有登山步道两条。

重庆大学生村官兼任社会体育指导员　重庆市2011年试点探索在基层将社会体育指导员的身份,与大学生村官相结合,以全面推动农村基层群众体育的开展。2012年在试点的基础上,在全市范围内普及推广。重庆市将至少培养300名大学生村官作为社会体育指导员。以解决全市社会体育指导员总体人数不够,以及大多数社会体育指导员远离基层的问题。

重庆市民学校 2012年共青团重庆市委创新性地开办共青团市民学校。办校目的是走进社区,以志愿服务的方式开办"共青团市民学校"。这是共青团组织参与社会管理创新促进和谐社会建设的新探索,是动员青年群众参与建设道德高地的有效途径,是推动全国城乡统筹团建试验区建设加强非层级化团建工作的重要抓手。建设目标:2012年,重庆市社区普遍挂牌建立市民学校,其中市级示范点50个,区县级示范点100个,涵盖所有区县。办校宗旨是,以提升市民素质、促进城市文明为主题,以志愿服务为主要形式,引导社区居民互爱互助,以社区和谐促进社会整体和谐。办校内容是,围绕社区安全性、便利性、健康性、娱乐性、互助性等基本功能和居民实际需求,开展文明礼仪、健康养生、实用技能等培训,组建各类文化艺术团体,建立社区居民志愿者服务队,积极探索共青团组织参与社会管理创新促进社会和谐的载体和方式。办校重点是,组建社区少儿艺术团,开展居家实用技能培训,开设爱心储蓄银行,此外,各校还将结合社区居民需求,创新办校内容开展培训和活动等。办校力量是,发挥社区和各类非层级化团组织在市民学校建设中的主体作用。每所市民学校配备1～2名专兼职驻校志愿者(示范点要配2～3名),作为市民学校日常运行的工作力量,负责资源整合以及培训、活动策划实施、志愿者队伍建设等日常工作;驻校志愿者可由团干部、辖区内青年文明号成员、西部计划志愿者、社区志愿者以及社区居委会干部、离退休老同志等构成。办校场所是,主要依托社区居委会或小区物业管理办公室、会议室以及社区广场、社区单位等现有阵地开办市民学校,原则上志愿者办公相对固定,且离学校、广场距离较近,有条件的社区可为市民学校的开办提供单独的场所。市民学校办校经费,主要通过各级财政经费支持以及整合各类社会资源来解决,共青团重庆市委为市民学校市级示范点按每所5万元的标准配套经费,为区县(自治县)级示范点按平均每所3万元的标准以"以奖代补"的方式配套经费。

重庆市长寿区"妇女之家""梦想课堂" 为推动中国特色社会主义和"中国梦"宣传教育深入基层,长寿区委宣传部、区妇联、区教委、区民政局联合开展以"做有梦想有追求的重庆人"为主题,广泛开设"梦想课堂",推广以讲人生理想、讲做事道理、讲科学真理、讲社会心理为主要内容的社区教育课程,广泛宣传"中国梦"的深刻内涵。主要升设三大课堂:(1)梦想村社课堂。依托城乡村(社)"妇女之家"和基层公共文化服务体系,以村、社区居民为主要对象,以课堂教学的方式,定期开设成套课程,帮助妇女提升文化学养、思想修养、道德涵养和文明素养,科学理性地制定人生规划,提高实现个人梦想的综合能力。(2)梦想公开课堂。依托村(社)"妇女之家"、各类公共文化阵地和爱国主义教育、科普教育、法制教育、自然教育、国防教育资源,以讲座、体验、参观等方式,面向公众定期或不定期开设专项课程,帮助妇女拓展眼界、融入社会,把个人梦想与关爱他人、关爱社会、关爱自然统一起来,提高其融入社会、适应社会的能力。(3)梦想流动课堂。依托村(社)"妇女之家"等各类社会资源,不定期深入城乡村、社区、文化广场、工厂、学校等,开展学习交流,引导妇女感知科学、感怀历史、感受艺术、感恩生活。

四川省攀枝花市大地书香新农村家园工程 该项目荣获2010年第十五届项目类"群星奖"。是文化部、财政部第一批国家公共文化服务体系示范项目。建设目标:攀枝花市所有县建成1座公共图书馆,44个乡镇、352个行政村建有图书馆(室),让人民群众就近有书读、有报看、有学习场所、有活动阵地、有文化活动。建设原则：按照实事求是、因地制宜、城乡统筹、突出特色的原则，在县城修建公共图书馆，在乡、村建设乡（镇）综合文化站和村文化活动室。建设办法：确定"五统一"、"三兼顾"的办法，"五统一"，即：统一设计、统一标准、统一建设、统一投入、统一验收。统一设计：由市规划设计院设计四种不同风格的方案，交各县区选择使用。统一标准：确定乡镇综合文化站建设面积不少于400平方米，室外活动场地面积不少于3000平方米，投入资金不少于40万元；村文化活动室建设面积不少于170平方米，室外活动场地面积不少于1000平方米，投入资金不少于13万元。统一建设：县区人民政府作为项目业主，组织辖区工程的招投标和建设。统一投入：市、县两级公共财政按照各50%的比例，安排项目建设资金和设备购置补助资金。统一验收：县区人民政府按照法定建设程序组织验收。同时，要求在建设中做到"三兼顾"，即：兼顾民族特色、兼顾地域特点和兼顾工作特性，明确提出乡镇图书室的面积不少于60平方米，村图书室的面积不少于40平方米。经费保障：按照每年每村6000元标准，将农村公共文化服务站点日常活动及运行管理经费纳入公共财政预算安排，市、县区两级财政各承担50%；两级财政专项安排同级公共文化服务体系运行管理领导小组办公室的工作经费，并纳入财政预算，即：每月每村图书室辅导员工作补贴400元，工作经费100元。统一配置图书设备。对乡村文体活动室、共享工程服务站点的开放时间、开放内容、受益人次等进行规定；市图书馆负责全市公共图书馆、乡村图书室建设、共享工程基层站点的业务指导、设施维护、技术支持，各县图书馆负责具体的图书采购、配送、设备安装、日常维护。建立层级考核制度和绩效奖惩制度。

四川省成都小馆员志愿者服务活动 该项目被文化部表彰为2012年全国基层文化志愿服务活

动优秀项目。由成都图书馆于2009年实施,每年寒暑假都面向社会招募义务小馆员并开展志愿者服务活动,协助图书馆工作人员参与图书维护和管理。对小馆员服务工作分类、分层次进行:对年龄在9至14岁的小馆员主要安排从事少儿阅览室的上书、排架和文献整理工作;对15至18岁的小馆员主要安排从事中文图书第一和第二外借室的上书、排架和文献整理工作。每次寒暑假结束后,都要组织开展优秀小馆员评选活动。

四川丹巴嘉绒藏族风情节 该项目荣获2010年第十五届项目类"群星奖"。自2001年5月举办首届"风情节"以来,逐步形成了"每年一小办,三年一大办"的习俗。主要活动内容集选美、歌舞、服饰表演为一体。如今已成为"甘孜州六大传统节日"之一。

四川绵竹年画节 该项目荣获2010年第十五届项目类"群星奖"。2002年,绵竹市决定举办绵竹年画节,时间为农历腊月二十三至次年正月十五。旨在以会展带动年画产业发展。绵竹年画产品销售额从2002年的不足30万元,增至2010年的3000多万元;从3家年画作坊发展到4家公司和26家个体作坊,从业人员从10人发展到800余人。

四川文瀚嘉州·百姓直通车 该项目荣获2013年第十届中国艺术节项目类"群星奖"。始于2006年,由乐山市文广新局主办,乐山市文化馆、乐山文化发展研究中心、乐山市图书馆承办。由嘉州歌台飞莺、嘉州画派传承、嘉州讲堂承韵、嘉州古艺萌春四个公共文化服务平台构成,以实现公共文化服务直通百姓、直通历史、直通阵地、直通市场、直通网络五个直通。

四川社区文化信使行动 该项目荣获2013年第十届中国艺术节项目类"群星奖"。从2007年开始,成都市青羊区通过派出社区文化信使,帮助社区组织策划文化活动,协调解决社区文化活动中出现的问题,树立"一街道一品牌一社区一特色文化"。社区文化信使主要采取三种办法派出,即:第一种办法是,青羊区采取派出文化干部下沉到各街道、社区的方式,直接到一线了解、参与、建设群众的文化生活;第二种办法是,积极发动文艺志愿者服务团进社区,将热心公益的文艺志愿者分成作家、音乐家、摄影家、书画家4个小组,分赴基层开展形式各异的文艺志愿服务工作;第三种办法是,采取社区签约艺术家的形式,设立艺术家工作室,为艺术家与社区老百姓搭建社交互动平台。

四川文化金牛大擂台 该项目荣获2010年第十五届项目类"群星奖"。创办于2007年,经过多年的发展,大擂台内容包括歌咏、舞蹈、音乐、戏剧、曲艺、美术、书法、摄影等众多文艺种类,是展现金牛区百姓文艺才能的一个平台,它已经成为成都市的一个文化品牌。

四川成都市民文化艺术学校 成都市在创建第一批国家公共文化服务体系示范区中,为了使群众艺术辅导培训专业化,在成都市文化馆设立了"成都市市民文化艺术学校",在各区(市)县文化馆成立"市民文化艺术学校"分校,在部分乡镇(街道)和村(社区)设立培训点,组织专业师资面向市民开展多专业全免费培训。学校一般开设的课程有:民间舞、时装、美术、书法、民间剪纸、电子琴、架子鼓、声乐班、合唱、主持人、快板、戏剧等艺术门类十余种。早在2007年7月,龙泉驿区政府全资兴办了一所公益性学校——成都市龙泉驿区市民艺术学校,市民入学不设"门槛",只凭身份证就可免费入学,学校每周七天不间断地为市民培训声乐、国画、形体、竹笛等35个门类的艺术课程。成都市龙泉驿区市民艺术学校荣获了2010年第十五届项目类"群星奖"。成都市锦江区河滨社区市民文化活动中心在探索市民文化活动建设中,率先实行"会员制",辖区内的居民都可成为会员,免费享受中心提供的多元化文化活动服务,会员拥有申请开办主题沙龙、参与中心管理、自由退出等权利,同时也有自觉遵守中心的规章制度、定期为弱势群体和社区居民进行免费演出等义务,还能获得积分奖励,凡参加和组织活动的会员都能获得相应的积分,通过积分累积,年底统一评选优秀会员并进行奖励。

四川甘孜州牧民定居暨帐篷新生活文化行动 该项目荣获2013年第十届中国艺术节项目类"群星奖"。2009年2月19日,四川省启动藏区牧民定居行动计划暨帐篷新生活行动。到2013年,四川已在全省29个牧区县规划建设了1409个定居点,从根本上改善藏区牧区10万户、48万未定居或仅有简易固定住所牧民的生产生活条件。与此同时,在定居区配套建设村级公共服务设施,大力发展与牧民定居生活相适应的教育、卫生事业,配套建设学校、文化室、卫生室、村民活动中心、青少年活动中心、警务室等公共设施,在全省藏区牧区实现了"家家有固定房、户户有新帐篷、村村有活动中心"的目标。

四川省成都"文化四季风" 该项目荣获2013年第十届中国艺术节项目类"群星奖"。成都市自2011年起,按照"打造群众文化活动大品牌、搭建群众文化活动大平台、促进群众文化活动水平大提升"的思路,以遍布城乡的600多个文化广场为活动场地,以市、县、乡、村"两馆一站一室"为依托,以城乡群众参与为主体,以"民俗闹春、音乐消夏、欢歌庆秋、劲舞暖冬"为季节性活动主题,由下至上,在全市持续深入组织开展"成都文化四季风"系列群众文化活动。"民俗闹春"活动根据新春佳节、万物复苏、百花争艳的季节特点,依托成都当地丰富的民间民俗文化资源,精心策划各级各类民俗文化和节会活动,以民俗进城、艺术下乡、城乡互动、广泛参与为特点,主要活动包括"成都大庙会"等民俗文化节会、"送文化下乡、请民俗进城"活动,以及各类文化花会活动。"音乐消夏"活动根据成都夏季白天气候闷热、夜间相对凉爽的季节特点,以音乐文化为主题,结合城乡夏季休闲和消费的特点,有组织、引导性地开展各种各类音乐消夏文化活动,主要活动包括大型主题音乐会、群众广场音乐会、高雅音乐会。"欢歌庆秋"活动根据秋高气爽、田园丰收的季节特点,以城乡互动、全民参与的歌咏活动为载体,举行各级各类唱田园、庆丰收、迎国庆、贺中秋为主要内容的群众性歌咏比赛,主要活动包括"歌唱成都"歌曲征集活动、全市性"欢歌庆秋"群众歌咏比赛、"家在天府"歌曲演唱活动。"劲舞暖冬"活动根据成都冬季适宜开展户外活动的季节特点,组织开展"百万民众,劲舞蓉城"活动,主要活动包括普及性舞蹈活动、群众广场舞比赛、专业化舞蹈演出活动。每季活动开展之前,成都市文化局和各区(市)县文化局都会通过各级媒体,以通知或公告形式告知群众"成都文化四季风"当季系列群众文化活动安排情况,明确活动具体时间、地点及相关培训内容安排,方便群众自行选择参与。

四川省泸县农民演艺网 是文化部、财政部第一批国家公共文化服务体系示范项目。泸县农民演艺团体主要由民间文艺演出队、社区文艺表演队、铜管电声乐队、围鼓队四部分组成。为了扶持壮大农民演艺网,在省文化厅的支持下,泸县组建全国首个农村演艺中心——四川龙城演艺中心,将全县80多支文艺表演团体整合资源、集中培训、分散演出。并决定在全县实施每年每村两场文艺节目演出服务工程,这些演出任务主要交给演出中心,其演出经费由县、镇两级财政负担。泸县农民演艺网始终坚持"政府主导、整合资源、集中培训、分散演出"的发展理念,从"送文化"到"种文化"再到"建文化",提升了群众的文化自信和文化自觉。2013年2月,泸县农民演艺协会正式成立,旨在加强行业自律,规范演出秩序,保证演出内容健康,提高演出质量。

四川省成都市公共文化"百千万"人才工程 从2012年初开始,成都市实施"公共文化百千万工程",即:通过建设100所以上市民文化艺术学校、1000名以上辅导员队伍、10000人以上的志愿者队伍,为每个村(社区)落实1名享受财政补贴的宣传文化辅导员,从根本上解决基层文化专门工作人员的配备问题。

四川成都文化馆"三段式"方法指导基层文化阵地发展 在基层文化阵地建设中,成都市文化馆充分发挥龙头指导作用,专门成立基层文化工作部,负责全市基层文化阵地建设的督查、指导与调研工作,采取"前期抓策划"——重点落在"成都蓝本(标准化)"、阵地建设和功能设置的标准制定等工作上;"中期抓指导"——成立专门的督查小组,现场指导和督查建设中的各种问题;"后期抓成效"——拟制《成都市乡镇(街道)综合文化站(活动中心)管理办法》等,严抓阵地开放和长效管理,确保阵地不流失、不挪用,全面履行免费开放职能。

四川成都市四级公共文化服务经费纳入财政预算 成都市在创建第一批国家公共文化服务体系示范区中,探索建立均等化公共文化服务经费保障机制,市、区(市、县)、乡镇(街道)、村(社区)四级公共文化服务常年经费全部纳入财政预算,每年全市公共文化财政保障经费达5.4亿元,并随本级财政经常性收入同步增长。具体做法是:(1)村级公共文化服务经费纳入财政预算。从2012年起,成都市将已纳入市财政预算的村级社会管理和公共服务专项资金(每村/社区每年30万元)中,按照每年不低于10%的比例落实村(社区)综合文化活动室常年运行经费,每年每个村落实不少于3万元,全市3363个村(社区)落实保障资金1亿余元。(2)市级设立两项公共文化专项资金。2012年成都市新设立1亿元的公共文化服务专项资金,用于扶持公共文化服务项目的发展;成都市县两级分别设立政府采购公共文化服务专项经费,市本级从公共文化服务专项资金中安排1000万元,各区(市)县专项预算不少于200万元,全市每年共计5000万元,主要面向社会采购文艺演出,作为公共文化服务送到基层,市本级主要送到乡镇(街道),各区(市)县主要送到村(社区)。(3)乡镇公共文化服务保障形成长效机制。2009年,成都市委、市政府印发《关于进一步加强基层文化建设的意见》,明确乡镇(街道)综合文化站(活动中心)常年公共文化服务经费,按照中心城区、近郊区、远郊区常住人口每人每年10元、8元、6元的标准纳入县级财政预算,市财政按照每人每年2元标准转移支付远郊市县。全市315个乡镇(街道)综合文化站(活动中心)常年公共文化服务经费每年达1.1亿多元。

四川成都"青工文化驿站" 2012年以来,成都市文化局按照"全市统筹指导、企业筹划实施、职工参与管理、属地政府负责"的模式在新都区、高新区及郫县的企业园区内启动青工文化驿站试点建设。"青工文化驿站"主要配置电子阅览室、图书阅览室、文艺培训室、多功能活动室,开展人员培训、艺术辅导、文化讲座和展演活动,为民营企业青年员工提供均等的公共文化服务。

四川成都"报纸文化馆" 成都市文化馆与成都日报社联手创办"报纸上的文化馆",每月15日的要闻版整版登载"成都群众文化之窗",使群众文化工作在市级主流媒体的固定时间、固定版面有了自己的展示园地和表现平台。

四川成都市文化馆"金字塔"型四级辅导模式 成都市着力建立"金字塔"型四级辅导模式,形成市级骨干群众文艺专家辅导队伍梯队、区(市)县级优秀艺术人才梯队、街道（乡镇）文化辅导员梯队和社区（村）群众文化辅导员梯队，搭建覆盖城乡"金字塔"形的四级文艺辅导培训网络。截至2011年8月，四级辅导梯队基本形成，即：组织各类艺术院校专业教师、专业院团骨干演员和市文化馆专职辅导干部共150名，形成了第一级辅导梯队；整合各区（市）县文化馆群众文艺辅导资源及社会优秀艺术人才共933名，形成第二级辅导梯队；对街道（乡镇）3799名辅导员进行登记培训，形成第三级辅导梯队；对社区（村）8475名辅导员进行统筹指导，形成第四级辅导梯队。全市群众文艺辅导员超过1.2万人。每年培训群众文艺骨干达5万余人次，辅导培训群众近100万人次。

四川省成都公共文化建设"免检区" 为加强成都市公共文化服务体系建设，切实保障城乡群众基本文化权益，积极创建第一批国家公共文化服务体系示范区，成都市委、市政府在2012年开展了"成都市公共文化服务体系建设免检区（市）县"申报创建活动。全市共有14个工作基础好的区（市）县申报创建"成都市公共文化服务体系建设免检区（市）县"。

四川省关爱农民工"八个一"文化维权免费套餐 由四川省文化厅组织实施。"八个一"文化维权免费套餐，即：一场农民工专场联欢会、一场专场电影、一套文化大礼包、一次关爱咨询、一顿温馨团年饭、一张维权卡、一张公益服务卡、一封慰问信。其中，四川省彭州市文化局在开展"关爱农民工'八个一'文化免费套餐"活动中，倡导的"农民工文化建设多部门合作实践"项目，获得2012年文化部表彰的全国农民工文化服务示范项目。四川省宜宾县统筹当地文化资源服务万千农民工，采用"四送"（送文化到工地、送电影到工地、送图书到工地、送体育到工地）、"四创"（创办农民工夜校、创建农民工文化站、创建农民工文艺队、创作文艺产品）方式，为农民工送去文化大餐。

四川成都名师大讲堂 被文化部表彰为2013年全国基层文化志愿服务示范项目。于2013年启动实施。由四川省成都市文化志愿者协会主办,成都市文化馆、成都图书馆、成都画院承办,各区(市)县文化志愿者分会联动协办。活动共分为三个阶段,由全市各文化志愿者协会组织广泛开展:第一阶段由成都市文化志愿者协会举行年度启动仪式开展首期课程。第二阶段依托成都市文化馆、成都图书馆、成都画院等公共文化服务阵地组织开展为期三个月的定时定点名师课程。第三阶段由46家协会成员单位在全市各区(市)县广泛开展所需领域的名师课程。课程涉及文学创作、书画艺术、诗词赏析、表演艺术、民间手工技艺、主持艺术、民俗文化、舞蹈编排、音乐欣赏、戏剧创作等12个门类。传授形式包括专题讲座、艺术赏析、现场指导、合作创作、动态与静态结合、赏析与参与结合、现场与视频结合。

四川二郎山艺术团抗震救灾巡回义演 该项目被文化部表彰为2013年全国基层文化志愿服务示范项目。由四川省天全县二郎山艺术团于2013年实施。2012年7月,天全县文新广局组织成立二郎山艺术团,并以此为阵地和纽带,团结和组织全县的文艺爱好者、文化志愿者,积极参与全县的文化活动。艺术团组织形式:全县各企事业单位、文化艺术爱好者、团体和组织,均可申请为本团团员。艺术团的结构:艺术团下设声乐部、舞蹈部、曲艺部、文学部、书画部、摄影部、器乐部。艺术团又分为园丁艺术团(教育队伍组成)、盾牌艺术团(政法队伍组成)、天使艺术团(卫生队伍组成)、金秋艺术团(老年大学组成)、十八道水艺术团(仁义乡队伍组成)、凤阳艺术团(始阳镇艺术团组成)、东方农民艺术团(兴业乡农民艺术团组成)等几个较有规模和品质的艺术分团。艺术团活动形式:定期不定期组织各项文化活动,开展文化艺术培训,结合"文化进社区、进农村、进机关、进企业",开展"文化惠民、文化乐民、文化育民、文化富民"活动。2013年芦山"4·20"地震后,二郎山艺术团庚即组织文学、文艺骨干们加班加点进行创作和排练。生产出大批反映灾区人民抗震救灾,重建家园的优秀文艺和文学作品并积极义务排演,为宣传抗震救灾,重塑灾区人民信心起到了积极的作用。

四川"特色文化艺术学校"文化志愿服务活动 该项目被文化部表彰为2013年全国基层文化志愿服务示范项目。由四川省遂宁市文化馆于2013年实施。主要做法是,探索在市城区内与多所学校联合定期开展"特色文化艺术学校"活动,针对不同学校情况,采取定员定点联系的方式,组织文化志愿者到各自联系学校指导学生开展曲艺、美术、川剧等文化艺术活动。在每周对青少年进行的曲艺、声乐、舞蹈、美术等辅导培训中,文化志愿者都事先根据指导学生的实际情况和个人特点制定了专门课程内容,做到每周开展辅导课程2～3次。

四川省成都数字文化文物信息平台 该项目采用三维激光扫描仪精细测绘、智能无人机航摄等先进的三维空间信息采集技术,以及云平台、WEBGIS(地理信息系统)、虚拟现实等高新技术加以实现。该平台将为公众、专家学者、管理人员等不同层次的用户,提供文化文物专题信息服务,展示和传播古蜀文化。旨在解决文物、文化的数据分散在诸多政府部门、单位和个人手中的问题,该平台的建立将分散的各类信息集中起来,提供一个可供分享应用的统一渠道。

四川省遂宁市农民工文化服务"网络快线" 该项目荣获2013年第十届中国艺术节项目类"群星奖"。"网络快线"是依托互联网,使广大农民工真正享受到读书、看报、上网进行文化鉴赏、学习文化艺术知识、参与文化艺术活动等，使农村公共文化实现了"云服务"。

四川省大英县公共文化服务体系考核排名通报 大英县为推动各级各部门联动齐抓公共文化服务体系建设，对公共文化建设的绩效评价提升到制度层面，纳入到政府工作目标责任制考核体系中，每年对全县各部门、乡镇进行考核排名并通报，对工作成绩突出的乡镇和部门给予表彰和奖励。

四川省成都市公共数字文化生态空间 成都市坚持政府主导、财政支撑、机制创新、一体发展，构建"基础设施标准化、网络布局一体化、文化活动品牌化、服务供给均衡化、运行机制科学化、持续发展制度化"的数字公共文化生态空间。主要包括成都城乡数字文化服务网络、海量数字文化资源、成都市数字文化馆、成都3D美术馆以及基层文化阵地数字化服务管理系统。同时还包括"成都市文化馆数字化全景式艺术体验平台"和"成都数字图书馆、非物质文化遗产博物馆"两个平台。

四川成都市"网络文化馆" 主要通过成都市文化馆网站（www.ct17.com），以及通过互联网开展群众文化网络培训、网络教学、网络摄影比赛和群众文化调研文章网络评比活动，拓展了公共文化服务空间。

四川省"文物移动医院" 2013年四川省文物考古研究院建成"文物移动医院"。"文物移动医院"由一辆依维柯越野车改装而成，是一辆配备检测分析仪器和应急保护专用设备的专用客车。车体配制给排水系统、供电照明系统、环境控制系统、野外露宿设备和工作平台，具有全天候野外作业能力；配制了X射线荧光分析仪、超景深显微系统、色差仪、激光清洗机、Drilling Resistance钻入阻力实验机、现场文物保护修复工具、考古发掘取样工具等国内外最先进的检测分析仪器和应急保护专用设备,具有科技考古、遗迹应急处理、保护实验等多重功能。"文物移动医院"配备4名文物保护专家和3名文物修复专家担任"文物医生",可以集中省内优势力量和资源,在全省各地区开展文物病害研究与文物保护修复行动,及时为四川各市州的文物"诊断治疗"。"文物移动医院"是西南地区文物事业的一次实践创新。

四川博物院"小小讲解员" 从2009年5月四川博物院新馆开馆以来,该院就启动"小小讲解员暨小小志愿者"活动。每年寒假、暑假从在校的中小学生中选拔出小小讲解员,并经过培训后"上岗",在每周的周末免费为游客讲解。旨在加强未成年人保护历史文化遗产意识,对广大青少年普及文化文物知识的同时,搭建博物馆和青少年交流的桥梁,使更多的未成年人走进博物馆。截至2012年8月,三年来已连续举办七期"小小讲解员暨小小志愿者"活动,共培训100多名小小讲解员。小小讲解员累计在四川博物院内无偿志愿服务达21508小时。

四川博物院"大篷车"流动博物馆 为了贯彻落实国家文物局提出的"博物馆实行定点服务与流动服务相结合,推动文物博物馆公共文化服务向社区和农村延伸"的要求,2010年2月10日,四川博物院"大篷车"流动博物馆正式成立,属于四川博物院的一个常设机构。"大篷车"流动博物馆,不仅可以通过触摸展示柜、触摸展板、悬浮成像系统等多媒体设备欣赏到文物实物及复仿制品,还可以看到文物故事的展板和国家的相关法律法规。"大篷车"里有专家帮助市民鉴定文物,有书法家、画家随车写春联,有四川博物院与少儿教育出版社联合出版的关于中国历史文化、科普知识的各类图书。截至2013年8月,四川博物院"大篷车"流动博物馆已服务29个县市,累计巡展51站,总行程近11万公里,接待观众超过122万人次。

四川省芦山国家应急广播地震救灾 2013年4月20日上午8点2分,四川省雅安芦山县发生7级地震,造成重大人员伤亡。当天,中央人民广播电台第一时间启动国家应急广播报道程序。4月22日,中央人民广播电台、四川广播电视台、雅安人民广播电台、芦山县广播电视台联合开办的国家应急广播——"芦山抗震救灾应急电台"在四川雅安地震震中芦山县开播。这是我国首次以"国家应急广播"为呼号,在突发灾难事件中对灾区民众定向播出的应急广播。国家应急广播的角色是,政府公告的发布者、新闻信息的告知者、公共服务提供者、灾区群众情绪的抚慰者。

四川省成都农村数字电影"金沙服务模式" 2007年11月27日,四川省首家农村数字电影有限公司——成都金沙院线农村数字电影有限公司正式挂牌成立。从金沙公司成立之日起,成都市20个区(市)县均设立金沙分公司,由各区(市)县政府买单赠送分公司最新型的农村数字电影放映设备。采取金沙公司与各分公司签订协议的方式进行运作,即:由金沙公司对各分公司实行统一管理、统一供片、统一培训、统一报表和统一宣传;各分公司每年必须完成规定的放映任务,农民一律免费看电影;各分公司要与每个农村数字电影放映队签订合同,要求每队每月完成放映公益电影任务,放映1场由分公司按规定补贴,放映员每年一聘;到2008年年底,全市城乡建立起政府主管、市场运作、全面覆盖城市社区、乡村的以数字化放映为手段的公益电影放映体系,为实现全市农村电影放映"2131"工程1个村1个月放映1场免费数字电影提供保障。成都金沙院线农村数字电影有限公司,是全市农村公共文化服务体系的重要组成部分。

四川农民读书节 2006年11月四川省首届"农民读书节"举办。每年举办一届。由中宣部、中央文明办和中国文化扶贫委员会联合四川省委宣传部、省委农办等部门共同发起。首届农民读书节举行了"三农"图书展销会、"三农"读物出版发行研讨会、"万村书库"赠送仪式、四川农民最喜欢的100本优秀图书推介展销活动、"十佳青年农民读书之星"评选、"千场讲座进农家"活动、"城乡手拉手，共建新农村"——社会各界向农村和农民工捐赠图书活动、建设新农村农民读书征文比赛、"书香农家"——农村读书家庭评选活动、"万村书库乐农家"——万村书库捐书活动以及开展农村书社建设试点。"农民读书节"将有效整合各种社会资源，以"读书充实人生，知识改变命运"为理念，加快推动农村读书、用书热潮的兴起，同时进一步带动全社会关心农业、关注农村、关爱农民风气的形成。

四川省华蓥"背篼法律图书馆"
2013年3月，华蓥市司法局法律工作者和老年志愿者法制宣讲团成员联合组建"背篼法律图书馆"。截至2013年12月，"背篼法律图书馆"共举办法制讲座62场次，提供法律图书3000余册次，接受法律服务的村民达1.2万人次。

四川德阳"小型健身苑"
2012年11月德阳市体育局在德阳市创建省级文明城市工作中，提出在德阳市区打造全民健身苑"十分钟健身圈"体育设施惠民工程，满足和丰富市民就近、就便开展健身运动。全民健身苑"十分钟健身圈"由三人制篮球场、五人制足球场、乒乓球台、健身路径、棋牌桌等体育设施组成，根据不同的场地环境、面积，配套相应的体育器材。

四川省内江周末快乐体育
2007年四川省内江市启动"周末快乐体育"健身活动，每年一届，以此作为内江市推动全民健身活动的重要抓手，年均开展各类健身活动千余次。该系列健身活动主要通过在双休日、节假日集中开展各类群众喜闻乐见的体育活动和体育赛事，吸引群众周末走出家门，参与健身。尤其是"移动相伴　奥运快乐行"、"趣味体育大赛"及"大千龙舟经贸文化节"等,市民参与面极广。

四川省地方特色体育品牌建设

四川省体育局坚持实施"全民战略",围绕抓好群众体育活动"亮"点、扩大体育人口数"量",建立完善面向大众的全民健身服务体系,做到"年年有主题、月月有活动、个个有特色"。除了篮球赛、全民健身乒乓球赛、羽毛球、网球公开赛、元旦健身跑、迎新年群众登高、龙腾狮跃闹元宵系列健身大联动等外,"运动成都"、"动感盐都"、攀枝花"万里长江第一漂"、泸州"长江冬泳"、"德阳体育日"、绵阳"市民体育健身节"、广元"女儿节凤舟赛"、"健康遂宁"、内江"甜城湖水上活动"、乐山"假日体育"、南充"升钟湖钓鱼"、宜宾"横渡金沙江冬泳"、广安"观光体育"、达州"元九登高"、雅安"体育三下乡",以及巴中、眉山、资阳的"元旦健身跑"等全民健身活动不断形成自己的品牌,阿坝、甘孜、凉山州等少数民族地区传统体育活动也不断开展。

四川省少儿体育"三免费"活动

2009年四川省体育局根据全民健身的新特点、新需求,提出"全民健身从娃娃开始,体育兴趣从小培养"的工作思路,并以"健身习惯从小养成、体育兴趣从小激发、体育技能从小培养、体育精神从小启蒙、体育知识从小传授"为目标,在全省21个市州试点建起了22个体育幼儿园。在经过大规模的"幼儿体育基地"硬件建设后,四川省体育局又启动对少年儿童体育兴趣活动"三免费",即:免费为少年儿童提供培训场所、免费提供培训器材、免费提供体育知识和技能指导,为他们参与体育锻炼活动开启了一条便捷的"绿色通道"。

四川省攀枝花"爱心家教" 自2005年正式启动。该活动由市总工会主办。活动形式为与困难职工子女结成一帮一家教组合。攀枝花市各级工会组织不断推动"爱心家教"的覆盖面,增强活动的吸引力和生命力。自启动以来,已向400余名困难职工家庭子女提供了帮助。

四川省成都市总工会"三新"文明素质教育活动 2010年2月26日,成都市总工会对在灾后重建农民集中居住区,启动开展"新家园、新生活、新风尚"文明素质教育工作。按照总体安排,2010年,市总工会组织各产业工委(会)1000名职工志愿者到首批81个灾后重建农民集中居住区开展了1~2次"新家园、新生活、新风尚"文明素质教育活动;市职工大学开展了60次新市民素质教育流动课堂;市文化宫组织职工文艺轻骑兵到集中居住区开展了30场文艺演出;都江堰市、彭州市、崇州市、人邑县总工会各自在首批灾后重建农民集中居住区组织开展了至少1次文明素质教育活动。市总工会全年共组织开展170次"三新"文明素质教育活动,以帮助他们适应新环境、培养新习惯、树立新观念,争做文明人。

四川省成都市出租车企业"职工文化活动中心" 2010年6月10日成都市蓉城出租汽车有限公司职工文化活动中心成立。成都市蓉城出租汽车公司现有职工5000多人。旨在丰富职工的业余文化生活,提高广大的士驾驶员的素质和水平。中心内分设摄影协会、舞蹈协会、书法协会和歌唱协会等。

贵州花灯戏 该项目荣获2013年第十届中国艺术节项目类"群星奖"。花灯戏是广泛流行于汉民族中的一种传统戏曲艺术形式。其突出特征是手不离扇、帕,载歌载舞,唱与做紧密结合,为第一批国家级非物质文化遗产名录。花灯戏源于民间花灯歌舞,是清末民初形成的一种地方戏曲形式。在流行过程中因受当地方言、民歌、习俗等影响而形成不同演唱和表演风格。花灯戏是贵州的主要地方剧种,是清末民初在当地民间歌舞基础上发展起来的。起初,花灯叫采花灯,只有歌舞,后在歌舞中加入小戏,再以后受外来戏曲影响,发展为现在的花灯戏。贵州花灯戏主要流行于独山、遵义、毕节、安顺、铜仁等地,各地有不同的称谓,黔北、黔西一带叫"灯夹戏",独山一带叫"台灯",思南、印江等地叫"高台戏"或"花灯戏"。

贵州"花溪之夏"艺术节 该项目荣获 2013 年第十届中国艺术节项目类"群星奖"。自 1980 年开办,到 2012 年已举办十六届。该艺术节突出"品黔中文化、游浪漫花溪"主题,从第十六届开始"花溪之夏"艺术节推陈出新,联袂全国知名文化艺术活动品牌、集纳高校艺术文化,进一步提升活动的文化内涵,着力将"花溪之夏"艺术节作为花溪区打造"文化花溪"的一个品牌,推动花溪旅游文化事业跨越式发展。

贵州水城农民画 该项目荣获 2010 年第十五届项目类"群星奖"。自 20 世纪 80 年代以来,现代民间绘画作为一个传承和发展民间美术的新兴画种迅速发展起来。现代民间绘画习惯上被称作农民画,被誉为"中国农民特有的艺术语言"。它是以古朴、幽香的民族气息,自由、夸张、色彩艳丽的艺术形式和大胆、率真的艺术手法,集民间刺绣、蜡染、剪纸等传统民间美术为一体的新兴画种。贵州六盘水水城农民画是最具典型的西南农民画系,主要采用布料、木板、高丽纸和丙烯颜料为原料。六盘水城也是贵州主要的农民画区之一。

贵州省少儿艺术节 由省文化厅、省教育厅等单位主办。创办于 1987 年,每三年举办一届。旨在检阅全省少儿艺术教育水平,是发掘少儿艺术人才的重要窗口,是全省规模最大、水平最高的少儿艺术盛会。

贵州梵净山文化旅游节 该项目荣获 2010 年第十五届项目类

"群星奖"。创办于 2002 年。每年举办一次。活动宗旨是,坚持政府主导、市场运作、企业参与,突出特色,以梵净山国家级自然保护区和九龙洞国家级风景名胜区为媒介,融文化、旅游、体育于一体,通过举办系列活动,以提升梵净山文化旅游品牌的知名度、美誉度和竞争力。

贵州省遵义"四在农家"农村文化建设 2004 年 4 月,遵义市委、市政府决定在全市 14 个县(市、区)广泛开展"富在农家、学在农家、乐在农家、美在农家"创建活动。"四在农家"农村文化建设的主要内容:有效整合中心城区大中专院校、企事业单位公共文化设施资源,将文化体育场馆面向社会免费开放;充分发挥地方特色文化资源在公共文化服务中的作用,深入挖掘和整理长征文化、国酒文化、土司文化、仡佬文化等地方特色文化;全市建设一批以"微笑小屋"命名的文化志愿服务站,服务内容主要包括图书阅读、电子阅览、电影放映、信息服务以及其他文化便民服务;广泛开展主题为"幸福遵义舞起来 全民学跳民族舞"的广场民族舞培训推广活动,包括仡佬族的陶盆舞、挂子舞,苗族的反排木鼓舞、锦鸡舞,布依族的铃铛舞、水鼓舞等。

贵州农民工子女免费艺术培训 该项目被文化部表彰为 2012 年农民工文化服务示范项目。由贵州省文化馆组织实施。为了关注农民工群体及其子女,让农民工子女健康快乐地成长,让更多渴望得到艺术培训的农民工子女实现梦想,2009 年 4 月贵州省群众艺术馆决定,举行公益性的艺术培训活动,对农民工子女进行免费培训。主要包括声乐、舞蹈、京剧、影视表演、戏剧表演、书法、中国画等方面的培训。

贵州省大学生志愿者艺术团巡回慰问演出 该项目被文化部表彰为 2012 年全国基层文化志愿服务活动优秀项目。贵州省大学生志愿者艺术团是在共青团贵州省委指导下、省志愿者协会领导下，于 2010 年成立的，志愿者艺术团由广大的在校大学生及毕业大学生、热衷于公益事业有文艺特长的文艺志愿者组成，志愿者艺术团以满足人民群众文艺需求为目标，以锻炼和培养青年人弘扬奉献、友爱、团结、进步等志愿者精神和传播先进文化为目的。主要开展的活动是，到基层开展慰问演出活动；定期开展针对各类群体的慰问演出活动；定期开展到企业针对一线工人的慰问演出活动；参加重大纪念日的文艺演出。

贵州遵义"乡村大舞台·农村文艺演出" 创办于 2010 年。由市文体局主办，各县、区（市）轮流承办，每年举行一次，包括歌唱、演讲、秧歌、舞蹈、器乐等专项比赛，是遵义农民歌颂美好新生活、展现艺术才华、欣赏文艺演出、共享文化成果的重要平台。"乡村大舞台"的节目具有浓郁的乡土气息。全市成型的乡村大舞台已有 160 个，农村群众不出村寨便能看戏，同时有了自己的表演平台。

贵州省遵义市"微笑小屋"文化志愿服务 该项目被文化部表彰为 2012 年全国基层文化志愿服务活动优秀项目。由遵义市文体广电局 2011 年 10 月组织实施。"微笑小屋"由各级文化部门及基层文化服务窗口按照"爱家乡、爱游客、爱小屋"的"三关爱"和"统一标准、统一形象、统一培训、统一管理"的"四统一"建设办法具体组织实施。"小屋"分为景区"微笑小屋"、社区"微笑小屋"、和谐贵州三关爱"微笑小屋"、关爱农民工子女"微笑小屋"、中石油高速公路加油站"微笑小屋"等 5 种类型。志愿服务人员主要由从事基层文化服务的工作人员和热爱文化的广大人民群众组成。服务对象包括游客、农民工子女（留守儿童）、空巢老人、残疾人、游客、司机、社区群众。

贵州省遵义市百姓剧场·舞台精品剧目免费展演 是一项"政府买单,群众看戏"的免费展演活动,是遵义市文化体育局与国家文艺院团联合打造的一个群众文化活动品牌,主要通过组织、邀请国内外知名文艺演出单位到遵义为群众免费展演。自活动开展以来,先后有中国歌剧舞剧院、中国歌剧舞剧院交响乐团、中国儿童艺术剧院、杭州宋城集团大篷车歌舞团、贵州省花灯剧团、贵州省民族乐团等9个国家级和省级优秀院团相继走进遵义"百姓剧场"演出。

贵州省"数字农家书屋"建设
贵州省是最早进行全国农家书屋工程建设试点的省区之一。书屋建成后,图书、期刊等出版物的后续补充,是农家书屋作用可持续发挥必须解决的实际问题。2010年6月,贵州省在全国率先进行数字农家书屋建设工作。利用省数字图书馆的书刊资源和省财经学院的计算机技术支撑,为具备通信条件的已建农家书屋点配备计算机、打印机等设备,实现网上阅读、脱网阅读、下载和打印图书文档等功能。

贵州省"优秀黔版图书阅读活动" 2009年省新闻出版局在全省启动"优秀黔版图书阅读活动"。旨在推动建设学习型、智能型贵州,充分发挥优秀黔版图书在兴黔富民中的积极作用,以形成"多读书、读好书"的良好氛围和社会文明风尚。此次读书活动所推荐的优秀黔版图书,均系参与贵州省第七届图书奖的图书,以及贵州省图书出版单位获"五个一工程奖"、"中华优秀出版物奖"、"中国出版政府奖"的图书。贵州日报报业集团、贵州出版集团、当代贵州杂志社,以及贵州日报、贵州都市报、贵阳日报、贵阳晚报,金黔在线、贵州信息港、今日传播、贵州农经网等传媒全力参与、引导和助推全民读书活动。

云南盘龙江文化艺术节 该项目荣获2010年第十五届项目类

"群星奖"。盘龙江北起嵩明县西北梁王山，南至滇池东岸官渡区福海乡海埂村滇池入海口，全长105公里江水自松花坝流出，穿城而过，淌入滇池。盘龙江是昆明的母亲河。自1980年第一届"盘龙江文化艺术节"举办以来，每年举办一次，到2013年11月盘龙江文化艺术节已坚持举办33年，进行了近3000场次演出，参演人数超过10万，观众累计超百万。

云南大理"洱海歌手大奖赛"
该项目荣获2013年第十届中国艺术节项目类"群星奖"。从1988年开始，每两年举行一次。洱海歌手大奖赛植根于基层群众，以"弘扬优秀民族文化，活跃群众文化生活"为宗旨，已经成为大理州群众文化的一个品牌。

云南省民族民间歌舞乐展演
该项目荣获2010年第十五届项目类"群星奖"。创办于1997年，每两年举办一届。由云南省文化厅、云南省民族事务委员会主办，云南省群众艺术馆承办。旨在全面贯彻落实省委、省政府提出的建设民族文化大省的战略部署，实施民族文化工程，促进云南26个民族都有一批优秀的代表性歌曲、器乐曲、舞蹈作品。

云南昆明和谐大舞台 该项目荣获2013年第十届中国艺术节项目类"群星奖"。创办于2008年。面向昆明市广大市民，旨在为老百姓搭建一个属于自己的舞台。该活动为每年每月的最后一个周末在翠湖北门广场演出一次，分月赛、季赛和全年总决赛。

云南省"文化大篷车·千乡万里行" 是由省文化厅组织实施的农村文化惠民工程，旨在不断满足全省各族群众日益增长的精神文化需求，解决农民看戏难问题。活动从2009年开始，以省文化厅直属的京剧、滇剧、花灯、话剧、歌舞、杂技6个院团为基础，组成6个演出分团，用5年时间分赴全省1497个乡镇进行公益性演出。

云南昭通市送文化百千万工程　创办于2009年。主要内容是，市级组织开展"百场演出进百乡"活动，县区组织开展"千场演出进千村"活动，乡镇组织开展以"农家大院"为载体的"万场演出进万组"活动。

云南"文化乐民、文化育民、文化富民"　云南省文化厅于2009年启动实施"文化惠民"示范村建设。"文化惠民"示范村以"文化乐民、文化育民、文化富民"为主要内容。文化乐民，主要以农民演艺协会、欢乐乡村大家乐为抓手，基本实现广大农村（社区）"天天有歌舞、月月有电影、季季有比赛、年年有演出、人人有书读、家家有电视"的目标，实现文化乐民。文化育民，主要是以农民文化素质教育网络培训学校、农家书屋、电影电视为抓手，实现文化育民。文化富民，主要是以农村文化产业合作社为抓手，挖掘农村文化资源，发展文化产业，实现文化富民。

云南省保山全域公共文化资源"馆会一体"新体制　保山市在创建第一批国家公共文化服务体系示范区中，积极探索文化馆体制的改革，为我国基层文化馆转型和发展探索了一条面向不同文化服务群体、调动各部门和社会各方面积极性、整合全域公共文化资源的"馆会一体"（文化馆与协会一体）新体制，推动了公共文化单位的服务业态的转型、提质和升级，开辟了基层文化馆发展的新路径。

云南省保山动态统计评估管理网络平台　保山市在创建第一批国家公共文化服务体系示范区中，利用文化信息资源共享工程和新媒体网络技术，自主研究开发一套指标，设计合理的公共文化服务动态统计评估管理网络（平台），实现了对全域公共文化服务的及时、有效的动态管理、跟踪统计和业绩考评。

云南省昆明市社区文化沟通服务　是文化部、财政部第一批国家公共文化服务体系示范项目。旨在拓宽社区居民间情感沟通交流渠道、搭建外来文化与本土文化沟通交流的平台，消除居民间因地域差异、文化差异带来的隔阂，增进居民间情感交流和空间归属感，协调发展社区内人际关系、民族关系、社会关系，营造一个和谐的居住环境。目标任务是，到 2012 年，基本建立管理制度完善、产品供给丰富、服务方式创新、组织保障有力的昆明市社区文化沟通协会网络，实现社区文化沟通协会的普及推广。主要建设任务是，制定长中短期规划，有计划有步骤地实施，充分发挥文化沟通协会的统领、组织、自治作用；建立健全协会组织机构、制定完善管理制度；增强社区文化沟通协会的产品供给和服务能力；通过现代媒介平台，为社区居民设立便捷的主题服务专区，开通社区文化沟通网站、服务专线，设立农民工之友服务区、创办社区手机报；进一步明确社区文化沟通协会服务标准，创新服务方式；经常性开展主题性文化沟通活动，定期开展"社区一家亲"活动，大力开展主题邻里节活动，建立"爱心沟通栏"；建立一支高素质的专业化社区文化工作队伍。通过多样性、多层次性的文化沟通、交流形式，增加群众参与的广泛性、普遍性，逐步增强人们的社群意识，使群众自觉地组织起来参与到社区建设中，逐步创建出一种良好有序的文化环境。在创建社区文化沟通服务机制中，昆明市官渡区关上街道办事处的"社区文化沟通协会服务农民工"项目，被文化部表彰为 2012 年农民工文化服务示范项目。

云南农民文化网络培训学校
2009 年 5 月 22 日，国内首家农民文化素质信息网络培训学校在云南省昭通市水富县两碗乡正式成立。该学校是云南省响应国家文化信息资源共享工程，以"文化育民、文化乐民、文化富民"为宗旨，以提高农民科学文化素质为目标，以文化教育资源整合为手段，应用多媒体教学的方式建立的农民素质教育网络培训学校。网络培训学校设有图书阅览室、电子网络阅览室和网络培训教室，免费指导和培训农民使用电脑和上网，采取上机自学为主、集中授课为辅、基地实训为重的方式，对学员进行综合考评，合格的颁发培训证书。云南省在每个乡镇分步建设一所"网络培训学校"、在所有行政村建有"农民素质教育网络培训分校"。学校的成立一方面整合农村公共文化服务设施、人员及信息资源，增强了图书馆和文化站服务群众的能力，另一方面也提升了农民的文化素质修养，是外出务工人员学习本领的平台。学校的成立，还是对国家文化信息资源共享工程基层站点运行方式的创新，通过数字化的信息传输方式，可提前公布教学内容，学员可以根据自身需要和兴趣选择课程，自由安排时间学习。

云南景颇族目瑙纵歌节 该项目荣获2010年第十五届项目类"群星奖"。目瑙纵歌节是景颇族最盛大的传统节日，数万人踩着同一个鼓点起舞，规模宏大，震撼力极强，是中国西部地区的民族狂欢节，有"天堂之舞"、"万人狂欢舞"的美称。"目瑙"是景颇语，"纵歌"是载瓦语的直译，意思是大家一起来跳舞。在德宏州景颇族聚居地，每年的正月十五前后是目瑙纵歌节，村村寨寨都要举办目瑙纵歌活动。目瑙纵歌一个重要的标志就是目瑙示栋，是为了纪念景颇族先人宁贯娃首创"目瑙纵歌"而设立的祭坛。

云南阿露窝罗节 该项目荣获2010年第十五届项目类"群星奖"。阿露窝罗节是阿昌族人民的传统节日，以前每年在农历九月初十举行。"阿露"和"窝罗"是根据两个传说故事形成的两个节日。1993年5月20日，德宏州第九届人大常委会第十三次会议正式将两个节日统一为"阿露窝罗节"，并将节日定在每年3月20日左右。从此，"阿露窝罗节"成了阿昌族的法定节日，并赋予了庆贺民族团结、欢庆丰收、祝福美好生活等新的含义。

云南省"农村党员书屋"建设 为进一步加强和改进边疆地区党的基层组织建设，2007年10月云南省委组织部、省新闻出版局共同启动首批"农村党员书屋"建设。决定3年内在边疆地区9个州市29个县（市、区）建设2405个"农村党员书屋"，每个书屋配置不少于1万码洋的图书资料。图书内容涉及农、林、牧、副、渔、医学保健等，并针对当地种植业、养殖业的特点，精心组织、挑选一批广大农民群众真正看得懂、用得上的出版物。使之真正成为党员和群众学习政策法规之屋、掌握科技知识之屋、提高致富能力之屋和丰富文化生活之屋。

云南"国门书社"文化带 2009年，中国在中缅边境姐告口岸开办第一家国门书社，着力解决边境民众"看书难、买书难、借书难"问题，提供介绍中国及东南亚各国政治、经济、文化情况的书籍，同时发挥中缅文化交流中心功能，举办少数民族文字培训班、缅甸边民汉语培训班、中缅文化讲座和座谈、中缅文化联谊论坛等活动。2013年11月，云南省新闻出版局规划以中缅边境国门书社为起点，将在毗邻缅甸、老挝、越南的口岸陆续再开办18家国门书社，从而形成国门书社文化带。

云南省安宁"流动书包"型农家书屋 2011年，安宁市青龙街道办事处针对各村小组分布较为分散，很多村民不方便到农家书屋借书，农家书屋的借阅率一直很低的实际情况，创新推出"流动书包"，向每一个村（居）委会发放一个"流动书包"，让农家书屋的图书随着"流动书包"下乡入户，延伸服务链条，实现农家书屋与农民的零距离接触，不断提高农家书屋的利用率。

云南迪庆州卫星数字书屋 2013年云南迪庆藏族自治州紧紧

抓住被列为全省"卫星数字农家书屋"试点的契机,建设600个"卫星数字农家书屋"。该州技术人员先后深入29个乡(镇)进行安装培训,保证每个乡(镇)有2人能够熟练掌握卫星数字书屋安装、调试、使用技能及正确采集用户信息。卫星数字农家书屋升级后的"农家书屋",不仅每年稳定提供2000册图书、900小时以上的音像制品内容,还专门开发数字报刊100多种、优选杂志30种,满足农村各族群众对报刊的基本需要。除定期提供持续的更新服务,报纸每天更新、期刊每月更新、图书平均每季度更新500册、音像制品每周更新15至30小时外,还可提供包括农业科技、教育培训、娱乐生活、健康医疗等多种服务。"卫星数字农家书屋"的建成并投入使用,不仅破解了传统"农家书屋"图书品种单一、数量较少、更新缓慢,以及偏远地区书报配送成本高的现实问题,还有效解决了群众在生产生活上遇到的难题。

西藏图书馆拉萨便民警务站"便民书窗"服务网点 该项目荣获2013年第十届中国艺术节项目类"群星奖"。2012年自治区文化厅和西藏图书馆共同为拉萨市135个便民警务站配送近1.4万册各类图书,在便民警务站建立"便民书窗"。具体做法是,为每个便民警务站免费配备1个书柜,无偿提供藏、汉工具书以及包括政治、经济、文学、科普及少儿图书在内的100册书籍。

西藏珠峰文化旅游节 该项目荣获2013年第十届中国艺术节项目类"群星奖"。创办于2001年。每年举办一届。旨在进一步打造日喀则的特色旅游产品,带动日喀则的旅游发展。义化旅游节主要活动有民间工艺展示、产品展销和物资交流会等。

西藏自治区拉萨市远大公司农民工艺术团 该项目被文化部表彰为2012年农民工文化服务示范项目。拉萨远大建材有限责任公司成立于2000年,是一家以生产水泥和新型墙体材料为主的非公有制企业,民工占企业职工的比例达到了95%以上。2004年,公司以拉萨市堆龙德庆县的农民工为主,组建了远大文工队。2009年,公司将远大文工队更名为远大农民工艺术团。2011年11月,在自治区总工会的协调下,"远大农民工艺术团"再冠名为"西藏自治区农民工艺术团"。主要做法是:投资建成能容纳250人的小型演出厅,能容纳500人的中型礼堂和能容纳100人学习的职工书屋;先后从西藏歌舞团、拉萨市群艺馆、拉萨市歌舞团等单位请来专业教师,坚持常年培训;聘请专业人士,编排优秀节目;组建专门班子,建立管理长效机制。

西藏林芝地区民族特色群众广场文化活动　该项目荣获2013年第十届中国艺术节项目类"群星奖"。自2006年以来,林芝地区率先在全自治区开展群众广场文化活动,按照"弘扬先进文化、构建和谐文化"的要求,坚持把握"大众创造,全民参与,人人享受"的工作宗旨,通过政府主办、社会各界参与、城镇辐射乡村、针对民族聚居地区的特点和丰富的历史文化资源,着力打造精品文化,逐步形成了种类繁多、内容丰富、形式多样的广场文化活动格局。

西藏林芝新农村新文化示范村

2008年,林芝地区紧紧围绕地区新农村建设这一主题,制定《地区级"新农村新文化示范村"创建标准》,即:示范村有村文化广场、有图书阅览室、有数字电影院、有多套广播电视节目、有村文艺表演队。

西藏自治区大型群众文化活动

西藏自治区各级文化部门在广泛组织群众文化活动的基础上,形成了"全区民间艺术团文艺调演"、"全区少儿文艺调演"、"全区老年文艺调演"等全区性、示范性、导向性和可持续性群众文化品牌活动。同时,拉萨雪顿节、日喀则珠峰文化艺术节、山南雅砻文化艺术节、林芝大峡谷旅游文化节、昌都康巴艺术节、那曲恰青赛马艺术节、阿里象雄文化艺术节等地域性文化艺术节，成为展示该地区独特文化的品牌。在开展大型群众文化活动中，探索形成的"西藏全区大型群众文化调演活动"项目，荣获2010年第十五届项目类"群星奖"；"西藏全区性示范性群众文艺汇演机制"项目，荣获2013年第十届中国艺术节项目类"群星奖"。

西藏博物馆"青少年活动室" 2007年为了贯彻落实中央宣传部、共青团中央等十二部委《关于开展"寻求美丽的中华"青少年社会教育活动的通知》精神和"贴近实际、贴近生活、贴近群众"的要求，充分发挥西藏博物馆爱国主义教育基地、学校教学实践基地和德育基地的职能，丰富拉萨市中、小学生的课外文化活动，西藏博物馆开设青少年活动室。活动室设有读书角、活动台和播放区等，定期举办知识讲座、放映爱国主义及历史题材的影片，以互动的形式营造轻松学习的氛围。

西藏寺庙书屋 2011年，西藏自治区在总结农家书屋建设经验的基础上，开始试点建设寺庙书屋。建设中明确"以群众需求为主，以藏文读物为主，以普及通俗读物为主，以实用效益为主"。2012年4月全区1700多个寺庙全部建成寺庙书屋，居于全国寺庙书屋建设前列，有效缓解了寺庙僧尼等的"看书难、借书难、用书难"的问题。

陕西省宝鸡市"少儿书信大赛" 创办于2005年。每年一届。由宝鸡市文明办、教育局、文广局、团市委和市邮政局等单位共同主办。旨在借助传统书信文化这一沟通的工具，引导广大少年儿童在书信写作中交流沟通，加深青少年儿童与父母、老师、同学之间的情感交流，在书信活动中提升素养，抒发对祖国、家庭、父母、朋友、生活的热爱与感悟。

陕西省宝鸡市"帐篷图书馆" 在2008年"5·12"汶川地震发生后,陕西宝鸡市图书馆在馆舍建筑主体发生倾斜,立柱大部分发生裂缝,在馆内无法正常开展工作的情况下,精心挑选文献资料,组成"帐篷图书馆",在渭河公园等群众密集的防震场所,开展书刊阅览、办证等服务,放映录像电影,印发防震防疫宣传品。

陕西省图书馆学会基层业务骨干培训志愿者行动 该项目被文化部表彰为2012年全国基层文化志愿服务活动优秀项目。陕西省图书馆学会从2009年起,通过招募志愿者讲课的方式,对全省10个地区基层图书馆包括馆长在内的业务骨干进行一轮全面的职业理念和专业知识培训。志愿者行动以地区为单位集中进行,每年安排2～3个地区,由省图书馆学会分别组织3～5名志愿者前往培训点进行专业知识讲授,并组织师生互动交流、分组讨论和实地考察学习等活动。每次培训3天,由10个地市图书馆分期分批协办。

陕图讲座 该项目荣获2013年中国艺术节项目类"群星奖"。"陕图讲座"是陕西省图书馆推出的系列讲座。致力于为广大听众提供优质的知识服务,讲座以公益性为主,旨在传承文明,传递信息,提升公民综合素质,提高全民族科学文化水平。"陕图讲座"由"长安文化风"和"宏观知识信息"两大板块构成,下设"秦风秦韵"、"焦点论坛"、"魅力女人"、"为民说法"、"养生之道"、"备战高(中)考"、"名人传记"、"艺术殿堂"、"科学新疆界"、"历史的天空"、"红色经典"、"名著解读"、"大学生论坛"等数十个系列。

陕西铜川市公共图书馆服务一体化建设 是文化部、财政部第一批国家公共文化服务体系示范项目。一体化建设的主要内容是:(1)建成覆盖城乡的图书馆网络。

包括市级馆1个,区县馆4个,乡镇馆28个,社区文化活动中心12个,社区文化活动室40个,农家书屋543个。村级图书馆(室)设置率达到98%,均超过30平方米,藏书均达到2000册以上。(2)初步建立图书馆服务一体化管理体制。以市图书馆为龙头,以县区图书馆为依托,成立联合编目中心和物流配送中心,实现图书资源的无障碍流通。(3)实施公共图书馆一体化服务流程规范控制。推进采编一体化,实施"分别计划、集中统筹、统一招标、分散采购"的采编一体化工作程序;实施平台一体化,依托陕西省公共图书馆服务联盟管理系统统一市、区县间编目、流通、报表标准;推行服务一体化,在市、区(县)公共图书馆推行"一证通"服务,即一馆办证、全市通用、通借通还,实现跨区域借还图书的服务模式。通过"一证通",在全市形成馆对馆1小时服务圈、馆(分馆)对读者2公里或15分钟服务圈,最终形成市馆—区县馆—乡镇(街道办)文化站图书馆—村(社区)图书馆(农家书屋)一体化服务链。(4)开展各种规范化建设。统一各图书馆的各种标牌标识,规范联合馆名称,为各联合馆统一制作门头牌匾和项目创建简介、分布示意图、宣传牌等;统一服务标准,出台《铜川市公共图书馆服务一体化服务标准》,规范馆舍陈设、开放时间、工作流程等;统一图书配送,在各区县馆均设有一体化建设图书流动专架,每月初由配送中心进行一次图书集中配送。(5)明确保障措施。规定区域内公共图书馆人均占有藏书达到0.8册以上,人均购书经费达到0.8元左右(省内平均水平是人均0.4元),保证公共财政对公共图书馆服务一体化建设投入的增长幅度高于财政经常性收入增长幅度,提高公共文化支出占财政支出的比例;明确规定:图书馆馆长至少要有5年以上的专业工作经历;区县文化主管部门拟任命区县图书馆长,须征询市图书馆意见;市图书馆要建立全市图书馆业务人员集中培训机制等。

陕西省农民文化节 该项目荣获2010年第十五届项目类"群星奖"。创办于2007年。每三年一届。旨在丰富广大农民群众的精神文化生活,展现社会主义新农村的新气象和新时代新农民的精神风貌,由陕西省委宣传部、陕西省文化厅等共同主办。所有活动均采取自下而上的活动方式,分三个层次举行。一是各县及涉农的县级市(区)组织创作一台节目,在当地演出;二是在各县市区演出的基础上,以市为单位进行分会场的演(展)出活动和评奖;三是在各市演(展)出的获奖作品中选拔优秀作品参加省主会场的演(展)出、评奖和颁奖活动。

陕西延安过大年 该项目荣获2010年第十五届项目类"群星奖"。创办于1984年。"延安过大年"是延安旅游的一大节会特色。多年来,延安市委、市政府一直把此项活动作为丰富群众文化生活,促进全市旅游产业发展的一项重要工作。

陕西省艺术节 创办于1987年。由陕西省政府主办,陕西省文化厅等单位承办。每三年举办一届。是由省委、省政府领导牵头、各厅局互相协作、各地市积极参与的艺术节。是陕西省规格最高、规模最大的艺术盛会,是以戏剧、音乐、舞蹈、歌剧、舞剧、话剧等舞台艺术为主,包括秦腔艺术展、美术书法展等各种艺术形式的大荟萃。陕西省艺术节现已成为专业艺术激烈竞争、群众文化活动异彩纷呈的艺术盛会,成为全省人民的盛大节日。从2002年第三届艺术节开始,陕西省艺术节先于国家艺术节一年时间举办。

陕西渭南市"一元剧场" 是文化部、财政部第一批国家公共文化服务体系示范项目。渭南市有专业剧团12个,戏校1个,现存秦腔、老腔、阿宫腔、迷胡、线腔、跳戏、碗碗腔、同州梆子、皮影戏、提线木偶、韩城秧歌、华州秧歌、石羊道情等13个地方戏曲剧种。其中老腔、阿宫腔、迷胡、同州梆子、皮影戏、提线木偶为国家级非物质文化遗产名录。为彻底改变剧团长期无戏演、群众无戏看的困境，2007年下半年，渭南市文广局及秦腔剧团围绕"政府扶持、企业联姻、院团服务、百姓受惠"的基本思路，开始了一元钱演出的新探索。2010年9月，渭南市创办的"周末一元剧场"经国家工商总局批准，成功获得商标注册。"一元剧场"基本思路是"两个扩展、一个目标"，即"周末一元剧场"扩展到"一元剧场"，实现全年演出；由市级扩展到县（市、区）级，实现由城镇普及到乡村；达到每年演出1200场的目标。演出内容包括：秦腔传统本戏；秦腔现代戏；国家级非物质文化遗产项目渭南地区剧种（包括华阴老腔、富平阿宫腔、华阴迷胡、大荔同州梆子、合阳提线木偶戏、华县皮影戏等）；渭南民俗文化、歌舞综艺晚会。

陕西省社区文化节 该项目荣获2013年第十届艺术节项目类"群星奖"。由中共陕西省委宣传部、陕西省文化厅主办。其特点是将公共图书馆纳入进社区的内容，以读书报告会、诗歌朗诵会的形式，深入社区群众，营造全民阅读的良好氛围。

陕西咸阳秦都区政企共建农民工文化中心 该项目被文化部表彰为2012年农民工文化服务示范项目。2011年陕西省咸阳市秦都区文体事业局决定率先在秦都区渭滨街道办事处的欧海制衣有限公司建立秦都区首个农民工文化活动中心。采取区委区政府补助一点，文体局向上争取一点，企业自己出一点的"三个一点"的方式，在建立之初就明确由区文体事业局负责业务指导和监督，欧海制衣负责日常运营和维护管理。区文体事业局为活动中心配备相应的设施，使文化中心达到"五有"，即：有一个室外文体活动场地、有一个才艺展示厅、有一个图书电子阅览室、有一条读报长廊、有一支农民工文艺团队。文化中心利用这些设施，开展以法律法规宣传、业务知识培训、电子阅览、歌舞训练、才艺比拼展示、数字电影放映和篮球、乒乓球比赛等为内容的文体活动。

陕西渭南市公共文化服务"四进"零距工程　该项目荣获2013年第十届艺术节项目类"群星奖"。2012年，渭南市开始打造公共文化服务"四进"零距工程。该工程主要依托重大节庆活动和民间民俗节日，以公共文化进广场、进社区、进园区、进乡村的"四进"惠民活动为载体，用群众喜闻乐见的形式，将公共文化服务带到广大城乡人民群众之中，努力实现基本公共文化服务城乡均等化、一体化。

陕西"义写春联"活动　该项目被文化部被表彰为2013年全国基层文化志愿服务示范项目。由陕西省商洛市群众艺术馆于2013年实施。邀请20余名省市书法家，同时，吸引社会各界的书法爱好者共同参与进来，为广大市民免费书写春联。

陕西省文物局汉唐网英文版上线　为增强中国传统文化影响力，促进国际交流与合作，强化国际社会对陕西的认识，陕西省文物局以"中国立场、国际表达、陕西特色"的思路，依据陕西省文物局的职能，按照省政府对各厅局网站信息化建设的要求，以维护国家文化安全，弘扬中华优秀传统文化为宗旨，设计和制作完成汉唐网英文版门户网站，并于2013年11月正式上线运行。陕西省文物局汉唐网英文版共设有7个一级栏目，17个二级栏目，分别从陕西历史、考古发现、文物单位、国际合作、焦点新闻、网上展览、建言献策等7个板块面向全球提供英文咨讯和在线服务。

陕西博物馆展览公众全程体验　2013年8月9日，陕西省博物馆组织策划特色展览——"巧手良医——陕西历史博物馆文物保护修复工作展"。在展览的组织实施过程中,该馆创新提出"三三一"模式,邀请公众全程参与体验。展览分"三个阶段、三个部分和一个主题":三个阶段是实验室观摩、上展过程体验和展览公开参观,三个部分是文物修复工艺、文物科学认知和预防性保护三个单元,一个主题是体现文物保护工作从封闭向公开转变。旨在达到突出主题、便于公众理解、提高展览效果,促进公众积极参与文物保护事业。

陕西省延安革命纪念馆社教活动 2013年延安革命纪念馆结合本馆实际,紧紧围绕"5·18国际博物馆日"和"6·8中国文化遗产日"两大主题宣传日,开展内容丰富、形式多样的社会教育活动,主要包括:开展广场宣传活动;走进"社区";网上展出馆藏国家一级文物;开展宣传演出;走进校园。旨在进一步扩大延安革命纪念馆的影响力,充分发挥博物馆的社会教育功能,增强博物馆与社会的广泛互动,吸引更多的观众走进纪念馆。

陕西省西安碑林"智慧博物馆"计划 为深入改善服务项目,创新服务手段,充实服务内容,培养观众把博物馆作为文化休闲场所的兴趣,西安碑林博物馆加强服务意识,扩大服务范围,从过去"以物为主"向"以人为本"转变,打破过去"闭门自守,坐等参观"的模式,积极走出馆院,服务广大群众,从为"娃娃"服务抓起。2013年5月21日,西安碑林博物馆启动"碑林文化进校园"系列活动,实施"智慧博物馆"计划,增强学生的爱国情感,推动小学生思想道德素质教育。

陕西省农村广播应急网建设 2010年陕西省自主研制了具有远程可控应急预警功能的广播扩音设备,可以接收卫星广播信号、无线调频调幅广播信号、有线音频信号,预留中央应急广播信号接口;可以使用有线电话、移动电话控制预警;可在广播室设备无人值守或关机状况下,通过手机或座机电话,远程强行打开广播设备,发布应急预警信息和警报信号。2011年5月31日,陕西省政府在安康市召开全省农村广播应急网建设工作现场会议,动员部署全省农村广播应急网建设。截至2011年底,全面完成了县、乡、村三级建设任务,全省共建成101个县区播控中心和1581个乡镇、26815个行政村广播室,初步建立了县以下应急广播体系。建设内容:每个行政村配备1套100W设备、每个乡镇配备1套200W设备、每个区县配备1套300W设备,实现了"县——乡——村"点对点、点对片、点对面的应急信息发布。

陕西"百场红色电影老区行"活动 2011年6月22日,由陕西省委宣传部、陕西省广电局、西部电影集团等部门联合主办的,陕西省实施希望工程办公室、西部电影频道承办的"百场红色电影老区行"播映活动正式启动。播映活动精选一批歌颂革命精神、弘扬新时代风尚的电影到革命老区播放,并向当地团组织赠送一批主题电影光盘开展校园展播活动。播映活动以西安八路军办事处原址为起点,沿着当年革命青年从敌占区奔赴革命圣地延安的红色之旅线路,在沿线革命老区的希望小学和乡村中小学中播放红色经典电影。此项活动于2011年7月中旬结束,播放近百场。

陕西省"爱晚书屋" 2013年11月,中社社会工作发展基金会在陕西省西安市金秋爱心乐园建成首个专门服务老年人的"爱晚书屋"。旨在丰富老年人的精神文化生活。

陕西省彬县全民健身"三纳入"常态化 彬县积极宣传贯彻《全民健身条例》,把全民健身事业特别是公共体育设施建设纳入当地国民经济和社会发展规划,把全民健身经费纳入当地财政预算,把全民健身工作纳入当地《政府工作报告》,全民健身事业"三纳入"已步入常态化。截至2011年9月,全县培训注册社会体育指导员410

多人,提前达到"十二五"末每千人一名社会体育指导员的目标,建立健全了19个群众体育组织,新组建广场健身秧歌、健身排舞、健身太极拳、柔力球等特色健身团队100多个,遍布村镇和社区。全县参加体育锻炼的人口达到13.5万人,占全县总人口的38%。

甘肃省图书馆"名家讲坛" 该项目荣获2007年第十四届"群星奖"服务奖。创办于2006年4月。是由甘肃省图书馆推出的公益性远程系列讲座,于每周六上午9时30分以视频播放形式,将国家图书馆、上海图书馆、全国文化信息资源共享中心及北京大学远程教育的讲座展现给全省读者。

甘肃省图书馆工地图书流通站 该项目被文化部表彰为2012年农民工文化服务示范项目。甘肃省图书馆坚持公益、均等、便利的服务理念,通过举办讲座展览、送图书、送电影,建设工地图书流通站,以提升农民工专业技能,丰富农民工的精神文化生活。

"志愿者行动"——甘肃基层图书馆员培训活动 该项目被文化部表彰为2012年全国基层文化志愿服务活动优秀项目。由甘肃省图书馆学会等于2011年实施。为深入贯彻文化部、财政部《关于推进全国美术馆、公共图书馆、文化馆(站)免费开放工作的意见》和党的十七届六中全会有关文化体制改革的精神,以培训促发展,由甘肃省图书馆学会发起,并联合甘肃省图书馆、兰州大学图书馆、国家科学图书馆兰州分馆三大系统主要图书馆和共享工程甘肃省分中心,在全省范围内组织开展"志愿者行动——基层图书馆员培训活动",借鉴中国图书馆学会志愿者行动的成功做法,通过在省内公开招募专家志愿者的方式,于2013年7月分期分批对全省14个市州的基层图书馆员进行了一轮全面的专业知识培训,推动了全省各级各类图书馆从业人员素质与水平的普遍提高。

"传递书香 见证成长"——甘肃金昌市图书馆志愿者活动 该项目被文化部表彰为2013年全国基层文化志愿服务示范项目。由甘肃省金昌市图书馆于2013年实施。主要做法是,成立志愿者协会,坚持以搭建图书馆服务网络体系为中心,利用读者服务、地方文献保护、特殊群体服务、流动图书站服务等方面将文化服务由单一馆内服务向馆内外多方位延伸。

甘肃省群星艺术节 该项目荣获2010年第十五届项目类"群星奖"。创办于1997年8月。每四年一届。甘肃省群星艺术节是一个集舞蹈、音乐、戏剧、曲艺表演和美术、书法、摄影展览于一体的全省性综合文化盛会。艺术节所设"甘肃省群星奖",是甘肃省群众艺术创作的最高政府奖项。

甘肃省老年文化艺术节 该项目荣获2010年第十五届项目类"群星奖"。创办于2002年。由省文化厅主办。旨在给全省老年人提供一个展示自身文化艺术才能的机会,活跃老年人的精神文化生活,促进老年人文化艺术活动的健康发展。

甘肃兰州群众自发文艺团队建设机制 是文化部、财政部第一批国家公共文化服务体系示范项目。兰州市先后出台《兰州市人民政府关于进一步加强全市群众自发文艺团队建设机制的意见》、《兰州市群众自发文艺团队项目建设规划》、《兰州市群众自发文艺团队管理办法》等文件,从创建规划、组织领导、资金保障、经费管理、目标任务、重点工作、长效督察等方面进行详细规划。评定出金牌、银牌、铜牌、骨干和特别鼓励团队,并给予不同等级的经费补贴和其他奖励;建立群众自发文艺团队建设机制人才库,利用多种方式稳定公共文化专业人才、志愿者及业余文化骨干队伍;积极组织文艺团队开展讲座、比赛等活动,有效提高群文团队的编排、演出水平和艺术素养;积极参与各项群众文化活动,

二、公共服务　447

为和谐社会创建、文明城市创建做出积极贡献。群众自发文艺团队已成为春节文化庙会、黄河风情文化周、农民艺术节、兰州合唱节、社区艺术节及各种群众文化活动的主力军。

甘肃"文化使者进草原　群文活动乐万家"文化志愿服务活动　该项目被文化部表彰为2013年全国基层文化志愿服务示范项目。由甘肃省肃南县文化馆于2013年实施。主要志愿服务活动是,积极创编"裕固族牛角鼓舞";不断推广"裕固广场舞"、"裕固族健身操";开展"精品文艺乡镇巡展"活动;创办"肃南文化大讲堂"。同时,在广大文化志愿者的积极参与支持下,肃南县文化馆成功组织开展12场广场文艺演出,编排各类节目80余个;协助开展乡镇文化艺术节,深入乡镇开展美术和舞蹈培训10余次,组织成立老年民乐团、健身舞协会等多个业余文艺团队。

甘肃兰州春节文化庙会　该项目荣获2010年第十五届项目类"群星奖"。创办于2003年。主要内容包括:杂技、兰州拳、皮影子、香包、剪纸、泥塑、刻葫芦等兰州非物质文化遗产展演,以及精品剧目演出、传统社火、书画笔会、灯谜有奖竞猜、民间工艺品展销、风味小吃品尝以及游园、游艺等活动。

甘肃省农村电影固定放映点建设　2012年甘肃省正式启动建设。当年建成10个市州、26个县区的72个乡镇农村电影固定放映点。从2013年开始,甘肃省将逐步在所有乡镇建设电影固定放映点。旨在克服农村流动放映因天气变化带来的困难,进一步改善农民群众观影条件,提高观影质量。建设管理实行分级负责的模式,由省上配备座椅、空调、遮光窗帘、银幕等基本放映设施,市级文化广电部门监管,县级文化广电部门管理,乡镇使用。甘肃省广电局从2013年开始利用固定放映点开展农村电影放映活动,乡镇安排放映时间表,以公告方式组织广大群众观影。具体安排是每年 11 月份至次年 4 月份,每月每个固定放映点放映不少于 2 场次,元旦、春节期间,每个放映点累计不少于 10 场次。

甘肃省丝绸之路体育健身长廊建设 从 2005 年开始,甘肃省集中人力、物力、财力,全力打造"丝绸之路体育健身长廊"品牌,其基本思路是,从抓项目入手,坚持走特色之路,充分体现西部地域优势和民族体育的特色,为构建全民健身体系奠定坚实的基础。主要目标是,(1)加强全省体育设施建设和骨干培训,实现"一市一馆"(每市拥有 2000 人固定看台的体育馆)、"一县一中心"(每县拥有全民健身中心,含室内训练馆和室外健身场)、"一乡(社区)一站"(每乡拥有体育文化站,含一个活动室、一个硬化标准篮球场、一条健身路径)、"一村一员"(每村有一名社会体育指导员)。(2)经常参加健身活动的人数,城镇达到 60%,农村达到 30% 以上。城镇和农村健全各级体育组织,形成竞赛和活动制度,每年组织 2～3 次体育比赛。(3)每年组织 3～5 次具有地域性、民族性的特色体育赛事。

青海省图书馆历史文化知识讲座 该项目荣获 2007 年第十四届"群星奖"服务奖。创办于 2003 年。讲座涵盖青海的历史、民族民间民俗文化。从 2007 年开始,青海省图书馆举办"夏都讲坛",该讲坛整合省馆常年举办的各类知识讲座、学术报告会及学习交流活动资源,以扩展为历史文化知识讲座。

青海省化隆县文化志愿服务队基层文艺演出活动 该项目被文化部表彰为 2012 年全国基层文化志愿服务活动优秀项目。为了丰富群众文化生活,提高群众的生活质量,化隆县回族自治县文化馆于 2010 年组建一支由文艺爱好志愿者组成的文化志愿服务演出队,长期下基层开展文艺演出活动。

青海"欢乐乡村"巡回演出 该项目被文化部表彰为2013年全国基层文化志愿服务示范项目。由青海省文化馆于2011年实施。巡演活动已覆盖西宁地区、海东地区、海南藏族自治州、海北藏族自治州四个地区,做到了"面向基层、贴近生活、服务群众",通过下基层为广大农牧民群众开展形式多样的文化志愿文艺演出活动。

青海百姓大舞台 该项目荣获2013年第十届中国艺术节项目类"群星奖"。创办于2012年。由西宁市政府主办,西宁市文化广播电视局承办。百姓大舞台的突出亮点是"百姓之星"演出。"百姓之星"演出的赛制参照中央电视台《星光大道》节目,由西宁市民自发报名,每周评出周冠军,每月评出月冠军,最后再决出年度总冠军。只要是在歌舞、小品、快板、戏曲等方面拥有一技之长的市民,均可通过"百姓之星"演出,来展示自己的才艺。

青海省格尔木市流动人口文化建设 格尔木市在创建第一批国家公共文化服务体系示范区中,探索流动人口文化建设。主要是在社区打造"他乡人驿站"、"流动人口文化园"、"流动人口温馨之家"、"生育文化一条街"、"婚育文明社区"等内容新颖、富有地方特色的流动人口文化学习交流场地。人口文化场地设有咨询台、宣传栏、阅读区、药具展示区、刺绣工艺展示交流区、休息区等,并借助格尔木市"计生文化舞台",制作流动人口文化宣传长廊,大力宣传新型生育文化等活动,为格尔木市流动人口打造集计划生育宣传教育、服务咨询、文化交流、科普阅览为一体的文化学习交流场地。

青海省格尔木"文化搭台、经贸唱戏、企业反哺文化"模式 格尔木市在创建第一批国家公共文化服务体系示范区中,依托"清明节"、"中秋节"等重大节庆、节假日和民族民间文化资源，积极引导群众在文化建设中自我表现、自我教育、自我服务，形成良性循环发展模式。同时，支持群众依法兴办社火队、老年合唱团等文化团体，精心培育植根群众、服务群众的文化载体和文化样式。改变以往"文化搭台、经贸唱戏"的做法，采用活动冠名、赞助以及为企业量身打造文艺演出的方式，积极引导盐湖集团、中信国安公司等大型工业企业及电信、移动、联通等通讯企业参与全市文化活动的举办，努力形成"文化搭台、经贸唱戏、企业反哺文化"的发展模式，着力解决现有文化事业发展中资金短板的困难。

青海省西宁农民工输出地就业技能培训 该项目被文化部表彰为2012年农民工文化服务示范项目。为了确保农民工"输得出、扎稳根、收效好"，西宁市城中区文化馆根据用工单位、企业不同的用工技能要求，科学设置培训科目，有针对性地开展培训活动，重点加强中高级技能人才培训。各级培训基地在加强对外出务工人员岗前劳动用工基本常识培训的同时，重点加强劳务专业性人才的培养，先后开设农民画、刺绣、民间地方曲艺演唱、农村实用舞蹈等6个劳务培训科目，并严格落实培训考核鉴定制度、培训班管理制度等。切实改变单靠劳动和社会保障部门培训的局面，大力整合培训资源，形成"区乡村一起上、公办民办一起上、机关企事业单位一起上、办班培训与网络培训一起上"的多元化培训格局。

青海玉树赛马会 该项目荣获2010年第十五届项目类"群星奖"。赛马是藏族同胞的传统项目。玉树赛马会是青海省规模最大的民俗活动之一，至今已有数十年的历史。赛马会每年于7月25日至8月1日（公历）在玉树举行，届时川、青、藏、甘等地的藏族艺人都会赶来表演文艺节目。除此之外，还有僧人礼乐、传统藏戏、藏家服饰展示、藏獒展览等极具地域特色的项目。

青海西北五省（区）花儿演唱会

该项目荣获 2013 年第十届中国艺术节项目类"群星奖"。创办于 2004 年。每年一届。花儿是广泛传唱于祖国大西北的民歌，是西北五省（区）由汉、藏、土、回、东乡、保安、裕固、撒拉、哈萨克、维吾尔族等 11 个民族共同传唱的经典民歌，是西北民歌之魂，2009 年 9 月被联合国教科文组织列为人类非物质文化遗产。青海西北五省（区）花儿演唱会经过十多年的打造，实现了"花儿保护、企业支持、政府引领"的良性循环。

"传递书香 温暖读者"——宁夏青铜峡市图书馆文化志愿服务活动

该项目被文化部表彰为 2013 年全国基层文化志愿服务示范项目。由宁夏回族自治区青铜峡市图书馆于 2013 年实施。成立文化志愿者基层服务领导小组和多支志愿者服务队伍，以图书推广、信息咨询、服务基层为主，先后开展送图书、送电影、送光盘、送信息和参与文化共享、扶贫救济、奉献爱心等工作，参与农民书屋管理、资源共享服务、文化信息采集、弱势群体服务等活动。

宁夏"清凉宁夏"广场文化示范演出活动

该项目荣获 2013 年第十届中国艺术节项目类"群星奖"。创办于 2002 年。全区已相继建成近 40 个特色品牌文化广场，年均演出 1200 场以上，形成了"群众文化天天有，广场文化周周有，节庆文化月月有，大型活动年年有"的局面。2012 年由自治区党委宣传部、自治区文明办、自治区直属机关工委、自治区文化厅、自治区财政厅、自治区国防教育办公室主办，启动实施了"清凉宁夏"广场文化示范演出活动。

宁夏银川市文化艺术馆"湖城之夏"广场文化活动

该项目荣获 2007 年第十四届"群星奖"服务奖。创办于 2004 年，每年一届。2009 年 10 月银川市"湖城之夏·广场文化季活动"被中国群众文化学会评为全国特色广场文化活动。

宁夏银川市踏歌起舞文化工程"相约星期六·百姓大舞台" 该项目荣获2013年第十届中国艺术节项目类"群星奖"。自2010年开始，每年举办一届。2012年由承办方宁夏天籁八音文化传媒有限公司贯彻"深入基层，面向群众，层层选拔，常态比赛"的原则，对赛事进行改版升级，赛事历时7个月。

宁夏银川市金凤区工业集中区社区三维服务阳光驿站 该项目被文化部表彰为2012年农民工文化服务示范项目。主要是建立一个集教育、服务、活动等多种功能于一体的党建公共服务平台——"三维服务阳光驿站"，发挥"党员活动室"、"图书阅览室"、"党员服务中心"、"绿色网吧"和"党员休闲室"等的辐射作用，深入开展内容丰富、形式多样、积极健康的文化活动，以营造企业文化气氛，提升企业职工文化素养。

宁夏中国西部民歌（花儿）歌会 该项目荣获2010年第十五届项目类"群星奖"。1998年创办时，名为"中国西北花儿歌手邀请赛"，后扩展为"中国西部12省区民歌（花儿）歌手邀请赛"。2008年第六届更名为"中国西部民歌（花儿）歌会"。2011年第九届"中国西部民歌（花儿）歌会"由文化部、国家民委、国家广电总局、中国人民对外友好协会与宁夏自治区人民政府联办，"中国西部民歌（花儿）歌会"已升格为国家级歌会。

宁夏农村电影固定放映点建设 为更好地服务农村群众，宁夏自治区广电局从2013年起尝试利用乡镇已建成的综合文化活动中心，建立不同档次的放映厅，在全区农村逐步建设固定放映点，方便群众在集市日、气候变化以及冬闲时节观看电影。根据总体建设方案，宁夏广电局将用三年时间，在全区2336个行政村和118个农林牧场全部建成固定放映点。

宁夏"支农报"赠送活动 为加强基层党组织建设,宁夏回族自治区党委组织部、宁夏日报报业集团于2011年12月举行"联合企业向农村基层党组织捐赠'支农报'——《新知讯报·塞上新农村报》活动"。《新知讯报·塞上新农村报》是宁夏日报报业集团主管主办的宁夏唯一服务"三农"的专业报纸。活动得到宁夏全区十余家企业的积极响应,2011年共为全区2308个行政村及部分"农家店"免费赠送《新知讯报·塞上新农村报》3000余份。

新疆"最低文化生活保障线" 2012年新疆提出:努力形成覆盖全区的公共文化设施网络,研究解决城乡低收入人群的"文化低保"问题,为最广大的普通百姓日常生活构建所需的"最低文化生活保障线",使文化弱势群体的基本文化权益得到保障。主要内容包括:在文化方面,继续实施"万村千乡文化产品惠民行动",精选150部国内外优秀影片和一批电视连续剧、优秀舞台剧、电视综艺节目,制作成维吾尔、汉、哈萨克三个语种的光盘,免费发放到基层文化场所;深入实施"新疆民族文学原创和民汉互译作品工程",计划推出100部民汉语文学原创精品和民汉互译文学作品;做好五级公共文化服务阵地免费开放工作;大力支持各类演艺团体深入基层和农村演出,加强县级文化汇演机制建设,给予承担公益性演出任务的地县专业艺术表演团体补贴。在广播影视方面,重点推进广播电视户户通工程,不断增加少数民族广播影视节目的数量,提高节目译制制作水平。在新闻出版方面,全面启动新疆日报周刊出版工程;重点抓好"东风工程"、"农家书屋"等文化惠民工程。

新疆克拉玛依"中学生义务馆员" 该项目被文化部表彰为2013年全国基层文化志愿服务示范项目。由新疆维吾尔自治区克拉玛依市图书馆于2000年实施。与市第六中学合作,每周周末分批组织两个班的学生到克拉玛依市图书馆进行志愿服务,担任义务小馆员。义务服务的主要内容包括:图书整理、解答咨询、推荐好书、策划小型读书活动等。

新疆乌鲁木齐市"新疆情"文化讲坛 该项目荣获2010年第十五届项目类"群星奖"。是文化部、财政部第一批国家公共文化服务体系示范项目。2005年10月,乌鲁木齐市图书馆在自治区文化厅,乌鲁木齐市委宣传部、市文化局的支持下,创建"乌鲁木齐文化讲坛",成为推进乌鲁木齐市学习型城市建设,促进乌鲁木齐文化建设和谐发展的有效载体。开展讲座的目的是,宣传先进的文化和思想理念、传递前沿的信息和科学知识,以启迪市民文化意识、提升市民综合素养;通过宣传国家政策、传播民族文化、加强文化交融,以统一大众思想、维护文化安全,推进本地区文化建设和谐发展;丰富市民生活,满足群众多层次、多样化的精神文化需求;以"文化讲坛"为载体,宣传、推广、解读本土地域文化;为新疆本地专家、学者搭建平台,传播知识,展示才华。"文化讲坛"的特点是,知识性强、宣传性强、地域性强、传播范围广、增强文化认同感。推进"文化讲坛"不断发展的举措是,以"文化讲坛"为轴心,扩大现场讲座的覆盖面;以"文化讲坛"的"新疆情"系列为纽带,与全国各地公共图书馆开展互动;以"文化讲坛"为平台,拉近名人、专家与听众的距离;制作信息产品,延伸"文化讲坛"服务范围;完善"新疆地区专家学者人才库"。

新疆克拉玛依市图书馆一体化服务 是文化部、财政部第一批国家公共文化服务体系示范项目。创建的总体目标是,按照结构合理、网络健全、运行有效、惠及全民的原则,坚持政府主导、统一实施的方针,创新公共图书馆服务内容和方式,构建以克拉玛依市图书馆为中心,以各区图书馆为纽带,以街道、社区图书室、农家书屋为基础,以企业、学校、图书馆联合加盟为补充,最终达到覆盖全市、功能完善、资源共享、管理规范的联建、共享一体化新型公共图书馆服务体系。创建的主要任务是,实现文献资源联合采购,加强图书馆联建、共享建设,优化全市范围内的文献资源布局;建立联合编目中心,实现文献编目工作标准化和规范化;实行书刊借阅"一证通",在克拉玛依市图书馆和各区图书馆、街道、社区图书室实现通借通还;共建共享各类数字资源,激活现有文化资源存量。创新管理和运行模式,在不改变原有行政隶属人事和财政关系的情况下,分级投入,统一管理。克拉玛依市图书馆负责文献资源的协调采购、建立统一的网络信息操作平台,成为全市的信息枢纽,合理周转各馆之间的文献资源,同时指导和协调全市读者服务工作;各区图书馆与市馆统一图书管理系统平台,完成市图书馆组织的各项读者活动工作;街道图书阅览室在业务上接受所属地区图书馆管理,负责本区域读者服务工作;社区图书室业务上接受所属街道图书室管理;农家书屋由所在地政府进行管理,市图书馆对其业务进行指导;企事业、学校单位图书室文献资料在市馆协调下共建共享。

新疆自治区巴州"百日广场"文化活动　该项目荣获2007年第十四届"群星奖"服务奖。创办于2002年,每年举办一次,实现了由"要我办"到"我要办"的转变,形成了县(市)有文化广场、乡镇(场)有演出队、村村有拿手好戏的局面,成为全州覆盖面、参与面最广,持续时间最长,影响力最大的社会文化活动,成为具有巴州特色的群众性精神文明创建的重要形式和各族群众共建共享和谐文化的重要平台。

新疆伊宁市文化馆"文化钟点工"志愿服务活动　该项目被文化部表彰为2013年全国基层文化志愿服务示范项目。由新疆维吾尔自治区伊宁市文化馆2012年实施。通过广播、报纸、电视发布公告及各乡镇、街道选拔推荐的方式进行公开招募,经过专家组面试、专业测试,共选拔涉及舞蹈、书法、声乐、器乐等专业文化"钟点工"25 名,并与文化"钟点工"签订协议。"钟点工"主要志愿服务内容是,积极参与市级大型活动辅导排练工作,开展各类基层演出辅导活动及各类慰问演出活动。

新疆"文化惠民 为您服务"沙雅县海楼乡志愿服务活动 该项目被文化部表彰为 2013 年全国基层文化志愿服务示范项目。由新疆维吾尔自治区阿克苏地区沙雅县海楼乡政府 2012 年实施。根据招募到的文化志愿者的特长,分别成立"美丽乡村"文体演出志愿服务队、"书香"农家书屋志愿服务队、"正能量"绿色网吧志愿服务队、"及时雨"电视广播维修服务队 4 支志愿者服务队伍,常年开展文化志愿服务。

新疆阿勒泰市"金山之夏"文化艺术节 该项目荣获 2013 年第十届中国艺术节项目类"群星奖"。于 2001 年创办,每年举办一届,"金山之夏"文化艺术节极大地丰富了各族群众的文化生活。

新疆乌鲁木齐市中老年艺术节 该项目荣获 2013 年第十届中国艺术节项目类"群星奖"。创办于 2002 年,每年一届。中老年艺术节的比赛项目主要分为武术健身、舞蹈、合唱、戏曲和社火五大类,凡是对此爱好的中老年人都可报名参加。经过多年的不断发展,乌鲁木齐市中老年艺术节,已成为乌鲁木齐市中老年朋友展示业余生活的一个知名文化品牌。

新疆建设兵团五家渠广场文化艺术节 该项目荣获 2010 年第十五届项目类"群星奖"。由新疆建设兵团农六师创办于 2001 年,旨在丰富和活跃职工群众文化生活。

新疆莎车县木卡姆文化艺术节活动　"十二木卡姆"是我国维吾尔族古典音乐的经典集成,它巧妙地运用音乐、文学、舞蹈、戏剧等各类艺术形式,表现了维吾尔人民绚丽多彩的生活、高尚情操、崇高理想与追求。2005年11月25日,"十二木卡姆"因其多样性、综合性、完整性和民众性,被列入联合国教科文组织公布的第三批"人类口头和非物质遗产代表作"名录,是继中国昆曲、古琴之后第三个列入名录的艺术形式。"十二木卡姆"的故乡——新疆莎车县城自2005年起,每年举办一次全县性活动,每五年举行一次全国性节庆活动,集中向中外游客展示以"十二木卡姆"为主的少数民族文化艺术魅力。2007年举办首届"十二木卡姆"文化艺术节后;2012年举办第二届"十二木卡姆"文化艺术活动,也是第三届丝路明珠——喀尔噶尔国际旅游文化节的重要组成部分。

新疆昌吉民间社火　2012年2月6日,由新疆自治区文化厅和昌吉州政府主办、昌吉市政府承办的以"展示中华民间文化·感触新疆人文历史"为主题的新疆2012大型社火(昌吉)表演赛在昌吉市举行。来自乌鲁木齐、喀什、石河子、克拉玛依、昌吉等5个地(州、市)的社火表演队2000余人按照自选套路和传统套路,参加舞龙、舞狮、锣鼓、秧歌4个项目的表演赛,除集中在1个主表演区、2个副表演区展演外,所有队伍还沿着市区主要街道进行了巡游。

新疆吐鲁番地区"申遗宣传进校园活动"　为了加大"交河故城、高昌故城"两个申遗点的社会宣传教育力度,自治区面向吐鲁番地区中小学生普及申遗基础知识和文物保护知识,营造各族青少年了解申遗、爱家乡、保护故城的浓厚氛围。2013年4月24日,吐鲁番地区申遗宣传教育组正式启动"申遗宣传进校园活动"。宣传活动主要采取丝绸之路流动展板和申遗知识讲座的形式,向师生介绍申遗的重要意义,以及两个申遗点的历史文化知识和文物保护相关法律法规知识。活动现场还组织全校师生开展申遗知识有奖问答、支持申遗万人签名活动。在学生动手的"支持申遗——我描绘"活动环节中,学生们一笔一画地认真描摹交河故城、高昌故城两座故城的遗址轮廓,表达对家乡文化遗产的热爱和参与支持申遗的热情。

新疆乌恰县流动书屋 为解决牧民在草场精神文化生活单调的问题,乌恰县为各乡镇配备流动农家书屋专用车。流动农家书屋契合牧民生产生活方式,便捷实用,牧民走到哪里,流动农家书屋就搬到哪里。

新疆乌什清真寺、茶馆、理发店农家书屋 2011年年底,在配合乌什县党委、政府开展走基层、转作风调研中,针对图书利用率不高的问题,英阿瓦提边防派出所决定以库齐村为试点,将过去设在乡政府、村委会、警务室的农家书屋,搬到清真寺、茶馆、理发店、饭馆等农民经常光顾的地方,方便了广大群众阅读。

新疆"学校体育三年行动计划" 新疆教育厅决定从2013年开始,实施学校体育3年行动计划(2013—2016年)。指导思想是,全面贯彻党的教育方针,积极推进素质教育,认真落实"健康第一"的指导思想和"为了每一个学生的终身发展"的核心理念,把增进学生健康素质作为学校教育的基本目标之一。通过实施学校体育工作三年行动计划,进一步推动学校体育工作的深入开展,为社会培养体魄强健、意志坚强、充满朝气的合格人才。总体目标是,建立健全与实施自治区教育发展战略、推进自治区教育标准化、实现教育均衡发展目标相适应的学校体育工作机制,体育基础设施标准化水平明显提升;社会各方参与的青少年学生健康促进网络和联动机制进一步完善;全社会关注学生身心健康的良好氛围基本形成。按照国家有关标准,通过三年左右的努力,不断加大经费投入力度,切实解决学校体育运动场地和器材设施不足等问题。主动争取并依托国家的有关项目,改善学校体育设施设备,实现四个满足(即:使其能满足学校正常的教育教学需要、能满足青少年课外文体活动的需要、能满足各年龄阶段学生身心健康发展的需要、能满足全区学校体育教育工作协调统一发展的需要)。项目和举措是,实施学校体育与健康教育课程体系建设行动计划,学校阳光体育与教体结合推进行动计划,学生体质健康监测及干预行动计划,学校体育师资队伍建设行动计划,学生健康促进基础设施及保障机制建设行动计划。通过三年行动计划,实现全自治区60%的中小学生至少参加一个体育社团的目标,结合体育课教学,让每个学生掌握两项体育技能。

三、规划纲要

《爱国主义教育实施纲要》 中共中央1994年8月22日印发。《纲要》共分爱国主义教育的基本原则,爱国主义教育的主要内容,爱国主义教育的重点是青少年,搞好爱国主义教育基地的建设,创造爱国主义教育的社会氛围,提倡必要礼仪,增强爱国意识,大力宣传爱国先进典型,加强对爱国主义教育的领导八部分40条。《纲要》提出:新时期爱国主义教育的基本指导思想是,必须以邓小平建设有中国特色社会主义理论和党的基本路线为指导,必须有利于促进社会主义现代化建设,必须有利于促进改革开放,必须有利于维护国家和民族的声誉、尊严、团结和利益,必须有利于促进祖国统一的事业。《纲要》提出:开展爱国主义教育的目的是,要振奋民族精神,增强民族凝聚力,树立民族自尊心和自豪感,巩固和发展最广泛的爱国统一战线,把人民群众的爱国热情引导和凝聚到建设有中国特色的社会主义伟大事业上来,引导和凝聚到为祖国的统一、繁荣和富强作贡献上来,做有理想、有道德、有文化、有纪律的社会主义公民,为实现四化、振兴中华的共同理想团结奋斗。《纲要》提出:爱国主义教育的基本原则是,必须坚持重在建设的方针;必须坚持对外开放的原则;必须突出时代特征。《纲要》提出:爱国主义教育的主要内容包括:爱国主义教育的素材非常广泛;要进行中华民族悠久历史的教育;要进行中华民族优秀传统文化教育;要进行党的基本路线和社会主义现代化建设成就的教育;要进行中国国情的教育;要进行社会主义民主和法制教育;要进行国防教育和国家安全教育;要进行民族团结教育;要进行"和平统一、一国两制"方针的教育。

《国民经济和社会发展第十个五年计划纲要》 2001年3月15日第九届全国人民代表大会第四次会议批准。《纲要》共分十篇26章。《纲要》单列"第二十一章:繁荣社会主义文化,提高文化生活质量",放在第七篇"精神文明"中。

《纲要》强调：坚持为人民服务、为社会主义服务的方向和百花齐放、百家争鸣的方针，以繁荣社会主义文化为中心，弘扬民族优秀文化，吸收外国文化有益成果，抵制不良文化，提高全社会的文化生活质量。《纲要》提出：把握时代精神，坚持正确方向，发展新闻出版、广播影视等各项事业。加强文艺理论研究，繁荣文学艺术，努力提高精神产品的质量，生产出更多的无愧于时代和人民的优秀作品。加强图书馆、博物馆、文化馆、科技馆、档案馆和青少年活动场所等文化设施建设。努力巩固和拓展社会主义文化阵地，形成健康向上的舆论环境、文明和谐的社会氛围和丰富多彩的文化生活。坚持把社会效益放在首位、社会效益和经济效益相统一的原则，深化文化、广播影视、新闻出版体制改革，建立科学合理、灵活高效的管理体制和文化产品生产经营机制。继续实行支持文化事业发展的有关政策，增加对重要新闻媒体和公益文化事业的投入。加强民族文化遗产保护。积极开展对外文化交流。完善文化产业政策，加强文化市场建设和管理，推动有关文化产业发展。

《公民道德建设实施纲要》 中共中央2001年9月20日印发。旨在从公民道德建设入手，继承中华民族几千年形成的传统美德，发扬党领导人民在长期革命斗争与建设实践中形成的优良传统道德，借鉴世界各国道德建设的成功经验和先进文明成果，努力建立与发展社会主义市场经济相适应的社会主义道德体系，对形成追求高尚、激励先进的良好社会风气，保证社会主义市场经济的健康发展，促进整个民族素质的不断提高，全面推进建设有中国特色的社会主义伟大事业。共分公民道德建设的重要性、公民道德建设的指导思想和方针原则、公民道德建设的主要内容、大力加强基层公民道德教育、深入开展群众性的公民道德实践活动、积极营造有利于公民道德建设的社会氛围、切实加强对公民道德建设的领导八部分40条。《纲要》提出：当前和今后一个时期，我国公民道德建设的指导思想是，以马克思列宁主义、毛泽东思想、邓小平理论为指导，全面贯彻江泽民同志"三个代表"重要思想，坚持党的基本路线、基本纲领，重在建设、以人为本，在全民族牢固树立建设有中国特色社会主义的共同理想和正确的世界观、人生观、价值观，在全社会大力倡导"爱国守法、明礼诚信、团结友善、勤俭自强、敬业奉献"的基本道德规范，努力提高公民道德素质，促进人的全面发展，培养一代又一代有理想、有道德、有文化、有纪律的社会主义公民。《纲要》指出：方针原则是，坚持社会主义道德建设与社会主义市场经济相适应；坚持继承优良传统与弘扬时代精神相结合；坚持尊重个人合法权益与承担社会责任相统一；坚持注重效率与维护社会公平相协调；坚持把先进性要求与广泛性要求结合起来；坚持道德教育与社会管理相配合。《纲要》提出：公民道德建设的主要内容是，要坚持以为人民服务为核心，以集体主义为原则，以爱祖国、爱人民、爱劳动、爱科学、爱社会主义为基本要求，以社会公德、职业道德、家庭美德为着力点。在公民道德建设中，应当把这些主要内容具体化、规范化，使之成为全体公民普遍认同和自觉遵守的行为准则。

《国民经济和社会发展第十一个五年规划纲要》 2006年3月14日第十届全国人民代表大会第四次会议批准。《纲要》共分十四篇48章。《纲要》单列"第十二篇：加强社会主义文化建设"。这是我国编制"国民经济和社会发展五年规划"把"文化建设"单独立篇的第一次。《纲要》规划"文化建设"的内容共三部分。(1)加强思想道德建设。坚持马克思主义在意识形态领域的指导地位，进一步巩固全国各族人民团结奋斗的共同思想基础。坚持正确的舆论导向，加强理想信念教育和思想政治工作，加强社会主义思想道德建设，扎实开展群众性精神文明创建活动,在全社会倡导爱国守法、明礼诚信、团结友善、勤俭自强、敬业奉献的基本道德规范,发扬艰苦奋斗的优良传统,进一步增强中华民族的凝聚力和创造力,使全体人民始终保持昂扬向上的精神状态。(2)丰富人民群众精神文化生活。积极发展文化事业和文化产业,创造更多更好适应人民群众需求的优秀文化产品。加大政府对文化事业的投入,逐步形成覆盖全社会的比较完备的公共文化服务体系。推进文化创新,实施精品战略,繁荣艺术创作。加强文化自然遗产和民族民间文化保护。扩大广播影视覆盖范围,发展数字广播影视,确保播出安全。繁荣新闻事业。发展现代出版发行业,积极发展数字出版,重视网络媒体建设。扩大国际文化交流,推动中华文化走向世界。(3)深化文化体制改革。建立党委领导、政府管理、行业自律、企事业单位依法运营的文化管理体制和富有活力的文化产品生产经营机制。改进对公共文化单位的扶持方式,促其增强活力、改善服务。推进经营性文化事业单位转制,完善文化产业政策,促进民族文化产业发展。加强文化市场综合执法和对互联网的管理,坚持扫黄打非,营造扶持健康文化、改造落后文化、抵制腐朽文化的社会环境,积极倡导企业文化建设。

《国家"十一五"时期文化发展规划纲要》 中共中央办公厅、国务院办公厅于2006年9月13日印发。这是我国第一个专门部署文化建设的中长期规划。《纲要》从经济社会发展的全局出发,对未来五年文化发展的指导思想、方针原则、目标任务作出了全面阐述,描绘了"十一五"时期文化发展的壮丽图景。除序言外,共分指导思想、方针原则和发展目标,理论和思想道德建设,公共文化服务,新闻事业,文化产业,文化创新,民族文化保护,对外文化交流,人才队伍,保障措施和重要政策十部分。《纲要》提出"公共文化服务"内容主要包括五个方面。(1)完善公共文化服务网络。完善公共文化设施网络布局,以大型公共文化设施为骨干,以社区和乡镇基层文化设施为基础,优先安排关系人民群众切身文化利益的设施建设,加强图书馆、博物馆、文化馆、美术馆、电台、电视台、广播电视发射转播台(站)、互联网公共信息服务点等公共文化基础设施建设。创新公共文化服务方式,适应人民群众多方面、多层次、多样化的文化需求,拓宽服务领域,创新服务方式,提高服务质量。健全公共文化服务组织体制和运行机制,各级政府要发挥主导作用,加强对公共文化机构的指导、监督,并从资金、设施、场地、机构、人员等方面,保障公共文化设施正常运转和功能的充分发挥。切实维护低收入和特殊群体的基本文化权益。(2)加强农村文化建设。推进农村文化设施和重点工程建设,加大文化资源向农村的倾斜,建立农村文化建设的长效机制。(3)普及文化知识。在全社会广泛开展人文社科、文艺欣赏、法制、科技卫生等基础知识的普及工作。加强村镇文化、社区文化、企业文化、校园文化、军营文化、家庭文化建设。(4)建立健全文化援助机制。通过援赠设备器材和文化产品、共享文化资源、业务合作、人员培训、工作指导等方式,通过东部地区对西部地区、城市对农村开展"一帮一"对口支援活动,帮助农村和西部地区解决文化产品和服务相对缺乏的问题,支持其文化建设。(5)鼓励社会力量捐助和兴办公益性文化事业。引导和鼓励社会力量捐助和兴办图书馆、博物馆、文化馆等,在用地、税收等方面给予政策优惠。社会力量通过依法成立的非营利公益性组织和国家机关向公益文化事业的捐赠,纳入公益性捐赠范围。鼓励权利人许可基层文化单位无偿使用其作品或录音录像制品。机关、企业、学校的文化设施要尽可能向社会开放,积极开展文化服务。

《文化建设"十一五"规划》 文化部 2006 年 9 月 30 日印发。《规划》以科学发展观为指导,根据《中华人民共和国国民经济和社会发展第十一个五年规划纲要》和《国家"十一五"时期文化发展规划纲要》,总结"十五"时期文化建设的成就和经验,对之后五年(2006—2010年)我国文化建设做出部署和安排,是全面建设小康社会进程中指导文化建设的重要专项规划。除序言外,共分为指导方针和发展目标;推动文化艺术创新,着力创造民族文化优秀品牌;健全公共文化服务体系,加强农村文化建设;加快文化产业发展,健全文化市场体系;加强文化遗产保护,弘扬民族优秀文化;扩大文化交流与合作,提高文化交流质量与水平;以体制机制创新为重点,深化文化体制改革;落实和完善文化经济政策,健全文化法制;造就一支高素质的文化人才队伍;实施要求十部分44条。《规划》提出:文化建设的指导方针是:坚持以邓小平理论和"三个代表"重要思想为指导,以科学发展观为统领,紧紧围绕构建社会主义和谐社会的目标,树立新的文化发展观,坚持解放思想、实事求是、与时俱进、开拓创新,发展面向世界、面向未来的民族的科学的大众的社会主义文化,不断满足人民群众日益增长的精神文化需求,努力培育有理想、有道德、有文化、有纪律的社会主义公民,提高全民族的思想道德和科学文化素质,促进人的全面发展和社会全面进步。文化发展目标是,到2010年,基本建立党委领导、政府管理、行业自律、企事业单位依法运营的文化管理体制和富有活力的文化产品生产经营机制,逐步形成结构合理、发展均衡、网络健全、服务优质、覆盖全社会的比较完备的公共文化服务体系,初步形成以公有制为主体、多种所有制共同发展的文化产业格局和民族文化为主体、吸收外来有益文化的文化市场格局,基本形成全方位、多层次、宽领域、官方与民间并举的对外文化交流新局面。《规划》提出:"推动文化艺术创新,着力创造民族文化优秀品牌"内容主要包括:建立健全文化艺术创新机制；扶持代表国家水平和体现民族特色的艺术表演团体；打造品牌文化艺术活动；鼓励优秀作品的创作与积累；提高文化艺术科研成果的质量；创新文化传播方式和手段；加强知识产权保护。《规划》提出："健全公共文化服务体系,加强农村文化建设"内容主要包括：建立健全公共文化设施网络；提高公共文化机构的服务能力；切实维护低收入人群及其他特殊群体的基本文化权益；加强农村公共文化建设；提高公民文化艺术素养；鼓励社会力量兴办公益性文化事业。《规划》提出："加强文化遗产保护,弘扬民族优秀文化"内容主要包括：加大文物保护力度；建立健全非物质文化遗产保护体系；重视中华优秀传统文化的传承。《规划》提出："以体制机制创新为重点,深化文化体制改革"内容包括：用新的文化发展观指导文化体制改革；推进文化管理体制改革；分类推进文化事业单位改革。《规划》提出："落实和完善文化经济政策,健全文化法制"内容包括：完善对公益文化事业的投入政策；健全文化专项资金；完善公益捐赠和赞助优惠政策；完善公益文化事业的税收优惠政策；健全文化产业政策；加快制定重要文化法律法规；推进文化领域依法行政。《规划》提出："造就一支高素质的文化人才队伍"内容主要包括：形成多层次的文化艺术专业人才梯队；加快培养文化经营管理和文化产业高新技术人才队伍；巩固基层文化工作队伍；建立健全文化法制机构和队伍；完善人才选拔培养机制；建立国家文化艺术领域授予荣誉称号的制度。

《文化标准化中长期发展规划》

文化部2007年7月13日印发。规划时限为2007—2020年。共分序言、指导思想和基本原则、主要目标和任务、保障措施四部分。是指导我国文化领域标准化建设的纲领性文件。《纲要》在"序言"中指出：文化领域的标准化是促进文化艺术与现代科技紧密结合、推动文化创新的重要技术保障,是繁荣文化事业和发展文化产业的重要基础性工作。加快文化标准化工作已成为今后一段时期一项十分紧迫的任务。《纲要》指出：指导思想是，以邓小平理论和"三个代表"重要思想为指导，全面落实科学发展观。以立足中国、面向世界，立足当代、面向未来建设中国特色社会主义文化的高度，创新文化标准化管理机制，全面推进文化标准化建设。基本原则：坚持政府主导原则，坚持重点保障原则，坚持需求导向原则，坚持共同参与原则，坚持制定与实施并重原则，坚持自主创新原则，坚持国际化原则。《纲要》指出：主要目标和任务是，2010年以前初步建立起文化领域标准体系，开展文化标准化理论研究，完成部分安全标准、基础标准和行业急需标准的制（修）订。2020年以前，建立起较为完善的标准体系，取得一批文化标准化理论研究重大成果，完成主要标准的制（修）订工作，使文化标准化建设走向规范有序健康发展的道路。重点是加强文化标准化基础建设，加强公共文化服务体系的标准化建设，编制涉及公共文化安全标准，编制文化领域急需标准，以标准化推动文化艺术领域科技进步，以标准化促进文化产业的发展，通过标准化为文化法制化建设打下良好基础，加强文化标准的宣贯实施力度。《纲要》提出：保障措施是，要采取切实可行的措施为标准化工作创造良好环境；健全文化标准化管理组织；完善文化标准化管理制度。

《国民经济和社会发展第十二个五年规划纲要》 2011年3月14日第十一届全国人民代表大会第四次会议批准。《纲要》主要阐明国家战略意图，明确政府工作重点，引导市场主体行为，是未来五年我国经济社会发展的宏伟蓝图，是全国各族人民共同的行动纲领，是政府履行经济调节、市场监管、社会管理和公共服务职责的重要依据。《纲要》共分十六篇62章。《纲要》单列"第十篇：传承创新推动文化大发展大繁荣"，下列"第四十二章:提高全民族文明素质;第四十三章:推进文化创新;第四十四章:繁荣发展文化事业和文化产业"。《纲要》提出:"提高全民族文明素质"内容主要包括:建设社会主义核心价值体系;拓展群众性精神文明创建活动;营造良好的社会文化环境。《纲要》提出:"推进文化创新"内容主要包括:创新文化内容形式;深化文化体制机制改革。《纲要》提出:"繁荣发展文化事业和文化产业"内容主要包括:大力发展文化事业;加快发展文化产业。大力发展文化事业,主要包括:增强公共文化产品和服务供给;公共博物馆、图书馆、文化馆、纪念馆、美术馆等公共文化设施免费向社会开放;鼓励扶持少数民族文化产品创作生产;注重满足残疾人等特殊人群的公共文化服务需求;建立健全公共文化服务体系;以农村基层和中西部地区为重点,继续实施文化惠民工程;改善农村文化基础设施,支持老少边穷地区建设和改造文化服务网络;完善城市社区文化设施,促进基层文化资源整合和综合利用;广泛开展群众性文化活动;加强重要新闻媒体建设,重视互联网等新兴媒体建设、运用、管理,把握正确舆论导向,提高传播能力;加强文物、历史文化名城名镇名村、非物质文化遗产和自然遗产保护,拓展文化遗产传承利用途径;依法推进语言文字工作。建立国家文化艺术荣誉制度。

《国家文物博物馆事业发展"十二五"规划》 国家文物局2011年6月27日印发。《规划》是未来五年全国文物博物馆工作的行动指南,是各地区各部门推动文物博物馆事业发展的重要依据。除前言外,共分发展形势,指导思想、基本原则和发展战略,发展目标,主要任务,重大工程,保障措施,实施共七章。《规划》提出:指导思想是,高举中国特色社会主义伟大旗帜,以邓小平理论和"三个代表"重要思想为指导,深入贯彻落实科学发展观,严格执行《中华人民共和国文物保护法》,始终坚持"保护为主,抢救第一,合理利用,加强管理"的文物工作方针。围绕国家经济社会发展大局,以文物博物馆事业科学发展为主题,加快构建法制完备、体制健全、机制合理、规范有序的文物保护体系和文物博物馆公共文化服务体系,积极推动文物保护、利用、传承的有机结合,全面提升文物保护质量,全力加速文物博物馆事业发展。努力实现文物本体保护好、周边环境整治好、经济社会发展好、群众生活改善好,充分发挥文物博物馆引导社会、教育人民、推动发展的重要作用,为全面建设小康社会、实现中华民族伟大复兴做出积极贡献。《规划》提出:基本原则是,保护为主;提高质量;围绕大局;以人为本;改革创新。发展战略是,基础优先;能力先行;科技支撑;示范引领。《规划》提出:总体目标是,基本形成较为完善的文物保护体系,具有历史、文化和科学价值的文物得到全面有效保护;保护文物深入人心,成为全社会的自觉行动,为实现文化遗产大国向文化遗产强国的转变奠定坚实基础。建立健全中国特色、世界接轨的文物博物馆理论体系,科学完备、保障有力的文物博物馆法律体系,责权明晰、效能统一的文物博物馆管理体系,联动响应、监管到位的文物博物馆安全体系,特色鲜明、布局合理的博物馆体系,政府主导、惠及全民的文物博物馆公共文化服务体系,结构优化、素质过硬的文物博物馆人才队伍体系,重点突破、支撑发展的文物博物馆科技创新体系,多方协力、共建共享的文物博物馆社会参与体系,传输便捷、覆盖广泛的文物博物馆传播体系,加快文物博物馆事业的发展步伐。推进文物博物馆事业融入经济社会发展,使文物博物馆事业成为推动经济社会发展的积极力量。发展指标包括约束性发展指标和预期性发展指标。《规划》提出:主要任务是,加强文物保护能力建设,实现文物抢救性保护与预防性保护的有机结合,推动博物馆发展从数量增长向质量提升转变,促进文物博物馆事业融入经济社会发展。规划提出:

重大工程是，国有可移动文物普查工程、国家文物安全监测平台建设工程、文物平安工程、文物博物馆人才队伍能力提升工程、文物保护关键技术提升工程、文物保护基础研究推进工程、文物保护科技成果推广工程、中华文明展示工程、国家文物博物馆资源基础数据库建设工程、近现代重要史迹保护工程、少数民族地区重点文物保护工程、古村落古民居保护工程、重大基本建设考古与文物抢救工程、文物标本库房建设工程、国家考古遗址公园建设工程、世界文化遗产保护工程、水下文物保护工程、博物馆免费开放工程、基层博物馆建设工程、可移动文物保护工程、文物管理所建设工程、文物保护装备保障工程、文化遗产知识宣传普及工程。《规划》提出：保障措施是，政策保障、法制保障、体制机制保障、人才保障、科技保障、经费保障。《规划》强调：贯彻实施本规划是各级党委、政府及文物部门的重要职责；要建立《国家文物博物馆事业发展"十二五"规划》及专项规划的分级分层落实责任机制；国家文物行政部门要建立规划评估考核与规划实施动态调整机制，加强对规划执行情况的督察评估。

《全国地市级公共文化设施建设规划》 国家发展改革委、文化部、国家文物局2012年1月18日印发。本《规划》是在顺利完成"十五"县级公共图书馆文化馆建设、"十一五"乡镇综合文化站建设规划的基础上，针对地市级公共图书馆、文化馆和博物馆（以下简称"地市级三馆"）建设出台的专项规划，是贯彻落实十七届六中全会精神的重要举措，是完善公共文化服务体系、推进社会主义文化大发展大繁荣的重要内容。除前言外，共分现状分析，指导思想、基本原则和总体目标，建设标准，投资安排，管理办法，政策措施，预期成效七部分。《规划》提出：指导思想是，要以邓小平理论和"三个代表"重要思想为指导，深入贯彻落实科学发展观，按照公共文化服务公益性、均等性、基本性、便民性的原则,坚持以政府为主导,以公共财政为支撑,以创新管理模式、提升服务能力和服务质量为重点,推进一批地市级三馆的规范化建设,深化内部机制,加大管理服务创新,引入竞争机制和激励机制,增强城市公共文化服务能力和辐射带动能力。争取通过几年的不懈努力,使我国地市级三馆设施条件得到明显改善,运行活力显著增强,服务水平大幅提高,在保障人民群众基本公共文化权益方面发挥积极作用。《规划》提出:基本原则是,以人为本,科学建设;整合资源,协调发展;改革创新,配套推进;改善服务,加强管理;统筹规划,分步实施。《规划》提出:建设目标是,完成532个地市级三馆建设项目,其中,地市级公共图书馆189个、地市级文化馆221个、地市级博物馆122个。《规划》提出:总建设规模约为450万平方米,总投资约200亿元。在投资安排上,地市级三馆建设的责任主体是当地政府,中央视各地财力予以适当补助。"十二五"期间,约需中央补助投资70亿元。《规划》提出:管理办法是,实行项目库建设、项目审批、资金申请、资金管理、项目建设管理和监督检查。《规划》提出:政策措施是,建立稳定投入机制,保障机构运转;深化内部机制改革,增强机构活力;强化服务标准考核,提升服务质量;加强人才队伍建设,提高人员素质。

《国家"十二五"时期文化改革发展规划纲要》 中共中央办公厅、国务院办公厅2012年2月15日印发。除序言外,共分指导思想、重要方针和主要目标,加强社会主义核心价值体系建设,加快构建公共文化服务体系,加快发展文化产业,加快文化体制机制改革创新,加强文化产品创作生产的引导,加强传播体系建设,加强文化遗产保护传承与利用,加强对外文化交流与合作,加强文化人才队伍建设,政策措施,组织实施十二部分。《纲要》提出:"加快构建公共文化服务体系"内容主要包括四部分。(1)构建公共文化服务体系。

按照公益性、基本性、均等性、便利性的要求，以公共财政为支撑，以公益性文化单位为骨干，以全体人民为服务对象，以保障人民群众看电视、听广播、读书看报、进行公共文化鉴赏、参与公共文化活动等基本文化权益为主要内容，完善覆盖城乡、结构合理、功能健全、实用高效的公共文化服务体系。推动跨部门项目合作，统筹规划和建设基层公共文化服务设施，坚持项目建设和运行管理并重，实现资源整合、共建共享。加强社区公共文化设施建设，把社区文化中心建设纳入城乡规划和设计，拓展投资渠道。完善面向妇女、未成年人、老年人、残疾人的公共文化服务设施。推进国家公共文化服务体系示范区创建。制定公共文化服务指标体系和绩效考核办法，明确服务标准和服务规范，加强评估考核。(2)加强公共文化产品和服务供给。加强文化馆、博物馆、图书馆、美术馆、科技馆、纪念馆、工人文化宫、青少年宫等公共文化服务设施和爱国主义教育示范基地建设并完善向社会免费开放服务。鼓励其他国有文化单位、教育机构等开展公益性文化活动，各类公共场所要为群众性文化活动提供便利。加快现代科技应用步伐，提高公共文化服务的数字化、网络化水平。以公共图书馆、学校电子阅览室、社区文化中心为依托，建立和完善未成年人公益性上网场所。鼓励扶持少数民族文化产品的创作生产，提高优秀汉语广播影视节目、出版物等的民族语言译制量，开展少数民族文字书报刊赠送活动。扩大盲人读物出版规模，有条件的地区可以公共图书馆为依托，建立盲人电子阅览室。把主要公共文化产品和服务项目、公益性文化活动纳入公共财政经常性支出预算。采取政府采购、项目补贴、定向资助、贷款贴息、税收减免等政策措施鼓励各类文化企业参与公共文化服务。鼓励国家投资、资助或拥有版权的文化产品无偿用于公共文化服务。(3)加快城乡文化一体化发展。增加农村文化服务总量，缩小城乡文化发展差距，以农村和中西部地区为重点，加强县级文化馆和图书馆、乡镇综合文化站、村文化室建设，深入实施广播电视村村通、文化信息资源共享、农村电影放映和农家书屋等重点文化惠民工程，扩大覆盖、消除盲点、提高标准、完善服务、改进管理。大力推进农民体育健身工程。加大对革命老区、民族地区、边疆地区、贫困地区文化服务网络建设支持和帮扶力度。引导企业、社区积极开展面向农民工的公益性文化活动，尽快把农民工纳入城市公共文化服务体系，努力丰富农民工精神文化生活。建立以城带乡联动机制，合理配置城乡文化资源，鼓励城市对农村进行文化帮扶，把支持农村文化建设作为创建文明城市基本指标。鼓励文化单位面向农村提供流动服务、网点服务，推动媒体办好农村版和农村频率频道，做好主要党报党刊在农村基层发行和赠阅工作。扶持文化企业以连锁方式加强基层和农村文化网点建设，推动电影院线、演出院线向市县延伸，支持演艺团体深入基层和农村演出。（4）广泛开展群众性文化活动。以社区文化、企业文化、村镇文化、校园文化建设为载体，积极搭建公益性文化活动平台，依托重大节庆活动和民族民间文化资源，组织开展群众乐于参与、便于参与的文化活动。深入开展全民阅读、全民健身活动，推动文化科技卫生"三下乡"、科教文体法律卫生"四进社区"、"送欢乐下基层"等活动经常化。支持群众依法兴办文化团体，精心培育植根群众、服务群众的文化载体和文化样式。鼓励文艺工作者、艺术院校学生和热心文化公益事业的各界人士开展文化志愿服务。

《文化部"十二五"时期文化改革发展规划》 2012年5月7日印发。除序言外，共分指导思想和方针原则、发展目标和主要指标、加强文化产品创作生产的引导、加快构建公共文化服务体系、加强文化遗产保护利用和传承、推动文化产业成为国民经济支柱性产业、完善文化市场监管体系、加强对外文化交流与贸易、推动文化体制机制改革创新、加强文化人才队伍建设、保障政策、组织实施十二部分。《规划》提出：指导思想是，高举中国特色社会主义伟大旗帜，以马克思列宁主义、毛泽东思想、邓小平理论和"三个代表"重要思想为指导，深入贯彻落实科学发展观，坚持社会主义先进文化前进方向，以科学发展为主题，以建设社会主义核心价值体系为根本任务，以满足人民精神文化需求为出发点和落脚点，以改革创新为动力，发展面向现代化、面向世界、面向未来的民族的科学的大众的社会主义文化，培养高度的文化自觉和文化自信，提高全民族文明素质，增强国家文化软实力，弘扬中华文化，坚持中国特色社会主义文化发展道路，努力建设社会主义文化强国。《规划》提出：方针原则是，坚持社会主义先进文化前进方向；坚持以人为本；坚持改革创新；坚持统筹兼顾；坚持重在建设。《规划》提出：发展目标是，围绕建设社会主义文化强国的宏伟目标，全面落实到2020年文化改革发展的总体部署，到2015年，文化产品创作生产体系不断完善，创作生产更多无愧于历史、无愧于时代、无愧于人民的优秀作品，为人民提供更好更多的精神食粮。覆盖城乡、结构合理、功能健全、实用高效的公共文化服务体系基本建立，各级各类文化设施更加完善，使人民群众能够公平、就近、便捷享受公共文化服务，基本文化权益得到更好保障。推动文化产业实现跨越式发展，逐步成为促进经济发展方式转变、优化经济结构、扩大就业创业的国民经济支柱性产业。科技进步成为文化发展的重要动力和引擎，文化与科技融合在深度与广度上得到实质性推进。统一开放竞争有序的现代文化市场体系基本构建，文化市场监管进一步加强，文化市场经营秩序更加规范。文化遗产保护理念深入人心，保护体系基本形成，实现全面保护与有效传承。对外文化交流和贸易迈上新台阶，基本形成官民并举的对外和对港澳台文化工作新格局，中华文化影响力不断扩大。文化体制改革重点任务基本完成,文化体制机制充满活力、富有效率,有力促进文化科学发展。文化人才队伍发展壮大,人才结构更加合理。文化引领风尚、教育人民、服务社会、推动发展的功能充分发挥,国家文化软实力和国际竞争力显著提升。《纲要》提出"加强文化产品创作生产的引导"内容主要包括:实施精品战略;促进各艺术门类全面协调发展;切实加强和改进文艺评奖和文艺评论;发挥艺术科研的导向和促进作用。《纲要》提出:"加快构建公共文化服务体系"内容主要包括:创新公共文化服务机制;完善公共文化设施网络;加大公共文化产品和服务供给力度;大力推动数字文化建设;广泛开展群众性文化活动;推进基本公共文化服务均等化。《纲要》提出:"加强文化遗产保护利用和传承"内容主要包括:提高文物保护与利用水平;加强非物质文化遗产保护;推进古籍保护工作;拓展文化遗产展示传播途径。《纲要》提出"推动文化体制机制改革创新"内容主要包括:培育壮大市场主体;稳步推进公益性文化事业单位改革创新;加快推进文化宏观管理体制改革;实施国家文化创新工程;推动文化与科技融合。《纲要》提出"加强文化人才队伍建设"内容主要包括:加大培训力度;完善人才评价机制;建立健全人才激励保障机制;指导艺术职业院校的学科建设与人才培养。《纲要》提出"保障政策"内容主要包括:政府投入保障政策;文化经济政策;文化贸易促进政策;法制保障。

《国家基本公共服务体系"十二五"规划》 国务院2012年7月11日印发。这是我国第一部国家基本公共服务总体性规划,也是"十二五"期间编制实施的国家级重点专项规划之一。是"十二五"乃至更长一段时期我国构建基本公共服务体系的综合性、基础性和指导性文件,是政府履行基本公共服务职责的重要依据。除序言外,共分规划背景,指导思想和主要目标,基本公共教育,劳动就业服务,社会保险,基本社会服务,基本医疗卫生,人口和计划生育,基本住房保障,公共文化体育,残疾人基本公共服务,促进城乡、区域基本公共服务均等化,增强公共财政保障能力,创新供给模式,规划实施十五章42节。《规划》明确了基本公共服务的概念和范围;公共服务体系的基本建设指导思想、基本要求和主要目标;基本公共服务的基本标准;一批保障工程;促进城乡区域基本公共服务均等化,增强公共财政保障能力,创新供给模式及保障规划实施的主要政策措施。《规划》把"公共文化体育"纳入八大基本公共服务领域之一进行规划。《规划》提出:国家建立公共文化体育服务制度,保障人民群众看电视、听广播、读书看报、进行公共文化鉴赏、参加大众文化活动和体育健身等权益。《规划》提出:公共文化体育的重点任务是,围绕建设社会主义核心价值体系和满足城乡居民精神文化需求的要求,坚持公益性、基本性、均等性、便利性,建立健全公共文化服务体系,扩大公共文化产品和服务的供给;推进全民健身公共服务体系建设。其主要内容包括:公益性文化、广播影视、新闻出版、群众体育。《规划》提出:公共文化体育的基本标准是,加快建立健全公共文化体育服务国家标准体系。《规划》提出:公共文化体育的保障工程是,实施公共文化体育服务保障工程,健全服务网络,着力改善基层文化体育设施条件,有效提升公共文化体育服务能力。其主要内容包括:公共文化服务体系建设工程、传播体系建设工程、文化和自然遗产保护工程、体育基本公共服务建设工程。

《国家文化科技创新工程纲要》

科技部、中宣部、财政部、文化部、广电总局、新闻出版总署2012年8月24日印发,并启动了"国家文化科技创新工程"。旨在深入贯彻党的十七届六中全会精神,落实《国家"十二五"时期文化改革发展规划纲要》部署,充分发挥科技创新对文化发展的重要引擎作用,深入实施科技带动战略,加强文化科技创新,增强文化领域自主创新能力和文化产业核心竞争力,推动文化产业成为国民经济支柱性产业,繁荣发展社会主义文化。其共分形势与机遇、指导思想与基本原则、总体目标与主要任务、保障措施四部分。《纲要》提出:指导思想是,以邓小平理论和"三个代表"重要思想为指导,深入贯彻落实科学发展观,深入贯彻落实党的十七届六中全会精神,坚持社会主义先进文化前进方向,深化文化体制改革,推进文化科技创新,加强文化和科技融合,探索建立文化和科技融合路径,全面提升文化科技创新能力,转变文化产业发展方式,推动文化事业和文化产业更好更快发展,解放和发展文化生产力,不断满足人民群众日益增长的精神文化需求。《纲要》提出:基本原则是,创新引领、促进融合;市场牵引、应用驱动;技术集成、模式创新;整合资源、统筹兼顾。《纲要》指出:总体目标是,围绕促进社会主义文化大发展大繁荣的重大科技需求,深入实施科技带动战略。突破一批共性关键技术,增强自主创新能力,以先进技术支撑文化装备、软件、系统研制和自主发展,提高重点文化领域的技术装备水平;加强文化领域技术集成创新与模式创新,推进文化和科技相互融合,促进传统文化产业的调整和优化,推动新兴文化产业的培育和发展,提高文化事业服务能力,加强科技对文化市场管理的支撑作用;开展文化科技创新发展环境建设,建设一批特色鲜明的国家级文化和科技融合示范基地,培育一批创新能力强的文化和科技融合型领军企业,加强文化领域战略性前沿技术前瞻布局,培养一大批文化科技复合型人才,培育发展以企业技术创新中心、技术创新战略联盟、专业孵化器、大学科技园、工程(技术)研究中心为核心,以科研院所和高校为重要支撑的文化科技创新体系。到2015年,文化科技共性支撑技术取得重要突破,科技对文化产业的带动作用明显提高;到2020年,文化和科技深度融合,科技创新成为文化发展的核心支撑和重要引擎。《纲要》提出:主要任务是,加强文化领域共性关键技术研究,促进传统文化产业的优化和升级,推动新兴文化产业的培育和发展,提升文化事业服务能力,加强文化科技创新发展环境建设。《纲要》提出:保障措施是,建立跨部门、跨地方协调工作机制,完善国家文化科技创新扶持政策,建立健全文化科技投融资体系,加强文化科技学科建设与人才培养,积极开展文化科技领域的国际交流与合作。

《文化部"十二五"文化科技发展规划》 文化部办公厅2012年9月12日印发。旨在贯彻党的十七届六中全会精神和《国家"十二五"时期文化改革发展规划纲要》的战略部署,深入实施《文化部"十二五"时期文化改革发展规划》,发挥与增强文化和科技的相互促进作用,实施科技带动战略,增强自主创新能力。共分形势与需求,指导原则、发展目标与主要指标,着力加强文化科技创新体系建设,重点工作任务及领域,四部分。(1)形势与需求。"十一五"时期,文化科技得到较快发展,成为文化发展的重要引擎;"十二五"时期,文化科技发展呈现新趋势,文化改革发展提出新要求,我国文化科技发展正处于大有作为的重要战略机遇期与跃升期;加快文化科技发展,是文化繁荣发展的必要支撑,是文化建设的迫切要求,是转变经济发展方式、推动文化产业成为国民经济支柱性产业的战略任务。(2)指导原则、发展目标及主要指标。指导原则是,自主创新;重点突破;系统推进;引领发展。发展目标是,文化科技创新体系基本完备,自主创新能力大幅提升,科技竞争力显著增强,文化重点领域核心关键技术取得突破性进展,文化行业标准化体系相对完善,文化科技基础环境条件得到改善,科技资源与文化资源的共享明显增强,文化与科技融合在深度和广度上取得实质性推进,有力支撑和引领文化事业和文化产业的发展。主要指标是,重点围绕传统文化产业的技术改造和新兴文化产业发展,加强技术研发、集成应用和产业化示范,组织实施8~10项国家级科技重点项目。加强文化科技战略研究,支持300项左右文化科技基础科研项目,系统部署150项左右文化领域重要核心技术、关键技术和集成技术攻关,制定30项左右文化行业技术标准,转化推广75项左右先进适用技术。加强人才队伍建设。以项目为带动,汇集和培养10名左右文化科技领域有重要影响的技术专家,100名左右中青年科技骨干,凝聚一批具有创新精神和创新能力的文化科技团队。加强基础环境建设。依托文化单位、科研院所和高校设立3~5个文化与科技研发基地,2~4个文化部重点实验室与工程技术研究中心,建设5~8个文化科技创新平台,重点培育20个文化科技企业,认定20家左右文化与科技融合示范基地。(3)着力加强文化科技创新体系建设。优化文化科技创新发展环境;加强文化科技创新载体建设;强化文化与科技融合发展功能;发挥科技项目引领带动作用;加快文化行业标准规范制定;汇聚文化科技专业人才队伍。(4)重点工作任务及领域。包括文化科技基础性工作;文化艺术资源保护与开发领域;文化艺术产品创作生产领域;文化传播与服务领域;文化装备与系统平台建设。

《文化部"十二五"时期公共文化服务体系建设实施纲要》 2013年1月14日印发。除序言外,共分总体思路、重点任务、保障机制三部分。这是我国制定的首个指导全国公共文化服务体系建设的专项规划。《纲要》提出:指导思想是,以邓小平理论、"三个代表"重要思想、科学发展观为指导,按照党的十八大关于文化建设的决策部署,牢牢把握社会主义先进文化前进方向,以社会主义核心价值体系建设为根本任务,按照公益性、基本性、均等性、便利性的要求,坚持政府主导,依循"保基本、强基层、建机制、重实效"的基本思路,着力丰富人民群众精神文化生活,着力提高公共文化服务效能,着力创新体制机制,完善覆盖城乡、结构合理、功能健全、实用高效的公共文化服务体系,努力实现"广覆盖、高效能",全面提升公共文化服务均等化水平,保障广大人民群众基本文化权益。《纲要》提出:基本原则是,政府主导、坚持公益;保障基本、促进公平;统筹城乡、突出基层;创新机制、强化服务。《纲要》提出:发展目标是,到2015年,覆盖城乡、结构合理、功能健全、实用高效的公共文化服务体系初步建立,公共文化设施网络更加完善,服务运行机制进一步健全,服务效能明显提高,"十二五"时期公共文化服务国家基本标准有效落实,人民群众基本文化权益得到更好保障。《纲要》提出:重点任务是,继续提高基层公共文化设施建设水平,实现有效覆盖;加强公共文化产品的创作和生产,丰富服务内容;加强公共文化产品和服务供给,促进共建共享;加强公共文化人才队伍建设,提升服务能力;促进公共文化领域文化和科技融合发展,强化公共文化服务的技术支撑;深入推进国家公共文化示范区(项目)创建工作;加强制度设计,探索公共文化服务体系建设长效机制;加强对特定地域、特定群体的公共文化服务,促进公共文化服务均等化;加强少数民族和民族地区公共文化服务体系建设;探索完善文化志愿服务机制,广泛开展文化志愿服务活动。《纲要》提出:保障机制是,理顺权责关系,建立健全组织保障;探索建立公共文化服务经费投入和保障机制;探索建立公共文化服务绩效评价和监督机制;加强公共文化服务领域政策法律法规建设,促进对外公共文化交流。

《全国公共图书馆事业发展"十二五"规划》 文化部2013年1月30日印发。这是我国第一个全国性的公共图书馆事业发展五年规划。共分序言、"十二五"时期公共图书馆事业发展总体思路、"十二五"时期重点任务、保障措施四部分。《规划》提出:指导思想是,坚持以中国特色社会主义理论为指导,深入贯彻落实科学发展观,以建设社会主义核心价值体系为根本任务,以丰富人民精神文化生活、保障人民群众基本文化权益、满足人民群众基本文化需求为出发点和落脚点,按照体现公益性、基本性、均等性、便利性的要求,坚持政府主导,依循"保基本、强基层、建机制、重实效"的基本思路,以城乡基层建设为重点,以基础设施建设为依托,以技术创新为动力,以机制体制建设为保障,努力构建普遍均等、惠及全民的公共图书馆服务网络,全面提升各级公共图书馆的服务能力、服务水平和服务效益,最大限度地发挥公共图书馆在保护文献典籍、传承中华文化、建设学习型社会、培养公民高度的文化自觉和文化自信、提高全民族文明素质、建设社会主义文化强国等方面的重要作用,推动公共图书馆事业更好更快地发展。《规划》提出:基本原则是,政府主导,社会参与;强化基础,注重创新;统筹兼顾,分类指导;以人为本,提升服务。《规划》提出:发展目标是,"十二五"期间,逐步建立覆盖城乡、结构合理、功能健全、实用高效的服务网络,进一步增强活力,提高效能,服务能力、服务水平与服务效益明显提升,部分地区图书馆接近或达到国际先进水平。加强公共图书馆与其他系统图书馆的共建共享,带动全国图书馆事业发展,从而使公共图书馆在公共文化服务体系和公共数字文化建设中发挥主体作用,使公共图书馆成为满足人民群众基本文化需求的重要阵地,为提高全民族素质,全面建成小康社会做出应有的贡献。《规划》提出:重点任务是,加强制度化、标准化和规范化建设,为事业发展提供法制保障;进一步加强基层图书馆设施建设,力争形成覆盖城乡、结构合理、功能完备的设施网络;深入开展公共数字文化建设与服务,培育基于新媒体的新型图书馆服务业态;进一步推进传统文化资源的保存与保护，强化公共图书馆在传承中华文明方面的重要职能；建设多级文献信息资源保障体系，提高公共图书馆文献信息保障能力；创新服务手段，优化服务模式，全面提升公共图书馆服务能力；加强新技术应用，以技术促进事业的创新发展；加强科研工作，为事业发展提供理论支撑；加强人才队伍建设，为事业发展提供人才保障；加强国内外交流与合作，进一步提升行业影响力和国际竞争力。《规划》提出：保障措施是，推动宏观管理体制机制改革创新，促进全国公共图书馆统筹协调发展；深化内部管理运行机制改革，激发公共图书馆事业的发展活力；完善经费保障机制，促进公共图书馆事业持续稳定发展；建立完善监督评估机制，强化服务标准考核。

《全国"十一五"乡镇综合文化站建设规划》 国家发改委、文化部2007年9月17日印发。除前言外，共分现状分析、指导思想、建设原则和总体目标，乡镇综合文化站的功能定位，建设标准和建设任务，投资安排，相关政策措施，预期建设成效七部分。《规划》提出：指导思想是，全国乡镇综合文化站建设要坚持以邓小平理论和"三个代表"重要思想为指导，树立和落实科学发展观，全面贯彻落实党的十六大和十六届三中、四中、五中全会精神，着眼于增强党在农村的执政能力和执政基础，着眼于维护农村改革发展稳定的大局，着眼于满足农民日益增长的精神文化需求和提高农民文化素质、农村文明程度，以完善服务条件和提高服务能力为重点，加大投入，加强管理，增强服务，争取通过几年的不懈努力，使乡镇综合文化站设施得到明显改善，运行活力得到明显增强，服务水平有较大提高，县、乡、村三级文化服务网络逐步健全和完善，为满足农民群众基本文化生活需求提供保障。《规划》提出：建设原则是，统一规划，分级负责；突出重点，分步实施；整合资源，填平补齐；深化改革，配套推进；改善服务,加强管理。《规划》提出:总体目标是,通过加大投入,改善乡镇文化机构的基础设施和装备条件,改善管理体制和运行机制,加强管理,提高工作队伍素质等措施,到2010年,全国所有农村乡镇基本建立具备综合服务功能的文化站、具有较高专业素质的文化站工作队伍、合理有效的农村乡镇文化管理体制,乡镇公共文化服务能力有显著改善;乡镇综合文化站成为当地农村思想道德教育的重要阵地、丰富农民群众精神文化生活的重要场所和传播科学文化知识的重要课堂,成为农村乡镇社会事业发展的平台。《规划》提出:乡镇综合文化站性质是,承担政府乡镇文化管理和提供公共文化服务的职能,是政府举办的公益性文化机构。《规划》提出:乡镇综合文化站的具体职能是:对广大群众进行时政宣传和政策法制教育;组织开展丰富多彩的文体娱乐活动,组织电影、电视、录像放映活动;利用全国文化信息资源共享工程举办各类文化艺术培训班、科普讲座、农技知识讲座等,辅导和培养文艺骨干;开办图书室,组织群众开展读书活动;搜集、整理民族民间文化艺术遗产,促进乡村特色文化的发展;指导和辅导村文化室、俱乐部和农民文化户开展各种业务活动;做好文物的宣传保护工作;受上级文化主管部门委托协助管理当地文化市场。《规划》提出:规模标准是,根据乡镇综合文化站性质、功能和工作任务,综合考虑全国乡镇的经济发展状况、覆盖人口数以及文化站主要功能等因素。本规划所确定的新建和改扩建文化站项目建设规模应不低于300平方米,并以此作为确定中央补助投资的依据。原则上乡镇综合文化站不得建设在乡(镇)政府办公场所内。《规划》提出:综合性乡镇综合文化站基本功能空间应当包括:多功能活动厅、书刊阅览室、培训教室、信息资源共享服务室、管理用房。此外,有条件的地方还可适当建设室外活动场地、宣传栏、黑板报等配套设施。《规划》提出:全国乡镇综合文化站建设总体进度要求是:从2006年启动,到2010年完成全部建设任务。《规划》提出:相关政策措施是,强化乡镇综合文化站的文化服务职能,加快农村文化管理体制和运行机制改革,加强乡镇综合文化站工作队伍建设,建立稳定的乡镇综合文化站投入机制。

《全国文化信息资源共享工程"十一五"规划发展纲要》 文化部2006年7月4日印发。是"十一五"期间文化共享工程的工作指南,是实施部门、单位履行各自职责的重要依据。共分面临的形势,发展现状,指导思想、总体目标和工作原则,主要任务,保障措施五个部分。《纲要》提出:指导思想是,以邓小平理论和"三个代表"重要思想为指导,认真贯彻党的十六大和十六届三中、四中、五中全会精神,全面树立和落实科学发展观,坚持体制创新、机制创新、管理创新和服务创新,充分利用先进信息技术手段,努力扩大优秀文化资源的传播,逐步缩小东西部地区之间、城乡之间文化发展上的差距,不断满足广大人民群众日益增长的精神文化需求。《纲要》提出:总体目标是,以数字资源建设为核心,以农村服务网点建设为重点,以共建共享为基本途径,全面实施文化共享工程,到2010年,基本建成资源丰富、技术先进、服务便捷、覆盖城乡的数字文化服务体系,成为公共文化服务体系的重要支撑,使广大基层群众能够普遍享受到数字文化服务。《纲要》提出:工作原则是,政府主导,社会参与;统筹规划,共建共享;因地制宜,分类指导;以人为本,强化服务;重视版权,依法建设。《纲要》提出:主要任务是,建设数字文化资源;发展基层服务网络;构建先进实用技术体系;建设管理与技术骨干队伍;创新工作机制;开展试点工作。《纲要》提出:保障措施是,加大投入;完善机制;加强领导。

《全国文化信息资源共享工程"十二五"规划纲要》 文化部2013年1月30日印发。共分指导思想与发展目标、主要任务、保障措施三部分。《纲要》提出：指导思想是，以邓小平理论和"三个代表"重要思想为指导，深入贯彻落实科学发展观，坚持社会主义先进文化前进方向，以满足人民精神文化需求为出发点和落脚点，坚持公益性、基本性、均等性、便利性原则，坚持以政府为主导，以资源建设为核心，以技术支撑平台为保障，以共建共享为途径，面向基层、服务群众，努力实现优秀文化信息资源的全民共享。《纲要》提出：发展目标是，在巩固完善文化共享工程基础设施建设基础上，丰富数字资源，扩展服务网络，优化技术平台，创新机制，完善管理，加强服务，提升效益，将文化共享工程建成资源丰富、传播高效、服务便捷、管理科学的公共数字文化品牌工程。到2015年，文化共享工程数字资源总量达到530百万兆字节；服务网络实现从城市到农村的全面覆盖，公共电子阅览室基本覆盖全国所有乡镇和街道、社区，入户率达到50%。《纲要》提出：主要任务是，完善覆盖城乡的六级服务网络，推进文化共享工程进入居民家庭，实施"公共电子阅览室建设计划"，加强数字资源建设的统筹规划和管理，打造先进实用的技术支撑平台，推动国家中长期人才培训计划的实施，促进基层惠民服务品牌化专业化。《纲要》提出：保障措施是，加强组织领导和管理机制创新，争取财政持续加大投入，广泛开展共建共享，健全人才队伍，扩大宣传推广。

《"十一五"期间大遗址保护总体规划》 国家文物局、财政部2008年10月印发。旨在加强对大遗址保护工作的指导与管理，推进大遗址保护工作规范、有序地开展。分规划范围、指导思想和原则、总体目标、主要内容和任务、"十一五"期间大遗址保护工作步骤及阶段性成果、经费预算、项目的实施方式与组织管理七部分。《规划》提出：规划范围是，"十一五"期间大遗址保护项目库的100处重要大遗址。《规划》提出：指导思想是，以邓小平理论和"三个代表"重要思想为指导，按照科学发展观和构建社会主义和谐社会的重大战略构想，认真贯彻落实十六届五中、六中全会精神，坚持"以人为本"和"贴近群众、贴近基层、贴近生活"，坚持"保护为主、抢救第一，合理利用，加强管理"的文物工作方针，推动文物事业健康、快速、协调发展，更好地为社会主义政治文明、物质文明和精神文明建设服务。《规划》提出：基本原则是，坚持把握长远利益和当前利益、全局利益与局部利益关系；坚持既有利于文物保护，又有利于经济建设和提高人民群众生活质量；坚持中央主导、地方配套、统筹规划、集中资金、重点投入、注重实效；坚持规划先行、突出重点、分步实施、侧重本体、优先展示。《规划》提出：总体目标是，到2010年，初步建立比较完备的大遗址保护管理体系，大遗址的本体和环境的整体保护得到明显改善，执法力度明显加大，努力使部分有条件的大遗址列入世界文化遗产名录；探讨大遗址保护展示的科学途径，建设大遗址保护展示示范园区（遗址公园）和遗址博物馆；发挥专项保护资金的综合效益，促进城市建设和人民群众生活方式与质量的改善，谋取区域社会效益、生态效益的和谐与可持续发展。《规划》提出：主要内容和任务是，初步完成大遗址保护管理体系建设；编制重要大遗址保护规划纲要和保护总体规划；继续实施中央主导和引导的大遗址保护示范工程；建成10～15个具有较高质量、较高标准的大遗址保护展示示范园区（遗址公园）和一批遗址博物馆，全面提升大遗址保护和利用水平。《规划》还对2006年至2008年、2009年至2010年阶段性工作成果，以及经费预算额度、项目的实施方式与组织管理提出明确要求。

《国家"十一五"抢救性文物保护设施建设专项规划》 国家发展改革委、国家文物局2007年1月印发。除前言外，共分规划的范围和编制依据，全国文物保护现状分析,指导思想和原则,规划目标和主要任务,建设规模和资金安排,项目布局,保障措施,预期建设成效八部分。《规划》提出:规划范围是,国有地市级博物馆和文物大县博物馆,以及部分省级博物馆的文物库房;全国重点文物保护单位中的大型古遗址(含元代以前古建筑群)保护设施;省级、地市级重点考古研究所的文物周转库房;区域性文物中心库房。《规划》提出:指导思想是,以邓小平理论和"三个代表"重要思想为指导,认真贯彻落实党的十六届三中、四中、五中、六中全会精神,以构建社会主义和谐社会,全面建设小康社会为目标,坚持以人为本,牢固树立全面、协调、可持续发展的科学发展观,针对我国抢救性文物保护所面临的主要矛盾,按照"保护为主、抢救第一、合理利用、加强管理"的文物方针,统筹规划,努力使文物的抢救性保护状况在"十一五"时期有一个较大的改善,推进文物保护事业与社会经济发展相协调,与人民群众日益增长的精神文化需要相适应,为开创社会主义经济、政治、文化和社会建设的新局面做出应有的贡献。《规划》提出:规划和建设原则是,坚持保护为主、抢救第一;坚持统筹规划、突出重点;坚持投资的需要与可能相平衡;坚持中央与地方明确责任,共同投入;坚持勤俭节约、讲求实效;坚持设施建设与运行管理两加强。《规划》提出:规划目标是,通过加大投入,改善文物保护机构基础设施和装备条件,强化管理和技术人员培养等措施,以改善文物保存环境为着力点,以博物馆库房新建、改扩建和安全设施建设及大型古遗址(含古建筑群)的管理用房和环境整治、安防消防建设为重点,进行抢救性文物保护设施建设,力争到2010年,能够初步解决馆藏文物保存、大型古遗址(古建筑群)保护的薄弱环节,使文物保存环境有一个较大的改观,尽可能降低文物的损毁率,提高文物保护水平。《规划》提出:主要任务是,博物馆等库房建设,大型古遗址抢救性基础设施建设,元代以前古建筑群抢救性基础设施建设。《规划》提出:保障措施是,法规保障、管理保障、人才保障、资金保障。

《国家"十二五"文化和自然遗产保护设施建设规划》 国家发展改革委、国土资源部、环境保护部、住房城乡建设部、文化部、国家林业局、国家文物局 2012 年 6 月 1 日印发。旨在加强国家文化和自然遗产保护,统筹不同体系的遗产保护工作,集中财力物力,突出重点、分类解决不同文化和自然遗产类型面临的不同紧迫问题和突出矛盾,完善国家文化和自然遗产保护的基础设施,改善保护利用条件,提升遗产保护管理的整体水平。《规划》除前言外,共分指导思想、基本原则和总体目标,主要任务和建设内容,项目储备库建设及项目管理办法,补助标准和投资测算,保障措施,预期建设成效六部分。《规划》提出:指导思想是,以邓小平理论和"三个代表"重要思想为指导,深入贯彻落实科学发展观,立足于继承和弘扬中华民族优秀传统文化、推动社会主义先进文化建设,立足于保障遗产的永续利用、促进遗产保护与经济社会的协调发展,坚持保护为主、合理利用的方针,以完善保护性基础设施和核心区域环境整治为重点,加强规划、加大投入、科学指导、强化管理,力争通过几年的不懈努力,使我国各类重要文化和自然遗产的保护基础设施水平得到明显改善,历史环境和传统风貌得到有效保护,为我国悠久历史文明的传承、民族和地域文化特色的延续、战略资源及生物多样性和生态系统的保护提供坚实保障,推动我国文化和自然遗产保护事业全面发展。《规划》提出:基本原则是,保护第一、合理利用;分类指导、突出重点;互惠共赢、协调发展;统一规划、多方参与;完善法治、加强管理。《规划》提出:总体目标是,通过规划实施,统筹加强不同类型国家文化和自然遗产保护,集中财力物力,突出重点、分类解决不同遗产类型面临的不同突出矛盾;使国家重大文化和自然遗产的保护利用设施得到进一步完善,遗产利用渠道进一步拓宽;全国重点文物保护单位存在的危及遗产自身安全的突出问题得到有效解决,具有较高科研价值的文物标本和珍贵可移动文物的保存保管条件得到提升;国家历史文化名城的历史文化街区、中国历史文化名镇名村的保护性基础设施条件和周边环境得到有效改善,原有历史风貌得以保持,成为当地历史文化的重要载体;支持非物质文化遗产的保护利用设施建设,找到一些具有推广价值的非遗保护传承方式,再造有利于非遗传承的社会环境;使我国文化和自然遗产的总体保护状况得到明显提升,形成比较完善的保护体系,实现国家文化和自然遗产的有效保护和可持续利用。《规划》提出:主要任务和建设内容是,国家文化和自然遗产地,抢救性文物保护,历史文化名城名镇名村保护,非物质文化遗产保护。《规划》提出:项目储备库建设及项目管理办法,包括项目储备库建设,项目库管理,项目管理办法。《规划》提出:预期建设成效是,基础设施水平显著提高,周边环境得到有效改善,重要遗产的保护利用迈上一个新台阶,遗产保护成为促进文化建设和社会发展的助推器。

《大遗址保护"十二五"专项规划》 国家文物局、财政部2013年5月27日印发。旨在妥善处理大遗址保护与国家经济社会发展之间的关系问题,进一步加大投入、加强引导,全面推进大遗址保护工作。分规划范围、指导思想和原则、总体目标和主要任务、实施步骤和阶段成果、项目组织管理和保障措施五部分。《规划》提出:规划范围是"十二五"时期大遗址保护项目库的150处重要大遗址。《规划》提出:指导思想是,以邓小平理论、"三个代表"重要思想和科学发展观为指导,深入贯彻《中华人民共和国文物保护法》,坚持"保护为主,抢救第一,合理利用,加强管理"的文物工作方针,推进大遗址的保护利用和传承发展,充分发挥大遗址在弘扬传统文化、传承中华文明、维护中华民族多元一体和国家文化安全等方面独特的、不可替代的重要作用,推动文物事业全面协调可持续发展,为社会主义文化大发展大繁荣、建设社会主义文化强国作出更大贡献。《规划》提出:基本原则是,坚持中央主导,属地管理,保护为主,惠及全民;坚持着眼宏观,全面布局,规划先行,和谐发展;坚持集中投入,注重实效,突出重点,分步实施。《规划》提出:总体目标是,以实施重大保护示范项目、建设大遗址保护示范园区为着力点,构建"六片、四线、一圈"为重点、150处大遗址为支撑的大遗址保护新格局。充分发挥专项资金使用的综合效益,加强大遗址保护管理能力建设,提高大遗址保护展示水平,提升大遗址服务社会的能力,实现大遗址保护与生态文明建设、经济建设紧密结合,社会效益与经济效益协调统一,使大遗址成为推动区域经济社会和谐发展的积极力量,使广大民众充分享受大遗址保护的成果。以大遗址保护为突破口,探索创新符合我国国情的文物事业发展道路,为努力建设文化遗产强国作出更大贡献。《规划》提出:主要任务是,加强大遗址考古工作,完成新增50处重要大遗址测绘工作,加强大遗址基础数据信息化工作,初步建立大遗址文物信息平台;编制大遗址保护与发展战略规划和大遗址保护片区规划;深化西安片区和洛阳片区的整体保护工作,重点推进荆州片区、曲阜片区、郑州片区和成都片区的遗址保护工作,持续开展长城、大运河和丝绸之路的保护工作,形成规模和联动效应;实施大遗址保护重点工程;推进大遗址保护展示示范园区和遗址博物馆建设;建设大遗址安防设施;创新管理机制,完善大遗址保护网络。《规划》还对2011年至2013年、2014年至2015年阶段性工作成果,以及经费预算额度、项目组织管理和保障措施提出明确要求。

《博物馆事业中长期发展规划纲要》 国家文物局2011年12月14

日印发。规划时限为2011—2020年。是未来十年全国博物馆事业发展的行动纲领,是各地区各部门发展博物馆事业的重要依据。除序言外,共分总体战略、发展任务、体制机制创新、保障措施四章。《纲要》提出:指导思想是,以邓小平理论和"三个代表"重要思想为指导,深入贯彻落实科学发展观,立足全面建设小康社会和社会主义文化强国的基本国情,把握博物馆发展阶段性特征,遵循博物馆规律,坚持贴近实际、贴近生活、贴近群众,以实现各类博物馆又好又快协调发展为主线,完善中国特色博物馆体系,全面提升博物馆的专业化、现代化、社会化水平,强化博物馆文明传承、文化沟通、增进知识和公众教育的职能,建设博物馆强国。《纲要》提出:基本原则是,坚持以人为本;坚持质量优先;坚持服务优先;坚持改革创新。《纲要》提出:总体目标是,到2020年,基本形成特色鲜明、结构优化、布局合理的博物馆体系,基本实现博物馆管理运行的现代化,基本建立运转协调、惠及全民的博物馆公共文化服务体系,博物馆文化深入人心,进入世界博物馆先进国家行列。《纲要》提出:发展战略是,推动博物馆体系结构战略性调整,充分发挥政策指导和资源配置的作用,改善宏观调控,促进博物馆类型、层次结构与经济社会文化发展相协调;引导博物馆合理定位,强化各具特色的办馆理念,在不同层次、不同领域呈现优势,争创一流,造就一批高水平的博物馆群体;加强博物馆能力建设,创新发展理念和运行模式,使博物馆"收集和保护"、"教育和研究"、"开放和服务"三种内在职能统一化、组织化,大幅度提升专业化水准;发挥科技和人才支撑作用,加强博物馆领域的基础性研究,运用现代科技手段,建设高素质人才队伍,增强博物馆事业发展的创新能力;改革博物馆发展体制机制,按照文化体制改革总体要求,以深化博物馆免费开放为契机,完善博物馆管理体制,创新博物馆激励保障机制,营造博物馆可持续发展的法律制度与社会环境;着力培育一批博物馆发展的示范工程、品牌活动,发挥示范引领作用,带动博物馆事业整体繁荣。《纲要》提出:发展任务是,博物馆体系建设,博物馆藏品收集保护,博物馆公共文化服务,博物馆科学研究和科技保护,博物馆国际合作交流。《纲要》提出:体制机制创新是,建立现代博物馆制度,深化办馆体制改革。《纲要》提出:保障措施是,加强博物馆从业人员队伍建设,保障经费投入,推进依法管理。《纲要》提出:博物馆重大项目是,创建世界一流博物馆工程;中小博物馆提升工程;博物馆藏品普查登录工程;新形态博物馆——生态(社区)博物馆探索工程;民办博物馆帮扶工程;中国数字博物馆建设工程;博物馆藏品保护工程;博物馆馆际交流展览精品工程;中华文明和世界文明展示工程;博物馆人才队伍能力提升工程。

《"十一五"全国广播电视村村通工程建设规划》 国家发展改革委、财政部、广电总局于2006年10月16日印发。分面临的形势、目标任务、建设内容及资金估算、保障措施四部分。《规划》提出:"十一五"期间广播电视村村通工作的任务是,按照"巩固成果、扩大范围、提高质量、改进服务"的要求,进一步巩固农村地区广播电视建设成果,完善农村广播电视基础设施建设,大力提高农村广播电视无线覆盖水平,逐步消灭盲区,增加收听收看广播电视节目套数,建立健全"村村通"的长效机制,构建广播电视农村公共服务体系。建设目标是,全面实现20户以上已通电自然村村村通广播电视,力争使现有20户以上自然村广播电视盲点的农民群众能够收看到包括中央第一套、第七套和本省第一套在内的8套以上电视节目,收听到包括中央第一套和本省第一套在内的4套广播节目(即"8+4"标准);同时通过加强无线覆盖,使80%以上的农村人口能够用电视机、收音机直接收看收听到包括中央电视台第一套节目、第七套节目和中央人民广播电台第一套节目在内的4套以上无线电视节目和4套以上无线广播节目,广大农村群众收听收看中央和省级广播电视节目的效果得到显著改善。《规划》提出:建设内容是,新通电行政村和20户以上自然村"盲村""村村通"工程;加强农村地区无线覆盖工程。《规划》提出:保障措施是,加强领导,密切配合;因地制宜,注重实效;加大投入,政策扶持;健全机制,保证长效;分步实施,扎实推进。

《"十一五"时期广播影视科技发展规划》 广电总局2006年11月15日印发。除前言外,共分"十五回顾",面临的形势,"十一五"规划的指导思想,基本原则和发展目标,"十一五"时期的主要任务、保障措施五部分。《规划》提出:指导思想是,坚持以邓小平理论和"三个代表"重要思想为指导,全面落实科学发展观,按照全面建设小康社会和构建社会主义和谐社会的总要求,围绕广播影视全局工作和中心任务,以发展为主题,以安全为保障,以加强农村广播影视建设、推进广播影视数字化为重点,依靠科技创新,优化结构布局,转变增长方式,完善体制机制,为广播影视持续快速全面协调健康发展提供强有力的技术保障和事业基础。《规划》提出:基本原则是,统筹兼顾、协调发展的原则;自主创新、重点跨越的原则;发挥优势、开放合作的原则;立足发展、确保安全的原则。《规划》提出:发展目标是,到2010年,我国广播电视覆盖能力和水平进一步提高,全面实现20户以上已通电自然村通广播电视,有条件的地区实现户户通广播电视,基本实现全国农村一村一月放映一场电影,农村广播影视公共服务体系基本建立;广播影视由模拟向数字化全面过渡取得重大进展,数字视听内容服务能力显著增强,信息服务领域更为宽广,数字广播影视技术新体系基本形成;广播电视安全播出和安全保障能力进一步提升,重大突发性事件快速应急反应机制进一步完善,广播电视安全保障体系初步建成；广播影视科技创新能力显著增强，科技管理水平明显提高，重点领域自主创新取得突破。《规划》提出：发展思路是，建立广播电视安全保障体系，确保安全播出和政令畅通；全面加强农村广播影视基础设施建设，强力推进新一轮广播电视村村通，积极发展农村电影放映，为建设社会主义新农村服务；全面加快我国广播影视数字化进程，建设集有线、地面、卫星传输于一体的数字电视网络，推动广播影视系统升级换代和结构优化；发展广播影视内容产业，丰富人民群众精神文化生活；增强自主创新能力，加强队伍建设，全面提升广播影视科技创新水平。《规划》捏出：主要任务是，确保广播电视安全播出，建立广播电视安全保障体系；完善广播影视公共服务，加强农村广播影视建设；全面推进广播电视数字化，推进广播电视升级换代；发挥广播影视内容优势，推进数字内容信息服务；加快电影数字化进程，进一步推动电影科技发展；坚持科技创新，充分发挥科技引领作用。《规划》提出：保障措施是，适应发展要求，完善机制保障；加强队伍建设与人才培养，实施人才战略；采用多种形式，加强投入保障；加强规划宣传贯彻工作。

《全国"十二五"广播电视村村通工程建设规划》 国家发改委、广电总局2011年印发。《规划》提出：指导思想是，坚持以邓小平理论和"三个代表"重要思想为指导，深入贯彻落实科学发展观，以完善农村广播电视基本公共服务体系建设为中心，按照巩固成果、扩大范围、提高质量、改进服务的要求，健全技术保障体系，着力提高农村地区广播电视入户率。《规划》提出：基本原则是，统筹规划，有序推进；政府主导，分级负责；因地制宜，注重实效；保障基本，群众自愿。《规划》提出：目标任务是，将偏远农村地区824483个新通电行政村和20户以上自然村、20户以下自然村"盲村"及488813个林区（场）"盲户"的广播电视覆盖纳入实施范围,加强转播中央广播电视节目的1229座高山无线发射台站的基础设施建设,到2015年底,基本完成广播电视村村通工程建设任务,逐步改善服务农村的高山骨干无线发射台站基础设施条件,基本实现广播电视"户户通"。《规划》提出:组织保障是,加强组织领导和协调配合,确保落实配套资金,扎实推进工程建设,加强工程建设管理和监督,建立完善长效机制。

《电影数字化发展纲要》 国家广电总局2004年3月18日印发。旨在适应电影产业化发展需要,加快电影数字化进程,规范中国数字电影的建设。共分电影数字化发展的指导思想和总体目标;大力推进电影制作数字化;建立健全电影数字节目发行网络,强化市场服务;积极推进城镇数字影院建设;建立农村、社区电影数字化放映网点;加快数字电影相关设备与软件国产化进程;加强基础建设,规范市场管理;加快培养数字化人才,建设高层次电影人才队伍八部分。《纲要》提出:推进电影数字化发展,要以马克思列宁主义、毛泽东思想、邓小平理论和"三个代表"重要思想为指导,坚持解放思想,实事求是,与时俱进,开拓创新。要立足于引进吸收、创新发展的基本思路,着眼于国际电影数字化发展的前沿,着眼于我国电影发展的实际需要,着眼于科技创新和体制创新,着眼于电影产业发展的总体目标。要通过电影数字化的不断发展与进步,服务于电影内容产业的拓展与丰富,服务于电影信息传播的迅捷与广泛,服务于电影覆盖力的延伸与增强。通过制定电影数字化发展政策,调动各种社会力量,共同建立面向市场的多种技术传输播映体系和服务运营体系,积极扩大电影的社会效益和经济效益,实现电影产业的快速发展。《纲要》提出:到2010年,我国电影数字化发展的总体目标是,确立数字电影在电影产业中的战略地位;建立具有世界先进技术水平的大型数字制作基地；努力提高数字电影及电影数字化产品的数量和质量，满足人民群众精神文化生活的需求；完成"电影数字节目集成服务管理平台"建设；组建规模化的电影数字节目发行公司；营建一批标准统一、形式多样的数字影厅；以数字节目内容为纽带，积极开拓电影放映市场和电影多媒体、新媒体市场，扩大市场份额和整体效益，整体推进电影数字化走上健康、有序、规模、可持续发展的道路。《纲要》提出：大力推进电影制作数字化，要提高电影特技制作水平；加快数字制作基地建设；大力推进数字立体声应用；充分利用胶转数技术；推进数字电影的规模化发展。《纲要》提出：加快城镇数字影厅建设，2004年底建成100个高标准的数字放映厅，力争3～5年内建成500家以上标准统一、形式不同的数字电影放映厅，实现数字影院规模化经营。《纲要》提出：建立农村、社区电影数字化放映网点，2004年启动农村和社区电影数字放映试验工作，首期建立一批数字电影流动放映大篷车或一定数量的放映示范网点。

《国家"十一五"农村电影放映工程建设规划》 国家发展改革委、财政部、文化部、国家广电总局于2007年印发。旨在进一步解决农民群众看电影难的问题，加强农村文化建设，丰富广大农民群众精神文化生活。共分我国农村电影发展状况及面临的形势、"十一五"时期农村电影发展的指导思想和目标任务、保障措施三部分。《规划》提出：指导思想是，按照全面建设小康社会和构建社会主义和谐社会的要求，全面贯彻落实科学发展观，坚持政府扶持与市场运作相结合，以改革为动力，以体制机制创新为重点，按照"企业经营、市场运作、政府买服务"的农村电影改革发展新思路，深化农村电影改革，探索建立多种所有制、多种发行放映主体和多种发行放映方式相结合的新模式，打破部门和地区界限，促进农村电影的市场化、规模化发展，扩大适合农民群众观看的影片创作生产和片源供应,从根本上解决广大农民群众看电影难的问题。《规划》提出:基本原则是,坚持把社会效益放在首位、服务"三农";坚持政府扶持、市场化运作;坚持因地制宜、分类指导。《规划》提出:目标任务是,优化资源配置,理顺体制机制,减少发行层次,增加发行渠道,降低发行成本,提高电影拷贝流通效率,推广电影数字放映技术,初步建立起适应社会主义市场经济体制、符合社会主义精神文明建设总体要求的、多种所有制、多种主体和多种发行放映方式相结合、公共服务和市场运作相协调的、充满活力的农村电影制作发行放映新体系,保障和实现农民群众的基本文化权益,到2010年基本实现一村一月看一场电影的公益服务目标。《规划》提出:保障措施是,加大政府扶持,提高农村电影放映覆盖水平;加快市、县两级电影体制改革,建立以院线为主的农村电影供片机制;鼓励民间资本进入农村电影发行放映市场,逐步实现市场化运作;创新管理方式,加强对农村电影发展的组织领导。

《国家古籍整理出版"十一五"重点规划》 新闻出版总署、全国古籍整理出版规划领导小组2006年4月13日印发。规划时限为2006—2010年。《规划》提出:指导思想是,坚持以马克思主义理论、毛泽东思想、邓小平理论和"三个代表"重要思想为指导,贯彻百花齐放、百家争鸣的方针,继承和弘扬优秀传统文化,为全面提高中华民族的整体素质服务,为科教兴国服务,为发展和繁荣我国的文化事业服务。《规划》提出:基本原则是,正确处理社会效益和经济效益的关系,坚定不移地把社会效益放在首位;正确处理近期与长远、当前需要与未来发展的关系,既要充分反映最新研究动态和最新成果,又要注重基础研究和基本古籍资料的整理;正确处理普及与提高的关系,既要进一步优化选题结构,提高普及读物的质量,避免粗制滥造和重复出版,又要注重学术总结性项目,注重填补学术空白的项目;重视科技方面的古籍整理工作和电子读物、多媒体读物的出版工作。《规划》提出:大致分为文学艺术、语言文字、历史、出土文献、哲学宗教、科技、综合、普及读物八个门类,各门类下视具体情况又分为若干小类。八个门类共列入了196项选题。《规划》提出:规划项目大体上特点是,具有文化积累、传承和促进学术繁荣的价值;整理方式比较完善,版本选择较为得当,整理者水平较高,或具有原创性,或为后出转精,或为集大成者,既注重了学术的总结性,又注重了填补学术研究的空白;整理成果可以达到当代学术研究的新高度;在完成时间和出版质量上确有保证。《规划》提出:本规划是一个动态的出版工程,古籍小组将根据形势的发展和需要,每年检查"规划"的执行情况,对那些不能按时完成或质量达不到要求的项目予以调整,并适时增补新的项目。

《"十一五"期间国家重点图书出版规划》 新闻出版总署2006年4月17日印发。规划时限为2006—2010年。本规划规划重点出版物:社会科学总论38项,哲学22项,政治39项,法律36项,军事16项,历史77项,经济63项,文化94项,教育50项,地理16项,语言29项,中国文学46项,外国文学13项,艺术87项,少数民族类48项,大型综合性图书5项,自然科学总论31项,数学5项,物理学12项,化学7项,地球科学29项,生物18项,医药科技96项,农业29项,工业技术8项,矿业工程5项,石油化工9项,冶金9项,机械17项,电子信息18项,计算机技术9项,轻工9项,土建24项,水利电力28项,铁路交通11项,航天技术11项,新材料技术13项,环境科学9项,马列主义著作出版规划18项,重大工程出版规划67项,"三农"读物出版规划32项,中国出版"走出去"重点图书出版规划51项,未成年人读物出版规划66项,古籍出版规划50项。

《新闻出版业"十一五"发展规划》 新闻出版总署2006年12月31日印发。共分我国新闻出版业发展现状,新闻出版业面临的机遇和挑战,新闻出版业发展的指导思想、基本原则和主要目标,"十一五"新闻出版业发展战略重点,促进新闻出版业发展的政策措施五部分。《规划》提出:指导思想、基本原则和主要目标是,以邓小平理论和"三个代表"重要思想为指导,按照社会主义和谐社会建设的基本要求,坚持新闻出版工作为人民服务,为社会主义服务,为全党全国工作大局服务的方针和社会效益第一的原则,全面贯彻落实科学发展观,以满足人民群众不断增长的精神文化需求为根本目标,以深化改革为动力,转变增长方式,增强自主创新能力,加强产业结构调整和升级,实施战略重点突破,积极构建公共新闻出版服务体系,努力维护和实现人民群众的基本文化权益,建设导向正确、结构合理、技术先进、管理有序、社会效益和经济效益俱佳的现代新闻出版业。"十一五"期间新闻出版业的发展,一要立足于扩大国内需求,特别是把开发、扩大农村出版物市场,满足广大农民的文化消费需求作为推动新闻出版业发展的重要基点;二要立足于转变增长方式,从主要依赖数量、规模增长的粗放模式向大力提高质量、效益的集约型发展模式转变,推动产业走上持续健康发展的良性轨道;三要立足于优化结构,把优化产业结构、产品结构和区域布局结构作为主线,积极推进以资产、资源为纽带,跨地区、跨部门、跨媒体的多种联合,实现产业优化升级;四要立足于增强自主创新能力,大力推进数字出版,打造现代内容产业,提高民族新闻出版业的核心竞争能力。《规划》提出:发展战略重点是,积极推动现代内容产业发展,大力发展数字出版,努力构建公共新闻出版服务体系,加强出版物现代流通体系建设,大力发展现代印刷、复制产业,促进少数民族地区新闻出版业发展,积极实施"中国新闻出版业走出去"战略。《规划》提出:政策措施是,坚持社会效益第一,确保正确导向;调整优化结构,转变增长方式;推进出版发行体制改革,解放发展新闻出版生产力;加强新闻出版队伍建设;加强现代科学技术的应用,加快新闻出版业现代化;加强法制建设,完善新闻出版法律制度;制定实施国家版权战略,推动版权相关产业快速、健康发展;建立和完善长效监管机制;引导支持出版发行业非公有经济发展;加强产业政策研究,完善落实经济政策;加强党的领导。

《2010年全民阅读活动计划》

中央宣传部办公厅、中央文明办秘书组、新闻出版总署办公厅2010年4月14日印发。旨在落实中央精神,进一步推动做好2010年全民阅读活动。《计划》提出:指导思想是,以邓小平理论和"三个代表"重要思想为指导,深入贯彻落实科学发展观,以弘扬社会主义核心价值体系为根本,以基层群众为重点,吸引群众广泛参与,引导人们"读好书、做好人",使活动热在基层,在全社会大兴读书学习之风,大力培育人文精神,为推动科学发展、促进学习型党组织和学习型社会建设营造良好的社会文化氛围。《计划》提出:活动安排是,推介重点阅读书目;着力推动基层群众读书;营造舆论氛围。《计划》提出:工作要求是,加强领导,精心组织;面向基层,动员群众;大力宣传,增强效应。

《新闻出版业"十二五"时期发展规划》

新闻出版总署2011年4月20日印发。旨在实现新闻出版业又好又快发展,推动我国向新闻出版强国迈进。共分"十一五"时期新闻出版业取得巨大成绩,"十二五"时期新闻出版业面临的发展环境,"十二五"时期新闻出版业发展的指导思想和基本要求,"十二五"时期新闻出版业发展的主要目标,"十二五"时期新闻出版业发展的重点任务,推动"十二五"时期新闻出版业发展的主要措施六部分。《规划》提出:指导思想是,以邓小平理论和"三个代表"重要思想为指导,深入贯彻落实科学发展观,高举旗帜,围绕大局,服务人民,改革创新,以科学发展为主题,以转变经济发展方式为主线,以深化改革为动力,着力保障人民群众基本文化权益,着力激发市场主体活力,着力调整产业结构,着力提升行业自主创新能力,着力增强中华文化的传播力和影响力,大力弘扬中华文化优良传统,为实现新闻出版强国目标打下坚实的基础。《规划》提出:基本要求是,坚持社会主义先进文化的前进方向;坚持加快发展;坚持以人为本;坚持全面协调;坚持统筹兼顾;坚持科技创新。《规划》提出:发展的主要目标是,到"十二五"期末,新闻出版业发展方式转变基本到位,新兴业态蓬勃发展,数字出版等战略性新兴产业领域的发展达到世界先进水平。新闻出版产品和服务更加丰富,公共服务能力和水平进一步提高。基本扭转新闻出版产品和服务的出口逆差状况,大幅度提升中华文化的国际传播力和影响力。基本形成以公有制为主体、多种所有制共同发展的产业格局,以民族文化为主导、吸收外来有益文化共同繁荣的开放格局。基本建立起统一开放、竞争有序、健康繁荣的现代出版物市场体系,以人为本、面向基层、惠及大众的新闻出版公共服务体系,技术先进、传输快捷、覆盖广泛的现代传播体系。《规划》提出:发展的重点任务是,传播社会主义先进文化,弘扬社会主义核心价值体系;加强精品力作的生产、传承和弘扬中华文明;完善新闻出版公共服务体系,保障人民群众基本文化权益;做优做大做强新闻出版产业,提高新闻出版业整体实力和竞争力;顺应数字化、信息化、网络化趋势,推进新闻出版业转型和升级;统筹国际国内两个大局,推动新闻出版业"走出去";加强市场体系建设,创造良好的市场秩序。《规划》提出:发展的主要措施是,坚持改革开放;加快结构调整;加快转变发展方式;加快科技进步;加强人才队伍建设;加强政策支持与引导;加强依法行政;加强组织领导。

《新闻出版公共服务体系建设"十二五"时期规划》 新闻出版总署2011年11月印发。旨在进一步增强紧迫感、责任感和使命感,更加积极地建设新闻出版公共服务体系,深化对其地位、作用、建设规律的认识,加大力度、加快进度,更好更高水平地保障人民群众的基本文化权益。《规划》提出:指导思想是,高举中国特色社会主义伟大旗帜,以邓小平理论和"三个代表"重要思想为指导,深入贯彻落实科学发展观,坚持社会主义先进文化前进方向,围绕中心、服务大局、面向基层、服务群众,着力提高新闻出版公共产品和服务供给能力,着力健全新闻出版公共服务网络,着力丰富新闻出版公共服务方式,以农村社区等基层为重点,充分体现新闻出版公共服务的公益性、基本性、均等性、便利性,切实保障好人民群众的基本文化权益。《规划》提出:基本原则是,坚持把社会效益放在首位的原则;坚持加强基层、直接惠民的原则;坚持统筹兼顾、循序渐进的原则;坚持整合资源、合理布局的原则;坚持改革创新、提高绩效的原则。《规划》提出:目标任务是,到2015年,基本建成与我国经济社会发展水平相适应的实用便利、运转高效、保障有力的新闻出版公共服务体系。新闻出版公共产品的品种数量大幅增加,载体丰富多样,质量和服务水平明显提高,全民都可方便地阅读到一定数量的书报刊、电子音像制品、数字出版产品,国民阅读水平得到稳步提高。《规划》提出:主要任务是,努力构建公益出版生产供给体系、新闻出版公益性产品体系、新闻出版公共服务网络体系和政策环境保障体系,建立完善新闻出版公共服务体系的投入保障、运行管理和绩效评估机制,努力争取各级政府对新闻出版公共服务体系建设的财政投入,鼓励支持各种经济性质的新闻出版企事业单位开展公共服务,吸引全社会力量积极参与,不断提高新闻出版公共服务水平。《规划》提出：建设重点是，以增强能力、强化基础为重点，构建公益出版生产供给体系；以群众满意、人民喜欢为标准，构建新闻出版公益性产品体系；以科学布局、创新方式为手段，构建新闻出版公共服务网络体系；以提供政策支撑、改善建设环境为目标，构建政策环境保障体系。《规划》提出：主要工程和项目是，实施中国共产党思想理论资源数据库与传播工程；实施少数民族新闻出版东风工程；实施盲文出版工程；实施党报党刊等重点报刊传播能力建设工程；继续实施农家书屋工程；实施公共阅报栏（屏）建设工程；继续实施重大出版工程；继续实施国家古籍整理出版工程；实施国家重点学术期刊建设与学术论文发布平台项目；实施中国出版博物馆建设项目；深入开展全民阅读活动。《规划》提出：保障措施是，进一步转变政府职能；深化公益性新闻出版单位改革；完善投入、管理、运行和绩效评价机制；加强新闻出版公共服务队伍建设。

《"十二五"国家重点图书、音像、电子出版物出版规划》 新闻出版总署2011年11月印发。旨在助推精品生产，打造中华民族文化品牌。本规划规划重点出版物：社会科学与人文科学814项；自然科学与工程技术518项；子规划308项，包括马克思主义理论与研究出版规划27项，重大出版工程规划96项，少数民族出版规划99项，未成年人出版物出版规划56项，古籍整理出版规划85项，中国出版"走出去"出版规划35项；音像出版物200项；电子出版物100项。

《新闻出版业"十二五"时期重大项目建设规划》 新闻出版总署2011年11月印发。《规划》提出：建设目标是，加快推进在建的重大项目，启动一批行业发展急需的重大项目，逐年加大对新闻出版业重大项目建设的投入，加强对新闻出版业重大项目建设的指导和监督，重大项目对新闻出版业发展的拉动作用明显提升，基本形成以重大项目带动产业发展的新格局。《规划》提出:重大项目建设是,社会主义核心价值体系建设工程,新闻出版精品生产工程,新闻出版公共服务建设工程,新闻出版产业振兴工程,新闻出版科技创新工程,新闻出版"走出去"工程,新闻出版市场监管工程。

《数字出版"十二五"时期发展规划》 新闻出版总署2011年11月印发。《规划》提出:指导思想是,以邓小平理论和"三个代表"重要思想为指导,坚持社会主义先进文化前进方向,坚持弘扬社会主义核心价值,坚持把科学发展观贯穿于数字出版产业发展的各个方面和各个环节。始终把发展作为第一要务,以满足人民群众多样化、多层次、多方面精神文化需要为根本目的,立足当前,兼顾长远,积极培育新型出版业态,促进新闻出版业结构调整和发展方式转变。充分整合各方资源,紧紧围绕内容建设中心环节,推出精品数字出版产品。大力提升自主创新能力,强化市场监管,优化市场环境,切实推动数字出版产业又好又快发展。《规划》提出:基本原则是,政府引导和市场机制共同推动;科技创新和体制创新相结合;新兴产业和传统出版转型并重;东部和中西部共同推进。《规划》提出:发展主要目标是,到"十二五"期末,我国数字出版总产出力争达到新闻出版产业总产出的25%,在全国形成8～10家各具特色,年产值超百亿的国家数字出版基地或国家数字出版产业园区,建成5～8家集书报刊和音像电子出版物于一体的海量数字内容投送平台,形成20家左右年主营业务收入超过10亿元的具有国际竞争力的数字出版骨干企业。《规划》提出:发展的战略重点是,积极推动传统出版企业向数字出版转型,发展壮大优势产业,提升数字出版版权保护水平,建立海量数字内容转换和加工中心,建设布局合理、类型多样的数字出版产业基地,构建公共数字出版服务体系,积极实施数字出版"走出去"战略。《规划》提出:发展的重点项目是，国家数字出版内容资源建设工程，农家书屋数字化建设工程，电子书包及配套资源数字化工程，《中国大百科全书》数字化工程，少数民族文化数字出版促进工程。《规划》提出：发展的保障措施是，坚持正确舆论导向，确保可管可控；增强行政管理部门沟通协调，形成体制合力；理顺产业链各环节之间关系，提高协作水平；加快法制建设，完善数字出版法律制度；大力实施数字版权战略，推动数字版权相关产业快速、健康发展；加大科技研发投入力度，占领数字出版技术高地；加强数字出版人才队伍建设。

《出版物发行业"十二五"时期发展规划》 新闻出版总署2011年印发。《规划》提出：指导思想是，全面贯彻党的十七大精神，坚持以邓小平理论和"三个代表"重要思想为指导，深入贯彻落实科学发展观，按照"打破条块分割、地区封锁、城乡分离的封闭格局，建立统一开放、竞争有序、健康繁荣的现代出版物市场体系"的总体要求，深化发行体制改革，以发展为主题，以市场为导向，以改革为动力，以创新为手段，以制度建设为保障，力求在体制改革的基础上，完善发展机制，优化发展环境，提高服务水平，推动行业又好又快发展，为实现新闻出版强国目标奠定坚实基础。《规划》提出：总体目标是，"十二五"期间，出版物行业基本实现协调发展，产业规模进一步扩大，整体实力明显增强，全行业总产出平稳增长，增长速度与国民经济发展基本保持同步；基本形成以连锁经营、物流配送、电子商务为主要特征，以大城市为中心、中小城市相配套、贯通城乡的出版物发行流通网络；国有发行体制改革基本到位，跨地区发展取得重大突破。形成以南方、北方全国性新华发行集团和邮政报刊发行集团为主导的"2+1"发展格局；出版物物流服务能力进一步增强。建成三四家辐射全国的现代新闻出版流通企业，有效降低新闻出版业物流成本；创新出版物传播手段和渠道。形成一批科技含量高、具有自主知识产权的骨干企业,销售额超亿元的数字发行和互联网发行企业有四到五家;覆盖城乡的公共服务网络基本建成。到"十二五"中期,全面完成农家书屋工程建设。到2015年,力争实现出版物发行网点覆盖全国乡镇。《规划》提出:主要任务是,组建全国性大型出版传媒集团;推动产业转型升级;加快农村发行网点建设;完善提升管理服务。《规划》提出:保障措施是,深化发行体制改革,打造优势企业;整合物流资源,提高运行效率;加快发行网点建设,培育农村消费市场;大力发展数字发行,创新传播手段;搭建交流平台,打造品牌展会;实施科学管理,提升监管服务水平;完善政策法规,推动产业发展;加强诚信建设,规范出版物市场秩序;健全人才培养机制,强化人才保障;加强协调指导,发挥协会作用。

《新闻出版业科技"十二五"时期发展规划》 新闻出版总署2011年11月印发。旨在使未来五年内科技工作在促进新闻出版体制改革、推动新闻出版业发展方式转变、优化新闻出版业经济结构、实现建设新闻出版强国目标方面起到提供动力和基础支撑的作用。《规划》提出:指导思想是,以邓小平理论和"三个代表"重要思想为指导,贯彻落实科学发展观,围绕建设新闻出版强国目标,全面推进新闻出版业科技创新体系建设。以市场为导向,以自主知识产权为核心,以实施基础性与前沿性重大工程为重点,以研发产业关键技术与核心标准为纽带,打造产学研用紧密结合的产业发展之路。为新闻出版业健康快速可持续发展奠定良好的科技基础,提供有力的技术支撑。《规划》提出:主要目标是,到"十二五"时期末,建成健全的新闻出版业科技创新体系;以实现产业结构调整和发展方式转变为目标,加大技术研发与应用力度;传统出版业态的升级改造基本完成,产值贡献占据主导地位;数字出版业态实现跨越式发展,整体规模处于世界领先地位;行业整体科技水平显著提升,初步构建起覆盖广泛、技术先进、传输快捷的现代新闻出版传播体系。《规划》提出主要任务是,健全新闻出版业科技创新体系;全面推进"十一五"期间确立的重大科技工程建设;推动传统产业全面升级转型;加快新闻出版内容资源深度整合;加快前沿性科技项目研发;全面提升标准化工作水平;加大科技成果应用转化力度;深入推进电子政务建设;加快行业科技人才培养。《规划》提出:重点任务是,瞄准战略目标,推进基础性、前沿性重点工程建设;加强电子政务建设,提高政府监管与服务能力;面向紧迫需求,攻克产业发展进程中的关键技术、重点技术,推动成果转化。《规划》提出:保障措施是,健全政策法规体系;制定和落实科学研究技术发明的激励政策;加大政府投入力度;加强组织领导;建立数字出版等新兴业态的专门研究机构;加强人才队伍建设,完善科技人才发展政策。

《2011—2020年国家古籍整理出版规划》 国家新闻出版总署2012年7月3日印发。《规划》共收录491个项目,分为文学艺术、语言文字、历史、出土文献、哲学宗教、科学技术、综合参考、普及读物和古籍数字化等九个门类,除普及读物类和古籍数字化类外,其他门类下视具体情况又分为若干小类。《规划》在编制过程中,综合考虑项目的意义、规模等因素,遴选出121个重点项目,作为实施的骨干工程。《规划》提出:目标任务是,通过国家古籍整理出版规划项目的实施,形成国家重点出版工程出版机制,实施精品战略,发挥国家规划的导向和杠杆作用,带动高水平、高质量古籍整理出版物的出版,加强对优秀传统文化思想价值的挖掘和阐发,维护民族文化基本元素,建设优秀传统文化传承体系,使优秀传统文化成为新时代鼓舞人民前进的精神力量。《规划》提出:工作重点是,紧扣我国经济、政治、文化和社会发展实际,全面反映我国古籍整理研究领域新成果,在已有古籍整理出版成果的基础上,继续有计划有步骤地系统整理经、史、子、集各部古籍,满足科研工作和传统文化普及工作的需要。全面梳理我国古籍资源、总结古籍整理出版成果的古籍整理基础性出版项目;系统性地影印复制国内未见或稀见的重要古籍,促进散失海外中国古籍珍本回归的整理出版项目。采用多种方式深入整理甲金、简帛、石刻、写本、文书等各类出土资料的出土文献整理出版项目;系统整理历代社会政治、经济、文化等方面第一手档案资料的社会档案整理出版项目。拓宽古籍整理领域,全面整理数学、天文、历法、农医等科技典籍的出版项目;创新技术手段,推进古籍数字化的出版项目。推动社会主义文化大发展大繁荣,发挥精品力作的引导作用,自上而下规划一批具有文化积累价值、体现国家水准并能传之久远的古籍整理出版重点项目。《规划》提出:规划项目特点是,编制注重调查研究,采取自上而下和自下而上相结合的办法,充分体现国家意志和政府导向,提高其科学性、权威性、广泛性和可操作性;全面反映目前我国古籍整理出版的最高水平,注重具有较高古籍整理含量的高水平原创作品,推出一批文化传承价值和学术价值高,版本选择得当,整理方法完善,既注重学术的总结性,又注重填补学术研究空白的项目;布局合理,门类齐全,层次分明,根据不同类型古籍的具体情况,分清轻重缓急,重点突出,适当兼顾普及性古籍整理出版,较好地协调了古籍整理出版的长期性与阶段性、保护性与传播性、普及与提高的关系;与国家古籍整理及哲学社会科学、自然科学等领域科研成果直接对接,重点组织实施一批国家级科研成果。《规划》提出:本规划是一个开放、动态的出版工程,将定期对《规划》项目进行增补和调整。

《国家"十二五"少数民族语言文字出版规划》 新闻出版总署2012年10月30日印发。旨在深入贯彻落实十七届六中全会精神，进一步推动少数民族出版的繁荣发展，促进少数民族语言文字精品力作的出版。《规划》提出：少数民族语言文字出版由少数民族语言文字重点出版项目和少数民族语言文字译制（著）出版工程两部分组成，涵盖马克思主义研究、哲学、政治、法律、历史、文学、艺术、医药科技等20个门类，涉及蒙、藏、维、哈、朝等30余个少数民族的语言文字。《规划》提出：少数民族语言文字出版规模为284种，其中图书214种、音像制品65种、电子出版物5种，承担出版任务的出版单位61家。《规划》提出：总体目标是，通过本规划的实施，发挥国家出版物规划的导向和杠杆作用，建立并完善少数民族重点出版工程出版机制，实施精品战略，带动高质量、高水平的少数民族语言文字出版物的出版，加强中华各民族优秀文化的保护和传承，巩固全国各族人民团结奋斗的共同思想基础，增强民族凝聚力和创造力，建设中华民族共有的精神家园。出版总规模在"十二五"时期达到500种。《规划》提出：规划项目的特点是，围绕社会主义核心价值体系建设，推进马克思主义中国化、时代化、大众化，加强马克思主义经典著作的翻译，反映中国特色社会主义理论体系研究的新成果；着力宣传党和国家民族政策，反映党领导全国各族人民进行社会主义革命和建设的光辉历程，以及改革开放和社会主义现代化建设的伟大实践的出版项目；弘扬各民族共同团结奋斗、共同繁荣发展的主题，促进民族团结、社会稳定、地区协调发展的出版项目；弘扬和保护中华各民族丰富多彩的优秀传统文化，体现重大文化传承价值的各民族文化典籍；采用各民族群众喜闻乐见的文学艺术形式，突出时代感和吸引力，讴歌各民族群众的生动实践，反映各民族群众精神风貌的出版项目；构建社会主义和谐社会，增强法治意识，普及法律知识，以最新法律法规文本进行权威释义和通俗解读的出版项目；加强未成年人思想道德建设和科学文化素质教育的出版项目;侧重于服务各民族群众生产生活的实用技术性普及项目;吸收人类优秀文化,共享文化发展成果,翻译以中外政治、哲学、经济、历史、文化、文学、艺术等方面经典著作和优秀通俗读物为蓝本的出版项目。《规划》提出:实施要求和保障措施是,高度重视本规划的组织实施工作;加强本规划的组织领导;建立本规划项目与出版资助的衔接机制;加强本规划出版成果的宣传和推进,提高精品力作的影响力。《规划》提出:每年将根据具体情况作相应调整和增补。

《全民健身计划纲要》 国务院1995年6月20日发布。旨在更广泛地开展群众性体育活动,增强人民体质,推动我国社会主义现代化建设事业的发展。共分面临的形势、目标和任务、对象和重点、对策和措施、实施步骤五部分26条。《纲要》提出:全民健身计划到2010年的奋斗目标是:努力实现体育与国民经济和社会事业的协调发展,全面提高中华民族的体质与健康水平,基本建成具有中国特色的全民健身体系。任务是,到本世纪末,经济、社会和体育发展程度不同的各类地区,经常参加体育活动的人数都应有所增长,人民体质明显增强,群众参加体育活动的时间、体育消费额等逐步加大,群众体育健身活动的环境和条件有较大的改善;初步建立适应社会主义市场经济体制的全民健身管理体制,初步形成人民群众广泛参与、充满发展活力的运行机制,建立起社会化、科学化、产业化和法制化的全民健身体系的基本框架。《纲要》提出:全民健身计划以全国人民为实施对象,以青少年和儿童为重点。《纲要》提出的对策和措施是,把推行全民健身计划纳入国民经济和社会发展的总体规划,坚持群众体育与竞技体育协调发展的方针,以普遍增强人民体质为重点,加强领导,统筹规划,切实抓出成效;加强宣传工作,形成全民健身的舆论导向,增强全民体育健身意识,提高对全民健身工作的重视程度；加强群众体育的法制建设，认真执行现有体育法规，有计划地制定并实施社会体育督导、群众体育工作、体育社团、场地设施管理等方面的法规制度；充分发挥各群众组织和社会团体在开展群众性体育活动中的重要作用，建立健全行业、系统体育协会和其他群众体育组织，逐步形成社会化的全民健身组织网络；体育部门要改善资金支出结构，逐步增加群众体育事业费在预算中的支出比重；实施体质测定制度，制定体质测定标准，定期公布全民体质状况；推广简便易行和适合不同年龄、性别、职业特点与体质状况的体育健身方法；加强人民体质与健康的科学研究和技术开发；体育场地设施建设要纳入城乡建设规划，落实国家关于城市公共体育设施用地定额和学校体育场地设施的规定。《纲要》提出的实施步骤是，采取整体规划，逐步实施的方式。从现在起到 2010 年分为两期工程。第一期工程自 1995—2000 年，分为三个阶段：1995—1996 年为第一阶段，进行宣传发动和改革试点，初步掀起一个全民健身活动热潮；1997—1998 年为第二阶段，通过重点实施、逐步推进，形成崇尚健身、参与健身的社会环境和社会风气；1999—2000 年为第三阶段，全面展开全民健身计划的各项工作并普遍取得成效，建立具有中国特色的全民健身体系的基本框架。第二期工程自 2001—2010 年，经过十年的努力，把全民健身工作提高到一个新的水平，基本建成具有中国特色的全民健身体系。

《"十一五"群众体育事业发展规划》 国家体育总局 2006 年 7 月 11 日印发。除前言外，共分发展现状、面临的机遇和挑战、发展目标和任务、需采取的政策措施四部分。《规划》提出：发展目标是，圆满完成《国家国民经济和社会发展第十一个五年规划纲要》确定的群众体育任务，顺利实现《全民健身计划纲要》确定的到 2010 年的奋斗目标，努力实现群众体育与国民经济，与社会事业的协调发展；

广泛开展全民健身活动,普遍增强全民族的健康素质,不断满足人民日益增长的体育健身需求,基本建成有中国特色的全民健身体系;紧紧抓住筹备和举办2008年北京奥运会的历史机遇,在全社会营造浓厚的体育人文环境和体育健身氛围,提高人民群众体育健身意识,动员和引导人民群众踊跃参加体育健身活动,培养人民群众体育健身习惯;更加注重群众体育的社会公平,使更多的人共享体育改革与发展的成果。按照公共财政配置的重点转到为全体人民提供均等化基本公共服务的方向,加快城乡基层公共体育设施建设,逐步改变城乡基层尤其是农村基层公共体育设施严重欠缺的现象,明显提高基层特别是农村基层体育服务能力;进一步健全政府领导,体育部门组织协调,有关部门各负其责、共同推进,社会力量积极兴办,群众广泛参与的群众体育管理格局,进一步加强和完善政府对群众体育的社会管理和公共服务职能,进一步建立健全社会化群众体育组织网络,为2020年实现全面建设小康社会的体育目标,显著提高全民族健康素质,形成比较完善的全民健身体系奠定坚实的基础。《规划》提出:基本思路是,高举邓小平理论和"三个代表"重要思想的伟大旗帜,以科学发展观为统领,贯彻落实党和国家关于发展群众体育事业的一系列方针政策,贯彻落实《中共中央国务院关于进一步加强和改进新时期体育工作的意见》,坚持以人为本,把维护人民体育利益,增强人民健康素质作为一切体育工作的出发点和落脚点,强化政府对群众体育事业的社会管理和公共服务职能,按照亲民、便民、利民的原则,不断满足人们日益增长的体育需求,促进人的全面发展;坚持全面协调,统筹兼顾,积极推进全民健身事业的改革和发展,处埋好城乡体育发展、区域体育发展和不同体育利益群体之间的关系,保障广大人民群众享有基本的体育服务;坚持重在建设,扎扎实实地推进中国特色全民健身体系建设进程,增强基层尤其是农村体育服务能力,提高城乡居民体育生活质量;坚持中国先进文化的前进方向,创造具有时代性、民族性和地域性的群众体育活动新形式、新内容,繁荣群众体育事业,培育民族精神;坚持抓住机遇,借助国家发展的战略机遇期、全面建设小康社会对群众体育要求的突显期和2008年北京奥运会的前后效应期,乘势而上,借力而为,实现群众体育事业的跨越式发展;坚持深化改革,逐步形成政府对群众体育事业负主责,通过公共财政保障公民享有基本体育服务;全社会共同兴办群众体育事业,通过市场和社会中介组织满足人们多样化体育需求的格局,调动社会各方面参与兴办全民健身事业的积极性,促进社会资源向群众体育转移,促进群众体育资源的合理优化配置;坚持以群众关心的热点和难点问题为工作重点,高度重视和维护人民群众最现实、最关心、最直接的体育利益,解决好事关人民群众体育利益的突出问题。《规划》提出:主要任务是,普及群众性体育活动,提高人民健康素质;加强城乡基层公共体育设施和学校体育设施建设,提高国有体育设施开放程度;健全社会化群众体育组织网络,发展壮大群众体育骨干队伍;加快发展全民健身服务业,引导大众体育消费;改革群众体育管理体制,加强群众体育法制建设;加强群众体育宣传工作,加快群众体育科技进步;保护发展民族民间体育,弘扬中华民族先进文化。《规划》提出:采取的政策措施是,强化目标意识,加强领导和管理,确保《全民健身计划纲要》的奋斗目标顺利实现;要善于在"融入"和"纳入"上做文章,加快群众体育发展群众体育事业是社会主义现代化建设事业的重要组成部分;建立健全领导协调机构,加强对实施《全民健身计划纲要》的领导;多途径扩大群众体育设施规模,加快解决公共体育设施严重欠缺问题;加快开放中小学校体育设施步伐,缓解城乡居民体育健身设施不足矛盾;改革群众体育事业经费制度,大幅度增加群众体育事业经费;努力缩小城乡、区域群众体育差距,大力提高基层体育服务能力;扶持基层体育社会团体发展壮大,加强群众体育骨干队伍建设;倡导群众参与体育健身活动,让体育走进小康生活;做好其他各项工作,促进全民健身事业全面健康发展。

《"十一五"体育发展规划》 国家体育总局2006年7月25日印发。《规划》除引言外,共分迎接体育事业发展的机遇和挑战;"十一五"时期体育事业发展的指导思想、总体目标和基本原则;基本建成全民健身体系,提高群众的健康素质;不断提高竞技体育水平和综合实力,在国际体育竞赛中创造优异成绩;大力发展体育产业,积极培育体育市场;不断深化体育改革,加强体育法制建设;发展体育科技、教育,加强体育人才队伍建设;加强体育交流合作与体育新闻宣传工作;加强领导、完善组织、重视保障、促进落实等九部分60条。《规划》提出:指导思想是,高举邓小平理论和"三个代表"重要思想的伟大旗帜,以科学发展观为统领,认真贯彻落实《中共中央、国务院关于进一步加强和改进新时期体育工作的意见》,以筹办2008年奥运会为契机,以满足群众日益增长的体育文化需求为出发点,把提高全民族健康素质作为根本目标,积极开创体育事业发展的新局面,为全面建设小康社会和构建社会主义和谐社会服务,为中华民族的伟大复兴作出贡献。《规划》提出:发展的总体目标是,以举办和参加2008年奥运会为契机,广泛开展群众体育活动,初步建成具有中国特色的全民健身体系,不断满足群众日益增长的体育文化需求,使全民族的健康素质明显改善。不断提高竞技运动水平,增强我国竞技体育的总体实力,努力在2008年奥运会等国际大赛中取得优异成绩,为国争光。不断深化体育改革,大力发展体育产业,努力创建各种社会力量竞相参与、充满活力的体育体制和运行机制。进一步提高体育管理的科学化、法制化水平,努力实现体育事业全面、协调、可持续发展。《规划》提出：基本原则是，坚持体育与经济社会发展协调促进；坚持国家办与社会办相结合，政府调控与市场调节相结合；坚持统筹兼顾，协调发展；坚持与时俱进，开拓创新；坚持依法行政、依法治体；坚持科教兴体、人才强体；发挥奥运会的综合影响和带动作用。《规划》提出：基本建成全民健身体系，提高群众的健康素质，主要措施是，加强城乡社区体育设施建设；加强对群众体育的组织和指导；不断壮大社会体育指导员队伍；开展内容丰富、形式多样的群众体育活动和竞赛；关注特殊人群的身体健康；完善全民健身的科学标准和规范体系；发展非奥运项目和民族民间传统体育项目。《规划》还对竞技体育、体育产业、体育法制、人才队伍、交流合作、新闻宣传、组织领导等方面作出明确部署。

《"十一五"农民体育健身工程建设规划》 国家体育总局、国家发展和改革委员会、财政部2007年5月19日印发。旨在贯彻落实《中华人民共和国国民经济和社会发展第十一个五年规划纲要》，进一步推动"农民体育健身工程"的实施，切实发挥其在建设社会主义新农村中的作用。共分形势与任务，指导思想、基本原则及发展目标，建设内容与标准，资金安排，保障措施，预期成效六部分。《规划》提出：指导思想是，以邓小平理论、"三个代表"重要思想为指导，全面贯彻落实科学发展观，按照建设社会主义新农村的总体要求，以村级小型公共体育场地设施建设为重点，把体育场地建到农民身边，积极推动农村体育组织建设，构建农村体育服务体系，广泛开展农村体育活动，提高广大农民身体素质，努力缩小城乡居民健康差距，促进社会主义新农村建设。《规划》提出：基本原则是，因地制宜，分类指导；整合资源，有效利用；地方为主，多方参与；统一规划，分步实施；农民自愿，民主决策。《规划》提出：发展目标与任务是，到2010年在全国完成10万个行政村农民健身场地设施建设，使六分之一的行政村建有公共体育场地设施，并形成一定规模的农村体育组织网络和体育骨干队伍，促进当地农民体育健身活动经常开展，使农村经常参加体育锻炼的人数显著增加。《规划》提出：建设内容是，在具备条件、有建设积极性的行政村，利用村级公共用地，建设1片硬化的标准篮球场，并配置1副篮球架和2张室外乒乓球台。提倡经济条件较好，人口较多的行政村在尊重农民意愿的前提下，增加面积、器材及设施，更好地满足农村体育文化生活需求。建设标准是，硬化标准篮球场必须按照建设部、国家体育总局《体育建筑设计规范》进行设计施工。在篮球场的四周，要求各向外开辟不少于5米的平整空地，便于群众观看比赛和开展健身操（舞）等其他体育活动。项目遴选原则是，人口较多，居住较为集中；能够认真履行建设、使用、管理和维护职责，保障设施的长期有效利用；群众参加体育健身活动热情高，有场地设施建设的积极性，且经民主决策，征得村委会同意；有场地设施建设用地，无标准场地设施；通过申报审核方式择优确定。《规划》提出：保障措施是，加强领导，健全工作机制；坚持从实际出发，科学规划，有计划、有步骤、有重点地推进；要保证建设资金和配备的器材及时到位；要全面加大农村体育工作力度，推进农村各类体育组织和体育活动站（点）的建设；加强宣传，广泛发动；加强对工程实施情况的指导、监督和检查，及时总结。《规划》提出：预期成效是，经过5年左右的努力，到2010年，将新建农村公共体育场地至少10万个，使全国六分之一的行政村拥有标准的公共体育场地设施，受益人口将达到1.5亿左右。

《全民健身计划（2011—2015年）》 国务院2011年2月15日印发。旨在进一步发展全民健身事业，广泛开展全民健身运动，加快体育强国建设进程。《计划》提出：指导思想是，深入贯彻落实科学发展观,坚持体育事业公益性,逐步完善符合国情、比较完整、覆盖城乡、可持续的全民健身公共服务体系,保障公民参加体育健身活动的合法权益,促进全民健身与竞技体育协调发展,扩大竞技体育群众基础,丰富人民群众精神文化生活,形成健康文明的生活方式,提高全民族身体素质、健康水平和生活质量,促进人的全面发展,促进社会和谐和文明进步,努力奠定建设体育强国的坚实基础。《计划》提出:目标任务是,到2015年,城乡居民体育健身意识进一步增强,参加体育锻炼的人数显著增加,身体素质明显提高,形成覆盖城乡比较健全的全民健身公共服务体系。《计划》提出:工作措施是,深入开展全民健身宣传教育;大力发展城市社区体育;加快发展农村体育;积极发展少数民族体育;切实加强青少年体育;重视发展老年人体育;大力推进残疾人体育;着力推动职工体育;继续推行体育锻炼标准和体质测定标准;传承发展民族民间传统体育;广泛开展全民健身活动;组织举办全民健身运动会。以深化体育大会改革为突破口,创新办赛模式,提倡勤俭办赛,减少重复建设,简化大型活动,坚持淡化锦标,重在参与、重在交流、重在健身、重在快乐;定期组织举办大中学生运动会、农民运动会、少数民族传统体育运动会等,充分调动和保护全民参与体育竞赛的积极性。《计划》提出:保障措施是,加大各级财政全民健身事业投入;鼓励社会兴办全民健身事业;有计划地建设公共体育设施;提高体育设施利用率;加强社会体育指导员队伍建设;广泛开展全民健身志愿服务活动;不断加大科学健身指导的力度;做好信息、科研和法制建设工作。

《体育事业发展"十二五"规划》

国家体育总局2011年4月1日印发。旨在全面落实科学发展观,充分发挥体育在保障改善民生和推动社会进步方面的重要作用,促进我国体育事业全面协调可持续发展,努力实现建设体育强国的目标。共分"十二五"时期我国体育事业发展面临的机遇与挑战;体育事业发展的指导思想、总体目标和基本原则;努力提高群众体育发展水平,为改善民生服务;进一步增强我国竞技体育综合实力,为国争光;加快发展体育产业,增强体育产业竞争力;推动体育管理职能转变,促进依法行政,依法治体;加大科教兴体力度,坚持人才优先发展,加强人才队伍建设;加强体育文化建设、新闻宣传与对外交往工作;加强领导,开拓创新,重视保障,促进落实九部分62条。《规划》提出:指导思想是,以邓小平理论和"三个代表"重要思想为指导,以科学发展为主题,以满足人民群众不断增长的体育需求为宗旨,以建设体育强国为目标,以转变体育发展方式为主线,以建立完善符合国情、比较完整、覆盖城乡、可持续的公共体育服务体系为重点,以改革创新为基本动力,坚定不移地走中国特色体育发展道路,全面提高我国体育的综合实力和国际影响力,促进我国体育事业全面协调可持续发展,为全面建设小康社会和构建社会主义和谐社会做出积极贡献。《规划》提出:发展的总体目标是:根据国家"十二五"总体部署和建设体育强国的任务要求,进一步夯实体育发展的社会基础,深化改革,加快发展,提升中国体育发展的水平和效益,改善发展结构和质量,促进体育事业又好又快发展,为体育强国建设奠定坚实基础。加快完善公共体育服务体系,提高公共体育服务水平,切实提高全民族的身体素质和健康水平,促进我国群众体育发展迈上新台阶。继续保持在奥运会等国际大赛中排名前列,改善项目发展结构和布局,巩固和提高我国竞技体育的整体水平和国际竞争力,推进竞赛体制改革,完善后备人才培养体系,增强竞技体育可持续发展能力。扩大规模,优化结构,提高质量和效益,增强体育产业创新能力,推动建立和完善具有中国特色的体育产业体系,促进体育产业快速发展。不断深化改革,完善运行机制,努力提升体育科技、体育教育、体育法制、人才培养、行业作风、体育外事、体育宣传等工作水平，促进中国体育管理的科学化、法治化、现代化。《规划》提出：发展的基本原则是，坚持体育工作为党和国家中心任务服务；坚持以人为本，服务民生；坚持解放思想，改革创新；坚持统筹兼顾，协调发展；坚持科教兴体、人才强体、依法治体；加强体育文化建设。《规划》提出：努力提高群众体育发展水平，为改善民生服务的具体举措是，加强公共体育设施规划制定与实施管理；加强全民健身设施建设；进一步推动体育场馆向公众开放；健全全民健身组织网络；加强社会体育指导员队伍建设，积极开展全民健身志愿服务；广泛开展群众体育健身活动与竞赛；实施"青少年体育活动促进计划"，提高青少年健康素质；加强对老年人、残疾人等人群体育活动开展的组织与领导；加强全民健身调查监测和科技服务。

《青少年体育"十二五"规划》
国家体育总局2011年4月19日印发。旨在促进青少年体育工作更好地为全面建设小康社会和建设体育强国服务。共分面临的形势，指导思想、基本原则，目标任务，政策保障四部分。《规划》提出：指导思想是，高举中国特色社会主义伟大旗帜，以邓小平理论和"三个代表"重要思想为指导，以科学发展观统领青少年体育工作，以增强青少年体质为根本宗旨，按照建设体育强国的战略部署，以广泛开展青少年体育活动和加强竞技体育后备人才培养为主要任务，深化体制机制改革，促进发展方式创新，完善政策法规制度，努力营造全社会关心、支持青少年体育发展的氛围和环境，不断提高青少年体育公共服务水平，显著提高发展的全面性、协调性和可持续性，为全面建设小康社会和构建社会主义和谐社会做出应有贡献。《规划》提出：基本原则是，坚持全面发展原则；坚持政府主导原则；坚持质量效益原则；坚持依法治理原则。《规划》提出:总体目标是,到"十二五"末期的总体目标是:青少年体育各项基础性建设工作取得重要进展,改革创新在青少年体育各个领域稳步推进;青少年体育活动更加普及,组织化水平明显提高,场地设施条件进一步改善,初步建成青少年体育公共服务体系;竞技体育后备人才培养方式创新取得重要进展,可持续发展能力进一步增强,构建适应社会发展、充满活力的竞技体育后备人才培养体系。具体目标是,实施"青少年体育活动促进计划",初步建成青少年体育公共服务体系;实施"竞技体育后备人才培养工程",构建适应社会发展、充满活力的竞技体育后备人才培养体系;青少年体育政策法规制度更加完善,各项改革取得新进展。《规划》提出:主要任务是,广泛开展青少年体育活动;改善场地设施条件,促进体育场馆开放;巩固、扩大青少年体育组织;加强竞技体育后备人才培养工作基础建设,促进发展方式创新;不断提高业余训练质量水平;大力加强运动员文化教育工作;完善青少年竞赛制度;缩小青少年体育区域差距,促进均衡发展。《规划》提出:政策保障是,完善政策法规制度,推进法治化进程;完善保障机制,加大发展投入;努力营造全社会关心、支持青少年体育的氛围;加强高素质、专业化青少年体育骨干队伍建设;加强青少年体育信息化建设。

《"十二五"公共体育设施建设规划》 国家发展改革委、国家体育总局2012年7月19日印发。旨在贯彻落实《全民健身计划(2011—2015年)》,满足人民群众日益增长的公共体育设施服务需求,推动开展全民健身活动,提高全民族健康素质。共分规划背景、指导思想与基本原则、建设目标和主要任务、资金筹措、公共体育设施开放、保障措施六部分。《规划》提出:指导思想是,以邓小平理论和"三个代表"重要思想为指导,深入贯彻落实科学发展观,坚持以人为本,加快建设覆盖城乡的体育基本公共服务网络,建立健全体育公共服务设施良性运营机制,保障人民群众参加体育健身活动权益,丰富人民群众精神文化生活,形成健康文明的生活方式,提高全民族身体素质、健康水平和生活质量,促进人的全面发展、社会和谐和文明进步。《规划》提出:基本原则是,面向基层、服务群众;政府主导、多方参与;整合资源、鼓励开放;创新机制、持续运行。《规划》提出:建设目标是,到2015年,公共体育设施建设有较大发展,人均体育场地面积达到1.5平方米以上,有条件的市(地)、县(区)、街道(乡镇)、社区(行政村)普遍建有体育场地,各类体育设施的综合利用率和运营能力有较大提高,开放时间明显增加,初步形成布局合理、互为补充、覆盖面广、普惠性强的公共体育设施网络。《规划》提出:主要建设任务是,通过新建、改扩建等方式,建设一批符合地方实际和群众体育特点的公共体育设施。主要包括:在中西部地区(含参照执行中、西部政策的东部地区)尚无大中型公共体育设施的县(市、区),建设县级公共体育场,建设内容包括:400米环形跑道、标准尺寸足球场及单侧看台。在人均体育场地面积不足1平方米的县(市、区),建设中小型"全民健身活动中心",即能够开展多项群众性体育活动、不设置固定看台的综合性室内健身馆。在中西部地区尚无公共体育场地的行政村,继续实施"农民体育健身工程"。支持每个行政村建设1个简易硬化篮球场,并配置1副篮球架和2张室外乒乓球台。建设和改造一批群众性户外健身场地,包括篮球、排球、足球、羽毛球、乒乓球、门球场地,健身步道和儿童游憩场地等。《规划》提出:保障措施是,统一思想,加强领导;合理规划,分级负责;加大投入,保障供给;创新机制,保障运行;加强监管,强化约束。《规划》提出:体育基本公共服务设施建设资金需多方筹措,多渠道解决。地方各级人民政府是体育基本公共服务设施建设的责任主体,要切实履行基本公共服务职能。《规划》提出：纳入本规划建设的公共体育设施应保持公益性质，向公众开放。学校内的体育设施应利用课余和节假日，在保证正常教学秩序的前提下，创造条件向广大学生和社区居民开放。

《全民科学素质行动计划纲要》

国务院2006年2月6日发布。规划时限为2006—2010—2020年。共分前言、方针和目标、主要行动、基础工程、保障条件、组织实施六部分。《规划》提出：指导方针是，以邓小平理论和"三个代表"重要思想为指导，坚持科学发展观，发挥政府主导作用，充分调动全社会力量共同参与，大力加强公民科学素质建设，促进经济社会和人的全面发展，为提升自主创新能力和综合国力、全面建设小康社会和实现现代化建设第三步战略目标打下雄厚的人力资源基础。今后十五年，实施全民科学素质行动计划的方针是"政府推动，全民参与，提升素质，促进和谐"。《规划》提出：目标是，到2020年，科学技术教育、传播与普及有长足发展，形成比较完善的公民科学素质建设的组织实施、基础设施、条件保障、监测评估等体系，公民科学素质在整体上有大幅度的提高，达到世界主要发达国家21世纪初的水平。到2010年，科学技术教育、传播与普及有较大发展，公民科学素质明显提高，达到世界主要发达国家20世纪80年代末的水平。《规划》提出：实施的主要行动是，未成年人科学素质行动；农民科学素质行动；城镇劳动人口科学素质行动；领导干部和公务员科学素质行动。《规划》提出：重点实施的基础工程是，科学教育与培训基础工程；科普资源开发与共享工程；大众传媒科技传播能力建设工程；科普基础设施工程。《规划》提出：保障条件是，政策法规，经费投入，队伍建设。《规划》提出：组织实施是，组织领导，监测评估。

《科普基础设施发展规划》 国家发展改革委、科技部、财政部、中国科协2008年11月14日印发。

规划时限为2008—2010—2015年。旨在贯彻落实《全民科学素质行动计划纲要（2006—2010—2020年）》，加强对科普基础设施建设和运行的宏观指导，提升科普基础设施的服务能力，满足建设创新型国家的要求。共分前言、方针和目标、总体部署与重点任务、保障措施四部分。《规划》提出：指导方针是，提升能力，共享资源，优化布局，突出实效。《规划》提出：发展目标是，到2015年，使我国科普基础设施的整体服务能力大幅度增强，公众提高自身科学素质的机会与途径明显增多。科普资源配置得到优化，科普基础设施总量明显增加，形成较为合理的全国整体布局；科普展教资源的研发能力和产业化水平明显提高，形成公益性和经营性相结合的展教资源研发体系，展教资源产业初具规模；科普基础设施长效发展的保障体系基本建立。《规划》提出：总体部署是，围绕到2015年的总体发展目标，对全国科普基础设施建设与运行加强宏观指导、系统设计和前瞻布局，从科普展教资源开发工程、科普基础设施拓展工程、数字科技馆建设工程、科普人才队伍培养工程等四个层面推进科普基础设施的全面发展，构筑公民科学素质建设的物质支撑体系。《规划》提出：重点任务是，建设科普展教资源开发工程，科普基础设施拓展工程，数字科技馆建设工程，科普人才队伍培养工程。《规划》提出：保障措施是，政策法规，经费投入以及组织实施。

《全国职工素质建设工程五年规划》 中华全国总工会2010年4月8日印发。规划时限为2010—2014年。旨在全面贯彻落实胡锦涛总书记关于要充分发挥工会"大学校"作用，把提高职工队伍整体素质作为一项战略任务抓紧抓好的重要指示精神，深入实施科教兴国和人才强国战略，培养和造就一支适应时代要求的高素质职工队伍，实现全面建设小康社会奋斗目标的新要求。《规划》提出：指导思想是，高举中国特色社会主义伟大旗帜,以邓小平理论和"三个代表"重要思想为指导,深入贯彻落实科学发展观,围绕中国工会十五大提出的目标任务,坚定不移地走中国特色社会主义工会发展道路,充分发挥工会"大学校"作用,以社会主义核心价值体系建设为主线,以提高职工思想道德素质、科学文化素质和技术技能素质为重点,大力弘扬中国工人伟大品格,促进职工全面发展,打牢团结奋斗的共同思想基础,为推动科学发展、促进社会和谐,实现全面建设小康社会宏伟目标提供智力支持和人才保证。《规划》提出:目标任务是,从2010年起,各级工会要以加快培养和造就一支宏大的高素质职工队伍,作为工会推动加快经济发展方式转变、加快提高自主创新能力的重要切入点,通过全面实施全国职工素质建设工程,使职工队伍理想信念更加坚定,职业道德建设更加深入,科学知识更加普及,技术人才结构更加合理,职工教育培训机制更加完善,职工文化和企业文化更加繁荣。《规划》提出:实践活动是,坚持不懈地抓好职工思想道德教育活动;坚持不懈地抓好职工学习活动;坚持不懈地抓好职工劳动竞赛和技能培训活动;坚持不懈地抓好职工法制宣传教育活动;坚持不懈地抓好职工健康安全卫生宣传教育活动;坚持不懈地抓好精神文明创建和职工文化活动。《规划》提出:保障措施是,加强组织领导;完善管理机制;抓好阵地建设;加大资金投入;创新工作方式;扩大舆论宣传。

《全国青少年学生校外活动场所建设与发展规划》 全国青少年校外教育工作联席会议2002年5月28日印发。规划时限为2000—2005年。除序言外,共分总体目标、具体目标和任务、主要措施三部分。《规划》提出:总体目标是,建立健全全国青少年学生校外教育、校外活动场所建设和维护的管理机制、制度。到2005年,形成在各级政府领导下,以青少年校外教育工作联席会议(或协调机构)为主导,社会各界共同参与建设和管理青少年学生校外活动场所的工作格局;建成一批具有先进水平、管理规范、具有示范导向功能的青少年学生校外活动场所。《规划》提出:具体目标和任务是,国家重点扶持中、西部地区青少年学生校外活动场所建设;2000—2005年,国家拟扶持建设一千多个青少年学生校外活动场所;地方自建约700个青少年学生校外活动场所。逐步建立健全青少年学生校外活动场所建设及管理制度。依托社区,整合资源,拓展青少年学生的校外教育领域。《规划》提出:主要措施是,完善资金筹集和使用机制;完善和规范运作机制;加强对全国青少年学生校外活动场所的管理工作;加强对青少年学生校外活动场所管理人员和师资培训;建立社会监督机制;加大对青少年学生校外活动场所建设和维护工作的宣传力度。

《指导推进家庭教育的五年规划》 全国妇联、教育部、中央文明办、民政部、卫生部、国家人口计生委、中国关工委2012年颁布。规划时限为2011—2015年。共分指导思想、总体目标和工作原则,主要任务,保障措施三部分。《规划》提出:指导思想是,以毛泽东思想、邓小平理论、"三个代表"重要思想为指导,深入贯彻科学发展观,围绕中央关于加强和改进未成年人思想道德建设的总体部署,落实《国家中长期教育改革和发展规划纲要(2010—2020年)》、《中国儿童发展纲要(2011—2020年)》提出的相关目标任务,以服务社会、服务基层、服务家长儿童为宗旨,以提升家长素质为核心,将社会主义核心价值体系融入家庭教育,建立完善家庭教育指导服务体系,全面提高家庭教育质量水平,扎实推进未成年人思想道德建设,积极构建学校、家庭、社会紧密协作的教育网络,努力营造有利于儿童健康成长的家庭环境和社会氛围,为促进和谐社会建设发挥重要作用。《规划》提出:总体目标是,构建基本覆盖城乡的家庭教育指导服务体系,推进完善基本的家庭教育公共服务,提升家庭教育科学研究和指导服务水平,建立与社会管理创新相适应的家庭教育工作机制,制定完善家庭教育相关法律政策制度,推进家庭教育工作进一步科学化、法制化、社会化。《规划》提出:工作原则是,坚持党政领导,妇联与教育行政部门协调指导,各相关部门充分履行职能,引导社会多元主体参与家庭教育活动;坚持育人为本、家长主体、服务为先,尊重儿童身心特点和成长规律,以思想道德教育为核心,发挥家长在家庭教育中的积极性和主体作用,向不同年龄段儿童家长提供家庭教育指导和服务;坚持科学引导、规范管理、依法推进,深化家庭教育科学研究,发展专兼职相结合的家庭教育工作队伍,引导和规范家庭教育社会组织,推进家庭教育立法进程;坚持整合资源、统筹协调、均衡发展,关注困境儿童及其家庭教育,狠抓薄弱环节,加强政府、社会组织和企业合作,发展家庭教育公益事业,促进家庭教育资源合理配置、工作协调发展。

《规划》提出:主要任务是,加强家庭教育科学研究,提高家庭教育科学研究的针对性和指导性;推进家庭教育法律政策完善,促进家庭教育立法取得实质性成果;拓展家庭教育工作阵地,夯实家庭教育指导服务基础;推进家庭教育工作队伍职业化建设,壮大专、兼职家庭教育骨干力量;规范家庭教育指导工作,扩大家庭教育指导服务覆盖率;发展家庭教育公共服务,统筹推进家庭教育工作发展;重视早期家庭教育工作,大力发展公益性早期家庭教育指导服务;将社会主义核心价值体系融入家庭教育宣传实践,创新深化各类实践活动;拓展家庭教育宣传载体,提高家庭教育信息化水平;发展规范家庭教育社会组织,提高家庭教育社会化程度。《规划》提出:保障措施是,健全家庭教育工作领导管理体制;在各级党委政府的领导下,将家庭教育工作纳入相关规划和考核体系;各级妇联组织、教育行政部门牵头负责指导和推进本规划的实施;各地相关部门按照规划的总体要求,结合本地区和部门实际,制定切实可行的地方家庭教育工作规划和部门实施方案;各地相关部门要加大家庭教育工作经费投入,探索建立多渠道经费筹措机制;开展各级各类家庭教育工作示范试点活动,以点带面,整体推进;建立督查评估、激励表彰制度;各地将家庭教育工作监测评估纳入当地未成年人思想道德建设测评指标体系、文明城市村镇测评体系和儿童发展规划监测评估体系。

四、政策法规

《中国艺术节章程》 文化部1997年5月12日颁布,自颁布之日起施行。共分总则,组织机构,节徽、节歌,活动内容及剧(节)目选定办法,申报承办办法,奖励办法,经费,附则等八章32条。《章程》规定:中国艺术节是国家艺术节,由中华人民共和国文化部主办。中国艺术节的宗旨是:贯彻党的文艺"为人民服务,为社会主义服务"的方向和"百花齐放,百家争鸣"的方针,荟萃艺术精品,弘扬民族文化,振奋民族精神,集中检阅一段时期内文艺事业取得的新成果,推动社会主义文艺事业的发展与繁荣,满足广大人民群众对文化生活的需求,促进社会主义物质文明和精神文明建设,促进承办地区科技、经贸、旅游等各项事业的发展,开展对外文化交流,扩大中国艺术在国际上的地位和影响。中国艺术节每三年举办一届。每届艺术节的举办地点,根据各地申办情况选定。《章程》还对组织机构,节徽、节歌,活动内容及剧(节)目选定办法,申报承办办法,奖励办法,经费等方面作出了明确规定。

《文化部关于进一步加强农村文化建设的意见》 文化部1998年11月26日印发。旨在贯彻落实党的十五届三中全会精神,进一步加强农村文化工作,促进农村社会主义物质文明和精神文明的协调发展。共分七个部分23条。(1)提高认识,明确指导思想,努力实现农村文化建设的目标。中央提出建设有中国特色社会主义新农村的奋斗目标,文化是一个重要方面。明确农村文化建设的指导思想:要以邓小平理论为指导,紧紧围绕发展经济、建设小康的目标,坚持"精神文明重在建设"和"一手抓繁荣、一手抓管理"的方针,加强农村文化工作队伍和基础设施建设,活跃和丰富农民文化生活,满足农民日益增长的文化生活需求,提高农民的思想道德素质和科学文化素质,为农村的经济和社会发展提供强大的精神动力、智力支持和思想保证,加快有中国特色社会主义新农村建设的步伐。农村文化建设的目标：培养有理想、有道德、有文化、有纪律的社会主义新型农民，建设富庶、文明的社会主义现代化新农村。到2010年，全国农村要实现县县有图书馆、文化馆或综合性文化设施，乡乡有文化站，有条件的村积极建立文化室或图书室，满足人们就近、经常和有选择地参加文化活动的需要；图书馆、文化馆的建设面积和综合服务能力基本达到各省、自治区、直辖市文化主管部门制定的标准；农民群众能定期观赏专业艺术团体演出和参加各种业余文化活动；农村电影放映达到全国每个行政村平均每月放一场电影；文化娱乐支出占生活支出的比例有较大增长，农民的文化生活质量有显著提高。(2)加强文化设施建设，巩固农村文化阵地。搞好"两馆一站一室（县级图书馆、文化馆，乡镇文化站及村文化室）"建设；管好、用好文化设施；落实文化经济政策，加大文化建设投入。(3)积极开展文化活动，丰富农民文化生活。组织开展丰富多彩的文化活动；进一步搞好文化下乡活动和文化扶贫；积极开展农民读书活动；搞好农村电影发行放映工作。(4)繁荣农村文艺创作，为农民提供优秀的文艺作品。抓好农村文艺创作规划的制定和落实；鼓励和组织创作人员深入生活，创作出一批农民喜闻乐见的优秀农村题材文艺作品；坚持群众文艺工作的导向，改革文艺评奖办法；办好群众文艺"群星奖"、少数民族艺术"孔雀奖"，努力推出优秀作品和优秀人才，推动全国群众文艺、少数民族艺术创作；农村文艺的会演、评奖要面向农民，立足基层，把农民欢迎不欢迎、喜欢不喜欢作为重要标准；要改进和完善评奖办法，建立新的奖励机制。(5)搞好重点文化建设活动，推动农村文化事业发展。继续搞好重点文化建设活动；进一步改进和完善表彰制度，推进农村重点文化建设活动。(6)采取特殊政策和措施，促进少数民族地区文化事业发展。制定并落实少数民族农牧区文化事业发展的特殊政策和

四、政策法规　535

措施;为少数民族农牧区培养文化艺术人才,促进少数民族文化艺术的繁荣和发展;继续做好支援少数民族地区文化建设的工作。(7)稳定和提高农村文化队伍。稳定农村文化队伍,充分发挥他们的作用;大力提高农村文化队伍的素质;深化农村文化事业单位的改革;加强农村文化市场的培育和管理;开发文化资源,促进农村文化产业的发展。

《全国文化先进县全国文化工作先进集体和全国文化系统先进工作者劳动模范荣誉称号授予办法》　文化部1999年4月22日发布,自发布之日起施行。1997年2月18日发布的《文化部关于授予全国文化先进地区、全国文化先进集体和全国文化系统先进工作者、劳动模范荣誉称号的暂行办法》同时废止。共15条。旨在引导和激励广大文化工作者积极进取,促进国家文化艺术事业的发展和繁荣,表彰在有中国特色社会主义文化建设中做出突出成绩的地区、单位和个人。《办法》界定:荣誉称号是指全国文化先进县,全国文化工作先进集体,全国文化系统先进工作者、劳动模范。《办法》规定荣誉称号适用范围是:全国文化先进县授予符合条件的县、县级市和市辖区(其中包括新疆生产建设兵团的县级单位);全国文化工作先进集体授予具有独立法人地位的文化企、事业单位和万里边疆文化长廊共建部门文化工作成绩显著的单位;根据人事部下达的指标,全国文化系统先进工作者授予全国文化系统的机关和事业单位的工作人员,全国文化系统劳动模范授予全国文化系统企业单位的工作人员。全国文化先进县和全国文化工作先进集体荣誉称号的授予工作每2年进行一次;全国文化系统先进工作者、劳动模范荣誉称号的授予工作每4年进行一次。《办法》还对申报、待遇、撤销荣誉称号等方面作出明确规定。

《文化部关于加强老年文化工作的意见》　1999年7月20日印发。

是加强老年文化工作的指导性文件。旨在加强老年文化工作,丰富老年人文化生活问题。共分五部分。(1)提高认识,切实做好老年文化工作。(2)认真搞好老年文化场所建设,积极开展丰富多彩的老年文化活动。(3)办好老年大学,建立老年教育网络。(4)动员社会力量参与,开创老年文化工作的新局面。(5)加强领导,搞好老年文化活动的管理和规划。

《文化部国家民委关于进一步加强少数民族文化工作的意见》 文化部、财政部2000年2月13日印发。旨在贯彻落实1999年中央民族工作会议精神,进一步加强少数民族文化工作,加快少数民族和民族地区文化事业发展。共分八个部分。(1)抓住机遇,加快中西部民族地区文化建设。加强西部民族地区文化发展战略研究,制定中西部民族地区文化发展规划,做好对中西部民族地区文化对口援助工作。(2)采取措施,加强民族地区文化基础设施建设。县级图书馆、文化馆、乡镇文化站是少数民族地区重要的文化活动阵地,也是少数民族地区文化建设中的重点和难点,要重点解决县(市、旗)无文化馆、图书馆和乡镇无文化站的建设问题。充分发挥文化设施的功能作用。发展流动文化车。(3)搞好重点文化工程建设,促进民族地区文化事业全面发展。搞好全国万里边疆文化长廊建设。民族地区要搞好本地区的重点文化工程建设。民族地区在实施全国重点文化工程建设中,结合本地实际,创造性地组织实施了地方性的重点文化工程建设,如内蒙古自治区的"彩虹计划",广西壮族自治区的"千里文化长廊"和"知识工程",贵州省的文化带建设,甘肃省的"丝绸之路文化长廊建设",延边的"金达莱计划"等,不仅落实了全国重点文化工程建设的任务,而且扩大了建设范围,促进了本地区文化事业的全面发展。要进一步把本地重点文化工程建设与全国重点文化工程建设有机地结合起来,把搞好万里边疆文化长廊建设与推动"兴边富民行动"有机地结合起来,统筹安排,突出重点,以点带面,推动本地区文化事业建设。(4)繁荣少数民族文艺创作,丰富各族人民群众的文化生活。抓好少数民族文艺创作。开展丰富多彩的文化活动。解决边远地区少数民族群众看电影难的问题。(5)大力培养人才,加强民族地区文化队伍建设。继续开办少数民族文化艺术班。建立有利于吸引人才的良好机制。实行少数民族文艺人才有偿流动。(6)加强少数民族传统文化的保护和利用,扶持优秀的少数民族文化。建立少数民族文化生态保护区。合理利用文化资源,促进少数民族地区文化产业发展。(7)落实和完善文化经济政策,增加民族地区文化建设的投入。进一步落实文化经济政策。继续落实对民族地区文化建设"四优先"的政策。(8)加强少数民族文化工作的领导。

《文化部关于实施西部大开发战略加强西部文化建设的意见》 文化部2000年5月15日印发。旨在贯彻落实党中央关于西部大开发的战略决策,加强西部地区文化工作,推进西部地区文化事业的繁荣和发展。共分十五个部分。(1)提高认识,认真组织实施西部大开发战略。(2)加强西部文化发展战略研究,制定西部文化发展规划。(3)加快西部地区文化设施建设,巩固社会主义文化阵地。在当前的西部地区文化工作中,要把文化设施建设作为重点。西部地区要继续实施创建文化先进县、万里边疆文化长廊建设、少儿文艺"蒲公英计划"和知识工程这四大重点文化工程。文化部将着手制定西部地区"两馆一站"专项建设计划,争取在"十五"期间实现西部地区县县有图书馆、文化馆或建成具有图书馆、文化馆功能的综合性文化中心,乡镇有文化站或流动文化车的目标。(4)实施精品战略,繁荣西部文艺。(5)推进西部地区公共图书馆网络体系和数字图书馆建设,实现文献信息资源共建共享。(6)加强文化科研,充分发挥文化科技在西部大开发中的重要作用。(7)加强西部地区文物工作,搞好西部文化生态环境建设。(8)合理开发利用文化资源,促进西部地区文化产业发展。(9)进一步落实文化经济政策,推动西部地区文化事业的发展。(10)加强西部民族地区文化建设,扶持优秀的少数民族文艺。(11)为西部地区培养文艺人才,加强文化队伍建设。(12)深化西部地区文化体制改革,增强文化单位的活力。(13)发展西部地区文化市场,加强文化市场的培育和管理。(14)加强西部地区对外文化交流工作。(15)进一步组织开展文化对口援助工作,促进中西部和东部地区文化事业的共同发展。

《文化部民政部关于文化类民办非企业单位登记审查管理暂行办法》 文化部、民政部 2000 年 12 月 4 日发布,自发布之日起施行。共 23 条。《办法》界定:文化类民办非企业单位,是指企业、事业单位、社会团体和其他社会力量以及公民个人利用非国有资产举办的,从事非营利性文化服务活动的社会组织。文化类民办非企业单位根据其依法承担民事责任的不同方式,分为民办非企业单位(法人)、民办非企业单位(合伙)和民办非企业单位(个体)三种。《办法》规定:文化行政部门是文化类民办非企业单位的业务主管单位。文化类民办非企业单位的设立须经文化行政部门审查,并依照有关规定进行登记。文化部负责全国文化类民办非企业单位的业务指导工作。《办法》对申请设立文化类民办非企业单位,文化类民办非企业单位的类型划分,申请设立文化类民办非企业单位应当向文化行政部门提交的材料,文化行政部门作出审查决定,文化类民办非企业单位变更登记、注销登记事项,文化类民办非企业单位可以依法获得发展资金,文化类民办非企业单位接受捐赠、资助,文化类民办非企业单位参照文化事业单位财务制度规定执行,文化类民办非企业单位用人制度,文化类民办非企业单位每年向文化行政部门提交上一年度的工作报告等方面作出了明确规定。《办法》还对文化类民办非企业单位违反本办法规定的行为作出了有关处罚规定。

《国务院关于支持文化事业发展若干经济政策的通知》 国务院2000年12月18日发布。旨在认真贯彻《中共中央关于制定国民经济和社会发展第十个五年计划的建议》中关于"继续实行支持文化事业发展的有关政策,增加对重要新闻媒体和公益文化事业的投入"的精神,深化宣传文化管理体制改革,推动宣传文化事业发展。共分八部分。(1)继续征收文化事业建设费。各种营业性的歌厅、舞厅、卡拉OK歌舞厅、音乐茶座和高尔夫球、台球、保龄球等娱乐场所,按营业收入的3%缴纳文化事业建设费。广播电台、电视台和报纸、刊物等广告媒介单位以及户外广告经营单位,按经营收入的3%缴纳文化事业建设费。文化事业建设费纳入财政预算管理,分别由中央和省级建立专项资金,用于文化事业建设。文化事业建设费的管理和使用,继续按照财政部、中宣部《关于颁发〈文化事业建设费使用管理办法〉的通知》(财文字〔1997〕243号)执行。(2)对下列出版物的增值税继续实行先征后退的办法。违规出版物和多次出现违规出版物的出版社不得享受此项政策。中国共产党和各民主党派的机关报和机关刊物,各级人民政府的机关报和机关刊物,各级人大、政协、工会、共青团、妇联组织的机关报和机关刊物,新华通讯社的机关报和机关刊物,军事部门的机关报和机关刊物,大中小学的学生课本和专为少年儿童出版发行的报纸和刊物,科技图书和科技期刊。(3)全国县(含县级市)及县以下新华书店和农村供销社销售出版物的增值税,继续实行先征后退的办法。(4)继续实施下列发展电影事业的五项经济政策。对经国务院批准成立的电影制片厂销售的电影拷贝收入,免征增值税;对电影发行单位向放映单位收取的发行收入,免征营业税。从电影放映收入中提取5%建立"国家电影事业发展专项资金",用于电影行业的宏观调控。从电视广告纯收入中提取3%建立"电影精品专项资金",用于支持电影精品摄制。从进口影片收入中提取部分资金用于电影制片、译制。特别重点影片的创作生产,可个案报批财政补贴。(5)继续增加对宣传文化事业的财政投入。(6)建立健全专项资金制度。中央和省级要建立健全有关专项资金制度。专项资金的来源为财政预算资金和按国家有关规定批准的收费等预算外资金。要进一步完善"宣传文化发展专项资金"、"优秀剧(节)目创作演出专项资金"、"国家电影事业发展专项资金"、"电影精品专项资金"和"出版发展专项资金"等专项资金制度。(7)继续鼓励对宣传文化事业的捐赠。对国家重点交响乐团、芭蕾舞团、歌剧团、京剧团和其他民族艺术表演团体的捐赠。对公益性的图书馆、博物馆、科技馆、美术馆、革命历史纪念馆的捐赠。对重点文物保护单位的捐赠。对文化行政管理部门所属的非生产经营性的文化馆或群众艺术馆接受的社会公益性活动、项目和文化设施等方面的捐赠。社会力量通过国家批准成立的非营利性的公益组织或国家机关对下列宣传文化事业的捐赠,纳入公益性捐赠范围,经税务机关审核后,纳税人缴纳企业所得税时,在年度应纳税所得额10%以内的部分,可在计算应纳税所得额时予以扣除;纳税人缴纳个人所得税时,捐赠额未超过纳税人申报的应纳税所得额30%的部分,可从其应纳税所得额中扣除。(8)抓好落实,加强管理。

《文化部关于贯彻落实"三个代表"重要思想进一步加强农村文化工作的通知》 文化部2001年1月21日印发。旨在贯彻落实"三个代表"重要思想,进一步加强农村文化工作。共分八部分。

(1)认清形势,明确任务,增强抓好农村文化工作的紧迫感和使命感。随着农村经济和社会的不断发展以及改革开放的日益深入,农村出现了大量新情况、新问题。一些地方封建迷信活动抬头,腐朽思想蔓延,少数地方非法宗教活动猖獗,"黄、赌、毒"等社会丑恶现象沉渣泛起。在一些地方,特别是西部边疆地区和少数民族地区,文化设施比较落后,缺乏开展文化工作的基本条件,广大农牧民看戏难、看电影难、看书难的问题还没有从根本上得到解决,文化生活仍很贫乏。加强农村社会主义精神文明建设,丰富农民的精神文化生活,仍是当前农村工作的一项重要任务。当前和今后一个时期,农村文化工作要服从和服务于发展农村经济,促进农村社会全面进步,维护农村社会稳定的大局,紧紧围绕发展农村文化事业,丰富农民文化生活的中心任务,在农村文化阵地、文化队伍、文化活动内容和活动方式四个方面,加大建设力度,打好基础。力争在近几年内,农村文化事业有较大的发展,跃上一个新的台阶。农村文化工作要在丰富广大农民的精神文化生活,提高农民的思想道德素质和科学文化素质,增强民族团结,维护社会稳定,促进农村精神文明建设方面发挥更大作用,为农村经济和社会发展,为全面建设小康社会,加快推进农业现代化,提供强大的思想保证、精神动力和智力支持。(2)积极参加"三个代表"重要思想学习教育活动,宣传落实"三个代表"重要思想,抓住机遇,促进农村文化建设。(3)加强文化设施建设,为广大农民提供基本的文化活动场所。要完善农村文化设施网络体系建设,努力建设面向广大农民群众、便于农民群众参与的文化设施和场所。在农村文化设施建设中要考虑老年人文化活动的特点和青少年学生校外活动的需要。加强农村文化设施建设,要坚持从实际出发、因地制宜的原则,采取固定设施和流动设施、阵地服务和流动服务相结合的办法。力争在2~3年内,通过中央和地方的共同努力,实现县县有图书馆、文化馆或综合性文化中心的目标,进一步提高文化的服务能力,扩大服务范围;在地广人稀的地方,可以建集文化馆、图书馆功能于一体的综合性文化设施;在固定文化设施很难发挥作用的地区,可以发展流动文化车,建立流动文化服务点,让群众定期在文化服务点上享受文化生活。要逐步建立健全与固定文化设施相互补充、相互依存的流动文化服务网络。(4)加强农村文化设施管理,充分发挥文化设施的功能作用。(5)加强文化队伍建设,建立一支专兼结合的农村文化工作基本队伍。开展农村文化工作,要依靠专职和兼职两支队伍。(6)丰富文化活动内容,增强农村文化工作的影响力和渗透力。文化活动内容决定着文化活动对群众的吸引程度,影响着文化工作的效果。当前,农村文化工作要紧紧围绕党的中心工作,紧密结合农村工作的实际和农民思想生活的实际,把内容的先进性和广泛性结合起来,宣传科学理论,传播先进文化,塑造美好心灵,弘扬社会正气,倡导科学精神。要加强文化活动的宣传教育功能,通过内容丰富的文化活动,大力宣传党的路线方针政策,对广大群众进行辩证唯物主义和历史唯物主义教育,以及爱国主义、集体主义和社会主义教育;农村文化要由"小文化"发展成"大文化",在工作中要融会科学知识、科学精神、科学思想、科学方法,普及人口、法律、卫生、环保等常识。乡镇文化站既要开展农民喜爱的文化娱乐活动,也要大力开展农民迫切需要的科技知识讲座、时事政策宣传等文化宣传教育活动。要把文化活动同对农民的思想教育结合起来。寓教于乐,充分发挥文化艺术在思想教育中的作用。在比较落后的偏远地区和少数民族地区,农村文化工作更要适应广大群众脱贫致富的需要,大力开展科技普及和各种读书活动,传播农业生产、生活知识和实用的农业科技。(7)总结经验、不断创新,建立和完善基本的文化活动方式。农村文化活动既要多种多样、丰富多彩,也要有比较稳定的、经常发挥作用的基本活动方式。各级文化部门要把建立基本文化活动方式作为一项重要任务来抓,既要抓好已经形成传统的,并为广大农民群众喜闻乐见的基本文化活动方式,又要根据广大农民群众对文化的多方面需求,开展一些形式较为新颖、易于群众参与的文化活动,促进各地基本文化活动方式的创建和完善。(8)加强领导,狠抓落实,努力开创农村文化工作新局面。

《中组部等部门关于做好老年教育工作的通知》 中组部、文化部、教育部、民政部、全国老龄办公室2001年6月22日印发。《通知》指出:根据《关于印发全国老龄工作委员会成员单位职责的通知》规定,今后文化部将"全面负责全国老年非学历教育工作,指导各级各类老年大学的工作"。共分四个部分。(1)各级党委组织部门、老干部工作部门和政府文化、教育、民政部门及老龄工作部门要以邓小平理论为指针,深入学习、贯彻江泽民总书记"三个代表"的重要思想,从全局性、战略性的高度,充分认识老年教育工作的重要性和做好老年教育工作的紧迫性。遵循老年教育事业发展的规律,以"老有所教"、"老有所学"、"老有所乐"、"老有所为"为目标,推动老年教育事业的健康发展。(2)各级党委、政府和有关部门要进一步采取措施巩固老年教育事业取得的成果。各级文化部门和文化事业单位要充分发挥现有文化设施的作用,依托省、市、县群艺馆、文化馆和乡镇文化站等群众文化设施,多渠道、多层次地发展老年教育事业,积极兴办新的老年大学。争取在较短的时间内实现"县县有老年大学"的目标,并逐步向社区、村镇延伸。培育和树立一批条件较好、质量较高、制度较全、颇具规模的规范化老年大学示范校。(3)各单位兴办的老年大学、老年学校,不改变现有的行政隶属关系,不改变现有的经费来源渠道,不改变现有的正确的办学方向,不改变现有的科学的办学模式。(4)鼓励社会各界积极兴办老年教育事业,逐步拓宽社会化办学的路子。

《国家计委文化部关于"十五"期间加强基层公共文化设施建设的通知》 国家计委、文化部2001年11月9日印发。《通知》强调:公共文化设施是广大群众开展文化活动的基本场所,是社会主义文化建设的重要载体。改革开放以来,我国文化事业发展取得了很大成就,建设了一批公共文化设施,文化工作蓬勃开展。但是,受经济发展水平的制约,我国文化设施建设特别是县级文化馆图书馆设施建设较为薄弱,还不能满足人民群众日益增长的文化需求。共分三个部分。(1)提高认识,明确目标。党的十五大明确指出,建设有中国特色社会主义的经济、政治和文化。江泽民同志关于"三个代表"的重要思想,把"代表中国先进文化的前进方向"作为一项重要内容,上升到立党之本、执政之基、力量之源的高度来认识,进一步突出了文化建设的重要地位和作用。《国民经济和社会发展第十个五年计划纲要》明确提出了"繁荣社会主义文化,提高文化生活质量"的目标,对文化建设进行了全面部署,充分体现了党中央大力推进有中国特色社会主义文化建设的决心。在"十五"期间,各地要加强对公共文化设施建设工作的领导,重点加强县级文化馆图书馆建设,将其纳入当地经济与社会发展计划,认真组织实施。要狠下决心,真抓实干,力争到"十五"末期,在全国范围内基本实现县县有文化馆图书馆的目标。(2)合理规划,增加投入。公共文化馆和图书馆,是服务于全社会,面向广大人民群众的社会公益设施,地方各级政府必须承担起建设的主要责任。公共文化设施的建设要与当地经济社会发展水平相适应,实事求是,量力而行,科学合理地确定设施的规模和标准。在建设方式上,要因地制宜,经济发展较快、人口规模较大的县,可以分别建设文化馆和图书馆,经济发展水平不高、人口规模较小的县,也可以合并建设文化活动中心。建设方案既要经济适用,又要具有时代气息,充分考虑当代科技发展,特别是计算机网络技术发展对未来文化事业带来的影响。同时,要兼顾不同群体需求特点,有针对性地开辟相应的活动空间。要提倡勤俭节约,反对贪大求洋,盲目追求高标准。各地要切实采取有效措施,加大投入力度,安排必要的建设资金,确保这项工作任务的顺利完成。考虑到贫困地区的实际困难,"十五"期间,中央财政将增加县级文化馆图书馆建设专项资金,加大对贫困地区的财力支持,帮助这些地区实现县县有文化馆图书馆的建设目标。(3)加强领导,强化管理。切实加强项目管理。努力落实配套资金。充分利用现有文化设施。开展丰富多彩的文化活动。团结协作,确保两馆建设目标的实现。

《国务院办公厅转发文化部等部门关于进一步加强基层文化建设的指导意见的通知》 2002年1月22日国务院办公厅转发《文化部国家计委财政部关于进一步加强基层文化建设的指导意见》。共分五部分15条。(1)认真学习实践江泽民同志"三个代表"重要思想,高度重视基层文化建设。基层文化建设是中国先进文化建设的重要方面,是推动先进生产力发展的重要因素,也是实现广大人民群众根本利益的重要方面。基层文化建设总体要求是:始终坚持中国先进文化的前进方向,大力弘扬民族优秀文化,摒弃落后文化,抵制腐朽文化。"十五"期间,以社区和乡镇为重点,全面加强文化阵地、文化队伍、文化活动内容和方式的建设,努力满足广大人民群众日益增长的精神文化需求。(2)加快推进基层文化设施建设。城市要在搞好群艺馆、文化馆、图书馆建设的同时,加强社区和居民小区配套文化设施建设,发展文化广场等公共文化活动场所。要在现有公共服务设施中开辟老年、少儿和残疾人文化活动场所,建设老年文化活动中心、老年大学(学校)、青少年校外文化活动设施和场所。要努力实现"县县有文化馆、图书馆"的目标。经济条件较好、人口规模较大的县可分设文化馆、图书馆;经济欠发达、人口规模较小的县可将文化馆、图书馆合二为一建设。农村要因地制宜建设乡镇文化站和村文化室;地广人稀、人口分散的少数民族地区、边疆地区、边远山区和农牧区要积极发展流动文化车、汽车图书馆和流动剧场等。全国万里边疆文化长廊建设要落实文化设施建设任务。民政部门实施的"星光计划",要将资金落实到社区老年活动设施建设上,促进社区老年活动的开展。把文化设施建设纳入城乡建设整体规划,把群艺馆、文化馆、图书馆、文化站作为重点列入建设规划。切实加强文化设施的管理和利用。完善群艺馆、文化馆、图书馆必要的设备和装备,加强对设备的日常维护保养。通过建立健全岗位责任制和工作目标管理责任制,完善综合服务功能,不断提高文化设施利用率。要防止文化设施被挤占、挪用,要坚决收回被挤占、挪用的文化设施。机关、学校、部队、企业的内部文化设施,凡有条件对社会开放的,要采取多种方式开放内部文化设施,为群众开展文化活动提供方便。要加强对城镇大型露天文化活动场所的管理和使用,各级文化部门要搞好活动的组织和安排。(3)努力建立一支稳定的专兼结合的文化队伍。建立健全群艺馆、文化馆、图书馆和乡镇(街道)文化机构的工作岗位规范,逐步实行工作人员从业资格制度。积极推进基层文化机构人事制度改革。大力培养和发展民间文化队伍。(4)积极开展丰富多彩的文化活动。利用现代科技推动先进文化传播。积极繁荣社区文化。推进农村文化活动方式的创新。加强对文化市场的培育和管理。(5)切实加强领导并落实各项保障措施。要把文化建设纳入当地国民经济和社会发展总体规划,所需经费列入地方财政预算。加强基层文化建设的主要责任在县(市)、区级人民政府。切实加大对基层文化建设的投入。要确保文化事业经费的增长不低于当年财政收入的增长幅度。

《建设部文化部关于进一步做好基层公共文化设施规划和建设工作的通知》 建设部、文化部2002年7月25日印发。旨在深入贯彻落实《国务院办公厅转发文化部国家计委财政部关于进一步加强基层文化建设指导意见的通知》(国办发〔2002〕7号),进一步做好基层公共文化设施规划和建设工作,推动基层文化工作的深入开展。共分七个部分。(1)进一步提高对基层文化建设重要性的认识,加强基层公共文化设施规划和建设工作的领导。(2)认真做好基层公共文化设施的规划与建设。基层公共文化设施的规划与建设,要根据各地国民经济和社会发展状况、人口结构、自然环境、资源条件、历史沿革及文化发展需要,因地制宜,统筹兼顾,优化配置。搞好文化设施建设,首先必须做好文化设施的规划。各级城市规划行政主管部门与文化行政主管部门,要根据人民群众文化生活的需要,按照《中华人民共和国城市规划法》等有关法律和技术规范的规定,制定文化设施建设的发展规划并纳入城乡规划。城市新区建设和旧区改造都必须按照规划配套建设相应文化设施。(3)加强城市居民住宅区的配套公共文化设施建设。新建、扩建、改建城市居民住宅区,必须按照规划要求配套建设公共文化设施。建设单位不得擅自改变配套公共文化设施建设项目、规模、用地标准和功能。配套公共文化设施建设应当与居民住宅区主体工程的建设同步进行。建设单位必须按照公共文化设施建设的有关要求如期实施。(4)保证公共文化设施的用地并严格管理。应保证公共文化设施用地,同时要加强文化设施用地的监督管理,对于现有的基层文化设施用地,不得随意改变使用性质,挪作他用。因城乡建设需要,确需改变基层公共文化设施用地或拆迁基层公共文化设施的,必须先按法定程序调整规划,规划调整的内容应当包括对占用基层公共文化设施用地或拆除基层公共文化设施的补救方案。(5)合理安排公共文化设施的布局。在城乡文化设施建设中一定要考虑合理布局,方便群众参加活动,充分发挥文化设施的功能。(6)搞好文化设施的设计工作。(7)严格市场准入,确保公共文化设施建设的质量。

《文化部教育部关于做好基层文化教育资源共享工作的通知》 文化部、教育部2002年4月15日印发。旨在深入贯彻落实《国务院办公厅转发文化部国家计委财政部关于进一步加强基层文化建设的指导意见的通知》(以下简称《通知》)要求,进一步丰富基层群众文化生活。共分六部分。(1)各级文化、教育部门要在当地党委、政府的领导下,认真贯彻《通知》精神,进一步提高对基层文化、教育工作重要性的认识。(2)现有的各类文化设施要坚持为群众服务,为青少年学生服务。(3)各级各类学校的内部设施,在保证正常教学活动和满足师生需要的前提下,积极创造条件,采取多种方式对社会开放,为群众开展文化活动提供方便。(4)各级文化、教育部门要充分发挥文化教育系统的文艺工作者、中小学教师及其他行业部门文艺骨干的作用,努力实现人才资源共享。(5)各级文化、教育部门要利用现有的教育电视频道,积极推进"全国文化信息资源共享工程"的实施。(6)各级文化、教育部门要认真贯彻落实中组部、文化部、教育部、民政部、全国老龄办公室《关于做好老年教育工作的通知》精神,密切合作,在老年大学教材编写、师资培训和教学管理上充分发挥教育部门的人才优势。

《文化部关于进一步活跃基层群众文化生活的通知》 文化部2002年4月17日印发。旨在深入贯彻落实《国务院办公厅转发文化部国家计委财政部关于进一步加强基层文化建设的指导意见的通知》,进一步活跃群众文化生活、积极推进基层文化建设。共分十四个部分。(1)提高对基层文化工作重要性的认识。(2)积极开展科学、健康的文化活动。(3)建立并形成基本的文化活动方式。要充分依靠和调动群众的积极性,与当地的生产和生活方式相适应,因地制宜、因时制宜地开展群众文化活动。要尊重群众的创造精神,总结、推广群众喜闻乐见的文化活动方式,并不断推进活动方式的创新。经常性文化活动要以小型、分散、多样化为主。大型文化活动要注重实效,避免铺张浪费。文化部门要加强对群众文化活动的管理和指导。(4)为基层群众提供优秀的文艺作品。各地文化部门要采取措施,有计划地组织创作人员深入基层,创作反映城乡群众生活的文艺作品。要适应农民观众的审美需求,鼓励创作面向农村的中小型剧目。(5)切实开展好阵地文化活动。图书馆、博物馆、群艺馆、文化馆、文化站等基层文化单位要坚持开展丰富多彩的文化活动,并不断提高文化活动质量。要保证各级公共图书馆的购书经费,充实文献资源。有条件的地方要积极推行中心图书馆与分馆制,发挥中心图书馆的资源优势,对区县、乡镇、社区、学校图书馆等实行文献统一采购,集中分编,通借通还,资源共享,增强中心图书馆的辐射能力和基层图书馆的服务能力。(6)认真实施"全国文化信息资源共享工程"。(7)深入开展文化下乡活动。(8)积极推动文艺院团深入基层演出。(9)积极争取解决农村电影放映经费问题。(10)加强老年教育工作。(11)发挥传统民族民间艺术在活跃群众文化生活中的作用。(12)积极组织开展广场文化活动。(13)广泛开展群众性歌咏活动。(14)充分调动社会各方面的积极性。

《全国艺术科学规划课题管理办法》 文化部2002年12月19日印发,自2002年12月24日起施行。2000年颁布的《全国艺术科学规划重点研究课题管理办法》同时废止。这是切实做好全国艺术科学规划课题管理工作的准则,旨在加强全国艺术科学规划管理,提高全国艺术科学规划研究水平。共分总则,机构,规划和选题,申报和评审,经费的管理与使用,课题的中期管理,成果鉴定、验收和结项,成果宣传、出版与评奖,附则九章56条。《办法》规定:全国艺术科学规划课题的管理,必须坚持以马克思列宁主义、毛泽东思想、邓小平理论为指导,深入贯彻江泽民同志关于建设先进文化和加强我国哲学社会科学工作的重要讲话精神,坚持党的基本路线和基本纲领,积极探索、努力遵循艺术科学发展规律,更好地为党和政府决策服务,促进我国艺术科学的繁荣和发展。全国艺术科学规划课题面向全国,公平竞争,择优立项。全国艺术科学规划课题实行三级管理体制,全国艺术科学规划领导小组办公室全面负责全国艺术科学规划课题的管理;各省、自治区、直辖市文化厅(局)或本级艺术科学规划领导小组及其办公室作为中级管理单位管理本辖区内的全国艺术科学规划课题;课题负责人所在单位在上级艺术科研管理机构的指导下,具体负责管理本单位承担的全国艺术科学规划课题。文化部直属单位及其他在京单位的课题由全国艺术科学规划办直接进行管理。《办法》还对机构,规划和选题,申报和评审,经费的管理与使用,课题的中期管理,成果鉴定、验收和结项,成果宣传、出版与评奖等方面作出明确规定。

《中央组织部等部门关于深化文化事业单位人事制度改革的实施意见》 中央组织部、中央宣传部、人事部、文化部2003年1月23日印发。旨在深入贯彻落实党的十六大精神,加快建立与社会主义市场经济体制相适应的文化事业单位(包括文物事业单位,下同)人事管理制度。共分七个部分24条。(1)文化事业单位人事制度改革的指导思想、原则和目标。指导思想是,必须坚持以马克思列宁主义、毛泽东思想、邓小平理论和"三个代表"重要思想为指导,坚持解放思想、实事求是、与时俱进,适应社会主义市场经济发展和文化体制改革的要求,认真贯彻落实党中央、国务院关于发展文化事业的一系列重大决策,遵循文化行业专门人才成长的规律,理顺人事管理体制,改革用人和分配制度,为文化事业的繁荣和发展提供强有力的组织保证和人才支持。工作原则是,必须全面贯彻干部队伍"四化"方针;必须坚持党管干部原则,任人唯贤、德才兼备原则,公开、平等、竞争、择优原则;必须贯彻尊重劳动、尊重知识、尊重人才、尊重创造方针;必须坚持从实际出发,充分发扬民主,保证职工的知情权、参与权、选择权和监督权。改革的目标是,力争用3～5年的时间,逐步建立符合文化事业单位特点的单位自主用人、人员自主择业、政府依法监督、配套措施完善的人事管理体制;健全竞争和激励机制,搞活用人和分配制度,逐步形成人员能进能出、职务能上能下、待遇能升能降,人才结构合理,优秀人才能够脱颖而出,充满生机与活力的人事管理机制。(2)加强宏观管理,建立文化事业单位人事分类管理制度。根据文化事业单位的不同职能,对文化事业单位的人事工作实行分类管理;调整人员规模和结构,形成专业门类齐全、梯次结构合理的各类专业人员队伍;构筑优秀人才脱颖而出的机制和环境。(3)完善文化事业单位内部领导体制,建立健全领导人员选拔任用和管理监督机制。实行行政领导人员负责制的单位,要充分发挥党组织的政治核心作用;不同类型的文化事业单位领导人员可根据实际情况采取委任、聘任、选任、考任等多种任用形式;建立和完善行政领导人员任期目标责任制,实行任期目标管理。(4)推行人员聘用制度和岗位管理制度,形成充满生机与活力的用人机制。全面实行人员聘用制度;加强聘后管理工作;实行解聘、辞聘制度;建立岗位管理制度;鼓励文化事业单位工作人员在完成本职工作的前提下兼职从事与本职工作相关的教学、表演、学术交流及研究开发活动。(5)加大分配制度改革力度,充分发挥收入分配的激励导向作用。(6)稳步推行人事代理,促进人员合理流动。(7)加强组织领导,推进改革健康发展。

《公共文化体育设施条例》 国务院2003年6月26日以国务院令第382号颁布。这是我国文化体育公益事业领域的一部重要行政法规。旨在促进公共文化体育设施的建设,加强对公共文化体育设施的管理和保护,充分发挥公共文化体育设施的功能,繁荣文化体育事业,满足人民群众开展文化体育活动的基本需求。共分总则、规划和建设、使用和服务、管理和保护、法律责任、附则六章34条。《条例》把公共文化体育设施界定为:是指由各级人民政府举办或者社会力量举办的,向公众开放用于开展文化体育活动的公益性的图书馆、博物馆、纪念馆、美术馆、文化馆(站)、体育场(馆)、青少年宫、工人文化宫等的建筑物、场地和设备。同时把公共文化体育设施管理单位界定为负责公共文化体育设施的维护,为公众开展文化体育活动提供服务的社会公共文化体育机构。《条例》对公共体育场馆设施的规划和建设、使用和服务、管理和保护等方面做出了明确的法律规定。还明确了违反《条例》行为的法律责任。《条例》是根据调整对象的共同性来作出规定,不再受以往部门立法的局限。它的出台和实施,对加强文化体育基础设施建设,发展各类群众文化体育,发展文化体育公益事业,保障人民群众开展文化体育活动的基本需求,有着极其深远的意义,是贯彻落实党的十六大精神,发展文化体育公益事业的有力法律保障。

《中央宣传部等部门关于实施"百县千乡宣传文化工程"志愿服务行动的通知》 中央宣传部、中央文明办、文化部、共青团中央

2003年7月16日印发。旨在进一步巩固、扩大"百县千乡宣传文化工程"工作的成果,加强中西部农村基层宣传文化队伍建设。共分四个部分。(1)主要内容。自2003年起,按照公开招募、自愿报名、组织选拔、集中培训、统一派遣的方式,每年在全国普通高校应届毕业生和东、中部的大中城市中,招募一批大学专科以上学历,品学兼优,具有奉献精神和宣传文化特长的志愿者,到"百县千乡宣传文化工程"定点资助的中西部乡镇宣传文化站和县级宣传文化中心从事为期1年的志愿服务。志愿者在服务期间的主要工作任务是:围绕当地党委、政府工作大局,开展政策宣传教育活动;结合实际,开展多种形式的农村精神文明创建活动和科技知识普及宣传活动;管好、用好现有宣传文化设施,开展丰富多彩的文化体育活动;加强农村文化网络建设;配合、协助农村基层团组织做好青年中心的建设和管理工作。派往中部地区的志愿者原则上由本省(区、市)招募,派往西部地区的志愿者由对口支援省(市)招募。(2)政策支持。参加"百县千乡宣传文化工程"志愿服务行动的应届大学毕业生志愿者享受团中央、教育部、财政部、人事部《关于实施大学生志愿服务西部计划的通知》规定的政策支持;参加"百县千乡宣传文化工程"志愿服务行动的非应届大学毕业生志愿者,享受《关于实施大学生志愿服务西部计划的通知》规定的有关生活补贴、奖励的政策,同时享受中央文明办、团中央、人事部、国务院西部开发办《关于配合实施西部大开发战略全面推进青年志愿者扶贫接力计划的通知》规定的政策支持;志愿者服务期间,可担任乡镇宣传文化站副站长和兼任乡镇团委副书记,负责文化站日常管理工作。(3)组织管理。中宣部、中央文明办、文化部、共青团中央共同负责这项工作的总体规划、协调、指导,落实有关政策保障。中宣部、中央文明办负责提出服务需求和岗位,提供经费;团中央负责志愿者的招募、培训、派遣等方面组织实施工作,具体工作由团中央青年志愿者行动指导中心承担。各省(区、市)党委宣传部、文明办、文化厅、团委负责本省这项工作的组织实施,同时负责协调、指导服务县开展宣传、组织工作;志愿者服务地所在县级党委宣传部、文明办、文化局、团委相互配合,具体负责这项工作的实施和对志愿者进行日常管理。(4)工作要求。高度重视,加强领导;精心组织,严格管理;积极探索,注重建设。

《中央精神文明建设指导委员会关于评选表彰全国文明城市、文明村镇、文明单位的暂行办法》 中央精神文明建设指导委员会2003年8月25日印发。《办法》界定:"全国文明城市"、"全国文明村镇"、"全国文明单位"是中央精神文明建设指导委员会授予积极开展创建文明城市、文明村镇、文明单位活动,物质文明、政治文明、精神文明建设协调发展,精神文明建设成绩突出,能够在全国发挥示范作用的城市、村镇和单位的荣誉称号。共分总则,全国文明城市、文明村镇、文明单位评选标准,申报和评选,表彰,指导和监督,附则六章18条。《办法》对全国文明城市、文明村镇、文明单位评选标准,申报和评选,表彰作出了明确规定。《办法》明确:对创建全国文明城市、文明村镇、文明单位日常工作的指导、监督,按照谁推荐谁负责的原则,由所在省(区、市)和中央、国家有关主管部门文明委负责;对全国文明城市、文明村镇、文明单位的荣誉称号,在届期内实行动态管理。

《文华奖奖励办法》 文化部2003年12月19日颁布,自2004年1月1日起实施,此前的文华奖评奖办法自行废止。共19条。《办法》规定:文华奖是中华人民共和国舞台艺术政府奖。文华奖旨在贯彻文艺为人民服务、为社会主义服务的方向和"百花齐放、百家争鸣"的方针;弘扬主旋律,提倡多样化;鼓励艺术关注现实和艺术创新；以公正性、权威性、导向性为原则，通过评奖，促进优秀剧节目的产生和艺术人才的成长；促进舞台艺术作品面向市场、面向观众；推动专业舞台艺术创作演出的繁荣发展。文华奖每三年评选一次。文华奖的评奖对象是整台的舞台艺术作品，包括戏曲、话剧、歌剧、音乐剧、舞剧、儿童剧及有整体构思、非组团组台的大型歌舞、乐舞、杂技、曲艺、木偶、皮影剧目等。文华奖设文华大奖、文华新剧目奖和文华单项奖。文华单项奖包括文华剧作奖、文华导演奖、文华编导奖、文华音乐创作奖、文华舞台美术奖、文华表演奖6个奖项。为了鼓励获奖剧目多演出，特设荣誉奖，对获奖剧目演出场次累计儿童剧超过千场，其他品种超过500场的剧目授予荣誉奖。文华大奖从获文华新剧目奖的剧目中产生。文华单项奖从获文华大奖、文华新剧目奖的剧目中产生。文华奖每届获奖剧目总数不超过50台，文华大奖不超过获奖剧目总数的20%。各艺术门类的奖项额度，由评奖委员会根据舞台艺术创作演出的实际情况提出建议，报文化部审批核准。《办法》还对参加文华奖评奖剧目的条件、参评剧目的推荐申报、评奖委员会、评奖委员会成员和评奖办公室工作人员等方面作出明确规定。

《中共中央国务院关于进一步加强和改进未成年人思想道德建设的若干意见》 中共中央、国务院2004年2月26日发布。旨在深入贯彻落实党的十六大精神，适应新形势、新任务的要求，全面提高未成年人的思想道德素质。共分十个部分28条。(1)加强和改进未成年人思想道德建设是一项重大而紧迫的战略任务。未成年人是祖国未来的建设者，是中国特色社会主义事业的接班人；面对国际国内形势的深刻变化，未成年人思想道德建设既面临新的机遇，也面临严峻挑战；面对新的形势和任务，未成年人思想道德建设工作还存在许多不适应的地方和亟待加强的薄弱环节；实现中华民族的伟大复兴,需要一代又一代人的不懈努力。(2)加强和改进未成年人思想道德建设的指导思想、基本原则和主要任务。指导思想是,坚持以马克思列宁主义、毛泽东思想、邓小平理论和"三个代表"重要思想为指导,深入贯彻十六大精神,全面落实《爱国主义教育实施纲要》、《公民道德建设实施纲要》,紧密结合全面建设小康社会的实际,针对未成年人身心成长的特点,积极探索新世纪新阶段未成年人思想道德建设的规律,坚持以人为本,教育和引导未成年人树立中国特色社会主义的理想信念和正确的世界观、人生观、价值观,养成高尚的思想品质和良好的道德情操,努力培育有理想、有道德、有文化、有纪律的,德、智、体、美全面发展的中国特色社会主义事业建设者和接班人。遵循的原则是,坚持与培育"四有"新人的目标相一致、与社会主义市场经济相适应、与社会主义法律规范相协调、与中华民族传统美德相承接的原则;坚持贴近实际、贴近生活、贴近未成年人的原则;坚持知与行相统一的原则;坚持教育与管理相结合的原则。主要任务是,从增强爱国情感做起,弘扬和培育以爱国主义为核心的伟大民族精神;从确立远大志向做起,树立和培育正确的理想信念;从规范行为习惯做起,培养良好道德品质和文明行为;从提高基本素质做起,促进未成年人的全面发展。(3)扎实推进中小学思想道德教育。(4)充分发挥共青团和少先队在未成年人思想道德建设中的重要作用。(5)重视和发展家庭教育。(6)广泛深入开展未成年人道德实践活动。(7)加强以爱国主义教育基地为重点的未成年人活动场所建设、使用和管理。充分发挥爱国主义教育基地对未成年人的教育作用;要加强青少年宫、儿童活动中心等未成年人专门活动场所建设和管理;要保障属于公益性文化事业的未成年人校外活动场所建设和运行所需资金。(8)积极营造有利于未成年人思想道德建设的社会氛围。各类大众传媒都要增强社会责任感,把推动未成年人思想道德教育作为义不容辞的职责,为加强和改进未成年人思想道德建设创造良好舆论氛围;各类互联网站都要充分认识所肩负的社会责任,积极传播先进文化,倡导文明健康的网络风气;要充分考虑未成年人成长进步的需求,精心策划选题,创作、编辑、出版并积极推荐一批知识性、趣味性、科学性强的图书、报刊、音像制品和电子出版物等未成年人读物和视听产品;要积极推动少儿文化艺术繁荣健康发展。(9)净化未成年人的成长环境。坚持不懈地开展"扫黄""打非"斗争,加强文化市场监管,坚决查处传播淫秽、色情、凶杀、暴力、封建迷信和伪科学的出版物;加强对互联网上网服务营业场所和电子游戏经营场所的管理;加强对营业性歌舞娱乐场所、电子游艺厅、录像厅等社会文化场所的管理。(10)切实加强对未成年人思想道德建设工作的领导。各级党委和政府要把加强和改进未成年人思想道德建设作为一项事关全局的战略任务,纳入经济社会发展总体规划,列入重要议事日程,切实加强和改善领导;中央精神文明建设指导委员会负责指导全国未成年人思想道德建设工作,督促检查各地区各部门贯彻落实中央关于加强和改进未成年人思想道德建设工作部署的情况,组织协调各有关部门和社会各方面共同做好未成年人思想道德建设工作;要建立健全学校、家庭、社会相结合的未成年人思想道德教育体系,使学校教育、家庭教育和社会教育相互配合,相互促进。

《文化部国家文物局关于贯彻落实中共中央国务院关于进一步加强和改进未成年人思想道德建设的若干意见的通知》 文化部、国家文物局2004年发布。共分七个部分。(1)充分认识和发挥文化文物工作在未成年人思想道德建设中的重要作用。(2)进一步加强未成年人文艺创作和演出。(3)充分发挥爱国主义教育基地的教育示范作用。(4)加强未成年人文化阵地的建设和管理。(5)广泛开展面向未成年人的广场、社区、家庭、校园和乡镇文化活动。(6)积极开展中外未成年人的国际文化交流活动。(7)进一步加强对未成年人文化活动的指导和管理。

《文化部社会团体管理暂行办法》 文化部2004年6月21日颁布,自2004年7月1日起实施。旨在加强对以文化部为业务主管单位的社会团体的管理,促进社会团体健康发展。共分总则,成立、变更和终止,组织建设,监督管理,附则共五章34条。《办法》规定:社会团体必须遵守宪法、法律、法规和国家政策,不得反对宪法确定的基本原则,不得危害国家的统一、安全和民族的团结,不得损害国家利益、社会公共利益以及其他组织和公民的合法权益,不得违背社会道德风尚。文化部社会团体管理办公室是文化部管理社会团体的专门机构,全面负责社会团体的监督管理工作。文化部人事司对社会团体成立、变更、注销及领导人员的选用予以指导和监督。文化部机关党委负责社会团体党的组织建设工作。《办法》对成立、变更和终止,组织建设,监督管理等方面作出明确规定。

《中共中央办公厅国务院办公厅关于进一步加强农村文化建设的意见》 2005年11月7日印发。旨在贯彻落实党的十六大和十六届三中、四中、五中全会精神,促进农村文化和经济、政治、社会协调发展。共分7部分26条。(1)充分认识加强农村文化建设的重要性和紧迫性。(2)农村文化建设的指导思想和目标任务。指导思想是,要坚持以邓小平理论和"三个代表"重要思想为指导,树立和落实科学发展观,全面贯彻党的十六大和十六届三中、四中、五中全会精神,始终把握社会主义先进文化的前进方向,努力满足广大农民群众多层次多方面精神文化需求。要坚持"多予少取放活",加大政府投入,调整资源配置,深化体制改革,加强文化基础设施建设,构建公共文化服务体系,实现和保障农民群众的基本文化权益。发挥市场机制作用,加强政策调控,积极发展文化产业,充分调动社会各方面力量参与农村文化建设,提供更多更好的文化产品和服务。大力发展先进文化,支持健康有益文化,改造落后文化,抵制腐朽文化,倡导科学、文明,克服愚昧、落后,促进农村物质文明、政治文明、精神文明协调发展。目标任务是,按照建设社会主义新农村的要求,经过5年的努力,基本形成适应社会主义市场经济体制、符合社会主义精神文明建设规律的农村文化建设新格局。县、乡、村文化基础设施相对完备,公共文化服务切实加强。农村文化工作体制机制逐步理顺,现有文化资源得到有效利用。文化队伍不断壮大,农民自办文化更加活跃。文化产业较快发展,看书难、看戏难、看电影难、收听收看广播电视难的问题基本解决。农村文明程度和农民整体素质有所提高,文化在促进农村生产发展、生活宽裕、乡风文明、村容整洁、管理民主等方面发挥重要作用。(3)加强农村公共文化建设。大力推进广播电视进村入户。以提高中央台和省台广播电视节目入户率为重点,采取多种技术手段,加大实施广播电视村村通工程的力度,争取到2010年基本实现20户以上的已通电自然村全部通广播电视;积极发展农村电影放映;开展农村数字化文化信息服务;推动服务"三农"的出版物出版发行;加强乡村文化设施建设;加大文化资源向农村的倾斜力度。(4)丰富农民群众精神文化生活。开展多种形式的群众文化活动;着力发展农村特色文化;提供更多更好的农村题材文化产品。(5)创新农村文化建设的体制和机制。加快公益性文化事业单位改革;逐步推动经营性国有文化事业单位转企改制;大力发展农村民办文化;加强对拓宽农村文化市场的政策调控;探索农村文化设施运行管理新机制新办法;规范农村文化市场。(6)动员社会力量支持农村文化建设。继续开展文化科技卫生"三下乡"、文化对口支援活动;积极引导社会力量捐助农村文化事业;积极组织开展农村文化服务活动。(7)加强对农村文化建设的组织领导。高度重视农村文化建设;切实加大政府投入力度;加强农村文化队伍建设;落实有关部门责任。

《国务院关于加强文化遗产保护的通知》 国务院2005年12月22日发布。《通知》强调指出:为了进一步加强我国文化遗产保护,继承和弘扬中华民族优秀传统文化,推动社会主义先进文化建设,国务院决定从2006年起,每年六月的第二个星期六为我国的"文化遗产日"。共五个部分。(1)充分认识保护文化遗产的重要性和紧迫性。(2)加强文化遗产保护的指导思想、基本方针和总体目标。指导思想是,坚持以邓小平理论和"三个代表"重要思想为指导,全面贯彻和落实科学发展观,加大文化遗产保护力度,构建科学有效的文化遗产保护体系,提高全社会文化遗产保护意识,充分发挥文化遗产在传承中华文化,提高人民群众思想道德素质和科学文化素质,增强民族凝聚力,促进社会主义先进文化建设和构建社会主义和谐社会中的重要作用。基本方针是,物质文化遗产保护要贯彻"保护为主、抢救第一、合理利用、加强管理"的方针。非物质文化遗产保护要贯彻"保护为主、抢救第一、合理利用、传承发展"的方针。坚持保护文化遗产的真实性和完整性,坚持依法和科学保护,正确处理经济社会发展与文化遗产保护的关系,统筹规划、分类指导、突出重点、分步实施。总体目标是,通过采取有效措施,文化遗产保护得到全面加强。到2010年,初步建立比较完备的文化遗产保护制度,文化遗产保护状况得到明显改善。到2015年,基本形成较为完善的文化遗产保护体系,具有历史、文化和科学价值的文化遗产得到全面有效保护;保护文化遗产深入人心,成为全社会的自觉行动。(3)着力解决物质文化遗产保护面临的突出问题。切实做好文物调查研究和不可移动文物保护规划的制定实施工作;改进和完善重大建设工程中的文物保护工作;切实抓好重点文物维修工程;加强历史文化名城(街区、村镇)保护;提高馆藏文物保护和展示水平;清理整顿文物流通市场。(4)积极推进非物质文化遗产保护。开展非物质文化遗产普查工作;制定非物质文化遗产保护规划;抢救珍贵非物质文化遗产;建立非物质文化遗产名录体系;加强少数民族文化遗产和文化生态区的保护。(5)明确责任,切实加强对文化遗产保护工作的领导。加强领导,落实责任;加快文化遗产保护法制建设,加大执法力度;安排专项资金,加强专业人才队伍建设;加大宣传力度,营造保护文化遗产的良好氛围。

《中共中央国务院关于深化文化体制改革的若干意见》 中共中央、国务院2005年12月31日发布。这是深化我国文化体制改革的纲领性文件。旨在贯彻落实中共十六大和十六届三中、四中、五中全会精神,深化文化体制改革,加快文化事业和文化产业发展,推动社会主义先进文化建设。共分九部分36条。(1)文化体制改革的发展进程。(2)文化体制改革的重要性和紧迫性。(3)文化体制改革的指导思想、原则要求和目标任务。指导思想是,以邓小平理论和"三个代表"重要思想为指导,全面落实科学发展观,深入贯彻党的十六大和十六届三中、四中、五中全会精神,围绕中心、服务大局,解放思想、实事求是、与时俱进,牢牢把握先进文化的前进方向,遵循社会主义精神文明建设的特点和规律,适应社会主义市场经济发展的要求,全面推进体制机制创新,解放和发展文化生产力,调动广大文化工作者的积极性和创造性,繁荣社会主义文化,不断满足人民群众日益增长的精神文化需求,提高全民族的科学文化素质,培育有理想、有道德、有文化、有纪律的社会主义公民,促进人的全面发展。原则要求是,坚持社会主义先进文化的前进方向;坚持马克思主义在意识形态领域的指导地位,确保国家文化安全;坚持勇于实践、大胆创新,树立新的文化发展观;坚持把社会效益放在首位,努力实现社会效益和经济效益的统一;坚持文化事业和文化产业协调发展;坚持区别对待、分类指导,循序渐进、逐步推开。目标任务是,以发展为主题,以改革为动力,以体制机制创新为重点,形成科学有效的宏观文化管理体制,完善文化法律法规体系,强化政府文化管理和服务职能,构建覆盖全社会的公共文化服务体系;形成富有效率的文化生产和服务的微观运行机制,增强文化事业单位的活力,提高文化企业的竞争力;形成以公有制为主体、多种所有制共同发展的文化产业格局,充分发挥国有资本在文化领域的主导作用,调动全社会力量积极参与文化建设;形成统一、开放、竞争、有序的现代文化市场体系,更大程度地发挥市场在文化资源配置中的基础性作用;形成完善的文化创新体系,加大知识产权保护力度,积极应用先进科技手段,推进内容创新,使原创性文化产品在市场上占有重要地位;形成以民族文化为主体、吸收外来有益文化,推动中华文化走向世界的文化开放格局,进一步提升文化事业和文化产业的国际影响力和竞争力。(4)推进文化事业单位改革。根据现有文化事业单位的性质和功能,区别对待、分类指导,明确不同的改革要求;加大公益性文化事业投入;改进和完善国家扶持方式;新闻媒体要优化组织结构,整合内部资源,转变经营方式;深化文化事业单位的内部改革。(5)深化文化企业改革。规范国有文化事业单位的转制;重塑文化市场主体;加强对文化事业单位剥离企业的监管;着力培育外向型文化企业。(6)加快文化领域结构调整。合理配置文化资源;大力提高文化产业规模化、集约化、专业化水平;大力推进文化领域所有制结构调整;大力推进文化产业升级。(7)培育现代文化市场体系。加强文化产品和要素市场建设;完善现代流通体制;建立健全市场中介机构和行业组织;加强文化市场监管。(8)健全宏观管理体制。加强和改进文化领域宏观管理;加快转变政府职能;健全文化法律法规和政策体系;高度重视人才队伍建设;积极稳妥地推进文化体制改革。(9)加强对文化体制改革工作的领导。

《中央文明办共青团中央关于实施农村文化建设志愿服务行动的通知》 中央文明办、共青团中央2006年6月1日印发。旨在贯彻落实党中央提出的建设社会主义新农村的重大战略和关于进一步加强农村文化建设的指示精神,在总结2003—2005年"百县千乡宣传文化工程"志愿服务行动工作的基础上,中央文明办、共青团中央决定自2006年起共同组织实施农村文化建设志愿服务行动。共分四个部分。(1)工作内容。按照公开招募、自愿报名、组织选拔、集中培训、统一派遣的方式,每年在普通高校应届毕业生中招募一批品学兼优、具有奉献精神的志愿者,派遣到中央文明办定点资助的中西部200个县、乡级宣传文化中心(站)开展为期一年的志愿服务工作。志愿者在服务期间主要从事加强农村公共文化建设、丰富农民群众精神文化生活、探索创建农村文化建设的体制和机制等方面的工作,结合当地实际开展文化信息传播、组织人员培训等活动,参与乡镇青年中心建设和管理工作。(2)组织管理。中央文明办、共青团中央共同负责这项工作的总体规划、协调、指导,落实有关政策保障;各省(区、市)文明办、团委负责本省这项工作的组织实施。(3)政策支持。参加农村文化建设志愿服务行动的应届大学毕业生志愿者享受大学生志愿服务西部计划有关政策。志愿者服务期间,可担任乡、镇宣传文化站副站长和兼任乡镇团委副书记,负责文化站的日常管理工作。(4)工作要求。高度重视,加强领导;精心组织,严格管理;注重建设,深入宣传。

《文化部办公厅关于贯彻落实国务院关于解决农民工问题的若干意见的通知》 文化部2006年8月1日发布。旨在认真贯彻《国务院关于解决农民工问题的若干意见》精神,切实落实各项政策措施,积极稳妥地解决农民工文化生活中存在的困难和问题,活跃广大农民工的文化生活,维护农民工的文化权益。共分八个部分。(1)充分认识做好农民工文化工作的重要性。(2)当前农民工文化工作的指导思想是,以邓小平理论和"三个代表"重要思想为指导,按照落实科学发展观和构建社会主义和谐社会的要求,坚持解放思想,实事求是,与时俱进;坚持从我国国情出发,统筹城乡发展;坚持以人为本,认真解决涉及农民工利益的问题。做好农民工文化工作的基本原则是:公平对待,一视同仁,强化服务,完善管理,统筹规划、合理引导,因地制宜、分类指导,立足当前、着眼长远。(3)明确政府责任,加强面向农民工的文化服务,各级文化行政部门要把活跃农民工的文化生活纳入文化建设总体目标,纳入基本职能范畴。(4)充分发挥公共文化设施的社会教育职能,完善服务方式,各级文化行政部门要充分利用图书馆,文化馆、文化站、博物馆等公益性文化设施为农民工服务,发展文化工作在提高农民工思想道德素质和科学文化素质方面的作用。(5)针对农民工的文化需求,开展形式多样的文化培训活动。(6)积极会同有关部门,推动农民工用工单位自身文化建设。(7)严厉打击违法违规文化经营活动,净化农民工文化生活环境。(8)各级文化行政部门要认真贯彻《国务院关于解决农民工问题的若干意见》精神,充分认识农民工文化工作的重要性。

《中共中央办公厅国务院办公厅关于加强公共文化服务体系建设的若干意见》 2007年8月21日发布。这是我国公共文化服务体系建设的指导性文件。旨在深入贯彻落实科学发展观,从中国特色社会主义事业总体布局和全面建设小康社会全局出发提出的一项重要任务,是繁荣发展社会主义先进文化、建设和谐文化、构建社会主义和谐社会的必然要求。共分六个部分。(1)提高对公共文化服务体系建设重要性的认识。(2)明确公共文化服务体系建设的指导思想和目标任务。指导思想是,以邓小平理论和"三个代表"重要思想为指导,深入贯彻落实科学发展观,坚持社会主义先进文化的前进方向,坚持以政府为主导、鼓励社会力量积极参与,坚持城乡、区域文化协调发展,逐步实现公共文化服务均等化,坚持把建设的重心放在基层和农村,充分利用现有设施,统筹规划、加大投入,因地制宜、分步实施,着力改善农村和中西部地区公共文化服务网络,着力提高公共文化产品供给能力,着力解决人民群众最关心、最直接、最现实的基本文化权益问题,推动文化建设与经济建设、政治建设、社会建设协调发展。目标任务是,与中国特色社会主义事业和全面建设小康社会的历史进程相适应,按照结构合理、发展均衡、网络健全、运行有效、惠及全民的原则,以政府为主导、以公益性文化单位为骨干、鼓励全社会积极参与,努力建设以公共文化产品供给、设施网络、资金人才技术保障、组织支撑和运行评估为基本框架的覆盖全社会的公共文化服务体系,切实保障人民群众看电视、听广播、读书看报、进行公共文化鉴赏、参加大众文化活动等基本文化权益。东部及有条件的地区要加快发展,率先建成比较完备的公共文化服务体系;中西部欠发达地区要积极创造条件,加大建设力度,基本形成与经济发展水平相适应的公共文化服务保障能力。当前,要大力发展公益性文化事业,实施文化惠民工程,优先安排关系人民群众切身利益的重大公共文化服务项目,逐步解决农民群众收听收看广播电视难、看书难、看电影难的问题,基本满足城镇居民就近便捷享受公共文化服务的需求。(3)实施重大公共文化服务工程。广播电视村村通工程；全国文化信息资源共享工程；乡镇综合文化站和基层文化阵地建设工程；农村电影放映工程；农家书屋建设工程。(4)增强公共文化产品的生产供给能力。建立健全公共文化设施网络；充分发挥现在文化设施的作用；加强公共文化产品生产；积极开展公益性文化活动；提高产业支撑和市场供给能力。(5)创新公共文化服务运行机制。推进公益性文化事业单位改革；创新公共文化服务方式；提高公共文化服务技术水平。(6)加强对公共文化服务体系建设的领导。健全领导和工作机制；切实转变政府职能；完善公共文化服务投入机制；加强公共文化服务队伍建设。

《大型群众性活动安全管理条例》 国务院2007年8月29日公布,自2007年10月1日起施行。共分总则,安全责任,安全管理,法律责任,附则五章26条。旨在加强对大型群众性活动的安全管理,保护公民生命和财产安全,维护社会治安秩序和公共安全。《条例》界定:大型群众性活动,是指法人或者其他组织面向社会公众举办的每场次预计参加人数达到1000人以上的下列活动:包括体育比赛活动；演唱会、音乐会等文艺演出活动；展览、展销等活动；游园、灯会、庙会、花会、焰火晚会等活动；人才招聘会、现场开奖的彩票销售等活动。影剧院、音乐厅、公园、娱乐场所等在其日常业务范围内举办的活动,不适用本条例的规定。《条例》规定:大型群众性活动的安全管理应当遵循安全第一、预防为主的方针,坚持承办者负责、政府监管的原则。县级以上人民政府公安机关负责大型群众性活动的安全管理工作。县级以上人民政府其他有关主管部门按照各自的职责,负责大型群众性活动的有关安全工作。大型群众性活动的承办者对其承办活动的安全负责,承办者的主要负责人为大型群众性活动的安全责任人。

《文化部关于进一步深化文化系统文化体制改革的意见》 文化部2008年7月30日印发。旨在贯彻全国文化体制改革工作会议精神，加强对文化系统改革的指导，进一步深化文化体制改革。共分六个部分。(1)当前和今后一个时期推进文化体制改革的总体要求和指导方针。总体要求是，按照党的十七大和全国文化体制改革工作会议精神，以邓小平理论和"三个代表"重要思想为指导，深入贯彻落实科学发展观，解放思想、实事求是、与时俱进，加大力度、加快进度、务求实效，紧紧抓住重要领域和关键环节，着力解决制约发展的深层次矛盾和问题，全面推进体制机制创新，解放和发展文化生产力，推动文化体制改革取得新的实质性进展，推动形成有利于出精品、出人才、出效益的文化发展环境。指导方针是，坚持"区别对待、分类指导、循序渐进、逐步推开"的方针，充分考虑区域、城乡发展的不平衡性和不同行业、不同单位的性质与特点，提出改革的路线图和时间表，有计划有步骤地把改革引向深入。坚持"两手抓，两加强"，一手抓公益文化事业，一手抓经营性文化产业，推动文化事业和文化产业协调发展。坚持以公有制为主体、多种所有制共同发展，一手抓国有文化单位的改革发展，一手抓民营文化单位的发展。坚持以民族文化为主体、吸收外来有益文化，推动中华文化走向世界，进一步提升文化事业和文化产业的国际影响力和竞争力。坚持群众路线，从群众中来，到群众中去，尊重群众的首创精神，维护好群众的基本权益，充分调动广大文化工作者参与改革的积极性、主动性和创造性。(2)积极稳妥推进艺术表演团体改革。加大国有艺术表演团体布局结构调整力度，推进国有艺术表演团体改革，支持民营艺术表演团体发展，开展重点艺术表演团体评估。(3)深化文化事业单位改革。公共图书馆、博物馆、文化馆(站)、群众艺术馆、美术馆、承担公益性任务的艺术研究机构、文物保护考古科研管理机构、艺术学校、画院等单位,要按照增加投入、转换机制、增强活力、改善服务的要求,强化公益属性,完善法人治理结构,明确功能定位、职责任务。改革的重点是继续深化人事、分配制度改革,建立健全公益性文化事业单位正常运转的经费保障机制,建立健全公共文化服务绩效考核体系,规范经营行为。(4)大力推进公共文化服务体系建设。坚持政府主导、社会参与的原则,构建结构合理、发展平衡、网络健全、运营有效、惠及全民的公共文化服务体系,保障人人享有基本公共文化服务,是文化体制改革的重要任务。(5)加快发展文化产业。以落实和完善国家文化产业政策为切入点,实施重大文化产业项目带动战略,推动文化产业发展。(6)加强改革的组织实施。

《文化部科技创新项目管理办法(暂行)》 文化部2009年1月8日颁布实施。旨在促进科学技术在文化领域的广泛应用,鼓励广大文化工作者积极参与文化创新活动,使科技创新更有效地为文化建设服务,实现对文化部科技创新项目的规范化、科学化管理。共分总则、立项原则与程序、实施管理、项目验收、经费、附则六章20条。《办法》界定:文化部科技创新项目,是指由文化部科技主管部门在申报的基础上组织评审选定并安排实施,项目承担单位在约定时间内进行的科技创新活动。文化系统申报的国家级科技项目按照国家科技项目管理有关规定执行。《办法》规定:科技创新项目的研究周期,一般不超过三年;文化部科技创新项目每年受理一次,受理时间为每年的1月1日至2月28日。《办法》还对立项原则与程序、实施管理、项目验收、经费等方面作出了明确规定。《办法》规定本办法适用于文化部科技创新项目的立项、实施管理、验收等项目管理工作。

《国务院关于进一步繁荣发展少数民族文化事业的若干意见》 国务院2009年7月5日发布。旨在全面贯彻党的十七大精神,深入贯彻落实科学发展观,进一步繁荣发展少数民族文化事业,推动社会主义文化大发展大繁荣,促进各民族共同团结奋斗、共同繁荣发展。共分五部分23条。(1)繁荣发展少数民族文化事业具有重要意义。文化是民族的重要特征,是民族生命力、凝聚力和创造力的重要源泉。党和国家历来高度重视和关心少数民族文化事业。繁荣发展少数民族文化事业,是一项长期而重大的战略任务。(2)繁荣发展少数民族文化事业的指导思想、基本原则和目标任务。指导思想是,全面贯彻党的十七大精神,高举中国特色社会主义伟大旗帜,以邓小平理论和"三个代表"重要思想为指导,深入贯彻落实科学发展观,牢牢把握社会主义先进文化的前进方向,紧紧围绕共同团结奋斗、共同繁荣发展的民族工作主题,以建设社会主义核心价值体系为主线,以完善公共文化服务体系为重点,以加强基础设施建设为手段,以推动文化创新为动力,以改革体制机制为保障,以满足各族群众日益增长的精神文化需求为出发点和落脚点,促进少数民族文化建设与全国文化建设、与民族地区经济社会建设、与民族地区教育事业协调发展,促进民族团结、实现共同进步,更加自觉、更加主动地为推动社会主义文化大发展大繁荣做贡献。基本原则是,坚持为人民服务、为社会主义服务的方向和"百花齐放、百家争鸣"的方针,尊重差异、包容多样,既要继承、保护、弘扬少数民族文化,又要推动各民族文化相互借鉴、加强交流、和谐发展。坚持面向现代化、面向世界、面向未来,把握规律性,保持民族性,体现时代性,推动少数民族文化的改革创新,不断解放和发展少数民族文化生产力。坚持贴近实际、贴近生活、贴近群众,生产更多各族群众喜闻乐见的优秀精神文化产品。坚持社会效益和经济效益相统一,把社会效益放在首位,充分发挥政府和市场的作用,促进少数民族文化事业和文化产业协调发展。坚持基本公共服务均等化,优先发展少数民族和民族地区文化事业,保障少数民族和民族地区各族群众的基本文化权益。坚持因地制宜、分类指导,不断完善扶持少数民族文化事业发展的政策措施。目标任务是,到2020年,民族地区文化基础设施相对完备,覆盖少数民族和民族地区的公共文化服务体系基本建立,主要指标接近或达到全国平均水平,少数民族群众读书看报难、收听收看广播影视难、开展文化活动难等问题得到较好解决,少数民族优秀传统文化得到有效保护、传承和弘扬。实施一批重大文化项目和工程,推出一批体现民族特色、反映时代精神、具有很高艺术水准的文化艺术精品,创作生产更多更好适应各族群众需求的优秀文化产品。文化工作体制机制创新取得重大突破,科学有效的宏观管理体制和微观服务运行机制基本形成,政策法规更臻完备,政府文化管理和服务职能显著增强。文化市场体系更加健全,以公有制为主体、多种所有制共同发展的少数民族文化产格局更加合理。少数民族文化对外交流迈出重大步伐,国际影响力和竞争力进一步提高。(3)繁荣发展少数民族文化事业的政策措施。加快少数民族和民族地区公共文化基础设施建设;繁荣发展少数民族新闻出版事业;大力发展少数民族广播影视事业;加大对少数民族文艺院团和博物馆建设扶持力度;大力开展群众性少数民族文化活动;加强对少数民族文化遗产的挖掘和保护;尊重、继承和弘扬少数民族优秀传统文化;大力推动少数民族文化创新;积极促进少数民族文化产业发展;加强边疆民族地区文化建设;努力推进少数民族文化对外交流。(4)完善少数民族文化事业发展的体制机制。完善少数民族文化事业发展政策法规;深化少数民族和民族地区文化事业单位体制机制改革;加强少数民族文化事业发展经费保障,加大政府对少数民族文化事业的投入;加大少数民族文化人才队伍建设力度。(5)加强对少数民族文化工作的领导。切实把少数民族文化工作摆上更加重要的位置；推动形成分工协作、齐抓共管的良好局面。

《中央纪委等部门关于加强廉政文化建设的意见》 中央纪委、中央宣传部、监察部、文化部、广电总局、新闻出版总署2010年3月发布。旨在深入贯彻落实党的十七大和十七届四中全会精神，扎实推进以完善惩治和预防腐败体系为重点的反腐倡廉建设，在全社会营造以廉为荣、以贪为耻的良好风尚，促进领导干部廉洁从政。共分五个部分。（1）加强廉政文化建设的重要意义、指导思想和基本原则。指导思想是，高举中国特色社会主义伟大旗帜，以邓小平理论和"三个代表"重要思想为指导，深入贯彻落实科学发展观，坚持社会主义核心价值体系，坚持社会主义先进文化前进方向，坚持标本兼治、综合治理、惩防并举、注重预防的反腐倡廉战略方针，把廉政文化建设融入社会主义精神文明建设和反腐倡廉建设的全过程，着力培育廉洁价值理念，广泛开展廉政文化创建活动，大力营造崇尚廉洁的社会风尚，为党风廉政建设和反腐败斗争的深入开展提供思想保障和文化支撑。基本原则是，坚持服务大局、统筹协调；坚持以人为本、注重教育；坚持突出重点、面向社会；坚持继承创新、与时俱进；坚持重在建设、务求实效。（2）大力培育和弘扬廉洁价值理念。树立领导干部秉公用权、廉洁从政的价值理念；培育公民廉荣贪耻、诚实守信的道德观念；增强全社会大力支持、有序参与反腐倡廉的责任意识。（3）广泛开展廉政文化创建活动。推动廉政文化深入社会领域；加强各类基层廉政文化阵地建设。（4）积极推动廉政文化产品的创作和传播。推动廉政文化产品的创作生产；加大廉政文化传播力度；加强廉政文化理论研究。（5）加强对廉政文化建设的领导。高度重视，加强组织领导；明确责任，形成整体合力；加大投入，健全保障机制。

《中央宣传部等部门关于加强地方县级和城乡基层宣传文化队伍建设的若干意见》 中央宣传部、中央组织部、中央编办、国家发改委、财政部、人社部 2010 年印发。旨在深入贯彻落实党的十七大和十七届三中、四中全会精神,适应加强新形势下基层宣传思想文化工作需要,进一步增强地方县级和城乡基层宣传文化队伍的创造力、凝聚力、战斗力。共分 14 条。主要内容包括:(1)加强地方县级和城乡基层宣传文化队伍建设是一项重要而紧迫的任务。(2)加强地方县级和城乡基层宣传文化队伍建设的总体要求。要高举中国特色社会主义伟大旗帜,以邓小平理论和"三个代表"重要思想为指导,深入贯彻落实科学发展观,解放思想,实事求是,与时俱进,坚持党管干部、党管人才原则,立足基层宣传思想文化工作的实际需要,统筹兼顾、突出重点、整体推进,进一步提高队伍的思想理论素质和创新能力,进一步充实力量和优化结构,不断提高队伍建设科学化水平,努力造就一支政治坚定、素质优良、扎根基层、服务群众的工作队伍,为推动社会主义文化大发展大繁荣提供坚强的组织保证和人才支持。(3)切实加强地方县级党委宣传部门领导班子建设。(4)进一步加强地方县级和城乡基层宣传文化干部管理工作。坚持党管宣传、党管文化、党管干部原则,县级党委要切实加强宣传文化部门及有关单位领导班子建设和重要宣传文化阵地领导干部管理。县级党委宣传部作为同级党委主管意识形态方面工作的综合职能部门,负责指导宣传文化系统各部门各单位的工作。县级党委组织部、党委宣传部要按照干部管理权限,结合各地实际,根据职责分工,认真做好县级宣传文化部门及有关单位领导班子建设和干部管理的有关工作。(5)加强干部教育培训工作。(6)加大干部交流和实践锻炼力度。(7)进一步充实工作力量。按照现有定编尚未配齐人员的县级党委宣传部门,应抓紧配齐人员。县级党委宣传部门新录用的公务员和交流进入的公务员,一般应具有大学本科以上学历。县级党委宣传部门设主任科员、副主任科员,配备比例不超过机关科级领导职务职数的50%。适应加快公共文化服务体系建设的需要,切实加强县级文化馆、图书馆、广播电视台(站)等部门工作队伍建设。(8)配齐配好乡镇、村和街道、社区宣传文化工作人员。切实加强乡镇、街道党委宣传委员的配备,从实际出发配备宣传文化干事。乡镇综合文化站(中心)要配备专职人员,每个乡镇综合文化站(中心)至少应有1～2个编制,比较大的乡镇可适当增加编制。要进一步充实村、社区宣传文化工作力量,城镇各社区至少有1名工作人员负责组织开展社区宣传文化服务工作,农村行政村要明确相应人员负责组织协调宣传文化方面的工作。(9)重视专业技术人才队伍的培养。(10)积极支持民间文化人才队伍发展。(11)完善表彰激励机制。(12)加大队伍建设保障力度。(13)加大对西部地区县级和城乡基层宣传文化队伍建设的支持资助。(14)加强队伍建设的组织领导。

《国家文化科技提升计划管理办法(暂行)》 文化部 2010 年发布。旨在发挥科技进步在文化大发展大繁荣中的动力作用,增强文化建设中的科技自觉,更好地运用高新科技提升文化创新能力,有效实施国家文化科技提升计划。共分总则、组织管理、立项、项目实施、结项、知识产权和资产管理、附则共七章43条。《办法》规定:提升计划主要任务,是面向国家文化大发展大繁荣的需求,发挥科技进步在文化建设中的支撑、提升和引领作用。开展文化科技基础性研究和高新技术在文化领域的应用研究,重点解决一批具有前瞻性、全局性和引领性的重大文化科技问题。提升计划根据支持的方向和作用,分为重大战略导向项目、前沿项目、基础项目、研究基地与实验室项目、成果转化与推广项目。提升计划的管理方式采取有限目标、分年度实施,实施周期一般为一至三年。《办法》还对组织管理、立项、项目实施、结项、知识产权和资产管理等方面作出明确规定。

《国家文化创新工程项目管理办法(暂行)》 文化部 2010 年 5 月 25 日发布。旨在进一步推进国家文化创新,增强文化发展活力,规范国家文化创新工程项目的管理,保证国家文化创新工程的顺利实施。共分总则、立项、实施管理、验收及成果、经费、附则六章 27 条。《办法》规定:文化部是国家文化创新工程项目组织管理部门,日常工作由文化科技司承担。国家文化创新工程项目每年评审一次。《办法》对立项、实施管理、验收及成果、经费等方面作出明确规定。《办法》还规定本办法主要适用于国家文化创新工程项目的组织、立项、实施、验收等管理工作。

《文化部办公厅国家文物局办公室关于把握正确导向做好文化遗产保护开发工作的通知》 文化部办公厅、国家文物局办公室 2010 年 7 月 9 日印发。《通知》强调指出:近年来,在科学发展观的指引下,各地高度重视文化遗产保护,不断增强保护意识,拓展思路,创新方法,文化遗产保护呈现良好的发展局面。但是,在文化遗产保护开发的过程中也出现了一些严重的问题和不良的现象:一是打着传承名人文化的旗号争夺名人故里,表面看是为了保护文化遗产,实际上是竞相争抢经济利益,名人故里之争中对于文化遗产经济价值的过度追求,已然将文化遗产商品化。二是兴建假文物,对文化遗产进行不恰当的商业利用和运营,过度的商业炒作和破坏性开发,使文化遗产遭到不同程度的破坏。三是盲目举办祭拜活动,缺乏严肃性,造成传统文化内涵被严重扭曲。四是有的地方肆意炒作一些负面的文化现象、历史人物和文艺形象,产生了不良的社会影响,有违社会主义核心价值观。对此，《通知》提出五个方面的意见。(1)坚持社会效益优先，大力弘扬优秀传统文化。(2)保护为主，合理利用，促进文化遗产事业健康发展。(3)科学甄别认定，确保文化遗产的权威性、严肃性。(4)严禁损害优秀传统文化的行为。(5)把握方向，积极引导。

《文化部关于开展全国基层文化队伍培训工作的意见》 文化部2010年9月1日印发。这是指导我国基层文化队伍建设培训的纲领性文件。共分六个部分。(1)充分认识加强基层文化队伍培训工作的重要性和紧迫性。(2)基层文化队伍培训工作的指导思想、基本原则和主要目标。指导思想是，坚持以科学发展观为指导，按照"培养造就规模宏大、结构优化、布局合理、素质优良的人才队伍"的总体要求，大力实施"人才兴文"战略，坚持培训工作重心下移，运用多种方式加大培训力度，着力提高基层公共文化服务队伍的政治思想素质和新形势下做好公共文化服务工作的能力，努力培养一支高素质的基层文化干部队伍，积极发展业余文化队伍，为推进公共文化服务体系建设，实现文化大发展大繁荣，兴起社会主义文化建设新高潮提供人才保障和智力支持。基本原则是，服务大局，按需培训；联系实际，注重实效；与时俱进，改革创新。主要目标是，用5年时间，对现有24.27万县乡专职文化队伍和366.85万左右的业余文化队伍(包括业余文艺骨干、村/社区文化活动室工作人员等)进行系统培训，使专兼职结合的基层文化队伍素质显著提高，公共文化服务能力明显增强。(3)建立健全基层文化队伍培训工作体制和机制。建立分级负责、分类实施的培训组织体系；发挥培训基地的辐射、带动作用；建优势互补、开放竞争的培训工作机制；加强培训工作的规范化管理；健全培训考核评估与督查制度。(4)完善培训内容，创新培训方式。充实和丰富培训内容；创新培训方式方法；充分利用现代信息技术手段。(5)加强培训师资队伍建设。加快建立一支素质优良、规模适当、结构合理、专兼结合的培训师资队伍;强化师资队伍培训。逐步建立省、地市两级师资队伍执教资格制度。(6)保障措施。加强领导;制定规划;落实经费;加强宣传。

《文化部创新奖奖励办法》 文化部第三次修订后于2010年9月26日发布实施。2004年3月29日第一次发布;2006年3月21日第一次修订发布;2009年1月7日第二次修订发布。旨在在文化艺术领域弘扬科学精神、倡导科学方法、传播科学思想,鼓励和调动广大文化工作者文化创新的积极性,促进文化的繁荣与发展。共分19条。《办法》界定:文化部创新奖授予在文化行业各领域的文化实践中以科学理论、科学方法、科学技术实施创新,并取得显著的社会效益、经济效益,为促进文化的发展与繁荣做出突出贡献的单位及项目完成人。《办法》还规定:文化部创新奖是对文化实践过程的奖励。文化部创新奖针对项目的创新性、科学性、实践性、有效性、示范性等五个方面进行综合评价。《办法》对评选时间、参评条件、申报及评审办法等作出了规定。《办法》规定:参评单位及项目完成人在申报和评审过程中弄虚作假或者以其他不正当手段骗取奖励的,一经查实,由文化部撤销奖励,并追回奖状、证书和奖金,并在适当范围内予以通报。

《文化部财政部关于开展国家公共文化服务体系示范区(项目)创建工作的通知》 文化部、财政部2010年12月31日印发。这是我国公共文化服务体系示范区(项目)创建工作的指导性文件。旨在贯彻落实党的十七届五中全会、胡锦涛总书记在中央政治局第二十二次集体学习时的重要讲话精神和全国文化体制改革工作会议精神,充分发挥典型的示范、带动作用,分类指导东、中、西部和城乡基层文化建设,推动公共文化服务体系建设科学发展上水平。《通知》指出国家公共文化服务体系示范区(项目)创建工作的基本要求是,按照公益性、均等性、基本性、便利性的要求,在全国创建一批网络健全、结构合理、发展均衡、运行有效的公共文化服务体系示范区,培育一批具有创新性、带动性、导向性、科学性的公共文化服务体系项目,为我国公共文化服务体系建设探索经验、提供示范,推动公共文化服务体系建设科学发展。同时,《通知》一并印发了《国家公共文化服务体系示范区(项目)创建工作方案》和《国家公共文化服务体系示范区(项目)创建标准》。《通知》明确:根据申报标准和相关要求,原则上每省(区、市)1个创建示范区名额(候选名额不超过2个),2个创建示范项目名额(候选名额不超过4个)。经专家委员会审核达不到申报要求的省份名额空缺。

《文化部财政部关于推进全国美术馆、公共图书馆、文化馆(站)免费开放工作的意见》 文化部、财政部 2011 年 1 月 26 日印发。旨在贯彻落实党的十七届五中全会、胡锦涛总书记在中央政治局第二十二次集体学习时的重要讲话精神和全国文化体制改革工作会议精神,落实温家宝总理在《2010 年政府工作报告》中提出的"推进美术馆、图书馆、文化馆、博物馆免费开放,丰富人民群众的精神文化生活"的要求,充分发挥美术馆、公共图书馆、文化馆(站)保障公民基本文化权益、提高公民鉴赏能力的重要作用,加强公共文化服务体系建设和公民思想道德建设。共分五个部分。(1)美术馆、公共图书馆、文化馆(站)免费开放的重要意义。(2)美术馆、公共图书馆、文化馆(站)免费开放的指导思想、工作原则和主要目标。指导思想是,以邓小平理论和"三个代表"重要思想为指导,深入贯彻落实科学发展观和党的十七届五中全会精神,进一步推进公益性文化事业单位改革,着眼于保障公民基本文化权益,促进基本公共文化服务均等化，着眼于发挥公共文化机构的基本职能作用，着眼于增强公共文化服务能力和管理水平，以健全和增强服务项目、服务能力为重点，与建立公共文化服务体系经费保障机制相结合，努力实现美术馆、公共图书馆、文化馆（站）设施免费开放，与其职能相应的基本文化服务项目健全，免费向群众提供，公共文化服务能力明显增强。工作原则是，全面推开，逐步完善；坚持公益，保障基本；科学设计，注重实效；扩大宣传，树立形象。总体目标是，到2012年底，与深化文化体制改革、提升公共文化服务能力相结合，实现美术馆、公共图书馆、文化馆（站）规章制度健全，职责任务清晰，服务内容明确，保障机制完善，实现免费开放，健全与其职能相适应的基本文化服务项目并免费向群众提供，设施利用率明显提高，使免费服务成为政府的重要民生项目和公共文化服务品牌。（3）美术馆、公共图书馆、文化馆（站）免费开放的基本内容和实施步骤。美术馆免费开放的基本内容包括美术馆基本展览实行免费参观；对于少数特殊展览，可根据实际情况实行低票价。公共图书馆、文化馆（站）免费开放的基本内容包括：一是指公共空间设施场地的免费开放；二是指与其职能相适应的基本公共文化服务项目健全并免费向群众提供。基本公共文化服务项目将随着社会的不断发展、政府财力的增长和人民群众精神文化需求的不断增长而发展变化。美术馆免费开放的具体实施步骤分为两个阶段：在2011年年底之前国家级、省级美术馆全部向公众免费开放；在2012年年底之前各级美术馆全部向公众免费开放。公共图书馆、文化馆（站）免费开放的具体实施步骤分两个阶段：到2011年底，全国所有公共图书馆、文化馆（站）实现无障碍、零门槛进入，公共空间设施场地全部免费开放，所提供的基本服务项目全部免费；到2012年底，全国所有一级馆、省级馆、省会城市馆、东部地区馆站免费提供的基本公共文化服务质量和水平不断提升,形成 2 个以上服务品牌。其他图书馆、文化馆站实现基本公共文化服务项目健全,并免费提供。(4)推进美术馆、公共图书馆、文化馆(站)免费开放的具体举措。取消原有部分收费项目;限期收回出租设施;降低非基本服务收费;完善免费开放公示制度;制定应急预案;加强免费开放的宣传。(5)美术馆、公共图书馆、文化馆免费开放的保障机制。加强组织保障;建立经费保障机制;深化改革,增强发展活力;加强管理,拓展服务领域;加强监管,建立评估体系。

《文化部等部门关于进一步加强农民工文化工作的意见》 文化部、人社部、全国总工会 2011 年 9 月 11 日印发。旨在切实保障农民工基本文化权益,丰富农民工精神文化生活,充分发挥文化在提升农民工素质、统筹城乡发展、促进社会和谐等方面的积极作用。共分七个部分 21 条。(1)充分认识加强农民工文化工作的重要性和紧迫性。(2)加强农民工文化工作的指导思想、基本原则和目标任务。指导思想:以邓小平理论和"三个代表"重要思想为指导,深入贯彻落实科学发展观,按照体现公益性、基本性、均等性、便利性的要求,以保障农民工基本文化权益为出发点和落脚点,以公共文化服务体系建设为支撑,以城市社区、用工企业为重点,以社会力量为补充,加大政府对农民工文化工作的支持力度,逐步形成"政府主导、企业共建、社会参与"的农民工文化工作机制,推动农民工文化工作的规范化、制度化和常态化,充分发挥文化对于提升农民工思想道德水平、科学文化素质和城市融入能力的积极作用。基本原则:政府主导、社会参与;权责清晰、责任到位;保障基本、尊重特性;整合资源、共建共享。目标任务:至 2015 年,形成相对完善的农民工文化工作机制,建立相对稳定的农民工文化经费保障机制;农民工文化服务切实纳入公共文化服务体系,农民工文化活动常态化、有特色;广大农民工对公共文化服务的满意度明显提高。(3)进一步加强政府在农民工文化工作中的主导作用。明确常住地政府的主体责任;发挥公益性文化单位的骨干作用;推进重大农民工文化惠民工程建设;引导社会力量参与农民工文化工作。(4)以城市社区为主要平台和载体,促进农民工城市融入。进一步提高城市社区面向农民工的公共文化服务能力;提高农民工文化活动参与能力,促进农民工城市融入。(5)鼓励和引导用工企业加强农民工文化工作。督促用工企业加强农民工文化权益保障;鼓励用工企业加强农民工文化建设;加强企业对农民工文化活动的组织。(6)注重满足农民工群体的特殊文化需求。加强农民工文化需求调研;尊重并满足农民工文化需求的特性;鼓励、扶持农民工自办业余文艺团队。(7)保障措施。加强领导;完善机制;加强统筹;落实经费。

《中共中央国务院关于分类推进事业单位改革的指导意见》 中共中央、国务院2011年3月23日发布。旨在全面贯彻落实党的十七大和十七届二中、三中、四中、五中全会精神,推动公益事业更好更快发展,不断满足人民群众日益增长的公益服务需求。共分九个部分30条。(1)改革的重要性和紧迫性。(2)改革的指导思想、基本原则和总体目标。指导思想是,高举中国特色社会主义伟大旗帜,以邓小平理论和"三个代表"重要思想为指导,深入贯彻落实科学发展观,按照政事分开、事企分开和管办分离的要求,以促进公益事业发展为目的,以科学分类为基础,以深化体制机制改革为核心,总体设计、分类指导、因地制宜、先行试点、稳步推进,进一步增强事业单位活力,不断满足人民群众和经济社会发展对公益服务的需求。基本原则是,坚持以人为本,把提高公益服务水平、满足人民群众需求作为出发点和落脚点;坚持分类指导,根据不同类别事业单位的特点,实施改革和管理;坚持开拓创新,破除影响公益事业发展的体制机制障碍,鼓励进行多种形式的探索和实践;坚持着眼发展,充分发挥政府主导、社会力量参与和市场机制的作用,实现公益服务提供主体多元化和提供方式多样化;坚持统筹兼顾,充分发挥中央和地方两个积极性,注意与行业体制改革、政府机构改革等相衔接,妥善处理改革发展稳定的关系。总体目标和阶段性目标是,到2020年,建立起功能明确、治理完善、运行高效、监管有力的管理体制和运行机制,形成基本服务优先、供给水平适度、布局结构合理、服务公平公正的中国特色公益服务体系。今后5年,在清理规范基础上完成事业单位分类,承担行政职能事业单位和从事生产经营活动事业单位的改革基本完成,从事公益服务事业单位在人事管理、收入分配、社会保险、财税政策和机构编制等方面改革取得明显进展,管办分离、完善治理结构等改革取得较大突破,社会力量兴办公益事业的制度环境进一步优化,为实现改革的总体目标奠定坚实基础。(3)科学划分事业单位类别。清理规范现有事业单位;划分现有事业单位类别;细分从事公益服务的事业单位。(4)推进承担行政职能事业单位改革。严格认定标准和范围;区分不同情况实施改革。(5)推进从事生产经营活动事业单位改革。推进转企改制;完善过渡政策。(6)推进从事公益服务事业单位改革。明确改革目的;改革管理体制;建立健全法人治理结构;深化人事制度改革;深化收入分配制度改革;推进社会保险制度改革;加强对事业单位的监督;全面加强事业单位党的建设。(7)构建公益服务新格局。大力发展公益服务;强化政府责任;鼓励社会力量兴办公益事业;充分发挥市场机制作用。(8)完善支持公益事业发展的财政政策。加大财政对公益事业发展支持力度;改革和完善财政支持方式;推进预算管理、政府采购和国有资产管理改革。(9)认真做好组织实施工作。

《文化部中央文明办关于组织开展"春雨工程"——全国文化志愿者边疆行工作的通知》 文化部、中央文明办2011年4月22日印发。旨在深入贯彻落实《中央精神文明建设指导委员会关于深入开展志愿服务活动的意见》和《国务院关于进一步繁荣发展少数民族文化事业的若干意见》,进一步发扬志愿服务精神,促进边疆民族地区公共文化服务体系建设。共分指导思想、工作内容和形式、文化志愿者的招募程序和服务内容、实施步骤、工作要求五个部分。(1)指导思想。以邓小平理论和"三个代表"重要思想为指导,深入贯彻落实科学发展观,坚持社会主义先进文化前进方向,建设社会主义核心价值体系,坚持党的民族工作方针,围绕各民族"共同团结奋斗、共同繁荣发展"的主题,以满足边疆民族地区人民群众精神文化需求为根本出发点和落脚点,加快推进公共文化服务体系建设,发挥文化春风化雨、润物无声的作用,发扬奉献、友爱、互助、进步的志愿精神,加强边疆民族地区和内地各民族间文化交流,推动社会主义文化大发展大繁荣,建设社会主义和谐社会。(2)工作内容和形式。"边疆行"工作作为"春雨工程"的内容之一,把文化、志愿、边疆、少数民族4个元素统一起来,为边疆民族地区和内地搭建文化交流互动平台。内地省(市)组织招募文化志愿者,通过"大舞台"、"大讲堂"、"大展台"3种形式,为内蒙古自治区等12个边疆民族省(区)提供文化志愿服务。(3)文化志愿者的招募程序和服务内容。服务内容是,志愿服务期间,按照组织机构安排,参加"大舞台"、"大讲堂"、"大展台"等活动,通过各种文化艺术形式,促进文化交流,传播先进文化,弘扬时代精神,丰富边疆民族地区各族群众精神文化生活,提高边疆民族地区公共文化服务水平。(4)实施步骤。"边疆行"工作由文化部和中央文明办主办,各省(区、市)文化厅(局)、文明办承办,每年组织一次。(5)工作要求。高度重视,加强领导;精心组织,扎实推进;注重宣传,扩大影响;加强研究,建章立制。

《中共中央关于深化文化体制改革推动社会主义文化大发展大繁荣若干重大问题的决定》 2011年10月18日中国共产党第十七届中央委员会第六次全体会议通过。这是当前和今后一个时期推进我国文化改革和发展的行动纲领。共分九个部分。(1)充分认识推进文化改革发展的重要性和紧迫性,更加自觉、更加主动地推动社会主义文化大发展大繁荣。(2)坚持中国特色社会主义文化发展道路,努力建设社会主义文化强国。坚持中国特色社会主义文化发展道路,深化文化体制改革,推动社会主义文化大发展大繁荣,必须全面贯彻党的十七大精神,高举中国特色社会主义伟大旗帜,以马克思列宁主义、毛泽东思想、邓小平理论和"三个代表"重要思想为指导,深入贯彻落实科学发展观,坚持社会主义先进文化前进方向,以科学发展为主题,以建设社会主义核心价值体系为根本任务,以满足人民精神文化需求为出发点和落脚点,以改革创新为动力,发展面向现代化、面向世界、面向未来的,民族的科学的大众的社会主义文化,培养高度的文化自觉和文化自信,提高全民族文明素质,增强国家文化软实力,弘扬中华文化,努力建设社会主义文化强国。建设社会主义文化强国,就是要着力推动社会主义先进文化更加深入人心,推动社会主义精神文明和物质文明全面发展,不断开创全民族文化创造活力持续迸发、社会文化生活更加丰富多彩、人民基本文化权益得到更好保障、人民思想道德素质和科学文化素质全面提高的新局面,建设中华民族共有精神家园,为人类文明进步作出更大贡献。按照实现全面建设小康社会奋斗目标新要求,到2020年,文化改革发展奋斗目标是,社会主义核心价值体系建设深入推进,良好思想道德风尚进一步弘扬,公民素质明显提高;适应人民需要的文化产品更加丰富,精品力作不断涌现;文化事业全面繁荣,覆盖全社会的公共文化服务体系基本建立,努力实现基本公共文化服务均等化;文化产业成为国民经济支柱性产业,整体实力和国际竞争力显著增强,公有制为主体、多种所有制共同发展的文化产业格局全面形成;文化管理体制和文化产品生产经营机制充满活力、富有效率,以民族文化为主体、吸收外来有益文化、推动中华文化走向世界的文化开放格局进一步完善;高素质文化人才队伍发展壮大,文化繁荣发展的人才保障更加有力。全党全国要为实现这些目标共同努力,不断提高文化建设科学化水平,为把我国建设成为社会主义文化强国打下坚实基础。实现上述奋斗目标,必须遵循以下重要方针,坚持以马克思主义为指导,推进马克思主义中国化时代化大众化,用中国特色社会主义理论体系武装头脑、指导实践、推动工作,确保文化改革发展沿着正确道路前进。坚持社会主义先进文化前进方向,坚持为人民服务、为社会主义服务,坚持百花齐放、百家争鸣,坚持继承和创新相统一,弘扬主旋律、提倡多样化,以科学的理论武装人,以正确的舆论引导人,以高尚的精神塑造人,以优秀的作品鼓舞人,在全社会形成积极向上的精神追求和健康文明的生活方式。坚持以人为本,贴近实际、贴近生活、贴近群众,发挥人民在文化建设中的主体作用,坚持文化发展为了人民、文化发展依靠人民、文化发展成果由人民共享,促进人的全面发展,培育有理想、有道德、有文化、有纪律的社会主义公民。坚持把社会效益放在首位,坚持社会效益和经济效益有机统一,遵循文化发展规律,适应社会主义市场经济发展要求,加强文化法制建设,一手抓繁荣、一手抓管理,推动文化事业和文化产业全面协调可持续发展。坚持改革开放,着力推进文化体制机制创新,以改革促发展、促繁荣,不断解放和发展文化生产力,提高文化开放水平,推动中华文化走向世界,积极吸收各国优秀文明成果,切实维护国家文化安全。(3)推进社会主义核心价值体系建设,巩固全党全国各族人民团结奋斗的共同思想道德基础。坚持马克思主义指导地位;坚定中国特色社会主义共同理想;弘扬以爱国主义为核心的民族精神和以改革创新为核心的时代精神;树立和践行社会主义荣辱观。(4)全面贯彻"二为"方向和"双百"方针,为人民提供更好更多的精神食粮。坚持正确创作方向;繁荣发展哲学社会科学;加强和改进新闻舆论工作;推出更多优秀文艺作品;开展健康向上的网络文化;完善文化产品评价体系和激励机制。(5)大力发展公益性文化事业,保障人民基本文化权益。构建公共文化服务体系;发展现代传播体系;建设优秀传统文化传承体系,加快城乡文化一体化发展。(6)加快发展文化产业,推动文化产业成为国民经济支柱性产业。(7)进一步深化改革开放,加快构建有利于文化繁荣发展的体制机制。(8)建设宏大文化人才队伍,为社会主义文化大发展大繁荣提供有力人才支撑。(9)加强和改进党对文化工作的领导,提高推进文化改革发展科学化水平。

《文化部关于鼓励和引导民间资本进入文化领域的实施意见》 文化部 2012 年 6 月 28 日印发。旨在贯彻党的十七届六中全会精神,落实《国务院关于鼓励和引导民间投资健康发展的若干意见》和《国务院办公厅关于鼓励和引导民间投资健康发展重点工作分工的通知》(国办函〔2010〕120 号)精神,鼓励和引导民间资本进入文化领域。共分八个部分 24 条。(1)充分认识促进民间资本进入文化领域的重要意义。(2)鼓励民间资本参与国有文艺院团转企改制。(3)鼓励民间资本参与公共文化服务体系建设。鼓励民间资本捐建或捐资助建博物馆、图书馆、文化馆、美术馆等公共文化基础设施,引导和鼓励民间资本通过捐助机构、资助项目、赞助活动、提供设施等形式参与公共文化服务;民间资本捐资助建公益性文化设施,可尊重捐赠者的意见,以适当方式予以褒奖;通过公益性社会团体和县级以上人民政府及其部门捐赠捐助的,可按有关法律法规享受税收优惠政策。采取政府采购、项目补贴、定向资助、贷款贴息、税收减免等政策措施,引导民间资本投资兴建民间文化馆、图书馆、博物馆、美术馆等文化设施;支持民间资本兴办具有公益性和准公益性特点的读书社、书画社、乡村文艺俱乐部、文化大院、群众文艺团队、社区文化服务组织、民间文艺协会等,直接面向社会公众提供公益文化服务。逐步建立公共文化服务政府采购制度,支持民营文化企业的产品和服务进入政府公共文化产品和服务采购目录。鼓励民间资本通过招投标等方式,参与基础文化设施建设、公共文化产品创作生产、公益性文化产品和服务供给、重大文化惠民工程、重大公益性文化活动和其他公共文化服务。(4)鼓励民间资本投资文化产业发展。(5)鼓励民间资本投入非物质文化遗产传承保护。鼓励民间资本积极投入非物质文化遗产基础设施建设,支持民间资本结合文化旅游、民俗节庆活动等建设非物质文化遗产博物馆、展示馆、传习所等基础设施,开展保护、展示、传承、宣传活动。鼓励和引导民间资本利用现有优惠政策,参与非物质文化遗产生产性保护。鼓励民间资本建立信息平台和社会中介组织,为非物质文化遗产生产性保护搭建桥梁和纽带。(6)鼓励民间资本积极参与对外文化交流和文化贸易。(7)为民间资本进入文化领域创造良好发展环境。(8)加强对民间资本进入文化领域的指导和规范管理。

《文化部中央文明办关于广泛开展基层文化志愿服务活动的意见》

文化部、中央文明办2012年9月12日印发。旨在认真贯彻落实党的十七届六中全会精神,推动城乡基层文化繁荣发展,丰富人民群众精神文化生活,更好地保障人民群众基本文化权益。共分三个部分。(1)开展基层文化志愿服务活动的重要意义、指导思想和基本原则。指导思想是,以邓小平理论和"三个代表"重要思想为指导,深入贯彻落实科学发展观,牢牢把握社会主义先进文化前进方向,以社会主义核心价值体系建设为根本,以满足人民日益增长的精神文化需求为目标,贴近实际、贴近生活、贴近群众,大力弘扬学习雷锋、奉献他人、提升自己的志愿服务理念,广泛开展群众乐于参与、便于参与的文化志愿服务活动,不断壮大文化志愿者队伍,努力构建参与广泛、形式多样、活动经常、机制健全的文化志愿服务体系,推动公共文化服务体系建设,促进社会主义文化大发展大繁荣。基本原则是,坚持以人为本、服务群众,把公益性放在首位;坚持志愿服务与政府服务、市场服务相衔接,有针对性地设计项目、开展活动,量力而行、尽力而为;坚持志愿服务与实现个人发展相统一,让人们在参与文化志愿服务的过程中经受锻炼、增长才干;坚持自愿参与和社会倡导相结合,既尊重人们的服务意愿,鼓励人们自主参与,又强调公民的社会责任,进行适当的组织动员,努力扩大基层文化志愿服务活动的覆盖面,增强基层文化志愿服务活动的影响力。(2)广泛开展丰富多彩的基层文化志愿服务活动。依托公益性文化设施开展基层文化志愿服务活动;依托重点文化惠民工程开展基层文化志愿服务活动;依托重要节日纪念日开展基层文化志愿服务活动;依托内地对边疆民族地区对口支援工作开展文化志愿者边疆行活动。(3)建立完善基层文化志愿服务活动的领导体制和运行机制。加强组织领导;突出思想内涵;规范招募管理;培育活动品牌。

《中组部等十六个部门关于进一步加强老年文化建设的意见》 中组部、中宣部、教育部、民政部、财政部、住房和城乡建设部、文化部、广电总局、新闻出版总署、国家体育总局、国家旅游局、解放军总政治部、全国总工会、共青团中央、全国妇联、全国老龄办于 2012 年 9

月13日印发。共分八个部分21条。(1) 加强老年文化建设的重要性和紧迫性。加强老年文化建设是推动社会主义文化大发展大繁荣的必然要求;加强老年文化建设是积极应对人口老龄化的重要举措;加强老年文化建设是保障老年人文化权益的迫切需要。(2) 老年文化建设的指导思想、目标任务和基本原则。指导思想是,高举中国特色社会主义伟大旗帜,以邓小平理论和"三个代表"重要思想为指导,深入贯彻落实科学发展观,坚持社会主义先进文化前进方向,以建设社会主义核心价值体系、强化中国特色社会主义共同理想为根本任务;以保障老年人基本文化权益,满足老年人日益增长的精神文化需求为出发点和落脚点;以增强全社会积极老龄化意识,优化老年文化建设发展环境为重要支撑;以老年人广泛参与的文化创建活动和丰富多彩的老年文化产品为主要载体,促进老年文化建设实现新跨越、新发展。目标任务是,根据国家积极应对人口老龄化的战略部署,到2020年基本形成老年文化建设新局面。社会主义核心价值体系建设深入推进,"敬老爱老助老"主题教育活动深入开展,孝亲敬老社会氛围更加浓厚;适应老年人需要的文化产品和服务更加丰富,老年人普遍均等享有基本公共文化服务;老年文化事业全面繁荣,老年特色文化活动广泛开展,老年文化队伍不断壮大,老年文化产业快速发展,老年文化建设在丰富老年人精神文化生活、推进老龄事业科学发展中发挥重要作用。基本原则是,坚持文化引领,服务大局;坚持统筹协调,共建共享;坚持以人为本,服务老人;坚持重心下移,面向基层。(3) 树立积极老龄化理念,彰显新时期老年文化建设的时代性。(4) 充分发挥公共文化为老服务功能,切实保障老年人基本文化权益。(5) 深入开展老年人特色文化活动,丰富老年人精神文化生活。深入开展宣传思想文化活动;着力推进品牌老年文化活动;广泛开展群众性老年文化活动;大力发展老年教育。

(6)推动老年文化产品创作和产业发展,加快文化体制改革创新。推动老年文化产品的创作生产;加快文化体制改革创新。(7)大力营造浓厚的孝亲敬老社会环境,加强老龄宣传工作。弘扬孝亲敬老的传统美德;加强老龄宣传工作。(8)加强老年文化建设的保障措施。加强老年文化建设的组织领导;加大老年文化建设的投入保障;加强老年文化队伍和文化团体建设。

《文化部关于直属事业单位深化改革的意见》 文化部2013年4月印发。《意见》明确文化部直属事业单位深化改革的基本思路是:政事分开;积极推进文化事业单位的社会化;根据文化事业单位的不同情况,分类进行改革。《意见》指出文化部直属事业单位深化改革的工作重点是:财务制度改革;人事制度改革;全面推广和完善聘用制度;大力推行人事代理制;建立健全人事争议调解制度;扩大事业单位收入分配自主权。

《教育部办公厅等单位关于开展2013年高雅艺术进校园活动的通知》 教育部办公厅、文化部办公厅、财政部办公厅2013年4月23日印发。旨在贯彻党的十八大精神和教育规划纲要,落实立德树人根本任务,提高学生艺术修养和文化素质。共分三部分。(1)活动内容。组织国家级艺术院团和优秀地方艺术院团赴30个省(区、市)的高校演出京剧、昆曲、话剧、交响乐、歌剧、芭蕾舞、民族民间音乐歌舞、地方戏曲等经典作品,计划安排290场左右;组织全国高等学校艺术教育专家讲学团赴中西部地区高校举办音乐、舞蹈、戏剧(戏曲)、美术、书法(篆刻)、影视等艺术教育专题讲座,计划安排150场左右;组织北京高校学生走进国家大剧院参加周末音乐会、经典艺术讲堂、艺术院校舞台艺术精品展、重点剧目演出等活动,计划安排100场左右;组织各省(区、市)开展"普通高校和中学普及高雅艺术活动";组织高校学生艺术团赴高校和社区演出,组织地方艺术院团赴高校和中学演出交响乐、民族音乐和地方戏曲等,计划安排400场左右。(2)活动要求。制定活动实施方案和安全工作预案;要加大宣传力度,利用广播、电视、网络、报纸等多形式、多途径宣传;要厉行勤俭节约,按照朴素、实用、适用的原则组织开展活动。(3)活动经费。中央财政安排专项经费,专项支付国家级艺术院团和优秀地方艺术院团赴各地高校演出的食宿交通费及相关费用,补贴各省(区、市)和高校承接演出的相关费用;支付北京高校学生参加国家大剧院活动的费用;支付专家讲学团赴各地的交通费、讲课费等;补贴各省(区、市)组织的学生艺术团和地方艺术院团的演出费用。

《文化部中央文明办关于开展"文化志愿者基层服务年"系列活动的通知》 文化部、中央文明办2013年5月2日印发。旨在认真贯彻党的十八大和十七届六中全会有关精神,推动各地各有关单位落实《文化部中央文明办关于广泛开展基层文化志愿服务活动的意见》的任务要求。共分三个部分。(1)总体思路是,整合公共文化艺术资源,面向基层、贴近生活、服务群众,通过开展形式多样的文化志愿服务活动,丰富公共文化产品和服务供给,进一步拓展公共文化服务领域,弘扬文化志愿服务精神,推动文化事业涵养文化产业,实现公共文化产品和资源长期有效服务基层群众,促进社会主义文化事业繁荣发展。(2)主要内容是,"文化志愿者基层服务年"系列活动以文化志愿者为骨干力量,以"大讲堂"、"大舞台"、"大展台"为基本载体,搭建内地与边疆民族地区、国家艺术院团和公共文化单位与国家公共文化示范区创建城市间的文化交流平台,组织引导文化志愿者在基层公共文化设施、广大群众中广泛开展文艺演出、文化艺术知识普及教育、文化艺术技能辅导、文化展览展示等形式多样的文化志愿服务活动,形成服务范围上横向与纵向相结合、服务内容上深度与广度相结合、服务方式上双向交流的文化志愿服务工作长效机制,逐步建立健全文化志愿服务制度,提高公共文化服务能力。(3)重点活动。由2项示范活动和9个主题活动组成。其中,文化部、中央文明办指导实施2项示范活动:"大地情深"——国家艺术院团(馆)志愿服务走基层活动和"春雨工程"——全国文化志愿者边疆行活动。各省(区、市)文化厅(局)、文明办围绕"传递书香见证成长"公共图书馆志愿服务活动、"精彩生活幸福使者"文化馆(站)志愿服务活动、"共享历史感受快乐"博物馆志愿服务活动、"感受艺术美丽心灵"美术馆志愿服务活动、"文化惠民为您服务"文化惠民工程志愿服务活动、"文化暖心点亮生活"关爱特殊群体文化志愿服务活动、"欢乐节日爱我中华"节日纪念日文化志愿服务活动、"文化公益社会责任"企业文化志愿服务活动、"关爱成长快乐生活"乡村学校少年宫志愿服务活动9个主题,依托公共文化设施、文化惠民工程、重要节日纪念日、关爱弱势群体工作等,指导本地组织实施文化志愿服务系列活动。

《国务院侨办文化部关于加强侨乡地区和华侨农场文化建设工作的意见》 国务院侨办、文化部2013年7月25日印发。旨在贯彻党的十七届六中全会和十八大关于推动社会主义文化大发展大繁荣的精神,加强对归侨侨眷集中的侨乡地区和华侨农场文化建设的政策指导,满足侨乡人民和归侨侨眷精神文化需求。《意见》指出:在指导思想上,坚持以侨乡公共文化建设为重点,推动群众性文化活动和经营性文化产业协调发展;坚持以更好地满足侨胞的文化需求为根本出发点和落脚点,兼顾侨乡群众、归侨侨眷和海外侨胞的不同特点和需要;坚持以更好地发挥侨乡文化和侨务工作优势为依托,统筹推进侨乡文化建设和对外文化交流。《意见》指出:在工作内容上,要加强公共文化设施建设;丰富归侨侨眷精神文化生活;弘扬侨乡优秀文化传统;培育侨乡特色文化产业;壮大侨乡文化旅游产业;积极促进对外文化交流。《意见》指出:在具体举措上,注重整合文化工作和侨务工作两方面的特点和优势,就开展全国文化信息资源共享工程、公共电子阅览室建设计划、数字图书馆推广工程、流动舞台车工程等重点文化工程、创建"侨之家""侨法宣传角"等侨务工作中如何支持侨乡文化建设提出明确要求;突出了加强侨乡志书、族谱等侨乡文化典籍的收集整理、培育华侨农场特色文化旅游产业以及培育外向型文化企业和中介机构等特色工作的要求。

《国务院办公厅关于政府向社会力量购买服务的指导意见》 国务院2013年9月26日发布。旨在加强和创新社会管理,改进政府提供公共服务方式。共分四个部分。(1)充分认识政府向社会力量购买服务的重要性。(2)正确把握政府向社会力量购买服务的总体方向。指导思想是,以邓小平理论、"三个代表"重要思想、科学发展观为指导,深入贯彻落实党的十八大精神,牢牢把握加快转变政府职能、推进政事分开和政社分开、在改善民生和创新管理中加强社会建设的要求,进一步放开公共服务市场准入,改革创新公共服务提供机制和方式,推动中国特色公共服务体系建设和发展,努力为广大人民群众提供优质高效的公共服务。基本原则是,积极稳妥,有序实施;科学安排,注重实效;公开择优,以事定费;改革创新,完善机制。目标任务是,"十二五"时期,政府向社会力量购买服务工作在各地逐步推开,统一有效的购买服务平台和机制初步形成,相关制度法规建设取得明显进展。到2020年,在全国基本建立比较完善的政府向社会力量购买服务制度,形成与经济社会发展相适应、高效合理的公共服务资源配置体系和供给体系,公共服务水平和质量显著提高。(3)规范有序开展政府向社会力量购买服务工作。要明确购买主体、承接主体、购买内容、购买机制、资金管理、绩效管理。

(4)扎实推进政府向社会力量购买服务工作。加强组织领导;健全工作机制;严格监督管理;做好宣传引导。

《中共中央关于全面深化改革若干重大问题的决定》 2013年11月12日中国共产党第十八届中央委员会第三次全体会议通过。是我国全面深化改革的纲领性文件。共分十六个部分60条,涵盖政治、经济、社会、文化、科技、军事等各个方面。《决定》把全面深化文化体制改革纳入其中,作出"推进文化体制机制创新"的战略部署,并从四个方面提出改革的具体要求。(1)完善文化管理体制。按照政企分开、政事分开原则,推动政府部门由办文化向管文化转变,推动党政部门与其所属的文化企事业单位进 步理顺关系;建立党委和政府监管国有文化资产的管理机构,实行管人管事管资产管导向相统一;健全坚持正确舆论导向的体制机制。(2)建立健全现代文化市场体系。完善文化市场准入和退出机制,鼓励各类市场主体公平竞争、优胜劣汰,促进文化资源在全国范围内流动。继续推进国有经营性文化单位转企改制,加快公司制、股份制改造。对按规定转制的重要国有传媒企业探索实行特殊管理股制度。推动文化企业跨地区、跨行业、跨所有制兼并重组,提高文化产业规模化、集约化、专业化水平。鼓励非公有制文化企业发展,降低社会资本进入门槛,允许参与对外出版、网络出版,允许以控股形式参与国有影视制作机构、文艺院团改制经营。支持各种形式小微文化企业发展。在坚持出版权、播出权特许经营前提下,允许制作和出版、制作和播出分开。(3)构建现代公共文化服务体系。建立公共文化服务体系建设协调机制,统筹服务设施网络建设,促进基本公共文化服务标准化、均等化。建立群众评价和反馈机制,推动文化惠民项目与群众文化需求有效对接。整合基层宣传文化、党员教育、科学普及、体育健身等设施,建设综合性文化服务中心。明确不同文化事业单位功能定位,建立法人治理结构,完善绩效考核机制。推动公共图书馆、博物馆、文化馆、科技馆等组建理事会,吸纳有关方面代表、专业人士、各界群众参与管理。引入竞争机制,推动公共文化服务社会化发展。鼓励社会力量、社会资本参与公共文化服务体系建设,培育文化非营利组织。(4)提高文化开放水平。坚持政府主导、企业主体、市场运作、社会参与,扩大对外文化交流,加强国际传播能力和对外话语体系建设,推动中华文化走向世界。

《中共中央办公厅印发关于培育和践行社会主义核心价值观的意见的通知》 中共中央2013年12月发布。旨在深入贯彻落实党的十八大和十八届三中全会精神,积极培育和践行社会主义核心价值观。共分六个部分23条。(1)培育和践行社会主义核心价值观的重要意义和指导思想。培育和践行社会主义核心价值观,是推进中国特色社会主义伟大事业、实现中华民族伟大复兴中国梦的战略任务。指导思想是,高举中国特色社会主义伟大旗帜,以邓小平理论、"三个代表"重要思想、科学发展观为指导,深入学习贯彻党的十八大精神和习近平同志系列讲话精神,紧紧围绕坚持和发展中国特色社会主义这一主题,紧紧围绕实现中华民族伟大复兴中国梦这一目标,紧紧围绕"三个倡导"这一基本内容,注重宣传教育、示范引领、实践养成相统一,注重政策保障、制度规范、法律约束相衔接,使社会主义核心价值观融入人们生产生活和精神世界,激励全体人民为夺取中国特色社会主义新胜利而不懈奋斗。坚持的原则是,坚持以人为本,尊重群众主体地位,关注人们利益诉求和价值愿望,促进人的全面发展;坚持以理想信念为核心,抓住世界观、人生观、价值观这个总开关,在全社会牢固树立中国特色社会主义共同理想,着力铸牢人们的精神支柱;坚持联系实际,区分层次和对象,加强分类指导,找准与人们思想的共鸣点、与群众利益的交汇点,做到贴近性、对象化、接地气;坚持改进创新,善于运用群众喜闻乐见的方式,搭建群众便于参与的平台,开辟群众乐于参与的渠道,积极推进理念创新、手段创新和基层工作创新,增强工作的吸引力感染力。(2)把培育和践行社会主义核心价值观融入国民教育全过程。(3)把培育和践行社会主义核心价值观落实到经济发展实践和社会治理中。(4)加强社会主义核心价值观宣传教育。用社会主义核心价值观引领社会思潮、凝聚社会共识;新闻媒体要发挥传播社会主流价值的主渠道作用;建设社会主义核心价值观的网上传播阵地;发挥精神文化产品育人化人的重要功能。(5)开展涵养社会主义核心价值观的实践活动。广泛开展道德实践活动;深化学雷锋志愿服务活动;深化群众性精神文明创建活动;发挥优秀传统文化怡情养志、涵育文明的重要作用;发挥重要节庆日传播社会主流价值的独特优势;运用公益广告传播社会主流价值、引领文明风尚。(6)加强对培育和践行社会主义核心价值观的组织领导。

《省(自治区、直辖市)图书馆工作条例》 文化部1982年12月颁布。这是指导省(自治区、直辖市)级图书馆的法规性文件。共分八章30条。第一章总则,规定了省(自治区、直辖市)图书馆(简称省级图书馆)的性质、方针、任务。界定省级图书馆是国家举办的综合性公共图书馆,是社会主义科学、教育、文化事业的重要组成部分,是向社会公众提供图书阅读和知识咨询服务的学术性机构,也是全省(自治区、直辖市)的藏书、图书目录、协作和协调及业务研究、交流的中心。省级图书馆要坚持为人民服务、为社会主义服务的方向,贯彻百花齐放、百家争鸣、古为今用、外为中用的方针。主要工作任务有6项,其中心是利用书刊资料为社会主义的物质文明建设和精神文明建设服务。第二至四章阐述了省级图书馆的主要业务工作,包括藏书与目录建设,读者服务工作,研究、辅导与协作。要求省级图书馆建成具有地方特色、适合当地读者需要的藏书体系,对本省(自治区、直辖市)的正式出版物和有关本地区的地方文献资料尽量收齐收全。规定省级图书馆应设置读者目录,以备读者检索书刊资料使用,要求加强读者服务工作,文明礼貌服务,借阅开放时间每周不得少于56小时,省级图书馆在本地区的图书馆学研究和各图书馆之间的协作、协调活动中起骨干作用,担负对本地区公共图书馆的业务辅导任务。第五和第七章中,提出省级图书馆定编的参照标准,规定图书购置和业务活动经费应逐年有所增加,购书费在总经费中的比例一般不应低于40%。第六章规定了省级图书馆的专业技术干部必须具备中专以上文化水平。大专以上文化程度的人员应逐步达到占全馆总数的40%以上。第八章附则要求各省馆依据该条例制定各项工作规章制度,并指出该条例也适用于100万册以上藏书的其他大型公共图书馆。

《中央宣传部等部门关于在全国组织实施"知识工程"的通知》

中央宣传部、文化部、国家教委、国家科委、广播影视部、新闻出版总署、全国总工会、共青团中央、全国妇联1997年1月2日印发。《通知》强调:图书馆是一种社会公益性的文化教育机构,在思想道德建设和文化建设中发挥着不可替代的作用,也是科学普及、社会教育和信息传播的重要工具。《通知》明确:"知识工程"的指导思想是,坚持不懈地用邓小平建设有中国特色社会主义理论武装头脑,指导实践。以党的十四届六中全会精神为指导,充分发挥图书馆在两个文明建设中的作用。《通知》提出:总体目标是,从1997年到2010年逐步实现下列四大目标:形成全社会爱书、读书、利用图书馆的良好风尚,提高全民族的思想道德素质和科学文化素质;完善图书馆布点及条件建设,使图书馆网点遍及城乡各地;把知识送到农村去,提高广大农民素质,为科教兴农贡献力量;提高各级各类型图书馆的服务质量、服务水平与服务能力,发挥图书馆在两个文明建设中的作用。实施措施:深入学习贯彻党的十四届六中全会决议精神,做好"知识工程"的宣传启动工作;各地要根据"知识工程"的总体目标制定本地的实施方案,并把它纳入政府工作目标和社会发展规划;认真执行《国务院关于进一步完善文化经济政策的若干规定》,为图书馆的发展创造良好的物质条件;要抓好典型,积累经验,指导全盘,带动整体;深化图书馆改革,制定《图书馆法》及有关的政策法规,逐步实现图书馆事业的行业管理;对为图书馆事业建设和开展"知识工程"活动做出突出贡献的地区、单位和个人,根据有关规定予以表彰奖励。《通知》强调:要充分认识实施"知识工程"对提高全民族的思想道德素质和科学文化素质、推动社会文明与进步的重要意义,并明确由中宣部和文化部牵头,国家教委、国家科委、广播电影电视部、新闻出版总署、全国总工会、共青团中央、全国妇联共同组成全国"知识工程"领导小组,负责实施过程中的组织、协调工作。

《文化部财政部关于印发送书下乡工程实施方案的通知》 文化部、财政部2003年颁布。旨在深入贯彻落实党的十六大精神,进一步落实《中共中央国务院关于做好农业和农村工作的意见》和《国务院办公厅转发文化部国家计委财政部关于进一步加强基层文化建设指导意见的通知》的要求,支持老少边穷地区和中西部地区的文化事业发展,把文化扶贫工作做得更扎实、有效,帮助贫困地区县图书馆、乡镇图书馆(室)解决藏书贫乏、购书经费短缺的问题,努力满足人民群众对知识、信息的需求,文化部、财政部在全国贫困地区实施送书下乡工程。该通知印发的《送书下乡工程实施方案》共五个部分。(1)送书下乡工程的目的及意义。实施送书下乡工程,将在一定程度上改善基层文化设施的条件;实施送书下乡工程,是占领农村文化阵地的需要;实施送书下乡工程,将在一定程度上缓解贫困地区农民看书难的状况,提高农民的综合素质;实施送书下乡工程,将进一步加强贫困地区的基层文化建设。(2)送书下乡工程的内容。工程目标是,自2003—2005年,文化部、财政部向300个国家级扶贫开发工作重点县图书馆和3000个乡镇图书馆(室),赠送农村适用图书390万册。每年为每个县图书馆送书1000册,3年合计3000册;每年为每个乡镇图书馆(室)送书330余册,3年合计1000册。实施办法:工程采取专家选书、集中采购、统一装帧、直接配送的实施办法。选书原则是,内容健康、实用性、可读性强、适合农村读者需要。所选图书内容包括政治理论、思想道德建设、市场经济、法律知识、科普知识、农业科技、实用技术、医药保健、生活百科、文学艺术、历史知识、体育娱乐等。受赠的图书馆(室)条件。县级图书馆受赠条件:属国家扶贫开发工作重点县;图书馆馆舍面积500平方米以上;每周开放时间不少于48小时;乡镇图书馆(室)受赠条件:国家扶贫开发工作重点县所辖的乡镇;有保存图书、提供借阅的场地,不低于50平方米;有接受过县以上图书馆业务培训的专(兼)职工作人员;有图书借阅、保管等规章制度;每周开放时间不少于20小时。(3)送书下乡工程组织领导机构。成立全国送书下乡工程领导小组;建立送书下乡工程全国图书配送中心。(4)送书下乡工程的实施步骤。(5)送书下乡工程专项经费。

《文化部办公厅关于深入开展公共图书馆讲座工作的通知》 文化部2006年3月12日印发。旨在扩大图书馆讲座覆盖面,提高图书馆讲座影响力,使广大人民群众享受到更为便捷的文化服务。共分五部分。(1)落实科学发展观,把公共图书馆讲座工作作为加强公共文化服务体系建设的重要举措。要在公共图书馆普遍开展讲座工作,建立科学规范的图书馆讲座工作机制,形成一定规模的讲座资源,培养一支优秀的讲座工作队伍,树立一批讲座品牌,并依托全国文化信息资源共享工程,将讲座资源送到西部和经济欠发达地区。(2)创新公共图书馆讲座工作内容、形式和服务。各级公共图书馆要精心策划讲座内容,以需求为牵引,认真调研本地区群众实际需要,有针对性地推出系列专题讲座;图书馆讲座的主讲人既要有丰富的理论知识、实践经验,也要有较好的表达能力;讲座内容要做到普及性与专业性结合,趣味性与科学性结合、系统性与专题性结合,满足不同人群不同层次的文化需求;讲座活动要与图书馆文献资源利用紧密结合,通过讲座引导、组织、服务于全民读书活动。(3)建立健全图书馆讲座基础设施设备、制度和规范。要开辟专门的讲座场所;形成一支高水平的讲座专业队伍;建立科学规范的讲座机制;加大图书馆讲座的宣传力度。(4)建立全国公共图书馆讲资源共建共享工作机制。国家图书馆负责牵头建设全国图书馆讲座资源数据库。国家图书馆和省级图书馆要共同搭建讲座资源交互平台,加强信息沟通与交流合作,推动优秀讲座资源在图书馆之间的流动;各地以省馆为中心,实现讲座资源在本地区图书馆间的共享;中国图书馆学会及各级图书馆学会要密切配合图书馆讲座工作,加强讲座工作基础理论研究和培训,并利用刊物促进各地讲座工作信息和经验的交流。各级图书馆要积极探索建立图书馆讲座区域合作机制,整合本地区讲座资源和讲座专家资源,实现区域共享。(5)加强领导,落实各项保障措施。

《文化部等部门关于进一步加强文献信息资源共建共享服务基层的意见》 文化部、教育部、科技部2009年3月20日印发。共分三个部分11条。(1)充分认识文献信息资源共建共享的重要意义。文献信息资源是国家重要的战略资源,是我国经济社会发展的重要保障条件。加强文献信息资源共建共享,是贯彻落实科学发展观的客观要求,是实现文献信息资源建设发展战略目标的必然途径;加强文献信息资源共建共享,有利于建设学习型社会,加快科教兴国战略的实施,发挥文化、教育、科技事业在社会发展与进步中的重要作用;加强文献信息资源共建共享,有利于建立惠及全民的公共文化服务体系,更好地满足人民群众多层次、多样化的精神文化需求。(2)大力开展跨系统文献信息资源共建共享,更好地服务于基层和广大社会公众。文献信息资源共建共享的基本目标是:以政府为主导,充分发挥文化、教育、科技系统图书馆的积极性和各自优势,有效整合、利用各系统文献信息资源,加大基层服务力度,更好地满足广大社会公众特别是基层群众的文献信息需求,努力构建高效、便捷的面向社会广大公众的文献信息服务体系,并以此为基础,推动文化、教育、科技系统在科研、人才培养等方面实现资源共享。总结经验,改革创新,不断推动文献信息资源共建共享工作的深入开展。文化行政部门要广泛开展优秀文化进校园、进科研院所活动。高校图书馆、科技系统图书馆要积极支持基层公共图书馆的建设。进一步加强数字文献资源共建共享。(3)加强领导,建立健全文献信息资源共建共享的长效机制。建立健全领导、协调机制;建立由文化部牵头,教育部、科技部等有关部门组成的全国文献信息资源共建共享部际联席会议制度。加大投入,合理使用经费。加大宣传力度。

《文化部关于进一步加强少年儿童图书馆建设工作的意见》 文化部2010年12月9日印发。旨在满足广大未成年人日益增长的精神文化需求,全面提高未成年人的素质。共分七个部分。(1)提高认识,切实加强少年儿童图书馆建设。未成年人是祖国的未来,加强对未成年人的教育培养,是关系到党和国家事业兴旺发达的重大战略性任务。少年儿童图书馆作为未成年人社会教育的重要基地,是少年儿童课外阅读和自学的主要场所,对学校教育起着补充、延伸、深化的作用。(2)加大投入,积极构建覆盖城乡的少年儿童图书馆服务体系。各级公共图书馆都要开设专门的少年儿童阅览室。有条件的地区,要参照《公共图书馆建设标准》建立独立建制的少年儿童图书馆。要结合乡镇综合文化站建设项目、街道(社区)文化中心(文化活动室)建设项目,国家公共文化服务体系示范区(项目)创建工作等,在乡镇、街道、社区等建设少年儿童图书馆分馆(少年儿童阅览室),努力构建包括少年儿童图书馆、少年儿童阅览室、少年儿童图书馆分馆在内的覆盖城乡的服务网络体系。(3)丰富文献信息资源,逐步建立资源共建共享体系。少年儿童图书馆和公共图书馆要加强文献信息资源建设工作,要针对广大未成年人的特点,采集知识性、趣味性、教育性强的图书、报刊、音像制品和电子出版物等,特别重视未成年人喜闻乐见的动漫作品、多媒体等新型载体资源的采集,努力满足未成年人的需求。(4)发挥教育职能,深入开展阅读指导和服务工作。(5)推进公共电子阅览室建设,努力为未成年人提供安全、绿色的公益性上网服务。(6)强化人才培养,不断提高队伍的专业化水平。(7)扩大宣传,为少年儿童图书馆事业发展营造良好的社会氛围。

《中小学图书馆(室)规程(修订)》 教育部2005年3月25日发布,自2003年5月1日起施行。1991年8月29日发布的《中小学图书馆(室)规程》同时废止。旨在加强中小学图书馆(室)(以下简称图书馆)规范化、科学化、现代化建设,为学校教育教学服务。共分总则、管理体制和人员、管理与使用、条件保障、附则五章21条。《规程》界定:图书馆是指由政府、企事业单位、社会团体、其他社会组织及公民个人依法举办的全日制中小学校的图书馆;图书馆是中小学校的书刊资料信息中心,是为学校教育、教学和教育科学研究服务的机构。《规程》规定图书馆的基本任务是,贯彻党和国家的教育方针、采集各类文献信息、为师生提供书刊资料、信息;利用书刊资料对学生进行政治思想品德、文化科学知识等方面的教育;指导学生课内外阅读、开展文献检索与利用知识的教育活动;培养学生收集、整理资料、利用信息的能力和终身学习的能力;促进学生德、智、体、美等全面发展。《规程》对中小学图书馆管理体制和人员、管理与使用、条件保障等方面作出了规定。《规程》还规定特殊教育学校图书馆的建设参照本规程执行、各地乡镇中小学图书中心的建设参照本规程高标准要求执行。

《文化馆工作试行条例》 文化部1981年7月10日发布。旨在加强文化馆的建设服务,使之在社会主义现代化建设服务,提高中华民族的科学文化水平,丰富广大群众的文化生活和建设高度的社会主义精神文明中,发挥积极的作用。共分十章32条。《条例》明确文化馆的性质是,政府为了向广大人民群众进行宣传教育、组织、辅导群众开展文化活动而建立的综合性群众文化事业机构,是当地群众文化艺术活动的中心。文化馆方针是,要坚持为人民服务,为社会主义服务的方向,要贯彻执行"百花齐放,百家争鸣"、"古为今用"、"洋为中用"、"推陈出新"、"在普及的基础上提高和在提高的指导下普及"的方针。《条例》规定:文化馆在组织辅导群众文化艺术活动中,要贯彻业余、自愿的原则,提倡和支持群众开展小型、多样的活动,注意勤俭节约。《条例》规定:文化馆的服务对象是,党和人民群众。特别要注意为八亿农民和青少年、儿童服务。《条例》规定:工作任务是通过各种群众文化艺术活动,向广大人民进行爱国主义、社会主义思想教育和共产主义理想、道德教育;宣传马列主义、毛泽东思想,宣传党的路线、方针、政策和国家的法令,宣传国内外形势和社会主义建设的成就;普及科学、技术和文化、卫生知识。《条例》还对文化馆业务范围,工作方法,组织结构,工作人员,会议、汇报制度,房屋、设备、经费,领导等方面进行了规定。《条例》附录了《文化馆工作人员编制幅度参考数字》供参考,各地可按实际情况制定编制。

《群众艺术馆、文化馆管理办法》 文化部1992年2月27日颁布,自颁布之日起施行。旨在加强群众艺术馆、文化馆(以下简称"两馆")的建设,增加"两馆"为社会主义两个文明建设服务的活力,更好地发挥其作用。共分总则,机构,性质,任务,干部,设施、设备,经费,制度,附则九章35条。《办法》界定:群众艺术馆是组织、指导群众文化艺术活动,培训业余文艺骨干及研究群众文化艺术的文化事业单位,也是群众进行文化艺术活动的场所。文化馆是开展社会宣传教育、普及科学文化知识、组织辅导群众文化艺术(娱乐)活动的综合性文化事业单位和活动场所。《办法》明确"两馆"是国家设立的全民所有制文化事业机构。"两馆"工作要坚持党的"一个中心、两个基本点"的基本路线,坚持"为人民服务、为社会主义服务"的方向和"百花齐放、百家争鸣"的方针弘扬中华民族的优秀传统文化,吸取世界先进文明成果,丰富人民群众的精神文化生活,提高群众思想道德和科学文化素质,抵制资本主义、封建主义腐朽思想文化影响。《办法》规定:工作任务是,运用各种文化艺术手段,进行时事政策、两个文明建设、国内外形势以及爱国主义、集体主义和社会主义等方面的宣传教育。组织开展文艺演出、文化科技知识讲座和展览、影视录像发行放映、图书报刊、游艺等群众性文化艺术(娱乐)活动,使两馆成为吸引并满足群众求知、求乐、求美的文化艺术活动中心;群众艺术馆侧重组织具有示范性的活动,引导群众文化活动逐步走向高层次;文化馆要加强对乡、镇、街道、工矿企业、机关、学校等文化站（室）、俱乐部活动的指导。辅导、培训群众文化系统在职干部及业余文艺骨干，为国家和社会培育人才；群众艺术馆侧重辅导、培训文化馆、站业务干部及具有一定水平的文艺社团（队）人员。组织、辅导和研究群众文艺创作，开展群众性文艺创作活动。业务干部要完成一定的创作任务。省级及计划单列市群众艺术馆，可编辑、出版以民族民间优秀文艺作品为主的、思想性、艺术性、趣味性较强的大众文艺报刊；根据需要编辑出版音乐、舞蹈、戏剧、美术、摄影等专门性报刊。积极开展以文补文和多种经营活动，要正确处理社会效益和经济效益的关系，其收入主要用于两馆事业的发展。群众艺术馆要组织、开展群众文化理论研究；文化馆应选择具有指导意义的课题进行调查研究。搜集、整理、保护民族民间文化艺术遗产。建立、健全群众文化艺术档案（资料）。有条件的馆要开展对外群众文化艺术交流活动，加强同各国之间群众文化艺术组织的友好往来。《办法》还对干部，设施、设备，经费，制度等方面作出规定。

《文化部群星奖奖励办法》 文化部2003年10月29日发布，自2003年12月1日起施行。共19条。《办法》界定：群星奖是中华人民共和国文化部为繁荣群众文艺创作，促进社会文化事业的繁荣与发展而设立的全国社会文化艺术政府奖。《办法》规定：群星奖每三年举办一届。群星奖包括美术、书法、摄影、音乐、舞蹈、戏剧、曲艺7个门类。每个门类分成人、少儿和老年组3个组别，每门类设15个奖，每组各设5个奖。获奖作品授予"中华人民共和国文化部群星奖"荣誉称号并颁发证书、奖牌。群星奖的奖励对象是由群众文化工作者和业余文艺爱好者辅导并创作的美术、书法、摄影作品；由群众文化工作者和业余文艺爱好者创作、编导、辅导并表演的音乐、舞蹈、戏剧、曲艺作品。《办法》还对申报、评奖作品的条件、填报有关文件和材料、评奖委员会、评奖应遵循的原则、评奖阶段、评奖委员会成员和评奖办公室工作人员等方面作出了明确规定。

《文化部等部委关于公益性文化设施向未成年人免费开放的实施意见》 文化部、国家发展改革委、教育部、科技部、民政部、财政部、国家文物局、解放军总政治部、中华全国总工会、共青团中央、全国妇联、中国科协2004年10月13日印发。旨在深入贯彻落实《中共中央国务院关于进一步加强和改进未成年人思想道德建设的若干意见》，充分发挥公益性文化设施在未成年人思想道德建设中的重要作用。共分五个部分。(1)加大公益性文化设施向未成年人免费开放力度。根据中央要求，享受国家财政支持的各级各类博物馆(院)、展览馆、美术馆、科技馆、纪念馆、烈士纪念建筑物、名人故居、公共图书馆、学校图书馆、文化馆(站)、文化宫(工人文化宫、工人俱乐部)、青少年宫、儿童活动中心等公益性文化设施要向未成年人免费或优惠开放。尚未实行免费或优惠开放的，要于2005年1月1日前，向未成年人免费或优惠开放。博物馆(院)、展览馆、美术馆、科技馆、纪念馆、烈士纪念建筑物、名人故居要对学校组织的未成年人集体参观实行免票；对未成年人个人参观实行半价或1/4票价优惠；家长携带未成年子女参观的，对未成年子女免票。有条件的纪念馆可对公众免费开放。文化馆(站)、文化宫(工人文化宫、工人俱乐部)、青少年宫、儿童活动中心要坚持面向未成年人、服务未成年人的宗旨，并与学校综合实践活动相衔接，积极开展教育、科技、文化、艺术、体育等适合未成年人参与的活动。凡学校组织在该设施内开展的集体文化活动免费。未成年人个人参与的文化活动实行半价优惠或免费。公共与学校图书馆要在国家法定节假日设定"未成年人参观接待日"，免费接待未成年人参观；对未成年人的借阅行为实行免费，对未成年人复印等收费项目实行半价优惠。公共图书馆要开设免费的未成年人阅览室或未成年人多媒体阅览室;面向未成年人举办的讲座、培训、展览等各种活动免费;向中小学图书馆(室)以免费或半价优惠的方式提供适合未成年人阅读使用的文献资料。(2)免费开展丰富多彩的活动,丰富思想道德建设内容。(3)强化内部管理,提高服务水平。完善工作制度;健全安全管理制度;规范管理和服务;加强讲解员和辅导员队伍建设;调整开放时间;充分利用节假日和各类纪念日;进行公示宣传。(4)加大政府投入,争取社会赞助,积极建设未成年人活动场所,保证公益性文化设施免费开放。(5)加强领导,切实做好公益性文化设施免费开放的组织协调工作。

《乡镇综合文化站管理办法》
文化部2009年9月15日发布,自2009年10月1日起施行。旨在促进乡镇综合文化站的建设,加强对乡镇综合文化站的管理,充分发挥乡镇综合文化站的作用。共分总则、规划和建设、职能和服务、人员和经费、检查和考核、附则六章23条。《办法》界定乡镇综合文化站(以下简称"文化站"),是指由县级或乡镇人民政府设立的公益性文化机构,其基本职能是社会服务、指导基层和协助管理农村文化市场。《办法》规定:乡镇人民政府负责文化站日常工作的管理,县级文化行政部门负责对文化站进行监督和检查,县文化馆、图书馆等相关文化单位负责对文化站开展对口业务指导和辅导。《办法》规定:文化站的主要职能是,开展书报刊借阅、时政法制科普教育、文艺演出活动、数字文化信息服务、公共文化资源配送和流动服务、体育健身和青少年校外活动等。文化站通过以下方式履行职能,开展服务:举办各类展览、讲座,普及科学文化知识,传递经济信息,为群众求知致富,促进当地经济建设服务。根据当地群众的需求和设施、场地条件,组织开展丰富多彩的、群众喜闻乐见的文体活动和广播、电影放映活动;指导村文化室(文化大院、俱乐部等)和农民自办文化组织建设,辅导和培训群众文艺骨干。协助县级文化馆、图书馆等文化单位配送公共文化资源,开展流动文化服务,保证公共文化资源进村入户。在县级图书馆的指导下,开办图书室,开展群众读书读报活动,为当地群众提供图书报刊借阅服务。建成全国文化信息资源共享工程基层服务点,开展数字文化信息服务。在县级文化行政部门的指导下,搜集、整理非物质文化遗产,开展非物质文化遗产的普查、展示、宣传活动,指导传承人开展传习活动。协助县级文化行政部门开展文物的宣传保护工作。受县级文化行政部门的委托,协助做好农村文化市场管理及监督工作。发现重大问题或事故,依法采取应急措施并及时上报。《办法》规定:文化站应位于交通便利、人口集中、便于群众参与活动的区域,一般不设在乡镇人民政府办公场所内。同时,还对规划和建设、职能和服务、人员和经费、检查和考核作出了明确规定。

《文化部财政部关于实施全国文化信息资源共享工程的通知》 文化部、财政部2002年4月17日印发。旨在贯彻落实《国务院办公厅转发文化部国家计委财政部关于进一步加强基层文化建设指导意见的通知》精神,采用先进的科学技术手段,向广大人民群众传送丰富的文化信息,进一步巩固基层文化阵地,充实基层文化建设内容,活跃城乡人民群众文化生活,充分发挥文化信息资源在发展经济、提高人民群众思想道德和科学文化素质等方面的重要作用。共分四个部分。(1)充分认识实施"共享工程"的重要意义,加强领导与协调。实施"共享工程"是贯彻江泽民同志"三个代表"重要思想的有力措施,对于继承和弘扬中华优秀文化,实施"科教兴国"、"以德治国"战略,将产生深远而巨大的影响。为加强领导和协调,文化部、财政部共同组建了全国文化信息资源共享工程领导小组,各地也应成立相应的领导机构。(2)调动各有关方面的积极性,统筹规划,统一标准,共建共享。"共享工程"的建设目标是,把文化信息资源传送到城乡基层文化网点和群众身边,要坚持以公益性为主,充分发挥各级文化、财政部门的积极性。"共享工程"的实施涉及到各级各类文化单位,覆盖地域广,要充分体现统一规划、统一标准、资源共享的原则。"共享工程"采用现代先进技术,技术含量高,为保证工程顺利实施,组建全国文化信息资源共享工程专家咨询委员会,在制定规划、实施方案、技术标准与资源建设等问题上要充分听取专家意见,进行科学论证。(3)积极创造条件,尽快开展试点工作。为积极稳妥地实施"共享工程",将采取总体规划、分步实施、逐步推广的方针。各地应尽快开展对本地文化资源状况、计算机网络链接状况、文化设施状况等方面的调查研究,在此基础上,制定出本地区的试点工作方案,报全国文化信息资源共享工程领导小组批准后实施。拟参加首批试点的地区应于2002年6月底前将方案上报。(4)把实施"共享工程"与加强基层文化建设、促进图书馆事业发展紧密结合起来。实施"共享工程"要依托现有的文化设施网点,以各级公共图书馆为实施主体。

《文化部关于实施全国文化信息资源共享工程的通知》 文化部2002年4月17日印发。旨在贯彻落实《国务院办公厅转发文化部国家计委财政部关于进一步加强基层文化建设指导意见的通知》精神,采用先进的科学技术手段,向广大人民群众传送丰富的文化信息,进一步巩固基层文化阵地,充实基层文化建设内容,活跃城乡人民群众文化生活,充分发挥文化信息资源在发展经济、提高人民群众思想道德和科学文化素质等方面的重要作用。共分四个部分:(1)充分认识实施"共享工程"的重要意义,加强领导与协调。(2)调动各有关方面的积极性,统筹规划,统一标准,共建共享。"共享工程"的建设目标是把文化信息资源传送到城乡基层文化网点和群众身边,要坚持以公益性为主,充分发挥各级文化、财政部门的积极性。(3)积极创造条件,尽快开展试点工作。(4)把实施"共享工程"与加强基层文化建设、促进图书馆事业发展紧密结合起来。"共享工程"是新型的文化建设项目,在实施过程中要加强情况沟通与协调,并注意总结经验,不断改进、创新。《通知》印发了《全国文化信息资源共享工程实施方案》,共分五个部分。(1)前言。阐明了建设意义、建设条件,以及"共享工程"的实施主体主要依托现有文化设施进行文化信息资源的传播,提供给社会大众利用。(2)总体目标是,充分利用现代高新技术手段、国家骨干通讯网络系统,整合中华优秀传统文化以及现有的各类文化信息资源,扩大网上中华文化信息资源的存储、传播和利用,实现全国文化信息资源的共建共享,建成互联网上的中华文化信息中心和网络中心,实现优秀文化信息通过网络为大众服务的目标。(3)实施内容是,建立由国家中心、省级分中心、基层中心组成的网络;数字资源建设;技术实现。(4)实施步骤。第一阶段(2002年)、第二阶段(2003—2004年)、第三阶段(2005年)。(5)保障措施是,成立组织机构;建立全国文化信息资源共享工程专项资金。

《全国文化信息资源共享工程管理暂行办法》 文化部2002年6月30日颁布。旨在保证全国文化信息资源共享工程(简称"共享工程")的顺利实施,规范和加强工程的组织、管理工作。共分总则、组织管理、资源建设管理、分中心和基层中心的管理、信息服务管理、附则六章25条。《办法》界定:全国文化信息资源共享工程,是一项利用现代高新技术手段,整合中华优秀传统文化和全国各类文化信息资源,通过通讯网络为社会公众享用的文化工程,遵循公益性为主、社会效益第一的原则。《办法》规定:"共享工程"遵循统一领导、统筹规划、分级管理、分级负责的原则。《办法》对组织管理、资源建设管理、分中心和基层中心的管理、信息服务管理等方面作出明确规定。

《教育部文化部关于在农村中小学实施全国文化信息资源共享工程的通知》 教育部、文化部2005年1月14日发布。旨在将农村中小学现代远程教育工程与全国文化信息资源共享工程的实施结合起来,搭建资源共享平台,将全国文化信息资源共享工程的优秀文化资源,通过中国教育卫星宽带网传输到农村中小学,丰富农村中小学和广大农民群众的文化生活,促进农村先进文化的传播。把农村中小学建设成为农村教育中心、文化中心和信息传播中心,为农村教育服务,为农村经济和社会发展服务。共分四个部分。(1)全国文化信息资源共享工程要充分发挥数字资源较为丰富的优势,精心挑选适合农村中小学学生和教师、适合广大农民特点的精品资源,为农村中小学提供影视、数字图书、艺术节目等旨在提高中小学生思想道德素质和科学文化知识的数字资源。(2)教育部提供中国教育卫星宽带传输网作为资源传输平台,依托农村中小学现代远程教育专用数字频道,建立全国文化信息资源共享工程专题栏目,免费向农村中小学学生传输共享工程的数字资源。(3)实施农村中小学现代远程教育工程的农村中小学校,同时也是全国文化信息资源共享工程的基层中心,其设施设备在课余时间、节假日、寒暑假应向当地广大农民开放,并公布开放时间,让农民收看全国文化信息资源共享工程提供的数字资源。(4)各级教育、文化行政部门要高度重视文化资源接收工作。要使具备接收条件的每所农村中小学校都能接收到优秀文化资源,当地文化行政部门要提供业务上的指导。

《"全国远程办公室"与"全国文化共享办公室"关于做好农村党员干部现代远程教育工程与全国文化信息资源共享工程资源整合工作的通知》 全国农村党员干部现代远程教育试点工作领导协调小组办公室(简称"全国远程办公室")和全国文化信息资源共享工程领导小组办公室(简称"全国文化共享办公室")2006年12月发布。共分三个部分。(1)充分认识加强农村党员干部现代远程教育与文化信息资源共享工程资源整合工作重要意义。(2)明确资源整合工作的重点。加强农村党员干部现代远程教育与文化信息资源共享工作,要立足于实现"双赢",坚持"统筹规划、密切协作、上下联动、齐抓共管"原则,重点在以下方面加大整合和协作力度:整合基础设施资源;整合教学资源;整合基层点(网)点组织管理资源。(3)加强资源整合工作的领导。

《文化部财政部关于进一步推进全国文化信息资源共享工程的实施意见》 文化部、财政部2007年4月18日印发。旨在按照中央关于建设社会主义新农村、构建社会主义和谐社会的战略部署和中央关于推进文化共享工程建设的要求,为贯彻落实中央宣传思想工作领导小组关于全国文化信息资源共享工程专题会议精神,进一步加大力度,加快进度,大力推进文化共享工程建设。共三个部分13条。(1)充分认识文化共享工程的重要性和紧迫性。(2)明确目标,加大力度,加快推进文化共享工程建设。文化共享工程工作的总体目标是,以科学发展观为指导,大胆创新,以数字资源建设为核心,以基层服务网点建设为重点,以多种传播方式为手段,以共建共享为基本途径,全面实施文化共享工程;到2010年,基本建成资源丰富、技术先进、服务便捷、覆盖城乡的数字文化服务体系,努力实现"村村通"。具体举措是,加快数字资源建设步伐;以农村基层服务点建设为重点,建成完善的文化信息服务网络;完善合作共建机制;构建先进实用的技术体系;加强管理,改善服务,强化工程服务效果;加强队伍建设。(3)加强领导,切实保障文化共享工程顺利推进。加强领导,建立行之有效的工作机制;建立长效机制,加大投入力度,为文化共享工程建设提供有力保障;加大宣传力度。

《中共中央组织部印发关于加强农村党员干部现代远程教育终端站点管理和使用工作的意见的通知》 中共中央组织部2009年5月8日印发。旨在进一步加强农村党员干部现代远程教育终端站点(以下简称"终端站点")的管理和使用工作,充分发挥农村党员干部现代远程教育的作用。共五个部分16条。(1)充分认识做好终端站点管理和使用工作的重要性和必要性。(2)加强终端站点管理和使用工作的基本要求。加强终端站点管理和使用工作,必须坚持以邓小平理论和"三个代表"重要思想为指导,深入贯彻落实科学发展观,因地制宜,因势利导,采取有效方法,提高终端站点实际使用率,增强农村党员干部现代远程教育综合效果,为党的建设、农村发展、农民群众的物质生活和精神生活服务,使现代远程教育真正在提高农村党员干部和农民群众综合素质、推进社会主义新农村建设中发挥积极作用。坚持以用为本;服务中心工作;共建共享共管;灵活便捷好用。(3)抓好学用工作,确保终端站点用得好、见实效。精心制订教学计划;切实抓好集中学习;积极开展个性化学习;及时做好教学辅导;不断拓展站点功能;认真开展学用效果考核评估。(4)抓好骨干队伍建设,确保终端站点有人管、能管好。重点做好终端站点管理人员的选配;加强站点骨干人员的培训;抓好站点骨干人员的管理。(5)健全各项制度,实现终端站点运行制度化、规范化。建立健全终端站点管理和使用工作责任制;建立健全教学资源管理和使用制度;建立健全终端站点设备管理制度;建立健全站点运行维护经费投入、管理机制。

《文化部办公厅关于印发公共电子阅览室建设试点工作方案的通知》 文化部办公厅2010年11月8日印发。旨在满足人民群众的基本文化需求。该通知印发的《公共电子阅览室建设试点工作方案》指出:该计划以科学发展观为指导,以保障人民群众基本的文化权益为宗旨,依托图书馆、文化馆、全国文化信息资源共享工程(以下简称"文化共享工程")基层服务点等公共文化服务网络,以及文化共享工程和国家数字图书馆的资源,建设内容健康、服务规范、环境良好的公共电子阅览室,重点解决未成年人上网问题,为广大人民群众提供健康、便捷的网络文化服务,使其成为网络环境下公共文化服务的新平台、新渠道。为此,拟先在部分省组织开展试点工作,总结经验,为"公共电子阅览室建设计划"的全面实施奠定基础。《方案》共分四个部分。(1)试点时间、范围。试点时间为2010年10月至2011年12月。试点范围是在北京、天津、辽宁、山东、上海、浙江、广东、安徽、陕西等9省(市)开展试点工作。各试点省(市)要结合国家公共文化服务体系示范区的建设,确定1~2个地级市,选择不同层级、不同类别、具有一定代表性的单位开展试点,包括各级图书馆、文化馆、工人文化宫、少年宫、妇女儿童活动中心、乡镇(街道)文化站、社区文化中心(村文化室)、各类学校、工业(产业)园区以及其他具备条件的企事业单位等。(2)试点工作的主要任务。建设一批规范化的公共电子阅览室;推进免费开放;丰富数字资源供给;建立技术支撑平台;建立健全公共电子阅览室管理制度;探索社会力量参与公共电子阅览室建设的机制。(3)试点工作步骤。部署阶段(2010年9—11月);实施阶段(2010年12月—2011年10月);检查验收阶段(2011年11月);总结、推广阶段(2011年12月)。(4)有关要求。高度重视,加强领导;加强管理,做好服务;加大宣传推广;建立信息沟通机制;落实经费。

《公共电子阅览室管理规范(试行)》 文化部办公厅 2010 年 11 月 8 日发布。2004 年 5 月 10 日文化部办公厅曾发出《关于加强公共图书馆电子阅览室管理的通知》。《规范》共 16 条。(1)公共电子阅览室是面向社会公众开放的公共互联网服务场所,是保障人民群众的基本文化权益、弘扬社会主义核心价值观、传播社会主义先进文化的重要阵地。(2)公共电子阅览室应当遵守国家有关法律法规的规定,以公益性、基本性、均等性、便利性为原则,为未成年人及广大人民群众提供免费、便利、内容健康的公益性互联网服务。(3)公共电子阅览室由当地文化行政部门依照职责分工负责监督管理。(4)公共电子阅览室对未成年人实行免费开放。(5)公共电子阅览室要配备合格的工作人员专人管理。(6)公共电子阅览室实行实名登记管理。(7)公共电子阅览室实行限时服务。(8)公共电子阅览室实行巡查制度。(9)公共电子阅览室要积极开展内容推荐工作。(10)公共电子阅览室可通过局域网开展益智类游戏服务,禁止提供大型多人在线游戏服务。(11)公共电子阅览室应采取有效的技术手段,配备信息浏览监控软件和防病毒软件,并及时进行更新升级,确保内容资源传输与服务安全,防止不良信息侵入。(12)公共电子阅览室应履行治安和消防安全职责,并进行安全巡检,确保室内的环境安全。(13)公共电子阅览室要在显著位置贴挂统一标识和管理制度。(14)公共电子阅览室要具备并保持良好的服务环境,提供良好的照明、通风、供暖等设施,为群众提供舒适的服务空间。(15)公共电子阅览室应保持整洁、安静,禁止在室内吸烟、大声喧哗。(16)公共电子阅览室应做好设备设施的保护维护,定期进行设备检查,确保系统的正常运转。

《文化部财政部关于实施"数字图书馆推广工程"的通知》 文化部、财政部2011年5月26日印发。旨在进一步加强公共数字文化建设,提高公共文化服务能力,推动覆盖城乡的公共文化服务体系建设,切实保障数字化、信息化、网络化环境下公共文化服务的公益性、基本性、均等性、便利性,更好地满足人民群众日益增长的精神文化需求,提高公民思想道德素质和科学文化素质。该通知印发的《"数字图书馆推广工程"建设方案》共六个部分。(1)实施"数字图书馆推广工程"的意义。(2)实施"数字图书馆推广工程"的基础和条件。国家重点文化项目的建设为工程实施奠定了基础;新媒体的发展为工程实施提供了多样化的渠道;图书馆事业的发展为工程实施提供了良好的平台;国家数字图书馆工程建设为工程实施提供了坚实的资源保障和技术支撑。(3)"数字图书馆推广工程"的建设目标是,将推广国家数字图书馆工程的理念、技术、标准,通过建设"一库一网三平台",打造基于新媒体的图书馆服务新业态,即建设分级分布式数字资源库群,形成覆盖全国公共图书馆的数字图书馆虚拟网,建设优秀中华文化展示平台、开放式信息服务平台和国际文化交流平台;借助手机、数字电视、移动电视等新兴媒体,以互联网、移动通信网、广电网为通道,为政府立法决策、教育科研、公民终身学习等提供多层次、多样化、专业化、个性化的数字图书馆服务。(4)"数字图书馆推广工程"的建设内容。构建覆盖全国公共图书馆的数字图书馆虚拟网;建设分级分布式数字资源库群,实现数字资源无障碍共建共享;建设多层次、多样化、专业化、个性化的数字图书馆服务平台。(5)"数字图书馆推广工程"的实施步骤。基础构建阶段(2011—2012年);全面推广阶段(2013—2015年)。(6)"数字图书馆推广工程"的保障措施。加强组织领导;落实经费保障;注重人才培养;积极探索共建共享途径;加强督导检查。

《文化部财政部关于进一步加强公共数字文化建设的指导意见》
文化部、财政部2011年11月15日印发。共五个部分。(1)提高对公共数字文化建设重要性的认识。(2)明确公共数字文化建设的指导思想、建设原则和目标任务。指导思想是,以邓小平理论和"三个代表"重要思想为指导,深入贯彻落实科学发展观,坚持开拓创新、与时俱进,坚持为人民服务、为社会主义服务的方向,以重点公共数字文化惠民工程为抓手,以现代信息技术为支撑,以资源建设为重点,以打造基于新媒体的服务新业态为目标,努力满足信息化环境下人民群众日益增长的精神文化需求,充分发挥公共数字文化建设在传承先进文化、传播科学知识、提高公民文明素质、增强民族凝聚力和创造力、提升国家文化软实力等方面的重要作用。建设原则是,坚持政府主导、社会参与的原则;坚持统筹规划、协调发展的原则;坚持需求主导、服务为先的原则;坚持共建共享、开放共赢的原则。目标任务是,公共数字文化建设包括数字化平台、数字化资源、数字化服务等基本内容,以制度体系、网络体系、资源体系、管理体系和服务体系建设为着力点,构建海量分级分布式公共数字文化资源库群,建成内容丰富、技术先进、覆盖城乡、传播快捷的公共数字文化服务体系,为广大群众提供丰富便捷的数字文化服务,切实保障信息技术环境下公共文化服务的公益性、基本性、均等性、便利性。重点实施文化共享工程、数字图书馆推广工程和公共电子阅览室建设计划三大公共数字文化惠民工程,在此基础上,广泛动员各方面力量,逐步拓展范围,带动数字美术馆、数字文化馆、数字博物馆、数字爱国主义教育基地等建设,大力整合汇聚非物质文化遗产、国有艺术院团、民间文艺社团等方面的数字化资源,不断丰富和加强公共数字文化建设,从而丰富公共文化服务内容,拓展公共文化服务阵地,整合公共文化服务资源,创新公共文化服务手段,提高公共文化服务水平,完善公共文化服务体系。(3)实施重点公共数字文化惠民工程。文化共享工程;数字图书馆推广工程;公共电子阅览室建设计划。(4)提高公共数字文化供给能力,创新公共数字文化服务机制。推进公共数字文化建设制度设计,实现科学规划;发展完善公共数字文化设施网络,实现双向互动;加强公共数字文化资源建设,实现共建共享;搭建集中统一的运行管理平台,实现规范管理;打造基于新媒体的服务新业态,实现创新发展;鼓励开放合作的数字文化建设新局面,实现互利共赢。(5)加强领导,完善投入和保障机制。加强组织领导和统筹规划;完善投入和保障机制;注重人才培养和队伍建设。

《文化部财政部关于印发"公共电子阅览室建设计划"实施方案的通知》 文化部、财政部2012年2月3日印发。旨在进一步加强公共数字文化建设,提高公共文化服务能力,推动覆盖城乡的公共文化服务体系建设,切实保障数字化、信息化、网络化环境下公共文化服务的公益性、基本性、均等性、便利性,更好地满足人民群众日益增长的精神文化需求,提高公民思想道德素质和科学文化素质。该通知印发的《"公共电子阅览室建设计划"实施方案》共六个部分。(1)总体目标。以科学发展观为指导,坚持公益性、基本性、均等性、便利性原则,以保障人民群众基本的文化权益为目标,以未成年人、老年人、进城务工人员等特殊群体为重点服务对象,依托文化共享工程的服务网络和设施,以及文化共享工程、国家数字图书馆丰富的数字资源,与文化共享工程建设、乡镇文化站建设、街道(社区)文化中心(文化活动室)建设以及中央文明办组织实施的"绿色电脑进西部"工程相结合,在城乡基层大力推进公共电子阅览室建设,努力构建内容安全、服务规范、环境良好、覆盖广泛的公益性互联网服务体系。(2)实施意义。是满足未成年人基本文化需求的重要手段;是加快构建公共文化服务体系的重要举措;是推进全社会信息化建设的重要途径。(3)实施条件。设施条件;网络与技术条件;数字资源条件。(4)实施内容。推进免费开放;完善设施条件;丰富数字资源内容;建立和完善技术支撑平台;强化管理与服务。(5)实施步骤。试点阶段(2010年11月—2011年12月);逐步推进阶段(2012—2013年);全面完成阶段(2014—2015年)。(6)保障措施。加强组织领导;落实经费保障;加强人才培养,提高工作队伍素质;加大宣传和推广力度。

《文化部关于加快实施数字图书馆推广工程的意见》 文化部2012年9月印发。共五个部分。(1)进一步提高认识,增强实施推广工程的使命感、责任感和紧迫感。(2)各级文化行政部门要加强组织领导,积极推进各项工作顺利实施。在软硬件平台搭建方面,2012年要完成33家省级馆(含新疆生产建设兵团)和2011年、2012年选定的185家市级馆的硬件平台搭建,完成数字图书馆虚拟网骨干网的搭建,同时启动应用系统平台建设。2013年完成全部市级馆的硬件平台搭建,完成所有省级馆与国家图书馆的虚拟网互联及应用系统平台建设,已完成硬件平台搭建的要积极开展区域内虚拟网链接。2014年完成所有地(市)级馆与省馆的虚拟网互联及应用系统平台的建设,有条件的地区要积极实现县(市)级图书馆的虚拟网链接,2015年建成覆盖全国的虚拟网体系,实现各应用系统平台的互通。在资源建设方面,"十二五"末要实现各级公共图书馆的数字资源量得到较大、均衡增长,全国数字资源总量达到10000TB,每个省级数字图书馆数字资源总量达100TB,每个市级数字图书馆达30TB,每个县级数字图书馆达4TB。(3)各级图书馆要明确工作职责,完善建设机制。(4)注重服务效果,不断扩大推广工程影响力。各级图书馆要坚持"边建设边服务"的原则,依托互联网、移动终端、数字电视、电子触摸屏等渠道，借助虚拟网、统一认证等平台，不断展示推广工程的阶段性成果，为区域内政府机关、科研院所、企事业单位用户提供多样化、专业化、知识化的文化信息服务，使群众了解数字图书馆、使用数字图书馆，实现数字图书馆服务范围不断扩大；各级图书馆要注重对基层群众、弱势群体的服务，加强与文化共享工程、公共电子阅览室计划等文化惠民工程的结合，充分发挥推广工程的资源和技术优势，为县级及其以下各基层图书馆和服务站点提供资源保障和平台支持，使全国图书馆的优秀数字资源走进千家万户。(5) 开展示范馆（项目）创建工作，促进工程良性发展。

《中华人民共和国文物保护法》

1982年11月19日第五届全国人大会常委会第25次会议通过实施，历经1991年、2002年、2007年、2013年四次修订后颁布。自2013年6月29日起施行。旨在加强对文物的保护，继承中华民族优秀的历史文化遗产，促进科学研究工作，进行爱国主义和革命传统教育，建设社会主义精神文明和物质文明。共分总则、不可移动文物、考古发掘、馆藏文物、民间收藏文物、文物出境进境、法律责任、附则共八章80条。《文物法》规定：在中华人民共和国境内，下列文物受国家保护：具有历史、艺术、科学价值的古文化遗址、古墓葬、古建筑、石窟寺和石刻、壁画；与重大历史事件、革命运动或者著名人物有关的以及具有重要纪念意义、教育意义或者史料价值的近代现代重要史迹、实物、代表性建筑；历史上各时代珍贵的艺术品、工艺美术品；历史上各时代重要的文献资料以及具有历史、艺术、科学价值的手稿和图书资料等；反映历史上各时代、各民族社会制度、社会生产、社会生活的代表性实物。具有科学价值的古脊椎动物化石和古人类化石同文物一样受国家保护。古文化遗址、古墓葬、古建筑、石窟寺、石刻、壁画、近代现代重要史迹和代表性建筑等不可移动文物，根据它们的历史、艺术、科学价值,可以分别确定为全国重点文物保护单位,省级文物保护单位,市、县级文物保护单位。历史上各时代重要实物、艺术品、文献、手稿、图书资料、代表性实物等可移动文物,分为珍贵文物和一般文物;珍贵文物分为一级文物、二级文物、三级文物。《文物法》明确:文物工作贯彻保护为主、抢救第一、合理利用、加强管理的方针。中华人民共和国境内地下、内水和领海中遗存的一切文物,属于国家所有。属于集体所有和私人所有的纪念建筑物、古建筑和祖传文物以及依法取得的其他文物,其所有权受法律保护。文物的所有者必须遵守国家有关文物保护的法律、法规的规定。一切机关、组织和个人都有依法保护文物的义务。《文物法》还对不可移动文物、考古发掘、馆藏文物、民间收藏文物、文物进出境、法律责任等方面作出明确规定。

《风景名胜区管理暂行条例》

国务院 1985 年 6 月 7 日发布,自发布之日起施行。旨在加强对风景名胜区的管理,更好地保护、利用和开发风景名胜资源。共 17 条。《条例》规定:凡具有观赏、文化或科学价值,自然景物、人文景物比较集中,环境优美,具有一定规模和范围,可供人们游览、休息或进行科学、文化活动的地区,应当划为风景名胜区。风景名胜区按其景物的观赏、文化、科学价值和环境质量、规模大小、游览条件等,划分为三级:市、县级风景名胜区、省级风景名胜区、国家重点风景名胜区。城乡建设环境保护部主管全国风景名胜区工作。地方各级人民政府城乡建设部门主管本地区的风景名胜区工作。风景名胜区依法设立人民政府,全面负责风景名胜区的保护、利用、规划和建设。《条例》还对各级风景名胜区制定规划的内容、编制、积极开发风景名胜资源以及对违反本条例行为的处罚等方面作出了明确规定。

《风景名胜区管理暂行条例实施办法》 城乡建设环保部1987年6月10日发布,自发布之日起施行。旨在根据国务院发布的《风景名胜区管理暂行条例》和国家有关规定,制定本办法。共分总则、保护、规划、建设、管理、附则六章48条。《办法》界定:风景名胜资源,系指具有观赏、文化或科学价值的山河、湖海、地貌、森林、动植物、化石、特殊地质、天文气象等自然景物和文物古迹、革命纪念地、历史遗址、园林、建筑、工程设施等人文景物和它们所处环境以及风土人情等。风景名胜区,系指风景名胜资源集中、自然环境优美、具有一定规模和游览条件,经县级以上人民政府审定命名、划定范围,供人游览、观赏、休息和进行科学文化活动的地域。《条例》规定:风景名胜资源须经过调查、评价,确定其特点和价值。各级风景名胜区的条件分别为:具有一定观赏、文化或科学价值,环境优美,规模较小,设施简单,以接待本地区游人为主的定为市(县)级风景名胜区;具有较重要观赏、文化或科学价值,景观有地方代表性,有一定规模和设施条件,在省内外有影响的定为省级风景名胜区;具有重要的观赏、文化或科学价值,景观独特,国内外著名,规模较大的定为国家重点风景名胜区。风景名胜区管理机构在风景名胜区范围内行使主管人民政府授予的行政管理职能,受上级人民政府城乡建设部门业务指导。风景名胜区规划批准后,应在风景名胜区主要入口建立入口标志并沿划定的范围立桩,标明区界。《办法》还对风景名胜区的保护、规划、建设、管理等方面作出明确规定。

《自然保护区条例》 国务院1994年10月9日发布,自1994年12月1日起施行。旨在加强自然保护区的建设和管理,保护自然环境和自然资源。共分总则、自然保护区的建设、自然保护区的管理、法律责任、附则五章44条。《条例》界定自然保护区,是指对有代表性的自然生态系统、珍稀濒危野生动植物物种的天然集中分布区、有特殊意义的自然遗迹等保护对象所在的陆地、陆地水体或者海域,依法划出一定面积予以特殊保护和管理的区域。《条例》规定:国家采取有利于发展自然保护区的经济、技术政策和措施,将自然保护区的发展规划纳入国民经济和社会发展计划。建设和管理自然保护区,应当妥善处理与当地经济建设和居民生产、生活的关系。国家对自然保护区实行综合管理与分部门管理相结合的管理体制。国务院环境保护行政主管部门负责全国自然保护区的综合管理。国务院林业、农业、地质矿产、水利、海洋等有关行政主管部门在各自的职责范围内,主管有关的自然保护区。县级以上地方人民政府负责自然保护区管理的部门的设置和职责,由省、自治区、直辖市人民政府根据当地具体情况确定。《条例》还对自然保护区的建设、自然保护区的管理、法律责任等方面作出明确规定。《条例》规定凡在中华人民共和国领域和中华人民共和国管辖的其他海域内建设和管理自然保护区,必须遵守本条例。

《国务院关于加强和改善文物工作的通知》 国务院1997年3月30日印发。旨在必须以党的十四届六中全会精神为指导,继续坚持"保护为主,抢救第一"的方针,贯彻"有效保护,合理利用,加强管理"的原则,正确处理好文物保护与经济建设的关系、文物事业发展中社会效益和经济效益的关系,建立与社会主义市场经济体制相适应的文物保护体制。共六部分。(1)建立与社会主义市场经济体制相适应的文物保护体制。要努力建立适应社会主义市场经济体制要求、遵循文物工作自身规律、国家保护为主并动员全社会参与的文物保护体制。国家文物行政管理部门要加强对全国文物工作的宏观管理,搞好全国文物事业发展的总体规划,根据工作需要对现行的法律法规加以补充完善,逐步健全我国文物保护的法律体系。

要发动、组织人民群众参与文物保护工作,根据实际需要建立群众性的文物保护组织,明确责任和权利;尽快改变许多文物实际处于无人保护的状况。(2)正确处理文物保护与经济建设以及人民群众切身利益的关系,切实做好文物的抢救与保护工作。地方各级人民政府和有关部门要本着既有利于文物保护,又有利于经济建设和提高人民群众生活水平的原则,妥善处理文物保护与经济建设以及人民群众切身利益的一些局部性矛盾,把古文化遗址特别是大型遗址的保护纳入当地城乡建设和土地利用规划;充分考虑遗址所在地群众的切身利益,采取调整产业结构、改变土地用途等措施,努力扶持既有利于遗址保护又能提高当地群众生活水平的产业,从根本上改变古文化遗址保护的被动局面;尽量减轻由于保护遗址给当地群众生产、生活造成的负担,必要时采取适当方式给予补偿。考古发掘坚持以配合基本建设为主,特别要配合做好大型基本建设项目的考古勘探、调查、发掘工作。必须加强对濒临毁灭的重要文物古迹和馆藏珍贵文物的抢救维修与保护。保护好历史文化名城是所在地人民政府及文物、城建规划等有关部门的共同责任。关于历史上曾经是宗教活动场所的古建筑重新恢复宗教活动问题,必须按党中央、国务院的有关文件规定执行。(3)充分发挥文物作用,为社会主义精神文明建设服务。要在有效保护、加强管理的前提下,充分发挥文物的社会教育作用、历史借鉴作用和科学研究作用。各级各类文物、博物馆单位组织的陈列展览和导游讲解活动,要坚持弘扬爱国主义、社会主义和革命传统,发挥自身优势,有计划、有重点地推出优秀文物陈列展览及文物图书和文物影视音像制品。国家和各省、自治区、直辖市文物行政管理部门应分别确定并建设好一批重点博物馆。要充分利用我国的文物优势,开展同境外有关方面的交流与合作,广泛争取国际组织、友好国家政府及团体、海外华人、港澳台同胞对我文物保护事业的资助和支持。(4)加强和改善文物市场的管理。进一步加强和改善文物市场管理,加强调控和监督,保障文物市场的健康发展。要依法规范文物拍卖市场。(5)强化执法力度,严厉打击文物犯罪活动。(6)加强队伍建设,提高文物管理工作的水平。做好文物工作,必须建设一支政治强、业务精、作风正的文物工作队伍。要进一步加强有关专业技术人才的培养,采取"馆校结合"、师承制等方式,切实解决文物保护技术、文物鉴定、文物修复、古建筑维修等人才短缺的问题。

《国家民委国家文物局关于印发加强少数民族文物工作意见的通知》 国家民委、国家文物局1998年9月29日印发。旨在进一步落实《中共中央加强社会主义精神文明建设若干重要问题的决议》和《国务院关于加强和改善文物工作的通知》要求,贯彻江泽民总书记1998年7月在新疆考察时关于少数民族文物保护的指示精神,加强少数民族文物的保护、利用、管理工作,促进有中国特色社会主义文化建设。共六部分。(1)少数民族文物是中华民族优秀历史文化遗产的重要组成部分。(2)抢救和保护少数民族文物是刻不容缓的历史任务。(3)加强少数民族文物工作的指导思想和方针原则。少数民族文物工作要坚持以马列主义、毛泽东思想、邓小平理论为指导,贯彻执行党的民族政策,坚持"保护为主,抢救第一"和"有效保护、合理利用、加强管理"的文物工作方针和原则。保护和利用好这些珍贵文物是少数民族文物工作的根本目的和任务。目前,加强少数民族文物工作的重点,是对近现代少数民族文物的抢救和保护。(4)加强少数民族文物保护基础工作,完善少数民族文物保护法规,健全少数民族文物保护机构。(5)充分发挥少数民族文物的作用。(6)各级领导重视,各部门密切配合,加强队伍建设,共同做好少数民族文物工作。

《文化部等部门关于加强和改善世界文化遗产保护管理工作的意见》 文化部、国家文物局、国家计委、财政部、教育部、建设部、文化部、国土资源部、环保总局、国家林业局2002年4月25日印发。旨在履行《保护世界文化和自然遗产公约》,进一步改善和加强我国世界遗产的保护管理工作。共五部分。(1)各级行政主管部门要进一步端正和提高对保护世界遗产重要性的认识。保护世界文化和自然遗产事业已成为全球文化建设和环境保护的重要组成部分,对全世界人民精神和社会文化生活的构建,对保持人类文化多样化、生态多样性和促进世界各国、各民族之间的相互尊重和理解,对历史人文环境、自然演变的科学印迹和优美自然景观的保护与延续,进而对人类文明和社会的可持续发展,都具有无可替代的意义和作用。妥善保护和保存世界遗产,是一个国家法治健全、社会安定和民族团结、文明进步的标志。保护好我国的世界遗产,是对广大人民群众进行爱国主义教育和优秀传统文化教育的需要,是国家生态环境建设和可持续发展的需要,关系到我国人民特别是子孙后代的生存环境和生活质量,关系到国家与社会的整体利益和长远利益,也关系到国家与民族的国际形象。(2)进一步加强对世界遗产的保护管理工作,做好规划,完善制度。(3)正确处理世界遗产保护与利用的关系。有效保护、保存和展示文化和自然遗产,是《世界遗产公约》的基本要求。世界遗产是具有特殊重要性、珍稀性和脆弱易损性的不可再生资源,必须把对遗产的保护放在第一位,一切开发、利用和管理工作,都应以遗产的保护和保存为前提,都要以有利于遗产的保护和保存为根本。(4)树立"公约意识",遵守国际规则。《世界遗产公约》在国际社会具有广泛的重要影响。它的各项具体规定和要求,应得到切实遵守。这不仅是依法行政的基本要求,也是中国政府履行国际承诺的具体体现。(5)各部门、各单位要明确责任,各司其职，密切配合，多层次、全方位地做好世界遗产的保护管理工作。

《中华人民共和国文物保护法实施条例》 国务院2003年5月18日发布，自2003年7月1日起施行。旨在根据《中华人民共和国文物保护法》，制定本实施条例。共分总则、不可移动文物、考古发掘、馆藏文物、民间收藏文物、文物出境进境、法律责任、附则八章64条。《条例》规定：国家重点文物保护专项补助经费和地方文物保护专项经费，由县级以上人民政府文物行政主管部门、投资主管部门、财政部门按照国家有关规定共同实施管理。任何单位或者个人不得侵占、挪用。国有的博物馆、纪念馆、文物保护单位等的事业性收入，应当用于下列用途：文物的保管、陈列、修复、征集；国有的博物馆、纪念馆、文物保护单位的修缮和建设；文物的安全防范；考古调查、勘探、发掘；文物保护的科学研究、宣传教育。文物行政主管部门和教育、科技、新闻出版、广播电视行政主管部门，应当做好文物保护的宣传教育工作。国务院文物行政主管部门和省、自治区、直辖市人民政府文物行政主管部门，应当制定文物保护的科学技术研究规划，采取有效措施，促进文物保护科技成果的推广和应用，提高文物保护的科学技术水平。《条例》规定：历史文化名城，由国务院建设行政主管部门会同国务院文物行政主管部门报国务院核定公布。历史文化街区、村镇，由省、自治区、直辖市人民政府城乡规划行政主管部门会同文物行政主管部门报本级人民政府核定公布。文物收藏单位应当建立馆藏文物的接收、鉴定、登记、编目和档案制度，库房管理制度，出入库、注销和统计制度，保养、修复和复制制度。文物收藏单位以外的公民、法人和其他组织，可以依法收藏文物，其依法收藏的文物的所有权受法律保护。公民、法人和其他组织依法收藏文物的，可以要求文物行政主管部门对其收藏的文物提供鉴定、修复、保管等方面的咨询。《条例》还对不可移动文物、考古发掘、馆藏文物、民间收藏文物、文物出境进境、法律责任等方面作出明确规定。

《国家文物局等部门关于进一步做好文物保护"五纳入"的通知》

国家文物局、中央编办、国家发展改革委、财政部、建设部、文化部、国家税务总局2003年6月2日印发。旨在进一步做好文物保护"五纳入"工作（纳入经济和社会发展计划，纳入城乡建设规划，纳入财政预算，纳入体制改革，纳入各级领导责任制）。共九部分。(1)将文物保护纳入经济和社会发展计划，其实质是将文物保护紧密地与全面建设小康社会的宏伟目标相结合，与我国社会主义精神文明和物质文明建设相结合，明确文物保护和事业发展的任务和目标，实现文物的长期保护和文物事业的可持续发展。各地应专门编制本地区文物事业发展计划，并将其纳入当地国民经济和社会发展计划。(2)必须严格按照《文物保护法》和《城市规划法》的有关规定，将文物保护工作纳入城乡建设规划。各地在编制和调整城乡建设规划时，应当充分考虑对于文物保护单位保护的特殊要求。文物保护单位及其建设控制地带的划定和保护，应当作为总体规划和详细规划的强制性内容。城乡建设中各类建设项目的选址，涉及不可移动文物的，在项目审批前要征求文物部门的意见。(3)要研究、探索科学的保护手段和保护方式，加强对大遗址的保护。各地在编制和调整城乡建设规划时，要考虑古文化遗址、古墓葬区等大遗址的保护发展规划，对于古文化遗址、古墓葬等要切实加强保护。历史文化名城和历史文化街区的保护规划，必须包括文物保护的内容。规划中应当划定历史文化街区、地下文物埋葬密集区和各级文物保护单位的保护范围及建设控制地带，制定严格的文物保护措施和控制要求。各地城乡建设规划部门要会同文物行政部门制定历史文化名城保护规划和历史文化保护区保护规划。(4) 文物保护属于社会公益性事业,各级政府应按照《文物保护法》和现行财政体制的规定,将文物保护所需经费纳入本级财政预算,按照分级管理、分级负担的原则,为文物事业发展提供经费保证。各级人民政府用于文物保护的财政拨款应随着当地财政收入的增长而增加。(5) 为支持和加强文物保护工作,中央财政设立国家重点文物保护专项补助经费,对困难地区的重点文物保护及维修等项目给予专项补助。文物丰富地区的县级以上人民政府应设立文物保护专项经费,用于本行政区域的重点文物保护工作。(6) 为拓宽文物事业资金投入渠道,适应社会主义市场经济要求,各级政府要进一步贯彻落实国务院确定的文化经济政策及财税优惠政策。(7) 将文物保护纳入体制改革,中心工作是建立完善的文物保护管理体制,凝聚社会力量投入文物保护事业。(8) 中央政府已建立国家文物保护部际协调会议制度,由发展改革、公安、民政、司法、财政、国土、建设、文化、海关、税务、环保、工商、林业、旅游、宗教、文物等相关部门组成。(9) 把文物保护纳入领导责任制。各级政府除指定专人分管文物工作外,还应将文物保护作为考核领导干部政绩的内容之一。国务院文物行政部门和各级地方人民政府应定期对"五纳入"工作的先进地方进行表彰。对于各地方出现的损害文物事件,除应分别追究相关责任人员的行政及法律责任外,同时应追究政府主要负责同志的领导责任。

《国家文物局突发事件应急工作管理办法》 国家文物局2003年11月10日发布,自发布之日起施行。旨在有效预防、及时处理和解决文物保护工作中的突发事件,确保文物安全。共18条。《办法》界定:突发事件,是指由人为或自然因素引起的突发性的危及文物安全和文物保护工作秩序的事件。《办法》规定:突发事件应急工作,应当贯彻统一领导、分级负责、反应及时、措施果断、加强合作的原则。县级以上文物行政主管部门及其国有的文物事业单位,应当建立严格的突发事件防范和应急处理责任制,切实履行各自职责,保证突发事件应急处理工作的正常进行。县级以上文物行政主管部门及其国有的文物事业单位,应当依照法律、行政法规的规定,做好文物安全保卫工作,防范突发事件的发生。县级以上文物行政主管部门应当指定专门机构或人员负责开展突发事件的日常监测工作。国有文物事业单位应当在知道突发事件发生后或者应当知道突发事件发生后2小时内向所在地县级以上文物行政主管部门报告。《办法》还对需向同级人民政府和上级文物行政主管部门报告并同时向国家文物局报告的情形,突发事件报告的内容,对有关行为的处罚及表彰和奖励等方面作出明确规定。

《商务部国家文物局关于加强老字号文化遗产保护工作的通知》
商务部、国家文物局2006年10月26日印发。旨在保护好"老字号"这一珍贵的文化遗产和商业资源,促进"老字号"持续、健康发展。共四个部分。(1)切实提高对老字号的保护意识。(2)重点做好老字号历史研究与文物建筑的保护工作。各地商务、文物主管部门要积极争取当地政府及其他有关部门的支持,尽量避免对老字号建筑的盲目拆除与迁建,尽可能保留老字号原有的位置和原有的建筑形式,特别要加强老字号起源店的原址保护。对已列入文物保护单位的老字号建筑,对其进行局部改动、修缮的项目,要征得同级文物和商务主管部门的同意;对其进行拆除、迁建的项目,在按照《中华人民共和国文物保护法》第二十条的有关规定履行必要的审批手续时,要征求商务主管部门意见。(3)加强老字号非物质文化遗产的保护工作。各地商务主管部门应在对其深入调查、记录、挖掘、研究和开发的基础上,积极组织老字号企业将有关传统技能、加工工艺等申报纳入非物质文化遗产代表作名录体系。要建立科学有效的老字号非物质文化遗产传承机制，并加强老字号非物质文化遗产知识产权的保护。（4）认真做好老字号文物普查、规划及保护工作。

《世界文化遗产保护管理办法》
文化部2006年11月14日公布，自公布之日起施行。这是一部基于保护文化遗产而设立的行政法规。旨在加强对世界文化遗产的保护和管理，履行对《保护世界文化与自然遗产公约》的责任，传承人类文明。共22条。《办法》界定：世界文化遗产，是指列入联合国教科文组织《世界遗产名录》的世界文化遗产和文化与自然混合遗产中的文化遗产部分。《办法》规定：世界文化遗产工作贯彻"保护为主、抢救第一、合理利用、加强管理"的方针，确保世界文化遗产的真实性和完整性。国家文物局主管全国世界文化遗产工作，协调、解决世界文化遗产保护和管理中的重大问题，监督、检查世界文化遗产所在地的世界文化遗产工作。县级以上地方人民政府及其文物主管部门依照本办法的规定，制定管理制度，落实工作措施，负责本行政区域内的世界文化遗产工作。国家对世界文化遗产保护的重大事项实行专家咨询制度。公民、法人和其他组织都有依法保护世界文化遗产的义务。《办法》还对世界文化遗产保护规划的组织编制、世界文化遗产中的不可移动文物核定公布为文物保护单位、省级人民政府应当为世界文化遗产作出标志说明及建立保护记录档案、省级人民政府应当为世界文化遗产确定保护机构、世界文化遗产辟为参观游览区的管理、世界文化遗产安全的突发事件处理、国家对世界文化遗产保护实行监测巡视制度、列入《中国世界文化遗产警示名单》等方面作出明确规定。

《中国世界文化遗产监测巡视管理办法》 国家文物局2006年12月8日公布，自公布之日起实施。旨在加强我国世界文化遗产的保护管理，更好地履行《保护世界文化和自然遗产公约》缔约国的责任和义务。共14条。《办法》规定：国家对世界文化遗产实行国家、省、世界文化遗产地三级监测和国家、省两级巡视制度。监测包括日常监测、定期监测、反应性监测；巡视包括定期或不定期巡视。日常监测的内容包括：文物本体保存状况、核心区和缓冲区内的自然、人为变化、周边地区开发对文物本体的影响、游客承载量等。定期监测，是指省级文物行政部门每五年对世界文化遗产实行的系统监测以及每年对列入《濒危世界遗产名录》或者《中国世界文化遗产警示名单》的世界文化遗产进行的重点监测；系统监测的内容包括：对保护规划执行情况、遗产保护、管理、展示、宣传等情况的全面监测；重点监测内容包括对保护存在问题采取的解决方法及成效的监测。反应性监测，是针对保护管理出现的问题进行的一种专门监测，内容包括对威胁到遗产保护的异常情况或危险因素进行监测。国家或省级文物行政部门组织对遗产地进行定期或不定期巡视，巡视内容包括审核监测结果，检查保护、管理状况，并提出整改要求。《办法》还对监测巡视的具体组织实施作出明确规定。

《国家文物局等部门关于加强革命文物工作的若干意见》 国家文物局、中宣部、国家发展改革委、教育部、民政部、财政部、住房城乡建设部、文化部、国家旅游局、共青团中央2008年3月20日印发。旨在充分发挥革命文物的教育作用，构建社会主义核心价值体系，巩固全党全国各族人民团结奋斗的共同思想基础。共三部分11条。（1）充分认识加强革命文物工作的重要性和紧迫性。（2）革命文物工作的指导思想、基本原则和总体目标。指导思想是，认真贯彻落实党的十七大精神，以邓小平理论和"三个代表"思想为指导，深入落实科学发展观，抓住革命文物保护、利用和管理三个环节，贴近实际、贴近生活、贴近群众，努力提高工作水平，更好地为爱国主义教育、弘扬和培养民族精神服务,为公民道德建设服务,为实现全面建设小康社会的奋斗目标服务。基本原则是,坚持统筹兼顾,分类管理,形成政府主导,各有关部门分工协作,社会力量积极参与的工作机制。正确处理经济社会发展和革命文物保护的关系,维护革命文物的真实性和完整性。坚持把社会效益放在首位,进一步加大革命文物保护的投入,强化创新意识和精品意识,提高展示服务水平。总体目标是,通过采取有效措施,革命文物工作得到全面加强。到2015年,基本建立科学完备的革命文物保护管理体系和宣传教育体系,革命文物的安全得到有效保障,展示服务水平得到全面提升,社会教育作用得到充分发挥。(3)加强革命文物工作基本要求。高度重视,加强革命文物工作的领导;深入调查,依法做好革命文物资源的登记、建档;加强统筹,切实做好革命文物保护规划的制定实施工作;改进创新,提升革命文物的展示服务水平;精心组织,不断加大对革命文物的普及宣传力度。

《历史文化名城名镇名村保护条例》 国务院2008年4月22日公布,自2008年7月1日起施行。旨在加强历史文化名城、名镇、名村的保护与管理,继承中华民族优秀历史文化遗产。共分总则、申报与批准、保护规划、保护措施、法律责任、附则六章48条。《条例》规定:历史文化名城、名镇、名村的保护应当遵循科学规划、严格保护的原则,保持和延续其传统格局和历史风貌,维护历史文化遗产的真实性和完整性,继承和弘扬中华民族优秀传统文化,正确处理经济社会发展和历史文化遗产保护的关系。国家对历史文化名城、名镇、名村的保护给予必要的资金支持。《条例》对申报与批准、保护规划、保护措施、法律责任等方面作出明确规定。《条例》规定:历史文化名城、名镇、名村的申报、批准、规划、保护,适用本条例。

《国家考古遗址公园管理办法》

国家文物局2009年12月17日公布施行,自公布之日起施行。旨在促进考古遗址保护、展示和利用,规范考古遗址公园的管理,有效发挥其在经济社会发展中的作用。共22条。《办法》界定:国家考古遗址公园,是指以重要考古遗址及其背景环境为主体,具有科研、教育、游憩等功能,在考古遗址保护和展示方面具有全国性示范意义的特定公共空间。国家文物局负责国家考古遗址公园的评定管理工作,省级文物行政部门负责本行政区域内国家考古遗址公园的监督管理工作,遗址所在地县级以上人民政府负责国家考古遗址公园建设和运营的组织实施。《办法》规定:国家文物局鼓励、支持国家考古遗址公园的建设。《办法》还对国家考古遗址公园立项申请、批准、评定、国家考古遗址公园的专门管理机构职责、保护和管理、国家对国家考古遗址公园实行巡视制度、任何单位和个人不得擅自改变国家考古遗址公园的用途和功能,以及对违反本办法规定的处罚行为等方面作出明确规定。

《国家级森林公园管理办法》

国家林业局2011年5月20日公布,自2011年8月1日起施行。旨在规范国家级森林公园管理,保护和合理利用森林风景资源,发展森林生态旅游,促进生态文明建设。共34条。《办法》规定:国家级森林公园的主体功能是保护森林风景资源和生物多样性、普及生态文化知识、开展森林生态旅游。国家级森林公园的建设和经营应当遵循"严格保护、科学规划、统一管理、合理利用、协调发展"的原则。《办法》对国家级森林公园总体规划的编制、国家级森林公园经营管理机构的职责、严格控制建设项目使用国家级森林公园林地、在国家级森林公园内禁止从事的活动、在国家级森林公园内开展影视拍摄或者大型文艺演出等活动、应当对森林公园的范围进行公示和标界立桩、应当建立健全解说系统及开辟展示场所、应当在危险地段设置安全防护设施和安全警示标识、接待旅游者容量、应当建立健全森林防火制度、应当建立健全信息报送制度、应当健全监督管理制度，以及违反本办法规定行为的处罚等方面作出了明确规定。

《国务院关于进一步做好旅游等开发建设活动中文物保护工作的意见》 国务院2012年12月19日发布。旨在进一步做好旅游等开发建设活动中的文物保护工作，纠正违法转让、抵押国有不可移动文物，将国有不可移动文物作为企业资产经营，过度开发利用文物资源、导致文物破坏或损毁，甚至擅自拆除文物古迹和历史文化街区、村镇以及历史建筑等问题。共八部分。(1)严格执行文物保护法律法规。国有不可移动文物不得转让、抵押，不得作为企业资产经营。文物古迹和历史建筑应当尽可能实施原址保护，不得擅自拆除、迁移。对于历史文化街区、村镇，要逐步改善基础设施、公共服务设施和居住环境，不得擅自拆除。国有不可移动文物已经全部毁坏的，不得擅自在原址重建、复建。辟为参观游览场所的国有文物保护单位，所在地人民政府应当依法设立专门机构负责管理，不得将文物保护单位管理机构作为企业的下属机构或交由企业管理。国有其他文物也要按照文物保护法律法规严格管理，不得赠与、出租或者出售给其他单位、个人，也不得抵押或作为企业资产经营。(2)严格履行涉及文物的旅游等开发建设活动审批。各地编制旅游等开发建设规划要符合城乡规划，并与文物保护单位的规划相衔接，坚持文物保护优先，把文物安全放在首位。旅游等开发建设项目要严格履行基本建设审批程序。在文物保护单位和历史文化街区、村镇以及历史建筑的保护范围和建设控制地带内实施建设工程的，要事先依法征得文物行政部门同意，报城乡规划部门批准；未经文物行政部门同意的，不得立项，更不得开工建设。(3)合理确定文物景区游客承载标准。(4)加大对文物保护的投入。(5)加强文物旅游的指导和监管。旅游、文物等部门要把依法保护文物、确保文物安全列入旅游景区质量标准管理体系。(6)切实落实文物保护责任。县级以上地方人民政府及其文物行政部门是文物保护的第一责任人。国务院每两年组织开展一次文物保护法律法规落实情况检查,对领导不力、玩忽职守、决策失误,造成文物破坏损毁的,要严肃追究责任。(7)认真履行文物保护职责。进一步发挥全国文物安全工作部际联席会议制度的作用,对各地在旅游等开发建设活动中文物保护情况进行督导。(8)依法纠正违法违规行为。对于将国有不可移动文物转让、抵押的,要限期改正,予以回购、终止抵押。对于将国有不可移动文物作为企业资产经营的,要限期将其从企业资产中剥离;暂不具备剥离条件的,可以设定过渡期,并由省级人民政府向国务院报告。对于游客接待量超过承载量,造成文物破坏或可能造成文物安全隐患的,要限期改正;对于擅自拆除文物古迹和历史文化街区、村镇以及历史建筑的,由县级以上地方人民政府或其城乡规划、文物等部门依法定职权责令停止违法行为、限期恢复原状或者采取其他补救措施;历史文化街区、村镇遭到严重破坏的,由批准机关撤销历史文化街区、村镇称号。对于将文物保护单位管理机构作为企业的下属机构或交由企业管理的,要从企业中分离,恢复文物保护单位管理机构的事业单位性质,交由文物行政部门管理。对于把历史文化街区、村镇整体出让给企业管理经营的,要予以纠正;暂不具备条件的,应当由省级人民政府向国务院说明情况。

《博物馆管理办法》 文化部2005年12月22日发布,自2006年1月1日起施行。旨在为贯彻落实科学发展观,规范博物馆管理工作,促进博物馆事业发展。共分总则,博物馆设立、年检与终止,藏品管理,展示与服务,附则五章32条。《办法》界定:博物馆,是指收藏、保护、研究、展示人类活动和自然环境的见证物,经过文物行政部门审核、相关行政部门批准许可取得法人资格,向公众开放的非营利性社会服务机构。利用或主要利用国有文物、标本、资料等资产设立的博物馆为国有博物馆。利用或主要利用非国有文物、标本、资料等资产设立的博物馆为非国有博物馆。《办法》规定:国家扶持和发展博物馆事业,鼓励个人、法人和其他组织设立博物馆。申请设立博物馆,应当具备下列条件:具有固定的馆址,设置专用的展厅(室)、库房和文物保护技术场所,展厅(室)面积与展览规模相适应,展览环境适宜对公众开放;具有必要的办馆资金和保障博物馆运行的经费;具有与办馆宗旨相符合、一定数量和成系统的藏品及必要的研究资料;具有与办馆宗旨相符合的专业技术和管理人员;具有符合国家规定的安全和消防设施;能够独立承担民事责任。博物馆对公众开放,无正当理由,国有博物馆全年开放时间不少于10个月,非国有博物馆全年开放时间不少于8个月。《办法》还对博物馆设立、年检与终止,藏品管理,展示与服务等方面作出具体明确规定。

《中共中央宣传部等部门关于全国博物馆纪念馆免费开放的通知》

中共中央宣传部、财政部、文化部、国家文物局于2008年1月23日印发。旨在贯彻落实党的十七大精神,充分发挥博物馆、纪念馆宣传和传播先进文化的重要作用,加强公共文化服务体系建设和公民思想道德建设。共四部分。(1)博物馆、纪念馆免费开放的重要意义。博物馆、纪念馆向全社会免费开放是党的十七大关于社会主义文化大发展大繁荣的具体实践,是加强社会主义核心价值体系建设和公民思想道德建设的有效手段,是进一步提高政府为全社会提供公共文化服务水平的重要举措,是实现和保障人民群众基本文化权益的积极行动。博物馆、纪念馆免费开放符合世界文物展示业的发展趋势,有利于完善我国现代国民教育体系和履行教育功能,有利于发挥博物馆和纪念馆作为公益性文化机构的社会价值,有利于加强国际文化交流和中华民族优秀文化的宣传推广。(2)博物馆、纪念馆免费开放的实施范围和步骤。实施范围是,全国各级文化文物部门归口管理的公共博物馆、纪念馆,全国爱国主义教育示范基地全部免费开放。其中,文物建筑及遗址类博物馆暂不实行全部免费开放,继续对未成年人、老年人、现役军人、残疾人和低收入人群等特殊群体实行减免门票等优惠政策。博物馆、纪念馆按照市场化运作举办的特别(临时)展览,可根据实际情况确定门票价格。实施步骤是,2008年,中央级文化文物部门归口管理的博物馆全部向社会免费开放;各省级综合博物馆全部向社会免费开放;各级宣传和文化文物部门归口管理的列入全国爱国主义教育示范基地的博物馆、纪念馆全部向社会免费开放;浙江、福建、湖北、江西、安徽、甘肃和新疆等7省(区)文化文物系统归口管理的省、市、县级博物馆全部向社会免费开放。鼓励有条件的省(区、市)探索全面实行免费开放。2009年,除文物建筑及遗址类博物馆外,全国各级文化文物部门归口管理的公共博物馆、纪念馆,全国爱国主义教育示范基地全部向社会免费开放。鼓励暂不能完全免费开放的博物馆、纪念馆实行低票价政策,继续对未成年人、老年人、现役军人、残疾人等社会群体实行免费或优惠参观,并向社会承诺定期免费日,制定灵活多样的门票制度,吸引公众走进博物馆和纪念馆。(3)博物馆、纪念馆免费开放的保障机制。各级财政部门应将博物馆、纪念馆免费开放相关经费纳入财政预算,切实予以保障;要研究制定博物馆、纪念馆文化产品经营收入税收优惠政策,促进其依托文物藏品、陈列展示推出各类文化产品,拓展和延伸文化传播功能;按照文化遗产保护和传播的重要程度科学界定博物馆等级,将部分地方所属的代表中华民族历史文明的重点博物馆确定为国家级博物馆,由中央政府承担更多的投入和管理责任。省级和省级以下博物馆也要参照此原则,进行科学分级,加强资源整合。市级和县级应重点发展特色博物馆,避免重复投资。(4)博物馆、纪念馆免费开放的工作要求。改善管理和服务,努力满足观众需求;坚持以人为本,提高展示传播水平;改革创新,增加博物馆、纪念馆活力;加强管理,切实做好博物馆、纪念馆免费开放的协调、指导工作。

《全国博物馆评估办法(试行)》

国家文物局 2008 年 2 月 5 日颁布,自公布之日起实施。旨在加强博物馆行业管理,充分发挥博物馆的社会服务功能,促进博物馆事业发展。共 15 条。《办法》规定:博物馆评估工作由国家文物局组织开展,遵循自愿申报、行业评估、动态管理、分级指导和公平、公正、公开的原则,按照自评、申报、评定、公布的程序进行。凡经评估认定的博物馆,国家文物局将在各项业务活动和国内外交流、人员培训等方面给予优先支持。博物馆评估工作每三年开展一次。《办法》还对博物馆评估工作的组织和管理,评估等级的确定,评估的程序,评估工作纪律等方面作出明确规定。《办法》规定:凡在中华人民共和国境内,正式登记、注册、接受年检的,具有文物和标本的收藏保管、科学研究、陈列展览功能,并对社会开放(正常运行、开放三年以上)的各类博物馆,均可申请参加博物馆评估。

《全国重点美术馆评估办法》

文化部 2008 年 11 月 14 日颁布。旨在加强和规范全国美术馆行业管理和分类指导,做好全国重点美术馆评估工作,充分发挥美术馆的公益文化服务作用,繁荣文化艺术事业。共分总则、评估机构、评估步骤、监督和管理、附则五章 28 条。《办法》规定:全国重点美术馆的评估坚持文艺为人民服务、为社会主义服务的方向和"百花齐放、百家争鸣"的方针,坚持公开、公平、公正和分级指导的原则,立足提高美术馆的建设管理水平和服务质量,满足人民群众文化生活需求。通过对全国美术馆的评估,探索美术馆科学管理方法,推动美术馆标准化、规范化建设。文化部依据本办法实施全国重点美术馆评估工作。文化部评定出"国家重点美术馆"。省级重点美术馆的评估工作可由各省文化主管部门根据当地实际情况,参照本办法和《全国重点美术馆评估标准》(暂行)自行开展。全国重点美术馆评估工作每三年评估一次。每届评估时将对已评定为"国家重点美术馆"的单位进行复查。《办法》还对评估机构、评估步骤、监督和管理等方面作出了明确规定。《办法》规定:本办法适用于全国范围内具有展览、典藏、研究及公共教育与服务功能,不以营利为目的的公益性美术馆。

《国家文物局等部门关于促进民办博物馆发展的意见》 国家文物局、民政部、财政部、国土资源部、住房和城乡建设部、文化部、国家税务总局2010年1月29日颁布。旨在贯彻党的十七大关于推动社会主义文化大发展大繁荣的精神,落实中央关于深化文化体制改革的总体部署,进一步调动社会力量参与文化遗产保护和社会主义先进文化建设的积极性。共三部分9条。(1)高度重视,积极促进民办博物馆健康发展。(2)加强扶持,为民办博物馆创造良好的发展环境。规范民办博物馆准入制度;切实帮助解决民办博物馆的馆舍与经费保障问题;加强对民办博物馆的专业指导和扶持;努力形成有利于民办博物馆健康发展的社会舆论氛围。(3)依法办馆,全面提高民办博物馆的质量。建立健全民办博物馆内部管理制度;规范民办博物馆的藏品管理;切实加强民办博物馆展示服务工作。

《中央地方共建国家级博物馆管理暂行办法》 国家文物局、财政部2010年9月9日颁布,自发布之日起施行。旨在贯彻落实中宣部、财政部、文化部和国家文物局

《关于全国博物馆、纪念馆免费开放的通知》和国家文物局、财政部《关于开展中央地方共建国家级博物馆工作的通知》，规范中央地方共建国家级博物馆的建设和管理。共分总则、管理职责、培育与认定、管理与运行、考核与评估、附则六章 27 条。《办法》界定：中央地方共建国家级博物馆是由国家文物局、财政部共同认定，中央和省级人民政府联合共建的代表中华文明的地方所属重点博物馆。《办法》规定：中央地方共建国家级博物馆坚持择优认定、定期评估、动态调整和稳定支持的原则，其建设内容和目标是，通过调动中央与地方两个积极性，加大投入力度，大幅提高重点博物馆的藏品保护、陈列展览、科学研究、社会教育和公共服务水平，造就一批国内一流、国际先进的博物馆；构建以点带面、立足区域、辐射全国、面向世界的博物馆综合资源共享平台，推动我国博物馆整体水平迈向世界先进行列。《办法》规定：中央地方共建国家级博物馆采取专家评审、行政决策的方式，从省级博物馆中有计划、有重点地遴选和培育，每 5 年核定一次，予以总量控制。国家文物局每年组织对中央地方共建国家级博物馆的运行状况进行评估，评估结果予以公告。中央地方共建国家级博物馆连续三年居于评估末位的，不再列入中央地方共建国家级博物馆序列。《办法》还对管理职责、培育与认定、管理与运行、考核与评估等方面作出具体明确规定。《办法》规定：鼓励各省（区、市）比照中央地方共建国家级博物馆的模式，按照省（区、市）地共建的原则，建设省级博物馆。

《国家文物局教育部关于加强高校博物馆建设与发展的通知》 国家文物局、教育部 2011 年 5 月 22 日印发。旨在加强高校博物馆建设与发展，充分发挥其在科教兴国、学习型社会和公共文化服务体系建设中的作用。共七部分。（1）各地、各有关部门应充分认识高校博物馆的重要意义，切实重视和支持高校博物馆建设与发展。高校博物馆具有鲜明特色,是现代教育体系和博物馆事业的重要组成部分,是探索和实践新型人才培养模式、实现高等教育现代化的重要机构,是开展探究式学习、参与式教学、实践教学的适宜场所,是开展原创科研的重要基地,也是构建公共文化服务体系、建设和谐社会的一支重要力量。高水平高校博物馆是大学深厚学术和文化积淀的重要标志,是优秀大学的重要标志。(2)教育部门要进一步明确高校博物馆在现代高等教育体系中的基础性地位,加强扶持和管理。(3)文物部门要加强履行博物馆业务指导职责,按照《博物馆管理办法》等规定,积极辅导协调高等学校做好高校博物馆的设立注册登记工作,指导高校博物馆业务活动,将高校博物馆纳入行业评估和质量监控体系。(4)要加强对高校博物馆发展的战略研究和统筹规划。(5)加强博物馆基础工作,提高专业化水平。(6)增强社会服务能力,提升社会服务效益。(7)加强高校博物馆队伍建设,实施人才强馆战略。

《国家文物局关于推进国有博物馆对口支援民办博物馆工作的意见》 国家文物局2013年6月8日印发。旨在贯彻落实国家文物局、民政部、财政部、国土资源部、住房和城乡建设部、文化部、国家税务总局《关于促进民办博物馆发展的意见》(文物博发〔2010〕11号)精神,帮助民办博物馆提高专业化水平。共五个部分。(1)充分认识推进国有博物馆对口支援民办博物馆工作的重要性。(2)国有博物馆对口支援民办博物馆工作目标。完善国有博物馆对口支援民办博物馆工作制度,践行国有博物馆的社会责任,国有博物馆发挥资源优势,以自愿、无偿的方式,"一对一"的持续(一般不应短于三年)帮扶民办博物馆的藏品保护、陈列展览、科学研究、人才培养等业务活动和规范化管理,争取受援民办博物馆达到或接近国家三级博物馆的水平,培育一批法人治理结构规范、专业水平高、社会影响力大的优质民办博物馆。并积极推动民办博物馆与国有博物馆在合作中相互借鉴，共同进步，在竞争中优势互补，相互促进。(3)国有博物馆对口支援民办博物馆实施范围。凡依照《博物馆管理办法》登记注册，法人治理结构基本规范，藏品体系健全且产权明晰，展示服务工作基础较好，在本地区具有一定代表性，正常运行三年以上且年检合格的民办博物馆，可列入国有博物馆对口支援范畴。优先对口支援具有门类特点、行业个性或地域文化、民族（民俗）文化代表性的民办博物馆，以及致力于抢救濒危文化遗产、填补某领域文化空白的民办博物馆。(4)国有博物馆对口支援民办博物馆工作内容。国有博物馆针对民办博物馆的实际需求，开展人才支援和技术支援。鼓励中央地方共建国家级博物馆、省博物馆等实力雄厚的国有博物馆通过托管、连锁合作等形式加强与民办博物馆合作，探索长效机制，推动优质博物馆资源辐射，促进民办博物馆能力建设。(5)国有博物馆对口支援民办博物馆工作要求。加强业务指导；强化责任意识；做好督查考核；落实保障措施。

《文化部财政部关于实施中国民族民间文化保护工程的通知》 文化部、财政部2004年4月8日。旨在贯彻落实党的十六大和十六届三中全会精神、实践"三个代表"重要思想，进一步加强民族民间文化保护工作，继承和弘扬中华民族优秀传统文化，建设有中国特色的社会主义先进文化。共五个方面。(1)充分认识实施"保护工程"的重要性和紧迫性。(2)政府主导，社会参与，统筹规划，分步实施。(3)全面普查，摸清家底，突出重点，抓紧抢救。(4)先行试点，摸索经验，以点带面，扎实推进。(5)加强组织领导，落实保障措施。该通知印发了《中国民族民间文化保护工程实施方案》。《方案》共分七个部分。(1)实施"保护工程"的必要性。实施"保护工程",是传承中华文明,建设有中国特色社会主义先进文化的现实需要;是落实科学发展观,全面建设小康社会,实现经济社会全面、协调、可持续发展的重要举措;是振奋民族精神、维护国家统一的迫切要求;是维护我国文化主权的战略措施。(2)实施"保护工程"的基础条件。多次开展调查,对我国民族民间文化资源有基本认识和了解;采取一系列措施,重点扶持和抢救濒危文化遗产,弘扬民族民间文化;建立了较为健全的基层文化机构,拥有一支专业化工作队伍;加快了民族民间文化保护立法进程;国际上的一些成功做法,提供了参考借鉴。(3)"保护工程"的总体目标、方针和原则。总体目标是,通过"保护工程"建设,到2020年,使我国珍贵、濒危并具有历史、文化和科学价值的民族民间文化得到有效保护,初步建立起比较完备的中国民族民间文化保护制度和保护体系,在全社会形成自觉保护民族民间文化的意识,基本实现民族民间文化保护工作的科学化、规范化、网络化、法制化。保护方针是,实行保护为主、抢救第一、合理利用、继承发展的方针。实施原则是,政府主导、社会参与;长远规划、分步实施;明确职责、形成合力。(4)"保护工程"的保护对象、保护方式与实施内容。保护对象,主要是珍贵、濒危的并具有历史价值的民族民间传统文化,包括:传统的口述文学和语言文字;传统的戏剧、曲艺、音乐、舞蹈、美术、杂技等;传统的工艺美术和制作技艺;传统的礼仪、节日、庆典和体育活动等;与上述各项相关的代表性原始资料、实物和场所;其他需要保护的特殊对象等。基本保护方式是,对民族民间传统文化进行全面普查、确认、登记、立档;在真实记录的基础上进行整理、研究、出版,或以博物馆等妥善方式予以展示、保存;通过建立文化生态保护区、命名民族民间文化艺术之乡,对原生态文化保存较为完整并具有特殊价值和浓郁特色的文化区域,进行动态的持续性保护;通过对传承人的资助扶持和鼓励,建立民族民间文化传承机制；对优秀的民族民间文化进行宣传、弘扬和振兴。主要实施内容是，全面普查，摸清家底，制定民族民间文化保护规划；建立分级保护制度和保护体系，建立国家级民族民间文化保护名录和地方各级民族民间文化保护名录；利用现代科技手段，对珍贵、濒危的并具有历史价值的民族民间文化进行系统的抢救和保护；建立民族民间文化传承人（传承单位）的认定和培训机制，通过采取资助扶持等手段，鼓励民族民间文化的传承与传播；在民族民间文化形态保存较完整、并具有特殊价值、特色鲜明的民族聚集村落和特定区域，分级建立文化生态保护区；建立民族民间文化艺术之乡的申报、审核和命名机制；合理开发利用民族民间文化资源，推动优秀的民族民间文化融入现代日常生活；普及民族民间文化保护知识，提高全社会的民族民间文化保护意识；建立起责任明确、运转协调的民族民间文化保护工作机制；建立一支宏大的高素质的专业队伍，培养一大批热爱民族民间文化、专业知识精湛、具有奉献精神的民族民间文化保护工作者。（5）实施步骤。从2004年到2020年实施，分为三个阶段：第一期2004—2008年，为先行试点和抢救濒危阶段；第二期2009—2013年，为全面展开和重点保护阶段；第三期2014—2020年，为补充完善和健全机制阶段。(6) 组织机构。(7) 保障措施。加强政策法规建设；建立"保护工程"专项资金；建立政府主导、社会参与、职责明确、运转协调的工作机制；加强标准规范的制定，注重科研成果和现代技术的应用；加大人才培养力度，加强队伍建设；加强宣传教育工作，营造良好社会氛围。

《国务院办公厅关于加强我国非物质文化遗产保护工作的意见》 国务院2005年3月26日发布。旨在贯彻落实党的十六大有关扶持对重要文化遗产和优秀民间艺术的保护工作的精神，履行我国加入联合国教科文组织《保护非物质文化遗产公约》的义务。共分四个部分。(1)充分认识我国非物质文化遗产保护工作的重要性和紧迫性。非物质文化遗产是各族人民世代相承、与群众生活密切相关的各种传统文化表现形式和文化空间;非物质文化遗产与物质文化遗产共同承载着人类社会的文明,是世界文化多样性的体现;随着全球化趋势的加强和现代化进程的加快,我国的文化生态发生了巨大变化,非物质文化遗产受到越来越大的冲击。(2)非物质文化遗产保护工作的目标和方针。工作目标是,通过全社会的努力,逐步建立起比较完备的、有中国特色的非物质文化遗产保护制度,使我国珍贵、濒危并具有历史、文化和科学价值的非物质文化遗产得到有效保护,并得以传承和发扬。工作指导方针是,保护为主、抢救第一、合理利用、传承发展。正确处理保护和利用的关系,坚持非物质文化遗产保护的真实性和整体性,在有效保护的前提下合理利用,防止对非物质文化遗产的误解、歪曲或滥用。在科学认定的基础上,采取有力措施,使非物质文化遗产在全社会得到确认、尊重和弘扬。工作原则:政府主导、社会参与,明确职责、形成合力;长远规划、分步实施,点面结合、讲求实效。(3)建立名录体系,逐步形成有中国特色的非物质文化遗产保护制度。认真开展非物质文化遗产普查工作;建立非物质文化遗产代表作名录体系;加强非物质文化遗产的研究、认定、保存和传播;建立科学有效的非物质文化遗产传承机制。(4)加强领导,落实责任,建立协调有效的工作机制。要发挥政府的主导作用,建立协调有效的保护工作领导机制;地方各级政府要加强领导,将保护工作列入重要工作议程,纳入国民经济和社会发展整体规划,纳入文化发展纲要;各级政府要不断加大非物质文化遗产保护工作的经费投入;要充分发挥非物质文化遗产对广大未成年人进行传统文化教育和爱国主义教育的重要作用。

《国家级非物质文化遗产代表作申报评定暂行办法》 文化部办公厅2005年3月26日发布,自发布之日起施行。旨在加强非物质文化遗产保护工作,规范国家级非物质文化遗产代表作的申报和评定工作。共22条。《办法》界定:非物质文化遗产,指各族人民世代相承的、与群众生活密切相关的各种传统文化表现形式(如民俗活动、表演艺术、传统知识和技能,以及与之相关的器具、实物、手工制品等)和文化空间。非物质文化遗产可分为两类:(1)传统的文化表现形式,如民俗活动、表演艺术、传统知识和技能等;(2)文化空间,即定期举行传统文化活动或集中展现传统文化表现形式的场所,兼具空间性和时间性。《办法》规定非物质文化遗产的范围包括:口头传统,包括作为文化载体的语言;传统表演艺术;民俗活动、礼仪、节庆;有关自然界和宇宙的民间传统知识和实践;传统手工艺技能;与上述表现形式相关的文化空间。国务院每两年批准并公布一次国家级非物质文化遗产代表作名录。《办法》还对建立国家级非物质文化遗产代表作名录的目的,国家级非物质文化遗产代表作的申报评定工作,国家级非物质文化遗产代表作的申报、评审、公示、批准、公布,对列入国家级非物质文化遗产代表作名录的项目支持,对列入国家级非物质文化遗产代表作名录的项目进行评估、检查和监督等方面作出明确规定。

《国家级非物质文化遗产保护与管理暂行办法》 文化部2006年11月2日发布,自2006年12月1日起施行。旨在有效保护和传承国家级非物质文化遗产,加强保护工作的管理。共28条。《办法》界定:国家级非物质文化遗产,是指列入国务院批准公布的国家级非物质文化遗产名录中的所有非物质文化遗产项目。《办法》规定:国家级非物质文化遗产的保护,实行"保护为主、抢救第一、合理利用、传承发展"的方针,坚持真实性和整体性的保护原则。《办法》还对各级人民政府对国家级非物质文化遗产的保护工作履职，组织制定国家级非物质文化遗产保护整体规划，国家级非物质文化遗产项目应当确定保护单位，对国家级非物质文化遗产项目保护给予必要的经费资助，认定国家级非物质文化遗产项目代表性传承人，建立国家级非物质文化遗产数据库，组织制定国家级非物质文化遗产实物资料等级标准和出入境标准，宣传、普及国家级非物质文化遗产知识，应当对国家级非物质文化遗产项目所依存的文化场所划定保护范围，国家级非物质文化遗产项目的名称和保护单位不得擅自变更，捐赠国家级非物质文化遗产实物资料或者捐赠资金和实物，对在国家级非物质文化遗产保护工作中有突出贡献的单位和个人表彰奖励，定期组织对国家级非物质文化遗产项目保护情况的检查等方面作出明确规定。

《商务部文化部关于加强老字号非物质文化遗产保护工作的通知》 商务部、文化部2007年2月12日印发。旨在贯彻落实《国务院关于加强文化遗产保护的通知》精神，进一步加强老字号非物质文化遗产保护工作。共四个部分。(1)进一步提高对保护老字号非物质文化遗产重要性的认识。各地商务、文化主管部门必须从保护中华民族优秀传统文化、传承中华文明、建设和谐社会的高度出发，从发展民族商业、弘扬民族品牌、振兴民族经济、增强国家核心竞争力和"软实力"的战略着眼，提高对老字号保护、传承和发展重要性和必要性的认识，按照"保护为主、抢救第一、合理利用、传承发展"的方针，进一步加强我国老字号的非物质文化遗产保护工作。(2)认真做好普查工作。(3)鼓励老字号的传承。(4)将老字号纳入非物质文化遗产名录加以保护。

《中国非物质文化遗产标识管理办法》 文化部办公厅2007年7月23日发布，自发布之日起施行。旨在规范中国非物质文化遗产标识的使用和管理工作。共11条。

《办法》规定：文化部是中国非物质文化遗产标识的权利人。文化部授权中国非物质文化遗产保护中心对中国非物质文化遗产标识及其使用进行保护和管理，维护中国非物质文化遗产标识权利人的权益。《办法》还对中国非物质文化遗产标识的使用管理作出明确规定。《办法》规定中国非物质文化遗产保护中心应当依照相关法规，加强对中国非物质文化遗产标识的使用管理。中国非物质文化遗产保护中心应当定期将中国非物质文化遗产标识使用和管理工作的情况报送中国非物质文化遗产标识权利人备案。任何单位、组织和个人使用中国非物质文化遗产标识时应当遵守本办法的规定。

《国家级非物质文化遗产项目代表性传承人认定与管理暂行办法》 文化部2008年5月14日发布，自2008年6月14日起施行。旨在有效保护和传承国家级非物质文化遗产，鼓励和支持国家级非物质文化遗产项目代表性传承人开展传习活动。共18条。《办法》界定：国家级非物质文化遗产项目代表性传承人，是指经国务院文化行政部门认定的，承担国家级非物质文化遗产名录项目传承保护责任，具有公认的代表性、权威性与影响力的传承人。《办法》还对认定国家级非物质文化遗产项目代表性传承人的程序，条件，申请，评审，应采取文字、图片、录音、录像等方式全面记录该项目代表性传承人掌握的非物质文化遗产表现形式、技艺和知识等，应对开展传习活动确有困难的国家级非物质文化遗产项目代表性传承人支持，国家级非物质文化遗产项目代表性传承人应承担义务等方面作出明确规定。

《文化部关于加强国家级文化生态保护区建设的指导意见》 文化部2010年2月10日印发。旨在进一步深化非物质文化遗产保护，加强国家级文化生态保护区建设。共六个部分：(1)国家级文化生态保护区建设的重要意义。(2)国家级文化生态保护区建设的方针和原则。国家级文化生态保护区建设要以科学发展观为指导,认真贯彻非物质文化遗产保护工作"保护为主、抢救第一、合理利用、传承发展"的指导方针。在文化生态保护区的建设工作中,应坚持以保护非物质文化遗产为核心的原则,坚持人文环境与自然环境协调、维护文化生态平衡的整体性保护原则,坚持尊重人民群众的文化主体地位的原则,坚持以人为本、活态传承的原则,坚持文化与经济社会协调发展的原则,坚持保护优先、开发服从保护的原则,坚持政府主导、社会参与的原则。(3)国家级文化生态保护区设立的条件。传统文化历史积淀丰厚、存续状态良好,并为社会广泛认同;非物质文化遗产资源丰富,分布较为集中,且具有较高的历史、文化、科学价值和鲜明的区域特色、民族特色;非物质文化遗产所依存的自然生态环境和人文生态环境良好;当地群众的文化认同与参与保护的自觉性较高;当地人民政府重视文化生态保护区建设工作,保护措施有力。(4)国家级文化生态保护区设立的程序。(5)国家级文化生态保护区建设的基本措施。科学制定文化生态保护区总体规划。制定总体规划是建设文化生态保护区的前提条件,要确定重点区域进行整体性保护;加强非物质文化遗产名录项目的保护;加强非物质文化遗产名录项目代表性传承人的保护;加强非物质文化遗产基础设施建设;加强文化生态保护区理论和政策研究;加强非物质文化遗产教育传承;加强非物质文化遗产保护人才队伍建设;突出社会公众的文化主体地位;营造有利于文化生态可持续发展的良好社会氛围。(6)国家级文化生态保护区建设的工作机制。发挥政府主导作用;加大资金投入;建立专家咨询机制;加强指导检查。

《中华人民共和国非物质文化遗产法》 2011年2月25日全国人大颁布,自2011年6月1日起施行。它是中国特色社会主义政治、经济、社会、文化四位一体战略布局中颁布的一部重要法律;是继《文物保护法》颁布近30年来,文化领域的又一部重要法律。旨在继承和弘扬中华民族优秀传统文化,促进社会主义精神文明建设,加强非物质文化遗产保护、保存工作。共分总则、非物质文化遗产的调查、非物质文化遗产代表性项目名录、非物质文化遗产的传承与传播、法律责任、附则六章45条。《非物质文化遗产法》所称非物质文化遗产,是指各族人民世代相传并视为其文化遗产组成部分的各种传统文化表现形式,以及与传统文化表现形式相关的实物和场所。包括:传统口头文学以及作为其载体的语言;传统美术、书法、音乐、舞蹈、戏剧、曲艺和杂技;传统技艺、医药和历法;传统礼仪、节庆等民俗;传统体育和游艺;其他非物质文化遗产。《非物质文化遗产法》对非物质文化遗产的调查、非物质文化遗产代表性项目名录、非物质文化遗产的传承与传播、法律责任等方面作出明确规定。

《文化部关于加强非物质文化遗产生产性保护的指导意见》 文化部2012年2月2日印发。旨在进一步规范、加强非物质文化遗产生产性保护。共四个部分。(1)充分认识开展非物质文化遗产生产性保护的重要意义。(2)正确把握非物质文化遗产生产性保护的方针和原则。非物质文化遗产生产性保护要坚持以科学发展观为指导,按照《中华人民共和国非物质文化遗产法》的规定,认真贯彻"保护为主、抢救第一、合理利用、传承发展"的方针。在非物质文化遗产生产性保护工作中,坚持以人为本、活态传承原则,坚持保护传统工艺流程的整体性和核心技艺的真实性原则,坚持保护优先、开发服从保护原则,坚持把社会效益放在首位,社会效益和经济效益有机统一原则,坚持依法保护、科学保护原则。(3)科学推进非物质文化遗产生产性保护工作深入开展。坚持正确导向;合理规划布局;健全传承机制;落实扶持措施;加强引导规范;建设基础设施;

发挥协会作用;营造良好氛围。(4)建立完善非物质文化遗产生产性保护的工作机制。坚持政府引导;鼓励社会参与;加强指导检查。

《文化部财政部关于印发中华再造善本工程实施方案的通知》 文化部、财政部2002年5月27日印发。旨在确保古籍善本不致失传,使它们在建设有中国特色社会主义文化中发挥应有的作用。该通知印发的《中华再造善本工程实施方案》共五个部分。(1)指导思想和原则。以善本古籍的安全保护、开发利用为出发点,以弘扬中华民族优秀传统文化,促进社会主义先进文化发展为目的,坚持统筹规划,兼顾抢救、保护与利用,先易后难,滚动发展。(2)建设目标。在"十五"期间,采用现代出版印刷技术,完成反映原貌、质量上乘的再造善本精品约1000种,统一装帧,统一编号,形成整套丛书。根据古籍善本的文物、学术价值和版本特点,采用不同的"再造"方式是,选择具有珍贵文物价值的古籍善本,复制出版,分藏于国家图书馆及各省、自治区、直辖市图书馆;选择部分具有学术研究价值的古籍善本,根据需求适量出版;选择部分古籍善本进行高档装帧设计,作为党和国家领导人及有关部门公务活动的礼品。(3)组织机构。组建中华再造善本工程规划指导委员会;组建中华再造善本工程编纂出版委员会。(4)运作方式。选用底本标准;申报与出版;样本缴送;发行。(5)专项经费的管理与使用。

《国务院办公厅关于进一步加强古籍保护工作的意见》 国务院2007年1月19日发布。旨在抢救、保护我国珍贵古籍,继承和弘扬优秀传统文化,推动社会主义先进文化和和谐社会建设。共四个部分。(1)充分认识古籍保护工作的重要性和紧迫性。(2)加强古籍保护工作的指导思想、基本方针和总体目标。指导思想是,坚持以邓小平理论和"三个代表"重要思想为指导，全面贯彻和落实科学发展观，加大古籍保护工作力度，建立科学有效的古籍保护制度，提高全社会的古籍保护意识，充分发挥古籍在传承中华文化，提高人民群众思想道德素质和科学文化素质，增强民族凝聚力，促进社会主义先进文化建设中的重要作用。基本方针是，贯彻"保护为主、抢救第一、合理利用、加强管理"的方针。坚持依法保护和科学保护的原则，正确处理古籍保护与利用的关系，统筹规划、分类指导、突出重点、分步实施。主要任务和基本目标是，"十一五"期间，大力实施"中华古籍保护计划"和"十一五"国家古籍整理重点图书出版规划，全面、科学、规范地开展保护工作。对全国公共图书馆、博物馆和教育、宗教、民族、文物等系统的古籍收藏和保护状况进行全面普查，建立中华古籍联合目录和古籍数字资源库；实现古籍分级保护，建立《国家珍贵古籍名录》；完成一批古籍书库的标准化建设，命名"全国古籍重点保护单位"；加强古籍修复工作，培养一批具有较高水平的古籍保护专业人员。通过努力，逐步形成完善的古籍保护工作体系，使我国古籍得到全面保护。(3)突出重点，科学规范地开展古籍保护工作。统一部署，全面开展古籍普查登记工作；建立《国家珍贵古籍名录》，逐步形成完善的古籍保护制度；改善古籍保管条件，命名全国古籍重点保护单位；加快推进古籍修复工作，提高古籍修复水平；进一步加强古籍的整理、出版和研究利用。(4)加强领导，协同配合，共同做好古籍保护工作。建立古籍保护工作协调机制；加大古籍保护资金投入；加强古籍保护人才培养；加大古籍市场监管力度；加强对古籍保护的宣传。

《文化部关于印发全国古籍普查工作方案等文件的通知》 文化部2007年8月1日印发。旨在贯彻落实《国务院办公厅关于进一步加强古籍保护工作的意见》精神，全面实施中华古籍保护计划。该通知印发的《全国古籍普查工作方案》共四个部分。(1)普查范围和内容。普查范围包括:我国境内的国家图书馆、各公共图书馆、文博单位图书馆(藏书楼)、高等院校图书馆、科研单位图书馆、宗教单位图书馆(藏经阁)等;个人或私人收藏机构,也可以纳入普查范围。古籍普查对象为我国汉文和少数民族文字古籍,其他特种文献,如甲骨、简牍、帛书、金石拓片、舆图等,暂不列入这次普查范围。普查的主要内容包括:古籍基本信息、古籍破损信息和古籍保存状况信息等。民间收藏的古籍,可到所在地省级古籍保护分中心进行登记、定级、著录。(2)工作机构与任务分工。全国古籍普查工作由全国古籍保护工作部际联席会议统筹规划,由文化部领导实施。设立专家委员会。国家图书馆设立中国国家古籍保护中心。各省、自治区、直辖市成立各省级古籍保护分中心。(3)工作步骤。2007年普查的工作重点是组建古籍普查相关机构,确定古籍普查试点单位,开始对一、二级古籍进行普查。

到2009年7月底前,初步掌握现存一、二级古籍状况。分批次发布《全国重点古籍保护名录》及《全国古籍重点保护单位名录》。从2009年8月—2010年底,开展二级以下古籍普查工作,汇总古籍普查成果,逐步形成《中华古籍联合目录》。(4)工作要求。要积极开展普查宣传工作;各级普查机构应健全机制、配备普查人员和设备;加强普查人员的培训。该通知同时印发的《全国古籍保护工作试点方案》共四个部分。(1)试点工作的时间。全国古籍保护试点工作自2007年8月开始,至2008年7月结束,历时一年。(2)试点工作的任务。通过普查工作摸清家底,编制出本单位的古籍目录,并及时将普查结果上报上级主管部门;各试点单位根据普查进程,及时分析普查结果,区分藏品的不同等级,对古籍实行分级保护;各试点单位的古籍修复须首先提出计划和具体方案,特别对古籍修复涉及的一、二级古籍,其修复方案和修复人员须得到国家中心或国家中心委托的省分中心认可；对于古籍库房内部环境不符合藏品需求的，消防等外部环境不合格的，古籍收藏单位应及时向上逐级汇报，提出整改建议，申报改造计划，避免灾害隐患；对于库房条件过差和库房管理严重不合格的单位，根据藏品等级，必要时将寄存上级收藏单位或其他收藏条件好的单位，归属权不变，待库房的改进经专业人员认定符合藏品需要后，藏品方可归回。(3) 试点工作的要求。建立健全组织工作机制；制定试点工作方案；落实经费；深入调研；人员培训；加强组织协调；加强信息沟通；古籍保护工作试点单位要与国家古籍保护中心签订责任书，并在试点工作完成后完成总结报告。(4) 试点单位。全国古籍保护工作试点单位由全国古籍保护工作部际联席会议审议确定。

《国家珍贵古籍申报评审暂行办法》 文化部 2007 年 8 月 1 日发布。旨在加强对珍贵古籍的保护工作，建立《国家珍贵古籍名录》。建立《国家珍贵古籍名录》的目的，是建立完备的珍贵古籍档案，确保珍贵古籍的安全，推动古籍保护工作，提高公民的古籍保护意识，促进国际文化交流和合作。共 10 条。《办法》对建立《国家珍贵古籍名录》的申报评审工作，主要收录范围，评选标准，申报及评审程序，申报评审工作的时限等方面作出明确规定。

《全国古籍重点保护单位申报评定暂行办法》 文化部 2007 年 8 月 1 日发布。旨在进一步加强对我国古籍的保护和管理，建立"全国古籍重点保护单位"申报评定制度。评定"全国古籍重点保护单位"的目的，是加强对古籍保护工作的管理，推动各古籍收藏单位改善古籍保护条件，提高古籍保护工作水平，促进我国古籍保护工作健康、持续开展。共 10 条。《办法》对组织"全国古籍重点保护单位"申报评定工作、评选范围、评选标准、申报及评定程序、提交古籍保护情况报告等方面作出明确规定。

《文化部等部门关于支持西藏古籍保护工作的通知》 文化部、教育部、科技部、国家民委、新闻出版总署、宗教局、文物局、中医药局2009年11月6日印发。旨在贯彻落实《国务院办公厅关于进一步加强古籍保护工作的意见》和《国务院关于进一步繁荣和发展少数民族文化事业的若干意见》精神,加强西藏自治区古籍保护工作,弘扬中华优秀传统文化,促进西藏自治区经济、社会协调发展。该通知印发的《西藏自治区古籍工作保护方案》共四个部分:(1)工作目标。以普查登记工作为基础,逐步建立比较完善的西藏古籍保护工作体系。2015年之前基本完成西藏自治区藏文等古籍的普查、登记工作。有计划地改善重点古籍收藏单位的保管条件,建立国家级古籍修复中心,以藏文古籍为重点,开展古籍修复工作,建立古籍全文数据库,开展古籍的整理研究和出版工作。形成基本满足藏文等古籍普查、编目、修复、保护、整理研究等工作需要的专业人员队伍,推动西藏古籍保护工作科学、规范、有序开展。(2)工作任务。开展藏文等古籍普查;研制藏文等古籍保护相关标准、规范、技术、软件平台;开展古籍保护人才培养工作;加强古籍修复工作;改善古籍保管条件;开展古籍再生性保护。(3)组织机构与工作机制。全国古籍保护工作部际联席会议负责审定西藏自治区古籍保护计划、工作方案,负责统筹和协调推进西藏自治区的古籍保护工作;西藏自治区古籍保护工作领导小组负责制订西藏自治区古籍保护工作计划、领导协调西藏自治区古籍保护工作;在全国古籍保护工作专家委员会下,组建藏文古籍保护工作小组;国家古籍保护中心负责组织研制、推广相关标准、规范,设计、研制软件平台,提供人员培训支持等工作;西藏古籍保护中心设在西藏自治区图书馆。(4)保障措施。人才保障;经费保障。

《文化部关于进一步加强古籍保护工作的通知》 文化部2011年3月8日印发。共七个部分18条。(1)推进古籍普查工作；建立适时申报、分批评审《国家珍贵古籍名录》及全国古籍重点保护单位的工作机制；加快《中华古籍总目》分省卷编纂。(2)加强少数民族文字古籍保护工作，开展特色古籍的专项保护。(3)多途径开展古籍专业人才队伍建设，提高工作队伍的整体素质。进一步发挥古籍保护专家的作用；建立古籍保护工作专业人员的资格认证制度；加强工作队伍的业务培训。(4)加强对全国古籍重点保护单位和国家级古籍修复中心的管理，做好珍贵古籍的保护与修复工作。(5)加大法规建设与科研力度，促进古籍保护的制度化、规范化、科学化。推进古籍保护工作的有关标准规范的建设；加强古籍保护关键技术的研究和推广。(6)加快海外古籍调查，加强国际交流与合作。(7)推进古籍的开发利用，提高全社会的古籍保护意识。加强古籍出版、缩微复制等再生性保护；加快古籍的数字化建设；开展古籍保护的宣传工作。

《卫星电视广播地面接收设施管理规定》 国务院1993年10月5日发布，自发布之日起施行。旨在加强对卫星电视广播地面接收设施的管理，促进社会主义精神文明建设。共14条。《规定》界定：卫星电视广播地面接收设施，是指接收卫星传送的电视节目的天线、高频头、接收机及编码、解码器等设施。《规定》规定：国家对卫星地面接收设施的生产、进口、销售、安装和使用实行许可证制度。个人不得安装和使用卫星地面接收设施。《规定》对卫星电视广播地面接收设施的生产、进口、销售、安装和使用，以及违反本规定的处罚等方面作出明确规定。

《广播电视管理条例》 国务院1997年8月1日颁布，自1997年9月1日起施行。旨在加强广播电视管理，发展广播电视事业，促进社会主义精神文明和物质文明建设。共分总则、广播电台和电视台、广播电视传输覆盖网、广播电视节目、罚则、附则共六章55条。《条例》界定：广播电台、电视台是指采编、制作并通过有线或者无线的方式播放广播电视节目的机构；广播电视传输覆盖网，由广播电视发射台、转播台（包括差转台、收转台）、广播电视卫星、卫星上行站、卫星收转站、微波站、监测台（站）及有线广播电视传输覆盖网等构成；广播电视节目由广播电台、电视台和省级以上人民政府广播电视行政部门批准设立的广播电视节目制作经营单位制作。《条例》规定：广播电视事业应当坚持为人民服务、为社会主义服务的方向，坚持正确的舆论导向；国家发展广播电视事业；国务院广播电视行政部门负责全国的广播电视管理工作。县级以上地方人民政府负责广播电视行政管理工作的部门或者机构负责本行政区域内的广播电视管理工作。全国性广播电视行业的社会团体按照其章程，实行自律管理，并在国务院广播电视行政部门的指导下开展活动。《条例》还对广播电台和电视台、广播电视传输覆盖网、广播电视节目、罚则等方面作出明确规定。《条例》规定：本条例适用于在中华人民共和国境内设立广播电台、电视台和采编、制作、播放、传输广播电视节目等活动。

《国家计委国家广电总局关于进一步加强农村广播电视覆盖工作的通知》 国家计委、国家广电总局1999年4月9日印发。旨在遵照国务院领导同志的指示精神，进一步推进农村广播电视覆盖工作。共三部分：（1）提高认识，明确目标，确保2000年基本实现村村通广播电视。到2000年，在全国已通电的行政村，应基本实现村村通广播电视，具体是完成10万个广播电视盲乡盲村的覆盖工程，解决7000万以上人口收听收看广播电视问题，使全国广播、电视人口综合覆盖率分别达到91.5%和92.5%。使每一个盲点能够收看到两套电视节目(中央一套、省一套)和收听到一套中央广播节目。(2)明确职责,加大投入,打好覆盖工程攻坚战实现上述目标,时间紧迫,任务艰巨,困难较多,各地方政府应积极协调各有关方面,把本地区农村广播电视覆盖工作作为一项重要工作,抓紧抓好,如期完成建设任务。各地要将"村村通广播电视工程"纳入当地经济与社会发展计划;加大投入力度;要结合本地的实际情况,因地制宜,采取适合本地特点的有效技术手段,本着先易后难的原则,对居住人口较多,建设条件较好的乡和行政村优先建设,并首先保证听到、看到中央一套和省一套广播电视节目。(3)加强领导,科学规划,建立健全农村广播电视网络建设的管理维护机制。

《广播电视设施保护条例》 国务院2000年11月5日公布,自公布之日起施行。1987年4月24日国务院发布的《广播电视设施保护条例》同时废止。旨在维护广播电视设施的安全,确保广播电视信号顺利优质地播放和接收。共分总则、保护措施、罚则、附则四章27条。《条例》界定:广播电视信号发射设施,包括天线、馈线、塔桅(杆)、地网、卫星发射天线及其附属设备等;广播电视信号专用传输设施,包括电缆线路、光缆线路(以下统称传输线路)、塔桅(杆)、微波等空中专用传输通路、微波站、卫星地面接收设施、转播设备及其附属设备等;广播电视信号监测设施,包括监测接收天线、馈线、塔桅(杆)、测向场强室及其附属设备等。《条例》规定:任何单位和个人均有保护广播电视设施的义务。禁止任何单位和个人侵占、哄抢、私分、截留、破坏广播电视设施。任何单位和个人对危害广播电视设施的行为,均有权制止并向有关部门报告。《条例》还对保护措施、罚则等方面作出明确规定。《条例》规定:在中华人民共和国境内依法设立的广播电视台、站(包括有线广播电视台、站)和广播电视传输网的下列设施的保护,适用本条例。

《国家广电总局关于加强地面数字电视试验管理的通知》 国家广电总局2004年6月8日印发。共五部分。(1) 开展地面数字电视试验必须符合国家统一标准,在国家标准未颁布前进行试验的系统必须具有今后改造为符合国家标准的能力。开展地面数字电视试验,要按照有关程序报总局批准(包括发射机功率100瓦以下的系统)。(2) 利用有线数字电视调制方式无线发射电视节目,由于涉及到与现有电视覆盖网兼容和下一步地面数字电视频率规划的问题,此项业务不宜在电视分米波频段内开展,可考虑在MMDS专用频段内进行,以作为有线电视网的补充和延伸,扩大多套电视节目在农村地区的覆盖。(3) 考虑到地面数字电视国家标准尚未确定,开展地面数字电视移动接收试验有一定的技术风险和经济风险,目前仅限于在批准的个别地区进行试验。(4) 总局正在进行地面数字电视频率规划研究工作,各地要加强协调,积极配合,处理好局部和全局、眼前利益和长远利益、现有业务和新业务的关系,统筹协调有线、卫星、无线等多种技术手段,实现广播电视从模拟向数字的平稳过渡。(5) 各级广播电视部门要高度重视数字化发展过程中出现的新情况、新问题,加强引导,加强管理,进一步处理好标准、管理和发展的关系,确保广播电视公共服务,推动广播电视事业和产业健康有序发展。

《国务院办公厅转发广电总局等部门关于巩固和推进村村通广播电视工作意见的通知》 国务院办公厅2004年7月21日发布。旨在针对1998年以来,广电总局会同有关部门组织实施的村村通广播电视(以下简称"村村通")工程不同程度的出现"返盲"现象,为进一步巩固"村村通"成果,推进"村村通"工作。共四部分。(1) 进一步提高认识,加强组织领导。(2) 强化督促检查,建立长效机制。各地区要对本地区"村村通"工程建设和巩固情况开展深入细致的调查研究,摸清"返盲"情况,查明"返盲"原因,进一步完善农村广播电视网络建设的有关规章制度。要根据实际情况,动员和组织各方面力量建立起"村村通"工程的有效管理和维护服务体系,确保其长期有效运行。(3)加大支持力度,保障设备运行。"村村通"工程运行和维护经费原则上由地方各级人民政府分级负担。中央财政将对纳入"西新工程"实施范围的新疆、内蒙古、宁夏自治区和青海、甘肃、云南、四川省藏区"村村通"工程维护经费给予适当补助。(4)合理规划,稳步推进自然村"村村通"工程。在巩固行政村"村村通"成果的同时,自2004年7月下旬起,正式启动自然村"村村通"工程。各地区发展改革和广电部门要认真总结经验,深入调查研究,实事求是地制定本地区自然村"村村通"工程建设规划,稳步推进新通电行政村和20户以上已通电自然村"村村通"工作。

2004年和2005年,重点解决新通电行政村和50户以上已通电自然村收听不到广播、收看不到电视的问题。

《广播电视无线传输覆盖网管理办法》 国家广电总局2004年11月15日颁布,自2004年12月15日起施行。旨在保证广播电视传输覆盖业务的正常进行,维护广播电视播出秩序,加强对广播电视无线传输覆盖业务的管理。共分总则、广播电视无线传输覆盖业务、广播电视无线传输覆盖网频率的使用、无线广播电视发射设备的订购、无线广播电视设施的迁建和保护、罚则、附则共七章33条。《办法》界定:广播电视无线传输覆盖网,包括广播电视发射台、转播台、差转台、收转台(站)、微波站、节目传送台(站)、广播电视卫星、卫星地球站、监测台(站)等部分。广播电视无线传输覆盖业务是指利用无线传输覆盖网传送广播电视节目信号的活动。《办法》规定:国家广播电影电视总局负责全国广播电视无线传输覆盖网的管理工作；地方广播电视行政部门负责本辖区内的无线传输覆盖网的管理工作。无线传输覆盖网由县级以上广播电视行政部门按照国家有关规定组建，并应确保本行政区域内广播电视传输覆盖的安全和质量。无线传输覆盖网的工程选址、设计、施工、安装，应当按照国家有关规定办理，并由依法取得相应资质的单位承担。国家对广播电视无线传输覆盖业务、使用广播电视频率、购买无线广播电视发射设备以及迁建无线广播电视设施实行许可制度。国家严禁在无线传输覆盖网中传送法律、行政法规、规章规定禁止的内容。《办法》对广播电视无线传输覆盖业务、广播电视无线传输覆盖网频率的使用、无线广播电视发射设备的订购、无线广播电视设施的迁建和保护、罚则等方面作出明确规定。

《国务院办公厅关于进一步做好新时期广播电视村村通工作的通知》 国务院办公厅 2006 年 9 月 20 日发布。旨在贯彻落实党的十六届五中全会精神，按照党中央、国务院关于推进社会主义新农村建设和进一步加强农村文化建设的部署。共分五部分 15 条。（1）充分认识做好新时期"村村通"工作的重要性和紧迫性。（2）切实明确新时期"村村通"工作的目标任务。按照"巩固成具、扩大范围、提高质量、改善服务"的要求，进一步巩固农村广播电视建设成果，完善农村广播电视基础设施建设，大力提高农村广播电视无线覆盖水平，逐步消除"盲区"，增加收听收看广播电视节目套数，丰富服务"三农"的广播电视节目内容，建立健全推进"村村通"工作的长效机制，构建农村广播电视公共服务体系。到 2010 年底，全面实现 20 户以上已通电自然村广播电视的目标。按照"技术先进，安全可靠，经济可行，保证长效"的原则，因地制宜地采取适合本地特点的技术手段实现"村村通"。鼓励距离城镇较近、有条件的农村采取有线光缆联网方式进行建设，边远、居住分散地区采取共用卫星接收（俗称"村锅"）方式进行建设，使"盲村"的农民能够收听收看到包括中央和本省的 4 套以上的广播节目和 8 套以上的电视节目。同时，加强管理，保证"村村通"工程按规定接收广播电视信号，防止违规接收境外节目。(3) 大力推进新时期"村村通"工程建设。继续加大对"村村通"工程建设的资金投入；继续加大对"村村通"工程建设的政策支持；在国家广播电视机构控股 51% 以上的前提下，鼓励其他国有、非公有资本投资参股县级以下新建有线电视分配网和有线电视接收端数字化改造。(4) 努力建立健全推进"村村通"工作的长效机制。加强县、乡（镇）广播电视机构的公共服务职能，建立健全以县为中心、乡（镇）为基础、面向农户的农村广播电视公共服务体系；按照分级负责原则，地方各级政府负责农村广播电视管理维护机构日常经费，并按有关规定转播好中央广播电视节目。省、市、县级政府分别负责解决转播本级广播电视节目的无线发射转播台（站）的机房和设备的运行维护经费。中央政府保障"村村通"卫星平台运行维护经费，对原"西新工程"范围的新疆、内蒙古、宁夏自治区和青海、甘肃、云南、四川省藏区"村村通"工程维护经费给予适当补助；对全国县及县以上转播中央第一套广播节目、中央第一套和第七套电视节目的大中功率无线发射设备的运行维护经费给予一定补助。因地制宜，采取各种有效措施，建立完善"村村通"公共设施设备运行维护机制。(5) 进一步加强做好"村村通"工作的组织领导。

《国家发展改革委办公厅国家广电总局办公厅关于扎实做好"十一五"广播电视村村通工程建设有关工作的通知》 国家发展改革委办公厅、国家广电总局办公厅 2008 年 5 月 16 日印发。旨在保证"十一五"广播电视村村通工程建设的顺利实施。共八部分。(1) 进一步提高认识。20 户以上已通电自然村"盲村"主要采用直播卫星方式进行"村村通"建设，是由"盲村"地理位置偏远的客观条件决定的，目的是解决听不到看不到的问题。这种方式节目套数多、接收质量好、建设运营维护成本低，并且使用我国自主研发的技术标准，安全可靠、便于加强管理，有利于巩固村村通，确保长期通，是解决"盲村"群众收听收看广播电视节目最直接、最有效的方式。(2)认真制定切实可行的建设方案。20户以上"盲村"建设以县(市、旗)为单位组织实施，以乡镇(苏木)为单位集中整片推进；各地年度建设方案由省广电部门负责编制，省发展改革部门负责审核。(3)积极落实建设资金。地方各级政府是"村村通"建设的责任主体，建设资金原则上由省(自治区、直辖市)、地市(州、盟)两级政府负责解决。国家给予中西部补助资金。(4)核实直播卫星接收设备数量。中部地区(包括福建省)和西部地区"盲村"所需直播卫星接收设备由国家统一组织招标，各省(自治区、直辖市)根据招标结果与中标生产厂家签订设备采购合同，并支付货款。(5)建立协调合作机制。(6)做好宣传工作。(7)加强监督管理。(8)国家已下达有关省(自治区、直辖市)2007年和2008年20户以上已通电自然村"村村通"工程建设任务，由于直播卫星推迟到2008年6月发射，2007年和2008年建设任务将一并实施。

《广电总局办公厅国家发展改革委办公厅关于实施广播电视村村通工程建设有关问题的通知》 广电总局办公厅、国家发展改革委办公厅2008年10月20日印发。旨在保证"村村通"工程顺利实施。共三部分。(1)因2006年我国广播电视直播卫星推迟于2008年5月发射，工程建设未能如期进行，2007年和2008年"村村通"建设任务将推迟到2009年完成。按照国务院到2010年底全面实现20户以上已通电自然村"村村通"广播电视的要求，各省(区、市)要确保在2010年底全面完成工程建设任务,实现"十一五"规划确定的目标。(2)为确保设备质量、降低成本,国家对中部地区和西部地区"村村通"建设所需的全部直播卫星接收设备统一组织招标,每次招标结余的建设资金不得挤占挪用,全部用于下一次的统一招标采购。(3)广播电视村村通工程建设责任主体在地方,国家对中部地区国家扶贫开发工作重点县、比照西部地区县和西部地区自愿购买使用直播卫星接收设备的农户给予补贴,设备产权归购买使用直播卫星接收设备的农户所有。

《广电总局办公厅关于抓紧做好新一轮"村村通"建设所涉及卫星接收设施管理工作的通知》 广电总局办公厅2009年1月19日印发。旨在抓紧做好新一轮"村村通"建设所涉卫星接收设施的管理工作。共五部分。(1)要明确界定用户范围。新一轮"村村通"建设主要采用直播卫星方式,所涉卫星接收设施用户范围是"20户以上已通电自然村'盲村'",目的是解决听不到看不到的问题。(2)要充分体现便民利民。(3)要大力落实长效管理。县级以上广电管理部门要对使用"村村通"卫星接收设施农户登记造册,对设施出厂编号和用户姓名、住址、身份证号、联系电话等进行认真登记,建立全省统一的电子档案;要建立健全"村村通"卫星接收设施用户管理制度,在设施重点部位加贴管理检查标识,将规范用户日常卫星接收行为的职责落实到单位及有关责任人。(4)要重点管住源头环节。"村村通"卫星接收设施"必须由具有内销资质的定点生产企业生产并定向提供给经许可的安装单位,产品必须符合工业和信息化部、质检总局、工商总局和广电总局关于卫星接收设施的监管要求",并"由经许可的安装单位定向为经允许的境内卫星电视接收用户安装"。(5)要高度重视统筹协调。

《广播电视安全播出管理规定》 国家广电总局2009年12月16

日发布，自 2010 年 2 月 6 日起施行。旨在加强广播电视安全播出管理，保障广播电视信号安全优质播出，维护用户收听收看广播电视的权益。编制依据是，《广播电视管理条例》、《广播电视设施保护条例》。共分总则、基本保障、日常管理、重要保障期管理、应急管理、监督管理、法律责任、附则共八章45 条。《规定》明确：国务院广播影视行政部门负责全国广播电视安全播出监督管理工作。县级以上地方人民政府广播影视行政部门负责本行政区域内的广播电视安全播出监督管理工作。广播电视安全播出工作应当坚持不间断、高质量、既经济、又安全的方针。任何组织、个人不得实施干扰广播电视信号、危害广播电视安全播出的行为。广播电视安全播出实行分类分级保障制度。安全播出责任单位应当加强制度建设，采取多种措施保障广播电视安全播出。《规定》还明确：全国安全播出重要保障期由国务院广播影视行政部门规定，地方安全播出重要保障期由县级以上地方人民政府广播影视行政部门规定。广播电视安全播出突发事件分为破坏侵扰事件、自然灾害事件、技术安全事件、其他事件四类；突发事件级别分为特别重大（特大）、重大、较大三级。《规定》还对基本保障、日常管理、重要保障期管理、应急管理、监督管理、法律责任等方面作出明确规定。

《广播电视高山无线发射台站基础设施建设管理办法》 国家发展改革委办公厅、国家广电总局办公厅 2011 年颁布。旨在保障工程建设质量，规范建设工程项目管理，圆满完成建设任务。《办法》规定：高山无线发射台站建设项目适用于纳入"十一五"农村中央广播电视无线覆盖工程、位于农村地区或者偏远城郊地区、承担直接覆盖农村任务、存在影响安全播出隐患或工作条件艰苦、有专人值守的县级以上（含县级）高山无线发射台站。重点加强机房、水电、围墙、道路、铁塔、冷暖、通风、节传、监控和防雷接地系统的建设、改造等。《办法》明确：项目申报和审批程序是，要求各省（区、市）发展改革部门会同广电部门编制本省（区、市）"十二五"广播电视高山无线发射台站基础设施建设总体方案，重点解决各台站安全播出和运行发展中最急需、最紧迫的问题，改善基本工作条件。方案须经国家发展改革委和国家广电总局审核批准。年度工程实施项目的可行性研究报告和初步设计，由本省（区、市）发展改革部门审批。《办法》还明确：各省（区、市）广电部门是本地区高山无线发射台站基础设施项目建设实施的责任主体，对本地区工程项目的选择、建设内容的确定、建设资金的使用等负有主要责任，对工程项目建设的质量、安全、进度、效益负总体责任。《办法》还对建设方案编制、项目申报审批、中央投资安排、工程组织实施，以及违反其他法律法规和本《办法》的行政法律责任作出了明确规定。

《国家广电总局关于在有线网络未通达农村地区开展直播卫星公共服务的通知》 国家广电总局2011年9月13日印发。旨在让全国尽快实现直播卫星公共服务的全覆盖，着力推进农村广播电视由"村村通"向"户户通"延伸的目标和任务。共五部分。（1）加强领导，明确责任。在党委宣传部的指导下，明确任务、明确分工、明确责任，抓紧制定具体实施方案和工作计划、实施方案和工作计划一并上报总局科技司。（2）抓紧开展直播卫星服务区域划分工作。截至2011年12月31日有线电视网络未通达的农村地区，均应划入直播卫星服务区域范围，以行政村为单位进行划分，可本着先易后难的原则分批进行。服务区域一经确认，长期有效，如发生地名更改、行政区划变更、增加服务区域等情况，可按程序上报。（3）抓紧建立直播卫星公共服务运行管理体系。直播卫星公共服务的方式是：在服务区域内设立直播卫星接收设施专营服务网点，用户自行购买直卫星接收设施后，由专业服务队伍上门安装开通，即可免费接收25套卫星电视和17套卫星广播节目，包括中央电视台1至16套、中国教育电视台第1套、本省1套卫视和7套少数民族语言卫视节目及中央人民广播电台1至13套节目、中国国际广播电台3套节目和本省1套广播节目。"双模"机顶盒还可以免费接收本地6套地面数字电视节目，同时根据用户需求，机顶盒可以外接电话机开通电话业务。(4)积极争取资金支持。各级广电部门要积极向党委政府汇报直播卫星公共服务工作计划，力争将此项工作纳入社会主义新农村建设、农村文化建设和精神文明建设总体规划，纳入"十二五"扶贫攻坚规划，积极争取财政补贴，落实具体政策和配套措施。(5)组织开展培训工作。

《有线广播电视运营服务管理暂行规定》 国家广电总局2011年12月2日发布，自2012年3月1日起施行。旨在规范有线广播电视运营服务行为，提高服务质量，维护用户合法权益。共分总则、服务要求、监督管理、法律责任、附则五章48条。《规定》界定：有线广播电视运营服务，是指依法设立的有线广播电视运营服务提供者，利用有线广播电视传输覆盖网向用户提供服务的活动。《规定》提出：有线广播电视运营服务工作应当遵循用户为本、安全畅通、公平合理、公益优先的原则。有线广播电视运营服务提供者应当按照科学审慎、安全可靠、提高效率的原则，加快有线广播电视数字化转换，持续改进服务质量，使有线广播电视网络成为国家信息化服务的普及平台。有线广播电视运营服务监督管理工作应当遵循公开、公平、公正的原则，实行政府监管、行业自律、社会监督相结合的机制，促进有线广播电视运营服务提供者不断提升公共服务水平，提高用户覆盖率和服务质量。国务院广播影视行政部门负责全国有线广播电视运营服务监督管理工作。县级以上地方人民政府广播影视行政部门负责本行政区域内的有线广播电视运营服务监督管理工作。《规定》对服务要求、监督管理、法律责任作出明确规定。《规定》还规定：有线广播电视运营服务的具体技术指标和要求，由国务院广播影视行政部门另行制定。有线广播电视运营服务提供者可以根据所服务区域实际情况，制定不低于本规定要求的具体服务标准。

《工业和信息化部等部门关于普及地面数字电视接收机的实施意见》 工业和信息化部、发展改革委、财政部、工商总局、质检总局、广电总局2013年1月10日印发。旨在加快普及地面数字电视接收机，有利于加速推进数字电视整体转换，完善国家广播电视应急体系，加快产业转型升级，更好地满足广大人民群众日益增长的物质和文化需求。共四部分。（1）总体要求。指导思想是，以加速推动地面电视向数字化转换为导向，着力推行地面数字电视接收机普及，积极推动地面数字电视标准的应用，持续推进国家应急广播电视系统的完善，提高广播电视公共服务的水平，满足消费者日益增长的物质文化需求，大幅提升我国数字电视产业发展质量与水平。基本原则是，政府引导，社会参与；以人为本，服务大众。发展目标是，根据地面数字电视覆盖情况，在3～5年内普及地面数字电视接收机，实现境内销售的所有电视机都具备地面数字电视接收功能，满足消费者免费正常收看地面数字电视的需求，到2020年全面实现地面数字电视接收。（2）实施步骤。分步实施：第一阶段，2014年1月1日起，境内市场销售的40英寸及40英寸以上电视机应具备地面数字电视接收功能。第二阶段，2015年1月1日起，境内市场销售的所有尺寸电视机应具备地面数字电视接收功能。所售产品应符合地面数字电视接收机国家标准。（3）保障措施。积极引导，促进产业健康发展；推动技术进步，加快地面数字电视接收机普及；加强宣传,提高广大人民群众的认知度;尊重知识产权,促进技术创新。(4)组织领导。国家发展改革委负责数字电视发展规划与引导;工业和信息化部会同相关部门推动普及地面数字电视接收机工作,指导生产企业开展地面数字电视接收机相关产品的生产,组织实施统一的地面数字电视接收机标识;国家广播电影电视总局负责组织协调推进地面数字电视覆盖网建设及管理工作;财政部会同相关部门充分利用现有的财税政策,支持家电企业提高技术创新能力,带动地面数字电视接收机普及;国家工商行政管理总局加强对流通领域的监督管理,依法查处销售不符合本意见要求的电视机、虚假宣传等违法行为,保护消费者合法权益;国家质量监督检验检疫总局负责加强地面数字电视接收机产品质量监管工作。工业和信息化部将适时对地面数字电视接收机普及落实情况进行汇总,并将结果通报相关部门。

《广电总局关于促进主流媒体发展网络广播电视台的意见》 广电总局2013年1月4日印发。旨在促进主流媒体发展网络广播电视台,进一步提升网络广播电视台舆论引导力和社会影响力。共三部分10条。(1)总体要求。指导思想是,以党的十八大精神为指导,加强和改进网络视听节目内容建设,推动广播电视媒体与互联网等新型传播载体融合发展,提升网络广播电视台的辐射力和影响力,唱响网上视听节目传播主旋律。基本原则是,坚持台台并重,将网络广播电视台提升到与电台电视台发展同等重要地位,给予网络广播电视台建设和运营充分保障;坚持融合发展,利用传统电台电视台在品牌、节目、广告经营和新闻采编等方面的优势和网络广播电视台在技术、业务形态、传播方式等方面的优势,推动台台资源互动和深层融合,打造具有广电特色的网络视听新媒体;坚持规模运营,整合传统广播电视媒体和新媒体资源,实现各种新业务的集中开发和运营,做大做强网络广播电视台。总体目标是,经过三至五年努力,形成一批导向正确、内容丰富、业态新颖、技术先进、影响广泛、综合实力强的网络广播电视台,确立网络广播电视台在新媒体传播格局中的主流地位。(2)重点任务。加强视听节目内容建设;提升技术支撑能力和服务质量;探索多种经营模式;完善运营体制机制;加强队伍建设和人才储备。(3)保障措施。落实相关政策;完善监管制度。

《电影管理条例》 国务院2001年12月25日颁布,自2002年2月1日起施行。1996年6月19日国务院发布的《电影管理条例》同时废止。旨在加强对电影行业的管理,发展和繁荣电影事业,满足人民群众文化生活需要,促进社会主义物质文明和精神文明建设。共分总则、电影制片、电影审查、电影进口出口、电影发行和放映、电影事业的保障、罚则、附则68条。《条例》规定:从事电影片的制片、进口、出口、发行和放映等活动,应当遵守宪法和有关法律、法规,坚持为人民服务、为社会主义服务的方向。国务院广播电影电视行政部门主管全国电影工作。县级以上地方人民政府管理电影的行政部门,依照本条例的规定负责本行政区域内的电影管理工作。国家对电影摄制、进口、出口、发行、放映和电影片公映实行许可制度。全国性电影行业的社会团体按照其章程,在国务院广播电影电视行政部门指导下,实行自律管理。国家实行电影审查制度。《条例》还对电影制片、电影审查、电影进口出口、电影发行和放映、电影事业的保障、罚则等方面作出明确规定。《条例》规定:本条例适用于中华人民共和国境内的故事片、纪录片、科教片、美术片、专题片等电影片的制片、进口、出口、发行和放映等活动。

《广电总局等部门关于加快实施"2131工程"加强农村电影市场发行放映工作的通知》 广电总局、

文化部、国家计委、财政部 2002 年 4 月 17 日印发。旨在深入贯彻《国务院办公厅转发文化部、国家计委、财政部〈关于进一步加强基层文化建设的指导意见〉的通知》提出的"努力搞好农村电影发行放映工作"的精神，加快实施农村电影"2131 工程"，加强农村电影放映队伍建设，基本实现每村每月放映一场电影的目标，解决农民看电影难的问题。共六部分：（1）农村电影工作，是基层文化工作的主要组成部分，对于丰富农民文化生活，传播先进科学文化知识，宣传党和国家的方针政策，培养健康文明的生活方式，抵制愚昧迷信和腐朽思想的蔓延，促进社会稳定和基层政权建设都有着重要的意义。农村电影"2131 工程"是具有公益性的农村基层文化建设项目，是贯彻落实江总书记"三个代表"重要思想的具体实践。（2）各级电影行政部门要加强农村电影放映队伍建设，根据各地的实际情况，按照"建养并蓄、工效挂钩"的建设方针，努力建设起一支专兼职结合，国有、集体、个体、股份制放映联合体等多元结构的农村电影放映队伍。（3）建立健全农村电影经费保障机制。按照"国家专项资金补贴、社会多种渠道筹措"的思路，各地要建立购买农村 16 毫米影片专项资金财政补贴制度。（4）深化农村电影流通机制，建立多种形式的发行放映模式。（5）加大对西部和欠发达地区，尤其是少数民族地区的扶植。（6）加强对国家专项资金资助放映设备和拷贝的管理。

《国家广电总局等部门关于进一步做好少年儿童电影工作的通知》

国家广电总局、文化部、教育部、财政部、共青团中央、全国妇联 2004 年 7 月印发。旨在贯彻落实《中共中央国务院关于进一步加强和改进未成年人思想道德建设的若干意见》，探索与社会主义市场经济相适应的少年儿童电影发行、放映新路子，形成少年儿童电影的发行放映院线，国家广电总局、文化部、教育部、财政部、共青团中央、全国妇联决定,进一步做好少年儿童电影工作,继续推动中小学影视教育持续、健康地发展。共八部分。(1) 充分认识少年儿童电影工作的作用和地位。运用优秀影片加强对少年儿童进行思想道德教育、素质教育和美育教育,对于帮助广大中小学生形成正确的人生观、世界观、价值观,促进他们身心健康成长和树立立志成才、报效祖国的远大理想,都具有十分重要的意义。(2) 更新观念,创新机制,探索少年儿童电影发展新思路。要坚持政府政策扶持与企业市场运作相结合的发展思路,中央和地方有关部门要对少年儿童电影放映场所和流动放映设备所需资金,酌情给予一定的补助。支持少年儿童电影放映院线的组建,推动"优秀影视片进校园工程"的实施。鼓励社会资金、社会力量投资放映场所、活动放映篷和放映设备的建设。(3) 加强少儿影片创作,为广大少年儿童提供丰富的精神食粮。(4) 努力做好少年儿童影片发行放映工作。(5) 继续做好优秀影片推荐工作。(6) 充分发挥共青团和少先队组织在少年儿童电影工作中的重要作用。(7) 采取多种形式,妥善解决中小学生观看电影的费用问题。(8) 各地电影、文化、教育、财政部门和共青团、少工委、妇联要把组织好广大少年儿童观看优秀影片,作为一项加强社会主义精神文明建设的重要工作来抓。

《数字电影发行放映管理办法(试行)》 国家广电总局2005年7月19日颁布。旨在贯彻落实国家广电总局颁布的《关于加快电影产业发展的若干意见》和《电影数字化发展纲要》,充分调动社会力量,充分利用数字技术,促进国产影片的发行放映,扩大电影的社会效益和经济效益,加快电影产业化、数字化进程,推进并规范管理数字电影发行放映工作。共11条。《办法》界定:数字电影发行放映是指运用数字技术拍摄或者通过胶片转数字方式制作的数字电影产品,利用卫星、光缆、影片数据输入盘、硬盘等传输方式,在数字电影院(厅)或电影放映场所从事的电影发行放映业务。《办法》规定:数字电影发行放映所使用的技术设施、设备,必须符合国家广电总局颁布的《电影数字放映暂行技术要求》或《数字电影流动放映系统暂行技术要求》。《办法》规定:拥有《电影放映经营许可证》的放映单位,新增数字电影放映业务,应向所在地的县或者设区的市电影行政部门备案。《办法》规定:允许境内外企业和其他经济组织以多种形式投资数字电影院(厅)。《办法》规定:鼓励境内企业和其他经济组织(不含外资)组建数字电影院线公司。《办法》规定:申请成立省(自治区、直辖市)内数字电影院线公司的,由所在地的省、自治区、直辖市电影行政管理部门在20个工作日内审批,并报广电总局备案;组建跨省数字电影院线公司的,由广电总局在20个工作日内审批。《办法》规定:凡在数字电影放映场所发行放映的数字影片,必须确保正确的导向,影片均须获得国家广电总局颁发的《电影片(数字)公映许可证》。《办法》规定:各数字院线公司和数字电影放映单位,要认真放映好国产影片,并提供优质服务,国产影片的放映时间和影片数量不得低于年度总放映时间和影片数量的三分之二。《办法》规定:进口数字电影要符合《电影管理条例》有关进口影片的管理规定。《办法》规定:各级电影行政管理部门要把推进电影放映数字化作为电影产业发展的重要机遇和重要措施,尤其要积极做好农村数字电影放映的试点和推广工作。2008年5月13日,广电总局下发《关于〈数字电影发行放映管理办法(试行)〉的补充规定》。《补充规定》旨在深入贯彻落实全国文化体制改革工作会议精神,深化行政审批制度改革,加快推进农村电影院线制、股份制改革,大力培育农村电影经营主体,大力实施农村电影放映工程,继续鼓励组建以市(地)为龙头,各县(市)参股,广泛吸纳社会资本参股,并以乡、村放映点为基础的农村数字电影院线公司。《补充规定》明确：申请组建农村数字电影院线公司，应符合《农村数字电影发行放映实施细则》和《农村数字电影放映工作指南》的相关规定。公司注册名称须冠以"农村"、"数字电影"、"院线"字样，以有利于享受国家扶持农村数字电影的优惠政策。《补充规定》明确：申请成立农村数字电影院线公司，经营范围在市（地）辖区的，由本市（地）级电影行政管理部门在不超过20个工作日内审批，并报省级电影行政管理部门和国家广电总局电影局备案；经营范围在省（自治区、直辖市）辖区的，由本省（自治区、直辖市）电影行政管理部门在不超过20个工作日内审批，并报国家广电总局电影局备案；经营范围跨省区的，由国家广电总局电影局在不超过20个工作日内审批。《补充规定》明确：申报单位须持电影行政管理部门出具的批准文件，到相应的工商行政管理部门办理注册手续。《补充规定》明确：凡已经由省（自治区、直辖市）电影管理部门批准成立的农村数字电影院线公司，如跨区域经营，需按《补充规定》重新申报。

《国务院办公厅转发广电总局等部门关于做好农村电影工作意见的通知》 国务院办公厅2007年5月22日发布。旨在贯彻落实党的十六届五中、六中全会精神，努力实现《中华人民共和国国民经济和社会发展第十一个五年规划纲要》和《国家"十一五"时期文化发展规划纲要》提出的关于农村电影放映工程的目标。共四部分12条。（1）充分认识做好农村电影工作的重要性和必要性。（2）做好农村电影工作的总体要求和目标任务。总体要求是，全面贯彻落实科学发展观，坚持社会效益第一的原则，按照"企业经营、市场运作、政府买服务"的农村电影改革发展新思路，深化农村电影改革，探索建立多种所有制、多种发行放映主体和多种发行放映方式相结合的新模式，鼓励农村电影跨地区经营，促进农村电影放映的规模化发展,扩大适合农民群众观看的影片创作生产和片源供应,从根本上解决广大农民群众看电影难的问题。目标任务是,加强农村题材影片创作的规划和生产,推进农村电影放映工程,普及数字电影放映技术,提高放映质量,完善放映基础设施建设,培育农村电影放映的新主体,建立公益放映补贴的新机制,推动露天放映与室内放映相结合、免费放映与有偿放映相结合、胶片放映与数字放映相结合并逐步向数字放映过渡,不断扩大农村电影覆盖面,到2010年基本实现全国行政村一村一月放映一场电影的公益服务目标。(3)加强农村电影工作的政策措施。扶持农村题材影片的创作生产;推进农村电影体制机制改革;推广农村电影数字化放映;扶持农村电影公益性放映。国家每年选定不低于60部的农村题材故事片和不低于30部的科教片,委托指定单位集中购买公益放映版权后,向全国农村发行。国家继续为中西部地区配送电影流动放映车和流动放映设备,对中西部地区农村电影放映给予一定场次补贴,有关地区政府要确保其全部用于农村电影放映。(4)加强组织领导,建立农村电影公共服务工作长效机制。要落实领导责任制和工作责任制,建立政府分管负责同志牵头,广电、发展改革、财政、文化等有关部门共同参与的工作协调机制;各地要采取有效措施,加强农村电影放映队伍建设;加强科技创新和体制机制创新,建立以数字放映为龙头,院线为纽带,乡为重点,村为基点,政府扶持和市场服务相协调的农村电影发行放映新体系;各地要建立完善政府资助设备的运行维护机制。

《农村数字电影发行放映实施细则》 国家广电总局2007年5月25日颁布,自颁布之日起实施。旨在贯彻落实党中央、国务院关于建设社会主义新农村和加强农村文化建设的部署,贯彻落实"十一五"规划中对农村电影放映工程的要求,加快农村数字电影发展,保障农村电影改革发展和数字化放映工作的顺利推进,不断满足广大农民群众日益增长的精神文化需求。共分总则、组织领导、放映设备、市场运营、影片发行、场次补贴、管理措施、罚则、附则九章35条。《细则》规定:各级政府要从实际出发,因地制宜,统筹规划,认真制定农村电影改革发展和数字化放映的工作方案。要积极探索"企业经营、市场运作、政府买服务"的新思路,加快农村电影数字化进程,加快体制机制创新,大力推进院线制、股份制和公司制改革;要加大公共服务投入力度,重点用于购置数字电影放映设备和提供放映场次补贴。所需经费按中央和地方分担的原则核定。原则上东部地区由本省(区、市)各级财政自筹解决,中西部地区由中央和地方按不同比例分担,地方分担部分由本省各级财政解决。《细则》明确:由中宣部、国家广电总局、国家发改委、财政部、文化部共同成立国家农村电影放映工程协调小组,主要职责是,提出农村电影改革发展和数字化放映的总体要求,全面组织和推动农村电影放映工程的实施,协调解决农村电影放映工程中的有关问题;组织、协调、指导、监督各省(区、市)农村电影放映工程的全面实施;制定农村电影改革发展总体方案,落实中央补助资金,制订数字放映计划和设备资助、场次补贴计划;审批各地农村电影放映工作方案,审核放映计划;监督检查各地财政部门落实配套资金;组织招标采购设备、协调购买影片公益版权、节目加工制作等。领导小组下设办公室,负责日常工作。《细则》明确:各省(区、市)建立本省(区、市)农村电影放映工程领导小组,下设办公室负责日常工作,主要职责是,制定本地农村电影放映工程和数字化放映工作方案,落实本地财政配套资金,制订放映计划、制定设备资助和场次补贴办法;组织、协调、指导、监督本地农村电影改革发展和数字化放映工作,推动本地农村电影放映工程的实施;组织招标本省(区、市)配套资金购置的数字放映设备,所购设备须符合国家广电总局有关数字电影技术标准和规范,经电影技术质量检测所检测通过并报科技司审核认证;监督放映质量,落实放映场次,组织放映人员的培训,监督、管理好政府资助的设备及数字节目的有效使用。《细则》规定:国家广电总局在电影数字节目管理中心建立国家农村数字电影服务平台;政府资助的设备由国家广电总局或省级电影主管部门统一采购、统一配送。《细则》规定:中影新农村数字电影发行有限公司负责全国公益性农村数字电影的发行,公司受总局委托代国家统一采购农村电影公益版权,使用总局电影数字节目管理中心的服务平台发布影片信息、接受订购、统一结算、统计数据等。各地要组建以市(地)为龙头,各县(市)参股,并可吸纳社会资本参股,以乡、村放映点为基础的农村数字电影院线公司。原则上,一个地级市院线公司建一个数字电影地面卫星接收站(简称卫星站),为所属农村放映队供片。各地电影行政主管部门指导农村数字电影院线公司以公开招标方式或委托招标选定农村电影放映队。《细则》明确:国家广电总局每年选定不低于60部的专供农村放映的故事片和不低于30部的科教片,由政府出资,委托中影新农村数字电影发行有限公司购买农村公益版权后,向全国各农村数字电影院线公司发行。《细则》明确:公益放映场次按每村每月放映一场电影确定,由电影行政主管部门按年度计划逐级下达场次任务指标。场次统计标准为:放映一部故事片、或一部长纪录片、或一部长科教片各为一场;短科教片累计放映5部次为一场。《细则》还对放映设备、市场运营、影片发行、场次补贴、管理措施、罚则等其他方面作出明确规定。

《广电总局关于推动农村电影放映工程持续健康发展的通知》 国家广电总局2010年印发。旨在贯彻落实党中央、国务院关于建设社会主义新农村和加强农村文化建设的精神,落实国家"十一五"规划中对农村电影放映工程的要求,确保国家下发的数字电影放映设备保值增值,确保农村电影公益放映场次补贴能够足额下发到放映员,确保在"十一五"末期全面实现一村一月放映一场电影的公益文化服务目标,使农村电影放映工程持续健康发展。共四部分。(1)通过提取折旧费建立农村电影可持续发展资金。(2)加强对农村电影公益放映场次补贴的监督管理。(3)进一步提高农村电影数字院线公司的市场经营能力。(4)进一步创新管理方式,加强对农村电影放映工程的组织领导。

《出版管理条例》 国务院2001年12月25日公布,自2002年2月1日起施行。2011年3月19日国务院对此进行修订后公布执行。这是新中国成立以来第一部比较系统、全面的有关出版管理的行政法规,对于图书、报纸、期刊、音像制品和电子出版物的出版、印制、发行活动的管理,确定了基本原则和基本制度,构成了有中国特色社会主义出版管理体制的基本法制框架。旨在加强对出版活动的管理,发展和繁荣有中国特色社会主义出版产业和出版事业,保障公民依法行使出版自由的权利,促进社会主义精神文明和物质文明建设。共分总则、出版单位的设立与管理、出版物的出版、出版物的印刷或者复制和发行、出版物的进口、监督与管理、保障与奖励、法律责任、附则九章74条。《条例》界定:出版活动,包括出版物的出版、印刷或者复制、进口、发行。出版物,是指报纸、期刊、图书、音像制品、电子出版物等。《条例》规定:出版活动必须坚持为人民服务、为社会主义服务的方向,坚持以马克思列宁主义、毛泽东思想、邓小平理论和"三个代表"重要思想为指导,贯彻落实科学发展观,传播和积累有益于提高民族素质、有益于经济发展和社会进步的科学技术和文化知识,弘扬民族优秀文化,促进国际文化交流,丰富和提高人民的精神生活。从事出版活动,应当将社会效益放在首位,实现社会效益与经济效益相结合。公民依法行使出版自由的权利,各级人民政府应当予以保障。公民在行使出版自由的权利的时候,必须遵守宪法和法律,不得反对宪法确定的基本原则,不得损害国家的、社会的、集体的利益和其他公民的合法的自由和权利。国务院出版行政主管部门负责全国的出版活动的监督管理工作。国务院其他有关部门按照国务院规定的职责分工,负责有关的出版活动的监督管理工作。县级以上地方各级人民政府负责出版管理的部门(以下简称出版行政主管部门)负责本行政区域内出版活动的监督管理工作。县级以上地方各级人民政府其他有关部门在各自的职责范围内,负责有关的出版活动的监督管理工作。出版行业的社会团体按照其章程,在出版行政主管部门的指导下,实行自律管理。《条例》还对出版单位的设立与管理、出版物的出版、出版物的印刷或者复制和发行、出版物的进口、监督与管理、保障与奖励、法律责任等方面作出明确规定。

《报纸出版管理规定》 新闻出版总署2005年9月30日公布,自2005年12月1日起施行。旨在促进我国报业的发展与繁荣,规范报纸出版活动,加强报纸出版管理。共分总则、报纸创办与报纸出版单位设立、报纸的出版、监督管理、法律责任、附则六章69条。《规定》界定:报纸,是指有固定名称、刊期、开版,以新闻与时事评论为主要内容,每周至少出版一期的散页连续出版物。报纸出版单位,是指依照国家有关规定设立,经新闻出版总署批准并履行登记注册手续的报社。法人出版报纸不设立报社的,其设立的报纸编辑部视为报纸出版单位。《规定》明确:报纸由依法设立的报纸出版单位出版。报纸出版单位出版报纸,必须经新闻出版总署批准,持有国内统一连续出版物号,领取《报纸出版许可证》。报纸出版必须坚持马克思列宁主义、毛泽东思想、邓小平理论和"三个代表"重要思想,坚持正确的舆论导向和出版方向,坚持把社会效益放在首位、社会效益和经济效益相统一和贴近实际、贴近群众、贴近生活的原则,为建设中国特色社会主义营造良好氛围,丰富广大人民群众的精神文化生活。新闻出版总署负责全国报纸出版活动的监督管理工作,制定并实施全国报纸出版的总量、结构、布局的规划,建立健全报纸出版质量综合评估制度、报纸年度核验制度以及报纸出版退出机制等监督管理制度。地方各级新闻出版行政部门负责本行政区域内的报纸出版活动的监督管理工作。报纸出版行业的社会团体按照其章程,在新闻出版行政部门的指导下,实行自律管理。在中华人民共和国境内从事报纸出版活动,适用本规定。《规定》还对报纸创办与报纸出版单位设立、报纸的出版、监督管理、法律责任等方面进行明确。

《期刊出版管理规定》 新闻出版总署2005年9月30日公布,自2005年12月1日起施行。旨在促进我国期刊业的繁荣和发展,规范期刊出版活动,加强期刊出版管理。共分总则、期刊创办和期刊出版单位设立、期刊的出版、监督管理、法律责任、附则共六章67条。《规定》界定:期刊又称杂志,是指有固定名称,用卷、期或者年、季、月顺序编号,按照一定周期出版的成册连续出版物。期刊出版单位,是指依照国家有关规定设立,经新闻出版总署批准并履行登记注册手续的期刊社。法人出版期刊不设立期刊社的,其设立的期刊编辑部视为期刊出版单位。《规定》明确:期刊由依法设立的期刊出版单位出版。期刊出版单位出版期刊,必须经新闻出版总署批准,持有国内统一连续出版物号,领取《期刊出版许可证》。期刊发行分公开发行和内部发行。期刊出版必须坚持马克思列宁主义、毛泽东思想、邓小平理论和"三个代表"重要思想,坚持正确的舆论导向和出版方向,坚持把社会效益放在首位、社会效益和经济效益相统一的原则,传播和积累有益于提高民族素质、经济发展和社会进步的科学技术和文化知识,弘扬中华民族优秀文化,促进国际文化交流,丰富人民群众的精神文化生活。新闻出版总署负责全国期刊出版活动的监督管理工作,制定并实施全国期刊出版的总量、结构、布局的规划,建立健全期刊出版质量评估制度、期刊年度核验制度以及期刊出版退出机制等监督管理制度。地方各级新闻出版行政部门负责本行政区域内的期刊出版活动的监督管理工作。期刊出版行业的社会团体按照其章程,在新闻出版行政部门的指导下,实行自律管理。在中华人民共和国境内从事期刊出版活动,适用该规定。《规定》还对期刊创办和期刊出版单位设立、期刊的出版、监督管理、法律责任等方面进行明确。

《中宣部等部门关于开展全民阅读活动的倡议书》 中宣部、中央文明办、新闻出版总署、文化部、教育部、总政宣传部、全国总工会、共青团中央、全国妇联、中国科协、中国作协 2006 年 4 月 5 日发出。《倡议书》指出:"每年的 4 月 23 日,在世界的五大洲、在不同语言的国度里,人们不约而同地做着同样的事情——读书。这是全世界读书人共同的节日!"《倡议书》强调:在全国上下积极创建学习型社会的今天,继承和发扬读书的优良传统,大兴勤奋学习之风,意义重大而深远。为此,我们共同向全社会提出,在 2006 年 4 月 23 日世界读书日来临前夕,开展"爱读书,读好书"的全民阅读活动。并为此倡议:全国各地区各部门各团体,要积极开展全民阅读活动,倡导全民为构建社会主义和谐社会和全面建设小康社会,为中华民族的伟大复兴而努力读书,终身学习。全国各地、各有关部门要开展丰富多彩的读书推广活动,为全民阅读营造良好的读书环境,鼓励多读书,读好书。提倡在"世界读书日"这一天,全国各大书店、书城图书开展优惠售书活动,各地各有关部门还要开展"向困难群众赠书"等专项活动,让全民人人有书读,家家有书香。鼓励读者积极参与"我最喜爱的一本书"的征文活动。《倡议书》强调：开卷有益！让我们亲近图书！让我们逐渐形成"爱读书、读好书"的时代风尚，让我们从读书中汲取力量和智慧，为中华民族的伟大复兴而努力奋斗。

《新闻出版总署等部门关于印发"农家书屋"工程实施意见的通知》 新闻出版总署、中央文明办、国家发展改革委、科技部、民政部、财政部、农业部、国家人口和计划生育委员会2007年3月6日印发。旨在深入贯彻落实中共中央、国务院《关于推进社会主义新农村建设的若干意见》和《关于进一步加强农村文化建设的意见》，充分发挥新闻出版在社会主义新农村建设中的重要作用，切实解决广大农民群众"买书难、借书难、看书难"的问题，从提高农民文化素质入手，促进新时期农村经济社会协调发展，根据《国家"十一五"时期文化发展规划纲要》的部署，国家从2007年开始在全国范围内实施"农家书屋"工程。该通知印发的《"农家书屋"工程实施意见》共七部分。（1）指导思想是，坚持以邓小平理论和"三个代表"重要思想为指导，以科学发展观为统领，全面贯彻党的十六大和十六届三中、四中、五中、六中全会精神，加大政府对新农村文化建设的投入，充分调动社会各方面力量，大力发展社会主义先进文化，保障农民群众最基本的文化权益，推动农村经济社会发展和社会主义和谐社会的建设。（2）主要任务和目标：主要任务是为广大农民普及科技知识，传播先进文化，提供精神食粮，体现人文关怀，努力满足广大农村群众最基本的精神文化需求和日益增长的多层次、多方面文化消费需要。中长期目标是通过5～10年的建设，在全国农村逐步建立起"供书、读书、管书、用书"的长效机制，基本形成适应社会主义市场经济要求、符合社会主义精神文明建设规律的农村出版物发行服务新格局，达到书屋阅读条件完备、体制机制相对完善、服务功能不断加强、出版物发行网络延伸进村、农村出版物市场初步形成的基本目标。(3)总体思路:政府组织建设;鼓励社会捐助;农民自主管理;创新机制发展。(4)组织领导。中央成立"农家书屋"工程协调小组;省级设立相应组织协调机构;省级以下新闻出版行政部门会同当地有关部门,负责配合县、乡、村党政组织做好当地"农家书屋"的选点、装备、验收、监督、考核以及指导"农家书屋"开展读书活动等工作。(5)实施方式。中央等有关部门目前开展的各类送书下乡项目,纳入"农家书屋"工程总体规划,名称不变,渠道不变,由现有承担单位继续分头组织实施;设立捐建平台;"农家书屋"所需出版物,由相关部门参照"农家书屋"工程协调小组办公室公布的推荐目录,结合本地实际情况,组织采购和配送;建立完善"农家书屋"管理、服务等各项规章制度;"农家书屋"建立一段时间后,对管理规范、服务较好、具有一定经营条件的,可在书屋管理人自愿的前提下,由新闻出版行政部门授予出版物经营许可证;实施"三农"读物出版工程。(6)进度安排。到2010年底实现全国建立20万个"农家书屋"的目标。(7)工作要求。

《中宣部等部门关于开展以"同享知识 共建和谐"为主题的全民阅读活动的通知》 中宣部、中央文明办、新闻出版总署、中华全国总工会、共青团中央、中华全国妇女联合会、教育部、民政部、财政部、文化部、国家广播电影电视总局、解放军总政治部宣传部、中国文学艺术界联合会、中国作家协会、中国科学技术协会、中国出版工作者协会、北京市人民政府2007年4月印发。《通知》指出:全民阅读水平是衡量一个国家社会文明程度的重要标志。每年4月23日是"世界读书日"。期间,世界各国都要开展丰富多彩的阅读活动,倡导和推动国民阅读。开展全民阅读活动,有利于推动学习型社会建设,提高国民整体素质,促进人的全面发展,实现中华民族的伟大复兴。《通知》强调:在2007年"世界读书日"即将到来的时候,我们共同发出通知,倡导全国各地各部门各团体积极开展以"同享知识,共建和谐"为主题的全民阅读活动。《通知》要求,各地和各有关部门根据各自实际,确定活动的分主题,制定具体活动方案。各地新华书店特别是各大型书城,要在"世界读书日"前后统一开展优惠售书活动,吸引更多群众踊跃购买。充分利用公共图书馆、学校图书馆、社区阅览室、职工之家、农家书屋等场所,为群众阅读提供便利条件。还要推动开展"中小学生阅读示范点"建设活动。新闻宣传部门要充分利用广播、电视、报纸、期刊、网络、手机短信等媒体,开展有特色的活动,并广泛宣传各地各部门开展全民阅读活动的情况,形成声势,营造氛围,激发群众自觉阅读的热情,扩大阅读活动的社会影响。《通知》还提出,推动阅读是一项长期的任务,不可能一蹴而就。要把全民阅读活动同推动文明城市、文明单位、文明社区、文明村镇、文明家庭创建活动有机结合起来,把引导阅读同基层文化建设有机结合起来,把群众、社会团体的捐赠助读活动与政府的公共文化服务体系建设结合起来。

《中共中央宣传部等部门关于进一步加大对少数民族文字出版事业扶持力度的通知》 中宣部、国家民委、财政部、国家税务总局、新闻出版总署2007年11月7日印发。旨在落实中央关于加快建设覆盖全社会公共文化服务体系、保障人民文化权益的要求,满足少数民族群众的精神文化需求,促进社会主义和谐社会建设。共六个方面。(1)少数民族出版事业属公益性文化事业,承担少数民族文字出版任务的单位是公益性出版单位。(2)在国家设立的出版基金中,对少数民族文字重大出版项目的出版,给予重点资助。(3)国家设立民族文字出版专项资金,通过中央财政对少数民族地区的专项转移支付,加大对少数民族文字出版工作的扶持力度。(4)继续实行补贴少数民族文字中小学教材出版发行的政策,对少数民族文字中小学教材出版发行出现的亏损,由中央和地方财政各承担一半,每年年底据实结算。(5)认真执行现行对少数民族文字出版物的各项税收优惠政策,切实减轻少数民族文字出版发行单位的税收负担。(6)在中央和各级宣传文化事业发展专项资金的使用上,优先向关系少数民族群众切身利益的出版建设项目倾斜。积极开展"送书下乡"等公益性活动,重点推进少数民族地区"农家书屋"建设,扶持少数民族地区农村出版物发行网点建设。同时,鼓励社会力量通过各种途径和方式捐助发展民族文字出版事业,最大限度地解决少数民族群众买书难、看书难的问题。

《音像制品制作管理规定》 新闻出版总署2008年2月21日公布,自2008年4月15日施行。旨在加强音像制品制作经营活动的管理,促进音像制品制作行业的发展和繁荣。共分总则、制作单位设立、制作经营活动管理、法律责任、附则五章31条。《规定》界定:音像制品制作是指通过录音、录像等技术手段,将声音、图像、文字等内容整理加工成音像制品节目源的活动。《规定》明确:任何组织和个人不得制作含有《音像制品管理条例》第三条第二款禁止内容的音像制品。国家对从事音像制品制作经营活动实行许可制度;未经许可,任何单位和个人不得从事音像制品制作经营活动。音像出版单位从事音像制品制作经营活动,无需再申请取得《音像制品制作许可证》。新闻出版总署负责对全国音像制品制作管理工作实施监督。县级以上地方新闻出版行政部门负责本行政区域内音像制品制作的监督管理工作。《规定》还对制作单位设立、制作经营活动管理、法律责任等方面进行了明确。

《图书出版管理规定》 新闻出版总署2008年2月21日公布,自

2008年5月1日起施行。旨在规范图书出版,加强对图书出版的监督管理,促进图书出版的发展和繁荣。共分总则、图书出版单位的设立、图书的出版、监督管理、法律责任、附则六章56条。《规定》界定:图书,是指书籍、地图、年画、图片、画册,以及含有文字、图画内容的年历、月历、日历,以及由新闻出版总署认定的其他内容载体形式。图书出版单位,是指依照国家有关法规设立,经新闻出版总署批准并履行登记注册手续的图书出版法人实体。《规定》明确:图书出版必须坚持为人民服务、为社会主义服务的方向,坚持马克思列宁主义、毛泽东思想、邓小平理论和"三个代表"重要思想,坚持科学发展观,坚持正确的舆论导向和出版方向,坚持把社会效益放在首位、社会效益和经济效益相统一的原则,传播和积累有益于提高民族素质、推动经济发展、促进社会和谐与进步的科学技术和文化知识,弘扬民族优秀文化,促进国际文化交流,丰富人民群众的精神文化生活。

新闻出版总署负责全国图书出版的监督管理工作,建立健全监督管理制度,制定并实施全国图书出版总量、结构、布局的规划。省、自治区、直辖市新闻出版行政部门负责本行政区域内图书出版的监督管理工作。图书出版单位依法从事图书的编辑、出版等活动。图书出版行业的社会团体按照其章程,在新闻出版行政部门的指导下,实行自律管理。《规定》还对图书出版单位的设立、图书的出版、监督管理、法律责任等方面进行明确。

《电子出版物出版管理规定》
新闻出版总署2008年3月17日公布,自2008年4月15日起施行,新闻出版署1997年12月30日颁布的《电子出版物管理规定》同时废止,旨在加强对电子出版物出版活动的管理,促进电子出版事业的健康发展与繁荣。共分总则、出版单位设立、出版管理、进口管理、非卖品管理、委托复制管理、年度核验、法律责任、附则九章63条。《规定》界定:电子出版物,是指以数字代码方式,将有知识性、思想性内容的信息编辑加工后存储在固定物理形态的磁、光、电等介质上,通过电子阅读、显示、播放设备读取使用的大众传播媒体,包括只读光盘(CD－ROM、DVD－ROM 等)、一次写入光盘(CD－R、DVD－R 等)、可擦写光盘(CD－RW、DVD－RW 等)、软磁盘、硬磁盘、集成电路卡等,以及新闻出版总署认定的其他媒体形态。《规定》明确:电子出版物不得含有《出版管理条例》第二十六条、第二十七条禁止的内容。新闻出版总署负责全国电子出版物出版活动的监督管理工作。县级以上地方新闻出版行政部门负责本行政区域内电子出版物出版活动的监督管理工作。国家对电子出版物出版活动实行许可制度;未经许可,任何单位和个人不得从事电子出版物的出版活动。《规定》还对出版单位设立、出版管理、进口管理、非卖品管理、委托复制管理、年度核验、法律责任等方面进行了明确。

《国家新闻出版总署农业部关于加强农家书屋工程建设和新型农民科技培训工作的通知》 国家新闻出版总署、农业部 2008 年 5 月 14 日印发。旨在贯彻落实党中央、国务院关于发展现代农业和建设社会主义新农村的总体部署,培育有文化、懂技术、会经营的新型农民,有效提高广大农民群众科学文化素质和生产技能,进一步发挥农家书屋的使用效能。共四个部分。(1)充分认识加强农家书屋工程建设和新型农民科技培训工作的重要意义。(2)在项目安排上互相协调,密切配合。各级新闻出版行政部门和农业行政部门要积极协调,密切配合,实现农家书屋工程和新型农民科技培训工程资源共享,优势互补,从而更好地为广大农民群众服务。在工程建设中,要及时沟通信息,交流情况。各级新闻出版行政部门要优先将新型农民科技培训工程示范村列入农家书屋建设计划,在示范村建立农家书屋。各级农业行政部门要优先将已建成农家书屋的行政村列为新型农民科技培训工程示范村,安排新型农民科技培训项目。(3)将农民科技书屋纳入农家书屋管理范畴。(4)充分利用农家书屋开展新型农民科技培训。

《农家书屋工程建设管理暂行办法》 新闻出版总署2008年7月21日印发,自印发之日起执行。旨在进一步加强农村公共文化服务体系建设,规范农家书屋工程建设和管理,切实保障广大农民群众的基本文化权益。共分总则、实施部门及职责、建设标准与要求、实施计划申报与制定、社会捐赠管理、出版物选配、农家书屋管理、验收与检查、附则九章45条。《办法》界定:农家书屋是为满足农民文化需求,建在行政村且具有一定数量的图书、报刊、电子音像制品和相应阅读、播放条件,由农民自主管理,自我服务的公益性文化场所。《办法》明确:农家书屋工程按照"政府组织建设,鼓励社会捐助,农民自主管理,创新机制发展"的原则组织实施。本办法适用于政府投入和社会捐助建设的各类农家书屋。《办法》还对实施部门及职责、建设标准与要求、实施计划申报与制定、社会捐赠管理、出版物选配、农家书屋管理、验收与检查等方面作出明确规定。

《中宣部新闻出版总署关于进一步推动做好全民阅读活动的通知》
中宣部、新闻出版总署2009年4月印发。《通知》指出:在党和政府高度重视、各地各有关部门共同努力下,几年来,全民阅读活动持续开展,成效明显,社会影响越来越大。为巩固扩大已有成果,中宣部、新闻出版总署在已有工作基础上,继续会同中央文明办、教育部、民政部、文化部、全国总工会、共青团中央、全国妇联、解放军总政治部等部门,进一步加强对全民阅读活动的组织领导和协调,进一步丰富活动的内容和手段,进一步在全社会形成"多读书、读好书"的良好舆论氛围和文明风尚,更好地为提高全民族思想道德和文化素质,推动经济社会又好又快发展服务。

《通知》指出,希望各地结合实际,设计和实施推动本地区全民阅读活动的具体安排。同时,要努力探索、不断创新全民阅读活动的方式。充分利用广播、电视、期刊、报纸、网络、手机等多种载体、多种途径,加大宣传力度,进一步扩大全民阅读活动的社会影响,吸引更多群众参与全民阅读。《通知》强调,推动全民阅读是一项长期任务。希望各地党委宣传部和新闻出版局要建立长效机制,把全民阅读活动的开展与精神文明创建活动结合起来,与建设出版公共文化服务体系结合起来,纳入创建文明城市、文明单位、文明社区、文明村镇、文明家庭活动和农家书屋、职工书屋、社区书屋等建设工作中,务求取得实效。对全民阅读活动中的好做法好经验,要认真总结推广。

《新闻出版总署农家书屋工程建设领导小组办公室关于切实提高农家书屋使用率的通知》 新闻出版总署农家书屋办公室 2010 年 8 月 27 日印发。旨在提高农家书屋使用效率,使农家书屋在新农村建设中更好地发挥作用。共五个部分。(1)各级农家书屋工程建设部门要加强对书屋使用的监督检查。要将农家书屋的使用情况列入年度督查验收的工作内容之中,尤其是要对县级农家书屋工程建设部门切实加强指导,注重发挥好县级农家书屋工程建设部门的管理职能,使农家书屋做到门常开、人常在,实现自主管理、村民共享。(2)保证农家书屋的正常开放。书屋每周开放时间一般不得低于 5 天,每天开放时间不低于 4 个小时,有条件的地方要做到天天开放。(3)禁止用捐赠的出版物作为政府组织统一采购配备的农家书屋的出版物。(4)千方百计落实农家书屋管理员。(5)以农家书屋为平台开展多种形式的读书活动。

《国家新闻出版广电总局等部门关于做好农家书屋出版物补充更新和使用的通知》 国家新闻出版

广电总局、财政部、文化部2013年9月17日印发。共分三部分。(1)准确把握新形势下农家书屋工作的重点和要求。在农家书屋工程建设任务基本完成之后,加强管理,有效使用,提升服务能力,已经成为农家书屋工作的关键环节。(2)要认真做好农家书屋出版物补充更新工作。每个农家书屋每年补充图书一般不少于60种;报刊、音像制品和电子出版物由各地根据实际情况确定补充更新数量。国家新闻出版广电总局负责制定《农家书屋重点出版物推荐目录》。各地农家书屋补充更新的出版物中,总局《推荐目录》列入的品种和数量比例应不低于50%,其他由各地自主选择,但本省(区、市)出版物的总体比例不得超过30%。省级新闻出版行政管理部门可探索基层选书与集中采购相结合的模式,提高资金使用效益。县级图书馆参与指导,提高配书的针对性。农家书屋补充出版物目录确定后,应由县级新闻出版行政管理部门审核上报至农家书屋工程建设信息监管系统。各地补充更新出版物应充分考虑农村常住人口等实际情况。应保证每个农家书屋按照2000元足额补充,可由县级部门统筹协配,向人口集中的行政村倾斜,适当增加配书数量;对"空心化"问题突出的行政村可根据实际情况减少配书数量,提高资金利用率。(3)建立完善目标责任制和监督检查机制。各省(区、市)新闻出版行政管理部门应于每年3月底前将上一年度农家书屋出版物补充更新情况报国家新闻出版广电总局。

《学校体育工作条例》 国家教育委员会1990年3月12日发布,自发布之日起施行。教育部、国家体育运动委员会1979年10月5日发布的《高等学校体育工作暂行规定(试行草案)》和《中、小学体育工作暂行规定(试行草案)》同时废止。旨在保证学校体育工作的正常开展,促进学生身心的健康成长。共九章31条。《条例》界定:学校体育工作,是指普通中小学校、农业中学、职业中学、中等专业学校、普通高等学校的体育课教学、课外体育活动、课余体育训练和体育竞赛。《条例》规定:学校体育工作的基本任务是:增进学生身心健康、增强学生体质;使学生掌握体育基本知识,培养学生体育运动能力和习惯;提高学生运动技术水平,为国家培养体育后备人才;对学生进行品德教育,增强组织纪律性,培养学生的勇敢、顽强、进取精神。学校体育工作应当坚持普及与提高相结合、体育锻炼与安全卫生相结合的原则,积极开展多种形式的强身健体活动,重视继承和发扬民族传统体育,注意吸取国外学校体育的有益经验,积极开展体育科学研究工作。学校体育工作应当面向全体学生,积极推行国家体育锻炼标准。学校体育工作在教育行政部门领导下,由学校组织实施,并接受体育行政部门的指导。《条例》还对开展课外体育活动、学校应当在学生中认真推行国家体育锻炼标准的达标活动和等级运动员制度、开展多种形式的课余体育训练、学校体育竞赛、体育教师、体育场地及器材配备、学校体育经费、学校体育管理机构、表彰及奖励等方面作出明确规定。《条例》还规定:高等体育院校和普通高等学校的体育专业的体育工作不适用本条例。技工学校、工读学校、特殊教育学校、成人学校的学校体育工作参照本条例执行。

《社会体育指导员技术等级制度》 国家体委1993年12月4日颁布,自1994年6月10日起施行。旨在鼓励社会体育指导员积极从事社会体育工作,加强社会体育指导员队伍的建设与管理。共19条。《制度》界定:社会体育指导员,系指在竞技体育、学校体育、部队体育以外的群众性体育活动中从事技能传授、锻炼指导和组织管理工作的人员。凡符合条件,履行社会体育指导员职责者,均可根据本制度的规定,申请并获得社会体育指导员技术等级称号。《制度》规定社会体育指导员技术等级称号分为:三级社会体育指导员、二级社会体育指导员、一级社会体育指导员、国家级社会体育指导员。《制度》还对社会体育指导员申请授予技术等级称号,各级社会体育指导员必须具备的条件及批准授予权限,等级称号的授予,实行分级管理,从事社会体育工作的任务,表彰及奖励或破格晋级等方面作出了明确规定。

《中华人民共和国体育法》
1995年8月29日第八届全国人民代表大会常务委员会第十五次会议通过,自1995年10月1日起施行。旨在发展体育事业,增强人民体质,提高体育运动水平,促进社会主义物质文明和精神文明建设。共分总则、社会体育、学校体育、竞技体育、体育社会团体、保障条件、法律责任、附则八章56条。《体育法》规定:国家发展体育事业,开展群众性的体育活动,提高全民族身体素质。体育工作坚持以开展全民健身活动为基础,实行普及与提高相结合,促进各类体育协调发展。国家坚持体育为经济建设、国防建设和社会发展服务。体育事业应当纳入国民经济和社会发展计划。国务院体育行政部门主管全国体育工作。县级以上地方各级人民政府体育行政部门或者本级人民政府授权的机构主管本行政区域内的体育工作。国家对青年、少年、儿童的体育活动给予特别保障,增进青年、少年、儿童的身心健康。国家扶持少数民族地区发展体育事业,培养少数民族体育人才。国家鼓励开展对外体育交往。《体育法》还规定:国家提倡公民参加社会体育活动,增进身心健康;社会体育活动应当坚持业余、自愿、小型多样,遵循因地制宜和科学文明的原则。教育行政部门和学校应当将体育作为学校教育的组成部分,培养德、智、体等全面发展的人才;学校必须开设体育课,并将体育课列为考核学生学业成绩的科目。国家促进竞技体育发展,鼓励运动员提高体育运动技术水平,在体育竞赛中创造优异成绩,为国家争取荣誉。国家鼓励、支持体育社会团体按照其章程,组织和开展体育活动,推动体育事业的发展。县级以上各级人民政府应当将体育事业经费体育基本建设资金列入本级财政预算和基本建设投资计划,并随着国民经济的发展逐步增加对体育事业的投入。公共体育设施应当向社会开放,方便群众开展体育活动,对学生、老年人、残疾人实行优惠办法,提高体育设施的利用率。《体育法》还对社会体育、学校体育、竞技体育、体育社会团体、保障条件、法律责任等其他方面作出明确规定。并规定:军队开展体育活动的具体办法由中央军事委员会依照本法制定。

《国家体育总局关于加强老年人体育工作的通知》 国家体育总局1999年10月28日印发。旨在满足广大老年人日益增长的体育需求,努力为老年人营造科学、文明的健身环境,发挥体育在丰富老年人生活和促进社会稳定等方面的作用。共十部分。(1)地方各级体育行政部门要在党委和人民政府的领导下,进一步加强老年人体育工作,与有关部门协调配合,依据《中华人民共和国体育法》、《中华人民共和国老年人权益保障法》和《全民健身计划纲要》,制定老年人体育发展规划和工作计划,并付诸实施。(2)地方各级体育行政部门要会同老龄工作委员会、老干部局、退休人员管理委员会等共同做好老年人体育工作。(3)地方各级体育行政部门要把老年人体育作为社区体育的重要方面,加强管理,促其健康发展。(4)老年人体育工作要进一步加大改革力度,不断深化改革,要从适应社会主义计划经济体制的管理体制和运行机制转移。(5)老年人体育经费要多渠道筹措,要发挥社会各方面的积极性,鼓励企事业单位、社会团体等以各种形式对老年人体育工作给予经费支持。(6)老年人体育活动应以日常性健身活动为主,要坚持经常、自愿和小型多样的形式,遵循因地、因时、因人制宜和科学文明的原则。(7)地方各级体育行政部门要重视老年人体育健身指导站（点）的建设，建立管理制度，完善管理机制，并定期进行检查。（8）地方各级体育行政部门要努力为老年人参加体育健身活动创造条件。（9）要发挥社会体育指导员在老年人健身活动中的技能传授、锻炼指导和组织管理作用。（10）地方各级体育行政部门要加强对老年人体育的科学研究工作，要破除迷信，宣传和提倡科学、文明的生活和健身方式，不断推出适合老年人的体育健身项目，定期为老年人举办体育科普讲座，组织编辑出版老年人体育健身科普读物。

《中国体育彩票全民健身工程管理暂行规定》 国家体育总局2000年9月18日公布，自公布之日起施行。旨在加强"中国体育彩票全民健身工程"的建设和管理，发挥体育彩票的公益作用，推动群众体育事业的发展。共分总则、资金、建设与配置、使用与管理、奖励与处罚、附则六章26条。《规定》界定：中国体育彩票全民健身工程（以下简称"全民健身工程"）是指由国家体育总局统一组织，将各级体育行政部门的体育彩票公益金作为启动资金，捐赠给城市社区和农村乡镇的受赠单位，由受赠单位兴建，旨在开展全民健身活动的公益性体育场地设施。《规定》明确：全民健身工程兴建地街道办事处、乡镇人民政府、公园、小区物业管理部门等，是全民健身工程的具体受赠单位，拥有受赠资金或受赠资金购置的体育器材、设施等的产权，负责全民健身工程的建设、使用、维护和管理，保证使用的安全性和公益性。全民健身工程的建设和管理要坚持因地制宜、讲求实效、服务群众、保证质量、建管并举的原则，调动和发挥社会各方面的积极性，确保取得良好的社会效益。《规定》还对资金、建设与配置、使用与管理、奖励与处罚等方面作出明确规定。

《中共中央国务院关于进一步加强和改进新时期体育工作的意见》 中共中央、国务院2002年7月

22 日发布。共六部分 29 条。(1)充分认识体育在经济、社会发展中的重要地位和作用。体育是社会发展与人类文明进步的一个标志,体育事业发展水平是一个国家综合国力和社会文明程度的重要体现;体育作为一种群众广泛参与的社会活动,不仅可以增强人民体质,也有助于培养人们勇敢顽强的性格、超越自我的品质、迎接挑战的意志和承担风险的能力,有助于培养人们的竞争意识、协作精神和公平观念;体育是促进友谊、增强团结的重要手段;当今世界,体育产业的发展明显加快,已经成为国民经济新的增长点。(2)新时期发展体育事业的指导思想、工作方针和总体要求。指导思想是,高举邓小平理论伟大旗帜,全面贯彻党在社会主义初级阶段的基本路线和基本纲领,认真实践江泽民同志"三个代表"重要思想,以举办 2008 年奥运会为契机,以满足广大人民群众日益增长的体育文化需求为出发点,把增强人民体质、提高全民族整体素质作为根本目标,积极开创体育工作新局面,为实现新世纪我国经济、社会发展的战略目标和中华民族的伟大复兴做出应有的贡献。工作方针是,坚持体育为人民服务、为社会主义现代化建设服务的方针,坚持普及与提高相结合,实现群众体育与竞技体育的协调发展和相互促进;坚持以改革促发展,强化体育制度创新,努力推进体育体制改革和运行机制转变,增强体育发展的活力和后劲;坚持依法行政,加强体育工作的法制建设,依靠科技力量,保障体育事业持续、健康发展。总体要求是,从我国国情出发,坚持体育事业与经济、社会协调发展。群众体育以全民健身为目标,广泛开展体育活动,不断提高全民族的健康水平;竞技体育以重大国际比赛,特别是奥运会取得优异成绩为目标,合理布局,提高水平;平衡区域体育发展格局,在鼓励经济发达地区率先实现体育现代化的同时,抓住西部大开发的有利时机,继续实施援建全民健身设施的"雪炭工程",积极扶持中西部地区和少数民族地区发展体育事业，发挥多民族人才资源优势，努力促进区域体育的共同发展；增加政府对体育事业投入，充分发挥社会力量，积极发展体育产业，做好体育彩票发行销售和使用管理；注重无形资产开发和新运动项目开拓，为发展体育产业注入新的活力。（3）大力推进全民健身计划，构建多元化体育服务体系。继续实施《全民健身计划纲要》；努力构建群众性的多元化体育服务体系。（4）全面实施竞技体育发展战略，进一步提升我国竞技运动水平。（5）继续深化体育体制改革，促进运行机制转换。（6）切实加强对体育工作的组织领导。

《国家体育总局关于加强体育彩票公益金援建项目监督管理的意见》 国家体育总局2002年7月27日印发。旨在加强体育彩票公益金（以下简称"公益金"）援建项目的监督管理，充分发挥公益金在构建面向大众的体育服务体系，推动《全民健身计划纲要》贯彻实施的积极作用，树立公益金"取之于民，用之于民"的良好形象，提高公益金的使用效益，严防在用公益金援建项目中发生腐败现象，把体育行政部门为群众和社会办的好事实事切实办好办实。共四个部分。（1）监管内容。用公益金援建的项目均为监管内容，具体如下：全民健身工程；"雪炭工程"；全民健身活动中心；青少年体育俱乐部；国民体质监测及测定；全民健身活动；群体科研；实施社会体育指导员制度；其他援建项目。（2）申报审批。（3）监督检查。（4）处罚。

《"雪炭工程"实施办法》 国家体育总局2003年6月11日发布。共七个部分。（1）组织领导。"雪炭工程"实施工作在总局"体育彩票公益金使用管理联席会议"的统一领导、协调、监督下进行，由群体司具体负责组织实施。各省（区、市）体育局相应成立由主要领导挂帅，有关部门负责同志组成的领导机构，加强对"雪炭工程"实施工作的组织领导和监督管理。

(2)援助对象。对象主要是革命老区、边疆少数民族地区、贫困地区、资源枯竭和下岗职工较多的地区、受灾受损严重的地区。援助对象必须具备当地党委、政府重视发展体育事业,体育工作有一定的群众基础,并取得较好成绩;当地政府能够提供建设用地并解决援建项目的配套资金。(3)援建项目。建设原则:坚持"从实际出发、量力而行、因地制宜、以人为本、小型多样、经济实用、讲求效用、服务群众"的原则,不搞统一模式。重点援建县(区)级的公共体育设施。建设标准:援建项目可以是室内设施、室外设施或室内与室外相结合的设施。(4)援建资金。(5)申报、审批程序。(6)监督管理。(7)宣传工作。

《国民体质测定标准施行办法》

国家体育总局、教育部、国家民委、民政部、劳动保障部、农业部、卫生部、国家工商总局、全国总工会、共青团中央、全国妇联2003年7月4日颁布,自颁布之日起施行。旨在推动和规范《国民体质测定标准》(以下简称《标准》)的施行工作,指导国民科学健身,促进全民健身活动的开展,提高全民族的身体素质。共17条。《办法》规定:施行《标准》坚持科学、规范、安全、便民的原则。提倡国民在经常参加体育锻炼的基础上,定期按照《标准》进行体质测定。各级体育行政部门应当将施行《标准》与开展国民体质监测结合进行。《办法》还对适龄范围、国民体质监测中心的工作职责、体质测定站应当具备的基本条件等方面作出明确规定。

《国家体育总局办公厅关于开展创建社区体育健身俱乐部试点工作的通知》 国家体育总局办公厅2003年12月30日印发。旨在全面贯彻党的"十六大"精神和《中共中央国务院关于进一步加强和改进新时期体育工作的意见》,深入实施《全民健身计划纲要》第二期工程,推动"体育进社区"工作的深入开展,加强社区体育的基层化组织建设,构建面向社区居民的多元化体育服务体系,满足广大社区居民日益增长的健身需求,国家体育总局决定从2004年开始使用体育彩票公益金在全国部分省(区、市)和有关单位开展创建社区体育健身俱乐部(以下简称俱乐部)的试点工作。该通知印发的《社区体育健身俱乐部试点工作方案》共九部分。(1)创建社区体育健身俱乐部的目的和意义。(2)社区体育健身俱乐部的界定。(3)社区体育健身俱乐部的任务。社区体育健身俱乐部要广泛吸纳社区居民积极参加社区体育健身俱乐部,充分利用所依托的体育场地设施,组织社区居民经常开展体育健身活动。通过开展丰富多彩的体育健身活动,增强社区居民身体素质和健康水平,丰富社区居民的体育文化生活,促进社区居民建立科学、文明、健康的生活方式,为社区居民进行社会交往创造良好的环境。(4)社区体育健身俱乐部的基本条件。有俱乐部章程;有相对固定的活动场所;有基本的活动项目;有管理机构和负责人;有比较稳定的经费来源;有足够的活动人数和固定的缴纳会费的会员;经常组织会员开展活动,进行培训和指导;有较完善的体育活动管理制度;有能组织指导社区成员开展体育锻炼的社会体育指导员,平均每100名锻炼者至少有2名社会体育指导员。(5)社区体育健身俱乐部的管理要求。俱乐部建立要到所在的街道办事处或社区居委会登记、注册,日常管理由街道办事处文教科或社区居委会负责;俱乐部业务上接受所在区(县)体育行政部门的指导,俱乐部自然成为街道社区体协或区体育总会的团体会员;俱乐部要坚持经常开展活动,原则上每周不少于3次,每次不少于2小时。俱乐部要建立会员花名册和俱乐部工作档案;俱乐部每年年底要向登记注册部门和业务主管部门上交当年的工作总结和下一年度的工作计划;俱乐部年底进行经费使用情况审计,并向会员公布经费使用情况。(6)扶持办法。(7)统一标志。

(8)试点工作步骤。(9)试点工作要求。

《国家体育总局关于下发关于进一步加强社会体育指导员工作的意见的通知》 国家体育总局2005年7月11日印发。旨在切实加强社会体育指导员队伍的建设,明确《社会体育指导员国家职业标准》和《社会体育指导员技术等级制度》二者之间的关系,使实施工作顺利进行。该通知印发的《关于进一步加强社会体育指导员工作的意见》,共五部分23条。(1)充分认识加强社会体育指导员工作的重要性。(2)进一步理顺社会体育指导员的管理体制和工作关系。《社会体育指导员技术等级制度》主要是对公益社会体育指导员工作进行规范;《社会体育指导员国家职业标准》主要是对职业社会体育指导员进行规范。国家体育总局群体司全面负责对全国两种类型社会体育指导员工作的行政调控和行业指导,国家体育总局人事司综合管理和指导社会体育指导员等体育行业特有工种职业技能鉴定工作。省、自治区、直辖市体育行政部门负责管理本辖区的两种类型社会体育指导员工作,自行确定内部管理的职能分工。积极探索社会体育指导员管理的社会化模式。发挥体育院校和其他学校在培训与培养社会体育指导员中的作用。(3)逐步形成保证和激励社会体育指导员发挥作用长效机制。对各类社会体育指导员称号实行统一规范。坚持社会体育指导员工作与社会体育组织网络建设的互动发展,各类社会体育指导员均应依托于一定的体育组织和场所开展工作。进一步强化社会体育指导员在群众体育组织建设和群众体育工作评价中的地位。加强社会体育指导员的组织管理工作。不断完善激励机制,充分调动社会体育指导员的积极性和创造性。(4)努力保持社会体育指导员工作的动态平衡与协调发展。要在保证培养质量的基础上,加快社会体育指导员的培养步伐,扩大社会体育指导员队伍的整体规模。努力提高社会体育指导员的整体素质和水平。统筹兼顾,全面、协调地做好社会体育指导员工作。(5)不断完善社会体育指导员工作的各种保障。

《国家体育总局关于印发关于实施农民体育健身工程的意见的通知》 国家体育总局2006年3月1日印发。旨在贯彻落实中共十六届五中全会精神和《中共中央国务院关于推进社会主义新农村建设的若干意见》,在"十一五"期间推动实施农民体育健身工程,进一步加快新时期农村体育事业的发展。共四个部分16条。(1)充分认识实施农民体育健身工程的重要意义。我国是一个发展中的农业大国,农业、农村和农民问题历来受到党和政府的高度重视;《全民健身计划纲要》提出,到2010年要基本建成具有中国特色的全民健身体系;"十一五"时期是加速推进农村全面建设小康的关键时期,党的十六届五中全会提出"建设社会主义新农村"的重大任务,要突出抓好的重点之一就是大力发展农村公共事业。(2)实施农民体育健身工程的指导思想和目标任务。指导思想是,要以"三个代表"重要思想为指导,坚持和落实科学发展观,按照建设社会主义新农村的要求,坚持"面向基层、服务农民;因地制宜、分类指导;量力而行、注重实效;引导扶持,不包办代替"。做到亲民、便民、利民,真正使广大农民受益。目标任务是,以行政村为主要实施对象,以村级公共体育场地建设为重点,把场地建到农民身边,把体育服务体系覆盖到农村。在建设中统筹体育与文化、教育、科技和青少年、老年活动场所的规划和综合利用,做到共建共享。在保证向农民开放并方便使用的条件下,可以与附近学校体育场地设施建设相结合。"十一五"期间,每年在全国范围一批有条件的行政村扶持建设公共体育场地设施,起到示范、带动和辐射作用。到2010年,争取占全国六分之一的行政村建有标准的公共体育场地设施,惠及约1.5亿农民。

(3)农村公共体育场地设施建设的项目、建设要求、实施对象、投资原则和方式。农村公共体育场地设施建设的基本标准是,一块混凝土标准篮球场,配备一副标准篮球架和2张室外乒乓球台。在此基础上,提倡经济条件较好,人口较多的地区在尊重农民意愿的前提下,增加面积、器材及设施,形成体育文化广场,更好地满足农村体育文化生活需求。农村公共体育场地设施以符合建设条件,有积极性和主动性,能够认真履行建设、使用、管理职责的行政村为实施对象,采取申报审核方式择优确定。农村公共体育场地设施建设要结合当地发展规划,建在方便村民使用的地带,与绿化、美化相结合,起到改善环境的作用。混凝土标准篮球场按照建设部、国家体育总局《体育建筑设计规范》进行设计施工。农村公共体育场地设施建设以中央和地方各级政府共同投入为主,社会集资为辅,体育彩票公益金主要在器材配置上予以支持。通过资金和器材补助或"以奖代补"等方式,不同地区采取不同的投入机制,国家资金重点向中西部地区和贫困地区倾斜。(4)积极稳步推进农民体育健身工程。各级体育部门要从战略和全局的高度出发,将其作为"十一五"期间体育工作的一项重要任务。要有计划、有步骤、有重点地逐步推进实施工作;2006年要全面启动实施工作。要保证扶持资金和配备的器材及时到位,取信于民。农民体育健身工程是构建农村体育服务体系的一项系统工程。国家体育总局将建立农民体育健身工程实施工作评估管理机制。

《教育部国家体育总局关于进一步加强学校体育工作切实提高学生健康素质的意见》 教育部、国家体育总局2006年12月20日印发。旨在全面推进素质教育,进一步加强学校体育工作,切实提高广大青少年学生的健康素质,促进青少年学生的全面发展。共五部分。(1)学校教育要树立健康第一的指导思想。(2)切实贯彻落实国家对学校体育工作的要求。认真落实国家对体育课程的规定;广泛开展群体性的学生体育活动;加强对学生课余体育训练、竞赛活动的指导和支持;坚持因地制宜、分类指导的原则;有条件的学校要开设具有时代特点的体育项目,并逐步形成自身的体育特色。(3)完善学校体育的保障机制。要认真贯彻《义务教育法》、《体育法》和《学校体育工作条例》,要对照学校体育工作的法律、法规和政策要求,定期对落实的情况进行检查,找出薄弱环节,切实加以纠正。要把加强体育教师队伍建设作为当前教师队伍建设的重点。增加学校体育工作的经费投入。各级教育、体育行政部门和学校要相互配合,积极创造条件,在保证正常教学秩序的情况下,使学校体育场馆在课余和节假日向广大学生和社区居民开放。切实加强学校体育的安全保障。(4)完善学生体质健康和学校体育的评价制度。全面实施《学生体质健康标准》;改革、完善学生毕业、升学体育考试制度;明确学校校长和教师在学校体育工作中的责任并作为业绩考核的重要内容。(5)采取有力措施加强学校体育的督导检查和服务支持。在教育督导工作中强化对学校体育工作的督导;要把学校体育工作状况作为评价地方和学校教育质量和办学水平的重要指标;鼓励探索学校体育与高等学校、示范性高中招生指标适度挂钩、强化学校体育工作的约束机制;积极促进全社会支持学校体育工作,关心青少年学生的健康成长。

《教育部等部门关于开展全国亿万学生阳光体育运动的通知》 教育部、国家体育总局、共青团中央2006年12月20日印发。为了全面贯彻党的教育方针,认真落实"健康第一"的指导思想,在全国亿万学生中掀起群众性体育锻炼的热潮,切实提高学生体质健康水平,教育部、国家体育总局、共青团中央共同决定,从2007年开始,结合《学生体质健康标准》的全面实施,在全国各级各类学校中广泛、深入地开展全国亿万学生阳光体育运动。共七条。(1)开展阳光体育运动,要进一步提高对体育的认识。(2)开展阳光体育运动,要以"达标争优、强健体魄"为目标。用3年时间,使85%以上的学校能全面实施《学生体质健康标准》,使85%以上的学生能做到每天锻炼一小时,达到《学生体质健康标准》及格等级以上,掌握至少2项日常锻炼的体育技能,形成良好的体育锻炼习惯,体质健康水平切实得到提高。(3)开展阳光体育运动,要以全面实施《学生体质健康标准》为基础。(4)开展阳光体育运动,要与体育课教学相结合。(5)开展阳光体育运动,要与课外体育活动相结合。(6)开展阳光体育运动,要营造良好的舆论氛围。(7)开展阳光体育运动,要加强组织领导。

《中共中央国务院关于加强青少年体育增强青少年体质的意见》

中共中央、国务院2007年5月7日发布。旨在进一步加强青少年体育、增强青少年体质,全面落实科学发展观,深入贯彻党的教育方针,大力推进素质教育,培养中国特色社会主义事业的合格建设者和接班人。共三部分20条。(1)高度重视青少年体育工作。广大青少年身心健康、体魄强健、意志坚强、充满活力,是一个民族旺盛生命力的体现,是社会文明进步的标志,是国家综合实力的重要方面;青少年时期是身心健康和各项身体素质发展的关键时期;当前和今后一个时期,加强青少年体育工作的总体要求是,认真落实"健康第一"的指导思想,把增强学生体质作为学校教育的基本目标之一,建立健全学校体育工作机制,充分保证学校体育课和学生体育活动,广泛开展群众性青少年体育活动和竞赛,加强体育卫生设施和师资队伍建设,全面完善学校、社区、家庭相结合的青少年体育网络,培养青少年良好的体育锻炼习惯和健康的生活方式,形成青少年热爱体育、崇尚运动、健康向上的良好风气和全社会珍视健康、重视体育的浓厚氛围。通过5年左右的时间，使我国青少年普遍达到国家体质健康的基本要求，耐力、力量、速度等体能素质明显提高，营养不良、肥胖和近视的发生率明显下降。通过全党全社会的共同努力，坚持不懈地推动青少年体育运动的发展，不断提高青少年乃至全民族的健康素质。（2）认真落实加强青少年体育、增强青少年体质的各项措施。全面实施《国家学生体质健康标准》，把健康素质作为评价学生全面健康发展的重要指标；广泛开展"全国亿万学生阳光体育运动"；切实减轻学生过重的课业负担；确保学生每天锻炼一小时；举办多层次多形式的学生体育运动会，积极开展竞技性和群众性体育活动；帮助青少年掌握科学用眼知识和方法，降低青少年近视率；确保青少年休息睡眠时间，加强对卫生、保健、营养等方面的指导和保障；加强学校体育设施建设；加强体育安全管理，指导青少年科学锻炼。（3）加强领导，齐抓共管，形成全社会支持青少年体育工作的合力。各级党委和政府要把加强青少年体育工作摆上重要议事日程，纳入经济社会发展规划；各级政府和教育部门要加强对学校体育的督导检查；制定国家学校体育卫生条件基本标准，加大执法监督力度；充分发挥共青团、少先队、妇联组织的优势和特色，开展多种形式的课外体育锻炼活动；切实加强对学校卫生的监督与指导；加强家庭和社区的青少年体育活动，形成学校、家庭和社区的合力；进一步完善加强青少年体育的政策保障措施；努力营造重视青少年体育的舆论环境。

《全民健身条例》 国务院2009年8月30日公布，自2009年10月1日起施行。这是我国第一部全面、系统规范全民健身事业发展的专门性行政法规。旨在促进全民健身活动的开展，保障公民在全民健身活动中的合法权益，提高公民身体素质。共分总则、全民健身计划、全民健身活动、全民健身保障、法律责任、附则共六章40条。《条例》规定:每年8月8日为全民健身日。县级以上地方人民政府应当将全民健身事业纳入本级国民经济和社会发展规划,有计划地建设公共体育设施,加大对农村地区和城市社区等基层公共体育设施建设的投入,促进全民健身事业均衡协调发展。国家推动基层文化体育组织建设,鼓励体育类社会团体、体育类民办非企业单位等群众性体育组织开展全民健身活动。公民有依法参加全民健身活动的权利。《条例》明确:地方各级人民政府应当依法保障公民参加全民健身活动的权利。国务院体育主管部门负责全国的全民健身工作,国务院其他有关部门在各自职责范围内负责有关的全民健身工作。县级以上地方人民政府主管体育工作的部门(以下简称体育主管部门)负责本行政区域内的全民健身工作,县级以上地方人民政府其他有关部门在各自职责范围内负责有关的全民健身工作。国家鼓励对全民健身事业提供捐赠和赞助。《条例》还对全民健身计划、全民健身活动、全民健身保障、法律责任等方面作出明确规定。

《国家体育总局等部委关于贯彻落实全民健身条例的通知》 国家体育总局、中央文明办、教育部、国家民委、民政部、人力资源社会保障部、国土资源部、住房和城乡建设部、农业部、文化部、卫生部、国家工商行政管理总局、国家技术监督局、国家广电总局、国家旅游局、全国老龄办、全国总工会、共青团中央、全国妇联、全国残联2009年10月20日印发。旨在认真贯彻落实《全民健身条例》,促进全民健身事业蓬勃发展。共分五部分。(1)充分认识贯彻落实《全民健身条例》的重要意义。(2)广泛深入开展《条例》的学习培训和宣传教育。学习培训和宣传教育是贯彻落实《全民健身条例》的重要任务;各部门、各行业、各系统要组织好面向社会的宣传教育。(3)抓紧制定完善《条例》的配套制度。(4)加强监督和检查,促进《条例》的贯彻落实。(5)切实加强组织领导,确保《全民健身条例》顺利实施。

《国家体育总局关于贯彻落实全民健身条例推动各级政府依法履行职责的通知》 国家体育总局2009年12月3日印发。旨在推动各级政府依法履行发展全民健身事业的责任,切实落实《全民健身条例》的相关规定,着力解决影响和制约我国全民健身事业发展的突出问题。共四部分。(1)各省(区、市)体育局要紧紧抓住当前各级政府和有关部门正在研究制定"十二五"国民经济和社会发展规划、财政预算、政府工作报告等的关键时机,立即行动,积极争取省级人民政府和有关部门,依据《全民健身条例》的规定,将全民健身事业特别是公共体育设施建设等纳入国民经济和社会发展规划;要积极争取将全民健身工作所需经费特别是公共体育设施建设经费、学校场馆向公众开放补助经费等列入地方财政预算。(2)各省(区、市)体育局要按照上述要求,立即对地(市)、县级体育部门积极推动本级政府认真贯彻落实《全民健身条例》的工作做出部署。(3)根据《全民健身条例》的规定,国家体育总局正在会同有关方面研究制定《全民健身计划》。(4)国家体育总局将于2010年初会同全国人大法制委、国务院法制办、国家发改委、财政部等有关部门对各省(区、市)和地(市)、县贯彻落实《全民健身条例》,特别是落实本《通知》的情况进行督促检查。

《国家体育总局中华全国总工会关于印发关于进一步加强职工体育工作的意见的通知》 国家体育总局、中华全国总工会2010年5月31日印发。旨在全面贯彻落实《全民健身条例》,进一步推动职工体育发展,不断提高广大职工的健康素质。该通知印发的《关于进一步加强职工体育工作的意见》共五部分20条。(1)充分认识职工体育工作的重要意义。广大职工是推动我国社会主义现代化建设的中坚力量;职工体育是我国体育事业的重要组成部分;职工体育是维护和实现广大职工合法权益的具体体现;职工体育是促进单位文化建设、实现社会主义核心价值的有效途径。(2)切实加强对职工体育工作的组织领导。各级体育行政部门要发挥政府职能部门的主导作用,按照国务院《全民健身条例》的要求,将职工体育工作纳入本地全民健身总体规划当中,科学规划,全面统筹。各级工会组织要充分发挥在组织开展职工体育工作中的重要作用,根据本地区、本单位职工体育工作实际,成立专门机构,配备必要的专职体育干部。机关、企事业单位应当按照《全民健身条例》的要求,成立相应领导机构。要进一步建立和完善职工体育组织网络体系。加强职工体育骨干队伍建设。(3)广泛开展职工体育健身活动。(4)积极为开展职工体育工作创造条件。(5)努力营造有利于职工体育发展的社会环境。

《国家体育总局等部门关于印发关于发挥乡镇综合文化站的功能进一步加强农村体育工作的意见的通知》 国家体育总局、文化部、农业部2010年6月29日印发。旨在深入贯彻落实《全民健身条例》,进一步推动基层文化体育组织建设,建立健全综合站体育工作齐抓共管的机制,完善农村公共体育服务体系,不断为农民参加体育健身活动创造条件,使广大农民的体育健身权益得到保障,推动农村体育工作实现跨越式发展。共四部分12条。(1)高度重视综合站的体育工作,使其建设、管理和运行成为有关方面的共同责任。充分发挥其在农村体育工作中的带动和辐射作用。(2)切实重点加强综合站体育场地设施的建设和管理,整合资源,提高综合利用率,发挥其对开展农村体育工作的平台与阵地作用。(3)不断完善综合站组织机构,建立健全各级各类农村社会体育组织网络,有效发挥其对开展农村体育工作的桥梁和纽带作用。(4)全面实现综合站的体育服务功能,促进农村体育生活化、科学化、制度化,真正发挥其对开展农村体育工作的引导和组织作用。

《国家体育总局关于印发建立全民健身志愿服务长效化机制工作方案广泛开展全民健身志愿服务活动的通知》 国家体育总局2010年12月13日印发。该通知印发的《建立全民健身志愿服务长效化机制工作方案》共五个部分。(1)指导思想。以邓小平理论和"三个代表"重要思想为指导,深入贯彻落实科学发展观,围绕体育健身需求,服务体育发展大局,着力弘扬奉献、友爱、互助、进步的志愿服务精神,提高政府公共体育服务能力;着力推进全民健身社会化进程,满足人民群众多元化体育健身需求;着力提升全民健身志愿服务规模和水平,切实维护公民体育健身权益。通过建立全民健身志愿服务长效化机制,广泛开展全民健身志愿服务活动,为提高人民群众身体素质和建设体育强国做出积极贡献。(2)工作原则。以人为本,面向全民;政府主导,多方参与;立足基层,确保基本;统筹协调,因地制宜;强化激励,健全保障;立足当前,着眼长远。(3)目标任务。政府搭台,广泛动员,建立完善的全民健身志愿服务工作体系;引导社会投入,发挥社会功能,树立社会形象,展现全民健身志愿服务鲜明的体育特色;落实人员,优化组织结构,合理配置资源,形成全民健身志愿服务长效化机制;满足群众健身需求,保障健身权益,提高身体素质,养成健康文明的生活方式;树立崇尚互助、强健体魄的良好社会风尚,服从建设体育强国大局,服务和谐社会建设。(4)工作机制。组织协调机制;社会动员机制;培训管理机制;项目推动机制;表彰激励机制;评估检查机制。(5)保障措施。制定科学的法规规划;完善多渠道的经费来源;维护志愿者队伍权益;营造良好的舆论氛围;加强对地方工作的指导。

《国家体育总局等部门关于在全国推广普及中华人民共和国第九套广播体操的通知》 国家体育总局、教育部、国家民委、农业部、卫生部、国家广电总局、解放军总政治部、全国老龄委办公室、全国总工会、共青团中央、全国妇联2011年8月8日印发。《通知》指出:自1951年中华人民共和国第一套广播体操颁布至今,我国已先后推出了八套广播体操。广播体操的推广普及在推动全民健身活动的广泛开展、增强广大人民群众的体质健康水平和促进社会主义精神文明建设等方面发挥了十分积极的作用。《通知》强调:第九套广播体操是在广泛征求各方面意见、充分吸取前八套广播体操优点的基础上创编的,具有规范性、科学性、普适性、健身性、针对性、时代性、前瞻性等特点,适合于各地区、各人群常年坚持开展。共四部分。(1)充分认识推广普及第九套广播体操对促进全民健身活动开展的重要意义。(2)切实加强对推广普及第九套广播体操的组织领导。(3)采取切实有效措施,广泛引导和动员人民群众积极参加第九套广播体操活动。认真组织开展第九套广播体操的培训工作;加强第九套广播体操推广普及工作的协调配合,掀起新一轮学、做广播体操的热潮;加大对第九套广播体操推广普及工作的宣传。(4)及时总结经验,树立典型,探索建立深入持久开展第九套广播体操活动的长效机制。

《少年儿童体育学校管理办法》

国家体育总局、教育部2011年9月2日颁布,自2011年10月1日起施行。国家体育总局、教育部1999年2月4日发布的《少年儿童体育学校管理办法》同时废止。旨在加强少年儿童体育学校的建设和管理,全面贯彻国家体育、教育方针,促进我国体育事业发展。共分总则,设置与审批,招生与学籍,思想品德与文化教育,体育训练与竞赛,教师、教练员,保障条件,附则九章37条。《办法》界定:少年儿童体育学校是指九年义务教育阶段培养少年儿童体育专项运动技能的体育特色学校（含体育中学、单项体育运动学校、少年儿童业余体育学校，以下简称少体校）。《办法》规定：少体校的主要任务是，为国家和社会培养、输送具有良好思想品德、文化素质和体育特长的优秀体育后备人才。县级以上体育和教育行政部门在本级人民政府领导下，统筹规划、分工负责、协调管理少体校工作。体育行政部门负责学校的日常管理，学生训练、参赛，教练员配备和培训等；教育行政部门负责与学生文化教育相关事项的管理，包括教学、教师配备和培训等。国家鼓励和支持企业事业组织、社会团体和公民个人举办民办少体校。举办少体校不得以营利为目的。《办法》规定：少体校应当贯彻"选好苗子、着眼未来、打好基础、系统训练、积极提高"的训练原则，做好选才、育才的基础训练工作。《办法》还对设置与审批，招生与学籍，思想品德与文化教育，体育训练与竞赛，教师、教练员，保障条件等方面作出明确规定。

《优秀运动员全民健身志愿服务实施办法（试行）》 国家体育总局2012年2月13日公布，自公布之日起实施。旨在推进全民健身志愿服务长效化机制建设。共17条。《办法》界定：优秀运动员，是指奥运冠军、世界冠军或有较大社会影响力的运动员，包括在役运动员和退役运动员。《办法》规定优秀运动员全民健身志愿服务的基本原则是，充分体现志愿服务无偿、利他的基本要求；量力而行地设计项目、开展活动，务求实效；坚持志愿服务与提升运动员个人价值相统一；坚持自愿和倡导相结合，尊重优秀运动员的个人意愿。《办法》还对优秀运动员开展全民健身志愿服务的组织机构、组织方式、招募流程、优秀运动员的权利及义务、安全保障、提供合理的保障、评估工作机制等方面作出明确规定。

《国家体育总局办公厅关于开展"国家级体质测定与运动健身指导站"试点工作的通知》 国家体育总局2012年3月26日印发。《通知》指出:"十二五"时期,加强大众健身科学指导、加快推进群众体育科学化进程、切实提高全民族身体素质和健康水平将成为全民健身工作的重要内容。主要内容包括:(1)工作目的。完成"十二五"时期建立国家、省、市三级"体质测定与运动健身指导站"(以下简称"指导站")网络的工作任务,建立为群众进行体质测定、运动能力评定,提供运动健身指导的全民健身公共服务平台。通过试点工作,探索机制,形成经验,完善"指导站"网络建设的管理方法和运行机制。(2)组织领导。国家体育总局群体司负责整个试点工作的组织、管理和协调工作。国家国民体质监测中心负责试点工作的规划、实施、监督、检查和相应技术手段的实现。试点单位所在省(区、市)体育部门建立相应领导机构,各试点单位是开展试点工作的责任主体。(3)工作任务。探索长效化的运营模式;体质测定与健身指导;健身科普知识讲座;推广运动健身项目。

《国家体育总局关于加强体育文化工作的通知》 国家体育总局2012年4月26日印发。旨在贯彻落实党的十七大"推动社会主义文化大发展大繁荣"的精神和党的十七届六中全会通过的《中共中央关于深化文化体制改革推动社会主义文化大发展大繁荣若干重大问题的决定》,促进体育事业全面、协调、可持续发展,推动我国由体育大国向体育强国迈进。共三部分。(1)充分认识加强体育文化工作的重要性和必要性。体育文化是我国社会主义文化的重要组成部分,是人类社会发展和文明进步的重要标志,是综合国力、文化软实力和社会文明程度的重要体现,它不仅是一种身体运动,更是一种教育手段、生活方式,肩负着塑造人的健康体魄,增强全民族身体素质,培养人的健全心理,促进人的全面发展的社会责任。加强体育文化工作是从体育大国迈向体育强国的必然要求。(2)加强体育文化工作的指导思想和目标。指导思想是,要深入挖掘体育的文化内涵,夯实中国体育发展的社会基础和文化根基,提升中国体育的软实力。充分发挥体育在促进人的全面发展中的作用,促进健康、科学、文明的生活方式的养成,塑造积极、健康的社会价值观和大众人生观。充分发挥体育在建设社会主义先进文化中的作用和功能,让体育成为社会主义先进文化的传播者和创造者,成为时代精神的倡导者和先行者。目标是,以不断满足人民群众日益增长的体育文化需求,提高全民族体育文化意识为目标,逐步形成全面、协调、可持续发展的体育价值观和科学的发展观,充分发挥体育在构建社会主义核心价值体系、建设和谐社会中的作用。(3)选准切入点,作好几项具体工作。切实加强对体育文化工作的领导;加大对体育文化工作的资金投入;加强体育队伍综合素质建设,加快体育文化人才培养;加强体育文化阵地建设;鼓励和繁荣体育文艺创作,积极开展各类体育文化系列展示、评选活动;积极挖掘、整理和传承优秀体育文化遗产;发展体育产业,推动体育文化建设;进一步扩大对外体育文化交流。

《国家体育锻炼标准施行办法》
国家体育总局、教育部、全国总工会2013年12月16日公布,自公布之日起施行。1989年12月9日经国务院批准,国家体委1990年1月6日发布的《国家体育锻炼标准施行办法》同时废止。旨在构建全民健身公共服务体系,激发广大人民群众参加体育锻炼的积极性和主动性,不断增强体育意识,提高全民族的身体素质。共分总则、标准内容、组织管理、测验达标、鼓励措施、附则共六章27条。《办法》界定:《国家体育锻炼标准》(以下简称《锻炼标准》),是以检验公民体育锻炼效果、评价身体素质为目的,以测验达标为手段的评价体系。《办法》规定：实施《锻炼标准》是一项基本体育制度，由有关部门负责，在国家机关、企业事业单位、学校、社区、乡村和有关组织中全面开展。鼓励和提倡公民在积极参加体育锻炼的基础上定期参加《锻炼标准》测验，争取达到标准并不断提高。《办法》对标准内容、组织管理、测验达标、鼓励措施等方面作出明确规定。《办法》还规定：有关部门和单位可以根据实际情况制定实施特定人群的体育锻炼标准和施行办法，并报国家体育总局备案。教育部负责制定、实施学校学生体育锻炼标准和施行办法。全国性单项体育协会可以制定单项体育锻炼标准，报国家体育总局备案。

《中华人民共和国科学技术普及法》 全国人大于2002年6月29日公布，自公布之日起施行。旨在实施科教兴国战略和可持续发展战略，加强科学技术普及工作，提高公民的科学文化素质，推动经济发展和社会进步。共分总则、组织管理、社会责任、保障措施、法律责任、附则六章34条。《科普法》界定：科普是公益事业，是社会主义物质文明和精神文明建设的重要内容。《科普法》规定：国家机关、武装力量、社会团体、企业事业单位、农村基层组织及其他组织应当开展科普工作。公民有参与科普活动的权利。国家保护科普组织和科普工作者的合法权益，鼓励科普组织和科普工作者自主开展科普活动，依法兴办科普事业。国家支持社会力量兴办科普事业。科普工作应当坚持群众性、社会性和经常性，结合实际，因地制宜，采取多种形式。科普工作应当坚持科学精神，反对和抵制伪科学。任何单位和个人不得以科普为名从事有损社会公共利益的活动。国家支持和促进科普工作对外合作与交流。《科普法》规定：各级人民政府领导科普工作，应将科普工作纳入国民经济和社会发展计划，为开展科普工作创造良好的环境和条件。科学技术协会是科普工作的主要社会力量。科普是全社会的共同任务。社会各界都应当组织参加各类科普活动。各级人民政府应当将科普经费列入同级财政预算,逐步提高科普投入水平,保障科普工作顺利开展。《科普法》还对组织管理、社会责任、保障措施、法律责任等方面作出明确规定。

《中国科协等部门关于下发关于加强科技馆等科普设施建设的若干意见的通知》 中国科协、发展改革委、科技部、财政部、建设部2003年4月22日印发。旨在贯彻落实《中华人民共和国科学技术普及法》(以下简称《科普法》),进一步推动我国科技馆等科普设施的建设。该通知印发的《关于加强科技馆等科普设施建设的若干意见》共四部分。(1)充分认识加强科技馆等科普设施建设的重要意义。科学文化素质是国民素质的重要组成部分,提高全民族的科学文化素质是我国实施科教兴国战略和可持续发展战略的一项重要的基础性工作。科技馆、自然博物馆、天文馆、青少年科技活动中心(站)、社区科普工作室(站)、科普画廊(橱窗)、科普基地等科普设施是我国面向公众进行科普宣传教育的重要阵地和基础设施。(2)大力推进科技馆等科普设施的建设。要按照《科普法》的规定,大力推进科技馆等各级各类科普设施的建设;科技馆是实施科教兴国战略的基础设施之一,要大力加强各级科技馆的建设;各地要积极创造条件建立一批青少年科技活动中心(站),并结合社区建设,建立社区科普活动室(站)、科普画廊(橱窗)。地广人稀、人口分散的少数民族地区,边疆地区,边远山区和农牧区可因地制宜地建设社区科普活动室(站)、科普画廊(橱窗)等科普设施,积极发展科普宣传车等流动科普设施。鼓励利用"关、停、并、转"企业的闲置厂房,改造、翻建科普场馆。在科技馆等科普设施建设过程中,要将足够比例的资金用于研制展览内容和配备展教设备,以保证科普设施功能的充分发挥。(3)加强对现有科技馆等科普设施的管理和利用。(4)加强科技馆等科普设施建设的各项保障措施。

《全国总工会关于进一步加强县以上工人文化宫俱乐部建设的若干意见》 全国总工会1997年9月30日印发。旨在全面贯彻落实党的十五大精神,创造健康有序的社会主义文化,营造良好的文化环境,提高社会文明程度,提高广大职工和人民群众精神文化生活质量,更好地发挥工人文化宫、俱乐部在建设有中国特色社会主义伟大事业中的作用。共三部分23条。(1)进一步明确工人文化宫的性质与职能。工人文化宫是党和国家文化事业的重要组成部分,是社会主义精神文明建设的重要阵地,是工会工作的窗口,是工会联系职工群众桥梁和纽带的载体,也是贯彻工会工作总体思路、维护职工精神文化利益的重要途径。其主要职能是,为广大基层单位和职工及其家属提供丰富多彩的文化、教育、娱乐、休息等服务,努力满足广大职工群众日益增长的精神文化需求,同时也面向社会,为公众服务。(2)进一步深化工人文化宫的改革。工人文化宫要进一步增强改革意识,增强以改革求发展的紧迫感和责任感,加大改革力度,不断增强事业的活力。进一步改革和理顺领导体制;加强人事制度改革;进一步改革经营方式;进一步改革和改进工人文化宫的活动内容和方式,扩大服务领域;进一步改革和完善分配制度。(3)进一步加强工人文化宫的经营管理。工人文化宫的经营管理,既要适应发展社会主义市场经济形势的要求,又要确保正确的办宫方向和资产的保值增值。工人文化宫是职工群众的文化活动场所,任何单位都要严格执行《工会法》第三十八条、三十九条的规定,不得以任何名目侵占工人文化宫的场地、设施。为了改善工人文化宫的建筑、设施、场地条件,经工人文化宫充分论证并报主管工会同意后,可以引进外部资金,或与外单位共同开发,但必须保证工人文化宫的活动场地或建筑面积只能增加不能缩小，功能不能减弱，资产必须保值增值。所有工人文化宫必须自觉遵守国家有关法律、法规，杜绝封建迷信和"黄、赌、毒"及非法出版物的渗透。县以上各级工会要切实把进一步加强工人文化宫建设提到工会工作的重要位置。工人文化宫是工会独立管理的事业单位，各级主管工会应简政放权，既要防止统得过死，又要防止疏于引导，以包代管。工人文化宫的主管工会应由负责宣教工作的主席具体分管，定期检查指导工人文化宫的工作，及时将有关重大问题提交领导班子讨论决定。各主管工会应主动与当地政府及有关部门协商，争取享受政府文化馆（站）一切政策待遇。各主管工会应按党和国家有关法律法规、政策规定，采取多种渠道，切实加大对工人文化宫的投入。工人文化宫不等同于一般的第三产业，更不等同于社会上以营利为目的的娱乐业或经济实体。工人文化宫的职工医疗、住房、社会保险、离退休人员等费用的解决，应按照《工会法》及中央政府部门及全国总工会有关文件执行。各级地方工会应根据本意见精神，从当地实际出发，制定工人文化宫的发展规划和近期目标。本意见也原则适用具有一定规模的镇级工人文化宫。

《中华全国总工会关于推进地方工人文化宫俱乐部改革与发展的意见》 中华全国总工会2005年11月25日印发。旨在贯彻落实党的十六大和十六届四中、五中全会精神，按照中央有关文化体制改革的要求以及中国工会十四大的部署，适应当前和今后一个时期职工文化建设发展的需要。共四部分21条。(1)加强新形势下职工文化建设的重要意义。职工文化建设面临的形势；加强职工文化建设的重要性和紧迫性；高度重视工人文化宫俱乐部的改革发展。(2)工人文化宫俱乐部改革发展的基本思路。指导思想是，要以邓小平理论和"三个代表"重要思想为指导，全面贯彻党的十六大和中央关于文化建设和文化体制改革的精神,牢固树立科学发展观,坚持为改革开放和发展社会生产力服务,为职工群众服务,为推进工运事业服务的方向,以弘扬和培育民族精神,满足职工精神文化需求为目标,大力发展健康向上、丰富多彩、具有时代特征和工会特色的先进文化,建立与完善社会主义市场经济体制相适应的管理体制和机制,带动职工文化事业的整体发展,团结动员广大职工充分发挥主力军作用,为全面建设小康社会做出新的贡献。总体要求是,要坚持解放思想,实事求是,与时俱进,开拓创新,遵循社会主义精神文明建设的特点与规律,适应社会主义市场经济发展的要求,以发展为主题,以体制机制创新为重点,以增强活力、壮大实力、提高竞争力,繁荣和发展社会主义文化,满足职工群众日益增长的精神文化需求为目的,探索建立新形势下运行有序、促进发展的管理体制和运行机制,整合资源,扶持和建设一批有竞争实力、经济效益和社会效益突出的新型工人文化宫俱乐部,促进职工文化事业整体功能的发挥。基本思路是,要树立新的文化发展观,坚持以人为本,服务职工,面向市场,把职工群众的精神文化需求作为工人文化宫俱乐部的市场导向与服务定位。坚持把社会效益放在首位,努力实现社会效益与经济效益的统一,确立在正确导向下抓市场份额就是占领意识形态的思想,主动进入市场,积极参与竞争,通过满足包括进城务工人员在内的不同职工群体的精神文化需求,更好地实现工人文化宫俱乐部的文化宣传教育功能。要从实践中总结经验,从创新中探索出路,从群众中获取改革的动力,从市场中检验改革和发展的成效。(3)工人文化宫俱乐部改革发展的目标和任务。改革发展的目标是,各级工会要按照统筹规划、合理调整、重点扶持的要求,加大投入力度,拓展投资渠道,改进投入方式,集中使用资金,发挥更大的效能,争取用3至5年时间,把省会城市和中心城市的工人文化宫俱乐部建设成为导向正确、特色鲜明,设施先进、功能齐全,服务规范、经营有效,竞争实力强,两个效益突出,深受职工群众欢迎的新型职工文化活动中心,成为当地社会主义精神文明建设的重要阵地和群众文化建设的排头兵。经过一段时期的发展,力争使大部分地区工人文化宫俱乐部做到阵地设施明显改善,文化资源充分利用,活动内容丰富多彩,特色项目形成品牌,人员素质全面提升,管理水平明显提高,市场份额日益增长,两个效益同步增长。主要任务:明确职能,管办分离,事企分开;引入竞争机制,深化内部改革;盘活工会资产,促进资源整合;精心谋划发展,努力打造品牌;提高队伍素质,提升管理水平。(4)切实加强对工人文化宫俱乐部改革发展工作的领导。以高度的政治责任感确保工人文化宫俱乐部的正确发展方向;选配好工人文化宫俱乐部领导干部;促进工人文化宫俱乐部的改革与发展;加强宏观调控,提高两个效益;加大投入力度,改进投入方式;探索资产管理形式,建立经营责任制;实行归口管理,实施分类指导;加大源头参与力度,确保工会资产不被侵占;坚持一手抓改革,一手抓发展。本意见适用于各级地方工会所属的工人文化宫俱乐部。具备条件的企业工人文化宫、俱乐部可参照执行。各省、自治区、直辖市总工会可以根据本意见精神,结合实际制定相应的实施细则。

《中华全国总工会关于开展全国工会"职工书屋"建设的实施意见》 中华全国总工会2008年1月18日印发。为了认真贯彻落实党的十七大精神,推动社会主义文化大发展大繁荣,切实保障职工群众的文化权益,根据《国家"十一五"时期文化发展规划纲要》的部署和中办、国办《关于加强公共文化服务体系建设的若干意见》精神,全国总工会决定从2008年开始,在全国工会开展"职工书屋"建设工作。共五部分。(1)重大意义与指导思想。重大意义体现为:是全国工会学习贯彻党的十七大精神,按照社会主义核心价值体系的要求,加强职工思想道德建设,深化"创建学习型组织、争做知识型职工"活动,实施职工素质工程的一项重要举措;是新时期工会组织职工、引导职工、服务职工和维护职工合法权益的重要手段;是全面提高职工队伍整体素质,满足广大职工日益增长的文化需求的迫切要求,也是工会参与公共文化服务体系建设、增强国家文化软实力、推动社会主义文化大发展大繁荣的基础工程。指导思想是,必须坚持以邓小平理论、"三个代表"重要思想和科学发展观等重大战略思想为指导,以社会主义核心价值体系为根本,以改善一线职工特别是农民工的学习条件为目的,传播先进文化,普及科技知识,引导职工养成"爱读书,读好书"的良好习惯,开启职工智慧,激发职工的创造活力,丰富职工的精神文化生活,保障职工的基本文化权益,努力营造广大职工共建共享和谐社会的良好氛围。(2)工作目标。"职工书屋"由全国总工会统一命名,主要在一线职工特别是农民工工作和居住相对集中的基层企事业单位、城市社区、工业园区、乡(镇)村和重点建设项目工地建立。总体目标是,从2008年开始,力争用5年左右的时间,在全国目前尚缺乏读书条件的基层企事业单位、社区等建设5万个"职工书屋",逐步形成阅读条件比较完备、广泛覆盖职工群众的工会读书设施网络。从2008年至2010年的三年间,全总及各地工会要投入资金,集中力量,在各地建设3000个"职工书屋"示范点,通过以点带面,推动"职工书屋"建设全面展开。(3)基本原则。坚持"职工书屋"的公益性质;坚持多渠道筹集建设资金;坚持把重点放在基层;坚持因地制宜、分步实施。(4)建设方式。统一工作部署,全面推进全国工会"职工书屋"建设工作;明确工作目标,全面落实"职工书屋"建设任务;建立规范有序、公开透明的图书征集配送机制;结合工作实际,稳步推进"职工书屋"

健康发展;整合社会资源,为"职工书屋"的可持续发展创造条件。(5)工作要求。统一思想,提高认识;统筹规划,分工负责;加大投入,落实经费;加强管理,完善工作制度;立足创新,探索可持续发展模式;广泛宣传,掀起新的读书热潮。

《国家教委等部门关于改进和加强少年儿童校外教育工作的意见》

国家教委、广播电影电视部、文化部、全国总工会、共青团中央、全国妇联、中国科协1991年8月5日印发。《意见》指出:少年儿童校外教育是社会主义教育事业的重要组成部分,少年儿童校外教育机构、场所是社会主义精神文明建设的重要阵地。《中共中央关于教育体制改革的决定》提出了"学校教育和学校外、学校后的教育并举"的方针,进一步明确指出了校外教育在社会主义教育中的地位和作用。共四部分。(1)动员和依靠社会各方面力量,发展校外教育事业。(2)端正业务指导思想,为全体少年儿童服务。少年儿童校外教育工作必须坚持四项基本原则;要全面贯彻党的教育方针;必须有利于少年儿童身心的健康发展;要面向全体少年儿童;必须从我国国情出发,提高校外教育阵地的利用率,以取得更大的社会效益。(3)加强少年儿童校外教育工作队伍的建设。(4)齐抓共管,各司其职,切实加强校外教育工作的领导。各级各类校外教育机构的行政领导由各主办单位负责,教育、文化、共青团、妇联和科协等部门要加强业务指导,不断提高活动质量。

《青少年宫管理工作条例》 共青团中央1999年5月21日颁布,自颁布之日起实行,共青团中央1992年下发的《青少年宫管理工作条例》同时废止。旨在加强青少年文化建设,更好地发挥青少年宫在社会文化教育工作中的重要作用,促进青少年文化事业的健康发展。共分总则,工作任务,青少年宫的设立、管理及使用,工作人员,表彰与奖励,经费,附则七章41条。《条例》界定:青少年宫(包括青年宫、青少年宫、少年宫、青少年活动中心),是指由政府批准建立,各级共青团组织管辖或参与管理的青少年社会文化教育事业单位。《条例》规定:青少年宫是共青团组织联系和团结广大青少年的纽带,是向青少年进行社会主义教育的课堂,是广大青少年学习科技文化知识、开展文体娱乐活动的场所。青少年宫应以社会效益、人才效益为主导。青少年宫的宗旨是努力培养和造就大批有理想、有道德、有文化、有纪律的符合现代化建设要求的合格人才。青少年宫必须坚持面向未来、面向现代化、面向全社会、面向广大青少年的服务方向,积极发展青少年文化教育事业,为社会主义物质文明和精神文明建设服务。《条例》规定:青少年宫工作任务是,运用各种文化艺术手段,寓教于乐,在培养青少年兴趣爱好的同时陶冶情操,进行爱国主义、集体主义、社会主义宣传教育,树立正确的世界观、人生观、价值观;为适应社会发展和青少年成长成才的需要,大力开展新知识、新技能的普及工作,努力把青少年宫建成培养人才的摇篮;通过组织丰富多彩的文体科技活动,举办各种类型培训班普及文艺、体育、科技知识,通过组织开展具有导向性、示范性的大型文体科技活动,引导青少年文化的健康发展;积极帮助青年学习掌握必要的生活知识,进行劳动就业指导;加强宫际交流,取长补短,相互促进,按照有关规定,努力开展国际文化交流活动,增进各国和地区间青少年的了解与友谊。《条例》规定:各省、自治区、直辖市应设立省级青少年宫;地市级行政区应设立地(市)级青少年宫;县级行政区要创造条件建立青少年宫。《条例》还对青少年宫的管理及使用,工作人员,表彰与奖励,经费等方面作出明确规定。

《中共中央办公厅国务院办公厅关于加强青少年学生活动场所建设和管理工作的通知》 中共中央

办公厅、国务院办公厅2000年6月3日印发。旨在贯彻落实江泽民总书记关于"原有少儿活动场所严禁移作他用。同时各级政府还要尽可能设法多建设一些健康的青少年活动场所和设施"等批示的精神,全面推进素质教育,为广大青少年学生创造良好的社会育人环境。共四部分15条。(1)认真加强青少年学生校外活动场所的管理。(2)切实做好青少年学生校外活动场所的规划和建设工作。地方各级人民政府要设法多建设健康的青少年学生校外活动场所和设施;各级人民政府财政部门要高度重视,调整支出结构,加大对青少年学生校外活动场所的资金投入;要积极鼓励和支持社会力量兴办青少年学生校外活动场所和捐助各种活动设施及经费。(3)全社会都要积极支持青少年学生活动场所建设和管理工作。新闻宣传、广播影视、新闻出版、文化艺术等部门要加强对青少年学生的宣传教育工作;公安、政法、文化、工商等部门要认真贯彻执行《中华人民共和国未成年人保护法》、《中华人民共和国预防未成年人犯罪法》、《娱乐场所管理条例》和《音像制品管理条例》,要切实加强对营业性歌舞娱乐场所、电子游艺厅、录像厅等社会文化场所的管理;税务部门要采取措施,鼓励公益性青少年学生活动场所的发展;教育、文化、科技、体育等部门要把做好引导和安排青少年学生课余生活及活动场所的建设和管理工作列入重要日程;工会、共青团、妇联和科协等群众团体要积极配合政府有关部门,共同做好青少年学生校外教育工作。(4)切实加强对青少年学生校外教育工作的领导。

《少年儿童校外教育机构工作规程》 国家教委、文化部、国家体委、全国总工会、共青团中央、全国妇联、中国科协2010年12月13日修改后颁布。旨在加强对少年儿童校外教育机构的管理,促进少年儿童校外教育事业健康发展。共分总则、机构、活动、人员、条件保障、奖励与处罚、附则七章34条。《条例》界定：少年儿童校外教育机构（以下简称"校外教育机构"）是指少年宫、少年之家（站）、儿童少年活动中心、农村儿童文化园、儿童乐园、少年儿童图书馆（室）、少年科技馆、少年儿童艺术馆、少年儿童业余艺校、少年儿童野外营地、少年儿童劳动基地和以少年儿童为主要服务对象的青少年宫、青少年活动中心、青少年科技中心（馆、站）、妇女儿童活动中心中少年儿童活动部分等。《条例》规定：校外教育机构基本任务是，通过多种形式向少年儿童进行以爱祖国、爱人民、爱劳动、爱科学、爱社会主义为基本内容的思想品德教育；普及科学技术、文化艺术、体育卫生、劳动技术等方面知识；培养他们多方面的兴趣、爱好和特长；培养他们独立思考、动手动脑、勇于实践和创新的精神，促进少年儿童全面发展，健康成长。《条例》规定：校外教育机构工作应当遵循的原则是，面向全体少年儿童，面向学校，面向少先队，实行学校、家庭、社会相结合；德、智、体诸方面的教育应相互渗透，有机结合；遵循少年儿童身心发展规律，符合少年儿童的特点，寓教育性、知识性、科学性、趣味性于活动之中；普及与提高相结合，在重视和搞好普及性教育活动的同时，对有特长的少年儿童加强培养和训练，使其健康发展。《条例》规定：地方各级政府要对校外教育机构的工作进行宏观协调和指导。各级各类校外教育机构的业务工作，应接受当地各主管部门的指导。国家鼓励企业、事业组织、社会团体及其他社会组织和公民个人，依法举办各种形式、内容和层次的校外教育机构或捐助校外教育事业。《规程》还对机构、活动、人员、条件保障、奖励与处罚等方面作出明确规定。

《全国妇联文化部关于加强农村家庭文化建设的通知》 全国妇联、文化部2004年10月20日印发。为了认真贯彻党的十六届四中全会精神，树立和落实科学发展观，促进社会主义先进文化建设，提高广大农村家庭的思想道德素质和科学文化素质，进一步将"美德在农家"活动引向深入，全国妇联、文化部决定，将"美德在农家"活动与文化部开展的"送书下乡工程"和"全国文化信息资源共享工程"相结合，有效整合资源，在广大农村，特别是在贫困地区农村家庭中开展以读书和文化活动为主要内容的家庭文化建设活动，从而推动"美德在农家"活动的不断深化。主要内容包括：（1）将第二批全国"美德在农家"活动示范点的建设与文化部的"送书下乡工程"相结合，在贫困地区农村建立31个农家阅览书屋，进一步满足贫困地区农村家庭的精神文化需求。以农家阅览书屋为依托，继续开展"家家学"农村家庭读书活动，引导广大农村家庭不断学文化、学科学、学技能，组织读书心得比赛、征文、导读、知识讲座等活动；开展"家家议"活动，围绕群众感兴趣的家庭热门话题，组织家庭讲述、评议家庭和社区中发生的事情，引导农村家庭形成健康、文明、向上、和谐的家风和村风；开展"家家做"活动，在广泛开展读书活动的基础上，引导农村家庭从自身做起，逐步消除各种不道德和不文明行为。（2）在全国农村共建100个"美德在农家"活动示范点。由文化部组织实施的"全国文化信息资源共享工程"为这100个"美德在农家"活动示范点提供文化活动设施设备。通过这种共建方式，以家庭文化活动的开展促进农村的精神文明建设，为农村发展奠定坚实的文化基础。

《全国妇联关于在党群共建创先争优活动中建设村社区妇女之家的意见》 全国妇联2010年印发。旨在深入贯彻落实中央党群共建创先争优视频会议精神，根据中央领导同志关于资源共享、阵地共建、合力服务群众的要求，各级妇联组织要在党群共建创先争优活动中，依托村级组织和社区活动场所建设妇女之家，加强妇联基层组织阵地建设。共三部分。（1）充分认识建设村、社区妇女之家的重要意义。(2)村、社区妇女之家的主要功能。村、社区妇女之家要围绕中心、服务大局,认真履行组织妇女、引导妇女、服务妇女和维护妇女儿童合法权益的职责,不断加强自身建设,努力成为宣传政策的阵地、传播知识的课堂、传递信息的纽带、联系和服务妇女群众的窗口、展示妇女风采的平台。主要包括:宣传教育功能;维权服务功能;组织活动功能。(3)建设村、社区妇女之家的要求。争取支持,合力推进;因地制宜,统筹推进;明确标准,规范推进;加强指导,全面推进。

《北京市图书馆条例》 北京市人大2002年7月18日颁布,自2002年11月1日起施行。旨在保障图书馆事业的发展,满足人民群众对科学文化知识的需求,促进社会主义物质文明和精神文明建设。共分总则、发展与保障、图书馆设置、图书馆服务和读者权益保障、文献信息资源建设、法律责任、附则七章45条。《条例》规定:本条例适用于本市的公共图书馆及其他各类图书馆。《条例》界定:图书馆,是指收集、整理、保存、开发、利用图书、报纸、期刊、音像制品、微缩胶片、电子出版物和网络信息等文献信息资源为读者服务的公益性机构;公共图书馆,是指各级人民政府兴办面向社会开放的图书馆。市文化行政主管部门主管全市图书馆工作,负责全市公共图书馆的统一管理、指导、协调其他各类图书馆工作。区、县文化行政主管部门按照管理权限负责本辖区公共图书馆的管理、指导、协调本区、县其他各类图书馆工作。本市教育、科技等行政主管部门在各自职责范围内对学校图书馆、科学研究机构图书馆以及其他各类图书馆工作进行管理。《条例》对发展与保障、图书馆设置、图书馆服务和读者权益保障、文献信息资源建设作出了明确规定。《条例》还对为发展图书馆事业作出突出贡献或者成绩显著的单位和个人,以及违反本条例规定的行为作出了奖励与处罚的规定。

《北京市图书馆条例实施办法》

北京市政府2003年4月24日发布，自2003年5月1日起施行。旨在贯彻实施《北京市图书馆条例》(以下简称《条例》)。《办法》界定本市的公共图书馆及其他各类图书馆：是指本市各级人民政府、国家机关、社会团体、企事业单位、其他组织和公民，以及委托本市管理的其他单位设立的图书馆；公共图书馆的经费：包括日常经费、设备购置费和购书经费；街道、乡镇公共图书馆(室)：是指街道办事处在街道社区服务中心(或街道文化体育中心)，乡镇政府在乡镇文化服务中心设立的图书馆(室)；社区、村兴办图书馆(室)，是指由社区居委会和村委会兴办的，为本社区、村居民服务的图书馆(室)；学校、科学研究机构以及社会团体、企业、事业单位的图书馆(室)向社会开放，是指按北京市《关于利用单位内部设施开展社区服务的若干规定》办理；重置价格，是指单本(件)文献信息资料按采购和加工费用的合计计算；多本(件)或成套资料不能部分购买的，按照全套资料价格和加工费用合计计算。《办法》对北京市文化局主管本市图书馆工作，区、县文化行政主管部门负责本辖区图书馆工作，本市教育、科技等行政主管部门履行图书馆事业发展职责，表彰或者奖励，北京市图书馆专家委员会的组建，各级公共图书馆应当协助文化行政主管部门做好本市图书馆的业务指导工作，市和区县应当设立少年儿童图书馆，认定为街道、乡镇图书馆的标准，鼓励街道、乡镇图书馆(室)与市和区县公共图书馆合作，扶持和加强社区、村图书馆(室)建设，自然人、法人和其他组织兴办社区、村图书馆(室)，确因基本建设和城市改造需要占用公共图书馆用地和馆舍的，图书馆应做好接受捐赠的组织工作，图书馆业务人员的专业知识和技能标准，每周开放时间，公共图书馆应当建设无障碍设施，文献信息资料册(件)的计算标准，市和区县公共图书馆应当设立电子阅览室（含视听室），读者交纳滞纳金的标准，公共图书馆可以利用馆舍开设与图书馆业务和读者服务相关的项目等方面作出了具体规定。《办法》还对遗失、损坏或者侵占公共图书馆文献信息资料应当处以罚款的程序作出规定。

《北京市实施中华人民共和国文物保护法办法》 北京市人大2004年9月13日发布，2004年10月1日施行。旨在加强对文物的保护，根据《中华人民共和国文物保护法》等有关法律、法规，结合本市实际，制定本办法。共32条。《条例》规定：市和区、县人民政府负责本行政区域内的文物保护工作；规划、建设、园林、国土资源、工商、公安、发展改革、旅游、宗教等有关行政管理部门应当在各自的职责范围内依法做好文物保护工作。市和区、县人民政府应当将文物保护事业纳入本级国民经济和社会发展规划，所需经费列入本级财政预算；本市用于文物保护的财政拨款随着财政收入增长而增加。本市鼓励和支持文物保护的科学技术研究。本市建立文物普查制度。《办法》还对应当对本行政区域内未核定为文物保护单位的不可移动文物建立档案；市文物行政部门负责组织制定市级以上文物保护单位的具体保护措施；不可移动文物的管理人、使用人，应当制定文物的保养、修缮计划以及自然灾害和突发事件的预防、处置方案；应当依法划定文物保护单位保护范围和建设控制地带；建设工程选址，应当尽可能避开不可移动文物；修缮不可移动文物，应当按照批准的修缮方案施工；文物建筑的管理人、使用人应当按照规定加强火源、电源的管理；核定为文物保护单位的国有纪念建筑物、古建筑向社会正常开放；严格控制利用文物保护单位拍摄电影、电视以及举办展销和其他大型活动；建设单位应当在施工前报请市文物行政部门对地下文物埋藏区组织考古调查、勘探；博物馆、图书馆和其他文物收藏单位应当对馆藏文物科学分类、妥善保管，以及对违反本办法行为的处罚等方面作出明确规定。《办法》规定：本市行政区域内的文物保护工作适用本办法。

《北京历史文化名城保护条例》

北京市人大2005年3月25日发布，自2005年5月1日实施。旨在加强对北京历史文化名城的保护。共分总则、保护内容、保护规划、保护措施、法律责任、附则六章41条。《条例》规定：北京历史文化名城保护工作，应当坚持统筹规划、统一管理、保护为主、合理利用的原则。市人民政府统一领导北京历史文化名城的保护工作。区、县人民政府负责本辖区内有关北京历史文化名城保护的具体工作。市规划行政主管部门负责北京历史文化名城保护的规划管理工作。市文物行政主管部门应当按照本条例规定的职责，负责具有保护价值的建筑的保护工作，参与北京历史文化名城保护规划的编制、保护措施的制定、历史文化街区的认定等工作。发展改革、财政、建设、国土资源、水务、市政管理、园林、旅游、宗教事务和区县文物等行政主管部门，应当按照各自职责，负责北京历史文化名城保护的相关工作。本市应当统筹协调国民经济和社会发展与北京历史文化名城保护工作，将北京历史文化名城保护纳入国民经济和社会发展规划和年度计划。任何单位和个人都有保护北京历史文化名城的义务，并有权对保护规划的制定和实施提出建议，对破坏北京历史文化名城的行为进行劝阻、检举和控告。《条例》规定：北京历史文化名城的保护内容包括：旧城的整体保护、历史文化街区的保护、文物保护单位的保护、具有保护价值的建筑的保护。旧城的保护内容包括：历史河湖水系、传统中轴线、皇城、旧城"凸"字形城廓、传统街巷胡同格局、建筑高度、城市景观线、街道对景、建筑色彩、古树名木等；皇城保护应当完整、真实地保持以紫禁城为核心，以皇家宫殿、衙署、坛庙建筑群、皇家园林为主体，以四合院为衬托的历史风貌、规划布局和建筑风格;对具有特定历史时期传统风貌或者民族地方特色的街区、建筑群、村镇等,应当认定为历史文化街区;对尚未列为不可移动文物、反映一定时代特征、具有保护价值、承载真实和相对完整历史信息的四合院和其他建筑,应当认定为具有保护价值的建筑。《条例》还对保护规划、保护措施、法律责任等方面作出明确规定。

《周口店遗址保护管理办法》
北京市人民政府2009年4月29日公布,自2009年6月1日施行。旨在加强对周口店遗址的保护和管理。共24条。《办法》规定:市文物行政部门主管遗址的文物保护工作,监督实施本办法。房山区人民政府全面负责遗址的保护、建设、管理和科普教育等工作。房山区文物行政部门在市文物行政部门的指导和区政府的领导下,负责日常管理监督工作。市和房山区发展改革、规划、住房和城乡建设、国土资源、环境保护、工商、公安、旅游、园林绿化、水务等行政部门和周口店镇人民政府,应当按照各自职责做好遗址的保护管理工作。保护范围和建设控制地带内村的村民委员会应当依法配合政府及其相关部门做好遗址保护管理工作,对村民开展宣传教育,并召集村民会议引导村民将本办法依法纳入村民公约。遗址保护的日常管理经费列入房山区人民政府财政预算,涉及重大投入的项目所需经费,由市和房山区人民政府共同保障。《办法》还对周口店北京人遗址管理处的管理职责、遗址保护管理应当遵循的原则、遗址保护范围的划分及管理,在保护范围和建设控制地带内禁止开展对遗址及其环境产生污染的生产经营活动,在保护范围和建设控制地带内进行绿化活动,对周口店河进行整治和保护,以及违反办法行为的处罚等方面作出明确规定。

《北京市博物馆条例》 北京市人大2000年9月22日公布,自2001年1月1日起施行。1993年

12月25日北京市人民政府批准发布的《北京市博物馆登记暂行办法》同时废止。旨在促进博物馆事业发展,加强博物馆的管理,繁荣首都文化事业,推动社会主义精神文明建设。共分总则、发展与保障、管理与监督、法律责任、附则五章30条。《条例》界定:博物馆是指收藏、研究、展示人类活动的见证物和自然科学标本并向社会开放的公益性机构。《条例》规定:博物馆应当发挥社会教育功能,传播有益于社会进步的思想、道德、科学技术和文化知识,弘扬优秀文化和科学精神,丰富人民的精神文化生活,提高公众素质,促进国际文化交流。《条例》还对发展与保障、管理与监督、法律责任作出明确规定。《条例》规定:本条例适用于本市行政区域内的各类博物馆。法律、法规另有规定的从其规定。

《北京市体育设施管理条例》
北京市人大1999年10月28日发布,自2000年1月1日起施行。1996年7月30日北京市人民政府发布的《北京市公共体育场所管理办法》同时废止。旨在加强本市体育设施的管理,促进体育事业的发展。共分总则、规划和建设、使用、法律责任、附则五章30条。《条例》界定:体育设施,是指用于开展体育训练、竞赛、教学和社会体育活动的场所及附属设备。《条例》规定:体育设施的规划、建设和使用必须坚持为全民健身和竞技体育服务,坚持社会效益和经济效益相统一,促进首都物质文明和精神文明建设。本市鼓励社会团体、企业事业单位和个人以捐赠、赞助、投资等多种形式兴办体育设施。利用体育设施进行体育项目经营活动的,应当遵守有关法律和本市的有关规定。《条例》还对规划和建设、使用、法律责任等方面作出明确规定。

《北京市全民健身条例》 北京市人大2005年12月1日颁布,自2006年3月1日起施行。旨在促进全民健身活动的开展,增强全民体质。共分总则、健身设施、健身活动、健身服务、法律责任、附则六章37条。《条例》规定：全民健身活动应当坚持政府倡导、社会支持、全民参与、科学文明的原则。全社会应当关心和支持老年人、残疾人参加全民健身活动。市和区、县人民政府应当加强全民健身工作的领导，将全民健身工作纳入本级国民经济和社会发展计划，将全民健身经费作为专项支出列入本级体育行政部门预算，并随着国民经济的发展和财政收入的增长而增加。《条例》还对健身设施、健身活动、健身服务、法律责任等方面作出明确规定。《条例》规定：本条例适用于本市行政区域内全民健身活动的开展和管理。

《天津市全民健身条例》 天津市人大2006年5月24日颁布，自2006年8月1日起施行。旨在促进全民健身活动的开展，保障公民参加健身活动的权益，增强全民体质，构建和谐社会。共27条。《条例》规定：全民健身应当坚持政府支持和社会兴办相结合、科学文明、广泛参与的原则。全民健身应当采取灵活多样、因人因时因地制宜的方式，重视挖掘民族、民间传统体育，研究、推广科学健身方法。全社会都应当关心和支持未成年人、老年人和残疾人参加全民健身活动。广播、电视、报刊、互联网等媒体应当发挥各自的优势，通过设立全民体育健身专题、专栏等形式，宣传推广科学、文明、健康的体育健身项目和方法。新建、改建、扩建居民住宅区，建设单位应当按照国家有关规定，建设相应的公共体育设施。公共体育设施应当公布开放时间和服务内容，需要收取费用的公共体育设施应当对未成年人、老年人和残疾人免费开放或者给予优惠。公园应当对晨练的公众免费开放，并公布开放时间。鼓励机关、企业事业单位的体育设施向社会开放。学校的体育设施在不影响教学和安全的情况下，应当向社会开放。

《山西省非物质文化遗产条例》
山西省人大2012年9月28日颁布,自2013年1月1日起施行。旨在加强非物质文化遗产保护、保存工作,继承和弘扬优秀传统文化,共分总则、非物质文化遗产代表性项目名录、非物质文化遗产传承人、非物质文化遗产的保护措施、法律责任、附则六章36条。

《山西省体育设施条例》 山西省人大2010年11月26日颁布,自2011年1月1日起施行。1996年9月23日山西省第八届人民代表大会常务委员会第二十四次会议通过的《山西省体育设施管理条例》同时废止。旨在促进体育设施建设,加强体育设施管理和维护,充分发挥体育设施的作用,满足公众开展体育活动的需求,共分总则、规划和建设、服务和监督管理、法律责任、附则五章29条。《条例》界定:体育设施,是指按照国家规定标准建设,用于开展体育活动的体育场地、建筑物和配套设备;体育设施管理单位,是指负责体育设施维护管理,为公众开展体育活动提供服务的组织。县级以上人民政府应当加强对体育设施建设使用和监督管理工作的领导,将本行政区域公共体育设施建设纳入国民经济和社会发展规划,并将政府举办的公共体育设施建设、维护所需资金列入本级人民政府基本建设投资计划和财政预算。各级人民政府应当对传统性、标志性体育设施予以保护,对边远贫困地区、革命老区和其他农村地区的公共体育设施的建设、维护予以扶持。体育设施管理单位应当充分利用体育设施开展科学、文明、健康的体育活动。任何单位和个人不得利用体育设施从事危害公共利益的活动。鼓励社会团体、企业事业单位和个人捐资、赞助、投资建设体育设施,并依法给予国家规定的税费减免等优惠政策。鼓励国家机关、学校等单位内部的体育设施向公众开放。《条例》还对规划和建设、服务和监督管理、法律责任等方面作出明确规定。

《山西省全民健身促进条例》
山西省人大 2002 年 7 月 27 日公布,自 2002 年 9 月 1 日起施行。旨在促进全民健身活动的开展,增强人民体质,共 15 条。《条例》规定:鼓励开展科学、文明、健康的全民健身活动。公民参加健身活动的权利受法律保护。每年 6 月 10 日所在周为全民健身周。《条例》还对全民健身工作的主要职责,应当指定专职或者兼职人员,机关、企业事业组织开展全民健身活动,设立全民健身专项资金,规划并建设全民健身场地和设施,侵占、破坏全民健身场地和设施等方面作出明确规定。

《内蒙古自治区公共图书馆管理条例》 内蒙古自治区人大 2000 年 8 月 6 日公布,自 2000 年 8 月 6 日起施行。旨在发展自治区公共图书馆事业,满足全社会对科学文化知识的需求,促进社会主义物质文明和精神文明建设,共分总则、公共图书馆建设、公共图书馆服务、公共图书馆工作人员、奖励与处罚、附则六章 33 条。《条列》界定:公共图书馆,是指各级人民政府投资兴办,向社会公众开放,具有文献资源收集、整理、存储、加工、开发和服务功能的公益性机构。《条例》规定:旗县级以上人民政府应当将公共图书馆事业纳入国民经济和社会发展规划,加强公共图书馆的建设和管理。旗县级以上人民政府应当根据本辖区人口分布、社会经济和文化发展的需要,设立公共图书馆。要鼓励和扶持建立苏木乡、嘎查村和城市社区公共图书馆(室)。旗县级以上人民政府文化行政管理部门是公共图书馆的主管部门。计划、财政、人事、城建、科技、教育、新闻出版等有关行政管理部门在各自职责范围内,保障和支持公共图书馆事业的发展。《条例》对公共图书馆建设、公共图书馆服务、公共图书馆工作人员作出了明确规定。《条例》还对向公共图书馆捐赠资金、文献、设备或者有其他突出贡献的单位和个人,以及对违反本条例有关规定等行为作出明确规定。

《内蒙古自治区群众艺术馆文化馆工作管理办法》 内蒙古自治区人民政府2005年6月23日颁布,自颁布之日起施行。旨在加强群众艺术馆、文化馆管理,丰富广大群众文化生活,充分发挥群众艺术馆、文化馆在四级公共文化服务网络建设中的主导作用,共分总则、业务建设、设施建设及经费保障、工作人员、附则共五章25条。《办法》界定:群众艺术馆、文化馆,是旗县级以上人民政府投资举办,向社会提供公共文化产品和公共文化服务,具有宣传教育、普及知识、传承文化、文艺审美和休闲娱乐等功能的公益性机构。《办法》规定:旗县级以上文化行政管理部门是群众艺术馆、文化馆的主管部门。群众艺术馆、文化馆应面向社会、面向基层、面向群众,坚持为人民服务、为社会主义服务的方向,以当地机关、团体、企事业单位和广大群众为主要服务对象。各级群众艺术馆是本地区群众文化活动、组织、辅导和事业发展研究中心。文化馆接受群众艺术馆的业务指导。《办法》规定群众艺术馆、文化馆的业务建设是:应当通过组织开展文艺演出、培训、辅导、展览、影视等群众性文化娱乐活动,对群众进行爱国主义、集体主义、社会主义教育,满足群众求知、求美、求乐需要;群众艺术馆应当注重组织举办大型示范性、导向性文化活动;应当积极组建各种群众文艺团队,努力形成当地群众文化活动的特色和品牌;应当通过举办各类辅导培训班、建立基层文化示范点等,对苏木乡镇、嘎查村、机关企事业单位文化站室、活动中心、俱乐部和个体文化户进行业务指导;群众艺术馆、文化馆应当健全各种业务门类;应当加强与社会各界的联系和合作,推动本地区社区文化、广场文化、校园文化、企业文化、军营文化、老年文化、少儿文化等社会文化活动的广泛开展;群众艺术馆、文化馆应当按照国家有关要求,积极举办老年大学(学校);应当经常组织开展送文化下乡和文化进社区活动,用健康向上、丰富多彩的文化活动满足城镇居民和农牧民群众的精神文化需求;应当做好民族民间非物质文化遗产的挖掘、整理、抢救、保护、传承工作,努力创建民族民间文化活动品牌,打造民族民间艺术精品;应建立健全文化艺术档案(资料);群众艺术馆还应当开展非物质文化遗产的研究工作。《办法》还对设施建设及经费保障,工作人员,实行专业职务聘任制或者职业资格认证制等方面作出明确规定。

《内蒙古自治区体育设施管理条例》 内蒙古自治区人大1998年7月31日公布,自1998年10月1日起施行。旨在加强体育设施的管理,促进体育事业的发展,增强人民体质。共分总则、规划和建设、使用和监督、法律责任、附则五章33条。《条例》界定:体育设施,是指公共的和非公共的用于体育竞赛、训练、教学和开展群众性体育活动的体育场所及其固定的附属设备。《条例》规定:拥有体育设施的组织和个人应当加强对体育设施的管理,保障设施的安全可靠,提高利用率,充分发挥其社会效益。《条例》还对规划和建设、使用和监督、法律责任等方面作出明确规定。

《辽宁省全民健身条例》 辽宁省人大2012年11月29日颁布,自2013年2月1日起施行。旨在促进全民健身活动的开展,保障公民在全民健身活动中的合法权益,提高公民身体素质,共分总则、全民健身活动、全民健身设施、全民健身服务保障、法律责任、附则六章44条。《条例》规定:全民健身事业应当遵循政府主导、社会力量推动、全民参与的原则。省、市、县(含县级市、区,下同)体育行政部门负责本行政区域内的全民健身工作。发展改革、教育、公安、城建、民政、财政、规划、卫生、工商等行政部门在各自的职责范围内做好全民健身相关的工作。乡(镇)人民政府、街道办事处协助体育行政部门做好全民健身工作。居民委员会、村民委员会协助政府和有关部门做好全民健身工作,为居民、村民参与全民健身活动提供服务。工会、共青团、妇联、残联等组织根据各自职能特点,组织各自联系的群众开展全民健身活动。《条例》规定:每年8月为全民健身月。《条例》还对全民健身活动、全民健身设施、全民健身服务保障、法律责任等方面作出明确规定。

《黑龙江省公共文化设施管理规定》 该规定是在对原《黑龙江省公共文化设施管理规定》进行修改,并经2011年12月5日黑龙江省人民政府第六十三次常务会议讨论通过并公布,自2012年2月1日起施行。旨在加强对公共文化设施的管理,促进全省公共文化设施的建设与发展,弘扬社会主义先进文化,促进社会主义精神文明建设。共26条。《规定》界定:公共文化设施,是指由各级人民政府或者社会力量举办的,向公众开放用于开展文化活动的公益性的博物馆、图书馆、纪念馆、科技馆、档案馆、群众艺术馆(文化馆)、乡镇综合文化站、美术馆、文化宫、青少年宫、社区文化活动中心(文化活动室)等建筑物、场地和设备。《规定》对公共文化设施的规划、建设与管理工作,公民、法人和其他组织均有保护公共文化设施、支持公共文化设施建设的义务,县级以上文化行政部门负责本行政区域内公共文化设施的管理、监督和指导,将公共文化设施建设纳入城乡建设总体规划,公共文化设施的布局、种类、数量和规模,确定公共文化设施的建设用地,属于应由政府承担的各类公共文化设施建设、管理经费纳入财政预算,鼓励公民、法人和其他组织投资、捐资建设和管理公共文化设施,公共文化设施所有权人或者管理者负责公共文化设施的管理、维护和保养,保证其正常使用,公共文化设施应当对社会开放、方便公众活动、不得无故闲置、公共文化设施文化用途的改变等方面做出了明确的要求。《规定》还对违反本规定的有关行为作出了处罚规定。

《上海市公共图书馆管理办法》

上海市人民政府1996年11月28日发布,自1997年1月1日起施行。1987年9月26日上海市人民政府批准的《上海市区县图书馆管理办法》同时废止。旨在加强对本市公共图书馆的管理,充分发挥公共图书馆在社会主义物质文明和精神文明建设中的作用,推动公共图书馆事业的发展,满足人民群众对科学、文化知识的需求。共分总则,设置,书刊资料的收藏,工作人员、设备与经费,读者服务工作,辅导与协作,奖惩,附则8章。《办法》界定:公共图书馆,是指政府举办的,向社会公众开放的收集、整理、保管和利用图书、报刊、音像制品、电子出版物等书刊资料的公益性文化机构,包括市图书馆、区(县)图书馆和街道(乡、镇)图书馆。《办法》规定:上海市文化局(以下简称市文化局)对全市公共图书馆实施统一管理。各区(县)文化行政管理部门按照管理权限,负责本辖区内公共图书馆的管理。各级财政、规划、人事、物价、建设、教育、新闻出版、广播电影电视、房产、土地和邮电管理部门应当根据各自职责,协同文化行政管理部门实施本办法。《办法》对公共图书馆的设置、书刊资料的收藏,工作人员、设备与经费,读者服务工作,辅导与协作等作出了明确规定。《办法》还对向公共图书馆捐资、捐书以及其他为公共图书馆事业发展作出贡献的单位和个人的奖励,以及对违反本办法规定的处理作出了规定。

《上海市公共文化馆管理办法》

上海市人民政府1997年9月22日发布,自1998年1月1日起施行。旨在加强对上海市公共文化馆的管理,充分发挥公共文化馆在提高市民文化素质和提高城市文明程度中的作用,促进文化事业的发展。共25条。《办法》界定:公共文化馆,是指政府设置,向社会公众开放,组织和指导群众文化活动的公益性文化事业单位,包括市文化馆、区(县)文化馆和街道(乡、镇)文化馆(站)。《办法》规定公共文化馆按照行政区划设置。市和区（县）行政区域内分别设置市文化馆和区（县）文化馆；街道（乡、镇）行政区域内设置街道（乡、镇）文化馆（站）。上海市文化广播影视管理局（以下简称市文广影视局）是本市公共文化馆的行政主管部门。区（县）文化行政部门负责辖区内公共文化馆的管理。各级财政、规划、人事、物价、建设和房地等行政管理部门应当根据各自职责，协同文化行政部门实施本办法。《办法》规定公共文化馆应当开展下列公益性文化活动：组织业余文化艺术创作、表演和展览活动，向业余艺术表演团体提供排练活动场所；免费提供报刊阅览服务，开设免费文化艺术活动专场；通过讲座、培训班等形式，组织群众学习文化艺术技能和进行时事政治、文化科技知识教育；收集、整理、利用本地区的民族、民间文化艺术形式，组织民间文化艺术交流；开展群众文化理论的学术研究，编辑群众文化理论书籍和资料，建立本地区的群众文化工作档案。《办法》还对设置规划，馆舍面积，使用登记，终止和变更，人员配备，设备、器材的配置与更新，文化娱乐活动和其他经营活动的开展，业务辅导，公益性文化活动用房，收费规定，开放时间，经费筹集，经费使用的监督，考核，对违反本办法有关规定的处理，对本办法施行前有关事项的处理等方面作出明确规定。

《上海市社区公共文化服务规定》 上海市人大2012年11月21日公布，自2013年4月1日起施行。该规定是全国首部社区公共文化立法。旨在提高上海市社区公共文化服务水平，保障人民群众基本文化权益，繁荣和发展公共文化事业。共33条。《规定》明确：社区公共文化服务坚持政府主导、社会参与、均衡发展、方便群众的原则；各级人民政府领导本行政区域内的社区公共文化服务工作；市文化行政部门是本市社区公共文化服务工作的主管部门；区、县文化行政部门负责本行政区域内的社区公共文化服务工作;发展改革、经济信息化、教育、科技、农业、财政、规划国土资源、新闻出版、旅游、体育、司法、民政、卫生等行政部门依据各自职责,协同做好社区公共文化服务工作。《规定》还明确:社区公共文化设施的设置应当按照城乡规划的要求,符合本市《城市居住地区和居住区公共服务设施设置标准》;社区公共文化设施的建设选址,应当符合人口集中、交通便利的原则。各街道和乡、镇的行政区域内应当设置一个社区文化活动中心;常住人口超过十万人的,可以根据实际情况增设分中心。各居(村)民委员会所辖区域内应当设置一个居(村)民综合文化活动室;常住人口超过五千人的行政村,可以根据实际情况设置两个以上综合文化活动室。《规定》明确:社区公共文化设施建设经费、运行经费和社区公共文化活动经费纳入财政预算予以保障。同时,对街道办事处和乡、镇人民政府的管理职责,市文化行政部门应当制定社区公共文化服务规范和标准,各级人民政府及其文化行政部门鼓励和支持社会力量参与提供社区公共文化服务,社会公共文化设施的管理使用,以及违法行为作出明确规定。《规定》明确:本市行政区域内各级人民政府及其文化行政等部门或者社会力量向社区居民提供的公共文化设施和公益性文化服务活动,适用本规定。

《江苏省广播电视设施保护条例实施细则》 江苏省人民政府1989年11月30日颁布,自1989年12月27日起施行。1997年12月15日江苏省人民政府对此进行修订后公布执行。旨在为了维护全省广播电视设施的安全。共14条。《细则》界定:本实施细则适用于江苏省境内各级广播电视部门的广播电视设施。《细则》规定的广播电视设施还包括:水线牌(灯)、架空标志牌(灯)、标石(桩)、围网、围墙等设施的标志物和警戒装置;用于现场直播、录制、采访的各种机动设备及有关的固定设施等；广播电视技术用房。《细则》规定：广播电视设施是国家财产，受法律保护，禁止任何单位或个人侵占、私分、截留、哄抢、破坏。各级人民政府要加强对广播电视设施保护工作的领导。各级广播电视部门是所辖区域内广播电视设施管理和保护工作的主管部门，各级公安机关及其他有关部门要配合广播电视部门，共同搞好广播电视设施的安全防范工作。《细则》还对禁止危及广播电视节目发射设施安全和损害工作效能的行为，禁止危及广播电视节目传送设施安全和损害其工作效能的行为以及罚则等方面作出明确规定。

《江苏省农村公共文化服务管理办法》 江苏省人民政府2012年1月4日发布，自2012年3月1日起施行。本《办法》是江苏公共文化建设管理领域出台的首部政府法规。旨在加快构建和完善农村公共文化服务体系，满足农村群众的精神文化需求，促进社会主义新农村建设。共分总则、服务机构、服务设施、服务规范、奖惩、附则六章34条。《办法》界定：农村公共文化服务，是指由县及县以下公益性文化事业机构，包括县（市、区）图书馆、文化馆、博物馆和乡镇综合文化站（以下简称农村公共文化服务机构），以及村文化活动室面向农村群众提供的公共文化服务活动。《办法》对江苏农村公共文化服务机构、服务设施、服务规范等作了明确的要求。《办法》还对农村公共文化服务的奖惩作出了规定。

《江苏省非物质文化遗产保护条例》 江苏省人大2006年9月27日颁布，自2006年11月1日起施行。旨在保护非物质文化遗产，继承和弘扬优秀文化传统。共分总则、规划与保护、传承、管理与利用、保障措施、法律责任、附则七章39条。《条例》界定：非物质文化遗产包括：口头传统，包括作为文化载体的语言；传统表演艺术和民间美术；传统礼仪、节庆、庆典以及竞技、游戏等民俗活动；传统手工艺技能；有关自然界和宇宙的民间传统知识和实践；与此相关的资料、实物和场所；其他需要保护的非物质文化遗产。非物质文化遗产保护工作坚持政府主导、全社会共同参与，贯彻保护为主、抢救第一、合理利用、传承发展的方针。《条例》还对规划与保护、传承、管理与利用、保障措施、法律责任等方面作出明确规定。

《江苏省体育设施管理办法》

江苏省人民政府 1997 年 7 月 31 日发布，自发布之日起施行。旨在加强体育设施建设和管理，发展体育事业。共分总则、建设管理、使用管理、法律责任、附则五章 26 条。《办法》界定：体育设施，是指用于体育训练、竞技和健身的体育运动场地、建筑物和固定设备，包括：由国家投资或者筹资兴建的公共体育设施；机关、团体、企业事业单位的内部体育设施；各类经营性体育设施。《办法》规定：公共体育设施应当向社会开放，方便群众开展体育活动。内部体育设施应当创造条件向社会开放，提高体育设施的利用率。体育行政部门和其他有关行政部门应当为体育设施向社会开放提供服务。公民应当爱护体育设施，遵守体育设施管理规定。《办法》还对建设管理、使用管理、法律责任等方面作出明确规定。

《浙江省公共图书馆管理办法》

浙江省人民政府 2003 年 8 月 6 日公布，自 2003 年 10 月 1 日起施行。旨在发展公共图书馆事业，满足公众对科学文化知识的需求，促进社会主义精神文明和物质文明建设。共分总则、公共图书馆建设与经费、公共图书馆服务与读者权益、文献信息资源、工作人员、法律责任、附则七章 34 条。《办法》界定：公共图书馆，是指由各级人民政府投资设立的，收集、整理、保存、开发、应用文献信息资源，服务于公众的公益性机构；文献信息资源，是指图书、期刊、报纸、视听资料、电子媒体等出版物及网络信息资源。《办法》规定:县级以上人民政府应当将公共图书馆事业纳入国民经济和社会发展计划,制定公共图书馆事业发展规划,保障公共图书馆事业发展所需经费;扶持边远地区、欠发达地区、少数民族地区公共图书馆事业的发展。鼓励单位、个人投资设立向社会开放的图书馆并参加各级公共图书馆网络。县级以上人民政府文化行政管理部门主管公共图书馆事业。财政、计划、规划、人事、价格、建设、教育、科技、新闻出版、广电、国土资源、信息产业等部门应当根据各自职责,协助、支持公共图书馆事业的发展。《办法》对公共图书馆建设与经费、公共图书馆服务与读者权益、文献信息资源、工作人员作出了规定。《办法》还对向公共图书馆捐赠以及其他为公共图书馆事业发展作出突出贡献的单位、个人,以及违反本办法相关规定的行为作出了奖励与处罚的规定。

《浙江省文化馆管理办法》 浙江省人民政府2009年8月17日公布,自2009年10月1日起施行。旨在加强文化馆的建设和管理,促进群众文化事业的发展,保障公民基本文化权益,提高公民文化素质。共分总则,建设与经费,职责与服务,人员与管理,法律责任,附则六章27条。《办法》界定文化馆,是指政府设立、向公众开放,组织开展、指导、辅导、研究群众文化艺术活动,并提供公共文化产品和公共文化服务的公益性文化事业机构,包括省、市文化馆(群众艺术馆)和县(市、区)文化馆。《办法》规定文化馆工作应当坚持为人民服务、为社会主义服务的方向,坚持百花齐放、百家争鸣的方针,促进先进文化发展,传播有益于经济发展和社会进步的科学文化知识,丰富公众的精神文化生活。县级以上人民政府应当加强对文化馆工作的领导,将文化馆发展纳入国民经济和社会发展规划,督促下级人民政府和有关部门履行文化馆建设和监督管理职责。

县级以上人民政府文化行政管理部门主管本行政区域内的文化馆工作。发展和改革、人力资源和社会保障、住房和城乡建设、财政、规划、价格、国土资源、公安、教育、新闻出版、经济和信息化、广播电影电视等有关部门,应当按照各自职责做好文化馆的相关工作。《办法》规定:文化馆应当开展下列公益性群众文化艺术活动:组织开展群众文化艺术创作、表演和展览等活动;收集、整理、研究民族民间艺术,合理开发、利用民族民间艺术资源;组织开展群众文化艺术调查研究,编撰群众文化艺术书刊、资料,建立、健全群众文化艺术信息网络;组织开展群众文化艺术交流;组织开展群众文化艺术培训和群众文化艺术队伍、骨干的辅导,为基层文化机构提供文化艺术配送服务。文化馆应当加强对乡镇、街道综合文化站工作的指导,促进基层群众文化艺术活动的开展。《办法》还对建设与经费、人员与管理、法律责任等方面作出明确规定。《办法》规定:各级工会、共青团、妇联等组织举办的用于开展群众文化艺术活动的机构的管理,参照本办法有关规定执行。

《浙江省广播电视管理条例》

浙江省人大1997年4月20日颁布,自1997年8月1日起施行。2013年12月19日浙江省人大对此进行修订后公布执行。旨在加强广播电视管理,发展和繁荣广播电视事业,发挥广播电视在社会主义物质文明和精神文明建设中的作用。共分总则、广播电视台(站)的设立和管理、广播电视节目管理、广播电视工程与设施的建设和管理、法律责任、附则六章55条。《条例》界定:本条例适用于本省行政区域内广播电视台(站)的设立和管理、广播电视节目的制作和播放、闭路电视系统的管理、广播电视工程与设施的建设和管理。《条例》规定:广播电视工作必须坚持为人民服务、为社会主义服务的方向,坚持正确的舆论导向,大力宣传爱国主义、集体主义、社会主义,弘扬优秀文化,丰富人民文化生活。广播电视事业实行统一规划和统一领导、分级管理的原则。《条例》明确：省广播电视行政管理部门负责全省的广播电视管理工作，市（地）、县（市、区）广播电视行政管理部门负责本行政区域内的广播电视管理工作。列入事业系列的广播电视管理部门行使行政管理职权。各级人民政府应加强对广播电视事业的领导，把广播电视事业纳入本行政区域国民经济和社会发展计划，增加投入，加快广播电视工程和设施的建设。《条例》明确：各级广播电视行政管理部门的职责是，组织实施关于广播电视的法律、法规；制订本行政区域广播电视事业的发展规划，并组织实施；领导本级广播电视台，组织广播电视的宣传；实施对本行政区域广播电视行业的管理和监督；按规定的权限管理本行政区域卫星电视广播地面接收设施、闭路电视系统、公共场所播放电视节目的大型电视设施、影视制作机构、广播电视节目交易；按《浙江省文化市场管理条例》规定的权限管理音像制品。计划、财政、税务、物价、教育、公安、国家安全、工商行政管理、著作权行政管理、无线电管理等部门应按照各自的职责，配合广播电视行政管理部门做好广播电视管理工作。《条例》规定：广播电视工作应面向群众，经常听取人民群众的意见、批评和建议，自觉接受人民群众的监督。广播电视工作人员依法从事广播电视活动，受法律保护。《条例》还对广播电视台（站）的设立和管理、广播电视节目管理、广播电视工程与设施的建设和管理、法律责任等方面作出明确规定。

《浙江省全民健身条例》 浙江省人大2007年11月23日颁布，自2008年1月1日起施行。旨在推动全民健身的开展，保障公民参加健身活动的权利，增强全民体质，促进社会和谐。共分总则、健身活动、健身设施、健身服务、法律责任、附则六章45条。《条例》规定：全民健身应当坚持因地制宜、形式多样、广泛参与、注重实效、科学文明的原则。各级人民政府应当加强对全民健身工作的领导，将全民健身工作列入议事日程，将全民健身事业经费纳入本级财政预算，增加对全民健身设施的投入，建立和完善全民健身保障、服务体系。各级人民政府及其体育行政部门应当鼓励单位和个人组织、参与全民健身活动。按照城乡统筹的要求，加大对农村体育的支持力度，鼓励农村基层组织开展丰富多彩的健身活动。鼓励发掘、整理和开展民族民间传统体育活动。各级人民政府及其有关部门、单位应当为妇女、儿童、青少年、老年人、残疾人参加全民健身活动提供便利条件。《条例》还规定：公共体育设施应当免费向公众开放。管理单位在提供服务过程中确有服务成本开支的，可以适当收取成本费用。收费收入应当专项用于公共体育设施的日常维修、保养和管理，不得挪作他用。具体收费标准应当报经价格行政主管部门批准。收费的公共体育设施，管理单位应当对老年人、残疾人和在校中、小学生等实行半价优惠开放或者在规定时段免费开放。收费标准和优惠条件等应当向公众公示。

《安徽省体育设施管理办法》
安徽省人民政府1998年10月26日公布，自1998年12月1日起施行。旨在加强体育设施的建设和管理，发展体育事业，增强人民体质，提高体育运动水平，促进社会主义物质文明和精神文明建设。共分总则、规划和建设、使用和管理、法律责任、附则五章30条。《办法》界定：体育设施，是指用于体育训练、比赛和健身活动，按国家规定标准建设的体育运动场地、建筑物及其配套设备，包括：由国家投资或筹资兴建的、向社会开放的公共体育设施；国家机关、社会团体、企业事业组织内部使用的体育设施；各类经营性体育设施。《办法》规定：体育设施的规划和建设，应遵循统筹安排、合理布局、规范实用和方便群众的原则。《办法》还对规划和建设、使用和管理、法律责任等方面作出明确规定。

《福建省民族民间文化保护条例》 福建省人大2004年9月24日颁布,自2005年1月1日起施行。旨在保护民族民间文化,继承优秀文化传统,弘扬中华民族精神,促进社会主义精神文明建设。共分总则、保护与管理、保障措施、法律责任、附则五章36条。《条例》规定:在本省行政区域内,下列具有历史、科学和艺术价值的民族民间文化受本条例保护:民间文学、戏剧、曲艺、音乐、舞蹈、美术、杂技等;传统工艺和制作技艺;传统的礼仪、节日、庆典等民俗活动和传统体育活动;古语言文字和少数民族语言文字;与上述各项相关的代表性原始资料、实物、建筑物和场所;其他需要保护的项目。民族民间文化保护工作以保护为主、抢救第一、合理利用、继承发展为指导方针,实行政府主导、社会参与、统筹规划、分步实施,明确职责、形成合力的原则。县级以上地方人民政府应当将民族民间文化保护工作纳入本行政区域国民经济和社会发展计划、城乡建设规划;将民族民间文化保护经费纳入本级财政预算,予以保障。县级以上地方人民政府文化行政部门主管本行政区域内民族民间文化的保护工作。县级以上地方人民政府发展和改革、财政、民族与宗教、经贸、建设、规划、教育、旅游、体育等行政部门按照各自职责,做好民族民间文化保护工作。县级以上地方人民政府对在民族民间文化保护工作中做出贡献的组织和个人予以表彰和奖励。《条例》还对保护与管理、保障措施、法律责任等方面作出明确规定。《条例》规定本条例所称的民族民间文化资料、实物、建筑物和场所,已被确定为文物或者文物保护单位的,适用文物保护法律法规。

《山东省公共图书馆管理办法》 山东省人民政府2009年4月20日公布,自2009年6月1日起施行。旨在加强公共图书馆管理,发展公益性文化事业,满足人民群众对科学文化知识的需求。共27条。《办法》界定:公共图书馆,是指由各级人民政府兴办,向社会开放,具有文献信息资源的收集、整理、保存、研究、开发、传播和服务功能的公共文化服务设施及服务机构;文献信息资源,是指以纸质、音像、胶片、电子、网络等为载体形式的信息和知识的记录。县级以上人民政府应当将公共图书馆建设纳入当地国民经济和社会发展计划。《办法》规定:公共图书馆的建设、保护、使用等经费,应当列入同级财政预算,并随着年度财政收入的增长逐年增加;县级以上人民政府文化行政管理部门负责本行政区域内公共图书馆的管理工作;发展改革、财政、建设、新闻出版等其他部门,应当按照各自的职责做好有关的工作;鼓励社会力量兴办公共图书馆;鼓励学校、科学研究机构和各类企业、事业单位、社会团体的内部图书馆以及其他各类图书馆向社会开放;鼓励向公共图书馆捐赠文献信息资源和资金、设备;捐赠人依照法律、法规和有关政策规定享受税收优惠。《办法》对公共图书馆的设置,规划选址和建设用地,合理确定年度文献信息资源购置规模,公共图书馆的馆舍、文献信息资源和相关设施、设备的管理、保护,公共图书馆应当建立健全服务制度,公共图书馆应当按照规定向社会开放,实行公共图书馆文献信息资源免费借阅制度,实行公共图书馆文献信息资源公开借阅和查询制度,公共图书馆向社会公众宣传、推荐优秀读物及辅导、指导社会公众及时查找和利用文献信息资源,公共图书馆应当根据工作需要科学设置岗位和选配人员等方面作出规定。《办法》还对奖励与处罚事项作出规定。

《山东省电视管理暂行条例》
山东省人大 1994 年 12 月 6 日公布,自公布之日起施行。2010 年 9 月 29 日山东省人大修订后公布执行。旨在加强电视的管理,繁荣与发展电视事业,促进社会主义物质文明和精神文明建设。共分总则、电视设施建设和管理、电视节目管理、经费管理、法律责任、附则六章

49条。《条例》界定：本条例所称电视是指制作并通过无线电波、有线电缆、光缆等向公众传播图像、声音以及文字信息节目的活动；本条例所称电视台包括无线电视台和有线电视台。《条例》规定：从事电视活动，应当遵守国家法律、法规，坚持为人民服务、为社会主义服务的方向，努力提高节目质量，注重社会效益。各级广播电视行政管理部门主管本行政区域内的电视管理工作。各级人民政府应当加强对电视事业的领导，支持电视事业的发展。发展电视事业应当遵循统一规划、合理布局、分级建设、分级管理的原则。《条例》规定：无线电视台和行政区域性有线电视台、转播台、差转台，由广播电视行政管理部门设立和管理，其他任何单位和个人不得设立。国家机关、社会团体、企业事业单位根据国家有关规定和省统一规划，可以开办非行政区域性有线电视台、转播台、差转台，设立卫星地面接收设施、共用天线系统。《条例》规定：省、市(地)无线电视台和有线电视台可以开办新闻性、教育性、文艺性、服务性、专题性节目。县(市)无线电视台可以开办新闻性、教育性节目；经批准开办文艺性节目的，应当按照国家和省的规定执行。电视台制作开办的节目，必须做到健康、文明、丰富、多彩。《条例》明确：电视台不得播放违反国家宪法、法律、法规，损害国家利益和民族尊严，妨害公共秩序和违反社会公德，有损未成年人身心健康的内容，以及国家和省禁止播放的其他内容。《条例》还对设立电视台、转播台、差转台必须具备的条件及审批手续，电视台播放节目的审查制度，电视剧的生产实行许可证制度，电视台经营广告业务，广播电视行政管理部门对本行政区域内的电视台、转播台、差转台、共用天线系统、卫星地面接收设施播放或者接收的电视节目的审查权限，以及经费管理、法律责任等方面作出明确规定。

《山东省体育场地设施保护办法》 1994年9月19日公布，自

1994年10月1日起施行。旨在加强对体育场地设施的保护,充分发挥其在增强人民体质、提高竞技运动水平方面的作用。共10条。《办法》界定:体育场地设施,是指国家机关、社会团体、企事业单位及学校建设的公共体育场、体育馆、游泳设施、其他专用性体育设施及其附属设备。《办法》规定:体育场地设施的主管单位,应当采取各种措施加强对体育场地设施的管理、修护,确保其完好。体育场地设施不得改作他用。任何单位和个人不得侵占、损坏和破坏体育场地设施。

《河南省公共图书馆管理办法》

河南省人民政府2002年7月23日颁布,自2002年9月1日起施行。旨在加强公共图书馆的建设和管理,满足人民群众对科学文化知识的需求,促进社会主义物质文明和精神文明建设。共28条。《办法》界定:公共图书馆,是指由政府兴办,向社会公众开放,承担文献资源收集、整理、保管和利用职能的公益性文化设施,包括少年儿童图书馆。《办法》规定:县级以上文化行政管理部门是本行政区域内公共图书馆事业的主管部门。县级以上人民政府有关部门按照各自职责,共同做好公共图书馆的建设和管理工作。公共图书馆实行馆长负责制。《办法》对公共图书馆的布局、数量和规模,公共图书馆的建设用地,新建公共图书馆的设计,公共图书馆的馆舍、设备、文献资源的保护,公共图书馆的经费保障,公共图书馆每周开放时间,文献资料的借阅范围和办法,指导读者阅读与解答读者有关阅读方面的咨询,公共图书馆对图书、报刊借阅实行免费服务,公共图书馆文献基本藏量,省图书馆和市、县图书馆的重点收藏,本行政区出版社、报社、杂志社等出版单位和有关单位向公共图书馆的呈交,公共图书馆对新入藏的文献资料的加工并投入借阅,鼓励公共图书馆开发馆藏资源等方面作出了规定。《办法》还对公共图书馆、读者、出版单位违反本办法规定的行为作出了处罚规定。

《湖北省公共图书馆条例》 湖北省人大2001年7月27日公布,自2001年10月1日起施行。旨在发展公共图书馆事业,满足人民群众对科学文化知识的需求,促进社会主义精神文明和物质文明建设。共23条。《条例》界定:公共图书馆,是指各级人民政府投资兴办,向社会开放,具有图书、音像等文献资料收集、整理、存储、开发和服务功能的公益性机构。《条例》规定:各级人民政府应当将公共图书馆事业纳入国民经济和社会发展计划,将公共图书馆经费列入财政预算,并与经常性财政收入的增长幅度相适应。省人民政府应当对贫困地区和少数民族地区的公共图书馆事业给予扶持。县级以上人民政府文化行政主管部门是公共图书馆的主管部门。计划、财政、新闻出版等有关部门,在各自的职责范围内,保障和支持公共图书馆事业的发展。《条例》对公共图书馆的设置、服务事项和功能,公共图书馆馆长具有的专业技能,读者在公共图书馆享有的权利和履行的义务,文献资料收藏工作,成立图书馆专家委员会,接受国内外组织和个人的捐赠等方面作出了明确规定。《条例》对违反本条例相关的规定明确了法律责任。

《湖北省非物质文化遗产条例》 湖北省人大2012年9月29日公布,自2012年12月1日起施行。旨在继承和弘扬中华民族优秀传统文化,加强非物质文化遗产保护、保存工作,推动文化强省建设。共分总则、非物质文化遗产的调查和代表性项目名录、非物质文化遗产的传承与传播、非物质文化遗产的合理利用与发展、法律责任、附则六章56条。《条例》界定:本条例所称非物质文化遗产,是指各族人民世代相传并视为其文化遗产组成部分的各种传统文化表现形式,以及与传统文化表现形式相关的实物和场所。包括:传统口头文学以及作为其载体的语言;传统美术、书法、音乐、舞蹈、戏剧、曲艺和杂技;传统技艺、医药和历法;传统礼仪、节庆等民俗;传统体育和游艺;其他非物质文化遗产。《条例》规定:对非物质文化遗产应当采取认定、记录、建档等措施予以保存,对体现中华民族优秀传统文化,具有历史、文学、艺术、科学价值的非物质文化遗产应当采取传承、传播等措施予以保护。《条例》明确:县级以上人民政府文化主管部门负责本行政区域内非物质文化遗产的保护、保存工作。非物质文化遗产保护、保存工作涉及两个以上县级行政区域的,由共同的上一级人民政府及其文化主管部门予以协调。《条例》规定:县级以上人民政府应当建立本级非物质文化遗产代表性项目名录。非物质文化遗产代表性项目的认定实行专家评审制度。县级以上人民政府文化主管部门应当制定本级非物质文化遗产代表性项目保护规划,对本级非物质文化遗产代表性项目予以保护。县级以上人民政府及其文化主管部门应当对非物质文化遗产濒危项目及时采取下列抢救性保护、保存措施。县级以上人民政府应当对与非物质文化遗产代表性项目直接相关的建筑物、场所、遗迹及其附属物划定保护范围,作出标识说明,建立专门档案。县级以上人民政府文化主管部门对本级人民政府批准公布的非物质文化遗产代表性项目,可以认定代表性传承人和保护单位。县级以上人民政府应当根据需要建设非物质文化遗产专项公共文化设施,用于非物质文化遗产代表性项目的收藏、展示和传承。教育主管部门和中小学校应当将具有本地特色的非物质文化遗产知识编入地方教材,纳入素质教育内容,开展相关教育活动。《条例》规定:鼓励和支持在有效保护的基础上,合理利用非物质文化遗产代表性项目,开发具有鲜明地域、民族特色和市场潜力的文化产品和文化服务。县级以上人民政府对适合生产性保护的非物质文化遗产代表性项目,鼓励采取与经贸、旅游相结合的方式进行保护、传承。对非物质文化遗产代表性项目数量集中、特色鲜明,形式和内涵保持完整的村镇、街区或者特定区域,可以依法设立文化生态保护区,实行区域性整体保护。《条例》还对违反本条例规定的法律责任作出了明确规定。

《湖北省全民健身条例》 湖北省人大2013年9月26日公布,自2013年12月1日起施行。旨在促进全民健身活动的开展,保障公民在全民健身活动中的合法权益,提高公民身体素质。共分总则、全民健身计划、全民健身活动、全民健身设施、全民健身服务、法律责任、附则七章49条。《条例》界定:全民健身活动,是指以增强公民身体素质、促进公民身心健康为目的的群众体育活动。全民健身设施,包括公共体育设施和其他向公众开放用于开展体育健身活动的场地、设备和器材。公共体育设施,是指各级人民政府或者社会力量举办的、不以营利为目的、向公众开放用于体育健身活动的设施。《条例》规定:全民健身工作应当坚持政府主导、社会支持、全民参与、服务大众、分类指导、科学文明的原则。坚持全民健身事业公益性,鼓励、支持与人民群众生活水平相适应的体育消费和体育产业发展,加强体育文化建设,满足人民群众多元化的健身需求。《条例》规定:每年8月8日为全省全民健身日。省人民政府每四年举办一次以全民健身和促进青少年健康为主要内容的全省综合性运动会。《条例》还对全民健身计划、全民健身活动、全民健身设施、全民健身服务、法律责任等方面作出明确规定。

《湖北省体育设施建设和管理规定》 湖北省人民政府1997年7月16日发布,自发布之日起施行。旨在加强体育设施的建设和管理,发展体育事业,增强人民体质,促进社会主义精神文明和物质文明建设。共26条。《规定》界定:体育设施,是指用于体育训练、比赛和锻炼的场所、建筑物和固定设施,包括向社会开放的公共体育设施和机关、团体、学校、企事业单位内部使用的非公共体育设施。《规定》还对公共体育设施建设，新建城市居住区的公共体育设施的面积标准，新建、扩建的各级各类学校的体育设施面积标准，公共体育设施建设所需资金，占用公共体育设施，公共体育设施应当向社会开放，公共体育设施的管理和经营单位等方面作出明确规定。

《广东省公共文化服务促进条例》 广东省人大2011年9月29日公布，自2012年1月1日起施行。这是我国第一部关于公共文化服务体系建设的综合性地方法规。共分总则、公共文化服务提供、基层公共文化设施建设、激励与保障、法律责任、附则六章46条。《条例》界定：公共文化服务，是指各级人民政府及其文化等有关主管部门或者社会力量向公众提供的公共文化设施和公益性文化产品、文化活动及相关文化服务；公共文化设施包括图书馆、博物馆、文化馆（站、室）、纪念馆、美术馆、非物质文化遗产馆（传习所）、科技馆、青少年宫、文物保护单位、文化广场、广播电视台（站）等；公益性文化产品包括文艺作品、藏书藏品、出版物、影视广播节目等；公益性文化活动包括文艺演出、图书阅览、群众文化活动、陈列展览、文化艺术教育、影视广播节目播放等。《条例》对公共文化服务提供、基层公共文化设施建设、激励与保障等作出了规定。《条例》对各级人民政府有关主管部门及其工作人员违反本条例规定的，还明确了法律责任。

《广东省体育设施建设和管理条例》 广东省人大1998年7月29日公布，自1998年10月1日起施行。旨在加强体育设施的建设与管理，发展体育事业，增强人民体质。共20条。《条例》界定：体育设施，是指用于体育训练、竞赛、健身活动的场地、建筑物及其配套设备。《办法》规定：各级人民政府体育行政部门或本级人民政府授权的机构是本级行政区域内体育设施的主管部门,负责公共体育设施的建设和管理。国家机关、社会团体、学校、企业事业组织和个人兴办的体育设施由单位或个人自主管理,并接受本级人民政府体育行政部门的业务指导和监督。营业性的体育设施,按有关法律、法规和规章的规定进行管理。各级人民政府其他有关部门按照各自职责,协助做好体育设施的建设和管理工作。各级人民政府应当按照国家对城市公共体育设施用地定额指标的规定,把公共体育设施建设纳入城市建设规划和土地利用总体规划。各级体育行政部门应当根据城市建设规划,会同有关部门制定公共体育设施发展规划,经本级人民政府批准后实施。各级人民政府应当把公共体育设施建设资金,列入本级财政预算和基本建设投资计划,并随着国民经济的发展逐步增加投入。公共体育设施有出租的,其保养、维修、管理费用由租赁单位负责;向社会开放又无固定收入的,其保养、维修、管理费用应当列入本级财政体育事业费预算。各级体育行政部门可以依法通过多种形式筹集公共体育设施建设资金。

《重庆市大足石刻保护管理办法》 重庆市人民政府1998年6月1日发布,自发布之日起施行。旨在加强对大足石刻的保护管理。共22条。《办法》界定:大足石刻,是大足县境内始于初唐至明清,主要表现为摩崖造像的石窟艺术的总称,是我国珍贵的历史文化遗产。《办法》规定:文物的保护与维修,应坚持保护为主、抢救第一的方针;文物的保养、修缮、迁移,必须遵循不改变文物原状的原则。市文化行政管理部门依法对保护区内的文物保护工作实施管理、监督和指导。大足石刻文物管理处具体实施保护区内的文物保护管理工作。公安、工商、规划、环保、交通、林业等部门,应在各自职责范围内积极配合,共同做好保护区内的管理工作。任何单位和个人不得损毁大足石刻保护区内的文物及其附属物。未经批准不得在保护区内进行建设工程。禁止在保护区内进行开山采石、毁林开荒、乱挖乱掘等破坏环境的活动。任何单位和个人不得在保护区内从事污染环境的活动。保护区内的石刻及其建筑物、构筑物的重大修缮工程，必须制订修缮计划。利用保护区内的文物及其建筑物拍摄电影、电视的（拍摄电视新闻报道除外），在报经国家文物行政管理部门批准后，应到市文化行政管理部门办理有关手续。《办法》对表彰和奖励、处罚等方面作出明确规定。《办法》规定：本办法适用于大足县境内北山、宝顶山、南山、石篆山、石门山摩崖造像保护范围及其建设控制地带的保护管理；大足县境内其他石刻文物，由县人民政府根据《中华人民共和国文物保护法》和有关法律法规予以保护管理。

《重庆市非物质文化遗产条例》

重庆市人大2012年7月26日公布，自2012年12月1日起施行。旨在加强非物质文化遗产保护、保存工作，继承和弘扬中华民族优秀传统文化，促进社会主义精神文明建设。共分总则、非物质文化遗产代表性项目名录、非物质文化遗产的传承与传播、法律责任、附则五章41条。《条例》界定：本条例所称非物质文化遗产，是指各族人民世代相传并视为其文化遗产组成部分的各种传统文化表现形式，以及与传统文化表现形式相关的实物和场所。《条例》规定：市、区县（自治县）人民政府及其相关部门应当对非物质文化遗产采取认定、记录、建档等措施予以保存，对体现中华民族优秀传统文化，具有历史、文学、艺术、科学价值的非物质文化遗产采取传承、传播等措施予以保护。非物质文化遗产保护、保存应当坚持政府主导、社会参与、保护优先、合理利用，注重其真实性、整体性和传承性。市、区县（自治县）人民政府应当将非物质文化遗产保护、保存经费列入本级财政预算。非物质文化遗产保护、保存经费用于非物质文化遗产调查、抢救、传承、传播等保护、保存工作;代表性传承人补助费,学习、传承优异者补助费,保护单位项目保护经费等。《条例》规定:本市建立市、区县(自治县)两级非物质文化遗产代表性项目名录。对非物质文化遗产代表性项目集中、特色鲜明、形式和内涵保持完整的特定区域,文化主管部门可以会同相关部门制定专项保护规划,实行区域性整体保护。对符合相关条件的特定区域,可以授予重庆市文化生态保护区、重庆市民间文化艺术之乡称号。文化主管部门对本级人民政府批准公布的非物质文化遗产代表性项目,可以认定代表性传承人。市、区县(自治县)人民政府鼓励和支持发挥非物质文化遗产资源的特殊优势,在有效保护的基础上,合理利用非物质文化遗产代表性项目开发具有地方、民族特色和市场潜力的文化产品和文化服务。鼓励和支持结合发展文化旅游、民俗节庆活动开发利用具有生产性、表演性或者观赏性的非物质文化遗产代表性项目。合理利用非物质文化遗产代表性项目的,依法享受国家规定的税收、信贷等各项优惠。市、区县(自治县)人民政府应当根据需要支持设立非物质文化遗产展示场所,组织非物质文化遗产的展示活动,并结合节庆、文化活动、当地民间习俗等实际情况,开展非物质文化遗产代表性项目的展示、表演等活动。教育机构应当按照教育主管部门的规定,将本地优秀的、体现民族精神与民间特色的非物质文化遗产列入教育内容,因地制宜地开展教育活动。《条例》还对申请列入非物质文化遗产代表性项目名录提交的申请材料,申请列入代表性传承人提交的材料,非物质文化遗产代表性项目的代表性传承人履行的义务,非物质文化遗产代表性项目保护单位履行的职责,非物质文化遗产代表性项目的代表性传承人和保护单位享有的权利,以及违反本条例规定的法律责任等方面作出了明确规定。

《重庆市非物质文化遗产专家评审办法》 重庆市政府2013年1月5日公布,自公布之日起施行。旨在加强非物质文化遗产保护工作。共15条。《办法》对评审原则,专家评审的组织、管理、协调等工作,市级非物质文化遗产专家库的组成,专家评审小组成员的产生,评审项目的重点等方面作出明确规定。《办法》还规定:本办法适用于推荐列入重庆市非物质文化遗产代表性项目名录、认定重庆市非物质文化遗产代表性项目的代表性传承人和保护单位的专家评审工作。各区县(自治县)的非物质文化遗产专家评审工作参照本办法执行。

《重庆市公共体育场馆条例》 重庆市人大1999年3月26日公布,自1999年5月1日起施行。2005年7月29日重庆市人大修订后公布执行。旨在加强公共体育场馆的规划、建设和管理,推动全民健身运动,提高人民身体素质,促进体育事业的健康发展。共21条。《条例》界定:公共体育场馆(以下简称体育场馆)是指由各级人民政府投资或筹集社会资金兴建,供人民群众进行健身锻炼的体育运动场所。《条例》还对公共体育场馆的主管部门及主要职责,体育场馆的规划及建设,体育场馆应当向社会开放,公民应当爱护体育场馆,拆迁、新建、改建体育场馆,擅自占用体育场馆等方面作出明确规定。

《四川省公共图书馆条例》 四川省人大2013年7月26日公布,自2013年10月1日起施行。旨在发展公共图书馆事业,构建覆盖城乡的公共图书馆服务体系,保障公民终身学习与公平获取信息,促进社会物质文明和精神文明建设。共分总则,设置与职能,文献信息资源,服务与管理,法律责任,附则六章46条。《条例》界定:公共图书馆,是指由县级以上地方人民政府设立,具有文献信息资源的收集、整理、存储、研究、传播和服务等功能,面向社会公众开放的公益性文化机构与社会教育设施；文献信息资源，是指一切知识和信息记录的总和，包括图书、报纸、期刊等纸质文献和缩微制品、音像制品、数字资源、网络信息等。《条例》对设置与职能，文献信息资源，服务与管理等作出了明确规定。《条例》明确：省人民政府应当加强对全省公共图书馆事业的领导，促进公共图书馆服务的普及，对民族、边远和贫困地区的公共图书馆事业给予重点扶持；县级以上地方人民政府应当按国家规定将公共图书馆事业纳入国民经济和社会发展总体规划，逐步加大对公共图书馆建设的投入；县级以上地方人民政府文化行政主管部门是公共图书馆事业的主管部门，县级以上发展改革、财政、人力资源社会保障、国土资源、住房城乡建设、新闻出版、通信管理、教育、科技、税务等部门按照各自职责，保障和支持公共图书馆事业的发展。《条例》对违反相关规定的，还明确了法律责任。

《四川省体育条例》 四川省人大1997年8月19日公布。自1997年10月1日起施行。2004年6月30日四川省人大修订后公布执行。旨在发展四川省体育事业，增强人民体质，提高体育运动技术水平，促进社会主义物质文明和精神文明建设。共分总则、社会体育、学校体育、竞技体育、体育经营活动、保障条件、奖励与处罚、附则八章57条。《条例》规定：体育工作坚持以开展全民健身活动为基础，实行普及与提高相结合，促进社会体育、学校体育、竞技体育及其他各类体育事业的协调发展。地方各级人民政府应坚持体育为经济建设和社会发展服务的方向，将体育事业纳入国民经济和社会发展计划，推进体育管理体制改革，促进体育社会化、产业化。《条例》还对社会体育、学校体育、竞技体育、体育经营活动、保障条件、奖励与处罚等方面作出明确规定。

《四川省全民健身条例》 四川省人大2007年7月27日公布，自

2007年10月1日起施行。2010年5月28日四川省人大修订后公布执行。旨在促进全民健身活动的开展，增强公民体质，保障公民参加体育健身活动的合法权益。共分总则、体育健身活动、体育健身设施、体育健身服务、法律责任、附则六章44条。《条例》规定：全民健身活动遵循政府统筹、群众参与、社会支持、因地制宜和科学文明的原则。工会、共青团、妇联、残联等组织应当结合各自特点组织开展全民健身活动。体育社会团体按照有关规定和章程，在体育主管部门指导下组织开展全民健身活动。鼓励社会力量组织开展全民健身活动。《条例》规定：每年8月8日为四川省全民健身日。《条例》还对体育健身活动、体育健身设施、体育健身服务、法律责任等方面作出明确规定。

《贵州省非物质文化遗产保护条例》 贵州省人大2012年3月30日颁布，自2012年5月1日起施行。2002年7月30日贵州省人大颁布的《贵州省民族民间文化保护条例》同时废止。旨在继承和弘扬优秀传统文化，推动社会主义文化大发展大繁荣，促进社会主义精神文明建设，加强对非物质文化遗产的保护。共分总则、非物质文化遗产调查、非物质文化遗产代表性项目名录、非物质文化遗产代表性项目的代表性传承人、文化生态保护区、传播与利用、权利保障、法律责任、附则九章54条。

《云南省体育设施管理条例》
云南省人大1995年11月27日颁布，自1996年1月1日起施行。旨在加强体育设施的建设和管理，发展体育事业。共23条。《条例》界定：体育设施是指供人们进行体育锻炼和体育竞赛的场地、建筑物及其设备。公共体育设施是指专向社会开放的体育设施。各级人民政府应当扶持少数民族地区体育设施的建设，重视对开展民族民间传统体育活动设施的建设和管理。《条例》还对体育设施的建设，管理体育设施的单位或者个人,利用体育设施开展有益于社会的其他活动,公民应当爱护体育设施,任何组织和个人不得侵占公共体育设施,擅自改变体育设施使用性质等方面作出明确规定。《条例》规定:本省行政区域内的公共体育设施以及机关、团体、学校和企业、事业单位的专用体育设施的建设和管理,适用本条例。

《甘肃敦煌莫高窟保护条例》
甘肃省人大2002年12月7日公布,2003年3月1日起实施。旨在加强对敦煌莫高窟的保护、管理和利用,弘扬中华民族优秀的历史文化。共分总则、保护对象与保护范围、保护管理与利用、奖励与处罚、附则五部分41条。《条例》规定:敦煌莫高窟的保护,应当坚持"保护为主、抢救第一、合理利用、加强管理"的方针,正确处理经济建设、社会发展与文物保护的关系,确保敦煌莫高窟及其历史风貌和自然环境的真实性、完整性。敦煌莫高窟保护范围内的基本建设、旅游发展必须遵守文物保护工作的方针,其活动不得对文物及其环境造成损害。省人民政府应当加强对敦煌莫高窟的保护工作,并实行统一领导;省文物行政部门是敦煌莫高窟保护工作的主管部门。敦煌莫高窟保护管理机构具体负责敦煌莫高窟保护范围内的保护和管理工作,并接受省人民政府及其有关行政部门和当地人民政府的监督管理。敦煌莫高窟的保护应当纳入全省国民经济和社会发展计划及敦煌市城乡建设总体规划。敦煌莫高窟保护和管理工作所需经费主要由国家和省财政拨款予以保障。敦煌莫高窟保护范围分为重点保护区和一般保护区。《条例》还对保护对象与保护范围、保护管理与利用、奖励与处罚等方面作出明确规定。

《甘肃省全民健身条例》 甘肃省人大2011年5月31日公布,自2011年8月1日起施行。旨在推动全民健身活动的开展,保障公民参加健身活动的合法权益,提高全民身体素质。共分总则、全民健身活动、全民健身设施、全民健身服务、法律责任、附则六章45条。《条例》规定：全民健身工作坚持政府主导、社会支持、全民参与、科学文明的原则。工会、共青团、妇联、残联等组织应当结合各自特点，组织开展全民健身活动。各级各类体育协会应当按照有关规定和章程，组织开展全民健身活动，并接受体育行政部门的指导。鼓励企业事业单位、社会团体、其他组织和个人投资兴建公共体育设施，举办全民健身活动，为全民健身事业提供捐赠和赞助。为全民健身事业提供捐赠的捐赠人，按照有关规定享受税收优惠政策。鼓励支持科研机构、高等院校开展体育健身科学研究，推广科学的体育健身新项目、新器材、新方法。广播电视、报刊、网络等大众媒体应当加强对全民健身活动的宣传报道，普及科学、文明、健康的全民健身知识，增强公民健身意识。《条例》规定：每年8月8日所在周为本省全民健身周。《条例》还对全民健身活动、全民健身设施、全民健身服务、法律责任等方面作出明确规定。

五、标准规范

花卉栽培术

《城市居住区规划设计规范》（GB 50180—93） 建设部1993年7月16日发布，自1994年2月1日起施行。由建设部会同有关部门共同制订。本规范为强制性国家标准。本规范由建设部负责管理，具体解释等工作由中国城市规划设计研究院负责。本规范是在总结新中国成立以来已建居住区规划与建设经验的基础上，吸取国外经验，在居住区规划范围的有限空间里，确保居民基本的居住条件与生活环境，经济、合理、有效地使用土地和空间；统一规划内容、统一词解涵义与计算口径等，以提高居住区规划设计的科学性、适用性、先进性与可比性。体现社会、经济和环境三个方面的综合效益。后由建设部组织中国城市规划设计研究院会同有关单位对1994年颁布的《城市居住区规划设计规范》进行了局部修订，自2002年4月1日起施行。《规范》将居住区划分为居住区（30000～50000人）、小区（7000～15000人）、组团（1000～3000人）三级规模，并要求配建相应的文体公共服务设施。具体控制指标是，居住区建筑面积为125～245米^2/千人，用地面积为225～645米^2/千人；小区建筑面积为45～75米^2/千人，用地面积为65～105米^2/千人；组团建筑面积为18～24米^2/千人，用地面积为40～60米^2/千人。《规范》规定文体公共服务设施项目分级配建标准为：居住区应配建文化活动中心（含青少年活动中心，老年活动中心）和设置居民运动场、馆；小区应配建文化活动站（含青少年老年活动站）和居民健身设施（含老年户外活动场地）；组团宜设置居民健身设施（含老年户外活动场地）。

《"十二五"时期公共文化体育服务国家基本标准》 2012年7月国务院《关于印发国家基本公共服务体系"十二五"规划的通知》指出：国家建立公共文化体育服务制度，保障人民群众看电视、听广播、读书看报、进行公共文化鉴赏、参加大众文化活动和体育健身等权益。"十二五"时期,政府提供如下公共文化体育服务:向全民免费开放基层公共文化体育设施,逐步扩大公共图书馆、文化馆(站)、博物馆、美术馆、纪念馆、科技馆、工人文化宫、青少年宫等免费开放范围;为全民免费提供基本的广播电视服务和突发事件应急广播服务;为农村居民免费提供文化信息资源共享、电影放映、送书送报送戏等公益性文化服务;加强文化遗产保护和综合利用;为城乡居民参加全民健身活动提供免费指导服务。"十二五"时期公共文化体育服务国家基本标准,由公益性文化服务、广播影视、新闻出版、文化遗产展示、群众体育国家基本标准构成。同时还规定:各类公共文化体育设施布局、场馆建设、设备配置、人员配备、服务规范等具体标准,由文化部、广电总局、新闻出版总署、文物局和体育总局依法会同有关部门及国家标准化行政管理部门制定实施。

《"十二五"时期公益性文化服务国家基本标准》 2012年7月国务院《关于印发国家基本公共服务体系"十二五"规划的通知》指出:公益性文化服务包括公共文化场馆开放和公益性流动文化服务两个方面。公共文化场馆开放的国家基本标准是,服务对象为城乡居民;保障标准是公共空间设施和基本服务项目免费,全年开放时间不少于10个月;支出责任由中央和地方财政按比例共同负担;覆盖水平是除文物建筑及遗址类博物馆外,各级文化文物部门归口管理的公共文化场馆全面向社会开放。公益性流动文化服务的国家基本标准是,服务对象为城乡居民;保障标准是免费享有影视放映、文艺演出、图片展览、图书销售和借阅、科技宣传为一体的流动文化服务,为每个乡镇每年送4场地方戏曲;每学期中小学生观看两部爱国主义教育影片;支出责任由地方政府负责,中央财政适当补助;覆盖水平是基本建立灵活机动、方便群众的公益性流动文化服务网络,保障公益性演出场次。

《国家公共文化服务体系示范区创建标准》 国家公共文化服务体系示范区(项目)创建工作领导小组办公室2010年12月发布了《第一批国家公共文化服务体系示范区创建标准》,2013年3月发布了《第二批国家公共文化服务体系示范区创建标准》。本条目释义采用2013年发布的创建标准。创建标准分东、中、西部分别制定。东部、中部、西部创建标准均设置有:公共文化设施网络建设方面,公共文化服务供给方面,公共文化服务组织支撑方面,资金、人才和技术保障措施落实方面,公共文化服务评估方面,其他方面6个大项,其中东部、中部共设有33个子项、西部共设有30个子项。总体上,东部具体指标的量高于中部,中部高于西部。

《国家公共文化服务体系示范项目创建标准》 国家公共文化服务体系示范区(项目)创建工作领导小组办公室2010年12月发布了《第一批国家公共文化服务体系示范项目创建标准》,2013年3月发布了《第二批国家公共文化服务体系示范项目创建标准》。两个标准相同。示范项目创建标准为:形成了较为完善的公共文化服务网络,投入稳定,设施完备,队伍健全,活动丰富,服务效果显著,具有较好的工作基础。此外,创建项目标准还应具有创新性、导向性、带动性、科学性的条件。(1)创新性。是指在公共文化服务体系建设机制和体制、内容和形式、方法和手段等方面有所创新;(2)导向性。指具有地方特色和较强的典型性,在全省(区、市)产生广泛影响,有较大的借鉴和推广应用价值;(3)带动性。是指与实践紧密结合,创造了好的做法和经验,对公共文化服务体系建设发挥了积极的带动作用;(4)科学性。是指结合具体实践,承担或参与文化部国家公共文化服务体系制度设计课题研究工作。

《公共图书馆建设用地指标》由文化部主编,住房和城乡建设部、国土资源部、文化部2008年4月16日批准发布,自2008年6月1日起施行。本建设用地指标实施的监督管理,由国土资源部负责;具体解释工作,由文化部负责。这是新中国成立以来首个公共文化设施建设国家标准。编制《公共图书馆建设用地指标》的目的,是为了贯彻落实"十分珍惜、合理利用土地和切实保护耕地"的基本国策和《公共文化体育设施条例》,加强对公共图书馆建设用地的科学管理,适应我国文化事业发展需要,提高人民群众文化生活水平,促进和保障城市公共文化设施建设,合理利用土地。《公共图书馆建设用地指标》共分总则、节约和合理用地的基本规定、建设用地指标三章。《公共图书馆建设用地指标》适用于公共图书馆的规划与建设,包括其新建、改建和扩建工程。《公共图书馆建设用地指标》和以往按照行政级别确定图书馆基本规模不同,明确提出用地指标的设立要综合考虑所在城市的人口规模和结构、社会经济发展状况、人文和自然环境条件等特点,特别提出要考虑公共图书馆的服务人口、服务半径,合理确定建设用地规划布局和用地规模。《公共图书馆建设用地指标》规定:根据公共图书馆服务人口数量将其划分为3个等级——大型馆(服务人口在150万人以上)、中型馆(服务人口在20万~150万人)、小型馆[服务人口在5万~20万人(含20万人)]。《公共图书馆建设用地指标》提出:公共图书馆用地的选址,要在城市人口集中、交通便利、公交发达、环境较好、相对安静的地区,同时兼顾各级公共图书馆服务半径覆盖的合理服务范围。

《公共图书馆建设标准》(建标108—2008) 由文化部主编,住房和城乡建设部、国家发展和改革委员会批准发布,自2008年11月1日起施行。本标准的管理由住房和城乡建设部、国家发改委负责,具体解释由文化部负责。编制《公共图书馆建设标准》的目的，是为促进公共图书馆事业的发展，加强和规范公共图书馆基础设施建设，提高建设项目的决策水平，加速公共图书馆建设的标准化、规范化和现代化的进程，以实现和保障人民群众利用图书馆的权利，满足人民群众基本的知识、信息和文化需求。本标准适用于县级以上行政区域内新建、改建和扩建的公共图书馆；街道、乡镇、新建居民区公共图书馆的建设参照本标准执行。《公共图书馆建设标准》共分总则，规模分级，项目构成与选址，总建筑面积和分项面积，总体布局与建设要求，建筑设备五章，加上附录一：公共图书馆用房项目设置表和附录二：公共图书馆建设标准用词用语说明。公共图书馆选址的要求是，宜位于人口集中、交通便利、环境相对安静、符合安全和卫生及环保标准的区域；应符合当地建设的总体规划及公共文化事业专项规划，布局合理；应具备良好的工程地质及水文地质条件；市政配套设施条件良好。《公共图书馆建设标准》是公共图书馆建设项目科学决策和合理确定项目建设、投资水平的全国性统一标准；是编制、评估和审批公共图书馆建设项目建议书及可行性研究报告的依据；是有关部门审查公共图书馆建设项目初步设计和检查工程建设全过程的尺度。

《公共图书馆服务规范》（GB/T 28220—2011） 由国家质量监督检验检疫总局、国家标准化管理委员会 2011 年 12 月 30 日批准发布，自 2012 年 5 月 1 日起实施。本规范由文化部提出，全国图书馆标准化技术委员会归口，上海图书馆作为牵头起草单位，联合浙江图书馆、长春市图书馆共同起草完成。《公共图书馆服务规范》的架构由范围、规范性引用文件、术语和定义、总则、服务资源、服务效能、服务宣传、服务监督与反馈八个部分组成。适用于县（市）级以上公共图书馆，街道、乡镇级公共图书馆以及社区、乡村和社会力量办的各类公共图书馆基层服务点可参照执行。《公共图书馆服务规范》的批准发布填补了当前我国图书馆规范体系中服务类标准规范的空白,为检验公共图书馆服务效能与管理提供了技术依据,是文化行政部门推进图书馆事业发展的指南,是公共图书馆实现服务立馆、促进科学发展的实践纲领,对于保障公共图书馆事业发展,推进公共文化服务标准化、规范化建设,进一步完善覆盖城乡的公共文化服务体系,具有重要的指导意义。

《公共图书馆评估定级标准》
文化部自1994年开展全国县以上公共图书馆评估定级工作以来,由文化部统一组织编制实施。旨在加强对图书馆事业的管理,进一步摸清图书馆事业的状况,更好地推动图书馆事业的发展,提高图书馆的工作水平和工作质量,使图书馆工作规范化、标准化,推动"以评促改、以评促建"。在坚持区分省、市、县三个行政层级,分类指导成年图书馆和少儿图书馆,分别制定评估标准及定级必备条件且保持每次评估标准总体架构和评估指标稳定的基础上,每次都结合实际,修订发布评估定级标准及定级必备条件。本条目释义采用2012年11月文化部办公厅发布的县以上公共图书馆第五次评估定级标准及定级必备条件。全国县以上公共图书馆评估标准分为省级图书馆评估标准、市级图书馆评估标准、县级图书馆评估标准、省级少年儿童图书馆评估标准、市级少年儿童图书馆评估标准、县级少年儿童图书馆评估标准。同时,分别制定省、市、县级图书馆和省、市、县级少年儿童图书馆定级必备条件。评估标准由设施与设备、经费与人员、文献资源、服务工作、协作协调、管理与表彰、重点文化工程七个部分组成。定级必备条件由馆舍建筑面积、财政拨款总额、图书年入藏数量(种)、免费开放得分、书刊文献年外借册次、现代化技术条件和数字资源服务两项得分、重点文化工程得分、读者满意率得分8个指标构成,凡需定级

一、二级公共图书馆，必须全部达到上述8个定级必备条件。本次评估标准的制定采取定性指标与定量指标相结合、人均指标与绝对值指标相结合。同时，在文献资源、服务工作、重点文化工程等部分，为不同层级的图书馆设计了不同的细化指标。本次评估标准强化了对服务的考核，提高了社会效益考核的分值，强调对重大文化惠民工程项目实施情况的考核。每四年评选一次。截至2013年全国共开展了五次评估定级工作。

《图书馆建筑设计规范》（JGJ38—99） 由中国建筑西北设计研究院主编，经建设部、文化部、教育部审查，1999年6月14日批准发布，自1999年10月1日起施行。本规范为强制性行业标准。原部标准《图书馆建筑设计规范》（JGJ38—87）同时废止。本规范由中国建筑技术研究院建筑标准设计研究所归口管理，授权中国建筑西北设计研究院负责具体解释。旨在适应图书馆事业的发展，使图书馆建筑设计符合使用功能、安全、卫生等方面的基本要求。《规范》主要内容包括：总则、术语、选址和总平面布置、建筑设计、文献资料防护、消防和疏散、建筑设备。该规范适用于公共图书馆、高等学校图书馆、科学研究图书馆及各类专门图书馆等的新建、改建和扩建工程的建筑设计。《规范》规定：图书馆建筑必须满足文献资料信息的采集、加工、利用和安全防护等功能要求，并为读者、工作人员创造良好的环境和工作条件。图书馆建筑设计应结合图书馆的性质、特点及发展趋势，采用先进的管理方式，适应现代化服务的要求，并力求造型美观，与环境协调。图书馆建筑设计除应符合本规范外，尚应符合国家现行有关强制性标准的规定。

《文化馆建设用地指标》 由文化部主编，住房和城乡建设部、国土资源部、文化部2008年7月6日批准发布，自2008年10月1日起施行。本建设用地指标实施的监督管理,由国土资源部负责;具体解释工作,由文化部负责。共分总则、节约和合理用地的基本规定、建设用地指标三章。编制《文化馆建设用地指标》的目的,是为适应我国公益性文化事业发展的要求,贯彻落实"十分珍惜、合理利用土地和切实保护耕地"基本国策和《公共文化体育设施条例》,满足人民群众日益增长的文化生活需要,促进文化馆建设项目节约集约用地。本指标适用于文化馆的新建、改建和扩建工程,以及文化馆的规划布局。乡(镇)、街道综合文化站参照执行。《文化馆建设用地指标》提出分级分类与设置原则,即文化馆按其行政管理级别分为省(自治区、直辖市)级文化馆、市(地、州、盟)级文化馆和县(旗、市、区)级文化馆3个等级;省、自治区、直辖市应设置省级文化馆,市(地、州、盟)应设置市级文化馆,县(旗、市、区)应设置县级文化馆;文化馆按其建设规模分为大型馆、中型馆和小型馆3种类型。建筑面积达到或超过6000平方米的为大型馆;建筑面积达到或超过4000平方米但不足6000平方米的为中型馆;建筑面积达到或超过2000平方米但不足4000平方米的为小型馆。服务人口不足5万的地区,不设置独立的文化馆建设用地,鼓励文化馆与其他相关文化设施联合建设。该指标是编制和审批文化馆项目建议书或可行性研究报告,确定建设用地规模的依据;是编制初步设计文件,核定和审批建设项目用地面积的依据;也是编制城乡规划确定文化馆发展用地的依据。

《文化馆建设标准》(建标136—2010) 由文化部主编,住房和城乡建设部、国家发展和改革委员会2010年8月30日批准发布,自2010年12月1日起施行。本标准的管理由住房和城乡建设部、国家发展和改革委员会负责,具体解释工作由文化部负责。编制《文化馆建设标准》的目的,是为适应我国公益性文化事业发展的需要,加强和规范文化馆(群众艺术馆)的建设。《文化馆建设标准》共分总则，建设规模与项目组成，选址、用地与总体布局，面积指标，建筑与室内外环境，建筑设备六章，加上附录：文化馆建筑用房项目设置表和附件：文化馆建设标准条文说明。文化馆的选址应符合所在地的城市规划、镇规划或相关专项规划，选择在城镇文化中心或人口集中、交通便利(大城市和特大城市应为公交便利)的地区；同时满足工程地质及水文地质条件，符合安全、卫生和环保标准，便于开展群众性文化活动；宜结合城镇广场、公园绿地等公共活动空间综合布置，避免或减少对医院、学校、幼儿园、住宅等需要安静环境的建筑的影响。本建设标准是文化馆建设项目科学决策和合理确定项目建设水平的全国统一标准，是审批核准文化馆建设项目的依据，是有关部门审查文化馆建设项目初步设计和监督检查工程项目建设全过程的尺度。

《文化馆建筑设计规范》(JGJ41—87) 由吉林省建筑设计院主编，经建设部和文化部审查于1987年12月18日批准发布，自1983年6月1日起试行。旨在保证文化馆建筑设计质量，使文化馆建筑符合安全、卫生和使用功能等方面的基本要求。本规范共分总则、基地和总平面、建筑设计、防火和疏散、建筑设备五章和两个附录。该规范适用于新建、扩建、改建的文化馆建筑设计。群众艺术馆、文化站等可参照执行。《规范》规定：文化馆的建筑设计，应根据当地经济发展水平，文化需求和民族文化传统等因素，在满足当前适用需要的基础上，适当考虑留有发展余地。文化馆建筑设计除执行本规范外，尚应符合《民用建筑设计通则》以及国家和专业部门颁布的有关设计标准、规范和规定。

《文化馆评估定级标准》 文化部自2004年开展全国文化馆(群众艺术馆)评估定级工作以来，由文化部统一组织编制实施。旨在加强对文化馆事业的管理,更好地推动文化馆事业的发展,提高文化馆的工作水平和工作质量,使文化馆工作规范化、标准化,推动"以评促改、以评促建"。在坚持区分省、市、县三个行政层级,分别制定评估标准及等级必备条件、且保持每次评估标准总体架构和评估指标稳定的基础上,每次都结合实际,修订发布本轮评估定级标准及等级必备条件。该条目释义采用2011年1月文化部办公厅发布的全国第三次文化馆评估定级标准及等级必备条件。等级必备条件由馆舍建筑面积,财政拨款总数不低于全省(直辖市、自治区)人均数,实现免费开馆、馆内常设免费服务项目(项),馆内常设免费服务项目活动时间(时/天),举办文化馆站人员培训班(期),馆内必备的专用设备总值,业务人员不低于全馆人员总数的60%、且本科以上学历人数占业务人员总数(%),执行党的方针政策、无违法违纪情况发生8个指标构成,并规定8项条件均达到相关等级标准的,方具备该等级馆的评定资格。评估标准由办馆条件、队伍建设、公共服务、行政管理四个部分组成,另设提高指标。2002—2004年6月开展了第一次全国文化馆(群众艺术馆)评估定级工作,历时两年;从第2007年第二次评估定级后,文化部确定每四年评估一次。截至2011年,全国共开展三次文化馆(群众艺术馆)评估定级工作。

《乡镇综合文化站建设标准》(建标160—2012) 由文化部主编,住房和城乡建设部、国家发展和改革委员会2012年3月23日批准发布,自2012年5月1日起施行。本建设标准的管理由住房和城乡建设部、国家发展和改革委员会负责,具体解释工作由文化部负责。编制《乡镇综合文化站建设标准》的目的,是为加强和规范乡镇综合文化站的设施建设,提高乡镇综合文化站建设项目的决策科学性和管理水平,满足农民群众基本文化需求,促进社会主义新农村建设。《乡镇综合文化站建设标准》共分总则,建设规模、项目构成与选址,建筑面积指标,建筑标准与建筑设备,加上附录一:乡镇综合文化站建设用房项目设置和附录二:乡镇综合文化站专用设备、器材配置及本建设标准用词和用语说明。《乡镇综合文化站建设标准》规定:大型站服务人口5万~10万人,建筑面积800~1500平方米;中型站服务人口3万~5万人,建筑面积500~800平方米;小型站服务人口为1万~3万人、建筑面积300~500平方米,1万人以下、建筑面积300平方米。该建设标准适用于政府在乡镇一级行政单位新建、改建和扩建的乡镇综合文化站。街道综合文化站和其他文化站的建设可参照本建设标准执行。该建设标准是乡镇综合文化站建设项目科学决策、合理确定建设和投资水平的全国性统一标准,是编制、评估和审批乡镇综合文化站项目建议书和可行性研究报告的重要依据,也是有关部门审查乡镇综合文化站建设项目初步设计和对整个建设过程监督检查的尺度。

《镇(乡)村文化中心建筑技术规程》(JGJ156—2008) 由中国建筑设计研究院主编,经建设部审查于2008年6月3日批准发布,自2008年10月1日起实施。本规程共分总则,术语,建设场地选定和设计,基本项目配置,建筑物设计,文体活动场地设计,防火和疏散,室内声、光、热环境,建筑设备九部分。其中,"镇(乡)村文化中心的建设场地应远离易受污染、发生危险和灾害的地段,镇(乡)村文化中心建筑物的耐火等级不得低于二级,镇(乡)村文化中心建筑物的平屋顶作为公众活动场地时应符合本规范的有关规定"为强制性条文,必须严格执行。

《全国乡镇综合文化站评估定级指导标准》 文化部办公厅2013年4月发布。为贯彻党的十八大和十七届六中全会精神,加强基层公共文化服务体系建设,促进乡镇综合文化站规范化建设和管理,提高乡镇综合文化站的服务效能,在部分省(区、市)乡镇综合文化站评估定级试点的基础上,文化部定于2013年开展第一次全国乡镇综合文化站评估定级工作,每四年开展一次全国乡镇综合文化站评估定级工作。全国乡镇综合文化站评估定级工作实行"统一要求、分省实施"的原则,即:文化部制定全国乡镇综合文化站评估定级标准指导纲要,统一规定评估定级的主要内容、基本项目、基本要求和最低指标。《指导标准》主要包括上等级必备条件和评估定级参考标准两项内容。上等级必备条件包括:西部地区站舍建筑面积不少于300平方米,中部地区不少于400平方米,东部地区不少于500平方米;中部、西部地区有达标的文化信息资源共享工程服务室,东部地区有达到文化部规定标准的公共电子阅览室;在落实文化部、财政部规定免费开放保障经费前提下,地方财政拨款的业务经费为西部地区不少于1万元,中部地区不少于2万元,东部地区不少于3万元;每年举办综合性大型文化活动不少于1次,举办单项性文体活动不少于3次;专职工作人员不少于2人;无重大安全和责任事故。评估定级参考标准包括:办站条件、队伍建设、公共服务、领导管理和提高指标五方面。《指导标准》是对全国乡镇综合文化站评估定级的基本条件和基本要求,也是社区(街道)文化中心评估定级的参照标准;各省(区、市)应以《指导标准》为基本依据和最低标准,结合本地区实际,分别制定符合本地区情况的乡镇(街道)综合文化站具体评估定级标准,评估定级结果报省(区、市)文化厅(局)审核、批准,并由省(区、市)文化厅(局)进行命名、颁牌;评估定级结果报文化部备案。

《全国文化信息资源共享工程设备配置标准》 本条目释义采用2010年文化部办公厅发布的《2010年全国文化信息资源共享工程各级分支中心和基层服务点

建设配置标准》和《2009年度全国文化信息资源共享工程城市社区文化中心（街道文化站）、城市社区文化活动室设备配置标准》。《2010年全国文化信息资源共享工程各级分支中心和基层服务点建设配置标准》规定：(1)省级分中心配置标准必配项包括：中控机房、多媒体演示厅、流动服务、电子阅览室、资源加工及办公区域的相关设备；选配项包括七个方面的设备。并规定必配项为各地应达到的基本要求；选配项中的设备，各地可以根据当地的具体应用方案选择一至多种。同时，为保证省级分中心设备的可靠运行，各省应通过集成商的方式，对所有设备进行统一管理和维护。除卫星接收软件可由国家中心提供外，其他软件由当地自行采购或开发。(2)市支中心配置标准与省级分中心必配项和选配项相同，只是设备配置的数量不同而已。并规定必配项为各地应达到的基本要求；选配项中的设备，各地可以根据当地的具体应用方案选择一至多种。保证县级支中心设备的可靠运行，建议各地通过集成商的方式，对所有设备进行统一管理和维护。除卫星接收软件可由国家中心提供外，其他软件由当地自行采购或开发。(3)县支中心配置标准与省级分中心、市支中心必配项和选配项相同。同时，增加了政务外网接入的必配项。其余相关规定与《全国文化信息资源共享工程市支中心配置标准》相同。(4)乡镇基层服务点配置标准主要包括：信号接入、资源管理、资源展示、网络连接、办公设备、控制台、软件七个方面的相关设备；选配项包括六个方面。并规定必配项为各地应达到的基本要求；选配项中的设备，各地可以根据当地的具体应用方案选择选配。(5)村基层服务点配置标准：包括选配项为普通PC1台、投影机1台、IPTV 1台、移动播放器1台、电视机1台、高清视频播放机1台、IP电话。各地可以根据当地的具体应用方案选择选配。《2009年度全国文化信息资源共享工程城市社区文化中心（街道文化站)、城市社区文化活动室设备配置标准》规定:(1)城市社区文化中心(街道文化站)基层服务点设备配置标准必配项主要包括:信号接入、资源服务、网络连接、控制台、软件;选配项包括IPTV机顶盒、移动播放器、数字机顶盒、DVD四个方面。(2)城市社区文化活动室基层服务点设备配置标准必配项包括:信号接入、资源服务、网络连接、控制台、软件;选配项包括IPTV机顶盒、移动播放器、数字机顶盒、移动终端自助服务设备、DVD五个方面。

《公共电子阅览室设备配置标准》 2011年10月文化部办公厅《关于印发〈2011年度公共电子阅览室设备配置标准〉及〈公共电子阅览室标牌样式〉的通知》规定:乡镇的必配项包括信号接入、资源管理、资源展示、网络连接、办公设备、控制台、软件、光盘架八个方面;选配设备包括六个方面。街道必配项包括信号接入、资源服务、网络连接、控制台、软件、光盘架六个方面;选配项包括四个方面。社区必配项包括信号接入、资源服务、网络连接、控制台、软件五个方面;选配项包括五个方面。《标准》还规定:乡镇终端计算机≥10台,在原有配置基础上增加6台;街道≥12台,在原有配置基础上增加5台;社区≥10台,在原有配置基础上增加7台。2012年1月文化部办公厅《关于印发〈公共电子阅览室终端计算机配置标准〉的通知》规定:在2011年规定的乡镇、街道、社区三级的终端计算机配置中,增补为以下3档,各地可根据当地实际情况选配。第一档:Intel i5—2400或AMD X6 1100T处理器,内存2G,硬盘容量500GB,光驱类型DVD-ROM,17英寸以上液晶显示器,配操作系统,具备系统还原功能,原厂商3年以上免费现场质保。第二档:Intel Core i3 540或AMD PhenomⅡX4 965处理器,内存2G,硬盘容量160GB,光驱类型DVD-ROM,17英寸以上液晶显示器,配操作系统,具备系统还原功能,原厂

3年以上免费现场质保。第三档：Intel G620 或 AMD X2 565 处理器，内存2G，硬盘容量160GB，光驱类型DVD-ROM，17英寸以上液晶显示器，配操作系统，具备系统还原功能，原厂商3年以上免费现场质保。

《公共电子阅览室管理信息系统功能规范》 文化部办公厅2012年1月9日发布。编制本规范的目的，是为了规范全国文化信息资源共享工程（以下简称"文化共享工程"）各级公共电子阅览室管理信息系统的开发建设。公共电子阅览室管理信息系统的建设目标是，规范公共电子阅览室上机用户的行为，管理和监督公共电子阅览室网络信息，以及掌握公共电子阅览室的运行服务状况。公共电子阅览室管理信息系统是整个公共电子阅览室技术平台的一个组成部分，在本规范中描述了公共电子阅览室管理信息系统的基本功能及其部署架构、编码规范和数据交换格式规范。本规范适用于文化共享工程各级分支中心公共电子阅览室管理信息系统的开发建设，各级分支中心在建设本级管理信息系统过程中，应将本规范作为基本功能开发依据。《公共电子阅览室管理信息系统功能规范》共分前言、适用范围、规范性引用文件、术语和定义、系统部署架构、基本功能要求、公共电子阅览室管理信息系统编码规范七个部分。该规范由文化部全国文化信息资源建设管理中心提出和起草，并负责解释和修改。

《数字图书馆硬件配置标准》
文化部2011年9月7日发布。本标准主要包括《省级数字图书馆硬件配置标准》和《市级数字图书馆硬件配置标准》。《省级数字图书馆硬件配置标准》为必配设备和选配设备两个方面。必配设备包括：低配PC服务器8台、高配PC服务器8台、SAN磁盘阵列1套、VPN/防火墙设备2套；选配设备包括：磁带库2套、网络安全设备1套、网络防病毒软件1套、核心交换设备 2 台、接入交换设备 20 台、无线网设备 1 套、视频会议设备 1 套、多功能扫描仪 5 台、数码单反照相机 2 台、数码广播级摄录像机 2 台、移动硬盘 10 块、台式 PC 机 5 台、便携式 PC 机 2 台、42U 标准机柜 6 个、UPS 电源设备 1 套。《市级数字图书馆硬件配置标准》为必配设备和选配设备两个方面。必配设备包括：低配 PC 服务器 2 台、高配 PC 服务器 3 台、SAN 磁盘阵列 1 套、VPN/防火墙设备 2 套；选配设备包括：磁带库 1 套、网络安全设备 1 套、网络防病毒软件 1 套、核心交换设备 2 台、接入交换设备 8 台、无线网设备 1 套、数码单反照相机 1 台、数码广播级摄像机 1 台、移动硬盘 3 块、台式 PC 机 3 台、便携式 PC 机 1 台、42U 标准机柜 2 个、UPS 电源设备 1 套。本标准规定对于"必配设备"项，各地需按照不低于硬件配置参考标准要求的指标、数量、类型进行购置；对于"选配设备"项，各地可根据实际需求，选择性地进行购买、配置。

《农村党员干部现代远程教育教学资源建设规范（试行）》 全国农村党员干部现代远程教育试点工作领导协调小组办公室（以下简称全国远程办）2004 年 7 月发布。《农村党员干部现代远程教育教学资源建设规范（试行）》（以下简称规范），是农村党员干部现代远程教育教学资源建设的应用性规范。制定规范的目的，是通过规范农村党员干部现代远程教育教学资源的建设，最大限度地促进其有效传播与共享。资源包括电视节目、语音节目、计算机课件和数字媒体素材。本规范是为农村党员干部现代远程教育教学资源建设而制定的基本要求，承担资源建设的单位要按照规范的要求制作加工电视节目、语音节目、计算机课件和数字媒体素材。本规范共分教学设计要求、节目制作要求、资源内容分类、元数据应用指南、工作附件及表单五章。第一章是关于教学资源的教学设计规范，包括教学内容、教学方法、语言表达与教态、电视节目教学设计、语音节目教学设计、计算机课件教学设计等与教学内容和教学设计密切相关的要求。第二章是关于教学资源制作的技术规范,包括电视节目、语音节目、计算机课件和数字媒体素材的具体制作要求。第三章是关于教学资源内容分类及其编码,规定了教学资源的分类方法和分类号。第四章是关于教学资源的元数据的定义与著录规范,为教学资源的元数据加工提供可操作的应用指南。第五章是关于教学资源建设的工作流程和资源制作、评价、使用所需要的工作表单及附件。该规范每一章相对独立,使用者可以根据具体工作的需要,单独选择相关的章节进行阅读和参考。教学设计人员可以参考第一章教学设计要求来指导教学设计;节目制作人员可以参考第二章制作技术要求来进行节目制作;教学资源元数据加工著录工作人员可以参考第三章资源内容分类编码和第四章元数据应用指南进行元数据著录;整个工作流程以及工作中所用到的附件及表单可以参考第五章。

《"十二五"时期文化遗产展示公共服务国家基本标准》 2012年7月国务院《关于印发国家基本公共服务体系"十二五"规划的通知》指出:文化遗产展示公共服务是指文化遗产展示门票减免。其国家基本标准是,服务对象为未成年人、老年人、现役军人、残疾人和低收入人群;保障标准是减免参观文物建筑及遗址类博物馆的门票;支出责任由中央和地方财政分别负担;覆盖水平是目标人群覆盖率100%。

《世界自然遗产审批标准》 凡提名列入《世界遗产名录》的自然遗产项目必须符合下列一项或几项标准方可获得批准,即:构成代表地球演化史中重要阶段的突出例证;构成代表进行中的重要地质过程、生物演化过程以及人类与自然环境相互关系的突出例证;独特、稀有或绝妙的自然现象、地貌或具有罕见自然美的地带;尚存的珍稀或濒危动植物种的栖息地。

《世界文化遗产审批标准》 凡提名列入《世界遗产名录》的文化遗产项目，必须符合下列一项或几项标准方可获得批准，即：代表一种独特的艺术成就，一种创造性的天才杰作；能在一定时期内或世界某一文化区域内，对建筑艺术、纪念物艺术、城镇规划或景观设计方面的发展产生过大影响；能为一种已消逝的文明或文化传统提供一种独特的至少是特殊的见证；可作为一种建筑或建筑群或景观的杰出范例，展示出人类历史上一个（或几个）重要阶段；可作为传统的人类居住地或使用地的杰出范例，代表一种（或几种）文化，尤其在不可逆转之变化的影响下变得易于损坏；与具特殊普遍意义的事件或现行传统或思想或信仰或文学艺术作品有直接或实质的联系。

《世界文化遗产申报工作规程（试行）》 国家文物局 2013 年 8 月 28 日发布，自发布之日起施行。旨在加强协调指导，进一步规范世界文化遗产申报工作。共分总则、相关方的责任和义务、申报准备和条件、工作方法和程序、其他事项、附则六章 50 条。《规程》规定：本规程主要适用于已列入《中国世界遗产预备名单》并在联合国教科文组织备案，拟申报列入联合国教科文组织《世界遗产名录》的文化遗产项目，以及文化和自然双重遗产项目中的文化遗产部分。《规程》规定：开展世界文化遗产申报工作（以下简称"申报工作"），应当遵循加强领导、明确职责、分级负责、各司其职、分阶段推进的原则，各级政府、文物主管部门，有关管理机构，利益相关者、专业单位、专业咨询机构和专家，应当在申报工作中承担相应的责任、权利和义务。世界文化遗产申报项目所在地地方人民政府（以下简称"所在地地方政府"）是申报工作的责任主体。申报工作应当树立正确理念，以加强保护为最终目标，以揭示和宣传文化遗产的突出普遍价值为基本要求，不断提高文化遗产保护管理水平，力求发挥文化遗产在提升人与社会综合文明素质中的积极作用。《规程》明确:围绕申报开展的保护、展示、监测和环境整治等工作,应在深入开展申报项目的突出普遍价值、真实性、完整性研究的基础上,按照"不改变文物原状"原则,最小干预,因地制宜,确保文化遗产的真实性、完整性和展示利用的可持续性。遗址保护与展示,一般不支持、不提倡复建历史上已毁损无存的文物古迹。如确有必要,需经充分论证和依法报批。《规程》还对处理好世界文化遗产申报涉及遗产地环境建设与居民生活关系,相关方的责任和义务,申报准备和条件、工作方法和程序、其他事项等方面作出明确规定。

《国家自然遗产预备名录标准》 建设部2005年4月20日发布。本标准规定:包括从美学或科学角度看,具有突出、普遍价值的由地质和生物结构或这类结构群组成的自然面貌;从科学或保护角度看,具有突出、普遍价值的地质和自然地理结构以及明确划定的濒危动植物物种生境区;从科学、保护或自然美学角度看,具有突出、普遍价值的天然名胜或明确划定的自然地带;构成代表地球演化史中重要阶段;构成代表进行中的重要地质过程(如冰河作用、火山活动等)、生物演化过程(如热带雨林、沙漠、冻土带等生物群落)、以及人类与自然环境相互关系(如梯田农业景观)的突出例证;独特、稀少或绝妙的自然现象、地貌或具有罕见自然美的地带(如河流、山脉、瀑布等生态系统和自然地貌);尚存的珍稀或濒危动植物物种的栖息地(包括举世关注的动植物聚居的生态系统)。

《国家自然与文化双遗产预备名录标准》 建设部2005年4月20日发布。本标准规定:国家自然与文化双遗产除满足国家自然遗产标准外,还需满足以下关于文化遗产标准的有关要求,即代表一种独特的艺术成就,一种创造的天才杰作;在一定时期内或世界某一文化区域内,对建筑艺术、纪念物艺术、城镇规划或景观设计方面的发展产生过重大影响；为一种已消逝的文明或文化传统提供一种独特的或至少是特殊的见证；作为一种建筑或建筑群或景观的杰出范例，展示出人类历史上一个（或几个）重要阶段；作为传统的人类居住地或使用地的杰出范例，代表一种（或几种）文化，尤其在不可逆转之变化的影响下变得易于损坏。

《风景名胜区评定条件》 城乡建设环境保护部1987年6月10日发布的《风景名胜区管理暂行条例实施办法》第四条规定：各级风景名胜区的条件分别为，具有一定观赏、文化或科学价值，环境优美，规模较小，设施简单，以接待本地区游人为主的定为市（县）级风景名胜区；具有较重要观赏、文化或科学价值，景观有地方代表性，有一定规模和设施条件，在省内外有影响的定为省级风景名胜区；具有重要的观赏、文化或科学价值，景观独特，国内外著名，规模较大的定为国家重点风景名胜区。

《重点文物保护单位评定条件》 全国人大2013年6月29日修订通过的《中华人民共和国文物保护法》第三条规定：古文化遗址、古墓葬、古建筑、石窟寺、石刻、壁画、近代现代重要史迹和代表性建筑等不可移动文物，根据它们的历史、艺术、科学价值，可以分别确定为全国重点文物保护单位，省级文物保护单位，市、县级文物保护单位。国家文物局2009年4月印发的《第七批全国重点文物保护单位申报指导意见》指出：申报第七批全国重点文物保护单位的总体标准，包括两个方面。一个方面，是具有重大的历史、艺术、科学价值，至少应符合下列标准之一：对揭示史前文化具有重要价值的；对反映古代历史时期社会政治、经济、军事、文化及其交流等方面具有重大价值的；对反映近现代经济和社会发展，以及与重大事件和重要人物活动有关、具有突出价值的；对反映中国社会某一历史时期的美学思想、艺术发展等方面具有重要价值的；在建筑艺术、景观艺术、造型艺术等方面具有突出成就的;体现我国科学技术进步、促进社会发展和生活方式变化方面具有典型意义的;反映我国历史某一时期生态保护、灾害防御、聚落及城镇规划、工程设计、材料、工艺等方面突出成就的。另一个方面,是具有真实性和完整性,即:申报对象的形式与设计、原料与材料、用途与功能、位置与环境等必须是真实可信的,其现状必须是历史上遗留的原状,包括始建时的状态、历史上多次改建状态和长期受损后残缺的状态,在整体或主要部分上能够真实地显示与其时代特征一致性;体现申报对象全部价值所需因素中的相当一部分必须得到良好保存,包括其周边环境,确保能完整地代表或体现申报对象价值的特色和过程。省级文物保护单位,市、县级文物保护单位的评选条件由各地结合实际制定。

《历史文化名城名镇名村评定条件》 国务院2008年4月22日公布的《历史文化名城名镇名村保护条例》第七条规定:具备下列条件的城市、镇、村庄,可以申报历史文化名城、名镇、名村,即:保存文物特别丰富;历史建筑集中成片;保留着传统格局和历史风貌;历史上曾经作为政治、经济、文化、交通中心或者军事要地,或者发生过重要历史事件,或者其传统产业、历史上建设的重大工程对本地区的发展产生过重要影响,或者能够集中反映本地区建筑的文化特色、民族特色。同时规定:申报历史文化名城的,在所申报的历史文化名城保护范围内还应当有2个以上的历史文化街区。

《传统村落评价认定指标体系（试行）》 住房和城乡建设部、文化部、国家文物局、财政部2012年8月22日印发的《传统村落评价认定指标体系（试行）》规定:包括村落传统建筑评价指标体系、村落选址和格局评价指标体系、村落承载的非物质文化遗产评价指标体系3个子体系,同时采取定量和定性相结合的办法评价认定。2012

年12月住房城乡建设部、文化部、财政部《关于加强传统村落保护发展工作的指导意见》指出：根据《传统村落评价认定指标体系（试行）》规定，将符合国家级传统村落认定条件的村落公布列入中国传统村落名录。各地住房城乡建设、文化、财政部门要抓紧制定本地区传统村落认定标准，开展本行政区传统村落评审认定，在三部门（住房城乡建设部、文化部、财政部）的指导下建立地方传统村落名录。各级传统村落名录分批公布。

《自然保护区评定条件》 国务院1994年10月9日发布的《中华人民共和国自然保护区条例》第十条规定：凡具有下列条件之一的，应当建立自然保护区，即：典型的自然地理区域、有代表性的自然生态系统区域以及已经遭受破坏但经保护能够恢复的同类自然生态系统区域；珍稀、濒危野生动植物物种的天然集中分布区域；具有特殊保护价值的海域、海岸、岛屿、湿地、内陆水域、森林、草原和荒漠；具有重大科学文化价值的地质构造、著名溶洞、化石分布区、冰川、火山、温泉等自然遗迹；经国务院或者省、自治区、直辖市人民政府批准，需要予以特殊保护的其他自然区域。本条例第十一条规定：自然保护区分为国家级自然保护区和地方级自然保护区。在国内外有典型意义、在科学上有重大国际影响或者有特殊科学研究价值的自然保护区，列为国家级自然保护区。除列为国家级自然保护区的外，其他具有典型意义或者重要科学研究价值的自然保护区列为地方级自然保护区。地方级自然保护区可以分级管理，具体办法由国务院有关自然保护区行政主管部门或者省、自治区、直辖市人民政府根据实际情况规定，报国务院环境保护行政主管部门备案。原国家环境保护总局为了保证国家级自然保护区评审工作的顺利进行，确保新建国家级自然保护区的质量，根据《中华人民共和国自然保护区条例》，1999年发布了《国家级自然保护区评审标准》，该标准规定了国家级自然保护区评审的具体指标和指标的赋分标准。

《森林公园评定条件》 国家林业部1993年12月11日公布的《森林公园管理办法》第六条规定:森林公园分为以下三级,即:国家级森林公园,森林景观特别优美,人文景物比较集中,观赏、科学、文化价值高,地理位置特殊,具有一定的区域代表性,旅游服务设施齐全,有较高的知名度;省级森林公园,森林景观优美,人文景物相对集中,观赏、科学、文化价值较高,在本行政区域内具有代表性,具备必要的旅游服务设施,有一定的知名度;市、县级森林公园,森林景观有特色,景点景物有一定的观赏、科学、文化价值,在当地知名度较高。

《国家地质公园评定条件》 2009年5月23日国土资源部办公厅《关于加强国家地质公园申报审批工作的通知》规定:国家地质公园申报条件是,申报国家地质公园内的地质遗迹必须具有国家级代表性,在全国乃至国际上具有独特的科学价值、普及教育价值和美学观赏价值。具体条件:(1)地质遗迹资源具有典型性,能为一个大区域乃至全球地质演化过程中的某一重大地质历史事件或演化阶段提供重要地质证据的地质遗迹;具有国际或国内大区域地层(构造)对比意义的典型剖面、化石产地及具有国际或国内典型地学意义的地质地貌景观或现象;国内乃至国际罕见的地质遗迹。(2)遗迹资源具有一定数量、规模和科普教育价值,其中达到典型性要求的国家级地质遗迹不少于3处,可用于科普和教育实习用的地质遗迹不少于20处。(3)遗迹具有重要美学观赏价值,对广大游客有较强的吸引力,公园建成后能够带动当地旅游产业,促进地方社会经济可持续发展。(4)遗迹已得到有效的保护,正在进行或规划进行的与当地社会经济发展相关的大型交通、水利、采矿等工程不会对地质遗迹造成破坏。(5)已批准建立省(区、市)级地质公园2年以上并已揭碑开园。(6)符合上述1—4条标准,由国家有关主管部门批准的国家级风景名胜区、国家级自然保护区、国家森林公园等。

《国家考古遗址公园认定条件》
国家文物局2009年12月17日发布的《国家考古遗址公园管理办法(试行)》第五条规定:符合下列条件的遗址,可向国家文物局提出国家考古遗址公园立项申请,即:已公布为全国重点文物保护单位;保护规划已由省级人民政府公布实施;考古工作计划已获批准并启动实施;具备符合保护规划的遗址公园规划;具备独立法人资格的专门管理机构。

《文物保护单位开放服务规范》
(GB/T22528—2008) 由中华人民共和国国家质量监督检验检疫总局、中国国家标准化管理委员会2008年11月3日发布,2009年2月1日起实施。本标准由全国文物保护标准化技术委员会归口,敦煌研究院起草。旨在贯彻《中华人民共和国文物保护法》,适应当前我国旅游产业突飞猛进的发展状况,在有效保护、加强管理的前提下,充分发挥文物保护单位的社会教育作用、历史借鉴作用和科学研究作用,弘扬我国的优秀文化传统和文物价值,传播有益于社会进步的思想道德、历史和先进文化科技知识,解决文物保护与开放的矛盾。本规范共分范围,规范性引用文件,术语和定义,总则,开放管理机构应具备的基本条件,开放,开放服务,安全八部分。本标准适用于全国各级开放文物保护单位的服务。

《文物藏品定级标准》 文化部2001年4月发布的《文物藏品定级标准》规定:文物藏品分为珍贵文物和一般文物。珍贵文物分为一、二、三级。具有特别重要历史、艺术、科学价值的代表性文物为一级文物;具有重要历史、艺术、科学价值的为二级文物;具有比较重要历史、艺术、科学价值的为三级文物。具有一定历史、艺术、科学价值的为一般文物。一级文物定级标准:反映中国各个历史时期的生产关系及其经济制度、政治制度,以及有关社会历史发展的特别重要的代表性文物;反映历代生产力的发展、生产技术的进步和科学发明创造的特别重要的代表性文物;反映各民族社会历史发展和促进民族团结、维护祖国统一的特别重要的代表性文物;反映历代劳动人民反抗剥削、压迫和著名起义领袖的特别重要的代表性文物;反映历代中外关系和在政治、经济、军事、科技、教育、文化、艺术、宗教、卫生、体育等方面相互交流的特别重要的代表性文物;反映中华民族抗御外侮,反抗侵略的历史事件和重要历史人物的特别重要的代表性文物;反映历代著名的思想家、政治家、军事家、科学家、发明家、教育家、文学家、艺术家等特别重要的代表性文物,著名工匠的特别重要的代表性作品;反映各民族生活习俗、文化艺术、工艺美术、宗教信仰的具有特别重要价值的代表性文物;中国古旧图书中具有特别重要价值的代表性善本;反映有关国际共产主义运动中的重大事件和杰出领袖人物的革命实践活动,以及为中国革命做出重大贡献的国际主义战士的特别重要的代表性文物;与中国近代(1840—1949年)历史上的重大事件、重要人物、著名烈士、著名英雄模范有关的特别重要的代表性文物;与中华人民共和国成立以来的重大历史事件、重大建设成就、重要领袖人物、著名烈士、著名英雄模范有关的特别重要的代表性文物;与中国共产党和近代其他各党派、团体的重大事件,重要人物、爱国侨胞及其他社会知名人士有关的特别重要的代表性文物;其他具有特别重要历史、艺术、科学价值的代表性文物。二级文物定级标准:反映中国各个历史时期的生产力和生产关系及其经济制度、政治制度,以及有关社会历史发展的具有重要价值的文物;反映一个地区、一个民族或某一个时代的具有重要价值的文物;反映某一历史人物、历史事件或对研究某一历史问题有重要价值的文物;反映某种考古学文化类型和文化特征,能说明某一历史问题的成组文物;历史、艺术、科学价值一般,但材质贵重的文物;反映各地区、各民族的重要民俗文物;历代著名艺术家或著名工匠的重要作品;古旧图书中有具有重要价值的善本;反映中国近代(1840—1949年)历史上的重大事件、重要人物、著名烈士、著名英雄模范的具有重要价值的文物;反映中华人民共和国成立以来的重大历史事件、重大建设成就、重要领袖人物、著名烈士、著名英雄模范的具有重要价值的文物;反映中国共产党和近代其他各党派、团体的重大事件,重要人物、爱国侨胞及其他社会知名人士的具有重要价值的文物;其他具有重要历史、艺术、科学价值的文物。三级文物定级标准:反映中国各个历史时期的生产力和生产关系及其经济制度、政治制度,以及有关社会历史发展的比较重要的文物;反映一个地区、一个民族或某一时代的具有比较重要价值的文物;反映某一历史事件或人物,对研究某一历史问题有比较重要价值的文物;反映某种考古学文化类型和文化特征的具有比较重要价值的文物;具有比较重要价值的民族、民俗文物;某一历史时期艺术水平和工艺水平较高,但有损伤的作品;古旧图书中具有比较重要价值的善本;反映中国近代(1840—1949年)历史上的重大事件、重要人物、著名烈士、著名英雄模范的具有比较重要价值的文物;反映中华人民共和国成立以来的重大历史事件、重大建设成就、重要领袖人物、著名烈士、著名英雄模范的具有比较重要价值的文物;反映中国共产党和近代其他各党派、团体的重大事件,重要人物、爱国侨胞及其他社会知名人士的具有比较重要价值的文物;其他具有比较重要的历史、艺术、科学价值的文物。一般文物定级标准:反映中国各个历史时期的生产力和生产关系及其经济制度、政治制度,以及有关社会历史发展的具有一定价值的文物;具有一定价值的民族、民俗文物;反映某一历史事件、历史人物,具有一定价值的文物;具有一定价值的古旧图书、资料等;具有一定价值的历代生产、生活用具等;具有一定价值的历代艺术品、工艺品等;其他具有一定历史、艺术、科学价值的文物。博物馆、文物单位等有关文物收藏机构,均可用本标准对其文物藏品鉴选和定级。社会上其他散存的文物,需要定级时,可照此执行。

《一级文物定级标准举例》 文化部 2001 年颁布。本举例对玉、石器,陶器,瓷器,铜器,铁器,金银器,漆器,雕塑,石刻砖瓦,书法绘画,古砚,甲骨,玺印符碑,货币,牙骨角器,竹木雕,家具,珐琅,织绣,古籍善本,碑帖拓本,武器,邮品,文件、宣传品,档案文书,名人遗物认定为一级文物作出了标准界定。同时,规定二、三级文物定级标准举例可依据一级文物定级标准举例类推。

《博物馆建筑设计规范》 由华东建筑设计院主编,中国历史博物馆、上海博物馆等单位参加共同编制。1991 年 5 月由建设部、文化部发布,1991 年 8 月 1 日起施行。本规范适用于社会历史类和自然历史类博物馆的新建和扩建设计,为国家性行业标准规范性文档。旨在适应博物馆建设的需要,保证博物馆建筑设计符合适用、安全、卫生等基本要求。本规范共分总则、基地和总平面、建筑设计、藏品防护、防火、建筑设备六章。本规范规定:博物馆分为大、中、小型。大型馆(建筑规模大于 10000 平方米)一般适用于中央各部委直属博物馆和各省、自治区、直辖市博物馆;中型馆(建筑规模为 4000 ~ 10000 平方米)一般适用于各系统省厅(局)直属博物馆和省辖市(地)博物馆;小型馆(建筑规模小于 4000 平方米)一般适用于各系统市(地)、县(县级市)局直属博物馆和县(县级市)博物馆。博物馆建筑必须符合城镇文化建筑的规划布局要求,并应反映所在地区建筑艺术、科学技术和文化发展的先进水平。博物馆建筑设计必须与完整的工艺设计相配合,满足藏品的收藏保管、科学研究和陈列展览等基本功能,并应设置配套的观众服务设施。对古建筑的改建设计必须符合各项文物法规,保持原有建筑风貌,并应满足防火、防盗等安全要求。藏品库房以新建为宜。博物馆建筑设计除应执行本规范外,尚应符合现行的《民用建筑设计通则》以及国家和专业部门颁布的有关设计标准,规范和规定。该标准由建设部建筑设计标准技术归口单位中国建筑技术发展研究中心(建筑标准设计研究所)归口管理,由华东建筑设计院负责解释。

《博物馆评估暂行标准》 2008年2月国家文物局发布《博物馆评估暂行标准》。本标准共分前言,范围,依据的法律法规和文件,引用的标准和规范,术语,博物馆等级及标志,博物馆等级划分条件,评分细则八部分。博物馆等级划分的条件主要包括综合管理与基础设施,藏品管理与科学研究,陈列展览与社会服务三个方面。并规定总分1000分,其中综合管理与基础设施200分,藏品管理与科学研究300分,影响力与社会服务500分。评估时,综合管理与基础设施项最低分值应在60分(含)以上;藏品管理与科学研究项最低分值应在60分(含)以上;陈列展览与社会服务项最低分值应在180分(含)以上。且一级博物馆需达到800分,二级博物馆需达到600分,三级博物馆需达到400分。博物馆划分为三级,从高到低依次为一级、二级、三级。博物馆等级一经评定,即向社会公布,接受公众监督。由国家文物局统一组织实施评估级工作。旨在全面、充分反映博物馆事业进步成果,在全国范围内推动博物馆品级合理分布,健全博物馆质量评价体系。2008年启动评估定级工作,并首次开展了一级博物馆评估定级工作,2012年开展了第二次一级博物馆评估定级工作;2009年首次开展了二、三级博物馆评估定级工作,2013年开展了第二次二、三级博物馆评估定级工作。

《全国重点美术馆评估标准(暂行)》 文化部于2008年12月18日颁布。编制本标准的目的是为了加强和规范全国美术馆行业管理和分类指导,充分发挥美术馆的公益文化服务作用,繁荣文化艺术事业。共分总则、综合管理、建筑与环境、藏品资源、展览与社会影响、公共教育和公共文化服务、附则七章30条。本标准规定:全国重点美术馆评估坚持文艺为人民服务、为社会主义服务的方向和百花齐放、百家争鸣的方针,坚持公平、公正、公开和分级指导的原则,立足提高美术馆的建设管理水平和服务质量,满足人民群众文化生活需求。通过对全国美术馆的评估,探索美术馆科学管理方法,推动美术馆标准化、规范化建设。本标准明确:全国重点美术馆评估面向全国范围内具有展览、典藏、研究及公共教育与服务功能、不以营利为目的的公益性美术馆。本标准旨在评估美术馆提供公共文化产品、发挥公共文化传播功能的能力和实绩,科学考评美术馆的典藏、科研、展览、公共教育和服务质量,引导和推动美术馆加强自身建设,焕发生机和活力,提高社会贡献率,同时便于社会关注与监督。本标准还对综合管理、建筑与环境、藏品资源、展览与社会影响、公共教育与公共文化服务等方面作出了评估定级的明确要求。各省文化主管部门可根据当地实际情况,参照该标准,自行开展省级重点美术馆的评估工作。该标准由文化部艺术司负责解释。

《人类口头和非物质遗产优秀作品认定条件》 《人类口头和非物质遗产代表作条例》(联合国教科文组织1998年宣布)规定:此申报的作品应该具备6项条件,即具备体现人类的创造天才的优秀作品的特殊价值;表明其深深扎根于文化传统或有关社区文化历史之中;能够作为一种手段对民间的文化特性和有关的文化社区起肯定作用，在智力借鉴和交流方面有重要价值，并促使各民族和各社会集团更加接近，对有关的群体起到文化和社会的现实作用；能够很好开发技能，提高技术质量；对现代的传统具有唯一见证的价值；由于缺乏抢救和保护手段，或加速的演变过程、或城市化趋势、或适应新环境文化的影响而面临消失的危险。

《急需保护的非物质文化遗产名录列入标准》　申报缔约国提名列入《急需保护的非物质文化遗产名录》的项目要符合以下所有标准：该项目属于《保护非物质文化遗产公约》第2条定义的非物质文化遗产；尽管有关社区、群体、或个人和缔约国均做出了努力，该项目的存续仍然危在旦夕，因此该遗产急需保护，或该遗产正受到严重威胁，特别急需保护，若不立即加以保护，将难以为继；已制订了一些保护措施，使有关社区、群体、或个人能够继续实践和传承该遗产；该遗产的申报，是有关社区、群体或个人尽可能广泛参与下提名的，是他们在知情的情况下事先自主认可的；该项目已列入申报缔约国领土非物质文化遗产清单之中；在特别紧急情况下，根据《保护非物质文化遗产公约》第17条第3款，已就该遗产列入名录事宜与有关缔约国进行过协商。

《非物质文化遗产代表性项目名录认定条件》　《中华人民共和国非物质文化遗产法》第十八条规定：国务院建立国家级非物质文化遗产代表性项目名录，将体现中华民族优秀传统文化，具有重大历史、文学、艺术、科学价值的非物质文化遗产项目列入名录予以保护。省、自治区、直辖市人民政府建立地方非物质文化遗产代表性项目名录，将本行政区域内体现中华民族优秀传统文化，具有历史、文学、艺术、科学价值的非物质文化遗产项目列入名录予以保护。2013年10月文化部发出的《关于推荐申报第四批国家级非物质文化遗产代表性项目有关事项的通知》规定:第四批国家级非物质文化遗产代表性项目的推荐申报条件是,已列入省级非物质文化遗产代表性项目名录的非物质文化遗产项目,并符合下列条件:体现中华民族优秀传统文化,具有重大历史、文学、艺术、科学价值;具有体现中华民族文化创造力的典型性、代表性;具有鲜明特色,在当地有重大影响;在一定群体中或地域范围内世代传承、活态存在。

《非物质文化遗产代表性项目的代表性传承人认定条件》 《中华人民共和国非物质文化遗产法》第二十九条规定:国务院文化主管部门和省、自治区、直辖市人民政府文化主管部门对本级人民政府批准公布的非物质文化遗产代表性项目,可以认定代表性传承人。非物质文化遗产代表性项目的代表性传承人应当符合下列条件:熟练掌握其传承的非物质文化遗产;在特定领域内具有代表性,并在一定区域内具有较大影响;积极开展传承活动。认定非物质文化遗产代表性项目的代表性传承人,应当参照执行本法有关非物质文化遗产代表性项目评审的规定,并将所认定的代表性传承人名单予以公布。2008年5月文化部颁布的《国家级非物质文化遗产项目代表性传承人认定与管理暂行办法》第四条规定:符合下列条件的公民可以申请或者被推荐为国家级非物质文化遗产项目代表性传承人 掌握并承续某项国家级非物质文化遗产;在一定区域或领域内被公认为具有代表性和影响力;积极开展传承活动,培养后继人才。从事非物质文化遗产资料收集、整理和研究的人员不得认定为国家级非物质文化遗产项目代表性传承人。

《国家级非物质文化遗产项目保护单位认定基本条件》 2006年12月2日文化部发布的《国家级非物质文化遗产保护与管理暂行办法》第六条规定:国家级非物质文化遗产项目应当确定保护单位,具体承担该项目的保护与传承工作。保护单位的推荐名单由该项目的申报地区或者单位提出,经省级人民政府文化行政部门组织专家审议后,报国务院文化行政部门认定。第七条规定:国家级非物质文化遗产项目保护单位应具备以下基本条件:有该项目代表性传承人或者相对完整的资料;有实施该项目保护计划的能力;有开展传承、展示活动的场所和条件。第八条规定:国家级非物质文化遗产项目保护单位应当履行以下职责:全面收集该项目的实物、资料,并登记、整理、建档;为该项目的传承及相关活动提供必要条件;有效保护该项目相关的文化场所;积极开展该项目的展示活动;向负责该项目具体保护工作的当地人民政府文化行政部门报告项目保护实施情况,并接受监督。2012年5月4日财政部、文化部印发的《国家非物质文化遗产保护专项资金管理办法》第十一条规定保护补助费的申报单位必须具备以下条件:具有独立法人资格;具有固定的工作场所;具有专门从事非物质文化遗产保护的工作人员;具有科学的工作计划和合理的资金需求。

《国家级文化生态保护区设立条件》 2010年2月10日文化部《关于加强国家级文化生态保护区建设的指导意见》规定:国家级文化生态保护区设立的条件是,传统文化历史积淀丰厚、存续状态良好,并为社会广泛认同;非物质文化遗产资源丰富,分布较为集中,且具有较高的历史、文化、科学价值和鲜明的区域特色、民族特色;非物质文化遗产所依存的自然生态环境和人文生态环境良好;当地群众的文化认同与参与保护的自觉性较高;当地人民政府重视文化生态保护区建设工作,保护措施有力。

《国家级非物质文化遗产生产性保护示范基地标准》 2010年11月15日文化部办公厅《关于开展国家级非物质文化遗产生产性保护示范基地建设的通知》规定:国家级非物质文化遗产生产性保护示范基地的推荐条件标准是,拥有至少一项国家级非物质文化遗产名录项目;在生产性保护活动中坚持非物质文化遗产的本真性、完整性及核心技艺的保护与传承;积极开展非物质文化遗产的抢救与保护,注重整理、保存相关资料,全面拍摄记录技艺流程,实施有利于传承发展的有效方法;非物质文化遗产的传承有序、富有成效,涌现出一批后继人才;积极开展非物质文化遗产的展示、展演和出版、宣传、教育活动,充分发挥对青少年的教育及教学作用,在本省(区、市)及周边地区享有较高的社会声誉;通过非物质文化遗产生产性保护,取得了显著的社会效益和经济效益,提高了传承人的地位和收入,扩大了就业岗位,并为促进当地经济社会全面协调可持续发展做出较大贡献。

《古籍定级标准》(WH/T20—2006) 国家文化部2006年8月5日发布,自2006年10月1日起实施。本标准为中华人民共和国文化行业标准。本标准由文化部提出、批准并归口管理,由国家图书馆负责起草。本标准明确了一级、二级、三级古籍级别和等次的划分标准,同时划定了四级古籍的定级标准。一级古籍定级标准:是指具有特别重要历史,学术,艺术价值的代表性古籍;二级古籍定级标准:是指具有重要历史,学术,艺术价值的古籍;三级古籍定级标准:是指具有比较重要历史,学术,艺术价值的古籍;四级古籍定级标准:是指具有一定历史,学术,艺术价值的古籍。本标准对一级、二级、三级古籍还划定了甲等、乙等、丙等的等次标准。

《国家珍贵古籍名录评定标准》
2007年8月1日文化部发布的《国家珍贵古籍名录申报评审暂行办法》第四条、第五条规定:《国家珍贵古籍名录》的主要收录范围是,1912年以前书写或印刷的,以中国古典装帧形式存在,具有重要历史、思想和文化价值的珍贵古籍。少数民族文字古籍可视具体情况适当放宽。国家珍贵古籍的评选标准原则上与《古籍定级标准》所规定的一、二级古籍的评定标准相同，即国家珍贵古籍原则上从一、二级古籍内选定。

《全国古籍重点保护单位评定标准》 2007年8月1日文化部发布的《"全国古籍重点保护单位"申报评定暂行办法》第四条、第五条规定："全国古籍重点保护单位"的评选范围包括全国范围内的各类型图书馆、博物馆等古籍收藏单位。"全国古籍重点保护单位"评选标准是，收藏古籍的数量一般在10万册件以上或收藏古籍善本数量在3000册件以上；有古籍专用书库；有专门的古籍保护机构和工作人员，管理制度健全；有专项古籍保护经费。

《国家级古籍修复中心评定标准》 2008年10月文化部办公厅《关于申报国家级古籍修复中心的通知》规定国家级古籍修复中心的申报条件：应为国务院批准公布的第一批"全国古籍中'四按'保护单位"；具备较强的人才、技术及设施设备条件，具体包括：古籍修复技术人员具备良好的职业道德，专职古籍修复技术人员不少于8人（含8人）；具备良好的设备条件，具体包括：修复工作场所面积不少于200平方米，有上下水设施，室内温湿度可调控，有良好的安防、照明设备等；具有健全的古籍修复方面的管理制度和质量管理体系；根据古籍修复工作实际，制定经费投入预算，建立经费保障机制，保证修复中心的正常运转。

《"十二五"时期广播影视公共服务国家基本标准》 2012年7月国务院《关于印发国家基本公共服务体系"十二五"规划的通知》指出：广播影视公共服务包括农村广播电视、农村电影放映、少数民族语言广播影视、应急广播四个方面。农村广播电视公共服务的国家基本标准是，服务对象以农村居民为主；保障标准是无偿提供中央第一套广播节目、中央第一套和第七套电视节目及本省第一套广播电视节目等 4 套以上广播和电视节目服务，逐步增加节目套数和提高播放质量；支出责任由中央和地方政府共同负责；覆盖水平是基本实现所有通电行政村和自然村村村和户户通广播电视。农村电影公共服务的国家基本标准是，服务对象为农村居民；保障标准是行政村一村一月放映一场电影，每场财政补贴 200 元；支出责任由中央和地方财政按比例共同负担；覆盖水平是每年放映 780 万场公益电影。少数民族语言广播影视公共服务的国家基本标准是，服务对象为主要少数民族地区居民；保障标准是通过有线、无线或卫星等方式能够收听收看到本民族语言广播影视节目；支出责任由中央和地方政府共同负责；覆盖水平是覆盖藏、维、蒙、哈、朝、壮、傣等主要少数民族地区。应急广播公共服务的国家基本标准是，服务对象为城乡居民；保障标准是在突发公共事件发生前后及时获得政令、信息等服务；支出责任由中央和地方政府共同负责；覆盖水平是在全国范围内基本实现分层次、分类型、全方位立体覆盖。

《广播电影电视工程建设标准》

广播电影电视工程建设标准是广电系统在从事工程建设时必须依据的法规。工程建设标准主要包括建设标准、工程技术规范、工程费用定额、投资估算和防护间距标准等。从 1990 年至 1998 年广电总局一共发布实施工程建设标准 43 项。涵盖《县级广播电视工程建设标准》（GY/T 5064—1999）；《调频广播、电视转播台（站）建设标准》（GY/T 5065—1999）；《中、短波广播发射台与电缆载波通讯系统的防护间距标准》（GBJ 142—90）；《架空电力线路、变电所对电视差转台、转播台无线电干扰防护间距标准》（GBJ 143—90）；《卫星广播电视地球站建设标准》（GYJ 44—91）；《电视演播室灯光系统设计规范》（GYJ 45—92）；《省级广播中心建设标准》（GY 5046—93）；《中央广播电视监测台、站建设标准》（GY 5047—

93);《省级广播电视监测台建设标准》(GY 5048—93);《省辖市广播电视监测站建设标准》(GY 5049—93);《广播收音台(站)建设标准》(GY 5050—93);《电视和调频广播发射天线馈线系统技术指标》(GY/T 5051—94);《电视和调频广播发射天线馈线系统技术指标测量方法》(GY/T 5052—94);《广播传音电缆线路工程建设技术规范》(GY 5053—94);《广播电影电视部基本建设项目建议书编审办法》(GY 5002—1995);《广播电影电视部部属单位建设项目可行性研究报告编审办法》(GY 5003—1995);《广播电影电视建设项目的设计文件编审办法》(GY 5005—1993);《广播电影电视部建设项目竣工验收规定》(GY 5006—1990);《县级广播电视工程建设投资估算指标》(GY 5205—1995);《中波广播发射(转播)台工程建设投资估算指标》(GY 5206—1995);《调频广播、电视发射(转播、差转)台工程建设投资估算指标》(GY 5207—1995);《卫星广播电视地球接收站工程建设投资估算指标》(GY 5208—1995);《广播电视微波工程建设投资估算指标》(GY 5209—1995);《有线广播系统(网络)工程建设投资估算指标》(GY 5210—1995);《有线电视线路(网络)工程建设投资估算指标》(GY 5211—1995);《广播电影电视基本建设概(预)算编制办法》(GY/T 5202—1995);《广播电视安装工程费用定额》(GY 5203—1995);《广播电视中心工程技术房间室内装修工程预算定额》(GY 5204—1995);《扩声译音系统安装工程预算定额》(GY 5201—1994);《广播电视天线电磁辐射防护规范》(GY 5054—1995);《扩声译音系统安装工程施工及验收规范》(GY 5055—1995);《中波广播发射台工艺设备安装规范》(GY 5056—1995);《中短波广播天线馈线系统安装工程施工及验收规范》(GY 5057—1995);《有线电视系统工程技术规范》(GB 50200—94);《民用闭路监视电视系统工程技术规范》(GB 50198—94);《广播电影电视工程建设标准管理办法》(GY 5020—1995);《县级广播电视工程技术规范》(GY 5058—1996);《广播电影电视建筑抗震设防分类标准》(GY 5060—1995);《有线广播电视系统安装工程预算定额》(GY 5212—1997);《广播电影电视工程技术用房照明设计规范》(GY/T 5061—1998);《电视和调频广播发射(差转)台(站)设计规范》(GY 5062—1998);《市、县有线广播电视网设计规范》(GY 5063—1998);《公路与调频、电视转播台,调频收音台防护间距标准》(GB 50285—1998)。

《广播电视工程项目建设用地指标》 建设部、国家土地管理局1998年1月12日批准发布,自1998年5月1日起施行。该建设用地指标实施的监督管理工作由国家土地管理局负责,其具体解释工作由广电部负责。编制该用地指标目的,是长期以来,广播电视行业没有形成一套比较完整的用地指标体系和严格的管理制度,为了适应社会主义现代化建设需要,加强对广播电视行业工程项目建设用地的科学管理,切实做到合理用地、节约用地,提高土地利用率。共分总则,合理和节约用地的基本规定,广播、电视中心工程,广播电视发射台工程,广播电视监测台(站)工程,广播收音台(站)工程,卫星广播电视地球站工程共七章。该建设用地指标适用于广播电视行业新建工程项目;对改建、扩建工程项目,由于项目的内容与新建工程项目不相同,不能完全套用。在使用该标准时,应按实际情况分解、调整换算,各分项建设用地面积,应严格遵循,不应突破。用地指标的范围,包括广播电视的工艺设施、辅助设施、公用工程、仓库、运输、行政管理、场区内生活设施、警卫设施等项目的建设用地,不包括场区外的生活福利设施的建设用地;对场区外的生活福利设施用地指标,可执行有关部门制订的建设用地指标。该建设用地指标主要为计算建设项目所需用地面积、建设项目的选址、总平面设计和编制合理用地方案服务。该建设用地指标是编制评估、审批建设项目可行性研究报告、确定项目建设用地规模的依据,是编审初步设计、核定和审批建设项目用地面积的尺度。

《城市有线广播电视网络设计规范》(GY 5075—2005) 由国家广播电影电视总局于2005年12月21日发布,2006年2月1日起施行。该标准为行业标准。旨在规范城市有线电视网络的设计,适应网络向数字化、多业务化方向发展的需要。共分总则,术语和符号,设计总体要求,网络结构,HFC网络设计要求,IP交换网络设计要求,SDH传输网设计要求,WDM传输网设计要求,网络管理,网络总前端和分前端十部分。城市有线广播电视网络应统一规划设计,一次或分期建设完成。该规范的管理和解释工作由国家广播电影电视总局工程建设标准定额管理中心负责。

《数字电视地面广播传输系统帧结构、信道编码和调制标准》(GB 20600—2006) 国家标准化管理委员会2006年8月30日发布,自2007年8月1日起施行。本标准为国家强制性标准。标准规定了在UHF和VHF频段中,每8MHZ数字电视频带内,数字电视地面广播传输信号的帧结构、信道编码和调制方式。该标准适用于地面传输的数字多路电视/高清晰度电视固定和移动广播业务的帧结构、信道编码和调制系统。地面数字电视业务采用技术必须符合该标准定义。

《中、短波广播发射台建设标准》(建标126—2009) 由国家广播电影电视总局编制,住房和城乡建设部、国家发展和改革委员会2009年6月24日批准发布,自2010年1月1日起施行。旨在提高中、短波广播发射台建设项目科学决策和管理水平,规范中、短波广播发射台建设,合理确定建设规模、项目构成、用地指标、建筑面积、设施及设备配备,充分发挥投资效益,使中、短波广播发射台有效实现广播覆盖的作用。《标准》共分总则、建设规模及项目构成、主要技术设施设备、配套设施、建筑与建设用地、总体布局与建筑标准六章。同时,附录"主要维护仪器工具配备表"、"主要维修机具和交通工具配备表"、"发射机房面积指标分配表"和"名词解释"。在中、短波广播发射台项目的审批、设计和建设过程中,要严格遵守该建设标准。

《有线广播电视网络管理中心设计规范》(GY 5082—2010) 国家广电总局 2010 年 1 月 15 日发布,自 2010 年 3 月 1 日起施行。旨在规范有线广播电视网络管理中心工程设计,保证有线广播电视网络管理中心的质量。该标准为行业标准。共分总则、术语、一般规定、工艺系统设计,基地和总平面,建筑设计、防火设计、建筑设备、防雷与接地九部分。该规范适用于新建、改扩建的有线广播电视网络管理中心设计以及合建在综合楼的有线广播电视网络管理中心设计。有线广播电视网络管理中心设计应遵循广播电视产业可持续发展原则,与广播电视发展规划相适应。本标准的管理和解释工作由国家广播电影电视总局工程建设标准定额管理中心负责。

《广播电视卫星地球站建设标准》 由国家广电总局组织编制,住房和城乡建设部、国家发展和改革委员会 2010 年 7 月 1 日批准发布,自 2012 年 12 月 1 日开始实施。本标准共分总则,建设规模与项目构成,建筑标准和面积指标,选址布局,专业技术设备设置五章。本建设标准适用于新建的采用 C 频段(6/4GHz)和 Ku 频段(14/12GHz、17/11GHz)传输视频、音频和数据业务的广播电视卫星地球站,改建和扩建工程项目可参照本建设标准执行。在广播电视卫星地球站建设项目的审批、设计和建设过程中，要严格遵守本建设标准，坚决控制工程造价。该建设标准的管理由住房和城乡建设部、国家发展和改革委员会负责，具体解释工作由国家广播电影电视总局负责。

《电影院建筑设计规范》（JGJ 58—2008） 建设部2008年2月29日发布，自2008年8月1日起施行。编制本规范的目的，是为保证电影院建筑设计满足安全、卫生及使用功能等方面的基本要求。该规范适用于新建、扩建、改建的，以放映35mm的变形法、遮幅法宽银幕及普通银幕（包括立体声）三种影片为主的电影院建筑设计。其他兼放电影且有固定放映设备的公共集会、文娱演出建筑可参照本规范有关条款执行。电影院的规模按观众厅的容量可分为：特大型1201座以上；大型801座～1200座；中型501座～800座；小型500座以下。电影院应布点合理，规模适当。当电影院总规模较大时，宜设多观众厅。电影院的质量标准分特、甲、乙、丙四个等级（与特大、大、中、小型交叉组合）。该规范共分总则，术语，基地和总平面，建筑设计，声学设计，防火设计，建筑设备七个部分。电影院建筑设计除执行本规范外，尚应符合《民用建筑设计通则》，以及国家和专业部门颁布的有关设计标准、规范和规定。

《数字影院建设标准》 亦称《1.3K固定数字影院建设标准》。共分综述，数字影院的各部分要求，观众厅的建声要求，功能设施和要求四个部分。本标准规定了数字影院所提供的建筑工艺、建声设计及视听环境应符合的技术要求。本标准适用于数字影院、安装使用数字电影播放机的其他数字电影放映场所（室外流动数字电影放映除外）。本标准规定数字影院的选址要求：大中城市的社区；有经济条件的大学、中学及附近区域；二、三级城市的繁华地段；县城、乡镇等有一定条件的场所。本标准规定数字影院的基本要求：主要以2个厅以上的多厅为主；主要由观众厅、门厅、放映机房、售票处、小卖部、增值区、办公室、卫生间等组成；多厅影院应做到相对集中，放映机房宜设置为各厅相通的中央放映机房；多厅影院应尽量设置为统一的入场通道和统一的疏散通道；数字影院的整体面积平均每个座2.5~3平方米。

《电影放映员国家职业技能标准》 由人力资源和社会保障部办公厅、国家广播电影电视总局办公厅2011年发布。该标准由职业概况、基本要求、工作要求、比重表四个部分组成。本标准规定电影放映员设五个等级，分别为：初级（国家职业资格五级）、中级（国家职业资格四级）、高级（国家职业资格三级）、技师（国家职业资格二级）、高级技师（国家职业资格一级）。

《数字电影流动放映系统技术要求》（GD/J 013—2007） 国家广电总局2007年5月28日发布并实施。共分范围，规范性引用文件，术语和定义，数字电影流动放映系统示意图，数字电影流动放映母版技术要求，数字电影流动放映发行版，数字电影流动放映设备，对设备的发行管理功能，设备可靠性、安全性和稳定性，其他十个部分，另附：数字电影农村公益流动放映系统技术要求，数字电影农村公益流动放映系统影片发行版打包技术要求，数字电影农村公益流动放映系统解密软件SDK编程接口函数3个附录。

《数字电影流动放映系统检测方法》（GD/J 016—2007） 国家广电总局2007年8月3日发布并实施。该测试方法由中国电影科学技术研究所归口，适用于数字电影流动放映系统。共分范围，规范性引用文件，术语和定义，测试环境要求，测试设备要求，测试用影片，测试项目和方法七个部分。

《"十二五"时期新闻出版公共服务国家基本标准》 2012年7

月国务院《关于印发国家基本公共服务体系"十二五"规划的通知》指出:新闻出版公共服务包括公共阅读服务、民文出版译制、盲文出版三个方面。公共阅读服务的国家基本标准是,服务对象为城乡居民;保障标准是农村行政村建立农家书屋,图书不少于1500册,报刊20～30种,电子音像制品不少于100种(张),并及时更新;城市和乡镇主要街道、大专院校、居民小区等人流密集地点设公共阅报栏(屏),及时提供各类新闻和服务信息;支出责任由中央和地方财政按比例共同负担。覆盖水平是基本实现行政村村村有农家书屋,新增城乡公共阅报栏(屏)10万个,国民综合阅读率达到80%。民文出版译制公共服务的国家基本标准是,服务对象为有文字的少数民族;保障标准是可以获得本民族语言文字出版的、价格适宜的常用书刊、电子音像制品,政府给予出版物资助;支出责任由中央和地方政府共同负责。覆盖水平是每年选择不少于800种优秀国内外书刊、电子音像制品翻译成少数民族语言文字。盲文出版公共服务的国家基本标准是,服务对象为盲人;保障标准是可以获得价格适宜的盲文出版物,政府给予出版物资助;覆盖水平是年生产盲文书刊1600种、70万册。

《农家书屋建设标准》 2008年7月21日国家新闻出版总署发布的《农家书屋工程建设管理暂行办法》第三章规定:农家书屋的建设标准与要求是,农家书屋的出版物由政府统一配备,每个书屋图书一般不少于1500册,品种不少于500种(含必备书目),报刊不少于30种,电子音像制品不少于100种(张),并具备满足出版物陈列、借阅、管理的基本条件;农家书屋的房屋由当地解决,应充分利用村委会、村党组织活动场所、村文化活动中心等公共设施,不搞重复建设,目前尚无公共设施的行政村,亦可利用村级学校、村民闲置住房等农村现有设施办书屋,因地制宜,综合使用,方便群众;各级新闻出版行政部门应加强与各有关部门的协调配合，将各级各类送书下乡项目纳入农家书屋工程建设总体规划，在保持原有名称和渠道的基础上，不断补充出版物，完善管理，实现资源共享。

《"十二五"时期群众体育公共服务国家基本标准》 2012年7月国务院《关于印发国家基本公共服务体系"十二五"规划的通知》指出群众体育公共服务包括体育场馆开放和全民健身服务两个方面。体育场馆开放公共服务的国家基本标准是，服务对象为城乡居民；保障标准是有条件的公办体育设施（含学校体育设施）向公众开放，免费项目或有关收费标准由地方政府制定；开放时间与当地公众的工作时间、学习时间适当错开，不少于省（区、市）规定的最低时限，全民健身日免费开放，国家法定节假日和学校寒暑假期间，应当适当延长开放时间；支出责任由地方政府负责，中央财政适当补助；覆盖水平是可供使用的公共体育场地（含学校体育场地）占全国体育场地总数的比率达到53%左右。全民健身服务的国家基本标准是，服务对象为城乡居民；保障标准是免费享有健身技能指导、参加健身活动、获取科学健身知识等服务；免费提供公园、绿地等公共场所全民健身器材；支出责任由地方政府负责，中央财政适当补助；覆盖水平是经常参加体育锻炼人数比率达到32%以上。

《城市公共体育运动设施用地定额指标暂行规定》 城乡建设环境保护部、国家体委1986年11月29日发布。本规定明确：该用地定额指标人口的计算口径，包括市（镇）的城区和郊区的人口（关于郊区的具体范围，按照有关规定确定）。该用地定额指标中关于城市按人口分级的划分，均不包含其上限，如5万至10万人口的城市，是指城市人口5万以上（含5万）不足10万，如此类推。该用地定额指标中所指体育设施用地是指向公众开放、供广大群众进行体育锻炼或观赏运动竞技以及业余运动员训练的体育设施及其用地。不包括各类学校、企事业单位和部队内部的,以及优秀运动员训练基地的体育运动设施的用地。该用地定额指标所列体育设施项目,只是要求设置的、最基本的项目,对于需要开展具有地方和民族特色的体育项目和有条件开展其他项目体育运动的城市,可根据实际需要设置相应的体育设施,用地可不受本定额指标的限制。该用地定额指标的制订是以各体育设施独立设置为前提考虑的。对大城市区一级体育设施,特别是小城市的体育设施应尽量创造条件集中布置以便集中管理的经济地利用它们的附属设施。该用地定额指标中没有包含体育设施的停车场用地。在建设体育设施时,必须另外安排相应的停车场用地,其用地,应根据实际需要或根据关于停车场用地的规定确定。该用地定额指标中,对50万人口以上的城市,关于体育设施用地的分级除居住区级、小区级外,还区分了市级和区级。

市级体育设施是指为全市范围服务的,其规模、等级、设施设置标准都要大于或高于区级体育设施;对于区级体育设施的设置,要根据本用地定额指标的规定,尽量结合城市的行政区级的设置考虑。该用地定额指标中所指的居住区,其规模为5万人左右;所指小区,其规模为1万人左右;所指住宅街坊,其规模为1万人以下1000人以上。该用地定额指标中,体育场、体育馆、游泳馆、灯光球场的用地由两部分构成:第一部分是体育设施的基本用地,即比赛场地的用地、观众看台的用地及体育场、游泳馆的训练场、体育馆、游泳馆的训练房的用地。第二部分是其他用地,包括:观众集、散用地,联系道路用地,绿化用地及附属设施用地,一般占总用地的45%～50%。该用地定额指标中所指体育设施项目的含义如下:体育场,指有400米跑道(中心含足球场)和固定道牙,跑道6条以下,并有固定看台的室外田径场地。田径场,指有400米跑道(中心含足球场)和固定道牙,跑道6条以上,没有固定看台的室外田径场地和200米以上、不足400米环形跑道的室外田径场地。体育馆,指有固定看台,可供手球、篮球、排球、羽毛球、乒乓球、体操等项目训练比赛活动用的室内场地。游泳馆,指用钢筋混凝土或砖石建造池身,使用人工引水有固定看台的室内游泳池。游泳池,指用钢筋混凝土或砖石建造池身,使用人工引水的室内外游泳池,包括设有固定看台的室外游泳池和不设固定看台的室内游泳池。灯光球场,指有固定灯光设备和固定看台、专供篮球、排球、手球等训练比赛的室外场地。射击场,指专供射击训练比赛建有靶沟、靶档和靶篷设施的室外场地。

《体育建筑设计规范》(JGJ31—2003) 建设部、国家体育总局2003年5月3日批准发布,2003年10月1日起施行。编制本规范的目的,是为保证体育建筑的设计质量,使之符合使用功能、安全、卫生、技术、经济及体育工艺等方面的基本要求。该规范适用于供比赛和训练用的体育场、体育馆、游泳池和游泳馆的新建、改建和扩建工程设计。当体育建筑有多种用途(或功能)时,其技术标准应按其主要用途确定建筑标准,其他用途则适当兼顾。共分总则,术语,基地和总平面,建筑设计通用规定,体育场,体育馆,游泳设施,防火设计,声学设计,建筑设备十个部分。该规范由建设部负责管理和对强制性条文的解释,由主编单位北京市建筑设计研究院负责具体技术内容的解释。

《城市社区体育设施建设用地指标》 由国家体育总局主编,建设部、国土资源部2005年9月9日批准发布,于2005年11月1日起施行。该建设用地指标实施的监督管理工作,由国土资源部负责;其具体解释工作,由建设部负责。共分总则,节约和合理用地的基本规定,术语,基本项目与面积指标,配套设施与面积指标,设置规定与控制指标六章。编制该用地指标的目的,是为贯彻落实"十分珍惜、合理利用土地和切实保护耕地"的基本国策和《公共文化体育设施条例》,加强对城市社区体育设施建设用地的科学管理,适应群众体育开展和城市社区体育设施建设的需要,合理利用土地。该指标适用于城市社区体育设施的规划与建设;改建、扩建社区体育设施工程项目可参照执行。城市社区体育的基本项目包括:篮球、排球、足球、门球、乒乓球、羽毛球、网球、游泳、轮滑、滑冰、武术、体育舞蹈、体操、儿童游戏、棋牌、台球、器械健身、长走(散步、健步走)、跑步。本指标内容包括城市社区体育设施的运动场馆、场地以及必要的配套设施、缓冲用地和通道等建设用地。该指标是编制和审批城市社区体育设施工程项目可行性研究报告、确定项目建设用地规模的依据,是编审初步设计文件、核定和审批建设项目用地面积的尺度,是城市规划中配套设置城市社区体育设施用地的依据。

《体育训练基地建设用地指标》 住房和城乡建设部、国土资源部、国家体育总局2011年12月28日批准发布,自2012年3月1日起施行。本用地指标适用于政府投资的国家和省级体育训练基地的新建改建与扩建工程项目。共分总则、节约和合理用地的基本规定、建设用地指标3章。另附录体育训练基地建设用地指标条文说明为全国统一的建设用地指标。

《国家体育锻炼标准》 1954年国家体委学习苏联经验,颁布了《准备劳动与卫国体育制度》。1964年改名为《青少年体育锻炼标准》,1975年经国务院批准又重新制定和改名为《国家体育锻炼标准》,1982、1989年二次经国务院批准,重新修订颁布。《标准》通过设立测试项目、年龄分组、评分标准、奖励办法,来激发青年、少年和儿童积极地持久地锻炼身体,并能客观地检查他们的体质状况和实施体育的效果。1989年12月9日经国务院批准,1990年1月6日国家体委发布《国家体育锻炼标准施行办法》并施行，1982年8月27日发布的《国家体育锻炼标准》同时废止。发布《国家体育锻炼标准施行办法》的目的，是为了鼓励和推动人民群众，特别是青少年、儿童积极参加体育锻炼，以增强体质，提高运动技术水平，培养共产主义道德品质，更好地为社会主义现代化建设和保卫祖国服务。共分总则、分组和项目、测验及标准、奖励、附则五章。该办法规定的体育锻炼标准在学校中全面施行，机关、团体、事业单位和城市街道、农村乡镇可以根据条件实行。国家体育运动委员会可以根据本办法的原则，会同有关部门制定军人、职工体育锻炼标准，分别在军队、工矿企业中施行。该办法的施行工作，由体育运动委员会主管。各级体育运动委员会应当会同教育等有关部门督促所属基层单位有计划、有组织地施行。卫生部门应当负责卫生医务监督工作。学校应当把体育锻炼标准的施行工作同体育课、课外活动紧密结合，并纳入学校工作计划。施行单位应当根据需要和可能设置体育场地、器材、设备。各地体育场（馆）应当创造条件建立辅导站和测验站，为体育锻炼参加者提供方便。这是我国基本的体育制度。

《学生体质健康标准》 教育部、国家体育总局2002年颁布试行，2007年4月11日进行了修改和完善并重新发布，自发布之日起在全国各级各类学校全面实施。并规定各省级教育行政部门要根据实际情况，制订本《标准》的具体实施计划，并于2007年9月1日前报教育部备案。自2007年开始，国家体育总局、教育部每两年组织一次对各地实施《标准》情况的检查，并公布检查结果。编制本标准的目的，是为贯彻落实健康第一的指导思想，切实加强学校体育工作，促进学生积极参加体育锻炼，养成良好的锻炼习惯，提高体质健康水平，特制定本标准。该标准是《国家体育锻炼标准》的有机组成部分，是《国家体育锻炼标准》在学校的具体实施,是国家对学生体质健康方面的基本要求,适用于全日制小学、初中、普通高中、中等职业学校和普通高等学校的在校学生。本标准从身体形态、身体机能、身体素质和运动能力等方面综合评定学生的体质健康水平,是促进学生体质健康发展、激励学生积极进行身体锻炼的教育手段,是学生体质健康的个体评价标准。本标准将测试对象划分为以下组别:小学一、二年级为一组,三、四年级为一组,五、六年级为一组,初、高中每年级各为一组,大学为一组。学校每学年对学生进行一次本标准的测试,百分制测评。

《军人体育锻炼标准》 中国人民解放军总参谋部、总政治部1994年批准颁发施行。制定本标准的目的,是为推动全军官兵的体育锻炼,培养体质健壮的合格军人,提高部队战斗力。该标准由"陆军体育锻炼标准"、"舰艇人员体育锻炼标准"、"高原部队体育锻炼标准"、"飞行人员体育锻炼标准"四个部分组成。本标准以性别和年龄段(周岁)划分组别,按"陆标"、"舰标"、"飞标"、"高原标准",分别进行分类和项目设置。这是我国基本的体育制度。

《公安民警体育锻炼达标标准》
由公安部颁布,本标准自2011年1月起实施,1999年6月公安部政治部发布的《公安民警体育锻炼达标标准》(试行)同时废止。编制本标准的目的,是为了贯彻《全民健身计划纲要》和《公安机关人民警察基本素质考试考核暂行办法》,推动和鼓励广大公安民警积极参加体育锻炼,增强体质,提高战斗力,更好地为保卫社会主义现代化建设服务。本标准在全国公安机关和公安院校实施,边防、消防和警卫系统,结合部队实际参照执行。要求公安院校应把本标准的实施同贯彻《国家体育锻炼标准》《大学生体育合格标准》紧密结合,并纳入警体教学计划。共分总则,分组和项目,测验和标准,奖励,附则5章。体育锻炼达标按性别、年龄划分为男七个组、女六个组。该标准的实施工作,由中国前卫体协主管,地方各级前卫体协会同有关部门有计划、有组织实施。这是我国基本的体育制度。

《大学生体育合格标准》 国家教委1990年10月11日发布并实施。共六个部分。编制本标准的目的,是为了贯彻德、智、体全面发展的教育方针,鼓励学生经常锻炼身体,不断增强体质,提高自我保健能力和健康水平,成为社会主义现代化建设需要的合格人才。本标准在全日制普通高等学校中实行,适用于有正式学籍的本、专科在校学生(不含体育专业学生)。研究生或其他类型的高等学校学生可参照执行。本标准从身体形态、身体机能、身体素质、视力状况及体育课、课外体育锻炼等方面,综合评定学生的体育成绩。是学生接受体育的个体评价标准,也是学生能否毕业的一项必备条件。该标准解释权属国家教委。

《普通人群体育锻炼标准》 国家体育总局、卫生部、财政部、农业部、国家民委、全国总工会、共青团中央、全国妇联八部委局联合发布,从2003年5月10日起在全国施行。编制本标准的目的,是为适应广大人民群众日益增长的体育健身需求,努力构建面向大众的全民健身服务体系,激励和促进广大人民群众积极参加体育锻炼,全面提高全体人民的健康素质。《普通人群体育锻炼标准》是《国家体育锻炼标准》的重要组成部分,适用于20至59周岁生理和心理健康的人群。并按照性别和年龄分为男女各八个组别,提倡各组人群按照本标准的锻炼项目,积极参加体育锻炼,并每年至少参加一次达标测试。根据测试结果,得出一个个人的总分,进行评价,判定锻炼效果。鼓励和提倡广大人民群众积极参加本标准所列锻炼项目以外的其他科学、文明、健康的体育健身活动。本标准共分总则,组织领导与管理,分组和项目,保障条件,奖励,附则6章。各级体育行政部门要结合本地区实际情况,制定推行本标准的实施细则。本办法由国家体育总局负责解释。这是我国基本的体育制度。

《科学技术馆建设标准》(建标101—2007) 中国科学技术协会编制,建设部、国家发展和改革委员会2007年6月27日批准发布,自2007年8月1日起施行。编制本标准的目的,是为了实施科学技术馆(以下简称科技馆)建设项目全过程管理,提高项目决策的科学化水平,合理确定建设规模,严格控制建设投资,推进技术进步,提高投资效益,保障科技馆的可持续发展。共分总则,建设项目构成,建设规模和建筑面积指标,展览与展品,选址与总体布局,建筑设计,室内环境,建筑设备和建筑智能化,主要技术经济指标,管理和运行十章。本建设标准适用于政府投资新建和改扩建的综合性科技馆项目。也可作为专业性科技馆和企业、个人投资建设科技馆项目的参考。本建设标准为科技馆建设的全国统一标准,是编制、评估、审批科技馆项目建议书和可行性研究报告的重要依据,也是审查科技馆建设项目初步设计、监督检查项目建设和建设方编制科技馆设计任务书的依据文件。

《全国示范科普画廊标准(橱窗式)(试行)》 中国科学技术协会2005年7月18日发布。编制本标准的目的,是为了推动全国科普画廊建设与发展,使其建设、使用、管理走上制度化、规范化轨道,更好地发挥科普画廊宣传作用和使用效益。共包括总则、宣传要求、管理维护、建设条件、其他五章19条。本标准解释权归属中国科协科普部。

《全国"职工书屋"示范点建设标准》 2008年1月18日中华全国总工会关于《开展全国工会"职工书屋"建设的实施意见》中规定中华全国总工会出资援建的"职工书屋"示范点,应遵循以下建设标准:藏书量3000册、报刊20种以上、电子音像制品不少于 80 种（张），有可上网电脑，由同级工会调配 1～2 名工作人员从事"职工书屋"的日常管理。

《全国未成年人思想道德建设工作测评指标》 中央文明办 2008 年颁发。这是我国第一个评价与考核未成年人思想道德建设工作成效的指标体系，旨在加强和改进未成年人思想道德建设工作科学化、规范化、制度化。《测评体系》共设置了六个方面的测评项目，包括未成年人思想道德建设领导体制和工作机制，"学校、家庭、社会"三结合教育体系，文化产品和文化服务，净化社会文化环境，未成年人特殊群体的教育管理，工作成效评价等。本测评指标以创造未成年人健康成长的良好社会环境、促进未成年人全面发展为重点，明确了 21 个测评指标、75 个测评内容、262 个测评标准。《测评体系》对文化活动中心（站、室）建设的要求是，人口规模在 30000～50000 人以上的居住区要建设文化活动中心，人口规模在 7000～15000 人的居住小区要建设文化活动站，重点镇和县城关镇要设置文化活动站或青少年之家；在社区文化活动中心（站、室）中开设专门供未成年人活动的场地和内容。《测评体系》的颁发试行，将为评价考核各地开展未成年人思想道德建设工作的情况提供基本依据。

《"新家庭文化屋（室）"建设标准》 2008 年 2 月 20 日原国家人口计生委办公厅《关于"新家庭文化屋"工程建设实施意见》规定"新家庭文化屋（室）"的建设标准是，可建在计划生育服务站、人口学校、人口文化大院、乡（镇）和人口集中的村及其他便于群众出入阅览的公共场所，要充分利用农村和社区现有的各类公共设施，不搞重复建设，不增加基层负担，实现资源共享；"新家庭文化屋"要统一名称、统一标识、统一配置，文化屋内设置开放式书柜、阅览桌椅、电视机、DVD 机等基本设施，室内布置整洁温馨、简朴高雅、适宜阅读,有条件的地区还可增设电脑等设备;每个"新家庭文化屋"图书不少于300种、1000册,报纸期刊不少于5种,音像制品不少于50种;国家人口计生委可为各省(区、市)捐建1个"新家庭文化屋"样板间,由各省(区、市)选择或推荐地点设立,供各地在自建时参考。

《北京地区博物馆接待服务标准及工作流程(试行)》 北京市文物局2011年5月18日发布。共分接待服务,展区服务,后勤服务,营销服务,服务礼仪五部分。本标准和流程明确了从预约登记、咨询服务到物品寄存详细的服务标准和工作流程,并要求在全市博物馆内全面试行博物馆接待服务规范。

《江苏省公共图书馆服务规范》

江苏省文化厅2013年8月28日颁布,自2013年9月2日起实施。共分总则,服务设施和环境,服务对象和开放时间,服务内容和方式,服务管理和监督,附则六个部分。本规范适用于江苏省行政区域内各级政府批准设立的公共图书馆,其他图书馆参照执行。该规范可作为江苏省各级公共图书馆绩效考评依据,其解释权归江苏省文化厅。

《江苏省公共文化馆服务规范》

江苏省文化厅2013年8月28日颁布,自2013年9月2日起实施。共分总则,服务设施和环境,服务对象和开放时间,服务内容和方式,服务管理和监督,附则六个部分。本规范适用于江苏省各级公共文化馆。该规范可作为我省各级文化馆绩效考评的依据,其解释权归江苏省文化厅。

《江苏省公共博物馆服务规范》

江苏省文化厅2013年8月28日颁布,2013年9月2日起实施。共分总则,服务设施和环境,服务对象和开放时间,服务内容和方式,服务管理和监督,附则六个部分。本规范适用于江苏省行政区域内,经过省级以上(含省级)文化文物行政部门批准设立的国有公共博物馆(含纪念馆、陈列馆等),其他博物馆参照执行。本规范可作为江苏省各级公共博物馆绩效考评依据,解释权归江苏省文化厅、江苏省文物局。

《江苏省公共美术馆服务规范》
江苏省文化厅2013年8月28日颁布,2013年9月2日起实施。共分总则,服务设施和环境,服务对象和开放时间,服务内容和方式,服务管理和监督,附则六个部分。本规范适用于江苏省行政区域内经过各级政府部门批准设立的公共美术馆,其他美术馆参照执行。本规范可作为江苏省各级公共美术馆绩效考评依据,其解释权归江苏省文化厅。

《浙江省青少年宫设立的基本标准》 2000年8月6日共青团浙江省委、浙江省发展计划委员会、浙江省教育厅、浙江省人事厅、浙江省财政厅、浙江省文化厅、浙江省国家税务局、浙江省地方税务局关于《印发〈关于加强浙江省青少年宫建设和管理工作的若干规定〉的通知》规定:青少年宫设立的基本标准是,具有符合青少年校外活动需要的场地和基础设施,地级市宫占地面积不少于40亩、建筑面积不少于8000平方米,县级宫占地面积不小于20亩、建筑面积不少于4000平方米,城市区宫占地面积不少于15亩、建筑面积不少于4000平方米;具有能正常开展教育文化活动等所需的设施设备,活动场所美观、整洁,有治安、消防、安全用电等安全防护措施;具有合格的专职指导教师和管理人员队伍,根据所在地中小学生人数、宫的规模等实际情况,配备全民事业编制的教师和管理人员;专业教师与行政管理人员的比例不低于3∶1;具有能保障教育文化活动开展和青少年宫维持正常工作所需的资金来源。

《安徽省公共图书馆服务标准(试行)》 安徽省文化厅2013年1月15日颁布,自颁布之日起试行,试行期一年。编制《安徽省公共图书馆服务标准(试行)》目的,是为适应文化馆免费开放的需要,促进安徽省文化馆服务的标准化、规范化,增强公共文化服务能力,更好地保障人民基本文化权益,提高民族素质和塑造高尚人格,发挥文化教育人民、引导社会、促进发展的作用。共分总则,服务设施与环境,服务对象与开放时间,服务内容与服务方式,文献资源建设与服务,服务人员与监督,附则七个部分。本标准可作为制定安徽省各级公共图书馆绩效考评标准的依据。

《安徽省文化馆服务标准(试行)》 安徽省文化厅2011年9月颁布,自颁布之日起试行,试行期一年。编制《安徽省文化馆服务标准(试行)》的目的,是为适应文化馆免费开放的需要,促进安徽省文化馆服务的标准化、规范化,增强公共文化服务能力,更好地保障人民基本文化权益,提高民族素质和塑造高尚人格,发挥文化教育人民、引导社会、促进发展的作用。共分总则,服务设施与环境,服务对象和开放时间,服务内容和方式,服务管理与监督,附则六个部分。本标准可作为制定安徽省各级文化馆绩效考评标准的依据。

《安徽省乡镇综合文化站服务标准(试行)》 安徽省文化厅2013年7月15日颁布,自颁布之日起试行,试行期一年。编制《安徽省乡镇综合文化站服务标准(试行)》的目的,是为适应乡镇综合文化站(以下简称文化站)免费开放的需要,促进安徽省乡镇综合文化站服务的标准化、规范化,增强公共文化服务能力,更好地保障人民基本文化权益,提高民族素质和塑造高尚人格,发挥文化教育人民、引导社会、促进发展的作用。共分总则,服务设施与环境,开放时间和服务内容,服务管理与监督,附则五个部分。本标准可作为制定安徽省文化站绩效考评标准的依据。

《山东省科普示范社区创建标准（试行）》 由山东省科学技术协会颁布。主要内容包括组织领导、制度建设、科普网络、经费投入、基础设施、资源开发、科普活动、档案管理、工作成效九个方面。

《河南省公共图书馆工作规范》

河南省文化厅2012年11月15日颁布，自颁布之日起施行。本规范是在对以前《河南省公共图书馆工作规范（试行）》修订的基础上发布的。共分总则，基础设施建设及经费保障，文献信息资源建设，数字图书馆及公共数字文化建设，读者服务，古籍保护，学术研究、交流与馆际协作，人力资源，附则九章36条。《河南省公共图书馆工作规范》规定：本规范适用于河南省公共图书馆及少年儿童图书馆。各级文化行政主管部门依据本规范及《公共图书馆评估标准》对公共图书馆进行工作考核。

《河南省文化馆工作规范》 河南省文化厅2012年11月15日颁布，自颁布之日起施行。本规范是在对以前《河南省文化馆工作规范（试行）》修订的基础上发布的。编制《河南省文化馆工作规范》的目的，是为加强全省各级文化馆建设，保障全省广大人民群众基本文化权益，构建完善的公共文化服务体系，不断丰富群众的精神文化生活，弘扬和培养民族精神，为构建社会主义和谐社会发挥积极作用。共分总则、性质和方针、职能和任务、机构设置、活动内容、设施与经费、人员管理和考评七章27条。《河南省文化馆工作规范》规定：河南省文化厅每年依据《河南省文化馆考评办法》对全省省辖市文化馆进行考评。对当年考评不合格的文化馆给予通报批评，对连续两年考核不合格的文化馆，建议调整文化馆馆长职务。各省辖市文化局对全市各县文化馆进行考评。对当年考评不合格的文化馆给予通报批评，对连续两年考核不合格的文化馆，建议调整文化馆馆长职务。

《河南省综合文化站工作规范》
河南省文化厅于 2012 年 11 月 15 日颁布，自颁布之日起施行。本规范是在对以前《河南省综合文化站工作规范（试行）》修订的基础上发布的。编制《河南省综合文化站工作规范》的目的，是为加强全省综合文化站建设，构建完善的公共文化服务体系，更好地发挥基层文化阵地作用，服务经济社会发展，满足人民群众日益增长的文化需求。共分总则，性质和方针，职能，机构设施，活动内容，设施与经费，人员管理与考评七章 28 条。《河南省综合文化站工作规范》规定：各县（市、区）文化局依据《河南省综合文化站考评办法》对当地综合文化站进行考评。对当年考评不合格的综合文化站给予通报批评，对连续两年考核不合格的综合文化站，建议调整综合文化站站长职务。

《重庆市区县（自治县）广播电视台标准化建设标准》 中共重庆市委宣传部、重庆市文化广播电视局 2013 年 1 月 10 日发布。编制本标准的目的，是为了全面提升全市区县（自治县）广播电视台在内容生产、运行管理、技术系统、人才队伍等建设水平，推进基层广播电视台标准化、可持续发展，满足群众多样化的精神文化生活需求。编制本标准主要依据《广播电视管理条例》（国务院令第 228 号）、《广播电视安全播出管理规定》（广电总局令第 62 号）等的要求。共分总则、内容、专业机构、技术系统、基础设施、附则六章 24 条。本标准是重庆市区县（自治县）广播电视台（以下简称广播电视台）及主城六区新闻中心（以下简称新闻中心）节目内容、专业机构、技术系统、基础设施等方面的标准化建设和定级评估（定级评估办法另行制定）的依据。广播电视台标准化建设等级分为一级广播电视台、二级广播电视台、三级广播电视台（以下简称一级台、二级台、三级台），一级台为最高等级。建设等级越高，对节目内容建设、专业机构建设、技术系统建设和基础设施建设标准越高。

《贵州省科普示范社区创建标准（试行）》 贵州省科学技术协会2013年1月21日发布，自发布之日起执行。编制本标准的目的，是为全面贯彻落实科学发展观，深入实施《中华人民共和国科学技术普及法》和《全民科学素质行动计划纲要》，提高公民的科学文化素质，促进社区精神文明建设，构建社会主义和谐社会，发挥典型示范带动作用，进一步推动社区科普工作制度化、群众化、经常化。共分总则，评选范围，评选条件，申报和考核办法，奖励办法，附则六章9条。

《新疆文化信息资源共享工程各级分支中心、基层服务点服务标准》 新疆自治区文化厅2012年11月发布。编制该服务标准的目的，是为加强新疆维吾尔自治区文化信息资源共享工程的管理，确保相关工作的顺利开展，提升建设与服务质量。共分总则，文化行政主管部门的职责，各级文化信息资源共享工程站点建设标准，资源建设，服务管理，保障机制，附则七章。本服务标准规定：文化信息资源共享工程工作应遵循统一规划、分级管理、分级负责、协调发展的原则；全疆文化信息资源共享工程均坚持免费服务，不得从事营利性活动。本服务标准适用范围为新疆维吾尔自治区各级文化信息资源共享工程分（支）中心、基层服务点。

六、评选表彰

中国文化艺术政府奖 文化部原有全国性文艺评奖10个，即文华奖、群星奖、孔雀奖、中国艺术教育大奖、中国青少年艺术大赛、全国戏剧交流演出奖、全国音乐舞蹈比赛、全国戏剧杂技曲艺木偶皮影"金狮奖"、全国美术展览奖、中国京剧奖。2005年后，根据相关文件精神，文化部把全国性文艺奖项合并后，统称为"中国文化艺术政府奖"，下设"文华奖"和"群星奖"两个子项，文华奖是专业奖，群星奖是群众奖。每三年在中国文化艺术节上评选一次。

文华奖 创设于1991年，最初为一年一届，1998年起改为两年一届，2004年第十一届文华奖始改为三年一届，与"中国艺术节奖"两奖合一，放在艺术节上评选。其奖项设置包括文华大奖和文华新剧目奖，单项奖有表演、导演、编剧、舞台美术等。其中，自1999年第八届开始，历届文华奖评选中最引人瞩目的文华大奖当年不再评选，改在2000年的第六届中国艺术节上评出，并将每年一次的评奖改为两年一次，2004年始改为三年评选一次。文华奖是全国专业舞台艺术政府最高奖。

群星奖 创设于1991年，每年举办一届，每届评选一至两个门类。从2004年始评奖纳入中国艺术节中，每三年举办一届，分7个门类和3个组别，7个门类分别是美术、书法、摄影、音乐、舞蹈、戏剧和曲艺，每个门类分成人、少儿、老年三个组别。每门类设15个奖，每组各设5个奖。2007年第八届中国艺术节暨第十四届"群星奖"评奖增设了"服务类"评奖。2010年第九届中国艺术节暨第十五届"群星奖"评奖活动在广东省举行，"群星奖"评奖取消了美术、书法、摄影三个门类评奖，只保留了音乐、舞蹈、戏剧、曲艺四个门类的评奖；同时，又增设了"群文之星"评选，并在声乐奖大项里增设合唱评奖，且决定从下届"群星奖"评奖开始，初赛、复赛放在每届决赛前的年份分段举行，不再集中到决赛当年同时举行。2013年取消群星奖评奖届数，更名为"第十届中国艺术节暨群星奖评选"。群星奖的奖励对象是，由群众文化工作者和业余文艺爱好者辅导并创作的美术、书法、摄影作品；由群众文化工作者和业余文艺爱好者创作、编导、辅导并表演的音乐、舞蹈、戏剧、曲艺作品。群星奖是全国社会文化艺术政府最高奖。

中宣部"五个一"工程奖 简称"五个一"工程。创设于1991年。中宣部"五个一"工程奖是中共中央宣传部组织的精神文明建设评选活动。开始每年评选一次，评选九届后，2000—2002年暂停评选；2003—2006年恢复评选第十届，评选范围为2003—2006年的作品；第十一届评选范围为2007—2009年的作品。从此，每届政府评选两次。评选作品为上年度各省、自治区、直辖市和中央部委，以及解放军总政治部等单位组织生产、推荐申报的精神产品中五个方面的精品佳作。五个方面的作品分别是戏剧作品、电视剧或电影作品、社会科学方面的图书作品、社会科学方面理论文章作品、歌曲作品。"五个一"：是指一部好的戏剧作品、一部好的电视剧（或电影或广播剧）作品、一部好的图书（限社会科学方面）、一部好的理论文章（限社会科学方面）、一首好歌。同时，对组织这些精神产品生产成绩突出的省、自治区、直辖市党委宣传部和有关部门，授予组织工作奖。对获奖单位与入选作品，颁发获奖证书与奖金。1995年始，将一首好歌和一部好的广播剧列入评选范围，"五个一"工程的名称不变。"五个一"工程奖是全国精神文明建设领域的最高奖。

全国服务农民服务基层文化建设先进集体 创设于2001年。是由中共中央宣传部、文化部、国家广电总局、新闻出版总署授予的荣誉称号。每三年评选一次。旨在进一步激发广大文化工作者投身基层的积极性、主动性，推动城乡基层文化建设。表彰范围：包括在活跃农村基层群众文化生活方面作出突出成绩的县级及以下文化馆、图书馆、社区文化中心、乡镇文化站、文化中心户（文化大院），长期坚持在农村为农民演出并深受农村群众欢迎的县级及以下文艺院团（含民营文艺表演团体），在农村文化市场管理工作中作出突出贡献的县级及以下文化市场管理和执法机构，长期坚持为农民送电影的先进集体，在广播电视"村村通"工作中表现突出的县及乡镇广播电视机构，长期坚持为农民服务、深受农民群众欢迎的基层图书发行先进单位（含农家书屋）。全国服务农民服务基层文化建设先进集体遵照《全国服务农民服务基层文化建设先进集体评选标准》的规定开展。根据《中央宣传部办公厅、文化部办公厅、国家新闻出版广电总局办公厅关于做好第五届全国服务农民、服务基层文化建设先进集体表彰工作的通知》精神，共分为六类评选标准。第一类：全国先进基层文化馆、图书馆、社区文化中心、乡镇文化站、文化中心户（文化大院），其评选标准是：（1）基础设施、设备条件完善，具备综合服务功能，政府财政经费拨款达到相应标准；（2）实现免费开馆，馆、站、室内常设免费服务项目不少于5项（信息服务、免费演出、电影视听、展览展示、图书阅览、辅导讲座、交流培训、游艺娱乐、体育健身以及免费为群众业余文艺团队提供活动场地、免费发放资料、设置读报栏等），免费服务时间每天不少于5小时；（3）积极改革创新，不断丰富各类公共文化服务内容，在所在地区具有广泛影响力和吸引力，能较好地满足当地群众文化需求；（4）管理体制和运行机制合理有效，能够开展绩效考核工作；（5）配备专门工作队伍或相对固定的专业工作人员，工作人员每年参加集中培训时间不少于5天。第二类：全国先进基层文艺院团（含民营文艺表演团体）。其评选标准是：（1）具有高度的社会责任感，始终坚持服务广大农民群众，广泛开展农民群众喜闻乐见的文化活动；（2）管理体制和运行机制合理有效,演职人员相对固定,具有较好的专业素养和业务水平;(3)能够充分挖掘地方文化资源,大力发展农村特色文化。自创节目占一定比重;(4)年均演出场次不低于220场,无违规演出记录;(5)当地群众对演出效果评价较高。第三类:全国先进基层文化市场管理和执法机构。其评选标准是:(1)机构健全,编制落实,经费有保障,队伍建设规范;(2)工作制度完善,管理和执法规范、高效;(3)文化市场繁荣有序,群众满意度高;(4)当地文化市场未出现重大违规、违纪现象。第四类:全国先进基层电影放映集体,其评选标准是:(1)积极完成当地政府下达的电影放映任务;(2)坚持把电影送到边远贫困地区;(3)长期从事农村电影放映工作,深受农民群众欢迎,在本地区影响较大并具有一定的示范作用。第五类:全国先进基层广播电视机构。其评选标准是:(1)切实解决"盲村"广播电视信号覆盖问题,加强对设备的定期检查、维护,未出现"返盲"现象,农村群众接受的广播电视节目套数达到国家规定的基本标准;(2)管理规范,依法开展卫星电视广播地面接收设施安装服务、设置使用活动,配合有关方面综合治理社会卫星设施,未出现违规接收、传送境外节目情况;(3)设立"村村通"监督、投诉和服务热线,及时受理、解决群众投诉、报修等问题。第六类:全国先进基层图书发行单位(含农家书屋)。其评选标准是:(1)积极拓展农村出版物发行渠道,丰富农村出版物市场,有效缓解农民群众买书难问题;(2)能够经常性开展送书下乡或公益捐赠等活动,社会效益显著;(3)积极参加"农家书屋"工程建设,并做出突出成绩;(4)"农家书屋"达到国家新闻出版广电总局规定的图书品种1200种、册数1500册,报刊20种、音像制品100种以上,管理员具备较强的业务能力,按照规定进行分类、编号、登记、上架;(5)"农家书屋"每周开放时间不少于5天,使用效率较高,能够积极主动开展读书活动。

全国文明城市　创设于 2005 年。全国文明城市是指在全面建设小康社会,推进社会主义现代化建设新的发展阶段,坚持科学发展观,经济和社会各项事业全面进步,物质文明、政治文明、精神文明与生态文明建设协调发展,精神文明建设取得显著成就,市民整体素质和文明程度较高的城市。全国文明城市称号是反映我国城市整体文明水平的综合性荣誉称号,是中央精神文明建设指导委员会授予的荣誉称号。全国文明城市评选旨在充分展示精神文明创建活动的成果,激励广大干部群众更加奋发进取,推动精神文明建设深入发展。第一批全国文明城市于 2005 年 10 月评出。在评出下一届全国文明城市时对上一届全国文明城市进行复查。每三年评选表彰一次。连续三届保持荣誉称号的,中央文明委授予"全国文明城市标兵"荣誉称号。全国文明城市评选遵照《全国文明城市评选标准》、《全国文明城市测评体系》、《全国城市文明程度指数测评体系》的规定开展。1.《全国文明城市评选标准》。2003 年 8 月中央精神文明建设指导委员会《关于评选表彰全国文明城市、文明村镇、文明单位的暂行办法》提出全国文明城市评选标准包括:(1)组织领导坚强有力,创建工作机制健全;(2)思想教育深入细致,道德建设扎实有效;(3)创建活动蓬勃开展,人民群众广泛参与;(4)党政机关廉洁高效,社会风气健康向上;(5)科教文卫体稳步发展,社会事业全面进步;(6)社会治安良好,社会秩序井然;(7)基础设施较为完善,生态环境优良;(8)经济持续快速健康发展,居民生活水平稳步提高。其中,把"精神文化产品生产成绩显著,文化市场管理有序,繁荣健康;自然和历史文化遗产保护措施得力;群众性文化体育活动丰富多彩,设施配套'作为文化体育建设的内容纳入评选标准中。2.《全国文明城市测评体系》。中央精神文明建设指导委员会 2004 年第一次发布,2008 年和 2011 年再次发布。本条目释义采用《2011年的全国文明城市测评体系》。整个体系分为"基本指标"和"特色指标"。基本指标反映的是文明城市创建的基本情况，共设有"廉洁高效的政务环境、民主公正的法治环境、规范守信的市场环境、健康向上的人文环境、有利于青少年健康成长的社会文化环境、合适便利的生活环境、安全稳定的社会环境、可持续发展的生态环境、扎实有效的创建活动"9个大项35个子项127个小项，也即通常所说的"八大环境、一项活动"。特色指标反映的是城市精神文明创建工作的特色，共设有创建工作集中宣传、获得重要荣誉称号、城市整体形象三个大项。其中，把"文化事业与文化产业的发展、文体活动与文体设施"等纳入到"健康向上的人文环境"测评指标中。3.《全国城市文明程度指数测评体系》。中央文明办2012年发布，2013年再次发布。本条目释义采用2013年的《全国城市文明程度指数测评体系》。测评体系共设置四个测评类别，即重点工作、公共环境、公共秩序、公共关系，亦是通常所说的"三公一重点"。其中把"'我们的节日'主题活动"纳入到重点工作的测评项目中。具体测评内容包括：有具体方案，有工作部署，有新闻宣传情况汇总；春节及元宵节、清明节、端午节、中秋节、重阳节等组织开展群众广泛参与的"我们的节日"主题活动；春节、清明节、端午节、中秋节制作播出"中华长歌行"特别节目的情况。

全国文明村镇　是由中央精神文明建设指导委员会授予的荣誉称号。获此荣誉称号的村镇，应是在当地经济社会发展中名列前茅、精神文明建设突出、在全国具有典型示范带动作用的村镇。全国文明村镇与全国文明城市同步评选。连续三届保持荣誉称号的，中央文明委授予"全国文明村镇标兵"荣誉称号。全国文明村镇评选遵照《全国文明村镇评选标准》、《全国文明村镇测评体系》的规定开展。(1)《全国文明村镇评选标准》。

2003年8月中央精神文明建设指导委员会《关于评选表彰全国文明城市、文明村镇、文明单位的暂行办法》提出：全国文明村镇评选标准包括九个方面，即领导班子坚强有力、思想道德风尚良好、创建工作扎实有效、社会服务优质规范、科教文卫体稳步发展、社会治安秩序安定、环境面貌整洁优美、基层民主健全有效、农村经济发展壮大。其中把"坚持开展群众性文体活动；群众精神文化生活丰富多彩、健康向上；不断完善文化、体育设施，以先进文化占领和巩固思想文化阵地"作为文化建设的内容纳入评选标准中。(2)《全国文明村镇测评体系》。中央文明办于2012年12月发布。测评体系共设有组织领导、创建活动、村容村貌、文化建设、社会风尚5个大项27个子项。其中文化建设大项设有6个子项，即：开展农村文化广场建设，每村至少有一个农村文化广场，有宣传文化墙或文化专栏等，配套必要的文化体育设施，经常组织开展群众喜闻乐见的文化体育活动，群众广泛参与；实施文化惠民工程，乡镇综合文化站、农家书屋等文化设施完善，每村有文化活动室和广播室；建立乡村学校少年宫，有管理制度、活动项目、经费保障，有专兼职工作人员；每村有一支以上群众性文艺队伍，有一批文化大院、文化中心户，有一批农村文化能人和文艺活动骨干；重视弘扬优秀传统文化，传统节日、民俗得到活态传承，以"我们的节日"为主题，在重要传统节日期间，开展经常性的经典诵读、节日民俗和文化娱乐活动；农村文化市场管理有序，无黑网吧、违法违规经营录像厅、游戏厅，无庸俗低级的文艺演出。

全国文明单位 是由中央精神文明建设指导委员会授予的荣誉称号。全国文明单位与全国文明城市同步评选。连续三届保持荣誉称号的，中央文明委授予"全国文明单位标兵"荣誉称号。全国文明单位评选遵照《全国文明单位评选标准》、《全国文明单位测评体系(试行)》的规定开展。(1)《全国文明单位评选标准》。2003年8月中央精神文明建设指导委员会《关于评选表彰全国文明城市、文明村镇、文明单位的暂行办法》提出全国文明单位评选标准包括：①组织领导有力，创建工作扎实。②思想教育深入，道德风尚良好。③学习风气浓厚，文体卫生先进。④加强民主管理，严格遵纪守法。⑤内外环境优美，环保工作达标。⑥业务水平领先，工作实绩显著。其中把"坚持开展群众性文体活动，职工精神文化生活丰富多彩、健康向上"作为文化建设的内容纳入评选标准中。(2)《全国文明单位测评体系(试行)》。中央文明办2012年发布。测评体系共设有：学雷锋活动、志愿服务活动、道德讲堂建设、学习型单位建设、文明有礼培育、勤俭节约活动、道德经典诵读、"我们的节日"活动、文明风尚传播、文化体育活动、参与帮扶共建、优质服务状况、优美环境建设13个测评项目。其中把"'我们的节日'主题活动"和文化体育活动纳入测评项目中。"我们的节日"主题活动具体测评内容包括：活动实施方案，有节日文化活动，有节日民俗活动，有节日环境布置。文化体育活动具体测评内容包括：活动实施方案，有能够满足员工文化体育活动需求的场所，开展经常性的文化体育活动，有文化体育活动志愿者。

全国爱国主义教育示范基地先进单位和先进工作者 是由中宣部、民政部、人事部、文化部授予的荣誉称号。旨在认真落实中央领导同志关于加强爱国主义教育基地建设工作的一系列重要指示，充分调动教育基地广大干部职工的积极性、主动性、创造性。

全国文化先进单位 创设于1991年。时称"全国文化先进县"。是由文化部授予的荣誉称号。旨在表彰在文化建设中做出突出成绩的文化单位。在评选新的全国文化先进单位时，对原有的全国文化先进单位进行复查，实行动态管理。2005年由人事部和文化部联合授予其荣誉称号。2009年文化部将"全国文化先进县"评选更名为"全国文化先进单位"评选。全国文化先进单位的评选遵照《全国文化先进单位评选标准》的规定开展。文化部每次评选"全国文化先进单位"都要制定出台一个评选标准。本条目释义采用2013年制定出台的评选标准，分基本指标、群众满意度指标、提高指标3个方面12个大项43个子项。基本指标包括：党委政府高度重视，文化投入持续增加，公共文化设施网络逐步健全，基层群众基本文化权益得到切实保障，加强公益性文化服务、文化活动丰富多彩，文化市场健康有序，遗产保护扎实有效，体制改革成效明显8个大项。群众满意度指标，侧重考察城乡群众对政府保障人民基本文化权益的工作满意度情况，群众满意度指标低于50%，实行一票否决。提高指标包括：在文化部及部级以上会议进行过典型发言、经验交流，或在中央媒体进行过宣传报道，文化建设获得过国家和省有关部门的荣誉称号（包括先进集体和先进个人），或文化建设有被命名的国家级项目、个人，承办过文化部大型会议或活动且效果良好。

全国公共文化设施管理先进单位　创设于2006年。是由文化部授予的荣誉称号。

全国文化先进社区　创设于2002年。每年评选一次。2006年后每两年评选一次。是由中央文明办、文化部授予的荣誉称号。全国文化先进社区评选与全国"四进"社区文艺展演活动同步进行。

全国文化工作先进集体和先进工作者　创设于2002年。当时是由文化部授予的荣誉称号。旨在表彰先进，树立一批在新时期文化建设和文化体制改革中做出突出成绩的典型，发挥先进典型引领和示范作用。2005年由人事部和文化部联合授予其荣誉称号。2009年，将"全国文化工作先进集体和先进工作者"更名为"全国文化系统先进集体",由人力资源社会保障部、文化部联合授予其荣誉称号。

中国民间文化艺术之乡 创设于1987年。是文化部授予的荣誉称号。旨在推动民间文化艺术事业的繁荣发展、丰富活跃基层群众文化生活。创设以来至2003年,文化部在全国命名了一批"中国民间艺术之乡"和"中国特色艺术之乡"。2007年至2008年,文化部在总结以往经验的基础上,制定并颁布了《中国民间文化艺术之乡命名办法》,将名称统一为"中国民间文化艺术之乡",并在全国范围内重新组织开展了命名工作。为进一步推动我国民间文化艺术的发展和繁荣,充分发挥其在公共文化服务体系建设中的重要作用,文化部组织开展了2011—2013年度"中国民间文化艺术之乡"评选命名工作。每三年评选命名一次。中国民间文化艺术之乡评选遵照《中国民间文化艺术之乡基本条件》的规定开展。其基本条件是,(1)已被省级文化行政主管部门命名的各类文化艺术之乡。当地政府高度重视民间文化艺术之乡创建发展工作,并将其作为本地区公共文化服务体系建设、保障人民群众基本文化权益的一项重要内容,纳入当地国民经济和社会发展的总体规划,纳入政府财政预算。(2)对民间文化艺术之乡的创建发展有专项规划、长期目标及相关政策措施。(3)形成了较为完善的民间文化艺术之乡投入保障机制。(4)民间文化艺术之乡阵地设施建设、人才队伍培养和活动组织开展等有政府固定经费保障,并有社会组织参与、支持的良好基础。(5)形成了较为完善的民间文化艺术之乡组织保障机制。(6)当地政府有统一领导、分工负责、社会各界积极参与的管理体制和工作机制;有严格的考核制度和奖惩措施,并将民间文化艺术之乡创建工作列入对下一级行政组织的考核指标体系和目标管理责任制;有完备的创建民间文化艺术之乡的档案。（7）辖区内应有设施完善，布局合理，方便群众参加活动的公共文化服务阵地。县有图书馆、文化馆，乡镇（街道）有综合文化站，行政村（社区）建有文体活动室（文化广场）。辖区内具备经常开展民间文化艺术活动的场地、设施等。依托本地区的文化传统和文化资源，广泛开展群众喜闻乐见、具有浓郁的民族和地域特色的文化艺术活动，被当地群众普遍熟知和认同，群众受众率和参与率达到本省（区、市）的先进水平，对当地群众文化生活产生较大影响。（8）辖区内常年坚持开展民间文化艺术活动的下一级行政区划在60%以上，受众人数占本辖区内常住人口总数的60%以上。拥有民间文化艺术活动的品牌项目，经常性开展有关民间文化艺术的创作、演出、展示、培训、交流等活动。（9）在一定历史时期对推动全国或某一地区的社会经济发展起过重要作用，在国内具有一定的影响。（10）拥有民间文化艺术活动的特色团队和代表人物，在当地具有一定的知名度和影响力；代表人物应有代表性成果，代表性成果须在省级以上展览、演出、发表或获奖。（11）在民间文化艺术之乡创建过程中，积极探索实践，创新体制机制，创新服务方式和手段，并已取得显著成绩，具有典型示范作用和推广价值。

文化部创新奖 创设于2004年。每三年评选一次。是由文化部授予的荣誉称号。旨在表彰在文化行业各领域的实践中以科学理论、科学方法、科学技术实施创新，并取得良好的社会效益、经济效益，为推动文化事业、文化产业发展做出突出贡献的单位及项目完成人。

文化部文化艺术科学优秀成果奖 创设于2002年。五年评定一次。是由文化部授予的社会科学部级奖项。旨在评选各地申报的专著、论文、研究报告、译著等。

中国图书馆榜样人物 创设于2012年。是由中国图书馆学会授予的荣誉称号。评选活动与中国图书馆年会的筹备同步进行,每年在中国图书馆年会上揭晓。每年评选一次。旨在图书馆界寻找不平凡的感人事迹,展现和宣传当代图书馆人的职业精神和道德风范,以此推动图书馆事业的发展。评选范围是全国图书馆工作者,包括公共图书馆、高校系统图书馆、科研系统图书馆及其他各类型图书馆工作者,特别是基层和一线工作人员。

中国图书馆学会优秀会员和优秀学会工作者 创设于2005年。是由中国图书馆学会授予的荣誉称号。每年评选一次。旨在表彰在图书馆事业中作出突出成绩的全国学会会员和学会工作者,树立典型,引导学会工作健康发展。

中国文化馆榜样人物(筹) 创设于2014年。是由中国文化馆学会授予的荣誉称号。评选活动与中国文化馆年会的筹备同步进行,每年在中国文化馆年会上揭晓。每年评选一次。旨在弘扬文化馆(站)工作者的奉献精神,推动文化馆事业发展。评选范围是,文化馆(站)事业[各级群众艺术馆、文化馆,乡镇(街道)综合文化站,社区(村)文化中心]工作者,其他领域公共文化工作者。以基层文化馆(站)工作者为评选重点。

全国优秀文化馆(筹) 创设于2014年。评选活动与中国文化馆年会的筹备同步,每年在中国文化馆年会上揭晓。每年评选一次。旨在展现文化馆(站)的风采,推动文化馆事业发展。评选范围是,全国各级群众艺术馆、文化馆。以基层文化馆为评选重点。

全国优秀文化站(筹) 创设于2014年。评选活动与中国文化馆年会的筹备同步,每年在中国文化馆年会上揭晓。每年评选一次。旨在展现文化站的风采,推动文化馆事业发展。评选范围是,全国乡镇（街道）综合文化站。以基层综合文化站为评选重点。

孔雀奖 创设于1985年，它的前身是"金凤奖"。1987年改为"孔雀奖"。由文化部、国家民委、国家广电总局主办。旨在繁荣少数民族文艺。"孔雀奖"是全国少数民族音乐、舞蹈、戏剧奖，是我国少数民族文艺的最高政府奖。2003年10月，根据有关文件精神，"孔雀奖"停办。从"孔雀奖"创设到2003年，"孔雀奖"分别在全国各地连续举办了11届。

蒲公英奖 创设于1992年。由文化部主办。旨在繁荣少儿文艺。"蒲公英奖"是全国少儿业余文化艺术的最高奖项。2003年10月，根据有关文件精神，文化部决定将"群星奖"（成人类）和"蒲公英奖"（少儿类）合并为"群星奖"，并从2003年12月1日开始施行。从蒲公英奖创设到2003年，"蒲公英奖"分别在全国各地连续举办了13届。

全国文化信息资源共享工程建设先进单位 创设于2008年。是由文化部全国文化信息资源建设管理中心授予的荣誉称号。

共享工程·公共电子阅览室示范点 全称"全国文化信息资源共享工程·公共电子阅览室示范点"。创设于2012年。是由文化部授予的荣誉称号。旨在进一步推动文化共享工程和公共电子阅览室建设。2012年12月在全国文化信息资源共享工程实施十周年，文化部举行了首次评选表彰。

文化共享之星 全称"全国文化信息资源共享工程之星"。创设于2012年。是由文化部授予的荣誉称号。旨在进一步调动文化共享工程和公共电子阅览室建设工作人员的积极性。2012年12月在全国文化信息资源共享工程实施十周年，文化部举行了首次评选表彰。

全国文物工作先进县 创设于2003年。是由文化部和国家文物局授予的荣誉称号。2003年开始第一次评选表彰。每三年评选表彰一次。全国文物先进县评选遵照《全国文物工作先进县评选条件》的规定开展。每次评选都要制定评选条件。本条目释义采用文化部、国家文物局2009年制定的《全国文物工作先进县评选表彰条件》，共九个方面，其评选条件是：(1)模范执行《文物保护法》，贯彻党和国家"保护为主、抢救第一、合理利用、加强管理"的文物工作方针，深入贯彻落实科学发展观，充分发挥文化遗产事业在推动社会主义文化大发展大繁荣和全面建设小康社会中的积极作用。(2)高度重视文物工作，切实把文物工作纳入当地经济和社会发展计划，纳入城乡建设规划，纳入财政预算，纳入体制改革，纳入各级领导责任制。将文物工作作为考核各级领导干部工作实绩的重要指标。文物事业投入持续增加，经费增长不低于当年财政收入增长幅度。认真落实重点文物保护工作项目，开展第三次全国文物普查工作到位，取得显著成绩。(3)正确处理经济建设及城乡基本建设与文物保护工作的关系，在发展经济建设和城乡基本建设中加强对文物的保护与管理，近五年来未发生擅自改变文物保护管理体制的现象，坚决抵制违法破坏文物现象。(4)文物保护管理机构健全，保护管理队伍素质不断提高。结合实际建立群众性的文物保护员制度和多种形式的社会保护文物组织，有健全的县(市)、乡镇(街道)、村级文物保护网络。(5)辖区内文物资源情况清晰，档案齐全，文物保护单位"四有"工作规范。对文物保护单位和未核定为文物保护单位的不可移动文物都给予了妥善保护。文物安全防范制度、措施健全，近5年未出现不可移动文物被破坏、损毁、盗窃等安全责任事故。(6)博物馆或开放的文物单位，藏品保存展示环境符合标准，对公众免费或优惠开放，坚持贴近实际、贴近生活、贴近群众的原则,充分发挥教育服务功能。馆藏文物档案健全并按规定备案。近5年未发生馆藏文物被盗、丢失、损毁等安全责任事故。(7)运用多种形式,动员社会力量,经常性开展《文物保护法》和文物工作方针政策的宣传教育活动,普及文物保护知识,增强全民文物保护意识,努力形成保护文物人人有责的社会风尚。(8)依法行政,加强执法工作,在查处违规违法建设,打击文物盗掘、走私和非法买卖等违法犯罪活动方面成效显著。(9)积极推进文物事业改革创新,建立完善符合文物工作自身规律和社会主义市场经济体制要求的文物管理体制和运行机制。坚持把社会效益放在首位,并取得良好经济效益。文物保护成果成效惠及人民群众。

全国文化遗产保护工作先进集体和先进个人 创设于2007年。当时是由国家文物局授予的荣誉称号。每四年评选一次。2012年,由人力资源和社会保障部、国家文物局联合授予其荣誉称号。

薪火相传——中国文化遗产保护年度杰出人物 创设于2008年。是由中国文物保护基金会授予的荣誉称号。旨在整合社会各界力量,推举各行各业(包括国际友人)中为保护和传承中国优秀的文化遗产做出杰出贡献的人士,挖掘他们的感人事迹,阐述他们背后保护文化遗产的价值,弘扬他们的历史责任感和无私奉献的高尚精神。"中国文化遗产保护年度杰出人物"的评选作为一个固定的连续性活动,于每年六月的"中国文化遗产日"期间隆重推出。

全国文物保护工作先进单位和先进个人 创设于2007年。是由国家文物局授予的荣誉称号。

全国非物质文化遗产保护工作先进单位和先进个人 创设于2007年。是由文化部授予的荣誉称号。2009年人力资源和社会保障部、文化部联合评选表彰,并更名为"全国非物质文化遗产保护先进单位和先进工作者"。旨在进一步推进我国非物质文化遗产保护工作,提升全民族的非物质文化遗产保护意识,更好地发挥非物质文化遗产在传承文明、资政育人、普及知识、丰富精神文化生活等方面的作用。2007年进行了第一次评选表彰。

中华非物质文化遗产传承人薪传奖 创设于2012年。是由中国艺术研究院·中国非物质文化遗产保护中心授予的荣誉称号。每年评选一次。是我国非物质文化遗产保护工作机构面向中国内地和港、澳、台地区,为表彰中华非物质文化遗产传承做出杰出贡献的各级非物质文化遗产代表性传承人的专业奖项。旨在推动非物质文化遗产的保护以及中华优秀传统文化的继承和弘扬。

春节文化特色地区 创设于2013年。是由文化部授予的荣誉称号。旨在深入挖掘春节、元宵节文化内涵,精心组织开展丰富多彩的文化活动。同时,结合本地区的实际情况,充分利用庙会、民间社火、抬阁、秧歌、舞龙舞狮等传统习俗,精心策划与组织开展具有鲜明地方特色的节庆活动,利用报刊、广播、网络、电视等媒体,全面展示春节等传统节日文化的独特魅力,唤起民众参与传统节庆文化活动的热情,促进非物质文化遗产融入民众、融入生活。春节文化特色地区推荐条件是,当地春节节日习俗和文化活动历史悠久,内容丰富,特色鲜明,具有典型性和代表性,在全省(区、市)或民族地区较有影响。

中国广播影视大奖 包括电影"华表奖"、电视剧"飞天奖"、广播电视节目奖。每两年评选一次。电影"华表奖"的释义参见本百科全书"中国电影奖"条目。电视剧"飞天奖"的释义同本百科全书"中国电视剧飞天奖"。中国电视艺术委员会主要负责电视剧"飞天奖"和电视文艺类节目的评选和颁奖工作，涉及两大类49个奖项。中国广播电视学会主要负责广电系统内优秀国内新闻、优秀对外新闻和优秀社教节目三大类62个奖项的评选。

中国电视剧飞天奖 创设于1980年。其前身是"全国优秀电视剧奖"。由国家广电总局主办。于1981年开始评奖，每年举办一届。1992年改为现名"中国电视剧飞天奖"。2005年，改为两年一届。"飞天奖"是对上一年（或两年度）电视剧思想艺术成就的一次检阅和评判。"飞天奖"是中国电视剧最高政府奖。

中国电视金鹰奖 创设于1983年。其前身是"大众电视金鹰奖"。每年一届，2004年第22届后调整为两年一届。是中共中央宣传部批准设立的，由中国文联、中国电视艺术家协会主办的全国性电视艺术综合奖。中国电视金鹰奖是主要由广大电视观众投票评选产生的电视大奖。

白玉兰奖 创设于1986年。每两年一届，2004年第十届后改为每年一届。由国家广电总局主办。白玉兰奖是上海国际电视节的评选奖项。白玉兰奖以上海市的市花"白玉兰"命名，象征着该奖的纯洁、公正和艺术至上，它是中国第一个国际性电视节目评奖。"白玉兰"奖国际电视节目评选是国内最早设立的国际性评奖活动。1988年举行的第二届上海电视节，是一个完全意义的国际性电视节，此届电视节作为当时亚洲最大的国际文化交流活动，把具有国际性又有中国特色的"节目评奖、节目市场、设备展览"三项活动融为一体。从创设到2013年共举办评选活动十九届。

金熊猫奖 创设于1990年。由国家广电总局主办。是四川国际电视节的评选奖项。1991年开始，逢单年举办一次。1997—1999年中国四川国际电视节取消"金熊猫"奖评选活动；2001年第六届电视节上恢复"金熊猫"奖评选。

"金熊猫"国际电视节目评奖作为电视节最重要的一项活动,旨在通过电视节目的竞赛与评选,增强世界各地电视工作者的相互了解,促进交流与借鉴,共同探索和推动世界电视艺术的提高和发展。

全国广播电视工作先进县 创设于1998年。是由国家广电总局授予的荣誉称号。每两年评选命名一次。旨在发展和繁荣广播电视事业,更好地满足各族人民群众日益增长的精神文化需求。

全国广播电视系统先进集体和先进工作者 是由人力资源社会保障部、国家广电总局授予的荣誉称号。不定期进行评选表彰。旨在表彰先进、树立典范,激励全国广播影视系统广大干部职工做好本职工作,推进广播影视科学发展,建设社会主义文化强国。

全国广播电视安全播出先进集体和先进个人 是由国家广电总局授予的荣誉称号。旨在号召全国从事广播电视播出和相关技术工作的各级领导和职工以他们为榜样,继续发扬坚守岗位、刻苦钻研、勤奋创新的精神,共同努力,不断提高我国广播电视安全播出工作的整体水平。

全国广播电视技术维护先进台站(集体)和先进个人 是由国家广电总局授予的荣誉称号。每年评选表彰一次。旨在鼓励全国广播电视安全播出技术维护运行部门的各级领导和职工坚持改革,勇于创新,爱岗敬业,勤奋工作,继续贯彻"不间断、高质量、既经济又安全"的广播电视技术维护总方针,进一步提高播出质量,确保广播电视安全播出。

全国广电系统标准化工作先进集体和先进个人 创设于1998年。是由国家广电总局授予的荣誉称号。每两年评选表彰一次。

全国广播电视村村通工作先进集体和先进个人 是由国家广电

总局办公厅、国家发展改革委办公厅、财政部办公厅授予的荣誉称号。2006年对"十五"期间、2010年对"十一五"期间广播电视村村通工作先进集体和先进个人进行了表彰。旨在表彰先进，树立典型，充分展示全国广播电视村村通工作建设成果，发挥先进典型的引导示范作用，进一步推动新时期广播电视村村通工作，更好地为建设社会主义新农村服务。

广播电视科学技术奖 由中国电子学会广播电视技术分会主办。旨在表彰在我国广播电视科技领域做出卓越贡献、取得杰出成就的科技工作者。广播电视科学技术奖设有"广播电视科学技术大奖"和"广播电视科学技术奖"2个子项；"广播电视科学技术大奖"每两年颁发一次，每次授予做出卓越贡献、取得杰出成就者共两人；未获得"广播电视科学技术大奖"的前10名候选人，授予"广播电视科学技术奖"。这是我国广播电视科技界的最高奖励。

中国电影奖 包括中国电影金鸡奖、大众电影百花奖、中国电影华表奖三大奖项。

中国电影华表奖 简称华表奖。创设于1994年。由国家广电总局主办，是中国电影政府奖。每年由国家广电总局对前一年度完成的华语影片进行评选；华表奖自2009年起加设优秀境外华裔演员和导演奖，以鼓励港澳籍电影工作者；中国电影华表奖其前身是文化部优秀影片奖，每年评选一次，始评于1957年，中断了22年后，从1979年继续进行评奖活动，每年举办一届，2005年后改为两年一届。中国电影华表奖、大众电影百花奖和中国电影金鸡奖并称中国电影三大奖，其中华表奖为最高荣誉，百花奖和金鸡奖又合并为中国电影双奖，分别代表群众性和专业性奖项。

中国电影金鸡奖 简称金鸡奖。创设于1981年。由中国文联和中国电影家协会联合主办。因当年属中国农历鸡年,故取名中国电影金鸡奖;金鸡奖由电影界的专家组成评奖委员会,并由专家投票产生奖项,因此又被称为"专家奖";中国电影金鸡奖是中国内地电影界最权威和最专业的电影奖。中国电影金鸡奖与大众电影百花奖、中国电影华表奖并称中国电影三大奖;与香港电影金像奖、台湾电影金马奖、大众电影百花奖并称华语电影最高成就四大奖。

大众电影百花奖 创设于1962年。由中国文联和中国电影家协会联合主办。时由中国发行量最大的电影刊物《大众电影》杂志编辑部主办,由《大众电影》发放选票,由读者(群众)投票评奖,各项奖均以得票最多者当选;百花奖之所以用"百花"命名是为了体现"百花齐放、百家争鸣"的文艺方针;百花奖也是中国历史最为悠久和最有群众基础的电影大奖。

华语电影传媒大奖 创设于2000年。是由《南方都市报》发起并主办的通过传媒评选的电影奖项。"传媒大奖"联合中国30多家有影响力的媒体,是国内唯一将内地、香港、台湾三地公映的华语片进行共同评选的电影奖。华语电影传媒大奖评选旨在通过"两岸三地"电影人及影评人的交流,为电影文化架筑一个独立健康、视野开阔的平台,促成电影评论与电影制作及传播的良好互动。

中国电影童牛奖 创设于1985年。旨在奖励优秀儿童少年影片、表彰取得优秀成绩的儿童少年电影工作者。由中国儿童少年电影学会受国家广电部、教育部、文化部、全国妇联、共青团中央委托创办。这一年是中国农历牛年,所以称为"童牛奖"。"童牛"含有"初生牛犊不怕虎"和"俯首甘为孺子牛"两层意义。其宗旨是团结少年儿童电影工作者,在党的文艺方针和教育方针的指导下,不断提高我国儿童少年电影的创作水平,为广大小观众拍摄出更多更好的儿童少年电影,让健康优秀的精神食粮伴随孩子们成长。中国电影童牛奖每两年评奖一次。依据2005年3月颁布的《全国性文艺新闻出版评奖管理办法》，中国电影童牛奖并入中国电影华表奖。

上海影评人奖　亦称上海影评人协会奖。创设于1991年。由上海电影评论学会和上海电影资料馆主办。是我国为数不多的由专业和业余影评人投票推荐评出年度十佳影片和年度最佳导演、最佳男演员、最佳女演员的奖项。

中国电影铁象奖　创设于2008年。由全国电影记者评选产生。

全国农村电影工作先进集体和先进个人　创设于2005年。是由国家广电总局授予的荣誉称号。2008年更名为"全国农村电影放映工作先进集体和先进个人"。旨在调动广大农村电影工作者的积极性，推动农村电影放映工程建设，深入完善农村电影公共服务体系。

影视学会科技奖　亦称中国电影电视技术学会科学技术奖。创设于2002年。每两年评定一次。影视学会科技奖是经科技部、国家科学技术奖励工作办公室批准的科学技术奖励。旨在奖励在影视科学研究、技术研发、科技成果推广应用和实现产业化方面取得创新性卓著成绩的组织和个人，促进影视科学技术进步，推动我国影视事业发展。

长江韬奋奖　是经中共中央宣传部批准常设的、授予新闻传媒界从业人员的全国性最高奖项。由中华全国新闻工作者协会（简称"中国记协"）主办。长江韬奋奖原分别为范长江新闻奖和韬奋新闻奖，范长江新闻奖作为长江韬奋奖的前身之一，于1991年设立。韬奋新闻奖作为长江韬奋奖的另一前身，设立于1993年。2005年两奖合并为长江韬奋奖。合并后的长江韬奋奖，由原每两年评选一次改为每年评选一次。

范长江新闻奖 创设于1991年。范长江新闻奖是以中国杰出新闻工作者范长江的名字命名的奖项。是经中共中央宣传部批准的常设的全国性新闻奖,由中华全国新闻工作者协会(简称"中国记协")和"范长江新闻奖"基金会联合举办。是中国记协主办的全国中青年记者的优秀成果最高荣誉奖。该奖从1991年起每三年举办一次,自2000年起改为每两年举办一次。

韬奋新闻奖 创设于1993年。韬奋新闻奖是以著名记者邹韬奋的名字命名的奖项。是经中共中央宣传部批准的常设的全国性新闻奖,是中国记协和中国韬奋基金会联合举办的奖励我国新闻编辑及通联、校对、资料等新闻工作者优秀成果的最高荣誉奖。

全国百佳新闻工作者奖 创设于1994年。由中国记协主办的全国性新闻奖。评选奖励范围为全国优秀记者、编辑、新闻评论员、通联、校对以及新闻节目的制片人、主持人和新闻播音员。旨在表彰新闻界中优秀分子的先进事迹,弘扬他们的奉献精神,促进新闻界多出精品,多出人才。2006年开始,不再评选全国百佳新闻工作者奖。

全国新闻出版系统先进集体和先进工作者 是由人力资源和社会保障部、新闻出版总署授予的荣誉称号。

农家书屋优秀管理员 是由新闻出版总署授予的荣誉称号。

全民阅读活动先进单位 是由中共中央宣传部、中央文明办、新闻出版总署授予的荣誉称号。

全国"书香之家" 创设于2013年。是由国家新闻出版广电总局授予的荣誉称号。旨在深入开展全民阅读,提高全民阅读参与性、互动性、积极性,发挥先进典型的示范作用,努力建设"书香中国"。全国"书香之家"评选遵照《全国书香之家基本条件》的规定开展。2013年3月14日,国家新闻出版广电总局发出《关于开展首届全国"书香之家"推荐活动的通知》规定全国书香之家推荐基本条件是,家庭成员热爱祖国,遵纪守法,文明知礼;家庭成员热爱阅读,具有良好的读书习惯,家庭有一定的支出用于购买书籍、订阅报刊等,家庭有一定的藏书数量;家庭成员读书能够学以致用,有突出的阅读成效;家庭成员积极参加各种形式的读书活动,家庭成员的读书之风在邻里、社区、村镇或工作单位等具有一定的知名度、影响力,能够鼓励、带动周围群众阅读。具体量化指标为:购书和藏书情况,包括月均购书费用、月均购书册数、年均订阅报刊费用、年均订阅报刊种类、家庭藏书数量、人均藏书量、主要藏书品种及特点;家庭读书成果,包括读书笔记、读书心得、阅读给工作、生活、学习、子女教育、作品创作带来的帮助等阅读成果;家庭读书事迹,包括是否参加过读书节、读书竞赛等读书活动,获得过何种奖励,家庭读书之风是否有知名度和对外影响力,是否能鼓舞带动他人读书,是否有示范作用等。

中国出版政府奖 创设于2008年。由新闻出版总署统一组织实施,是我国新闻出版领域的政府最高奖。每三年评选一次。旨在表彰和奖励国内新闻出版业优秀出版物、出版单位和个人。中国出版政府奖包括图书奖、音像电子网络奖、印刷复制奖、先进出版单位奖、优秀出版人物奖5个子项。

王选新闻科学技术奖 创设于2005年。是经国家科技部批准,中国新闻技术工作者联合会主办,面向全国新闻行业的唯一的科学技术奖。旨在奖励在推动新闻科学技术进步工作中有突出贡献的组织和个人,充分调动新闻科技工作者的积极性和创造性,促进我国新闻科技事业的发展。

全国体育先进县 创设于1985年。是由国家体育总局授予的荣誉称号。旨在贯彻落实《中共中央关于进一步发展体育运动的通知》和国家体育委员会《关于加强县体育工作的意见》精神，推动城乡体育社会化，以进一步发展全民族的体育运动，强国强民。至2000年，全国共评选七批全国体育先进县。1987年开展第一批评选命名；1988年开展第二批评选命名；1990年开展第三批评选命名；1993年开展第四批评选命名；1996年开展第五批评选命名；1998年开展第六批评选命名；2000年开展第七批评选命名。全国体育先进县评选遵照《全国体育先进县评选标准》的规定开展。其评选标准包括：党政领导重视，体育机构健全，群体活动普及，业训成绩显著，竞赛形成制度，注重技术推广，建好场地设施，推进体育社会化，发展体育产业9个方面。

全国体育之乡 是由国家体育总局授予的综合性的体育运动荣誉称号。同时，国家体育总局授予的单项性的体育运动荣誉称号的有"全国武术之乡"、"中国体操之乡"、"国家乒乓球之乡"、"全国田径之乡"等等。

国家级社区体育健身俱乐部 创设于2005年。是由国家体育总局和中央文明办授予的荣誉称号。每两年评选一次。旨在贯彻"三个代表"重要思想，全面落实科学发展观，深入实施《全民健身计划纲要》，加强社区体育组织建设，构建面向社区居民的多元化体育服务体系，满足广大社区居民日益增长的体育健身需求，不断推动社区体育工作深入持久地开展。

全国全民健身周活动先进集体 创设于2001年。是由国家体育总局授予的荣誉称号。

全国全民健身好家庭 创设于2005年。是由国家体育总局授予的荣誉称号。旨在全面反映我国群众体育事业的新发展和新成绩，推动城乡居民的体育与健康意识普遍提高、参加体育健身活动的人数增加、群众性的体育健身活动广泛开展、国民体质状况逐步增强、群众健身的环境和条件得到较大改善。全国全民健身好家庭的评选遵照《全国全民健身好家庭评选条件》的规定开展。其评选条件包括：(1)家庭成员热爱祖国，遵纪守法，身心健康，和谐文明。(2)全部家庭成员必须是体育人口，健身活动在增进家庭成员感情，营造和谐氛围方面具有明显效果。(3)家庭成员依照《普通人群体育锻炼标准》和学生体质健康标准，在综合评价方面达到"优秀"标准；依照《国民体质测定标准》综合评级达到"二级"或以上。(4)家庭成员热心体育公益事业，积极参加社区等组织的各项活动，热情指导周围群众的健身活动，具有良好的示范和带动效应。(5)家庭成员具备科学健身的意识，熟练掌握1～2种科学健身手段和方法，关心全民健身类新闻报道，有较强的学习能力。(6)家庭对于健身时间(每天或每周)、锻炼效果及健身消费占家庭总支出的比例等项目要有要求。

全国优秀青少年体育俱乐部

是由国家体育总局授予的荣誉称号。全国优秀青少年体育俱乐部的评选遵照《全国优秀青少年体育俱乐部评选方案》的规定开展。其评选条件包括：组织领导，机构设置，规章制度，经营运转情况，形象宣传及社会影响。

全国优秀全民健身活动中心

是由国家体育总局授予的荣誉称号。全国优秀全民健身活动中心评选遵照《全国优秀全民健身活动中心评定条件》的规定开展。2012年4月国家体育总局办公厅《关于开展全国优秀全民健身活动中心评定工作的通知》规定申报优秀全民健身活动中心场地设施要求分为三大类不同的评选标准。小型全民健身活动中心评选条件包括：(1)体育活动项目，即至少能够长期开展5个体育活动项目。(2)体育建筑面积，即500～2000平方米。(3)体育场地设施，即至少应具备下列中的5项：室内乒乓球室、室内器械健身房、室内棋牌室、室内台球厅、室内羽毛球场地、室内健身操房、室外羽毛球场地（篮羽排共用）、室外乒乓球场地、室外门球场地、健身路径设施、室内或室外小型游泳场地、室外健身步道。中型全民健身活动中心评选条件包括：(1)体育活动项目，至少能够长期开展7个体育活动项目。(2)体育建筑面积，2000～4000平方米。(3)体育场地设施，包括必备体育场地设施共5项，即室内普通泳池、室内乒乓球场地、室内羽毛球场地、室内健身操房、室内器械健身房。可选体育场地设施以下10项中应具备2项以上，即室内棋牌室、室内台球厅、室内跆拳道（武术）场地、室内篮球场地（篮羽排可共用）、室外篮球场地（篮羽排可共用）、室外乒乓球场地、室外门球场地、室外网球场地、室外足球场地、健身路径设施。大型全民健身活动中心评选条件包括：(1)体育活动项目，即应至少能够长期开展12个体育运动项目。(2)体育建筑面积，即4000平方米以上。(3)体育场地设施，即必备体育场地设施共6项，即室内标准泳池、室内羽毛场地、室内篮球场地、室内乒乓球场地、健身操房、器械健身房。可选体育场地设施以下10项中应具备6项以上，即棋牌室、台球厅、室内跆拳道（武术）场地、室内网球场地、室外篮球场地（篮羽排可共用）、室外乒乓球场地、室外门球场地、室外网球场地、室外足球场地、健身路径设施。

全国优秀体育公园 是由国家体育总局授予的荣誉称号。全国优秀体育公园评选遵照《全国优秀体育公园评选标准》的规定开展。国家体育总局颁布的《全国优秀体育公园评选方案》规定评选对象是，由各级政府、单位、企业或个人出资建设，以体育为主题，辖区内建有一定规模群众体育场地设施，已经建成并使用的各类公园或自然风景区。其评选标准是：(1)规模较大，布局合理，环境优美，空气新鲜,适合且方便群众健身、娱乐和休闲。(2)设计、建设科学,充分体现以人为本,健身场地设施与公园绿化和景色环境有机结合。(3)充分体现体育属性,突出体育特色。辖区内建有较大规模的体育健身设施,以"健身路径"等广大群众喜爱的室外体育场地设施为主,涉及体育健身项目不少于8项,能满足不同人群的健身活动需求。(4)深受广大群众的好评。是当地群众健身的主要场所,每天到公园参加锻炼的人数较多。当地群众对体育公园的建设与管理比较满意。(5)经营充分体现公益性。建立规范的场地设施免费或低价向广大群众开放和使用制度,接受群众监督。重视健身站点建设,公园内体育站点配有社会体育指导员,指导群众科学健身、组织体育竞赛等活动。(6)健身场地设施安全可靠,建有场地设施维护保养制度,定期检查、维修和更新,明确责任部门,岗位责任到人。未出现过群众健身重大伤害事故。

全国全民健身活动优秀组织奖和先进单位 创设于2008年。是由国家体育总局授予的荣誉称号。每年评选表彰一次。旨在鼓励先进,逐步形成组织开展全民健身活动新的工作格局,不断扩大开展全民健身活动的示范效应。

全国农民体育健身工程先进县
亦称全国实施农民体育健身工程先进县。创设于2009年。是由国家体育总局授予的荣誉称号。全国农民体育健身工程先进县评选遵照《全国农民体育健身工程先进县评选条件》的规定开展。其评选条件是:(1)领导重视。县委、县政府关心重视农民体育健身工程工作。有规划,有具体的实施办法,在实施农民体育健身工程工作中成绩突出,对全省(区)实施农民体育健身工程有示范作用。(2)本周期内能够按照国家规划和《全民健身计划》的要求完成任务。全县完成建设农民体育健身工程数量达到行政村数的70%以上。工程质量和器材质量达到合格标准,近两年采购使用的室外健身器材符合新国标要求。(3)设专人管理维护场地设施,并充分利用农民体育健身工程,积极组织开展丰富多彩的全民健身活动,产生良好的社会效益。

全国县(市、区)体育先进个人 创设于1998年。是由国家体育总局授予的荣誉称号。评选工作与全国农民运动会同期进行。旨在表彰长期在基层勤奋工作,为发展我国体育事业做出卓著成绩的县(市、区)体育先进个人,目的是为加强县(市、区)体育工作,倡导改革创新、开拓进取、艰苦奋斗和敬业奉献精神,促进县(市、区)体育事业不断发展,为全民健身计划和奥运争光计划的实施奠定坚实基础。

全国群众体育先进奖和进步奖 创设于1999年。是由国家体育总局授予的荣誉称号。旨在实施《全民健身计划纲要》,促进我国群众体育工作不断沿着健康方向快速发展。全国群众体育先进奖、进步奖评选对象为各省、自治区、直辖市。全国群众体育先进奖、进步奖评选原则上四年一次(以下称一个周期)。在全国运动会举办年进行评选和颁奖。全国群众体育先进奖,是指国家体育总局对一个周期内在群众体育工作方面做出突出贡献,按照评分标准,各项工作总分相加排序在全国前十名的省、自治区、直辖市所授予的奖项。全国群众体育进步奖,是指国家体育总局对一个周期内在群众体育工作方面的成绩进步较大,按照评分标准,各项工作总得分与前一届总分相减的得分差值排序在全国前五名(未获当届先进奖)的省、自治区、直辖市所授予的奖项。

全国群众体育先进单位和先进个人 创设于1997年。是由国家体育总局授予的荣誉称号。这是群众体育领域内唯一经中央批准开展的四年一次的评比达标表彰类活动。每四年为一个评选表彰周期。旨在按照"大群体"工作格局的要求,整合优化群众体育(含青少年体育,以下同)各单项业务工作评比表彰项目,将以往群众体育场地、组织、活动、科研、宣传及青少年体育等分项进行的表彰项目统一纳入到群众体育先进表彰中来,真正使这一群众体育领域最高规格的表彰成为推动一个周期(4年)内各项群体业务工作发展的有效机制。2009—2012年度为第一个评选表彰周期,本次评选表彰是国务院颁布《全民健身条例》(以下简称《条例》)和推动实施《全民健身计划(2011—2015年)》(以下简称《计划》)后,开展的第一次全国性评选表彰活动,是对各地区、各行业、各单位贯彻落实《条例》和推行实施《计划》成果以及构建"大群体"工作格局成效的一次全面检阅,具有重要的导向意义和激励作用。全国群众体育先进单位的评选遵照《全国群众体育先进单位评选条件》的规定开展。其评选条件是:(1)贯彻落实《全民健身条例》、推动实施《全民健身计划》和《全民健身实施计划》成绩突出;(2)"三纳入"和"多纳入"工作成效显著,在本地区、本行业具有代表性;(3)重视群众体育工作,开展全民健身工作有机构、有人员、有经费;(4)群众体育工作在本地区、本行业有影响、有特色、具有示范性。全国群众体育先进个人的评选遵照《全国群众体育先进个人评选条件》的规定开展。其评选条件是:(1)模范执行党和国家的法律、法规,政治立场坚定,作风正派;(2)事业心和责任感强,业务素质较高,具有较好的服务意识,工作成绩显著;在本行业、本部门开展群众体育工作方面有较强的影响力;(3)热爱全民健身事业,积极组织全民健身活动,身体力行,坚持参加体育锻炼,养成科学、文明的生活方式;(4)热心全民健身公益事业,支持开展全民健身工作,为促进本行业、本部门全民健身事业不断发展做出显著成绩。

全国城市体育先进社区 创设于1997年。是由国家体育总局、中央文明办授予的荣誉称号。每一评定周期为两年。旨在贯彻落实《公民道德建设实施纲要》和《全民健身计划纲要》,进一步推动"体育进社区"建设,促进我国城市社区体育工作和社区精神文明建设。在每一个评定周期内,对新申报的社区进行抽查,如发现未能全面达标的,不予评定;不定期对已被命名为"全国城市体育先进社区"进行复查,不符合《标准》的,取消"全国城市体育先进社区"的称号。为了规范评选,国家体育总局于2004年1月16日发布了《全国城市体育先进社区标准》。其评选标准包括:组织领导、体育活动、社会体育指导员队伍建设、体育场地设施、经费保障、其他6个方面。

全国学校体育场馆向公众开放试点工作先进单位和先进个人 是由国家体育总局授予的荣誉称号。2009年在全国第11届全运会上进行了首次评选表彰。

国民体质监测工作贡献奖、先进单位和先进个人 是由国家体育总局授予的荣誉称号。2006年11月,国家体育总局表彰了在第二次国民体质监测工作中有贡献的单位以及先进单位、先进个人。

全国群众体育现状调查工作优秀组织奖、先进单位和先进个人 是由国家体育总局授予的荣誉称号。2008年,国家体育总局表彰了第三次全国群众体育现状调查工作优秀组织奖、先进单位和先进个人。

全国民族体育模范集体和模范个人 是由国家民委、国家体委授予的荣誉称号。1995年进行了首次评选表彰。

全国亿万妇女健身活动先进单位 是由全国妇联、国家体育总局授予的荣誉称号。全国亿万妇女健身活动先进单位包括妇女健身先进活动站、基层组织单位、巾帼文明健身队三个子项。每两年评选一次。2003年进行了第一次评选表彰。旨在鼓励先进,推动妇女健身活动在基层、在广大妇女群众中更加深入持久的开展。2007年4月,全国妇联、国家体育总局开展了以"妇女健身与奥运同行"为主题的迎奥运全国亿万妇女健身活动展示大赛,并授予"迎奥运全国亿万妇女健身活动优秀组织奖"和"迎奥运全国亿万妇女健身活动体育道德风尚奖"。

全国残疾人体育先进单位和先进个人 是由中国残联、国家体育总局授予的荣誉称号。中国残联、国家体育总局在2007年5月评选表彰了"2003—2006年全国残疾人体育先进单位"和"2003—2006年全国残疾人体育先进个人"。

全国亿万职工迎奥运健身活动月先进单位和优秀组织奖 是由全国总工会、国家体育总局授予的荣誉称号。旨在唱响"全民健身与奥运同行"这一主题,广泛组织开展有规模、有影响、职工群众喜闻乐见、形式多样的群众体育活动,掀起全民健身热潮,丰富职工的精神文化生活,推进我国职工体育事业的快速发展,为北京奥运会成功举办营造浓郁的全民健身氛围,为构建社会主义和谐社会作出新的贡献。2000年开展了首次评选表彰。

全国亿万农民健身活动先进乡镇 是由国家体育总局、农业部、中国农民体育协会授予的荣誉称号。旨在推动农村体育开展。

全国推广广播操、工间操先进单位 是由国家体育总局、全国总工会授予的荣誉称号。2007年2月,国家体育总局、全国总工会评选表彰了"2000—2005年度全国推广广播操、工间操先进单位"。

中国体育科技奖 创设于2004年。由中国体育科学学会主办。2004年11月,中国体育科学学会科学技术奖进行了首次颁奖,这也是继体育科技进步奖在1999年停止颁发之后,目前我国体育科技的最高综合性大奖,重点奖励在体育基础理论研究、科技成果应用及科学普及等工作中做出重要贡献、取得杰出成就的个人和集体。

全国科普示范县 创设于1998年。是由中国科协授予的荣誉称号。旨在深入贯彻落实中共中央、国务院《关于加强科学技术普及工作若干意见》和党的十五大精神,充分发挥科普工作在提高劳动者素质,促进县域经济发展、社会进步中的基础作用,推动"科教兴县"的实施。2001年,中国科协命名了第一批"全国科普示范县(市)";2004年命名了第二批"全国科普示范县(市)";2011年命名了第三批"全国科普示范县(市)",并决定从2009年开始,对全国科普示范县创建工作实施动态管理,每五年一个周期。全国科普示范县的评选标准包括:各级党委和政府重视公民科学素质建设,加强对科普工作的领导;围绕重点人群的科学素质工作成效显著;基层科普服务能力不断增强;形成科普工作的良好社会环境四个方面共19条。

全国科普示范社区 是由中国科协授予的荣誉称号。全国科普示范社区是指通过科普工作内容、机制、组织、载体和手段等方面的创新,使社区公众科学素质和创新意识提升明显,创新文化与科学普及结合紧密,科普工作成效显著,并能起到一定的引领和示范作用的社区。

全国示范科普画廊 创设于2005年7月。由中国科协科普部主办。旨在引导和带动全国科普画廊工作向规范化和规模化方向发展。

全国科协系统先进集体和先进工作者 是由人力资源和社会保障部、中国科协授予的荣誉称号。旨在进一步激发科协系统广大干部职工热爱科协事业、创先争优的工作热情,发挥科协团体优势,推动科学技术事业发展。2011年进行了首次评选表彰活动。

全国科普工作先进集体和个人 是由科技部、中宣部和中国科协授予的荣誉称号。旨在表彰先进，弘扬时代精神，进一步做好新时期的科学技术普及工作。

全国"职工书屋"示范点 创设于2008年。是由中华全国总工会授予的荣誉称号。每年评选表彰一次。

全国"职工书屋"建设先进单位和先进个人 创设于2011年。是由中华全国总工会授予的荣誉称号。

共青团"五个一"工程奖 亦称共青团精神文明建设"五个一"工程奖。创设于1996年。是由共青团中央授予的荣誉称号。共青团"五个一"工程奖是共青团组织对青少年文化作品和青年文化人才的最高奖，设入选作品奖和组织工作奖2个子项。旨在"以科学的理论武装人，以正确的舆论引导人，以高尚的精神塑造人，以优秀的作品鼓舞人"为宗旨，坚持以邓小平理论和党的基本路线为指导，坚持"二为"方向和"双百"方针，坚持理论联系实际、艺术贴近生活，弘扬时代主旋律，讴歌改革开放和现代化建设的成就，反映青少年一代健康向上的精神风貌。

中国青少年科技创新奖 创设于2004年。由共青团中央、全国青联、全国学联、全国少工委主办。主要奖励在校大、中、小学学生。

全国先进青少年宫 是由共青团中央、文化部授予的荣誉称号。2000年进行了表彰。

全国优秀青少年宫工作者 释义同"全国先进青少年宫"。

中国家庭文化艺术节优秀组织奖 是由全国妇联、文化部授予的荣誉称号。在中国家庭文化艺节上颁奖。

中国文学奖 主要包括茅盾文学奖、鲁迅文学奖、骏马奖、全国优秀儿童文学奖、庄重文文学奖等五项我国具有最高荣誉的文学大奖。此外,还有优秀小说奖、冯牧文学奖、姚雪垠长篇历史小说奖、中国人口文化奖、曹禺戏剧文学奖、老舍文学奖、冰心文学奖。

茅盾文学奖 创设于1981年。茅盾文学奖是根据茅盾先生遗愿,为鼓励优秀长篇小说创作、推动中国社会主义文学的繁荣而设立的,是中国具有最高荣誉的文学奖项之一。茅盾文学奖由中国作家协会主办。茅盾文学奖每四年评选一次。评选范围是,(1)凡评奖年度内首次公开发表、在中国大陆地区出版、体现长篇小说体裁特征、字数13万以上的作品,均可参评。(2)鉴于评奖工作所受的语言限制和其他困难,用少数民族语言创作的长篇小说,应以其汉语译本参评。(3)多卷本作品,应以全书参评。茅盾文学奖评奖坚持思想性与艺术性完美统一的原则。茅盾文学奖评奖工作在中国作家协会书记处领导下,由茅盾文学奖评奖委员会负责。茅盾文学奖每届不超过5部获奖作品。

鲁迅文学奖 创设于1986年。鲁迅文学奖是以中国新文化运动的伟大旗手鲁迅先生名字命名的文学奖项。鲁迅文学奖由中国作家协会主办。鲁迅文学奖是中国具有最高荣誉的文学奖项之一。鲁迅文学奖每四年评选一次。旨在鼓励优秀中篇小说、短篇小说、报告文学、诗歌、散文杂文、文学理论评论的创作,奖励中外文学作品的翻译,推动中国文学事业的繁荣发展。鲁迅文学奖评选范围是:(1)鲁迅文学奖评选体裁和门类包括:中篇小说、短篇小说(含小小说)、报告文学(含纪实文学、传记文学)、诗歌(含旧体诗词、散文诗)、散文杂文、文学理论评论、文学翻译。(2)参加鲁迅文学奖评选的作品,须于评选年限内由中国大陆地区经国家批准的报纸、刊物、出版社和网站首次发表或出版，符合评选体裁、门类要求。（3）中篇小说、短篇小说，以单篇形式参评；小小说、诗歌、散文杂文、文学翻译，以成书形式参评；报告文学、文学理论评论，以成书或单篇形式参评。结集作品，出版年月前四年内创作的内容须占全书字数三分之一以上。不接受多人合集、个人多体裁合集、合译与重译作品参评。（4）用少数民族文字创作的作品，以汉语译本参评。鲁迅文学奖坚持思想性与艺术性统一的原则。鲁迅文学奖评奖工作在中国作家协会书记处领导下进行，按奖项分别设立评奖委员会。鲁迅文学奖设中篇小说奖、短篇小说奖、报告文学奖、诗歌奖、散文杂文奖、文学理论评论奖、文学翻译奖。每届每个奖项获奖作品不超过五篇（部）。

全国优秀儿童文学奖 创设于1986年。由中国作家协会主办。全国优秀儿童文学奖是中国具有最高荣誉的文学大奖之一。旨在鼓励优秀儿童文学创作，推动儿童文学的繁荣发展。评选范围是：（1）凡评选年限内在中国大陆地区首次公开出版和发表的符合评选体裁、门类要求的儿童文学作品，均可参加全国优秀儿童文学奖评选。（2）评选体裁、门类包括：小说、诗歌（含散文诗）、童话、寓言、散文、报告文学（含纪实文学、传记文学）、科幻文学、幼儿文学等。（3）以上各体裁、门类作品均以单行本参评。结集参评的，出版年月前3年内创作的作品须占全书字数的三分之一以上。不接受多人合集或一人多体裁合集参评。（4）为鼓励文学新人，设立青年作者短篇佳作奖，参评作品字数不超过1万字，作者年龄须在40岁以下（含40岁）。（5）用少数民族文字创作的儿童文学作品，以汉文译本参评。全国优秀儿童文学奖评选坚持思想性、艺术性、可读性相统一的原则。全国优秀儿童文学奖评奖工作在中国作家协会书记处领导下，由评奖委员会负责。全国优秀儿童文学奖根据参评作品的情况确定各体裁、各门类获奖作品数量,每届获奖作品总数原则上不超过20部(篇)。

全国少数民族文学创作"骏马奖" 创设于1981年。全国少数民族文学创作"骏马奖"是由中国作家协会、国家民族事务委员会共同主办的国家级文学奖。旨在体现党和国家的民族政策,推动中国少数民族文学的繁荣发展和各民族文学的交流融合,促进中华民族的大团结。全国少数民族文学创作"骏马奖"每四年评选一次。主要参评要求是:(1)凡评选年限内在中国大陆地区首次公开出版、少数民族作者用汉文或少数民族文字创作、符合评选体裁要求的作品,均可参评;(2)作品奖评选体裁为长篇小说、中短篇小说(含小小说)、诗歌(含散文诗)、散文(含杂文)、报告文学(含纪实文学、传记文学);(3)结集参评的作品,出版年月前4年内创作的作品须占全书字数的三分之一以上。不接受多人合集参评。多卷本作品应以全书参评;(4)评选年限内出版中国当代文学汉文或少数民族文字翻译作品的译者,不限民族,均可参加翻译奖评选。坚持思想性、艺术性相统一的原则。全国少数民族文学创作"骏马奖"评奖工作在中国作家协会和国家民族事务委员会领导下,由评奖委员会负责。全国少数民族文学创作"骏马奖"设长篇小说奖、中短篇小说奖、诗歌奖、散文奖、报告文学奖、翻译奖。长篇小说奖、中短篇小说奖、诗歌奖、散文奖和报告文学奖为作品奖,每届获奖作品各项均不超过5部。翻译奖为个人成就奖,每届获奖者不超过10名,其中由少数民族文字翻译为汉文者、由汉文翻译为少数民族文字者均不超过5名。

宋庆龄全国优秀儿童文学奖 创设于1986年。宋庆龄全国优秀儿童文学奖是当今少年儿童文学评选中最高规模奖项之一。2005年后,该奖项并入中国作协主办的

"全国优秀儿童文学奖"。并规定合并后的全国优秀儿童文学奖每两年评选一次。

庄重文文学奖 亦称青年文学奖。是香港著名人士庄重文先生于1987年倡议出资,由中华文学基金会主办的一项青年文学奖。主要用来奖励在文学创作、文学评论中取得优异成绩的年青作家和优秀的青年文学刊物。

中国戏剧奖 创设于2005年。中国戏剧奖是全国文艺新闻出版评奖整顿后,经中宣部正式批准,由中国文联、中国剧协主办的全国性戏剧艺术综合奖项,下设终身成就奖、梅花表演奖、曹禺剧本奖、优秀剧目奖、小戏小品奖、校园戏剧奖、理论评论奖。每两年评选一次。

中国戏剧终身成就奖 创设于2009年。同年10月11日,戏剧界庆祝新中国成立60周年暨中国戏剧家协会成立60周年纪念大会在北京召开,并授予李默然、郭汉城、马少波、陈伯华、赵寻、刘厚生、胡可、袁雪芬、红线女、于是之、方掬芬、徐晓钟等12位德高望重的老戏剧家首届中国戏剧奖终身成就奖。

中国戏剧梅花表演奖 创设于1983年。原名梅花奖。2007年更名为中国戏剧奖·梅花表演奖。每年评选一次。梅花表演奖是中国戏剧表演艺术的最高奖。由中国文联、中国戏剧家协会主办。旨在表彰表演艺术上取得突出成就的中青年戏剧演员。自第十一届开始,增设"二度梅",自第十七届起增评民间职业剧团演员,自第十九届起增设梅花大奖。参评演员年龄不超过45周岁,每届评选名额为20名;已获梅花奖的演员且年龄未超过55周岁,有新剧目、新创造,可以再次参评梅花奖(简称"二度梅"),名额为2名;已获得"二度梅"且年龄不超过65周岁,并创作演出有较大影响的新剧目、在表演艺术上形成独特风格的演员,可申报参评"表演大奖",为非常设奖项,每次评选 1 名。中国戏剧优秀剧目奖在两年一届的中国戏剧节期间评选。

中国戏剧曹禺剧本奖 创设于 2005 年。其前身是创设于 1981 年的全国优秀剧本奖。旨在奖励优秀戏剧作品、培养优秀剧作家。参评剧本为舞台剧的底本,样式限制为戏曲、话剧、歌剧、音乐剧、儿童剧和滑稽戏;剧本奖获奖名额 8 个。中国戏剧优秀剧目奖在两年一届的中国戏剧节期间评选。

中国戏剧优秀剧目奖 旨在推出思想性、艺术性、观赏性俱佳的优秀剧目。每届参演剧目为 25 台左右,设优秀剧目奖 10 个,优秀编剧、导演、表演、音乐、舞美奖 10 个。中国戏剧优秀剧目奖在两年一届的中国戏剧节期间评选。

中国戏剧小戏小品奖 旨在鼓励贴近生活和群众的小型剧目的发展与创新。参评剧目为小型戏曲和戏剧小品(包括话剧小品、戏曲小品、小滑稽戏、哑剧小品、歌舞剧小品、音乐剧小品、儿童剧小品等)。小戏、小品各设优秀剧目奖 10 个,优秀编剧、导演、表演奖 6 个。中国戏剧优秀剧目奖在两年一届的中国戏剧节期间评选。

中国戏剧校园戏剧奖 是目前唯一由国家设立的校园戏剧最高奖。旨在发挥戏剧在大学生和未成年人思想政治教育方面的生动载体功能和潜移默化作用,培养戏剧新人。参演剧目为校园新创戏剧剧目和学生演出的古今中外经典剧目,每届参演剧目 30 台左右,分专业组和业余组两类,设优秀剧目奖 10 个,优秀编剧、导演、表演奖 6 个。中国戏剧优秀剧目奖在两年一届的中国戏剧节期间评选。

中国戏剧理论评论奖 创设于 1997 年。旨在加强戏剧理论评论建设,发挥理论评论的正确导向作用,提高戏剧理论评论质量,提倡良好的评论风气,推动戏剧的创作和繁荣。设一等奖1个,二等奖3个,三等奖5个。中国戏剧优秀剧目奖在两年一届的中国戏剧节期间评选。

中国音乐金钟奖 创设于2001年。是中共中央宣传部批准设立的,中国音乐界唯一的综合性国家级最高奖,由中国文联和中国音协共同主办。自2005年起每两年举办一届。金钟奖评选旨在表彰在中国音乐事业成绩卓著、贡献突出的团体和个人,促进音乐艺术水平的不断提高,为进一步繁荣音乐艺术事业作出贡献。金钟奖设立创作奖、表演奖、理论奖、终身成就奖四个子项,涵盖音乐艺术的各个领域。其中表演奖设立了管弦乐器表演奖、民族乐器表演奖、声乐演唱奖、合唱大奖、流行音乐奖等分项。

中国美术奖 创设于2009年。是中共中央宣传部批准设立的,由文化部、中国文学艺术界联合会、中国美术家协会主办的全国性美术专业奖,是国家级美术最高奖。中国美术奖评选旨在引导和激励广大美术工作者创作更多更好的美术作品,促进中国美术的繁荣发展。中国美术奖设创作奖、理论评论奖、终身成就奖三个子项。创作奖的获奖作品在全国美术展览参展作品中产生,设金奖、银奖、铜奖、优秀奖四个分项,获奖数额为160个;理论评论奖旨在褒奖美术理论评论方面的优秀作品,获奖数额为17个;终身成就奖旨在褒奖为中国美术做出突出贡献的美术家,已故美术家不在评选范围内,获奖数额为6个,可以少于规定数额或空缺。

中国曲艺牡丹奖 创设于2000年。每两年评选一次。是中共中央宣传部批准设立的,中国文学艺术界联合会、中国曲艺家协会共同主办的曲艺艺术的国家级最高奖项。牡丹奖评选旨在增强曲艺工作者的精品意识,奖励优秀曲艺作品和优秀曲艺演员,提高曲艺创作和曲艺表演的艺术质量,推动我国社会主义曲艺事业的繁荣和发展。牡丹奖奖项包括节目奖、表演奖、文学奖、新人奖、理论奖、终身成就奖6个子项。

中国舞蹈荷花奖 创设于1998年。是中共中央宣传部批准设立的,由中国文联、中国舞协主办的全国性舞蹈专业评奖活动,是中国舞蹈权威性的专家奖,为中国舞蹈的最高奖。荷花奖评选旨在鼓励创作思想性、艺术性、观赏性完美结合的舞蹈精品,通过繁荣创作培养舞蹈新人,推出舞蹈理论的研究与建设,促进舞蹈艺术的发展进步。荷花奖以舞蹈、舞剧为序,每两年评选一次。

中国民间文艺山花奖 是中共中央宣传部批准设立的,由中国文联、中国民协主办的全国性民间文艺国家级奖项。山花奖授予那些对中国民间文艺发展作出巨大贡献的学术成果、艺术成果以及专家、学者、艺术家、组织管理者。旨在鼓励多出精品、多出人才,促进和繁荣中国民间文艺事业。

中国摄影金像奖 创设于1988年。是中共中央宣传部批准设立的,由中国文联、中国摄影家协会主办的中国摄影艺术的最高奖。2005年后,金像奖共设有创作奖、理论评论奖、图片编辑奖、图书奖和终身成就奖5个子项。奖项覆盖摄影艺术各个发展领域,结构进一步趋于完善。

中国书法兰亭奖 创设于2001年。是中共中央宣传部批准设立的,由中国文联、中国书协联合举办的中国书法最高奖,是唯一的中国书法艺术专业奖。兰亭奖评选旨在全面展示当代书法创作的水平及成果,繁荣当代书法创作。

中国杂技金菊奖 是中共中央宣传部批准设立的,由中国文联、中国杂协主办的全国专业性奖项,包括杂技剧目奖、杂技节目奖、魔术节目奖、滑稽节目奖、马戏节目奖、理论作品奖、终身成就奖7个子项。金菊奖评奖旨在弘扬中国杂技艺术，表彰为杂技艺术事业做出重大贡献和取得显著成绩的杂技艺术家和组织管理工作者，奖励优秀的杂技、魔术、滑稽、马戏艺术作品，促进杂技艺术评论、理论的研究和探索，推动我国杂技艺术事业的繁荣和发展。

七、节会论坛

中国艺术节 是规格最高、规模最大、最具影响力的国家级艺术盛会。1987年秋，由中国政府批准，每三年举行一届，节期一般为15天或20天。艺术节由文化部与所在省、市的人民政府共同主办。从中国艺术节创设开始，先后在北京市，云南省昆明市，甘肃省兰州市，四川省成都市，江苏省南京市，浙江省杭州市，湖北省武汉市（主会场）及宜昌市、黄石市、襄樊市、荆门市（分会场），广东省广州市（主会场）及深圳市、佛山市、东莞市、中山市（分会场），山东省济南市（主会场）及青岛市、淄博市、烟台市、潍坊市、泰山市、威海市（分会场）连续举办10届。中国艺术节前六届主要是举办专业艺术评奖，从浙江省杭州市举办的第七届开始，将"群星奖"评奖纳入"中国艺术节"一并举行。

中国新疆国际民族舞蹈节 创办于2008年。由文化部、国务院新闻办公室和新疆维吾尔自治区人民政府主办。中国新疆国际民族舞蹈节（以下简称"舞蹈节"）于2008年举办首届。2011年举办第二届，同时确定以后每两年举办一次，时间固定在7月20日至8月5日。第三届于2013年举办，为丰富节日活动内容，增强其群众参与性，该届精心设计了"2013年中国网络舞蹈节"、"生命律动"——国际舞蹈大师课、新疆礼物创意大赛、"歌舞之乡"——新疆歌舞艺术摄影联展、"五彩缤纷"——"舞蹈节"参演国家图片展、"向上"——新疆油画作品学术展等6项配套系列活动，成为"舞蹈节"演出内容的有益补充。

中国公共文化论坛 创办于2012年8月。是2012年文化部、中央文明办"春雨工程"——文化志愿者边疆行"大讲堂"项目。由中国文化传媒集团（中国文化报社）、文化部全国文化信息资源建设管理中心、新疆维吾尔自治区文化厅主办，中国文化传媒集团国家公共文化发展中心、新疆维吾尔自治区文化馆承办。论坛主题是：

"聚焦公共文化热点,汇集国内文化精英,促进理论实践交融,探寻科学发展之道"。活动内容由主题论坛会议、分论坛会议、文化援疆项目交流、文化考察"四大板块"组成。

公共文化服务体系建设市长论坛 是2013年中国图书馆年会系列活动之一。由国家公共文化服务体系建设专家委员会组织举行。本次论坛的主题是:"公共文化服务体系建设:政府·市场·社会"。论坛重点围绕"职能转变背景下政府公共文化服务体系建设的责任,如何看待和处理公共文化服务体系建设中政府、市场、社会之间的关系,公共文化服务体系建设发展趋势等三个主要议题"进行了深入探究。

全国残疾人文化活动周 创办于2010年。每年8月举行。由中国残联、文化部主办。旨在深入贯彻党的十七大和党的十七届四中全会精神,弘扬时代文明新风,在推动文化大发展大繁荣中,活跃基层残疾人文化生活,动员引导广大残疾人走出家门,积极参与公共文化生活,促进残健融合。文化活动周内容主要包括:开展各种展览展示活动;开展各种文艺演出活动;组织电影展映活动;推进文化助残结对活动;开展全民健身活动等。

全国少数民族文艺汇演 创办于1980年。从2001年第二届开始,每五年举办一届。是繁荣发展民族文化、推动民族团结进步的国家法定大型公益性文化活动。由国家民委、文化部、广电总局和北京市政府联合主办。到2012年,全国少数民族文艺汇演已举办四届,其中第一届于1980年9月20日—10月20日举行,整整进行了一个月;第二届于2001年9月15日—25日举行,历时10天。第三届于2006年9月5日—25日举行,历时20天。第四届于2012年6月7日—7月6日举行,历时一个月。

全国残疾人艺术汇演　创办于1985年。由教育部、民政部、文化部、中国残联主办。旨在进一步加强残疾人文化建设，丰富和活跃残疾人的精神文化生活。原则上每五年举办一次。从创设以来已举办8届。

中国图书馆年会　创办于2011年。其前身是1999年中国图书馆学会举办的中国图书馆学会年会。由文化部、地方人民政府主办。中国图书馆年会是以图书馆为媒介的国家级图书馆年会。图书馆年会分为工作会议、学术交流、展览会"三大板块"。中国图书馆学会年会的传统内容，作为中国图书馆年会的学术交流部分予以继承。2011年首届以中国图书馆年会暨中国图书馆学会年会命名，在贵州省遵义市举办，主题为："公益·创新·发展：'十二五'时期的图书馆事业"；2012年第二届正式更名为中国图书馆年会，在广东省东莞市举办，主题为："责任与使命——图书馆人的时代担当"；2013年第三届在上海市浦东举办，主题为："书香中国——阅读引领未来"。2014年第四届在北京市东城区举办，主题为："馆员的力量：改革、发展、进步"。

中国图书馆学会年会　亦称"中国图书馆学会学术年会"。创办于1999年。从2011年开始，中国图书馆学会的内容纳入中国图书馆年会的内容。中国图书馆学会年会是图书馆界一年一度的行业盛会。它为会员以及图书馆工作者提供了一个交流心得、弘扬先进、启迪后人的平台。自1999年以来，学会先后在辽宁省大连市、内蒙古海拉尔市、四川省成都市、陕西省西安市、江苏省苏州市（由于受非典影响，2003年年会延期至2004年本届年会一并举行）、广西桂林市、云南省昆明市、甘肃省兰州市、重庆市、广西南宁市、吉林省长春市、贵州省贵阳市举办13届年会。每一届年会确定的主题都紧密围绕社会发展与改革方向，紧随国内外图书馆事业发展趋势。

每一届年会期间,均举办图书馆专业设备展览,使与会的图书馆员有机会直接了解国内外厂家提供的图书馆设备。

全国图书馆宣传服务周 创办于1989年。全国图书馆宣传服务周是文化部在总结天津市文化局于1988年5月在全市范围内举办的图书馆宣传周活动经验的基础上,提升扩展的一项公益性活动。同时,文化部决定以后每年五月份的最后一周为我国公共图书馆服务宣传周活动。旨在扩大图书馆的影响,提高图书馆的知名度和在人们心目中的地位,用活动周的方式吸引更多的读者了解图书馆、走进图书馆,以提高全民族文化素质。

中国文化馆年会(筹) 创办于2014年。由文化部和地方人民政府主办。中国文化馆年会是以文化馆为媒介的国家级文化馆年会。文化馆年会分为工作会议、主题论坛、博览会三个板块。首届中国文化馆年会于2014年12月在宁波市举办,主题为"引领风尚 美好生活"。

中国老年合唱节 创办于1999年。由文化部与地方人民政府主办。每年举办一届。旨在贯彻中央有关加强老年文化建设的要求,推动我国群众性歌咏活动广泛开展。中国老年合唱节以"永远的辉煌"为主题,已成为在全国具有广泛影响力的示范性群众文化活动。从创办以来,先后在北京市、江苏省、山东省、北京市、广东省、河北省、海南省、天津市、山西省、内蒙古自治区、重庆市、浙江省、辽宁省、福建省、河北省、山东省举办16届。

中国少儿合唱节 创办于2006年。由文化部、教育部和地方人民政府主办。举办时间不固定。旨在贯彻落实党中央、国务院《关于进一步加强和改进未成年人思想道德建设的若干意见》,丰富广大少年儿童精神文化生活,推出更多更好的优秀文化产品。从创办以来,先后在江苏省南京市、福建省厦门市、内蒙古呼和浩特市、海南省海口市、江苏省常熟市举办5届。中国少年儿童合唱节荟萃了一批新创少儿歌曲精品,展示了新时期少年儿童健康向上的精神风貌,日益成为广大爱好合唱艺术的少年儿童交流心得、收获友谊的平台。

中国老年文化艺术节 创办于2008年。由全国老龄工作委员会办公室主办。每两年举办一届。中国老年文化艺术节是全国老龄办公室为贯彻落实全国老龄工作委员会第十次全体会议精神,配合全国敬老月活动,丰富广大老年人的精神文化生活而创办。旨在通过老年文化艺术的交流展示,进一步推动基层老年文化活动的蓬勃开展,营造欢乐祥和、健康文明的社会文化氛围,展现全国老年文化事业取得的新成果,展现当代老年人热爱生活、积极向上的精神风貌,弘扬中华民族尊老敬老、爱老助老的传统美德。艺术节设有合唱大赛、舞蹈大赛、服饰大赛、综艺类大赛(含器乐、曲艺、小品和绝技绝活)、书画大赛、手工艺、摄影大赛等项目。艺术节本着"交流、发展、共享、和谐"的宗旨,已连续举办4届。

中国吴桥国际杂技艺术节 创办于1987年。由文化部、河北省人民政府主办。中国吴桥国际杂技艺术节是以中外著名的杂技之乡"吴桥"而命名的国际性杂技盛会。每两年一届。它是中国举办历史最长、规模最大的国家级国际性杂技艺术节。活动主要内容包括:国际杂技比赛、传统民间艺术表演、国际马戏论坛、杂技艺术交流、参观杂技之乡、杂技图片展览等。其运作水平、节目质量和国际地位得到了杂技界人士的高度评价,被誉为"东方杂技大赛场"。

全国首届社会主义新农村合唱大会 创办于2007年。由文化部社图司、广东省文化厅、中国合唱协会、广东省中山市政府主办。旨在歌唱新农村建设，歌唱和谐社会。全国首届社会主义新农村合唱大会于2007年10月17日—19日在广东省中山市举办，全国13个省市的25支农民合唱队伍参加了合唱大会。

首届全国农民文艺会演 创办于2008年。由文化部、江苏省人民政府主办。旨在贯彻落实党的十七大关于推动社会主义文化大繁荣大发展的重要精神，充分展示改革开放30年来我国社会主义新农村文化建设成果和新农民积极向上的精神风貌，繁荣农村文化，丰富农民的文化生活，推进社会主义新农村建设，构建社会主义和谐社会。首届全国农民文艺会演于2008年11月5日—10日在江苏省苏州市举办。本次会演的主题为："讴歌农村新发展，展示农民新风采，开创和谐新境界"。活动内容包括："纪念改革开放30周年——首届全国农民文艺会演"、"纪念改革开放30周年——中国农民画画展"等系列活动。全国32个省、自治区、直辖市、新疆建设兵团的文化厅（局）选拔推荐35台文艺节目，在苏州市城乡35个广场集中演出，共计演出140场次。

首届全国农民合唱大会 创办于2009年。由文化部社会文化司、广东省文化厅、广东省中山市政府联合主办。首届全国农民合唱大会于2009年11月16日—19日在广东省中山市举行。本次合唱大会紧紧结合构建社会主义新农村的要求，以落实"建设和谐文化"为首要工作任务，为来自全国的农民合唱团提供了一个展示演绎和交流经验的舞台。

中国·福保乡村文化艺术节 创办于2007年。每三年一届。由文化部、中国文联、云南省人民政府主办。首届中国福保乡村文化艺术节于2007年11月19日—22日在云南省昆明市官渡区福保村举行。本次乡村文化艺术节主要内容包括：中国乡村民间艺术大集、中国乡村美食长街宴、中国村官文化论坛、中国乡村民族民间歌舞展演、中国小康村风采暨村办企业成果博览会等五大活动。第二届中国（福保）乡村文化艺术节暨首届中国农民艺术节全国乡村歌手大赛于2010年11月17日—22日在云南福保文化城举行。本次"一节一赛"主要内容包括：中国乡村美食长街宴、中国村官文化论坛、中国乡村非物质文化遗产传统工艺展、中国民族民间刺绣精品展、"大家乐"乡村广场音乐舞蹈展演、泛亚乡村艺术展演、中国农民画展和新农村建设成果展等8项活动。2012年9月22日第三届"中国（福保）乡村文化艺术节"在昆明福保文化城开幕。本次文化艺术节以"欢乐乡村、幸福金秋、科学发展、成就辉煌"为主题，着重突出艺术节的创新性、惠民性、全国性以及特色性，组织举办了首届中国农民刺绣产品博览会、全省文化惠民示范村成果展、"大家乐"乡村歌舞展演、茶歌大赛、乡村文化发展论坛、农村文化特色产品展销、乡村美食长街宴等系列文化活动，呈现出一个全景式的中国乡村文化艺术大观，展现了中国农民的生活幸福美景，展现了云南民族特色文化及新农村新气象。

中国农民歌会 创办于2008年。每年一届。永久落户安徽省滁州市。由文化部、农业部、安徽省人民政府主办。首届中国农民歌会于2008年11月9日在中国农村改革的发源地——安徽省滁州市举办。首届歌会以"歌颂改革开放、歌颂美好家园、歌颂和谐新农村——在希望的田野上"为主题。第二届中国农民歌会于2009年11月7日举行，主题为"展示新农村、描绘新生活、讴歌新时代"。第三届中国农民歌会于2010年10月6日举行，主题为"幸福之歌"。第四届中国农民歌会于2011年10月22日举行，本次歌会正式确定"希望的田野"为中国农民歌会的永久名称。中国农民歌会荣获了第十五届"群星奖"项目奖。中国农民歌会以其浓郁的乡土风味，显示出独特的魅力和影响，已经成为一个立足安徽、面向全国、专为9亿农民打造的文化艺术盛会。

中国农民艺术节 创办于2010年。由农业部、文化部、中国文联共同主办。首届中国农民艺术节于2010年6月16日在北京全国农业展览馆开幕。主要内容包括：演出、展览和国际会议"三个板块"。演出在主会场和分会场分别进行，演出内容包括："端午"大型广场乡土艺术汇演和各地极富地域文化特征的歌舞节目等；展览内容包括：全国农民文化艺术"一村一品"展、农业非物质文化遗产展演、农民艺术作品展、农民艺术精品展和民间绝活表演等；国际会议内容包括：世界农业文化遗产保护研讨会及相关活动。总体目标是，以"中国农民艺术节"为载体，搭建农民艺术展示、交流平台，推动中国农民艺术产品走向文化市场、培育新型农民，促进农民文化产业的形成，推动农业、农村经济产业结构优化调整和增长方式的转变。

中国（西部）花儿歌会 创办于1998年。开始名为中国西北花儿歌手邀请赛，后扩展为中国西部民歌（花儿）歌手邀请赛，2008年更名为中国西部民歌（花儿）歌会。2011年第九届由文化部、国家民委、国家广电总局、国家旅游局、中国人民对外友好协会与宁夏回族自治区人民政府主办，这标志着中国西部民歌（花儿）歌会已形成国家级文化盛会。已在宁夏成功举办11届，成为常驻宁夏的西部民歌（花儿）赛事，并永久落户永宁县"中华回乡文化园"。截至目前，已有藏、壮、回、苗、侗、彝、蒙古、土家等20多个民族的千余位歌手参赛。

中国文化馆馆长年会暨"百馆论坛" 创办于2007年。由中国群众文化学会和地方人民政府主办。不定期举办。每次论坛确定一个主题开展讨论。首届于2007年12月在江苏省常熟市举行，主题为

"创新文化服务方式,构建公共文化服务体系"。第二届于 2008 年 11 月 30 日—12 月 2 日在重庆市沙坪坝区举办,主题为"公共文化服务体系建设与文化馆发展"。第三届于 2009 年 12 月 5 日—7 日在江苏省吴江市举办,主题为"文化馆如何进一步明确基本职能,完善基本服务"。

中国群众文化系列论坛 创办于 2005 年。不定期举办。由中国群众文化学会和中国文化报社主办。主要内容包括:中国群众文化论坛、全国城乡特色文化论坛、全国综合文化站论坛、群众音乐论坛、全国城乡统筹公共文化服务论坛等。

中国文化遗产日 2005 年 12 月国务院决定从 2006 年起,每年六月的第二个星期六为中国的"文化遗产日"。这充分体现了党和国家对保护文化遗产的高度重视和战略远见,有助于提高人民群众对文化遗产保护重要性的认识,增强全社会的文化遗产保护意识。从设立以来,先后举行了 9 次口国文化遗产日活动。中国文化遗产日每年确定一个主题。2006 年主题为"保护文化遗产,守护精神家园"。2007 年主题为"保护文化遗产,构建和谐社会"。2008 年主题为"文化遗产人人保护,保护成果人人共享"。2009 年主题为"保护文化遗产,促进科学发展"。2010 年主题为"文化遗产在我身边"。2011 年主题为"文化遗产与美好生活"。2012 年主题为"文化遗产与文化繁荣"。2013 年主题为"文化遗产与全面小康"。2014 年主题为"让文化遗产活起来"。

中国文物保护年会 创办于 2011 年 12 月。时名"中国文物保护基金会年会"。由中国文物保护基金会和中国文物报社主办。文物保护年会分为开幕式、主题演讲、专题论坛和参观考察四大板块。2011 年 12 月 17 日—18 日,首届年会在北京举行,主题为"责任感·价值观·影响力"。2012

年12月22日—23日，第二届年会再在北京举行，主题为"推动和谐发展，促进科学保护"，并将年会名称更名为"中国文物保护年会"。2014年1月10日—12日，第三届年会在西安举行，主题为"和谐、创新、发展"。

中国文化遗产保护论坛 创办于2006年。由国家文物局主办、无锡市人民政府和江苏省文物局承办、中国古迹遗址保护协会协办。从2006年创办以来，已在无锡举办8届。每届都确定一个主题加以深入探讨。论坛为文化遗产保护的宣传、研究、探讨、交流提供了一个良好的平台，同时对推进我国文化遗产保护事业的发展产生了重要的影响。

中国博物馆年会 是由各专门委员会组织举办的专业性年会。

中国（海南）博物馆馆长论坛 创办于2008年。由国家文物局主办。2008年11月15日，中国（海南）博物馆馆长论坛在海南省海口市举行。论坛重点围绕免费开放后的博物馆如何更好地为公众服务等话题展开了讨论。

中国成都国际非物质文化遗产节 简称"成都非遗节"。习惯称全国非物质文化遗产"西部一节"。创办于2007年。由联合国教科文组织、中国联合国教科文组织全国委员会、文化部、四川省人民政府主办。每两年一届。中国成都国际非物质文化遗产节是继中国北京国际音乐节、中国上海国际艺术节、中国吴桥国际杂技节后，国务院正式批准的第四个国家级国际性文化节会活动品牌，是国际社会首个以推动人类非物质文化遗产保护事业为宗旨的大型文化节会活动。中国成都国际非物质文化遗产节永久落户四川省成都市。从创办至今，已连续举办4届。每届确定一个主题。首届"成都非遗节"于2007年5月23日—6月10日举行，主题为"传承民族文化、沟通人类文明、共建和谐世界"。第二届主题为"多彩民族文化,人类精神家园"。第三届主题为"弘扬人类文明,共建精神家园"。第四届主题为"人人都是文化传承人"。从第二届开始,"成都非遗节"举办时间固定在每年6月的第二周的星期一开幕,星期日闭幕(每年6月第二周的星期六是全国法定的"文化遗产日")。

中国非物质文化遗产博览会
习惯称全国非物质文化遗产"东部一会"。创办于2010年。由文化部、山东省人民政府主办。每两年举办一届。中国非物质文化遗产博览会是全国影响广、规模大、规格高、项目多、品类全的国家级非物质文化遗产博览会。旨在促进非物质文化遗产生产性保护,使非物质文化遗产保护和传承融入当代、融入大众、融入生活。首届中国非物质文化遗产博览会于2010年10月15日—18日在济南市举办,博览会采取实物展示、销售、图片展览、多媒体展示、代表性传承人现场制作等形式,向全国各地入选国家级、省级名录的项目免费提供标准展位。第二届于2012年9月6日—10日在山东省枣庄市台儿庄古城举行,主要内容包括:全国非物质文化遗产博览、交易签约、非遗项目踩街巡游、非遗优秀剧目展演、非遗保护高层论坛、博览会闭幕式暨颁奖晚会等。

西部非物质文化遗产展演
习惯称全国非物质文化遗产"西部一展"。创办于2010年。时名"西部非物质文化遗产项目展演"系列活动。由文化部、陕西省人民政府主办。每年举办一届。西部非物质文化遗产展演是西安文化产业洽谈会的一项主要活动,每年4月与西安文化产业洽谈会同期举行。西部非物质文化遗产展演主要由非物质文化遗产文艺表演类、手工技艺类、饮食文化类三大板块组成。首届于2010年4月7日—13日在西安市举办。第二届于2011年4月7日举办,并更名为"西部非物质文化遗产项目展演"。第三届于2012年4月6日举办,再更名为"西部非物质文化遗产展演"。第四届于 2013 年 4 月 6 日举办。第五届于 2014 年 5 月 23 日举办。

中国非物质文化遗产保护·苏州论坛 习惯上称全国非物质文化遗产"东部一坛"。创办于 2005 年。由文化部、江苏省人民政府主办。每两年举办一届。首届于 2005 年 7 月 5 日—8 日在江苏省苏州市举办,论坛主题为"非物质文化遗产保护的理论·实践·方法",并达成《中国非物质文化遗产保护·苏州论坛共识》。第二届于 2007 年 6 月 15 日举办,主要内容为"中国非物质文化遗产保护工作申报,传承人的认定和保护方式,中国非物质文化遗产生态保护区的设立及保护模式等"。第三届于 2009 年 9 月 11—12 日举办,论坛主要内容为"总结交流近年来非物质文化遗产生产性保护的经验;研究探讨非物质文化遗产生产性保护的相关优惠政策;文化生态保护区建设及非物质文化遗产专题博物馆、展示馆和传习所建设的理论与实践"。第四届于 2012 年 6 月 29 日—7 月 2 日举办,论坛主题为"非物质文化遗产传承人保护与传承机制建设"。

中国·嘉兴端午民俗文化节 创办于 2010 年。由文化部、浙江省人民政府主办。自 2010 年起,每年在嘉兴市举办,每年的端午民俗文化节活动有十多项,参与的演员、运动员近万人次,参与活动的市民群众有数十万之众。该节已成为展示嘉兴深厚文化地域的城市名片。

湖北屈原故里端午文化节 创办于 2010 年。由文化部、国务院台湾事务办公室、湖北省人民政府主办。从 2010 年开始每年在屈原故里——湖北省宜昌市秭归县举办。

北京国际电视周 创办于 1989 年。北京国际电视周是由国家广电总局和北京电视台主办的一年一度的大型国际性电视交流活动，是国内最为盛大的电视盛会之一。它和两年一届的上海国际电视节、四川国家电视节并称为"中国三大电视盛会"。北京国际电视周以推动电视事业发展为宗旨，倡导"合作、交流、创新、发展"的影视文化发展理念，以崭新的形式和现代化的手段提供丰富的文化活动和优质的服务。主要活动包括：开幕式、电视周晚会、电视节目展示与交易、先进影视设备展示、国际学术研讨会以及相关的文化活动等。其中，电视节目展示与交易是北京国际电视周的重头戏，吸引了国内外众多企业和机构参加；先进影视设备展示展出国内外电视领域的先进产品，揭示未来电视行业的发展动向；国际学术研讨会追踪国际电视发展前沿，纵论学术热门话题，越来越受到业内人士的关注和重视。

上海国际电视节 亦称"上海电视节"。由上海市人民代表大会常务委员会于1986年12月10日批准设立，时称"上海国际友好城市电视节"，1988年正式改名"上海电视节"。每两年举办一届，2004年后改为一年一届。1990年4月，国家广播电影电视部决定在全国设立上海电视节和四川电视节，并实行隔年举办一次。由国家广播电影电视部、上海市人民政府主办。活动内容主要包括："白玉兰"奖国际电视节目评选、国际影视节目交易、国际新媒体暨广播影视设备市场、"白玉兰"国际电视论坛、特别活动。上海国际电视节已成为亚洲最重要的国际电视交流、合作平台之一。上海国际电视节是中国最早举办的国际性电视节。

四川国际电视节 亦称"四川电视节"。创办于1991年。其前身是1990年2月在成都举办的"中国四川国际友好电视周"。1990年4月，国家广播电影电视部决定在全国设立上海电视节和四川电视节，并实行隔年举办一次。由国家广播电影电视部、四川省人民政府主办。四川电视节以"和平、友好、交流、合作"为宗旨。活动内容主要包括:"金熊猫"奖国际电视节目系列评选活动、国际影视节目交易市场、大型系列主题活动、国际广播电视发展论坛、国际广播电视网络设备展览会等主体活动及相关配套活动。四川国际电视节已发展成为中国有影响力的电视盛会之一。

中国金鹰电视艺术节 创设于2000年。开始每年举办一届,2004年后改为每两年举办一届。是由中国文联、中国电视艺术家协会与湖南省人民政府主办的一项全国性电视艺术领域评选、交流活动。之前的1983年始,已设立唯一以观众投票为主选方式产生的全国性电视艺术综合大奖——"金鹰奖",自2000年第十八届"金鹰奖"评选开始,由湖南广电传媒股份有限公司买断"金鹰奖"的承办权,将原各个城市轮流举办的每年一次的"金鹰电视奖颁奖晚会"改为为期三天的"中国金鹰电视艺术节",并永久落户长沙。从此,"金鹰奖"的评选形式发生了根本变化,"金鹰奖"评选以"中国金鹰电视艺术节"的形式承袭下来。2002年第三届中国金鹰电视艺术节在总结前两届工作经验的基础上,坚持围绕"先进文化的前进方向"的宗旨和主题,突出民族化和大众化特色,注重广泛的参与性、精湛的艺术性、鲜明的导向性、深邃的学理性、合理的包容性和可持续开发的产业性,全面展示近年来我国电视艺术所取得的优秀成果,努力使之成为全国电视艺术界的盛会。

中国新农村电视艺术节 创办于2009年。每年举办一届。中国新农村电视艺术节是经中国文联批准,由中国文联所属的中国电视艺术家协会和CCTV-7农业节目(中国农业电影电视中心)主办的国内唯一服务"三农"的国家级大型电视艺术节庆活动。中国新农村电视艺术节是与中国电视艺术家协会旗下的中国金鹰电视艺术节具有同等影响力的两大电视艺术盛会之一。中国新农村电视艺术节已成为展示优秀对农电视作品、展现各地新农村风貌的重要平台。

中国大学生电视节 创办于2010年3月。中国大学生电视节是由中国文联批准,中国电视艺术家协会和中国传媒大学主办的年度大型文化活动。旨在引导大学生群体回归主流电视媒体,与主流电视媒体之间产生深层次互动。中国大学生电视节的特点是"大学生看、大学生评、大学生创作、大学生参与"。活动主要内容包括:大学生影像作品展、年度"最受大学生瞩目"的电视节目和电视剧评选、大学生电视影响力论坛、闭幕式晚会暨颁奖典礼等系列活动。中国大学生电视节是中国第一个以大学生为主体的电视节,是中国大学生和中国电视人的年度盛事,更为当代大学生和市场、媒体间嫁接了一个互动与交流的桥梁,已逐步发展成为大学生、影视行业及学界展现梦想的重要平台。

中国广播电视协会年会 由中国广播电视协会所属各专业委员会组织举办。2009年以后,改由中国广播电视协会组织举办。

中国广播电视学术年会 由中国广播电视协会组织举办。

中国广电行业发展趋势年会 创办于2007年。由中国广电行业发展趋势年会暨投融资论坛组委会主办。创办以来共举办年会6届。

中国电视发展年会 创办于2011年。年会着重对上一年度中国电视行业发展进行权威梳理和总结,推出创新频道、栏目,并对未来一年电视发展的前沿问题进行深入研讨和积极谋划,旨在推动中国电视快速、稳健地发展。首届年会于2011年8月,由国家广电总局发展研究中心、中央电视台发展研究中心、黑龙江电视台联合在黑龙江省黑河市举办,年会主题为"合作、创新、发展——全媒体时代如何提高电视传播力"。第二届年会于2012年9月在广东省广州市举行,改由中央电视台、中国广播电视协会主办,年会主题为"媒体责任与品牌创新——为党的十八大召开营造良好舆论氛围"。第三届年会于2013年5月在云南省昆明市举行,年会主题为"新融合、新发展、新机遇:全媒体背景下的中国电视发展"。该年会是全国各电视台共同参与的国内唯一一个电视行业发展的高端会议。已成为中国电视发展的风向标和战略高地。

上海国际电影节　创办于1993年。上海国际电影节是中国国内第一个国际电影节。是经国务院批准、国际电影制片人协会同意的中国第一个国际A类电影节。由国家广播电影电视总局和上海市政府主办。上海电影节从第一至第四届,每两年举办一届;从2001年第五届起,改为每年举办一届。电影节宗旨是:"增进各国、各地区电影界人士之间的相互了解和友谊,促进世界电影艺术的繁荣"。活动内容主要包括:金爵奖评选、电影市场、电影论坛、国际电影展演等。2004年增设传媒大奖。

北京国际电影节　创办于2011年。由国家广播电影电视总局、北京市人民政府主办。每年举办一届。是以国际性、专业性、创新性、开放性和高端化、市场化为定位的大型电影主题活动,旨在融汇国内国际电影资源,搭建展示交流交易平台。已逐步成为北京市建设世界城市的重点文化活动,打造东方影视之都的核心活动。是中国继上海国际电影节之后的第二个获得国际电影制片人协会认可与承认的国际A类电影节。

中国长春国际电影节　创办于1992年,是经原国家广播电影电视部批准举办的具有国际性的国家级电影节,由原国家广播电影电视部、吉林省人民政府、长春市人民政府主办。每两年举办一次,与中国电影华表奖隔年举办。是具有国际性的国家级电影节。电影节的宗旨是："友谊、交流、发展"。

中国珠海电影节　创办于1994年，原名"中国珠海海峡两岸暨香港电影节"。由珠海市人民政府主办。1996年第二届，更名为"中国珠海电影节"。电影节本着加强内地和台湾、香港、澳门地区电影界的交流与合作，同时已跨出"两岸四地"的范围，正在接纳评选海外由华人担任主创人员的影片，并朝着"国际华语电影节"的目标发展。

北京大学生电影节　创办于1993年。国家广播电影电视部、教育部作为北京大学生电影节的支持单位。北京大学生电影节是由北京师范大学艺术系、广电总局电影频道节目制作中心、中国电影资料馆、北京电视台影视部、中国电影报社、北京市电影公司、北京新影联影业有限责任公司、中国电影基金会、北京市学生联合会等多家单位主办的一项大型文化活动。北京大学生电影节以"青春激情、学术品位、文化意识'为宗旨，以"大学生办、大学生看、大学生评"为特色，已在教育、文化和影视界产生广泛影响，被誉为中国电影界具有国际水准的大奖。其多部获奖影片后来在国内政府奖、金鸡奖、百花奖和东京、柏林、西班牙等国际电影节评选中获奖。主要活动内容包括：参赛影片评奖、专题影展、专题讨论和专题讲座等众多活动。自2011年始，北京大学生电影节活动内容纳入北京国际电影节的相关内容。

金鸡百花电影节　创办于1992年。由中国文学艺术联合会和中国电影家协会联合主办。一年一届，在中国各大城市轮流举办。金鸡百花电影节评选的"金鸡奖"与台湾"金马奖"和香港"金像奖"被称为华语电影最高成就的"三大奖"。金鸡百花电影节是我国历史最为悠久，影响和规模最大，最专业，最具权威性的电影评奖活动。被外界誉为"中国奥斯卡"。自2005年起，专业评审制的"金鸡奖"与观众投票制的"百花奖"轮流举办,前者在单数年举办,后者为双数年举办。因此,两个奖项,亦合称"金鸡百花奖"。金鸡百花电影节是中国唯一一个国家级的电影节。

中国国际儿童电影节　创办于1989年。是经国务院批准,联合国教科文组织备案,由国家广播电影电视部电影管理局主办、中国儿童少年电影学会承办的在中国举办的国际性活动。每两年举办一届。旨在加强各国儿童电影的交流与合作,让中国儿童展望世界,让世界了解中国,促进世界儿童电影的发展。

中国(北京)电影学术年会　创办于2009年。原名"中国电影学术年会"。由中国电影博物馆主办。每年举办一届。2011年更名为"中国(北京)电影学术年会"。

中国电影导演协会年会　创办于1994年。由中国电影导演协会主办。

中国动画年会　创办于1996年。由中国动画学会主办。从创办以来,每年召开一次年会。是中国动画业界的盛会。特别是自2008年起,联络与携手行业与跨行业之间的同仁共同打造,逐步使中国动画年会更具品牌效应。

中国记者节　中国记协于2000年1月25日正式向国务院提出《关于确定"记者节"具体日期的请示》,国务院于2000年8月1日正式批复中国记协,同意将中国记协的成立日11月8日定为"记者节"。从此,新中国的新闻工作者有了自己的节日。记者节、护士节、教师节,是我国仅有的三个行业性节日。按照国务院的规定,"记者节"是一个不放假的工作节日。

北京国际图书博览会　简称"图博会"。创办于1986年。由新闻出版总署(国家版权局)、教育部、科学技术部、文化部、国务院新闻办公室、北京市人民政府、中国出版工作者协会、中国作家协会主办。每两年举办一届，从2002年始由两年一届改为一年一届，截至2014年共举办21届。北京国际图书博览会始终坚守"把世界优秀图书引进中国，让中国图书走向世界，以促进国际科技文化交流，增强各国人民的相互了解和友谊，扩大中外合作出版和版权贸易，发展图书进出口贸易"的宗旨。现每届均有国内500多家出版单位及来自英、法、美、日等70多个国家和地区的2000多家中外出版机构参展。北京国际图书博览会与北京图书订货会、全国图书交易博览会被称为我国图书业界"三大盛会"。

北京图书订货会 创办于2010年。由新闻出版总署主管，中国书刊发行业协会、中国出版工作者协会主办。一年举办一次。一般在每年元旦后举办。从2014年始，改由中国出版协会和中国书刊发行业协会主管主办。参展单位包括各图书、音像、电子与网络、期刊出版单位，各出版物总发行公司、出版社分支机构、出版物批发单位。常设项目包括：图书、音像制品、电子与网络出版物及期刊出版成果现场展示和看样订货；图书馆看样采购；图书行业高峰论坛；书稿版权交易；评书荐书活动，业务研究交流等活动；零售与淘宝旧书专区等。北京图书订货会与北京国际图书博览会、全国图书交易博览会被称为我国图书业界"三大盛会"。

全国图书博览会 亦称"全国图书交易博览会"。创办于1930年，时名"全国书市"。由新闻出版总署（国家版权局）和地方人民政府主办。每年举办一届。从第一届"全国书市"开始，先后在北京、上海、广州、成都、武汉、深圳、长春、西安、长沙、南京、昆明、福州、桂林、天津、乌鲁木齐、重庆、郑州、青岛、成都、哈尔滨、银川、海口、贵阳等城市举办。2006年3月5日，中央颁布了《国家"十一五"时期文化发展规划纲要》,全国书市被列入其中,并更名为"全国图书交易博览会"。2007年在重庆市举办的第十七届正式更名为"全国图书交易博览会"。经过二十多年的发展,全国图书博览会已由最初单一的图书交易活动,发展为融出版物展销、信息交流、行业研讨和倡导全民阅读等功能为一体的文化盛事。是国家新闻出版总署的一个品牌会展,其规模仅次于全国糖烟酒交易博览会,是我国第二大全国性会展。全国图书交易博览会与北京国际图书博览会、北京图书订货会被称为我国图书业界"三大盛会"。

中国数字出版博览会 创办于2005年。由新闻出版总署(国家版权局)主办。是我国目前唯一以促进数字出版产业发展为主题举办的全国性博览会。

中国国际版权博览会 创办于2008年。由中国国家版权局、北京市人民政府主办。每年举办一届。

中国期刊交易博览会 简称"刊博会"。创办于2013年。由国家新闻出版广电总局、湖北省人民政府、中国邮政集团公司主办。永久落户湖北省武汉市。中国期刊交易博览会是中国唯一一个国家级、国际化、综合性期刊交易博览会。博览会是集产品展销、行业研讨等功能为一体的行业平台,是服务广大群众、倡导全民阅读的文化盛会。

中国数字出版年会 创办于2006年。由新闻出版总署主办。2008年改由中国出版科学研究所主办。

全国新闻出版业网站年会 创办于2008年。由中国出版协会、中国新闻出版研究院主办。

中国出版(版权)发展论坛 创办于2009年的第十九届全国图书

交易博览会，并作为全国图书交易博览会的一项主要活动内容。

全民健身日　国务院批准，从2009年起，每年8月8日为"全民健身日"。旨在满足广大人民群众日益增长的体育需求，为纪念北京奥运会成功举办。

全国体育大会　创办于2000年。由国家体育总局、地方人民政府主办。开始每两年举办一届，从2006年第三届后，每四年举办一届。全国体育大会是与"全运会"并列的国内综合性体育赛事，"全运会"与"奥运会"接轨，而体育大会则是把非奥运的项目全部吸纳进来，放在一起进行的综合性运动会。2000年首届全国体育大会在浙江省宁波市举行；2002年第二届体育大会在四川省绵阳市举行，并规定每四年举行一次，赛期约为十天，参赛队伍以省级为单位；2006年5月第三届在江苏省苏州市举行；2010年第四届在安徽省合肥市举行。体育大会旨在推动非奥运项目的发展，进一步促进全民健身活动的广泛开展，满足人民群众和体育爱好者更加多样化的体育赛事观赏和参与需求。其突出特点是，强调参与性、普及性、趣味性和文化特色，积极发掘其特有的健身和文化价值，推动普及和提高，使非奥运项目与奥运项目，竞技体育与群众体育相互促进。不断形成内容丰富多彩，形式活泼多样，群众喜闻乐见、积极参与的体育盛典、文化盛会。

全国农民运动会　简称"农运会"。创办于1988年。由农业部、国家体育总局、中国农民体协主办。每四年举办一届。我国是世界上唯一定期举办全国农民运动会的国家。自创办以来，已在北京、湖北省孝感地区、上海市、四川省绵阳市、江西省宜春市、福建省泉州市、河南省南阳市、吉林省松原市举办8届。"农运会"是仅次于全国运动会的大型运动会。全国农民运动会与全国运动会、城市运动会、残疾人运动会、少数民族运动会共同组成我国五大国家级综合性体育赛事。

全国全民健身周 1995年6月20日国务院发布《全民健身计划纲要》后,国家体育总局于当年设立全民健身周,开始在全国范围内组织开展全民健身周活动。活动的内容和形式主要包括:有组织地开展体育健身活动,进行体育科普知识宣传等。2008年国家设立全民健身日后,全民健身周被全民健身日代替。

全国青少年"未来之星"阳光体育大会 创办于2011年,时名"全国青少年未来之星阳光体育节";2013年第三届更名为"全国青少年未来之星阳光体育大会"。每年一届。全国青少年"未来之星"阳光体育大会是由国家体育总局、教育部、共青团中央三部委联合主办的第一个以"青少年体育"为主题的大型综合类体育活动。旨在进一步贯彻落实中共中央、国务院《关于加强青少年体育增强青少年体质的意见》精神,在青少年中广泛传播体育理念,树立健康向上的青少年榜样,引导青少年积极参与体育运动,倡导从运动中收获健康快乐的生活方式。首届于2011年7月在山东省青岛市举行;第二届于2012年8月在内蒙古自治区赤峰市举行;第三届于2013年8月在河北省秦皇岛市举行;第四届于2014年7月在吉林省长春市举行。全国青少年"未来之星"阳光体育大会是中国目前最高规格的青少年大型综合类体育活动。

中国上海国际大众体育节 创办于2009年。由国家体育总局社会体育指导中心、上海市体育局、上海市旅游局、上海文广新闻传媒集团主办。每年一届。以"体育,让生活更精彩"为主题,倡导"更快乐、更健康、更和谐"的生活理念。上海国际大众体育节是中国首次以"体育节"名义举行的大型群众体育活动,是既有地方特色又与国际融合,发展群众体育活动的创新之举。

中国国际体育用品博览会 简称"体博会"。创办于1993年。由国家体育总局、中华全国体育总会、中国体育用品联合会、中国体育科学学会主办。开始每年举办一届，从2002年起改为每年举办两届。新增了以滑雪和户外运动为主题的冬季"体博会"等内容。"体博会"是中国唯一国家级、国际化、专业化的体育用品展会，也是目前亚太地区规模最大、最具权威性的体育用品展会。

全国科普日 由中国科协发起，全国各级科协组织和系统为纪念《中华人民共和国科学技术普及法》的颁布和实施而举办的各类科普活动。从2003年起，中国科协组织各级科协和学会在全国范围内开展了全国科普日活动。为持续做好这项群众性、社会性科普活动，中国科协决定从2005年起，将每年9月第三周的公休日定为全国科普日。旨在全社会营造相信科学、热爱科学、学习科学、运用科学的良好氛围。

中国科普产品博览交易会 简称"科博会"。创办于2004年。由中国科学技术协会、安徽省人民政府主办。每两年举办一届。永久落户安徽省芜湖市。旨在贯彻落实科学发展观，努力把"科协"建设成为科普资源的开发中心、集散中心和服务中心，深入实施国务院颁布的《全民科学素质行动计划纲要》，建立公益性科普事业和经营性科普产业并举体制，落实中国科协提出的科普资源共建共享、促进科普产业发展。每届确定一个主题。"科博会"是全国科普产品和技术展示交易的唯一展会，它向业内外充分展示了科普产品巨大的市场需求和发展潜力，促进了科技资源向科普资源的应用转化，扩大了科技成果的推广与应用范围，推动了科普产业的形成和壮大。主要内容包括：以实物、样品、模型、图片、音像等形式现场展示科普出版类、科普展览和展品开发制作类、科学艺术和玩具类、科普教育类、科普网站和科普游戏软件类、科普旅游及综合类等科普展品的最新成果。同时,还举办论坛等有关活动。

全国科技活动周 是国务院于2001年批准设立的大规模群众性科学技术活动。根据国务院批复,每年5月第三周为"科技活动周",由科技部会同中宣部、中国科协等19个部门和单位组成科技活动周组委会,同期在全国范围内组织实施。

中国科协年会 创办于1999年。其前身为"中国科协学术年会"。由中国科协与地方人民政府举办。每年举办一届。已先后在杭州、西安、长春、成都、沈阳、博鳌、乌鲁木齐、北京、武汉、郑州、重庆、福州、天津、石家庄、贵阳、云南举办16届。从2006年起,中国科协年会由综合性、跨学科、开放性的学术年会转型为大科普、综合交叉、为举办地服务的综合性科协年会。中国科协年会是我国科技领域高层次、高水平、大规模的科技盛会。

全国企业文化年会 创办于2002年。由中国企业家联合会、中国企业家协会主办。每年举办一届。

中国企业文化论坛 创办于2002年。由中国思想政治工作研究会、中宣部思想政治工作研究所主办。每两年举办一届。

全国青少年文化活动周 创办于2003年。是由中国关心下一代工作委员会主办的全国性的大型活动。

中国家庭文化艺术节 创办于2000年6月。由全国妇联、文化部、中央电视台主办。每两年一届。它是我国群众性精神文明建设的重要组成部分,也是我国家庭文化建设的一件盛事,旨在弘扬家庭美德、建设和谐家庭、构建社会主义和谐社会。普通家庭是家庭文化活动的积极参与者,也是家庭文化艺术节的真正主角。

中国戏剧节 创办于 1988 年。由中国戏剧家协会主办。每两年举办一届。第一、二届均在北京举办，自第三届起，中国戏剧节走向全国并与当年的中国戏剧梅花奖颁奖活动一起举办。中国戏剧节有其鲜明的群众性和民间性。中国戏剧节推出了大批脍炙人口的戏剧精品。

中国曲艺节 创办于 1990 年。由中国文联、中国曲艺家协会主办。每三年举行一届。中国曲艺节是中国曲艺界规模最大、规格最高的国家级文化盛会。

中国舞蹈节 创办于 2002 年。由中国文联、中国舞蹈家协会主办。每两年举办一届。旨在弘扬中华民族优秀文化传统，促进中国舞蹈事业的繁荣发展。

中国故事节 创办于 2007 年。由中国文联、中国民间文艺家协会主办。每两年举办一届。中国故事节是全国大型文艺节会，是我国唯一一个从事故事创作比赛、故事表演比赛的国家级专业性故事节会。中国故事节实行节、会双轨运行，每一届故事节包含若干个不同专题或不同主题的故事会。

中国摄影艺术节 创办于 1989 年。由中国文联、中国摄影家协会主办。每三年举办一届。中国摄影艺术节已成为当今中国规模最大、规格最高、辐射面最广的摄影节，具有引导摄影界创作的重要意义，历来是中国摄影界的一大盛会，并在国际摄影界具有影响力。

中国杂技艺术节 创办于 2001 年。由中国文联、中国杂技家协会主办。中国杂技艺术节打破国际上以单个节目比赛参加表演的传统，采用主题晚会的形式进行比赛。

中国文艺志愿者服务日 中国文联、中国文艺志愿者协会于 2014 年 5 月 16 日宣布将毛泽东同志《在延安文艺座谈会上的讲话》

发表纪念日"5月23日"设立为"中国文艺志愿者服务日"。旨在贯彻落实党的十八大、十八届三中全会精神和中央文明委推进志愿服务制度化的要求。今后每年的"中国文艺志愿者服务日"将集中开展文艺志愿服务主题活动。2014年的主题活动为"文艺惠民、文艺为民、文艺乐民"。

八、著作报刊

《中国文化年鉴》 是文化部主办,并与新华社联合编辑出版的大型综合性文化行业年鉴,自2000年开始,每年出版一册,由新华出版社出版。《中国文化年鉴》由文化部部长任主编,文化部、新华社领导任编委会主任、副主任,由文化部有关业务司局,各省、自治区、直辖市文化厅局,新疆生产建设兵团文化局和新华出版社负责人任编委会委员,负责年鉴编辑方针的确定和内容的审定。文化部办公厅、科技司与新华社所属的新华出版社联合组成《中国文化年鉴》编辑部负责编务工作。《中国文化年鉴》以马克思列宁主义、毛泽东思想、邓小平理论和"三个代表"重要思想为指导,贯彻落实科学发展观和促进社会主义文化大发展大繁荣的战略思想,坚持党和国家关于文化建设、文化工作的路线、方针、政策,力求全面、准确地反映我国文化事业的年度宏观分析报告、发展规划、政策法规,文化各行业的年度成就、文化事业的改革与建设、文化管理等各方面的基本概况、发展态势和统计数据等。《中国文化年鉴》的编辑和出版,为坚持中国先进文化的前进方向,促进全国文化事业健康发展,加强党和政府对文化各行业的宏观指导、有效调控、科学管理和法制监督,提供权威的信息参考。

《公共文化服务体系研究》 陈威主编,深圳报业集团出版社,2006年4月出版。本书是深圳市文化局2005年重点调研课题"公共文化服务体系研究"的成果。本书分上、下两篇。上篇对公共文化服务体系的建构与公民文化权利的实现,公共服务型政府建设,以及公共文化服务体系的主要构成、支持与保障系统、绩效管理与评估等进行了研究讨论;下篇分专题报告与案例分析两大部分。

《新农村文化服务》 周赢、赵川芳编著,中国社会出版社,2006年9月出版。共分8章,第一章农村文化建设,第二章农村民俗文化,第三章发展农村体育事业,第四章农村生态文化,第五章农村生育文化建设,第六章农村法制文化建设,第七章农村新闻出版和广播影视事业,第八章发展文化产业繁荣文化市场。

《文化事业的改革与发展》 罗争玉著,人民出版社,2006年9月出版。本书是我国第一部全面系统地阐述文化事业的改革与发展的专著,对当前正在进行的文化体制改革及文化事业的改革与发展具有指导意义。本书重点从操作层面上对公益性文化事业的机制改革、发展战略,公益性文化事业组织的制度设计、绩效评价,非公益性文化事业的体制改革,文化产业的发展战略,文化企业的制度设计等进行了全面的阐述。共分12章,第一章文化事业概述,第二章文化事业发展的历史回顾与改革发展的目标,第三章文化事业发展面临的问题与改革发展的内容,第四章文化事业发展的价值分析与改革发展的原则,第五章公益性文化事业的机制改革,第六章公益性文化事业的发展战略,第七章公益性文化事业组织的制度设计,第八章公益性文化事业组织的绩效评价,第九章非公益性文化事业的体制改革,第十章文化产业的发展战略,第十一章文化企业的制度设计,第十二章文化哲学与文化事业的发展。

《文化蓝皮书:中国公共文化服务发展报告》 是以蓝皮书的形式记录和展现我国公共文化服务发展的历史进程,由社会科学文献出版社出版。2007年出版第一本、2009年出版第二本,均由李景源、陈威主编。第一本和第二本是中国社会科学院文化研究中心和深圳市文化局共同编写的,汇集有关部门和专家学者的独特视野,聚焦近几年我国公共文化服务事业引人注目的发展,予以思想性和专业性评说。栏目结构,分设总报告、全景观察、理论与政策、部门报告、区域报告、国际经验、个案研究、统计与评估及大事记栏目。力图从灵活多样的角度对经历着历史性转折的我国公共文化服务状况予以深度扫描。为了进一步强化蓝皮书的权威性、指导性和引领性，第三本文化蓝皮书，即《中国公共文化服务发展报告(2012)》改由文化部公共文化司和国家公共文化服务体系建设专家委员会组织编写，由于群、李国新主编。《文化蓝皮书：中国公共文化服务发展报告(2012版)》的目标是，与第一本、第二本相接续，全面展现2010年以来我国公共文化服务发展的前进步伐、主要成就和重点工作，分析研究事关我国公共文化服务体系建设全局的重大现实性问题，为理论研究提供平台，为政策制定提供参考，为工作实践提供指导，也为事业发展留下历史记录。栏目结构，分设总报告、宏观视角、地方实践、重点扫描、他山之石、大事记。

《新农村文化建设读本》 杨发主编，中国社会出版社，2008年4月出版。本书介绍了党在社会主义新农村建设中的各项路线方针政策，特别是有关农村文化建设方面支农、惠农、兴农的各项具体措施，从而更好地发展现代农业，打造新型农民，建设社会主义新农村。共分6章，第一章农村文化建设是社会主义精神文明建设的重要内容，第二章农村文化建设必须与新农村建设紧密结合，第三章着眼中国农村实际加大文化扶贫力度，第四章培育农村文化市场弘扬民族传统文化，第五章培育农村文化人才丰富农民文化生活，第六章深化农村文化体制改革加强农村先进文化建设。

《国家公共文化服务体系论》
王列生、郭全中、肖庆著，文化艺术出版社，2009年4月出版。该专著阐述了公共服务应该包括"三公共、一公众"，即：公共产品的范围和内容是提供公共设施，发展公共事业，发布公共信息；公共服务的目的和导向，是为社会公众生活和参与社会经济、政治、文化活动提供保障和创造条件。公共文化服务体系是政府公共服务体系的组成部分,是为社会公众提供公共文化产品和服务,包括公共文化设施建设,发展文化生产力,发表公共文化信息;为社会文化生活和文化活动提供保障、创造条件;为社会文化、民族文化的发展和进步提供坚实的基础。全书共有13章,即第一章命题背景,第二章基本框架,第三章基本原则,第四章体制障碍,第五章意识形态前置,第六章公民基本文化权益,第七章利益配置方案,第八章项目目标及其功能测值方法,第九章人力资源动员保障系统,第十章对文化产业的制度支撑,第十一章财政投入机制与方式,第十二章投入管理,第十三章中西比较研究。另附美国、英国和法国公共文化政策研究。

《中国文化文物统计年鉴》 由文化部财务司编撰,国家图书馆出版社,2009年10月出版,每年出版一册。该年鉴分两部分:历史资料和年度资料。历史资料系根据文化部历年统计报表以及各省(区、市)文化主管部门补报的1966年—1977年文化事业统计数据,并搜集有关部门的文化事业统计资料整理汇编而成;年度资料系根据各省(区、市)及各计划单列市、省辖市文化主管部门报送的2008年文化及相关产业统计年报和文化部对外文化联络(港澳台)司的有关报表整理编印。该书是一部最具权威性的有关文化及相关产业的统计资料。

《新农村文化建设与信息资源开发》 王玉洁主编,金盾出版社,2010年2月出版。本书内容涵盖文化建设和信息资源开发两部分。在文化建设方面,重点介绍了新农村思想道德建设、新农村文化建设的组织建设和新农村文化事业建设;在信息资源开发方面,分析了农村信息资源基础建设的现状、阐述了农业信息资源的开发利用,并对一些应用实例做了介绍。内容丰富、系统,表述深入浅出、通俗易懂,可作为农村干部、大学生村官学习新知识、新技术的系列教科书,亦可供从事农村文化事业、农业信息技术、农村规划与管理等相关人员阅读参考。共分8章，第一章绪论，第二章加强新农村思想道德建设，第三章加强新农村文化建设的组织建设，第四章加强新农村文化事业建设，第五章信息资源概述，第六章新农村信息资源基础建设现状，第七章新农村信息资源开发，第八章信息资源利用。

《公共文化服务的理论与实践》

曹爱军、杨平著，科学出版社，2011年4月出版。该专著从建立基本均等化的公共文化服务体系重点在基层、难点在农村入手，以甘肃为例，通过文献研究和实地调研，考察了该省农村公共文化的需求与供给状况，揭示了制约农村公共文化服务发展的制度因素；明确了和谐社会建设和新农村建设双重目标下，新农村公共文化服务发展的宏观思路、基本路径、创新模式和基础平台，为政府主导构建基本均等的公共文化服务体系提供了富有建设性的新思路、新机制和新策略。该专著分上篇、中篇、下篇，共12章。上篇，包括：第一章文化发展：广义视角的观瞻，第二章公共文化服务：范畴与理论，第三章公共文化服务兴起的中国语境，第四章公共财政与基本公共服务均等化，第五章文化权利与公共文化服务均等化；中篇，包括：第六章政府公共文化服务职能创新，第七章文化体制改革：回顾与展望，第八章公共文化服务：组织体系与治理结构，第九章公共文化服务：绩效评估；下篇，包括：第十章农村公共文化状况及制度困境：以甘肃为例，第十一章新农村公共文化服务：路径选择与制度创新，第十二章新农村公共文化服务：模式创新与平台构建。

《公共文化服务体系200问》

戴珩著，南京师范大学出版社，2013年6月出版。该书对我国公共文化服务体系建设的200个相关问题，采取一问一答的方式，进行了解读。编写该书旨在普及公共文化服务体系知识。该著作也是作者在2011年10月1日出版的《公共文化服务体系120问》的基础上，充实完善而形成的新作。

《公共文化服务的"嘉兴模式"》

刘悦笛主编，社会科学文献出版社，2012年1月出版。该专著阐述了"嘉兴模式"的基本内涵是公共文化服务方式互动化，公共文化服务提供均等化，公共文化服务资源网络化，公共文化服务创新集成化，公共文化服务内涵深耕化和公共文化服务投入多样化。"文化自觉"是"嘉兴模式"生成的根本原因。"嘉兴模式"表明，地方政府的切实重视和主导作用、服务者的主动开拓与创新、社会力量广泛参与是全面提升公共文化服务体系建设水平的关键因素。该专著提出了一系列重要理论问题和相关思考，例如，如何确定特定社会发展阶段公共文化服务的边界，如何体现公共文化服务体系建设的地方特色，如何最大限度地激发本地公众和其他社会力量参与公共文化服务体系的建设，如何使公共文化服务体系建设的决策系统更为科学和民主，等等。这些问题正是当下我国公共服务体系建设必须解决的重大理论问题。该专著共9章，即第一章走向公共文化服务的"嘉兴模式"——经济发达地区公共文化服务体系建设的创新与突破。第二章以人为本，渠道多元——嘉兴市城区公共文化服务体系建设考察报告。第三章城乡联动，文化共享——嘉兴市南湖区公共文化服务体系建设考察报告。第四章塑造品牌，满足需求——嘉兴市秀洲区公共文化服务体系建设考察报告。第五章保障权益，创造实践——嘉善县公共文化服务体系建设考察报告。第六章创新模式，建设基层——平湖市公共文化服务体系建设考察报告。第七章传承历史，开创未来——海盐县公共文化服务体系建设考察报告。第八章上下联动，多元探索——海宁市公共文化服务体系建设考察报告。第九章政府搭台，群众唱戏——桐乡市公共文化服务体系建设考察报告。

《**重庆公共文化服务体系发展与展望**》 彭泽明著,现代教育出版社,2011年12月出版。该书以课题研究为基石,以重庆案例为着力点,凸显知识性、实践性、操作性,意在参考、指导工作、推动发展。第一至第五篇,分别为公共文化服务体系建设的宏伟蓝图——重庆市"十二五"公共文化服务体系建设的发展研究;城乡公共文化均等化的战略思考——重庆市巴南区城乡公共文化服务一体化发展研究;公共文化服务体系建设发展趋势——重庆市南岸区社区图书馆共建共享研究;传播先进文化绿色上网新引擎——公共电子阅览室建设管理重庆市实践研究;公共文化设施开放零门槛之路——公共文化设施免费开放重庆实践。5个篇章既自成体系,也一脉相承,勾画出了公共文化服务体系建设、管理、使用的路径。

《**公共文化服务:制度与模式**》 陈瑶主编,浙江大学出版社,2012年3月出版。本书共收集31篇论文,涉及公共文化资源供给、活动机制、经费保障、队伍建设、评价体系等领域的研究。本书的特点:以浙江省及我国东部地区的公共文化服务实践为主要研究对象,就公共文化服务体系建设中的全局性、战略性和前瞻性的重大问题进行研究,对东部地区,尤其是浙江省公共文化服务体系建设的一些成功案例进行了分析,许多课题还做了大量的问卷调查,获取了第一手资料,揭示了目前公共文化服务体系建设中存在的突出问题。同时,对当前公共文化服务体系建设中的一些热点问题作了深入探讨。如对如何推进公共文化单位的免费开放,本书选取了一组文章,多角度、多层面地对这一问题进行了阐述,提出了一些富有启示意义的制度构想和应对举措。

《**公共文化行政学**》 凌金铸著,上海交通大学出版社,2012年3月出版。《公共文化行政学》吸取了国内外文化行政研究的最新成果,特别是借鉴了西方发达国家文化行政研究的新观点，以新中国建立以来文化行政转型为线索，系统阐述了文化行政职能、体制、运行、效率和发展等一系列公共文化行政的基本问题，深入论述了我国文化行政产生的原因、过程和发展趋势。全书除绪论外，分为上、中、下三篇。上篇，包括：第一章公共文化行政概论，第二章文化行政环境，第三章文化行政职能；中篇，包括：第四章文化行政权力，第五章文化行政体制与组织，第六章文化行政领导，第七章文化行政运行，第八章文化财务行政，第九章文化行政效率；下篇，包括：第十章文化行政立法，第十一章文化行政伦理，第十二章文化行政发展。

《2011年全国31个省市自治区公共文化服务指数蓝皮书》 上海高校都市研究院著，商务印书馆，2012年6月出版。该书根据十七届六中全会的要求，"制定公共文化服务指标体系和绩效考核办法"，从国家权威部门公布的统计年鉴和报告中采集数据，采用科学的数学模型和计算方法，尽可能全面、客观、公正地反映各省市自治区的实际情况。栏目设：为什么要研究和发布全国31个省市自治区公共文化服务指数，31个省市自治区公共文化服务指数体系，31个省市自治区公共文化服务指数的计算原理和方法，31个省市自治区公共文化服务综合指数（总量）排序，31个省市自治区公共文化服务综合指数（人均）排序，31个省市自治区公共文化服务投入与产出绩效指数；另设专题研究：31个省市自治区公共文化服务核心指标分析。

《社区公共文化服务》 巫志南主编，北京师范大学出版社，2012年6月出版。是全国基层文化队伍培训教材。该书是社区文化工作人员学习、了解、掌握社区公共文化服务基本原理、基本技能的"入门"教材。本教材是按照国家公共文化服务体系建设的宗旨、目标、任务和要求编写的，适用于面向全国文化馆（站）系统的社区文化工作者、社区基层文化工作者开展培训工作。教材按照国家关于"基本建成公共文化服务体系"的部署,紧密结合社区公共文化服务的特点,以及社区公共文化工作者管理、指导和服务社区基层的实际工作需要,对社区公共文化服务的基本原理、特点、方法、任务、机制以及运行绩效评估等方面进行深入浅出的阐述。本书共分四章,第一章社区文化建设与社区公共文化服务,第二章社区公共文化服务的主要任务,第三章社区公共文化服务运行机制,第四章社区公共文化服务绩效评估。

《浙江省公共文化服务发展蓝皮书》 张卫中主编,浙江大学出版社,2012年8月出版。这是浙江省第一本公共文化服务蓝皮书。分总报告和11个子报告。内容包括广电、新闻出版、非遗保护、文物博物、图书馆、文化馆公共文化服务等。该书实时、动态、立体地呈现浙江省公共文化服务体系建设的实践,对于全省各级地方政府及文化工作者进一步有的放矢、卓有成效地推进公共文化服务工作,具有较强的指导意义。《浙江省公共文化服务发展蓝皮书2012》比较准确地呈现全省公共文化服务体系建设的发展现状,客观地反映广大人民群众在文化建设方面的意愿和期盼,如实地揭示全省公共文化服务方面存在的困难和问题。

《农村公共文化服务有效供给研究》 孙浩著,中国社会科学出版社,2012年12月出版。该书从公共文化服务的内涵出发,详细列举了我国实施"文化惠民"工程以来,农村公共文化服务体系建设取得的成就,系统梳理了农村公共文化物品供给中存在着结构性失衡的矛盾,认为现实管制型的文化体制以及不彻底的财政分权体制是造成农村公共文化物品非均等化和低效供给的根本性制约因素,并指出服务型公共文化体制的转变与构建是实现农村公共文化服务有效供给的制度保证。农村公共文化服务供给效率与质量的提升不仅需要以中央与地方政府文化服务事权与财权的合理划分为基础，也需要采取具有多元竞争并存特征的多元供给模式，更依赖于包括农民文化需要满意度在内的公共文化服务绩效评估指标体系的构建。本书共分6章，第一章导论。第二章农村公共文化服务供给：理论基础。第三章农村公共文化服务供给：实然分析。第四章农村公共文化服务供给低效：原因分析。第五章农村公共文化服务有效供给的原则。第六章农村公共文化服务有效供给：对策分析。

《制度建设与浙江公共文化服务》 戴言主编，浙江大学出版社，2013年11月出版。《制度建设与浙江公共文化服务》是浙江省公共文化服务制度设计研究成果，全书由总报告"浙江公共文化服务体系制度设计的实践经验和路径选择"和16个课题研究成果组成。课题研究成果分为上、下编，上编为"完善设施体系，提高服务效能"，侧重于从公共文化设施建设机制、文化设施免费开放和免费服务、公共文化服务多元化投入机制等视角，进行系统的研究；下编为"加强绩效评估，扩大社会参与"，主要由"城乡群众基本文化权益内容及量化指标研究"、"社会力量参与公益文化事业的政策研究"、"群众自发文艺团队建设和扶持研究"等系列课题研究成果构成。本书体现了我国公共文化服务研究的最新成果，对于我国公共文化服务研究与实践，具有较强的研究价值和指导意义。

《浙江城市社区文化建设研究》 唐濛、龙长征著，浙江大学出版社，2013年11月出版。该书分为三大部分：理论探索篇、实践创新篇和发展思考篇。理论探索篇梳理城市社区与社区文化的基本理论观点和浙江省城市社区文化建设总体格局；实践创新篇全面介绍浙江省社区特色文化建设中的经典案例，并从社区文化建设的理念、机制、管理运营、队伍建设、特色活动、青少年教育、空间营造等方面总结浙江省社区文化建设的突出特点;文化是增强城市、社区竞争力和提升形象的重要手段,更是创建和谐社会的重要力量,关于社区文化建设的命题在未来还有许多新的发展空间。发展思考篇从浙江省城市社区文化建设的现有成果出发,探索社区文化建设未来发展的道路。

《浙江公共文化服务创新研究》 王全吉、周航主编,浙江大学出版社,2013年12月出版。该专著从公共文化服务创新的视角,探索浙江公共文化服务的历史和阶段特征,总结归纳公共文化服务创新的经验,对公共文化服务的发展趋势进行探究。这是国内第一本对省级区域公共文化服务创新进行研究的专著,具有理论上的探索意义和实践上的借鉴价值。该专著共分7章。即第一章公共文化服务的概念与内涵,第二章浙江公共文化服务创新的动力,第三章浙江公共文化服务创新的发展历程,第四章浙江公共文化服务创新的基本特征,第五章浙江公共文化服务创新分析,第六章浙江公共文化服务创新的基本经验,第七章浙江公共文化服务创新趋势。另附浙江公共文化服务创新案例。

《公共文化服务概论》 毛少莹等著,北京师范大学出版社,2013年12月出版。该书是全国基层文化队伍培训教材。该专著对公共文化服务体系建设涉及的理论和实践问题进行了全面论述。《公共文化服务概论》在概括介绍公共服务的发展历史、界定、分类、模式及影响的基础上,在公共管理学、公共服务学的理论框架下,结合西方经验与我国国情,围绕我国公共文化服务体系研究与建设需要,深入就如下几个方面的问题进行总结梳理与创新论述:公共文化服务体系的界定、内涵、提出的历史背景与意义;发达国家和地区公共文化服务的发展历史、既成模式与经验教训;公共文化服务体系的建构与公民文化权利的实现;公共文化服务体系的建构与公共服务型政府建设；公共文化服务体系的主要构成；公共文化服务发展水平的科学测度；公共文化服务的市场化与社会化；公共文化服务体系的保障系统；公共文化服务体系的绩效管理与评估。上述内容，基本涵盖了公共文化服务体系建设涉及的种种理论和现实问题，并将全面反映国内外公共文化服务理论研究的最新进展和公共文化服务实践的最新尝试。此外，《公共文化服务概论》的写作形式将按照一般的教材要求，注重全面客观，将学术理论的严谨性与教学对象所需的通俗性、应用性相结合，深入浅出，简洁明了，易于教学。

《公共文化服务中的民营企业角色》 林敏娟著，中国社会出版社，2014年1月出版。《公共文化服务中的民营企业角色》以民营企业为研究对象，以政企互动为网络情境，构建了公共文化服务中民营企业角色的理论框架，然后通过问卷调查和典型案例对民营企业参与公共文化服务的实践类型、生成机制和行动逻辑进行分析和验证，最后呈现改进后的角色模型并尝试构建新型的政企关系。《公共文化服务中的民营企业角色》有助于丰富我国公共文化服务研究的内容。共分8章，第一章绪论，第二章基于"角色分离"的总体结构模型，第三章民营企业参与公共文化服务概况，第四章国民合办：合作者，第五章国办民助：捐助者，第六章国助民办：兴办者，第七章国有民营：经营管理者，第八章结论。

《中国文化遗产保护概论》 于海广、王巨山主编，山东大学出版社，2008年5月出版。该书是山东大学开设的文化遗产保护课程的教材。共分7章，第一章文化遗产保护概述，第二章物质文化遗产保护，第三章非物质文化遗产保护，第四章物质文化遗产与非物质文化遗产的辩证关系，第五章文化与自然双重遗产，第六章文化遗产保护与文化产业开发，第七章世界各国及组织文化遗产保护经验。

《中国文化遗产事业发展报告》

刘世锦主编,社会科学文献出版社出版。自2008年起,国家文物局委托国务院发展研究中心文化遗产课题组以《中国文化遗产事业发展报告》蓝皮书的形式每年围绕一个主题连续展现中国文化遗产事业领域发展情况。本书由主题报告、技术报告、评估报告、热点问题回答四部分组成,其中的评估报告将连续展现各省市文化遗产事业的发展状况。2008年度蓝皮书的主题是"文化遗产事业促进科学发展、社会和谐",围绕这一主题,该书从文物事业向文化遗产事业的拓展、文化遗产事业对经济社会发展贡献、优化文化遗产事业管理体制、提高文化遗产管理水平以及评估各省文化遗产事业发展状况等五个方面给出创新的或填补空白的成果,以大体上完整地并在某些方面尽可能精确地展示中国文化遗产事业的全貌。2009年度蓝皮书的主题是"文化遗产关系民生大计",这与2008年文化遗产蓝皮书的主题"文化遗产事业促进科学发展、社会和谐"相比由虚渐实,更直接地表达了文化遗产事业与人民群众的关系,也把2008—2009年度的大事——博物馆全面免费开放——对事业发展带来的影响及时表达出来。2010年蓝皮书的主题是:文化遗产事业这五年。2012年文化遗产蓝皮书是第四部文化遗产蓝皮书,以展望"十二五"为主题,旨在承前启后、继往开来,既明了这个领域现状与目标的差距,也为文物保护和利用、风景名胜区管理等具体工作提供中期有理有据的建议。

《中国少数民族文化发展报告》

是国家民委文化宣传司与中国社会科学院文化研究中心合作编写的少数民族文化蓝皮书。2008年出版第一本,2012年出版第二本。《中国少数民族文化发展报告》一般由"总报告"、"年度专稿"、"年度主题"、"年度聚焦"、"专家论坛"、"区域报告"、"田野调查"、"国外经验"组成。

《中国文化报》 是由文化部主管的权威性文化艺术类报纸。创刊于 1986 年。《中国文化报》以继承、弘扬中华民族文化传统,繁荣、发展文化事业和文化产业,促进中外文化交流为宗旨,权威发布国家文化政策,快速报道全球文化动态,大力推介优秀文化作品,理性评说社会文化热点,客观反映和科学探究文化领域的管理之策、经营之道和消费之势,是文化管理者、文化经营者、文化消费者适读的报纸。

《文化月刊》杂志 是由中国文化报社主办的大型文化生活综合月刊。创刊于 1980 年。《文化月刊》杂志以弘扬先进文化为己任,面向社会、面向生活,在不断传播高雅文化的同时,融入实际,贴近生活,服务读者,努力提升大众的文化审美取向,文字通俗流畅,装帧设计时尚,既是大众文化传媒的载体,更是文化出版物中的精品,让文化生活充满阳光、快乐和健康。《文化月刊》以具有中等以上文化水平的城市人群为主要读者,以反映健康时尚的文化生活为主题,从文化的角度关注当代人的情感空间和物质生活,追求信息的真实性、诠释的权威性、批评的科学性和立场的人性化,追求思想深度与新闻深度的统一,引领大众精神需求,丰富大众文化生活。主要栏目有:独家专题、高端访问、艺术百家、名家画名城、城市名片、文化映像、好山好水、数字前沿、收藏与鉴赏、品牌解读、新知生活、文化动态等。

《文艺研究》杂志 是由文化部主管、中国艺术研究院主办的大型综合性文艺理论刊物。创刊于 1979 年。《文艺研究》杂志坚持以马克思主义文艺思想为指导,贯彻百花齐放、百家争鸣方针,以推动中国文艺理论建设和文艺创作的繁荣为宗旨,重视学术的原创性和前沿性。主要栏目有:艺术广角、海外专稿、理论专稿、访谈与对外、书与批评、视觉—经验等。

《中华文化画报》杂志　由文化部主管，中国艺术研究院主办。创刊于 1993 年。《中华文化画报》杂志扎根传统之土壤，关注现代之目光，图文并茂地解读中华传统文化艺术，展示当代文化建设。主要栏目有：鉴藏、行走、人文、乡土、家园、记忆和非物质文化遗产等。

《中国文化》杂志　由中国艺术研究院主管，中国文化研究所主办。《中国文化》杂志是目前唯一的一家由北京、香港、台湾同时出版的大型学术刊物。以"深研中华文化，阐扬传统专学，探究学术真知，重视人文关怀"为办刊宗旨。主要栏目有：文史新篇、专学研究、文化与传统、古典新义、文学的文化学阐释、中国艺术与中国文化、古代科技与文明、宗教与民俗、现代文化现象、宗教信仰与文化传播、学术史论衡、学林人物志、学人语要、中国文化研究的检讨与展望、域外汉学、序跋与书评、作家专栏、本刊专访、文化学术动态等。

《文化艺术报》　是陕西省文化厅主办的面向全国发行的文化专业性报纸。其前身是陕西省文化局办的《陕西文化报》，1958 年 1 月 1 日创刊，于 1988 年 1 月 16 日更名为《文化艺术报》。《文化艺术报》本着坚持四项基本原则，坚持"为人民服务，为社会主义服务"方向，贯彻"百花齐放，百家争鸣"方针，大力宣传中共的文艺政策，为普及和提高全民族文化素质做了大量工作。

《民族艺术》杂志　由广西文化厅主管、广西民族文化艺术研究院主办。创刊于 1985 年。主要栏目有：艺术名家、学界名家、宗教—艺术、神话—图像、巫乐探究、学术访谈、艺术探索、文化研究等。

《四川戏剧》杂志　由四川省川剧艺术研究院主办。办刊宗旨是加强戏剧理论研究，繁荣戏剧文学，活跃戏剧评论。主要栏目有：牧童遥指、观云听泉、东篱采菊、恋剧情结、海阔天空、红杏枝头、红叶斗芳。

《新疆文化》杂志 由新疆文化厅主办。创刊于1951年。《新疆文化》杂志是通俗性的群众文艺刊物。主要发表题材广泛、风格各异的大众文学作品和群众喜闻乐见的民族民间作品，介绍趣味性强的文学艺术知识、民族风俗、风土人情和文化知识等。

《中国图书馆年鉴》 由中国图书馆学会秘书处、国家图书馆研究院联合主办，国家图书馆出版社协办，首卷刊发于1996年，于1999年、2001年、2003年、2005年、2006年共出版发行了6卷。2008年开始续编。《中国图书馆年鉴》是全面系统反映中国图书馆事业发展基本情况和图书馆学研究最新进展的大型资料性、专业性工具书。

《中国图书馆事业发展报告》 2007年，由中国图书馆学会和国家图书馆联合编撰首本，北京图书馆出版社出版。以后每年编撰一本。该报告既是行业基本状况及发展前景的权威表述，同时也是这一行业有序发展的标志性文本，起到了对内规范、引领，对外公示、宣传的重要作用。

《公共图书馆业务工作的思考》 徐晓军主编，北京图书馆出版社，2007年8月出版。这是一本论文集。论文涉及的范围既有编目标引、参考咨询、资源配置、文献采访、工具书利用、缩微等图书馆基本业务的研究，集中体现了强烈的求新意识，体现了做好细节服务的思考，又有对读者书评、社区讲座等创新性延伸服务的深层次探索，提出了不少有益的观点和建议，凸显了浙图人的务实精神、创新观念和探索勇气。

《现代城市图书馆公共服务论丛》 王世伟主编，上海社会科学院出版社，2007年10月出版。该论文集主要收录了在现代城市图书馆公共服务范围领域有所创新的文章，具体内容涉及特大型城市图书馆的顶层设计,国际大都市图书馆的共同特征,城乡图书馆信息服务的创新,图书馆忠诚服务模式的构建,分布式联合虚拟参考咨询案例研究,公共图书馆参考咨询工作者信息素养的培养等等。可供广大图书馆工作及研究人员参考阅读。

《覆盖全社会的公共图书馆服务体系：模式、技术支撑与方案》 邱冠华等著,北京图书馆出版社,2008年4月出版。该书分8个章节,对公共图书馆服务体系作了全面的探讨与研究,具体内容包括基本概念、回顾与借鉴、主要模式、主要案例分析、面向总分馆/通借通还网络的技术支撑设计等。该书可供从事相关工作的人员作为参考用书使用。

《农村(社区)图书室服务与管理》 冷秀云、孙孝诗主编,中国海洋大学出版社,2008年5月出版。该书结合我国当前社会发展的需要,把握时代的脉搏,全面介绍了农村(社区)图书室的建设、服务与管理,为农村(社区)图书室建设提供了理论与实践的依据,为农村(社区)图书室的队伍培训提供了教材。该书没有从理论层面强调农村(社区)图书室的建设,更注重从实际出发,从图书室的基础工作做起,强调实用性。全书力求通俗易懂,并多用事例以阐述各项业务工作。共分8章,第一章农村(社区)图书室工作概述,第二章农村(社区)图书室的藏书建设,第三章农村(社区)图书室图书分类工作,第四章农村(社区)图书室图书编目工作,第五章农村(社区)图书室读者工作,第六章农村(社区)图书室读者服务工作,第七章农村(社区)图书室的文化共享工程建设,第八章农村(社区)图书室管理。

《城市图书馆公共文化服务体系论丛》 王世伟主编,上海社会科学院出版社有限公司,2008年10月出版。本书从公共图书馆事业的科学发展出发,收录了30篇有关公共图书馆建设的研究文章，论证加强图书馆公共文化服务体系建设是一项重要的任务，而这一体系的科学合理的结构与布局成为城市图书馆公共文化服务体系建设思考研究的重点和实践推进的着力点。

《公共图书馆服务研究》 束漫著，北京图书馆出版社，2009年3月出版。全书作者运用了很多案例，通过对个案的描述及对其中个性因素和共性规律的研究，勾勒出了整个公共图书馆服务发展的规律，从而增加了本书的可读性和实用性，也给了读者更多的思考。共分10个部分：引言，城市发展与公共图书馆，公共图书馆服务的实现，公共图书馆服务网络研究，公共图书馆服务的原则，城市公共图书馆的用户研究，城市发展中的公共图书馆服务创新，持续、开放、人性化地发展城市公共图书馆，我国若干城市公共图书馆的性格特点，结论。

《构筑阅读天堂：图书馆服务设计探索》 付跃安著，暨南大学出版社，2010年3月出版。本书从一线人员的视角出发探讨了图书馆的服务工作，结论和建议具有较强的可行性，许多建议可被图书馆立即采纳，并且不需要投入太多成本。本书根据笔者多年的研究积累和工作实践，提出或引入了一些新的概念，如微观文献利用率、图书馆需求弹性、错峰服务、等待服务等。本书充分借鉴了西方经济学中"使命管理"、"弹性理论"、"市场细化"、"集客能力"等理论，加强了对问题的洞察力度。笔者在书中为读者准备了丰富的实践案例，增强了观点的形象性和说服力，在这些案例中，有近一半译自国外相关资料。共分9章，第一章服务定位，第二章建立普遍均等的公共图书馆服务体系，第三章提高馆藏效益，第四章细化服务，第五章垂直服务，第六章重视读者的"输入"，第七章利用新技术开展服务，第八章服务与活动设计创意，第九章图书馆服务案例。

《当代公共图书馆用户：需求、行为与结构》 李桂华著，四川大学出版社，2010年4月出版。该书是一部面向管理决策的公共图书馆用户研究专著。该书基于当前时代需要，采用"以生活为中心"模式为主，"以信息为中心"模式为辅的用户研究模式，应用日常信息查询行为理论、意义构建理论、知识非常态理论等前沿信息管理学理论，对新时期公共图书馆用户信息需求、行为现状及其结构进行了系统调查和分析，发掘出以用户研究降低图书馆决策不确定性的若干路径。共分9章，第一章公共图书馆发展与用户研究，第二章公共图书馆用户研究理论与方案，第三章公共图书馆现实用户需求现状研究，第四章市民信息需求与信息行为现状研究，第五章基于用户需求的公共图书馆战略研究，第六章弱势群体信息需求现状研究，第七章青少年信息需求现状研究，第八章网络信息服务需求与满足现状研究：以数字参考咨询服务为例，第九章研究结论及未来研究展望。

《促进老年人阅读的公共图书馆创新研究》 肖雪著，天津大学出版社，2010年6月出版。本书分析了老年人阅读的生理和心理机制，从理论和实证研究两方面深入探讨了老年人参与阅读的重要意义、有利条件、障碍因素、现实状况与显著特征。继而结合对公共图书馆促进老年人阅读的理论和实践分析，指出公共图书馆应在促进老年人阅读上发挥主力作用，其目标是让阅读成为老年人的积极生活方式之一。为实现这一目标，书中重点阐述了公共图书馆应在宏观制度、中观策略和微观措施方面作出创新，运用实例并进行定性、定量化规定，力求论述更具现实针对性和实践可操作性。共分8章，第一章绪论，第二章我国人口老龄化与老年人状况，第三章老年人阅读的理论探讨，第四章老年人阅读的实践分析，第五章公共图书馆促进老年人阅读的理论和实践分析，第六章公共图书馆促进老年人阅读的制度创新，第七章公共图书馆促进老年人阅读的策略与技巧创新，

第八章结语。

《公共图书馆的文化功能》 柯平等著,上海交通大学出版社,2010年7月出版。本书在对公共文化服务环境进行分析的基础上,从公共图书馆研究的新视角,运用实证的方法,对公共图书馆的自身、用户与环境等进行多角度的调查分析,揭示公共图书馆的实际状况和环境需求,面向未来,重新定义或调整公共图书馆的角色与功能,寻求公共图书馆在新环境下的定位与发展方向,为发展我国公共图书馆事业并完善公共文化服务体系建设等提供决策和经验参考。共分9个部分,包括公共文化服务体系研究现状,公共文化服务环境分析与研究新视角,关于公共文化服务功能的调研分析,关于公共图书馆机构的调查结果分析,关于公共图书馆读者的调查结果分析,关于公共图书馆外部机构——公共文化服务机构的调查结果分析,面向现实:公共图书馆现状与问题分析,面向未来:公共图书馆发展趋势,公共文化服务体系中公共图书馆的定位与服务。

《公共图书馆文献信息资源政府采购》 方家忠、刘洪辉主编,暨南大学出版社,2010年8月出版。该书是国内第一本图书馆文献信息资源政府采购专著。该书大量利用了广州图书馆实施文献信息资源政府采购以来积累的资料,并通过问卷对国内大中型公共图书馆和高校图书馆的政府采购实施情况进行调研,收集了丰富的案例和数据,使本书的研究植根于实践基础之上。除理论研究外,该书还对各图书馆在文献信息资源政府采购中遇到的共性问题进行了探讨,提出了针对性解决方案,如对不同类型的文献在政府采购适用方式上的建议、各种评价指标和评价公式等,这些方案和建议具备较强的操作性,各图书馆可依据本馆实际参考使用。共分6章,第一章政府采购概述,第二章图书馆文献信息资源政府采购概述,第三章公共图书馆文献信息资源政府采购的实施,第四章图书馆文献信息资源政府采购存在的问题与对策,第五章公共图书馆文献信息资源政府采购的相关问题,第六章案例:广州图书馆文献信息资源政府采购。

《现代公共图书馆制度研究》 蒋永福著,知识产权出版社,2010年9月出版。本书基于公共图书馆的特性和政府责任的定位,较全面地论述了公共图书馆在保障公民的文化权利、维护社会的信息公平、促进民主政治、增进社会包容与和谐方面所具有的独特价值;论述了政府为了发展公共图书馆而应采取的责任内容;基于统治与治理的区别,并借鉴国外公共图书馆治理的经验,阐述了公共图书馆治理的若干基本问题和优化我国公共图书馆治理的基本思路。共分6章,第一章公共图书馆与政府责任概述,第二章制度与图书馆制度,第三章公共图书馆制度的价值论证明,第四章公共图书馆制度的政府供给责任,第五章优化公共图书馆治理结构,第六章制度图书馆学。

《公共图书馆是什么》 王世伟主编,上海社会科学院出版社,2010年10月出版。该书阐明了公共图书馆是什么,公共图书馆存在的理由和社会文化价值是什么。经过中国公共图书馆事业在20世纪末和21世纪初的大发展和大繁荣之后,经过我们对全球发达国家公共图书馆的广泛学习和交流之后,经过"国际大都市图书馆指标体系"的科研项目分析研究之后,有些认识开始逐步有了一些头绪。本书收录了数篇有关公共图书馆的研究论文,对未来图书馆、图书馆服务标准定位、图书馆应用实践、图书馆发展等方面进行了探讨。

《弱势群体知识援助的图书馆新制度建设》 王子舟、肖雪著,北京图书馆出版社,2010年12月出版。该书分上、中、下三篇。上篇"理论研究"是论证、阐述弱势群体知识援助理论思想的主体部分;中篇

"实践探讨"是探求如何在上篇理论思想的指导下,对主要几类弱势群体实施知识援助的有效方法;下篇"调查报告"是对几类弱势群体的知识能力以及图书馆利用状况的社会调查成果的汇总,为上篇"理论研究"、中篇"实践探讨"提供实证的依据。

《覆盖城乡的公共图书馆服务体系——上海市中心图书馆建设十周年》 上海图书馆主编,上海社会科学院出版社,2010年12月出版。该专著是一本文集,收录的大部分文章来自中心图书馆的管理者与建设者,它们真实反映上海市中心图书馆建设的经验与成效,同时也记载上海的图情工作者十年来勇于探索、不断创新的历程。

《基层图书馆公益讲座》 王惠君主编,北京图书馆出版社,2011年4月出版。该书对图书馆公益讲座进行概述,介绍了图书馆公益讲座的策划概述、策划的原则、整体策划和具体策划。论述了图书馆公益讲座组织中的主讲人聘请、信息的发布、组织工作和后续工作,探讨了打造图书馆公益讲座团队中的团队构成、成员素质要求及选择、主持人的培养与塑造、团队的管理、团队的学习,讨论了图书馆公益讲座可持续发展,包括宣传与推广、延伸服务等。共分5章,第一章图书馆公益讲座概述,第二章图书馆公益讲座的策划,第三章图书馆公益讲座的组织,第四章打造图书馆公益讲座团队,第五章图书馆公益讲座的可持续发展。

《公共图书馆的未成年人服务研究》 潘兵等著,北京图书馆出版社,2011年4月出版。该书以公共图书馆的未成年人服务为研究主题,对基本概念进行界定,从发展历史、内容及方式、理论基础及法律依据、基本要素展开论述,并对相关研究领域,数字环境下的公共图书馆未成年人服务,我国的现状、问题及完善方法等进行探讨。共分9章,第一章公共图书馆未成年人服务概述,第二章公共图书馆未成年人服务发展历史,第三章公共图书馆未成年人服务和活动的内容及方式,第四章公共图书馆未成年人服务的理论基础及法律依据,第五章公共图书馆未成年人服务的基本要素,第六章公共图书馆未成年人服务的相关研究领域,第七章数字环境下公共图书馆的未成年人服务,第八章我国公共图书馆未成年人服务的现状、问题及完善方法,第九章公共图书馆未成年人服务掠影。

《社会公共服务体系中图书馆的发展趋势、定位与服务研究》 柯平等著,北京图书馆出版社,2011年5月出版。该书采用个案研究法和访谈法等,对图书馆及其相关的公共服务机构进行数据调研,通过分析及对比研究,总结图书馆在公共服务体系中的个体作用及与其他服务机构的衔接、协调关系,为国家、同行业或其他行业的可持续发展提供实践经验借鉴。本书的重点就是通过理论分析与个案调研,了解图书馆如何在公共服务体系新环境中克服图书馆现状的一些弊端,突破体制、资金、技术、服务、外界竞争等多种不利因素局限,结合社会发展及用户需求,构建图书馆可持续发展的新角色及服务新模式。共分14个部分,公共服务与公共文化服务体系,图书馆建设与发展的理论基础,我国图书馆事业的现状与发展趋势,图书馆—读者—社会机构"的三方调查,图书馆定位的调查与分析,图书馆服务的调查与分析,图书馆社会关系的调查与分析,公共服务与公共文化服务体系建设中的相关角色调查与分析,国家图书馆的定位与服务,公共图书馆的定位与服务,高校图书馆的定位与服务,其他类型图书馆的定位与服务,中国图书馆事业发展建议,结论与展望。

《地市级区域图书馆联盟建设研究》 许军林著,西南交通大学出版社,2011年6月出版。该书从图书馆联盟的管理、资源建设、服务模式、技术保障、资源整合平台等方面进行了系统的研究。该书为我国区域图书馆联盟，尤其是相对落后的中西部地市级区域的图书馆联盟建设提供指导与参考。该书共分10章，第一章图书馆联盟概论，第二章区域图书馆联盟概论，第三章区域图书馆联盟建设的理论基础，第四章区域图书馆联盟特点、功能与发展趋势，第五章区域图书馆联盟的管理运行机制，第六章区域图书馆联盟信息资源建设策略，第七章区域图书馆联盟服务体系建设策略，第八章区域图书馆联盟的技术保障研究，第九章区域内图书馆协同管理机制，第十章区域图书馆联盟实践与探索。

《公共图书馆面积规划研究》 张广钦著，北京图书馆出版社，2011年6月出版。从图书馆业务功能角度研究公共图书馆面积规划问题，从图书馆业务工作的需要出发，分析公共图书馆核心业务要素。在进行公共图书馆面积规划的实践中，该书以图书馆学、环境心理学、行为建筑学、人类工效学与人体测量学为理论基础。该书主要内容包括公共图书馆面积规划的原则与方法、社会因素、业务因素、实证研究以及发展趋势。

《基层图书馆参考服务概论》 卓连营编著，国家图书馆出版社，2012年7月出版。该书对基层图书馆的内涵外延予以界定，分析了基层图书馆参考服务的现状以及参考服务模式的重构，对参考服务的重点内容——阅读导引、公共信息服务、咨询服务、业务辅导进行了具体论述并给出了具体可操作的方案，最后明确了基层图书馆参考服务基本储备。

《公共图书馆建设主体研究——全覆盖目标下的选择》 于良芝等著，北京图书馆出版社，2011年12月出版。该书简单回顾了我国现有公共图书馆建设主体选择的历史、现状和问题；介绍了世界主要国家公共图书馆建设主体的选择及公共图书馆服务体系的形成，考察了经济高效、可持续、全覆盖的公共图书馆服务体系对其建设主体的要求,对满足要求的图书馆建设主体进行了初步选择;从各级政府的财政能力及辖区所需图书馆数量、地方政府改革趋势的角度进一步考察了上述选择的现实性和可行性;专门讨论了社会力量参与图书馆建设的问题;最后在总结主要发现的基础上,对变革我国公共图书馆建设主体和建设体制提出了建议。共分9个部分,绪论,我国公共图书馆的建设主体及其变革,国外公共图书馆的法定建设主体及其对公共图书馆的设置,从规模经济角度看公共图书馆建设主体的选择,从全覆盖和可持续发展角度看总分馆制及其建设主体的选择,从地方政府财政能力和总分馆体系规模看建设主体的选择,从政府行政体制改革趋势看公共图书馆建设主体的选择,社会力量参与图书馆建设,结论与建议。

《公共图书馆文献资源建设法律保障研究》　肖希明等著,北京图书馆出版社,2011年12月出版。主要为公共图书馆立法提供有关的资料、思想、理论乃至方案。主要从以下几方面展开论证:从国内外的图书馆法中析出有关文献资源建设的内容进行分析,了解国外图书馆法中有关文献资源建设的规定,从中找出我国在图书馆立法方面可以借鉴的内容,国内的法律法规的实施效果以及存在的问题和薄弱环节;利用现有的统计资料,对近十年来我国公共图书馆文献资源建设的状况进行分析;通过问卷调查和统计分析,掌握乡镇图书馆文献资源建设情况和存在的问题;通过对公共图书馆文献资源建设所涉及的各种问题的分析,拟出目前亟待解决的问题,以及哪些问题是需要法律来规范的,在此基础上设计调查问卷,选取若干样本进行调查;从目前关于公共图书馆研究中提炼出若干与文献资源建设法律保障有关的理论与实践问题,一方面概述和分析近年来对这些问题进行理论研究的观点和实践领域的探索,同时也提出我们对这些问题的思考。共分8章,第一章绪论,第二章国外公共图书馆文献资源建设法律保障,第三章国内公共图书馆文献资源建设法律保障,第四章我国公共图书馆文献资源建设现状分析,第五章我国乡镇图书馆文献资源建设现状分析,第六章我国公共图书馆文献资源建设法律需求的调查分析,第七章公共图书馆文献资源建设法律保障的若干热点问题探讨,第八章关于我国公共图书馆法中文献资源建设内容的建议。

《公共图书馆业务培训指导纲要》 于群、李国新主编,北京师范大学出版社,2012年1月出版。该书是全国基层文化队伍培训教材。《指导纲要》顾名思义以"指导"为目的,以"纲要"为参考,为各地开展基层文化队伍培训设计了培训框架和培训重点,是一套针对性很强的教学参考书。它以"学得会、用得上、有实效"为出发点,以全面提高基层公共文化工作者的职业素养和业务能力为目标,对公共图书馆工作的理论、政策、方法、机制做了较为全面系统的梳理总结和介绍分析,为构筑我国公共文化服务教学内容体系做出了有益探索。

《图书馆联盟运行机制研究》 王丽华著,世界图书出版公司,2012年4月出版。该书从资源共享等多种理论中寻求图书馆联盟运行机制研究的理论支撑,从合作、服务、管理与评估四个维度入手构建图书馆联盟的运行机制体系,并对每一维度的构成要素进行深入分析。共分8个部分,绪论,图书馆联盟的基本问题,图书馆联盟运行机制及其理论基础,图书馆联盟的合作机制,图书馆联盟的服务机制,图书馆联盟的管理机制,图书馆联盟的绩效评估机制,总结、展望与建议。

《公共图书馆概论》 汪江波主编,北京图书馆出版社,2012年5月出版。该专著通过对国内外公共图书馆发展历程的系统梳理及对公共图书馆相关理论研究和实践经验的全面总结,帮助广大公共图书馆从业人员进一步深刻认识公共图书馆的性质、职能及其公益性价值,深入了解公共图书馆事业发展规律、主要工作内容及基本技术、方法,并在此基础上展望我国公共图书馆事业未来发展蓝图。共分8章,第一章绪论,第二章公共图书馆制度,第三章公共图书馆资源建设,第四章公共图书馆资源组织,第五章公共图书馆用户,第六章公共图书馆服务,第七章公共图书馆管理,第八章我国公共图书馆建设与发展。

《公共图书馆基本原理》 于良芝、许晓霞、张广钦编著,北京师范大学出版社,2012年6月出版。是全国基层文化队伍培训教材。《公共图书馆基本原理》旨在向公共图书馆的工作人员、图书馆学系的学生以及关注公共图书馆的其他相关人员介绍公共图书馆的基本知识,包括公共图书馆的起源、基本特征与理念、使命、核心业务与服务、利用行为及其影响因素、绩效与价值评估,以帮助公共图书馆的工作人员理解其工作中经常遇到的"为什么"类问题(例如公共图书馆为什么必须存在?为什么要由公共财政支持?为什么要覆盖全民?为什么要提供这样和那样的服务?这些服务为什么不被均衡利用?),增强图书馆工作人员在工作中的方向感、宏观视野和批判分析能力。该书还根据公共图书馆的基本原理考察了我国公共图书馆自"十五"以来的重大变化,揭示了这些变化背后的职业思想,从而展示了我国对公共图书馆基本原理的实践和发展。共分7章,第一章概述,第二章公共图书馆的基本特征与相关理念,第三章公共图书馆的使命,第四章公共图书馆的核心业务与服务,第五章公共图书馆的利用,第六章公共图书馆评估,第七章中国对公共图书馆基本原理的践行与发展。

《公共图书馆未成年人服务》 范并思、吕梅、胡海荣编著,北京师范大学出版社,2012年8月出版。该书是全国基层文化队伍培训教材。该书主要目的是帮助基层公共图书馆的管理者和从业人员认识未成年人服务的基本原理、历史与现状、服务的意义与基本原则，帮助公共图书馆从事未成年人服务的图书馆员了解服务的专业知识和服务技能。共分8章，第一章公共图书馆未成年人服务概述，第二章未成年人服务的相关理论与政策，第三章未成年人文献资源，第四章未成年人服务环境的倒设，第五章未成年人服务人员与安全管理，第六章未成年人活动的类型与策划，第七章未成年人阅读活动的组织与管理，第八章图书馆未成年人服务与社会合作。

《公共图书馆全方位开放的厦门模式》　林丽萍著，厦门大学出版社，2012年8月出版。该书总结了厦门市图书馆具有鲜明个性的全方位开放模式，旨在使厦门市图书馆的管理模式得到有效的传承和创新，同时也希望为国内图书馆界同行提供一个全方位开放的典型案例，让同行见证厦门市图书馆的发展，了解厦门市图书馆为实现全民共享图书馆所做的努力和取得的成效。共分6章，第一章导论，第二章建筑开放：给读者一个舒适的公共空间，第三章藏书开放：最大限度满足读者的阅读需求，第四章服务开放：全方位的多元化服务，第五章体系结构开放：多种模式并存的服务体系建设，第六章管理开放：以人为本的管理体系。

《公共图书馆信息技术应用》
李东来、宛玲、金武刚编著，北京师范大学出版社，2013年1月出版。该书是全国基层文化队伍培训教材。《公共图书馆信息技术应用》是一部既能较全面介绍图书馆信息技术又能满足基层现实需要的实用教材。该教材一方面对图书馆相关信息技术进行了重新梳理，确定以知识点进行概况介绍；另一方面选择了近十个公共图书馆工作中常用的信息技术为操作点，以实例详介其操作过程，并穿插安排在相关章节，以期达到知识与技能相结合，满足信息技术繁杂多样、基层需求差异较大的现实情况。共分7章,第一章概述,第二章图书馆业务管理系统,第三章图书馆网络与公共电子阅览室建设,第四章数字资源建设技术,第五章数字化信息服务技术,第六章图书馆信息技术应用展望,第七章重大公共数字文化工程。

《**公共图书馆管理实务**》 邱冠华、陈萍编著,北京师范大学出版社,2013年1月出版。该书是全国基层文化队伍培训教材。该书从实务的角度,向公共图书馆的工作人员和管理者介绍公共图书馆管理的基本知识、内容、思路和技巧,内容包括概述、战略管理、资金管理、成本管理、人力资源管理、用户管理等。共分7章,第一章概述,第二章公共图书馆战略管理,第三章公共图书馆资金管理,第四章公共图书馆成本管理,第五章公共图书馆人力资源管理,第六章公共图书馆用户管理,第七章公共图书馆安全管理。

《**公共图书馆资源建设与服务**》 杨玉麟、屈义华编著,北京师范大学出版社,2013年1月出版。该书是全国基层文化队伍培训教材。该书重点讲授公共图书馆各种信息资源的搜集方法、整理方法,同时介绍公共图书馆的服务内容与服务方式,传递先进的图书馆服务理念和方法,强调公共图书馆资源建设与服务活动的规范。共分6章,第一章概述,第二章公共图书馆文献资源建设,第三章公共图书馆数字资源建设,第四章公共图书馆文献资源组织与管理,第五章公共图书馆的基本服务,第六章公共图书馆资源建设标准与服务标准。

《**公共图书馆宣传推广与阅读促进**》 李超平编著,北京师范大学出版社,2013年1月出版。该书是全国基层文化队伍培训教材。该书介绍了宣传推广的基本概念、相关的理论以及操作实务,包括:公共图书馆宣传、推广及二者的关系,公共图书馆公共关系及其与宣传推广的关系;与公共图书馆宣传推广创意产生的思维基础等。分上、下篇。上篇,包括:第一章概述,第二章公共图书馆宣传推广的理念与方法,第三章公共图书馆宣传推广实务,第四章公共图书馆宣传推广的社会合作;下篇,包括:第五章阅读与阅读研究,第六章国际阅读促进活动,第七章公共图书馆的阅读促进实务。

《公共图书馆读者服务案例》 吴晞、肖容梅著,北京师范大学出版社,2013年3月出版。该书是全国基层文化队伍培训教材。该书收录的多数案例都会从一个故事讲起,标题采取主副标题的形式,以增加可读性。每个案例的结构基本统一,分为正文、分析点评、资料来源三个部分。少数案例可能以某个案例为主,引申到同类案例,以丰富内容,扩大视野。共分9章,第一章理论创新与实践,第二章服务模式与管理机制,第三章参考与借阅服务,第四章阅读活动与宣传推广,第五章数字服务,第六章新技术在服务中的应用,第七章未成年人服务,第八章残疾人服务,第九章读者服务中的知识产权。

《公共图书馆服务体系的探索与实践》 国家图书馆研究院主编,北京图书馆出版社出版。为了研究我国公共图书馆服务体系建设的基本规律,剖析各地实践,总结成功经验,从2012年开始,在专门策划的调研活动的基础上,形成系列调研报告专著,供各地参考借鉴。目前已经形成了东莞调研报告、天津调研报告、山西调研报告专著。

《创新与超越——城市街区自助图书馆网建设与实践》 甘琳等著,北京图书馆出版社,2013年6月出版。《创新与超越——城市街区自助图书馆网建设与实践》是城市街区自助图书馆网建设的理论概括与实践总结,分理念篇、技术篇、建设篇、保障篇、效益篇五个部分,阐述了城市街区自助图书馆网建设中的技术支撑问题、物流保障问题、成本效益问题及适合的解决方案,对我国城市图书馆的发展提供了一个新思路,为城市图书馆网建设提供了很好的实践经验。

《大都市的公共图书馆事业——国际学术研讨会论文集》 方家忠主编,中山大学出版社,2013年6月出版。收录的论文以"大都市的公共图书馆事业"为主题展开,包括9个部分:大都市图书馆服务系统构建、大都市图书馆的多元文化服务、新媒体环境下的图书馆服务发展、图书馆作为城市"第三空间"的作用及在大都市文化塑造中的角色、大都市图书馆的信息资源建设、大都市图书馆的职业化团队建设等,适合图书馆界尤其是公共图书馆的从业人员、图情专业学生学习、阅读。

《公共图书馆全免费服务发展框架与策略研究》 刘杰民编著,科技文献出版社,2013年9月出版。共分9章,第一章图书馆的基本概念,第二章公共图书馆服务社会化的发展趋势,第三章公共图书馆全免费服务发展历程,第四章公共图书馆全免费对图书馆的变革与影响,第五章公共图书馆全免费服务工作的扩展,第六章公共图书馆全免费服务于特殊人群,第七章公共图书馆全免费对馆员素质的要求,第八章网络环境下公共图书馆免费开放服务,第九章变革、合作与图书馆的发展。

《数字图书馆概论》 过仕明、杨晓秋著,黑龙江科学技术出版社,2006年8月出版。全书共分8章,第一章数字图书馆及其相关概念,第二章数字图书馆的体系结构,第三章数字图书馆的关键技术,第四章数字图书馆标准规范的制定和应用,第五章数字图书馆信息存储与检索技术,第六章数字图书馆的信息服务,第七章数字图书馆知识产权保护问题,第八章数字图书馆的发展与未来。另有2011年11月河北人民出版社出版的黄文忠著《数字图书馆概论》。

《图书馆报》 由中国出版集团主管,新华书店总店所属《新华书目报》社主办,中国图书馆学会协办。创刊于2003年。《图书馆报》是我国图书馆学界第一份,也是目前唯一的一份图书馆行业报纸,已经在图书馆界积累了相当高的知名度。

《中国图书馆学报》杂志 是由中华人民共和国文化部主管、中国图书馆学会和中国国家图书馆主办的国家级图书情报学专业期刊,被业内专家和学者誉为"中国图书馆学第一刊"。创刊于1957年。《中国图书馆学报》杂志以广大图书情报工作者和图书馆学、情报学专业师生为主要读者对象,以开展图书情报学学术研究和交流为宗旨,是发表学术研究成果、交流学术思想的专业学术性刊物。其任务是在"百花齐放,百家争鸣"方针指引下,开展学术讨论,提高学术水平,促进中国图书情报事业发展。《中国图书馆学报》坚持从严选稿,刊登文章质量普遍较高。所发表的许多文章,都体现了中国图书馆学研究的最高水平。主要栏目有:理论研究·实践研究、事业发展·现代化建设、探索·交流、信息·动态等。

《国家图书馆学刊》杂志 由文化部主管、国家图书馆主办,面向国内外图书馆界、大专院校、科研单位和图书情报专业工作者发行。创刊于1995年。目前已被南京大学研制的中文社会科学引文索引(CSSCI)数据库收录,并入编北京大学图书馆研制的《中文核心期刊要目总览》。《国家图书馆学刊》杂志以图书馆学研究为主,理论联系实际,关注国内外图书馆领域的动态,贴近工作实践和事业发展前沿,突出理论和实践中重点和热点问题的研讨。适应信息时代的特点,尽力捕捉有关图书馆行业的世界高新科技,新型管理模式,以及本专业国内外最新学术成果和发展动态。主要栏目设有:国家馆纵横谈、馆长论坛、专家视点、信息组织、研究与实践、古籍保护、史海撷英、海外掠影等。每期还专设 1～2 个专题论坛,集中探讨业界和学界共同关心的话题。

《现代图书情报技术》杂志 是由中国科学院主管、中国科学院文献情报中心主办的学术性、计算机信息管理技术专业刊物。它集图书馆界、情报界、各种现代技术的应用和情报信息服务工作导向于一身,面向情报信息界、图书馆界和档案界,技术导向强、信息量大、内容丰富,是国内唯一一份被中国图书馆学会和中国科技情报学会共同推荐的专业技术类中文核心期刊。创刊于 1980 年。办刊宗旨是,理论与实践相结合,普及与提高并重,倡导服务创新。主要栏目有:数字图书馆、知识组织与知识管理、情报分析与研究、应用实践、动态、特邀专栏。

《图书馆工作与研究》杂志 由天津图书馆、天津市图书馆学会、天津市少年儿童图书馆主办。创刊于 1979 年。《图书馆工作与研究》杂志坚持贯彻党的基本路线、四项基本原则,坚持为社会主义服务和"双向"方针,坚持知识性与科学性相结合,普及与提高相结合的办刊方针,立足本市,面向全国,为推动图书馆学研究和促进图书馆事业发展做出应有的贡献。主要栏目有:两岸文萃、理论研究、图书馆事业、图书馆现代化、研究生活争鸣、分类编目等。

《图书馆学刊》杂志 由辽宁省图书馆学会、辽宁省图书馆主办。创刊于 1979 年。《图书馆学刊》杂志注重图书馆学理论与实践的紧密结合,融学术性、知识性和实用性于一体,立足辽宁,面向基层,服务全国。主要栏目有:专家视点、理论园地、管理纵横、信息组织、服务经纬、数字网络、文献考略、研究综述、域外采风、书人书事、动态荟萃等。

《图书馆学研究》杂志 由吉林省图书馆主办。创刊于 1979 年。《图书馆学研究》杂志坚持理论联系实际的原则,致力图书馆学、科技情报学、目录学、史料学、版本学、图书馆科学管理,干部培养,图书馆建设与设备、图书馆改革的研究,提高图书馆工作者的理论和业务水平。主要栏目有基础理论研究,数字化、网络化,图书馆管理,信息资源建设,分编与检索,信息服务,参考咨询等。

《图书馆建设》杂志 由黑龙江省文化厅主管,黑龙江省图书馆学会和黑龙江省图书馆主办。创刊于1978年。主要栏目有:理论探索与建设、信息资源建设、标引与编目、信息管理与服务、卷海钩沉。

《图书馆杂志》 由上海市图书馆学会与上海图书馆合办。创刊于1982年。《图书馆杂志》坚持站在学科发展的前沿,坚持理论联系实践的办刊宗旨,形成了前瞻探索与现实研究并重,理论学术与实践操作共举的特色。比较注重图书馆实际工作者的需求,为实践范畴的讨论、交流提供了较多的篇幅。

因而在图书馆专业界受到普遍欢迎,邮发量始终位居国内同类刊物的首位。主要栏目有:理论探索、工作研究、新技术应用、各类型图书馆、海外眺望、文史天地等。

《新世纪图书馆》杂志 由江苏省图书馆学会、南京图书馆主办。创刊于1980年。其办刊宗旨是繁荣学术研究,推进图书馆事业发展,发现培养专业人才。主要栏目有:学术论坛、业务研究、网络天地、图书馆事业、国外图书馆等。

《图书馆研究》杂志 由江西省图书馆学会和江西省图书馆主办。它既是广大图书情报工作者发表学术研究成果的园地,也是了解和掌握图书情报学界最新学术研究成果及发展动态的窗口。主要栏目有:学术探讨、图书馆事业、资源建设、图书馆管理、文献采编、读者工作、信息服务、图书馆法制、参考咨询、人力资源、信息技术、数据库建设、书史馆志、文献研究、图苑动态等。

《图书馆论坛》杂志 由广东省立中山图书馆主办。创刊于 1981 年。《图书馆论坛》杂志始终坚持贯彻党的双百方针,发表图书馆学情报学学术研究成果,交流图书馆工作经验,促进图书情报事业深入发展。主要栏目有:争鸣·探索、公共服务平台建设、广东图书馆研究、数字·技术·网络、信息资源建设·信息组织、信息服务·信息开发与利用、信息政策·信息法规、图书情报教育·素质教育、图书馆建筑、读书与人生、图书情报界人物、从业抒怀、一事一议、文献之窗。

《图书馆》杂志 湖南图书馆、湖南省图书馆学会、湖南省中心图书馆委员会也于 1973 年创刊主办了《图书馆》杂志。它坚持反映图书馆学研究成果,刊登图书馆学、情报学、目录学、分类学理论及业务工作研究的文章,普及图书馆学知识。主要栏目有:学术论坛、专题研究、探讨与争鸣、基层图书馆工作谈、书林清话、书刊博览。

《图书馆界》杂志 由广西图书馆学会、广西壮族自治区图书馆主办。创刊于 1980 年。《图书馆界》杂志致力于图书馆界的理论探索、学术研讨和工作经验交流,坚持理论与实践相结合,形成了求实、严谨、质朴的办刊风格。主要栏目有:基础理论、争鸣与探索、分类编目、情报学、图书学、目录学、藏书建设、读者工作、期刊工作、特种文献工作、国内外图书馆事业、图书馆建筑、名人与图书馆现代化等。

《四川省图书馆学报》杂志 由四川省图书馆学会主办。创刊于 1979 年。其宗旨是推动和开展图书馆学、文献学、情报学、版本学等理论以及现代新信息技术在图书馆的应用研究,促进图书馆事业的改革与发展。主要栏目有:理论与事业研究、现代技术、资源建设、读者工作、参考咨询、院校图书室、文献研究、图情史苑等。

《图书与情报》杂志 由甘肃省图书馆、甘肃省科技情报研究所、甘肃省图书馆学会、甘肃省科技情报学会主办。创刊于 1980 年。《图书与情报》杂志主要研究和探讨图书情报工作理论,交流工作经验,普及专业知识,提高专业工作水平。主要栏目有:理论园地、学术方阵、文化沙龙、信息法学、实践平台、人物与书林、珍藏撷英、图苑时空。

《图书馆理论与实践》杂志 由宁夏图书馆学会、宁夏图书馆主办。创刊于 1979 年。是图书馆学、信息资源管理学专业期刊。《图书馆理论与实践》杂志始终注意把握与反映业界的理论与实践的最新进展。主要栏目有:当代图书馆人、综合评述、信息学·文献学、学术探讨、工作研究、业务知识讲座、海外链接、图书馆数字化技术平台。

《群众文化学》 郑永富主编,中国国际广播出版社,2001 年 6 月 1 日出版。该著作是中央广播电视大学中文系群众文化专业教材,共分 12 章,第一章群众文化的起源与发展,第二章群众文化的本质特征,第三章群众文化的社会功能,第四章群众文化的生态环境,第五章群众文化的形态类型(上),第六章群众文化的形态类型(下),第七章群众文化活动,第八章群众文化的骨干与群体,第九章群众文化事业机构,第十章群众文化与文化消费,第十一章群众文化的组织与辅导,第十二章群众文化的管理。

《江苏十大文化馆研究报告》 戴珩著,人民日报出版社,2005 年出版。该书第一次以专著的形式,将研究目光投放在基层文化馆的职能上,介绍了江苏省十家文化馆的巨大变化。在书中将描述与探索、评价与研讨结合为一体,图文并茂地展现了当今文化馆的新风貌。

《群文论谈》 陈忠杰著,中央文献出版社,2005 年 5 月 1 日出版。该书主要是收录作者的获奖论文以及发表的文章,这些文章从不同层面对群众文化的工作进行了研究。

《群众文化论稿》 王怀佐著,中央文献出版社,2005年8月1日出版。该书主要是收录作者的获奖论文以及发表的文章,这些文章从不同层面对群众文化的实践进行了探索思考。

《斑斓秋色》 黄树林著,时代文艺出版社,2006年9月1日出版。该专著收录了作者从1987—2006年历时19年的群众文化工作经验和理论研究成果。共分思考篇、调研篇、民俗篇、阅读篇。

《中国文化馆学概论》 谈祖应著,海南出版社,2008年出版。共分9章,包括第一章文化馆认识论、第二章文化馆本体论、第三章文化馆价值论、第四章文化馆功能论、第五章文化馆事业论、第六章文化馆工作论、第七章文化馆管理论、第八章文化馆学科论、第九章文化馆发展论。该书较全面地涵盖了文化馆事业的性质和任务等,较集中地、准确地给予阐释,为创立文化馆学科找到头绪。

《中国群众文化论丛(第一辑)》 中国群众文化学会主编,人民日报出版社,2008年6月1日出版。该书收录的论文把理论的视角牢牢对准群众文化改革、发展的生动实践,围绕城乡公共文化服务体系建构、非物质文化遗产保护、新农村文化建设、社区文化发展等重大理论和现实问题,创新思维,积极探索,进行了多侧面的较为系统的研究。

《文化馆(站)业务培训指导纲要》 于群、冯守仁主编,北京师范大学出版社,2012年1月1日出版。该书是全国基层文化队伍培训教材。《指导纲要》顾名思义以"指导"为目的,以"纲要"为参考,为各地开展基层文化队伍培训设计了培训框架和培训重点,是一套针对性很强的教学参考书。它以

"学得会、用得上、有实效"为出发点，以全面提高基层公共文化工作者的职业素养和业务能力为目标，对群众文化工作的理论、政策、方法、机制做了较为全面系统的梳理总结和介绍分析，为构筑我国公共文化服务教学内容体系做出了有益探索。共分7章，第一章群众文化与群众文化需求，第二章群众文化与公共文化服务体系建设，第三章群众文化生存发展的环境，第四章群众文化的形态划分，第五章群众文化事业，第六章群众文化活动，第七章中国群众文化事业的政策法规与理论建设。

《中国文化馆(站)发展之路》
彭泽明著，重庆出版社，2012年10月1日出版。该书在"问题意识"的引领下，以党的十七届六中全会所提出的"中国特色的社会主义文化发展道路"、"努力建设社会主义文化强国"、"构建社会主义核心价值体系"、"满足人民群众的基本文化需求"为语境，以理论性与实践性、系统梳理中国文化馆(站)的历史脉络为旨趣，通过文献查阅、座谈调研、专家访谈、对比分析、案例举证等方式，从文化学、社会学、公共管理学、经济学、统计学等维度，揭示和阐发了中国文化馆(站)的昨天、今天和明天。与此同时，借鉴世界上部分国家和地区公共文化服务领域的相关经验，紧密结合实践，对事关中国文化馆(站)发展的重大问题进行了尝试性的解构。共分5章，第一章中国文化馆(站)的历史演变，第二章新中国文化馆(站)的建设发展，第三章当前中国文化馆(站)发展问题分析，第四章新时期中国文化馆建设设想，第五章世界部分国家和地区公共文化服务之经验借鉴。

《文化馆(站)服务与管理》 王全吉著，北京师范大学出版社，2013年2月1日出版。该书是全国基层文化队伍培训教材。《文化馆(站)服务与管理》主要内容包括：文化馆(站)的发展历程、公共文化服务体系下的文化馆(站)建设、公共文化服务体系下文化馆

（站）的基本职能与任务、文化馆（站）免费开放的意义与工作原则、文化馆（站）免费开放的基本内容与具体措施、文化馆（站）免费开放的保障机制、文化馆（站）免费开放的宣传推广等。共分9章，第一章公共文化服务体系下文化馆（站）的职能定位，第二章文化馆（站）的免费开放，第三章文化馆（站）宣传、培训与指导，第四章文化馆（站）公益性群众文化活动，第五章文化馆（站）数字文化信息服务，第六章文化馆（站）的服务创新，第七章文化馆（站）管理（上），第八章文化馆（站）管理（下），第九章文化馆（站）的评估定级。

《群众文化基础知识》 冯守仁、鲍和平等编著，北京师范大学出版社，2013年3月1日出版。该书是全国基层文化队伍培训教材。该书阐释了群众文化不同于专业文化和文化产业，有其特殊的规律性，从事群众文化工作的人员应当掌握群众文化的基本理论和基本方法。该书共分7章，第一章群众文化与群众文化需求，第二章群众文化与公共文化服务体系建设，第三章群众文化生存发展的环境，第四章群众文化的形态划分，第五章群众文化事业，第六章群众文化活动，第七章中国群众文化事业的政策法规与理论建设。

《群众文化案例选编》 路斌、杜染主编，北京师范大学出版社，2013年6月1日出版。是全国基层文化队伍培训教材。该书精选了全国各省、自治区、直辖市在群众文化事业发展中具有典型性、示范性意义，并且在实践中学得会、用得上、有实效的实例，通过面向全国的培训，向广大基层文化工作者宣传、展示、推广各省市的典型经验和做法，从一个侧面本现本省市的群众文化工作水平。对入选的案例，编者邀请国家公共文化服务体系建设专家委员会专家逐一进行了点评。每个案例在文字上基本包括案例概况、具体做法、主要特色、社会效果、主要经验等，便于读者较全面地对案例进行了解和学习、借鉴，从而对本地区、本单位群众文化工作具有指导和启发意义。全书共4章：群众文化活动、群众文化机制创新、群众文化队伍建设、文化馆（站）的免费开放。

《群众文化研究选读》 北京文化艺术活动中心主编，北京师范大学出版社，2013年7月1日出版。共分5章，第一篇群众文化建设与发展，第二篇文化馆免费开放与体制机制改革，第三篇群众文化队伍建设，第四篇群众文艺创作与辅导，第五篇民族民间文化艺术遗产搜集整理保护。

《群众文化活动的策划与组织》 贾乃鼎著，北京师范大学出版社，2013年8月1日出版。该书是全国基层文化队伍培训教材。该书是针对我国基层群众文化队伍和骨干力量的实际情况，参照全国现有的群众文化设施和当前群众文化活动的平均运作水平编写的应用性教材。所涉及的内容均是在群众文化活动操作当中经常运用的最基础的知识，因此作者将相关理论进行简化，采用通俗的语言进行表述，尽量满足全国各地大多数基层群众文化工作者的需要。共分5章，第一章群众文化活动策划与组织的基础知识，第二章群众文化活动的策划（上），第三章群众文化活动的策划（下），第四章群众文化活动的组织与实施，第五章群众文化活动方案的编写。

《群众文化工作实务》 石振怀主编，北京师范大学出版社，2013年9月1日出版。是全国基层文化队伍培训教材。本教材是针对群众文化工作的从业人员开发的一本涵盖群众文化工作实务等方面的教材，本书全面梳理群众文化工作实务的内容，填补国内尚无群众文化工作实务教材的空白，本书具体内容包括群众文化活动的组织、管理，群众文化队伍的管理，群众文化创作的管理，群众文化的辅导等。共分7章，第一章公共文化服务体系建设大背景下的群众文化工作,第二章群众文化组织与管理,第三章群众文化活动管理与品牌战略,第四章群众文化活动的分类管理,第五章群众文化队伍建设,第六章群众文化辅导基础知识,第七章群众文化活动的辅导。

《数字图书馆与文化共享工程》

陈雪樵编著,中国环境科学出版社,2008年8月1日出版。该书分4章对数字图书馆和文化信息资源共享工程进行了介绍。第一章数字图书馆,对数字图书馆缘起、概念、功能和国际国内的运用情况进行了概述;第二章全国文化信息资源共享工程,介绍了文化信息资源共享工程建设和实施情况,对数字图书馆与文化信息资源共享工程的关系进行了探讨,对青岛市和河南省的典型模式进行了剖析;第三章文化信息资源共享工程在四川的实施和第四章文化信息资源共享工程的技术运用,着力对文化信息资源共享工程在四川的运用管理情况进行讲解,系统、全面地介绍有关技术操作规范。

《公共文化服务的创新与跨越——全国文化信息资源共享工程建设研究论文集》 张彦博主编,国家图书馆出版社,2010年12月1日出版。该书汇编了文化部、财政部、全国文化信息资源共享工程各级领导和相关专家学者就全国文化共享工程建设的意义、成就、存在的问题、解决办法和创新模式等所做的论述与探讨,收录了相关论文,对于指导相关工作及全国图书馆事业的发展具有指导意义。该书适合广大图书馆、文化馆及相关工作人员阅读。

《数字图书馆实践思考——文化共享工程的发展与创新之路》 王芬林著,国家图书馆出版社,2012年7月1日出版。主要从全国文化信息资源共享工程是服务型数字图书馆、全国文化信息资源共享工程数字资源建设、全国文化信息资源共享工程数字资源传输、全国文化信息资源共享工程数字资源服务等多方面进行论证分析。

《文化共享工程十年路·共创·共建·共享——优秀服务案例选编》 于群、李宏、张彦博主编,国家图书馆出版社,2012年12月1日出版。该书收录了许多优秀服务案例供学习参考。共分3篇,包括共建篇、共享篇、榜样篇。

《文化共享工程建设与服务》 张彦博、刘惠平、刘刚等著,北京师范大学出版社,2013年3月1日出版。该书是全国基层文化队伍培训教材。共分5章,第一章文化共享工程建设与公共数字文化服务体系,第二章文化共享工程的组织支撑体系与保障,第三章文化共享工程的技术应用,第四章文化共享工程的数字资源建设,第五章文化共享工程的资源利用和服务活动。

《农村公共文化信息服务研究》 陈瑛著,国家图书馆出版社,2013年5月1日出版。该书论述了公共文化、农村公共文化信息、农村公共文化信息服务体系的定义,分析了农村公共文化信息的类型与特征,全面综述了国内农村公共文化信息建设现状与农村公共文化信息服务体系构建的现状;从公共文化信息资源不同类型的角度论述了包括公共图书馆在内的主要农村公共文化信息的供给体系,较为全面地比较了各地区、各层级公共图书馆的文献信息服务能力;该书还从农村社会转型的角度,分析了农村社会结构的变化,关注农民文化观念的转变,从而提出社会分层视野中公共文化信息服务方面的转变与应对之策,得出了许多具有创新性的观点和结论。为了客观地反映现代农民信息素养水平,切实了解农村公共文化信息需求,该书在梳理了国内外关于信息素养标准研究的基础上,通过问卷调查法、实地访谈法、案例归纳法等方法,对国内不同省份农村公共文化信息服务现状进行分析比较,重点对湖南省14个市州农民进行调查,在获取了翔实的第一手数据的基础上进行实证研究,分析出农村公共文化信息服务的影响因素。共分6章,第一章公共文化与农村公共文化信息服务概述,第二章农民信息素养与农村文化信息需求的调查,第三章我国农村公共文化信息供给体系,第四章社会转型中的农村公共文化信息服务,第五章农村公共文化信息服务体系,第六章农村公共文化信息服务创新——乡村传播模式。

《文物学概论》 吴诗池著,上海文艺出版社,2002年5月1日出版。分甲篇、乙篇、丙篇,甲篇:包括第一章文物学的性质,第二章文物学的研究理论与方法,第三章文物学的发展简史,第四章文物的性质,第五章文物的定名与分类,第六章文物的价值,第七章文物的作用,第八章文物管理与保护,第九章文物保护与文物教育趋向国际化,第十章文物学与其他学科的关系;乙编:包括第十一章文物鉴定,第十二章文物鉴定的主要对象;丙编:包括第四纪地质分期、冰期、人类进化阶段、考古分期对应关系一览表,中国历史年代简表,文物藏品定级标准,中国文物出口鉴定参考标准。

《国家森林公园理论与实践》
兰思仁著,中国林业出版社,2004年11月1日出版。该书将近几年国内外森林公园和森林旅游业领域的主要成果融会其中,试图提出国家森林公园的基础理论与方法体系,力求做到理论上有深度,方法上有可操作性,案例分析有代表性,以给国家森林公园建设提供科学指导、理论支持与经验借鉴。全书分12章,主要包括以下内容:概述了国内外国家森林公园的有关概念、统计标准、主要类型、发展历程和发展趋势;提出了国家森林公园建设的理论基础主要有生态伦理学、生态经济学、景观生态学、可持续发展、休闲经济学和森林美学等理论,初步构建了国家森林公园的理论框架;详细论述了国家森林公园的景观资源调查、分类和评价方法;提出了森林景观资源数量评价指标体系;阐述了森林景观资源资产的基本概念及其价值构成，资产评估方法与指标体系；阐述了国家森林公园森林旅游产品的构成、分类和特征；提出了国家森林公园森林旅游产品适宜性评价方法与指标体系；详细描述了国家森林公园可行性研究与总体规划的基本内容与步骤、功能区划与布局、市场调查与评价、设施规划和支持体系建设规划等；分析了国家森林公园风景林造景因素；提出了风景林培育的基本原则和技术体系等；提出了包括组织机构、人力资源管理、财务管理、质量管理、市场营销策划与管理、景观与环境保护管理在内的国家森林公园组织经营管理体系；阐述了国家森林公园与生态文明建设、社区林业发展的关系。全书提供了 14 个案例，有较强的代表性和可借鉴性。

《世界自然与文化遗产》 郭万平编著，浙江大学出版社，2006 年 11 月 1 日出版。该书主要介绍了有关世界遗产的基础知识和世界各大地区的世界遗产概况，同时还探讨了世界遗产的管理、保护以及候补世界遗产、落选世界遗产、濒危世界遗产的申请、保护等世界遗产领域的新课题。该书分 11 章，主要包括三部分内容：一为世界遗产基础知识；二为中国和世界各国的世界遗产概况；三为世界遗产相关理论问题。附录部分收载世界遗产的基本文献和采用最新数据制成的《世界遗产名录》。世界遗产学涉及历史学、考古学、建筑学、地理学、生态学、地质学、人类学、宗教学、民族学、艺术学、民俗学、语言学、美学、科技史等众多学科，其内容极为丰富，研究领域极为广阔。

《地质公园规划概论》 李同德著，中国建筑工业出版社，2007 年 8 月 1 日出版。该书简要介绍了地质公园发展的历程，系统论述了地质公园规划的原理与方法，并附有详细规划实例。全书重点按地质公园总体规划宗旨和概念，地质公园的总体规划和建设规划的原理、方法、结构组成分别论述介绍。

对以自然风景为主的公园、旅游景区规划设计共性问题也有一定深度的论述。书后还列有与地质公园规划相关的文件和实用资料。分5篇，第一篇地质公园及其发展进程，包括：第一章地质公园的发展进程，第二章地质遗迹及其保护，第三章公园与地质公园的分类，第四章构成地质公园的基本要素，第五章地质公园标准体系的建立；第二篇地质公园规划总论，包括：第一章地质公园规划的宗旨和内容，第二章地质公园规划的程序，第三章我国地质公园规划的发展进程，第四章地质公园规划的管理和实施，第五章地质公园规划的几个问题的讨论；第三篇地质公园总体规划，包括：第一章地质公园的性质与范围，第二章地质遗迹价值评估，第三章自然和人文旅游资源的价值评估，第四章地质公园的空间结构，第五章游赏景区景点的选择，第六章旅游设施规划，第七章配套设施系统规划，第八章科普解说系统，第九章地质遗迹保护规划，第十章生态环境保育规划，第十一章公园与社会经济协调发展，第十二章土地利用协调规划；第四篇地质公园建设规划，包括：第一章地质公园建设规划的由来和基本内容，第二章地质公园的边界界定，第三章地质景观展示规划设计，第四章地质公园门区的建设规划，第五章地质公园景区的建设规划，第六章地质博物馆和服务设施的建设规划和设计，第七章地质公园标示系统的建设规划和设计，第八章基础配套设施建设规划，第九章土地利用规划；第五篇地质公园规划实例。

《中国历史文化名城通论》 贾鸿雁著，东南大学出版社，2007年9月1日出版。该书是首部通论中国历史文化名城的学术著作。首次系统地分析了历史文化名城的形成因素、兴衰变迁、物质与文化构成；就理论研究和实践中备受关注的焦点问题——历史文化名城保护和旅游发展进行了论述，一些观点有独创性；结合作者参与的课题进行案例分析，内容翔实。全书分6章。第一章绪论,着重阐述历史文化名城的概念;第二章分析地理、政治、军事、经济四个因素在名城形成过程中的作用;第三章从政治行政地位升降和经济盛衰两方面描述名城的兴衰变迁过程及其规律;第四章剖析名城的物质与文化构成,揭示名城内涵;第五章就名城保护的基本原则、主要措施等进行论述;第六章谈名城的旅游发展。书末附现有108个国家级历史文化名城简介。该书适用于城市规划、城市管理及旅游管理等相关专业人员和文史爱好者。

《中国历史文化名镇名村保护理论与方法》 赵勇著,中国建筑工业出版社,2008年12月1日出版。包括7个部分,绪论,历史文化名镇(名村)保护的概念与理论,中国历史文化名镇(名村)空间分布与类型,历史文化名镇(名村)保护评价体系及方法,历史文化名镇(名村)保护预警系统及方法,历史文化名镇(名村)保护对策,历史文化名镇(名村)保护规划内容与方法。

《科学发展观与历史文化名城建设》 曹大贵、冯昌中编著,东南大学出版社,2009年7月1日出版。本书是在近年南京市政府办公厅(研究室)组织研究的课题基础上形成,是部分研究成果的系统总结。该书的最大特色是注重实践创新与理论探讨相结合,探索了南京城市科学发展的实践,对关注南京发展的广大读者具有一定的参考价值;部分成果已转化为南京经济社会发展和城市建设的决策,在一定程度上推动了南京城市的科学发展。同时,该书在理论方面也进行了探讨,希望对国内同类城市的科学发展也具有一定的启示。共分11章,第一章历史文化名城建设与发展趋势,第二章历史文化名城建设的理论基础,第三章南京历史文化名城演变与发展,第四章新时期南京历史文化名城发展,第五章塑造特色鲜明的历史文化空间,第六章文化名城土地利用与储备制度,第七章建设文化生态相融的宜居之地,第八章发展集约高效的现代都市经济,第九章建设社会和谐的生活品质之城,第十章探索文化和谐型城乡发展模式,第十一章历史文化名城发展的区域协调。

《留住城市文化的根与魂·中国文化遗产保护的探索与实践》 单霁翔著,科学出版社,2010年8月1日出版。该书为作者近年在国内外多个关于文化遗产及其保护的会议上所做的重要报告的汇集。全书共分三个部分,内容包括:城市化进程中的文化遗产保护;加强文化遗产保护的能力建设;新型文化遗产保护的探索与实践等。

《世界文化与自然遗产》 龚勋主编,云南教育出版社,2010年10月1日出版。《世界文化与自然遗产》一书从联合国教科文组织《世界文化与自然遗产名录》中精选了全球百余处为中国人所熟悉的文化与自然遗产,组合成集,几乎涵盖了世界文化与自然遗产的所有类型。每处遗产均以精练的文字从地理位置、历史背景、艺术价值、历史意义等多方面加以说明与介绍,并配以多幅精美图片,为人们的阅读更添了一分惬意和神往。全书共分三册,欧洲一册,亚洲一册,美洲、非洲和大洋洲合为一册。各洲内国家按遗产数量排序,各国家内的遗产按其被列入《世界遗产名录》的时间顺序排列。每篇介绍都附有一幅遗产所在位置的地图,并且还配有一个对遗产进行精练概括的"小知识",其精心的内容编排、精美的版式设计会帮助读者快捷、全面地接受信息。

《大遗址保护理论与实践》 孟宪民等编著,科学出版社,2012年3月1日出版。该书对解决我国大遗址保护中的有关理论问题和大遗址保护实践中的有关实际问题具有重要的指导作用。本书从大遗址保护的背景、概念和定义出发,分析我国大遗址保护所面临的问题,阐述大遗址保护的目的和意义,论述大遗址保护的相关技术,介绍我国大遗址保护的进展;结合中国大运河遗产和集安大遗址保护给出了遗产调查方法和遗产保护规划的实践范例。该书还介绍了国际上大遗址考古及大遗址管理规划的先进经验。

《世界文化遗产与城市》 林志宏著，同济大学出版社，2012年12月1日出版。《世界文化遗产与城市》从阿富汗大佛遭到严重破坏，国际社会与阿富汗内部如何进行保护的过程出发，引出联合国教科文组织最主要的三个国际文化公约，思考世界遗产与文化多样性的关系；继而在吸收、借鉴联合国教科文组织文化政策的基础上，侧重介绍联合国教科文组织推动下的世界遗产保存国际合作计划，以及欧亚重要历史文化名城——法国巴黎、法国雷恩、西班牙圣地亚哥和中国曲阜的自发性可持续发展实践，通过遗产保存、传统街区保护与都市适度更新的多类型案例，思考城市文化多样性的保存与城市发展和谐性的关联，并从中提炼出具有实际的政策指导和操作意义。

《地质公园概论》 方世明、李江风编著，中国地质大学出版社，2012年7月1日出版。《地质公园概论》介绍地质公园的基础知识、地学知识基础、地质遗迹资源与分类、中国的世界地质公园简介等内容。

《中国大遗址保护与利用制度研究》 陈理娟著，科学出版社，2013年7月1日出版。《中国大遗址保护与利用制度研究》通过对现有制度的梳理与缺陷分析，构建出由大遗址正式制度、大遗址非正式制度和大遗址制度环境三部分共同组成的中国大遗址保护制度体系。同时，提出大遗址保护"五权分立"的制度建议，并从大遗址产权制度、大遗址激励机制、人才战略培养机制、大遗址国家监督机制以及大遗址"文化信仰""可持续发展观"非正式制度五个方面给出相应的制度安排。

《大遗址保护与区域经济发展》

刘军民著,科学出版社,2013年7月1日出版。以大遗址保护与区域经济发展为主旨,指出大遗址在一定程度上具有稀缺性和有用性,是一种特殊的经济资源,应进行"有效保护";引入区域经济学理论、博弈论、后发优势理论等相关理论,分析大遗址与区域发展的关系,提出大遗址保护需要区域经济支持,同时为区域经济发展提供文化底蕴。共分7章,第一章导言,第二章文物大遗址保护与区域经济发展的理论基础,第三章文物大遗址保护与区域经济发展关系分析,第四章后发优势理论与文物大遗址区域经济发展,第五章城市近郊区文物大遗址保护利用与区域经济发展,第六章偏远地区文物大遗址保护利用与区域经济发展,第七章结论与进一步研究问题。

《中国文化遗产展示体系研究》

卜琳著,科学出版社,2013年12月1日出版。该书研究文化遗产展示解说系统,通过综合分析文化遗产保护的标准性文件,讨论文化遗产展示的定义、原则及相关概念;通过中外文化遗产诠释和展示理念与方法的比较、中国世界文化遗产地展示体系现状的剖析,指出中国文化遗产保护展示中深层的社会体制和价值观问题,并对构建中国文化遗产展示体系提出了具体建议和设计。

《文化遗产研究集刊》 由复旦大学文物与博物馆学系、复旦大学文化遗产研究中心编,上海古籍出版社出版,2001年出版第一集,定期出版。重点介绍文化遗产保护的相关知识和理论研究成果。

《中国文物报》 是由口国国家文物局主办的全国性的文物专业报纸。创刊于1985年。办报宗旨是:宣传国家文物法律、法规和文物工作方针、政策;介绍口华民族丰富多彩的文物,进行爱国主义和革命传统教育;报道国内外考古新发现和文物维修、保护、研究的新成果；传播文物知识，开展学术讨论；交流国内外文物工作信息和经验。该报集新闻性、科学性、知识性于一体，图文并茂，雅俗共赏，面向社会，面向全国文物系统。

《世界遗产》杂志 是由外交部主管，世界知识出版社、北京卓众出版有限公司共同主办，2007年在联合国教科文组织（UNESCO）世界遗产中心支持下创刊的中国唯一一本图文并茂地对全球世界遗产事务进行全方位深度报道的专业性科技期刊。《世界遗产》杂志以全球视野解读世界遗产价值及文明体系，深层次介绍全球世界自然遗产、文化遗产、非物质文化遗产等，对遗产现象及文化进行全方位展示分析，对遗产的保护和管理进行深入探讨，对遗产事业的可持续发展进行前瞻性的展望。杂志配合中国申遗工作，为在申请世界遗产地的项目与世界遗产评审团搭建沟通的桥梁。同时，关注并宣传国内具有重要遗产价值的传统文化、人文、地理等内容。主要栏目有：特别策划、申遗、声音、人物、深度、保护、非遗、遗产之旅。

《中国文化遗产》杂志 由国家文物局主管，国家文物报社主办。创刊于2004年。主要栏目有：观点、聚焦、遗产视野、文明遗踪、考古、博物馆、文博忆往、海外印象、资讯等。

《中华遗产》杂志 由中华书局主办，建设部、国家文物局、中国联合国教科文组织全国委员会协办。创刊于2004年。2008年，《中华遗产》杂志正式与《中国国家地理》杂志合作，由原先的零碎文章组合办刊模式转变为重视大策划、大主题的办刊理念。《中华遗产》杂志是中国第一份全面关注自然、文化和人类口头与非物质遗产的权威杂志。《中华遗产》杂志以透析文明遗存，彰显人文关怀为宗旨。

《文物》杂志 由文物出版社主办。创刊于1950年。自创刊以来，以新观点、新方法、新材料为主题，坚持"期期精彩、篇篇可读"的理念。其内容翔实、观点新颖、文章可读性强、信息量大，栏目设置众多，是业内具有影响力的杂志之一。主要栏目有：研究报告、工作简报、综述、知识介绍、通讯、文博论坛、文保技术、文物研究等。

《考古与文物》杂志 由陕西省文物局主管，山西省考古所主办。创刊于1980年。《考古与文物》杂志以历史唯物主义理论为指导，探索华夏文明的起源和流变；研究传统文化的表现形态；展现和积累物质文明的重要资料；丰富和扩大人们对自己过去的认识以及对自身的理解。本着"百花齐放、百家争鸣"的方针，积极开展学术讨论，活跃学术思想，交流研究成果，报道考古与文物工作的最新成就。主要栏目有：调查与发掘、研究与探索、考古学史、古文字研究、文物保护与科技、译文、读书与思考等。

《文物保护与考古科学》杂志
由上海市文物管理委员会主管，上海博物馆主办。创刊于1989年。《文物保护与考古科学》杂志属自然科学的综合性学术期刊，是我国唯一一份专业报道文物保护和考古科学技术的研究和应用成果的科技期刊。刊登文物保护、文物研究、文物修复、科技考古及其相关领域的研究论文、应用成果、综述文章及相关信息。主要栏目有：研究报告、工作简报、进展与评述、讲座及知识介绍、论坛、读者来信、信息交流、通讯等。

《中国博物馆学基础（修订本）》
此次修订仍由原书主编王宏钧负责，上海古籍出版社，2001年12月1日出版。该书系统地介绍了有关博物馆的社会功能、组织管理、工作原则等专业知识。在修订版中对原书章节作了较大调整，在博物馆信息化等内容上作了较多的增补，使该书具有了理论前瞻性和现实指导意义，系国家文物局文博专业教材之一。分四篇共24

章。第一篇博物馆学基本理论和博物馆历史，包括：第一章博物馆学的研究对象和任务，第二章博物馆学的历史发展，第三章博物馆学的研究方法，第四章博物馆功能与类型，第五章博物馆历史，第六章当代博物馆；第二篇博物馆专业工作，包括：第七章藏品征集、鉴定和管理，第八章藏品计算机管理，第九章藏品保护，第十章陈列研究与设计，第十一章陈列艺术，第十二章动态陈列和高新科技运用，第十三章博物馆观众，第十四章博物馆教育与服务，第十五章博物馆的科学研究；第三篇博物馆管理，包括：第十六章博物馆管理是多样性系统工程，第十七章人事、财务、安全的管理与规章制度，第十八章博物馆自筹资金的考察，第十九章博物馆建筑；第四篇博物馆信息化，包括：第二十章数据库建设和通用网络平台，第二十一章标准化和文物知识工程，第二十二章博物馆建筑智能化，第二十三章数值化博物馆，第二十四章博物馆信息化系统工程观念。

《数字博物馆概论》 徐士进、陈红京、董少春著，上海科学技术出版社，2007年4月1日出版。该书综合性地介绍了数字博物馆的概念、分类、特点、主要功能、研究现状，以及数字博物馆在信息社会中的地位和作用；详细介绍了建设数字博物馆的背景、内容、体系结构和关键技术。共分12章，第一章数字博物馆建设的背景，第二章数字博物馆的概念、分类和特点，第三章数字博物馆在信息社会中的地位、作用，第四章数字博物馆的功能与教育意义，第五章数字博物馆的研究现状，第六章数字博物馆的建设内容，第七章数字博物馆的体系结构，第八章数字博物馆的资源层次化描述体系，第九章数字博物馆关键技术，第十章藏品检索功能的设置原理，第十一章数字博物馆人才培养，第十二章数字博物馆原型系统——大学数字博物馆。

《博物馆陈列展览内容策划与实施》 齐玫著，文物出版社，2009年4月1日出版。这是一部论述博物馆陈列展览内容设计与实施的专业书籍，全面、系统、专业、理论联系实际地阐述了博物馆陈列展览内容不同阶段运作的整个过程，总结、梳理、诠释出博物馆陈列展览内容设计的精髓、程序、规范、要求，以及具体的操作过程，可以作为一部进行博物馆陈列展览内容设计与实施的专业参考书，特别是对不了解博物馆陈列展览内容设计与实施的单位及个人，具有实际的指导意义。共分4章，第一章博物馆陈列展览选题，第二章博物馆陈列展览实施，第三章博物馆陈列展览内容探讨，第四章首都博物馆举办的陈列展览。

《博物馆策展实践》 姚安著，科学出版社，2010年5月1日出版。作者将自己多年的实践、积累、探索、研究结集为《博物馆策展实践》一书，为博物馆学领域又添力作。该书记录了首都博物馆自新馆成立以来陈列展览规划、具体策划、动作的发展历程，全面地展现出首都博物馆的陈列展览理念，是由地方向全国，并走向世界的战略性转变。特别是其中对陈列展览内容策划的深度研究，已经形成特色化、系列化、专业化、整体化的陈列展览规范动作模式，为首都博物馆售后陈列展览的发展奠定了坚实的基础。书中涉及历史、文化、宗教、民俗等多方面内容，资料翔实，行文简洁，思路清晰，观点明确，并配有丰富的图片，对关心博物馆发展、关注博物馆展览的读者具有重要参考价值。

《从"馆舍天地"走向"大千世界"——关于广义博物馆的思考》 单霁翔著，天津大学出版社，2011年2月1日出版。该书基于作者多年工作的经验，总结了其对我国博物馆建设的思考，强调了博物馆建筑的功能性、实用性的结合，提出了未来博物馆建设所应实现的文化价值、社会价值。共分12个部分，包括引言、博物馆社会职能的调整与完善、博物馆是城市文化进步的积极力量、博物馆是加强社会教育的积极力量、博物馆是改善民众生活的积极力量、博物馆是促进社会发展的积极力量、实现保护性再利用的旧址博物馆、实现考古信息展示的遗址博物馆、实现原生环境保护的生态博物馆、实现社会和谐发展的社区博物馆、实现传播方式拓展的数字博物馆、结语。

《文博展馆空间设计》 王雄著,辽宁美术出版社,2011年7月1日出版。该书结合大量的博物馆陈列布展设计实例图片、作者参与和主持的项目设计实例,对现代博物馆展陈空间设计进行了多层面、多角度的阐述。着重就博物馆陈列布展工程的设计、项目的实施步骤及其工程的施工等主要内容作了实质性的表述和呈现。可以说,该书是作者近几年从事展陈空间设计教学和设计实践的一次汇总。因此,它既可以作为高校艺术院校展示艺术设计学科的专业教材,也可供从事展陈艺术设计的专业人员参阅。

《中国城市遗址类博物馆开发模式研究》 艾进著,西南财经大学出版社,2011年9月1日出版。该书首先收集、整理和总结了国内外博物馆的发展历程以及博物馆各个时期的概念、定义和分类标准。在此基础上,该书对国内外博物馆的发展趋势和模式进行整理归纳,总结提炼出了国外现代博物馆在发展和延伸其相关社会功能以提升游客满意度以及提升其所在城市旅游形象,以促进和激发游客正面游后行为等方面的经验和规律。同时,该研究在回顾国内外博物馆发展历史的基础上,对博物馆的分类和功能做出总结,尝试性地界定并分析了符合今天大力提升城市旅游和文化竞争力背景下的富有中国城市特色的博物馆新类型——城市遗址类博物馆,并对其基本概念和研究意义作出分析和说明。由此,该书提出了扩展旅游产品和体验是我国现代城市遗址类博物馆的未来经营理念和基本发展模式。本书共分9章,第一章绪论,第二章博物馆发展历程及其启示,第三章城市遗址类博物馆开发管理模式的发展趋势,第四章中国城市遗址类博物馆开发管理现状和问题,第五章核心问题的文献研究及相关理论基础,第六章研究区域背景描述与数据来源,第七章实证分析,第八章结构模型的构建与验证,第九章研究结论与建议。

《博物馆12讲》 姚安著,科学出版社,2011年12月1日出版。该书共分12讲,第一讲缪斯的礼物——博物馆的历史,第二讲中华文明的传承——博物馆在中国,第三讲一座博物馆的诞生,第四讲物华天宝的归宿——博物馆藏品征集、保管、修复,第五讲世事洞明皆学问——博物馆的研究,第六讲博物馆展览体系的构想与实践,第七讲一片精诚化于怀——社教、经营、开放、安保、物业,第八讲殿堂影像的传播——博物馆数字化,第九讲架起沟通的桥梁——博物馆志愿者及会员,第十讲博物馆临时展览的策划与实践,第十一讲把博物馆带回家——博物馆的文化创意产业,第十二讲无处不是博物馆——"城市大博物馆"概念的尝试。

《博物馆陈列设计》 于萍编,辽宁科学技术出版社,2012年4月1日出版。该书精选了45个博物馆陈列设计项目,汇集了全球各国设计师的优秀作品,全面地向读者介绍了博物馆室内陈列设计的各个要点,包括空间划分、内部结构、使用材料以及装饰元素等等。相信会给读者朋友一定的启发,为读者提供新鲜的设计灵感。

《中国博物馆》杂志 由国家文物局主管,中国博物馆协会主办,故宫博物院协办。创刊于1984年。《中国博物馆》杂志定位于代表全国最高水准、进行国际交流的开放型、创新型的博物馆界学术期刊。它致力于中国博物馆学的学科建设,在理论博物馆学、应用博物馆学方面进行了积极和富有成效的探索,促进了中国博物馆事业的发展壮大和中国博物馆学的成长,提升了中国博物馆界的专业研究水平,促进中国博物馆学走向成熟。同时,它注意探讨与实践密切相关的学术问题,对实践具有一定的指导意义,并紧跟世界博物馆界学术的发展动态,是国际同行了解中国博物馆发展的重要窗口。主要栏目有:博物馆研究、陈列艺术、藏品研究、博物馆人、博物馆安全、博物馆建筑、外国博物馆、短论等。

《人类口头和非物质遗产》 向云驹著,宁夏人民教育出版社,2004年11月1日出版。该书全面介绍和研究了有关口头和非物质遗产的概念,联合国保护之由来;"代表作"评定的国际标准,此种遗产"申遗"的程序,口头和非物质遗产的分类,科学评价,口头和非物质遗产的形态与价值,中国的研究与保护等。在理论上提出了一系列开创性的诠释。全书共分11章,第一章绪论,第二章口头和非物质遗产的范畴,第三章口头和非物质遗产的基本特征和分类,第四章口头和非物质遗产的科学审视,第五章口头和非物质遗产的国际标准,第六章中国民间文化遗产的抢救,第七章口头遗产,第八章体态文化,第九章说演唱艺,第十章技艺遗产,第十一章民俗文化。

《中国非物质文化遗产保护论坛论文集》 王文章主编,文化艺术出版社,2006年12月1日出版。该书收录的论文包括非物质文化遗产保护的相关知识,对非物质文化遗产管理者和实践者具有参考借鉴作用。

《非物质文化遗产纵横谈》 北京市文化局社文处、北京群众艺术馆、北京市西城区文化馆编,民族出版社,2007年7月1日出版。这是北京市非物质文化遗产保护工作高级研讨班论文集。本书所收录的论文涉及非物质文化遗产保护工作的方方面面,包括非物质文化遗产的保护与传承、非物质文化遗产的特性、非物质文化遗产与文化馆、非物质文化遗产保护与图书馆、非物质文化遗产保护工作的意义、非物质文化遗产与其他6个专题。

《薪火相传——非物质文化遗产保护的理论与实践》 傅谨著,中国社会科学出版社,2008年6月1日出版。该书是作者1994—2008年十多年里从非物质文化遗产的传承与保护出发撰写的诸多文章的合集。

《非物质文化遗产概论》 王文章主编,教育科学出版社,2008年10月1日出版,2013年5月重新修订出版。该书是普通高等学校文科教材,文化及相关系统培训教材。《非物质文化遗产概论》是从基础理论方面系统研究非物质文化遗产及其保护的拓荒之作,同时也是对"非物质文化遗产学"这一新兴学科的建立所做的基础性的研究工作和初步的尝试;该书对非物质文化遗产及其保护这一重大课题进行了探讨,力求深入系统,供广大该方面的工作者阅读学习;该书站在历史与文化的总体高度,从国际国内两个视角,全方位地、系统而深入地回答了人们对非物质文化遗产所关心的问题,而且还切实地为非物质文化遗产抢救和保护工程提供了宏观的解决问题的思路。2010年1月1日,北京师范大学出版社出版了由牟延林、谭宏、刘壮主编的《非物质文化遗产概论》。2012年10月1日,学苑出版社出版了王巨山著的《非物质文化遗产概论》。

《中国少数民族非物质文化遗产教程》 贾银忠主编,民族出版社,2008年11月1日出版。该书运用多学科理论交叉的研究方法,系统、全面地探讨和研究了中国少数民族非物质文化遗产近年来的生存、抢救和保护现状,对中国少数民族非物质文化遗产进行了界定、分类,还对中国少数民族非物质文化遗产的内涵、范畴、基本特征、形成、价值、整理进行了论述和划分。编写中还根据少数民族非物质文化遗产所面临的生存现状和自身特点提出了具体的抢救内容与方法,特别是在少数民族的语言、文字、母语口头文学、体态文化、传统戏剧、说唱艺术、技艺文化、活体文化、茶道文化、酒道文化、烹调技艺、医药文化、经济民俗等方面作了深入的论述和讲解。共分15章,第一章绪论,第二章中国少数民族非物质文化遗产的内涵和特点,第三章中国少数民族非物质文化遗产的形成和基本特征,第四章中国少数民族非物质文化遗产的价值审视,第五章中国少数民族非物质文化遗产的确认要与国际和国家标准接轨,第六章中国少数民族非物质文化遗产的抢救与保护,第七章中国少数民族口头文化遗产,第八章中国少数民族体态文化遗产,第九章中国少数民族传统戏剧和说唱艺术,第十章中国少数民族技艺文化遗产,第十一章中国少数民族民俗文化遗产,第十二章中国少数民族茶文化遗产,第十三章中国少数民族烹调技艺文化遗产,第十四章中国少数民族医药文化遗产,第十五章中国少数民族酒文化遗产。

《**都市发展与非物质文化遗产传承**》 高小康主编,姚朝文、袁瑾著,北京大学出版社,2009年10月1日出版。该书考察了作为"活态"的非物质文化遗产为什么到了今天仍旧是"活"的,在已经逝去的文化环境中形成的传统,在当代新的文化环境中是如何存在、如何发展和蜕变的?分上、下篇,上篇3章,上篇第一章媒介变迁:从口头、文本到影视,第二章都市遗产:黄飞鸿与岭南民风,第三章民俗蜕变:从海外回馈内地;下篇第一章城市想象与民俗地理,第二章媒介空间与地域文化认同。

《**非物质文化遗产学**》 苑利、顾军著,高等教育出版社,2009年11月1日出版。该书是国内第一部以非物质文化遗产学学科建设为终极目标的学术专著,也是供大专院校及相关人士学习与参考的教科书。该书分上、下两编。上编从定义入手,对非物质文化遗产概念与分类、人类保护非物质文化遗产的历史进程、非物质文化遗产价值以及影响其价值评估的主要因素、保护非物质文化遗产的方法与原则等理论问题,进行了卓有成效的探讨。同时,对于非物质文化遗产的传承主体与保护主体之不同功能以及非物质文化遗产的普查、申报开发与经营也进行了深入浅出的分析。自第八章始,作者分别从民间文学、表演艺术、工艺美术、生产知识、生活知识、仪式、节日以及文化空间8类非物质文化遗产的涵盖范畴、普查申报要点以及开发等角度,进行详尽的个案分析,对了解非物质文化遗产及非物质文化遗产学,具有重要的参考价值。2006年10月1日,学苑出版社出版了陶立璠、樱井龙彦主编的《非物质文化遗产学论集》。2013年4月1日,中华书局出版了向云驹著的《非物质文化遗产学博士课程录》。

《非物质文化遗产保护理论与方法》 乌丙安著,文化艺术出版社,2010年7月1日出版。这本论文集的内容大致分为以下几个方面:一是对联合国提出的非物质文化遗产概念的界定和解读,对国际性非物质文化遗产保护工作由来发展的全面介绍;二是对保护非物质文化遗产重大项目进行的呼吁,或提出的重要建议案;三是对重要的典型个案保护项目进行分析认定、价值评估和文化内涵解析;四是对非物质文化遗产项目实施保护的操作规程、作业方法等做出的解说和辅导,包括保护工作的原则与做法、普查工作方法、项目申报和管理、传承人和传承机制的保护办法、申报文本各栏目填写要领等;五是结合作者的民俗学专业论证非物质文化遗产保护工作和民俗学专业研究的关系。所有这些内容,几乎涵盖了作者从参加非物质文化遗产保护工作以来到现在对这项工作的主要认知、体验和实践。

《非物质文化遗产传承研究》
张仲谋主编,文化艺术出版社,2010年8月1日出版。该书是关于研究"非物质文化遗产传承"的专著，书中收录《论徐州梆子的生存现状及其保护与发展》《戏曲类非物质文化遗产项目产业化运作探微——徐州优秀地方戏曲文化产业化发展构想》《基于非物质文化遗产保护视角的传统武术文化保护策略分析》等文章。

《数字化保护——非物质文化遗产保护的新路向》 李欣著，科学出版社，2011年5月1日出版。围绕非物质文化遗产数字化保护主题，结合目前数字技术在非物质文化遗产保护中的应用形态，试图通过对相关数字技术的系统介绍和笔者在具体开发实践中的经验总结，从理论和实践操作层面探讨非物质文化遗产的数字化保护方法。全书分上、下两篇，共12章。上篇为理论探索篇，包括：第一章绪论，第二章文化遗产相关组织机构与标志，第三章非物质文化遗产的数字化保护理论，第四章非物质文化遗产的保护体系，第五章非物质文化遗产保护的制度建设，第六章非物质文化遗产的教育传承，第七章非物质文化遗产传承与发展的思考。下篇为实践应用篇，包括：第八章非物质文化遗产保护系统，第九章非物质文化遗产资源分布数字地图设计，第十章数据库设计，第十一章虚拟现实在数字化保护中的应用，第十二章虚拟雕刻。

《中国的世界非物质文化遗产》 于海广主编，山东画报出版社，2011年8月1日出版。该书收录的是2001—2009年间被联合国教科文组织列入世界非物质文化遗产名录的29项世界遗产项目，都具有文化多样性、厚重历史积淀和重要保护传承价值，含有很高的"技术"、"技能"和"艺术"成分。比如传统的龙泉青瓷制作工艺，不管是大的工艺流程，还是具体的操作环节，都以丰富的经验和高超的技术为基础。该书分三部分系统介绍和深入剖析这些遗产的发展历程、内涵特征和传承保护措施。图文结合，雅俗共赏，信息量丰富，是了解我国世界顶级非物质文化遗产项目的最佳读本。

《非物质文化遗产保护问题研究》 中科院知识产权中心著,知识产权出版社,2012年1月1日出版。该书汇编了有关非物质文化遗产保护的立法概况、理论与实践,以及保存与运用等方面的论文,可供非物质文化遗产保护领域的实践工作者、相关政府部门和理论研究人员阅读和参考。分三个部分,非物质文化遗产保护的立法概况,非物质文化遗产保护的理论与实践,非物质文化遗产的保存与运用。

《中国非物质文化遗产保护发展报告》 康保成主编,社会科学文献出版社出版。属蓝皮书系列。2012年出版第一本,2013年出版第二本。该书立足于学术性与实践性兼具,既为政府决策提供专业咨询,又为专业人士提供资料线索,同时为社会大众提供通识文本的定位。全书分总报告、分题报告、年度热点、大事记、附录五大部分。该书是一部较为全面的介绍我国非物质文化遗产保护方面的力作,具有较强的资料性与实用性。

《非物质文化遗产保护研究》 王文章著,文化艺术出版社,2013年5月1日出版。该书对非物质文化遗产保护的诸多方面做了一些更深入系统的思考。

《中国非物质文化遗产》丛刊 由中国艺术研究院主办。创刊于2006年。《中国非物质文化遗产》丛刊旨在进一步做好我国非物质文化遗产的抢救和保护工作,为非物质文化遗产的理论研究提供一个学术平台。丛刊大力宣传我国政府关于非物质文化遗产保护的政策法规、管理措施、工作思路等,全面反映我国非物质文化遗产抢救、保护、传承的情况及研究成果,积极推介国内外非物质文化遗产保护的先进经验,弘扬中华民族精神,为建设当代先进文化服务。

《非物质文化遗产研究集刊》 由浙江师范大学浙江省非物质文

化遗产研究基地编,学苑出版社出版,2008年出版第一集,定期出版。重点介绍非物质文化遗产保护的相关知识和理论研究成果。

《古籍整理概论》 黄永年著,上海书店出版社,2001年1月1日出版。该书是关于古籍整理方面一部实用的教材类读物。作者根据自己多年从事古籍整理的经验以及古籍整理自身在方法、工序、相关知识上的特点,将全书分为8章阐述,包括:底本、影印、校勘、辑佚、标点、注译、索引、其他,涵盖了古籍整理的各个方面。全书在注重实践的基础上,也有一些理论上的总结,系统性强,重点突出,详略得当。文笔娴雅流畅,通俗易懂。尤其适合于文献学专业的青年朋友入门之用,对于与古籍整理有关的学科研究人员也有很好的辅导作用。2007年1月1日,北京大学出版社出版了曹林娣编著的《古籍整理概论》。

《全国图书馆古籍工作会议论文集》 中国图书馆学会古籍整理与文献保护专业委员会、国家古籍保护中心编,国家图书馆出版社,2009年11月1日出版。该书是一本论文集,把收录的论文按照古籍保护总论、古籍修复实践与研究、古籍整理与研究三个内容进行了排列,供广大相关人员工作参阅。

《古籍修复案例》 张平、吴澍时编著,国家图书馆出版社,2012年8月1日出版。针对目前古籍修复文献中缺乏对修复实践的记录、分析和研究,缺乏具体的案例作为实际工作的指导,精选了国家图书馆古籍修复中的典型案例,选取修复中各种典型的案例,包括卷装古籍、册页(叶)装古籍、拓片、地图、佛教文献、少数民族文献等,时间跨度达60年。

《中国古籍修复与装裱技术图解》 杜伟生著,中华书局,2013年1月1日出版。该书以图解方式直观易懂地介绍了怎样修复不同装帧形式的古籍,怎样装裱和修复字画、拓片,怎样制作书套、盒、囊匣,有助于让更多的人了解古籍修复、学会古籍修复,从而使古籍修复技术逐渐地走向社会,使这项优秀的传统技术后继有人,发扬光大。

《古籍修复与装帧(增补版)》 潘美娣著,上海人民出版社,2013年7月1日出版。该书是一部比较全面论述和讲解古籍修复方面知识的书籍。全书共14章,包括古籍的源流和种类、古籍修复基础知识、古籍损坏的原因、古籍修复的材料和工具、古籍修复操作的基本程序、善本与珍本的修复、出土古籍的修复等。

《古籍整理研究学刊》杂志 由东北师范大学古籍整理研究所主办的学术期刊杂志。创刊于1985年。《古籍整理研究学刊》杂志反映古籍整理研究成果,交流工作经验,培养古籍整理人才,报道国内外古籍整理研究情况等。主要栏目有:古籍研究、文献研究、版本与目录、典籍与文化等。

《构建现代国际传播体系——"全国第一届对外传播理论研讨会"论文选》 姜加林主编,外文出版社,2011年11月1日出版。本书收录论文89篇。该书共分为9个专题,内容涉及构建中国现代传播体系、主流媒体建设与话语体系变革、跨文化传播与软实力提升、国家形象塑造与传播策略、新媒体时代的国际传播、热点问题对外报道的媒体策略、地方对外传播工作研究等多个研究领域,集中反映了论文作者在当今形势下对国家传播理论与实践的深入思考。《构建现代国际传播体系——"全国第一届对外传播理论研讨会"论文选》被列入中国外文局重点图书项目,是"对外传播理论与实践研究"丛书的最新成果。

《自媒体时代中国对外传播能力建设》 相德宝著,人民日报出版社,2013年6月1日出版。该书采用内容分析的研究方法，选取博客、掘客、微博、社交网站、视频网站、网络论坛和公民网站、群组网站8种自媒体形态11种具体自媒体类型对自媒体上的中国国家形象进行了分析。在对自媒体内容分析以及对新时期中国对外传播宏观把握和思考的基础之上，本书提出自媒体时代中国对外传播能力建设的如下策略和建议：因应时局变革，重新梳理定位新时期的中国对外传播；树立大国心态，适应国际媒体聚光灯下的微描；加强国际一流媒体建设，充分发挥传统主流媒体的议程设置功能；加强新兴自媒体建设，占领自媒体舆论高地；根据社交媒体一代的特点，加强对社交媒体一代的传播；开展自媒体外交，充分利用好中国5亿网民的力量；发挥传统优势，运用好中国文化的软力量资源；补齐短板，着重加强新时期的中国政治、民族和环境对外传播；遵循国际传播规律，妥善处理国际敏感问题；加强国际涉华舆情监测，做好新时期国际涉华舆论引导。

《新媒体发展与现代传播体系构建》 新华社新闻研究所编，新华出版社，2013年7月1日出版。该书收录了2012年度新华社新闻学术年会优秀论文近50篇，全书分别从新媒体发展与现代传播体系构建、新媒体语境下的报道影响力提升、新媒体时代纸质媒体的挑战与出路这三个方面论述了在新媒体时代新华社打造信息集成服务、推动新华社传播模式转型升级的思考与探索。该书内容紧紧围绕"深入学习贯彻党的十八大精神，着力加强新媒体建设、加快构建先进强大的现代传播体系"的主题，记录了在新媒体时代新华社积极探索新闻信息集成服务，推动战略转型升级，构建国际一流媒体的研究与思考。

《广播电视概论》 徐志祥编著，武汉大学出版社，2004年8月1日出版。该书以马克思主义为指导，结合我国社会主义广播电视事业的实践经验，着重研究广播电视的传播活动及其规律。重心是广播电视新闻,并涵盖广播电视的基础理论、应用理论、广播电视节目的传播与接受、节目类型与制作、媒介人物、广播电视事业的发展与管理等等;全书在广泛吸收各相关学科研究成果的基础上,以求得科学性、系统性和简明性的统一。2004年12月1日,南京师范大学出版社出版陈莉编著的《广播电视概论》。2007年10月1日,中国传媒大学出版社出版吴玉玲主编的《广播电视概论》,该书全面梳理了广播电视业从诞生至今天的发展历程,把握住广播电视传播特性的演变、属性的扬抑和功能的拓展,展现了当今技术和行业变革的深刻意义,从产业角度分析了广播电视产业经营和媒介组织管理,弥补了过去广播电视概论教材在这方面的缺憾;该书力求全面、系统、丰富和通俗,也尽力展示行业的最新动态。2008年7月1日,中国广播电视出版社出版刘爱清、王锋主编的《广播电视概论》。2009年10月1日北京师范大学出版社出版许海潮、杜娟主编的《广播电视概论》。2009年12月1日,中国广播电视出版社出版宫承波主编的《广播电视概论》。2011年1月1日,化学工业出版社出版王哲平、赵瑜主编的《广播电视概论》。2012年9月1日,暨南大学出版社出版黄慕雄等编著的《广播电视概论》。2013年5月1日,暨南大学出版社出版陈林侠主编的《广播电视概论》。2013年6月1日,北京大学出版社出版欧阳宏生、段弘主编的《广播电视概论》。

《当代广播电视概论》 吕萌、左靖著,合肥工业大学出版社,2004年8月1日出版。该书对中国广播电视的发展、性质和现状做了较全面的概括,对广播电视新闻学的主要内容做了更深入的分析和总结。该书密切关注国内广播电视研究的热点问题,如广播电视的节目、广播电视的受众研究、广播电视的产业化和广播电视的数字化等内容,具有一定的新颖性。《当代广播电视概论》一书,既注重对中国广播电视事业发展的概述和该学科的知识建构,也注重对新形势下广播电视事业的分析,适合于新闻学专业、广播电视新闻学专业教学使用。2006年3月1日,复旦大学出版社出版陆晔、赵民主编的《当代广播电视概论》。2010年9月1日,南京师范大学出版社出版陈莉编著的《当代广播电视概论》。2011年3月1日,中国传媒大学出版社出版孟建、黄灿著的《当代广播电视概论》。

《卫星直播电视接收百问百答》　郑雯等主编,人民邮电出版社,2007年7月1日出版。该书用通俗的语言配合实体图,以问答的形式深入浅出地介绍了卫星直播电视和数字电视的有关知识,接收卫星直播电视的方法和所用设备以及所用接收设备的选购、安装、调测、常见故障排除方法等内容。另外,本书附录中还编入了130种流行数字卫星电视接收机密码或特定操作顺序及69种流行数字卫星电视接收机的250个故障检修实例,供卫星直播电视发烧友阅读和使用。该书主要供接收卫星直播电视的普通用户使用,也可供广大电子技术爱好者、卫星直播电视发烧友以及广播电视系统机务人员阅读参考。

《公共广播服务的神话》　周小普主编,中国社会科学出版社,2007年8月1日出版。该书介绍了世界上历史最悠久、最知名的公共广播电视服务的典范——英国的BBC。全书从五个部分,即历史沿革、外部环境影响、管理模式与经营方式、组织文化以及未来发展深入解析BBC。讲述了BBC这一曾经主导世界舆论的超大广播电视集团的起起落落。对我国广播电视传媒如何提供信息、教育、娱乐等公共服务,应对数字时代对公共广播电视服务的巨大挑战具有积极的参考价值。

《中国农村广播影视公共服务》　由广电总局发展研究中心撰写,中国广播电视出版社,2008年3月1日出版。这是全国首部研究农村广播影视发展理论和实践问题的专著。该书是在广电总局发展研究中心承担的"构建农村广播影视公共服务体系研究"课题基础上进行拓展研究,从发展历程、体制机制、基础设施、内容服务、公共政策、法律保障和监督评估等方面,系统地梳理了近年来我国农村广播影视公共服务的实践创新,前瞻性地对我国农村广播影视公共服务的基本理论进行了探讨。

《广播电视学概论》 黄匡宇编著,暨南大学出版社,2009年8月1日出版。共分9章,第一章广播电视传播的物质基础,第二章广播电视事业发展概况,第三章广播电视事业的发展规律,第四章广播电视的传播共性与社会功能,第五章广播电视节目系统,第六章广播电视传播的语言,第七章广播电视传播的界面人物,第八章广播电视节目的生产,第九章广播电视事业管理。

《中国电视公共服务的传输体系研究》 李志坚著,上海交通大学出版社,2010年4月1日出版。该书没有选择电视传输的纯技术研究的角度,而是从电视传输技术及其演进切入,尝试将与电视传输相关的技术应用、基础设施建设、运营、投融资、管理等诸多要素放在一个体系中,以电视传输体系作为整体研究对象,研究如何构建电视公共服务要求下的中国电视传输体系。该书在深入分析中国电视传输体系问题与成因的基础上,结合中国的国情,分别从电视传输体系的技术、运营、监管三个层面,提出了中国电视传输体系的公共服务战略。该书分两部分:第一部分侧重电视公共服务与电视传输的学理探讨。重点研究电视传输体系的构成以及电视传输体系在提供公共服务时应遵循的原则,总结分析电视技术变迁对电视公共服务带来的影响。第二部分依据第一部分的理论基础,侧重电视传输的实务研究。重点分析中国电视传输体系存在的问题以及形成的原因，提出构建中国电视公共服务传输体系的操作方案，以及新型电视传输手段的公共服务创新。

《中国广播电视公共服务体系：目标与实践研究》 胡正荣、李继东主编，中国广播电视出版社，2010年7月1日出版。共分2个部分共7章，第一部分中国广播电视公共服务体系目标与实践研究，包括：第一章中国政府施政理念、广播电视制度及政策变迁，第二章中国广播电视公共服务的内涵与现状，第三章中国广播电视公共服务体系的建构，第四章构建中国广播影视公共服务体系的实践与政策研究，第五章北京市广播电视公共服务体系与标准建设研究；第二部分境外广播电视公共服务理论与实践研究，包括：第六章英美等世界主要国家公共广播电视的理念与实践概述，第七章美国明尼苏达公共广播研究，第八章台湾地区公共电视政策变迁与问题研究。

《重大突发公共事件中的广播电视舆论引导能力研究》 曾婕等著，湖北人民出版社，2010年10月1日出版。该书坚持以马克思主义新闻观为指导，分析研究了以往重大突发公共事件新闻报道中积累的实践经验和理论成果，系统阐释了重大突发公共事件中广播电视舆论引导的机制、理念、路径和方式，既有较高的理论创新价值，也有较强的实践指导意义。共分7章，第一章重大突发公共事件中的广播电视媒体表现及其角色定位，第二章舆论引导的相关理论研究，第三章危机事件的广播电视舆论引导，第四章广播电视在重大突发公共事件中的舆论引导机制，第五章广播电视在重大突发公共事件中的舆论引导理念，第六章广播电视在重大突发公共事件中的舆论引导路径，第七章广播电视在重大突发公共事件中的舆论引导方式。

《卫星直播数字电视》 张印相编著，中国标准出版社，2011年4

月1日出版。该书泛述了卫星直播数字电视中出现的恒参信道、数字传输理论、卫星直播技术及分组码、差错控制编码规则等，回避了正在开发研究的最新技术进展以及公式推导，试图以文字、数据图表的方式阐明所涉及的基础知识、物理概念和技术原理。本书可供科研人员、工程技术人员、卫星广播电视设计者及大专院校师生学习参考，也可以作为该技术领域内的培训教材。

《广播电视法中的公共利益研究》 李丹林著，中国传媒大学出版社，2012年11月1日出版。该书共分为4章，主要内容包括：广播电视法中的公共利益的一般意涵；美国广播电视法中的公共利益研究；美国广播电视法中的公共利益的争议与制约因素；他国经验、启示与我国实践。

《一号工程：中国广播电视"村村通"开启记事》 田聪明著，中国传媒大学出版社，2013年2月1日出版。该书全面记录了我国"村村通"建设的历程。

《中国广播电视公共服务》 石长顺、石婧著，光明日报出版社，2013年4月1日出版。该书系统梳理了广播电视公共服务的理论源流，厘清了广播电视公共服务与西方公共服务广播电视概念的异同，科学地建构起广播电视公共服务体系，包括传输覆盖、内容提供、体制机制、评估监管体系。该书明确提出我国建立广播电视公共服务体制，实行公共与商业广播电视明显分野的混合体制，并按照公共服务均等化的原则，构建面向全体公民的广播电视公共服务内容体系，以维护公民的知情权和媒介近用权。特别强调解决城乡广播电视服务差距问题，使人民群众共享公共文化成果。共分8章，第一章广播电视公共服务基本理论，第二章广播电视公共服务发展：历史，第三章广播电视公共服务基础：传输覆盖，第四章广播电视公共服务核心：内容，第五章广播电视公共服务重点：农村，第六章广播电视公共服务体制：分营，第七章广播电视公共服务管理：规制，第八章广播电视公共服务创新。

《中国广播电视发展报告》 由国家广播电影电视总局发展研究中心编著，新华出版社出版。属蓝皮书系列。从2006年开始出版首本，每年一本。它运用最新的数据、丰富的事实、精辟的论证和典型的个案，全面系统地反映了当年中国广播影视的状况、成就和特点，深入研究中国广播影视发展改革管理中的若干重大问题，揭示中国广播影视发展的管理思路和政策走向，分析预测中国广播影视发展趋势，是相关研究人员和从业者不可或缺的参考书。

《中国广播电视年鉴》 由国家广播电影电视总局中国广播电视年鉴编辑委员会编，由中国广播电视年鉴社出版。1998年出版第一本，每年出版一本。《中国广播电视年鉴》是逐年全面反映我国广播电视事业基本情况和发展变化风貌，客观记述上一年全国广播电视系统各方面新情况、新资料的大型年刊。

《中国电视收视年鉴》 由中国传媒大学出版社出版。为更好地服务于业界，作为中国最专业、最权威的视听率调查公司，CSM媒介研究从2003年起每年编辑出版一部《中国电视收视年鉴》。该书主要内容包括综述，专题研究，收视数据，并附录包括CSM媒介研究各种收视调查网的基本情况和所监测的频道名称。它是媒介从业人员必备的一本工具书。

《中国广播收听年鉴》 由中国传媒大学出版社出版。为更好地服务于业界，作为中国最专业、最权威的视听率调查公司，CSM媒介研究从2005年起每年编辑出版一部《中国广播收视年鉴》。它是媒介从业人员必备的一本工具书。

《中国广播报》 是由中央人民广播电台主办的中央级报刊。是全国广播系统唯一的一份中央级报纸。创刊于 1955 年。《中国广播报》立足全国广播系统，面向全国听众，依托各级地方电台和各地记者站，搭建广播业务交流平台，交流信息，传播经验，促进全国广播业界团结合作，是广播人共同的信息园地。《中国广播报》设有全国广播界的要闻信息版，广播发展论文版，地方电台业务动态版，广播节目深度报道版，优秀节目介绍，中国广播界名记、名编、名播、名主持人物介绍版，文化娱乐，周五每周法制版及知识性服务性节目版。

《中国电视报》 是由中央电视台主办的唯一面向国内外发行的国家级电视报。创刊于 1981 年。主要预告、评介中央电视台和中国都市电视节目，同时刊登全国 31 家省台卫星节目表，报道屏前幕后新闻和中外影视动态，提供与影视节目有关的延伸服务。其主要任务是：通过宣传央视节目，整合节目资源，增加自采稿件，提供延伸服务，报道影视动态，达到扩大节目宣传、提高节目收视率、增加央视广告创收、服务广大观众的目的。真正做到第一时间报道央视热点，为读者提供最需要的电视资讯。

《当代电视》杂志 是由中国电视艺术家协会主办的电视艺术专业刊物。创刊于 1986 年。《当代电视》杂志主要介绍电视艺术发展概况，发表有关分析和评论文章。主要栏目有：专稿特稿、新作品评、编导演之窗、争鸣园地、台长论坛、观察与思考等。

《中国广播影视》杂志 是国家广播电视总局主管、中国广播影视杂志社主办的综合性期刊。创刊于 1982 年。《中国广播影视》杂志一直被视为代表广电产业主流话语权和业界观点交锋的平台，同时也是国家主管部门思路和政策趋向的风向标，是广电业高级管理者的必读刊物。主要栏目有：评论、探求、人物、采风、环球、知识宫、信息、画廊、读者之声等。

《中国广播电视学刊》杂志 由中国广播电视学会主办。创刊于1987年。《中国广播电视学刊》力求反映我国广播电视领域的最新研究成果、全面开展业务研究，深入探讨广播电视业的改革和发展问题，及时介绍高新技术在广播电视领域中的运用情况，努力为读者服好务。在国内外享有较高的声誉，在广播电视类期刊中稳居第一，成为中国广播、电视类最权威的学术刊物。主要栏目有：要载、聚焦、专论、访谈录、社会制作平台、业务探求、经营管理、创新与发展等。

《广播电视信息》杂志 由国家广播电影电视总局主管，国家广电总局无线电台管理局、中国有线电视网络公司主办。创刊于1994年。《广播电视信息》杂志是我国广电领域的权威信息媒体、有线电视行业的龙头刊物。以推动广播影视的信息化、网络化、数字化、产业化为宗旨，每月分析行业热点，介绍各地数字电视的进展详情。主要栏目有：特别关注、数字电视、产业论坛、网络技术、台站技术、市场研究及全面的信息板块等。

《西部广播电视》杂志 由四川广播电视台主管，四川省广播电视新闻与传播研究所主办。创刊于1980年。主要栏目有：数字化与新技术应用、传输与覆盖、广播影视制作与播出、系统管理与网络、监控与测试等。

《电影放映员》 人民出版社编，人民出版社，2011年8月1日出版。这是国家职业技能标准用书。该《标准》以《中华人民共和国职业分类大典》为依据，以客观反映现阶段本职业的水平和对从业人员的要求为目标，在充分考虑经济发展、科技进步和产业结构变化对本职业影响的基础上，对职业的活动范围、工作内容、技能要求和知识水平都作了明确规定。该《标准》的制定遵循了有关技术规程的要求,既保证了《标准》体例的规范化,又体现了以职业活动为导向、以职业能力为核心的特点,同时也使其具有根据科技发展进行调整的灵活性和实用性,符合培训、鉴定和就业工作的需要。

《中国电影报》 由国家新闻出版广电总局主管,北京电影艺术研究中心主办。《中国电影报》以最新的视角、最准确的信息,向国内外广大电影工作者和电影爱好者介绍中外影坛的最新动态和走向,并使党及政府对电影界的指示通过版面迅速加以传播,强化信息,注重理论,加强对话,繁荣电影创作与理论。

《中国电影年鉴》 是由中国文学艺术界联合会主管,中国电影家协会主办出版的以全面、系统、准确地记述每年度中国电影运动、发展状况为主要内容的资料性工具书。它向人们提供一年内中国电影全面、真实、系统的事实资料,便于了解中国电影现状和研究发展趋势。有较大的总结、统计意义和比较系统的连续参考作用。

《大众电影》杂志 由中国文联主管,中国电影家协会主办。创刊于1950年。《大众电影》杂志是一本通俗性电影期刊。通过图片和文字,评介上映的中外影片和电影人物,报道电影摄制动态,并介绍台港电影和外国电影。主要栏目有:研究报告、文献综述、简报、专题研究等。

《电影艺术》杂志 由中国电影家协会主办。1956年10月28日创刊时名《中国电影》,是新中国第一家专业从事电影评论、电影理论研究的学术期刊。《电影艺术》杂志内容涉及影视编导、摄影、录音、美术、表演、剪辑各门类以及纪录片、动画片、国内外电影美学、文化研究等领域,在学术上博采众长、兼容并蓄,以严谨的学风、鲜明的观点、深厚的内容,融东西方文化为一体,成就本刊的一贯学术品位,是进入影视界必读的专业杂志。主要栏目有:电影批评、学术争鸣、史典探问、电影人物、电影语录、长短集、视与听等。

《电影文学》杂志 由长春电影集团主管主办。创刊于1958年。《电影文学》杂志办刊宗旨是,立足电影电视的理论研究,关注导演表演的创作思潮,拓展学术争鸣的文化视野,探究艺术流派的价值取向。主要栏目有:电影文学剧本、新人新作园地、剧作课时、焦点话题、影视论谈、世界影视巡礼等。

《环球银幕》杂志 由中国文联主管,中国电影出版社主办。是中国最早全面报道世界电影的杂志,是全国唯一一本以全球影视文化为视野的杂志,视角独特。创刊于1985年。栏目设有明星板块、专题板块、新片板块、影人论坛板块、互动板块五个部分。

《世界电影》杂志 是由中国电影家协会主办的一份杂志。创刊于1952年。《世界电影》杂志以报道中国和欧美电影为主,成为中国最具影响力、内容最丰富、文化品位与审美取向最成熟的电影杂志。主要栏目有:专题文论、电影剧本、创作问题讨论、经验谈、各国电影概况、新片介绍等。

《中国阅读——全民阅读蓝皮书》 郝振省、陈威主编,中国书籍出版社,2009年10月1日出版。这是第一本。每年出版一本。包括主报告、专题报告、阅读调查、阅读思考、海外阅读等栏目。

《全国国民阅读调查报告》 郝振省著,中国书籍出版社,2009年12月1日出版。这是第一本。每年出版一本。包括三个部分,第一部分主要发现,第二部分抽样设计,第三部分最终样本结构,共8章,第一章中国媒介环境现状及趋势;第二章我国国民图书阅读与购买倾向;第三章我国国民报刊阅读与购买倾向;第四章我国国民音像电子出版物阅读与购买倾向;第五章我国国民动漫与游戏产品消费倾向;第六章我国国民数字出版产品阅读与购买倾向;第七章我国国民版权认知状况;第八章我国国民公共文化设施使用状况。

《农家书屋实用手册》 方允璋著,国家图书馆出版社,2010年4月1日出版。采用问答的形式,浅显易懂。共分9章,第一章写在"农家书屋"前面,第二章农家书屋设置,第三章文献资源采集,第四章图书分类排架与保管,第五章文献流通,第六章推广与辅导(一),第七章推广与辅导(二),第八章推广与辅导(三),第九章咨询与交流。

《农家书屋管理员实用手册》 全国农家书屋工程协调小组办公室编,人民出版社,2011年8月1日出版。此书为新闻出版总署农家书屋管理办公室为全国农家书屋管理员编写的工作指导手册。

书稿采用问答式,注重实用性,简明易懂。共分6章,第一章农家书屋,第二章出版物的基本常识,第三章出版物的整理,第四章出版物的借阅管理,第五章农家书屋的延伸服务,第六章优秀农家书屋管理员介绍。

《农家书屋理论与安徽实践研究》 陆和建、张芳源著,安徽人民出版社,2012年7月1日出版。共分6章,第一章农家书屋发展概况,第二章发达国家的农村图书馆,第三章发展中国家的农村图书馆,第四章中国农家书屋典型案例分析,第五章安徽省"农家书屋"发展现状及案例分析,第六章分析与展望。

《全民阅读推广手册》 徐雁主编,海天出版社,2011年11月1日出版。该书既有积淀丰厚的藏书文化,又有精彩纷呈的都市阅读,并且介绍了阅读机构、导读书目、读书媒体,以及方兴未艾的数字化阅读等有关方面的内容,不仅总结了阅读学的传统理论和成熟经验，而且展示了阅读实践的新方法和新进展，乃是一部开卷释疑、读之益智的重要工具书。

《全民阅读参考读本》 徐雁主编，海天出版社，2011年11月1日出版。是《全民阅读推广手册》的简写本。共分8篇，第一篇读书人物，第二篇阅读方法，第三篇书林博览，第四篇推荐书目，第五篇少儿导读，第六篇书店地图，第七篇大众书媒，第八篇数字阅读。

《湖南与阅读》 湖南省新闻出版局主编，人民出版社，2013年10月1日出版。该书总结回顾了湖南开展"三湘读书月"活动的基本做法，展望了湖湘阅读的美好未来。该书所记录的，除国内外的全民阅读基本规律与基本情况外，便是我省"三湘读书月"活动的新办法、新成效。其文观点准确、说理透彻，文风清新、可读性强。该书的出版，对进一步熟悉全民阅读发展趋势，进一步找出推动"三湘读书月"工作的新思路和新路径，具有重要意义。

《中国新闻出版报》 是由中华人民共和国新闻出版总署主管，中国新闻出版传媒集团主办的，面向国内新闻、出版领域的唯一一份专业报纸。创刊于1988年。该报是我国新闻出版领域"报中之报"，是国内新闻、出版行业报中发行量最大、覆盖面最广、最权威的一份报纸。该报集中报道新闻出版总署最新发布的权威政策信息，报道业内的重大、典型、重要的生产和经营信息，以及各类新闻出版动态，及时向新闻、出版专业人士提供新情况、揭示新问题、报道新经验。报纸集权威性、时效性、可读性、服务性于一体，是新闻出版工作者了解国家相关政策、把握行业动态、卓有成效地开展工作的必备报纸，也是洞悉和交流国外新闻、出版信息和成果的一条重要渠道。

《中国出版年鉴》 由中国出版工作者协会编辑，商务印书馆出版。1980年出版第一本。自1987年起，由中国出版工作者协会和中国出版科学研究所合编，中国书籍出版社出版。内容主要记录和反映上一年全国图书、报刊出版工作的情况、资料和新成果。主要栏目有：专论、纪事、出版概况、图书评介、新报刊简目、出版文件、出版统计、出版名录等，并有介绍优秀书籍装帧设计及美术作品等图片。

《中国出版》杂志 由国家新闻出版广电总局主管，中国新闻出版传媒集团主办。创刊于1978年。《中国出版》杂志立足于出版业，以"建构出版理论，活跃学术思想，积累出版文化，探讨改革途径，传播业内信息"为办刊宗旨，在政策阐释、理论探索、业界分析等方面具有较高的权威性，是中国新闻出版业界的主流媒体与行业核心期刊。主要栏目有：中国出版论坛、本刊特稿、"新闻出版如何服务文化强国建设"笔谈、改革探索、行业前沿、理论探索、版权之页、报刊纵横、学术园地、数字时代、书业实务、媒介文化、经营观察、"走出去"谈、出版史话、司局长访谈（政策解读）、本期人物（老总论道）、焦点论坛、海外视窗、品书录、印务观察、调查报告、市场监管等。

《农家书屋》杂志 由新闻出版总署主管，新闻出版总署农家书屋办公室、中国光华科技基金会主办。创刊于2009年，《农家书屋》杂志将全程服务农家书屋工程，利用公益事业运作的优势，努力建成具有广泛社会影响的综合性媒体，"农民自己的精神家园"。《农家书屋》杂志的宗旨是，指导农家书屋的建设与管理，推进农村文化建设，传导农民致富信息，丰富农民文化生活，关注"三农"现状、科学发展、小康生活和乡土文化。

《新文化报》 是吉林出版集团主管、主办的一份综合类都市生活日报。创刊于1988年。该报坚持全心全意为广大市民服务的办报宗旨，走市民化、都市化、生活化和通俗化的道路，目前已成为吉林省内及长春市内发行量、阅读率、影响力最大、最具权威信息的报纸。

《都市文化报》 由南京日报报业集团主管主办。创刊于1999年。《都市文化报》坚持大众文化精品化、精品文化大众化,融指导性、娱乐性、实用性于一体,洋溢着都市气息、生活气息、现代气息、文化气息,它以独特的视角提供有关时政、经济、文化、社会、教育等重要热点议题的深度报道与分析评论;突出文化品位、思想内涵,力图用富有个性的笔触展示社会众生相。

《中国民族》杂志 是国家民族事务委员会的机关刊物,是全面报道中国55个少数民族政治、经济、文化、教育等状况的唯一一份中央级新闻性、综合性月刊。创刊于1957年。主要栏目有:寻找·新景观、特别关注、岁月留痕、高层访谈、时事观察、文化长旅、非常人生、家园守望、神州印象、环球视窗。

《中国民族·艺术》杂志 是由国家民族事务委员会主管,民族团结杂志社主办的,在报道民族艺术方面最具权威的国家级综合性刊物。《中国民族·艺术》以弘扬中华民族文化,促进少数民族文化的发展,推动中国民族艺术走向世界为己任;以党的文艺方针为主导;以全面贯彻"百花齐放,百家争鸣"的文艺政策,团结中国文艺界先进力量,保护继承各民族独特的艺术形式,加强中国民族文化领域与国际间的交流与合作,促进中国民族文化艺术的繁荣和发展为宗旨;广泛联系社会各界名流,注重对艺术家提供专题宣传服务,力求向海内外推荐书画精品。

《中国传统文化》杂志 由中华民族传统文化工委主办。是一本介绍和解析中国传统文化的艺术家及其主要作品和艺术履历等,高品位的人文艺术杂志。

《中国艺术》杂志 由中国出版集团主管,中国美术出版总社主办。创刊于 1985 年。《中国艺术》杂志立足美术,兼及音乐、影视、曲艺、戏剧、舞蹈、美学等各艺术门类。主要栏目有:学术思考与理论争鸣、艺术理论与教育实践、品评与赏析、美术与创作、音乐与舞蹈、戏剧与表演、影视艺术学、设计艺术学、视觉前沿、艺坛视线、域外传真、当代艺术家、艺术展览馆等。

《艺术沙龙》杂志　由中国美术出版总社主管主办。主要栏目有:研究报告、文献综述、简报、专题研究等。

《当代艺术》杂志　由当代文化艺术设计有限公司主办。创刊于 2006 年。《当代艺术》杂志以关注当代艺术行业进程为主旨,以敏锐姿态反映新艺术、新观念、新潮流,以鲜明立场评论新热点、新话题、新事件。

《戏剧》杂志　是由中央戏剧学院主办的戏剧学术刊物。创刊于 1956 年。主要栏目有:戏剧美学、外国戏剧研究、中国话剧、戏曲研究、导表演论、舞台美术园地、影视研究、学位论文、译苑、创作札记、戏剧之外等。

《戏剧艺术》杂志　由上海市教育委员会主管、上海戏剧学院主办的专业理论刊物。创刊于 1978 年。《戏剧艺术》杂志主要刊登戏剧理论和戏曲研究成果,介绍外国戏剧理论与作品,发表舞美、戏剧导演与表演艺术、戏曲教学、影视艺术等方面的学术论文。

《音乐研究》杂志　是由人民音乐出版社主办的全国性大型音乐理论学术期刊。创刊于 1958 年。《音乐研究》杂志始终致力于研究祖国传统的音乐艺术,关注国内外音乐学术最新发展。主要栏目有:音乐创作、音乐美学、音乐史学、音乐教育、民族音乐学、计算机音乐等。

《音乐艺术》杂志　由上海音乐学院主办。创刊于 1979 年。主要栏目有:分析·研究、历史·传统、文化·民族、思维·观念、读书·评乐、表演·实践等。

《歌唱艺术》杂志 由中国唱片总公司、人民音乐出版社主办。该杂志是国内第一本全方位覆盖歌唱艺术领域的专业月刊。杂志将以其专业的态度、独特的角度、开阔的思路为从事歌唱艺术的专业人员、院校师生以及所有怀抱歌唱梦想的人提供思想、观点和资讯。该刊广纳各类风格流派、关注不同歌唱技能、聚焦艺术时尚、追踪星光人生、整合音乐档案、力推新人新作,旨在立足歌唱艺术前沿,客观记录歌唱文化,深度解构学科理论,敏锐观察领域动态,完美呈现舞台理想。

《中国音乐教育》杂志 是由国家教委主管、人民音乐出版社主办的面向普通学校音乐教育的全国性专业期刊。创刊于1989年。主要栏目有:特稿、论坛、新课程大家读、教学园地、教师教育、他山之石、杂谈随笔等。

《华夏音乐》杂志 由华夏音乐杂志社主办。主要栏目包括人物专访、热点新闻、艺言艺行、词苑新曲、乐界动态、新人新歌、天下乐人等。

《中国音乐》杂志 由北京市教委主管、中国音乐学院主办。创刊于1981年。主要栏目有:民族音乐研究、中外音乐研究、中外音乐史、音乐美学、音乐形态学、音乐学学科建设等。

《新美术》杂志 由中国美术学院主办。创刊于1980年。《新美术》杂志贯彻党的"二为"方向和"双百"方针,坚持社会主义文艺路线。致力于将艺术史研究纳入文学科目之中,使之成为人文学科的重要组成部分。主要栏目有:史学、现场、批评、思想等。

《中国美术教育》杂志 由南京师范大学主办。创办于1980年。

《中国美术教育》杂志始终坚持既定的办刊方向——贯彻党的德、智、体、美等全面发展的教育方针,加强对普通学校美术教育理论及实践的研究和指导,努力提高广大美术教师的思想和业务素质,促进我国普通学校美术教育事业的发展。是全国美术教育工作者学术交流的最大平台,也是发布全国中小学美术教育重大活动信息的最主要载体。主要栏目有:教育研究、实践探索、课堂点击、一题多解、教学参考、一线叙事、师生画苑等。

《中国中小学美术》杂志 由中国出版集团主管、中国教育学会美术教育专业委员会与人民美术出版社联合主办。创刊于 1994 年。《中国中小学美术》杂志是目前中国中小学美术教育界的唯一一本国家级刊物。《中国中小学美术》拟从 2008 年起开始建立"中国中小学美术教学基地",建立基地的目的在于让美术课给学生们带来更多的欢乐,更加增长孩子们对美术课堂和美术课外活动的兴趣;让孩子们通过手工、绘画等美术活动,进行一种身心快乐、内容丰富的学习,提高孩子们的艺术素养。

《少儿美术》杂志 是由天津市新闻出版局主管,中国美术家协会少儿美术艺委会与天津人民美术出版社联合主办的学术性刊物。《少儿美术》杂志是少年儿童学习美术的专业教材,是对少年儿童进行审美教育,提高综合素质的阵地,是少儿美术教育经验交流的平台。它是少儿美术教学新理念、新探索、新实践、新成果的园地。主要栏目有:榜上有名、特别报道、理论研究、教师论坛、美术香港、教育观察、童星介绍、园丁风采。

《中国美术研究》杂志 是由上海大学艺术研究院与美国亚洲文化学院共同主办的一份美术类学术期刊。它立足于对中国美术学科开展全面研究,介绍最新学术理论研究成果,展示优秀艺术作品。主要栏目有:20 世纪美术研究、艺术考古研究、宗教美术研究、艺术史研究、艺术市场研究、理论与批评、当代画坛名家、鉴定与收藏、艺术品拍卖等。

《国家美术》杂志　由上海圆宜堂文化传播有限公司主办。创刊于2008年。主要栏目有：国际、市场、热点、封面、专题、人物、达人等。

《中国美术》杂志　由中国出版集团主管、中国美术出版社主办。创刊于1982年。《中国美术》杂志是集学术、审美、信息、实用为一体的综合类美术刊物。既保持了对美术出版界一贯的关注，又涵盖了当代美术界的热点、学术动态、艺术家及作品介绍、展览信息等内容。主要栏目有：美术出版界、美术界。

《中国油画》杂志　由天津人民美术出版社主管主办。是我国目前唯一的油画类专业杂志。创刊于1980年。《中国油画》杂志积极反映当今中国油画发展的整体水平，介绍国内实力派画家近期力作，系统介绍西方油画发展状况和最新动态。主要栏目有：中国油画家、油画展厅、院校作品、画家与作品、名作欣赏、技法研究、艺术市场等。

《美术大观》杂志　是由辽宁美术出版社主管主办的专业性美术刊物。其前身为《东北农民画报》。创刊于1952年。《美术大观》杂志坚持普及与提高相结合，强调群众性、知识性、学术性与时代精神，繁荣美术出版事业。主要栏目有：北国画廊、画家与画、技法探索、外国美术、美术博览、考生信息、连环画园地、漫画园地、书法园地、美苑繁花等。

《美苑》杂志　由鲁迅美术学院主办。创刊于1980年。《美苑》杂志坚持独立的学术品格和艺术标准，在深入思考艺术创作与理论问题的同时，及时报道当代美术活动、发布最新美术作品、介绍国外美术信息,努力推动艺术创作与理论的建设与发展。主要栏目有:专稿、创作评价、艺术史研究、教学研究、设计平台、外国美术等。

《书法》杂志　由上海书画出版社主办。创刊于1977年。是中国最早的书法专业性杂志。《书法》杂志集学术性、知识性、趣味性、文化性和信息性于一体,是当今书法界最具权威性的刊物之一。

《中国钢笔书法》杂志　由共青团浙江省委主办。创办于1985年。《中国钢笔书法》杂志是全国硬笔书法界唯一的公开发行刊物。《中国钢笔书法》杂志以弘扬传统文化,提高全民族文化素质,提高人民群众,尤其是广大青少年的汉字书写水平为宗旨。主要栏目有:名作赏析、焦点论坛、书苑论艺、古帖新临、百家言、书法人生、名家名作、艺苑茶座等。

《中国硬笔书法》杂志　是由湖北省硬笔书法家联谊会主办的大型综合性硬笔书法艺术杂志。创刊于2004年。《中国硬笔书法》杂志倡导"玩艺悟道,养性修身"的理念,关注硬苑书坛最新成果,刊发艺林玩家最新力作,着力打造书法类品牌期刊,并决心为推广普及、繁荣发展民族书法艺术事业做出积极贡献。

《青少年书法》杂志　由河南美术出版社主办。1985年创刊。《青少年书法》杂志分青年版、少年版。青年版关注当代,紧紧把握书坛的脉搏和青年书家的情致,揭开较高层面书法奥秘的序幕,探求书法艺术的真谛,追踪书坛热点,开展积极的学术争鸣;少年版贴近初学者,以写字教育为主要内容,指导少年从基础学起,增强知识性、趣味性、可读性,提高少年的综合审美素质。青年版主要栏目有:书法批评、书法论坛、名家谈艺、青年书家、名作荐赏、书坛随感、书家随笔、篆刻解读、书家风采、新锐推介、作品选登、书论导读、印家风采等;少年版主要栏目有:经典导读、名家临名帖、古代书家、书法教育、书法知识、临帖辅导、名词术语、硬笔讲座、名帖竞临、书家故事、文房闲趣、评级命题、习作点评、诗书画苑、小小星座、习作选登、评级作品、书史连环画、名校风采等。

《少年文艺》杂志　由上海世纪出版股份有限公司主管,少年儿童出版社主办。创刊于 1953 年。主要栏目有:小说、散文、诗歌、报告文学、少年习作等。

《文学报》　由文汇新民联合报业集团主管和出版。创刊于 1981 年。是我国文坛、报坛第一份大型综合性专业文学报纸,是改革开放后较有影响力的文学类专业报纸。文学报的办报宗旨是迅速报道国内外重大文坛信息,评介作家精品力作,扶持文学新人,开展文学批评,繁荣文学创作。

《作品与争鸣》杂志　由中国报纸副刊研究会主办。创刊于 1981 年。主要栏目有:短篇小说、中篇小说、读者争鸣录。

《中华文学选刊》杂志　由中国出版集团公司主管,人民文学出版社主办。创刊于 1993 年。《中华文学选刊》杂志是综合性文学选刊。它从海内外文学报刊的一切文学样式的最新佳作中选优拔萃,及时传播文坛最新信息,记录当下的文学成果。主要栏目有:特稿、长篇小说、中篇小说、短篇小说、名家散文、佳作点评等。

《中篇小说选刊》杂志　由中篇小说选刊杂志社主办。创刊于 1981 年。《中篇小说选刊》杂志始终坚持"精选全国优秀中篇,荟萃文苑中篇精华"的办刊宗旨和"三贴近"原则,遵循思想性强、文学性高、可读性好的选稿标准,选载深受读者喜爱的名篇佳作;同时开辟独具特色的"创作谈"、"读者点评"栏目。

《当代》杂志　是由中国出版集团主管,人民文学出版社主办的纯文学刊物之一。《当代》杂志以其正宗的办刊风格,被称为我国文学"四大名旦"中的"青旦"。《当代》杂志坚持发表最新的长中短篇力作为办刊目标。主要栏目有:小说、散文、诗歌等。

《啄木鸟》杂志 由公安部主管,群众出版社主办。创刊于1980年。是中国公安系统唯一大型的公安法制文学期刊。

《中国报告文学》杂志 是由中国报告文学学会主办的大型纪实性报告文学期刊,也是中国报告文学学会的机关刊物。创刊于2009年10月。《中国报告文学》杂志是中国最具权威性、最具影响力和最大容量的纪实文体旗舰刊物。《中国报告文学》传承报告文学真实性、文学性、人民性的优良传统,将成为独树一帜的时代记录者,为共和国新时期发展腾飞作最忠实的文学表达。以"立足现实生活、紧扣时代脉搏、传达民众心声、张扬人间正气、建立高端平台、培养文学新人"为办刊宗旨。主要栏目有:祖国赞歌、社会纵横、西部瞭望、人间冷暖、明星档案、名人私语、往事回眸、港台风云、环球走廊、名著重登、精彩短篇、调查报告、创作指南。

《东方少年》杂志 由东方少年杂志社主办。创刊于1982年。是中、小学生的课外刊物。主要栏目有:悦读越说、紫藤秋千、幽默三国、异域佳作、阿呆探案、幻想摩天轮、美味散文、成长部落格、作文100分、智慧过招等。

《十月》杂志 由北京出版集团公司主办。创刊于1978年。《十月》杂志以其文武兼备的办刊风格,被称为我国文学"四大名旦"中的"刀马旦"。《十月》杂志是集短篇、中篇、长篇小说,散文,诗歌,报告文学于一身的期刊,以其高品位,鲜明的时代特征而成为了广大读者、作家和文艺批评家欣赏文学作品、了解文坛动向的一个重要窗口。既注重作品的思想性又注重作品的艺术性和可读性。

《小说界》杂志 是由上海文艺出版总社主办的小说类综合性学术期刊。创刊于1981年5月。主要栏目有：长篇小说、中篇小说、短篇小说、微型小说、留学生文学、非虚构文学、外国小说、写作的年代。

《小说月报》杂志 由百花文艺出版社主办。创刊于1980年。《小说月报》杂志作为选刊，始终坚持选得快、选得准、选得精和多样化的特色。主要栏目有：中篇小说、短篇小说、创作谈等。

《群众文艺》杂志 由江苏省新闻出版局主办。创办于1971年。1984年改名为《连云港文学》杂志。主要栏目有：文艺广角、文学评论、艺术创作、艺术理论、当代文艺、史海文艺、民族奇葩、民间文艺、文教研究、中外戏剧、诗词鉴赏、艺术画廊、影视乐曲、学术沙龙、创新论坛、文艺鉴赏、艺苑春秋、中国文艺、世界文艺、书画技巧、诗词歌赋、大众影视、工艺建筑、艺术设计、文化教育、学科园地、军旅文艺、民族文艺、文艺发展等。

《浙江少年作家》杂志 是由浙江省期刊总社和浙江文学院联合主办的文学教育期刊。《浙江少年作家》杂志高举"文学教育"的大旗，力倡用文学教育改造中国当下板结的语文教学和作文教学土壤，以发掘和培养少年作家为己任，以"先锋性·实验性·人文性"为鲜明特色。立足浙江，面向全国；立足文学，服务教育；立足写作，引领阅读。创刊于2009年9月。主要栏目有：荐·新星、锐·立场、炫·专访、潮·大观、聆·作家、燧·课改、锋·争鸣、导·嘉掖、链·博客、尚·悦读、鲜·书架、寇·社团等。

《芙蓉》杂志 是由湖南文艺出版社主办的大型文学期刊。创刊于1980年。《芙蓉》杂志始终坚守文学的严肃、纯正、经典，以贴近生活、关怀人生、品质至上、原创现场为特征。主要栏目有：小说、散文、周边、实验、行书等。

《花城》杂志 由花城出版社主办。创刊于1979年。《花城》杂志以婀娜多姿的办刊风格，被称为我国文学"四大名旦"中的"花旦"。《花城》杂志始终坚持办刊初衷——"您最后的精神家园"。每期都有新老著名作家的力作以供阅读。主要栏目有：中篇小说、短篇小说、世纪经典、散文、诗歌、访谈录、现代流向、花城论坛。

《大家》杂志 由云南人民出版社主办。创刊于1994年。《大家》杂志是我国20世纪90年代文学转型期最具影响力的纯文学代表杂志之一。主要栏目有：雕龙学札、大家艺术、大家百科、百戏竞技、今日语言、育人千秋、商企大道等。

《体育健身原理与方法》 唐宏贵主编，湖北人民出版社，1999年1月1日出版。这是修订本。该书通过社会发展与体育健身、人体发展与体育健身、体育健身过程、体育健身规律、体育健身原则、体育健身的内容手段、体育健身方法、体育健身效果的测定评价等专题的讲授，使读者基本了解基础健身原理与方法，并能初步运用所学的理论知识和实际方法进行科学健身。共分4篇18章，第一篇基础理论篇，包括：第一章体育健身与人体发展，第二章社会发展与体育健身，第三章中国传统健身原理；第二篇过程原则篇，包括：第四章体育健身过程概述，第五章体育健身规律、原则与方法，第六章体育健身的内容和手段；第三篇专门锻炼篇，包括：第七章有氧锻炼，第八章健美锻炼，第九章塑身锻炼，第十章减肥锻炼，第十一章体能锻炼，第十二章休闲运动；第四篇分类指导篇，包括：第十三章不同年龄阶段的体育健身锻炼，第十四章不同对象群体的体育健身锻炼，第十五章不同疾病患者的康复体育锻炼，第十六章体育健身的安排与保障，第十七章体育健身效果的测评,第十八章体育健身的营养与饮食。

《社会体育学》 卢元镇主编,高等教育出版社,2002年8月1日出版。该书共分14章,第一章体育社会现象的社会学分析,第二章体育运动的社会分层、流动与控制,第三章社会结构率的体育运动,第四章社会文化中的体育运动,第五章社会进步中的体育运动,第六章社会制度中的体育运动,第七章社会关系与互动中的体育运动,第八章社会生活中的体育运动,第九章竞技体育的社会学分析,第十章社会体育的社会学分析,第十一章体育群体与人群体育的社会学分析,第十二章体育运动的民族与宗教问题,第十三章体育的社会问题,第十四章体育社会学研究方法。2007年9月1日,人民体育出版社出版吕树庭、刘德佩主编的《社会体育学》。2012年1月1日,北京师范大学出版社出版郭亚飞、刘炜主编的《社会体育学》。

《国民体质测定标准手册》 国家体育总局编,人民体育出版社,2003年8月1日出版。分成年人部分和幼儿部分。包括:适用对象的分组与测试指标、测试方法、评定标准三部分。

《社会体育活动组织与管理》 王凯珍主编,中国劳动社会保障出版社,2005年6月1日出版。共分10章,第一章社会体育概论,第二章社会体育活动的内容和特点,第三章社会体育活动组织与管理的原则和方法,第四章社会体育活动的组织与实施,第五章城市社区体育活动的组织与管理,第六章单位体育活动的组织与管理,第七章农村体育活动的组织与管理,第八章健身类体育活动的组织管理,第九章健美类体育活动的组织,第十章娱乐体育活动的组织管理。

《群众体育实践探索与研究——来自北京群众体育现状的报告》 李相如等主编,北京体育大学出版社,2004年1月1日出版。该书共分为四个部分,分别从基本现状与发展策略、群众体育的社会化与产业发展、学校体育的现状与对策和全民健身实践与理论探索的角度系统地研究和阐述了北京市群众体育发展的状况和未来走向。该书对于我国各地方群众体育的研究具有参考和借鉴价值。

《社区体育》 王凯珍、赵立主编,高等教育出版社,2004年7月1日出版。该书主要内容包括社区基本理论、我国城市社区服务与社区建设、社区体育基本理论、我国城市社区体育、我国农村社区体育、我国小城镇社区体育、社区体育工作的基本理论、社区体育工作过程、社区体育管理、国外社区体育介绍等。该书也可作为普通高等学校其他体育专业选修课教材以及社会体育和社区工作者的参考用书。

《体育概论》 全国体育学院教材委员会编,人民体育出版社,2005年6月1日出版。该书是从宏观上、整体上综合研究体育的基本特征和发展规律的学科。它是体育学院一门专业的理论课程。该书从整体上揭示体育的本质特点,剖析体育的社会地位、功能、目的任务及其与各种社会文化现象之间的关系,阐明体育的组织和方法手段以及国际体育、未来体育等。从整体上去研究和认识体育,进行高度综合与概括,是体育实践的理论反映,它揭示了作为社会现象的体育的发展规律,指导体育向合理化方向发展。2005年7月1日,高等教育出版社出版杨文轩、杨霆主编的《体育概论》。2005年9月1日,北京体育大学出版社出版叶加宝、苏连勇主编的《体育概论》。2009年6月1日,人民体育出版社出版赵立主编的《体育概论》。

《体育学概论》 黄美好主编,人民体育出版社,2007年8月1日出版。共分5章,第一章如何认识体育,第二章学校体育,第三章竞技体育,第四章社会体育,第五章奥林匹克运动。

《我国全民健身服务体系的理论构建与运行机制研究》 罗旭著，北京体育大学出版社，2011年5月1日出版。该书综合运用理论分析与实证分析、系统分析与对比分析、文献分析与数理统计等方法，对我国全民健身服务体系的基本理论和运行机制进行了系统总结与现实考证。共分6章，第一章前言，第二章文献综述，第三章研究方法与技术路线，第四章研究结果与讨论，第五章研究结论，第六章研究局限与后续研究建议。

《国家学生体质健康标准锻炼手册》 教育部体育卫生与艺术教育司组织编写，人民教育出版社，2008年5月1日出版。该手册是同学们进行体育锻炼，发展身体素质的好帮手，它将帮助你全面了解"阳光体育运动"和《国家学生体质健康标准》。手册将向你介绍提高身体健康素质必须遵循的原则，锻炼时的自我监控方法，并对如何改善身体成分、发展心肺循环系统的功能、增强肌肉的力量和耐力、提高关节和肌肉的柔韧性的方法和手段分别进行了指导和说明，还阐述了发展运动技能的过程和规律。同时，手册还附有《国家学生体质健康标准》评分表，为你对自己测量的结果进行自我评价时提供方便。手册中专门设计了针对各个年龄的不同内容和不同形式的体质健康状况评价结果的记录表，可满足你把中学阶段的每一次测试结果进行记录，最终构成你在中学阶段体质健康状况的发展轨迹。

《体质健康与科学健身指导》 刘江南、赵广才主编，华南理工大学出版社，2008年8月1日出版。该书共分上、下两篇，上篇主要介绍了国民体质监测、"121"工程、身体素质分类、健康与亚健康等内容，旨在使读者对自己的体质与健康状况做出判断和评估，找出存在亚健康的因素和亟待解决的问题；下篇为科学健身指导，旨在帮助读者掌握健身运动的科学原则,并根据自身体质制订科学的健身计划。此外,本篇也对运动时的能量消耗及营养补充、几种简便易行的健身项目及其原理和安全防护措施、当前社会普遍关注的肥胖问题、常见心脑血管疾病的体育锻炼等方面知识作了较为全面的介绍。

《我国青少年体育俱乐部管理体制及运行机制》 肖林鹏等著,北京体育大学出版社,2009年2月1日出版。该研究从非营利组织和公共服务供给等视角,分析了我国青少年体育俱乐部的管理体制及运行机制状况。同时借鉴国外大众体育俱乐部管理的先进经验和运行模式,力图由此寻求我国青少年体育俱乐部管理体制和运行机制的发展之策。共分7章,第一章导论,第二章我国青少年体育俱乐部的性质与发展目标,第三章国外非营利体育组织的运营模式,第四章我国青少年体育俱乐部的组织与管理体系,第五章我国青少年体育俱乐部的运行机制,第六章我国青少年体育俱乐部的绩效评估,第七章我国青少年体育俱乐部可持续发展的对策建议。

《北京市群众体育政策执行研究》 李捷著,北京体育大学出版社,2009年2月1日出版。运用公共政策分析理论,采用文献资料法、访谈法、问卷调查法和逻辑分析的方法,探讨北京市群众体育政策执行过程中各阶段特征及执行偏差,为今后完善政策执行活动提供对策。该研究对我国群众体育政策执行的本质和特点进行了分析,认为群众体育政策执行是将政策目标转化为现实形态的一种动态过程,它包括一系列推动政策得以实施的活动或行为。群众体育政策执行不仅具有公共政策执行的共性特征,而且还具有其自身的特殊性,决定了群众体育政策执行过程的复杂性和执行行为的艰巨性。群众体育政策的有效执行受政策本身、政策资源、执行主体、政策目标群体和政策环境的影响。该研究从行为分析和组织分析的视角,通过对执行主体在制定执行计划方案、筹备和运用政策资源、选取执行方式三个行动环节中的行为特点以及组织效能的分析,探讨北京市执行的成果及存在问题并提出了改进对策。

《体育社会学导论》 何劲鹏、柴娇、姜立嘉著,中国社会出版社,2009年9月1日出版。全书注重从体育客观事实出发,通过一些实际案例来说明体育社会学的基本知识。全书内容深入浅出、通俗易懂,将体育社会学的基本概念与研究结果介绍给学生。该书适合体育专业本科生、研究生作为教材参考,同时也十分便于其他对体育社会学感兴趣的读者自学。共分7章,第一章体育社会学概览,第二章体育文化,第三章体育与人,第四章体育群体,第五章体育与社会,第六章体育与其他社会文化现象,第七章我国体育社会问题的社会学分析。

《群众体育的组织与管理》 苏欣编著,东北大学出版社有限公司,2009年12月1日出版。共分14章,第一章群众体育组织与管理概述,第二章国外体育健身活动组织与管理概况,第三章群体组织与管理的理论基础,第四章我国群体活动管理的法规制度,第五章学校体育健身活动的组织与管理,第六章健身走,第七章篮球运动,第八章排球运动,第九章足球运动,第十章乒乓球运动,第十一章羽毛球运动,第十二章网球运动,第十三章游泳运动,第十四章体育竞赛的组织与实施。

《社会体育活动方案设计与组织》 张国华等主编,北京师范大学出版社,2010年1月1日出版。该书着眼于新世纪培养社会体育专门人才的实际需要,注重体现现代社会体育健身活动的新理念和新方法。坚持继承与创新、改革与发展;坚持实事求是,从本科社会体育教学实际出发;突出科学性、实用性、针对性、教学性、实践性、先进性、时代性,力求从教材体系、专业发展、课程目标、教学内容、教学手段与方法等方面进行改进、提炼、拓展,以使教学对象能适应未来社会发展的需要和全民健身锻炼的实际需要。共分9章,第一章社会体育活动发展概述,第二章社会体育活动方案设计与组织原则,第三章社会体育活动方案设计与组织内容,第四章社会体育活动常用指导方法,第五章不同人群社会体育活动方案的设计与组织,第六章城市社区体育活动方案设计与组织,第七章农村社区体育活动方案设计与组织,第八章职工体育活动方案设计与组织,第九章社会体育活动方案设计与组织注意事项。

《新型农村社区体育研究:以东尉社区为个案》 宋秀丽著,北京体育大学出版社,2011年1月1日出版。该书从便于研究的角度出发,选取了东尉这个建设较早也较成熟的农村社区进行个案研究,主要采取的研究方法是访谈法、问卷法、实地考察法和文献资料法。该书分成五大部分:第一部分包括第一章至第四章,是全书的铺垫,介绍研究的选题、主题、框架、研究方法、基本概念,以及与研究主题相关的文献;第二部分包括第五章至第七章,主要是对东尉社区体育基本状况进行描述,分成三个方面,即社区成立前后体育活动变化状况及成因、社区居民体育活动参与状况、社区体育组织管理运行状况,这一部分内容为后续章节的讨论提供了素材;《新型农村社区体育研究:以东尉社区为个案》的重点是第三部分(第八章)和第四部分(第九章和第十章),第八章主要论述了社区存在的问题及制约因素,第九章依据第二部分对东尉社区体育基本状况的描述和第三部分(即社区存在的问题及制约因素)构建了东尉社区体育组织管理运行模式;第五部分提出了东尉社区这种类型的农村社区体育的发展对策。

《社区体育服务绩效评价》 陈旸著,北京师范大学出版社,2011

年6月1日出版。旨在系统地研究社区体育服务绩效评价和居民满意度的主要影响因素,并为国内社区体育服务建立适宜的绩效评价模型与居民满意度指数模型,运用成熟的定量测评方法探究社区体育服务存在的不足和薄弱环节。全书共分为6章,主要内容可以概括为理论、应用两个部分。第一章绪论,第二章社区体育服务及其绩效评价的理论基础,第三章社区体育服务绩效评价体系的构建研究,第四章社区体育服务居民满意度指数模型构建研究,第五章社区体育服务绩效评价体系及居民满意度指数模型实证研究,第六章新公共管理视野下提升社区体育服务绩效的路径选择。

《社会体育指导员》 上海市职业技能鉴定中心组织编写,中国劳动社会保障出版社,2013年2月1日出版。该书从强化培养操作技能、掌握实用技术的角度出发,较好地体现了当前最新的实用知识与操作技术,对于提高从业人员基本素质,掌握社会体育指导员五级的核心知识与技能有直接的帮助和指导作用。

《科技体育——全国青少年校外教育活动指导教程丛书》 李娅君编著,中国轻工业出版社,2012年10月1日出版。该书汇集了多年来开展区级阳光科技体育活动的案例,并附以每项科技体育项目基础知识课程的介绍。经过重新设计,设置了一套能在普通学校校园内,以班级为单位实施的科技体育活动课程。课程包括:校园电子模拟探雷(寻宝)、校园定向、校园测向、校园无线电通信等户外科技体育活动。

《中国体育年鉴》 是由国家体育总局主管、国家体育总局体育文化发展中心主办、中国体育年鉴社出版的一部全面反映中国体育事业发展的权威性工具书,是集知识、信息、资料为一体的综合性年刊。《中国体育年鉴》(1994—1995)是第一本,以后每年出版一本。该年鉴是一部权威性的体育资料工具书,是我国唯一的一部详细、准确、系统记载我国历年体育事业发展情况的年鉴。主要栏目设有:特载、大事记、文献、法规制度、群众体育、综述、地方体育、行业体协、资料、成绩记录等。

《中国体育报》 由国家体育总局主管,中国体育报业总社出版。创刊于1958年。《中国体育报》全方位、立体化报道中国乃至世界体坛的多彩风云,为千百万读者及时提供权威的、快捷的、鲜活的、丰富多彩的新闻报道,最大程度地满足读者的阅读需求。是全国唯一以体育新闻报道为主的日报。《中国体育报》以普及体育运动,增强人民体质,提高运动水平,振奋民族精神,为中国跻身于世界体育强国之林和促进社会主义现代化建设为宗旨。宣传中国共产党和人民政府关于体育运动的方针、政策、法令,使读者了解体育运动在中国社会主义现代化建设中的地位、作用,了解中国体育运动的发展战略、方向,推动体育事业的发展。宣传适合学校、工矿、企业、乡镇和儿童、青少年、老年人、伤残人和家庭开展的各项体育活动,以及社会办体育的新人新事,促进体育社会化、群众化,增强人民体质。报道国内外重大比赛中创造的纪录、成绩和涌现的优秀运动员,宣传竞争精神。反映国际体育动态,介绍国际体育人物和国际体育知识,评述国际体育运动发展趋势。宣传体育理论和新技术、新知识在体育运动中的运用,促进运动训练的科学化。宣传中国体育成就和体育人物,报道中国运动员在赛场上的赛况,激励民族精神。

《中国体育》杂志 由中国体育报业总社主办。创刊于1957年。《中国体育》杂志始终如一地关注中国体育,以特有高端视角解读中国体育界,大气与生动并存,理性和感性兼备,记录并推进中国体育前进之步伐,纵览中国体育变幻之风云。《中国体育》在我国体育事业的对外宣传中一直承担着重要的作用,在国内外有着广泛的读者和影响。主要栏目有:人物、论坛、CS 女郎、世界冠军联合会、户外、高尔夫、健身房、酷玩等。

《新体育》杂志 由中国体育报业总社主办。创刊于 1950 年。目前为中国体育界的门户杂志。《新体育》始终坚持严谨、翔实的报道风格,是各级运动队和教练员、运动员心目中最具权威和最有业内影响力的杂志。《新体育》对各体育项目的评述、对体育现象的评价、对政策的解读和走向的把握,一直得到读者和运动队的双重认可。主要栏目有:月谈、见解、译汇、观战、赛场、人物、观察、专栏等。

《体育文化导刊》杂志 由国家体育总局主管,国家体育总局文史工作委员会主办。创刊于 1983 年。《体育文化导刊》杂志侧重于从文化的视角,观察、认知和介绍各种体育现象(包括人物、事件),重深层次理性分析,是为广大体育管理者、工作者、人文社科学者和体育企业老板全面了解、认识体育文化和消费提供决策的参考读物。主要栏目设有:改革与发展论坛、文化观察、五环视野、学术百家、体育教育、异域放眼、人物聚焦、书海驿站、文史天地等。

《中国学校体育》杂志 是由国家教育部主管,中国大学生体协、中国中学生体协主办的业务性、知识性杂志。创刊于 1981 年。《中国学校体育》杂志是唯一面向全国学校体育、健康教育工作者的专业性杂志,具有较强的指导性、科学性、实用性和权威性。办刊宗旨是宣传党和国家关于学校体育卫生工作的方针政策,介绍国内外的学校体育卫生工作动态,交流学校体育卫生工作经验,帮助体育教师进修提高,帮助学生掌握体育卫生知识和方法,为学校体育工作实践与理论研究服务,为广大学校体育工作者和学生服务。主要栏目有:卷首、言论、管理、体育教学、训练、竞赛、课外体育、体质健康、理论探索、奥运知识、信息动态等。

《中国科协年鉴》 中国科学技术协会编,中国科学技术出版社出版。2004年出版第一本。是一本反映各级科协及所属团体事业发展情况的资料性年刊。年鉴收录中国科协(仅指中国科协机关和直属单位)、全省级科协、副省级城市科协、省会城市科协、地级科协、县级科协和全国所属学会、委托管理全国学会、省级学会的机构设置、经费收支和主要业务活动等方面的统计数据。

《中国科协报》 是由中国科学技术协会主管和主办的报纸,是中国科协指导工作、交流经验、研讨政策、信息服务、反映科技工作者意见和要求的基本宣传阵地。要闻版着重刊发科协工作、学会活动、科协事业、科协改革以及科技政策与科技人员等方面的报道;专题版主要发表科协改革、科协工作、科协事业发展的专题讨论文章,面向厂矿科协、乡镇科协和农函大学员的专栏文章,以及维护科技人员合法权益的文章。

《中国工会年鉴》 由全总主办,中国工会年鉴编辑部编辑出版。1998年出版第一本。《中国工会年鉴》是一部全面反映中国工会工作情况的资料密集型工具书。其宗旨是为社会各界提供中国工会的有关资料,为各级工会开展工作提供理论政策指导、工作经验及有关信息、资料。这本刊物严格遵循权威性、指导性、科学性、实用性的原则,系统汇集了工会工作各方面的资料,具有指导工作、积累资料和存史价值。

《工人日报》 是由中华全国总工会主办的综合性报纸。创刊于1949年。是一张以经济宣传为重点的全国性综合性中央级大报。《工人日报》的特点和风格是群众性、思想性、战斗性和知识性,而其核心是群众性。《工人日报》作为当代中国政治、经济、文化、社会生活中具有重大影响力的一张中央大报，主要报道全国职工群众和工会组织活动的新闻，同时向职工宣传共产党和人民政府的方针、政策，注意发挥职工群众的"喉舌"作用，在代表职工讲话，反映职工意见、呼声与要求方面，发挥了共产党和工会的耳目作用，特别在维护职工民主权利和合法利益方面，在职工中享有特殊的信誉和权威。

《青少年宫公益性研究》 张良驯著，中国社会科学出版社，2012年10月1日出版。该书运用理论与实践相结合的方法，从公益性问题、公益性内涵、公益性政策、公益性付费、公益性标准、公益性发展等方面入手，试图对青少年宫公益性进行多角度、较系统的理论解释。阐述了青少年宫公益性发展的基本理论，厘清了青少年宫公益性发展的主要思路，提出了青少年宫公益性发展的政策措施，对于我国公共校外教育的理论建设和青少年宫教育的实际工作具有积极意义。共分7章，第一章青少年宫及其公益性问题，第二章青少年宫在教育发展上的公益性，第三章青少年宫在服务收费上的公益性，第四章青少年宫的公益性政策，第五章青少年宫的公益性付费，第六章青少年宫的公益性标准，第七章青少年宫的公益性发展。

《中国青年工作年鉴》 由中国青年工作年鉴编辑委员会编，中国青年出版社出版。1987年出版第一本。主要栏目设有特载、大事记、各青年团体国内工作概况等部分。

《青年蓝皮书：中国青年发展报告》 廉思主编，社科文献出版社，2013年6月1日出版。该蓝皮书以"城市新移民的崛起"为主题，分总论篇、群体篇、专题篇、深访篇。总论篇对当前中国城市新移民总体状况和发展趋势，从大历史和全球化的角度进行了纵深观察和国际比较。群体篇在综合了课题组六年成果的基础上，采用大量翔实的数据对"蚁族"、"新生代农民工"、"新生代白领"等青年群体进行了深入严谨的研究分析。专题篇从生产、消费、教育、话语权、精神文化、政治参与六个方面分析了城市新移民崛起的形态和特征。深访篇从课题组百余篇深访报告中精选出十篇,展现了城市新移民的成长经历和感人故事,对城市新移民给中国带来的改变进行更入微的呈现。另设附录,附录回顾了课题组六年来组织自发性社会调查的艰辛历程,并对其中的研究困境和抽样方案的拟定等问题进行了详细的阐述。

《中国青年报》 是中国共青团中央机关报,是当代中国政治、社会生活中具有重大影响的一份全国性综合性日报。创刊于1951年。《中国青年报》作为中宣部直管的中央级大报,以"推动社会进步,服务青年成长"为己任,服务于一代又一代的青年。《中国青年报》以肩负中华民族未来的青年群体为主要服务对象,始终涌动着改革创新的冲动,始终热情地为新生事物鼓与呼,具有鲜明的时代特色。《中国青年报》一贯重视并善于发掘富有时代精神的典型人物,给予可信、可亲、可敬的报道,以感染、召唤、影响青年。

《中国妇女研究年鉴》 由全国妇联妇女研究所编辑,社会科学文献出版社出版。每5年出版一本,《中国妇女研究年鉴(1990—1995)》是第一本。是比较全面、系统地汇编5个年度的妇女/性别研究发展成果和信息的连续出版的学术性、资料性工具书。

《中国妇女年鉴》 由全国妇联妇女研究所编辑,社会科学文献出版社出版。2004年出版第一本。主要反映当年全国妇女工作的情况。

《中国妇女报》 由全国妇联主办,是一张具有思想性、社会性和综合性的全国唯一的一份全国性的女性大报。创刊于1984年。其宗旨是向社会宣传妇女,向妇女宣传社会,促进妇女进步、发展与解放,积极维护妇女儿童的合法权益,热情为她们服务,鼓励广大妇女在国家建设和社会发展中发挥半边天作用。同时关注现实生活中各种与妇女有关的新闻事件和社会问题,并积极通过舆论作用促进问题的解决。

《中国艺术报》 是由中国文学艺术界联合会主管主办的国内最具权威性的国家级文艺行业大报。创刊于1995年。《中国艺术报》依托中国文联及中国戏剧家协会、中国电影家协会、中国音乐家协会、中国美术家协会、中国曲艺家协会、中国舞蹈家协会、中国民间文艺家协会、中国摄影家协会、中国书法家协会、中国杂技家协会、中国电视艺术家协会等顶级行业组织资源,连接中国戏剧奖、金鸡奖、百花奖、金钟奖、中国美术奖、牡丹奖、荷花奖、山花奖、金像奖、兰亭奖、金菊奖、金鹰奖、中国文联文艺评论奖等中国最高文艺奖项平台,立足文艺界,面向全社会,权威发布国家文艺政策,全面报道海内外文艺动态,丰富展现文艺名家风采,大力推介优秀文艺作品,强力建设文艺理论评论阵地,及时跟踪艺术市场冷热,科学探究艺术产业发展经营,积极推动文艺维权行动,全力弘扬优秀民族文化传统,精心宣传中外文化交流,以高端视野和专业精神,深入探索中国文艺发展规律,有效助推中国艺术事业繁荣发展。

《中国艺术家》杂志 由中国艺术家协会主管,中国艺术家杂志社主办。创刊于2005年。2012年转归文化部主管,由中国少数民族文化艺术基金会主办。杂志主要聚焦艺术家与艺术品市场,密切关注文娱明星发展,及时反馈艺术界学术动态,致力于挖掘文艺新人。是广大文艺爱好者分享文艺市场最新动态走向、艺术信息交流的一个平台。主要栏目有:本刊头条、封面人物、艺术论坛、艺术教育、理论广角、名人家事、文史艺术、热点关注、名门之后、教育探索、文化管理、文娱广角、传媒研究、人物专访、文学创作、图说世情、真情故事等。

《艺术交流》杂志 由中国文联主管，中国文联国际联络部、中国艺术报主办。主要栏目有：封面文章、专题、资讯、动态、艺术产业、往事、专栏、文化行走、名家、品画等。

《中国戏剧》杂志 由中国戏剧家协会主办。其前身为《戏剧报》、《人民戏剧》。《中国戏剧》杂志是中国戏剧界资深的戏剧评论和理论刊物，在新中国戏剧乃至文艺活动发展史上有着十分重要的地位。20世纪50年代创刊。主要栏目有：戏剧沙龙、戏曲现代戏创作、艺术研究、剧评、流派艺术、导演手记、演员手记、老剧人、表演评论、专访、书评、怀念篇、外国戏剧等。2010年《中国戏剧》进行重大改版，新辟戏剧聊吧、热点追踪、特别关注、佳作赏析等栏目，直面戏剧界重大问题，特别关注有影响的剧目，深入分析、热辣点评、激情赏鉴，突显本刊对中国戏剧艺术发展

的前瞻性、开拓性和评论的权威性。进一步加强原有的戏剧沙龙、艺术研究等栏目，约请当代文艺界、戏剧界专家撰稿，深入分析当前戏剧发展趋势，透辟点评剧目得失，开展理论探讨与争鸣。

《剧本》杂志 由中国戏剧家协会主办。其前身为《人民戏剧》。1952年创办。《剧本》杂志以发表优秀剧本、总结创作经验、培养青年剧作家、繁荣戏剧创作为宗旨，刊登话剧、戏曲、歌剧、电视优秀剧本，发表剧本评论、剧作家研究、创作问题研究等。主要栏目有：剧本、戏剧理论等。

《上海戏剧》杂志 是由上海市文学艺术界联合会主管主办的戏剧专业刊物。创刊于1959年。《上海戏剧》杂志始终坚持党的文艺路线、方针、政策；坚持社会主义先进文化的发展方向，坚持"双百"方针和"两为"方向，坚持为弘扬优秀民族文化，繁荣戏剧创作，促进戏剧理论研究，培养和造就当

代戏剧艺术家队伍而努力工作。主要栏目有：理论鉴赏系列、文化传播系列、现代明星系列、剧视创作系列、摄影美化系列及其他艺术等。

《河南戏剧》杂志 是由河南省文学艺术界联合会主管、河南省戏剧家协会主办的一家在全国出版发行的戏剧类刊物。创刊于1963年。《河南戏剧》杂志立足河南，面向全国，以更广阔的视野，多层次地展示戏剧人的成就，报道戏剧活动，宣传名家新秀，追怀梨园往事，推广院团经验，畅谈艺术观点，交流研究成果，为广大戏剧工作者提供学习交流的平台。

《新世纪剧坛》杂志 是由辽宁省文联主办，省剧协、省视协共同协办的在省内唯一发表戏剧成果并公开发行的戏剧类杂志。创刊于2004年。《新世纪剧坛》是一份面向广大戏剧、影视剧工作者和爱好者的刊物，旨在为编剧、导演、演员、戏剧评论家等爱好戏剧的广大群众提供一个畅谈体会、切磋技艺、交流经验的平台。主要栏目有：观点、聚焦、戏剧手札、品读、戏剧看板、热播剧观察。

《戏剧之家》杂志 由湖北省文学艺术界联合会主管，湖北省戏剧家协会、今古传奇报刊集团联合主办。创刊于1991年。《戏剧之家》杂志是面向国内外公开发行的大型政策指导与理论研究的学术期刊。其宗旨是弘扬中华优秀文化，振兴民族地方戏曲。《戏剧之家》杂志集理论性、学术性、指导性于一体，融知识性、趣味性、观赏性于一炉；立足湖北，面向全国，以关注当代戏剧发展，宣传新人佳作，培育青年观众（读者）为己任，是湖北省乃至华中地区唯一一家市场化运作的专业戏剧艺术类杂志。主要栏目有：特别关注、戏剧研讨、剧本新作等。

《当代戏剧》杂志 是由陕西省戏剧家协会主办的教科文艺期刊。创刊于1958年。《当代戏剧》杂志是目前西北五省(区)唯一公开发行的戏剧、电视期刊。主要栏目有：新作园地、当代戏剧论坛、热点追踪、新星灿烂、剧人侧影等。

《人民音乐》杂志 是由中国文学艺术界联合会主管，中国音乐家协会主办的音乐艺术理论刊物。创刊于1950年。《人民音乐》杂志对音乐艺术和音乐文化进行研究和探讨，对音乐演出及各种音乐活动进行报道和评论。主要栏目有：作品评介、表演艺术、民族音乐、音乐教育、世界乐坛、文化交流、当代音乐家、流行音乐书评等。

《音乐创作》杂志 是由中国文学艺术界联合会主管，中国音乐家协会主办的音乐艺术专业刊物。《音乐创作》杂志以五线谱形式发表音乐创作作品，包括各种题材和风格的独唱、重唱、合唱曲以及钢琴曲和民族器乐曲等。主要栏目有：新人新作、探索、旧曲拾遗、群众喜爱的歌、外国近现代作品选载。

《歌曲》杂志 是由中国文学艺术界联合会主管，中国音乐家协会主办的群众性音乐刊物。创刊于1952年。《歌曲》杂志旨在迅速反映全国歌曲创作成果，代表全国歌曲创作水平。主要栏目有：声屏回放、为您点歌等。

《词刊》杂志 是由中国文学艺术界联合会主管，中国音乐家协会主办的面向国内外公开发行的期刊。创刊于1980年。《词刊》杂志集权威性、理论性与专业性于一体，活跃教学与科研学术风气，为教学与科研服务。

《儿童音乐》杂志 是由中国音乐家协会主管主办的综合音乐刊物。创刊于1957年。该刊是少年儿童学习音乐知识，增长音乐素养的良师益友。主要栏目有：儿童咨询、儿童才艺展示、园丁风采、音乐知识、学乐理、低幼歌声、名家新作、音像世界等。

《黄河之声》杂志 由山西省文联主管、山西文化艺术传媒中心主办。创刊于1958年。《黄河之声》以关注音乐人和事，探讨音乐理论，挖掘音乐新人，展示音乐成果为宗旨。主要栏目有：封面报道、网络追踪、红色宝贝、中国鼓、原创歌曲、词林新花、青春宝贝、新生代、地方音乐、艺术鉴赏、领军人物、人物特写、特别报道、红色艺术家、音乐团队、音乐研究、音乐教学、原创歌曲、音乐文化、世界音乐、讲师论坛、研究生论坛、古典音乐、地方文化等。

《草原歌声》杂志 是由内蒙古自治区文学艺术界联合会主办的以刊发原创歌曲、歌词、大型评论文章及音乐教育、音乐动态的一本蒙、汉文综合性音乐期刊。创刊于1980年。《草原歌声》杂志是内蒙古唯一一本面向全国公开发行的音乐期刊。主要栏目有：大型人物介绍、原创歌曲、歌词及音乐理论研究、表演、教育、社会音乐活动等。

《音乐生活》杂志 由辽宁省文联主办。创刊于1957年1月。《音乐生活》杂志一直坚持学术性、价值性、知识性与可读性于一体的办刊方向，以专业音乐家、专业院团为主要服务对象，扶持、鼓励专业音乐家的创作与表演，培养并提高业余作者及音乐爱好者的音乐修养。主要栏目有：音乐资讯、音乐人物、音乐时尚、音乐纵横、音乐论坛、音乐百科等。

《北方音乐》杂志 由黑龙江省文学艺术界联合会主管、黑龙江省音乐家协会主办。创刊于1981年。《北方音乐》杂志宗旨是繁荣地域民间音乐，发展黑土民族之声，展现北方艺术人才，奏响黑龙江和谐强音。主要栏目有：歌苑乡情、理论学术、音乐茶座、各抒己见、音乐教育、北方词苑、明星专访等。

《企业文化大观》杂志 由山西省文联期刊出版管理中心主管、山西省产业（企业）文联主办。创刊于 2003 年 9 月。《企业文化大观》杂志是一本以企业文化为主,集政治、经济、管理、科学、文学、艺术等多方面内容的综合性刊物。《企业文化大观》杂志宗旨是,深入贯彻十六大、十七大精神,发展文化产业,推动产业(企业)文化建设,培育企业精神,增强企业凝聚力,展现企业文化建设成果,交流企业文化建设经验,为企业家、职工提供一个展示的平台。《企业文化大观》杂志注重前导性、权威性、知识性、实用性、可读性、艺术观赏性。

《音乐大观》杂志 是由山东省文学艺术界联合会主管,山东省音乐家协会主办的自由性、评论性、理论性的音乐文化多媒体刊物。创刊于 1955 年。《音乐大观》杂志以艺术传播、文化交流为办刊理念,受到音乐、艺术界和爱好者们的喜爱。主要栏目有:谱乐声音、校园沙龙、资讯、音论乐坊、执教文坛、艺彩华彰、金影展播等。

《岭南音乐》杂志 由广东省文学艺术界联合会主管,广东省音乐家协会主办。创刊于 1957 年。《岭南音乐》杂志是一本集趣味性、知识性、专业性为一体的音乐杂志。《岭南音乐》杂志为音乐家提供了一个展现自我,与同行交流互动的平台;为音乐爱好者创造一个吸收知识,提升音乐素养的去处;为普通读者创建一个倾听生活旋律的窗口。主要栏目有:名家访谈、音乐故事、音乐观察、乐器之王、闪亮新星、音乐人博客、音乐网游听好歌、银幕旋律、环球音乐、音乐课堂、理论园地、潮流检索等。

《音乐世界》杂志 是由四川省文联主管、四川省音乐家协会主办的通俗音乐刊物。曾用刊名《园林好》、《四川音乐》。创刊于 1954 年。《音乐世界》杂志介绍声乐、器乐和识谱知识,以及发表音乐评论,刊登中外曲谱和音乐界名人传记,报道音乐界等消息。

《音乐时空》杂志 由贵州省文联主管主办。创刊于1957年。《音乐时空》杂志坚持以音乐的民族性、时代性、艺术性、可读性和学术性为一体,以贴近大众生活、追求高雅精品、弘扬民族文化、培养青年音乐创作人才为己任。主要栏目有:音乐资讯、乐评、影评、音乐理论研究、外国音乐研究、民族音乐研究、中外音乐评论、作曲技术理论、音乐知识文化、原创曲目选登、音乐表演与艺术等。

《音乐天地》杂志 由陕西省委宣传部主管、陕西省音乐家协会主办。创刊于1949年。主要栏目有:音乐感觉、实话实说、读者点歌、新歌园地、美好的情景、校园风、流行音乐潮、世界音乐、新闻中心、歌星故事、摇滚天地、金碟推荐等。

《小演奏家》杂志 由甘肃省文联主管、甘肃省音乐家协会主办。创刊于1957年。《小演奏家》杂志为全国第一家面向少年儿童学习器乐的,具有知识性、指导性、普及性的器乐杂志。主要栏目有:我们关注、阶梯教室、琴童沙龙、音乐宝典等。

《美术》杂志 是由中国美术家协会主办的汇聚国内外美术作品及画法技巧等内容,以专业及业余美术工作者和美术爱好者为阅读对象的刊物。创刊于1950年。主要栏目有:北国画廊、画家与画、技法探索、外国美术、美术博览、考生信息、连环画园地、漫画园地、书法园地、美苑繁花等。

《中华美术》杂志 是由中国文联指导,中国美术家协会、中国国家画院、中央美术学院、中国美术馆为顾问单位,新华文轩出版传媒股份有限公司、中华美术传媒集团有限公司和中华美网联合主办的国家级美术权威媒体。《中华美术》杂志与中央主流媒体以及腾讯网、华西都市报、四川新闻网达成战略合作。主要栏目有:话题、人物、回顾、个案、现场、讲堂、地图、收藏、动态等。

《美术界》杂志 是广西文联主管主办的综合性美术期刊。创刊于1972年,原名为《广西工农兵美术》,1979年改名为《广西美术》,1987年7月改名为《美术界》。《美术界》杂志以发表各类美术作品和评论文章,培养和提高本区美术人才,促进社会主义美术创作的繁荣和发展为宗旨。主要栏目有:美术论坛、艺术人物、艺术广角、西部风情、画家介绍、新人新作、少数民族风情画廊、美术考生之友、谈画录、艺术论坛等。

《四川美术》杂志 由四川省文联主管,四川省美术家协会、四川美术馆主办。创刊于2008年,其前身是《四川美术报》。《四川美术》杂志致力于反映四川美术界动态,宣传推广四川美术群体和新人新作,培养和发掘美术人才,传递国内外美术信息咨讯。主要栏目有:报道、现象、特别策划、特别关注、焦点、艺事、展事、人物、佳作、

院校连线、馆藏经典、学术、视窗、短讯、市场动态、展讯等。

《书法报》杂志 由湖北省文联主管,由湖北省书协主办。创刊于1983年。《书法报》是我国创刊最早、发行量最大的书法专业报。《书法报》坚持专业特色,注重思想性、艺术性、知识性、趣味性、资料性的统一。辟有50多个栏目,其中今日书苑、技法并垂、书学研究、印学研究、书家近作、书坛新星、作品赏析、鉴赏与批评等20多个栏目已成为固定栏目。

《书画艺术导刊》杂志 由山东省文学艺术界联合会主管主办,山东省美术家协会、山东省书法家协会协办,中国美术家协会、中国书法家协会为学术支持单位。创刊于2010年。《书画艺术导刊》杂志以探索、展示和传播书法、绘画艺术为宗旨,坚持思想性、艺术性、权威性和可读性统一的原则,推进书画艺术出精品出力作出人才。《书画艺术导刊》杂志立足山东,面向

全国,致力于打造特色文化艺术品牌。主要栏目有:人物、聚焦、中坚、视点、经典、新作、展厅、园地、收藏、大事记等。

《湖北画报》杂志 由湖北省文学艺术界联合会主管,今古传奇报刊集团、湖北画报社主办。创刊于1958年。《湖北画报》杂志分时政和旅游两大类栏目。时政栏目设有:时政、财经、人物、城市、文化及特别策划六大板块。旅游栏目设有:旅游、户外、休闲三大板块。

《小学生习字报》 由山西省文学艺术界联合会主管主办,是全国唯一的一份对小学生习字进行普及教育的报纸。创刊于1992年。《小学生习字报》办报宗旨是,根据小学教学大纲的要求,由浅入深,由易到难,循序渐进,引导帮助孩子从小把字写规范,写正确,写美观。它每期都刊有两篇仿影和相应的作品点评,使学生通过摹写、双勾等掌握写字技巧、书写规律,让学生在学业负担较重的情况下,用较短的时间练好字。《小学生习字报》选登历代书法名家的书法作品,通过欣赏,使孩子们对书法艺术增加感性认识,引起兴趣。《小学生习字报》更以较大篇幅选登小学生的习作和获奖作品以及小书法家成才的事迹,使孩子们学有榜样,赶有目标,成为孩子们通向书法大门的基础和台阶。《小学生习字报》还适量地发表小学书法教学经验,介绍教师心得、家长心愿和学生心声,是大家沟通思想的桥梁。

《书法赏评》杂志 由黑龙江省书协主办。创刊于1982年,其前身为《北方书苑》。主要栏目有:古往今来、书评焦点、咏碑吟帖、一家之言、来稿选登、印象汇粹、刻石铭心、砚边点滴等。

《黑龙江联坛》杂志 由黑龙江省文联主管,黑龙江省楹联家协会主办。创刊于1998年。《黑龙江联坛》杂志以弘扬祖国优秀的传统文化为己任,其宗旨是探讨楹联理论、发表楹联作品、交流楹联信息、推动楹联事业发展。

《曲艺》杂志 是由中国曲艺家协会主办的独家全国性曲艺刊物。《曲艺》杂志是一本面向曲艺作家、曲艺评论家和曲艺爱好者的专业性艺术期刊。创刊于 1957 年。《曲艺》杂志成为一部见证曲艺历史、记录曲艺足迹的史册,开始由中国曲艺研究会主办,后改由中国曲艺家协会主办。《曲艺》杂志专以发表新曲艺作品和经过加工、整理的传统曲艺作品及曲艺评论、研究文章等。

《舞蹈》杂志 是由中国舞蹈家协会(前身是中国舞蹈艺术研究会)主办的指导舞蹈艺术的综合性、专业性刊物。创办于 1958 年。《舞蹈》杂志在评价中外舞蹈新作、普及舞蹈知识、开展舞蹈艺术研究、介绍国内外舞蹈信息等方面发挥着重要的作用。同时它也忠实地记录了新中国成立以来舞蹈事业蓬勃发展的历程。

《民间文化论坛》杂志 是由中国文联主管、中国民间文艺家协会主办的唯一的国家级民间文化学术研究的综合性期刊。创刊于 1982 年。《民间文化论坛》杂志以弘扬中国民间文化为办刊宗旨,主要刊登从民俗学、文艺学、社会学、人类学、民族学、宗教学、语言学、考古学、地理学、历史学、心理学、建筑学、美学等不同角度调查、研究民间文化(包括民俗、民间文学、民间艺术)的学术论文与调查报告,同时译介国外有关民间文学研究的前沿性理论与方法,报道海内外民间文化研究的学术信息。主要栏目有:前沿话题、民间文学、民俗研究、民间艺术、文化遗产、学术评论、学术访谈、学术动态等。

《民间故事选刊》杂志 由河北省文联主办。创刊于 1984 年。《民间故事选刊》杂志是中国唯一精选古今中外故事佳作的刊物,是民族民间文化和通俗文学保护和研究方面的重要刊物。主要栏目有：间谍故事、宫廷故事、打工族故事、抗日故事、外国故事、纪实故事、传奇故事、名人传说等。

《人物周报》 由河北省作家协会主办。《人物周报》以"讲述名流故事，领悟人生智慧"为办报宗旨，以"可读性，思想性，趣味性"为编辑方针，以"篇篇可读，期期精彩"为办报承诺。主要栏目有：热点人物、环球人物、港台名流、透视老板、艺（体）坛星闻、政要看点、将帅故事、名流轶事、解码历史、姓氏文化、姓氏信箱、特别报道等。

《民间故事传奇》杂志 由山西省文联主办。《民间故事传奇》杂志注重学术性、先锋性、开放性、理论性、专业性和知识性，以反映中国当前社会科学研究前沿水准与最新成果，倡导学术精神弘扬光大与科学文明的广泛传播为办刊宗旨。

《民间故事》杂志 是由吉林省文联主管、吉林省民间艺术家协会主办的文学月刊。创刊于1983年。《民间故事》杂志是我国较早公开发行的民间文化类文学刊物。主要栏目有：无巧不成书、故事碰故事、笑话大本营、七嘴八舌、故事江湖、官场采奇、现代写实、打工世界、天下姻缘、怪案奇破、幽默笑话、今古传奇等。

《故事林》杂志 是由福建省文联主管、福建省民间文艺家协会主办的故事刊物。创刊于1984年。《故事林》杂志坚持为人民服务、为社会主义服务的方向，以弘扬民族优秀传统文化、繁荣发展民间文学事业、培养民间文学新人为宗旨，积极配合改革开放和构建和谐社会、建设社会主义新农村、海峡西岸经济区建设的新形势，贴近生活，面向大众，深受全国城乡群众欢迎，成为人们喜闻乐见、雅俗共赏、不可缺少的精神食粮。主要栏目有：开心你我、财富园、精彩点击、街头快照、新传说、职场故事、海外故事、情感故事、社会镜像、海峡两岸故事、中篇传奇、青春地带、悬疑故事、民间故事大观、短信爆笑、社会面面观、法律知识图典等。

《故事家》杂志 是由河南省文联主办的故事文学刊物。创刊于1985年。《故事家》杂志主要发表人民群众喜爱的各类故事,讲述老百姓的身边事,演说普通人的家常话,沟通人世间的美好情感,传递大千世界的道德万象。《故事家》杂志内容丰富,形式多样,包孕古今中外,荟萃故事精华,力求具有可视性、可读性和趣味性。

《武侠故事》杂志 由河南省文联主管、河南省作家协会主办。创刊于2002年。《武侠故事》杂志以故事性、情节性为宗旨。主要栏目有:霜刃映红、迷案侠踪、笑傲江湖、精短武侠、剑网情丝、江湖连环画、江湖寓言、十面埋伏、新概念武侠、烽火狼烟、三十六计、天黑请闭眼等。

《天南》杂志 由广东省文联主管、广东省民间文艺家协会主办。创刊于2004年。《天南》杂志是一份弘扬中华民族优秀文化,寓教于乐,老少皆宜,雅俗共赏,故事为主的通俗文艺杂志。特别注重广大群众喜闻乐见和切身关注的热门题材,力求新颖独特,益智怡情,助人提高德才素质。主要栏目有:五洲各国故事,中国历史故事,帝王、妃嫔故事,伟人、风流人物故事,学者、科学家故事,明星、歌手、艺人故事,运动员、大亨与创业者的故事,校园故事,破案故事,奇才与科幻故事,谐趣故事,幽默故事与幽默笑话等。

《中国摄影报》 是由中国摄影家协会主办的专业性摄影报纸。创刊于1987年。是目前国内发行频率最快的摄影报刊。《中国摄影报》根据不同类型读者的需要,集导向、展览、摄影学校、摄影医院、旅行社、绿地、俱乐部、服务中心、邮局等功能和属性为一体,及时准确地把党的文艺方针、中国摄影家协会的工作思路和摄影业界动态传达给读者，有针对性地为读者提供基础教学、图片赏析、器材推广等各方面的信息和服务，大量国内外影展、影赛消息直达社区和广大摄影人。它已在摄影爱好者当中具有很大的影响力。此外，《中国摄影报》还设专栏介绍国内外最新摄影图书，提供读者园地，组织一系列国内外的摄影采风活动。

《中国摄影》杂志 由中国摄影家协会主办。创刊于1957年。是中国唯一摄影类核心期刊。《中国摄影》杂志以推介摄影作品，报道摄影发展状况，介绍摄影器材为主旨。《中国摄影》杂志是新中国第一本摄影艺术刊物，大量的国内外摄影家通过它被中国摄影界乃至其他领域的人士所熟知。《中国摄影》杂志与中国的摄影家、摄影团体、摄影院校及出版机构有密切的联系，经常举办摄影研讨、摄影比赛、技术讲座、摄影旅游等活动，在传播最新的摄影观念、摄影技术、繁荣摄影创作方面发挥着积极的作用。主要栏目有：名家名作、域外传影、摄影论坛、报道摄影、摄影旅游、技术档案、专业器材等。

《大众摄影》杂志 是由中国摄影家协会主办的普及型摄影刊物。创刊于1958年。主要栏目有：创作拍摄、器材等。

《摄影之友》杂志 是由广东省文学艺术界联合会主管、广东省摄影家协会主办的摄影艺术期刊。创刊于1985年。《摄影之友》杂志具有定位基层、服务大众、内容实用、形式新颖、语言清新、技艺并重等办刊特点。主要栏目有：拍摄手记、专题摄影、入门教室、创意先锋、模特网站、专业舞台、试用手记、技术装备、新潮速递、技巧常识、市场一窥等。

《中国书法》杂志 由中国文联主管，中国书法家协会主办。创刊于1982年。《中国书法》杂志，是一本荟萃书法篆刻精品、展示书法学术成果的权威学术期刊。《中国书法》杂志一直在为当代书坛的和谐繁荣、创新发展做出积极的学术反应,不定期地举办书法篆刻学术研讨会,编辑书法篆刻理论,推介古代、近代和当代书法篆刻名家并发布相关广告。《中国书法》杂志是我国书法界最权威最前沿的学术性艺术性刊物,是书法家和书法爱好者的良师益友,更是每个社会成员提高文化素质、拓展知识面、丰富阅历和培养教育子女的普及型读物。主要栏目有:人物、经典、学术、关注、创作、书法广角等。

《杂技与魔术》杂志 是由中国杂技家协会主办的我国唯一的杂技专业期刊。创办于 1981 年。《杂技与魔术》杂志具有杂技的权威性和专业性,又不乏知识性和娱乐性。主要栏目有:特稿、杂坛聚焦、赛场特讯、国内视窗、地方协会动态、杂坛信息、发展论坛、随笔、杂技赏析、外国魔术、温故知新、民间杂技、史话钩沉、业内笔谈、魔术论坛等。

《艺术家》杂志 是由天津市文联主管主办的综合性文艺刊物。《艺术家》杂志以刊载当代艺术家传记为主。主要栏目有:艺术家传、外国艺术家、乡土艺术家、艺术家的内心独白、艺术家书简、艺坛话新、艺海探索、艺苑说趣、艺术公案、艺术与生活、四海采风等。

《艺术广角》杂志 由辽宁省文联主办。1987 年创刊。《艺术广角》杂志是一份综合性的文艺理论评论刊物。《艺术广角》杂志宗旨是高举当代性、综合性、学术性的旗帜,密切联系我国和世界当代文艺的发展实际,努力跟踪当代文艺的发展走向,关注文艺创作和文艺鉴赏中的实际问题;重点对当代国内及国外的文艺现象、文艺思潮、艺术家、艺术作品进行研究与评析,并把培养文艺理论新人、繁荣理论队伍建设作为自己的重要任务。主要栏目有:人生感悟、社会幽微、文化随笔、人与自然、闲情偶记等。

《文艺评论》杂志 是由黑龙江省文联主办的文艺理论期刊。创刊于1984年。《文艺评论》杂志宗旨是，以马克思主义文艺观为指导，坚持文艺的"双百"方针，追踪和研究当前的文艺创作和文艺理论研究的态势，研究本省文艺创作和理论研究的成就和不足，推动文艺创作和理论建设的健康发展。主要栏目有：理论前沿、思潮过眼、阐释与评说、世说新语、艺海风云等。

《文艺争鸣》杂志 由吉林省文联主办的文艺评论刊物。创刊于1986年。《文艺争鸣》杂志旨在贯彻党的"双百"方针，发表文艺界众家之谈，讨论当今文艺创作、文艺思想、文艺研究中的各种问题，推动文艺理论的建设和发展。主要栏目有：当代百论、新世纪文学研究、当代阅读、当代视野、当代文学论坛、视像、视点等。

《艺术百家》杂志 由江苏省文化厅主管、江苏省文化艺术研究院主办。创刊于1985年。《艺术百家》杂志坚持弘扬民族传统文化、面向时代关注艺术各学科纵深发展，充分发挥弘扬、引领作用，坚持先导、服务职能，期刊内容着眼于国家重大文化课题，着重突出内容的艺术性、思想性、学术性、理论性，努力建立区别于其他刊物的学术眼光与文化品质，在学理的框架下坚守独立的艺术思想，提倡原创，关注当代性，审视学术热点。主要栏目有：社会发展研究、新向度、百家争鸣、调查与探索、学科发展与建设、艺术美学研究、学人访谈、美术学研究等。

《南腔北调》杂志 由河南省文联主办。《南腔北调》杂志主要刊发文艺类和教育类的理论研究文章。主要栏目有：学术新论、作品研究、文学争鸣、艺术之窗、世界文艺、文史天地、教育探讨、文史教学、艺术教学、文化科技、学校管理、语言研析、艺术市场、文化产业、法制文化、工作思考、社会观察等。

《文艺新观察》杂志 是由湖北省文联主管,湖北省文艺理论家协会主办的文艺理论批评刊物。创刊于 2002 年。本刊物的宗旨是荟萃文艺信息、跟踪文艺创作、研究文艺问题。

《粤海风》杂志 是由广东省文联主办的文化批评杂志。创刊于 1997 年。《粤海风》杂志是全国首家文化批评杂志,它把目光不仅仅局限于文史哲等传统人文学科,而是着眼于人类社会的诸多历史文化现象,提倡一种"大文化视野"。主要栏目有:论说、人生、反响、艺苑、回望、现象、漫话等。

《文化参考报》 创刊于 1994 年,由广东省文化厅主办,1998 年改由广东省文联主办。《文化参考报》以文化的视角、文化的定位,关注民生、关注政治、关注经济、关注艺术,推出紧贴文化、紧贴时代、紧贴群众的报道,为社会主义市场经济与文化鼓与呼,努力成为党报在文化领域的有益补充,成为文艺家走向社会、走向市场的桥梁和纽带。

《现代艺术》杂志 由四川省文联主管主办。《现代艺术》杂志创刊以来以其丰富、时尚的栏目和鲜活、精美的图片,以及强有力的市场覆盖,建立起了自己的品牌特色。

《边疆文学文艺评论》杂志 是由云南省文联主管主办的文艺性评论期刊。主要栏目有:作品研究、人物专访、文艺时评、创作感悟、百家争鸣、高校论坛等。

《新疆艺术》杂志 是由自治区文联主管主办的新疆唯一的少数民族语言综合性艺术刊物。创刊于 1981 年。《新疆艺术》杂志宗旨是,发表各类艺术创作作品,介绍艺坛人物,研究及评价新疆多民族当代艺术和文化遗产,交流艺术创作经验,为新疆少数民族艺术创作和艺术理论研究的发展提供平台。

《美拉斯》杂志 由新疆文联主管,《美拉斯》杂志社主办。创刊于1983年。《美拉斯》杂志是新疆维吾尔自治区唯一一本反映新疆各民族民俗、民间文化的维吾尔文专业期刊。

《天涯》杂志 是由海南省作家协会主办的人文杂志。创刊于1972年。其前身为《海南文艺》。《天涯》杂志以道义感、人民性、创造力定位,追踪当下的思想流变,切入时代的文化心理,承担起精神解放和文化建设的使命为宗旨。

《申江影视》杂志 由上海市文学艺术界联合会和解放日报报业集团主办。其前身是《电视·电影·文学》杂志。《申江影视》杂志是一份电影电视休闲类杂志,以大片和明星为主线,全面关注影视界动态。

《文艺报》 由中国作家协会主管主办,是中国作家协会机关报。创刊于1949年。旨在宣传马列主义文艺理论和党的文艺方针、政策,交流文艺信息,开展关于文艺创作问题的讨论。历史奠定了《文艺报》在中国文艺界的影响和权威地位,是展示名家风采,纵览文学艺术新潮,让世界了解中国文艺界的主要窗口之一。

《人民文学》杂志 是由中国作家协会主管,中国作家出版集团主办的中国国家级文学期刊。主要刊登中篇小说、散文、随笔、诗歌和报告文学等纯文学作品。创刊于1949年,是新中国第一份文学期刊。在中国当代文学(新中国文学)的历史上,无论从哪方面来看,《人民文学》杂志无疑都堪称最为重要、最为突出也最具权威性和代表性的文学刊物。《人民文学》杂志的这种独特的历史和文学地位,是由中国当代具体的政治、社会和文化条件所决定的。《人民文学》杂志是中国作家的摇篮,众多名家是从《人民文学》起步的。主要栏目有:特别推荐、短篇小说、中篇小说、当代纪实、诗与诗论、青春诗旅、诗人近作、交点、散文选萃等。

《诗刊》杂志 由中国作家出版社主办。创刊于1957年。是以发表当代诗人诗歌作品为主,刊发诗坛动态、诗歌评论的大型国家级诗歌刊物。《诗刊》杂志坚持"二为"方向和"双百"方针,团结和推出了一代代中国当代诗人,名篇佳作如林,为我国诗歌事业的发展和繁荣做出了独特的贡献。主要栏目有:诗坛动态、诗人现状等。

《民族文学》杂志 由中国作家协会主管、中国作家出版集团公司主办。创刊于1981年。《民族文学》杂志是我国唯一的全国性少数民族文学月刊。它对推动我国多民族文学事业的繁荣发展发挥了重要作用。主要栏目有:卷首语、小说、翻译作品、散文、诗歌、评论、作家风采等。

《中国作家》杂志 是由中国作家协会主管主办的大型文学期刊。创刊于1985年。《中国作家》杂志以"贴近实际、求新求真、雅俗共赏、曲高和众"为宗旨,始终站在当代文学的前沿,致力于向读者提供更为丰富、精美的阅读与欣赏文本。

《小说选刊》杂志 由中国作家协会主办。创刊于1980年。《小说选刊》杂志以遴选中国各大文学刊物所发表的中短篇小说精品佳作为宗旨,在中国文坛地位举足轻重,极受读者推崇,是订阅人数最多的文学杂志之一。其"优秀小说奖"评选定期举行,作家们均以角逐奖项为荣。主要栏目有:佳作评论、作家谈创作、新人评介、编辑笔谈、读者三言两语等。

《中国校园文学》杂志 于1989年5月在著名教育家韩作黎先生主持下创刊,由国家教委主管、中国教育学会主办,2000年改由中国作家协会主管、人民文学杂志社主办。《中国校园文学》杂志创刊以来,以她趋文重雅、活泼靓丽的风采,赢得了广大青少年读者以及文学界专家的好评。为推动校园文学社团活动的开展,繁荣校园文学创作,实施大语文教育做出了重要贡献。为使刊物不断贴近读者、贴近校园,中国作家协会主管、人民文学杂志社主办以来,以全新的办刊理念和编辑手法使刊物成为培养文学后备人才的摇篮、广大青少年读者构建健全人格的精神家园。主要栏目有:名家佳作苑、青春季候风、美文时尚街、语文百分百等。

《民间文学》杂志 是由中国文联主管,中国民间文艺家协会主办的中央级文学故事类刊物。《民间文学》杂志以刊载充满时代气息、贴近百姓生活的新故事及民间传统故事为主,具有较强的故事性、可读性和趣味性。主要栏目有:街谈巷语、人间百象、城里故事、村里故事、商场故事、月下讲古、今古传奇、鬼狐故事等。

《作家文摘报》 由中国作家协会主管,作家出版社主办。《作家文摘报》是一份融知识性、趣味性、新闻性为一体的高品位的文化类文摘报。主要栏目有:传记文学、纪实之窗、中篇拔萃、百姓故事、忆文撷英、新书导读、社会聚焦、人物在线、百态人生、长篇选载、散文天地等等。

《长篇小说选刊》杂志 由中国作家协会主管、中国作家出版集团主办。《长篇小说选刊》杂志强调文字是刊物的核心、立足之本,从每年发表、出版的数千部中文原创长篇小说中遴选出最优秀作品予以转载,并尽量提供更多更完整的长篇小说信息。同时,记录、见证当代中国长篇小说创作和出版态势,为历史存档。

《儿童文学》杂志 由团中央和中国作家协会主办。创刊于1963年。《儿童文学》杂志只收录纯而又纯的纯文学作品,冰清玉洁,品位高雅,可读性强,既教读书,又教做人,可以在潜移默化中提高小读者的写作水平和综合素质,是应试教育与素质教育的完美结合。主要栏目有：文学佳作、中篇连载、散文雅苑、网络传真、青春纪实、诗路花语、异域文学、三地书等。

《北京文学》杂志 由北京市文联主办。创刊于1950年。《北京文学》杂志是一份刊登包括中短篇小说、报告文学、散文随笔、诗歌和文化评论等多种优秀作品的综合性文学杂志。《北京文学》杂志办刊宗旨是，为读者办、为读者着想、为读者服务、让读者喜欢。主要栏目有：现实中国、作家人气榜、好看小说、新人自荐、天下中文、文化观察、真情写作、网络奇文、阅读参考、纸上交流、作家热线等。

《北京纪事》杂志 由北京市文联主办。1994年4月由原《北国风》改刊名为《北京纪事》。《北京纪事》杂志主要刊登纪实文学。《北京纪事》杂志始终以"我们希望读者能读到有趣的文字，我们也希望自己能编有趣的文字"为宗旨，定位北京，追求文化与品位。

《文学自由谈》杂志 由天津市文联主办。创刊于1985年。主要栏目有：特约、直言、茶座、闲话、思考、人物、反弹、推荐等。

《青春阅读》杂志 是由天津市作家协会主办的文学刊物。创刊于1986年。《青春阅读》杂志主要发表各种流派、各种风格的中、短篇小说，报告文学，散文，诗歌佳作，发表具有真知灼见的理论文章，以满足广大读者文化生活的需要。主要栏目有：青春纪实、青春文苑、青春走廊等。

《通俗小说报》杂志 是由天津市作家协会主办的大众文学杂志。创刊于1984年。《通俗小说报》杂志的宗旨是以大众喜闻乐见的文学形式，为读者讲述精彩的人生故事。

《小小说月刊》杂志 是由河北省文联主办的文学期刊。创刊于1993年。《小小说月刊》杂志的宗旨是弘扬民族文化，扶持小小说新人。主要栏目有：金榜题名、精品秀、精品擂台、名家新作、实力派、写真像、另类园、实验田、目击者、系列连载、象牙塔、青苹果、开心果、滚滚红尘、五味瓶、稻香村、新世态、小小说漫画、军旅情、e故事、读友乐园等。

《长城》杂志　是由河北省作家协会主办的文学艺术类期刊。创刊于1979年。《长城》杂志刊发作品贴近时代，贴近生活，贴近心灵；发自生命，崇敬生命，抒写真情。主要栏目有：长城论坛、文学评论、作家评论、文艺争鸣、近现代文学研究、古代文学研究、比较文学研究等。

《诗选刊》杂志　由河北省作家协会主办。创刊于2000年。《诗选刊》杂志是中国目前唯一的诗歌选刊。《诗选刊》杂志宗旨和编辑方针是，选最好的诗人，选最好的诗。《诗选刊》杂志注重权威性、先锋性和经典性。每一期杂志都是对当代诗坛最新优秀作品的展示。

《九州诗文》杂志　由山西省文联主办。创刊于1993年。《九州诗文》杂志发表了省内外大量的诗文精品，培养了一批又一批文学新人，她是广大诗、文、联爱好者的良师益友。

《山西文学》杂志　由山西省作家协会主办。创刊于1956年。《山西文学》杂志是全国有影响的文学刊物，培养了几代三晋作家，推出了众多同时期有社会影响的作品。主要栏目有：小说、散文、诗歌、读书会、叙事史等。

《黄河》杂志　由山西省作家协会主办。创刊于1985年。《黄河》杂志已成为山西文学的窗口，全国文学期刊的重要品牌。主要栏目有：晋军新锐、小说看台、影视文学、作家书斋、纪实文学、周游世界、岁月情怀等。

《草原》杂志 是由内蒙古自治区文联主办的文学期刊。创刊于1950年。《草原》杂志是全国5个民族自治区中创刊最早的文学刊物,是全国省市中最早创刊的文学刊物之一。《草原》杂志始终不渝地坚持"二为"方向、"双百"方针,弘扬主旋律,提倡"三贴近",培养和扶持各民族作者,团结老中青三代作家,立足本区,面向全国,发表了大量优秀文学作品,为自治区以及我国文学事业的繁荣与发展,为社会主义精神文明建设做出了贡献。

《花的原野》杂志 由内蒙古自治区文联主办。创刊于1955年。其前身为《内蒙古文艺》。《花的原野》杂志宗旨是,始终坚持文艺为人民服务、为社会主义服务的方向,贯彻"双百"方针和党的民族政策,编发蒙古语文学作品,培养和扶持蒙古语文学人才,繁荣民族文学事业,促进社会主义精神文明建设。主要特色:坚持"二为"方向、"双百"方针,紧紧围绕大草原、大西北特有的文化氛围,集中反映蒙古族人民历史、文化和精神风貌。主要栏目有:小说、诗歌、散文、报告文学、文学评论、民间文学、名作欣赏、美术作品等。

《金钥匙》杂志 是由内蒙古自治区文联主办的,全国唯一的用少数民族文字出版的,国为外公开发行的文学理论评论刊物。创刊于1981年。《金钥匙》杂志对繁荣我国及自治区蒙古文学理论评论工作,推动民族文学事业的繁荣发展,发挥了应有的作用,受到文学界和广大蒙文读者的普遍好评。

《鸭绿江》杂志 是由辽宁省作家协会主办的纯文学期刊。创刊于1946年。其前身为《东北文艺》。《鸭绿江》杂志自创刊伊始,一直遵循党的文艺方针政策,倡导现实主义风格,努力推举老、中、青作家高水准的艺术精品,刊登各种体裁的文学新作。刊社努力培养文学新人,并挖掘出大量优秀作品。为了鼓励创作文学作品,从

1980年开始《鸭绿江》杂志设置了鸭绿江文学奖评奖。

《当代作家评论》杂志 是由辽宁省作家协会主办的文学评论类期刊。创刊于1984年。《当代作家评论》杂志注重对当代作家、作品进行学术点评,开展思想争论。主要栏目有:小说探讨、评论小辑、创作批评论、创作手记、作家论作家、双月书评、作家作品研究、文学批评信息等。

《文学少年》杂志 由辽宁省作家协会、辽宁省儿童文学学会主办。创刊于1981年。《文学少年》杂志尊重、服务读者的全部激情和梦想,为未成年人提供精美的精神食粮,提高未成年人对事物的认知能力、审美感受能力,文学鉴赏能力。主要栏目有:关爱自然、我经历我成长、青春期小说、主题公园、新编故事、人物、新作文、幻想等。

《作家》杂志 由吉林省作协主办。创刊于1956年。《作家》杂志是中国唯一的彩版文学杂志。主要栏目有:热点、现当代作家作品研究、借鉴与比较、古典文学新探、艺术空间、思考与言说等。

《章回小说》杂志 是由黑龙江省文联主办的大型文学期刊。创刊于1985年。《章回小说》杂志以弘扬民族文化,繁荣中国气派的小说创作,为广大读者提供优秀的文化精神产品为宗旨。坚持作品的高品位,做到艺术性、趣味性、知识性、可读性的统一。主要栏目有:热点纪实名家点评、更年期的女人们、名人纪实、爱恨情仇、官府轶事、传奇小说大观、短篇征文等。

《北方文学》杂志 由黑龙江省作家协会主管主办。创刊于1950年。主要栏目有:原创文学版,包括现实生活、昨日重现、全国微型小说12+3大奖赛、白雪诗屋、散文四季、书话闲话;文学理论版,包括原创文学、文学评论、文学与艺术、文史在线、外国文学、古典文学、影视文学、艺术审美、艺术教育、语言研究等。

《上海文学》杂志 由中国作家协会主管,上海市作家协会、复旦大学出版社、《劳动报》社主办。创刊于1953年。《上海文学》杂志坚持高品位、前卫性的文学理念,凸显当代都市生活的品质,以小说及文学、文化研究方面的名牌栏目在中国文坛享有盛誉,代表了当代中国文学及都市文化的发展潮流,被誉为"海派文学的主办基地"。《上海文学》不仅在文学界,而且在知识界、思想界都具有广泛的影响力。同时,它多年来一直为海外许多著名的大学和图书馆所关注和收藏,被视作反映中国文学界和思想界最新潮流动态的前沿窗口。主要栏目有:中篇小说、短篇小说、视点与叙述、城市地图、记忆·时间、百家诗会、思想随笔等。

《萌芽》杂志 由上海市作家协会、文汇新民报业集团主办。创刊于1956年。《萌芽》杂志为全国第一家青年文学刊物。主要栏目有:小说家族、青春心事、代沟之桥、新歌谣、校园清泉、别有一想、第一类接触、心灵链接、小说连载、非常道、幽默小站、小磨咖啡、校园扫描、萌友网事、大赛专栏、虚构之刀、成长记录、异域传真、零视点、人物素描、奇想录、都市冥想、我说我在、诗星空、休闲小站、萌芽记事簿、社员之团等。

《收获》杂志 是由上海市作家协会主管主办的大型文学刊物。创刊于1957年。《收获》杂志以其老成持重的办刊风格,被称为我国文学"四大名旦"中的"老旦"。《收获》杂志以刊载中、长、短篇小说为主,同时选登部分话剧、电影文学剧本、报告文学、笔记、特辑采访等。

《上海文化》杂志 由上海市作家协会主管,上海市作家协会、上海社会科学院文学所主办。主要栏目有:公共文化服务、文化产业发展、文化改革创新、文化保护传承、文化遗产保护、域外文化借鉴、国家文化交流等。

《钟山》杂志 由江苏省作家协会主办。创刊于1978年。《钟山》杂志是改革开放后创刊最早的几家大型文学刊物之一。《钟山》杂志宗旨是兼容并蓄、惟文是举、鼓励探索、引领潮流,做最好的汉语文学杂志。《钟山》杂志始终坚持奉行好作品主义,力争将最新的优秀长篇小说、中篇小说、短篇小说、散文随笔、纪实文学和文学评论奉献给读者。

《雨花》杂志 是由江苏省作家协会主办、江苏省报纸副刊编辑协会协办的文学刊物。创刊于1957年。《雨花》杂志的宗旨是"写实传统,现代精神,文学文化,人本人文"。办刊口号是"短些短些再短些"。主要栏目有:本期文眼、短篇擂台、精彩文摘、世相慢弹、百味人生、杂花生树等。

《江南》杂志 是由浙江省作家协会、浙江日报社主办的一家大型文学期刊。创刊于1981年。《江南》杂志以中短篇小说为主,兼发有分量的长篇小说和其他体裁的文学作品,注重发表不同风格、流派之作。《江南》杂志坚持其纯文学的品格,并与时俱进,树立"大江南"的概念。

《浙江作家》杂志 是由浙江省作家协会主办的文学刊物。

《安徽文学》杂志 由安徽省文联主办。创刊于1950年。其前身为《皖北文艺》。《安徽文学》杂志为安徽省创办最早、历史最久的专业性文学杂志。主要栏目有:文艺理论、文学评论、鉴史知今、哲学天地、教育教学、文化万象、墨海画廊、乐海拾贝、艺术殿堂、学术沙龙等。

《清明》杂志 由安徽省文联主办。创刊于1979年。《清明》杂志为大型文学期刊,以刊载中短篇小说、纪实文学、报告文学为主,兼及诗歌、散文、评论等。该刊注重推出时代感强,有现实性、思想性的文学作品。

《艺术界》杂志 是由安徽省文联主管主办的文学性杂志。创刊于1988年。其前身为《戏剧界》杂志,《戏剧界》杂志的前身为1958年创刊的《安徽戏剧》杂志。1988年,《戏剧界》与《画刊》、《乐坛》合并,《艺术界》杂志从而面世。主要栏目有:封面人故事、画坛焦点、美苑人物、油画长廊、水墨特稿、版画沙龙、水彩精英、雕塑空间等。

《福建文学》杂志 是由福建省文联主办的文学月刊。创刊于1951年,其前身为《园地》、《热风》和《福建文艺》,1980年改为《福建文学》。主要栏目有:中篇选萃、小说世界、散文长廊、初出茅庐等。

《台港文学选刊》杂志 由福建省文联主管主办。创办于1984年9月。《台港文学选刊》杂志是我国第一家专门介绍台港澳及海外华文作家作品的文学期刊。

《新聊斋》杂志 由山东省文联主办。创刊于1985年。《新聊斋》杂志属民间文学类期刊。《新聊斋》杂志贯彻执行党的"二为"方向与"双百"方针,以"根植民间,立足山东,面向全国,推陈出新,以弘扬民族优秀文化为己任,不断丰富人民群众的精神生活"为办刊宗旨,传承聊斋风骨,挖掘民间鬼史,探索心灵奥秘,直面善恶人生。《新聊斋》杂志由鬼话版、传奇版、谐趣版、文化版和社会版五大板块组成。主要栏目有:聊斋新篇、当代鬼趣、古代鬼趣、民间传说、海外鬼影、聊斋余韵;非常经历、动物传奇、聊斋奇事、聊斋奇人、聊斋奇闻、海外奇闻、古代奇冤;名人轶事、风物传说、华夏悬案;官场现形记、人生百味、社区红尘、哈哈世相等。

《山东文学》杂志 由山东省作家协会主办。创刊于1950年。主要栏目有：小小说擂台、中短篇小说、热点话题、散文集萃、诗歌新潮、文学评论、记实现场、特稿等。

《时代文学》杂志 由山东省作家协会主办。创刊于1989年3月。《时代文学》杂志始终坚持"二为"方向和"双百"方针，发表了一大批优秀文艺及文艺理论作品。刊物栏目有：文学评论、文艺争鸣、作家评论、文学自由谈、语言研究、中文教育、文化短论等。

《莽原》杂志 由河南省文联主办。创刊于1926年。《莽原》杂志注重学术性、先锋性、开放性、理论性、专业性和知识性，以反映中国当前社会科学研究前沿水准与最新成果，倡导学术精神弘扬光大与科学文明的广泛传播为办刊宗旨。主要栏目有：红都小说、张生新作、小说、诗歌、专访、人物、现场、亲历等。

《散文选刊》杂志 由河南省文联主办。创刊于1984年。《散文选刊》杂志是中国国内创刊较早的专门选发全国报刊散文精品的文学期刊,展示中国散文创作的最新成就。

《传奇文学选刊》杂志 由河南省文联主办。创刊于1985年。《传奇文学选刊》杂志是全国第一家传奇文学类选刊。

《长江文艺》杂志 由湖北省作家协会主办。创刊于1949年。《长江文艺》杂志始终高举文学大旗，反映时代，追求创新，力图做到现实主义与现代精神兼容并蓄。主要栏目有：中篇小说、短篇小说、理论与批评、散文随笔、诗歌阵地等。

《都市小说》杂志 由湖北省作家协会主办。《都市小说》杂志以刊发都市题材小说为主，发掘与倡导流行文学的精品元素，竭力捕捉当代生活中的新思想、新观念、新方式、新走向，让文学真正走出象牙之塔，让网络文学精英和自由撰稿人与纸质媒体联姻。主要栏目有：红色激情、白色经典、蓝色风景等。

《文学界》杂志 由湖南省作家协会主办。《文学界》杂志以"经典、实用、前瞻"为特色，以"探索新文学理念、探索新教育模式"为办刊宗旨，着重反映文学领域的新理论、新观点、新体会和新经验，探索现代教育与课程改革中的新思路、新特点，为我国文学战线提供一个发表与展示成果的平台。主要栏目有：文学评论、语言研究、文艺理论、艺术空间、历史回廊、文化万象、德育研究、理论新探等。

《小溪流》杂志 是由湖南省作家协会主办的少年儿童文学刊物。创刊于1980年。《小溪流》杂志由故事作文（适合9～12岁），成长校园（适合中学生），作文画刊（适合5～8岁）三个板块组成。

《作品》杂志 由广东省作家协会主办。创刊于1955年5月。《作品》杂志是纯文学刊物。《作品》杂志秉承"文学性、当代性、南方性"的办刊宗旨，注重可读性、有品位、高格调；关注当代人生，贴近广大读者，坚持纯文学的品格，坚持正确的政治思想导向，坚持弘扬主旋律，提倡多样化，以繁荣文学创作，扶持文学新人为己任。主要栏目有：众说纷纭、小说、散文随笔、发现、作家现在时、诗歌等。

《人间》杂志 由广东省作家协会主办，省作协公安分会协办。创刊于2002年。《人间》杂志是公开发行的大众文学月刊。《人间》杂志的宗旨是，坚持正确舆论导向，繁荣广东省文学创作，为广大作家尤其是公安政法战线的作家提供发表的园地，为广大读者提供丰富多彩的精神产品。主要栏目有：人间正道、文学评论、人间说法、社会观察等。

《红岩》杂志 由重庆市作家协会主管主办。创刊于1951年10月，其前身是《西南文艺》，由当时西南局领导的西南文联主办。1956年7月,更名为《红岩》文学月刊。1959年中共西南大区撤销,中国作家协会四川分会迁往成都,《红岩》文学月刊停办。1979年10月《红岩》复刊,先后由重庆市文联、重庆市作家协会主管主办。《红岩》杂志的宗旨是,立足重庆,面向全国,服务作家,服务读者。主要栏目有:头条看台、地理作家、走近大题、作家日记等。

《山花》杂志 由贵州省文联主办。《山花》杂志宗旨是,奉献名家优秀之作和推举文学新锐。《山花》杂志关注被忽略却有潜质的未来之星,展示笔头正健的年轻作家作品。《山花》杂志坚持文学精神,坚守文学阵地,坚持纯文学办刊立场。主要栏目有:大视野、批评立场、社会观察等。

《边疆文学》杂志 由云南省文联主管、云南省作家协会主办。创刊于1956年。《边疆文学》杂志宗旨是,为繁荣云南省边疆地区少数民族的文学创作,培养少数民族作家作者队伍,弘扬少数民族文学事业。是纯文学期刊。主要栏目有:新世纪力作、云南纪实、滇云传奇、小说、散文、诗歌等。

《广西文学》杂志 由广西文联主办。创刊于1950年。曾用刊名《漓江》、《广西文艺》。《广西文学》杂志的宗旨是,繁荣文学创作,培育文学新人;构建文学品位,反映时代现实精神。主要栏目有:中篇佳作、广西强档、新星座、新手出场等。

《西藏文学》杂志 由西藏文联主办。创刊于1977年。曾用名《西藏文艺》。《西藏文学》杂志的宗旨是,贯彻"双百"方针,坚持"二为"方向,为发展西藏地区文学创作和文艺评论,积极培养、发展以藏族为主的创作队伍,出人才、出精品,繁荣西藏社会主义文学创作。主要栏目有:小说、散文、诗歌、评论等。

《延河》杂志 由陕西省委宣传部主管,陕西省作家协会主办。在共和国文学的奠基时期有过非凡的表现,号称"小《人民文学》"。《延河》杂志围绕"文化的文学"、"人文的文学"这一核心理念,把文学放在文化、人文的维度上衡量,重估本时代文学的内在特性,将通过"第一视界"、"新诗经"、"小说榜"、"延河讲坛"、"我的精神地理"、"零度写作"等特色栏目,全力以赴参与当代华语文学的转型性重建,以期打开文学在当代中国的新局面。

《小说评论》杂志 由陕西省委宣传部主管,陕西省作家协会主办的专门从事小说研究、评论的刊物。《小说评论》杂志探讨小说创作理论,刊登有关当代小说评论及作家作品研究的学术论文。主要栏目有:近代小说作品研究、当代小说作品研究、古典小说作品研究、文化艺术、百家讲坛、文坛纵横、国学论道、文学批评、历史与考古、文学史论等。

《飞天》杂志 是由中共甘肃省委宣传部主管、甘肃省文联主办的文学学术期刊。创刊于1955年。其前身为《甘肃文艺》。《飞天》杂志以文学和文学评论为主,兼及文学学术论文刊载。《飞天》杂志立足西北,面向全国。它集文学理论研究的权威性和文学创作工作的指导性于一体,以文学创作、理论探讨和学术研究为主,兼备最新信息的一份重要文学理论学术刊物,反映中国文学、文化发展走向和理论研究成果。主要栏目有:理论研究、文学论坛、作品鉴赏、教育经纬、文化视野、哲海拾遗、艺术天地、乐韵墨香、民俗文化、旅游视界、史学研究、图书情报等。

《青海湖》杂志 是由青海省文联主办的文学刊物。创刊于1955年。其前身是《青海文艺》。主要栏目有:中短篇小说、散文与随笔、青海湖诗会、青藏大特写、文化自由读等。

《牧笛》杂志 是由青海省作协主办的纯文学刊物。原属于省音协主办的《音乐杂志》，1954年青海省音协筹委会编辑出版音乐双月刊《牧笛》，1958年青海省音协筹委会和省群众艺术馆合属办公，《牧笛》成为《群众艺术》的音乐副刊，1960年1月《牧笛》由副刊改名为月刊《青海歌声》，成为中国音协青海分会主办的刊物，后改名为《牧笛》。1998年后，《牧笛》曾一度由青海省音协和青海省作协合办，成为面对青少年的文学刊物。2003年起，《牧笛》完全交由青海省作协主办，成为青年文学刊物。

《朔方》杂志 是由宁夏文联主办的文学月刊。创刊于1959年。《朔方》杂志始终坚持党的"二为"方向和"双百"方针，立足宁夏，面向全国，放眼世界，突出西部特色和民族特点，以多出人才、多出精品为办刊宗旨；以促进宁夏文学创作的繁荣，推出青年作家和回族作家，扶持文学新人为己任。主要栏目有：短篇小说、中篇小说、散文随笔、诗西部、论坛、访谈与对话、新译作、古体诗词等。

《西部》杂志 由新疆文联主管、新疆作家协会主办。创刊于1956年，时名《天山》，1961年改名为《新疆文学》，1985年改名为《中国西部文学》。2001年，为响应中央提出的"西部大开发"的号召，将刊物改名为《西部》，定位于文学、文化刊物，旨在"展现西部开发，揭示西部魅力，弘扬西部精神"。

《塔里木》杂志 是由新疆文联主管主办的大型少数民族文学刊物。创刊于1951年。《塔里木》杂志在全区文艺界特别是维吾尔文学的发展中具有重要的影响和地位。《塔里木》杂志始终坚持党的"百花齐放、百家争鸣"方针和"文艺为人民服务，为社会主义服务"的"二为"方向，把一大批风格多样、体裁广泛、深刻反映社会生活和人民群众精神面貌的优秀文学作品奉献给了广大读者,在推动维吾尔文学艺术创作方面发挥了重要作用。

《曙光》杂志 由新疆文联主管主办。创刊于1953年。《曙光》杂志是一份公开发行的哈萨克文文学刊物。主要栏目有:指南、交流、文学经典、精品佳作、先锋等。

《启明星》杂志 是由新疆文联主管主办的综合性文学刊物,也是新疆唯一的蒙古族综合性文学刊物。创刊于1957年。主要栏目有:小说、诗歌、文学评论、国内外文学赏析等。

《新疆柯尔克孜文学》杂志 由新疆文联主管主办。创刊于1981年7月。《新疆柯尔克孜文学》杂志是柯尔克孜族唯一一份公开发行的文学刊物。

九、组织机构

文化部 是国务院组成部委之一。其主要职责是,拟订文化艺术方针政策,起草文化艺术法律法规草案;拟订文化艺术事业发展规划并组织实施,推进文化艺术领域的体制机制改革;指导、管理文学艺术事业,指导艺术创作与生产,推动各门类艺术的发展,管理全国性重大文化活动;推进文化艺术领域的公共文化服务,规划、引导公共文化产品生产,指导国家重点文化设施建设和基层文化设施建设;拟订文化艺术产业发展规划,指导、协调文化艺术产业发展,推进对外文化产业交流与合作;拟订非物质文化遗产保护规划,起草有关法规草案,组织实施非物质文化遗产保护和优秀民族文化的传承普及工作;指导、管理社会文化事业,指导图书馆、文化馆(站)事业和基层文化建设;拟订文化市场发展规划,指导文化市场综合执法工作,负责对文化艺术经营活动进行行业监管,指导对从事演艺活动民办机构的监管工作;负责文艺类产品网上传播的前置审批工作,负责对网吧等上网服务营业场所实行经营许可证管理,对网络游戏服务进行监管(不含网络游戏的网上出版前置审批);拟订动漫、游戏产业发展规划并组织实施,指导办调动漫、游戏产业发展;拟订文化科技发展规划并监督实施,推进文化科技信息建设;指导、管理对外文化交流和对外文化宣传工作,组织拟订对外及对港澳台的文化交流政策,指导驻外使(领)馆及驻港澳文化机构的工作,代表国家签订中外文化合作协定,组织实施大型对外文化交流活动;承办国务院交办的其他事项。同时,管理国家文物局。

文化部艺术司 其主要职能是,拟订文学艺术事业发展规划;扶持代表性、示范性、实验性文艺品种,扶持体现社会主义核心价值体系的文艺作品和代表国家水准及民族特色的文艺院团,推动各门类艺术的发展;指导、协调全国性艺术展演、展览以及重大文艺活动。

文化部文化科技司 其主要职能是,拟订文化科技发展规划;协调国家重点文化艺术科研项目攻关及重大成果推广;推进文化科技信息化建设;负责高等艺术院校共建工作;指导文化行业艺术职业教育;组织拟订艺术考级的政策和标准并协调、监督和实施;承担跨省艺术考级机构的审批工作。

文化部公共文化司 其主要职能是,拟订社会文化事业发展规划和政策,起草有关法规草案;指导群众文化、少数民族文化、未成年人文化和老年文化工作;指导图书馆和文化馆(站)事业;指导文化信息资源共享工程建设和古籍保护工作;指导基层群众文化活动,指导村文化活动室和社区文化活动中心建设。

文化部非物质文化遗产司 其主要职能是,拟订非物质文化遗产保护政策,起草有关法规草案;拟订国家级非物质文化遗产代表项目保护规划;组织开展非物质文化遗产保护工作,承办国家级非物质文化遗产代表项目的申报与评审工作;组织实施优秀民族文化的传承普及工作。

国家公共文化服务体系建设协调组 2014年3月19日,报经中央文化体制改革和发展工作领导小组批准,文化部牵头成立了国家公共文化服务体系建设协调组。协调组由中宣部、中央编办、中央文明办、国家发展改革委、教育部、科技部、财政部、人力资源社会保障部、文化部、质检总局、新闻出版广电总局、体育总局、国家文物局、国务院扶贫办、全国总工会、共青团中央、全国妇联、中国残联、中国科协、国家标准委等部门组成。协调组在中央文化体制改革和发展工作领导小组领导下工作,由文化部牵头,文化部部长担任召集人,各成员单位分管领导同志为组成人员。协调组联络员由成员单位有关司局负责同志担任。协调组下根据具体工作任务设立若干工作小组,小组成员由协调组成员单位相关司局处级干部担任。协调组办公室设在文化部,承担日常工作。建立协调组的主要目的是,促进公共文化服务领域法规、部门规章、规划、编制及政策规定的统筹协调,依法正确履行行政监督职责;及时、有效地解决公共文化服务体系建设中存在的突出矛盾和问题,促进公共文化服务体系建设规范有序进行;深化公共文化服务管理体制改革和服务机制创新,完善各项公共文化制度,提高文化治理能力。协调组的主要职责范围是,协调推进重大公共文化政策、规划、标准的制定和实施;协调建立稳定的公共文化服务投入保障机制;统筹推进基层文化设施和文化项目的建设与管理;协调推进公共文化服务重点惠民项目;协调推进公共文化人才队伍建设;建立健全基层公共文化服务体系监督评估机制;统筹推进公共文化服务体系建设其他重大事项。

中国图书馆学会 前身是中华图书馆协会。成立于1925年,1927年成为国际图书馆协会联合会(IFLA)的发起单位之一。1979年7月9日—16日,中国图书馆学会成立大会暨第一次会员代表大会在山西太原召开。同年8月加入中国科学技术协会。1981年5月,中国图书馆学会恢复了在国际图联(IFLA)的合法席位。中国图书馆学会是由全国图书馆及相关行业或机构科技工作者自愿结合、依法登记成立的全国性、公益性、学术性、非营利性的社会组织,是党和政府联系图书馆工作者的桥梁和纽带,是发展我国图书馆事业的重要社会力量,是中国科学技术协会所属的全国性的国家一级学会。其宗旨是,遵守宪法、法律、法规和国家政策,遵守社会道德风尚,认真贯彻执行国家发展文化、教育和科学技术工作的基本方针,实施"科教兴国"和"可持续发展"战略,充分发挥学会组织在建设公共文化服务体系、构建社会主义和谐社会中的作用,团结图书馆及其相关专业人士为发展社会主义先进文化与和谐社会建设贡献力量;

倡导学术公正、独立和创新,致力于繁荣学术研究,促进图书馆事业和信息化的发展;弘扬"尊重知识、尊重人才"的风尚,倡导奉献、创新、求实、协作的精神,坚持独立自主、民主办会的原则,坚持"百花齐放,百家争鸣"的方针。其业务范围是,开展学术交流,活跃学术思想,组织学术研究,促进学科发展;普及图书馆学、信息科学和信息技术基本知识,提高社会公众的图书馆意识;倡导全民阅读,促进知识的创新与传播,为提高国民科学文化素质,建设学习型社会发挥作用;开展国际学术交流活动,加强同国际图书馆界的联系与合作;依照有关规定编辑、出版、发行图书馆学各种载体的文献信息资料,促进专业信息的传播;尊重会员的劳动和创造,维护会员和图书馆工作者的合法权益,反映他们的意见和呼声,举办为会员服务的事业和活动,促进学术道德建设和学风建设;介绍、评定和推广图书馆学科研成果,促进学术成果的转化;为国家文化、教育、科技发展战略、政策和经济建设中的重大决策,以及我国图书馆事业的法规政策的制定提供咨询服务,推进决策的科学化、民主化;开展对会员和图书馆工作者的继续教育和职业培训工作;发现并举荐人才,表彰、奖励在学术活动和图书馆工作中取得优异成绩的会员和图书馆学会工作者;接受政府及相关社会机构的委托,参与图书馆业务活动中的相关标准、规范和准则等的制定,及其执行情况的评价与鉴定;参与图书馆员职业资格认证制度的研究与实施;传播推广先进技术和经验,为建立各种类型图书馆提供咨询服务;促进学会办事机构工作人员队伍建设,使其适应工作的需要和学会的发展。

中国文化馆协会 成立于2014年9月11日。中国文化馆协会是由文化馆、群众艺术馆、文化站、文化活动中心,其他行业公共文化机构,文化企业,艺术类大专院校,相关社会组织,以及具有文化馆和群众文化工作经历、专业技术资历和社会影响力的文化工作者组成的全国性、行业性、非营利性社会组织。本会接受业务主管部门文化部和社团登记管理机关民政部的业务指导与监督管理。其宗旨是,以邓小平理论、"三个代表"重要思想、科学发展观为指导思想,贯彻执行党的路线、方针、政策,服务于文化馆相关机构及其工作者,引导文化馆事业科学发展,成为文化馆行业交流和服务的平台,成为党和政府联系文化馆相关机构及其工作者的桥梁和纽带,为促进我国公共文化服务体系建设做出积极贡献。其业务范围是,(1)受政府有关部门委托,组织制定文化馆行业发展规划,开展文化馆(站)评估定级标准,参与组织专业技术资格认定;加强行业自律,建立健全行业规则、标准和服务规范。(2)促进文化馆(站)在宣传教育、群众文艺创作、艺术培训、群众文化理论研究、职业继续教育、民族民间文化保护以及公共数字文化惠民服务方面发挥引导性作用。(3)组织文化馆(站)开展专业交流、业务培训和研讨活动;依照有关规定,经批准,开展文化馆行业的表彰奖励活动。(4)协调会员关系,维护会员的合法权益,建立文化馆行业与政府有关部门的沟通渠道,发挥桥梁与纽带作用;促进文化馆行业与相关社会组织的联系、交流与合作,为文化馆(站)建设发展搭建平台。(5)开展文化馆相关领域的基础和应用学科研究,组织新技术、新标准的推广;开展相关调查研究,为国家相关法律、法规和政策的制定提供参考咨询服务;依照有关规定,编辑、出版、发行文化馆行业相关的信息资料和文献。(6)策划对外文化、学术交流活动,促进与国际业界的合作。(7)承办政府有关部门委托的工作以及其他与本会宗旨有关的事宜。

中国群众文化学会 成立于1991年5月8日,国家文化部公共文化司是其业务主管部门,隶属于文化部社会团体办公室的管理。其宗旨是,中国群众文化学会是在中国共产党领导下进行群众文化理论研究的群众性学术团体。其主要任务是，组织学术研究，开展各种形式的国内外民间交流以及组织大型文艺演出活动、展览活动；普及群众文化学基础知识，介绍和推广群众文化的研究及其经验；编辑出版群众文化学术刊物和有关书籍、资料、专著；促进群众文化理论队伍的发展和思想理论素质的提高，为发展中国群众文化事业创造条件。

中国文化管理协会 前身为中国文化管理学会。成立于1991年12月。中国文化管理协会是由从事文化管理、研究的机构，文化企事业单位和对我国文化管理领域、文化行业有贡献、有影响的管理者、经营者、专家学者自愿组成的全国性、专业性、非营利性社会组织，具有社团法人地位。其宗旨是，以马列主义、毛泽东思想、邓小平理论和"三个代表"重要思想、科学发展观为指导，为会员服务，为文化行业服务，为政府和社会服务，发挥桥梁和纽带作用，努力提高我国的文化管理水平，为社会主义文化大发展大繁荣提供智力支持和良好服务。其业务范围是，（1）组织文化管理方面的讲座、学术研讨，策划、组织、参与国际性文化管理相关的学术活动。开展国内外文化管理领域的学术交流和合作。（2）调查研究国内外文化管理领域发展现状和趋势，参与文化行业相关的发展战略、产业政策、技术进步、市场开拓等方面工作。（3）开展文化管理人才培训工作；设立文化管理人才信息库，提供全方位信息服务。（4）组织会员开展广泛的交流与合作，建立联络平台，推进文化管理与信息科技的融合。（5）受政府有关部门委托承办或根据市场发展需要，举办文化管理方面的展览展示，开展对外交流，提供艺术中介服务。（6）接受委托承担文化管理学科体系中的调研工作、科研题目、项目评估咨询服务，经政府有关部门批准，承担成果鉴定、资格评审和认证工作。（7）经政府有关部门授权,进行数据统计、收集、分析、发布文化行业信息,推进信息化建设。(8)参与制定、修订文化行业相关标准,并组织贯彻实施。(9)推动相关文化行业企事业单位社会责任建设,保护知识产权,维护公平竞争。(10)编辑出版会刊及其他出版物,传播国内外文化管理、文化经营的研究成果及成功经验;依照有关规定开办网站,关注文化行业最新动态和发展趋势;推动文化创新,促进文化管理成果的转化;开展其他与文化行业建设与发展有关的各项活动。(11)承担国家有关部门授权或委托的其他工作。

中国合唱协会 成立于1986年。中国合唱协会由专业、业余合唱指挥、合唱词曲作者、音乐评论及合唱团体、合唱活动组织者自愿组成。其宗旨是,广泛开展群众合唱活动,大力推进先进文化建设,促进国内外合唱艺术交流,发展民族合唱事业,构建社会主义和谐社会。其业务范围是,理论研究、业务培训、评选表彰、举办活动、摄影比赛、展览展示、国际交流、咨询服务。主承办的重大活动是,与文化部公共文化司及地方省市政府共同承办"永远的辉煌"全国老年合唱节;与文化部中国对外文化集团公司承办中国国际合唱节;主办中国合唱节,中国童声合唱节,教师合唱节,中国民歌合唱汇演,农民合唱大会,世界汉语合唱大会,京华之声音乐会;承办中央部委交办的大型合唱活动。

中国乡土艺术协会 成立于1994年。其宗旨是,竭力发展中国乡土艺术,振兴中国民族民间艺术事业,促进海内外的国际文化艺术交流与合作,弘扬中华民族传统文化。其业务范围是,宣传贯彻党和国家的方针、政策、发掘、抢救、保护、整理、继承和发展传统技艺和艺术成果,进行史论研究和学术交流;编辑出版有关资料、书籍和报刊;开展国内外民族民间艺术界的友好往来和学术交流及各种民族民间艺术活动;协助政府和有关部门,积极实现中国民族民间艺术的社会效益。

中国文化信息协会 成立于1994年3月。其宗旨是,团结社会各界人士共同关心与支持我国文化艺术事业建设,推动我国文化艺术事业的发展。其业务范围是,宣传贯彻党和政府关于文化工作的方针政策,组织文化艺术交流和文化信息传播活动;召集文化工作者及其他热心于文化艺术事业的单位与社会各界有志人士,开展学术研讨活动,展示文化艺术发展成果,为文化艺术事业的繁荣与发展献计献策;建立全国文化艺术人才信息网络,分设各类文化艺术人才信息库,向社会推荐介绍文化艺术人才,为文化艺术生产服务;组织开展专业培训与研修工作,提高专业人士与文化艺术工作者的素质;举办新闻发布会、新闻评奖会、推介会、文化艺术成果竞赛与展览活动;编辑出版会刊和文化科技和人才方面的出版物;开展文化咨询与服务方面的工作;进行国际间的文化艺术交流与文化信息传播活动。以上业务范围概括为:专业交流,业务培训,书刊编辑,举办展览,国际合作,咨询服务。

中国诗酒文化协会 成立于1993年。中国诗酒文化协会是由社会名人、文化界名人、诗人、科技界和酿酒界有关负责人自愿组成的非营利性全国性专业社会文化团体。其宗旨是,弘扬中国诗酒文化,推动诗酒文化的繁荣进步,加强国际诗酒文化交流,为建设具有中国特色的社会主义精神文明和物质文明做贡献。其业务范围是,研究、继承和发扬具有中国特色的诗酒文化、酒文化,组织中外诗酒文化研究讨论会,组织诗酒文化讲习、培训与交流;举办诗酒年会和中国国际诗酒文化节;组办中国诗酒文化博物馆(院);组织中国酒文化宣传(文工)团;评选出版优秀中外诗酒文化作品;编辑出版诗酒文化丛书;编辑出版《中国酒》杂志、《中国酒文化》报;研究诗酒文化,培养诗酒文化新人,壮大队伍；收集和推广先进科技为诗酒文化的经济实体服务；接受和承担中外机构科研任务及学术活动等工作委托；为诗酒文化不同层面所涉及的单位和个人提供咨询和中介服务；扶助和创办诗酒文化实体；评选、表彰优秀和先进的团体及个人会员；对优秀和先进的团体及个人会员的成果、成绩，定期在全国媒体和社会上推荐公布；其他有益于诗酒文化发展的服务工作和社会工作；举办诗酒文化、科技文化等活动；行业奖的设立和表彰（如"臧克家诗歌奖"、"贺敬之诗歌奖"等）；举办诗酒文化领域的国内外交流活动；开展法律咨询服务工作，维护团体会员和个人会员的正当权益；开展进出口酒及酒庄酒的文化研讨及有关活动；举办以诗酒文化等主题的诗书画活动；承担政府和有关部门授权或委托的其他任务。

中国老摄影家协会 成立于1993年1月。其宗旨是，团结全国和海外资深摄影家、有成就的老摄影工作者和摄影爱好者，为繁荣社会主义摄影事业、营造文明科学的社会环境作出自己的努力。其业务范围是，开展摄影创作活动；推动摄影理论研究，总结交流经验；举办各种形式的摄影作品展览，编辑出版摄影作品和摄影理论；积极发现和培养新生力量；开展境外摄影交流活动。

中国硬笔书法协会 成立于1993年。中国硬笔书法协会由全国各省、市、自治区、特区和国家机关、行业的硬笔书法团体以及硬笔书法家，硬笔书法理论、研究、教育工作者组成。其宗旨是，在国家宪法、法律、政策和道德风尚规定的范围内，弘扬中华民族优秀文化传统、建设社会主义两个文明、普及提高全社会文字书写水平、增进与国内外文化艺术的交流、振兴发展中国硬笔书法文化事业。其业务范围是，组织、开展硬笔书法的理论研究和学术交流；组织、开展硬笔书法工具、材料、技艺的开发、研制、实验、鉴定、宣传、推广；组织、举办硬笔书法论文、作品、研究成果的竞赛与展览;组织、开展书法教学、培训、评审和人才培养、推荐;编辑、出版硬笔书法教材、著述、碑帖、报刊、杂志、作品集;组织、代表中国硬笔书法界进行对外交流、联谊、联办赛展和有关合作事项;组织、开展全国硬笔书法的艺术鉴定、赏评、职称评定和有关标准制定;组织、开展与本会有关的团体、个人进行与发展书画事业有关的联谊与合作;组织、开展本会业务领域内的其他活动。

中国大众音乐协会 成立于1989年。其宗旨是,团结从事大众音乐的专家和学者,保护本行业合法权益,积极发展具有中国特色的大众音乐事业,加强音乐文化影响功能,为会员服务,为行业服务,为社会服务。其业务范围是,加强行业自律,建立行业规范;组织社会各界从事大众音乐工作的艺术家们,开展大众音乐艺术、学术交流活动;促进音乐文化领域专业艺术水平的提高和专业工作质量的完善;加强专业创作表演、评论、理论研究、教育、宣传等工作,树立崇高的艺术道德和社会责任感;扶植新人、培养新人、鼓励新作,奖励为中国大众音乐事业做出突出贡献的人员;加强大众音乐的社会教育和普及培训工作,积极培养社会基层业余音乐创作和演出骨干;推进文化市场的健康发展和不断繁荣;积极开展对外文化交流与管理交流活动;根据国家改革开放政策,开展各项有利于协会建设的文化活动;根据我国有关法律,保护我会会员的各项权益。

中国非物质文化遗产保护协会 成立于2013年10月。其宗旨是,积极贯彻执行国家对非物质文化遗产保护的政策、法规,遵守社会公德,维护本协会会员的合法权益,团结全体会员,为促进我国非物质文化遗产保护做贡献。其业务范围是,贯彻执行党和国家关于非物质文化遗产的法律、法规及有关政策;制定协会规范公约,组织开展自查自纠,不断规范会员单位行为;参与制定国家非物质文化遗产抢救保护技术和工作规范;参与组织我国非物质文化遗产项目的普查、挖掘、抢救、研究、保护和整理工作;协助国家级非物质文化遗产项目名录的申报工作;对基层非物质文化遗产从业人员进行指导和业务培训;加强与全国各地非物质文化遗产保护及相关组织的联系;协助政府部门搞好非物质文化遗产保护及举办各类宣传活动。

中国艺术研究院 是文化部直属单位,是中国唯一的国家级综合性艺术科研、创作和教育机构。同时,中国艺术研究院也是中华人民共和国艺术理论研究领域的最高学府,被称为全国文艺理论研究的"国家队"。这里汇集着中国当代各个艺术门类的一大批优秀和具有代表性的专家学者和艺术家。

国家图书馆研究院 是国家图书馆承担图书馆发展理论与实践研究的业务部门。其职责是,负责图书馆与图书馆文献相关理论与实践研究,为图书馆战略规划、业务发展和创新服务进行前期调研;负责开展国家图书馆与全国图书馆事业发展政策研究,提出相应的研究报告或政策建议,为馆领导与图书馆事业主管部门决策与政策制定提供参考;会同相关部门策划重大科研项目;负责全国图书馆馆情资料与馆史资料的征集与管理,并开展相关的研究工作;承担全国图书馆标准化技术委员会秘书处职责,负责我国图书馆标准规范的制(修)订、组织管理和推广服务等工作;承担国家图书馆博士后科研工作站办公室职责,负责博士后进出站、博士后在站期间的日常管理等工作,组织在站博士后的相关研究工作;负责《国家图书馆学刊》及《文献》等学术刊物的编辑工作;负责《中国图书馆年鉴》和《国家图书馆年鉴》的编纂工作。

深圳市特区文化研究中心 成立于1993年12月。深圳市特区文化研究中心是由国家文化部和深圳市文化局联合创办的综合性文化研究机构，业务上接受文化部、广东省文化厅指导。为深圳市文化局直属的正处级事业单位。其主要职能是，承担文化部门委托的科研项目；开展特区文化的应用研究和对策研究；开发文化信息资源；促进国内外文化交流。

中国社会科学院文化研究中心 成立于2000年。中国社会科学院文化研究中心是多学科、高位势的综合性文化研究机构。坚持以重大现实问题为主攻方向，以基础理论研究为支撑，广泛链接国内外高端文化研究机构，积极推动对涉及国家文化发展的一系列全局性、战略性、前瞻性问题研究，目前已跻身于国内一流、国际知名的文化政策研究机构之列。主要研究领域包括：文化哲学与文化发展理论、文化产业与公共文化服务、文化立法与政策、少数民族文化发展战略、对外文化发展战略和文化多样性。

武汉大学国家文化创新研究中心 成立于2010年3月。由文化部与武汉大学共同组建，湖北省文化厅参与共建。根据合作协议，武汉大学国家文化创新研究中心采用"校部共建、开放建设、专兼结合"的运行机制。其主要任务是，紧密围绕国家文化发展亟须解决的重大现实、难点和热点问题进行实证调查、学术研究和理论创新；通过科学研究带动人才培育，培养高素质的文化研究人才；通过参与国家文化发展规划研究、举办国内外学术会议、接收国内外访问学者，协调文化创新研究领域的全国性学术活动，使其成为政府、高校、社会之间的新型互动平台。武汉大学国家文化创新研究中心是文化部在高校建立的首个国家文化创新研究基地。

武汉大学国家文化财政政策研究基地 成立于2011年6月。由文化部与武汉大学共同组建，为新形势下财政政策如何更有效地支持文化发展，提供必要的理论依据和政策建议,避免盲目凭经验拍脑袋出政策。其主要任务是,致力探索文化财政政策促进文化繁荣发展的策略和路径,为财政支持文化事业建设和文化产业发展提供政策依据,力争使其成为推动国家文化财政政策发展的重要智库。为贯彻落实中央关于深化文化体制改革、推动社会主义文化大发展大繁荣的精神,切实促进我国公共文化事业的发展,为实施公共文化发展与绩效评价做好基础工作,武汉大学国家文化财政政策研究基地在全国范围内选取了一批文化事业单位与文化企业作为国家公共文化政策实验基地(以下简称"实验基地")。拟通过实验基地,直接从基层一线了解和获取文化体制改革、文化政策实施、文化事业建设和文化产业发展的最新动态,全面及时掌握我国文化建设领域的各项变化,为公共文化政策的制定和修订提供依据,以理论创新推动文化建设的实践突破。

中央财经大学国家文化创新研究中心　成立于2012年5月。中央财经大学国家文化创新研究中心是文化部与高校共建的国家级研究中心,是"国家文化创新工程"的重要组成部分。其职责和基本任务是,充分发挥学校学科优势与学术特色,专注文化投融资、文化贸易、文化消费等领域的文化创新理论研究和实践指导;加强实地调研,积极开展文化创新及文化经济相关课题研究,为国家和各级政府部门决策提供智库支持;关注国内外文化创新发展动态及成果,认真做好政策咨询与信息服务,建立中外学术交流平台;培养复合型文化创新人才,建设特色鲜明、优势明显的文化创新与经济有机结合的研究中心。

中国艺术研究院公共文化政策研究中心　是由中国艺术研究院设立的,以学术本体研究为侧重点,同时兼顾为国家相关部门提供政策咨询和重要政策文本拟稿服务的研究部门。

中国民间文艺家协会中国非物质文化遗产研究院 简称中国非物质文化遗产研究院。是中国民间文艺家协会批准成立的中国非物质文化研究与保护机构,在中国民协领导下自主地开展非营利性专业或与本专业相关的学术活动。其基本任务是,沟通学术信息,组织有关的海内外学术交流,人才培训,咨询服务;组织有关的学术成果评奖,维护本专业人士的权益,承担有关研究项目;组织开展非物质文化遗产的比赛、展演活动及节庆、产业的商业运作;资助出版有关内部研究的学术著作、刊物、论文集、教材及发行相关音像制品。

川音绵阳艺术学院中国非物质文化遗产研究院 亦称四川音乐学院绵阳艺术学院中国非物质文化遗产研究院。成立于2010年5月。该研究院成立的背景是四川汶川大地震后,许多珍贵的文化遗产遭到毁损,为了抢救与保护当地的非物质文化遗产,川音绵阳艺术学院向中国民间文艺家协会提交了成立中国非物质文化遗产研究院的申请,经考察及反复论证,中国民间文艺家协会同意成立中国非物质文化遗产研究院,开展相关的研究和保护工作。

中山大学中国非物质文化遗产研究中心 属教育部人文社会科学重点研究基地。20世纪50年代以来,中山大学老一辈学术权威王季思、董每戡创建了古代戏曲研究方向,培养了一批中青年研究骨干,使该研究方向在全国一直处于领先地位。研究中心以民俗、民间文艺两个研究方向为核心,同时结合非物质文化遗产保护策略这一方向,建立起了一支传统深厚、梯队健全、成果突出的研究队伍。在保护传统优势的基础上,研究中心在戏曲文本、演出形态、口传文艺、非物质文化遗产保护等方面取得了丰硕的成果。

复旦大学中华古籍保护研究院 成立于2014年。其前身是2009年4月10日成立的复旦大学古籍保护研究中心。复旦大学在国家古籍保护中心的支持下,成立中华古籍保护研究院,复旦大学校长杨玉良担任首任院长。中华古籍保护研究院由古籍整理专家吴格教授、古籍修复专家赵嘉福领衔,并计划于2015年依托复旦大学图书馆方面招收古籍保护方向专业硕士,这也将是国内首届古籍保护方向专业硕士。古籍保护方向专业硕士由复旦大学图书馆与国家古籍保护中心、国家图书馆等机构合作招生。

东北师范大学古籍整理研究所
是1982年经国家教育部批准成立,由全国高等院校古籍整理研究工作委员会提供全额经费资助的东北师范大学的直属研究所。主要研究方向为先秦文献、汉魏六朝文献、中国古代语言文献、甲骨金文文献、中国古代文学文献、佛教道教文献、中国古文献学史、先秦传世文献、东北地方古文献、东北历史与文化、魏晋南北朝史地文献等。

吉林大学古籍研究所 成立于1983年8月。是根据中共中央关于"整理古籍,把祖国宝贵的文化遗产继承下来"及"古籍整理工作,可以依托于高等学校"的重要指示,由吉林大学历史系于省吾、金景芳两位著名学者与当时历史系主任张忠培教授筹划创建的。吉林大学古籍研究所建立后,便隶属于全国高等院校古籍整理研究工作委员会,其工作接受全国高等院校古籍整理研究工作委员会的具体指导。

国家公共文化服务体系建设专家库和专家委员会 国家公共文化服务体系建设专家委员会于2011年3月成立。专家委员会由文化部领导。专家委员会由专家学者、行政管理人员和基层文化工作者按照"三三制"的原则组成,人选采取申报和推荐相结合的方式产生;其主要职责是,为公共文化服务体系建设提供政策建议、业务咨询和理论指导。专家委员会受文化部委托,承担国家公共文化服务体系示范区(项目)创建工作相关任务,承担国家公共文化服务体系制度设计研究的课题立项、研究和评审等工作,对公共文化服务体系建设相关问题进行调研和论证,参与有关工作。国家公共文化服务体系建设专家库是在我国公共文化服务体系建设专家委员会的基础上,于2012年12月成立的,专家库采取申报和推荐相结合的方式产生,由专家学者、公共文化管理者和公共文化机构工作者按照"三三制"原则组成,主要包括国家公共文化服务体系建设专家委员会委员,各省推荐的专家学者与公共文化机构管理者,以及近年来积极参与公共文化服务各项重点工作并发挥重要作用的专家学者;专家库分为公共政策、公共图书馆事业、文化馆站建设、群众文化活动、公共数字文化、少数民族文化6个工作组;其工作宗旨是,充分发挥专家库"决策参考、指导实践、推动立法"的作用,搭建高层次公共文化人才参与公共文化服务体系建设的平台,强化公共文化决策中专家的地位和作用,发挥其连接政府与社会公众的桥梁纽带作用,准确反馈社会公众的公共文化需要,优化公共文化决策机制,提升公共文化决策的专业化、民主化、科学化水平。

文化共享工程数字资源建设专家库 是由文化部全国公共文化发展中心组建的。由公共文化、文化遗产、民族民俗、大众传媒、党史等领域的专家组成。旨在发挥专家在资源建设规划、立项、项目实施、成果验收等方面的作用。

国家非物质文化遗产保护工作专家委员会 成立于2006年7月。旨在规范和加强我国非物质文化遗产保护工作的咨询、论证、评审和专业指导,促进非物质文化遗产保护工作。专家委员会是文化部(非物质文化遗产保护工作部际联席会议办公室)领导下的非物质文化遗产保护咨询机构。主要职责是就下列事项进行咨询,即非物质文化遗产保护规划的制定;普查方案的制定和实施;国家级非物质文化遗产的评审;国家级非物质文化遗产项目传承人的认定;国家级非物质文化遗产名录的保护和管理;非物质文化遗产保护相关标准规范的制定;其他重要事项。

全国古籍保护工作专家委员会

成立于2007年8月。旨在规范和加强全国古籍保护工作的咨询、论证、评审和专业指导,促进全国古籍保护工作的全面开展。专家委员会是在文化部(全国古籍保护工作部际联席会议办公室)领导下的古籍保护工作咨询机构。主要职责是就下列事项进行咨询,即古籍保护规划的制定;普查工作方案的制定和实施;珍贵古籍定级及破损定级;国家珍贵古籍名录的评审;全国古籍重点保护单位的评审;古籍保护相关标准规范的评审;中华再造善本、珍贵古籍的整理、出版和数字化工作;其他重要事项。

文化部文化法制专家委员会

成立于2014年6月。旨在加强与高校、科研机构相关领域法学专家的沟通交流,增进了解和共识,发挥法学专家的学术特长和优势。文化法制专家委员会由文化法制专家咨询委员会和文化法制专家工作委员会组成。专家委员会的主要任务是,为文化领域重大决策提供法律意见,研究文化立法工作中的理论问题,研究文化立法理念和制度设计,为文化立法提供重要智力支持。

国家文物局 其主要职责是,拟订文物和博物馆事业发展规划,拟订文物认定、博物馆管理的标准和办法,组织文物资源调查,参与起草文物保护法律法规并负责督促检查。协调和指导文物保护工作,履行文物行政执法督察职责,依法组织查处文物违法的重大案件,协同有关部门查处文物犯罪的重大案件。负责世界文化遗产保护和管理的监督工作,组织审核世界文化遗产申报,协同住房和城乡建设等部门审核世界文化和自然双重遗产申报,协同住房和城乡建设部门负责历史文化名城(镇、村)保护和监督管理工作。负责管理和指导全国考古工作,组织、协调重大文物保护和考古项目的实施,承担确定全国重点文物保护单位的有关工作。负责推动完善文物和博物馆公共服务体系建设,拟订文物和博物馆公共资源共享规划并推动实施,指导全国文物和博物馆的业务工作,协调博物馆间的交流与协作。负责文物和博物馆有关审核、审批事务及相关资质资格认定的管理工作。组织指导文物保护宣传工作,拟订文物和博物馆有关人才队伍建设规划。编制文物和博物馆科技、信息化、标准化的规划并推动落实,组织开展重大文物保护科技创新工程,促进文物保护科技成果的转化和推广。管理、指导文物和博物馆外事工作,开展文物对外及对港澳台的交流与合作,负责文物进出境有关许可和鉴定工作。承办国务院及文化部交办的其他事项。

国家文物局文物保护与考古司(世界遗产司) 其主要职责是,协调、指导文物保护、考古工作和重大项目的实施工作;组织开展文物资源调查工作;承担文物保护与考古有关审核审批事务及相关资质、资格认定工作;承办全国重点文物保护单位的审核工作;依法承担文化遗产相关审核报批工作。

国家文物局博物馆与社会文物司(科技司) 其主要职责是,指导博物馆工作,承担全国博物馆管理制度规范和业务指导工作;承担文物和博物馆科技、信息化、标准化规划的拟订和推动落实工作;承办国家一级文物藏品的有关审核审批事项;协调博物馆间的交流与协作;指导民间珍贵文物抢救、征集工作;承担文物拍卖、进出境和鉴定管理工作。

中国文物学会 成立于1984年。中国文物学会是一个以开展文物研究、宣传、保护和合理利用等项活动的全国性学术团体,社团法人单位。其宗旨是,遵守宪法和国家颁布的各项法律、法规、政策,遵守社会职业道德的规范;团结一切关心、热爱、支持国家文物事业的各界人士,宣传、贯彻、实施《文物保护法》,提高全民族的文物意识和文物保护意识,开展文物考古研究、文物保护研究、文物科技研究、文物修复研究、文物交流与市场研究,促进国家文物事业的健康发展,为弘扬民族文化和两个文明建设服务。其业务范围是,宣传贯彻《文物保护法》,协助各级政府职能部门做好文物保护工作;开展有关文物的各种专题调查研究,向有关部门提供关于保护利用的意见和建议;开展文物学术研究,开展国内和国际的文物学术交流活动;编辑、翻译、出版文物资料、文物专著书刊,拍摄文物资料和电视片,举办文物展览;协助有关单位开展文物保护材料的科技研究,开展文物的仿制、复制、咨询、鉴定等各项工作;开展海内外的文物交流,弘扬中华历史文化;举办文物知识、技能培训班,培训文物人才;团结海内外热心文物事业的人士,开展文物考察研究,特别加强与港、澳、台文物工作者的交流与合作;在政策、法律范围允许的条件下,创办与文物密切相关的实体。

中国博物馆协会 简称中国博协。其前身是成立于1982年的中国博物馆学会,2010年8月中国博物馆学会更名为中国博物馆协会。中国博物馆协会是由开展博物馆有关业务的组织和个人自愿结成的,并依法登记的行业性、全国性的非营利社会团体法人。其宗旨是,遵守国家有关法律、法规和政策,遵守博物馆职业道德准则,团结全国博物馆、博物馆相关企事业单位、博物馆社团组织和个人,发挥行业指导、自律、协调、监督作用,维护行业合法权益,促进博物馆管理水平和博物馆学术研究水平的提高,为促进中国博物馆事业科学发展服务,为促进中国文化大发展大繁荣服务,为构建具有中国特色社会主义文化强国服务。其业务范围是,加强行业自律性管理，促进博物馆事业的改革、建设和发展；开展调查研究，了解各级各类博物馆的现状、要求和愿望，为国家法律、法规和相关政策的制定提出建设性意见；建立健全有关行业规则、标准和服务规范，进行行业考评，协调会员关系，维护行业利益；开展博物馆相关领域的基础和应用学科研究；组织开展新技术、新标准的推广和信息交流，开展职业继续教育、各类培训和技术咨询，不断提高行业的知识水平和科技含量；建立行业和行政管理机关间的沟通渠道，发挥桥梁与纽带作用，促进博物馆与相关组织间的联系、交流与合作，为博物馆的建设和发展搭建平台。

中国风景名胜区协会 成立于1989年。中国风景名胜区协会是由各级人民政府审定命名的全国各级风景名胜区为主体成员和有关部门及个人自愿参加依法成立的全国性行业社团，业务主管部门是中华人民共和国建设部。在2002年12月9日瑞士格兰德召开的IUCN第57次会议上，中国风景名胜区协会以国家非政府组织身份被正式接受为世界自然保护联盟（IUCN）会员。其宗旨是，中国风景名胜区协会遵循国家有关方针、政策和法律法规，根据国家改革开放和经济发展的要求，发挥风景名胜区行业与政府部门间的桥梁纽带作用，维护会员合法权益，为风景名胜区行业发展服务，为会员服务；遵循"科学规划、统一管理、严格保护、永续利用"的工作方针，促进国家风景名胜区事业健康和可持续发展。其业务范围是，组织对行业基本情况和有关行业发展重大课题的调研，参与相关法律法规和行业政策的研究、制定及参与行业标准、行业发展规划和行业准入条件的制定与实施工作；帮助风景名胜区行业开拓国际市场，联系相关国际组织，开展国内外行业间的交流，提供对外合作项目的咨询，以及指导、规范和监督会员单位的对外交往活动；组织开展并参与社会文化活动和公益活动，根据行业发展需求或受政府委托举办、承办各类洽谈会、交易会和展览会，以多种形式展示和推介风景名胜区行业；开展风景名胜区行业的专业技术培训和咨询服务，组织人力资源开发及参与行业的资质认证以及新技术、新项目的鉴定、示范及推广工作，并根据授权开展风景名胜区的相关统计工作，承担风景名胜区自然和文史资料的收集、整理和出版，组织开展信息服务和舆论宣传工作，并依照有关规定创办行业报刊和网站；为风景名胜区提供规划建设、数字化建设等方面的咨询、评估和技术服务，并组织有关专家就风景区科学管理、资源保护及规范化服务等开展理论研究和学术研讨；向政府主管部门反映会员单位的意见和建议，维护风景名胜区行业和广大会员的合法权益；表彰、奖励对风景名胜区行业及本团体发展有突出贡献的单位和个人。

中国风景园林学会 成立于1989年11月。中国风景园林学会是由中国风景园林工作者自愿组成，经国家民政部正式登记注册的学术性、科普性、非营利性的全国性法人社会团体，是中国科学技术协会和国际风景园林师联合会（IFLA）成员。其宗旨是 组织和团结全国风景园林科技工作者，致力于保护国土自然环境资源与人文资源，建设生态健全、景观优美的人居环境，继承发扬中国优秀的风景园林传统，吸收世界先进的科学技术，建立并不断完善具有中国特色的风景园林科学体系，提高本行业的科学技术水平，促进人才的成长，为满足社会对自然环境的需求而努力探索研究。其业务范围是，举办国内外学术交流活动，促进科技合作；开展学科和专业教育研究，促进学科发展和专业人才培养；开展科普活动，扩大行业的社会影响；依照有关规定，编辑出版学术书刊和科普读物，搭建行业信息交流平台；受政府委托承办或根据市场和行业发展需要，举办专业展览，弘扬中国优秀传统文化；推进风景园林师执业注册制度的建立和实施；开展专业培训和继续教育,提高会员专业水平;发挥专家优势,为政府和社会提供咨询服务;按照规定经批准,开展专业性竞赛、评优和奖励活动;承接政府职能或受政府委托开展促进本学科和行业发展的相关活动。

中国生态学学会 是中国生态科学技术工作者和热爱生态学事业的社会各界人士自愿结合、依法成立的全国性、公益性、非营利性、学术性的社会团体,是中国科学技术协会的组成部分。学会现挂靠在中国科学院生态环境研究中心。其宗旨是,团结广大生态科学技术工作者和热爱生态学事业的社会各界人士,认真贯彻党的基本路线和"百花齐放,百家争鸣"的方针,坚持民主办会的原则,充分发扬学术民主;提倡辩证唯物主义,坚持实事求是的科学态度和优良学风;遵守宪法、法律、法规和国家政策,弘扬社会主义道德风尚;倡导"献身、创新、求实、协作"的精神,繁荣生态科学事业、加速生态环境建设、提高全民生态意识,为实施国家可持续发展和科教兴国两大战略目标,建设社会主义物质文明和精神文明做出积极贡献。其业务范围是,开展国内外学术交流,促进学科交叉与发展;弘扬科学精神,普及科学技术知识,传播科学思想,努力提高全民科学素质,推广先进技术;依照有关规定,编辑、出版、发行科技书刊及相关的音像制品;反映会员和科技工作者的意见和要求,维护其合法权益;组织会员和科技工作者参与国家科技政策、发展战略、有关法律法规的制定和促进国家事务的科学决策工作;举荐人才,在本团体内表彰、奖励在科技活动中取得优秀成绩的会员和科技工作者;对国家经济建设中的重大决策进行科学论证和咨询,提出建议;接受委托承担项目评估,经政府有关部门批准,承担成果鉴定、仲裁及资格评审,受政府委托承办的或者根据市场和行业发展需要组织、举办科技展览,促进国际民间科技交流与合作;开展对会员和科技人员的继续教育和培训工作;举办为会员服务的事业和活动；参与制定或修订行业标准，编审科技文献，提供技术咨询和技术服务。

中国文化遗产研究院 其前身是中国文物研究所中国文化遗产研究院，是中国的国家级文物保护科学技术机构，受国家文物局直接领导。主要任务是，从事历史文化遗产保护的基础与战略研究、重大遗产地及大遗址保护、文物保存与修复的科技研发及推广、出土文献研究等工作，并负责整理、保存全国重点文物保护单位和馆藏一级文物档案，承担对各地文物保护专业骨干人员的培训任务。

同济大学国家历史文化名城研究中心 是建设部和同济大学共同领导的，从事中国历史文化名城保护、历史文化遗产保护与继承的全国性学术研究、对外交流、宣传教育和技术咨询机构。主要任务是，组织开展历史文化名城保护与建设的综合性研究；推进国内外各相关研究机构和组织之间的学术、信息、文化交流和合作；举办学术会议和全国性的讲座、培训和展览宣传；根据国家管理部门需要，组织专项调查研究和综合性政策研究；承接国家课题研究项目；推动我国历史文化名城之间的保护实践经验交流与合作；编辑出版专业资料及论文著作；培养博士生、硕士生和进修生。

国家林业局自然保护区研究中心 成立于2001年12月。由国家林业局、教育部共同组建。国家林业局自然保护区研究中心是在北京林业大学自然保护区研究中心的基础上建立的，挂靠在北京林业大学。旨在为配合"全国野生动植物保护及自然保护区建设工程"的实施。主要职能是，负责林业系统国家级自然保护区申报及评审组织工作；承担自然保护区学术研究工作；负责珍稀濒危动植物标本管理；开展自然保护区管理者培训。此外，还承担着中国自然保护区研究会的部分工作。

中国世界文化遗产专家库和专家委员会 成立于 2006 年 12 月。中国世界文化遗产专家库和专家委员会由国家文物局从文物保护、规划、建筑、考古、历史、景观、法规等相关领域内遴选具有较高学术造诣的专家学者组成。专家库实施开放动态管理,具备条件的专家可随时纳入专家库;根据需要,可邀请少量外籍专家进入专家库。成立中国世界文化遗产专家库和专家委员会旨在加强和规范中国世界文化遗产的保护和管理,充分发挥专家咨询在世界文化遗产工作中的作用。其主要任务是,为国家文物局开展世界文化遗产申报、保护和管理等工作提供专业咨询;其具体职责是,在进行世界文化遗产监测、巡视工作时,国家文物局可征询专家委员会意见,或委托专业咨询机构进行咨询,也可直接听取专家意见;对于世界文化遗产的申报、预备名单的设定等世界文化遗产工作中的重大事项,国家文物局可委托专家委员会提出咨询评估意见,为科学决策提供参考;在进行审核世界文化遗产文物保护工程项目,审批世界文化遗产缓冲区内工程建设项目,验收世界文化遗产保护工程等工作时,国家文物局可征询专家委员会意见,或委托专业咨询机构进行咨询,也可直接听取专家意见;国家文物局可委托世界文化遗产专家委员会开展世界文化遗产保护与管理的重大课题研究,为世界文化遗产工作提供理论支撑。地方各级文物部门及各遗产地管理机构开展世界文化遗产申报、保护和管理工作,也应实行专家咨询制度,其专家咨询工作可参照本办法制定相关办法。

国家级自然保护区评审委员会 成立于 1999 年。国家级自然保护区评审委员会由一名主任委员、三名副主任委员和若干名委员组成;评审委员任期三年,可以连聘连任;评审委员会换届及评审委员解聘或增补,由有关单位提出人选,报国家环境保护部批准后办理;评审委员会每年召开一次评审会议,原则定于每年第四季度举行。评审委员会的主要职责是,负责国家级自然保护区的评审工作,对经评审委员会办公室初审合格的申报材料进行评审,以记名方式投票表决,并提出评审委员会评审意见。

中国历史文化名城保护专家委员会 成立于1994年9月。中国历史文化名城保护专家委员会是由建设部和国家文物局联合组织成立的,是为政府主管部门决策提供咨询的机构。

国家新闻出版广电总局 其主要职责是,(1)负责拟订新闻出版广播影视宣传的方针政策,把握正确的舆论导向和创作导向。(2)负责起草新闻出版广播影视和著作权管理的法律法规草案,制定部门规章、政策、行业标准并组织实施和监督检查。(3)负责制定新闻出版广播影视领域事业发展政策和规划,组织实施重大公益工程和公益活动,扶助老少边穷地区新闻出版广播影视建设和发展。(4)负责制定国家古籍整理出版规划并组织实施。负责统筹规划新闻出版广播影视产业发展,制定发展规划、产业政策并组织实施,推进新闻出版广播影视领域的体制机制改革。依法负责新闻出版广播影视统计工作。(5)负责监督管理新闻出版广播影视机构和业务以及出版物、广播影视节目的内容和质量,实施依法设定的行政许可并承担相应责任,指导对市场经营活动的监督管理工作,组织查处重大违法违规行为。指导监管广播电视广告播放。负责全国新闻记者证的监制管理。(6)负责对互联网出版和开办手机书刊、手机文学业务等数字出版内容和活动进行监管。负责对网络视听节目、公共视听载体播放的广播影视节目进行监管,审查其内容和质量。(7)负责推进新闻出版广播影视与科技融合,依法拟订新闻出版广播影视科技发展规划、政策和行业技术标准,并组织实施和监督检查。负责对广播电视节目传输覆盖、监测和安全播出进行监管,推进广电网与电信网、互联网三网融合,推进应急广播建设。负责指导、协调新闻出版广播影视系统安全保卫工作。(8)负责印刷业的监督管理。(9)负责出版物的进口管理和广播影视节目的进口、收录管理,协调推动新闻出版广播影视领域"走出去"工作。负责新闻出版广播影视和著作权管理领域对外及对港澳台的交流与合作。(10)负责著作权管理和公共服务,组织查处有重大影响和涉外的著作权侵权盗版案件,负责处理涉外著作权关系和有关著作权国际条约应对事务。(11)负责组织、指导、协调全国"扫黄打非"工作,组织查处大案要案,承担全国"扫黄打非"工作小组日常工作。(12)领导中央人民广播电台、中国国际广播电台和中央电视台,对其宣传、发展、传输覆盖等重大事项进行指导、协调和管理。(13)承办党中央、国务院交办的其他事项。

国家新闻出版广电总局公共服务司 其主要职能是,拟订新闻出版广播影视基本公共服务政策和保障标准,协调推进基本公共服务均等化和城乡一体化发展;组织实施重大公益工程,对老少边穷地区进行扶助,指导监督相关重点基础设施建设。

国家新闻出版广电总局新闻报刊司 其主要职能是,承担报纸(报社)和期刊(刊社)出版活动,国内报刊社、通讯社分支机构和记者站的监督管理工作;组织对报纸、期刊内容的审读和舆情分析工作;承担全国新闻单位记者证的监制审核、发放、备案和管理工作;组织查处重大新闻违法活动。

国家新闻出版广电总局电影局 其主要职能是,承担电影制片、发行、放映单位和业务的监督管理工作,组织对电影内容进行审查;指导、协调全国性重大电影活动;指导电影档案管理、技术研发和电影专项资金管理;承办对外合作制片、输入输出影片的国际合作与交流事项。

国家新闻出版广电总局出版管理司(古籍整理出版规划办公室)
其主要职能是,承担图书、音像、电子出版单位和出版活动的监督管理工作,组织对图书、音像制品、电子出版物内容和质量进行监管;组织指导涉及党和国家重要文件文献、教科书的出版工作,组织实施全民阅读推广活动;承担国家古籍整理出版规划的组织协调工作;承担书号、版号管理工作。

国家新闻出版广电总局传媒机构管理司 其主要职能是,承担广播电视播出机构和业务、广播电视节目制作机构、广播电视节目传送、有线电视付费频道、移动电视业务的监督管理工作;指导和监督管理广播电视广告播放。

国家新闻出版广电总局网络视听节目管理司 其主要职能是,承担网络视听节目服务、广播电视视频点播、公共视听载体播放广播影视节目内容和业务的监督管理工作;指导网络视听节目服务的发展和宣传。

国家新闻出版广电总局科技司
其主要职能是,拟订新闻出版及印刷业、广播影视及视听类新媒体科技发展规划、政策、行业标准并组织实施;拟订广播影视传输覆盖网和监测监管网的规划,推进三网融合;承担广播影视安全播出的监督管理和技术保障工作,承担广播影视质量技术监督、监测和计量检测工作。

中国广播电视协会 简称广电协会。成立于1986年10月。中国广播电视协会是全国性的广播电视行业组织,是由广播电视机构和从业人员自愿组成的非营利性的社会团体,是在党和政府领导下团结和联系广播电视工作者的桥梁和纽带。其宗旨是,以马克思列宁主义、毛泽东思想、邓小平理论和"三个代表"重要思想为指导,深入贯彻落实科学发展观,坚持党在社会主义初级阶段的基本路线、基本纲领和基本经验,坚持广播电视工作为人民服务、为社会主义服务、为全党全国工作大局服务,团结全国各族广播电视工作者,开展广播电视学术理论研究,加强行业自律,协助政府进行行业管理,维护广播电视行业和广播电视工作者的合法权益,推动广播电视改革创新,为繁荣和发展中国特色社会主义广播电视业,为把我国建设成富强民主文明和谐的社会主义现代化国家而奋斗。其业务范围是,(1)推动广播电视工作者学习马克思列宁主义、毛泽东思想、邓小平理论和"三个代表"重要思想,树立和落实科学发展观,坚持正确的舆论导向,坚持马克思主义新闻观,发扬广播电视工作的优良传统,解放思想,实事求是,与时俱进,开拓创新,不断提高广播电视工作的水平。(2)以与时代同行、与发展共进、与实践结合的精神开展广播电视学术研究,编辑出版学术期刊、学术著作和研究报告,促进中国特色社会主义广播电视理论的建设和发展,为中国特色社会主义广播电视业的繁荣和发展服务。(3)在国家广播电影电视总局领导下,加强行业自律,规范行业行为,建立行业倡导、协调、保障、约束和仲裁等机制,树立和践行社会主义荣辱观,推动和监督广播电视工作者遵纪守法,弘扬职业精神,恪守职业道德,遵守《中国广播电视从业人员自律公约》,倡导廉洁自律,纠正不正之风。(4)依法维护广播电视行业和从业人员的合法、正当权益,反映广大广播电视从业人员的意见和要求。(5)受政府部门委托开展广播电视行业调查研究,提供决策参考、信息反馈、评估咨询等项工作,参与相关行业标准的制定、修订和相关法律法规的研究制定。(6)参与新兴广播电视形态的研究和开拓,受政府部门委托制定协调和监管规则,促进广播电视公益性事业和经营性产业的协调发展。(7)受政府委托组织全国性广播电视评奖活动。(8)协助有关部门进行广播电视从业人员的教育、培训,提高从业人员的思想素质和业务水平,组织行业内的形式多样的交流、研讨、评选、表彰等活动,促进广播电视节目、频道(频率)的不断优化和创新,涌现出更多贴近实际、贴近生活、贴近群众的精品,为新闻宣传、文艺创作、经营管理、科学技术等各方面的优秀人才脱颖而出创造条件。(9)按照政策规定,积极开展多种经营性活动。(10)贯彻"一国两制"的方针,加强与香港特别行政区、澳门特别行政区、台湾地区广播电视工作者及团体的联系与合作,增进同海外华侨、华人广播电视工作者及团体之间的友谊、交流与合作。(11)发展同各国广播电视机构、团体及人员之间的友好往来,增进相互了解、友谊与合作,在对外交往中,遵守法律法规和纪律,维护国家形象和利益。

中国广播电视学会　成立于1984年12月。中国广播电视学会是全国性的广播电视学术团体。其宗旨是,以开展广播电视的学术研究,提高广播电视工作者的素质,提高广播电视节目的质量,促进中国广播学、电视学的建设和发展。其主要任务是,进行广播电视的学术研究,促进中国的广播学、电视学的创建和发展,为广播电视领导机构的决策提供咨询和建议;组织研究成果的评奖活动;编辑出版会刊和学术论著;开展同国内外有关学术团体的学术交流活动。

中国电影发行放映协会　前身是1985年在北京成立的中国电影发行放映学会。1995年9月26日,经国家广电总局和中华人民共和国民政部批准,正式更名为中国电影发行放映协会。2007年初,中国电影发行放映协会同中国城市影院发展协会合署办公。2009年经国家广电总局、民政部批准同意中国城市影院发展协会并入该协会。中国电影发行放映协会由全国电影发行、放映、器材、技术研发、影视文化及相关企业法人自愿组成的专业性、非营利性的全国性社会团体,是在党和政府领导下团结和联系电影发行放映以及相关业务领域的企业和机构的桥梁和纽带。其宗旨是,遵守国家宪法、法律、法规和政策,遵守社会道德风尚,为会员服务,为行业服务,为社会服务;反映会员诉求,维护会员合法权益;在政府和会员单位之间发挥桥梁和纽带作用;广泛团结电影单位,建立行业自律机制,充分发挥为会员服务功能,建设成为会员依靠和信赖的"会员之家"。其业务范围是,(1)依法维护会员单位的合法权益;(2)宣传有关政策、法规,根据授权进行统计,开展行业基础资料的调查、收集和整理;(3)制定行业规划,加强行业自律,协调行业关系,诚信经营,引导行业健康发展;(4)经政府有关部门批准,开展技术资格质量认证和影院星级评定,表彰和奖励在电影发行放映及相关行业中有突出贡献的单位和个人;(5)依照有关规定,编辑、出版、发行有关资料、刊物,研究电影业改革和发展方向,建立信息平台,完成统计信息上报工作,向政府提出建议,为行业提供咨询服务;(6)组织行业的重要业务活动,开展业务交流及与电影发行放映业及技术相关的理论、学术研究活动;(7)组织本行业优秀国产影片的推广、新技术展览、展销;(8)受政府委托承办或根据市场和行业发展需要举办专业人员培训和从业职业资格培训;(9)开展对外文化交流和行业联系;(10)承办政府主管部门和会员委托的其他事项。

中国出版协会 简称"中国版协"。其前身是成立于1979年12月的中国出版工作者协会,2011年5月更名为中国出版协会。中国出版协会是中国出版界自愿结成的全国行业性社会组织,是为出版行业服务的非营利性社团法人,是中国共产党和中国政府与中国出版界密切联系的桥梁和纽带。其宗旨是,在中国共产党领导下,团结全国会员单位,组织出版业从业者,坚持马克思列宁主义、毛泽东思想、邓小平理论和"三个代表"重要思想,坚持科学发展观,全面贯彻执行党的路线、方针、政策,坚持出版工作为人民服务、为社会主义服务的方向,促进出版事业的发展和出版队伍的建设,维护会员单位的合法权益,推动出版业的创新、改革,推动与香港、澳门、台湾地区及国际出版界的交流与合作,为繁荣社会主义出版事业,为建设一个富强、民主、文明的社会主义中国而奋斗。其业务范围是:(1)组织和推动会员单位全体从业人员学习马克思列宁主义、毛泽东思想、邓小平理论和"三个代表"重要思想,以科学发展观为指导,贯彻执行党和政府的方针、政策,坚持正确的出版方向和舆论导向,发扬我国出版工作的优良传统,解放思想,实事求是,开拓进取,勇于创新,推进出版业的改革与发展,为把我国早日发展成为世界出版强国而努力奋斗;(2)协助政府有关部门进行出版队伍的职业道德教育、业务培训工作,开展出版理论研究和业务交流活动,促进出版从业者政治思想素质和业务水平的提高;(3)竭诚为读者服务,使出版者真正成为作者与读者之间联系的桥梁;(4)受政府有关部门委托,参与制定行业标准和行业发展规划;(5)依照有关规定经批准,组织开展"韬奋出版奖"和"中华优秀出版物奖"评奖活动,促进大批优秀出版人才和优秀出版物的出现;(6)加强行业自律,增强法制观念,提高出版单位和从业者遵纪守法、恪守职业道德的自觉性;(7)遵守我国宪法、《出版管理条例》及其他相关法律、法规,维护出版者的合法权益;(8)按照我国著作权法和其他有关法规,加强出版者与著、译者的团结,尊重著、译者的合法权益;(9)贯彻"一国两制"方针,密切大陆与香港、澳门和台湾地区出版界的联系,加深与香港、澳门、台湾地区以及海外华人出版机构间的友谊,扩大交流与合作;(10)积极参与国际出版组织的活动,加强同各国出版界朋友的友好往来,增进友谊,加强交流与合作,扩大中国出版业的国际影响,维护中国出版者的合法权益;

(11)本着平等、互利、共同发展的原则,与出版界各专业协会、学会,各地出版协会进行多方面的合作;
(12)开展为实现本会宗旨相关的其他活动。

中华全国新闻工作者协会 简称中国记协。前身是1937年11月8日在上海成立的中国青年新闻记者学会。1949年7月在北平(现北京)组建中华全国新闻工作者协会筹备会,作为全国性的新闻工作者组织。1957年3月中华全国新闻工作者协会在北京正式成立。中华全国新闻工作者协会是中国共产党领导的中国新闻界的全国性人民团体,是党和政府同新闻界密切联系的桥梁和纽带。其宗旨是,团结全国新闻工作者,高举中国特色社会主义伟大旗帜,以马克思列宁主义、毛泽东思想、邓小平理论和"三个代表"重要思想为指导,深入贯彻落实科学发展观,坚持党在社会主义初级阶段的基本路线、基本纲领和基本经验,按照高举旗帜、围绕大局、服务人民、改革创新的总要求,加强新闻队伍建设,维护新闻工作者的合法权益,推动新闻工作改进创新,开展同香港特别行政区、澳门特别行政区、台湾地区和国际间的新闻交流与合作,为繁荣和发展我国社会主义新闻事业,为把我国建成富强民主文明和谐的社会主义现代化国家而奋斗。其任务是,(1)在新闻界深入开展中国特色社会主义理论体系、马克思主义新闻观、新闻职业精神职业道德的学习教育活动。组织和推动新闻工作者学习马克思列宁主义、毛泽东思想、邓小平理论和"三个代表"重要思想,树立和落实科学发展观,贯彻执行党的路线、方针、政策,坚持马克思主义新闻观,坚持正确的舆论导向。坚持和发扬党的新闻工作的优良传统,解放思想,实事求是,与时俱进,开拓创新,不断提高新闻工作的水平。(2)会同有关部门和新闻单位进行新闻从业人员的教育、培训工作,开展新闻理论研讨、业务交流等活动,加强新闻采编政策法规培训,提高新闻工作者的政治思想素质和业务水平,建设一支政治强、业务精、纪律严、作风正的新闻队伍。(3)推进新闻行业自律,规范新闻从业行为。推动新闻工作者践行社会主义核心价值体系,弘扬新闻职业精神,恪守新闻职业道德。督促新闻工作者遵纪守法,遵守《中国新闻工作者职业道德准则》。(4)鼓励新闻工作者深入实际、深入基层、深入群众,使新闻工作更好地贴近实际、贴近生活、贴近群众。(5)在重大活动、重大事件中配合有关部门做好媒体服务和管理工作。(6)开展优秀新闻作品、优秀新闻工作者和先进集体评选表彰活动,促进多出精品、多出人才。培养名记者、名编辑、名评论员、名播音员、名主持人和新闻经营管理、传播技术人才。(7)维护新闻单位、新闻工作者的合法权益,反映新闻工作者的意见和要求。(8)面向基层,服务基层,加强同基层新闻单位特别是西部和少数民族地区新闻工作者的联系与交流,推动基层新闻事业的发展。(9)关心新闻工作者的工作条件和身心健康。关心离休、退休的老新闻工作者,尊重和协助他们发挥力所能及的作用。(10)开展调查研究,掌握新闻行业信息,为有关部门决策提供服务,为新闻界和社会各界提供行业信息服务。(11)贯彻"一国两制"方针,加强同香港特别行政区、澳门特别行政区、台湾地区新闻团体、新闻媒体和新闻工作者的交流与合作。做好港澳台记者采访的接待、管理和服务工作。增进同海外华侨华人新闻团体、新闻媒体和新闻工作者之间的友谊、交流与合作。(12)贯彻我国独立自主的和平外交政策和推动建设和谐世界的重大战略思想,为创造良好的国际舆论环境发挥独特作用。广泛发展同国际性、区域性新闻团体和各国新闻界之间的友好往来,增进相互间的了解与合作;加强同常驻我国的外国记者的联系,帮助他们开展正常业务工作。(13)兴办新闻出版等事业,开展有关的咨询服务和经营活动。

国家新闻出版广电总局广播影视发展研究中心 成立于2004年4月,是国家新闻出版广电总局直属的政策研究机构。发展研究中心以服务于总局决策,建设智囊团、思想库为宗旨,同时注重为行业发展提供咨询服务,保持同全国广电系统的密切联系,发展同相关部委政策研究机构、社会科学研究机构和高等院校的联系与合作,积极开展和参与各种国内国际的相关政策、学术、业务交流活动。主要职责是,组织开展广播影视宏观政策、发展战略、法律法规、体制改革、产业发展和新媒体发展等重要问题的研究;收集分析国内外广播影视发展动态等信息,编写、发布中国广播影视发展年度报告、视听新媒体发展报告;组织开展国内外广播影视政策法规、体制机制等比较研究;开展国内外广播影视学术业务交流;承办总局交办的其他事项。

国家新闻出版广电总局广播科学研究院 1958年10月建立,前身是广播科学研究所,1994年3月更名为广播科学研究院,2002年10月被科技部批准为非营利性科研院所转制的第二批试点单位。广播科学研究院是国家社会公益类科学研究院,是中国广播电视的最高研究机构、国家新闻出版广电总局制定科技规划和进行重大技术决策的依托机构,是我国广播电视应用技术研究和技术开发的中坚力量和人才培养基地。广播科学研究院的主要任务是,面向广电行业,引领广播电视技术发展方向,立足公共服务,开展应用性重大科技项目;以系统、融合、移动技术作为主要学科研究方向,紧紧跟踪国际先进技术,为产业运营奠定基础;同时为业界提供技术咨询、技术支持与服务。

中国电影艺术研究中心(中国电影资料馆) 成立于1958年。1980年被联合国教科文组织指导下的国际电影资料馆联合会接纳为会员。1984年,中国电影资料馆与中国艺术研究院电影研究所合并,在原基础上成立了中国电影艺术研究中心。至此,本机构对外拥有两个名称"中国电影资料馆"和"中国电影艺术研究中心"。是中国唯一的国家级电影档案收藏和电影研究机构。它隶属于国家新闻出版广电总局,并在业务上接受电影事业管理局的指导。该机构的职责是,对各个时期的中外电影及各类电影文图档案资料的收集、整理、保存和利用,并在此基础上积极开展对中外电影的历史、现实、理论、美学和影片保存、修复技术的研究以及电影报刊的出版和研究生教学工作。

中国艺术研究院电影电视艺术研究所 成立于1990年。由中国艺术研究院电影电视艺术研究室和中国艺术研究院外国文学艺术研究所两个单位组成。中国艺术研究院电影研究所,其前身是中国艺术研究院电影研究室,始建于1973年,1980年改为中国艺术研究院电影研究所;1983年中国艺术研究院电影研究所与中国电影资料馆合并,成立中国电影艺术研究中心,并划归国家广电部管理;1987年中国艺术研究院重新组建电影电视艺术研究室。中国艺术研究院外国文学艺术研究所,前身为中国艺术研究院外国文学艺术编译室,始建于1973年,1980年正式成立中国艺术研究院外国文学艺术研究所。1994年,中国艺术研究院电影电视艺术研究室与中国艺术研究院外国文学艺术研究所合并,成立中国艺术研究院电影电视艺术研究所,主要从事电影电视艺术的研究。

中国新闻出版研究院 成立于1985年。前身是中国出版科学研究所。是我国唯一一家国家级新闻出版专业科研机构,隶属国家新闻出版广电总局。主要任务是开展新闻出版业的理论建设、学术研究,提供基础数据、科学决策依据。

中国传媒大学广播电视研究中心 成立于2000年。研究中心是教育部人文社会科学重点研究基地之一。研究中心侧重广播电视领域,集科学研究、人才培养、学术交流、情报资料和咨询服务于一体,已经成为在全国居于领先地位、在国际上具有较高声誉的综合性广播电视研究机构。

国家体育总局 其主要职责是,(1)研究制定体育工作的政策法规和发展规划并监督实施。(2)指导和推动体育体制改革,制定体育发展战略,编制体育事业的中长期发展规划;协调区域性体育发展。(3)推行全民健身计划,指导并开展群众性体育活动,实施国家体育锻炼标准,开展国民体质监测。(4)统筹规划竞技体育发展,研究和平衡全国性体育竞赛、竞技运动项目设置与重点布局;组织开展反兴奋剂工作。(5)管理体育外事工作,开展国际间和与香港特别行政区及澳门、台湾地区的体育合作与交流;组织参加和举办重大国际体育竞赛。(6)组织体育领域重大科技研究的攻关和成果推广。(7)研究拟订体育产业政策,发展体育市场;制定体育经营活动从业条件和审批程序。(8)负责全国性体育社团的资格审查。(9)承办国务院交办的其他事项。

国家体育总局群众体育司 其主要职责是,拟订群众体育工作的有关方针规划和政策;推行全民健身计划;推动建立和完善全民健身服务体系,指导群众体育组织建设、健身场地设施建设,指导协调开展群众性体育活动;指导协调全国体育大会的组织工作,协助有关部门举办全国性群众体育运动会;指导和推动各类人群的全民健身工作,协调推动全民健身志愿服务工作;指导和推动农村体育、城市体育及其他社会体育的发展;负责推行社会体育指导员和国民体质监测制度,指导国家体育锻炼标准实施工作;组织开展全国群众体育奖励表彰工作;负责拟订总局本级彩票公益金用于实施全民健身计划部分的规划和使用计划;承办总局交办的其他事项。

国家体育总局青少年体育司
其主要职责是：指导和推进青少年体育工作，拟订青少年体育工作的有关政策、规章、制度和发展规划草案；指导和监督学生体育健康标准的实施和学生体质监测；指导和推动青少年体育服务体系建设；组织开展青少年体育工作检查监督和评估表彰；指导竞技体育高水平后备人才培养工作；拟订青少年业余训练管理制度，完善青少年业余训练体系，指导全国各级各类体育运动学校、体育传统项目学校、青少年体育俱乐部、各运动项目后备人才基地建设和有关学生文化教育工作；参与指导全国青少年体育竞赛工作，参与审核全国青少年比赛计划和竞赛规程，参与指导青少年运动员注册和运动技术等级管理；组织协调重大综合性青少年体育比赛和体育交流活动；指导开展青少年体育工作研究和相关培训。承办总局交办的其他事项。

中国体育科学学会 成立于1980年，是我国成立时间长、运作规范、社会影响较大，集学术性、科普性、公益性于一体的最大规模、最高层次的体育科技学术社会团体。是党和政府联系科技工作者的桥梁和纽带及发展体育科技事业的助手，体育科技工作者的忠实代表和传播体育科技文化的重要基地与发展体育科技事业的重要力量。其宗旨是：团结和组织广大科技工作者，倡导献身、创新、求实、协作的科学精神，在严格遵守国家宪法、法律和社会道德风尚下，广泛开展体育科技活动，促进体育科技事业的发展和体育科技人才的成长，为增强人民体质、提高运动技术水平服务。其主要工作任务是：组织开展国内外体育学术交流活动；组织评审并颁发体育科技奖励；组织开展体育科普活动；组织开展继续教育活动和与体育有关的各类咨询活动；组织开展体育科技课题研究，成果推广、转化、开发及鉴定工作；举办各类体育科技、科普展览会、展示会、演示会；编辑出版体育科技书籍、期刊、科普读物和信息资料；与境外体育科技团体和个人的联系与交往；举荐人才，表彰、奖励在学会活动中做出优异成绩的会员和学会专兼职工作人员；举办为体育科技工作者服务的活动；接受政府、其他单位委托组织开展有关工作。

中华全国体育总会　简称全国体总。其前身是1952年成立的中华全国体育协进会。1954年中华全国体育总会得到国际奥委会承认。1979年，全国体总和中国奥委会分立。中华全国体育总会是中华人民共和国全国群众性的体育组织，是党和政府联系体育工作者的纽带，是依法成立的非营利性的社团法人。其宗旨是，联系、团结运动员和体育工作者，努力发展体育事业，普及群众体育运动，提高全民族的身体素质；不断提高运动技术水平，攀登世界体育高峰；促进社会主义物质文明和精神文明建设，为建设有中国特色的社会主义服务。为实现祖国和平统一与增进世界人民的友谊服务。中华全国体育总会同中国奥林匹克委员会密切合作，联系台湾、香港、澳门同胞及海外侨胞中的体育界人士。该会一切活动遵守中华人民共和国宪法、法律、法规和国家政策，遵守社会道德风尚，以党的基本路线为指导，按照《中华人民共和国体育法》和我国发展社会主义体育运动的方针、政策开展工作。中华全国体育总会及其活动，接受其业务主管单位国家体育总局及社团登记管理机关中华人民共和国民政部的业务指导和监督管理。其业务范围是，(1)宣传和普及群众体育运动，不断增强人民体质，提高全民族整体素质；(2)举办或联合举办全国性、境内国际性比赛和体育活动，进一步提高竞技运动水平，攀登世界体育高峰；(3)大力推进体育改革，对体育事业重大方针政策、发展战略提出建议，为政府决策服务；(4)通过组织体育活动，向广大群众尤其是向运动员、青少年进行爱国主义、集体主义和社会主义教育，培养奋勇进取、顽强拼搏、团结友爱等优秀品德，树立遵纪守法观念；

(5)组织体育理论、运动技术、科研教学等专题调查研究,促进体育科学化;(6)发展体育产业,培育体育市场,开发无形资产,促进体育产业化;(7)加强与全国各体育组织的联系,沟通情况,交流经验,指导工作;(8)开展国际间的体育交流,发展同国外体育组织和体育工作者的友好往来;(9)对全国性单项体育协会自律性经济处罚收入实行内部收支两条线管理,对总会收入和支出实行"统一核算,统一管理"。

中国大学生体育协会 成立于1975年。中国大学生体育协会是中华全国体育总会下辖的单项运动协会之一,是中国大学生运动的唯一全国性群众组织。1975年,中国大学生体育协会正式加入世界大学生体育联合会。其宗旨是,在全国高等院校学生中,宣传、贯彻国家的教育方针和体育工作方针、政策;动员社会各界力量,大力支持和关心高等学校体育工作;审核、批准和单项协会的成立及有关事宜,审定各单项协会的活动计划,定期检查其工作情况 协助国家教委及各单项协会举办各类全国性大学生体育比赛和其他体育活动;促进与世界各国学校体育组织的交流;参加国际大学生的各种体育比赛和体育交流活动。其业务范围是,积极宣传、贯彻党的教育方针和国家关于体育工作的方针、政策;动员社会各界力量,大力支持和关心我国高等学校体育工作;在教育部领导下举办、组织全国大学生运动会;举办全国性高等学校(大学生)体育比赛和其他体育活动;负责与世界大学生体育联合会、亚洲大学生体育联合会和各国高等学校体育组织及其他国际大学生体育组织的对外联络工作;组织参加世界、亚洲大学生运动会及国际大学生的单项体育比赛、活动。

中国中学生体育协会 成立于1973年,当年即加入了世界中学生体育联合会。从此,中国成为了世界中学生体育联合会的会员国家。中国中学生体育协会成立之初归由当时的国家体委管理,1989年转由当时的国家教委管理。经国家民政部审核批准,属于全国性社会团体组织,是具有法人资格的国家级学生体育协会(属行业性)组织,在国内是中华全国体育总会的团体会员,在国际上是世界中学生体育联合会及亚洲中学生体育联合会的会员国家。中国中学生体育协会在对外联络工作中代表国家,行使政府职能,从事中国中学生体育事业的管理工作。其宗旨是,遵守中华人民共和国宪法、法律、法规和政策,遵守社会道德风尚。团结全体会员(单位)贯彻党的教育方针、体育方针,推动学校体育工作,促进我国中等学校体育运动发展,提高我国中学生的体育运动和身心健康水平,努力为国家培养德、智、体、美等全面发展的优秀体育后备人才。业务范围是,(1)积极宣传、贯彻国家教育方针和体育工作方针、政策。(2)动员和争取社会各界力量,大力支持和关心我国中等学校体育工作。(3)在教育部领导下,举办、组织全国中学生运动会;举办全国性中等学校(中学生)体育比赛和其他体育活动。(4)负责与世界中学生体育联合会、亚洲中学生体育联合会和各国中等学校体育组织及其他国际中学生体育组织的对外联络工作;组织参加世界、亚洲中学生运动会及国际中学生的单项体育比赛活动。(5)从事与全国中等学校(中学生)体育有关的市场开发,组织商业性全国中学生体育比赛,经营体育器材、服装(装备)等活动(业务)。(6)按照事业单位(社团组织)性质,实行对财务的流通和管理。(7)按照事业单位(社团组织)性质,实行人员的招聘、聘用等人事管理工作。(8)从事与全国中等学校(中学生)体育活动及比赛有关的其他业务工作。

中国残疾人体育协会 成立于1983年10月。中国残疾人体育协会是代表肢残者、脑瘫者、脊髓损伤者和盲人的体育组织。其宗旨是,举办残疾人全运会、全国单项锦标赛、邀请赛等竞赛活动;组织参加或承办残疾人奥运会、远东及南太平洋地区残疾人运动会;有计划地部署和发展残疾人体育活动基地;组织培训残疾人运动员和从事残疾人体育的业务人员;对全国各类或单项残疾人群众组织及各级体育协会实施业务指导。其业务范围是,认真贯彻《中华人民共和国残疾人保障法》、《中华人民共和国体育法》和国家体育工作的方针、政策,动员、组织和指导肢体残疾人、视力残疾人开展体育活动;协助有关部门开展特教学校(班)校园体育,福利单位及社区肢体残疾人、视力残疾人健身活动;组织、管理、培训肢体残疾人、视力残疾人运动员和残奥工作人员,有计划地部署和发展残奥训练基地,举办全国综合性和单项残疾人体育赛事;组织参加举办国际残奥比赛,开展国际交流;协同有关部门组织开展残奥科学研究,提供残奥专项用品、用具标准,组织开发、研制残奥器材;对会员单位进行业务指导;总结交流经验,表彰先进。

中国企业体育协会 简称"中企体协"。中国企业体育协会是具有独立法人资格的非营利性全国群众性体育社会团体,是中华全国体育总会的团体会员。中国企业体育协会由全国范围内积极开展体育运动的中、外企业(包括中、外合资企业和港、澳、台资企业)和相关体育组织组成,是自愿结成的全国企业体育组织。其宗旨是,依据《体育法》,组织开展全民健身活动,团结全国各企业力量,增进企业间的体育文化交流与合作,共同发展体育运动,遵守宪法、法律、法规和国家政策,遵守社会道德风尚,积极打造和弘扬企业文化,丰富和活跃企业职工的体育文化生活,促进企业全民健身运动的开展,培养团队协作精神,提高企业员工综合素质,促进科学发展,为构建社会主义和谐社会服务。其业务范围是,(1)贯彻国家的体育工作方针、政策,落实体育事业的科学发展观;指导和帮助企业科学开展全民健身活动,提高企业体育运动技术水平,提高企业职工身体素质。(2)研究制定企业体育的发展规划和计划。(3)宣传企业体育文化品牌和体育形象,传播体育常识,教授体育技能,提高企业体育科学管理水平。(4)创建有影响的企业品牌赛事,扩大企业在社会中的影响。通过体育竞赛和有关活动,为中、外企业会员单位间的交流和合作搭建平台,联络、安排对等互惠的体育交往。运用体育的媒介作用,举办体育竞赛与活动,为企业的生产经营服务。(5)组织、协调全国性的企业各类、各级体育竞赛活动;拟订有关裁判员、教练员、运动员管理制度、竞赛制度,报请国家体育行政主管部门批准后施行。(6)组织教练员、裁判员、运动员的培训工作;接受主管部门委托,按照国家体育总局运动员、教练员、裁判员技术等级制度进行管理,负责运动员资格的审查。(7)组织参加或承办与企业体育相关的国际比赛和活动,开展国际交往和交流,促进协会发展。(8)进行企业体育运动和文化的科学研究工作。不定期发行内部刊物,用以刊登研究成果及会员动态。建立专业的网站,为宣传企业体育和文化交流搭建平台。(9)按照国家体育总局的有关规定,负责组织或委托会员单位承办全国性各类企业体育比赛和活动。(10)结合企业体育活动进行市场开发,充分发挥社会力量发展企业体育。(11)广泛联系和团结社会各界人士,充分发挥协会的桥梁纽带作用。

中国老年人体育协会 成立于1983年。中国老年人体育协会是由中央有关单位、各省(自治区、直辖市)、计划单列市的老年人体育协会和有关组织自愿组成的全国性、群众性体育团体,是为广大老年人进行体育活动服务的非营利性社会组织,是中华全国体育总会的团体成员,代表中国参加相应的国际老年人体育组织。其宗旨是,遵守中华人民共和国宪法、法律、法规、国家政策方针和社会道德风尚，团结联系全国老年体育工作者和老年体育爱好者，在各有关部门及社会各界的支持下，推进老年体育事业发展，为社会主义物质文明和精神文明建设服务。其业务范围是，在国家老龄办、国家体育总局的领导下，宣传贯彻国家有关老年体育的方针政策，指导全国老年体育工作的开展；举办全国老年人体育健身综合运动会及各项全国性老年人体育展示比赛，积极组织发动老年人参加全民健身活动；举办各项健身活动推广培训班，不断扩大老年体育骨干队伍，为老年人开展体育健身活动提供更多的选择；组织开展对老年人体育的科学研究；总结交流经验，经政府有关部门批准，评比表彰先进；参与和组织国际间老年人体育交流。

中国社会体育指导员协会 成立于2010年7月。中国社会体育指导员协会是由社会体育指导员及其相关的单位自愿组成的以促进全民健身为目的的全国性、非营利性社会组织。其宗旨是，贯彻执行国家体育工作方针、政策，团结全国社会体育指导员，调动一切积极因素，推动中国社会体育和全民健身活动科学、健康地开展；加强与国外相关组织的交流，增进友谊；规范社会体育指导员道德行为，提高社会体育指导员的业务水平，充分发挥健身指导作用；保障社会体育指导员的权益，为社会主义精神文明建设服务，为推进社会主义和谐社会做出贡献。其业务范围是，(1)积极宣传和开展社会体育和全民健身活动，努力推进《全民健身计划纲要》《社会体育指导员技术等级制度》等的实施。(2)受政府主管部门委托开展以下工作：对我国社会体育指导员工作进行业务指导；开展国家级社会体育指导员等级评定，规范社会体育指导员秩序；研究我国社会体育指导员工作的发展和有关方针政策；奖励在全民健身指导中成绩显著的会员。(3)开展符合本会宗旨的社会体育和全民健身活动，组织、辅导群众性科学健身活动。

(4)依照有关规定,编辑、出版、发行社会体育指导员书刊,宣传社会体育指导员工作。(5)开展社会体育指导员的理论与实践研究。(6)开展国际交流活动。(7)遵循市场经济的规律,促进社会体育指导员工作的长效化、市场化发展。(8)其他有利于社会体育指导员工作开展的业务。

中国农民体育协会 成立于1986年9月。中国农民体育协会是组织指导全国农民体育运动的群众性团体,是中华全国体育总会的团体会员,在农业部、国家体育总局领导和指导下进行工作。其宗旨是,贯彻执行国家的体育法律法规,宣传党和政府有关体育工作的方针、政策,广泛团结农民体育积极分子和农村体育工作者,推动农民体育运动的发展,为促进广大农村的社会主义物质文明和精神文明建设服务。其业务范围是,(1)贯彻执行中央和有关领导部门关于农业、农村工作和群众体育,特别是农民体育工作的方针、政策,组织、发动和指导广大农民开展群众性体育活动,以增强广大农民体质,为提高全民族的素质服务。(2)组织举办全国性农民体育竞赛,不断提高运动技术水平。根据条件,组织农民代表队参加全国比赛。(3)组织开展农民体育活动的经验交流和表彰先进活动。(4)培养农民体育骨干,为国家培养和输送农民优秀体育人才。(5)动员和依靠社会力量,推动农村体育的组织建设和设施建设,促进体育社会化。(6)会同有关部门发掘、整理、研究和逐步推广适于在农村开展的体育项目,提出可列为全国正式比赛项目的建议。(7)组织对外农民体育交流,举办国际农民体育竞赛。

中国煤矿体育协会 是由全国煤炭企业、事业单位按自愿原则建立起来的,经国家批准成立具有法人地位的非营利性的全国专业性社会团体。中国煤矿体育协会接受业务主管单位国家体育总局和社团登记管理机关民政部的监督管理。其宗旨是,广泛组织煤矿职工经常参加体育锻炼,增强职工体质,活跃职工生活,大力开展职工群众喜闻乐见的、丰富多彩的体育活动,提高健康水平和运动水平。其业务范围是,贯彻《体育法》,落实《体育法》中有关行业部门的职责,贯彻执行党和国家有关体育工作的方针政策;贯彻《全民健身计划纲要》,增强企业凝聚力,活跃矿区生活;开展群众体育活动,充分发挥各级体协组织的作用,组织全行业的体育比赛活动,贯彻普及与提高协调发展的方针,使煤矿体育向社会化、群众化、产业化方向发展;组织煤炭行业优势项目参加全国性体育比赛,扩大煤矿影响;组织煤矿职工体育的对内对外合作交流工作;深化体育改革,拓宽体育产业化路子,试办体育产业和体育俱乐部;承办政府部门和业务主管部门委托交办的其他事项及依照法律和法规办理的事项。

国家体育总局体育科学研究所 成立于1958年。其前身是北京体育科学研究所。国家体育总局体育科学研究所是国家体育总局直属的科研单位,是中国第一个多学科综合性的体育科研机构。它的任务是促进体育科学事业的繁荣昌盛,为增强人民体质,攀登世界运动技术高峰服务。主要任务是,开展体育科学研究,促进体育事业发展。具体是,开展人体体质学研究,运动训练学研究,运动生理学研究,运动生物化学研究,运动生物力学研究,运动心理学研究,体育测量学研究,体育仪器器材设计与制造研究,计算机应用技术研究,体育经济学研究,体育法学研究,体育装备研究以及编辑出版相关资料,开展相关学历教育与专业培训。

国家体育总局武术研究院 成立于1986年3月。其前身是国家体委武术研究院,是国务院批准设立的第一个,也是迄今唯一一个国家体育总局下属的单一项目的司局级科研机构。主要任务是组织开展武术研究、普及武术科学、推广武术科学健身方法等工作。

国家体育总局体育社会科学重点研究基地 2006年国家体育总局根据《关于进一步繁荣发展体育社会科学的意见》，首批建立了包括上海体育学院在内的25个重点研究基地（以下简称"基地"），专门为从事体育社会科学研究的机构。国家体育总局政策法规司具体负责基地的管理工作。基地建设坚持为国家体育事业发展服务，为体育决策服务，为繁荣发展体育社会科学服务，有利于多出人才、出好成果的工作方针。国家体育总局对基地实行动态管理，定期评估，适时淘汰不合格的基地，建立符合条件的新基地。基地的建设和管理实行国家体育总局和基地挂靠单位共建、以挂靠单位自建为主的体制。国家体育总局负责对基地工作的宏观指导，组织制定基地建设标准和发展目标；确立和发布研究课题，进行重大项目委托研究；协调基地力量，组织重大研究活动；制定管理办法，组织评估考核工作。基地挂靠单位按照基地建设目标和有关规定，在机构设置、科研经费、人才引进、办公用房、科研设备等方面给予政策和经费支持。同时，基地挂靠单位积极争取当地体育、教育行政部门以及地方社科规划办等单位的支持，大力促进基地建设。基地在体育社会科学的研究、队伍建设、学术活动和咨询服务等方面形成各自的特色和优势，以提高科研水平。

全民健身专家委员会 成立于2010年6月。全民健身专家委员会由高校体育院系、全民健身组织活动、全民健身场地设施等方面的学者、专家组成。旨在更好地发挥理论研究对全民健身工作的科学指导，搭建全民健身的智力平台，为体育行政部门群众体育工作提供科学决策和技术支持，并为重大群众体育活动提供科学建议意见和出谋划策。

中国科学技术协会 简称中国科协。中国科学技术协会是中国科学技术工作者的群众组织,由全国学会、协会、研究会和地方科协组成,组织系统横向跨越绝大部分自然科学学科和大部分产业部门,是一个具有较大覆盖面的网络型组织体系。1958年9月,经党中央批准,全国科联和全国科普协会合并成立中国科学技术协会。其宗旨是,坚持以马克思列宁主义、毛泽东思想、邓小平理论和"三个代表"重要思想为指导,深入贯彻落实科学发展观,团结和动员科学技术工作者以经济建设为中心,坚持科学技术是第一生产力和人才资源是第一资源的思想,推动实施科教兴国战略、人才强国战略和可持续发展战略,建设创新型国家。促进科学技术的繁荣和发展,促进科学技术的普及和推广,促进科学技术人才的成长和提高,促进科学技术与经济的结合。反映科学技术工作者的意见,维护科学技术工作者的合法权益。为经济社会发展服务,为提高全民科学素质服务,为科学技术工作者服务,推动社会主义经济建设、政治建设、文化建设、社会建设以及生态文明建设,构建社会主义和谐社会,为实现中华民族伟大复兴而努力奋斗。工作任务是,(1)开展学术交流,活跃学术思想,促进学科发展,推动自主创新。(2)组织科学技术工作者为建立以企业为主体的技术创新体系、全面提升企业的自主创新能力做贡献。(3)依照《中华人民共和国科学技术普及法》,弘扬科学精神,普及科学知识,传播科学思想和科学方法。捍卫科学尊严,推广先进技术,开展青少年科学技术教育活动,提高全民科学素质。(4)反映科学技术工作者的建议、意见和诉求,维护科学技术工作者的合法权益。(5)推动建立和完善科学研究诚信监督机制,促进科学道德建设和学风建设。(6)组织科学技术工作者参与国家科学技术政策、法规制定和国家事务的政治协商、科学决策、民主监督工作。(7)表彰奖励优秀科学技术工作者,举荐科学技术人才。(8)开展科学论证、咨询服务,提出政策建议,促进科学技术成果的转化;接受委托承担项目评估、成果鉴定,参与技术标准制定、专业技术资格评审和认证等任务。(9)开展民间国际科学技术交流活动,促进国际科学技术合作,发展同国外的科学技术团体和科学技术工作者的友好交往。(10)开展继续教育和培训工作。(11)兴办符合中国科学技术协会宗旨的社会公益性事业。科学普及工作由中国科协科普部具体承担。

中国科普研究所 成立于1980年。它是直属于中国科学技术协会的中央级公益性科研院所,是中国唯一的国家级从事科技传播和科普理论研究的机构,是中国科普作家协会的挂靠单位。主要研究任务是,开展科技传播对象、内容、渠道及机制等理论研究;进行公众科学素养的调查、监测和分析及科普效果评估;开展青少年创造能力培养的调查及理论研究,开展科技科普教育的理论研究,国外科技传播研究,国内外科普作品和作家研究等。

全国总工会 全称是中华全国总工会,简称全总。全国总工会是中国共产党领导的中国工人阶级的群众组织。它是中国共产党联系群众的桥梁和纽带,是中华人民共和国的重要社会支柱之一。其组织职能是,维护职工群众的合法利益和民主权利;吸引职工参加改革,努力完成经济与社会发展任务;代表职工参与国家和社会事务的管理,参与企业、事业单位的民主管理;引导和教育职工提高自己的思想道德和文化技术素质。

中国企业文化交流协会 在文化部与中宣部的支持下,1997年10月经国家民政部批准注册成立。其宗旨是,以马列主义、毛泽东思想、邓小平理论和"三个代表"重要思想为指导,团结企业界、理论界和其他有志于企业文化建设的人士,共同促进我国企业文化建设的开展,提高企业的整体素质,增强企业的凝聚力和竞争力,从而提高企业的经济效益、社会效益,促进物质文明和精神文明建设的同步发展。其基本任务是,协助企业探索建设企业文化的有效途径,总结独具特色的企业文化建设经验,召开各类企业文化研讨会;编辑出版企业文化书刊、报纸;组织国际企业文化交流;举办企业文化培训;开展咨询服务,组织企业文化信息交流以及其他有助于推动企业文化建设和为会员服务的各种活动。

中国企业文化研究会 成立于1988年。是经国家民政部正式批准注册登记的第一家全国性具有法人资格的企业文化学术团体。其宗旨是,以马列主义、毛泽东思想、邓小平理论和"三个代表"重要思想为指导,团结企业界、理论界和其他有志于企业文化建设的人士,共同促进我国企业文化建设的开展,提高企业的整体素质,增强企业的凝聚力和竞争力,从而提高企业的经济效益、社会效益,促进物质文明和精神文明建设的同步发展。其基本任务是,组织国际企业文化学术交流活动;承接政府和企业委托的企业文化研究课题;协助企业总结研究企业文化经验;宣传企业文化建设的成就和经验;为企业提供各种咨询服务;举办有关企业文化的征文、展赛活动;组织和协助企业举办企业文化培训;编辑出版企业文化书籍、报刊,摄制企业文化影视;组织企业家进行各种联谊活动和国外考察。

南开大学商学院企业文化研究中心 成立于2002年。南开大学商学院企业文化研究中心是教育部"985工程"哲学社会科学创新基地的重要组成部分。其主要任务是,本着"洋为中用、古为今用"的方针,从优秀的中国传统文化中借力,借鉴国外企业优秀文化管理之道,结合企业管理对中国传统文化的精髓进行挖掘,通过总结凝练企业实践经验,致力于探讨"精神管理"与"道本管理"学说,以解决企业文化缺乏雄厚理论基础的问题。

共青团中央 全称是中国共产主义青年团中央委员会,简称团中央。是中国共产党领导的先进青年的群众组织,是广大青年在实践中学习中国特色社会主义和共产主义的学校,是中国共产党联系青年群众的桥梁和纽带,是中华人民共和国的重要社会支柱之一,也是中国共产党的得力助手和后备军。其基本任务是,高举中国特色社会主义伟大旗帜,坚定不移地贯彻党在社会主义初级阶段的基本路线,以经济建设为中心,坚持四项基本原则,坚持改革开放,用社会主义核心价值体系教育青年,在建设中国特色社会主义的伟大实践中,造就有理想、有道德、有文化、有纪律的接班人,不断巩固和扩大党执政的青年群众基础,努力为党输送新鲜血液,为国家培养青年建设人才,团结带领广大青年,自力更生,艰苦创业,积极推动社会主义经济建设、政治建设、文化建设、社会建设,为全面建设小康社会、加快推进社会主义现代化贡献智慧和力量。

中国青少年宫协会 成立于1988年。中国青少年宫协会是由全国各地青年宫、少年宫、青少年宫、青少年活动中心、青少年校外活动中心、儿童活动中心、妇女儿童活动中心、青少年科技馆(站)等青少年活动场所组成的非营利性团体。其宗旨是,促进中国青少年社会教育事业,服务青少年健康成长,推动青少年宫可持续发展。其基本任务是,团结和带领各地青少年宫,努力承担中国青少年社会教育的历史使命,推动中国青少年社会教育的理论研究、社会实践、组织建设、人才培养、公益活动和国际交流;针对青少年身心成长的特点,开展富有特色和实效的教育活动,对广大青少年进行爱国主义、集体主义、社会主义教育,努力培养德、智、体、美全面发展的"四有"新人;代表青少年宫的利益,维护青少年宫的合法权益;争取政策支持,整合社会资源,为青少年宫的建设与发展、为青少年社会教育的稳步推进创造良好的外部环境;向政府提出有关本行业发展的意见和建议,促进和制定行规行约及本行业有关的国家标准、行业标准并推动其贯彻执行,实施行业自律;指导省级青少年宫协会和各地青少年宫工作,组织工作交流和理论研究,提供战略咨询和信息服务;协调和服务各地青少年宫,发挥系统整体优势,促进青少年宫社会效益、人才效益和经济效益的协调发展;培训青少年宫工作人员,加强队伍建设,表彰先进;开展国际交流与合作;承担政府交予本协会办理的有关事项。

中国青少年文化研究发展协会
简称青少年文协。成立于2010年8月。中国青少年文化研究发展协会是由中国青少年作家、编辑、记者、艺术家、学者、医学家等一大批国学领域的爱好者自愿发起成立的非营利性群众自治组织。其宗旨是,增强民族文化建设,加强民族精神凝聚;培养青少年爱国情操,弘扬中华传统文化。其主要任务是,不定期组织青少年文化学习、创作、交流、研讨,提高青少年各方面领域的素质,弘扬中华传统文化;鼓励和帮助青少年深入生活,扩大视野,到社会实践中汲取营养;不定期举行协会各项活动,开展全国性的文化大赛(包括文学、音乐、绘画、历史、天文、地理、医学、书法、棋艺等各方面国学领域科目)。

中国青少年研究中心 成立于1991年7月。中国青少年研究中心是共青团中央直属的国有事业单位,是中国国家级专门从事青少年研究及相关领域开发的科研和信息服务机构。其主要职能是,为国家及有关部门制定青少年政策、法律、法规和发展战略,为青少年工作机构决策和青少年事业的发展,提供理论依据和信息服务;开展青少年问题的课题调研,编著、出版青少年研究类图书、刊物;与国内外相关领域的专家、学者和机构进行交流与合作;对青少年工作者及青少年进行培训等。

中国青少年研究会 简称中国青研会。成立于1999年3月。中国青少年研究会是由团中央主管、经国家民政部批准注册的专门从事青少年问题研究的全国性学术团体,是由从事青少年研究和青年运动历史研究的科研人员以及社会各界热心青少年问题研究的专家、学者及有关人士自愿联合组成的社团(非营利)组织。其宗旨是,对中国改革开放和社会主义现代化进程中各族各界青少年发展、青少年问题和青少年工作,以及青年运动历史和少年儿童教育与工作的历史开展研究,交流上述各方面的研究成果,更好地为建设有中国特色社会主义服务,为团结和教育青少年事业服务,为青少年的健康成长服务。其工作范围是,联系、团结、凝聚全国青少年研究各学科领域的专家学者和广大实际工作者,制定研究规划,指导、协调和推动全国的青少年研究和青运史研究,举办各种形式的学术活动、业务培训活动和科研成果的评估活动;组织青少年问题的调查研究,承接国家有关青少年问题的科研任务,为团中央及党政有关部门制定青少年政策及工作决策提供信息和咨询服务,促进研究成果的应用;组织对有关历史资料的征集、整理和专题研究,开拓在史学领域中的青少年研究阵地,发展和完善青少年学科群;开展国际间的学术交流与合作,参加和举办国际学术活动。

全国妇联 全称是中华全国妇女联合会,简称全国妇联。全国妇联是中国共产党领导的为争取妇女解放而联合起来的中国各族各界妇女的群众组织。它具有广泛的群众性和社会性,是中国共产党和人民政府联系妇女群众的桥梁和纽带,是中华人民共和国的重要社会支柱之一。基本任务是,团结、动员妇女投身改革,参与经济建设,促进社会发展;教育、引导广大妇女,增强自尊、自信、自立、自强精神,全面提高素质,促进妇女人才成长;代表妇女参加社会协商对话,参与民主管理、民主监督,参与有关妇女儿童法律、法规、条例的制定,维护妇女儿童合法权益;为妇女儿童服务。加强与社会各界的联系,推动社会各界为妇女儿童办实事、办好事;巩固和扩大各族各界妇女的大团结,促进四个现代化建设和祖国统一大业;积极发展同世界各国妇女的友好交往,增进了解和友谊,维护世界和平。

中国家庭文化研究会 成立于1993年9月,中国家庭文化研究会是由有志于弘扬中华民族优秀文化传统,倡导科学、文明、健康的生活方式,推动家庭文化建设的理论工作者和实际工作者组成的全国性研究团体。隶属于中华全国妇女联合会。其宗旨是,弘扬中华民族优秀文化传统,倡导科学、文明、健康的生活方式;致力于开拓符合中国传统文化又适应现代科学生活方式的研究工作和各种活动;积极参加与促进该领域学者、社会工作者之间的国内外合作与交流。其主要任务是,组织有关家庭文化的理论研究、专题调查,并及时将成果推向社会;从事与宗旨有关的国际国内学术交流、文化往来及其他活动;组织家庭美德与家庭科学知识讲座、培训及研讨;向社会提供有关家庭文化建设问题的信息、咨询和各种服务;编辑出版与宗旨有关的著作和资料。

中国文联 全称是中国文学艺术界联合会。成立于1949年7月。中国文联是中国共产党领导的由全国性的文艺家协会、省、自治区、直辖市文学艺术界联合会和全国性的产(行)业文学艺术联合会组成的人民团体,是党和政府联系文艺界的桥梁和纽带,是繁荣发展社会主义文艺事业、建设社会主义先进文化的重要力量。其宗旨是,高举中国特色社会主义伟大旗帜,以马克思列宁主义、毛泽东思想、邓小平理论和"三个代表"重要思想为指导,深入贯彻落实科学发展观,坚持党的基本路线、基本纲领、基本经验,坚持社会主义先进文化前进方向,坚持文艺为人民服务、为社会主义服务的方向和百花齐放、百家争鸣的方针,遵守宪法和法律。团结、动员文艺家和文艺工作者积极投身改革开放和社会主义现代化建设,弘扬社会主义核心价值体系,致力于繁荣我国社会主义文学艺术事业,发展面向现代化、面向世界、面向未来的,民族的科学的大众的社会主义文化,深化文化体制改革,推动社会主义文化大发展大繁荣,坚持中国特色社会主义文化发展道路,努力建设社会主义文化强国,为全面建设小康社会、构建社会主义和谐社会、实现中华民族的伟大复兴而努力奋斗。其主要任务是,(1)中国文学艺术界联合会对各团体会员开展联络、协调、服务工作。通过组织学习、深入生活、文艺创作、文艺评奖、成果展示、惠民服务、理论研究、学术讨论、调查研究、人才培训、对外交流和权益保护等项工作,充分发挥对文艺工作者的组织、引导、服务、维权作用。对团体会员进行业务指导。(2)中国文学艺术界联合会积极加强文艺界与社会各界的联系,与政府有关部门密切合作,繁荣发展我国文化艺术事业。(3)中国文学艺术界联合会引导文艺工作者树立和践行社会主义荣辱观,培育良好的职业精神、职业道德,表彰奖励优秀文艺工作者和文艺作品,发现、培养和扶持文艺人才。(4)中国文学艺术界联合会积极反映团体会员和文艺家的意见、建议和要求,依法维护他们的合法权益。(5)中国文学艺术界联合会依法开展文艺领域的行业教育、行业自律、行业服务和行业管理。(6)中国文学艺术界联合会积极开展民间国际文化交流活动,扩大友好往来,推动中华文化走向世界,维护国家利益和文化安全,努力对人类文明的进步做出贡献。(7)中国文学艺术界联合会根据国家法律和有关政策,支持发展文化产业。

中国作协 全称是中国作家协会。前身为中华全国文学工作者协会,成立于1947年7月。其宗旨是,中国作家协会以马克思列宁主义、毛泽东思想、邓小平理论和

"三个代表"重要思想为指导,全面落实科学发展观,贯彻执行党的基本路线和方针政策,坚持文艺为人民服务、为社会主义服务的方向,实行百花齐放、百家争鸣的方针,弘扬主旋律,提倡多样化,尊重文学规律,发扬艺术民主,团结和组织全国各民族作家,发展和繁荣社会主义文学事业,满足人民群众日益增长的精神文化需求,提高全民族的思想道德素质和科学文化素质,为推动社会主义经济建设、政治建设、文化建设和社会建设,把我国建设成为富强、民主、文明、和谐的社会主义现代化国家而努力奋斗。其主要任务是,(1)组织作家学习马克思列宁主义、毛泽东思想、邓小平理论和"三个代表"重要思想,树立科学发展观,学习党的方针政策,坚持社会主义核心价值体系,不断提高文学队伍的思想道德修养、科学文化素养、文学艺术学养。(2)坚持文学创作的正确方向,树立精品意识,实施精品战略;提倡题材、体裁、形式的多样化,推动多种艺术风格、流派的充分发展;继承和发扬中华民族优秀文学传统和革命文学传统,学习和借鉴世界各国优秀文化成果,鼓励探索和创新,不断提高作品的思想水平和艺术水平,多出优秀作品,把最好的精神食粮贡献给人民。(3)加强文学理论建设和文学评论工作。提倡和鼓励不同学术观点和学派的自由讨论;开展健康、科学的文学评论,树立和发扬与人为善、实事求是的文学批评风气,切实加强对创作思想的引导。(4)坚持贴近实际、贴近生活、贴近群众的原则,鼓励和帮助作家从现实生活中汲取营养,丰富自己,努力反映以爱国主义为核心的民族精神和以改革创新为核心的时代精神,反映人民群众建设新生活的伟大实践,为建设和谐文化、巩固社会和谐的思想道德基础做出贡献。(5)发现和培养文学创作、评论、编辑、翻译的新生力量,关心青年文学人才的成长,发展和壮大社会主义文学队伍。(6)大力培养少数民族作家。尊重少数民族文学的传统和特色;尊重少数民族作家使用本民族语言文字进行创作。加强各民族之间的文学交流，促进各少数民族文学的繁荣与发展。（7）努力办好本会所属的报纸、杂志、出版社和网站。坚持正确导向，不断提高质量，努力实现思想性和艺术性的统一，社会效益与经济效益的统一。（8）高举爱国主义的旗帜，巩固和扩大全国各民族作家的大团结，增进同香港特别行政区、澳门特别行政区和台湾地区作家以及海外同胞中作家的联系、交流和友谊，加强民族团结，维护祖国统一。（9）推进中外文学交流，参加国际文学活动，增进同世界各国作家的友谊，维护世界和平，促进社会进步。（10）依据宪法和法律的规定，加强协会管理，倡导会员自律，反映会员的意见和要求，维护会员的民主权利和其他合法权益，保障会员从事正当的文学活动的自由。（11）组织全国性文学评奖活动，对优秀的创作成果和文学人才，给予表彰和奖励。（12）加强与社会各界的联系，并与政府有关部门密切合作，为会员从事创作、评论和其他文学活动创造良好的环境和氛围，提供必要的条件和服务；举办作家的福利事业，积极帮助会员解决生活、工作、学习等方面的困难。（13）广泛联系志在繁荣社会主义文学的文学社团，做好业务由本会主管的全国性文学社团的管理工作。

中国戏剧家协会 简称中国剧协。成立于1949年7月。原名中华全国戏剧工作者协会。中国戏剧家协会是中国共产党领导的、全国各民族戏剧家组成的人民团体，是党和政府联系戏剧界的桥梁和纽带，是繁荣社会主义文艺、发展社会主义先进文化的重要力量。中国戏剧家协会是中国文学艺术界联合会的团体会员。其宗旨是，以马克思列宁主义、毛泽东思想、邓小平理论和"三个代表"重要思想为指导，全面落实科学发展观，坚持文艺为人民服务、为社会主义服务的方向和百花齐放、百家争鸣的方针，弘扬主旋律，提倡多样化，高举旗帜、围绕中心、服务人民、改革创新,尊重艺术规律,发扬艺术民主,团结和组织全国各民族戏剧家和戏剧工作者,发展和繁荣社会主义戏剧事业,为构建社会主义和谐社会、推动中华民族的伟大复兴而努力奋斗。其基本任务是,(1)按照德艺双馨的要求,努力提高戏剧队伍的思想道德素质、文化修养与业务水平,不断加强行业服务、行业管理、行业自律。(2)鼓励并采取有效方式组织会员深入生活,深入群众,努力学习,钻研业务,加强实践,勇于创新;提倡题材、体裁、形式、风格、流派的多样化,繁荣戏剧创作。积极开展创作经验交流和艺术观摩活动,不断提高戏剧作品的思想和艺术水平。(3)推动戏剧理论研究,提倡健康的戏剧评论,鼓励用理论成果指导戏剧创作,促进戏剧的创新与发展。对戏剧艺术各门类的优秀成果,采取各种形式,包括举办全国性的评奖,予以表彰和奖励。(4)尊重各民族戏剧、各地方剧种的艺术传统和特点,大力培养少数民族戏剧家,加强各民族戏剧之间的艺术交流,积极促进各民族戏剧艺术的发展。(5)努力促进戏剧工作者在社会主义、爱国主义、集体主义思想基础上的大团结。努力在戏剧界形成尊重劳动、尊重知识、尊重人才、尊重创造的风气,积极发现和培养新生力量,重视群众戏剧活动。加强同香港特别行政区、澳门特别行政区、台湾地区以及海外侨胞中的戏剧组织和戏剧家的联系。(6)积极开展对外戏剧文化交流,扩大同国际和各国戏剧组织的联系,增进同全世界戏剧家的团结和友谊。(7)维护我国宪法所赋予会员的政治权利和经济权益,保障会员从事创作、演出、评论、研究、国际戏剧交流活动的正当民主权利。(8)适应社会主义市场经济发展的要求,根据社会主义精神文明建设和社会主义文艺的特点和规律,改革和完善工作方式。加强与政府有关部门及社会各界的合作,依据国家政策发展文化产业。"中国剧协"举办的主要活动有:中国戏剧节、中国戏剧梅花奖大赛、中国校园戏剧节、BESETO（中韩日）戏剧节、全国戏剧小戏小品大赛、中国少儿戏曲小梅花荟萃等；设有全国性奖项中国戏剧奖，含梅花表演奖、曹禺剧本奖、优秀剧目奖、小戏小品奖、校园戏剧奖、理论评论奖6个子项，两年一评；2009年增设终身成就奖。2005年6月30日成立了"梅花奖艺术团"。"中国剧协"1981年加入"国际剧协"，成立了"国际剧协"中国中心。1999年"国际剧协"亚太中心在韩国首尔成立，"中国剧协"成为会员国之一。1994年，"中国剧协"与韩、日有关机构共同创建了BESETO（中韩日）戏剧节。2008年9月，中国在西班牙举办的"国际剧协"第32届世界代表大会上当选为"国际剧协"常委会成员国。

中国电影家协会 简称中国影协。成立于1949年7月。原名为中华全国电影艺术工作者协会，1957年改称中国电影工作者联谊会，1960年又改称中国电影工作者协会，1979年改称为中国电影家协会。中国电影家协会是中国共产党领导的、全国各民族电影家组成的人民团体，是中国文学艺术界联合会团体会员，是党和政府联系电影界的桥梁和纽带，是繁荣发展中国电影、建设社会主义先进文化的重要力量。其宗旨是，高举中国特色社会主义伟大旗帜，以马列主义、毛泽东思想、邓小平理论、"三个代表"重要思想和科学发展观为指导，坚持党的基本路线，坚持文艺为人民服务、为社会主义服务的方向，贯彻百花齐放、百家争鸣的方针，广泛团结电影家和电影工作者，积极投身改革开放和社会主义现代化建设，弘扬、培育民族精神、时代精神和社会主义核心价值观，为繁荣中国电影，为全面建成小康社会、构建社会主义和谐社会，实现中华民族的伟大复兴而努力奋斗。其基本任务是，（1）中国电影家协会对会员积极履行联络、协调、服务的基本职能，通过组织学习、深入生活、采风创作、评奖办节、成果展示，开展理论研究、学术评论、人才培训、文艺志愿服务、对外交流和权益保护等项工作,充分发挥组织、引导、服务和维权作用。对会员进行业务指导。(2)中国电影家协会引导电影工作者大力培育和弘扬"爱国、为民、崇德、尚艺"的文艺界核心价值观,践行中国文艺工作者职业道德公约,培育良好的职业精神、职业道德,表彰奖励优秀的电影工作者和电影作品,发现、培养和扶持电影人才。(3)中国电影家协会致力于电影理论研究和学术评论,做好电影文化宣传出版工作,扶植、推荐电影新人新作,鼓励会员艺术创新和业务创新,表彰奖励电影创作生产、发行放映、理论创新的优秀成果。(4)中国电影家协会举办"中国电影金鸡奖"、"《大众电影》百花奖",举办"中国金鸡百花电影节",通过权威性、群众性的专业评奖、节庆活动,推进中国电影文化建设。(5)中国电影家协会积极促进电影信息化建设,促进电影创作、生产、发行、放映和专业人才交流,促进电影产业发展。(6)中国电影家协会在上级主管部门领导下,开展电影领域的行业教育、行业自律、行业服务和行业管理,反映会员和电影艺术家、电影工作者的意见、建议和要求,依法维护他们的合法权益。(7)中国电影家协会积极开展与各地电影(影视)家协会、各类电影机构的联络与合作,积极开展与香港特别行政区、澳门特别行政区和台湾地区以及海外华人电影界的往来与交流,为弘扬中华民族优秀文化和祖国统一大业贡献力量。(8)中国电影家协会根据国家法律和有关政策,积极发展文化产业,努力增强本会的发展能力,提升本会的工作实力,更有力地履行本会的职能。(9)中国电影家协会致力于中外电影文化交流,加强与世界各国电影机构和电影家的联系与合作,促进中外电影家的友谊,推动中国电影走向世界,维护国家利益和文化安全,努力为维护世界和平和人类文明进步贡献力量。中国电影家协会举办的主要活动有:"中国电影金鸡奖"、"《大众电影》百花奖"

及"中国金鸡百花电影节";中国电影金鸡奖和《大众电影》百花奖两项电影评奖和国家广电总局主办的中国电影华表奖评奖,是中国影坛最广泛、最具权威性的三大综合性电影奖。

中国音乐家协会 简称中国音协。成立于1949年7月。中国音乐家协会是中国共产党领导的、全国各民族音乐家组成的专业性人民团体,是党和政府联系音乐界的桥梁和纽带,是繁荣社会主义文艺、发展先进文化的重要力量。是联合国教科文组织下属的国际音理会(IMC)的成员之一。其宗旨是,坚持"二为"方向、"双百"方针和"三贴近"原则,围绕中心、服务大局,履行"联络、协调、服务"的职能,促进社会主义精神文明的建设。其工作任务是,组织会员深入生活,繁荣音乐创作;组织不同门类、高水准的音乐演出活动,为优秀音乐表演人才提供展示的平台;组织中国音乐"金钟奖"等比赛和评奖活动,表彰和奖励成绩突出的音乐家;组织学术研讨活动,推动音乐理论研究和音乐评论工作;开展社会音乐活动,提高国民音乐素质;开展对外音乐交流,推动中国音乐走向世界。其主要任务:组织会员深入生活,繁荣音乐创作;组织不同门类、高水准的音乐演出活动,为优秀音乐表演人才提供展示的平台;组织中国音乐"金钟奖"等比赛和评奖活动,表彰和奖励成绩突出的音乐家;组织学术研讨活动,推动音乐理论研究和音乐评论工作;开展社会音乐活动,提高国民音乐素质;开展对外音乐交流,推动中国音乐走向世界。

中国美术家协会 简称中国美协。成立于1949年7月,由中共中央书记处领导,中共中央宣传部代管。中国美术家协会是中国共产党领导的由中国各民族美术家组成的人民团体,是党和政府联系美术界的桥梁和纽带,是中国文学艺术界联合会的团体会员,是繁荣社会主义美术事业、建设社会主义文化强国的重要力量。其宗旨是,以马克思列宁主义、毛泽东思想、邓小平理论和"三个代表"重要思想、科学发展观为指导,坚持走中国特色社会主义文化发展道路;坚持文艺为人民服务、为社会主义服务的方向和百花齐放、百家争鸣的方针;坚持贴近实际、贴近生活、贴近群众的原则;坚持以人民为中心的创作导向,弘扬主旋律,提倡多样化,建设社会主义核心价值体系;团结、组织全国各民族美术家和美术工作者,积极投身改革开放和社会主义现代化建设,推动社会主义美术事业大发展大繁荣,为建设社会主义文化强国,为全面建成小康社会,实现中华民族的伟大复兴而奋斗。其基本任务是,(1)本会对会员有联络、协调、服务的职责,发挥组织、引导、服务、维权的作用,通过开展组织学习、深入生活、美术创作、美术评奖、成果展示、理论研究、学术讨论、书刊出版、调查研究、惠民服务、人才培训、对外交流和权益保护等各项工作,对会员进行业务指导。(2)本会按照德艺双馨的要求,践行"爱国、为民、崇德、尚艺'的中国文艺界核心价值观,努力提高美术队伍的思想道德素质、文化修养和业务水平,不断加强行业服务、行业管理、行业自律。(3)鼓励、引导并组织会员深入社会、深入生活,在艺术创作中努力反映社会主义时代精神和人民群众创造历史的精神风貌,弘扬民族精神和时代精神,坚持面向基层、服务群众,广泛开展美术志愿服务活动,努力满足人民群众多层次、多样化、多方面的精神文化需求。(4)继承和弘扬中华民族的优秀美术传统,着眼于世界文化发展的前沿,学习、借鉴世界各国优秀文化成果。举办各种形式的美术展览和评审活动。提倡体裁、题材、艺术形式以及风格、流派的多样化。对优秀美术成果和在美术各方面工作中取得显著成绩的团体会员、个人会员和美术工作者,给予奖励和表彰。(5)努力加强美术理论建设,积极开展学术研究和美术评论,深入进行调查研究,引导中国美术事业健康发展。(6)开展人才培训工作,不断提高美术创作及理论研究的思想水平和学术水平；发现、培养和扶持各方面美术人才，发展和壮大会员队伍。(7)遵循艺术规律，发挥专家优势，设立中国美协各门类艺术委员会，积极开展学术活动。(8)努力办好协会所属刊物和网站。遵循党的文艺方针，及时反映全国美术创作、理论研究以及有关活动的情况，反映本会和所属各团体会员工作状况，促进创作繁荣，扩大信息交流。(9)尊重、扶持各民族美术传统和特色，培养少数民族美术家，促进各民族美术事业的共同发展，加强各民族之间的美术交流，巩固和扩大全国各民族美术家的大团结。(10)增进同香港特别行政区、澳门特别行政区、台湾地区及海外侨胞美术家的联系、交流与团结，为弘扬中华民族文化、促进祖国统一贡献力量。(11)推进中外美术交流，积极参加和开展国际美术活动，扩大友好往来，增进同世界各国美术家的友谊，推动中国美术走向世界；为维护世界和平、维护国家利益和文化安全，为世界美术的繁荣发展做出贡献。(12)加强与各级政府、各有关部门、各文化艺术单位及社会各界的密切合作，发展我国美术事业；根据国家法律和有关政策，支持发展美术文化产业。(13)建立健全权益保障职能，依法维护会员的相关合法权益，及时向有关单位或部门反映会员诉求。

中国曲艺家协会 简称中国曲协。成立于1949年7月。中国曲艺家协会是由中国曲艺改进协会筹备委员会及其后改建的中国曲艺研究会、中国曲艺工作者协会演变而来。其宗旨是，在中国共产党的领导下，团结和推动全国曲艺家和广大曲艺工作者认真学习马列主义、毛泽东思想，坚持文艺为广大人民群众服务、为社会主义服务的方向和百花齐放、百家争鸣、推陈出新的方针，深入现实斗争生活，繁荣曲艺创作，收集、整理曲艺遗产，开展理论研究，革新和发展曲艺艺术，充分发挥曲艺团结人民、教育人民的作用，满足人民群众文化生活的需要,为实现我国社会主义现代化而奋斗。其基本任务是,(1)大力繁荣曲艺创作。积极地为会员的学习、深入生活、进行创作提供条件。发扬艺术民主,采取各种方式鼓励和帮助他们创作更多的优秀曲艺作品。(2)推进传统曲艺的收集、整理工作。鼓励和帮助会员不断提高传统书目、曲目的思想性和艺术性。(3)加强曲艺理论研究。组织会员运用马克思列宁主义的文艺理论来研究曲艺的现状,总结经验,开展曲艺评论,不断解决新的问题。同时,加强曲艺的历史和基本理论的研究,探讨曲艺艺术的发展规律,促进曲艺艺术的革新。(4)注意发现、扶植、培养新的曲艺创作人才、曲艺音乐人才、曲艺表演人才、曲艺理论研究人才和曲艺编辑人才。协助有关文化部门办好曲艺学校。(5)协同有关文化部门和群众团体推动群众业余曲艺活动。(6)加强我国各民族间的曲艺艺术交流活动,促进各民族曲艺艺术的发展。(7)保护会员的正当权益。(8)开展国际艺术交流活动,促进同各国说唱艺术家、理论研究者和说唱艺术团体的友好往来。中国曲艺家协会举办的主要活动有:中国曲艺节、全国少数民族曲艺展演、全国少儿曲艺大赛、国际幽默艺术周等。

中国舞蹈家协会 简称中国舞协。成立于1949年7月。曾名中华全国舞蹈工作者协会、中国舞蹈艺术研究会、中国舞蹈工作者协会。中国舞蹈家协会是中国各民族舞蹈艺术家自愿结合组成的专业性人民团体,是党和政府联系舞蹈家、舞蹈工作者的桥梁和纽带,是中国文学艺术界联合会的团体会员。其宗旨是,在中国共产党领导下,以马克思列宁主义、毛泽东思想为指导,坚持实践是检验真理的唯一标准,团结广大舞蹈工作者,贯彻执行文艺为广大的人民群众、首先是为工农兵服务的方向,坚持"百花齐放,百家争鸣"的文艺方针,努力促进舞蹈艺术的繁荣,为实现四个现代化,提高全民族的科学文化水平,发展高尚的丰富多彩的文化生活,建设高度的社会主义精神文明的需要而努力奋斗。其基本任务是,(1)号召和鼓励广大舞蹈家学习马克思列宁主义和毛泽东思想;深入生活,密切与人民群众的联系;加强艺术实践,提高艺术修养;自觉地努力树立辩证唯物主义、历史唯物主义的世界观和艺术观。(2)鼓励舞蹈艺术家积极创作和演出题材、体裁、风格、形式多样化的并为人民群众喜闻乐见的舞蹈、舞剧作品。鼓励编导、演员、教师、理论研究人员的个人独创性,提倡不同风格、流派的舞蹈自由竞赛。评选优秀的舞蹈、舞剧作品,评选优秀的表演、教学、论述、译著,予以物质与荣誉的奖励。(3)加强舞蹈理论研究工作,办好各种舞蹈刊物,出版舞蹈史、论著作,不断探讨和研究舞蹈艺术发展中的新情况和新问题。积极开展学术上的自由讨论,重视创作经验的总结和交流,开展实事求是的、有艺术分析的评论工作,为逐步建立中国舞蹈理论体系而努力。(4)加强中国各民族、各地区的舞蹈艺术的宝贵遗产的收集、整理、发展的工作;协同有关单位科学地、有系统地进行中国各民族舞蹈的记录与保存的资料档案工作。(5)翻译和介绍国外舞蹈艺术的史、论著作,加强了解世界舞蹈艺术现状和科研成果的情报工作,有计划地积极开展国际舞蹈文化的交流活动。(6)采取有效措施,创造各种条件,培养舞蹈艺术新生力量。协同有关单位,为培养各种舞蹈艺术人才,组织各种形式的学习、进修活动,关心舞蹈艺术家的工作条件和生活福利。(7)号召专业舞蹈工作者和业余舞蹈工作者相结合,大力促进群众业余舞蹈活动的繁荣和发展。(8)加强同台湾省、港澳地区和侨居海外的爱国的舞蹈家的联系和团结。中国舞蹈家协会举办的主要活动有:每年定期或不定期举办一系列全国性和国际性舞蹈活动,如与中国文联联合主办的中国舞蹈"荷花奖"评奖、中国舞蹈节及"小荷风采"全国少儿舞蹈比赛、全国大学生舞蹈比赛、全国中老年健身舞蹈大赛、全国舞蹈创作研讨会等等。

中国民间文艺家协会 简称中国民协。其前身是中国民间文艺研究会。成立于1950年3月29日。1987年以前称为中国民间文艺研究会,1987年起改为中国民间文艺家协会。中国民间文艺家协会是中国共产党领导的,由全国各民族民间文艺家、民间文艺工作者组成的专业性人民团体,是党和政府联系民间文艺界的桥梁和纽带,是繁荣社会主义文艺、发展社会主义先进文化的重要力量。中国民间文艺家协会是中国文学艺术界联合会的团体会员。其宗旨是,以马克思列宁主义、毛泽东思想、邓小平理论和"三个代表"重要思想为指导,深入贯彻落实科学发展观,坚持文艺为人民服务、为社会主义服务的方向和百花齐放、百家争鸣的方针,弘扬主旋律、提倡多样化,高举旗帜、围绕大局、服务人民、改革创新,团结和组织民间文艺家、民间文艺工作者,为发展和繁荣社会主义民间文艺事业,构建社会主义和谐社会、实现中华民族的伟大复兴而努力奋斗。其基本任务是,(1)中国民间文艺家协会对会员有联络、协调、服务及业务指导的职能,发挥组织、引导、服务、维权的作用。(2)本会按照德艺双馨的要求,努力提高民间文艺家和民间文艺工作者的思想道德素质、文化修养和业务水平,不断加强行业服务、行业管理、行业自律。(3)本会规划、组织和指导民间文艺活动,加大中国民间文化遗产抢救的力度,加强对非物质文化遗产和优秀民间艺术的保护工作,扶持民间文化传承与发展,加强民间文艺搜集、整理、研究和传播。(4)本会积极培养优秀民间文艺人才,重视、支持群众性民间文化活动,并以命名优秀民间文艺家、民间文艺工作者,建立民间文艺之乡与民间文化传承基地、民间文化保护基地,举办各种博览会、艺术节等多种形式,促进民间文化的保护、传承、创新。(5)本会认真组织中国民间文艺"山花奖"评奖活动,并根据党和国家的有关规定和要求,组织各种形式的民间文艺比赛活动,对重要的民间文艺成果及在工作中有突出成绩的民间文艺团体、民间文艺家、民间文艺工作者予以奖励和表彰。(6)本会积极促进并加强与港、澳、台及海外侨胞中的民间文艺团体、民间文艺家、民间文艺学家的联系、合作与交流,为弘扬中华民族的优秀文化艺术,为促进祖国统一大业贡献力量。(7)本会致力于促进国际民间文化交流,增进同国际和各国民间文化艺术组织、机构、民间文艺家的友好往来,为世界和平与人类进步事业而努力。中国民间文艺家协会举办的主要活动有:组织、规划、指导全国性民间文学、民间艺术及民俗文化的考察、采集、保护、传承、培育、扶持、发现,表彰民间文化艺术各类人才,开展国际民间文化艺术交流活动,组织学术交流、艺术展览、文艺演出、民间文艺节会活动;曾有效地组织实施了对各民族优秀传统文化的发掘、整理,开展多次全国性的大规模民间文学、民间艺术、民俗文化采风活动,《中国民间故事集成》《中国谚语集成》《中国歌谣集成》的普查、编纂、出版工作等更是成绩卓越。目前正在进行的"中国民间文化遗产抢救工程"是对既往工作的继续与深入,也是中国民间文艺家协会面对全球化浪潮所进行的文化本土化实践。

中国摄影家协会 简称中国摄协。成立于1956年12月。中国摄影家协会是新中国历史上第一个全国性摄影组织。中国摄影家协会是中国共产党领导下的,由全国各民族摄影家、摄影工作者组成的专业性人民团体,是中国文学艺术界联合会的团体会员,是党和政府联系摄影界的桥梁和纽带,是繁荣发展中国摄影事业、建设社会主义先进文化的重要力量。其宗旨是,高举中国特色社会主义伟大旗帜,以马克思列宁主义、毛泽东思想、邓小平理论、"三个代表"重要思想和科学发展观为指导,坚持文艺为人民服务、为社会主义服务的方向和百花齐放、百家争鸣的方针,组织和引导摄影家、摄影工作者和摄影爱好者解放思想,积极投身改革开放和社会主义现代化建设,弘扬社会主义核心价值体系、推动社会主义文化大发展大繁荣,坚持中国特色的社会主义摄影文化发展道路,努力建设社会主义文化强国,为全面建成小康社会、构建社会主义和谐社会,实现中华民族的伟大复兴而努力奋斗。其基本任务是,(1)中国摄影家协会注重摄影事业全局性、战略性、前瞻性重大问题和实际问题的研究,切实加强专业化、大众化、多媒体化、国际化、品牌化和产业化建设。(2)中国摄影家协会对会员开展联络、协调、服务工作。通过组织学习、深入生活、摄影创作、评奖表彰、展览展示、媒体出版、惠民服务、理论评论、学术研讨、调查研究、教育培训、对外交流和权益保护等工作,充分发挥对摄影工作者的组织、引导、服务、维权作用。对会员进行业务指导。(3)中国摄影家协会积极加强摄影界与社会各界的联系,与政府有关部门密切合作,共同为繁荣发展我国摄影事业做贡献。(4)中国摄影家协会引导摄影界培育良好的职业精神和职业道德,表彰奖励优秀摄影工作者,宣传推广优秀摄影作品,发现、培养和扶持摄影人才。(5)中国摄影家协会积极反映会员的意见、建议和要求,依法维护会员的合法权益。(6)中国摄影家协会积极推动摄影领域的行业教育、行业自律,依法开展行业服务和行业管理。(7)中国摄影家协会重视专业摄影队伍建设,认真组织中国摄影金像奖评选、全国摄影艺术展览、中国国际摄影艺术展览、中国摄影艺术节、中国国际摄影艺术节和其他形式的摄影展览、比赛、评奖、出版和理论研讨等活动;支持群众性摄影活动,促进摄影技术和艺术的普及,丰富和满足人民群众日益增长的对摄影文化的需求。(8)中国摄影家协会根据国家法律和有关政策,促进发展摄影公益事业和摄影产业。(9)中国摄影家协会积极开展民间国际摄影文化交流,推动中华摄影文化走向世界,维护国家利益和文化安全,努力对人类文明的进步做出贡献。中国摄影家协会举办的主要活动有:中国摄影金像奖、全国摄影艺术展览、中国国际摄影艺术展览、中国摄影艺术节、全国摄影理论研讨会等。

中国书法家协会 简称中国书协。成立于1981年5月。是中国共产党领导的全国各民族书法家组成的人民团体,是由国家级的书法家、篆刻家、书法理论家、书法教育家和书法活动组织、管理工作者组成的全国性专业组织,是中国文学艺术界联合会的团体会员。其宗旨是,以马克思列宁主义、毛泽东思想、邓小平理论和"三个代表"重要思想为指导,坚持科学发展观,贯彻执行党的基本路线,坚持文艺为人民服务、为社会主义服务的方向,坚持"百花齐放、百家争鸣"、"古为今用、推陈出新"的方针,弘扬主旋律,提倡多样化,新生艺术规律,广泛团结、组织全国各民族书法家和书法工作者,为繁荣和发展我国书法艺术事业,弘扬中华民族优秀文化传统,为建设社会主义精神文明和实现社会主义现代化而奋斗。其基本任务是,(1)本会以最广泛地团结书法家和书法工作者繁荣书法事业为己任。本会对会员有联络、协调、服务和业务指导的职责。(2)按照德艺双馨的要求,努力提高书法家和书法工作者的思想道德素质、文化修养和业务水平。(3)继承和发扬我国书法艺术的优秀传统,坚持正确的发展方向,提倡艺术形式、风格、流派的多样化。认真组织"中国书法兰亭奖"、全国书法展览、国际书法展览、中国书法节等各种形式类别的书法展览或比赛,以及其他评奖活动。大力繁荣书法创作,开展书法理论研究,组织学术交流,加强编辑出版、网络建设,推动书法教育,培养书法人才,壮大书法队伍。对成绩突出的团体会员和个人会员予以表彰或奖励。(4)重视、支持基层书法组织和群众性书法活动,并以多种方式加强与各界的联系,促进书法艺术的普及与提高。(5)根据国家政策,积极开展书法艺术的经营活动,加强基础建设,努力增强本会的整体实力和可持续发展的能力,为服务于会员创造条件。(6)依据有关法律和本会章程保护会员的合法权益,并建立相应权益保障组织机构。(7)加强与香港、澳门特别行政区书法团体和书法家的联会交付工作的义务,有为本会建设做出奉献的责任。(8)致力于对外书法交流,加强与国外书法组织、书法家的联系,为繁荣书法事业、促进各国人民之间的友谊,为世界和平及进步事业贡献力量。

中国杂技家协会 简称中国杂协。成立于1981年。中国杂技家协会是中国共产党领导的、全国各民族杂技家组成的人民团体,是党和政府联系杂技界的桥梁和纽带,是繁荣社会主义文艺、发展社会主义先进文化的重要力量。中国杂技家协会是中国文学艺术界联合会的团体会员。其宗旨是,以马克思列宁主义、毛泽东思想、邓小平理论和"三个代表"重要思想为指导,全面落实科学发展观,坚持文艺"为人民服务、为社会主义服务"的方向和"百花齐放、百家争鸣"的方针,弘扬主旋律,提倡多样化,高举旗帜、围绕中心、服务人民、改革创新,尊重艺术规律,发扬艺术民主,团结和组织全国各民族杂技家和杂技工作者,发展和繁荣社会主义杂技事业,为构建社会主义和谐社会、推动中华民族的伟大复兴而努力奋斗。其基本任务是,(1)按照德艺双馨的要求,努力提高杂技队伍的思想道德素质、文化修养和业务水平,不断加强行业服务、行业管理、行业自律。(2)通过举办"中国杂技金菊奖"专业评奖活动,对优秀的杂技作品、有建树的理论研究成果以及在管理、编导、表演、教育等工作中做出突出贡献的杂技家和杂技工作者,予以表彰和奖励。(3)积极组织举办各种形式的演出、观摩交流、研讨座谈等活动,促进杂技艺术的创新与发展。通过杂志、通讯、简报、网站等渠道，着眼于交流信息、繁荣创作，及时反映国内外杂技的创作理念、发展趋势、研究成果等。(4)积极参加和开展国际杂技活动，不断加强与有关国际组织的联系，增进同世界各国杂技家的友谊，为推动世界杂技的发展做出贡献。(5)加强杂技理论建设，积极开展调查研究和理论研讨，倡导健康的杂技评论，鼓励用理论成果指导杂技创作，促进杂技的创新与发展。(6)重视和发展杂技教育，积极拓展正规学历教育渠道，鼓励和支持社会力量办学，开展各种形式的杂技教学、培训工作，推动中国杂技的可持续发展。(7)扶持和引导民间杂技健康发展，提高艺术水准，发挥资源优势，活跃基层人民群众的文化生活。(8)加强同香港特别行政区、澳门特别行政区、台湾地区以及海外侨胞中的杂技家和杂技组织的联系、交流与团结，为弘扬中华民族优秀文化和促进祖国统一大业贡献力量。(9)加强与政府有关部门及社会各界的合作，依据国家政策发展文化产业。加强统筹，促进联动，形成全国杂技"一盘棋"的局面。

中国电视艺术家协会 简称中电视协。成立于1985年5月。中国电视艺术家协会是中国共产党领导的全国各民族电视艺术家组成的人民团体，是中国文学艺术界联合会的团体会员。其宗旨是：坚持以马克思列宁主义、毛泽东思想、邓小平理论和"三个代表"重要思想为行动指南，坚持党的基本路线，坚持文艺"为人民服务、为社会主义服务"的方向，贯彻"百花齐放、百家争鸣"的方针，弘扬主旋律，提倡多样化，团结全国各民族电视艺术家，与时俱进，开拓创新，为繁荣电视艺术，弘扬和培育民族精神，建设中国特色的社会主义先进文化而奋斗。其主要任务是，(1)中国电视艺术家协会对会员开展联络、协调、服务工作。(2)中国电视艺术家协会通过组织会员学习政治理论、深入生活、艺术创作和学术研讨等方面活动，提高会员的政治、艺术素质,为繁荣电视艺术事业服务。(3)中国电视艺术家协会通过信息咨询、业务交流、人才培训、推优评选及各专业委员会的活动,加强与会员的业务联系。(4)中国电视艺术家协会联合有关单位举办"中国百佳电视艺术工作者评选"、"中国电视金鹰奖评选"和"中国金鹰电视艺术节"活动。(5)中国电视艺术家协会促进并加强与香港特别行政区、澳门特别行政区和台湾地区及海外侨胞中电视艺术团体和人士的联系与往来,为弘扬中华民族的优秀文化艺术,繁荣电视艺术事业和完成祖国统一大业贡献力量。(6)中国电视艺术家协会致力于促进国际电视艺术交流,扩大友好往来,为世界电视艺术的发展、各国人民的友谊和世界和平做出贡献。(7)中国电视艺术家办会依法维护会员的合法权益。中国电视艺术家协会举办的主要活动有:中国电视金鹰奖、中国金鹰电视艺术节、全国德艺双馨电视艺术工作者推选表彰活动、中国新农村电视艺术节、中国大学生电视节、中国旅游电视艺术周、中国国际电视广告艺术周、农村小康电视节目工程以及中日韩三国电视制作者论坛、中俄电视合作论坛、中国·东南亚·南亚电视艺术周、上海合作组织国家电视合作论坛、海峡两岸电视交流合作恳谈会等。

图书在版编目(CIP)数据

中国公共文化百科全书/彭泽明编著.—重庆：
重庆出版社，2015.1
ISBN 978-7-229-09130-9

Ⅰ.①中… Ⅱ.①彭… Ⅲ.①公共管理—文化工作—中国—百科全书 Ⅳ.①G123-61

中国版本图书馆 CIP 数据核字(2014)第 288234 号

中国公共文化百科全书
ZHONGGUO GONGGONG WENHUA BAIKE QUANSHU
彭泽明 编著

出 版 人：罗小卫
责任编辑：余音潼 张琳琳
责任校对：何建云
装帧设计：重庆出版集团艺术设计公司·卢晓鸣

重庆出版集团 出版
重庆出版社

重庆市南岸区南滨路 162 号 1 幢 邮政编码：400061 http://www.cqph.com
重庆出版集团艺术设计有限公司制版
自贡兴华印务有限公司印刷
重庆出版集团图书发行有限公司发行
E-MAIL:fxchu@cqph.com 邮购电话：023-61520646
全国新华书店经销

开本：880mm×1 230mm 1/32 印张：37.25 字数：120 千
2015 年 1 月第 1 版 2015 年 1 月第 1 次印刷
ISBN 978-7-229-09130-9
定价：100.00 元

如有印装质量问题，请向本集团图书发行有限公司调换：023-61520678

版权所有 侵权必究